Eine Arbeitsgemeinschaft der Verlage

Wilhem Fink Verlag München
Gustav Fischer Verlag Jena und Stuttgart
Francke Verlag Tübingen und Basel
Paul Haupt Verlag Bern · Stuttgart · Wien
Hüthig Verlagsgemeinschaft
Decker & Müller GmbH Heidelberg
Leske Verlag + Budrich GmbH Opladen
J. C. B. Mohr (Paul Siebeck) Tübingen
Quelle & Meyer Heidelberg · Wiesbaden
Ernst Reinhardt Verlag München und Basel
Schäffer-Poeschel Verlag · Stuttgart
Ferdinand Schöningh Verlag Paderborn · München · Wien · Zürich
Eugen Ulmer Verlag Stuttgart
Vandenhoeck & Ruprecht in Göttingen und Zürich

Manfred Richter

Personalführung

Grundlagen und betriebliche Praxis

3., erweiterte und überarbeitete Auflage

1994
Schäffer-Poeschel Verlag Stuttgart

Dr. jur. Manfred Richter ist Professor an der Fachhochschule Köln,
Abt. Gummersbach (Recht und Personalführung)

Die Deutsche Bibliothek – CIP-Einheitsaufnahme

Richter, Manfred:
Personalführung : Grundlagen und betriebliche Praxis /
Manfred Richter.
– 3., erw. und überarb. Aufl.
– Stuttgart : Schäffer-Poeschel, 1994
    (UTB für Wissenschaft : Grosse Reihe)
    ISBN 3-8252-8085-3 (UTB)
    ISBN 3-7910-6001-5 (Schäffer-Poeschel)

Gedruckt auf säure- und chlorfreiem, alterungsbeständigem Papier

© 1994 Schäffer-Poeschel Verlag für Wirtschaft · Steuern · Recht GmbH
Satz: Dörr + Schiller GmbH, Stuttgart
Druck und Bindung: Franz Spiegel Buch GmbH, Ulm
Printed in Germany

Schäffer-Poeschel Verlag Stuttgart
Ein Tochterunternehmen der Verlagsgruppe Handelsblatt
und der Spektrum Fachverlage GmbH

UTB-Bestellnummer: ISBN 3-8252-8085-3

Vorwort des Verfassers

> So eine Arbeit wird eigentlich nie fertig,
> man muß sie für fertig erklären,
> wenn man nach Zeit und Umständen
> das Mögliche getan hat.
> (Goethe 1787)

Das vorliegende Buch war ursprünglich als 3. überarbeitete und erweiterte Auflage meines Titels PERSONALFÜHRUNG IM BETRIEB gedacht, der in der Reihe »Studienbücher der Wirtschaft« im Carl Hanser Verlag München erschienen ist. Die gründlichere Bearbeitung einiger vorhandener und die Aufnahme einiger neuer Themen, insbesondere die Berücksichtigung der aus Japan rezipierten Innovation »schlanker Produktion« mit ihren Konsequenzen auch für das Führen von Mitarbeitern, haben freilich die neue Fassung auf einen Umfang wachsen lassen, der das verlagsseitig gesetzte Limit der Reihe überschritt. So erscheint das Buch auf der Grundlage seines bisherigen gedanklichen Gerüsts neu verlegt unter neuem Titel, Text und Layout.

Der bisher gewählte Weg, aus dem Bedarf der personalwirtschaftlichen Praxis und aus gesicherten Erkenntnissen der management- und sozialwissenschaftlichen Grundlagenforschung ein schlüssiges Konzept praktizierbaren Führungs-Know-hows abzuleiten, wurde weiterbegangen. So will auch das neue Buch nicht zuerst als management-theoretische Abhandlung, sondern als praktikables und zugleich richtungsstimulierendes Arbeitsmittel zum Lernen und Nachschlagen für alle verstanden werden, die sich an Hochschulen, Fachakademien, Betrieben und sonstigen Einrichtungen der beruflichen Weiterbildung mit Fragen effektiven Führens unterstellter Mitarbeiter zu befassen haben. Dies sind vor allem künftige oder schon amtierende Vorgesetzte.

Mein Bemühen war darauf gerichtet, so viel Nähe zur Praxis wie möglich herzustellen und so viel Theorie aufzunehmen, wie zur wissenschaftlichen Absicherung der Praxis nötig erschien. Dem an theoretischer Vertiefung des Stoffes interessierten Leser eröffnen das Quellenverzeichnis des Buches und die Verzeichnisse der dort genannten Quellen den Zugriff zur gesamten einschlägigen Fachliteratur. Der Intensivierung des Lern-Transfers dienen die zahlreichen Beispiele aus der Praxis, Übungsfälle und Begriffs-Erklärungen sowie mehr als 100 Abbildungen und 700 Kontrollfragen und -aufgaben.

Mit Befriedigung darf ich feststellen, daß der hier ausgeführte, aus der Praxis entwickelte Leitgedanke einer »Leistungsoptimierung durch motivatorische Goodwill-Aktivierung« kritischer Überprüfung standhält. Die konzeptionelle Idee ist im vorliegenden Buch noch konsequenter ausgeführt als im alten.

Inzwischen hat das geschichtliche Wunder der staatlichen Vereinigung der beiden Teile Deutschlands stattgefunden. Die plötzliche Öffnung der Wirtschaftsgrenzen der ehemaligen DDR zu den anspruchsvollen und übersättigten Weltmärkten, deren Dominierung durch die hochmodernen Industrien der westlichen Welt und der Zusammenbruch der angestammten Märkte im früheren Ostblock haben die Wirtschaft der neuen Bundesländer heute vor Struktur- und Anpassungsprobleme von gigantischen, ja beängstigenden Dimensionen gestellt. Der Verlust der Hälfte aller früheren Arbeitsplätze dort zeigt dies augenscheinlich. In den an westliche Kapitalgeber veräußerten Unternehmen treffen die Mentalität ostdeutscher Arbeitnehmer mit ihrem in staatlich reglementierter Planwirtschaft gewachsenen Erfahrungshintergrund und die von schonungslosem Wettbewerbs-, Erfolgs- und Karrierestreben geformte Mentalität westdeutscher Manager unbarmherzig, ja schmerzhaft aufeinander. Die bislang bestehengebliebene wirtschaftliche und geistig-seelische Teilung unseres Landes muß im Interesse gleichwertiger Lebensbedingungen noch überwunden werden. Dies erfordert von allen Beteiligten ein hohes Maß an Fähigkeit und Bereitschaft, verständnisvoll und lernend, auch geduldig, aufeinander zuzugehen.

Ich schätzte mich glücklich, wenn das Buch den Menschen und Unternehmen, die die Last der Aufbauarbeit in den neuen Bundesländern zu tragen haben, als Wegweiser zu leistungsfähigen und zugleich menschlich gedeihlichen Personalführungsstrukturen in den Betrieben fühlbare Hilfe leisten würde.

Von dem ursprünglichen Vorhaben, die Thematik hier zu verarbeiten, bin ich angesichts ihrer Komplexheit und des unkalkulierbaren Risikos, daß die gut gemeinte Absicht dysfunktionale Wirkungen zeitigen könnte, abgerückt.

Zu meiner Arbeit sind mir wieder von vielen Seiten wertvolle Anregungen und Hilfen zuteil geworden. Dafür danke ich besonders herzlich:

- Frau Marianne Leschik, Wunstorf. Sie hat sich bei der elektronischen Texterfassung und mit ihrem ausgezeichneten Sprachgefühl unter großem persönlichen Einsatz um das Projekt verdient gemacht;
- meinen studentischen Mitarbeitern, aus deren Mitte ich die umsichtige und verläßliche Arbeit von Frau Susanne Groß und von Herrn Thomas Lonski hervorheben möchte;
- last but not least auch meiner Ehefrau Ingrid für viel helfendes Verständnis und Verzicht auf gemeinsame Zeit.

Dankbar vermerken möchte ich schließlich, daß viele der von meinem vormaligen Lektor, Herrn Dipl.-Soz. Klaus Baumann, Laudenbach/Bergstraße, in früherer Zusammenarbeit gesetzte Akzente auch noch das neue Buch bereichern.

Gummersbach, im Frühjahr 1994   Dr. Manfred Richter

Inhaltsübersicht

Inhaltsverzeichnis

Vermerk: Der Anhang eines jeden Kapitels enthält jeweils
          – Fußnoten
          – Kontrollfragen und -aufgaben
          – kapitelbezogene Literaturhinweise
          – Lösungen der Übungsaufgaben (fakultativ).

Abbildungsverzeichnis

Abkürzungen

a.a.O.	am anderen Ort
Abb.	Abbildung
Abs. (1)	Absatz (1) einer gesetzlichen Bestimmung
AFG	Arbeitsförderungsgesetz
AG	Arbeitsgericht
AnVG	Angestelltenversicherungsgesetz
ArbZG	Arbeitszeitgesetz
ArbZRG	Arbeitszeitrechtsgesetz
Art./Artt.	Artikel/Artikel ... und folgende
ASiG	Arbeitssicherheitsgesetz
ASP	Arbeitsmedizin Sozialmedizin Präventivmedizin (Fachzeitschrift)
Aufl.	Auflage
BAG	Bundesarbeitsgericht
BB (86/839)	Betriebsberater (Jahrgang 1986 Seite 839)
BeschFG	Beschäftigungsförderungsgesetz
BetrVG	Betriebsverfassungsgesetz
BDSG	Bundesdatenschutzgesetz
BMAS	Bundesminister für Arbeit und Sozialordnung
BMBW	Bundesminister für Bildung und Wissenschaft
BMFJ	Bundesminister für Frauen und Jugend
BRat	Betriebsrat
BVerfGer.	Bundesverfassungsgericht
BVerfGerG	Bundesverfassungsgerichtsgesetz
DB	Der Betrieb
DGfP	Deutsche Gesellschaft für Personalführung, Düsseldorf
EDV	Elektronische Datenverarbeitung
et al.	und andere
ff	und folgende (z. B. Seiten, §§)
GewAAmt	Gewerbeaufsichtsamt
GewO	Gewerbeordnung
GG	Grundgesetz
HGB	Handelsgesetzbuch
Hrsg.	Herausgeber
hrsg.	herausgegeben von
HS	Halbsatz (in einer gesetzlichen Bestimmung)
HWFü	Handwörterbuch der Führung
HWO	Handwörterbuch der Organisation
HWP	Handwörterbuch des Personalwesens
i.d.S.	in diesem Sinne
IW	Institut der Deutschen Wirtschaft, Köln
IWG	Institut für Wirtschaft und Gesellschaft e.V., Bonn
Kap.	Kapitel
LFZG	Lohnfortzahlungsgesetz
MuSchG	Mutterschutzgesetz
MW	Management-Wissen, Magazin der Führungskräfte, Erscheinungsort München
NWB	Neue Wirtschaftsbriefe, Erscheinungsort Herne/Berlin
OE	Organisations-Entwicklung
o.J.	ohne Jahrgang
o. Verf.	ohne Verfasser
Rdnr.	Randnummer
RVO	Reichsversicherungsordnung
Sp.	Spalte(n)
StatJB	Statistisches Jahrbuch für die Bundesrepublik Deutschland
TÜV	Technischer Überwachungs-Verein

TVG	Tarifvertragsgesetz
UVV	Unfallverhütungsvorschriften
vgl.	vergleiche (mit der dort genannten Stelle)
VO	Verordnung
WHO	World Health Organization (Weltgesundheitsorganisation)
ZArbWiss	Zeitschrift für Arbeitswissenschaft
z. B.	zum Beispiel
ZPO	Zivilprozeßordnung

Verwendete Symbole

§ / §§ . . .ff	Paragraph / Paragraph . . . und folgende
Σ	Summenzeichen
f [ ]	Funktion von
$\geq$	gleich oder größer als
$>$	größer als
$<$	kleiner als

Arbeitshinweise

Die Kombination umfassenden Praxis-Know-hows mit seinen theoretischen Grundlagen haben das Buch ziemlich umfangreich werden lassen. Sein Inhalt kann deshalb nicht schon bei einmaligem flüchtigem »Überfliegen« aufgenommen werden. Damit Sie den Stoff in seinem inneren Zusammenhang gleichwohl möglichst vollständig erfassen und verarbeiten können, sollten Sie ihn sich in kleine »verdauliche Portionen« aufteilen und diese Stück für Stück *gründlich* erarbeiten.

Zusätzlich empfehlen wir Ihnen, nach den folgenden Hinweisen vorzugehen:

A) Führen Sie sich bei jeder der am Anfang eines jeden Kapitels angeführten Lernziel-Definitionen geistig vor Augen, welche sachlichen Gegenstände mit ihnen angesprochen werden;

B) lösen Sie die Übungsaufgaben und die am Ende eines jeden Kapitels stehenden Kontrollfragen vollständig und in Stichworten schriftlich;

C) lesen Sie alle in den Querverweisungen zur Wiederholung benannten Bezugskapitel nach;

D) versuchen Sie, die im Text zu den einzelnen Aussagen angeführten Beispiele durch sachlich passende Beispiele aus Ihrer eigenen Erlebniswelt zu ergänzen;

E) üben Sie es, die in Text und Glossar genannten Definitionen und Begriffe mit eigenen Worten sinngemäß richtig wiedergeben zu können; auswendig zu lernen brauchen Sie diese indessen nicht;

F) bilden Sie bei der Erarbeitung unseres Gegenstandes mit Kommilitonen oder Kollegen kleinere Arbeitsgruppen; lösen Sie mit ihnen abwechselnd fragend und antwortend die Kontrollfragen gemeinsam, und fassen Sie am Ende der Bearbeitung eines jeden Kapitels seinen Inhalt in der Form eines Kurzreferates mit eigenen Worten zusammen. Sie erlangen dadurch nicht nur zusätzliche Kontrolle über die Beherrschung des erarbeiteten Stoffes, sondern üben sich zugleich auch in der fürs praktische Arbeiten so wichtigen *Kunst der freien Rede*.

Erfolgreiches »Erlernen« des Gegenstandes hier bedeutet verstehen lernen, sinngemäß aufnehmen und zur optimalen Umsetzung in praktisches Handeln bereithalten. Der direkte Gebrauch des Erlernten und sein Nutzen wird also erst in der erlebten Führungspraxis selbst möglich und spürbar werden. Daß der Lernerfolg dem Leser, der betriebliche Arbeit bereits erfahren hat, leichter fallen wird als jenem, dem die betriebliche Praxis noch fremd ist, liegt auf der Hand. Für den letzteren heißt Arbeit mit diesem Buch: vorbereitendes Bekanntmachen mit und Erfassen von Neuland als nützliche Investition in die berufliche Zukunft.

Schließlich: Die hier vorgestellte Personalführungslehre fußt auf dem **Konzept der »Leistungsoptimierung durch Goodwill-Aktivierung«** im Mitarbeiter mit den Mitteln motivationalen Führens. In den Kapiteln 1.3 bis 1.5, 9 und 12.4/5 wird das Konzept im engeren Sinne schrittweise entwickelt, und **in Kapitel 13 wird sein Kerngehalt zusammengefaßt dargestellt.** In den nachfolgenden Kapiteln wird es in praktikables Führungs-Know-how umgesetzt.

Die Ziffern 1 (insgesamt) bis 8 (I. und II. Abschnitt) sowie die Ziffern 10 und 11 bilden sozialwissenschaftliche Rahmenbedingungen ab, innerhalb derer der betriebliche Personalführungsprozeß abläuft und von denen er maßgeblich geprägt wird. Die Verfügbarkeit dieses Basis-Wissens ist Voraussetzung dafür, das Verhalten der am Führungsprozeß Beteiligten und die von ihnen initiierten Handlungsabläufe verstehen und dem eigenen praktischen Führen nutzbar machen zu können.

I. Abschnitt: Einleitung

1   Personalführung als eigenständiges Feld der Unternehmensführung

Lernziele:

Sie planen wie viele Ihrer Kommilitonen oder Kollegen, in Ihrem Beruf eines Tages eine Führungsposition zu erlangen oder Ihre schon eingenommene auszubauen. Dieses Vorhaben sollten Sie, wenngleich vielleicht erst in einiger Zeit realisierbar, weiterverfolgen. Dies geschieht am sinnvollsten auch dadurch, daß Sie sich schon jetzt das Rüstzeug aneignen, welches sich in einer Führungsposition als unverzichtbar erweist: eine solide Qualifikation als Führungskraft, d. h. die Fähigkeit zum Führen unterstellter Mitarbeiter. Über die Besonderheiten der Personalführung will der folgende Abschnitt Sie im Überblick informieren. Nach seiner Lektüre sollen Sie in der Lage sein zu erläutern:

- die verschiedenen Instanzen, die in den Betrieben daran beteiligt sind, den Faktor »Personal« in den Produktionsprozeß zielgerecht einzubinden, und welche Aufgaben sie dabei zu erfüllen haben;
- welchen Schwerpunkten aus der Gesamtheit der betrieblichen Personalführungsaufgaben sich das vorliegende Buch widmet;
- den betriebswirtschaftlichen und gesellschaftlichen Kontext, in welchem die Personalführungsaufgabe in unserer Zeit zu bewältigen ist;
- ihre Eigenständigkeit unter den sonstigen Aufgaben der Führungskraft;
- die Struktur ihres prozessualen Ablaufs;
- Personalführung als Gegenstand verschiedener Wissenschaftsdisziplinen;
- die Möglichkeiten und Grenzen ihrer Erlernbarkeit.

1.1   Die Beteiligten am und ihre Beiträge zum Personalführungsprozeß

In allen unseren Wirtschaftsunternehmen ist eine mehr oder weniger große Anzahl von Menschen damit beschäftigt, mit sehr verschiedenen Qualifikationen an ganz unterschiedlich ausgestatteten Arbeitsplätzen an ebenso verschiedenen Aufgaben Waren her- oder Dienstleistungen bereitzustellen. Dies können in Kleinbetrieben einige wenige und in Großunternehmen viele hunderttausend Personen sein. Auch der Einsatz dieses »Human-Kapitals« unterliegt dem Ziel der Wirtschaftlichkeit. Stets ist deshalb sicherzustellen, daß für jeden der zu besetzenden Arbeitsplätze im richtigen Zeitpunkt die benötigte Zahl optimal qualifizierter Arbeitskräfte zu leistungsgerechter Bezahlung bereitsteht. Bei jeder einzelnen Arbeitskraft ist anzustreben, daß sie in den betrieblichen Arbeitsprozeß ihr volles individuelles Leistungsvermögen einbringt. Dies erfordert die ständige präzise Ausrichtung ihrer Einzelaktivitäten auf das Spektrum der betrieblichen Ziele ebenso wie das Aktivieren der persönlichen Potentiale durch das Schaffen leistungsfördernder organisatorischer, technischer, psycho-sozialer, geistiger und rechtlicher Rahmenbedingungen. Wir bezeichnen die Gesamtheit dieser Aufgaben, ohne dies schon hier näher zu untersuchen, als **Personalführung**, oder, moderner ausgedrückt, als **Personal-Management**. In der Praxis bezeichnet man den damit angesprochenen Sachkomplex auch als das **Personalwesen** und damit verbundene Tätigkeiten als **Personalarbeit**.

Folgende Instanzen sind daran beteiligt:

1.1.1 Personalabteilung

Hierbei handelt es sich um die zentrale Instanz der Personalarbeit, deren Leiter gemäß der Bedeutung des Personalwesens für den Unternehmenserfolg der Geschäftsleitung eines Unternehmens selbst angehört oder ihr zumindest direkt unterstellt ist. In den Unternehmen, die dem »Montan-Mitbestimmungsgesetz« vom 21. Mai 1951 oder dem »Mitbestimmungsgesetz« vom 4. Mai 1976 unterstehen, gehören die Personalleiter als »Arbeitsdirektoren« den zur Vertretung der Unternehmen berechtigten Organen, d. h. den Vorständen oder Geschäftsleitungen, kraft Gesetzes an.

Die zentralen Aufgabenbereiche der Personalabteilung sind auf der Grundlage des geltenden Arbeits- und Sozialrechtes sowie nach Übung der betrieblichen Praxis:

A) Grundsatzfragen
Erarbeitung strategischer Plandaten wie

- mit der allgemeinen Unternehmensplanung abgestimmte, unternehmensweit und längerfristig anzustrebende personal-, entgelt- und sozialpolitische Grundsatzziele;
- daraus abzuleitende personalwirtschaftliche Eckdaten.

B) Personalorganisation
Innere Organisation des Personalwesens, die auf der Grundlage eines leistungsfähigen Personalinformationssystems unternehmensweit eine optimale Personalarbeit einschließlich der reibungslosen Zusammenarbeit mit dem Betriebsrat sicherstellt.

C) Personal-Marketing
Nach innen und außen wirkende werbende Selbstdarstellung des Unternehmens mit dem Ziel, die Erhaltung vorhandenen und die Gewinnung neuen qualifizierten Personals zu fördern.

D) Personalwirtschaft
Auf der Grundlage der unter Buchstabe A) genannten strategischen Ziele und Eckdaten sind konkrete Grundsätze der Lohn- und Gehaltspolitik zu erarbeiten, und der dafür erforderliche Finanzbedarf ist, in Einzeletats aufgeschlüsselt, den einzelnen Kostenstellen zuzuweisen.

E) Personalbeschaffung
Es geht darum, das benötigte Personal in ausreichender Kopfzahl und optimaler Qualifikation zu beschaffen sowie dafür geeignete Personalauswahlgrundsätze und -verfahren bereitzustellen.

F) Personaleinsatz
Das von den betrieblichen Bedarfsträgern benötigte Personal ist auf der Grundlage eines funktionsgerechten Arbeitszeit-Managements bereitzustellen, und nicht mehr benötigtes Personal ist (nach Möglichkeit sozialverträglich) um- oder freizusetzen.

G) Personalentwicklung
Erarbeitung und Umsetzung eines Konzeptes von Maßnahmen der Aus-, Fort- und Weiterbildung, das sicherstellt, daß die Qualifikation des Personals mit der fortschreitenden technologischen Ent-

wicklung jederzeit Schritt hält und daß jeder Mitarbeiter die Chance erhält, sein individuelles Entwicklungspotential zu entfalten und seinem Fortkommen dienstbar zu machen.

H) Betreuung von Leitenden und Außertariflichen Angestellten
Individuelle fördernde Betreuung von Angestellten, deren Gewinnung und Verbleib aufgrund ihrer besonderen Qualifikation und Leistungsfähigkeit für das Unternehmen von besonderer Bedeutung sind.

I) Personalbetreuung allgemein
Arbeits- und sozialrechtliche Betreuung tarifgebundener Arbeiter und Angestellter einschließlich ihrer beruflichen Förderung.

J) Führungssystem
Schaffung und Umsetzung struktureller Regelungen der Führung von Mitarbeitern, deren zentrale Ziele die maximale Aktivierung ihrer Leistungspotentiale, ihrer Arbeitszufriedenheit und der Identifikation mit ihrem Unternehmen bilden.

K) Personal-Controlling
Steuerung der Wirtschaftlichkeit des Faktors »Personal« mittels eines Systems von Kennzahlen mit den Zielen, die Einhaltung der personalwirtschaftlichen Plandaten zu überwachen, Abweichungen zu analysieren und über die Beseitigung erkannter Schwachstellen die Relation zwischen Aufwand und Ertrag zu optimieren.

L) Rechtswesen
Es ist sicherzustellen, daß im gesamten Personalsektor

- das geltende Arbeits- und Sozialrecht beachtet wird,
- neue Rechtsnormen und Gerichtsurteile zügig in praktischen Vollzug umgesetzt werden,
- unvermeidbare Konflikte mit dem Betriebsrat oder mit Mitarbeitern sachlich und allgemeinverträglich ausgetragen werden.

M) Sonderfunktionen
Es handelt sich um besondere Aufgaben, die der Personalabteilung summarisch zugeordnet werden. Dazu gehören zum Beispiel

Sozialeinrichtungen, Werkssicherheit, besondere oder die Belange von Frauen, Betreuung schutzbedürftiger Gruppen wie Behinderte, Ausländer, jugendliche oder ältere Mitarbeiter etc.

Favorisierte Werte und Ziele, die das Unternehmen zugleich mit der Wahrnehmung der Personalfunktionen anstrebt, werden zu Leitlinien seiner **Personalpolitik.**

Absehbare Entwicklungen, auf die wir unter Ziffer 1.3 näher eingehen, zwingen auch im Personalsektor zu erhöhter Wirtschaftlichkeit und Kundennähe. Sie werden zwangsläufig dazu führen, daß die Aufgabenfelder des Personalwesens nicht mehr als fallweises Tagesgeschäft gelöst werden können, sondern als Bestandteile der allgemeinen Unternehmensführung wie diese qualifizierte strategische und operative Konzepte erfordern.

Je nach der Anzahl der Beschäftigten und dem in einen Aufgabenbereich zu investierenden notwendigen Aufwand werden die Aufgabenfelder, die einander sachlich nahestehen, einzeln oder zu mehreren als organisatorisch selbständige Sachgebiete oder Ressorts des Personalwesens ausgewiesen. Es entsteht so die nach Größe und funktionaler Struktur dem Unternehmen bzw. dem Betrieb angepaßte Abteilung für alle zentral zu regelnden Fragen des Personalwesens.

Da es sich in der Praxis für die einzelne Arbeitskraft namentlich in größeren Unternehmen als schwierig erweisen kann, bei auftretenden Sachfragen zum zuständigen Personalressort Kontakt herzustellen und aufrechtzuerhalten, werden dort nicht selten zwischen die Personalabteilung und »die Basis« sogenannte »**Personalreferenten**« geschaltet. Sie wirken zwischen den einzelnen Ressorts und den Mitarbeitern bestimmter Gruppen (zum Beispiel Technische/Kaufmännische Angestellte, Gewerbliche Arbeitnehmer, AT-Kräfte) und deren Führungskräften als Kontaktbrücken. Mit ausreichenden Vollmachten ausgestattet, können sie eine Vielzahl von Einzelfragen ohne lange Kommunikationswege und -zeiten dort klären, wo sie auftreten.

Soweit die Personalabteilung dabei zum Beispiel durch Richtlinien oder Personalentscheidungen mit verbindlicher Wirkung regelnd und anordnend tätig wird, handelt sie als **Linieninstanz**. Soweit sie die Unternehmensleitung oder andere Instanzen (zum Beispiel Führungskräfte) auf dem Gebiet des Personalwesens berät, wirkt sie als **Stabsstelle** (zu den Begriffen siehe Ziffer 3.3).

Der Großteil ihrer Tätigkeiten wirkt strukturierend für das Personalwesen des *gesamten* Unternehmens bzw. Betriebes, sei es, daß bestimmte Entscheidungen die Gesamtheit der einzelnen Mitarbeiter *unmittelbar* binden (zum Beispiel Richtlinien über die Arbeitszeit oder den Betriebsurlaub), oder sei es, daß sie einen Handlungsrahmen für den Vorgesetzten darstellen, der sich über dessen Entscheidungen *mittelbar* auf den Mitarbeiter auswirkt (z. B. Ent- und Belohnungsgrundsätze). Die generalisierenden Funktionen zusammen mit ihren regelmäßig auch längerfristigen Wirkungen erlauben es, diesen Teil der Personalarbeit als die **Strategische Personalführung** zu bezeichnen.

Soweit die Personalabteilung aber auch Entscheidungen trifft, deren Wirkungen sich auf den *Einzelfall* richten und den einzelnen Mitarbeiter direkt binden, (zum Beispiel bei Einstellungs-, Einstufungs-, Umsetzungs-, Freisetzungs- und sonstigen Disziplinarentscheidungen), wird sie auch auf dem Gebiet der **Operativen** bzw. **Interaktionellen Personalführung** tätig.

Die Vielfalt der Aufgaben und die Komplexität der Methoden, mit denen Personalarbeit bewältigt werden muß, sowie ihre hohe Bedeutung für den Unternehmenserfolg stellen heute an die Qualifikation der Mitarbeiter im Personalwesen höchste Ansprüche. Die früher allgemein und noch heute hier und da in Kleinbetrieben anzutreffende Meinung, daß »das bißchen Personalarbeit« vom Buchhalter oder einer anderen Bürokraft nebenbei miterledigt werden könne, kann unter den heutigen Bedingungen zu keinen befriedigenden Ergebnissen mehr führen, ja sie muß den Unternehmenserfolg gefährden. Heute gilt es als selbstverständlich, daß der Personalleiter und die ihm nachgeordneten Leiter einzelner Personalressorts über einen Hochschulabschluß (überwiegend als Juristen, Arbeitspsychologen oder -soziologen, Diplomkaufleute) und daß jeder Sachbearbeiter über eine einschlägige abgeschlossene Berufsausbildung verfügen müssen. Eine langjährige Berufserfahrung sowie die Fähigkeit zu überdisziplinärem Denken und Handeln runden das wünschenswerte Qualifikationsprofil des Personalarbeiters ab.

1.1.2 Vorgesetzte

Wesentliche Anteile am Personalführungsprozeß leisten auch die Führungskräfte in Vorgesetztenfunktionen. Während wir als **Führungskräfte** alle Aufgabenträger ansehen, die aufgrund ihrer formalen Stellung Einfluß auf das Unternehmensgeschehen schlechthin nehmen, verstehen wir in einem engeren Sinne unter **Vorgesetzten** Führungskräfte mit der Aufgabe, Kompetenz und Verantwortlichkeit, gegenüber ihren in Linie unterstellten Mitarbeitern verbindliche Veranlassungen, insbesondere Anordnungen, zu treffen, denen diese zu folgen verpflichtet sind.

Richtet sich die Kompetenz auf die *sachlichen* Inhalte der zu verrichtenden Arbeit, sprechen wir vom **Fachvorgesetzten**. Umfaßt die Kompetenz zugleich auch Regelungen, die *die Substanz des Anstellungsverhältnisses* berühren, sprechen wir vom **Disziplinar-Vorgesetzten**. Beide Funktionen können in der Hand *eines* Vorgesetzten vereinigt, die Disziplinarfunktion kann aber auch der Führungskraft einer höheren Ebene als der des Fachvorgesetzten vorbehalten sein.

Der Schwerpunkt der Führungsaufgabe eines Vorgesetzten besteht darin, die ihm direkt unterstellten Mitarbeiter in die Erfüllung der seinem Führungsbereich übertragenen Aufgaben einzubeziehen. Soweit ihm nicht zugleich auch die Disziplinargewalt obliegt, wird er außerdem an den von der zuständigen Disziplinarinstanz zu treffenden Disziplinarentscheidungen, die seine *eigenen* Mitarbeiter betreffen (zum Beispiel Einstellungs-, Beförderungs-, Versetzungsentscheidungen) hinzugezogen werden. Kennzeichnend für die Führungstätigkeit des Vorgesetzten ist sein *ständiger direkter Kontakt* zu seinen Mitarbeitern. Den Schwerpunkt seiner Tätigkeit bildet somit die **Operative** bzw. **Interaktionelle Personalführung.**

Vorgesetzte verfügen heute allgemein über eine anspruchsvolle Fach-Qualifikation als Meister, Kaufleute oder Hochschulabsolventen beliebiger Richtungen. Während die Ausbildung zum Werkmeister heute im Regelfall die Vermittlung von Kenntnissen für die Personalführungsaufgabe umfaßt, beschränkt sich die Ausbildung an Hochschulen fast gänzlich auf die Vermittlung fachbezogener Studieninhalte. Vorgesetzte mit Hochschulabschluß verfügen deshalb in ihrer Mehrzahl nur über eine geringe oder gar keine Vorbildung für ihre Führungsaufgabe. Dies wirkt sich, da hier ganz andere Anforderungen gestellt werden als in Fachfunktionen (vgl. dazu Ziffer 1.4), zumindest am Beginn ihrer Führungskarriere regelmäßig als beträchtliches Leistungsdefizit aus.

1.1.3   Mitarbeiter

Als **Mitarbeiter** bezeichnen wir die Arbeitskräfte, die einem Vorgesetzten in Linie unterstellt und seinen Veranlassungen mit bindender Wirkung verpflichtet sind.

Wir sprechen bewußt vom »*Mitarbeiter*« und *nicht* vom »*Untergebenen*«, weil wir in der unterstellten Arbeitskraft das am Arbeitsprozeß eigenaktiv mitwirkende Subjekt sehen und nicht mehr, wie in früheren Zeiten, das der Willensdurchsetzung des Arbeitgebers passiv unterworfene Objekt. Die neue und zugleich aufgewertete Stellung der Arbeitskraft in ausführender Funktion rechtfertigt sich aus ihrer heute im Regelfall ebenfalls höherwertig gewordenen Qualifikation: An ungezählten Arbeitsplätzen aller Ebenen arbeiten heute hochqualifizierte Spezialisten und Experten, deren Know-how dem des Vorgesetzten ebenbürtig oder sogar überlegen und für die zur Unternehmensführung zu treffenden Entscheidungsprozesse unverzichtbar geworden ist. Darüber hinaus prägt auch der Arbeitsstil des Mitarbeiters rückkoppelnd das Führungsverhalten des Vorgesetzten, so daß der Personalführungsprozeß höherer Ebenen über die Wirkungen wechselseitiger Verhaltensbeeinflussung auch von nachgeordneten Ebenen nachhaltig beeinflußt wird.

1.1.4   Betriebsrat

Nach den Regelungen des heute geltenden Betriebsverfassungsgesetzes stehen dem Betriebsrat als Arbeitnehmervertreter im Betrieb in wichtigen Sachfragen weitreichende Mitwirkungsrechte an

Entscheidungen des Arbeitgebers zu (vgl. unten Ziffer 8.4). Zum Teil als verbindliche Mitbestimmungsrechte ausgestaltet, versetzen sie den Betriebsrat in die Lage, wichtige Personalentscheidungen inhaltlich unmittelbar zu beeinflussen. Insoweit nimmt auch er am betrieblichen Personalführungsprozeß teil.

Die Zuordnung der am Personalführungsprozeß beteiligten Instanzen läßt sich wie folgt darstellen:

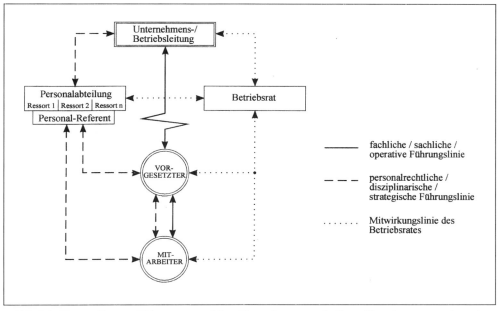

Abb. 1.1: Die am Personalführungsprozeß beteiligten Instanzen in ihren Zuordnungen zueinander

1.2   Der gegenständliche Schwerpunkt des Buches

Das Buch konzentriert sich auf das Feld der **Operativen Personalführung**, wie sie die Führungskräfte unserer Unternehmen in ihrer Eigenschaft als **Vorgesetzte** im täglichen Zusammenwirken mit ihren Mitarbeitern zu bewältigen haben. Da aber einerseits auch die Arbeit der Personalabteilung operative Elemente aufweist und andererseits das Buch mit dem Angebot eines unternehmensweit einsetzbaren Personalführungskonzeptes in das Feld der strategischen Personalarbeit hineinreicht, wendet sich sein Gegenstand *auch* an den **Personalarbeiter**.

Den Bezugsgegenstand bildet das **Unternehmen**, soweit wir vom rechtlich und wirtschaftlich selbständigen Wirtschaftssubjekt sprechen.

Bei unseren Ausführungen zur operativen Personalführung müssen wir aber häufig von den Bedingungen ausgehen, wie sie *vor Ort* von den konkreten sachlichen und menschlichen Verhältnissen geprägt werden. Diese können in verschiedenen Produktionsstätten ein und desselben Unternehmens gänzlich unterschiedlich ausgeprägt sein. Deshalb wählen wir als Bezugssystem für operative Personalführung den **Betrieb** im Sinne einer räumlich eigenständigen Einheit, die mit eigenen personellen und sachlichen Mitteln ausgestattet ist und planvoll organisiert wirtschaftswerte Güter her- oder bereitstellt. So kann der Betrieb mit einem Unternehmen identisch sein, braucht aber auch nur ein Teil davon zu sein.

Die folgenden Ausführungen orientieren sich ferner in erster Linie an Führungsbeziehungen, wie sie typischerweise in den üblichen stationären Fertigungsstätten anzutreffen sind. Sonderprobleme aus mobiler Produktion, etwa bei der Erstellung von Dienstleistungen beim Kunden (zum Beispiel Baugewerbe, Instandhaltung) oder unter besonders schwierigen Umfeldbedingungen (zum Beispiel im Bergbau oder Bauleistungen unter freiem Himmel), können im Rahmen dieser Abhandlung nur am Rande berücksichtigt werden.

Aber auch in Betrieben mit stationären Fertigungen bestehen, branchen- oder ebenenspezifisch bedingt, differenzierte Formen der Personalführung, so zum Beispiel zwischen
- dem Leiter einer Forschungsabteilung und seinen Wissenschaftlern mit Hochschulabschluß,
- dem Vorarbeiter einer Putzerei und seinen ungelernten Putzern in einer Eisengießerei,
- dem Gruppenleiter einer EDV-Abteilung und seinen Angestellten an den Bildschirmgeräten oder
- dem Meister einer Versuchswerkstatt und seinen hochqualifizierten Facharbeitern.

Hierauf kann im Rahmen dieser Arbeit nur punktuell eingegangen werden (vgl. Ziffer 22).

Schließlich wollen wir unsere Augen auch vor der Tatsache nicht verschließen, daß das Feld betrieblicher Personalführung als Bestandteil unserer gesamtgesellschaftlichen Realität ebenso vielfältig und komplex ist wie diese Realität in ihrem schnellen Wandel es selbst ist. Wir haben den hoch motivierten wie den demotivierten Mitarbeiter, die befähigte Führungskraft »mit dem richtigen Händchen« und jene, die ihr Personal gleich einer Verfügungsmasse »verwaltet«. Und »unsere Wirtschaft« umfaßt das auf der Höhe der Zeit geführte Unternehmen ebenso wie jenes, das geistig noch dem 19. Jahrhundert verhaftet ist – trotz einer modernen Produktpalette. Den Öffentlichen Dienst mit seinen leistungsfernen Organisations- und Führungsstrukturen lassen wir gänzlich außer acht. Diese Vielfältigkeit ließe sich auch auf einigen tausend Druckseiten nicht vollständig darstellen. Das Buch kann seinen Gegenstand deshalb nur in einigen als zentral zu bewertenden Schwerpunkten abbilden. Der Leser ist darauf angewiesen, das hier Gesagte für **seine** Führungssituation analog und deduktiv, d. h. ihrer Ähnlichkeit gemäß und vom Allgemeinen auf den Einzelfall schließend, anwendbar zu machen.

1.3   Personalführung im Spannungsfeld zwischen wirtschaftlichen und gesellschaftlichen Ansprüchen

1.3.1   Personalwirtschaftlicher Hintergrund

Die Produktion bzw. Bereitstellung qualifizierter Waren und Dienstleistungen erfolgt im produzierenden Wirtschaftsunternehmen durch den kombinierten Einsatz der Produktionsfaktoren Arbeit und Kapital.

Arbeit fließt der Wirtschaft als Arbeitsleistung der am Wirtschaftsprozeß mitwirkenden Menschen zu, unabhängig davon, ob sie als selbständige Arbeitgeber oder als in einem Arbeitsverhältnis stehende Arbeitnehmer daran teilnehmen.

Kapital ist im Wirtschaftsprozeß beteiligt in Form von Betriebsmitteln (zum Beispiel Grundstücke, Gebäude, Anlagen, Maschinen, Transportmittel), Werkstoffen (Arbeitsmaterial, Hilfsstoffe, Energie) und Geld.

Der *Unternehmer* als derjenige, der den Einsatz der Produktionsfaktoren im Unternehmen plant und organisiert, strebt an, durch den Verkauf der produzierten Waren und/oder Dienstleistungen auf den Märkten einen Überschuß über seine Kosten zu erzielen: Der Erlös (= Umsatz) innerhalb bestimmter Zeiträume muß höher sein als die zur Erzeugung aufzuwendenden Kosten.

Erlös > Kosten

Der so angestrebte Gewinn errechnet sich nach der Formel

Gewinn = Erlös - Kosten

Bemessen wir den Gewinn in Prozenten zum eingesetzten Kapital, erhalten wir als Größe die *Rendite*. [1]

Das Erwirtschaften von Gewinn stellt für das Unternehmen als Beweggrund für den Kapitaleinsatz das erste und wichtigste Ziel dar. Es kann den Gewinn auf zwei Wegen zu maximieren versuchen:

a) zu bestimmten Kosten wird ein *maximaler Erlös* angestrebt (*»Maximalprinzip«*); oder
b) ein bestimmter Erlös wird zu *minimalen Kosten* angestrebt (*»Minimalprinzip«*).

In jedem Falle bilden die Kosten eine tragende Größe für den unternehmerischen Erfolg. Sie entstehen als die für den Einsatz von Kapital und Arbeitskraft notwendigen Aufwendungen und lassen sich in Kapital- und Personalkosten untergliedern.

Zu den *Kapitalkosten* gehören zum Beispiel
- Abschreibungen für Betriebsmittel,
- Kosten für Werk- und Hilfsstoffe,
- Zinsen für Fremdkapital,
- Mieten und Pachten,
- Kosten zur Beseitigung von Schäden an Betriebsmitteln.

Die *Personalkosten* ergeben sich aus
- Direkt-Entgelten wie Löhnen und Gehältern

sowie *Personalzusatzkosten* wie:
- Beiträge des Arbeitgebers zur Sozialversicherung,
- freiwillige Aufwendungen für Sozialeinrichtungen wie Kantine, Erholungsheime,
- Aufwendungen für die Entgeltfortzahlung bei Krankheit, Urlaub und anderer Abwesenheit (Absentismus),
- Aufwendungen für Versorgungseinrichtungen wie Pensions- oder Notfallunterstützungs-Kassen sowie für Vorruhestandsregelungen,
- Aufwendungen für den Arbeitsschutz,
- Aufwendungen für betriebliche Aus- und Weiterbildung,
- Aufwendungen für Personalbeschaffung oder beim Personalabbau wie zum Beispiel für Sozialpläne oder Abfindungen.

Sie sind teils gesetzlich, teils tarifvertraglich fixiert. Dank eines eng geknüpften Netzes sozialer Absicherungen der Arbeitnehmer in der Bundesrepublik [2] betrugen die Personalzusatzkosten, die von den Arbeitgebern **zusätzlich** zu den Löhnen und Gehältern zu zahlen sind, im Jahre 1991 im Verarbeitenden Gewerbe **weitere 84** % derselben, womit sie unter denen der anderen westlichen Industrieländer den Rangplatz 1 einnehmen. [3] Dies bedeutet: Zu jeweils DM 100,– Brutto-Entgelt hat der Arbeitgeber DM 84,– an Zusatzkosten hinzuzuzahlen!

Das Verhältnis der Personal- zu den Kapitalkosten *variiert* zwischen den einzelnen Unternehmen und Branchen, je nachdem, ob es sich im Einzelfall um ein kapitalintensives Unternehmen (zum Beispiel ein Kraftwerk, eine Raffinerie) oder ein personalintensives Unternehmen (zum Beispiel ein solches der Feinwerktechnik, eine Versicherungsgesellschaft) handelt.

Der Großteil unserer Wirtschaftsleistung wird im *Verarbeitenden Gewerbe* mit den Produktionszweigen Grundstoffe und Produktionsgüter, Investitionsgüter, Verbrauchsgüter sowie Nahrungs- und Genußmittel erbracht. Für die dort überwiegende Güterveredelung wird hochqualifiziertes Personal benötigt, welches hohe Kosten verursacht. Die folgenden Daten für das Jahr 1992 mögen dies belegen [4]:

Im Jahresdurchschnitt betrugen die *Kosten je Arbeitsstunde* (= Direkt-Entgelte zuzüglich Personalzusatzkosten) in der Bundesrepublik Deutschland DM 41,96. Davon entfielen auf Direkt-Entgelte DM 22,50 und auf Personalzusatzkosten DM 19,46. Zum amtlichen Durchschnittskurs umgerechnet, nahm die Bundesrepublik damit unter den 19 in der Quelle ausgewiesenen wichtigsten Industrieländern den 1. Rangplatz ein.

Absolut zahlte das Verarbeitende Gewerbe 1992 seinen ca. 7,18 Millionen Beschäftigten an direkten Entgelten insgesamt DM 405,35 Milliarden. Dies entspricht 21 % seines Jahresumsatzes von DM 1.927,33 Milliarden. Mit dazukommenden Personalzusatzkosten von ca. DM 340,5 Milliarden schlagen die realen Kosten für den Faktor »Personal« mit ca. DM 745 Milliarden zu Buche, was etwa 38 % des Umsatzes entspricht.

An dieser Stelle kann nicht unerwähnt bleiben, daß die deutschen Arbeitnehmer 1992 im Mittel bei einer tariflichen 37,5 Stunden-Woche und einer Soll-Arbeitszeit von 1665 Stunden/Jahr (Urlaubs- und Feiertage eingerechnet) abzüglich 146 Stunden Fehlzeiten mit 1.519 Stunden/Jahr (= 29,2 Stunden/Woche) unter den Arbeitnehmern der genannten 19 Länder die kürzeste Zeit am Arbeitsplatz verbracht haben. Allerdings korrigieren die im Jahresdurchschnitt freiwillig geleisteten 62,5 hochbezahlten Überstunden die effektive Arbeitszeit wieder auf 1.581,5 Stunden im Jahr. Das entspricht im Jahresmittel 30,4 Stunden je Woche [5].

Bei der komfortablen und kostenintensiven Ausstattung des Faktors »Arbeitskraft« treffen die Unternehmen auf zunehmend schwieriger werdende Wettbewerbsbedingungen auf den in- und ausländischen Märkten: Japan und andere ehemalige Schwellenländer Asiens und Südamerikas drängen weltweit mit technologisch und qualitativ gleichwertigen, aber rationeller und personalkostengünstiger hergestellten Gütern in neue Absatzgebiete. Dank der seit Anfang 1993 weggefallenen Binnengrenzen innerhalb der Europäischen Union und zu den Ländern der EFTA wird der Wettbewerb sich auch zwischen den europäischen Anbietern weiter verschärfen.

Das rasante Tempo des technischen Fortschritts läßt die Produktlebenszyklen immer kürzer werden und zwingt zu steigenden Aufwendungen für Forschung, Entwicklung und Investitionen. Abnehmer fordern mehr und mehr die individuelle Problemlösung bei geringer werdender Fertigungstiefe. Dies kommt zuallererst kleinen und mittleren Unternehmen zugute. Auf der anderen Seite zwingen Großunternehmen gerade ihnen als Zulieferern mit »Just-in-time«-Vorgaben einen Großteil der Lasten für Logistik und Lagerhaltung auf. Dies wiederum erfordert dort ständige Lieferbereitschaft in kleinen Losgrößen, die ihrerseits wieder rüstfreundliche Fertigungstechnologien und integrierte, DV-gestützte Vernetzungen aller unternehmerischen Funktionsbereiche, von der Entwicklung über das Materialwesen und die Produktion bis zum Vertrieb, bedingen. Daß der Abnehmer an die bezogenen Güter allerhöchste Qualitätsansprüche stellt, gilt als selbstverständlich.

Die Dynamik der dargestellten Trends [6] zwingt unsere Unternehmen, wollen sie sich auf den Märkten behaupten, mehr denn je zu immer effektiveren Strategien bei der Kombination und Nutzung ihrer Ressourcen »Kapital« und »Personal«. Dies erfordert die Innovationskraft hochqualifizierten Personals, das sein Gaben-, Talent- und Befähigungspotential voll einsetzt.

Kurzfristig wird angestrebt, die zur Herstellung von Gütern bisher aufzuwendenden Personalkosten zu senken. Da der Preis für Arbeit im Inland unelastisch ist (»Einbahnstraße«), geschieht dies mehr und mehr dadurch, daß Arbeitskraft in sog. »Billiglohnländern«, vorzugsweise im früheren Ostblock, angekauft wird. Dazu werden ganze Produktionen ins Ausland verlagert. Technische Rationalisierung ermöglicht bei repetitiven Arbeitsgängen den Ersatz menschlicher Arbeitskraft durch Automaten. Zusammen mit dem Abbau von Überkapazitäten durch Stillegungen ganzer Betriebe oder Betriebsteile entsteht insgesamt ein Arbeitskräfte-Minderbedarf, der sich nicht mehr durch natürliche Abgänge und normale Fluktuation ausgleichen läßt. So kommt es seit etwa 1992 zu Einzel- und Massenentlassungen nicht mehr benötigter Arbeitnehmer von dramatischen Ausmaßen. Allein von 1992 bis 1993 (jeweils Jahresmitte) wurden in den alten Bundesländern ca. 500.000 Arbeitsplätze abgebaut. So hat die Zahl der Arbeitslosen zu Jahresbeginn 1994 hier 2,74 Millionen (Quote = 8,8%) und zusammen mit den 1,3 Millionen (= 17,1%) in den neuen Bundesländern die Schwelle von 4 Millionen erreicht [7]. In den Ländern der Europäischen Union sind mit 19 Millionen Menschen durchschnittlich 11% der Arbeitswilligen von Arbeitslosigkeit betroffen. Trotz der jahreszeitlich zu erwartenden Erholung des Arbeitsmarktes und fühlbarer Anzeichen für die Überwindung der weltweiten Konjunkturkrise sprechen derzeit alle Prognosen dafür, daß sich die Lage auf den Arbeitsmärkten künftig weiter verschärfen wird.

Arbeitslosigkeit bedeutet
- den Verlust von Steuermitteln für die öffentlichen Haushalte,
- die Belastung des Systems der öffentlichen Sozialversicherung,
- brachliegendes wirtschaftlich-technisches »Know-how« sowie
- die Gefahr menschlich-seelischer Verelendung der betroffenen Arbeitnehmer und ihrer Familien.

Der Weg des Arbeitsplätzeabbaus ist betriebswirtschaftlich effizient, volkswirtschaftlich und gesellschaftspolitisch jedoch in hohem Maße unerwünscht. Neue Wege, über kürzere Arbeitszeiten oder die Einschränkung der Zulässigkeit von Überstunden zu mehr Verteilungsgerechtigkeit zu kommen, werden diskutiert.

Weiter stellt sich die Frage nach Möglichkeiten, am *beschäftigten* Personal Kosten zu sparen. Sie bestehen nur in geringem Maße. Personalkosten sind, soweit sie nicht gänzlich freiwillige Leistungen des Unternehmens darstellen, gesetzlich und tarifvertraglich fixiert. Werden freiwillige Leistungen erbracht, deren Abbau rechtlich zulässig ist, so ist er dennoch praktisch vielfach nur schwer realisierbar. Längerfristig gewährte Leistungen (zum Beispiel übertarifliche Zuschläge, Leistungszulagen) werden aus der Sicht des Arbeitnehmers häufig Bestandteile seines »Besitzstandes« und damit quasi einer Rechtsposition. Dem liegt auch die Tatsache zugrunde, daß das Entgelt in allen seinen Formen für die meisten Arbeitnehmer nicht *nur* einen kommerziellen Gegenwert zu ihrer Arbeitsleistung darstellt. Sie sehen darin ebenso einen Ausdruck der Bewertung ihrer Persönlichkeit durch den Arbeitgeber. Ein Abbau betrieblicher Leistungen wird daher regelmäßig als Entzug von Wertschätzung und in diesem Sinne als persönliche Abwertung empfunden.

1.3.2   Inhalte arbeitnehmerseitiger Leistung

Angesichts des Fixkostencharakters der Aufwendungen für den dem Stellenplan entsprechenden Arbeitskräfteeinsatz richtet sich das Interesse auf die weitere Frage, wie weit die im beschäftigten Personal angelegten Leistungskapazitäten bereits ausgeschöpft werden und die von ihm im Unternehmen erbrachte Leistung im wirtschaftlichen Sinne als *optimal* bezeichnet werden kann.

> Unter **mitarbeiterseitiger Leistung** verstehen wir *jeden* Beitrag, den ein Mitarbeiter in Übereinstimmung mit einer betriebsseitigen Ergebnis- oder Verhaltensvorgabe überhaupt oder unabhängig davon zum *Unternehmenserfolg* erbringt.

Eine Leistung liegt demnach *auch dann* vor, wenn ein Mitarbeiter, einer falschen betrieblichen Vorgabe folgend, Arbeiten verrichtet, die effektiv nicht zum Unternehmenserfolg beitragen. Der Betrieb hat in diesem Falle Arbeitsleistung vergeudet.

Als *optimal* ist die erbrachte Leistung eines Mitarbeiters dann zu bewerten, wenn er in seiner Funktion die *Gesamtheit der Beiträge* einbringt, zu denen er aufgrund seiner Qualifikation und Kondition psychisch und physisch fähig ist, wenn er sein Leistungspotential also ausschöpft. Grenzen dafür bilden die geltenden Regelungen des Arbeitsschutzrechtes und die Erkenntnisse der Arbeitswissenschaft, insbesondere der Arbeitsmedizin, die dem Schutze der menschlichen Gesundheit zu dienen bestimmt sind.

> Die **optimale Leistung** eines Arbeitnehmers bildet *die Gesamtheit aller* vorgabegemäß oder spontan für den Unternehmenserfolg relevanten *psychischen und physischen Beiträge*, die er aufgrund seiner Qualifikation und Kondition unter den gegebenen Leistungsmöglichkeiten unter Wahrung der arbeitsrechtlich und medizinisch errichteten Schranken auf Dauer zu erbringen *fähig* ist.

Beschränkt auf die Parameter *Arbeitsmenge* und *Arbeitsgüte* ist davon auszugehen, daß zumindest bei der Mehrzahl der gewerblichen Arbeitnehmer die Leistungspotentiale mittels präzise ermittelter Zeit- und Gütevorgaben ausgeschöpft werden können. Wie weit dies auch für Zeitlöhner und Gehaltsempfänger ohne entsprechende Vorgaben gilt, erscheint schon fraglicher. Die vorstehende Definition läßt indessen leicht erkennen, daß arbeitnehmerseitige *»optimale Leistung«* sich nicht in optimaler Arbeitsmenge und -güte erschöpft.

> **Arbeitshinweis**: Notieren Sie auf einem gesonderten Blatt einmal *alle* nach Ihrer Meinung für ein Unternehmen wertvollen Leistungsbeiträge, die ein Arbeitnehmer an seinem Arbeitsplatz noch *zusätzlich* zu hoher Arbeitsmenge und -güte erbringen kann, und vergleichen Sie Ihre Aufstellung anschließend mit dem folgenden Katalog.

Der Wert der arbeitnehmerseitigen Leistung leitet sich zu einem wesentlichen Teil auch von der Art ab, wie sie im Kontext zum gesamten Funktionsablauf erbracht wird. In diesem Sinne sind hier vor allem zwei Gruppen von Beiträgen als erfolgswirksam anzusetzen: zum einen *Verhaltensweisen, durch welche die Effizienz des Funktionsablaufes ingesamt gesteigert wird;* zum zweiten *Verhaltensweisen, durch die vermeidbare Kosten beliebiger Art vermieden und unvermeidliche Kosten minimal gehalten werden.* Der optimale arbeitnehmerseitige Leistungsbeitrag umfaßt in dieser erweiterten, wirtschaftlichen Sichtweise folgende Komponenten:

A) **Hoher Leistungs-Output in der Arbeitsaufgabe**
   a) quantitativ durch hohe Produktivität in der Zeit,
   b) qualitativ durch maximale Arbeitsgüte;

B) **Flankierende Steigerung der Leistungseffizienz durch die von sichtbarem Leistungs- und Erfolgswillen getragene**
   a) aktivierte Bereitschaft zu/zum/zur
   - sparsamem Verbrauch von Gütern aller Art, insbesondere von Werkstoffen, Hilfsstoffen und Energie,
   - Schonung und Pflege betrieblicher Einrichtungen, Anlagen und Geräte zwecks Minimierung von Reparatur-, Instandhaltungs- und Wiederbeschaffungskosten,
   - Kreativität durch Abgabe von arbeitsplatzspezifischen und -übergreifenden Verbesserungs- und Rationalisierungsvorschlägen,
   - Einhaltung vorgegebener Termine,
   - Zieleffizienz beim Einsatz betrieblicher und persönlicher Ressourcen,
   - Teamarbeit und Kooperation mit anderen Aufgabenträgern und Arbeitsgruppen, insbesondere bei der Abstimmung über gemeinsam interessierende Fragen und Problemlösungen,
   - Zuverlässigkeit und Gewissenhaftigkeit in der Wahrnehmung übernommener Aufgaben, Rechte und Pflichten,
   - Weitergabe von Informationen und Know-how an andere Stellen, für die sie wichtig sind,
   - räumlicher Mobilität,
   - allseitiger Flexibilität,
   - allgemeiner Arbeitsdiziplin und Pünktlichkeit,
   - Loyalität gegenüber Unternehmen und Vorgesetzten,
   - eigenständiger Fort- und Weiterbildung auf den neuesten Stand beruflichen Wissens,
   - Orientierung eigenen Handelns an der Sache und nicht an Prestigepositionen,
   - kritischem und zugleich positivem analytischem Denken gegenüber den Problemen des betrieblichen Alltags,
   - Selbständigkeit im Arbeiten und im Lösen dabei auftretender unvorhergesehener Probleme,
   - aufgabenorientierter Bemessung der Arbeitszeit im Bedarfsfall, d. h. zu Mehrarbeit,
   - verantwortungsvollem Gebrauch überlassener Freiräume,
   - Aufdecken und Beheben von Fehlern, statt sie zu ignorieren oder zu verstecken,
   - proaktivem, mitdenkendem Verantwortungsgefühl fürs Ganze,
   - Motivieren anderer Mitarbeiter;
   b) aktivierte Bereitschaft zu Vermeidung und Unterlassung von
   - unberechtigten Fehlzeiten,
   - betrieblich unerwünschtem Arbeitsplatzwechsel,
   - Gefährdungen von Personen und Sachen,
   - Leerlauf und Wartezeiten bei Personen und Betriebsmitteln, insbesondere durch
     * gutes Zusammenwirken zwischen einzelnen Betriebsbereichen/Baustellen,
     * exakte Dispositionen nichtstationärer Betriebsmittel,
   - Vergeudung von Arbeitszeit,

> – **Diebstahl von Gütern und geistigem Eigentum anderer Mitarbeiter und des Unternehmens,**
> – **Weitergabe vertraulicher Daten an Stellen, für die sie nicht gedacht sind,**
> – **Auseinandersetzungen, die den Arbeitsfrieden stören.**
>
> C) **Allgemein die Identifizierung mit dem Unternehmen, seinen Produkten und seinen Zielen (»Corporate Identity«).**

Der Katalog kann – auch branchenspezifisch – erweitert werden.

Beispiel 1:
Ein kleinerer Betrieb mit 100 gewerblichen Arbeitnehmern (Facharbeiter) leidet an der 1992 üblich gewesenen Fehlzeitenquote von 9 %. Dies entspricht 9 ständig abwesenden Arbeitskräften. Dadurch erhält er entweder für 100 % Personalaufwand nur 91 % Leistungs-Output, oder er muß für 100 % Leistung 109 % Personal beschäftigen. Ein Facharbeiter der Lohngruppe 8 (Metalltarif NW) kostet monatlich DM 3.200 Bruttolohn zuzüglich DM 2.690 Nebenkosten, insgesamt also ca. DM 5.900 oder DM 70.800 jährlich. Darin sind noch keine Urlaubs- und Weihnachtszuwendungen sowie freiwillige außertarifliche Zulagen enthalten. Bei 9 % Fehlzeiten sind die Kosten dafür mit DM 637.200 anzusetzen. Gelänge es, die Fehlzeiten über den freiwilligen Verzicht der Belegschaft auf unberechtigten Absentismus um nur einen Prozentpunkt zu senken, so erbrächte dies dem Betrieb einen Ergebniszuwachs von ca. DM 70.800 pro Jahr.

Beispiel 2:
Für die Wiederbesetzung einer Facharbeiterstelle müssen bei normaler Arbeitsmarktlage Aufwendungen in Höhe von 3 bis 5 Monatseinkommen gerechnet werden. Dies sind ca. DM 18.000 bis 30.000. Die Wiederbeschaffungskosten einer Führungskraft im Range eines Abteilungsleiters sind mit DM 80.000 bis 150.000 anzusetzen.
Für beide Beispiele gilt: Der energetische Zusatzaufwand und Verluste aus der Nichtauslastung von Betriebsmitteln sind nicht erfaßt, sie können auch nur schwer ermittelt werden. Nach gesicherten Erfahrungen der Praxis korrespondieren sowohl die Höhe der Fehlzeiten als auch die Häufigkeit mitarbeiterseitiger Kündigungen direkt mit dem Zufriedenheitsgrad der Belegschaft über das wahrgenommene Arbeitsklima und dem Führungsstil ihrer Vorgesetzten. Schon hier wird deutlich, daß die betriebliche Pflege des Arbeitsklimas und das Bemühen um qualifiziertes Führungsverhalten sich unmittelbar ergebniswirksam niederschlagen.

Kehren wir zum vorstehenden Katalog von Leistungsbeiträgen zurück.

> Bitte lösen Sie folgende **Aufgabe:**
> Versetzen Sie sich in die Lage eines frustrierten, leistungsunwilligen Arbeitnehmers und prüfen Sie anhand jedes einzelnen Leistungsmerkmals, wie weit Sie es ganz oder teilweise zurückhalten, sich also vor ihm »drücken« könnten, ohne daß man Sie mit verbindlichen Anordnungen und anderen disziplinarischen Mitteln in der betrieblichen Praxis **zwingen** könnte, die jeweilige Leistung zu erbringen und ohne daß man Sie dafür **bestrafen** könnte. Für wie häufig halten Sie die Möglichkeiten eines unlustigen, frustrierten Drückebergers, einzelne Beiträge zu mindern oder gänzlich zurückzuhalten?

Betrachten wir die insbesondere unter B) und C) aufgeführten Leistungsbeiträge **nach ihrem Inhalt** näher, so erkennen wir folgendes:

A) Angestrebte Leistungsbeiträge beschränken sich nicht nur auf das qualitativ und quantitativ optimale Erfüllen der Arbeitsaufgabe, sondern sie existieren als zusätzliche Komponenten auch im Umfeld der eigentlichen Aufgabe, die zum Beispiel auch von Fließbandarbeitern erbracht werden können.

Beispiele:
Verzicht auf unberechtigten Absentismus und auf Diebstahl, pfleglicher Umgang mit Betriebsmitteln.

B) Leistungen bestehen nicht nur im Ergebnis der Arbeit, also im »Output«, sondern ebenso in der Güte des Stils, im Verhaltenskontext, in dem sie erbracht werden.

Beispiele:
Gewissenhaftigkeit, Zuverlässigkeit, Selbständigkeit, Kooperativität, Loyalität im Zusammenarbeiten.

C) Für die meisten der Beiträge, die der Mitarbeiter neben seinem Output im engeren Sinne erbringt, ist kein zusätzlicher Aufwand an Kraft, Zeit oder Energie notwendig, durch den die arbeitsrechtlich und -medizinisch gesetzten Leistungsschranken durchbrochen werden müßten. Für sie genügt die innere positive Einstellung zur Arbeit.

Beispiele:
Schonender Umgang mit Betriebsmitteln, sparsamer Verbrauch von Hilfsstoffen, Ausschöpfen der bezahlten Arbeitszeit.

Betrachten wir die **Möglichkeiten** des Betriebs, die Beiträge mit den Methode des verbindlichen Anordnens (»Befehlens«) **aktivieren zu können,** so müssen wir folgendes erkennen:

A) Ein Teil von ihnen fällt nicht unter die geschuldeten, arbeitsrechtlich abgesicherten Leistungspflichten. Dem Arbeitgeber steht auf ihre Ausbringung kein Rechtsanspruch zu. Sofern der Arbeitnehmer sie zurückhält, kann ihm weder eine Verletzung des Arbeitsvertrages vorgeworfen noch mit Sanktionen geantwortet werden.

Beispiele:
Abgabe von Verbesserungsvorschlägen; über »das Übliche« hinausgehende Sparsamkeit im Verbrauch von Werkstoffen und Energie; formell nicht vorgesehene Hilfsbereitschaft gegenüber anderen Arbeitsgruppen; Kundenorientierung; »Corporate Identity«.

B) Andere dieser Leistungskomponenten fallen in den arbeitsrechtlich abgesicherten Pflichtenbereich, können aber gleichwohl vom Arbeitnehmer gänzlich oder in erheblichem Umfang zurückgehalten (»versteckt«) werden, ohne daß der Arbeitgeber ihm hieraus ein vorwerfbares und in diesem Sinne mit Sanktionen zu ahndendes Verhalten *nachweisen* kann. Auch sie sind in der Realität des Arbeitsalltages deshalb nicht oder nur teilweise erzwingbar.

Beispiele:
Verzicht auf »Krankfeiern« innerhalb eines nicht auffälligen Rahmens; Vermeidung leicht fahrlässiger, unachtsam verursachter Beschädigungen von Betriebsmitteln; Unterlassung des Vergeudens von bezahlter Arbeitszeit insbesondere bei Zeitlöhnern und Gehaltsempfängern, Verzicht auf den nicht entdeckbaren Diebstahl von Gütern.

C) Bei wieder anderen Pflichtbeiträgen werden dem Arbeitnehmer definierte oder – noch häufiger – undefinierte Leistungsbandbreiten eingeräumt, innerhalb derer er arbeiten darf. Nutzt er ihr unterstes, ihm bequemstes Richtmaß, verhält er sich immer noch pflichtgemäß, obwohl das anspruchsvollere und dem Betrieb zugleich nützlichere Richtmaß ihm zumutbar und auch möglich wäre.

Beispiele:
Bandbreiten bei Ausschußquoten, Materialverbrauch, Werkzeugverschleiß, Maschinenstillstandszeiten, Verpflichtungen zu »kooperativem« Verhalten.

Ein wesentlicher Teil der für den Unternehmenserfolg relevanten Leistungsbeiträge braucht vom Arbeitnehmer de facto also nur dann ausgebracht zu werden, wenn er dazu bereit ist. Der Arbeitnehmer

*kann diese Leistungen ganz oder teilweise zurückhalten, ohne dafür seitens des Arbeitgebers »Strafen«
gewärtigen zu müssen. Da sie dem Unternehmen vor allem auf der Grundlage freien Willens, einer positiven inneren Arbeitshaltung also, zugeführt werden, gebrauchen wir für sie forthin den Begriff*

Goodwill-Komponenten der Arbeitsleistung.

Wir bedienen uns des Begriffes »Goodwill« instrumentell im Sinne eines *Sammelkorbes*, in dem wir
uns die einschlägigen Leistungen bei unseren weiteren Erörterungen zusammengefaßt vorstellen.
Selbstverständlich müssen sie als Gegenstände der Führungspraxis wieder konkretisiert werden.

> **Goodwill-Komponenten der Arbeitsleistung** sind für den Unternehmenserfolg relevante Lei-
> stungsbeiträge, die der Arbeitnehmer *freiwillig* ausbringen oder aber auch ohne Gefahr der
> Bestrafung zurückhalten kann, weil sie entweder keinen Bestandteil arbeitsvertraglich ge-
> schuldeter Leistungspflichten bilden oder weil ihre Zurückhaltung ihm nicht als Pflichtver-
> letzung nachgewiesen oder vorgeworfen werden kann.

Davon zu unterscheiden ist die Gruppe der Leistungen, die der Arbeitnehmer dem Unternehmen
arbeitsrechtlich schuldet **und** die das Unternehmen von ihm notfalls durch Anwendung von Sanktionen *auch erzwingen kann*, weil es ihre nicht-Erbringung als schuldhafte Leistungsverweigerung
nachweisen kann. Wir bezeichnen sie als

das »Muß«-Potential der Arbeitsleistung.

Sie bilden zusammen mit den *ebenfalls rechtlich geschuldeten*, aber *nicht erzwingbaren* Goodwill-
Leistungen (vgl. Buchstabe B))

das »Pflicht«-Potential der Arbeitsleistung

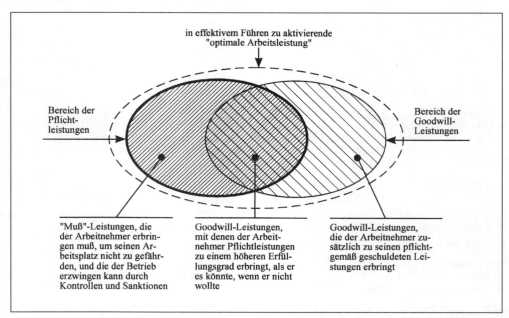

Abb. 1.2: Die Struktur der Arbeitsleistung mit ihren »Muß«-, »Pflicht«- und »Goodwill«- Komponenten

Die Muß-Beiträge lassen sich von denen des Goodwill-Bereichs nicht eindeutig und allgemeingültig abgrenzen. Dafür gibt es u. a. die folgenden Gründe:
- die einzelnen Unternehmen und ihre Führungskräfte setzen die Grenze zwischen den »Muß«- und den Goodwill-Bereichen, insbesondere im Arbeitsverhalten, je nach Kontrolldichte und Sanktionsdruck nach eigenem Ermessen unterschiedlich;
- die Abgrenzung tolerierbarer von nicht tolerierbaren Fehlleistungen hängt von der Komplexität sowie vom Schwierigkeitsgrad der Aufgabe, bezogen auf die Qualifikation ihres Trägers, ab;
- verschiedene Organisationsebenen verfahren nach unterschiedlichen Wertebildern in der Arbeit.

Wir erkennen, daß der *arbeitsrechtliche* Leistungsbegriff, der nur die einklagbaren *Pflichtbeiträge* umfaßt, ein anderer ist als der *führungswissenschaftliche*, der auch die *Goodwill*-Beiträge umfaßt. Demgemäß erweisen sich auch die vom Arbeitsrecht bereitgestellten Führungsmittel wie die verbindliche Anordnung, die Kontrolle ihrer Befolgung und die Androhung oder Verhängung von Sanktionen als nicht ausreichend für das wirtschaftliche Ziel, die in der Belegschaft angelegten und dem Unternehmen nützlichen Leistungspotentiale im arbeitswissenschaftlich zulässigen Umfang auszuschöpfen. Mit ihnen kann allenfalls *das* Potential aktiviert werden, dessen Unterschreitung den Arbeitgeber wegen offenkundiger Leistungs- oder Disziplinverweigerung zu arbeitsrechtlichen Konsequenzen berechtigen würde.

*Führung, die betriebswirtschaftlich effektiv sein will, muß aber darauf gerichtet sein, im Mitarbeiter neben den »Muß«- auch die innerhalb des Pflichtenbereichs **geschuldeten** und außerhalb dessen **möglichen** Goodwill-Potentiale zu aktivieren und der betrieblichen Leistungserstellung zuzuführen.* Daraus folgt:

Das Ziel moderner Personalführung besteht darin, Mitarbeiter im Prozeß der betrieblichen Leistungserstellung *so* zu führen, daß sie das in ihnen angelegte Leistungspotential (= individuelles Leistungsvermögen), das sie ohne Gefährdung ihrer Gesundheit auf Dauer ausbringen **können**, auch ausbringen **wollen**.

1.3.3 Gesellschaftlicher Kontext

Daß in unserer heutigen Gesellschaft im Führen das vorhandene Goodwill bereits in einem betriebswirtschaftlich wünschenswerten Maße aktiviert wird, muß bezweifelt werden.

Vielfach wird Goodwill in seinen vielfältigen Erscheinungsformen von den Führungskräften als wirtschaftlich nützliche »Leistung« gar nicht erkannt oder anerkannt, weil der damit zu erzielende Nutzen sich in Mark und Pfennig nicht errechnen läßt und sich häufig gar »nur« als Einsparung menschlicher Energie auswirkt.

Beispiele:
  A) Der unterlassene Verbesserungsvorschlag wird als Verlust nicht erkannt, weil die mit ihm zu erzielende Verbesserung beispielsweise eines Informationsweges nicht geplant und daher nicht zielrelevant war.
  B) Für den kaufmännischen Leiter des Betriebes ist es zunächst ohne Bedeutung, ob der Betriebsleiter die Zustimmung einer Gruppe von Monteuren zu einer dringenden Reparatur während des Wochenendes sofort auf eine einfache Bitte hin oder erst nach mehrstündigem, nervenzehrendem »Ringen« erlangt hat.

Aber auch arbeitnehmerseitig ist die Bereitschaft, freiwillige Arbeitsleistung zu erbringen, offensichtlich nur gering ausgebildet. Bewerten wir die Bereitschaft, »... oft mehr ...« zu tun, »... als von-

mir verlangt wird ...«, als Indikator für Goodwill-Orientierung, so belegen demoskopisch gewonnene, repräsentative Untersuchungsergebnisse der *Bertelsmann Stiftung Gütersloh und des Instituts für*

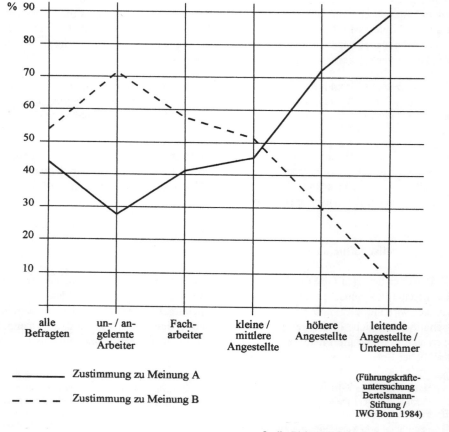

Die Frage lautete:

*"Da unterhalten sich zwei über ihre Arbeit. Welcher von beiden sagt eher das, was auch Sie
denken, A oder B?*

*Meinung A: Ich setze mich in meinem Beruf ganz ein und tue oft mehr, als von mir verlangt
wird. Der Beruf ist mir so wichtig, daß ich ihm vieles opfere.*

*Meinung B: Ich tue bei meiner Arbeit das, was von mir verlangt wird, da kann mir niemand
etwas vorwerfen. Aber daß ich mich darüber hinaus noch besonders anstrengen soll, sehe ich nicht ein. So wichtig ist mir der Beruf nun auch wieder nicht."*

Die Verteilung der Antworten gibt das folgende Diagramm wieder:

——— Zustimmung zu Meinung A

– – – – Zustimmung zu Meinung B

(Führungskräfte-
untersuchung
Bertelsmann-
Stiftung /
IWG Bonn 1984)

Quelle: Richter M., 1988, S. 41, nach Daten
Bertelsmann Stiftung / IWG Bonn, 1987, S. 19

Abb. 1.3: Der Stellenwert des Berufes

Wirtschaft und Gesellschaft e. V., Bonn, aus dem Jahre 1986, daß nur weniger als *50 % der Berufstätigen* in der Bundesrepublik Deutschland zu Goodwill-Leistungen bereit waren.

Die Darstellung gibt zugleich Hinweise zur Verteilung von Goodwill-Bereitschaft unter Arbeitnehmern unterschiedlicher Qualifikationen und Funktionen. **Auch fällt auf, daß Leistungsbereitschaft direkt an die Qualifikation und Funktion der Arbeitskräfte gebunden ist. Träger höherer Qualifikationen und Funktionen zeigen höhere Leistungsbereitschaft und umgekehrt.** Dies verlangt unseren Führungskräften von Mitarbeitern unterschiedlicher Organisationsebenen in erheblichem Maße Differenzierungsfähigkeit im Führen ab.

Es liegt nahe, den sichtbar niedrigen Ausprägungsgrad von freiwilliger Leistungsbereitschaft und Arbeitszufriedenheit vor allem bei Arbeitskräften des Werkstattbereiches in den dortigen Arbeits-, Führungs- und Einkommensbedingungen zu suchen. Aber es wäre unrealistisch, dabei vor **gesamtgesellschaftlichen Entwicklungen** die Augen zu verschließen.

Wir erinnern an die zwischen den Sozialpartnern in den achtziger Jahren mit großer Verbitterung geführten Kämpfe um die Verringerung der Wochenarbeitszeit auf weniger als 40 Stunden sowie um die die Streikfähigkeit der Gewerkschaften berührende Neufassung des § 116 AFG. Hinzu kommen, neuerdings wieder verstärkt, die alljährlichen Verteilungskämpfe um Erträge, Arbeitszeit und sonstige Leistungen. Dabei immer wieder neu entstehende sozial-politische Polarisierungen bis hin zu neu aufgeworfenen Feindbildern prägen auch heute das Klima von Führung und Zusammenarbeit zwischen Arbeitgebern und Arbeitnehmern.

Schließlich erleben wir seit mehr als 20 Jahren einen **gesellschaftsweiten Wertewandel** [8]. Er läßt mehrere Schwerpunkte erkennen:

A) Sahen die Menschen der Nachkriegszeit ihren Lebenssinn vor allem darin, »zu leben, um zu arbeiten«, um das vom 2. Weltkrieg hinterlassene Chaos von Zerstörung und Not zu überwinden, so stellen die in den vorhandenen Wohlstand hineingeborenen Generationen heute neben das Leistungsprinzip gleichwertig oder sogar vorrangig das Genußprinzip: »zu arbeiten, um angenehm zu leben«. Diese Denkweise wird, gefördert durch ständig zunehmende Bestände an Geld und Freizeit mit entsprechend attraktiven Angeboten für Lebensgenuß, inzwischen generationenübergreifend anerkannt. Sie hat unsere einstmalige »Nur-Leistungsgesellschaft« längst in eine »Auch-Freizeitgesellschaft« überführt.
Die Wertigkeit zwischen Beruf und Privatleben zeigt Abb. 1.4.
Dabei sehen wir die Entscheidung eher pro Beruf oder eher pro Privatleben in deutlicher Abhängigkeit zur empfundenen Arbeitszufriedenheit (Abb. 1.5).
Für die Präferenz eher für Beruf oder eher für Privatleben spielt die Qualifikation bzw. die Position nur eine untergeordnete Rolle (Abb. 1.6).

B) Die Einstellung, der Freizeit und der Familie den gleichen oder sogar einen höheren Stellenwert gegenüber dem Beruf einzuräumen, wird heute von ca. 80 % unserer Berufstätigen geteilt, und zwar im wesentlichen unabhängig von ihrer Stellung und Qualifikation.
Woraus läßt sich die deutliche Freizeitorientierung erklären? Sind die deutschen Arbeitnehmer »faul« und »arbeitsscheu« geworden? Diese Annahme wäre schlüssig, wenn sie sich auch in der Freizeit entsprechend inaktiv verhielten. Dort aber zeigen die meisten von ihnen sich hochaktiv: Millionen betätigen sich aktiv im Breitensport und im Vereinsleben – gerade auch in »Non-Profit-Organizations« wie Vereinen, Feuerwehren, Deutschem Rotem Kreuz und anderen karitativen Hilfswerken, ohne Entgelt und gemeinnützig, und viele nehmen dort geachtete leitende Funktionen ein. Millionen pflegen zeitaufwendig ihr Auto und arbeiten schweißtreibend in Haus und Gar-

Die Befragten hatten zu entscheiden, welcher von beiden es nach ihrer Auffassung richtig macht.

Der eine sagt: *"Ich betrachte mein Leben als eine Aufgabe, für die ich da bin und für die ich alle Kräfte einsetze. Ich möchte in meinem Leben etwas leisten, auch wenn das oft schwer und mühsam ist."*

Der andere sagt: *"Ich möchte mein Leben genießen und mich nicht mehr abmühen als nötig. Man lebt schließlich nur einmal, und die Hauptsache ist doch, daß man etwas von seinem Leben hat."*

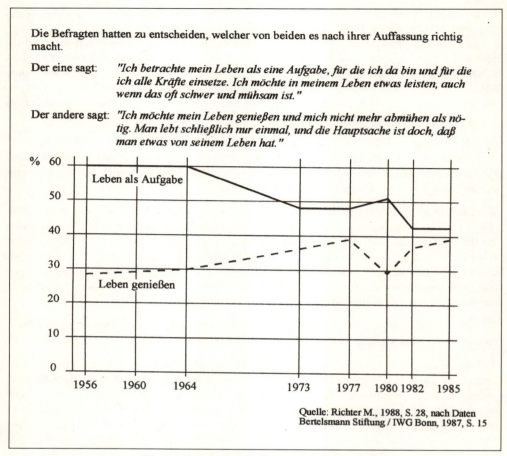

Quelle: Richter M., 1988, S. 28, nach Daten
Bertelsmann Stiftung / IWG Bonn, 1987, S. 15

Abb. 1.4: Leben als Aufgabe versus Lebensgenuß

ten. Fleiß wird sichtbar bei Schwarzarbeit und in Hobbys. Da werden aufwendige Wochenendtrips mit stundenlangen Staus in Kauf genommen, und immer mehr Menschen ziehen den Aktiv- und Abenteuer-Urlaub dem reinen »Faulenzer«-Urlaub am Strand vor. Weshalb also verfahren so viele Arbeitnehmer nach der Devise »Schongang in der Arbeit, das Leben beginnt ab 16 Uhr«? Die festzustellenden Widersprüchlichkeiten lassen sich aus folgenden Überlegungen erklären:

Menschen unserer Zeit sind nicht grundsätzlich leistungsfeindlich und zu Inaktivität neigend geworden, sondern sie stellen an Leistung und Aktivität andere Bedingungen als Menschen früherer Zeiten: An die Stelle vormals dominierender *Pflicht- und Akzeptanzwerte* wie Disziplin, Gehorsam, Pflichterfüllung, Ordnung und Fügsamkeit sind neuere, sog. *Selbstentfaltungswerte* getreten: Menschen unserer Zeit wünschen in ihrer Arbeit Emanzipation von zwingenden Herrschaftsstrukturen, Partizipation, Handlungs- und Entscheidungsautonomie, Ausleben von Emotionalität, Kreativität und Originalität, Spontaneität und Selbstverwirklichung, Familiarität und Sinnbejahung. Die neuen Werte, die in der Arbeit gesucht werden, lauten: sinnvoll, interessant, erfüllt, erfolgreich, gesellig, angenehm, vergnügt. Angestrebt werden, sehen wir vom rezessionsbedingten neuen Interesse an Sicherheit des Arbeitsplatzes einmal ab, Sinn, Spaß, Selbständigkeit, Status (in Kar-

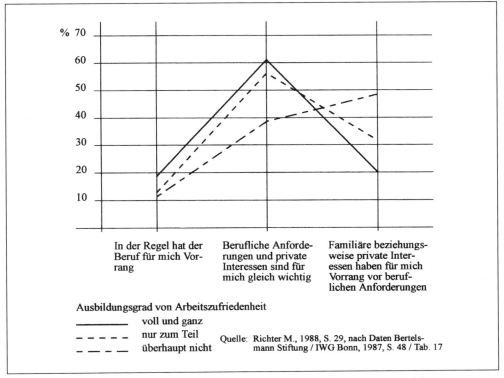

Abb. 1.5: Arbeitszufriedenheit und das Verhältnis von Beruf und Privatleben

riere) und hohes Einkommen [9]. Vollzogen hat sich ein *Wandel von Leistungswerten*. Solange unsere eher noch an konventionellen Wertemustern orientierte Arbeitswelt dies nicht mitvollziehen kann, befriedigt der Mensch seine hedonistischen Triebe eben dort, wo er Befriedigung findet: das ist heute die Sphäre der Freizeit.

Dabei befindet sich unsere Wirtschaft in dem Dilemma, daß sie den lustbetonten »Freizeitmenschen« mit ihrem auffordernden Werbungsdruck, immer noch mehr und noch anspruchsvoller zu konsumieren, selbst geformt hat, weil er ihr absatzseitig nützlich ist. Damit zugleich hat sie den produktionsseitig nützlicheren, bescheidenen und asketischen »Arbeiter« selbst mit abgeschafft.

So stellt sich die Aufgabe, die Arbeits- und die Freizeitsphären in einer Synthese zusammenzuführen und die zwischen ihnen bestehenden Widersprüchlichkeiten zugunsten von Freizeitwerten abzubauen (vgl. Ziffer 10.6.1).

C) Das zuletzt Gesagte anzustreben könnte um so dringlicher werden, als der bei anhaltenden zeitgeistigen Trends künftig zu erwartende Typ von Arbeitnehmer ungeliebte Arbeitszwänge noch weniger hinnehmen wird als der schon heute schwierig genug zu führende Arbeitnehmer. Von ihm zeichnen sich folgende Charakteristika ab [10]:

Nach dem Abschluß seiner hoch qualifizierten Ausbildung und ersten Berührungen mit dem Berufsleben entwickelt er in Kenntnis großer Knappheit an spezialisierten Arbeitskräften recht schnell einen ausgeprägten Sinn für den eigenen Marktwert und seine Umsetzung in den Dienst

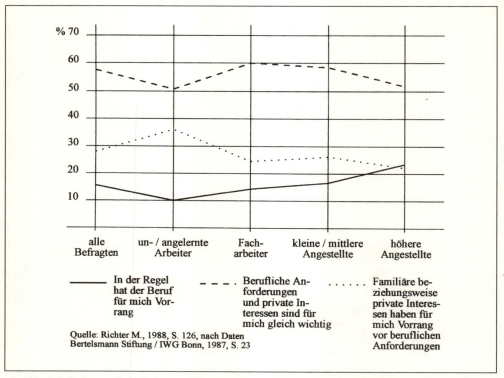

Abb. 1.6: Rolle von Privatleben und Familie bei der Entscheidung über berufliches Engagement

von Entgelt und Karriere. Befreit vom Ballast ethischer Rücksichten, unsentimental, mit wenig Hang zu verpflichtenden Bindungen (»Singletum«) sowie gleichgültig gegenüber anderem als dem eigenen Wohl folgt er, ganz dem Geist der Zeit huldigend, einem als »normal« geltenden maximalen Anspruchsdenken in Bezug auf Lebensstandard, Status und Lebensgenuß. Das Sein lebt aus dem Haben und Konsumieren käuflicher Güter. Die Aufweichung festgefügter Ordnungselemente im Privatleben (Ehe mit Trauschein, gemeinsamer Lebensvollzug in der Familie) und die Sachzwänge organisierter Arbeit bilden einen zunehmend als unangenehm empfundenen Widerspruch. Vielfach ohne erkennbaren anderen Sinn als den des Geldverdienens wird Arbeit »cool« als Job erledigt und hat dementsprechend wenig oder nichts mit Berufung zu tun.

Die hier zusammengetragenen Elemente beschreiben einen »Trend-Typ«, mit dem wir künftig aber werden rechnen müssen.

D) Zusätzliche Distanzierung zur Arbeitswelt lösen aus
- die zunehmenden Ansprüche namentlich jüngerer Arbeitnehmer an die ökologische und zivilisatorische Verträglichkeit von Verfahren und Produkten, denen Teile unserer Wirtschaft zu zögerlich gerecht werden,
- Unternehmenskonzentrationen, deren Ausmaße menschliches Fassungsvermögen überschreiten und dadurch Angst- und Fluchtreflexe in menschengemäßere Dimensionen auslösen sowie
- zunehmender Verlust von menschlichem Maß und »Anfaßbarkeit« der Machteliten in Wirtschaft und Politik durch Hinwendung zu oligarchischen Zirkeln.

So scheinen die Ursachen dafür, daß die Mehrheit unserer Berufstätigen wesentliche Teile ihres Leistungspotentials der Welt der Arbeit vorenthält und stattdessen lieber ihren Freizeitaktivitäten zuwendet, in Widersprüchlichkeiten zwischen neuen Denkmustern einerseits und in tradierten Erscheinungsformen von Wirtschaft und Arbeit andererseits begründet zu sein. Wir werden prüfen müssen, wie diese system-inhärenten »Leistungsbremsen« reduziert oder gänzlich abgebaut werden können.

Gleichwohl stehen das einzelne Unternehmen und seine gesellschaftliche Umgebung in einer unauflöslichen symbiotischen Beziehung zueinander. Mit seinen »Nahrungsstellen« bildet es die Quelle, aus der die privaten und öffentlichen Haushalte die Mittel schöpfen, mit denen die Gesellschaft sich erhält und weiterentwickelt. Aus dieser fließen dem Unternehmen seinerseits die physischen und psychischen Arbeitsleistungen zu, die es überhaupt erst fähig machen, zu produzieren. Die ausgetauschten Potentiale beider Seiten bestimmen die Standards ihrer Existenz: das ökonomisch-technische Produktionsniveau des Unternehmens ebenso wie den materiellen und geistigen Lebensstandard der Gesellschaft. Die Verflechtungen beider Seiten reichen also über die einkaufs- und verkaufsseitigen Märkte weit hinaus. Das Unternehmen ist kein von der übrigen Gesellschaft isoliertes Subsystem, sondern integrierter Teil derselben: **Es ist eine gesellschaftliche Institution.**

Die Dualität des Unternehmens als ökonomisches *und* gesellschaftliches Gebilde bedingt, daß in ihm auch die *Zielsetzungen* beider Systeme aufeinandertreffen. Sie verhalten sich aufgrund unterschiedlicher Interessenanlagen und Wertebilder, wie wir schon sahen, teilweise konform, teilweise jedoch konträr zueinander.

Beispiele:
- Arbeitsplatzabbau kann betriebswirtschaftlich notwendig sein – gesellschaftspolitisch ist er unerwünscht.
- Das Unternehmen möchte aus Kostengründen den Aufwand für Emissionsschutz gering halten – die Gesellschaft muß Emissionsschutz fordern.
- Die Gentechnik ist eine Zukunftstechnologie, auf deren Beherrschung eine moderne Wirtschaft nicht verzichten kann. An allgemeinverträgliche, vor allem ethische Regeln gebunden, kann sie der Menschheit ungeahnten Nutzen vermitteln. Allein dem Forscherehrgeiz und wirtschaftlichem Gewinnstreben unterworfen, kann sie die Menschheit gefährden oder sogar vernichten. Also hat die Gesellschaft ein berechtigtes Interesse daran, gentechnisch Erlaubtes von Unerlaubtem abzugrenzen und zu kontrollieren. Geht sie dabei zu restriktiv vor, verlegt die Wirtschaft ihre Forschungs- und Produktionskapazitäten ins liberaler verfahrende Ausland, und ein wichtiger Technologiezweig geht dem eigenen Land verloren. Also wird die Gesellschaft die Grenzen des gentechnologisch Zulässigen sehr sorgfältig abstecken und vertretbare kalkulierte Restrisiken eingehen müssen.

Das Unternehmen stellt also einen gesellschaftlichen Sektor dar, im dem teils übereinstimmende, teils konträre Interessen langfristig miteinander vermittelt werden müssen. Die Maximierung des eigenen Nutzens zu Lasten der jeweils anderen Seite muß sich rückkoppelnd wieder negativ auf die eigene Seite auswirken. Diese Einsicht erfordert vernünftiger Weise das ständige aktive Bemühen bei allen Entscheidungsträgern in Unternehmen und Gesellschaft, die Basis der Übereinstimmung so breit wie möglich zu gestalten und auf ihr die durch natürliche Knappheit der Ressourcen begründeten Konfliktpotentiale so allgemeinverträglich wie möglich zu bewältigen.

Ein vergleichbares Spannungsfeld besteht zwischen Betrieb und Privatsphäre auch für den einzelnen Menschen. Für ihn bildet die berufliche Arbeit das klassische Feld, angestrebte Lebensziele zu realisieren. Gesteckt werden solche Ziele überwiegend im privaten Bereich, der mehr als 2/3 der menschlichen Lebenszeit ausfüllt. Bringt berufliche Arbeit den erwarteten Erfolg, so werden ihre Früchte, dargestellt zum Beispiel in Einkommen, Unabhängigkeit, Lebensstandard, sozialer Geltung oder Sicherheit, dem privaten Leben nutzbar gemacht. Beruflicher Erfolg wird

Lebenserfolg. Umgekehrt schlägt sich beruflicher Mißerfolg ebenso als Mißerfolg im Leben nieder.

Hierauf wie auch auf Zufriedenheit oder Unzufriedenheit, auf das Glück oder Unglück im Leben ihrer Mitarbeiter nimmt die Führungskraft im täglichen Führen unmittelbaren Einfluß. Dieses Feld von Verantwortlichkeit unterscheidet die Führungsaufgabe von allen sonstigen Sachaufgaben.

Noch ein weiterer grundlegender Aspekt der Personalführung verdient, hervorgehoben zu werden. **Arbeit mit Sachen erfolgt ethisch wertfrei. Demgegenüber ist Führen von – im Sinne von Verfügen über – Menschen an das sittlich-ethische Wertesystem unserer Gesellschaft gebunden.** Auch wenn es üblich ist, über den Faktor »Arbeit« vor allem nach betriebswirtschaftlichen Kriterien zu disponieren und dem Menschen so kalkulatorisch eine Objekt-Stellung zuzumessen, kommt ihm als veranstaltendem, steuerndem und ausführendem Träger und Adressaten allen Wirtschaftens zuerst eine Subjekt-Stellung zu, die seine Wertigkeit unzweifelhaft über jene von Kapital und Gewinn erhebt. Auch am Arbeitsplatz, als Arbeitnehmer, behält der Mensch den Status eines Trägers aller verfassungsmäßig garantierten Grundrechte, deren erstes ihm – uns allen – zusichert : »*Die Würde des Menschen ist unantastbar.*«

Der Leser, der sich christlicher Ethik verpflichtet weiß, sei daran erinnert, daß der ihm unterstellte und in diesem Sinne zugleich anvertraute Mitarbeiter auch in seiner Eingebundenheit in die Sachzwänge eines rational funktionierenden, industriellen Produktionsprozesses *sein Nächster* bleibt.

Die aus beiden Wertordnungen zu ziehende Schlußfolgerung kann nicht anders lauten, als daß der dem Wesen des Menschen entspringende Anspruch auf Gewährung von Würde, Hilfe, Schutz, Achtung, Anstand und Fairneß, ja Nächstenliebe, durch den Stärkeren – hier Einflußreicheren – *auch in der Führungsbeziehung* seine Geltung behält. Diesen Bindungen dürfen Unternehmen und Führungskräfte, wollen sie die Fundamente unserer Zivilisation nicht verlassen und die ihnen anvertrauten Mitarbeiter nicht zu amorphen Massen gesichtsloser, ihrer Persönlichkeit beraubter Wesen deformieren, sich nicht entziehen.

So erweist die Personalführungsaufgabe sich dank ihrer Eingebundenheit in ein Gefüge sittlich-ethischer Normen für die Führungskraft unter den übrigen Aufgaben sicher als die anspruchsvollste. Für die geistig flexible und sozial verantwortliche Persönlichkeit bildet sie, wie viele qualifizierte Führungskräfte dies immer wieder erfahren und bestätigen, die zugleich reizvollere Funktion – *eine täglich neu entstehende und zu bewältigende Herausforderung.*

1.4   Der innere Ablauf von Personalführungs- und Sach-/ Leitungsaufgaben

Auch in ihrem funktionellen Ablauf unterscheidet sich die Personalführungsaufgabe qualitativ von allen sonstigen *Sach- und Leitungsaufgaben*: Deren Gegenstände, d. h. die aus der nicht zu eigener Willensbildung und -realisation befähigten materiellen Umgebung des Menschen (zum Beispiel Technik, Material, Natur), *sind Manipulationen von außen auf der Grundlage ihrer natürlichen Eigengesetzlichkeiten passiv ausgesetzt.* Erkennen wir diese Eigengesetzlichkeit (zum Beispiel physikalische Beschaffenheit eines Metalls, Wachstumsvorgang einer Pflanze), und berücksichtigen wir sie in unserer Manipulation (zum Beispiel mechanische Bearbeitung eines Werkstückes mit einem Werkzeug aus noch härterem Material, Veränderung des Wesens einer Pflanze durch künstliche Befruchtung oder Gentechnologie), so werden wir das unserer Manipulation vorangestellte Ziel erreichen. Technische und naturwissenschaftliche Erfolge beweisen dies täglich ungezählte Male.

Unter gleichen Bedingungen durchgeführt, zeitigt eine Manipulation an Gegenständen der menschlichen Umgebung stets den gleichen Erfolg, er ist beliebig oft reproduzierbar.

Die Dinge unserer materiellen Umgebung bilden als Gegenstände unserer Manipulation, auch in ihrer produktiven Nutzbarkeit, *unelastische* Größen.

Ganz anders verhält es sich mit dem Menschen: Eines seiner Merkmale besteht darin, daß er Willensakte, die von außen an ihn herangetragen werden, *nicht zwangsläufig passiv-konform, sondern aktiv mit einer von seinem eigenen Willen geformten Folgehandlung beantwortet.* **Der Mensch agiert und reagiert eigenvital.** Dies bedeutet für die um die Mobilisierung menschlicher Leistungswilligkeit bemühte Führungskraft, daß das tatsächliche Arbeitsverhalten nicht allein eine Folge ihres eigenen Führungshandelns darstellt, sondern ebenso ein Produkt des vom Mitarbeiter aktivierten Willens. In das den Führungserfolg bestimmende Arbeitsverhalten fließen mithin zwei Willensbildungsakte ein: *der mobilisierende »Anstoß« des Vorgesetzten und der diesen Anstoß in Ausführung umsetzende Entschluß des Mitarbeiters.*

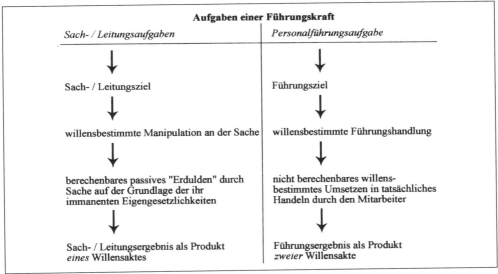

Abb. 1.7: Darstellung des unterschiedlichen Ablaufs von Personalführungs- und Sach-/Leitungsaufgaben

Das **tatsächliche Arbeitsverhalten** eines Mitarbeiters bildet das Produkt aus dem anstoßenden Willensakt des Vorgesetzten und dem reaktiven Willensakt des Mitarbeiters

Daß der Leistungswille des Mitarbeiters außer durch den Führungsakt noch weitere prägende Impulse erfährt, soll unter den Ziffern 1.4 Buchstabe B) und 9.5 noch näher ausgeführt werden.

Noch eine zweite gravierende Tatsache kompliziert das Wesen der Personalführungsaufgabe: Menschen reagieren auf einen äußeren Impuls *nicht einheitlich.* Vielmehr wird der Prozeß, in welchem äußere Anstöße in tatsächliches Handeln umgesetzt werden, von einem Gefüge innerer Bedingungen bestimmt, das in jedem Menschen *individuell unterschiedlich* strukturiert ist. Auf unserer Erde leben derzeit mehr als 6 Milliarden Menschen, und es ist noch nie gelungen, unter ihnen auch nur zwei in ihrem Denken und Handeln identische Personen ausfindig zu machen.

Die von Individualität geprägte Ausformung menschlichen Handelns bewirkt in der Personalführung sowohl, daß *verschiedene* Vorgesetzte in gleichartigen Führungssituationen weitgehend verschiedenartige Verhaltensweisen zeigen und damit *beim selben* Mitarbeiter verschiedenartige Führungsergebnisse bewirken können, wie auch, daß ein Vorgesetzter in einer Führungssituation *bei verschiedenen* Mitarbeitern unterschiedliches Verhalten auslösen kann.

Und selbst gleichartige Führungssituationen zwischen denselben Personen können zu unterschiedlichen Führungsergebnissen führen, weil konkretes Verhalten sich *infolge sich ändernder innerer Einstellungen,* die aus der Verarbeitung neu gewonnener Erfahrungen resultieren, im Ablauf der Zeit ebenfalls ändern kann. So kann zum Beispiel ein Mitarbeiter auf eine bestimmte Anweisung seines Vorgesetzten heute völlig anders reagieren, als er es in vergleichbaren Fällen bisher getan hat.

Beispiel:
Ein ausländischer Arbeitnehmer soll zum Vorarbeiter einer Gruppe von Landsleuten »aufgebaut« werden. Belehrungen seines deutschen Meisters über Fehler im Gebrauch der deutschen Sprache hat er bisher willig aufgenommen. Eine neuerliche Belehrung verbittet er sich – für den Meister völlig unerwartet – mit scharfem Protest. Landsleute haben ihm am Vorabend empfohlen, sich derartige »Schulmeistereien« nicht mehr gefallen zu lassen.

Die Elemente der **Individualität** und der **Spontaneität** menschlichen Handelns gestalten die Ergebnisse der Personalführung so zu einem nicht geringen Maße *als nicht berechen- und vorhersehbar.* Bildet die produktive Ergiebigkeit von Sachen dank festliegender physikalischer Tatsachen eine *unelastische* Größe, so hängt die produktive Ergiebigkeit der Arbeit des Menschen *von dessen individuellem Können und Wollen* ab. Die davon betroffene Leistungsspanne bildet sein Goodwill.

Der Mensch und sein produktiver Output bilden in der Führungsaufgabe elastische Größen.

Dies gilt für Führende ebenso wie für Geführte.

Die Leistungselastizität irritiert insbesondere die Vertreter sogenannter »exakter« Wissenschaften, die es gewohnt sind, die Ergebnisse ihrer Arbeit anhand unumstößlicher Gesetzmäßigkeiten vorhersehbar absichern zu können. Wollen sie auch im Führen erfolgreich sein, müssen sie nach den *dem Menschen gemäßen* Gesetzmäßigkeiten verfahren, die sie zusätzlich zum technischen Knowhow erst erwerben müssen. Dies geschieht in der Praxis viel zu wenig. Gerät ein solcher Vorgesetzter infolge seiner Defizite im Führen-Können mit dem »widerborstigen Wesen Mitarbeiter« in Schwierigkeiten, so flüchtet er häufig in Verfahrensweisen, die den ihm geläufigen, bewährten Arbeitsmethoden möglichst ähnlich sind. Die vermeintlich berechenbarste Methode, zu führen, ist die von »Befehlen und Gehorchen«, die sich dem Mitarbeiter dann schlicht als *autoritäres* Führen darstellt. Die Reaktion der so zu Befehlsempfängern Degradierten ist Frust, nicht Goodwill, und zwar in umso höherem Maße, je qualifizierter sie sind. Dies beweist: *Die fachliche Qualifikation qualifiziert noch nicht zum Führen.*

1.5   Personalführung als Prozeß

1.5.1   Die Regelkreischarakteristik der Führungsbeziehung

Die Arbeitsbeziehung beginnt mit der Auswahl des für eine Stelle am besten geeignet erscheinenden Mitarbeiters. Die Vielzahl der zuvor im Betrieb geschaffenen geistigen, technisch-materiellen und sozialen Tatsachen bilden die Rahmenbedingungen, innerhalb derer die Mitarbeit konkret werden soll. Hierzu gehören:

- *die Unternehmensgrundsätze* (welche Ziele werden nach welchem Konzept unter Beachtung welcher Wertordnung verfolgt?);
- *die Betriebsorganisation* (wie sind die Funktionsabläufe gestaltet?);
- *die Arbeitsbedingungen* (in welcher Umgebung ist welche Tätigkeit zu erfüllen?);
- *die Sozialstruktur des Betriebes* (wer arbeitet mit wem in welcher Zuordnung zusammen?);
- *die rechtlichen Bedingungen* (welche rechtlichen Normen gelten innerhalb des Arbeitsverhältnisses?).

Bei Arbeitsaufnahme erhält der Mitarbeiter die Aufgaben, Ziele und Verhaltensregeln, über die er bei Abschluß des Arbeitsvertrages informiert wurde, vorgegeben. Sie bilden seine *Soll-Vorgabe*, deren Erfüllung der Betrieb von ihm erwartet. Ihre Inhalte sind abgeleitet aus den Zielen und Aufgaben, die dem übergeordneten Bereich (zum Beispiel Gruppe, Abteilung) übertragen wurden. Teilweise erfolgt die Definition der Soll-Vorgaben stellenspezifisch (Stellenbeschreibung, Zielvereinbarung, Einzelauftrag), teils über generalisierte Vorgaben (zum Beispiel Richtlinien, Arbeitsordnung, Unfallverhütungsvorschriften). Wir unterstellen, daß die Vorgaben für den Mitarbeiter optimal definiert sind.

Seine *Soll-Vorgaben* setzt der Mitarbeiter willensbestimmt auf der Grundlage seiner Qualifikation in *Ist-Leistungen* um. Als solche bilden sie die Teilbeiträge zu der seinem Bereich übertragenen Bereichsaufgabe, die ihrerseits regelmäßig wieder Teil einer größeren Leistungseinheit ist.

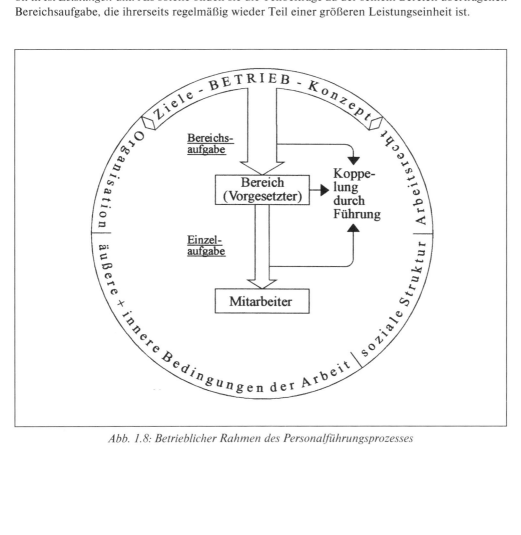

Abb. 1.8: Betrieblicher Rahmen des Personalführungsprozesses

Beispiel:

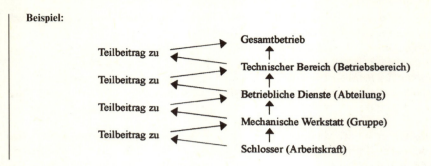

Das Arbeitsverhalten des Mitarbeiters und seine Leistungen nimmt der Betrieb mittels verschiedener Formen von Ablauf- und Ergebniskontrollen zur Kenntnis. Durch Vergleiche mit den Soll-Vorgaben kann er ermitteln, wie weit beide Bereiche einander entsprechen oder voneinander abweichen.

Dabei sind *drei* Ergebnisse denkbar:

A) Vorgaben und Ist-Beiträge *stimmen überein*; der Mitarbeiter leistet, was von ihm gefordert wird;
B) der Ist-Beitrag weicht *positiv* von der Vorgabe ab; der Mitarbeiter leistet mehr und/oder besser, als von ihm erwartet wird;
C) der Ist-Beitrag weicht *negativ* von der Vorgabe ab; der Mitarbeiter leistet weniger und/oder schlechter, als von ihm erwartet wird.

Der Betrieb bewertet seine Feststellung und teilt das Ergebnis dem Mitarbeiter mit. Während dies in den Fällen A) bestätigend und B) anerkennend/lobend geschehen müßte, kann die Rückmeldung im Falle C) mit Beanstandung/Tadel verbunden sein. Der Mitarbeiter erhält auf diese Weise nicht nur Kenntnis von der Bewertung seines Wirkens durch den Betrieb. Der letztere kann durch Rückmeldung vielmehr auch *nachregulierend* auf das Arbeitsverhalten seines Mitarbeiters einwirken und zum Beispiel bei negativen Leistungsergebnissen aufzeigen, wie die Ist-Beiträge den Soll-Vorgaben künftig anzunähern sind. Abgesehen von der Form des Arbeitszeugnisses ist Rückmeldung so stets auch *erneute Soll-Vorgabe* für künftiges Arbeitsverhalten und Leisten.

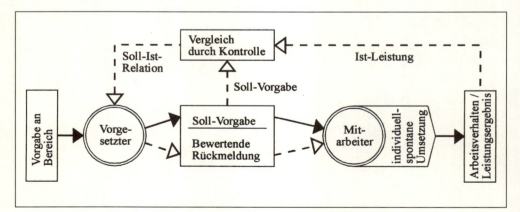

Abb. 1.9: Personalführung im Regelkreis

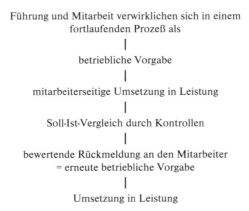

Führung und Mitarbeit verwirklichen sich in einem
fortlaufenden Prozeß als

|

betriebliche Vorgabe

|

mitarbeiterseitige Umsetzung in Leistung

|

Soll-Ist-Vergleich durch Kontrollen

|

bewertende Rückmeldung an den Mitarbeiter
= erneute betriebliche Vorgabe

|

Umsetzung in Leistung

1.5.2   Die das Arbeitsverhalten bestimmenden Einflußfaktoren

Das Verständnis des Personalführungsprozesses bliebe unvollständig, wollte man seine bisherige Darstellung nicht um einen Überblick über die Faktoren erweitern, die ihn qualitativ beeinflussen.

Wir haben bereits festgestellt, daß der Mitarbeiter die an ihn herangetragenen Leistungsvorgaben nicht passiv-konform, nicht mechanistisch, sondern aufgrund eigener Willensbildung *individuell-spontan* in Leistung umsetzt. Arbeit ist ein Prozeß, der sich wie jede andere willensbestimmte Aktivität auch *situationsspezifisch* unter dem aktuellen Einfluß einer Vielzahl verschiedener innerer und äußerer Bedingungen vollzieht. Die Kenntnis dieser Bedingungen eröffnet uns Möglichkeiten, so auf sie einzuwirken, sie so zu gestalten, daß sie im Mitarbeiter Leistungsbereitschaft stimulieren.

Nach unseren derzeitigen Erkenntnissen wird das situative Arbeitsverhalten maßgeblich von folgenden Faktoren geprägt:
- die *Struktur der Persönlichkeit* mit ihrer Motiv- und Wertordnung
  und ihren charakterologischen Merkmalen,
- die *aktuelle Disposition* der Persönlichkeit, geprägt durch
  * ihr gegenwärtiges Zielspektrum,
  * ihr körperliches Befinden,
  * ihre geistig-seelische Verfassung,
- die *Qualifikation* des Mitarbeiters, bezogen auf das Anforderungsspektrum an seinem Arbeitsplatz,
- die *Kenntnisse oder Annahmen* des Mitarbeiters über *Situation und Perspektive des Unternehmens*,
- die *Entgeltgestaltung* und das System weiterer Belohnungen/Förderung/Entwicklung,
- die *Strukturierung* der zu leistenden *Arbeit*,
- die Organisation und die *äußeren Arbeitsbedingungen*,
- das innerbetriebliche wie auch das private *soziale Umfeld* des Mitarbeiters und seine Stellung darin,
- die Beschaffenheit der *Führungsbeziehung* zwischen Mitarbeiter und Vorgesetztem,
- das *Arbeitsklima* als Ganzes,
- die objektiven Umstände der *außerbetrieblichen Lebenssituation* des Mitarbeiters, einschließlich seiner wirtschaftlichen Situation,

- die *rechtlichen* Rahmenbedingungen,
- die *sozial- und arbeitsmarktpolitische Gesamtsituation*;
- der Geist zeitkultureller Strömungen.

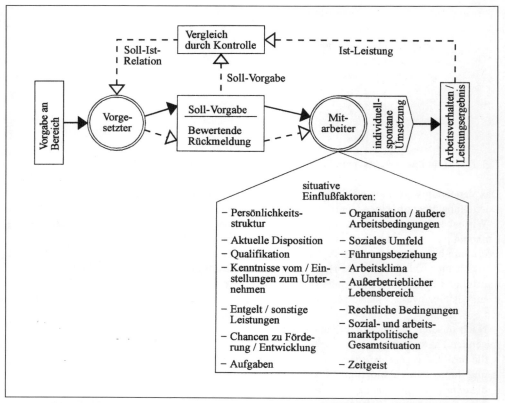

Abb. 1.10: Der Personalführungsprozeß und die das mitarbeiterseitige Leistungsverhalten prägenden situativen Einflußfaktoren

Zu den vorgenannten Faktoren ist folgendes zu bemerken:

A) Ihre Bündelung ist bei jedem Arbeitnehmer unterschiedlich strukturiert. Dies gilt sowohl für ihre Zusammensetzung (*welche* Faktoren wirken in einem bestimmten Zeitpunkt auf das Arbeitsverhalten ein?) als auch für die Valenz (= Stärke des Antriebs) ihres Wirkens (*wie stark* beeinflußt der einzelne Faktor momentan den einzelnen Menschen?). Einzelne dieser Faktoren wirken im Menschen *dauerhaft* (zum Beispiel die Persönlichkeitsstruktur), andere können sich auch kurzfristig stark ändern (zum Beispiel Gemütsverfassung oder Kenntnisse). Sie verhalten sich daher in höchstem Maße variabel. Zudem bestehen unter ihnen Wechselwirkungen dergestalt, daß ihre Valenz infolge des gleichzeitigen Einwirkens anderer Faktoren verstärkt oder abgeschwächt werden kann.

Beispiel: Ein Vorarbeiter muß unvorhergesehen unter starkem Zeitdruck und bei hoher Temperatur am Arbeitsplatz einen komplizierten Schaden an einer Maschine beheben (Faktor *Arbeit*). Er hat diesen Schaden noch nie behoben und fühlt sich unsicher (Faktor *Qualifikation*). Sein Kollege, der den Schaden in der vorhergehenden Schicht vermutlich noch hätte beheben können, entschuldigt seine Untätigkeit mit einer fadenscheinigen Ausrede (Faktor *Soziales Umfeld*). Sein vorgesetzter Meister erhebt ihm gegenüber wegen des noch nicht behobenen Schadens völlig zu Unrecht einen massiven Vorwurf (Faktor *Führungsbeziehung*). Die dadurch nicht mehr beherrschbar gewordenen Aggressionen des Vorarbeiters entladen sich in einem Wutanfall (Faktor *Aktuelle Disposition*).

B) Will der Vorgesetzte erreichen, daß seine Mitarbeiter optimale Leistungen erbringen, so muß er versuchen, die wirksamen Einflußpotentiale leistungsstimulierend zu gestalten. Den Möglichkeiten hierzu sind natürliche, soziale und wirtschaftliche Grenzen gesetzt: teils sind die Einflußfaktoren fixiert (zum Beispiel die Persönlichkeitsstruktur des Mitarbeiters), teils entstehen sie im außerbetrieblichen Raum (zum Beispiel wirtschaftliche Dispositionen des Mitarbeiters), teils hängen sie von der Ertragskraft des Unternehmens ab (zum Beispiel Entgeltgestaltung). Wieder andere wirksame Einflußfaktoren bleiben dem Vorgesetzten verborgen und gelangen gar nicht zu seiner Kenntnis (zum Beispiel das außerbetriebliche soziale Umfeld). *Einflußnahmen des Vorgesetzten im Führen müssen sich deshalb auf ihm bekannte, zugängliche und beeinflußbare Faktoren beschränken* (zum Beispiel Gestaltung der Arbeit, der Arbeitsbedingungen, der Führungsbeziehung, des Arbeitsklimas). Fast immer aber werden Störeinflüsse auf das Leistungsverhalten wirksam bleiben. Hieraus folgt eine weitere grundlegende Erkenntnis zur Personalführungsaufgabe: Ihre Ergebnisse können nicht mit hinreichender Sicherheit *maximiert* werden. Realistisch ist daher lediglich das Ziel der Erfolgs*optimierung*.

C) Personalführung beschränkt sich nicht allein auf unmittelbare Interaktionen zwischen Vorgesetzten und Mitarbeitern. Gegenstand des Führens ist *das Gestalten aller situativen Einflußfaktoren*, weil *sie alle* den Mitarbeiter zu Leistungswilligkeit oder -unwilligkeit stimulieren, wenn auch nur mittelbar. [11]

D) Am Strukturbild 1.10 fällt ferner auf, daß Elemente des Regelkreis-Systems (Vorgesetzte, Mitarbeiter) unter den situativen Einflußfaktoren ein zweites Mal sichtbar werden. Dies erklärt sich daraus, daß beide einerseits Funktionselemente des Regelkreises selbst bilden, zugleich aber über ihre qualitativen Eigenschaften steuernd darauf einwirken, wie dieser Prozeß *qualitativ abläuft*. Persönlichkeitsmerkmale können ein Individuum für bestimmte Funktionen geeignet oder ungeeignet machen:

Beispiele:
- Unternehmerische Funktionen beanspruchen risikofreudige Personen, keine Sicherheitsdenker;
- ein Vorgesetzter mit sozialer Verantwortung, der seine Mitarbeiter vor unberechtigten Angriffen Dritter schützt, wirkt leistungsstimulierend;
- ein sozial indifferenter Vorgesetzter, der seine Mitarbeiter solchen Angriffen aussetzt und sie dabei sogar fallen läßt, wird sich auf ihr Arbeitsverhalten als leistungsmindernde Störgröße auswirken.

E) Dem verhaltenssteuernden Einfluß der Faktoren sind nicht nur *Arbeitnehmer in ausführenden Funktionen* als Geführte, sondern ebenso *Führungskräfte* ausgesetzt. Auch sie werden in ihrer Leitungs- und Führungstätigkeit von dem *für sie* situativ relevanten Bündel von Einflüssen gesteuert, unter denen wieder ihre weiteren Vorgesetzten und die eigenen Mitarbeiter herausragende Einflußgrößen darstellen. So bildet in der betrieblichen Wirklichkeit das Bündel von Einflußfaktoren, welches das Arbeitsverhalten des einzelnen steuert, lediglich ein Subsystem innerhalb des hyper-komplexen Systems wirksamer Einfluß-Potentiale, von dem das Arbeitsverhalten und – letztlich – die Arbeitsleistung aller im Betrieb Beschäftigten gesteuert werden. Infolge der Vernetzung aller Einfluß-Variablen muß es auch als gemeinsame Aufgabe *aller* für den Unternehmenserfolg verantwortlichen Aufgabenträger gelten, die im Führungsprozeß wirkenden Einflußpotentiale optimierend zu gestalten.

Effektives Führen ist so naturgemäß unter die Intention gestellt, Störgrößen zu minimieren und leistungsfördernde Potentiale zu optimieren.

1.6   Personalführung im Zyklus der Managementfunktionen

Die Führung zugeordneter Mitarbeiter durch den Vorgesetzten gehört zum Aufgabenfeld der Unternehmensführung oder – wie in der deutschen Umgangssprache heute überwiegend gebräuchlich – des **Managements**. Der letztere Begriff wird in einem *dreifachen* Sinne verwendet: Er bezeichnet
- die Führungskräfte einer Organisation als Gruppe von Personen,
- die Funktionen, die diese Gruppe innerhalb der Organisation wahrnimmt,
- das Fachgebiet »Management« als Lehre von der wissenschaftlichen Leitung von Organisationen.

Uns geht es hier um die Frage, welche Stellung die Personalführungsaufgabe innerhalb der Managementfunktionen einnimmt.

Zu ihnen gehören die Hauptfunktionen
- Zielsetzung,
- Planung,
- Realisation,
- Kontrolle.

A) Die *Zielsetzung* erfordert es, ein entstandenes Problem zu erkennen und einen gedachten Zustand zu ermitteln, in dem das Problem als gelöst angesehen werden kann. Das Ermitteln und Beschreiben dieses Soll-Zustandes ist der Inhalt der Zielsetzung.

In einer Unternehmung können Gegenstand einer Zielsetzung sowohl *quantitative* Inhalte (zum Beispiel Umsatz, Gewinn, Kapazität) als auch *qualitative* Inhalte (zum Beispiel künftige Beschaffenheit von Produkten, Ablauf von Verfahren, Kenntnisse bei Mitarbeitern) sein.

Als Grundsätze, Vorgaben oder Richtlinien dargestellt, bilden die in der »Problemphase« des Management-Prozesses gewonnenen Ziele die Orientierung für alle weiteren Funktionen.

B) Des weiteren geht es darum, von der derzeitigen Situation aus ein Konzept zu finden, mit dem die ermittelten Ziele realisiert werden können. Die *Planungs-Funktion* verläuft in drei Phasen:

- In einer *Suchphase* geht es darum, verschiedene Alternativkonzepte oder -wege zu ermitteln, die zu den Zielen hinführen können. Hierzu müssen in erster Linie Informationen über Tatsachen und künftige Entwicklungen gesammelt und kombiniert werden.
- In der *Beurteilungs- oder Bewertungsphase* sind die gefundenen Alternativkonzepte auf ihre Tauglichkeit für die Zielsetzung hin zu untersuchen. Hierfür ist eine Vielzahl quantitativer Hilfstechniken entwickelt worden.
- In der *Entscheidungsphase* schließlich gilt es, sich für das als optimal erkannte Konzept zu entscheiden. Mit der Summe seiner einzelnen Maßnahmen enthält es die künftig im Unternehmen zu realisierenden Aufgaben [12].

C) Die *Realisations-Funktion* dient dem Zweck, die planerisch ermittelten Aufgaben tatsächlich zu verwirklichen. Dies geschieht in zweifacher Weise :

Zum einen sind im Wege der *Organisation* die zum Erreichen der Unternehmsziele notwendigen Abläufe (zum Beispiel der Produktion oder der Information) einzurichten. Diese Abläufe bilden die Grundlage für den organisatorischen Aufbau des Unternehmens.

Zum anderen gehört zur Realisation die zielgerichtete *Einbindung des Menschen* in diese Abläufe, im Sinne der Übertragung von Aufgaben und Verhaltensrichtwerten sowie der Veranlassung, sie *durch- und auszuführen*.

D) Die *Kontroll-Funktion* schließlich dient dem Zweck, die realisier-ten Ergebnisse mit den gesetzten Zielen zu vergleichen (»Soll-Ist-Vergleich«) und bei erkennbaren negativen Abweichungen an der sachlich richtigen Stelle Korrekturen zu ermöglichen. Sie besteht in der Überwachung von Vorgängen, der Messung von Ergebnissen (Erfolgskontrolle) und der bewertenden Rückmeldung. [13]

Unter den Personen, die in den genannten Funktionen tätig sind, finden stets Prozesse zielgerichteter Einflußnahmen statt. Sie kennzeichnen die Funktion des *Führens*.

Da die genannten Funktionen häufig und insbesondere in größeren Unternehmen von verschiedenen Personen wahrgenommen werden, kann der Management-Prozeß als Ganzes nur funktionieren, wenn alle an ihm beteiligten Stellen untereinander ständig *kommunizieren*.

Desgleichen setzt ein ausbalanciertes und am gleichen Ziel orientiertes Wirken einer Vielzahl von Funktionsträgern in verschiedenen Bereichen einer Unternehmung voraus, daß die Einzel- und Teilaktivitäten auf das gemeinsame Ziel hin abgestimmt und so untereinander *koordiniert* werden.

Schließlich ist festzustellen, daß *Entscheidungen* nicht nur in der Endphase des Planes zu treffen sind, sondern ein Merkmal aller Managementfunktionen darstellen.

Die speziellen Grundfunktionen des Managementprozesses sind deshalb *um vier generell geltende, instrumentelle Funktionen* zu ergänzen:
- Führung,
- Kommunikation,
- Koordination,
- Entscheidung.

Bei jeder neu auftretenden und zu bewältigenden Problemsituation läuft der Managementprozeß in der beschriebenen Folge seiner Funktionen aufs neue ab. Zwischen ihnen finden zugleich Rück- und Querkopplungen statt. Aufgrund der Vernetzung mit seinem Umfeld muß er außerdem ständig von außen neu zufließende Daten aufnehmen und verarbeiten.

Die in der Literatur vorwiegende Zuordnung der Personalführung zur Management-Funktion der Realisation [14] führt zu keinen der Praxis hinreichend entsprechenden Ergebnissen. Im Personalführungsprozeß kehren alle Managementfunktionen zu Mikro-Prozessen verkleinert wieder: Der Vorgesetzte vereinbart mit seinem Mitarbeiter Arbeitsziele, er plant mit ihm die Ausführung von Aufgaben, wirkt an ihrer Realisation mit und kontrolliert den Arbeitsablauf und seine Ergebnisse. Dabei hat er ständig zu führen im Sinne von veranlassen, informieren, koordinieren und entscheiden. Sofern an der Durchführung nur *einer* Managementfunktion mehrere Arbeitskräfte in hierarchischer Zuordnung beteiligt sind, findet auch in ihr Personalführung statt, und zwar als Mikro-Prozeß, der seinerseits wieder alle Elemente des Management-Prozesses aufweist.

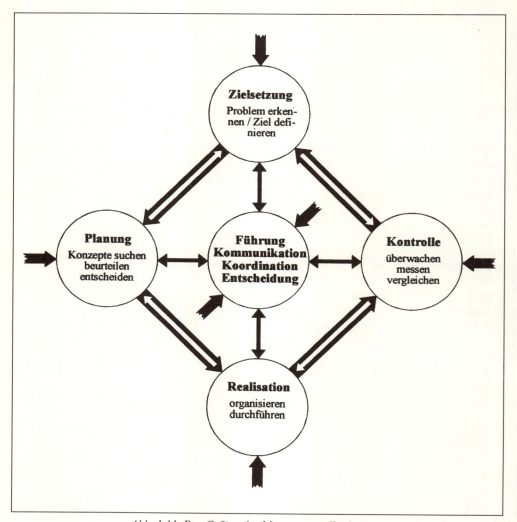

Abb. 1.11: Das Gefüge der Management-Funktionen

Von den Management-Funktionen zu unterscheiden sind die *Unternehmens-Funktionen* wie zum Beispiel Entwicklung, Beschaffung, Fertigung, Vertrieb, Finanzen oder Personal. Bei ihnen handelt es sich um Sachbereiche, in welche die gesamte Unternehmensaufgabe sich nach dem Gesichtspunkt der Spezialität untergliedern läßt. Beide Funktionsgruppen nehmen zueinander die aus Abb. 1.12 ersichtliche Stellung ein.

Als Managementfunktionen bezeichnen wir also das Instrumentarium, mittels dessen jede einzelne der Unternehmensfunktionen zu bewältigen ist. Eine Führungskraft muß, auch wenn ihr Sachaufgabenbereich nur *einer* Unternehmensfunktion zugeordnet ist, die Techniken *aller* Managementfunktionen beherrschen und anwenden.

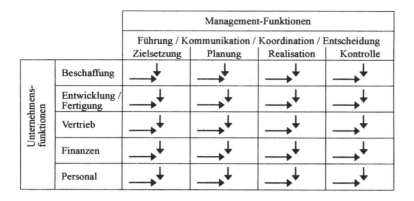

Abb. 1.12: Die Stellung von Management- und Unternehmensfunktionen zueinander

1.7 Personalführung als Gegenstand wissenschaftlicher Forschung und Lehre

1.7.1 Sachgegenstände

Die Fragestellungen bei der Personalführung als eigenständigem Gegenstand der Lehre und Forschung konzentrieren sich auf *drei Schwerpunkte*:

A) auf den *Betrieb* als ein auf bestimmte Zwecke hin ausgerichtetes Gebilde von Personen und Sachen,

B) auf den *Menschen* als Individuum und als Teil sozialer Beziehungen,

C) auf den *Führungsprozeß* als Einbindung des Menschen in die betriebliche Arbeit.

Einer Personalführungslehre obliegt daher die Vermittlung von

A) *Kenntnissen*
   - über den Betrieb als ökonomisch-technisches und ökologisches Gebilde,
   - über den Betrieb als soziales Gebilde,
   - über die Strukturierung der Arbeit und ihre äußeren Rahmenbedingungen,
   - über die rechtlichen Rahmenbedingungen der Arbeit;
B) *Kenntnissen*
   - über die Struktur der menschlichen Persönlichkeit allgemein,
   - über die Bedeutung der Leistungserstellung für den Menschen, insbesondere
     * unter den Bedingungen der betrieblichen Arbeit sowie
     * im Zusammenwirken mit anderen Menschen,
   - über das soziale Verhalten des Menschen unter den Bedingungen der betrieblichen Arbeit;
C) *Hinweisen für die Entwicklung der Befähigung,*
   - die Arbeit im Verantwortungsbereich und ihre Beziehungen zum Umfeld zu organisieren,
   - Ziele zu setzen, für deren Realisation zu sorgen und den Erfolg zu kontrollieren,
   - Kontrollbefunde motivierend rückzumelden,

- den Mitarbeiter als Persönlichkeit, Funktionsträger und Gruppenmitglied zu begreifen und zu stärken,
- den Leistungswillen des Mitarbeiters durch Motivation zu fördern und betriebliche Leistungshemmnisse abzubauen,
- zu kommunizieren,
- soziale Konflikte zu erkennen und zu bewältigen,
- die eigene Persönlichkeit zu erkennen und sein Führungsverhalten zu optimieren.

1.7.2   Bezüge zu verwandten wissenschaftlichen Disziplinen

Wird Personalführung primär unter dem Aspekt der betrieblichen Ertragssicherung und der dazu vorzunehmenden Organisation menschlicher Zusammenarbeit dargestellt, so berührt unser Gegenstand die Sachgebiete Personalwirtschaft und Betriebsorganisation als Teilbereiche der *Betriebswirtschaftslehre.*

Soweit Personalführung bedeutet, Entscheidungen zu treffen und Informationen auszutauschen, erstreckt sie sich auf Bereiche der *Entscheidungs- und der Informationstheorie.*

Begreift man die betrieblichen Prozesse als Regelsysteme, so kann Personalführung im weiteren Sinne auch als Gegenstand der *Kybernetik* untersucht werden.

Betrachtet man das Verhalten von Menschen in der Arbeit als Ausdruck von Persönlichkeitsstrukturen, inneren Einstellungen und seelischen Vorgängen, so berührt man das Gebiet der *Psychologie.* Dabei richtet sich das Interesse der Personalführung im besonderen auf die psychische Beeinflussung des Menschen durch Arbeit in Organisationen und das Zusammenwirken darin mit anderen Menschen. Es handelt sich somit um die spezielleren Gegenstände der *Organisations- und Sozialpsychologie.* Anstelle dieser Begriffe wird, da es sich um »Sozialpsychologie der betrieblichen Arbeit« handelt, neuerdings jener der *Arbeitspsychologie* verwendet.

Soweit Personalführung Prozesse des Lehrens und Lernens im Betrieb erfaßt, wird sie zum Gegenstand der *Pädagogik* als einem Bereich der angewandten Psychologie.

Wird Personalführung unter dem Gesichtspunkt der Erkenntnis gesellschaftlicher Einflüsse auf das Verhalten von Menschen und deren Einwirkung auf die Gesellschaft behandelt, so wird unser Gegenstand zu einem solchen der *Soziologie,* insbesondere der *Industrie- und der Organisationssoziologie* (früher »Betriebssoziologie«). Das Verhalten von Menschen unter den besonderen Bedingungen der organisierten Arbeit bildet den speziellen Gegenstand der *Arbeitssoziologie.*

Soweit es zur Personalführung gehört, die Arbeit selbst sowie ihre äußeren Rahmenbedingungen zu gestalten und in ihren Auswirkungen auf die menschliche Psyche und Physis zu beachten, erstreckt sie sich auf Kernbereiche der *Arbeitswissenschaft.* Sie befaßt sich mit der Gestaltung und Ordnung der Arbeit auf dem Hintergrund ihrer medizinisch-biologischen, sozialen, technischen und sonstigen Aspekte in bezug auf den Menschen.

Nach Formen und Inhalten in hohem Maße rechtlich normiert, bildet Personalführung im Arbeitsleben ferner ein Thema des *Arbeitsrechts.*

Schließlich ist eine den Anforderungen der Praxis genügende Personalführungslehre nicht denkbar, die nicht mit Nachdruck darauf verweist, daß die Optimierung des Personalführungsprozesses auch die systematische Sammlung und Verwertung des *Erfahrungswissens der Führungspraxis* einbeziehen muß: Die Vielfalt menschlich-spontaner Handlungsweisen in der Vielfältigkeit der betrieblichen Realität entzieht sich in erheblichem Umfang einer wissenschaftlich-theoretischen Ordnung und Erklärbarkeit. Befriedigende Ergebnisse zur Lösung einzelner Problemstellungen werden deshalb häufig nur durch einen Rückgriff auf die in ähnlichen Situationen gewonnenen Erfahrungen gefunden werden können.

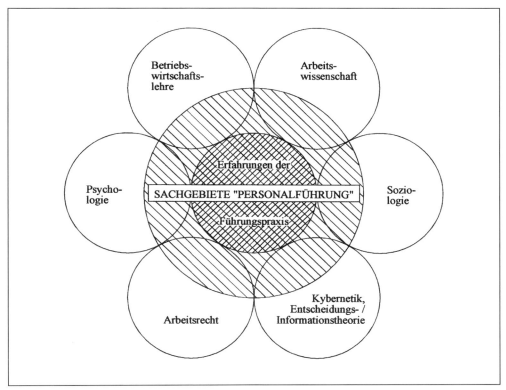

Abb. 1.13: Die Sachgebiete der Disziplin »Personalführung«

Zusammenfassend läßt sich das Sachgebiet »Personalführung« als Disziplin vor allem der *Sozialwissenschaften* begreifen. Ihr Erkenntnisobjekt bildet der Prozeß der Einbindung des Menschen in die betriebliche Arbeit. Ihre Erfahrungsobjekte sind der Betrieb, der Mensch als Individuum und Teil der Gruppe sowie die Gesellschaft. Die Gegenstände der Personalführung erfordern daher eine gleichermaßen problem-, objekt- und prozeßorientierte Betrachtungs- und Arbeitsweise. Sie werden in erster Linie mit den Methoden der empirischen Forschung gewonnen. Dies, die Vielzahl ihrer Bezüge zu anderen ihr nahestehenden Fachdisziplinen und ihre synthetische Struktur läßt große Nähe der Disziplin »Personalführung« zur Arbeitswissenschaft erkennen.

1.7.3 Lehr- und Erlernbarkeit

Die multi- und interdisziplinäre Ausrichtung des Sachgebietes »Personalführung« erfordert vom Lehrenden wie auch vom Lernenden eine hohe Fähigkeit und Bereitschaft, multi- und interdisziplinär zu arbeiten. Dieser Umstand zusammen mit der Tatsache, daß menschliches Verhalten sich nicht mit dem Exaktheitsgrad von Naturgesetzen erklären und berechnen läßt, wird, wie wir oben bereits festgestellt haben, namentlich Vertretern naturwissenschaftlich-technischer Disziplinen den Zugang zu ihr nicht erleichtern.

Dennoch kann Personalführung, da ihre Gegenstände und Methoden der menschlichen Erkenntnisfähigkeit zugänglich sind, gelehrt und erlernt werden.

Zum einen erlaubt das Wissen über den betrieblichen Arbeits- und Führungsprozeß, sein soziotechnisches Umfeld und generelle Wesensmerkmale des Menschen es, menschliches Verhalten in der Arbeit hinreichend sicher zu erklären. Dadurch zumindest teilweise vorhersehbar geworden, kann es im Führungskalkül antizipiert und im Führungsverhalten berücksichtigt werden.

Viele Führungstechniken (zum Beispiel zur Zielsetzung, Planung, Entscheidungsfindung, Kontrolle, Rückmeldung) haben sich in der Praxis bewährt und können erlernt werden. Sie helfen, den Führungsprozeß effizient zu gestalten und in einem gewissen Maße von Reibungsverlusten zu befreien.

Zum anderen erlauben »theoretische« Kenntnisse über die Wechselwirkungen von Führungs- und Arbeitsverhalten es dem Vorgesetzten, sein eigenes *natürliches* Führungsverhalten an deskriptiven Soll-Werten zu überprüfen und im Falle festgestellter Mängel zu optimieren. Dabei wird nicht verschwiegen, daß dies nicht einfach ist. Die Schwierigkeiten beginnen damit, daß aufgrund unterschiedlich entwickelter Persönlichkeitsprofile nicht alle Menschen gleichermaßen gut geeignet sind, zu führen. »Es gibt geborene Führer und ›Nichtführer‹. Es gibt Gute und Schlechte. Es gibt Passende und Nicht-Passende« [15].

Dazu kommt das menschliche Unvermögen, sich selbst objektiv zu erkennen. Gelingt dies mit Hilfe dritter Personen, so können erkannte Schwachstellen häufig nicht oder nur schwer überwunden werden, weil sie in der Persönlichkeitsstruktur der Führungskraft wie eingeprägt sind (zum Beispiel durch den Erziehungsprozeß oder durch Fixierung auf einen selbst erlebten Vorgesetzten und Kopie seines Führungsverhaltens).

Sollen Führungsschwächen überwunden werden, müssen ihrer Erkenntnis die Fähigkeit und die Bereitschaft zur Selbstführung folgen. Dies erfordert, kognitiv erfaßte Schwächen in andauernder Selbstdisziplinierung zu unterdrücken und in dieser Weise zu *verlernen* und an ihrer Stelle positivere Verhaltensweisen *aufzubauen* und *innerlich anzunehmen*. Das bewußte Kultivieren als besser erkannter Verhaltensweisen anderer kann eigene Verhaltensänderungen nach sich ziehen. Dies setzt allerdings weiter voraus, daß die angestrebten Verhaltensmuster in den durch die betriebliche Umgebung an die Führungskraft herangetragenen Rollenerwartungen ihre Entsprechung finden und deshalb honoriert werden.

Ein Optimum an Führungswissen, ausreichende Selbsterfahrung und die Bereitschaft, Defizite im Führungspotential zu erkennen und durch Selbstmanagement zu beheben, bilden die Grundlage dafür, sich als Führungskraft so zu entwickeln, daß die in der Praxis auftretenden Führungssituationen in ihrer Vielfalt mit hinreichender Sicherheit erfolgreich bewältigt werden können.

Anhang zu Kapitel 1

A) Anmerkungen

1 Steuern werden in dieser vereinfachten Darstellung vernachlässigt, ebenso die betriebswirtschaftlichen Unterscheidungen zwischen Kosten und Aufwand, Ertrag und Leistung sowie Gewinn und Erfolg.
2 Die nachfolgenden Daten beziehen sich, soweit nicht ausdrücklich anders vermerkt, allein auf die Bundesrepublik der alten Bundesländer.
3 IW Zahlen 1993 Tab. 60
4 Entnommen bzw. errechnet aus IW, a. a. O. Tab. 155, 69;
Stat. JB 1993 Tab. 9.1; (gemäß Vorbemerkung 9.0 umfaßt die Lohn- und Gehaltssumme die »Bruttosumme einschließlich aller Zuschläge und Zulagen, jedoch ohne Pflichtanteile der Arbeitgeber zur Sozialversicherung, ohne allgemeine soziale Aufwendungen sowie ohne Vergütungen, die als Spesenersatz anzusehen sind.«)
5 IW a. a. O. Tab. 156, 30 sowie direkte Daten-Auskunft
6 Näher Kraus, H.-U., in PERSONALFÜHRUNG Nr. 5/91, S. 334ff.
7 Daten der Tagespresse vom 8. April 1994
8 Näher Hopfenbeck, W., 1991, S. 234ff.; Raidt, F., Der Stellenwert monetärer Leistungsanreize: Lösungsansätze zur Erfassung und Beurteilung von Angestelltentätigkeiten, in »angewandte Arbeitswissenschaft« (1989) Nr.121, S.2ff (Ziffer 3)
9 Vgl. Knebel, H., 1987; neuestens Opaschowski, H. W., 1989; B.A.T Freizeit-Forschungsinstitut, 1992
10 Kraus, H.-U., a. a. O.; vgl. aber auch B.A.T Freizeit-Forschungsinstitut, 1992
11 Vgl. unten Ziffer 11.5
12 Zur Technik der Entscheidungsfindung anschaulich Dworatschek, S., Entscheidung, in Management, Bd. 1, S. 164ff.
13 Näher unten Ziffern 19, 20
14 Vgl. Schubert, U., Der Management-Kreis, in Management, Bd. 1, S. 36ff; Witthauer K. F., 1982
15 Sattelberger, Th., in Sattelberger, Th.(Hrsg.), 1989, S. 15ff.

B) Kontrollfragen und -aufgaben

zu 1.1
a) Was verstehen wir unter *Betrieblicher Personalarbeit*?
b) Welche globalen Sachgebiete hat sie zu bewältigen?
c) Worin unterscheiden sich *Strategische* und *Operative* Personalführung voneinander?
d) Welche betrieblichen Instanzen sind am betrieblichen Personalführungsprozeß beteiligt?
e) Welcher Instanz obliegt daran welcher Aufgabenschwerpunkt?

zu 1.2
a) Welchen Sektor der Personalführung stellt das Buch in seinen Mittelpunkt?
b) Weshalb sprechen wir von *betrieblicher* und weniger von *unternehmerischer* Personalführung?
c) Weshalb sprechen wir bei der einem Vorgesetzten unterstellten Instanz vom *Mitarbeiter* und nicht vom *Untergebenen*?

zu 1.3
a) Woraus ergeben sich die Personalkosten?
b) Weshalb gilt das Minimalprinzip bei Personalkosten nur in beschränktem Rahmen?
c) Was versteht man unter »optimaler Leistung« eines Arbeitnehmers?
d) Was verstehen wir unter »Goodwill-Komponenten« der Arbeitsleistung? Ergänzen Sie Ihre Erläuterung um mindestens 5 Beispiele.

e) In welcher Weise tragen die »Goodwill-Komponenten« der Arbeitsleistung dazu bei, den Unternehmenserfolg zu sichern?

f) Welchen Rang nehmen sie unter den anderen Leistungsbeiträgen ein?

g) Was halten Sie davon, einem Arbeitnehmer die Ausbringung der *Goodwill-Komponenten* zur verbindlichen Arbeitspflicht zu machen?

h) Inwieweit wirken außerbetriebliche gesellschaftliche Wertvorstellungen in den Bereich der betrieblichen Arbeit hinein?

i) Bilden Sie jeweils ein Beispiel dafür, in welchem die Interessen von Unternehmen und Gesellschaft
   aa) konform
   bb) kontrovers
   ausgebildet sind.

j) Inwiefern ist es berechtigt, zu sagen, daß Sie als (künftiger) Vorgesetzter für die Lebensqualität Ihrer Mitarbeiter mit Ihrer Führungstätigkeit Verantwortung tragen?

zu 1.4

a) Worin unterscheidet sich die Personalführungsaufgabe von sonstigen Sach-/Leitungsaufgaben einer Führungskraft?

b) Aufgrund welcher menschlichen Eigenarten gestaltet sich die Berechenbarkeit des Führungserfolges, der sich in der ausgebrachten Arbeitsleistung niederschlägt, problematisch?

c) Worin unterscheiden sich die unter a) genannten Aufgabenbereiche in ihrer sittlich-ethischen Wertgebundenheit voneinander?

zu 1.5

a) Welches sind die betrieblich vorgegebenen Rahmenbedingungen, innerhalb derer der Personalführungsprozeß abläuft?

b) In welchen Stufen läuft der Personalführungsprozeß ab?

c) Welche Faktoren wirken auf das situative Arbeitsverhalten ein?

d) Wie weit kann über die Einflußfaktoren das Arbeitsverhalten des Mitarbeiters beeinflußt werden?

e) Welche der Faktoren unterliegen der betrieblichen Einflußnahme voll/teilweise/überhaupt nicht?

f) Welcher Erfolgspegel (minimal/optimal/maximal) kann infolgedessen realistischerweise bestenfalls angestrebt werden?

zu 1.6

a) Was verstehen wir unter dem Begriff *Management*?

b) Was bezeichnen wir als
   ba) die speziellen,
   bb) die generellen
   Managementfunktionen?

c) Welche Bedeutung hat der Management-Zyklus für Personalführung?

zu 1.7

a) Welch es sind die Schwerpunkte wissenschaftlicher Forschung und Lehre beim Thema *Personalführung*?

b) Welche wissenschaftlichen Disziplinen behandeln das Sachgebiet Personalführung?

c) Wie beurteilen Sie die Möglichkeiten und Grenzen, Personalführung zu erlernen?

C) Literatur

B.A.T Freizeit-Forschungsinstitut, Arbeitnehmer suchen Sinn und Freude im Beruf, (Repräsentativ-Befragung), Reihe »Freizeit aktuell« Ausgabe 106, Hamburg, 15. 09. 1992

Bertelsmann Stiftung/IWG Bonn, 1987

Domsch, M./Gerpott, T. J., Personalwesen(s), Organisation des,
in HWO, Sp. 1934–1944

Friedrichs, H./Gaugler, E./Zander, E. (Hrsg.), 1983, Abschn. 1: Gesellschafts- und sozialpolitische Entwicklungen (Aufsätze mehrerer Verfasser)

Gebert, D., Die offene Gesellschaft – wie verführerisch ist die geschlossene Gesellschaft?, in Rosenstiel, L. von et al., 1993, S. 629, 631ff.

Günther, H.(Hrsg.), 1984, Abschnitte »Perspektiven«, S. 11ff. und »Funktionen«, S. 61ff.

Höhler, G., 1986

Hub, H., 1982, 1.–3. Kapitel

Kienbaum J. (Hrsg.), 1992, S. 1ff., Teile 2 und 5

Knebel, H., Wir benötigen Freizeitwerte in der Arbeitswelt, PERSONAL – Mensch und Arbeit Nr. 8/1987, S. 318ff.

Knebel, H./Zander, E., 1984

dieselben, 1985, Ziffer 1

Krause, H.-U., Veränderungen des Arbeitsmarktes und die Konsequenzen für die Personalarbeit von morgen, in Personalführung Nr. 5/91, S. 334ff.

Kürpick, W., Personalverwaltung, in HWP, Sp. 1805–1815

Lange-Prollius, H., 1983

Lay, R., 1983(a)

Mugler, J., Personalwesen in Klein- und Mittelbetrieben, in HWP, Sp. 1853–1863

Noelle-Neumann, E./Strümpel, B., 1984, S. 7ff.

Opaschowski, H. W., Wie arbeiten wir nach dem Jahr 2000?, Hamburg 1989

Personalführung, Neues Denken im Personalmanagement, (Schwerpunktthema mit mehreren Abhandlungen), Nr. 7/93, S. 553–588

Pullig, K.-K., 1993

Richter, M., 1988, Ziffer 1 bis 3

Weber, W., Personalwesen, in HWP, Sp. 1826–1836

Stengel, M., Wertewandel, in Rosenstiel, L. von et al., 1993, S. 693ff.

Strümpel, B./Scholz-Ligma, J., Werte- und Wertwandel, in HWP, Sp. 2338–2349

Wächter, H., Träger der Personalarbeit, in HWP, Sp. 2202–2209

Wagner, D./Zander, E./Hauke, C., 1992

Werhahn, P. H., 1990

Withauer, K. F., 1982, Ziffer 1 bis 3

Wunderer, R., Personalmanagement 2000. Auf dem Weg zu einer unternehmerischen Funktion, in Personalführung Nr. 7/93, S. 560ff.

II. Abschnitt: Das betriebliche Umfeld des Führungsprozesses

> Den Wert eines Unternehmens machen nicht Gebäude und Maschinen und auch nicht seine Bankkonten aus. Wertvoll an einem Unternehmen sind nur die Menschen, die dafür arbeiten und der Geist, in dem sie es tun.
> (Heinrich Nordhoff, ehemaliger Vorstandsvorsitzender der Volkswagen AG)

Führungsprozessen, in denen Menschen durch andere Menschen zu zielgerichtetem Verhalten veranlaßt werden, begegnen wir in unserer Gesellschaft in den vielfältigsten Formen. Außerhalb des Personalführungsprozesses im Industriebetrieb kennen wir zum Beispiel Führungsprozesse in
- *Familien* (Eltern – Kinder),
- *Schulen* (Lehrer – Schüler),
- *Sportvereinen* (Trainer – Sportler),
- *Armeen* (Kompaniechef – Soldaten),
- *Gemeinden* (Gemeinderat/Verwaltung – Bürger),
- *Haftanstalten* (Aufseher – Häftling).

Diese Prozesse unterscheiden sich voneinander nach
- *Ziel und Zweck* (Was soll erreicht werden?),
- *Mitteln* (Auf welche Weise sollen Ziel und Zweck der Führung erreicht werden?),
- *Strukturierung* (Nach welchen Gesetzmäßigkeiten sind Führende und Geführte einander zugeordnet?),
- dem realen *Hintergrund ihres Vollzuges* (Unter welchen äußeren Rahmenbedingungen läuft die Führung ab?).

Im folgenden Abschnitt wollen wir Rahmenbedingungen darstellen, die den betrieblichen Personalführungsprozeß prägen.

2.   Der Betrieb als ökonomisch-technisches, soziales, ökologisches und geistiges Gebilde

---

Lernziel:

Im folgenden Kapitel sollen Sie den Betrieb als *mehrdimensional strukturiertes System* erfassen.

Jeder Betrieb weist den Charakter eines mehrschichtigen eigenständigen Systems auf.

Dies trifft, soweit ein Betrieb nicht nur als Teil eines Unternehmens rein technische Aufgaben zu erfüllen hat, zunächst *in wirtschaftlicher Hinsicht* zu. Dazu verfügt er über flüssiges oder in Betriebsmitteln festgelegtes *Kapital,* über kaufmännisch qualifiziertes Personal und über ein *Konzept* (Wirtschaftsstrategie) für die verfolgten Ziele. Mit ihrem sinnvoll kombinierten Einsatz strebt der Unternehmer an, einen Ertrag zu erwirtschaften und zugleich die Existenz des Betriebes zu sichern. Dies geschieht innerhalb eines Geflechtes von Beziehungen zu verschiedenen Märkten: einkaufsseitig zu Lieferanten, vertriebsseitig zu Kunden, kapitalseitig zu Banken usw. Der Betrieb stellt insoweit ein eigenständiges *ökonomisches System* dar.

Die wirtschaftlichen Ziele werden regelmäßig mit den Mitteln der Technik realisiert. Dafür vereinigt der Betrieb in sich *Sachmittel* (Räumlichkeiten, Anlagen, Maschinen, Werkzeuge, Transportmittel, Material), technisch qualifiziertes *Personal* und ein *Konzept* (Verfahrens- und Produkt-Know-how). Ihr sinnvoll kombinierter Einsatz ermöglicht es, Waren her- oder Dienstleistungen bereitzustellen. Insoweit bildet der Betrieb, wie wir es in der Praxis bei räumlich selbständigen Produktionsstätten (sog. »Werken«) häufig finden, ein eigenständiges *technisches System.*
  Stets ist die technische Ebene dabei an die Vorgabe der ökonomischen Ebene gebunden, der Erwirtschaftung von Gewinn zu dienen. Ihr Auftrag lautet nicht, eine technische Problemlösung schlechthin zu realisieren, sondern eine solche, die sich mit Gewinn vermarkten läßt. Dies kann auch den Verzicht auf das technisch maximal Machbare bedeuten. Anderes gilt nur für Ausnahmefälle, zum Beispiel bei militärischen sowie bei Pionier- oder Prestigeprojekten.

Jede produktive Tätigkeit wird von Menschen geplant, vorbereitet, ausgeführt oder kontrolliert. Sie erfordert also die *Mitarbeit von Menschen.* Mit den Mitteln des auf den Betriebszweck ausgerichteten Organisierens einer Produktion und der in ihr zu verrichtenden Tätigkeiten wird bestimmt, an welchen Stellen welche Funktionen zu erfüllen sind und zwischen welchen Stellen zur Erfüllung gemeinsamer übergeordneter Funktionen in welcher Weise zu kooperieren ist. Auf diese Weise entsteht zunächst – formell geplant – ein Gefüge von Stellen. Sobald die Stellen mit Menschen besetzt werden, überträgt sich seine Struktur in Form *sozialer Beziehungen*[1] auch auf diese. Die Zuordnungen der Funktionen prägen die Beziehungen der Menschen, die sie wahrnehmen. Wir unterscheiden dabei Verhältnisse der
- Überordnung (Vorgesetzter – Mitarbeiter), der
- Unterordnung (Mitarbeiter – Vorgesetzter) und der
- Gleichordnung (Mitarbeiter – Kollege).

Stellen wir uns dieses Beziehungsgefüge losgelöst von dem ihm zugrundeliegenden Stellengefüge vor, so läßt ein Betrieb sich auch als *soziales System* begreifen.

Die vorgestellte *formelle* Seite gäbe, sähe man sie allein, das betriebliche Gefüge sozialer Beziehungen nur unvollkommen wieder.

Über die Menschen, die zum Beispiel
- verschiedenen Lebensalters,
- unterschiedlichen Geschlechtern angehörend,
- verschiedenen ethnischen Gruppen zugehörend,
- aus unterschiedlichen sozialen Schichten kommend,
- mit gänzlich verschiedenen Lebenserfahrungen,
- in unterschiedlichen familiären Verhältnissen lebend,
- verschiedenen Hobbies und Freizeitinteressen nachgehend,
- unterschiedlichsten Charakters und Temperaments,
- verschiedenen politischen Strömungen zuneigend,
- verschiedenen Religionen angehörend oder atheistisch veranlagt usw.,

zur Arbeit in den Betrieb kommen, wird die ganze Fülle individueller Persönlichkeitsmerkmale, Wertmaßstäbe und Verhaltensweisen, derer Menschen fähig sind, in den Betrieb hineingetragen. Hier werden sie in vielfältiger Form lebendig und bewirken ein Gefüge sozialer Beziehungen *eigener* Art, zum Beispiel solcher von Sympathie oder Antipathie, Zusammenarbeit oder Isolation, Freundschaft, Gegnerschaft oder Feindschaft. Wir nennen es, da es ungeplant entsteht und wirkt, das Gefüge *informeller Beziehungen* [2].:

Beispiel:

Wirksame Ebene des sozialen Gefüges	Sachverhalt
formell	In der durch Meister M geführten Gruppe E arbeiten als Facharbeiter die Energieanlagenelektroniker A, B und C sowie der Elektroanlageninstallateur D.
informell	A und D sind Anhänger des gleichen Sportvereins, begegnen einander mit persönlicher Sympathie und unterstützen sich gegenseitig in ihrer Arbeit.
Kombination formell und informell	Dies führt zu besonders guten Ergebnisssen.
informell	B und C sind bereits seit der Berufsausbildung Kollegen. Ursprünglich befreundet, betrachten sie sich heute gegenseitig als Konkurrenten um die eventuell in Kürze zu besetzende Stelle eines Vorarbeiters. Sie entwickeln sich deshalb mehr und mehr zu Gegnern.
Kombination formell und informell	Jeder für sich versucht, seine eigenen Leistungen vor M in ein besonders günstiges Licht zu rücken und zu ihm ein überdurchschnittlich gutes Verhältnis aufzubauen.
informell	C erinnert M oft an seinen vor einigen Jahren tödlich verunglückten Sohn.
Kombination formell und informell	M glaubt, Besonderes für C tun zu müssen, und baut ihn gegenüber dem Betriebsleiter als am besten geeigneten Bewerber um die Vorarbeiterstelle auf.

Die Gefüge formeller und informeller sozialer Beziehungen stehen nicht isoliert nebeneinander. Vielmehr durchdringen beide Strukturen einander. Die lebendige soziale Wirklichkeit des Betriebes besteht daher au.s Beziehungen, die von formellen und informellen Elementen gleichermaßen geprägt werden können.

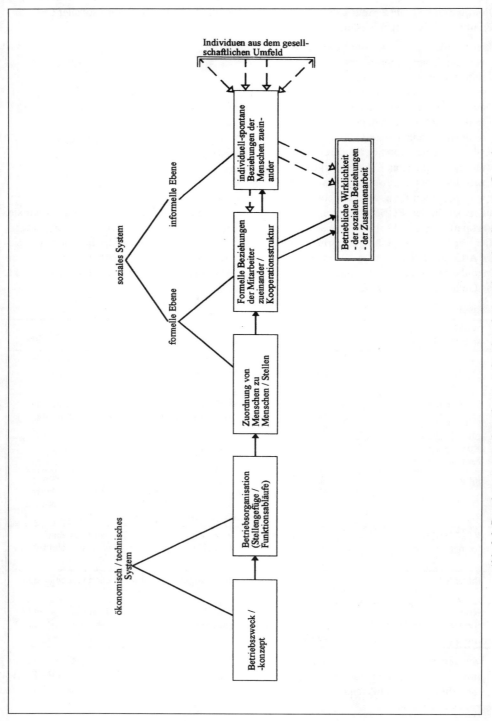

Abb. 2.1: Beziehungen zwischen ökonomisch-technischem und sozialem System im Betrieb

Entdeckt wurden das Wesen des Betriebes als soziales System und seine Auswirkungen auf die Arbeit von dem amerikanischen Sozialwissenschaftler ELTON MAYO, als er im Jahre 1932 die in den Hawthorne-Werken der »Western Electric Company«, Chicago, bereits 1924 begonnenen *Hawthorne-Experimente* auswertete. [3].

Von einem der Begründer der deutschen Betriebssoziologie, GÖTZ BRIEFS, in diese Disziplin eingeführt [4], ist die Betrachtung des Betriebes als soziales System heute Allgemeingut der Sozialwissenschaften geworden.

Die Betrachtung des Betriebes als Gefüge unterschiedlicher Systeme muß um zusätzliche Aspekte erweitert werden:

In jedem Betrieb finden Prozesse der *Energieumwandlung* statt. Er nimmt Materie bestimmter Energiemengen und -formen auf (zum Beispiel Metalle, Mineralien, Luft, Wasser, Öl, Chemikalien) und gibt sie als Produkte und Abfallstoffe (zum Beispiel Abwasser, chemische Rückstände, Gas, Staub), in denen Materialien und Energie in veränderten Formen gebunden sind, wieder ab. Damit nimmt der Betrieb Einfluß auf seine Umwelt und erweist sich als Bestandteil des ökologischen Gesamtsystems, als *ökologisches Subsystem.* Die bedrohlichen Veränderungen der Umwelt und damit unserer Lebensbedingungen durch Schademissionen, die sich nicht mehr nur regional, sondern bereits weltweit zu akuten Gefahren für alles Leben auf der Erde verdichten, weisen diesem Aspekt der betrieblichen Existenz mit höchster Dringlichkeit das Gebot der Umweltverträglichkeit zu.

Das von den Menschen in den Betrieb eingebrachte und dort geschaffene *Know-how*, seine *Konzepte* und *Ziele* sowie die gewählten *Werte*, unter deren Beachtung mit den dem Betrieb intern und extern verbundenen Menschen und sonstigen Partnern kooperiert werden soll, bilden eine eigenständige geistige Plattform. Das Einmalige ihrer Struktur und ihres Gelebtwerdens erlaubt es, den Betrieb auch als *geistiges System* zu sehen.

Zur Vielschichtigkeit des Betriebes als Systemgefüge kommt dessen *offene Vernetzung* mit den einzelnen Facetten des ihn umgebenden gesellschaftlichen Umfeldes. Dieses unterliegt ständigem Wandel (»Alles fließt«, Heraklit, 500 v. Chr.). Will der Betrieb in ihm bestehen, muß er den Wandel ständig erfassen und verarbeiten. So muß er sich schließlich auch als ein *lernendes System* begreifen. Der Versuch, primär das Überkommene bewahren und sich den Risiken von Neuem entziehen zu wollen, muß zum Scheitern führen.

Für die Führungskraft folgt aus dem Gesagten, daß es *keinesfalls* genügen kann, die Führungs- und Leitungstätigkeit auf die ökonomisch-technische Erfolgsmaximierung des eigenen Betriebes zu beschränken. Jede Führungskraft *muß*, will sie der Realität gerecht werden, den Betrieb vielmehr auch in seiner sozialen, ökologischen und geistigen Dimension sowie in seiner Eingebundenheit in die Dynamik seines Umfeldes begreifen lernen und dies in der täglichen Arbeit stets aufs Neue berücksichtigen.

Anhang zu Kapitel 2

A) Anmerkungen

1   Sozial = (lat. »socius«, der Genosse) forthin i. S. von »zwischenmenschlich« gebraucht
2   Ausführlicher dargestellt in Ziffer 7
3   Näher beschrieben bei Homans, G. C., 1978, Kap. 3ff.

4 Vgl. Briefs, Betriebssoziologie, in A. Vierkant (Hrsg.), Handwörterbuch der Soziologie, Stuttgart, 2. Aufl.,
   1959 (erschienen 1931)

B) Kontrollfragen und -aufgaben

a) Welche Ebenen umfaßt der Betrieb als Gefüge von Systemen?
b) Nennen Sie jeweils ein Beispiel für das Erscheinungsbild des Betriebes als ökonomisches und
    als technisches System.
c) Woraus rechtfertigt es sich, den Betrieb auch als soziales System aufzufassen?
d) Kann die Wirklichkeit des sozialen Systems betrieblicherseits umfassend geplant und kontrol-
    liert werden?
e) Von wem / bei welchem Anlaß / wann ist das Wesen des Betriebes als System entdeckt wor-
    den?
f) Welche Konsequenz hätte es, wenn ein Vorgesetzter sich in seinem Führungsverhalten aus-
    schließlich an formellen Kriterien orientieren würde?
g) Was rechtfertigt es, den Betrieb als ein ökologisches Subsystem zu betrachten?
h) Welchem Gebot muß der Betrieb sich unter diesem Aspekt stellen?
i) Welche qualitativen Eigenschaften kennzeichnen den Betrieb als Systemgefüge weiterhin?
j) Welche Merkmale seines Systemgefüges muß ein Vorgesetzter, der in seiner Führungstätigkeit
    der Beschaffenheit und Eingebundenheit des betrieblichen Systems in sein Umfeld gerecht
    werden will, berücksichtigen?

C) Literatur

Held, M., Umweltorientierung der Unternehmungen als Antwort auf die Umweltkrise, in Rosenstiel, L. von,
    et al. 1993, S. 675ff.
Hub, H., 1982, 2. Kapitel, I. Abschnitt, Systemtheoretische Grundlagen
Kluth, H., 1975, Kap.I–III
Schelsky, H., in Gehlen, A./Schelsky, H., 1955, S. 159ff.
Vester, F., 1983, Teil 1

3 Betriebsorganisation und Führung

Lernziele:

Im folgenden Abschnitt wollen wir uns verdeutlichen, in welcher engen wechselseitigen Beziehung Betriebsorganisation und Personalführung stehen. Dazu wollen wir einige organisatorische Begriffe, Regelungen und Grundsätze erarbeiten, die auch für Personalführung gültig sind und deshalb jeder Führungskraft geläufig sein müssen.

3.1 Funktionen der Betriebsorganisation

Wenn im Managementprozeß, wie unter Ziffer 1.6 dargestellt, in einer gegebenen Problemlage das anzustrebende Ziel definiert und das dafür bestimmte Lösungskonzept geplant worden ist, besteht die Aufgabe der Organisation darin, die *Rahmenbedingungen* zu schaffen, unter denen der Plan mit *größter Effizienz* realisiert werden kann.

Beispiel: Ein bisher gefertigter Elektromotor wird durch modernere Konkurrenzerzeugnisse zunehmend vom Markt verdrängt (Problemlage). Das Ziel lautet: Wiedergewinnung der verlorengegangenen Marktanteile über das Angebot eines wettbewerbsfähigeren Modells. Das unter mehreren geprüften Möglichkeiten bevorzugte Planungskonzept sieht vor: Ab Januar 1995 anlaufende Eigenfertigung und Vertrieb eines neuen Drehstrommotors Typ XY in einer Stückzahl von zunächst 1000 Stück/Monat, bis Juli 1996 zu erreichende Endkapazität von 6000 Stück/Monat.

Die Entscheidung erfordert, um realisiert werden zu können, ein Organisationskonzept, mit dem gewährleistet wird, daß bis zu dem genannten Zeitpunkt

- der Motor XY fertigungsreif entwickelt, konstruiert und erprobt worden ist,
- alle Fertigungswerkzeuge und -vorrichtungen hergestellt sind,
- die benötigten Räume und Fertigungsstraßen gerüstet bereitstehen,
- die benötigten Maschinen bereitgestellt und auf die neuen Werkzeuge umgerüstet sind,
- das Fertigungsmaterial beschafft ist,
- Personal in benötigter Kopfzahl und Qualifikation bereitsteht,
- alle Dokumente für Beschaffung, Fertigung und Vertrieb fertiggestellt sind und
- ein Konzept für den Absatz des Motors erarbeitet worden ist.

Es liegt auf der Hand, daß dieser Katalog von Maßnahmen, den die Betriebsleitung von den Planungs- und Organisationsabteilungen hat erstellen lassen, von ihr nicht allein realisiert werden kann. Er wird als Gesamtaufgabe vielmehr zunächst nach Art und Menge in nicht mehr teilbare Elementarfunktionen zerlegt (*Aufgaben-Analyse*). Aus ihnen werden unter Berücksichtigung der zur Verfügung stehenden Verfahrenstechniken Arbeitsfunktionen gebildet, die an einzelnen Orten der Organisation von gedachten Arbeitskräften technisch wahrgenommen werden können (*Aufgaben-Synthese*). Auf diese Weise entstehen Arbeitsplätze, die einander zum Teil in horizontaler Zuordnung gleichgeordnet, zum Teil in vertikaler Zuordnung über- und nachgeordnet sind. In der letzteren Beziehung weisen sich Weisungsbefugnis und -gebundenheit aus. Den Ort einer derartigen Funktion bezeichnen wir als *Stelle* oder *Position*.

Eine **Stelle** ist die im Rahmen einer Gesamtorganisation vorgenommene Zusammenfassung von Aufgaben und Funktionen zum Aufgaben- und Arbeitsbereich eines oder (zum Beispiel bei Schichtarbeit oder »Job-Sharing«) mehrerer Aufgabenträger, die ihrerseits eine für die Aufgaben geeignete, bestimmbare Leistungskapazität haben.

Der Begriff »Stelle« beinhaltet keine Aussage über das Arbeitsvolumen dort. Eine Stelle kann zum Beispiel im Mehrschichtbetrieb von mehreren Arbeitskräften bis zu 24 Stunden täglich besetzt sein. Auch wird der Anlagenfahrer einer automatisierten Fertigungsstraße oder -insel eine ungleich höhere produktive Leistung erbringen als der Arbeiter an einer einzelnen Werkzeugmaschine.

In neuerer Zeit werden immer häufiger mehrere Einzelfunktionen zu größeren Aufgabenkomplexen zusammengefaßt und als solche an Arbeitsgruppen als Adressaten übertragen. Es entsteht *Gruppenarbeit* (vgl. dazu Ziffer 6.3).

Dadurch, daß mehrere Stellen oder Gruppenbereiche zu organisatorisch eigenständigen Teilbereichen und diese zu immer größeren Bereichen zusammengefaßt und von Führungskräften – meist – der nächst höheren Organisationsebene geführt werden, entsteht der Aufbau des Stellen- und Abteilungsgefüges (*Aufbauorganisation*).

Die vom Organisationsziel abzuleitende Strukturierung der zu vollziehenden Arbeitsabläufe unter dem Aspekt ihrer funktionell logischen Zuordnung zueinander ergibt die *Ablauforganisation*.

Das *Ziel des Organisierens* besteht darin, für den Ablauf von Funktionen und den Aufbau des Stellengefüges Lösungen zu schaffen, welche sich für die Realisationen der dargestellten Aufgaben bestmöglich eignen.

Unter **Organisation** verstehen wir die auf Dauer angelegte, planvolle und methodische Zuordnung von Menschen und Sachmitteln, um für deren bestmögliches Zusammenwirken zum Zwecke der dauerhaften Erreichung vorgegebener Ziele die günstigsten Bedingungen zu schaffen [1].

Die Tätigkeit, mit der die Organisation geschaffen wird, bezeichnen wir als das *Organisieren*. Neben dieser *instrumentellen* Auslegung gebrauchen wir den Begriff *Organisation* auch noch dafür, das Unternehmen als *Institution* zu bezeichnen (»Unsere Organisation legt Wert darauf, daß ...«). Wir sprechen vom *institutionellen Organisationsbegriff.*

Für den Mitarbeiter legen die organisatorischen Strukturen fest
- das *Objekt* der Arbeit
  (An welchem Gegenstand muß ich arbeiten?);
- die *Verrichtung* der Arbeit
  (Welche Art von Arbeit muß ich verrichten?);
- die *räumliche Zuordnung*
  (An welchem Platz/in welchem Raum/in welchem Gebäude muß ich arbeiten?);
- die *zeitliche Zuordnung*
  (Zu welcher Zeit muß ich arbeiten? Wann wird das Ergebnis meiner Arbeit benötigt?);
- die *sachlichen Hilfsmittel*
  (Mit welchen Arbeitsmitteln/Einrichtungen muß ich arbeiten?);
- die *Arbeitsbedingungen*
  (Welchen Einwirkungen durch Lärm, Schmutz, Licht, Temperatur bin ich ausgesetzt?);
- die *betrieblichen Verhaltens- und Ordnungsnormen*
  (Wie habe ich mich zu verhalten?).

Da nach dem Aufgabenprofil der Stelle und dem daraus abzuleitenden Anforderungsprofil der da-

für geeignete Inhaber bestimmt wird, bedingt die Organisation über die Personalauswahlentscheidung auch die *personellen Zuordnungen* mit den Fragestellungen
- mit welchem *Vorgesetzten*,
- mit welchen *Kollegen*,
- mit welchen *unterstellten Mitarbeitern*
- mit welchen *sonstigen Aufgabenträgern*

muß ich zusammenarbeiten?

Eine am Grundsatz optimaler Effizienz errichtete Organisation wird mehr oder weniger zwangsläufig zu individuellen Wünschen und Interessen ihrer Mitglieder häufig im Widerspruch stehen. Aufgrund der Verbindlichkeit ihrer Regelungen nimmt sie daher regelmäßig den Charakter einer *Zwangsordnung* an. Soweit ihre Zwänge im Hinblick auf die mit ihnen verfolgten Ziele als berechtigt und/oder sinnvoll erkannt werden, werden sie von den ihnen Unterworfenen regelmäßig auch akzeptiert. Fehlt jedoch diese Akzeptanz, weil organisatorische Regelungen zum Beispiel als bürokratisch, willkürlich, zu unflexibel oder in anderer Weise hinderlich bewertet werden, können sie in erheblichem Maße Abwehrreaktionen mobilisieren und zum leistungsmindernden Störfaktor der betrieblichen Arbeit geraten. Hieraus folgt für Führungskräfte die *Aufgabe, beim Treffen organisatorischer Regelungen neben dem Sach- zugleich auch den Humanaspekt als Kriterien ihrer Effizienz zu bedenken* (vgl. dazu Ziffer 10.5.3).

3.2   Hierarchie

Mit seinen Verhältnissen von Über- und Unterordnungen bzw. Vor- und Nachordnungen weist der Betrieb hierarchische Strukturen auf [2]. Dies gilt in mehrfacher Hinsicht: Die vertikale Zuordnung von leitungs- und führungsberechtigten und von ausführungsverpflichteten Funktionen erlaubt es, von einer *Funktionshierarchie* zu sprechen. Soweit die Funktionen einzelnen Stellen zugeordnet sind, darf auch von einer *Stellenhierarchie* gesprochen werden. Die dauerhafte Besetzung der Stellen mit Menschen schließlich führt zu einer *Personenhierarchie*.

Die hierarchischen Ebenen werden auch als *Rangebenen* und ihre Angehörigen als *Ranggruppen* bezeichnet. Das in der Unternehmenspraxis am häufigsten anzutreffende Schema gibt Abbildung 3.1 wieder.

Zum oberen Management gehört, wem die über den gesamten Betrieb waltende Führungs- bzw. Leitungsaufgabe zusteht; zur ausführenden Ebene, wer keine derartigen Funktionen ausübt, also nur *weisungsgebunden* ist. Die Stellung der Ebenen dazwischen (sog. Mittelbau) zeichnet sich dadurch aus, daß ihre Angehörigen von oben weisungsunterworfen und nach unten gleichzeitig weisungsberechtigt sind.

Die vorstehende Abbildung gibt die Wirklichkeit allerdings insofern verzerrt wieder, als keineswegs alle Träger ausführender Funktionen »unten«, d.h. an der Basis der Hierarchie angesiedelt sind. In jeder Unternehmensorganisation bestehen im Mittelbau und selbst nahe der Spitze hierarchische Subsysteme, die großenteils mit hochqualifizierten Fachkräften besetzt sind. Da ihnen keine weiteren Kräfte unterstellt sind, verrichten sie gleichwohl *ausführende* Tätigkeit.

Beispiele:
- Die Wissenschaftler von Forschungs- und Entwicklungsabteilungen,
- die Ingenieure der Konstruktion,
- die Diplom-Kaufleute des Finanzwesens,
- die Juristen der Rechtsabteilung.

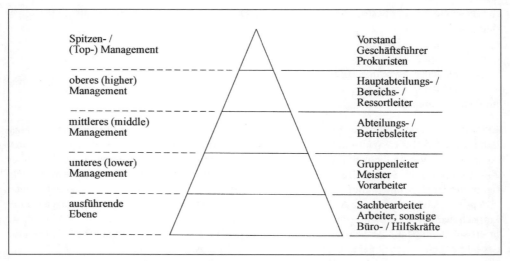

Abb. 3.1: Schema betrieblicher Ebenen mit Ranggruppen

Neben den genannten Hierarchien besteht also eine weitere, ebenenunabhängige *Hierarchie der Qualifikationen.*

Der Vollständigkeit halber erwähnen wir, daß aus menschlichen sozialen Bewertungen weitere Klassifizierungen mit hierarchischen Merkmalen gebildet werden: so zum Beispiel die unterschiedlichen Status-Hierarchien der Büro- und Werkstattfunktionen.

In den Diskussionen über neue Arbeitsstrukturen (lean production) wird gefordert, Hierarchien flacher zu gestalten. So wäre es denkbar, mehrere Ebenen des Mittelbaus zusammenzufassen. Dabei ist freilich zu sehen, daß nicht wenige (Groß-) Unternehmen deutlich tiefer gestaffelte Hierarchien aufweisen als die oben abgebildete. Die Frage, wann eine Hierarchie »flach« ist, kann nur relativ beantwortet werden.

Hierarchie bedeutet regelmäßig Herrschaft vorgeordneter Instanzen über nachgeordnete mit dem Recht zu Disziplinierung. Dem System der Hierarchie wird deshalb auch mit Kritik begegnet [3]: Sie
- schaffe nicht mehr zeitgemäße Formen menschlicher Unterworfenheit unter den Willen vorgesetzter Instanzen und schränke dadurch Freiheiten ein;
- fördere soziale Ungleichheit durch Klassifizierung und Deklassierung;
- führe zu der Gefahr, daß Macht und Qualifikation ihrer Mitglieder einander nicht mehr entsprächen;
- bewirke über das Prinzip von Befehl und Gehorsam ein Abtöten lebendiger kreativer Zusammenarbeit.

Soviel Wahrheitsgehalt diesen Argumenten für Einzelfälle auch zuzubilligen ist, so wenig läßt sich leugnen, daß dem hierarchischen Prinzip beträchtlicher innerer Wert zuzurechnen ist: Es
- koordiniert vertikal arbeitsteilige Aktivitäten,
- gewährleistet am schnellsten, daß die an der Spitze getroffene Entscheidung an der Basis durch-

geführt wird, und verleiht einer Organisation damit die Fähigkeit, situativ schnell, flexibel und wirksam zu reagieren,
- stellt klar, wo Leitungsrecht und Leitungsgebundenheit in einer Organisation angesiedelt sind,
- schafft Klarheit hinsichtlich verteilter Verantwortlichkeit,
- bildet die Grundlage für das unser Arbeitsrecht beherrschende Dualprinzip von Fürsorge und Treue und
- dient letztlich der Effizienzsteigerung von Organisationen.

Über gedankliche Ansätze hinaus gibt es noch keine erprobten Alternativen zur Hierarchie, die ihre Nachteile ausschließen und gleichzeitig ihre Vorteile sicherstellen. Wohl aber gibt es *Gestaltungsmittel der Hierarchie selbst, die ihre dysfunktionalen Wirkungen aufheben oder doch relativieren* [4]:
- Ranggrenzen markieren allein Unterschiede der Funktionen, nicht unterschiedlich bewertete soziale Schichten;
- Ranggrenzen werden kommunikativ nach beiden Seiten hin geöffnet, wodurch sie insbesondere für den Fluß von Informationen und Expertenwissen ihren Schwellencharakter verlieren;
- Befugnisse und Verantwortlichkeiten übergeordneter Instanzen gegenüber nachgeordneten werden an deren Aufgaben orientiert normiert;
- Stellen mit Führungs- und Leitungsbefugnissen werden nach dem Grundatz der adäquaten Befähigung vergeben;
- zeitgemäße Leitlinien für Führung und Zusammenarbeit sollen Machtmißbrauch sowie Führung auf der Basis von Befehl und Gehorsam ausschließen.

Weitere, in der Praxis erprobte Führungsprinzipien mit enthierarchisierender Wirkung bilden
- das partizipative Mitwirken nachgeordner Aufgabenträger an Entscheidungen vorgeordneter Instanzen,
- Dezentralisation durch Delegation von Aufgaben, Kompetenzen und Verantwortlichkeit an rangniedere Instanzen,
- ebenenüberschreitende Gruppenarbeit vor allem in Projekt-, Problemlösungs- und Beteiligungsgruppen und sonstigen Teams sowie
- in der Praxis vereinzelt geübte Wahl von Vorgesetzten von unten.

Um das hierarchische Prinzip akzeptabler zu machen, sollte letztlich auch der gesellschaftsweiten Neigung entgegengewirkt werden, Träger hierarchisch niedriger angesiedelter Funktionen und Qualifikationen auch *sozial* als geringwertig abzuwerten (Problem der *sozialen Hackordnung*). Ist ihre Funktion für Betrieb und Gesellschaft von Wert, steht auch den Trägern selbst soziale Wertigkeit und Achtung zu. Wie stünde es im Betrieb ohne die verläßliche Arbeit einfacher Arbeiter und Hilfskräfte und wie in unserer Gesellschaft ohne die Arbeit von Müllmännern, Toilettenfrauen und Rohrreinigern?

Die zunehmende Anhäufung von Spezialwissen auf allen Ebenen führt dazu, daß die Schicht der Arbeitnehmer, die nur ausführende Arbeit verrichten und von betrieblichen Entscheidungsprozessen gänzlich ausgeschlossen sind, vor allem in technologisch progressiven Branchen (zum Beispiel Elektronik, Luft- und Raumfahrt), immer mehr ausgedünnt wird. Durch den starken Anstieg von Aufgabenträgern mittlerer Qualifikation hat sich zumindest die Funktionshierarchie aus der klassischen Pyramidenform mehr in eine Birnenform verwandelt:
Welche Form die »schlanke« Organisation einnehmen wird, kann noch nicht gesagt werden.

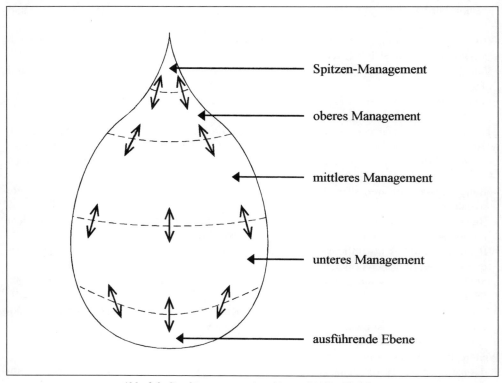

Spitzen-Management

oberes Management

mittleres Management

unteres Management

ausführende Ebene

Abb. 3.2: Struktur progressiver hierarchischer Systeme

3.3   Leitungs- und Zuordnungssysteme

Im folgenden wollen wir uns deutlich machen, welche Formen der Zuordnung unterschiedlicher Rangebenen es innerhalb einer hierarchischen Struktur gibt und welche spezifischen zwischenmenschlichen Probleme in ihnen, sollen sie funktionieren, zu beachten sind.

A)   Das Einlinien-System
In dem System, welches von dem Franzosen H. FAYOL entwickelt wurde, ist *einer* Instanz nur jeweils *eine* Instanz überstellt. Nur diese eine Instanz darf ihr Weisungen erteilen (Grundsatz der einheitlichen Auftragserteilung). Ein Mitarbeiter im Betrieb weiß dadurch genau, wessen Weisungen er zu befolgen hat und an wen er sich mit eigenen Fragen und Problemen wenden muß.

Das Einlinien-System weist folgende *Vorteile* auf:

- die instanziellen Zuordnungen erweisen sich als klar und einfach;
- es ermöglicht eine straffe Leitung;
- Aufgaben, Kompetenzen und Verantwortlichkeit lassen sich zwischen Angehörigen verschiedener Ebenen klar abgrenzen.

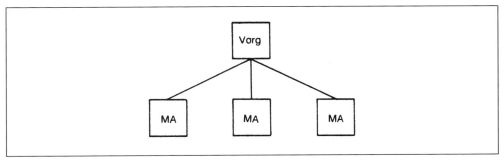

Abb. 3.3: Einlinien-System

Demgegenüber bestehen folgende *Nachteile*:

– der Vorgesetzte kann, da alle Entscheidungen seines unterstellten Bereichs von ihm zu treffen sind, quantitativ und qualitativ leicht überfordert werden;
– die Organisation neigt zu hoher Instanzenbreite und -tiefe;
– die Wege zwischen den oberen und unteren Instanzen werden lang und behindern den Informationsfluß.

B) Das Mehrlinien-System [5]

Die Besonderheit dieses Systems (von seinem Entdecker F. W. TAYLOR auch *»Funktions-System«* genannt) besteht darin, die Leitungsaufgabe in Spezialfunktionen zu zerlegen und diese an verschiedene Instanzen zu übertragen. Dadurch überstehen einer Stelle nicht nur *ein* Vorgesetzter, sondern, unterschieden nach Funktionen, *mehrere* vorgesetzte Stellen.

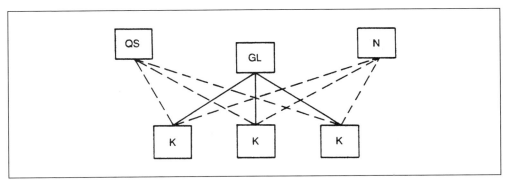

Abb. 3.4: Mehrlinien-System

Erläuterung: Die Konstrukteure unterstehen *allgemein* ihrem Gruppenleiter (GL). In Fragen der Qualitätsstandards und Normen sind ihnen gegenüber jedoch die Abteilungen »Qualitätssicherung« (QS) und »Normen« (N) als fachvorgesetzte Stellen weisungsbefugt.

Vorteile des Mehrlinien-Systems sind

– vertieftes Spezialwissen des jeweiligen Vorgesetzten in seiner Teilfunktion;

- kurze Kommunikationswege zwischen den einander funktional zugeordneten Instanzen auch über mehrere Ebenen hinweg.

Als *nachteilig* wirken sich aus
- schwieriger zu definierende und zu praktizierende Abgrenzungen in den Aufgaben, Befugnissen und Verantwortlichkeiten zwischen den Leitungsinstanzen;
- Konflikte bei der nachgeordneten Ebene im Falle widersprüchlicher Weisungen seitens der verschiedenen Vorgesetzten;
- Konflikte zwischen den Vorgesetzten bei unterschiedlichen Beurteilungen der Mitarbeiter.

Die Funktionsfähigkeit des Mehrlinien-Systems hängt deshalb in hohem Maße von der Bereitschaft und den Fähigkeiten der an ihm beteiligten Vorgesetzten ab, sich in Zuständigkeitsfragen, in Fragen der Personalführung und in den Inhalten ihrer Leitungsakte *untereinander kooperativ abzustimmen und zu informieren*.

C) Die Matrix-Organisation [6]
Sie bildet eine Sonderform des Mehrlinien-Systems. Dabei werden die Kompetenzen produkt- oder projektgebundener Instanzen (= Matrix-Instanzen) abgestuft mit Kompetenzen zentraler Funktions- bereiche überlagert. Die Abstufung wird danach bemessen, welche Belange der Matrix-Instanzen oder der Funktions-Instanzen im Einzelfall vorrangig durchgesetzt werden sollen. Entscheidungen setzen in den Schnittstellen beider Instanzen Konsens in der Sache voraus. Auf diese

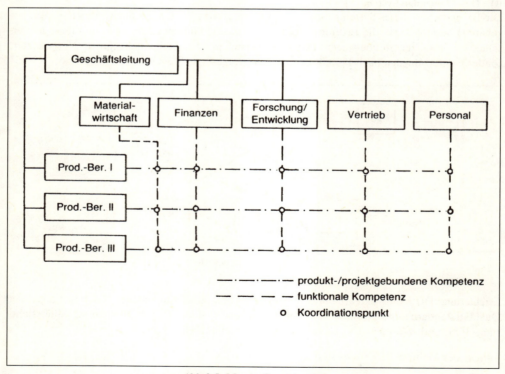

Abb.3.5: Matrix-Organisation

Weise wird es möglich, die sachlichen und/oder fachlichen Belange einzelner Sparten mit den Rahmendaten zentraler Funktionsbereiche zugunsten einheitlicher Regelungen zu koordinieren. Anwendungsfälle bilden vorwiegend das *Produkt- und das Projekt-Management*

> **Beispiel:** In einem Betrieb bestehen die Produktionsbereiche I, II und III (Matrix-Instanzen). Sie unterstehen, um die Durchsetzung einer einheitlichen Unternehmenspolitik sicherzustellen, in den Funktionen der Materialwirtschaft, der Finanzen, der Forschung/Entwicklung sowie der Vertriebs- und der Personalpolitik jeweils der entsprechenden zentralen Instanz. Will der Betriebsleiter des Produktionsbereichs I zum Beispiel eine Personalentscheidung treffen, so muß er sich mit dem Vertreter des zentralen Personalwesens abstimmen, im Falle einer Investitionsentscheidung mit dem Finanzwesen, usw. [6].

Der *Vorteil* der Matrix-Organisation ist darin zu sehen, daß in komplexen Organisationen die Belange von Projekten/Produkten einerseits und die von Zentralfunktionen andererseits bereichsübergreifend, einheitlich und sachverständig miteinander koordiniert werden können. Der in der Kompetenzüberschneidung implementierte *Institutionalisierte Konflikt* mit seinem inhärenten Zwang zur Einigung bewirkt nicht selten eine Suche nach unkonventionellen Lösungen und mobilisiert somit Kreativität.

Als *nachteilig* wird man ansehen müssen, daß die gleichzeitige Zuständigkeit zweier Entscheidungsinstanzen für ein und dieselbe Entscheidung zu Zeit- und Reibungsverlusten führen kann.

Ebenso wie im Mehrlinien-System hängt die Funktionsfähigkeit der Matrix-Organisation von der Fähigkeit und Bereitschaft der in ihr arbeitenden Personen ab, sachbezogen und ergebnisorientiert zusammenzuarbeiten.

D) Das Stab-Linien-System [7]

Stabsstellen sind Instanzen, die einer Linienstelle zugeordnet werden, um sie zu beraten oder für sie Entscheidungen vorzubereiten. Sie führen eine *unterstützende Funktion* aus. Stabsstellen nehmen grundsätzlich keine Anweisungsbefugnisse innerhalb der Linie wahr. Erhalten sie solche ausnahmsweise in einer Angelegenheit von ihrer Linieninstanz übertragen, so handeln sie als deren Stellvertreter oder Beauftragte. Die Kompetenz der Linienstelle bleibt also unberührt.

Die Funktionsweise des Stab-Linien-Systems beschränkt sich damit innerhalb einer Leitungsebene auf den Prozeß der Willens*bildung*. Bei der Willens*durchsetzung* gegenüber der nachgeordneten Rangebene tritt es im Regelfall nicht in Erscheinung.

Eine den Stabsstellen nahestehende Funktion mit speziellen Dienstleistungsaufgaben ist das Sekretariat.

> **Beispiele:**
> - Der Geschäftsleitung zugeordnet ist eine Rechtsabteilung, die sie in Rechtsfragen berät;
> - dem Betriebsleiter berichtet ein Betriebsassistent, der ihm wichtige Entscheidungen vorbereitet;
> - beiden ist als Dienstleistungsstelle ein Sekretariat zugeordnet.

Die *Vorteile* des Stab-Linien-Systems liegen darin, daß

- Linienstellen von der zeitraubenden Vorbereitung diffiziler und komplexer Entscheidungen sowie Nebenaufgaben entlastet werden;
- es Möglichkeiten zur spezialisierten Beratung und Entscheidungsvorbereitung eröffnet, ohne die Klarheit des Liniensystems zu beeinträchtigen,
- Nachwuchskräfte in Stabsstellen eine hervorragende Qualifikationsmöglichkeit für spätere Linienfunktionen finden.

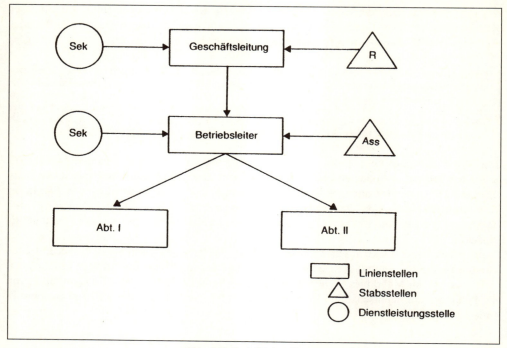

Abb. 3.6: Stab-Linien-System

Dem stehen gewichtige *Probleme* gegenüber:

- Die Trennung von Entscheidungsvorbereitung und -verabschiedung kann in einem menschlich nicht intakten Stab-Linien-Verhältnis dazu führen, daß die Linienstelle den Erfolg einer Entscheidung sich selbst, den Mißerfolg ihrer Stabsstelle zuschreibt.
- die zu entscheidende Problemsituation entsteht regelmäßig im Bereich der Linienstelle. Sie muß ihre Stabsstelle, bevor diese tätig werden kann, über das Problem informieren. Will die Linienstelle bei der künftigen Entscheidung bestimmte Lösungen favorisieren, so kann sie dies im Wege der Manipulation der Stabsstelle mittels Informationsfilterung erreichen.
- umgekehrt kann auch die Stabsstelle die Entscheidung der Linienstelle durch manipulierte Entscheidungsvorschläge beeinflussen.
- die Stabsstelle kann leicht der Versuchung unterliegen, reflektierte Autorität der Linienstelle zu beanspruchen, um illegal Einfluß in das Liniensystem hinein auszuüben.
- wird eine Assistentenstelle zum Beispiel mit einer Nachwuchsführungskraft besetzt, so entsteht – namentlich zwischen einem erfahrenen Praktiker in der Linienstelle und einem praktisch unerfahrenen, aber theoretisch qualifizierten Hochschulabsolventen in der Stabsstelle – der bekannte *Theorie-Praxis-Konflikt* [8]. Er kann im Extremfall dazu führen, daß der Linienvorgesetzte seinen »Besserwisser« informationell »aushungert«, oder umgekehrt, daß der theoretisch Qualifiziertere »am Stuhl der Linienstelle sägt«, um deren Inhaber abzulösen (eine Blockade der Querbeförderung des Stabs kann dem entgegenwirken).

Das Stab-Linien-System enthält eine Vielzahl von Ansätzen zu *Konflikten* zwischen beiden Instanzen. Mehr noch als in jedem anderen Leitungssystem entscheiden hier Loyalität und strategiefreie Verpflichtung auf die eigene Funktion beider Stelleninhaber darüber, ob im einzelnen Stab-Linien-Verhältnis der ihm zugedachte Zweck erfüllt oder verfehlt wird. Dies muß möglichst schon bei der Besetzung von Stabsstellen bedacht werden.

E)   Die Komitee-Struktur [9]

Dabei handelt es sich weniger um ein Leitungssystem als vielmehr um eine *Methode der Willens-bildung im Entscheidungsprozeß*. Sie wurde von RENSIS LIKERT erstmals dargestellt.

Bei der Komitee-Struktur zieht der Vorgesetzte zu einer Entscheidung jene Mitarbeiter seiner unterstellten Ebene heran, die von dieser Entscheidung *fachlich, sachlich* oder *persönlich* betroffen (= kompetent) sind oder sein könnten. Die Mitarbeiter werden informiert und um ihren Rat und/oder ihre Meinung zu dem zu entscheidenden Problem gebeten. Die Entscheidung fällt der Vorgesetzte im Rahmen seiner Leitungskompetenz selbst. Die originäre Leitungsstruktur der Organisation bleibt unberührt.

Beispiele:

- Der Meister bittet die Vorarbeiter der Dreher um ihre Meinungen bezüglich der Beschaffung neuer Drehmaschinen;
- der Vorgesetzte bespricht mit seiner Sekretärin die beabsichtigte Einführung eines Textverarbeitungssystems;
- der »Direktor Finanz- und Rechnungswesen« bittet seinen Mitarbeiter »Leiter der betriebswirtschaftlichen Abteilung« und die Leiter von zwei Buchhaltungsgruppen um ihren Kommentar zu einem von der Organisationsabteilung entworfenen Planungsformular.

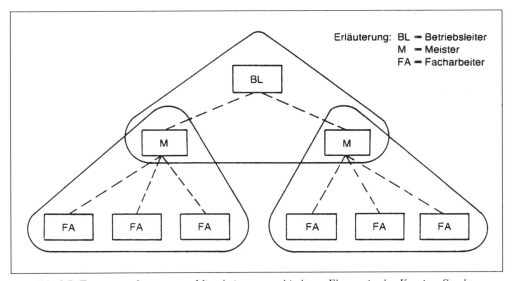

Abb. 3.7: Zusammenfassung von Mitarbeitern verschiedener Ebenen in der Komitee-Struktur (System überlappender Gruppen)

Wird das Verfahren zwischen allen Rangstufen eines Betriebes geübt, so entsteht ein *System über-lappender Gruppen* mit der Integration aller Mitarbeiter-Ebenen in die betrieblichen Kommunikations- und Entscheidungsprozesse.

Das System weist folgende *Vorteile* auf:
- In die einem Vorgesetzten im Stadium der Vorbereitung seiner Entscheidungen zur Verfügung stehenden Informationen fließt das oft hoch spezialisierte Fach- und Erfahrungswissen seines unterstellten Bereiches ein, oder sie werden um die Kenntnis der dortigen Meinungen angereichert;
- Entscheidungen, die den Mitarbeiter fachlich, sachlich oder persönlich berühren, werden nicht mehr über seinen Kopf hinweg, sondern unter seiner Beteiligung getroffen, und solchen steht er positiver gegenüber als jenen, mit denen er sich übergangen fühlt;
- dies fördert die Bereitschaft, sich für ihre Realisation persönlich einzusetzen und sich mit dem betrieblichen Geschehen insgesamt stärker zu identifizieren;
- die Einbeziehung in Problemsituationen der übergeordneten Ebene schließlich öffnet dem einzelnen das Verständnis für größere Zusammenhänge und wirkt stellen-, ressort- und ebenenegoistischem Denken entgegen.

Als *nachteilig* könnten sich auswirken:
- der für die Besprechungen benötigte zusätzliche Zeitaufwand (straffe Besprechungsführung erforderlich);
- mögliche Frustrationen seitens der befragten Mitarbeiter, wenn der Vorgesetzte eine von ihren Vorschlägen abweichende Entscheidung trifft (die ratio der Entscheidung muß nachträglich begründet werden).

Mit der Komitee-Struktur begegnen wir dem Grundmuster eines partizipativen [10] Führungsstils, mit dem wir uns unter Ziffer 14.3.2 noch gründlicher auseinandersetzen werden.

Zusammenfassend läßt sich sagen, daß, vom Sonderfall der Komitee-Struktur abgesehen, keines der dargestellten Leitungssysteme den in der Praxis auftretenden Anforderungen allein genügen oder den Vorrang vor anderen beanspruchen kann. Sie werden deshalb regelmäßig *kombiniert* eingesetzt, wobei ihre Auswahl, bezogen auf die verfolgten Ziele, am *Grundsatz der Zweckmäßigkeit* zu orientieren ist.

3.4   Organisationsgrundsätze

In der Praxis des Organisierens haben sich einige Grundsätze herauskristallisiert, denen allgemeingültige Bedeutung zukommt.

A) Zweckmäßigkeit
Regelungen sowohl der Aufbau- als auch der Ablauforganisation sind so zu treffen, daß der mit ihnen erstrebte Erfolg *am zweckmäßigsten* erreicht werden kann. Das scheint selbstverständlich zu sein, ist es in der betrieblichen Praxis aber nicht. Insbesondere persönliche Rücksichten und Prestigefragen stehen dem rationalen Organisieren häufig entgegen.

Beispiel: Eine große Dreherei mit manuell bedienten Maschinen wird auf numerisch gesteuerte Maschinen umgestellt und in das prozeßgesteuerte Materialwesen einbezogen. Ihr bisheriger Meister ist 60 Jahre alt, seit 25 Jahren betriebsangehörig und vor 15 Jahren als gelernter Dreher zunächst zum Vorarbeiter, danach zum Meister ernannt worden. Es zeichnet sich ab, daß er weder mit der neuen Maschinentechnologie noch mit dem neuen Materialflußsystem zurechtkommen wird. Er müßte zweckmäßigerweise an einen weniger anspruchsvollen Posten versetzt und durch eine Führungskraft mit zeitgemäßerer Ausbildung ersetzt werden. Gleichwohl entscheidet der ihm persönlich nahestehende Geschäftsführer, »daß eine Degradierung dieses langjährigen und verdienten Meisters nicht in Frage kommt ...« und er die Stelle bis zu seiner Pensionierung behalten werde. Der für die Funktion besser qualifizierte jüngere Meister bleibt, obwohl er die Abteilung über den Kopf des älteren hinweg de facto leitet, in einer Warteposition. Die Stelle ist praktisch doppelt besetzt.

Es darf bezweifelt werden, ob diese Entscheidung tatsächlich so »menschlich einwandfrei« ist, wie sie gemeint war. Immerhin zwingt sie den bisher erfolgreichen Meister am Ende seines Berufslebens zu der Erkenntnis, nicht mehr auf der Höhe der Zeit und deshalb auf seiner Stelle nur noch »geduldet« statt gebraucht zu sein. Mißerfolgserlebnisse und Konflikte sind zudem abzusehen.

Da einer der vorrangigen Zwecke einer Unternehmung darin besteht, ihre Wirtschaftlichkeit zu sichern, muß Zweckmäßigkeit sich auch an dem Gebot orientieren, organisatorische Regelungen *mit dem günstigsten Verhältnis zwischen Aufwand und Ertrag* zu treffen. Dies ist nicht in jedem Falle rechnerisch meßbar.

Beispiel: Der kaufmännische Leiter eines mittelständischen Herstellers von Hebezeugen setzt aus wirtschaftlichen Überlegungen durch, daß bisher freiwillig gezahlte spezifische Lohnzuschläge in voller Höhe auf die neuerlich in Kraft getretene tarifliche Erhöhung der Löhne angerechnet werden. Aus Verärgerung hierüber verweigert die Belegschaft der Abteilung »Kranbau« ab sofort jegliche Überstunden. Dies führt dazu, daß der vertraglich vereinbarte Liefertermin für einen 100-Tonnen-Laufkran um mehrere Tage überschritten werden muß. Entsprechend lange verzögert sich beim Abnehmer die weitere Fertigstellung einer im Bau befindlichen Fabrikhalle. Die Verzögerung kostet das Unternehmen neben einer fühlbaren Konventionalstrafe den Verlust späterer Anschlußaufträge in beträchtlicher Höhe.

Die Zweckmäßigkeit einer organisatorischen Regelung darf also nicht allein am unmittelbar *rechnerisch* zu ermittelnden Nutzen gemessen werden. Auch *immaterielle Werte*, wie zum Beispiel geringere Reibungsverluste, höhere Transparenz, Vermeidung von Frustrationen und De-Motivationen oder Klimapflege, sind in die Ermittlung der Zweckmäßigkeit einer Maßnahme einzubeziehen, da sie sich häufig indirekt als von erheblicher wirtschaftlicher Relevanz erweisen.

B) Beständigkeit

Fordert der erstgenannte Grundsatz dazu auf, die Organisation der Dynamik der betrieblichen Entwicklung anzupassen, so muß zugleich klargestellt werden, daß organisatorische Systeme, um optimal funktionieren zu können, auch *Ruhephasen* benötigen. Dafür sprechen zum Beispiel folgende Gründe: Zum einen benötigen organisatorische Neuerungen eine gewisse Zeit, bis die mit ihnen neu eingeführten *formellen* Informations- und Kooperationsbeziehungen hergestellt worden sind. Zusätzlich müssen sich, um die in der formellen Regelung regelmäßig enthaltenen Unzulänglichkeiten zu überwinden, auch *informelle* Kooperationsbeziehungen zwischen den beteiligten Personen entwickeln.

Anpassung und Erhaltung einer Organisation müssen daher in einem ausbalancierten Verhältnis zueinander gesehen werden. Wie das Gebot mit der in *lean production* erhobenen Forderung zu *permanenter Systemverbesserung* zu harmonisieren sein wird, bleibt abzuwarten.

C) Angemessenheit (Adäquanz)

Der Aufwand zur Entwicklung und Erhaltung der Organisation muß zu den mit ihr verfolgten Zwecken in einem angemessenen Verhältnis stehen.

Dies ist dann nicht mehr der Fall, wenn der Aufwand

a) *zu groß ist (Überorganisation)*,
b) *zu gering ist (Unterorganisation)*.

Beispiele:

zu a): – Die Vielzahl von Detailvorschriften macht die gewollten organisatorischen Regelungen intransparent,
– Vorgänge können nur dann effektiv abgewickelt werden, wenn gültige, aber viel zu komplizierte und hinderliche Vorschriften übergangen werden,
– Korrespondenzen werden mehrfach kopiert und abgelegt,
– einfache Vorgänge erfordern Mehrfachunterzeichnungen;

zu b): – Korrespondenzen und andere schriftlichen Vorgänge verschwinden unauffindbar,
– sich regelmäßig wiederholende Vorgänge müssen jedesmal neu organisiert werden,
– wichtige Vorgänge müssen mangels gründlicher Vorbereitung improvisiert werden, und jeder tut dabei, was er will,
– mehrere, an gemeinsamen Aufgaben arbeitende Instanzen erfahren nichts voneinander und arbeiten teilweise gegeneinander (*die linke Hand weiß nicht, was die rechte tut*).

Beide Fallgruppen sind zu vermeiden. Der Bestand organisatorischer Regelungen ist daher ständig mit kritischer Distanz am tatsächlichen Bedarf und der zu fordernden Effizienz zu messen.

D) Kongruenz von Aufgaben, Kompetenzen und Verantwortlichkeit
Mit der Delegation (= Übertragung) einer Aufgabe übernimmt der Aufgabenträger zugleich auch die *Kompetenz* und die *Verantwortlichkeit* für ihre Erfüllung. Wir verstehen unter

- **Kompetenz** die Befugnis und die Pflicht, selbständig alle Entscheidungen und Veranlassungen zu treffen, die die optimale Erfüllung der Aufgabe erforderlich macht;
- **Verantwortlichkeit** den Anspruch und die Pflicht, sich die Ergebnisse der wahrgenommenen Kompetenz zuweisen zu lassen.

Der Umfang der Kompetenz wird dabei aus jenem der Aufgabe, der Umfang der Verantwortlichkeit wird aus dem der Kompetenz abgeleitet. Die Volumina aller drei Komponenten sind also kongruent (= deckungsgleich) zueinander.

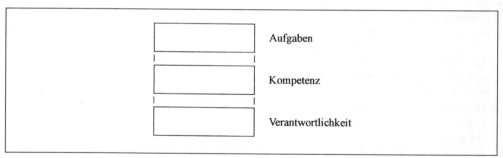

Abb. 3.8: Zuordnung kongruenter Kompetenz und Verantwortlichkeit zu Aufgaben

Obwohl wir uns mit dem hier angeschnittenen **Delegationsprinzip** unter den Ziffern 10.4.1 und 16.3 noch ausführlich beschäftigen werden, wollen wir wegen seiner Wichtigkeit dem Gesagten noch einige Erläuterungen hinzufügen:

- Die Delegation von Kompetenzen bildet die Voraussetzung dafür, daß der Aufgabenträger seine Aufgaben in *eigener* Zuständigkeit erfüllen darf, aber auch muß,
- die Delegation von Verantwortlichkeit bildet das Regulativ dafür, daß er von seinen Kompeten-

zen rechtmäßigen und zielgebundenen Gebrauch macht, denn **Verantwortlichkeit bedeutet nicht nur Einstehen-Müssen für Mißerfolg, sondern zuerst und vor allem einen Anspruch-Haben auf Zuweisung erzielten Erfolgs!**

Im wohlverstandenen Sinne gehandhabt, beinhaltet das Prinzip der Entscheidungs- und Handlungsfreiheit innerhalb der Kompetenz beides:

– **die Chance, das Richtige, zum Erfolg Führende zu tun oder das Falsche zu unterlassen, ebenso wie**
– **das Risiko, das Falsche, zum Mißerfolg Führende zu tun oder das Richtige zu unterlassen.**

Chance und Risiko entsprechen einander also. Die im allgemeinen Sprachgebrauch und Denken übliche Befrachtung von Verantwortlichkeit allein mit dem Risiko für Mißerfolg (und die daraus erklärbare verbreitete Verantwortungsscheu) stehen im Widerspruch zur Logik des Verantwortlichkeitsprinzips.

Welche Folgen entstehen, wenn das Kongruenzgebot *horizontal* verletzt wird, zeigt das nachstehende **Beispiel:**

Ein Unternehmen wurde von einem kaufmännischen und einem technischen Geschäftsführer geführt. Die Geschäftsbereiche waren aufgabenmäßig sachgerecht aufgeteilt. In der Frage der Entscheidungsbefugnisse behielt der Kaufmann als Mehrheitsgesellschafter sich vor, »im Interesse der Sicherung der Wirtschaftlichkeit...« in Fragen technischer Investitionen, Verfahren und Produkte mitzubestimmen, wovon er, auch gegen die Empfehlungen des Technikers, öfter Gebrauch machte. Stagnierte der Absatz, so lastete er dies in erster Linie der Technik an, da bei ihr ja schließlich produziert werde, was sich nicht verkaufen lasse. Wir erkennen: Das kaufmännische Ressort beanspruchte, gemessen an seinen Aufgaben, überproportionale Kompetenzen bei unterproportionaler Verantwortlichkeit.

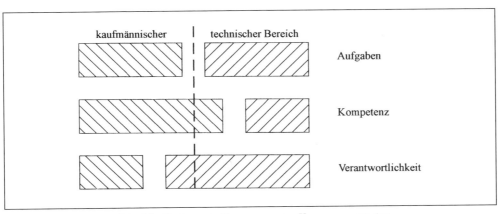

Abb. 3.9: Horizontale Verzerrung des Kongruenzprinzips

Gegen das Kongruenzprinzip wird *vertikal* vor allem in der Weise verstoßen, daß der Vorgesetzte zwar Aufgaben delegiert, sich aber dazu gehörende Kompetenzen und/oder Verantwortlichkeit vorbehält.

Diese Situation bedeutet, daß der Mitarbeiter für einen Teil der zu seinem Aufgabenbereich gehörenden Entscheidungen die Zustimmung (bei Korrespondenz die Unterschrift) seines Vorgesetzten einholen muß. Dieses Vorgehen mag sich in Ausnahmesituationen rechtfertigen, etwa während der Einarbeitung eines neuen Mitarbeiters, bei geteilter Stellvertretung oder in der Bewährungsphase eines Mitarbeiters, dem zuvor schwerwiegende Fehlentscheidungen unterlaufen sind. Im Grundsatz bedeutet sie aber eine Degradierung des Mitarbeiters zum Befehlsempfänger, ein Verhalten, das zeitgemäßen Organisations- und Führungsgrundsätzen entgegensteht.

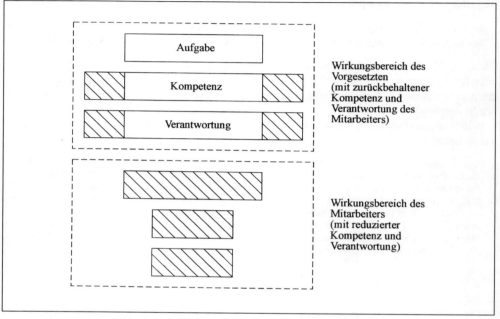

Abb. 3.10: Vertikale Verzerrung des Kongruenzprinzips

E) Die Durchsetzbarkeit von Entscheidungen

Dieser Grundsatz fordert die Führungskraft dazu auf, nur solche Entscheidungen zu treffen, die sie auch durchzusetzen vermag. Kann sie eine getroffene Entscheidung nicht realisieren und muß diese deshalb ausgesetzt oder zurückgenommen werden, so bedeutet dies neben der Gefahr eines Prestige-Verlustes in der Regel auch wirtschaftliche Verluste, da die aufgewandten Energien *gleich für das Richtige* hätten eingesetzt werden können und sollen.

Gründe dafür, daß eine Entscheidung sich als nicht realisierbar erweist, können insbesondere sein:
- das Entscheidungsproblem wurde infolge unzulänglicher Informationen oder deren falscher Bewertung falsch definiert;
- es wurde nicht die optimale Lösungsalternative gewählt;
- die tatsächlichen Verhältnisse, die einer (insbesondere längerfristig wirkenden) Entscheidung zugrunde gelegt wurden, änderten sich nachträglich;
- die getroffene Entscheidung fiel in den Zuständigkeitsbereich eines anderen Entscheidungsträgers, und dieser veranlaßte ihre Revision;
- die Entscheidung überschritt inhaltlich die Grenzen des bereitstehenden Entscheidungsspielraums;

– der Entscheidungsträger verfügte infolge Autoritätsverlustes nicht mehr über den Rückhalt in der Organisation, seine (auch legitimen) Entscheidungen durchzusetzen, er wurde blockiert.

Generell können wir feststellen, daß die Gründe für das Aussetzen, Zurücknehmen oder Revidieren von Entscheidungen vor allem auf Mängel in der Wahrnehmung der Planungsfunktion (vgl. Ziffer 1.6) zurückgehen. Rückschläge, die in der betrieblichen Praxis häufig zur *Suche nach Sündenböcken* führen, hätten oft durch bessere Arbeit in der Such- und in der Beurteilungs- oder Bewertungsphase vermieden werden können.

3.5 Wechselwirkungen zwischen Betriebsorganisation und Führung

In der Vergangenheit wurde die Betriebsorganisation unter der Intention geschaffen, für die Produktion technologisch optimale Abläufe und für die darin arbeitenden Arbeitskräfte einen dafür optimal dienlichen Ordnungsrahmen zu schaffen. Der Primat der Technik bestimmte die Organisation der Arbeitsbedingungen, die verbindliche Ordnungs-Reglements unterstützend durchzusetzen halfen. Die Führung hatte sich dem Dominat der Organisation zu unterwerfen.

Seit der Mensch als »Erfolgsfaktor Nummer 1« entdeckt und zum maßgeblichen Leistungsträger aufgewertet wird, ändert sich dies. In immer stärkerem Maße werden Organisation und Arbeitsbedingungen menschlichen Bedürfnissen angepaßt.

Beispiele:
– die Methoden der Arbeitsstrukturierung (vgl. Ziffer 10.5.4),
– motivierende Gestaltungen des Arbeitsumfeldes (Ziffer 10.5),
– die Übertragung von Entscheidungsautonomie auf Arbeitsgruppen (Ziffer 6.3 Buchstabe F), sowie, neuestens,
– die Philosophie der *lean production*, die, den hochmotivierten Teamarbeiter fordernd, tiefe Einschnitte in der herkömmlichen Betriebsorganisation hinterlassen wird (Ziffer 25).

So läßt sich für die Gegenwart sagen und für die Zukunft absehen, daß das Gebot, die Produktivität des Faktors *Arbeitskraft* zu erhöhen und Arbeit dazu motivierend zu gestalten, das bisherige Verhältnis von Betriebsorganisation und Führung mehr und mehr umkehren wird. Die Organisation wird sich künftig im Interesse hoher Produktivität noch stärker an menschlichen Bedürfnissen orientieren, und der ehemals eherne Verbindlichkeitsgrad betrieblicher Organisationsregelungen und Ordnungsnormen wird zugunsten flexiblerer, situativ angemessener und individueller Lösungen zunehmend relativiert werden.

Anhang zu Kapitel 3

A) Anmerkungen

1 Nach Hub, H., Organisationslehre (o. J.), S. 3
2 Näher Bartölke, K., in HWO, (1980), Sp. 830–837
  Breisig, Th./Kubicek, H., in HWFü, Sp. 1064–1077
  Laske, St./Weiskopf, R., in HWO, Sp. 791–807
3 Zum Beispiel Lauxmann, F./Öhl, G., Organisation, in Management, a.a.O., Bd.1, S.180ff.; Breisig, Th./Kubicek, H., a.a.O., Sp. 1070
4 Ebenda, Sp. 1073/74

5 Näher Staerkle, R., in HWO, Sp. 1229–1239
6 Näher Scholz, Ch., in HWO, Sp. 1302–1315
7 Näher Steinle, C., in HWO, Sp. 2310–2321
8 Vgl. Ziffer 15.3.6
9 Auch Beratungsstruktur genannt.
10 Partizipation (a. d. Lateinischen) = Teilhabe; partizipativ = teilnehmend

B) Kontrollfragen und -aufgaben

zu 3.1

a) Beschreiben Sie in Stichworten den Vorgang der Stellenbildung.

b) Erläutern Sie den Unterschied zwischen *Stellen* bzw. *Positionen* und *Arbeitsplätzen*.

c) Was verstehen wir unter

    ca) Ablauf-,

    cb) Aufbauorganisation?

d) Erläutern Sie die Sichtweisen des Begriffes *Organisation*.

e) Welche Wirkungen entfaltet die Organisation für den Mitarbeiter in der Arbeit?

f) Wodurch kann Organisation – ihrem Zweck zuwider – zum Störfaktor betrieblicher Arbeit werden?

zu 3.2

a) Wann weist eine soziale Struktur hierarchischen Charakter auf?

b) Nennen Sie je zwei Beispiele für die Vor- und die Nachteile des hierarchischen Prinzips.

c) Nennen Sie Möglichkeiten, die in hierarchischen Strukturen liegenden Dysfunktionalitäten zu verringern.

zu 3.3

a) Führen Sie jeweils

    aa) zum Einlinien-System,

    ab) zum Mehrlinien-System,

    ac) zum Stab-Linien-System,

    ad) zur Matrix-Organisation

    folgende Aufgaben durch:

    1) Skizzieren Sie die Beziehung.

    2) Nennen Sie einen typischen Vorteil.

    3) Nennen Sie einen typischen Nachteil.

b) Was verstehen wir unter der *Komitee-Struktur*?

c) Welche besonderen Vorteile erschließt diese Methode?

d) Zwischen welchen Ranggruppen kann sie angewendet werden?

e) Welches Führungsstil-Element ist ihr immanent?

f) An welche betrieblichen Vorbedingungen ist sie geknüpft

    fa) organisatorisch,

    fb) personell?

zu 3.4

a) Welche Umstände stehen in der Praxis häufig der *Zweckmäßigkeit* organisatorischer Maßnahmen entgegen?

b) Worin besteht die Schwierigkeit, die Zweckmäßigkeit einer organisatorischen Regelung unter ökonomischen Aspekten zu beurteilen?

c) Was spricht dafür, organisatorischen Regelungen Beständigkeit zu gewähren?

d) Nennen Sie Beispiele für fehlende Adäquanz organisatorischer Regelungen.

e) Definieren Sie innerhalb des Grundsatzes der *Kongruenz von Aufgaben, Befugnissen und Verantwortlichkeit* die Funktionen der

   aa) Befugnisse,

   bb) Verantwortlichkeit.

f) Ist es legitim und zumutbar, Arbeitnehmern für ihr Handeln Verantwortlichkeit aufzuerlegen? Erörtern Sie das Für und Wider sowie die Voraussetzungen dafür.

g) ennen Sie ein Beispiel für

   aa) horizontale,

   bb) vertikale

   Verzerrungen dieses Grundsatzes.

h) Worauf ist es zurückzuführen, daß Entscheidungen häufig nicht durchgesetzt werden können? Nennen Sie mindestens 3 Gründe.

zu 3.5

a) Warum darf ein Vorgesetzter nicht darauf verzichten, die organisatorischen Bedingungen ständig zu überprüfen?

b) Welche Wechselwirkungen entfalten Betriebsorganisation und Führung untereinander?

C) Literatur

Bartölke, K., Hierarchie, in HWO, (1980), Sp. 830–837

Breisig, Th./Kubicek, H., Hierarchie und Führung, in HWFü, Sp. 1064–1077

Bischoff, O./Zehnpfennig, E., 1984, Ziffern 1 und 2

Blum, E., 1982, S. 108ff.

Hub, H., Organisationslehre (o. J.)

Hub, H., 1990

Kieser, A./Kubicek, H., 1983

Kolodny, H. F., PhD, Matrixorganisation und Führung, in HWFü, Sp. 1415–1427

Krüger, W., Aufgabenanalyse und -synthese, in HWO, Sp. 221–236

Laske, St./Weiskopf, R., Hierarchie, in HWO, Sp. 791–807

Lauxmann, F./Öhl, G., Organisation, in Management, Bd. 1, S. 180ff.

Schanz, G., 1988

derselbe, Organisation, in HWO, Sp. 1459–1471

Scholz, Ch., Matrix-Organisation, in HWO, Sp. 1302–1315

Siemens AG (Hrsg.), 1992

Staerkle, R., Leitungssystem, in HWO, Sp. 1229–1239

Steinle, C., Stabsstelle, in HWO, Sp. 2310–2321

Thom, N., Stelle, Stellenbildung und -besetzung, in HWO, Sp. 2321–2333

Wagner, D., Führung und Organisationsstruktur, in Rosenstiel, L. von, et al., 1993, S. 501, 503ff.

4   Einfluß im Betrieb

Lernziele:

Dieser Abschnitt vermittelt Ihnen Kenntnisse über

a) die unterschiedlich strukturierten Arten von Macht bzw. Einfluß im Betrieb,

b) ihre Erscheinungsbilder in der betrieblichen Arbeitsbeziehung,

c) ihren sozialen Wert und, daraus folgend, ihre Wertigkeit zum Führen unterstellter Mitarbeiter.

4.1   Problemstellung

In Betrieben wie in allen Organisationen begegnen wir vielfältigen sozialen Beziehungen, innerhalb derer einzelne Personen oder Gruppen anderen Menschen gegenüber *Macht* ausüben. Wir verstehen darunter ganz allgemein nach Art, Stärke und Dauer unterschiedliche Möglichkeiten von *Einflußnahme oder Durchsetzungsvermögen* [1].

Beispiele:

A) Die Betriebsleitung legt zu Jahresbeginn einvernehmlich mit dem Betriebsrat fest, daß der Betrieb zwischen Weihnachten und Neujahr geschlossen bleibt und die ausfallenden 2 Werktage auf den Jahresurlaub angerechnet werden; Buchhalter B muß daraufhin seinen Sommerurlaub um 2 Tage kürzen;

B) der als Feuerlöschexperte geltende und geschätzte Schlossermeister S empfiehlt dem Sicherheitsausschuß, in der Halle für Furnierherstellung zusätzlich zu den vorhandenen Löscheinrichtungen eine (kostspielige) Sprinkleranlage zu installieren; der Ausschuß schließt sich der Meinung des S an und empfiehlt die Investition der Betriebsleitung, die dem folgt;

C) der Meister erteilt dem Elektriker den Auftrag, die Arbeit an der Schalttafel sofort zu unterbrechen, um den soeben gemeldeten Kurzschluß an einer Werkzeugmaschine zu beheben;

D) der Wortführer der zu 100 % gewerkschaftlich organisierten Belegschaft einer Zementfabrik läßt den neuen Mitarbeiter M wissen, daß er »Ärger bekommen könne«, wenn er der Gewerkschaft nicht auch beitrete, was M dann auch tut;

E) der Arbeitgeber teilt der um eine Führungsposition bemühten Nachwuchskraft N mit, daß die Beförderung eines Gewerkschaftsmitgliedes dorthin nicht in Frage komme; N tritt daraufhin aus der Gewerkschaft aus;

F) der Betriebsrat weigert sich, der Einstellung des Programmierers P zuzustimmen; die Geschäftsleitung muß daraufhin auf P verzichten;

G) der Leiter der Rechtsabteilung, einer Stabsstelle der Geschäftsleitung, bittet den Leiter der Abteilung für betriebliche Dienste, eine in seinem Arbeitszimmer defekt gewordene Leuchtröhre auszuwechseln; dieser reagiert sofort;

H) die der Geschäftsleitung formell nicht angehörende Mehrheitsgesellschafterin M setzt gegenüber dem ihr hörigen Geschäftsführer G durch, daß die zu erteilende Prokura an den von ihr protegierten Kaufmann K vergeben wird und nicht an den von G fachlich favorisierten Leiter des Rechnungswesens R;

I) ein Projektausschuß von Ingenieuren teilt der Geschäftsleitung als Ergebnis seiner Beratungen mit, daß der Einstieg in eine neue Technologie mit den im Betrieb vorhandenen Beständen an Know-how und technologischen Einrichtungen machbar sei; die Geschäftsleitung beschließt daraufhin den Einstieg.

Wir wollen in diesem Abschnitt das scheinbar undurchdringliche Gewirr von Einflußnahmen ordnen und so durchschaubar werden lassen. Dabei beschränken wir uns auf *zwischenpersonale Beziehungen*. Gesellschafts- und sozialpolitische Einflußpotentiale, wie zum Beispiel solche zwischen den Tarifparteien, bleiben unberücksichtigt. Der durch das Betriebsverfassungsgesetz institutiona-lisierten Macht des Betriebsrates wenden wir uns später zu (vgl. dazu Ziffer 8.4.5).

In ihrem weitesten Sinne entsteht »Macht« aus dem Bedürfnis von Menschen, zur Durchsetzung ihres eigenen Willens Einfluß auf die Gestaltung ihrer sozialen Umgebung zu nehmen. Der deut-sche Soziologe MAX WEBER (1864–1920) betrachtete »Macht« in diesem Sinne als *»jede Chance, innerhalb einer sozialen Beziehung seinen eigenen Willen gegenüber anderen auch gegen Widerstre-ben durchzusetzen, gleichviel, worauf diese Chance beruht«.* [2]
»Macht« wird hier *wertfrei als tatsächliche Überlegenheit* gesehen. Sie ist an keine Normen ge-bunden. Der Begriff umfaßt das auf Gewalt gestützte Wirken eines Gangsterbosses daher ebenso wie den legitimen Leitungsakt des Funktionsträgers einer Organisation. »Macht« als Einfluß, dem eine sozialethisch zu bejahende Ordnungsfunktion zuerkannt werden soll, muß deshalb an aner-kannte Normen gebunden und in diesem Sinne institutionalisiert werden. WEBER nennt diese Form *»Herrschaft«* und definiert sie als *»... Chance, für einen Befehl bestimmten Inhalts bei angeb-baren Personen Gehorsam zu finden«.* [3]
Legitime Herrschaft zeichnet sich durch folgende Elemente aus:

a) ihre Akte sind inhaltlich normiert und nicht schrankenlos,
b) sie richtet sich an einen definierten Personenkreis,
c) ihre Legitimität wird von denen, die ihr unterworfen sind, anerkannt.

Nach diesen Kriterien, die auch in der modernen soziologischen Literatur noch grundsätzlich anerkannt werden [4], begegnen uns einerseits *legitime Herrschaft* im Betrieb in den Formen als
– *stellengebundene oder positionale Befugnisse der Führungskraft*, die ihr zur Wahrnehmung ihrer Führungs- und Leitungsfunktionen übertragen werden,
– *Autorität*, die ihr andere Personen zuerkennen,

und andererseits als eine Vielfalt von Verhältnissen nichtlegitimierter *»faktischer Beherrschung«*, die sich innerhalb der betrieblichen Realität ungeplant herausbilden, aber dennoch von erhebli-cher Wirksamkeit sind.

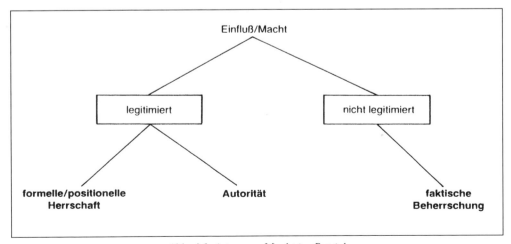

Abb. 4.1: Arten von Macht im Betrieb

4.2   Stellengebundene formelle Herrschaftsbefugnisse

Sie treten uns im Betrieb in den vielfältigen Formen von Entscheidungs-, Anordnungs-, Veranlassungs- und Kontrollbefugnissen entgegen, die einer Führungskraft zur Wahrnehmung ihrer Aufgaben übertragen werden.

A) Begriff

Die **positionale Herrschaft** im Betrieb umfaßt die Befugnisse, die einem Aufgabenträger zur Erfüllung seiner Führungs-, Sach- und Leitungsaufgaben in seiner Position von dazu befugten Instanzen zugewiesen worden sind.

B) Struktur

Grundlage der positionalen und in diesem Sinne formellen Herrschaftsbeziehung bildet ein Ordnungssystem (zum Beispiel Betrieb), dessen Satzung gesellschaftlich anerkannten Normen entspricht (zum Beispiel der Rechtsordnung) und deshalb »legitim« ist. Das Ordnungssystem delegiert zusammen mit Aufgaben innerhalb der Kompetenz auch definierte Befugnisse an seine Funktionsträger, die davon in der Form von Führungshandlungen (zum Beispiel Anweisungen) *gegenüber dienst- und treuepflichtigen Personen* (unterstellten Mitarbeitern) Gebrauch machen. Letztere befolgen die Führungshandlungen und leisten »Gehorsam«, weil sie die Maßnahmen des Vorgesetzten im Glauben an die Rechtmäßigkeit des Ordnungssystems als Ganzem selbst für *rechtmäßig* halten.
-

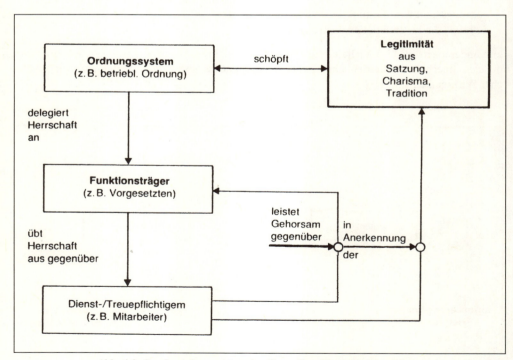

Abb. 4.2: Struktur der positionalen/formellen Herrschaftsbeziehung

Das Recht zur Ausübung formeller Befugnisse ist also an die Inhaberschaft einer legitimen Funktion gebunden, die einer bestimmten Stelle zugewiesen ist. Wechselt deren Inhaber, so gehen die Befugnisse ohne Ansehen der Person auf den Nachfolger über. Desgleichen wird der Gehorsam der Verpflichteten nicht an die Person, sondern an den bestellten Inhaber der Funktion gebunden. Dazu verpflichten Arbeitnehmer sich regelmäßig im Arbeitsvertrag, indem sie versprechen, sich dem Direktionsrecht des Arbeitgebers zu unterwerfen, das die Führungskräfte für ihn ausüben. Verweigern sie den geschuldeten Gehorsam, ziehen sie mögliche negative Sanktionen auf sich, die bis zur Kündigung des Arbeitsvertrages reichen können. Die Pflicht zum Gehorsam gilt allerdings *nur gegenüber rechtmäßigen* Führungsakten. Von der Befolgung *rechtswidriger* Akte (zum Beispiel der Anordnung, an einer nicht unfallsicheren Anlage zu arbeiten) ist der Arbeitnehmer freigestellt. Wird andererseits der Gehorsam ungeachtet drohender Sanktionen auch gegenüber legitimem Führungshandeln, etwa im Falle eines wilden Streiks, verweigert, so bricht die Herrschaftsbeziehung zusammen, die Ordnung löst sich vorerst auf und muß wieder neu hergestellt werden. Die *Ausübung* legaler Herrschaft und ihre *Anerkennung* bedingen einander daher.

C) Formen
Formelle Herrschaftsausübung tritt im Betrieb in zwei Formen auf:

A) *als generalisierte Maßnahmen*, zum Beispiel in der Form von Richtlinien, Regelungen der Arbeitsordnung, von Sicherheitsvorschriften, Stellenbeschreibungen etc. Sie enthalten Festlegungen für Handlungsabläufe und Verfahrensweisen, die im ganzen Betrieb gelten, und bilden Rahmenelemente für eine unbestimmte Vielzahl einschlägiger Einzelfälle;

B) als *unmittelbar wirkende Akte* der Willensbeeinflussung in sozialen Primärbeziehungen, d.h. zwischen mehreren Personen wie dem Vorgesetzten und seinem Mitarbeiter. Dies geschieht zum Beispiel als Anordnung, Auftragserteilung, Beanstandung oder sonstiger Veranlassung. In dieser direkten Form wird Herrschaftsausübung als besonders eindringlich empfunden. Der Prüfung ihrer Legitimität auch durch den Vorgesetzten kommt deshalb besonderes Gewicht zu, insbesondere auch im Hinblick auf das Arbeitsrecht, das dem Gebrauch formeller Herrschaft verbindliche Rahmenbedingungen setzt.

D) Bedeutung im Führungsprozeß
Mit den Mitteln formeller Herrschaft, vor allem der verbindlichen Anordnung, können der normale Arbeitsablauf und das betriebliche Ordnungssystem aufrechterhalten werden. In kritischen Situationen dient dem der Einsatz von Sanktionen. Aktiviert werden können damit vor allem die Leistungen des »Muß-Bereiches«, darüber hinausgehende Leistungen des Pflichtbereichs nur teilweise.

Bereitschaft zu Goodwill-Leistungen läßt sich mit verbindlichen Anordnungen grundsätzlich *nicht* mobilisieren. Für das Ziel effizienten Führens, das gesamte Leistungspotential des Mitarbeiters zu aktivieren, reichen die Mittel formeller Herrschaft somit nicht aus. *Sehr wohl können sie diesem Ziel aber dort dienstbar gemacht werden, wo sie dazu benutzt werden, Belohnungen zu vergeben, Kommunikation zu verdichten, die Arbeit leistungs- und menschenfreundlich zu organisieren und Kontrollen nicht nur zu Wahrnehmung von Fehlleistungen, sondern vor allem auch von Leistungserfolgen durchzuführen*, vgl. Ziffer 11.

Die Mittel formeller Herrschaft erweisen sich zu effektivem Führen damit zwar nicht als ausreichend, aber auch nicht als verzichtbar.

4.3   Autorität

Der Begriff *»Autorität«* ist aus dem lateinischen Wort *auctoritas* abgeleitet. Im Römischen Reich bedeutete er etwa »freiwillige Unterwerfung unter den helfenden Rat eines anderen im Vertrauen auf dessen zwingende Überlegenheit« [5]. Dadurch, daß der Ratsuchende den anderen bevollmächtigte, ihn zu beraten, begab er sich in eine »bejahte Abhängigkeit« [6]. Im Gegensatz zur formellen Herrschaft [7] ist »Autorität« als Chance, Einfluß auszuüben, nicht auf ein amtliches, von oben vermitteltes Recht zur Herrschaftsausübung gegründet, sondern *auf die vom Beeinflußten freiwillig vollzogene Unterstellung unter den, der sie ausübt.*

A) Begriff

> **Autorität** ist der Einfluß, den eine Person gegenüber einer anderen dadurch ausüben kann, daß diese sich dem geäußerten Willen der ersteren in Anerkennung von in dieser Person verkörperten Wert- oder Überlegenheitsprinzipien freiwillig unterstellt.

Einfluß auf der Grundlage anerkannter Autorität nennen wir **autoritative Macht**.

Davon zu unterscheiden ist der Begriff **autoritär**: Hier wird Einfluß beansprucht, der nicht durch die Anerkennung persönlicher Werte legitimiert, sondern ohne sie beansprucht wird. Im allgemeinen Sprachgebrauch versteht man unter »autoritär« auch den besonders strengen, befehlsmäßigen Gebrauch formeller Herrschaftsbefugnisse.

B) Struktur

Die Struktur einer auf Autorität gründenden Beziehung ist zweistufig. Der Person, welche Autorität innehat, ist diese Autorität zuvor von der Person, die sich ihr unterstellt, *freiwillig* entgegengebracht worden. Wir nennen die erstere deshalb *Autoritätsnehmer*, die zweite den *Autoritätsgeber*. Die Rechtfertigung dafür, daß eine Person sich dem Einfluß einer anderen freiwillig unterstellt, besteht darin, daß die eine in der anderen Werte verkörpert sieht, die sie selbst anerkennt und die eine solche Unterstellung deshalb sachgerecht und/oder zweckmäßig, auf jeden Fall aber hilfreich erscheinen lassen. [8]

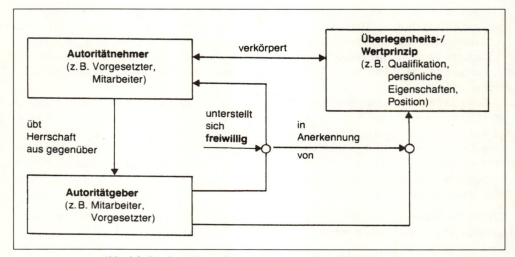

Abb. 4.3: Struktur der auf Autorität gegründeten Machtbeziehung

Die auf Autorität gründende Beziehung weist folgende *Besonderheiten* auf:

a) Autorität existiert nur, solange der Autoritätnehmer (zum Beispiel der Vorgesetzte) in den Augen des -gebers (zum Beispiel des Mitarbeiters) *die von ihm anerkannten Werte verkörpert.* Autorität muß also zunächst durch Handlungen oder Merkmale, denen solcher Wert zuerkannt wird, erworben und danach ständig aufrechterhalten werden. Sieht der Autoritätgeber von ihm anerkannte Werte im Autoritätnehmer nicht mehr glaubhaft verkörpert oder wandelt sich sein bisheriges Wertebild, ohne daß die Werthaltungen im Autoritätnehmer dem folgen, so wird dieser die Anerkennung verlieren. Die freiwillige Unterstellung erlischt, und Herrschaft, die jetzt noch fordernd geltend gemacht wird, stellt sich als *autoritär* dar.

Einfluß aus Autorität muß also ständig verdient werden.

b) Autorität bildet eine *personengebundene Beziehung,* die grundsätzlich *von Amt und Stelle unabhängig* bestehen kann.

> **Beispiel:** Ein Aufgabenträger vertraut dem Rat eines erfahrenen und hochqualifizierten Kollegen eher als dem seines Vorgesetzten.

Daraus erklärt es sich, daß Autorität in einer Hierarchie nicht nur von Angehörigen nachgeordneter Ebenen an solche vorgeordneter Ebenen, sondern auch horizontal und von oben nach unten vergeben wird.

> **Beispiel:** Die Betriebsleitung folgt der Empfehlung des Meisters der Schweißabteilung, in einem speziellen Problem eine neuartige, von ihm erstmals erfolgreich erprobte Schweißtechnik anzuwenden.

Autorität bildet die Einflußbasis des Experten nach allen Seiten.

c) Das einerseits auf eigene Wertevorstellungen des Autoritätgebers gründende Vertrauen darauf, daß der Autoritätnehmer anerkannte Werte verkörpert, und andererseits das Wissen des Autoritätnehmers, mit seinem ausgeübten Einfluß den Unterstellten in seiner Persönlichkeit nicht zu schwächen, formen eine *gegenseitige Achtungsbeziehung.* Sie bildet gleichsam *eine auf positiven Werten ruhende zwischenpersonale Brücke,* deren Tragfähigkeit Spannungen und Belastungen der Zusammenarbeit leichter bewältigen läßt als in der Führungsbeziehung ohne Autorität.

Einfluß aus Autorität wirkt wenig oder nicht belastend.

d) Dadurch, daß Autorität *freiwillig* vergeben wird, kommt es bei ihrem Einsatz in der Führungsbeziehung nicht, wie bei formeller Herrschaft, zur Empfindung der *fremdbestimmten* Einschränkung eigener Handlungsspielräume. Einfluß aufgrund von Autorität wird *nicht als Zwang* wahrgenommen. Dies eröffnet aktivierende Einflußnahme auch auf solche Leistungs- und Verhaltensbereiche, die, außerhalb sanktionierbarer Pflichtenbereiche liegend, den Mitteln formellen Zwangs gar nicht zugänglich wären.

Autorität eröffnet dem Vorgesetzten den Zugang zu Leistungen *des Goodwill-Bereiches* seiner Mitarbeiter.

C) Arten im Betrieb
Autorität erwächst im Betrieb aus drei idealtypischen Quellen:

a) *der Position,*
b) *der wahrgenommenen Funktion* und
c) *der Persönlichkeit.*

Zu a): Positionale Autorität darf nicht gleichgesetzt werden mit positionaler Herrschaft als Ergebnis formeller Befugnisse, die dem Inhaber einer Stelle zur Erfüllung seiner Aufgaben zugeteilt werden. Vielmehr handelt es sich hierbei um ein über pflichtgemäßen Gehorsam hinausgehendes Geben von Autorität aufgrund *der Inhaberschaft einer als in der Regel überlegen angesehenen Stelle.* Anerkannte Werte bilden hier insbesondere die in die zu Erwerb und Ausfüllung der Stelle aufzubringenden Präferenzen des Stelleninhabers wie die formale Qualifikation (zum Beispiel ein Hochschulabschluß), das Gewicht und die Beachtung der der Stelle zugeordneten Funktion im Betrieb, das Gesamtbild, mit der die Funktion ausgefüllt wird, sowie letztlich auch seine stellengebundenen Ermessensräume ihres Inhabers, Wohlverhalten belohnen und bei Leistungs- oder Verhaltensdefiziten Strafen verhängen zu können.

In der Vergabe positionaler Autorität äußert sich letztlich auch der Pragmatismus dessen, der sich daraus persönlichen Nutzen verspricht.

Positionale Autorität erlangt häufig auch *der Vorsitzende des Betriebsrates,* weil er ständigen Kontakt zur Betriebsleitung unterhält, Zugang zu vertraulichen Informationen erhält und an betrieblichen Entscheidungen mitwirkt.

Positionale Autorität wird nicht nur den Inhabern von als weit überlegen angesehenen Stellen selbst, sondern durch Projektion auch den Inhabern ihnen *nahe zugeordneter* Stellen zuteil. So werden zum Beispiel oftmals die Bitten oder Anregungen der Inhaber von Stabs- oder Dienstleistungsstellen (zum Beispiel Assistent, Chefsekretärin) von nachgeordneten Linienstellen wie verbindliche Anweisungen behandelt, weil sie darin die dem Inhaber der zugehörigen Linienstelle (zum Beispiel Betriebsdirektor) gegebene Autorität *reflektiert* sehen.

Zu b): Funktionale Autorität orientiert sich vor allem an den vom Autoritätgeber erwarteten oder wahrgenommenen *Fähigkeiten des Autoritätnehmers, in der Funktion, insbesondere aber in konkreten, für den betrieblichen Ablauf wichtigen Problemsituationen sachgerecht und erfolgreich entscheiden und handeln zu können.* Handelt es sich dabei um fachliche Anforderungen, so entscheidet das *fachliche Können.* Steht im Mittelpunkt die Management- oder Personalführungsaufgabe, so bilden die *Leitungs- und Führungsqualitäten* des Funktionsträgers die Basis für Autorität.

Das nach allen Seiten wirkende und dort anerkannte Expertenwissen und -können bildet somit die eigentliche Basis für die funktionale Autorität, und diese bildet die Einflußbasis des Experten.

Zu c): Personale Autorität schließlich gründet sich auf *Persönlichkeitsmerkmale,* die für den zwischenmenschlichen Bereich als anerkennenswert gelten und von Menschen glaubwürdig gelebt werden. Zu ihnen gehören zum Beispiel Vertrauenswürdigkeit, vorbildhaftes Handeln, charakterliche Integrität, Hilfsbereitschaft, Gerechtigkeit, Verläßlichkeit, Wahrhaftigkeit und Unbestechlichkeit.

Zwar will es scheinen, als habe der Wertewandel der vergangenen Jahrzehnte die Gültigkeit dieser ehemals zu den *Basiswerten* menschlichen Zusammenlebens gehörenden Merkmale heute in Frage gestellt. Indessen beweist die betriebliche Praxis täglich, daß die Verletzung der Werte das Erlebnis von Führung und Zusammenarbeit bis zur Unerträglichkeit entwertet. Zudem ist der Führungserfolg eines Vorgesetzten im Blick auf die Goodwill-Problematik ausgeschlossen, wenn er Autorität *allein* aus der Anerkennung seiner Position erfährt, menschlich aber abgelehnt wird.

Ebenfalls zuzuordnen sind diesem Bereich anerkannte Positionen im gesellschaftlichen Leben.

Beispiele:

- Der Sachbearbeiter in der Verwaltung eines Mittelbetriebes wird Stadtrat;
- der Zweigstellenleiter einer Kreissparkasse wird Mitglied der großen Tarifkommission seiner Gewerkschaft;
- ein Angestellter ist Kapitän einer Handballmannschaft, die wiederholt deutscher und europäischer Handballmeister wurde.

D) Autoritätsfördernde und -gefährdende Merkmale des Führens

Die Eigendynamik der betrieblichen Arbeit hat zu ganz spezifischen Erscheinungsbildern und -formen des Führens geführt, die sich klassifizieren lassen, je nachdem, ob sie als *autoritätsfördernd oder -gefährdend* erfahren werden. Die folgenden Aufzählungen entstammen den Darlegungen von Führungskräften mittelständischer Unternehmen, die der Verfasser darüber befragt hat, welche Verhaltensweisen/Eigenschaften sich nach Erfahrungen ihrer beruflichen Tätigkeit als herausragend

- autoritätsfördernd oder
- autoritätsgefährdend

erwiesen haben. Die Antworten führten zu folgendem Katalog:

a) Autoritätsfördernde Eigenschaften/Verhaltensweisen in der betrieblichen Arbeit:

- Fähigkeit, übernommene Funktion durch Wissen, Können und im Auftreten angemessen auszufüllen,
- hohes Ansehen und Gehör, das einem Vorgesetzten »von oben« zuteil wird,
- Interessen des eigenen unterstellten Bereiches sichtbar und wirksam »nach oben« vertreten,
- Mitarbeiter begeistern und angemessen fordern,
- Zuverlässigkeit,
- Objektivität, Sachlichkeit und Gerechtigkeit bei der Klärung mißliebiger Vorfälle und ihrer kritischen Bewertung,
- Bereitschaft zu offenem, strategiefreiem Informieren,
- Aufgeschlossenheit zu Kritik an sich selbst,
- Diskretion über vertrauliches Wissen wahren,
- gepflegtes äußeres Auftreten,
- Bereitschaft zur Zusammenarbeit mit jedermann, wenn die Situation dies erfordert,
- Hilfsbereitschaft bei privaten Schwierigkeiten unterstellter Mitarbeiter,
- Bereitschaft, bei unangenehmen Arbeiten auch selbst mit anzupacken,
- gemeinsames Suchen von Problemlösungen unter Ausschluß des »Das geht sowieso nicht« oder anderer »Killer-Phrasen« [9],
- klare Anweisungen erteilen,
- zu eigener Verantwortung, auch eigenen Fehlern, stehen,
- Respekt vor Persönlichkeit/Leistung/Zuständigkeit anderer zeigen,
- andere Menschen loben können und es auch tun,
- bei außergewöhnlichen Einsätzen (zum Beispiel plötzlichen Überstunden) für das Wohl der Arbeitenden sorgen,
- sicheres, korrektes Repräsentieren des Unternehmens nach außen,
- qualifizierte Mitarbeiter fördern, ihnen Entfaltungsmöglichkeiten einräumen,
- gegebene Versprechungen und Zusagen einhalten,
- Bereitschaft, als Vorbild voranzugehen,
- Gerechtigkeit,

- Fähigkeit zu organisieren und zu koordinieren,
- fremde Meinungen, auch wenn sie nicht den eigenen gleichen, tolerieren,
- Entscheidungen erst nach »Durchblick« treffen,
- keine abfälligen Bemerkungen über abwesende Dritte äußern,
- zuhören können,
- Bereitschaft und Fähigkeit zur Weitergabe eigenen Wissens.

b) Autoritätsgefährdende Eigenschaften/Verhaltensweisen in der betrieblichen Arbeit:

- den eigenen Standpunkt unter allen Umständen durchsetzen wollen,
- unkontrolliertes »explosives« Verhalten,
- auffallende Nervosität, Kopflosigkeit, Angst in kritischen Situationen,
- leichtfertiger Umgang mit Alkohol,
- Unterschreiten der sachlich gebotenen Distanz zu unterstellten Mitarbeitern durch anbiederndes Verhalten,
- eigenen Vorteil auf Kosten anderer erjagen,
- Förderung von Vetternwirtschaft und Protektion,
- Intimitäten mit unterstelltem Personal,
- »radfahren« (= nach oben buckeln und nach unten treten),
- sich mit fremden Lorbeeren schmücken,
- aus dienstlicher Stellung private Vorteile schöpfen,
- rhetorische Unfähigkeit,
- Gleichgültigkeit gegenüber den persönlichen Belangen unterstellter Mitarbeiter,
- Intrigen spinnen,
- an Mitarbeiter höhere Anforderungen stellen als an sich selbst,
- aus stellenbedingtem Informationsvorsprung eigene Überlegenheitspositionen aufbauen und nutzen,
- Manipulieren von Menschen,
- Unwahrhaftigkeit,
- zu große Beredsamkeit,
- eigene Fehler in die Schuhe anderer schieben,
- unberechtigte/übereilte Kritik üben,
- ein »unsauberes« Privatleben führen,
- Unentschlossenheit bei drängenden Entscheidungen,
- äußerlich ungepflegt in der Öffentlichkeit auftreten,
- grundsätzliche Besserwisserei,
- Wankelmütigkeit, nicht zu Verabredungen stehen,
- Unpünktlichkeit,
- die eigene Mannschaft »im Regen stehen lassen«,
- »Blenden« und Protzen.

Die Kataloge lassen sich zum Teil dadurch erweitern, daß man die genannten Merkmale jeweils in ihr Gegenteil verkehrt.

E) Bedeutung im Führungsprozeß

Autoritatives Führen bildet eine unverzichtbare Komponente effizienten Führens.

Wir wiederholen:

Autorität als freiwillig übertragene legitimierte Herrschaft

- erschließt den Zugang zum Goodwill-Potential des Mitarbeiters,
- eröffnet ihrem Inhaber, da seiner Person und nicht nur seiner Position zugewendet, Einfluß-möglichkeiten auch auf ihm nicht unterstellte Instanzen des Betriebes,
- hilft, da eine positive zwischenpersonale Beziehung schaffend, belastende Situationen zu über-brücken,

aber:

- Autorität muß mit eigenen anerkannten Werthaltungen ständig *verdient* werden.

Der im gesellschaftlich-politischen Raum wahrzunehmende Trend, daß Positionen immer häufi-ger und scheinbar selbstverständlich nach Opportunitätskriterien (»die richtige Beziehung«, »das richtige Parteibuch«) anstatt nach anforderungsadäquater Befähigung vergeben werden, führt nicht selten zu erheblichen Divergenzen zwischen dem erhobenen Anspruch aus dem Amt (bean-spruchte Autorität) und den tatsächlichen Möglichkeiten seines Inhabers, dieses Amt autoritativ auszufüllen. Die »Amtsautorität« erfährt dadurch zunehmende Skepsis in ihrer Umgebung. *Der Führungskraft ist deshalb dringend zu empfehlen, ihre* **effektive***, d. h. die ihr insgesamt zuerkannte Au-torität auf deren funktionale und personale Quellen zu gründen und nicht auf die formelle Überlegen-heit der Position.*

4.4   Faktische Beherrschung

Neben den legitimen Einflußbeziehungen von formeller Herrschaft und Autorität treten in jeder Organisation Formen von Einflußnahmen auf, die weder durch ein Ordnungssystem institutiona-lisiert noch durch personale Anerkennung legitimiert sind. Sie beruhen allein auf *Verhältnissen tat-sächlicher Über- und Unterlegenheit*, die Personen und/oder Personengruppen zwischen sich errich-tet haben. Wir nennen sie *faktische Beherrschung.*

A)   Begriff

Faktische Beherrschung umfaßt alle Arten zwischenpersonaler Einflußmöglichkeiten, die weder durch ein formelles Ordnungssystem noch durch die Vergabe von Autorität legiti-miert sind, sondern auf einem tatsächlichen Ausgeliefertsein des Beherrschten an die Über-legenheit des Herrschenden beruhen.

B)   Struktur

Ihre Struktur ist zweistufig. Der Beherrscher erlangt aufgrund einer tatsächlichen Überlegenheits-position die Chance, gegenüber dem Beherrschten seinen Willen durchzusetzen. Dieser muß sich dem Willen des Herrschers fügen, weil es ihm an Handlungsalternativen mangelt, sich dem zu ent-ziehen. Der Mangel kann darin bestehen, daß Möglichkeiten eines Rückgriffs auf Handlungsalter-nativen nicht bestehen oder daß sie seitens des Beherrschers tatsächlich oder informationell un-terbunden werden. Er kann auch darin bestehen, daß der Beherrschte bei Widerstand Sanktionen zu gewärtigen hat.

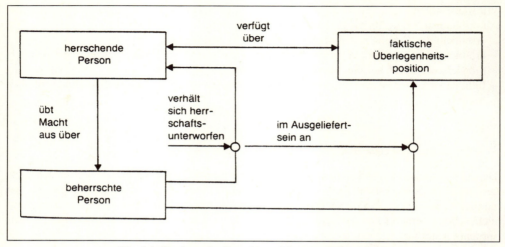

Abb. 4.4: Struktur der Beziehung faktischer Beherrschung

Die Dauer eines Beherrschungsverhältnisses kann auf eine einmalige Situation beschränkt oder aufgrund einer stabileren sozialen Lage längerfristig angelegt sein. Ihre Intensität kann alle denkbaren Grade, vom verhaltensstimulierenden Anstoß bis zur unmittelbaren Gewalt, annehmen.

C) Arten im Betrieb
Verhältnisse faktischer Beherrschung treten im Betrieb in so vielfältigen Arten auf, daß es nicht möglich ist, sie abschließend aufzuzählen. Wir müssen uns deshalb auf einige typische, in der Praxis häufig auftretende Fallgruppen beschränken:

a) Überlegenheit aus der Stellung in einer Gruppe [10]
Ein Arbeitnehmer ist Führer einer integrierten Kleingruppe geworden und zwingt dritte Personen zu gruppenkonformen Verhaltensweisen mit der Drohung, daß die Mitglieder der Gruppe andernfalls »Druck« ausüben werden. Dieses Vorgehen ist sowohl gegenüber gruppenzugehörigen Außenseitern als auch gegenüber gruppenexternen Personen, die vom Wohlwollen der Gruppe abhängig sind, möglich.

Beispiele:
- Eine mit unerlaubten Aktivitäten (zum Beispiel Diebstählen, umläufigem Krankfeiern) befaßte Arbeitsgruppe schikaniert und bedroht, darin angestachelt von einem gruppeninternen Aktivisten, ein Gruppenmitglied so heftig und so lange, bis es seine Weigerung aufgibt, sich an den Aktivitäten zu beteiligen;
- ein informeller Gruppenführer »kontrolliert« und drückt die Akkordleistungen zweier der Gruppe neu zugeteilter Mitarbeiter auf den in der Gruppe abgesprochenen Leistungspegel.

b) Informationelle Überlegenheit
Einzelne Personen oder mehrere mit gleichen Interessen horten Informationen. Auf das Handeln anderer Menschen wird dadurch Einfluß genommen, daß an sie entweder keine oder nur solche Informationen weitergeleitet werden, die ihnen lediglich interessenkonforme Handlungsalternativen eröffnen. Eine derartige Willensbeeinflussung durch Informationssteuerung erfüllt den Tatbestand der *Manipulation* [11]. Sie ist häufig in Organisationen mit unterentwickeltem formellen Informa-

tionssystem anzutreffen. Nicht selten wirken dabei mehrere Personen in Verfolgung eigener Interessen nach dem Motto »Gibst du mir, geb ich dir« zusammen.

Beispiele:

- Der in den Ruhestand tretende Gebietsverkaufsleiter gibt wichtige Kundeninformationen an seinen Nachfolger erst weiter, nachdem dieser ihm versprochen hat, sich für die Aufnahme des Vorgängers in einem begehrten Club zu verwenden;
- ein Vorgesetzter gibt Informationen über beurteilungswichtige Leistungsmerkmale an einen »ungeliebten« Mitarbeiter nicht weiter, um dessen Beförderungs-Chancen gegenüber »beliebteren« Konkurrenten von vornherein herabzusetzen.

c) Schaffen persönlicher Abhängigkeitsverhältnisse

Einzelne Personen verschaffen anderen – oft am Rande der Legalität und »unter dem Siegel der Verschwiegenheit« – persönliche Vorteile. Später verlangen sie eigene, nicht selten deutlich höhere, Vorteile zurück unter der unverhohlen ausgesprochenen Androhung, die vormalige Inanspruchnahme ihrer Dienste sonst der Öffentlichkeit preiszugeben und den Vorteilsnehmer öffentlich bloßzustellen.

Beispiel:

- Ein Aufsichtsbeamter hat sich durch Annahme privater und teurer Einladungen des zu beaufsichtigenden Unternehmens in seiner Aufsichtstätigkeit von dessen Wünschen abhängig gemacht;
- eine Führungskraft hat von den betrieblichen Werkstattdiensten für das eigene Privathaus in größerem Umfang Material- und Dienstleistungen auf Firmenkosten in Anspruch genommen und sieht sich jetzt Wünschen des Abteilungsleiters nach besonderen Bevorzugungen gegenüber.

d) Sachliche Diskriminierung

Über Personen mit unbequemen und kritischen Meinungen zu bestehenden Mißständen wird von denen, die die Mißstände zu vertreten haben und aus ihnen persönlichen Vorteil ziehen, der Ruf des »Querulantentums« verbreitet. Der Kritik – mag sie auch noch so berechtigt sein – wird durch die Etikettierung »Außenseitermeinung« das Gewicht genommen. Diejenigen, die aus dem kritisierten Mißstand Nutzen ziehen, erhalten und/oder festigen dadurch ihre mehr oder weniger scheinlegale Stellung.

Beispiele:

- Der Leiter der Galvanik macht sich durch unzureichende verfahrenstechnische Dokumentation unentbehrlich. Der Vorschlag des jungen Galvanoingenieurs, für die verschiedenen Bäder Rezepturen zu erstellen, wischt er als Ausdruck »überflüssigen Bürokratentums« vom Tisch;
- ein Kritiker desolater Zustände in einem Hochschulinstitut wird von der Institutsleitung gezielt über ihn in Umlauf gebrachte abträgliche Gerüchte mundtot gemacht.

e) Wirtschaftliche Abhängigkeit

Der Unternehmensspitze formell nicht angehörende Instanzen sichern sich über wirtschaftliche Einflußpositionen durch die Anstellung protegierter und danach lenkbarer Funktionsträger Einfluß auf betriebliche Entscheidungsprozesse.

Beispiele:

- Eine Regionalbank »vermittelt« Aufträge an einen Personalberater und nimmt Einfluß bei der Suche und Auswahl von Leitern des Finanzwesens für Unternehmen ihrer Region;
- der Geschäftsführer eines Unternehmens wird in seinen personal- und produktpolitischen Entscheidungen von einem außenstehenden Kapitalgeber mit wirtschaftlichen Eigeninteressen beeinflußt, nachdem dieser ihm zuvor zu diese Stelle verholfen hat.

f) Korporative Solidarität

Funktionsträger, die sich korporativ verbunden und den Normen gegenseitiger Loyalität verpflichtet fühlen, stimmen innerbetrieblich ihr Handeln im Geiste dieser Normen ab, indem sie sich wechselseitig Vorteile zukommen lassen und Nachteile voneinander abwenden. Benachteiligungen dritter Personen werden dabei in Kauf genommen. Die Ermessensspielräume, die praktisch einer jeden Entscheidung immanent sind, bilden dafür die scheinlegitime Basis. Dieses Vorgehen findet sich nicht selten unter Angehörigen politischer Organisationen, aber auch unter denen aller anderen Korporationen des gesellschaftlichen Lebens.

Beispiele:

– Eine Gruppe dienstälterer Institutsangehöriger stellt mit allen Mitteln, auch illegalen und manipulativen, sicher, daß das Institutsgeschehen von ihnen kontrolliert wird, daß dazu die verfügbaren Einflußpositionen unter ihnen aufgeteilt bleiben und nicht an nachträglich eingestellte Institutsangehörige fallen;
– Angehörige bestimmter Korporationen (zum Beispiel politische Gruppierungen, Hochschul-Absolventenvereine) sorgen als Entscheidungsträger dafür, daß zu vergebende Vorteile wie freie Stellen oder Beförderungen ihren Freunden zufließen.

g) Illegale Weiterung legaler Befugnisse

Inhaber formeller Herrschaftspositionen erweitern ihre Befugnisse illegal. Dies gelingt insbesondere bei struktureller Unterentwicklung einer Organisation, wenn Aufgaben und Befugnisse nicht ausreichend definiert sind. Das organisatorische Defizit, nicht selten bewußt aufrechterhalten oder gar herbeigeführt, dient seinen Nutznießern als scheinlegale Basis und Deckung, ihre Herrschaftsansprüche nach Belieben und zu eigenem Vorteil auszuweiten.

Beispiele:

– Der Leiter der Versuchswerkstatt schiebt bei der Erteilung eiliger Aufträge durch die Entwicklungslabors eine ständige Überlastung seiner Werkstatt vor, was die Laborchefs zu devotem Werben und gelegentlichen Geschenken veranlaßt;
– die Sekretärin eines »hohen Tieres« vergibt Besuchstermine als »Audienzen« mehr und mehr nach eigenem, sympathieabhängigem Wollen als nach funktionalem Sollen.

h) Gewalt

In der brutalsten der denkbaren Formen von Beherrschung können Personen oder Gruppen anderen ihren Willen aufzwingen, indem sie ihnen Gewalt an Körper oder Sachen androhen und gegebenenfalls auch anwenden.

Beispiele:

– Auszubildende schikanieren einen als »reiches Mamasöhnchen« diffamierten Kollegen tätlich, um ihn so zu finanziellen Wohltaten zu zwingen;
– ein Gruppenmitglied schlägt einen anderen Gruppenangehörigen zusammen, um so nachzuhelfen, seinen Anspruch auf Gruppenführerschaft anzuerkennen.

Der Katalog könnte fortgesetzt werden. Das Gefüge der Formen faktischer Beherrschung wird dadurch noch undurchsichtiger, daß seine ohnehin schon subtilen Erscheinungsbilder in beliebiger Weise kombiniert in Erscheinung treten können. Auf zumeist informellen sozialen Kontakten beruhend, sind sie zudem kaum nachweisbar.

D) Bedeutung im Führungsprozeß

In Verhältnissen faktischer Beherrschung äußern sich regelmäßig personen- oder gruppenegoistische Denk- und Verhaltensweisen, die das System legaler und legitimierter Herrschaftsverhältnisse verändernd zu unterlaufen drohen. Ihnen kommt deshalb in der ganz überwiegenden Zahl der Fälle kein die betrieblichen Ziele fördernder Wert zu, und solche mit zu billigenden Zielen bilden eher die Ausnahme.

Besonders geeigneten Nährboden für faktische Beherrschungsformen bilden Organisationen ohne ausreichend geordnete und transparente Machtstrukturen. Dies gilt auch für solche Organisationen, die ihren Mitgliedern keine legalen und berechenbaren Wege eröffnen, in vertretbarem Umfange individuelle Ziele verfolgen zu können und auch erfüllt zu bekommen. Hier werden **persönliche Beziehungen** *geradezu lebensnotwendig.*

Des weiteren hängt die Ausweitung der Verhältnisse faktischer Beherrschung davon ab, in welchem Maße sich die Mitglieder einer Organisation der Legalität verpflichtet wissen. Dabei fällt der entsprechenden Einstellung der Spitzenkräfte dank ihrer Vorbild-Funktion eine Schlüsselrolle zu. Die Scheu vor transparenten Strukturen in den oberen Etagen setzt sich nach unten fort. *Das gern verwendete Argument, sich »mit möglichst wenig bürokratischen Festlegungen« Räume für viel »Flexibilität« offenzuhalten, entpuppt sich bei näherem Hinsehen häufig als ganz anderes Ziel seiner Vertreter: sich möglichst viel Raum für persönlichen Einfluß und Vorteil offenzuhalten.*

Da informellen Beherrschungsstrukturen wegen ihrer schwierigen Nachweisbarkeit mit direkten Sanktionen nur schwer begegnet werden kann, müssen sie vor allem auf *indirektem* Wege ausgehungert werden. Dazu gehören
- klare Regelungen formeller Zuständigkeiten und Kompetenzen,
- Transparenz der Ablauf- und der Aufbauorganisation,
- ein leistungsfähiges Informationssystem,
- Klarheit über die Vergabe belohnungswerter Leistungen [12],
- Ansprache, Klärung und Mißbilligung entdeckter Fälle von faktischer Beherrschung im Lichte der Öffentlichkeit,
- sichtbare Verpflichtung der Führungskräfte, aber auch aller sonstigen Organisationsmitglieder, auf den Grundsatz der Legalität.

Im realen Zustand einer Organisation spiegelt sich die Integrität derer wider, die sie mit dem Siegel ihres Willens gestalten.

4.5   Zusammenfassende Bewertung

Das Gefüge der realen Einflußbeziehungen tritt im Betrieb wie in jeder anderen Organisation als ein komplexer *Ist-Zustand* auf. Es wird von dem Gewicht, das seine Mitglieder den einzelnen Machtformen selbst zumessen und das ihnen von außen zugebilligt wird, bestimmt.

Der Führungskraft, die darin eingebunden ist, empfehlen wir:

Legen Sie in Ihrer Führungstätigkeit das Hauptgewicht Ihrer Einflußnahme auf Ihre funktionale und personale Autorität. Vertreten Sie die in Ihrer betrieblichen Sphäre relevanten autoritätsbegründenden Werte glaubhaft, aber ohne sich durch feilschendes Anbiedern von Autoritätgebern abhängig zu machen. Wirken Sie auf Ihre Mitarbeiter mit der überzeugenden Kraft Ihres Wissens, Ihres Könnens, Ihrer Argumente und Ihrer Persönlichkeit.

Gebrauchen Sie die verbindlichen Beeinflussungsmittel Ihrer *formellen positionalen Herrschaftsbefugnisse* als selbstverständliche Bestandteile Ihrer Führungsfunktion, in der Form aber maßvoll und ansprechend. Greifen Sie auf die darin auch liegenden Disziplinarbefugnisse nur in den Fällen zurück, in denen situativ die Kraft Ihrer Autorität nicht mehr ausreicht. *Bedenken Sie aber, daß Sie*

*mit den Mitteln des Befehlens und Bestrafens nicht das Goodwill-Potential Ihrer Mitarbeiter erschlie-
ßen und Ihren Führungsauftrag damit nur teilweise erfüllen können.*

Verzichten Sie auf die Mittel faktischer Beherrschung Ihrer Mitarbeiter, und wirken Sie ihnen entgegen, wo sie zwischen anderen Personen dysfunktional sichtbar werden. Sie tragen regelmäßig
das Siegel der Illegitimität und des Anarchismus und werden sich nur in sehr seltenen Fällen nor-
men- oder zielkonform auswirken. Daran ändert selbst die Tatsache nichts, daß ihre Wurzeln tief
in der menschlichen Natur verborgen liegen.

Arbeitshinweis: Analysieren Sie jetzt die am Anfang des Kapitels aufgeführten Fälle ausgeübter
Macht, und teilen Sie ihnen die jeweils zutreffende Form zu.
(Lösungshinweis im Anhang unter Buchstabe D).

Anhang zu Kapitel 4

A) Anmerkungen

1 Fürstenberg, F., 1971, S. 109
2 Weber, M., 1964, 1. Halbband, S. 28
3 Weber, M., a. a. O.
4 Vgl. u. a. Fürstenberg, F., 1971, S. 109ff.; Ziegler, H., 1970, S. 16; Kiechl, R. F., 1977, S. 39ff., jedoch mit
    kritischer Auseinandersetzung S. 72ff.
5 Eschenburg, Th., 1976, S. 10
6 Kiechl, R. F., 1977, S. 45, unter Verweis auf Horkheimer; ähnlich Fürstenberg, F., 1971, S. 122ff.; Claes-
    sens, D., in HWFü, Sp. 91, 92
7 Für sie trifft das lateinische Wort »potestas« zu, im Sinne von »Anordnen- dürfen durch Zwang«. Zur ge-
    schichtlichen Entwicklung von »auctoritas« und »potestas« vgl. Kiechl, R. F., a.a.O., S. 44ff.; Claessens, D.,
    ebenda
8 Eingehend untersucht bei Homans, C. D., 1972, S. 240ff.
9 Vgl. Ziffer 14.12
10 Zur Problematik der Gruppendynamik vgl. Ziffer 6.2
11 Vgl. Ziffer 14.4, Buchstabe D
12 Vgl. hierzu Ziffer 9.5–9.7

B) Kontrollfagen und -aufgaben

a) Was bezeichnen wir als *Macht* bzw. *Einfluß* im Betrieb?
b) Welchen Unterschied sieht der Soziologe Max Weber zwischen *Macht* und *Herrschaft*?
c) Welche Formen legitimer und illegitimer Macht unterscheiden wir?
d) Skizzieren sie kurz für *positionale Herrschaft*
    aa) die Struktur,
    bb) die entscheidenden Vorteile,
    cc) ihre Nachteile.
e) Verfahren sie ebenso für *Autorität*.
f) Skizzieren Sie den Unterschied zwischen *autoritativ* und *autoritär*.
g) Beschreiben Sie, in welche der beiden in d) und e) genannten Einflußformen ihr Träger mehr
    persönliche Energie dafür aufwenden muß, sie anzuwenden, und weshalb das so ist.
h) Beschreiben Sie den Unterschied zwischen *positionaler Herrschaft* und *positionaler Autorität*.

i) Bewerten Sie die drei idealtypischen Arten von Autorität im Hinblick auf ihre Wirkung im Führungsprozeß.

j) Beschreiben Sie den Begriff *faktische Beherrschung*.

k) Beschreiben Sie mindestens drei Erscheinungsbilder davon generell und mit je einem Beispiel.

l) Äußern Sie sich zum sozialen Wert von faktischer Beherrschung.

m) Beschreiben Sie die für die Führungspraxis zu empfehlende Gewichtung der drei Einflußformen
   - positionale Herrschaft,
   - Autorität,
   - faktische Beherrschung.

n) Lesen Sie wiederholt die Kataloge mit autoritätsfördernden bzw. -gefährdenden Verhaltensmerkmalen, und prägen Sie sie sich fest ein.

C) Literatur

Claessens, D, Autorität, in HWFü, Sp. 91–96
Eschenburg, Th., 1969, S. 1ff.
Fürstenberg, F., 1971, S. 109ff.
Homans, G. C., 1972, S. 240ff.
Kiechl, R. F., 1977
Kluth, H., 1975, S. 63ff.
Krüger, W., Macht, in HWP, Sp. 1313–1324
Remer, A., Macht, organisatorische Aspekte der, in HWO, Sp. 1271–1286
Richter, M., 1988, Ziffer 8.1
Ziegler, H., 1970

D) Lösungshinweis

Positionale Herrschaft: Fälle A, C, E (rechtlich bedenklich), F;

Autorität: Fälle B (funktional-personal), G (personal-reflektiert), H (funktional), J;

Faktische Beherrschung: Fälle D, H.

5   Der Betrieb als Ort sozialer Bewertungen des Menschen

Lernziele:

Im folgenden Abschnitt sollen Sie erkennen, daß Arbeit im Betrieb *nicht allein* dem Erwerb der zum Lebensunterhalt benötigten Mittel dient, sondern zugleich als Ort sozialer Bewertungen den dort arbeitenden Menschen Plätze unterschiedlicher Ränge in den sozialen Systemen ihres gesellschaftlichen Umfeldes zuweist.

Sie sollen Kenntnis erlangen
- von dem Prozeß der sozialen Bewertung,
- von den Bedingungen, die die Arbeitsbeziehung dafür setzt,
- von den wichtigsten Bewertungsfaktoren und
- von den Wirkungen, die aus dem Bewertungsprozeß auf das Arbeitsverhalten des Mitarbeiters ausgehen.

5.1   Problemstellung

Bei seinem Eintritt in das Berufsleben hat der Mensch die Lebensphase seiner Kindheit abgeschlossen. Damit sind zugleich die prägenden Merkmale seiner Persönlichkeit angelegt. Dazu gehören intrapersonale Merkmale wie charakterologische Eigenschaften, Werthaltungen oder berufliche Eignungen ebenso wie die meisten zentralen Lebensziele der beruflichen und gesellschaftlichen Entwicklung. Die berufliche Arbeit bildet das Feld, auf dem wesentliche Teile dieser Ziele realisiert werden sollen. *Die gesamtgesellschaftliche und die betriebliche Sphäre bilden für den Menschen so zwei Spären* **eines** *einheitlichen gesellschaftlichen Lebensraumes* [1]. Dessen Strukturen und Wertvorstellungen lassen sich folgendermaßen charakterisieren: [2]
- Unsere Gesellschaft ist nicht homogen, sondern sie weist horizontale Schichtungen auf; es gibt ein gesellschaftliches Oben und Unten sowie dazwischenliegende Mittelschichten;
- konstitutiv für die Zugehörigkeit zu bestimmten Schichten wirken außer der ererbten familiären Herkunft vor allem die berufliche Bildung/Ausbildung, die berufliche Stellung und das Einkommen als wirtschaftliche Grundlage des persönlichen Lebensstils;
- die Grenzen zwischen den Schichtungen sind durchlässig und erlauben Mobilität nach beiden Richtungen;
- der Zugang oder die Zugehörigkeit zu höheren Schichten werden als Ausdruck persönlichen Lebenserfolgs bewertet;
- der Wunsch nach gesellschaftlicher Anerkennung ist in unserer Bevölkerung – sieht man von Minderheiten mit alternativen Einstellungen (»Aussteigertum«) ab – allgemein verbreitet;
- so wird das Ziel angestrebter gesellschaftlicher Anerkennung aus der Umgebung überwiegend durch anerkennende Bewertung beruflichen Aufstiegs verfolgt und erreicht.

Die Thesen lassen schlagwortartig erkennen, daß der beruflichen Arbeit für die gesellschaftliche Stellung und Geltung des Menschen besondere Bedeutung zukommt. Das Streben nach Lebenserfolg drückt sich im Streben nach beruflichem Erfolg und Aufstieg aus. Werden Erfolg und Aufstieg mit besonderem Bemühen um Leistungen verknüpft, so eröffnen sich dem Betrieb Wege, Leistungswilligkeit zu mobilisieren.

Wir wollen die Zusammenhänge zwischen beruflicher Arbeit und der wesentlich durch sie bewirkten gesellschaftlichen Bewertung des Menschen schrittweise darlegen. Dazu ziehen wir das in Abb. 5.1 enthaltene Tableau heran, das den Bewertungsprozeß in seinen Grundzügen darstellt. Auf Feinheiten, wie zum Beispiel Interdependenzen zwischen den dargestellten Faktoren, müssen wir aus Gründen der Übersichtlichkeit verzichten.

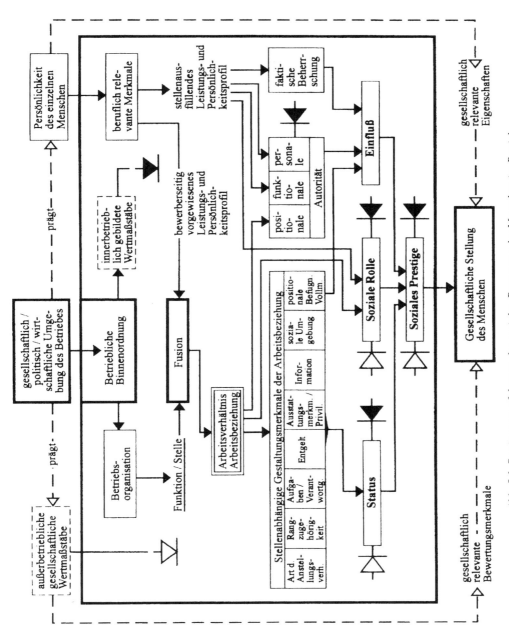

Abb. 5.1: Bestimmungsfaktoren der sozialen Bewertung des Menschen im Betrieb

5.2 Stellenbesetzung als Verknüpfung von Anforderungs- und Leistungsprofilen

Abgeleitet aus der Teilung der Arbeit in einzelne Funktionen, schafft der Betrieb ein Gefüge einander zugeordneter Stellen (Aufbau- und Ablauforganisation). Damit die den Stellen zugedachten Funktionen erfüllt werden können, müssen sie mit dafür qualifizierten Arbeitskräften besetzt werden. Bevor dies geschehen kann, muß der Betrieb dokumentieren, welche Aufgaben in den Stellen jeweils zu bewältigen sind (Aufgabenprofil). Daraus werden die Anforderungen abgeleitet, die an die Bewerber um eine Stelle zu richten sind (Anforderungsprofil) [3].

Der ideale Bewerber um eine Stelle wäre derjenige, dessen Paßform, dokumentiert in seinem Leistungs- und Persönlichkeitsprofil, sich zum Anforderungsprofil als *kongruent* erweist. Da ein solcher Bewerber nur selten zu finden ist, weil zum Beispiel das Anforderungsprofil der Stelle zu spezifisch ist oder weil Arbeitskräfte der geforderten Qualifikation rar sind, muß der Betrieb Kompromisse eingehen.

Im konkreten Fall einer Stellenbesetzung macht der Bewerber dem Betrieb sein Leistungsangebot dadurch vorstellbar, daß er die beruflichen und persönlichen Qualifikationen vorweist, die er für den Erwerb der Stelle anzubieten hat. Die Gesamtheit der Ausprägungen dieser verschiedenen Qualifikationen nennen wir das *vorgewiesene* Leistungs- und Persönlichkeitsprofil. Damit unterscheiden wir es vom entsprechenden Profil, mittels dessen ein Arbeitnehmer die erworbene Stelle tatsächlich *langfristig ausfüllt*. Beide Leistungsbilder können sich erheblich voneinander unterscheiden: Das gute Abschlußzeugnis einer Hochschule zum Beispiel bietet noch keine Gewähr dafür, daß sein Inhaber langfristig gute praktische Arbeit leisten wird. Ebenso kann sich hinter einem Bewerber mit durchschnittlichen Examensergebnissen ein hervorragender Praktiker verbergen. Freundlich-konziliantes Auftreten eines Bewerbers während des Vorstellungsinterviews kann darüber hinwegtäuschen, daß er zum Beispiel zu langfristiger Teamarbeit unfähig ist und seinen Mitarbeitern gegenüber mit seinen ausgeprägt egozentrischen Verhaltensweisen eine Quelle ständiger Demotiviertheit darstellen wird.

Dem bewerberseitigen Angebot, Arbeitsleistungen zu erbringen, steht ein *betriebliches Leistungsangebot* gegenüber. Zu ihm gehören zum **Beispiel**

- – Entgelt- und Sozialleistungen sowie andere geldwerte Vorteile,
- – Rang- und Gruppenzugehörigkeiten im Betrieb,
- – Zuständigkeiten, Kompetenzen und Verantwortung,
- – Aufstiegs- und Entwicklungschancen,
- – Arbeitsplatzausstattung, Privilegien.

Darüber bringt auch *der Bewerber* regelmäßig ein mehr oder weniger konkretes, nun seinerseitiges »Anforderungsprofil« mit.

Gelingt es beiden Seiten, die Anforderungs- und Leistungsprofile der jeweils anderen Seite zu akzeptieren, dann kann die Funktion an den Bewerber vergeben werden. Es kommt zu einer Art *Fusion* zwischen der Funktion und ihrem Inhaber. Damit ist der engere Vorgang der Stellenbesetzung beendet, und es entsteht die von vielen tatsächlichen, insbesondere sozialen Merkmalen geprägte **Arbeitsbeziehung**. Die Integration des Stelleninhabers in das organisatorische, das technische und das soziale betriebliche System prägt zunächst dessen Stellung im Betrieb. Gleichzeitig erfährt das betriebliche Systemgefüge rückkoppelnd aber auch durch die individuellen funktionalen und informalen Aktivitäten des Stelleninhabers prägende Impulse.

Die rechtliche Grundlage der Arbeitsbeziehung bildet der **Arbeitsvertrag**; die durch ihn begründete Vertragsbeziehung nennen wir das **Arbeitsverhältnis**.

5.3 Stellenabhängige Bewertungsmerkmale der Arbeitsbeziehung

A) Art des Anstellungsverhältnisses

Die Art der in einer Stelle wahrzunehmenden Funktionen und ihre Bewertung sind dafür entscheidend, ob ihr Inhaber als *Gewerblicher Arbeitnehmer*, im Volksmund *Arbeiter* genannt, oder als *Angestellter* geführt wird. **Angestellter** ist, wer nach § 3 Abs. 1 AnVG technische oder kaufmännische Bürotätigkeit ausübt, § 6 Abs. 2 S. 1 BetrVG. Tätigkeiten im Werkstattbereich vom Meister an aufwärts sind dem gleichgestellt. **Arbeiter** ist, wer eine arbeiterrentenversicherungspflichtige Tätigkeit ausübt oder Heimarbeiter ist, so § 6 Abs. 1 BetrVG.

Der Unterscheidung beider Gruppen von Arbeitsverhältnissen kommt mehrfache, wenngleich abnehmende Bedeutung zu [4].

Rechtlich gelten für die Arbeitsverhältnisse beider Gruppen noch unterschiedliche gesetzliche Regelungen zum Beispiel in den Bereichen der Entgeltfortzahlung im Krankheitsfall und der Rentenversicherung [5].

Soziologisch wird, verglichen mit dem Begriff des *Arbeiters* und seiner Tätigkeit, mit dem Begriff des *Angestellten* in weitesten Kreisen unserer Bevölkerung die Vorstellung geistig höherwertiger, sauberer Tätigkeit verbunden. Dies gilt selbst in den Fällen, in denen Arbeiter als hochqualifizierte Spezialisten weit anspruchsvollere und höher bezahlte Tätigkeiten verrichten als viele »Angestellte«. In der Praxis erweist die Unterscheidung sich jedoch mehr und mehr als überholt, und in ersten Tarifverträgen (zum Beispiel in der chemischen Industrie) ist sie zugunsten eines einheitlichen Arbeitnehmerstatus (dem des Angestellten) bereits aufgegeben worden.

Unter den Angestellten selbst wird zwischen *tariflichen* und *außertariflichen* Angestellten unterschieden, wobei die Arbeitsverträge der ersteren zu den Bestimmungen der geltenden Tarifverträge, die der letzteren zu darüber hinausgehenden, frei ausgehandelten Bedingungen abgeschlossen werden.

Die soziale Spitzengruppe der Angestellten bilden die *Leitenden Angestellten* im Sinne § 5 Abs. 3 und 4 BetrVG. Bei ihnen handelt es sich um *Arbeitnehmer in arbeitgebergleichen Funktionen* mit rechtlichem Sonderstatus [6], insbesondere Vorstände, Geschäftsführer und Prokuristen. Meistens im Besitz einer Hochschulbildung, erfüllen sie die mit dem Begriff des »Angestellten« verbundenen Vorstellungen einer *Elite* nach Leistung und Verantwortung am ehesten.

B) Rangzugehörigkeit

Die Rangzugehörigkeit eines Mitarbeiters wird vor allem vom Rang der betrieblichen Ebene, der seine Stelle zugehört, und von der Bewertung der von ihm vorzuweisenden beruflichen Qualifikationen bestimmt. *Sein sozialer Rang wird um so höher bewertet, je angesehener sein formeller Ausbildungsabschluß ist und je näher seine Stelle der Organisationsspitze zugeordnet* bzw. je geringer der Abstand zwischen beiden Ebenen ist. Bestimmend hierfür ist die Annahme, daß mit längerwährender Ausbildung (zum Beispiel Studium) und zunehmender Nähe zur Unternehmensspitze auch Entscheidungsbefugnisse (allerdings nicht bei Stabsstellen!) und Informationsfülle zunehmen. Die Zugehörigkeit zu bestimmten Rangebenen wird nicht selten durch betrieblich verliehene Titel, Rangbezeichnungen oder Privilegien unterstrichen und nach außen signalisiert.

Die Angehörigen privilegierter Rangebenen entwickeln häufig ein rangspezifisches *Gruppenbewußtsein* und *Zusammengehörigkeitsgefühl* (»wir Meister«, »wir Abteilungsleiter«, »wir Direktoren«), aus dem heraus sie spezielle Verhaltensnormen pflegen und Interessen verfolgen.

Aus Rangzugehörigkeiten können verfestigte soziale Klassifizierungen erwachsen, und diese können dazu führen, daß die funktional notwendige vertikale Kommunikation beeinträchtigt wird. Deshalb ist darauf zu achten, daß Rangebenen als kommunikativ durchlässige *Funktionsebenen* verstanden und Rangbezeichnungen nicht dysfunktional verwendet werden.

C) Aufgaben, Kompetenzen, besondere Vollmachten und Verantwortung
Auch die vom Stelleninhaber zu erfüllenden *Aufgaben* werden von anderen Betriebsangehörigen bewertet. Dazu werden herangezogen

- ihre Charakteristik als in erster Linie führende/leitende/ kontrollierende bzw. ausführende/ dienstleistende Tätigkeit,
- die aus ihrer Häufigkeit/Seltenheit im Betrieb abgeleitete Exklusivität,
- die in ihnen angelegten Freiräume für selbständige Dispositionen und für Kreativität,
- die für sie erforderliche Ausbildung/Erfahrung/Spezialisierung,
- das Eingebundensein in oder die Unabhängigkeit von betrieblichen Normen und das entsprechende Maß notwendigen Kontrolliertwerdens auf deren Einhaltung,
- die äußeren Bedingungen, unter denen die Aufgaben erfüllt werden,
- die Entsendung ihres Inhabers in regionale/überregionale Verbände und wahrgenommene Funktionen dort.

In formellen Stellenbewertungssystemen, beispielsweise zum Zweck einer objektivierten Gehaltsstruktur, finden wir regelmäßig das Kriterium der mit den Aufgaben verbundenen *Entscheidungs- und Handlungsbefugnisse*, deren Wertigkeit wiederum insbesondere an ihrer Tragweite für den wirtschaftlichen Erfolg und der Größe des ihnen verpflichteten Personenkreises gemessen wird. Aber diese werden auch informell bewertet.

Von weiterer Bedeutung sind in diesem Zusammenhang formelle *Bevollmächtigungen* der Inhaber bestimmter Stellen, die zwar streng genommen nur aus dem Aufgabengefüge abgeleitet, d.h. funktional vergeben werden sollten, beinahe regelmäßig aber zugleich (oder sogar stattdessen) als Indikator für den Rang des Stelleninhabers im Betrieb gebraucht werden.
Hierzu zählen
- spezielle Vollmachten (Post- oder Bankvollmacht),
- aufgabengebundene Sondervollmachten: im Auftrag (i. A.),
- Handlungsvollmacht (i. V.),
- Prokura (p. p. a.),
- Generalvollmacht.

Schließlich markiert der Aufgabenbereich auch die *allgemeine Verantwortlichkeit* seines Trägers, d. h. die Sphäre, in der er persönlich für betriebliche Abläufe und Ereignisse einzustehen hat. Obwohl aus – von anderen vielleicht begehrten – Aufgaben und Befugnissen abgeleitet und daher wertneutral, wird dieses Bewertungselement häufig ambivalent gesehen in dem Sinne, daß man einen Träger hoher Verantwortlichkeit namentlich im Blick auf damit verbundene Risiken »... nicht um seine Verantwortung beneidet!«: Die Bereitschaft zur Übernahme wirklicher Verantwortlichkeit bleibt hinter dem Wunsch nach Kompetenzen, Befugnissen und Vollmachten zurück, weil damit vor allem Risiken und weniger Chancen gesehen werden (wiederholen Sie dazu Ziffer 3.4, Buchstabe D).

D) Entgelt
Das Arbeitsverhältnis bestimmt nach Form und Höhe das dem Stelleninhaber zu zahlende Entgelt.
    Zur **Höhe** verfügen fast alle Menschen über ein natürliches Empfinden dafür, daß das Entgelt nicht nur ein rechnerisches Äquivalent für erbrachte Arbeitsleistung, sondern zugleich ein Stück Bewertung ihrer Persönlichkeit ausdrückt. So bestätigen Arbeitnehmer, denen freiwillig gezahlte übertarifliche Entgelte gestrichen wurden, neben der realen Kürzung des verfügbaren Etats auch

Entzug persönlicher Wertschätzung durch den Arbeitgeber. Deutlich wird die Funktion des Entgelts als Ausdruck sozialer Bewertungen ferner dann, wenn um Bezüge von Spitzenmanagern verhandelt wird. Bemessungsgrößen sind hier Name, Rang und Wertigkeit der Persönlichkeit und ihrer Dienste.

In der **Form** wird Entgelt für gewerbliche Arbeitnehmer als *Lohn*, für Angestellte als *Gehalt* bezeichnet. Gehaltsempfänger zu sein wird von vielen Menschen – insbesondere, wenn sie ursprünglich Lohnempfänger waren – als höherwertig angesehen.

Im Tarifbereich für Lohn und Gehalt signalisiert die einer Stelle zugeordnete höhere *Tarifgruppe* (einschließlich der evtl. daran orientierten Neben- und Sozialleistungen) jeweils auch höhere soziale Bewertung des Stelleninhabers. In Konsequenz bedeutet der außertarifliche Status (A.T.-Angestellter) höhere Wertigkeit als die Eingebundenheit in den Tarif (Tarifangestellter), selbst wenn unter Umständen das Einkommen des Tarifangestellten (z.B. durch die bei ihm gegebene Verpflichtung zur Vergütung von Überstunden) höher ist als das eines »A.T.-Angestellten«.

Bemerkenswert ist auch die soziale Bewertung der Entgeltzahlungszeiträume. Die Skala beginnt unten mit dem Stundenlohn, wird fortgesetzt über Wochenlohn, Monatslohn/ Monatsgehalt, Jahresgehalt und endet bei der Frage, wie hoch der Anteil am Jahreseinkommen ist, der zum Beispiel als Gewinn-/ Erfolgs-Tantieme *ergebnisabhängig* gezahlt wird. Hier tritt also dem Kriterium *Höhe* der Zahlung das ihres *Risikos* zur Seite.

Ein weiteres, im materiellen Bereich angesiedeltes Indiz für soziale Bewertung bilden die üblicherweise nicht durch Tarifvertrag oder Betriebsvereinbarung geregelten *Nebenleistungen* (im angelsächsischen Sprachbereich »fringe benefits« genannt). Hierzu zählen zum Beispiel vertragliche Zusagen über
- längere Gehaltsfortzahlung im Krankheitsfall,
- prämienfreie Unfall- bzw. Lebensversicherung,
- besondere Ruhegeldzusagen (Pensionsverträge),
- zinsgünstige oder zinslose Darlehen, zum Beispiel für Wohnungsbau,
- Geschäftswagen auch zur privaten Nutzung (einschließlich entsprechender Versicherungen),
- Werkswohnung/Werksbungalow (mit oder ohne Übernahme der Nebenkosten),
- Übernahme der Telefonkosten (oder von Teilen derselben)
- besondere Gesundheitsuntersuchungen bis zur Kostenübernahme bei Kuren,
- Zusage besonderer Weiterbildungsansprüche.

Die Bedeutung solcher Nebenleistungen nimmt in der Praxis zu, ermöglichen sie es doch, Geltung und Bezüge wertvoller Fachkräfte aufzuwerten, ohne das förmliche Gehaltssystem durchbrechen zu müssen.

E) Ausstattungsmerkmale und Privilegien
Die Wertigkeit der Arbeitsbeziehung kommt ungeachtet des funktionell Notwendigen ferner darin zum Ausdruck, wie der Arbeitsplatz des Stelleninhabers äußerlich ausgestattet ist und welche Privilegien ihm eingeräumt werden. Zu den äußeren Ausstattungsmerkmalen gehören zum Beispiel:
- die Lage des Arbeitsraumes (Werkstatt-/Verwaltungstrakt, Etage, welchen Funktionsträgern räumlich nahe zugeordnet);
- die Ausstattung des Arbeitsraumes (Größe, Einzel- oder Großraumbüro, Art der Möblierung, Dekor, Komfort);
- Verfügbarkeit von Hilfskräften (Sekretariat, Assistent);

- Verfügbarkeit und Standard sachlicher Hilfsmittel (Telefonanlage, Computer-Terminal, sonstige Geräte/Maschinen).

Stellenspezifische Privilegien sind zum Beispiel:
- Freiheit der Arbeitszeitgestaltung und der Präsenz,
- Benutzungsrechte besonderer Einrichtungen (Speise-/Clubräume) und betrieblicher Dienste,
- Benutzungsrechte von Dienstfahrzeugen und besonderen Parkplätzen,
- Großzügigkeit der Reisegestaltung (Art der Verkehrsmittel, Spesenberechtigungen).

F) Information

Der Standort einer Stelle im Funktionsgefüge bestimmt zugleich ihren *Standort im internen Informationssystem*. Der Bedeutsamkeit der Funktion müssen Fülle und Qualität der ihrem Inhaber zufließenden Informationen entsprechen. Ihr Zufluß wird über die Aufnahme des Stelleninhabers in *Verteiler* für vertrauliche Umläufe, den Zugriff zu Dateien oder Daten-Pools mit Schlüsseldaten oder seine Zugehörigkeit zu exklusiven und entsprechend informativen Besprechungs- und Konferenzzirkeln geregelt.

Schließlich bestimmt der Standort im Funktionsgefüge, *wer* an *wen welche* Informationen weiterleiten darf oder muß und wer gegebenenfalls zur Informationseinholung verpflichtet ist.

Dritte Personen können aus der Rang- oder Gruppenzugehörigkeit ihres Gesprächspartners in einem Betrieb Rückschlüsse ziehen, wie authentisch die von ihm vermittelten Informationen zu bewerten sind (und welche Bedeutung dem von ihnen zu vertretenden Verhandlungsgegenstand zugemessen wird).

Die Information der externen Öffentlichkeit wird üblicherweise – ihrer Bedeutung für den Ruf des Unternehmens wegen – als besondere Befugnis einem speziell dafür Beauftragten (dem sog. »Sprecher«) übertragen.

G) Soziale Umgebung

Die Arbeitsbeziehung bestimmt schließlich, *mit welchen Personen in welchen Angelegenheiten und Formen* der Stelleninhaber zusammenarbeiten und kommunizieren wird. Deren Qualifikation sowie Auffassungen und Werthaltungen zum Stil des Zusammenwirkens im Kontext zu den entsprechenden Bedingungen beim Stelleninhaber selbst bilden eine zentrale Voraussetzung für Effektivität des Arbeitens, Arbeitsklima und Wohlbefinden. Solange die Beziehungen zu Vorgesetzten, Kollegen und Mitarbeitern von Übereinstimmung, Achtung und proaktiver Kooperationsbereitschaft getragen und als positiv wahrgenommen werden, wird dies auch die ganze Arbeitsbeziehung prägen. Negativ empfundene Beziehungen zur sozialen Umgebung sind der sozialen Bewertung abträglich, auch werden sie den Stelleninhaber psychisch und physisch belasten.

Die Erfahrung lehrt, daß Angehörige verschiedener betrieblicher Ebenen sowie Träger unterschiedlicher Qualifikations- und Bildungsgrade auch tendenziell unterschiedliche Normen und Auffassungen zu Kommunikation und Kooperation vertreten. Mit zunehmender Ranghöhe nehmen rational-formale Verhaltensweisen zu sowie emotional-spontan und solidarisch geprägte Umgangsformen ab. In niedrigeren Ebenen, unter einfachen Angestellten und im Werkstattbereich, ist das Gegenteil zu beobachten.

5.4 Bewertungsmerkmale des Stelleninhabers

Die dargestellten Gestaltungsmerkmale werden mit den gleichen Merkmalen anderer Arbeitsbeziehungen des betrieblichen Umfeldes vergleichend bewertet. Gleiches geschieht mit den funktionellen und persönlichen Erscheinungsbildern der Stelleninhaber in ihren Funktionen. Die Resultate werden sodann auf die Personen selbst projiziert. So entsteht aus unterschiedlichen Bewertungen ein neues Gefüge sozialer Wertigkeiten, das gegenüber dem aus der Aufbauorganisation abgeleiteten skalaren Stellensystem eigene hierarchische Strukturen aufweist. Dem wollen wir uns zuwenden.

5.4.1 Sozialer Status [7]

Zunächst erhält jede Stelle und die ihr zugeordnete Funktion eine eigene Wertigkeit. Diese wird als stellen- und funktionsspezifisches Ansehen auf ihren Inhaber übertragen. Es entsteht sein sozialer Status.

A) Begriff

Der **soziale Status** ist das Ansehen eines Stelleninhabers, das ihm, abgeleitet aus der Bewertung seiner Stelle und Funktion im Vergleich zu den übrigen Stellen und Funktionen im Bereich/Betrieb/ Unternehmen, von anderen Betriebsangehörigen zuerkannt wird.

Der Begriff »Status« ist von dem lateinischen Verb »stare« (= stehen) abgeleitet und darf sinngemäß als *Standort* übersetzt werden.

B) Prozeß der Statusbildung

Statusbildung im Betrieb setzt die nahe Zuordnung mehrerer, im Hinblick auf bestimmte Merkmale vergleichbarer Stellen voraus. Außerhalb des Betriebes kommen als Statussysteme in Betracht zum Beispiel Wohngebiete und -gemeinden (Vergleich von Wohnadressen), Vereine (Vergleich von Funktionen) oder PKW-Besitzer (Vergleich von PKW-Modellen nach Preis, Hubraum, Luxusklasse). Ein und demselben Menschen können also, indem er gleichzeitig mehreren Statussystemen angehört, dort auch sehr verschiedene Statuspositionen zuerkannt werden.

Die Bewertung der jeweils relevanten Kriterien erfolgt inner- wie außerbetrieblich nach bestimmten geltenden *Wertmaßstäben*. Diese können je nach sozialer Herkunft, Alter, Beruf, Nationalität, Geschlecht, Erfahrung usw. und insbesondere nach dem vermuteten und erwünschten eigenen sozialen Status sehr verschieden lauten. Demzufolge gibt es *keinen objektiven, gleichsam einklagbaren sozialen Status* an sich, sondern immer nur den aus dem Urteil bestimmter einzelner oder Gruppen von Menschen.

> **Beispiele:**
> A) Die Belegschaft eines Betriebes wird dem Betriebsleiter, der innerhalb eines kleineren ländlichen Betriebes die dortige gesamte Produktion leitet, einen höheren Status zumessen als dem Betriebsleiter, der in einem städtischen Großbetrieb einen vergleichbar großen Bereich – aber unter vielen anderen – leitet.
> B) Der Status eines Diplom-Ingenieurs, der sich in einer kleinen Landgemeinde niedergelassen hat, wird höher ausfallen als der Status eines Diplom-Ingenieurs, der seinen Wohnsitz in einer Großstadt mit einer Technischen Universität genommen hat.

Um sicherzustellen, daß einem Stelleninhaber von möglichst vielen im Betrieb der Status zuerkannt wird, der der formellen Bedeutung seiner Stelle entspricht, kann der Betrieb deren Gewicht unterstreichen, *indem er sie mit bewertungsrelevanten Elementen ausstattet* [8]. Dies sind wiederum die unter Ziffer 5.3 beschriebenen Merkmale. Teils haben diese demzufolge eine status*begründende* Funktion, teils wirken sie status*anzeigend*. Im letzteren Sinne bezeichnen wir sie als *Statussymbole*. Wenn auch einzelne Merkmale bei bestimmten Arbeitsbeziehungen dem Betrieb gar nicht mehr zur Disposition stehen, sondern vorgegeben sind (zum Beispiel Angestelltenstatus oder Tarifentgelt), so lassen sie sich dennoch nicht eindeutig der einen oder der anderen Funktion zuweisen; die meisten von ihnen erfüllen beide Funktionen gleichzeitig.

Die Tatsache, daß erwünschter hoher Status gegenüber anderen Menschen nicht einklagbar ist, daß Status aber beim Vorzeigen von statusfördernden Symbolen zuerkannt wird, verführt nicht wenige Menschen unter uns dazu, mittels angekaufter Statusgüter überhöhte Statuspositionen zur Schau zu stellen. Status wird so, auch ohne daß ihn rechtfertigende Positionen vorliegen, käufliches Gut. Dies macht sich die kommerzielle Werbung zunutze, indem sie sich bemüht, zum Beispiel mit ständigen Appellen an das Statusmotiv des Verbrauchers immer neue Begehrlichkeit auf statuswirksame Güter zu wecken. Natürliches Differenzierungsbedürfnis wird so über künstlich herbeigeführte Statusunsicherheit zu permanentem Wettbewerb im Haben und Vorzeigen-Können benutzt.

C) Bewertung des Statussystems

a) Für den einzelnen Menschen hat die differenzierende Funktion des Status insoweit Bedeutung, als die von zuerkanntem Status befriedigten Bedürfnisse nach Differenzierung und Eigenwertigkeit zu den natürlichen Persönlichkeitsmotiven gehört [9]. Deshalb können in der betrieblichen Arbeit die Verleihung von Status und die Ausstattung von Stellen mit statusprägenden Merkmalen in wertvoller Weise persönliche Bedürfnisse und in diesem Sinne eine stabilisierende Funktion für das innere Gleichgewicht des Menschen erfüllen. Die ausreichende Balance zwischen funktioneller Bedeutung seiner Position und ihrer sichtbaren statusrelevanten Ausstattung vermittelt ihm »... jenes Minimum an sozialer Integration ..., dessen der Mensch für seine Existenz wie des Minimums an materieller Nahrung bedarf« [10].

Wird dem Menschen verdienter Status vorenthalten, empfindet er dies als Ungerechtigkeit. Unerwünscht ist ferner nicht einsehbarer Statusverlust, der direkt eintreten kann durch den Entzug statusbegründender Elemente oder indirekt durch eine Aufwertung von bisher niedriger bewerteten Statusgruppen. Werden statusbegründende oder -anzeigende Elemente unberechenbar vergeben oder entzogen, bewirkt dies im Menschen Statusangst. Alle diese Fälle bewirken in ihm Frustrationen, die im Einzelfall zu psychischen und über psychosomatische Kausalketten zu physischen Erkrankungen führen können.

b) Für den Betrieb *bietet das natürliche Bedürfnis seiner Mitarbeiter nach Status ein taugliches Mittel, die Vergabe statusbegründender und -anzeigender Elemente an Leistung namentlich im Goodwill-Bereich zu koppeln und so das Statussystem der Leistungserstellung dienstbar zu machen.* Dieses Vorgehen dient den Zielen beider Seiten und erfüllt im Kern die Intentionen des Motivierens (vgl. dazu Ziffer 9.4 und folgende). Zu beachten ist hierbei jedoch, daß Statusmerkmale, die *Voraussetzungen* für bestimmte Leistungen darstellen, nicht vorenthalten werden dürfen, weil die Leistung *noch* nicht »stimmt«.

Beispiel: Ohne Geschäftswagen kann ein Reisender nicht seine Kunden besuchen und Aufträge hereinholen.

Neben den genannten Vorteilen dürfen wir aber auch die im Statussystem liegenden *Gefahren* nicht übersehen:
Frustrationen aus Statusungerechtigkeit und -angst wurden bereits erwähnt. So, wie ein *überzogenes* Statusdenken im Betrieb zu dysfunktionalen Ritualen des Habens, Vorzeigens, Blendens und Abwertens führen wird, kann die *Unterbewertung* des Statussystems zu Statusanmaßung auf allen Ebenen, frustrierender *Gleichmacherei* und darüber hinaus zum Abtöten des Leistungsprinzips führen.

Um die dem Statussystem immanenten positiven Werte auszuschöpfen, kommt es darauf an,
- dem natürlichen menschlichen Differenzierungsbedürfnis Rechnung zu tragen,
- für die Vergabe statusfördernder Ausstattungsmerkmale transparente Bewertungskriterien zu schaffen und, gebunden an das Prinzip der Gerechtigkeit, durchzusetzen und
- Überspitzungen des Statusdenkens, die in ein überwundenes soziales »Klassendenken« zurückzuführen drohen, entgegenzuwirken.

5.4.2 Soziale Rolle

Verschiedene Inhaber gleicher Funktionen nehmen dieselben in sehr unterschiedlichen Verhaltensmustern wahr und erfahren dafür aus ihrer Umgebung recht verschiedene Reaktionen der Zustimmung, Duldung oder des Protests. Es geht um die Bewertung der *Rolle*, in der sie ihre Funktion ausfüllen und darum, wie die Umgebung das Rollenspiel bewertet.

Fall:
In einem mittelständischen Familienunternehmen weist der technische Direktor, ca. 50 Jahre alt, Dr.-Ingenieur, Prokurist, mit direktem Kontakt zu Großkunden betraut, die nachfolgenden Verhaltensweisen auf.

Arbeitshinweis: Setzen Sie zu den nachfolgenden Beispielen ganz spontan bei Zustimmung zu den dargestellten Verhaltensweisen ein +, bei Duldung ein o und bei Ablehnung ein - . Legen Sie sich - am besten auf einem Blatt Papier schriftlich - genau Rechenschaft darüber ab, *weshalb* Sie zu Ihrer Beurteilung gelangt sind. Lassen Sie dafür eine Pauschalmeinung wie »das finde ich irgendwie unmöglich« nicht ausreichen.

a) Er kommt im Sommer nach einem ersten Tennisspiel vor Arbeitsbeginn häufiger für den Rest des Vormittags in »Tenniskluft« deutlich verschwitzt an seinen Arbeitsplatz;
b) bei technischen Problemen in der Fertigung schaut er selbst »vor Ort« nach dem Rechten, notfalls krempelt er die Ärmel hoch und packt selbst mit zu;
c) in der Mittagspause knobelt er gern mit den Monteuren der Versuchsabteilung in der Kantine um eine Runde Bier;
d) am Montagmorgen bedankt er sich bei einer Gruppe von Werkzeugmachern per Handschlag für die Behebung eines Schadens während des Wochenendes;
e) zum Betriebsfest fährt er, für alle sichtbar, im 12-Zylinder-Automobil der oberen Luxusklasse vor, und in der für die Geschäftsleitung gehaltenen Festrede kündigt er an, daß das Unternehmen sich wegen schwerer Auftragseinbrüche zum Jahresende von jedem zehnten Angehörigen der jetzigen Belegschaft werde trennen müssen;
f) zu späterer Stunde schlägt er allen Angehörigen der Geschäftsleitung und seiner langjährigen Sekretärin Brüderschaft vor;

g) in der Jagdsaison kommt er nach nächtlicher Pirsch wiederholt verspätet und von »Zielwasser« sichtlich angeschlagen und in Jagdmontur direkt an seinen Arbeitsplatz;

h) er läßt es sich nicht nehmen, an der Verabschiedungsfeier des langjährigen Meisters der Abteilung »Betriebliche Dienste« durch den Betriebsleiter im Kreise der Abteilungsangehörigen selbst teilzunehmen;

i) in einer Betriebsversammlung, in der nach seiner Auffassung ein Mitglied des Betriebsrats in Fragen innerbetrieblicher Mitbestimmung »zu rote« Forderungen stellt, tritt er vor der Belegschaft an das Mikrofon und kündigt vehement an, »... diese Bande von linken Chaoten fix und fertig« zu machen;

j) einen für um 9.00 Uhr bestellten Kunden läßt er im Besucherzimmer eine Dreiviertelstunde warten, weil er sich in dieser Zeit mit dem Vertriebsleiter noch über die einzuschlagende Verhandlungsstrategie abstimmen wollte;

k) der am Urlaubsort im europäischen Ausland verunglückten Familie eines Facharbeiters schickt er für den Rücktransport kostenlos ein Firmenfahrzeug; auch setzt er für ihn eine finanzielle Unterstützung aus einem betrieblichen Notfall-Fonds durch.

Zu welchen Bewertungen sind Sie aus welchen Beweggründen gelangt? Ein Lösungshinweis verbietet sich hier, weil zumindest einige der Verhaltensmuster subjektiv unterschiedlich beurteilt werden können und deshalb vertieft diskutiert werden müßten.

A) Prozeß der Rollenbildung und Begriff

Der Rollen-Problematik liegt die Tatsache zugrunde, daß wir an die Träger bestimmter Funktionen in unserer Umgebung mehr oder weniger fest gefügte Erwartungen richten, mit welchen Verhaltensweisen sie ihre Funktion wahrzunehmen haben. Wir geben ihnen vor, was sich für sie »gehöre« und was nicht. Die Erwartungen, die an einen Funktionsträger auf diese Weise gerichtet werden, sind nicht einheitlich. Sie werden vielmehr in ihren einzelnen Kriterien von Personenkreisen, die zu dem Funktionsträger in einer *spezifischen* Beziehung stehen, aus dem Blickwinkel *ihrer* Beziehung spezifisch geprägt.

Beispiel: Der Leiter der Abteilung »Technischer Kundendienst« wird gesehen aus der Sicht

- seines vorgesetzten Betriebsleiters als unterstellte Führungskraft,
- seiner unterstellten Sachbearbeiter als Vorgesetzter,
- der Kunden seines Betriebes als Repräsentant und technischer Experte,
- anderer Abteilungsleiter als Kollege.

Im Privatleben ist er rollenspezifisch aus dem Blickwinkel
- seiner Ehefrau der Ehemann,
- seiner Eltern der Sohn,
- seiner Kinder der Vater,
- seiner Freunde der Freund usw.

Arbeitshinweis: Notieren sie sich zu jeder der genannten Rollenstellungen aus Ihrer Sicht je ein
- erwartetes, angemessenes Verhaltensmuster,
- auf keinen Fall »zulässiges« Verhaltensmuster.

Diejenigen, die an einen Rollenträger einheitliche Verhaltenserwartungen herantragen, werden als *Kriteriumsgruppe* bezeichnet. In deren Vorstellungen fließen u. a. Gewohnheiten, Wertmaßstäbe ihres Lebenskreises, Vorurteile und traditionelle Vorstellungen ein. Sie können in sich verfestigt sein oder ein mehr oder weniger breites Toleranzspektrum aufweisen. In jedem Fall enthalten sie Maßstäbe dafür,
- was ein Rollenträger *zu tun* hat (»was schickt sich für ihn in einer Situation?«),
- was ein Rolleninhaber *nicht tun darf* (»was gehört sich für ihn nicht?«).

Will ein Funktionsträger sich erwartungskonform verhalten, muß er die an ihn gerichteten Erwartungen *wahrnehmen*. Dem können »Rollen-Blindheit« oder Verzerrungen der Realität, die durch sein verfälschendes psychologisches Wahrnehmungsfilter entstehen, entgegenwirken.

Den wahrgenommenen Erwartungen stehen eigene Präferenzen über seine Rollenträgerschaft gegenüber. Je mehr beide Verhaltensmuster einander gleichen, um so leichter gelingt es, zu einer von außen und von innen akzeptierten Rolle zu finden. Erwartungsgemäßes Rollenverhalten bewirkt, bezogen auf die Kriteriumsgruppen, Akzeptanz und Harmonie. Lassen sich beide Muster jedoch nicht miteinander vereinbaren, dann eröffnet sich ein Konfliktpotential: Entweder folgt der Rollenträger den *externen* Erwartungen, dann riskiert er mit der Aufgabe der eigenen Präferenzen den Innenkonflikt, der bis zur Gefährdung seiner Identität führen kann. Oder er folgt *seinen* Präferenzen, dann riskiert er den – in seinen Auswirkungen nur schwer abschätzbaren – Außenkonflikt. Das Potential wird um so schwerer zu bewältigen sein, je unvereinbarer die beiden Erwartungskomplexe sich zueinander verhalten und je mehr sie sich in ihren Trägern verfestigt haben. Zusätzliche Komplikationen werden dann auftreten, wenn an ein und denselben Rollenträger von *verschiedenen* Kriteriumsgruppen unterschiedliche Erwartungsmuster gerichtet werden.

> Unter der **sozialen Rolle** verstehen wir die in einer spezifischen Funktion von einem Individuum gelebten Verhaltensmuster, die es aus der Wahrnehmung herangetragener Verhaltenserwartungen spezifischer Gruppen seiner Umgebung und aus eigenen Verhaltenspräferenzen gebildet hat.

B) Rollenkonflikte
Aus der dargestellten Situation ergeben sich mehrere Arten von Konfliktmöglichkeiten:

A) Das eigene Rollenverhalten weicht, bewußt oder unbewußt, von den Erwartungen relevanter Gruppen ab,
B) sein eigenes Rollenverhalten ist den Erwartungen der Kriteriumsgruppen angepaßt, widerstrebt aber eigenen Präferenzen,
C) der Rollenträger sieht sich divergierenden Erwartungen mehrerer Kriteriumsgruppen ausgesetzt.

Beispiele:

A) Eine Gruppe von Werkzeugmachern hatte zehn Jahre lang bis zu dessen Pensionierung einen Vorarbeiter als Vorgesetzten, der ihr dienstältestes Mitglied war. Er führte die Gruppe mit lockerer Hand und gab sich zufrieden, wenn in Leistung und Arbeitsverhalten keine sichtbaren Ausfälle auftraten. Die Gruppe hat sich auf dieses Rollenverhalten des Vorarbeiters eingestellt. Nun wird ein junger Nachwuchsmeister aus einer anderen Abteilung als Vorgesetzter benannt. Erstmals mit einer Führungsfunktion betraut, zieht er die Zügel fühlbar an und achtet sorgfältig darauf, daß Leistung und Disziplin seiner Mitarbeiter vorbildlich sind. Er will zeigen, *daß er führen kann*. Die Gruppe fühlt sich provoziert und geht »auf Gegenkurs«.

B) Eine Gruppe von Wissenschaftlern wählte aus ihrer Mitte als Vertreter in Selbstverwaltungsangelegen-
heiten den Sprecher ihres Instituts. Sie sah in dem Amt die Funktion eines »primus inter pares« [11].
Der Gewählte entwickelte alsbald bevormundende Allüren, manipulierte den Informationsfluß und ge-
staltete seinen Führungsvollzug zunehmend undurchsichtig und unberechenbar. Zwischen ihm und
der Gruppe, die ihn gewählt hatte, baute sich zunehmende Distanz auf. Seine Wiederwahl wurde verhindert.

C) Eine Nachwuchskraft übernimmt als erste Führungsaufgabe die Leitung einer Gruppe von Arbeitsvor-
bereitern (Ingenieure). Dank ihrer Kenntnis zeitgemäßer Führungsmethoden und ihren eigenen Überzeugungen folgend, gedenkt sie die Gruppe mit viel Autonomie, partizipativ und in teamartigen Koope-
rationsstrukturen zu führen. Das wird von der Gruppe auch angenommen und honoriert. Der ältere Arbeitgeber dagegen hält von diesem »neumodischen Kram« nichts und setzt statt dessen auf »Druck«
und patriarchalisch-autoritäres Führungsgebaren. Dieses erwartet er, da nach seiner Meinung allein erfolgversprechend, auch von seinen Nachwuchskräften, »wenn die bei mir vorankommen wollen«.

Als wirkliche Lösungen, die nicht auf die Verdrängung des Konfliktes hinauslaufen, bieten sich folgende Wege an:

a) bei divergierenden Erwartungen *mehrerer* Gruppen kann
   aa) ein von allen akzeptierter Kompromiß herbeigeführt werden,
   ab) der Erwartung einer Gruppe entsprochen und der zweiten nicht entsprochen werden, was
       zum Konflikt mit der letzteren führen wird, oder
   ac) ein von den Erwartungen beider Gruppen abweichendes Verhalten gewählt werden, was
       beide Gruppen frustrieren wird;
b) bei Divergenzen zwischen Gruppenerwartungen und eigenem Rollenverständnis kann
   ba) der Gruppenerwartung nachgegeben werden, was die Aufgabe des eigenen Verständnisses
       bedingt,
   bb) das eigene Verständnis durchgesetzt werden, was die Frustration der Gruppe zur Folge
       hat, oder
   bc) eine Annäherung beider Auffassungen herbeigeführt werden.

C) Bedeutung in der Praxis

Die Fähigkeit, sich verschiedenen Kriteriumsgruppen gegenüber erwartungsgerecht zu verhalten,
setzt Einfühlungsvermögen und Verhaltensflexibilität voraus. Sie bildet, da sie das Zusammenleben mit den Gruppen der eigenen Umgebung frustrations- und konfliktarm gestalten hilft, eine
wichtige Voraussetzung für ein erfolgreiches Zusammenwirken mit den sozialen Kräften nicht nur
des beruflichen, *sondern auch und gerade des gesellschaftlichen Umfeldes* (vgl. dazu auch Ziffer
15.3.6.).

Nicht unerwähnt soll indessen bleiben, daß eine allzu bereitwillige Einnahme fremder Verhal-
tenspositionen zwar Anpassungsfähigkeit und »Wendigkeit« verrät, aufgrund der damit regelmäßig
verbundenen gleichzeitigen Aufgabe eigener Positionen aber leicht den Verlust eigener Substanz,
Originalität und sogar des eigenen Persönlichkeitsprofils zur Folge haben kann. Dies wird die Eignung eines Individuums für Funktionen, in denen *Persönlichkeit* gefragt ist, in Frage stellen.

5.4.3   Einfluß

Einen weiteren Faktor der sozialen Bewertung des Menschen bildet sein Einfluß auf das betriebliche Geschehen. Wir verstehen darunter *das reale Einwirkungspotential*, das sich als Summe seiner
positionalen Befugnisse, seiner effektiven Autorität und seiner faktischen Beherrschung anderer
darstellt [12]. Die Ausprägung dieser Komponenten im einzelnen und ihre Wahrnehmung durch

die Umwelt führen zu einem Werturteil, das jeden Grad von Wertschätzung, oder im Einzelfall auch Abwertung, einnehmen kann.

5.4.4 Soziales Prestige

A) Begriff

Die Zuerkennung von sozialem Prestige ist *die umfassendste* soziale Bewertung, die ein Mensch durch seine Mitmenschen erfahren kann. Ähnlich wie im Status drücken sich auch im sozialen Prestige Achtung, Ansehen und Wertschätzung aus, die einem Menschen von anderen entgegengebracht werden. Während aber beim Status die Bewertung *einer Stelle* im Vergleich zu anderen das Konstitutiv für das Ansehen des Stelleninhabers ist, *beruht das soziale Prestige eines Menschen auf der Summe aus eben diesem Status und zusätzlich der Bewertung dessen, wie er seine Rolle als Stelleninhaber wahrnimmt und welchen effektiven Einfluß er ausübt.* Im Prestige drückt sich letztlich die Bewertung *der ganzen Persönlichkeit* und ihres Erscheinungsbildes aus.

Soziales Prestige ist Ausdruck der Wertschätzung eines Menschen durch andere auf der Basis einer Bewertung seines Status, der Erfahrungen mit ihm als Rollenträger und seines Einflusses in einem sozialen System.

Zur Unterscheidung von Status und Prestige, die im allgemeinen Sprachgebrauch nicht immer hinreichend deutlich vorgenommen wird, mögen die folgenden **Beispiele** beitragen:

Fall I:
Die Geschäftsleitung eines mittelständischen Unternehmens bestand aus dem Geschäftsführer (G) und vier ihm unmittelbar unterstellten Ressort-Direktoren für die Bereiche »Kaufmännisches« (K), »Entwicklung« (E), »Produktion« (P) und »Vertrieb« (V). Sie bildeten bis zur Pensionierung des K ein gut integriertes und funktionierendes Team. Zum Nachfolger des ausgeschiedenen K ernennt G seinen Neffen, der im Alter von 27 Jahren an der Universität vor 1 1/2 Jahren seine Ausbildung zum »Diplom-Kaufmann« mit überdurchschnittlichem Erfolg abgeschlossen hatte und seitdem zur Einarbeitung in verschiedenen Funktionen im Unternehmen tätig war. Da sich dennoch beim jungen K fehlende berufliche Erfahrung und Betriebskenntnis bemerkbar machen (auch für seine eigenen Mitarbeiter erkennbar), halten die drei dienstälteren Direktoren es für unverzichtbar, ihm in wichtigen Entscheidungen ihre begründeten Meinungen zukommen zu lassen. K faßt dies alsbald als Bevormundung auf und fällt »in prinzipieller Wahrung seiner Originalität« immer häufiger demonstrativ von den Meinungen der Kollegen abweichende Entscheidungen, die aber dann, da sachlich nicht tragbar, von G korrigiert werden müssen. Zwischen K einerseits und E, P und V andererseits bauen sich Spannungen auf, infolge derer K zunehmender Isolation ausgesetzt wird. Er reagiert auf sie mit Verhärtung, untersagt seinen Mitarbeitern direkte Zusammenarbeit mit E, P und V und hinterträgt seinem Onkel G nunmehr gelegentlich Informationen über vertrauliche Interna der Direktionsebene. Hierdurch bauen sich nun auch Spannungen zwischen G sowie E, P und V auf. Als durch diese Spannungen die Arbeitsfähigkeit der Geschäftsleitung gefährlich beeinträchtigt wird, sieht G die Fehlbesetzung der K-Stelle ein und ersetzt seinen Neffen durch eine adäquat qualifizierte Kraft.

Fall II:
Dem Vorarbeiter V (Facharbeiter) der Fertigungsstraße für Heimwerkergeräte-Antriebsmotoren gelingt eine technologisch durchbrechende Idee damit, daß er die Motoren mit einer vereinfachten Aufhängung nicht nur universeller einsetzbar, sondern zugleich kostengünstiger herstellbar gestaltet. Die neue Lösung wird patentiert, gegenüber V fühlbar honoriert und im Betrieb publizistisch groß herausgestellt. V als Erfinder wird bei der innovativen Umsetzung seiner Idee bei der Konstruktion und Fertigungsplanung sowie von allen sonst damit befaßten Instanzen als Experte beratend hinzugezogen und dazu zeitweise von seiner Vorarbeiter-Funktion freigestellt. V ist im ganzen Betrieb bekannt geworden.

> **Arbeitshinweis**: Beurteilen Sie, wie die in beiden Fällen dargestellten Entwicklungen sich ausgewirkt haben werden auf die soziale Bewertung des jungen Kaufmännischen Direktors und des Vorarbeiters (jeweils durch ihre Mitarbeiter) unter den Aspekten:
>
> - Status,
> - Rollenwahrnehmung,
> - Autorität,
> - soziales Prestige.

Unsere Auffassung finden Sie im Anhang unter Buchstabe D.

B)   Prozeß der Prestigebildung

Das soziale Prestige eines Menschen wird in einem Bewertungsprozeß ermittelt. Da in ihn zum großen Teil *persönliche Erfahrungen* einfließen, die nur in direktem Kontakt mit dem zu Bewertenden gewonnen werden können, nehmen an der Prestigeermittlung zunächst überwiegend nur Personen teil, die Gelegenheit zu diesen persönlichen Erfahrungen hatten. Die gefundenen Bewertungen werden aber dann über Kontakte zu anderen Menschen weiter verbreitet, so daß das soziale Prestige eines Menschen später auch gegenüber seiner weiteren sozialen Umgebung gilt. Dadurch wird es auch möglich, daß auch Werturteile aus der privaten Sphäre in den Betrieb hinein- oder aus dem Betrieb hinausgetragen und dort prestigebildend verwendet werden.

> **Beispiele:**
>
> Im Betrieb spricht sich herum, daß
>
> - ein Angestellter zum Bürgermeister der Stadt gewählt worden ist,
> - ein Lehrer als Kapitän seiner Handballmannschaft den Titel des Deutschen und des Europa-Meisters erkämpft hat,
>
> In der Wohngemeinde wird bekannt, daß
>
> - eine Fachkraft von dort mit ihrer Tüchtigkeit einem Produkt des Unternehmens zu deutlich besseren Markterfolgen verholfen hat,
> - einer ihrer Bewohner wegen Diebstahls fristlos entlassen worden ist.

Die gelegentlich zu beobachtende Neigung von Menschen, persönlichkeitsgebundene Merkmale höher zu gewichten als formale, wirkt sich auch in der Prestigebildung aus. So beeinflussen zum Beispiel funktionale und personale Autorität sowie die Art der Rollenwahrnehmung das soziale Prestige eines Menschen relativ *mehr* als das eher formelle Kriterium seines Status.

Wie der Status, so kann auch das soziale Prestige eines Stelleninhabers durch betriebliche Maßnahmen gefördert (»Prestige-« oder »Image-Pflege«) oder abgebaut (»Rufmord«) werden. Dies geschieht außer durch die schon beschriebene Statusbeeinflussung vor allem durch positive oder negative Manipulation von Meinungen. Während es aber gute Gründe geben kann, das Ansehen eines Menschen, beispielsweise im Hinblick auf die geplante Übernahme einer neuen Funktion, zu fördern und aufzubauen, kann eine sachliche Rechtfertigung dafür, das Ansehen eines Menschen bewußt zu schädigen, niemals gegeben sein. Soweit derartige Versuche von Betriebsangehörigen aus egoistischen Motiven gleichwohl unternommen werden, sollte dem energisch entgegengewirkt werden. Das kann zum Beispiel dadurch geschehen, daß

- negative Werturteile nicht einfach übernommen, sondern im Hinblick auf ihre Begründungen bei den Personen, die sie verbreiten, hinterfragt werden;

- Verbreiter negativer Werturteile denen, die durch sie belastet werden, gegenübergestellt werden;
- über gerüchteträchtige Vorfälle Transparenz hergestellt wird;
- benötigte Informationen über andere nicht »durch die Hintertür«, sondern auf offiziellen Wegen beschafft werden.

Arbeit mit den Mitteln der Rufschädigung bedeutet für das Opfer Verletzung oder gar Zerstörung der Persönlichkeit, für den Betrieb soziale Brunnenvergiftung und damit Zerstörung des Arbeitsklimas. Menschen, die damit – für sich selbst vielleicht erfolgreich – eigene Interessen vertreten, *verdienen keine Unterstützung*, denn sie schaden dem Interesse einzelner ebenso wie dem des Betriebes.

C) Bedeutung in der Praxis

Im Streben jedes Menschen, in seiner sozialen Umgebung in für ihn befriedigendem Umfang über soziales Prestige zu verfügen, äußern sich die natürlichen Persönlichkeitsmotive nach Selbstachtung, sozialem Kontakt, Differenzierung und Selbstaktualisierung [13]. Sie zu unterdrücken wäre gleichzusetzen mit der Unterdrückung der Persönlichkeit selbst. Wenn im Betrieb das Prestige-Motiv bei Mitarbeitern erkennbar wird, kann *Prestigeförderung* durch den Betrieb, wie schon beim Status dargestellt, Leistungsbereitschaft mobilisieren. Dessenungeachtet bildet die Sicherung eines angemessenen sozialen Prestiges für alle in der betrieblichen Arbeit zugleich ein Gebot humaner Arbeitsbedingungen. Vermittlung sozialen Prestiges fördert nicht nur die Arbeitszufriedenheit der Mitarbeiter. Prestige in der beruflichen Sphäre erhöht auch das Selbstwertgefühl im privaten und im gesellschaftlichen Bereich, wohin es seinen Inhaber gleichsam begleitet.

5.5   Zusammenfassende Bewertung

Unsere in Stufen gegliederte Darstellung der sozialen Bewertungen des Menschen, die im Betrieb stattfindet und von dort in die außerbetriebliche Sphäre hinausgetragen wird, verdeutlicht deren Bedeutung für das gesamte menschliche Leben: Sie zeigt, daß betriebliche Arbeit *weit mehr* darstellt als nur ein isolierter Austauschprozeß von Arbeit gegen Geld. Sie zeigt ferner, daß das betriebliche soziale System untrennbar und in vielfältiger Weise mit dem außerbetrieblichen sozialen System, d. h. der ganzen Gesellschaft, vernetzt ist und insofern ein *Sub-System der Gesellschaft* bildet. Erst die Erkenntnis dieser Zusammenhänge läßt manche scheinbar irrationale arbeitnehmerseitige Verhaltensweise und Bestrebung im Betrieb erklärlich werden und ermöglicht es, sie in einem umfassenderen Sinne als zweckrational zu begreifen. Ihre Berücksichtigung bei betrieblichen Entscheidungen und in der Personalführung eröffnet Wege, Ziele der Mitarbeiter mit betrieblichen Zielen zu verbinden und dadurch den Nutzen der Arbeit für beide Seiten zu erhöhen. Dies führen wir in Abschnitt III näher aus.

Anhang zu Kapitel 5

A) Anmerkungen

1   Näher Fürstenberg, F., 1971, S. 86ff.
2   Vgl. Schelsky, H., in Gehlen, A./Schelski, H., 1955, S. 259ff., insbes. S. 288ff.
3   Vgl. Ziffer 17.2
4   Näher Söllner, A., 1987, S. 25ff. aus rechtlicher Sicht; Fürstenberg, F., 1977, S. 117ff. aus soziologischer
    Sicht
5   Die bislang für beide Gruppen unterschiedlich langen Kündigungsfristen sind mit dem Kündigungsfristen-
    gesetz vom 7. 10. 1993 vereinheitlicht worden, vgl. § 622 BGB..
6   Siehe Sprecherausschußgesetz vom 20. 12. 1988
7   Anschaulich dargestellt bei Kluth, H., 1975, S. 75ff.
8   Vgl. die aufschlußreichen Darstellungen bei Oldendorff, A., 1970, S. 104ff.
9   Näher ausgeführt unter Ziffer 9.5.2
10 Zutreffend Kluth, H., a. a. O., S. 90
11 Aus dem Lateinischen: »der Erste unter Gleichen«
12 Vgl. Ziffer 4
13 Näher Ziffer 9.5

B) Kontrollfragen und -aufgaben

a) Legen Sie dar, in welcher Weise die berufliche Arbeit eines Menschen seine gesellschaftliche
    Stellung beeinflußt.

b) Erläutern Sie, inwiefern es bei einer Stellenbesetzung zum Abgleich von jeweils zwei Anforde-
    rungs- und Leistungsprofilen kommt.

c) Erläutern Sie die Begriffe *Arbeitsverhältnis, Arbeitsvertrag und Arbeitsbeziehung.*

d) Nennen Sie die wichtigsten stellenabhängigen Merkmale, nach denen Menschen im Betrieb
    sozial bewertet werden.

e) Skizzieren Sie auf einem besonderen Blatt die Kriterien, welche zu der Bewertung für das ein-
    zelne Merkmal herangezogen werden.

f) Erläutern Sie, warum Titel im Betrieb sowohl wirtschaftlich sinnvoll wie auch gefährlich sein
    können.

g) Definieren Sie mit eigenen Worten die Begriffe *Status* und *soziales Prestige*, und zeigen Sie auf,
    wodurch sie sich voneinander unterscheiden.

h) Beurteilen Sie diese Aussage eines Unternehmers: »Statussymbole im Betrieb gibt es bei mir
    nicht!«

i) Wodurch kann der betriebliche Status eines Mitarbeiters gefördert und sichtbar gemacht wer-
    den?

j) Wie schätzen Sie die Bedeutung des betrieblichen Statussystems für die Mehrzahl der dort be-
    schäftigten Menschen ein?

k) Welche Vorteile/Gefahren messen Sie dem Statussystem im Betrieb zu?

l) Was verstehen wir unter einer *sozialen Rolle*?

m) Inwiefern sind soziale Rollen relevant bei der Bewertung von Menschen?

n) Wodurch entstehen Rollenkonflikte und welche Arten gibt es?

o) Gibt es Möglichkeiten, Rollenkonflikte zu vermeiden?

p) Skizzieren Sie Strategien, Rollenkonflikte zu lösen.

q) A hat B gegenüber ein bestimmtes soziales Prestige. Muß B den A persönlich kennen?

r) Beurteilen Sie diese Aussage eines Vorgesetzten: »Der X hat ein zu hohes Prestige; das werde ich korrigieren.«

s) Wie könnte das soziale Prestige eines Mitarbeiters in einem Betrieb gefördert werden
   sa) durch ihn selbst,
   sb) durch den Vorgesetzten,
   sc) durch seine Kollegen?

C) Literatur

Fischer, L., Rollentheorie, in HWO, Sp. 2224–2234
Fürstenberg, F., 1971, S. 86ff.
derselbe, 1977, S. 93ff., S. 115ff.
Kluth, H., 1975, S. 18ff., S. 75ff.
Oldendorff, A., 1970, S. 99ff., S. 108ff.
Schelsky, H., in Gehlen, A./Schelsky, H, 1955, S. 159ff., S. 182ff.
Söllner, A., 1987, S. 25ff.
Wiswede, G., Rolle, soziale, in HWP, Sp. 2001–2010
Withauer, K. F., 1981, S. 93ff.

D) Lösungshinweise zum Arbeitshinweis unter 5.7

Fall I

Geschätzte Wirkungen auf

- *den Status*: bis zur Ablösung des jungen K keine, seine Position blieb unangetastet;
- die Bewertung der *Rollenwahrnehmung*: negativ, weil eine Führungskraft sich nicht rollengemäß verhält, wenn sie Interna ihrer Ranggruppe (eine solche bilden die vier Ressort-Direktoren) an rangfremde Stellen weiterleitet, um ihre eigenen Schwächen zu kompensieren;
- die *Autorität*:
  a) positionale: bis zur Ablösung unbeschädigt,
  b) funktionale: wegen Leistungsschwächen abgewertet,
  c) personale : wegen dargestellter persönlicher Schwächen (Uneinsichtigkeit in eigene Schwächen, mangelhafte Vertrauenswürdigkeit) beschädigt, Autorität insgesamt schwach;
- das *Prestige*: wegen überwiegend negativer Bewertung seiner personengebundenen Komponenten eher schwächer als stark, was auch der unbeschädigte Status kaum kompensiert haben dürfte.

Fall II

Geschätzte Wirkungen auf

- den Status: unverändert, da Position unverändert, jedoch leichte Aufwertung denkbar dank zeitweiliger Freistellungen;
- Rollenwahrnehmung: dank erfolgreicher kreativer Eigenaktivitäten und kooperativer Einstellungen zu anderen Instanzen *sehr positiv;*

- Autorität:
  a) positionale: unberührt,
  b) funktionale: dank gezeigten Könnens *sehr stark aufgewertet*,
  c) personale : dank bewiesener Intelligenz und kooperativen Verhaltens deutlich aufgewertet, insgesamt sehr hohe effektive Autorität;
- Prestige: dank hoher Wertschätzung von Rollenwahrnehmung und effektiver Autorität sehr hoch und damit deutlich über seinem Status stehend.

6   Gruppen im Betrieb

Lernziele:
Mit dem folgenden Abschnitt erarbeiten wir uns Kenntnisse über

- verschiedene Arten von Gruppen nach ihren äußeren und inneren Unterscheidungs-
  merkmalen,
- die innere Dynamik der sozialen Kleingruppe,
- die wichtigsten im Betrieb in Erscheinung tretenden Arten von Gruppen,
- teamartige Gruppenstrukturen und ihre Bedeutung in neuen Arbeitsstrukturen,
- den Einfluß der Gruppe auf den betrieblichen Leistungs- und Personalführungsprozeß.

Wir haben bisher den Mitarbeiter nur als Individuum betrachtet. Die sozialen Prozesse der betrieblichen Praxis, auch der Führungspraxis, werden indessen auch von den Interessen und dem Wirken unterschiedlichster Gruppen wesentlich geprägt.

Arbeitshinweis: Notieren Sie sich einmal die Gruppen, die Sie bisher selbst in Betrieben kennengelernt haben oder von deren Existenz Sie wissen. Notieren Sie sich die Besonderheiten, die die Gruppen jeweils gegenüber anderen aufweisen.

6.1   Unterscheidungsmerkmale und Begriff

Vom Begriff der Gruppe ist zunächst jener der *sozialen Kategorie* zu unterscheiden.

Als **soziale Kategorie** bezeichnen wir die Gesamtheit aller durch ein gemeinsames Merkmal verbundenen Menschen.

Beispiele: die Männer, die Frauen, die Mütter, die Berufstätigen, die Selbständigen, die Sporttaucher ...

Unter einer **sozialen Gruppe** verstehen wir von Gemeinsamkeiten gekennzeichnete Soziierungen [1] mehrerer Menschen mit einer relativen Stabilität [2].

Der Sammelbegriff der *sozialen Gruppe* umfaßt folgende Gruppenarten:

A)   Primär-/Sekundärgruppen
Von *Primärgruppen* oder, wie sie häufiger bezeichnet werden, **sozialen Kleingruppen** sprechen wir dann, wenn Menschen innerhalb einer stabilen Verbindung in direktem Kontakt in Interaktionen [3] miteinander stehen. Sie sind sich ihrer Zusammengehörigkeit bewußt und kennen sich untereinander.

Beispiele: Familie, kleinere Arbeitsgruppe, Skat-/Rockgruppe

Eine *Sekundärgruppe* liegt vor, wenn Menschen innerhalb einer organisatorischen Rahmenbeziehung bzw. innerhalb eines organisierten Zweckgebildes [4] ein soziologisches Merkmal aufweisen, in dem sie sich gleichen. Da derartige Rahmenbeziehungen zu einem bestimmten Zweck geschaffen werden, trägt auch die zwischen ihnen bestehende Gemeinsamkeit regelmäßig zweckrationale Züge. Persönliche Kontakte werden dafür nicht vorausgesetzt.

> **Beispiele** für organisierte Zweckgebilde und darin bestehende Sekundärgruppen:
> *Kommune:* Bürgerschaft
> *Betrieb:* Belegschaft, »Arbeiter«/»Angestellte«
> *Abteilung:* Abteilungsangehörige
> *Hochschule:* Studierende, Lehrende, sonstige Bedienstete
> *Partei:* Vorstand, Fraktion, Parteitagsdelegierte

Während Sekundärgruppen ausschließlich aus Organisationsakten entstehen, wirken bei der Entstehung von Primärgruppen auch spontane, emotionale und i. d. S. informelle Prozesse mit. Primärgruppen entstehen häufig aus Sekundärgruppen heraus, zum **Beispiel**:

> Schachgruppe in einer Fraktion,
> Golfgruppe der Leitenden Angestellten,
> Frauenchor der weiblichen Beschäftigten,
> Fußballgruppe bei Auszubildenden eines Betriebes.

B)   Rang-/Statusgruppe – Funktionsgruppe

Die Zugehörigkeit zu einer *Rang- oder Statusgruppe* folgt aus der Einnahme gleicher Rang- oder Statuspositionen oder der Verfügung über bestimmte Privilegien innerhalb einer betrieblichen Organisation. Wir sind darauf bereits unter Ziffer 5.3 Buchstabe B) eingegangen.

Funktionsgruppen entstehen dadurch, daß Vertreter gleichartiger Funktionen sich zusammenschließen. Da Funktionen regelmäßig nach Qualifikationsmerkalen ihrer Träger vergeben werden, finden sich in Funktionsgruppen demgemäß Angehörige derselben Qualifikations- und Tätigkeitskategorie zusammen, die wiederum ein gleichartiges Statusempfinden teilen.

> **Beispiele:** Die Maschinisten einer Rotationsdruckerei, die Anlagenfahrer einer Walzstraße, die Testfahrer, die Operatoren, das fliegende Personal einer Luftverkehrsgesellschaft.

C)   Innen-/Außengruppe

Innerhalb eines organisierten Zweckgebildes werden größere Einheiten regelmäßig schachtelartig in immer kleinere Teileinheiten untergliedert. Die jeweils kleinere Einheit bleibt dabei Bestandteil der jeweils größeren. Dementsprechend ist auch der einzelne Mensch Angehöriger aller in diesen Einheiten bestehenden Gruppen, von denen die jeweils kleinere Gruppeneinheit eine »Innengruppe« demgegenüber der jeweils größeren »Außengruppe« bildet (vgl. Abb. 6.1).

Die schachtelartige Zuordnung der Gruppen zueinander ist betriebssoziologisch insofern bedeutsam, als infolge des nach innen immer dichter werdenden Interaktionsgefüges der einzelne zur kleineren Gruppe *ein zunehmend stärkeres Zugehörigkeitsgefühl* empfindet. Dies führt zu einer gleichfalls zunehmenden Handlungsfähigkeit der jeweils kleineren (intimeren) Gruppe.

6.2   Die soziale Kleingruppe und ihre Dynamik

Wir wollen diesen Gruppentyp im folgenden eingehender untersuchen, weil er sich infolge seiner hohen inneren und äußeren Vitalität im Führungsprozeß als besonders starkes *soziales Kraftfeld* darstellt.

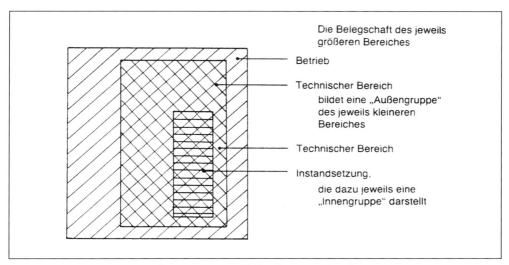

Die Belegschaft des jeweils
größeren Bereiches

Betrieb

Technischer Bereich

bildet eine „Außengruppe"
des jeweils kleineren
Bereiches

Technischer Bereich

Instandsetzung,

die dazu jeweils eine
„Innengruppe" darstellt

Abb. 6.1: Zuordnung betrieblicher Innen- und Außengruppen

Die wohl umfassendsten Untersuchungsergebnisse von Gruppenphänomenen verdanken wir dem amerikanischen Sozialwissenschaftler GEORGE CASPAR HOMANS [5]. Nach ihm verstehen wir unter einer **Gruppe**

> »eine Reihe von Personen, die in einer bestimmten Zeitspanne häufig miteinander Umgang haben und deren Anzahl so gering ist, daß jede Person mit allen anderen Personen in Verbindung treten kann, und zwar nicht nur mittelbar über andere Menschen, sondern von Angesicht zu Angesicht« [6].

Hiernach weist eine soziale Kleingruppe folgende **äußere Merkmale** auf:
- eine Anzahl von Personen tritt untereinander häufiger in Interaktionen als mit anderen Personen,
- die Interaktionen werden über eine längere Zeitspanne aufrechterhalten,
- die Anzahl von Personen ist so gering, daß jede mit jeder direkten Kontakt unterhalten kann (»face-to-face-group«).

Unter diesen äußeren Bedingungen entwickeln sich zwischen den Beteiligten soziale Prozesse, welche die **innere Dynamik** der Kleingruppe auszeichnen. [7]

Am Beginn der Gruppenbildung steht stets ein zielgerichteter *Anlaß* mehrerer Personen, untereinander *Kontakt* aufzunehmen. Er kann von außen vorgegeben werden (zum Beispiel die Notwendigkeit, in der betrieblichen Arbeitsgruppe zusammenzuarbeiten) oder in ihrer Mitte selbst entstehen (zum Beispiel Wunsch nach einer gemeinsamen Betätigung, Streben nach einem gemeinsamen Vorteil, Abwendung gemeinsamer Not oder Gefahr). So kristallisiert eine Gruppe sich stets um ein **Gruppenziel**.

In den Interaktionen erfahren die Beteiligten zueinander Gefühle der Sympathie und, davon ausgelöst, den Wunsch nach verdichteten Interaktionen, die ihrerseits das Gefühl, sich zu mögen, weiter verstärken. Auf diese Weise entsteht ein *»Wir«-Gefühl* des Zusammengehörens, die **Gruppenko-**

häsion. Mit ihr verbunden sind Gefühle der Abgrenzungen gegenüber Nicht-Angehörigen der Gruppe, die, ausgedrückt in einem *»Die«-Gefühl* (i. S. von »die anderen«), mit deutlich geringeren Sympathien bedacht werden.

Das Ausmaß der im Einzelfall zustandekommenden Kohäsion hängt von gruppeninternen und -externen Variablen ab.

Interne Variablen bilden insbesondere
- die Größe der Gruppe: mit zunehmendem Abstand von der für eine Kleingruppe als ideal ermittelten Größe von bis zu acht Personen nehmen die Dichte der Interaktionen und der Kommunikation sowie die Fähigkeit zu normenkonformem Verhalten ab; bei mehr als 15 Personen fällt die Gruppe regelmäßig in Teilgruppen »Cliquen«) auseinander;
- die Homogenität der Gruppe im Hinblick auf Einstellungen, Qualifikation, Erfahrungen, Alter und Verhaltensmuster ihrer Mitglieder: Homogenität fördert, Heterogenität verringert den Ausbau von Kohäsion.

Externe Variablen bilden im Betrieb insbesondere
- die Arbeitssituation hinsichtlich ihrer Fähigkeit, interpersonale Kommunikation zuzulassen oder zu unterbinden;
- das Ausmaß an empfundener Gefährdung und Bedrohung der Ziele und der Sicherheit des einzelnen: Angst und Unsicherheit bewirken ein Schutzbedürfnis, dem die Gemeinschaft Gleichbetroffener durch Unterstützung und Solidarität Rechnung zu tragen vermag.

Der Prozeß heranwachsender Kohäsion ergänzt sich durch die Bildung von **Gruppennormen**. Dabei handelt es sich um Verhaltensmuster, deren Anerkennung und Beachtung von jedem Gruppenmitglied erwartet wird.

Aufbauend auf die Erkenntnisse ELTON MAYOS in den sog. *Hawthorne-Experimenten* [8], gehören zum festen Bestand interner Normen von Arbeitsgruppen im Betrieb Regelungen darüber, daß
- gruppeninterne Leistungsstandards weder über- noch unterschritten werden dürfen,
- keine Gruppeninterna an Nicht-Angehörige der Gruppe weitergetragen werden dürfen,
- Gruppenmitglieder sich bei Vorgesetzten nicht über ein als normal angesehenes Maß hinaus beliebt machen dürfen,
- allein der dafür vorgesehene Sprecher mit Dritten in gruppenspezifischen Angelegenheiten verhandeln darf,
- betriebliche Wünsche einheitlich nach gruppeninternen Absprachen zu beantworten sind.

Das Ausmaß der Befolgung solcher Normen bestimmt vor allem die innere Übereinstimmung des Gruppenmitgliedes mit den Normen. Es kann im Extremfall bis zur intuitiven Angleichung individueller Verhaltensweisen an Gruppennormen führen (»Konvergenz-Phänomen«).

Läßt die Beachtung von Normen zu wünschen übrig oder mißachtet ein Mitglied sie ganz, droht ein Konflikt. Die übrigen Mitglieder reagieren mit Sanktionen (»social control«). Sie können vom »aufklärenden« Gespräch über soziale Schikanen bis zum Gruppenausschluß reichen, der für den Betroffenen soziales Außenseitertum und Isolation bedeutet. Umgekehrt bedeutet die zwangsweise Zugehörigkeit zu einer Gruppe, deren Normen sich ein Mitglied nicht unterwerfen kann oder will, erheblichen Streß, der im Arbeitsleben in einer Vielzahl von Fällen zum Wechsel des Arbeitsplatzes führt.

In einem weiteren Teilprozeß bildet sich in der Gruppe eine **soziale Rangordnung**. Dies kommt sowohl den Interessen ihrer Mitglieder als auch denen der Gruppe als Ganzer entgegen. Zum einen bietet die Gruppe dem einzelnen Mitglied Gelegenheit, sich sozial zu profilieren, sie dient seinem *Differenzierungsbedürfnis*.

Zum anderen sieht sie in ihrer Spitze eine stabilisierende Instanz, die ihren Zusammenhalt, ihr Normengefüge, ja ihre Existenz sichert. Diese Spitze bildet ein **Gruppenführer**, dem, mit abnehmender Ranghöhe, die übrigen Gruppenmitglieder folgen.

Dafür, zum Gruppenführer berufen zu werden, kommen vor allem folgende Eignungsmerkmale in Betracht:
- die persönliche Fähigkeit, die von der Gruppe verfolgten Ziele zu fördern,
- die Fähigkeit, innerhalb der Gruppe Harmonie zu fördern und Spannungen auszugleichen,
- die Bereitschaft, über die Wahrung von Normen zu wachen und ihre Einhaltung sicherzustellen,
- die Fähigkeit zu interner Kommunikation und Meinungsbildung,
- die Bereitschaft und Fähigkeit, die Belange der Gruppe wirksam nach außen zu vertreten.

In Einzelfällen können sich mehrere Personen gleichzeitig die Führerrolle teilen: die innere Harmonie und den Ausgleich von Spannungen sichert ein *Beliebtheitsführer*, funktions- oder leistungsbezogene Gruppenfunktionen obliegen einem *Leistungsführer*. Es besteht ein *Führungsdual*.

Seinen Rangplatz erhält das einzelne Gruppenmitglied von den anderen Mitgliedern aufgrund der ihm zuerkannten Wertigkeit für die Gruppe zugewiesen. Dem Gruppenführer wird, von selteneren Fällen der faktischen Beherrschung einer Gruppe durch situative Überlegenheit einzelner Mitglieder abgesehen, daher die Führerstellung regelmäßig *aufgrund seiner von der Gruppe anerkannten Autorität* zuerkannt. Dies verleiht seiner Stellung und seinem Einfluß in der Gruppe Stärke und Rückhalt.

FÜRSTENBERG kennzeichnet die Funktion des Gruppenführers zutreffend wie folgt:

»In der Führungsperson hat das Interaktionsschema seinen Mittelpunkt. Führung ist für den Vollzug der Gruppenintegration unerläßlich. Sie faßt differenzierte Sozialbeziehungen zusammen und steuert die Aktivitäten der Gruppenmitglieder so, daß auch nach außen hin der Zusammenhalt gewahrt bleibt. Hierbei erfolgt die Aktivierung durch Ziel-, Norm- und Wertorientierung. Führung ist also der Vollzug der Gruppenintegration durch zielorientierte Aktivitäten und Motivation der Gruppenmitglieder.« [9]

Gleichzeitig mit dem Rangplatz weisen die Gruppenmitglieder einander auch ranggemäße Verhaltensmuster i. S. **sozialer Rollen** zu. Sie bestehen aus Pflichten, Bestimmtes zu tun oder zu unterlassen, aber auch aus Privilegien wie Freiräumen im Handeln, in der Meinungsäußerung u.a.

Verhält ein Gruppenmitglied sich nicht mehr rollengemäß, setzt es sich der Gefahr aus, über einen Rollenkonflikt seine Position zu verlieren, so zum Beispiel, wenn ein Gruppenführer infolge »Amtsmüdigkeit« die Gruppe nicht mehr erwartungsgemäß vertritt oder ein rangniederes Mitglied sich führergemäße Ambitionen anmaßt.

Die Gefahr der Instabilität ergibt sich ferner, wenn die Gruppe *ein neues Mitglied* zu integrieren hat. Es wird nach einer Zeit des Sich-Einlebens entsprechend seinen gezeigten individuellen Eignungen für die gruppeninternen Ziele und Prozesse einen ihm angemessenen Rangplatz beanspruchen und unter Umständen ältere Mitglieder auf einen niedrigeren Rang verweisen. Die so entstehende gruppeninterne Rang- oder Statusunsicherheit bewirkt häufig einen Abwehrreflex stark kohäsiver Gruppen gegenüber Neuzugängen, dem zum Beispiel für die Integration neuer Mitarbeiter in die Arbeitsgruppe größte Bedeutung zufällt [10].

So erweist die soziale Kleingruppe sich als ein überaus dynamisches soziales Gebilde, in welchem allein die bloße Zugehörigkeit bestimmter Personen, aber erst recht ihre Aktivitäten, unmittelbaren Einfluß auf die Stellung und das Verhalten aller anderen Gruppenmitglieder ausüben. Die Abhängigkeit des gruppeninternen Geschehens von äußeren Umfeldeinflüssen eröffnet dem Vorgesetzten Wege, im Führen auf die dynamischen Prozesse seiner Arbeitsgruppe optimierenden und hemmnisbeseitigenden Einfluß zu nehmen [11].

6.3   Erscheinungsbilder im Betrieb

Die im Betrieb bestehenden und nach außen in Erscheinung tretenden Gruppen lassen sich zusammenfassend wie folgt charakterisieren:

A) Die **Belegschaft** ist die Gesamtheit der Beschäftigten eines Unternehmens, eines Betriebes oder von Teilen derselben. Sie ist eine *Sekundärgruppe*. Die Beschäftigten eines größeren Konzerns wird man demgegenüber eher als soziale Kategorie bezeichnen; zum Beispiel »die Siemens-Angehörigen«.

B) Auf die soziologischen Unterschiedlichkeiten der »**Arbeiter**« und »**Angestellten**« wurde bereits unter Ziffer 5.3 Buchstabe A) eingegangen. Sie bilden gesellschaftsweit soziale Kategorien; innerhalb von Belegschaften sind sie Sekundärgruppen.

C) In Betrieben mit verfestigten horizontalen Ebenen treten häufig **Ranggruppen** von Beschäftigten auf, die über ihr funktionales Zusammenwirken hinaus ebenenspezifische Belange vertreten. Mit zunehmender Kohäsion können solche Gruppen den Charakter von Primärgruppen annehmen.

D) Eine Zwitterfunktion nimmt die **Arbeitsgruppe** ein. Ihrem organisatorischen Zweck entsprechend, eine betriebliche Teilaufgabe in sachlichem, räumlichem und zeitlichem Zusammenwirken zu bewältigen, bilden ihre Mitglieder zunächst eine *formale Sekundärgruppe*, deren Führer der mit der Führungsaufgabe versehene Vorgesetzte ist. Dieser formellen Seite entsprechend sind
- ihre *Ziele*: die Erfüllung der zugewiesenen *Arbeitsaufgaben*,
- ihre *Kohäsion*: das zum Arbeiten erforderliche *Zusammenwirken,*
- ihre *Normen*: die betrieblichen *Ordnungsvorgaben,*
- ihre *Rollen*: aufgabenkonformes *Arbeiten* als Arbeitnehmer,
- ihr *Führer*: ihr *Vorgesetzter.*

Die damit vorgegebene Notwendigkeit zu Interaktionen führt, sofern die Größe der Gruppe (zum Beispiel an einem langen Fließband) oder optische bzw. akustische Isolation der Arbeitsplätze dem nicht entgegenstehen, regelmäßig zur Herausbildung gruppendynamischer Prozesse auf einer zweiten, *informellen* Ebene. *Die Arbeitsgruppe erlangt mit ihrem »informellen Überbau« das Wesen einer Primärgruppe mit eigenen/eigener*
- *Zielsetzungen* (zum Beispiel Erleichterung der Arbeitsbedingungen),
- *Kohäsion* (kollegialer Zusammenhalt),
- *Normen* (interne Leistungsstandards, kameradschaftliche Unterstützung),
- *Führerschaft* (Gruppensprecher, Meinungsführer) und einem
- *Gefüge sozialer Rollen* (wer muß/darf was tun?).

Von diesem informellen Gefüge können starke Rückwirkungen auf die formellen Bezüge ausgehen, es bildet ein eigenes soziales Kraftfeld.

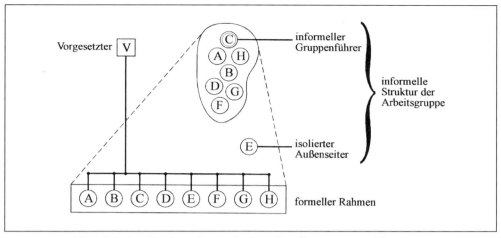

Abb. 6.2: Gefüge der formellen und informellen Struktur einer Arbeitsgruppe

Je nach dem Grad der ausgebildeten Kohäsion wird dem Vorgesetzten ein mehr oder weniger starker informeller Gruppenführer als »Beliebtheits-« oder auch als »Leistungsführer« an der Seite oder gegenüberstehen, mit dessen Wirken er rechnen muß. Von dem Versuch, als externer Vorgesetzter *selbst* die Funktion informeller gruppeninterner Leistungsführerschaft anzustreben, muß wegen des unausbleiblichen Rollenkonfliktes grundsätzlich abgeraten werden.

Ist eine Arbeitsgruppe intern heterogen zusammengesetzt, kann es geschehen, daß eine Teilgruppe dominiert und die restlichen Gruppenmitglieder beherrscht.

Beispiel: Die fünf Facharbeiter einer Instandsetzungsgruppe dominieren über die drei der Arbeitsgruppe gleichfalls angehörenden ungelernten Hilfskräfte.

E) Mit dem Begriff »**Team**« verbindet sich im allgemeinen Sprachgebrauch die Vorstellung einer Gruppe besonders hoch qualifizierter Spezialisten (zum Beispiel das Team der Direktoren an der Unternehmensspitze, ein Projekt-Team aus Experten oder jenes der Betreuer eines Rennfahrers im Fahrerlager oder an den Boxen). Allein auf formale Kriterien gestützt, unterscheidet der Begriff eines Teams sich damit nicht von dem einer sonstigen formellen Arbeitsgruppe.

Den in den *Hawthorne-Experimenten* gewonnenen gruppendynamischen Erkenntnissen MAYOS und ROETHLISBERGERS folgend, ist es jedoch zutreffender, *unter einem Team eine Arbeitsgruppe zu begreifen, deren innere Zielsetzungen, Normen und Einstellungen aufgabenorientiert ausgerichtet sind.* Den Antrieb zur Leistung im Team bildet nicht die äußere Pflichtengebundenheit seiner Mitglieder, sondern die innere Bereitschaft, Bestes leisten zu wollen. Das individuelle Potential unter Einschluß auch von Goodwill wird aufgewendet zur gemeinsamen interaktiven Förderung der Gruppenleistung, die so synergetisch zur Spitzenleistung gerät. **Teamgeist besteht mithin in gruppeninternem leistungsförderndem Gruppenbewußtsein und Teamarbeit in zielorientierter, auf ausgeprägter wechselseitiger Unterstützung beruhender Gruppenarbeit** [12]. Teams sind auf *jeder* Unternehmensebene denkbar, und das Fördern von Teamgeist in der eigenen Arbeitsgruppe ist von jeder Führungskraft als vornehme Führungsaufgabe zu begreifen (vgl. dazu Ziffer 23.1.2, Buchstabe B).

F) Das Prinzip integrierter Teamarbeit findet, ausgelöst von der Diskussion um schlankere Produktionsweisen (lean production) heute seinen sichtbaren Ausdruck im Fördern von **teilautonomen** bzw. **selbststeuernden Arbeitsgruppen** oder, kurz, in **Gruppenarbeit**. Der Grundgedanke besteht darin, die zu einer technischen Baugruppe oder an einer Anlage zu erfüllenden Einzelaufgaben zu einem Aufgabenkomplex zusammenzufassen und diesen einer Arbeitsgruppe als Gruppenaufgabe zu übertragen. Zugleich übernimmt die Gruppe von ihrem externen Vorgesetzten die autonome Regelung einer Reihe von Führungsfunktionen: Sie regelt zum Beispiel

- die Verteilung der produktiven Einzelaufgaben unter ihren Mitglieder im Rotationsprinzip (sog. *job rotation*),
- erweiterte Aufgaben wie Einrichten/Warten/Prüfen,
- die Zuständigkeit für besondere Kontrollaufgaben,
- jene für den Materialzu- und abfluß,
- den Erwerb von Einzelqualifikationen.

Dazu bestimmt die Gruppe einvernehmlich mit dem Betrieb ihren Sprecher, der die Führungsaufgaben anstelle des externen Vorgesetzten auf Dauer oder, rotierend, auf Zeit wahrnimmt. Auf diese Weise werden individuelle Arbeitsaktivitäten in gruppendeterminierte Aktivitäten verwandelt, und die Sichtweise des einzelnen wird vom eigenen Leistungsergebnis auf seinen Beitrag zur Gruppenleistung gelenkt [13].

Der formelle Gruppenrahmen und sein informeller Überbau verschmelzen so geistig zu einer homogenen gruppendynamischen IST-Struktur: Die Gruppe entwickelt und anerkennt als

- *Zielsetzung*: die optimale Erfüllung des ihr zugewiesenen Aufgabenfeldes,
- *Kohäsion*: den zur Aufgabenerfüllung für notwendig befundenen kollegialen Zusammenhalt,
- *Normen*: die Verpflichtung des einzelnen zu eigenem und zu unterstützendem Bemühen gegenüber jedem anderen Gruppenmitglied beim Erfüllen der gesetzten Leistungs- und Verhaltensstandards und bei auftretenden Problemen dabei,
- *Führerschaft*: Pflicht zum Befolgen der vom erkorenen Sprecher getroffenen Anordnungen und Maßnahmen,
- *Rollen*: Erfüllung der dem einzelnen Mitglied zugewiesenen Leistungs- und Verhaltensbeiträge an seinem Platz.

Die so entstehende Gruppenstruktur läßt sich wie in Abb. 6.3 darstellen.

Mit Gruppenarbeit werden eine Reihe Vorteile angestrebt: Ein Mehr an Autonomie und Qualifikation sowie wechselnde Arbeitsfunktionen für den einzelnen sollen dessen persönliche Arbeitszufriedenheit und Motivation erhöhen. Mit verdichteter Kommunikation und Kooperation in der Gruppe werden Flexibilität im Disponieren und Verantwortungsbereitschaft dafür gefördert, sich für die Lösung auftretender Probleme und die Sicherung der Arbeitsqualität einzusetzen.

Der tiefere Grund dafür liegt in der Annahme, daß Gruppenarbeit durch Aktivierung gruppendynamischer Prozesse eine **Dynamik der Leistungssteigerung** entfaltet. Ihre Grundlage bilden **Verfahren der Selbststeuerung** in Richtung erhöhter proaktiver und zielgerichteter Arbeitsleistung. Darin wirken mehrere Strategien mit:

a) *Selbstbeobachtung*: Die Gruppe sammelt über sich selbst und ihre Aktivitäten/Leistungen Informationen, die sie anschließend auswertet (Wie gut sind wir, kommen wir voran?).

b) *Selbständige Zielsetzungen*: Die Gruppe setzt sich selbst einvernehmlich herausfordernde, definierte und realisierbare Ziele über Leistung und Verhalten, deren Erreichen einen Verstär-

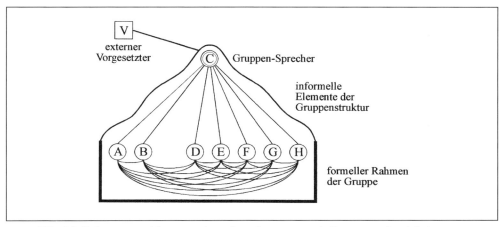

*Abb. 6.3: Führungs- und Innenstruktur der teilautonomen/selbststeuernden Arbeitsgruppe
(hier mit kommunikativer Vollstruktur)*

kungseffekt in Form von Stolz, Freude, Erfolg (= *intrinsische Motivation*) bei denen bewirkt, die sie angestrebt haben (näher unter Ziffer 9.5 ausgeführt).

c) *Positive Selbstverstärkung*: Es entsteht ein Ansporn für neue, ehrgeizigere Ziele (Wir können noch mehr), aus dessen Bestätigung neuer Ansporn zu neuem Erfolg erwächst, dessen Mißlingen Selbstkritik und Fehlersuche bewirkt.

d) *Erfolg durch Probehandeln*: Die Gruppe setzt sich oder einzelnen Mitgliedern Ziele in Form neuer Qualifikationen, die einzuüben sind, oder in Form neuer, verbesserter Verfahren/Prozesse, die erprobt werden, und auch hier kann dem Erfolg positive Selbstverstärkung folgen.

Dafür, wie reibungslos, rasch und zu welchem Reifegrad sich die Dynamik entwickelt, spielen eine Reihe vom Umfeld- (sogenannte »Kontingenz«-)Faktoren eine Rolle: zum Beispiel

- der Grad der Anerkennung und Unterstützung von Gruppenarbeit durch Unternehmensleitung und Management,
- die Zielkongruenz zwischen Unternehmen und Gruppe,
- die Struktur und das Niveau der Technologie und der Grad von Flexibilität, den sie zulassen,
- der Anfangs- und Entwicklungsstand sowie die Reife der Gruppe, bezogen auf ihre Fähigkeit zu autonomem Arbeiten.

Das Schlüsselproblem freilich stellt die Führung der Gruppe dar.

Zum einen muß die **Innenführung von einem Gruppensprecher** übernommen werden. Er genießt als Gruppenmitglied den Vorzug hoher sozio-emotionaler und, im Regelfall, auch fachlicher *Akzeptanz*. Sein natürlicher Anspruch auf anweisendes, reglementierendes und/oder beurteilendes Führen muß freilich dem Rollenbild gruppeninterner Gleichstellung widersprechen. Das Konfliktfeld ist unübersehbar. Erforderlich ist deshalb innerhalb der Gruppe die Definition klarer Kompetenzen für den Sprecher, die dann von der Gruppe zu akzeptieren sind. Dabei können die Beschränkung des Sprechers auf fachlich-organisatorische Funktionen und das Belassen der Funktionen mit disziplinarischen Inhalten beim externen Vorgesetzten hilfreich sein.

Als noch schwieriger erweist sich das Problem der **Außenführung durch den externen Vorgesetzten**. Dessen Führungstätigkeit richtet sich statt auf einzelne Mitarbeiter nunmehr auf die Gruppe als Ganze, und die Abgrenzung zu den Aufgaben des internen Gruppensprechers wird in der Praxis zumindest teilweise diffus verlaufen.

Seine Führungsaufgabe erfährt grundlegend neue *Inhalte*:

Vom Ansatz der *Sozialen Lern-Theorie* her ist er gehalten, die Prozesse der Selbststeuerung von außen her zu fördern, indem er der Gruppe immer wieder neue Wege aufzeigt und behilflich ist, gruppenintern zu reifen, im selbständigen Arbeiten über Erfolge durch positive Selbstverstärkung zu wachsen und die gewonnene Autonomie konfliktarm zu handhaben.

Aus der Sichtweise der Gruppe als *sozio-technisches System* hat der externe Vorgesetzte zwei Aufgabenfelder zu bewältigen:

a) *gruppenintern*
   - Kommunikation, insbesondere Ideenaustausch, fördern
   - unerfahrene/unterqualifizierte Mitarbeiter trainieren
   - arbeitsplatzspezifischen Know-how-Austausch fördern
   - die Gruppe trainieren, ihre eigenen Probleme selbst zu erkennen und zu lösen
   - Gruppenorganisation und -planung unterstützen;

b) *gruppenperipher*
   - Kommunikation fördern
     • zwischen Innen und Außen
     • zwischen funktional vor- und nachgeschalteten Arbeitsgruppen
     • zu vorgesetzten Instanzen
   - an flexiblen Abgrenzungen der Aufgabenfelder zwischen verschiedenen Gruppen mitwirken,
   - Außenwünsche (zum Beispiel Dringlichkeiten) nach innen vermitteln und umgekehrt
   - Qualifikationsprogramme initiieren.

Damit vollzieht sich für den externen Vorgesetzten ein grundlegender Rollenwechsel: **Er wird vom Anweiser zum Dienstleister**, weil die Führungselemente direkten Aktivierens und Durchsetzens von außen nach innen verlagert und dort von den Aktivitäten der Gruppe und ihres Sprechers ersetzt werden. Der externe Vorgesetzte wird Initiator, Moderator, Animator, Entwickler, Qualifizierer, Unterstützer, Ermöglicher, Kommunikator usw.

Liegt die Last der Funktionen bei der Einrichtung von Gruppenarbeit noch überwiegend bei ihm, so wird ihr Hauptteil mit dem Erlernen der neuen Funktion seitens der Gruppe mehr und mehr von außen nach innen verlagert und von ihr übernommen werden. Führen mündet so mehr und mehr in unterstützende Tätigkeit.

Wir sehen, daß die Einrichtung von Gruppenarbeit, soll sie funktionieren, als Bündel hochkomplexer und sensibler sozialpsychologischer Prozesse *weit mehr* bedeutet als die bloße technische Einführung rationelleren Arbeitens und neuer organisatorischer Arbeitsstrukturen. Es ist ein Prozeß, der Zeit zum Reifen erfordert und allen beteiligten Seiten ein Höchstmaß an Lernbereitschaft und -fähigkeit sowie an Identifikation mit dem Grundgedanken teamartigen Arbeitens abverlangt. Dies gilt in besonderem Maße für den externen Vorgesetzten [14].

An weiteren Gruppen mit teamartigen Arbeitsstrukturen sind schließlich zu nennen:

G) Beteiligungsgruppen: Aus dem Gedanken des japanischen *Quality Circle* abgeleitet, handelt es sich um freiwillig gebildete Gruppen außerhalb der regulären Arbeitsgruppen, die an betrieblichen, insbesondere abteilungsnahen Entwicklungsprojekten teilnehmen. Zum Teil handelt es sich dabei um Projekte, deren Lösung von oben vorgegeben wird (»Top-down-Beteiligung«), zum Teil um selbst gefundene Vorhaben (»Bottom-up-Beteiligung«). Ihr Nutzen besteht sowohl im Zusammenführen problemnahen Kreativitäts-Potentials als auch im Schaffen zusätzlicher motivierender Arbeits- und Gemeinschaftserlebnisse (näher Ziffer 10.3.6). Ein typisches Einsatzgebiet dafür bilden Vorhaben der Organisationsentwicklung.

H) Projektgruppen: Dabei handelt es sich um Arbeitsgruppen, die von vornherein zeitlich limitiert zur Erfüllung einer bestimmten Aufgabenstellung zusammengestellt werden.

> **Beispiele:** Untersuchungsausschüsse nach Unfällen, Beratungsgruppen für neue Investitions-, Vertriebs-, Produkt- oder Entwicklungsprojekte.

In Projektgruppen treffen meist Spezialisten unterschiedlicher betrieblicher Bereiche und Ebenen aufeinander, die hier regelmäßig funktional gleichrangig zusammenarbeiten. An die Kooperationsfähigkeit ihrer Mitglieder werden in der Projektgruppenarbeit besonders hohe Anforderungen gestellt.

I) Neben den genannten, aus formellen Bedingungen entstehenden Gruppenarten entwickeln sich in jedem Betrieb vielfältige, vom formellen Organisationsgefüge unabhängige **Interessen- und Freizeitgruppen** von mehr oder weniger langer Dauer.

6.4   Bedeutung im Arbeits- und Führungsprozeß

Die im Betrieb existierenden Gruppen nehmen auf die dort ablaufenden Prozesse, insbesondere den Führungs- und den Arbeitsprozeß, aber auch auf ihre Mitglieder bedeutsamen Einfluß. Wir beschränken uns darauf, die Bedeutung der Arbeitsgruppe als soziale Kleingruppe für das Individuum, die Führung und den Arbeitsprozeß zu erörtern.

A) Für den einzelnen Mitarbeiter bedeutet die Integration in eine Arbeitsgruppe, zu deren Ziel-, Normen- und Ranggefüge er nicht in fühlbarer innerer Abneigung steht, im Regelfall Befriedigung seiner natürlichen Bedürfnisse nach sozialer Zugehörigkeit und Differenzierung. Die Gruppe gewährt ihm in der auf Sachzwecke orientierten Umwelt der betrieblichen Arbeit menschliche Nähe, Solidarität und Chancen zur gemeinsamen Kompensation arbeitsbedingter Frustrationen. Mit der Bildung von Leistungs- und Verhaltensstandards sowie gemeinsamen Meinungen zu betrieblichen Vorgängen leistet sie Hilfe in der Rollenbewältigung. Stets bedeutet Gruppenzugehörigkeit zugleich aber auch Einengung individueller Handlungs- und Entscheidungsspielräume.

Nach den Ergebnissen mehrerer Untersuchungen werden Arbeitnehmer, die in kohäsive Gruppen integriert sind, mit ihren Arbeitsbedingungen seelisch, geistig und körperlich besser fertig als nicht-integrierte; sie erleben weniger Frustrationen und Streß sowie mehr Arbeitszufriedenheit. Ihr Absentismus liegt niedriger [15]. Gegenteiliges gilt für Arbeitnehmer, die in keine Arbeitsgruppe integriert, oder aus einer solchen sogar ausgestoßen, zum Außenseiterdasein verurteilt sind.

B) Für die Führungskraft bedeutet die Existenz von Gruppen in ihrem Führungsbereich zugleich die Existenz ungeplanter sozialer Kraftfelder, die sich sowohl zielkonform als auch zielwidrig auswirken können. Der Vorgesetzte muß berücksichtigen, daß der informelle Gruppenführer neben ihm bedeutenden Einfluß auf das gruppenseitige Arbeitsverhalten ausüben kann.

Beispiele:
Die in einem Werkzeugbau beschäftigten Facharbeiter

- lehnen den neuen Vorarbeiter, der gegen ihren Wunsch nicht aus ihren eigenen Reihen bestellt worden ist, ab und »schneiden« ihn;
- solidarisieren sich mit einem Kollegen, der nach ihrer Meinung zu Unrecht vom Meister gemaßregelt worden ist;
- erklären sich zur Reparatur eines Werkzeugs während des bevorstehenden Wochenendes erst bereit, nachdem ihr Sprecher sich dafür ausgesprochen hat.

In teilautonomen/selbststeuernden Arbeitsgruppen werden solche Prozesse sogar gefördert und der betrieblichen Leistungserstellung dienstbar gemacht.

C) Für den Betrieb bildet die Gruppe oberhalb der einzelnen Arbeitskraft die kleinste steuerbare Organisationseinheit. Für die Organisation der Arbeit stellt sich die Frage nach dem **Leistungsvorteil von Gruppenarbeit** gegenüber individueller Arbeit. Von einem solchen sprechen wir dann, *wenn eine Aufgabe von mehreren Menschen im Gruppenverbund quantitativ und/oder qualitativ effizienter erfüllt werden kann als von einer gleichen Anzahl isoliert wirkender Arbeitskräfte.*

Für *körperliche Arbeiten* (zum Beispiel Heben, Tragen) ist der Vorteil der Gruppenarbeit leicht einsichtig, da das Zusammenwirken mehrerer Personen ihre Einzelkräfte addiert.

Wichtiger, aber zugleich schwieriger ist die Antwort für *geistige Leistungen*. Für mit Teilautonomie ausgestattete Arbeitsgruppen sind wir der Frage bereits unter Ziffer 6.3 Buchstabe F nachgegangen.

Generell gilt, daß die physische, wenn auch nur vorgestellte, Nähe anderer Menschen die Leistungsfähigkeit des Individuums *psychisch aktiviert* (»Phänomen der sozialen Leistungsaktivierung«) [16]. Arbeit mit der Chance zu sozialem Kontakt ist jener in Isolation von daher, aber auch aus humanitären Erwägungen, vorzuziehen. Um eine Arbeitsgruppe zu optimalen Leistungsstandards zu stimulieren, müssen, über die bloße Nähe anderer Menschen und den Aspekt ihrer Autonomie hinausgehend, aber noch eine ganze Anzahl weiterer Faktoren untereinander kombiniert und optimiert werden:
- die Aufgabenorientierung des Gruppenbewußtseins i. S. eines »Teambewußtseins«;
- eine Gruppenkohäsion, die soziale Leistungsaktivierung und -kontrolle zuläßt;
- die Zusammensetzung der Gruppe mit ausreichend qualifizierten Mitgliedern und einem hoch motivierten und qualifizierten Führer;
- eine optimale Größe der Gruppe, die mit etwa fünf bis zehn Mitgliedern erfüllt zu sein scheint;
- einen der Aufgabenstruktur und der Zusammensetzung der Gruppe angemessenen Führungsstil des Vorgesetzten;
- eine dem Informationsbedarf der Gruppe entsprechende Kommunikationsstruktur;
- ein Spektrum von Belohnungswerten, das die Bemühungen um anspruchsvolle Leistungen lohnenswert erscheinen läßt.

Der *Leistungsvorteil von Gruppenarbeit speziell an Entscheidungsproblemen* kann in folgendem gesehen werden [17]:
- Gruppen aktivieren größere Informations- und Kreativitätspotentiale als eine entsprechende Anzahl isolierter Individuen (sog. Synergie-Effekt);
- das Zusammenwirken mehrerer Spezialisten ermöglicht es, daß Probleme zugleich in größerer Breite und Tiefe gelöst werden;
- die Zahl der Lösungsvorschläge je Problem ist größer;

- Entscheidungen werden, weil unter Beteiligung ihrer Mitglieder von der Gruppe gefällt, anschließend von diesen bereitwilliger, sachverständiger und entschlossener ausgeführt;
- Teilnehmer kennen die Hintergründe abgelehnter Alternativen;
- da die Gruppe sich von weniger unkritischen Emotionen und Vorurteilen leiten läßt, als das bei Individuen der Fall ist, werden Gruppenentscheidungen sorgfältiger getroffen;
- das »Konkurrenzdenken« unter den Gruppenmitgliedern, d.h. das Bestreben, sich gegenüber anderen zu differenzieren, führt zur Ausschöpfung der eigenen geistigen Kapazitäten.

Demgegenüber können sich in Gruppenarbeit *nachteilig* auswirken:
- erhöhter Konformitätsdruck;
- Tendenz zu risikoreicher Entscheidung infolge Risikostreuung;
- Verantwortungsdiffusion;
- Beherrschung des Gruppengeschehens durch wenige dominierende Mitglieder;
- erhöhter Zeit- und Kostenaufwand.

Vorliegenden Untersuchungsergebnissen zufolge *haben sich Gruppenentscheidungen den Individualentscheidungen dann als überlegen erwiesen*, wenn
- möglichst viele verschiedene Ideen entwickelt werden sollen oder möglichst ungewöhnliche Ideen zu finden sind,
- viele Einzelinformationen herbeigeschafft oder ins Gedächtnis zurückgerufen werden müssen,
- es sich um die Bewertung unklarer, ungewisser und unsicherer Situationen handelt.

Individuen fällen demgegenüber dann bessere Entscheidungen, wenn für das Finden einer Lösung eine Reihe von Teilentscheidungen oder ein tieferes, geistiges Durchdringen der Probleme in jeder einzelnen Phase notwendig wird, wie z.B. beim Erstellen von Anweisungen, Regeln, Richtlinien oder Normen [18].

Anhang zu Kapitel 6

A) Anmerkungen

1 *Soziierung* (aus dem Lateinischen), sinngemäß: Verbindung, Zusammenschluß.
2 Ähnlich Fürstenberg, F., 1971, S. 38f.
3 *Interaktion* (aus dem Lateinischen), sinngemäß: wechselbezügliche Handlungen, Einflußnahmen
4 Fürstenberg, F., 1971, S. 49ff.
5 Homans, G. C., Theorie der sozialen Gruppe, 1980
6 Homans, G. C., 1980, S. 29
7 Vgl. auch Fürstenberg, F., 1971, S. 40f.
8 Scharmann, TH., 1972, S. 28ff.; sehr ausführlich Homans, a. a. O., S. 72ff.
9 Fürstenberg, F., 1971, S. 40
10 Näher Ziffer 17.4.3
11 Näher Ziffer 23.1
12 I. d. S. ausführlich Scharmann Th., 1972, S. 21ff.
13 Grundlegend Manz, Ch. C./Sims, H. P., in HWFü, Sp. 1805ff.
14 Zur praktischen Einführung von Gruppenarbeit und ihren Problemen vgl. Grün, J., in PERSONALFÜHRUNG Nr. 2/1993, S. 92ff., und die weiteren Abhandlungen dort
15 Weinert, A. B., 1981, S. 335
16 Wunderer, R./Grunwald, W., 1980, Bd. 2, S. 213
17 Ebenda, S. 219
18 Nach Weinert, A. B., 1981, S. 331, mit weiteren Quellen

B) Kontrollfragen und -aufgaben

a) Wodurch unterscheidet sich die soziale *Kategorie* von der sozialen *Gruppe*?

b) Welche Merkmale kennzeichnen eine *soziale Kleingruppe* (= Primärgruppe) und welche eine *Sekundärgruppe* im Betrieb?

c) Nennen Sie für jede der beiden Gruppenarten zwei Beispiele aus dem betrieblichen Leben.

d) Nennen Sie die wichtigsten Merkmale gruppendynamischer Prozesse in der sozialen Kleingruppe.

e) Erläutern Sie anhand von zwei Beispielen den Begriff »Gruppennorm« in einer Arbeitsgruppe.

f) Stellen Sie sich vor: Um eine Nachwuchsführungsposition bewerben sich zwei junge Ingenieure gleicher Ausbildung und fachlicher Qualifikation. Einer der beiden war während seines Studiums Kapitän der Universitäts-Handballmannschaft. Halten Sie es für berechtigt, diesen Bewerber vorzuziehen? Begründen Sie Ihre Antwort.

g) Warum wehren sich die Mitglieder einer kleinen Arbeitsgruppe gelegentlich gegen die Aufnahme eines neuen Mitgliedes?

h) Beschreiben Sie eine Arbeitsgruppe als
   ha) Sekundärgruppe,
   hb) Primärgruppe.

i) Charakterisieren Sie die Stellung und die Funktionen des formellen Vorgesetzten und des informellen Gruppenführers in der Arbeitsgruppe zueinander.

j) Worin besteht das Besondere eines Teams?

k) Warum sollten Vorgesetzte die Teambildung fördern?

l) Was verstehen wir unter einer teilautonomen/selbststeuernden Arbeitsgruppe?

m) Worin drückt sich die Teilautonomie aus?

n) Skizzieren Sie gedanklich die gruppendynamische IST-Struktur.

o) Welche Vorteile verbinden wir damit?

p) Worin bestehen die Strategien der Selbststeuerung?

q) Welche wichtigen Kontingenzfaktoren spielen dabei eine Rolle?

r) Wer führt die teilautonome Arbeitsgruppe?

s) Wem fallen dabei welche Aufgaben zu?

t) Von welchem Charakteristikum wird die Führungsaufgabe des externen Vorgesetzten geprägt?

u) Was verstehen wir unter Beteiligungsgruppen?

v) Für welche Aufgabenstellungen sind sie gedacht?

w) Beschreiben Sie die Einflüsse, die von einer Arbeitsgruppe ausgehen
   wa) auf ihre Mitglieder,
   wb) auf den Führungsprozeß.

x) Welche Merkmale bestimmen das Leistungsvermögen einer Arbeitsgruppe?

y) In welchen Leistungsbereichen kommt der Vorteil der Grupppenleistung am deutlichsten zum Tragen?

z) Trifft die Aussage zu, daß Gruppenleistung der Individualleistung *stets* überlegen ist? (Bitte begründen.)

C) Literatur

Baisch, C., Methoden zur Beteiligung von Arbeitnehmern, in Duell, W./Frei, F., 1986
Bartölke, K., Teilautonome Arbeitsgruppen, in HWO, Sp. 2384–2399
Domsch, M./Gerpott, T. J., Forschung und Entwicklung, Führung in, in HWFü, Sp. 303–314

Duell, W./Frei, F. et al, 1986
Fürstenberg, F., 1971,S. 36ff.
Gebert, D., Gruppengröße und Führung, in HWFü, Sp. 1048-1056
Heidack, C., 1983, 4. Kapitel (S. 199ff.)
Homans, G. C., 1980, S. 72ff.; S. 123ff.; S. 143ff.; S.178ff.; S. 386ff.; S. 408ff.
Kißler/Greifenstein, R./Jansen, P., 1990
Manz, Ch. C./Sims jr., H. P., Selbststeuernde Gruppen, Führung in, in HWFü, S. 1805-1823
Rosenstiel, L. von, Führung und Arbeit in Gruppen, in
Rosenstiel, L. von, 1993, S. 309ff., 311ff.
Scharmann, Th., 1972
Weinert, A. B., 1981, S. 317ff.
Wiendieck, G., Teamarbeit, in HWO, Sp. 2375-2384
Wunderer, R./ Grunwald, W., 1980, Bd. 2, S. 201ff.

7   Das informelle Gefüge im Betrieb

Lernziele:

Mit der Erarbeitung dieses Abschnittes

- soll Ihnen ergänzend zu dem in Ziffer 2 Gesagten bewußt werden, daß die betriebliche Wirklichkeit nicht nur von geplanten, sondern wesentlich auch von *formell nicht geplanten* sozialen Erscheinungen geprägt wird;
- sollen Sie die Ursache und die wichtigsten Formen informeller Erscheinungen kennenlernen;
- sollen Sie lernen, diese Erscheinungen als natürliche soziale Tatsachen zu erfassen und in den Führungsprozeß einzuordnen.

7.1   Ursachen und Begriff

Betriebliche Arbeit vollzieht sich zunächst innerhalb eines vom Unternehmensziel abgeleiteten Gefüges *formeller* organisatorischer Regelungen.

Wir haben indessen wiederholt gesehen, daß die betriebliche Wirklichkeit auch von nicht geplanten, individuell-spontanen Phänomenen, die wir informell nennen, geprägt wird. Ihr Wesen läßt sich am ehesten begreifen, wenn wir uns vor Augen führen, daß die Persönlichkeit des Menschen von einer überaus komplexen Palette *individueller Merkmale* bestimmt wird. Zu ihnen gehören die Wesensmerkmale der Persönlichkeit wie Einstellungen, Charakter, Temperament, Anlagen, Werthaltungen und ihre aktuelle Disposition ebenso wie das aktuelle Spektrum ziel- und handlungsprägender Motive und die konkrete Lebenssituation, in die das Individuum gestellt ist. *In dieser Ganzheitlichkeit, die unteilbar ist, tritt der Mensch an seinen Arbeitsplatz.* Die Funktion (»formelle Rolle«) indessen beansprucht nicht die Gesamtpersönlichkeit, sondern nur jene Qualifikations- und Persönlichkeitsmerkmale, mittels derer eine Funktion optimal wahrgenommen werden kann.

Beispiel: Für die Funktion eines Sachbearbeiters im technischen Kundendienst würden benötigt:
- perfekte technische Kenntnisse im Hinblick auf die zu betreuenden Produkte,
- optimale Fähigkeit zur Repräsentation der eigenen Firma,
- jederzeitige, von familiären Wünschen weitgehend unabhängige zeitliche Verfügbarkeit,
- wertfreie Zusammenarbeit mit allen zu kontaktierenden Personen,
- ständige Erhaltung maximaler Funktionstüchtigkeit insgesamt.

Die Funktion wird indessen wahrgenommen von einer Arbeitskraft, die zum Beispiel

- schwierige technische Problemfälle nicht mit der wünschenswerten Perfektion und Selbständigkeit löst und deshalb zusätzlicher Hilfestellung bedarf,
- infolge eigenwilliger Kleidung und Umgangsformen nicht bei allen Kunden hundertprozentig »ankommt«,
- in einer Familie mit zwei Kindern und einer gesundheitlich geschwächten Frau lebt und deshalb nicht jederzeit verfügbar ist,
- ausgeprägten parteipolitischen Bindungen unterliegt und dieses nicht verleugnen möchte,
- aufgrund weltanschaulicher Bewertungen zu bestimmten Kunden besonders enge Kontakte aufbaut und verfestigt, gegenüber anderen aber spürbare Distanz und sogar Abneigung zeigt.

Die Funktion beansprucht, bildhaft vorgestellt, also nur einen Teil der ganzheitlichen Persönlichkeit. Der nicht beanspruchte Teil, der ebenfalls mit voller Lebendigkeit nach Aktivität drängt, eröffnet sich in der betrieblichen Wirklichkeit nebenfunktionelle Formen und Räume seines Wirkens.

Das einheitliche Erscheinungsbild dieser Wirklichkeit ist somit von formellen *und* informellen Elementen zugleich geprägt: Nur zum Teil besteht der Ist-Zustand aus unverändert gebliebenen Plan-Elementen. Zu wesentlichen Teilen haben informelle Elemente sie verändernd überlagert, oder sie sind ergänzend hinzugekommen.

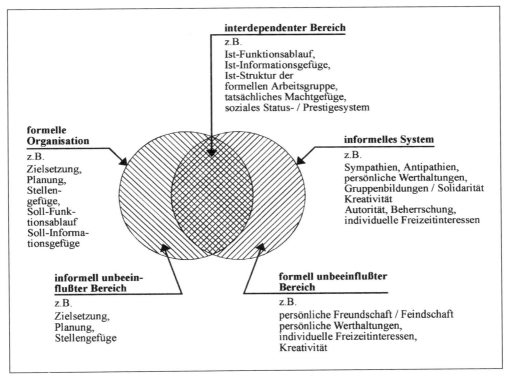

Abb. 7.1: Das Gefüge formeller und informeller Elemente der betrieblichen Ist-Struktur

Das **informelle Gefüge** [1] umfaßt die Gesamtheit aller sozialen Erscheinungen und Aktivitäten, die von betrieblicher Seite nicht geplant und organisiert sind, sondern individuell-spontan von den im Betrieb arbeitenden Menschen in die betrieblichen Abläufe eingebracht werden.

7.2   Ausformungen

Im folgenden wollen wir die wichtigsten Erscheinungsformen des informellen Gefüges zusammenfassend darstellen.

A) Die Individualisierung der formellen Funktionen

Sobald ein Mensch eine Funktion übernimmt, erstrebt er eine Annäherung zwischen ihrer formell-organisatorisch geplanten Stellen-Rolle und seiner an individuellen Wünschen und Vorstellungen orientierten persönlichen Wahrnehmung dieser Funktion. BAKKE [2] bezeichnet diese Annäherung als *Fusionsprozeß*. Er vollzieht sich in zwei Richtungen:

a) In einem gewissen Umfang verfälscht der Mensch die formell konzipierte Funktion inhaltlich dadurch, daß er in sie individuelle Elemente einfließen läßt.

b) Zum anderen paßt auch das Individuum sein individuelles Verhalten abweichend von seiner Wunschvorstellung der betrieblichen Soll-Vorgabe an und fügt sich ihr.

> **Beispiele:**
>
> Zu a):
>
> - Die personenneutral geplante Kooperation zweier Funktionsträger wird durch Sympathie gesteigert oder infolge Antipathie gestört;
> - ein Stelleninhaber beschafft sich über das geplante Maß hinaus auf Dauer zusätzliche Informationen zu einem Thema und erscheint dadurch besser informiert als sein Vorgesetzter;
> - in der Persönlichkeit des Vorgesetzten angelegte Charaktermerkmale befrachten seine Führungstätigkeit mit individuellen Eigenarten, die sich in den Augen seiner Mitarbeiter positiv oder negativ darstellen können.
>
> Zu b):
>
> - Statt morgens auszuschlafen, erscheint der Mitarbeiter frühzeitig am Arbeitsplatz;
> - er befolgt Anordnungen des Vorgesetzten auch dann, wenn sie ihm unangenehm sind;
> - statt, wie erhofft, an einer manuell zu bedienenden Fräsmaschine arbeiten zu können, muß der Fräser sich auf CNC-gesteuerte Frästechnik umschulen lassen;
> - der Erfolg dabei begeistert ihn und motiviert ihn zu Spitzenleistungen.

Letztlich handelt es sich dabei um einen *Spezialfall der Rollenbildung*. Die betrieblich geplante Soll-Trägerschaft und die individuell gewünschte Rolle als Stelleninhaber werden einander zur tatsächlich gelebten Rolle des Mitarbeiters in seiner Stelle angenähert.

Der Fusionsprozeß wirkt sich in der Praxis immer dann besonders spürbar aus, wenn eine Stelle umbesetzt wird. Der neue Stelleninhaber nimmt die Funktion nach seinem eigenen Rollenverständnis oft gänzlich anders wahr als sein Vorgänger. In der Umgebung spricht man dann – mit positivem oder auch negativem Akzent – vom »frischen Wind«, der jetzt weht.

In der Praxis läßt der Fusionsprozeß sich nicht vermeiden, und es dürfte in keiner Organisation geplante Funktionen geben, die nicht durch die Eigenvitalität der in ihr tätigen Menschen *verfälscht* würden. Insbesondere im Führen von Mitarbeitern wird deutlicher als in jeder anderen Funktion, wie stark Persönlichkeitsmerkmale formell angelegte Aktivitäten individuell prägen. Solange dies möglich bleibt, ohne die mit der Funktion verfolgten Zwecke zu gefährden, ist dies zu respektieren. Betriebliches Einschreiten verlangen indessen solche Fälle, in denen individuelle Auffassungen über die Funktionswahrnehmung sich dysfunktional, d. h. als zielwidrig auswirken.

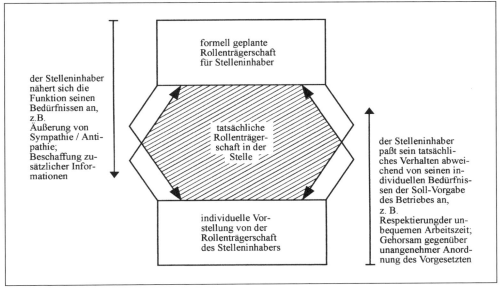

Abb. 7.2: Die Fusion von formell geplanter und individuell vorgestellter Rollenträgerschaft zur realen Ist-Form ihrer Wahrnehmung

Beispiele:

- Der Produktionsablauf wird gestört, weil die Leiter zweier sachlich aufeinander angewiesener Abteilungen miteinander verfeindet sind und deshalb die erforderlichen Koordinationen unterlassen;
- der Telefonverkehr wird behindert, weil der Telefonist im Bewußtsein seiner Wichtigkeit sich zunehmend Zeit läßt, einlaufende Gesprächswünsche zu vermitteln;
- Abteilungsbesprechungen verlaufen ergebnislos, weil der Abteilungsleiter sich nicht die Mühe macht, sie sorgfältig vorzubereiten, und zudem noch mit manipulierten Informationen arbeitet.

B) Informelle Machtbeziehungen

Sie entstehen zusätzlich zu den an die Aufgaben gebundenen, formellen Befugnisse in Form von Autorität und faktischer Beherrschung. Wir haben darüber bereits unter den Ziffern 4.3 und 4.4 gesprochen.

C) Informeller Informationsfluß

Der Austausch von Informationen bildet das zentrale Mittel dafür, die Einzelaktivitäten der im Betrieb arbeitenden Menschen auf die betrieblichen Ziele hin auszurichten. Dabei ist es Aufgabe der Betriebsorganisation, festzulegen, welche Informationsinhalte auf welchen Wegen zwischen welchen Stellen und wann zu vermitteln sind.

Ein solchermaßen entworfenes *formelles System* genügt den in der betrieblichen Wirklichkeit bestehenden Ansprüchen an ein ausreichend leistungsfähiges Informationssystem regelmäßig aus vielerlei Gründen nicht oder nur unzulänglich [3]. Werden Informationsbedürfnisse durch das formelle System aber nicht erfüllt, beschafft der Mensch sich die als fehlend empfundenen Informationen auf informelle Weise.

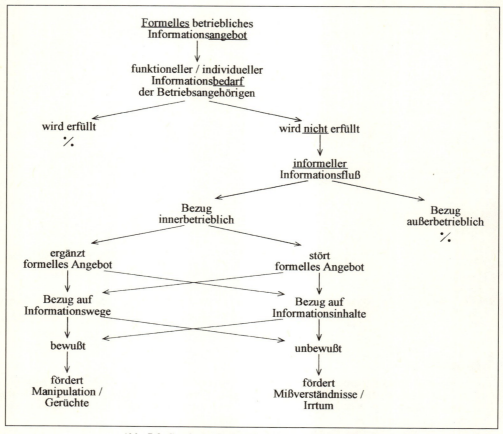

Abb. 7.3: Struktur des Informationsgefüges im Betrieb

Dies setzt voraus, daß andere Stellen, die über sie verfügen, bereit sind, sie weiterzugeben. Oft wird die Bereitschaft hierzu erst auf der Grundlage der Gegenseitigkeit erlangt; es entsteht ein regelrechter *Informationshandel*.

Solange dieser Informationsfluß dazu dient, das formelle Informationssystem zielkonform *zu ergänzen*, ist er als *positiv* zu bewerten. Häufig wird durch ihn ein unzulängliches formelles Informationssystem erst funktionsfähig. Er wirkt sich ebenfalls nicht nachteilig aus, solange die gewonnenen Informationen sich auf innerbetrieblich *neutrale* oder *außerbetriebliche Gegenstände* beziehen.

Gefahren für den Betrieb treten dann ein, wenn

a) vertrauliche Informationen über »undichte Stellen« auf informellen Kanälen an dritte Stellen gelangen, für die sie nicht bestimmt sind, und/oder wenn

b) Informationen inhaltlich verändert (»frisiert«) weitergeleitet werden. Dies kann unbewußt geschehen (zum Beispiel durch Mißverständnis, Irrtum) oder auch bewußt zur Verfolgung persönlicher Ziele (zum Beispiel gezielte Fehlinformationen einer Person, um sie zu einem bestimmten Verhalten zu veranlassen). In diesem Bereich haben Gerüchte und Manipulationen ihren Platz.

Das informelle Informationswesen bildet sich in einzelnen Betrieben unterschiedlich stark aus. *Sein Umfang verhält sich etwa umgekehrt proportional zur Eignung des formellen Informationssystems, dem realen Informationsbedarf einer Belegschaft zu genügen.* Die diesbezügliche Unzulänglichkeit vieler betrieblicher Informationssysteme bildet den Nährboden für verbreitetes Mißtrauen in den Belegschaften gegenüber ihren Geschäftsleitungen.

Beispiel:
Ein Hersteller elektrischer Kleinmotoren für Kühlschrankkompressoren verlor einen Kunden, der bisher ca. 25 % der Fertigung abgenommen hatte. Die Geschäftsleitung beschloß, um Unruhe in der Belegschaft zu vermeiden, den Vorfall »vertraulich« zu behandeln und den Absatzverlust durch vorübergehende Fertigung auf Lager sowie verstärkte Akquisition wieder zu kompensieren. Auf Kurzarbeit und Entlassungen sollte verzichtet werden. Der Betriebsrat wurde über den Vorgang nicht informiert.
Wie spätere Recherchen ergaben, entwickelte sich etwa über folgende Stufen das folgende Gerücht:

- es ist ein großer Abnehmer abgesprungen;
- einer der größten Abnehmer ist abgesprungen;
- unser größter Abnehmer ist abgesprungen (das kann für die Beschäftigungslage doch nicht ohne Folgen bleiben);
- wegen des Absprungs unseres größten Abnehmers stehen personelle Maßnahmen bevor;
- wegen des Absprungs unseres größten Abnehmers werden in Kürze Entlassungen vorgenommen.

In diesem Stadium erreichte das Gerücht den Betriebsrat, der von der Geschäftsleitung sofortige rückhaltlose Aufklärung der Situation forderte. Ihre Dementis vermochten jetzt nicht mehr zu überzeugen – zwischen ihr und dem Betriebsrat sowie der Belegschaft verblieb über Monate ein Graben tiefen Argwohns und Mißtrauens.

Merke: Das Dementi eilt dem Gerücht stets nach, holt es aber nie ein!

D) Informelle Kooperation [4]

Neben der formell geplanten gibt es auch Formen von Zusammenarbeit, die ungeplant und spontan entstehen. Wie informelle Informationen können auch sie die formellen Funktionsabläufe ergänzen und fördern oder stören.

Beispiele:
- Ein erfahrener Mitarbeiter hilft einem »Neuen«, sich besser zurechtzufinden;
- Abteilung A schickt Abteilung B nach kurzer Verständigung ihrer Leiter vorübergehend zwei Arbeitskräfte, um einen krankheitsbedingten Engpaß zu bewältigen;
- die Angehörigen zweier Arbeitsgruppen verabreden untereinander, mit dem neuen Meister, der vom Betrieb entgegen ihrer Stellungnahme ernannt worden ist, nur »auf Sparflamme« zusammenzuarbeiten;
- der Personalleiter erwirkt im vertraulichen Gespräch unter vier Augen vom Vorsitzenden des Betriebsrates die Zusage, auf den beabsichtigten Einspruch gegen die Bevorzugung des externen vor dem internen Bewerber um eine begehrte Stelle zu verzichten, wofür er ihm Unterstützung in einem Anliegen des Betriebsrates gegenüber der Betriebsleitung signalisiert.

Die Beispiele lassen erkennen, wie vielschichtig informelle Bezüge in die betriebliche Zusammenarbeit einfließen. Mit Gewißheit läßt sich sagen, daß wechselseitigen Nützlichkeitserwägungen dabei entscheidendes Gewicht zufällt.

E) Informelle soziale Bewertungen

Innerhalb einer Belegschaft wird der einzelne anhand eines betriebsspezifischen Wertsystems sozial bewertet und unter den anderen Mitgliedern eingestuft. Gegenstände der Bewertung bilden außer der besetzten Stelle insbesondere das Wirken seiner Persönlichkeit. Ergebnisse der Bewertung sind *der Status, das Rollenverhalten, die Autorität und das Prestige* (vgl. Ziffer 5).

F) Informelle Soziierungen

Wesentliches Gewicht innerhalb des Gefüges nicht geplanter sozialer Erscheinungen fällt *informellen Soziierungen* zu. Darunter verstehen wir *zwischenpersonale Zusammenschlüsse beliebiger Struktur und Dauer*. Häufig wird in diesem Zusammenhand summarisch von informellen Gruppen gesprochen. Dabei wird übersehen, daß in der Praxis zahlreiche Personenzusammenschlüsse die Stabilität einer Gruppe gar nicht erreichen, aber trotzdem hoch aktiv wirksam sind.

> **Beispiele:**
>
> - Angehörige einer dörflichen Fahrgemeinschaft treten im Betrieb für die Beibehaltung einer für sie gleichliegenden Arbeitszeit ein;
> - die Sekretärinnen der fünf Vorstandsmitglieder finden sich regelmäßig während der monatlich einmal stattfindenden gemeinsamen Dienstreise ihrer Chefs zu einem Kaffeetrinken zusammen, wobei sie Status pflegen und interessierende Informationen austauschen;
> - die Mitglieder eines außerbetrieblichen Freizeitclubs treffen sich innerbetrieblich regelmäßig zu Gesprächen über ihre Clubaktivitäten;
> - Inhaber gleicher Funktionen schließen sich zusammen, um ihre Einstufung in eine höhere Gehaltsgruppe zu verfolgen;
> - fünf Angehörige aus zwei Arbeitsgruppen, die im Betrieb eine politisch extremistische Organisation aufbauen wollen und denen deswegen schon die Rolle isolierter Außenseiter zugewiesen worden ist, schließen sich enger zusammen. Sie wollen ihrer Umgebung so ihre Unabhängigkeit demonstrieren.

Manche dieser Zusammenschlüsse bestehen lediglich so lange, bis das in ihnen verfolgte Ziel erreicht worden ist oder seine weitere Verfolgung sinnlos erscheint, andere verfolgen ein Sonderinteresse auf Dauer. Für sie wird der Begriff *Clique* verwendet.

Hervorzuheben sind an dieser Stelle **Beziehungs-Duale** zwischen zwei, in selteneren Fällen auch mehreren Personen. Zunächst auf der legalen Grundlage persönlicher Nähe oder Gemeinsamkeit begründet (zum Beispiel Freundschaft/Bekanntschaft/Freizeitinteresse/Zugehörigkeit zu Korporation), werden sie alsbald der Vermittlung wechselseitigen Nutzens, insbesondere von nützlichen Informationen, dienstbar gemacht. Häufig entwickelt sich dies zum Hauptzweck der »connection«. Nicht selten werden dabei auch die Grenzen legalen Handelns überschritten. Im täglichen Sprachgebrauch reden wir von »**guten**« bzw. »**persönlichen Beziehungen**«, die man haben muß. Sie dürfen in nicht wenigen Lebensbereichen, auch im Beruf, als erfolgsbestimmend angesehen werden. Das legitime Anliegen, Förderungswürdiges auch persönlich zu fördern, soll damit nicht in Mißkredit gebracht werden.

Allen diesen Soziierungen ist zu eigen, daß ihre Angehörigen sie schaffen, weil sich mit ihnen Ziele/Interessen/Vorteile besser verfolgen lassen als individuell isoliert. Ihrer Zusammensetzung nach können ihre Angehörigen sich sowohl aus verschiedenen Betriebsbereichen als auch aus unterschiedlichen betrieblichen Ebenen rekrutieren. Soweit sie nicht öffentlich wirken, sind ihre Strukturen für Nicht-Beteiligte und von betrieblicher Seite nur schwer zu erkennen.

Mit *Gruppen im engeren Sinne* haben wir uns unter Ziffer 6 beschäftigt.

7.3 Bedeutung in der Praxis

Dem einzelnen Mitarbeiter eröffnet das Gefüge informeller Erscheinungen die Möglichkeit, in die zweckrational geplanten betrieblichen Abläufe seine Individualität einbringen und dort aktivieren zu können. Dies verringert die dazwischen liegenden natürlichen Distanzen. Die Zugehörigkeit zu informellen Soziierungen ermöglicht es, *emotionale Nähe sowie Solidarität und soziale Anerken-*

nung zu erfahren. Damit kommt das informelle Gefüge menschlichen Bedürfnissen entgegen, die das formelle System nicht oder nur unzulänglich erfüllen kann. Das informelle System gestaltet die betriebliche Arbeit daher menschengerechter und verringert die Gefahr von Entfremdungen, die von der ausschließlichen Orientierung der Arbeit am Ziel produktiver Ergiebigkeit ausgehen. Auf der anderen Seite darf nicht übersehen werden, daß aus dem informellen Gefüge *für den einzelnen auch Belastungen* ausgehen können, bildet es doch zugleich auch das Ursachenfeld von persönlicher Feindschaft, sozialer Isolation, Diskriminierung und Unterdrückung.

Für den Vorgesetzten bildet das Gefüge informeller Phänomene ein Feld, von dem starke, unsichtbare und unberechenbare Einflüsse auf den Führungsprozeß einwirken.

Sie können *positiver Natur* sein, indem durch sie auf der Grundlage von Achtung und Goodwill-Bereitschaft Leistungen mobilisiert werden, die durch formelle Regelungen weder erfaßt werden können noch gefordert werden dürfen. Die dadurch zugleich bewirkte Flexibilität hilft, sowohl die Lückenhaftigkeit als auch die Starrheit formeller Regelungen zu überwinden und sie in Einzelfällen, etwa bei Regelwidrigkeiten, sogar erst funktionsfähig zu machen.

Auf der anderen Seite können informelle Phänomene auch *störender Natur* sein. Erwähnt seien u.a. informelle Beherrschungsstrukturen, Konflikte zwischen formellen und informellen Zielsetzungen, Gegnerschaften sowie informelle Informationssysteme.

Werden dysfunktionale Wirkungen sichtbar, muß der Vorgesetzte versuchen, im Gespräch mit beteiligten Mitarbeitern ihre Ursachen zu erfahren und, wenn möglich, zu beseitigen. Die Chance, sie mit formellen administrativen Mitteln zu bereinigen, ist dabei gering, da das informelle System dafür nur geringe Ansatzflächen bietet. In jedem Falle sollte eine Führungskraft bestrebt sein, das informelle soziale Gefüge ihres unterstellten Bereiches zu erkennen und, soweit dies gelungen ist, in der Führungspraxis zu berücksichtigen.

In dem Betrieb als Ganzem bewirkt das informelle Gefüge eine Korrektur des formellen Soll-Systems insofern, als sich darin der *Faktor Mensch* seinen Platz schafft. Darin liegt das Suspekte des Informellen für den, der mit den Mitteln des Planens und Kontrollierens sein Umfeld sicher und berechenbar gestalten möchte.

Dennoch darf das Feld informeller Phänomene keinesfalls als grundsätzlich negativ bewertet werden. Denn auch menschliche Begeisterung, Hingabebereitschaft, Kreativität, Kooperativität und Flexibilität sind, wie alles Seelisch-Emotionale, informelle Elemente, und keinem Unternehmen fiele es vernünftigerweise ein, sie zu unterbinden.

Da Informalität auch gar nicht verhindert werden *kann*, sollte die formelle Ordnung ihr Rechnung tragen, indem sie informellen Aktivitäten von vornherein Freiräume beläßt und sie so zu einem Teil institutionalisiert. Auf diesem Wege, der zugleich als ein Stück *Humanisierung der Arbeitswelt* bewertet werden darf, wird das Gefüge informeller Aktivitäten berechenbarer. Zugleich sollten dysfunktionale informelle Erscheinungen minimiert und positive verstärkt werden. Dies ist ein *Problem motivierenden Führens*, dem wir uns unter den Ziffern 9, 10 und 14ff. zuwenden werden.

Anhang zu Kapitel 7

A) Anmerkungen

1 Im Sinne von »nicht formell geplant, organisiert«
2 Zitiert bei Oldendorff, A., 1970, S. 53ff.
3 Wir gehen darauf unter Ziffer 21.2 näher ein.
4 Näher in Ziffer 21.5

B) Kontrollfragen und -aufgaben

a) Erläutern Sie den Begriff *informell.*
b) Beschreiben Sie die Ursachen des *informellen Gefüges.*
c) Erklären Sie die Stellung des informellen Gefüges zum formellen betrieblichen System.
d) Skizzieren Sie die einzelnen Facetten des informellen Gefüges.
e) Wir wissen, daß jeder Träger einer Funktion diese individuell »verfälscht«.
     ea) Erläutern und begründen Sie diesen Prozeß.
     eb) Ist es zweckmäßig, diese »Verfälschung« durch geeignete Führungsmaßnahmen grundsätzlich zu verhindern?
     ec) Wann ist dagegen einzuschreiten?
f) Wie bewerten Sie informelle Informationen?
g) Wie kann einem extensiven informellen Informationssnetz wirksam begegnet werden?
h) Worin unterscheiden sich die Begriffe *informelle Gruppen* und *informelle Soziierungen* voneinander?
i) Welchen Wert und welche Relevanz hat das informelle Gefüge insgesamt
     ia) für das Individuum im Betrieb?
     ib) für die Führungstätigkeit des Vorgesetzten,
     ic) für den Betrieb als Ganzes?
j) Für wie sinnvoll halten Sie es, informelle Aktivitäten im jeder Art Betrieb zu verbieten?

C) Literatur

Kluth, H., 1975, S. 43ff.
Oldendorff, A., 1970, S. 68ff.

8 Das Arbeitsrecht als Handlungsrahmen der Personalführung

Lernziele:

Die folgenden Ausführungen sollen Ihnen einen Überblick über das System unseres Arbeitsrechts und einen Einblick in einige ausgewählte Rechtsbereiche vermitteln. Die Normen des Arbeitsrechts bilden ein weiteres Rahmenelement des Personalführungsprozesses. Ein Vorgesetzter muß zum Beispiel

- zur Einstellung eines Mitarbeiters die Zustimmung des Betriebsrates einholen, § 99 Abs. 1 BetrVG,
- bei dessen Einstufung die geltenden tarifvertraglichen Entlohnungsgrundsätze beachten,
- bei der vorübergehenden Anordung von Überstunden seiner Mitarbeiter ebenfalls die Zustimmung des Betriebsrates einholen, § 87 Abs. 1 Ziffer 3 BetrVG,
- von einer solchen Anordung eine schwangere Arbeitnehmerin ausnehmen, § 8 Abs. 1 MuSchG,
- technische Einrichtungen, bei denen infolge eines Mangels eine sonst nicht abzuwendende Gefahr für den daran arbeitenden Mitarbeiter besteht, stillegen, § 2 Abs. 2 UVV (Allgemeine Vorschriften, VBG 1);
- dafür Sorge tragen, daß ein Arbeitnehmer vor einer verhaltensbedingten Kündigung unter der Androhung, im Wiederholungsfalle seines Fehlverhaltens gekündigt zu werden, abgemahnt wird.

In allen diesen Fällen erwiese sich ein Zuwiderhandeln bzw. ein Unterlassen der notwendigen Schritte als *rechtswidrig*, und die getroffene Maßnahme wäre *rechtsungültig*. Kenntnis und Anwendung zentraler Regelungen unseres Arbeitsrechts sind in der Personalführung deshalb unerläßlich.

Die Lektüre der folgenden Ausführungen vermittelt noch nicht den Kenntnisstand, der ausreicht, um eine Führungsfunktion hinreichend sicher wahrzunehmen. Dem Leser, der sich gewissenhaft auf seine Führungsaufgabe vorbereiten will, wird deshalb das Studium vertiefender Darstellungen des Arbeitsrechtes dringend empfohlen. Ebenfalls empfehlen wir, die im Text genannten gesetzlichen Bestimmungen zu lesen. Ihr Inhalt kann hier nur verkürzt wiedergegeben werden.

Lehr- und Handbücher:

BMAS – Bundesminister für Arbeit und Sozialordnung (Hrsg.), Recht der Arbeit, Bonn

Löwisch, G./ Löwisch, M., Arbeitsrecht, Reihe »wisu-texte«, Düsseldorf

Schaub, G., Arbeitsrechts-Handbuch, München (erschöpfende Darstellung)

Söllner, A., Arbeitsrecht, Reihe »Kohlhammer Studienbücher«, Stuttgart-Berlin-Köln-Mainz (1987)

derselbe, Grundriß des Arbeitsrechts, Vahlen Studienreihe Jura, München (1991)

Zöllner, W., Arbeitsrecht, Reihe Juristische Kurzlehrbücher, München

Arbeitsrechtliche Textausgaben:

Arbeitsgesetze, Beck-Texte im dtv-Verlag, Bd. 5006, München

Kittner, M., Arbeits- und Sozialordnung, Köln

NWB-Redaktion, Wichtige Arbeitsgesetze, Reihe NWB-Textausgaben, Herne-Berlin

Das hohe Tempo von Änderungen im Arbeits- und Sozialrecht macht es notwendig, sich aus Fachliteratur auf dem neuesten Stand zu informieren!

8.1   Gegenstände, Funktionen und Normen

A) Gegenstände

Das Arbeitsrecht beschäftigt sich mit den Rechtsfragen der **abhängigen** (auch »fremdbestimmt« oder »unselbständig« genannten) Arbeit. Der Begriff »abhängig« ist aus dem Wesen des Arbeitsverhältnisses zu verstehen: Es bezeichnet das mit dem Arbeitsvertrag gem. §§ 611ff. BGB begründete Rechtsverhältnis, auf dessen Grundlage der Arbeitnehmer in die betriebliche Organisation des Arbeitgebers eintritt und innerhalb deren er seine Arbeitsleistung erbringt. Dabei unterstellt er sich dem Weisungsrecht des Arbeitgebers (»Direktionsrecht«), leistet also seine Arbeit nach dessen Anweisungen. Das Merkmal »abhängig« enthält also sowohl eine *rechtliche* als auch – und vor allem – eine *organisatorische* Dimension.

> **Arbeitgeber** ist, wer als selbständiger Unternehmer mindestens einen Arbeitnehmer beschäftigt. Die Führungskraft, die als Angestellter in das Direktionsrecht ihres Arbeitgebers eintritt, ist, da selbst weisungsgebunden, kein Arbeitgeber.

> **Arbeitnehmer** [1] ist, wer als Arbeiter oder Angestellter – regelmäßig aufgrund eines Arbeitsvertrages – unselbständige, fremdbestimmte Arbeit leistet.

Keine Arbeitnehmer-Eigenschaft begründen die Rechtsstellungen von Beamten, Richtern, Selbständigen in Gesellschafterstellung, Vorstandsmitgliedern juristischer Personen oder solcher Personen, die als Familienmitglieder im Unternehmen mitarbeiten. Sie arbeiten deshalb auch nicht in Arbeitsverhältnissen. Eine Zwischenstellung nehmen »Leitende Angestellte« i.S. § 5 Abs. 3, 4 BetrVG ein.

B) Funktionen

Das Arbeitsrecht ist zuallererst **Arbeitnehmer-Schutzrecht.** Sein Wesen und die Notwendigkeit dazu erklären sich aus den Anfängen des Industriezeitalters in der ersten Hälfte des 19. Jahrhunderts. Damals führte die vom Wirtschaftsliberalismus geförderte und vom damaligen Unternehmertum auch genutzte absolute Überlegenheit des *Faktors Kapital* auf wirtschaftlichem, intellektuellem und kulturellem Gebiet dazu, daß breite Massen der Fabrikarbeiterschaft insbesondere sozial, kulturell und gesundheitlich stark verelendeten. Als Reaktionen hierauf erwuchsen nicht nur gegenläufige politisch-ideologische Lehren (Marx/Engels) und Bewegungen (Sozialistische Parteien und Gewerkschaften ab 1860), sondern ebenso erste Ansätze eines Arbeitsrechtes, das die Arbeiter schützen sollte (Preußisches Fabrikenregulativ 1839). Das heutige Arbeitsrecht schützt die Belange des Arbeitnehmers sowohl als einzelnen im **Individual-Arbeitsrecht** (wie zum Beispiel im Arbeitsvertragsrecht) als auch als Mitglied arbeitsrechtlicher Korporationen im **Kollektiven Arbeitsrecht** (wie zum Beispiel im Tarif- und im Betriebsverfassungsrecht).

In seiner Eigenschaft als Schutzrecht enthält das Arbeitsrecht in weitem Umfang Regelungen, die nicht zu*un*gunsten des Arbeitnehmers unterschritten (wohl aber zu seinen Gunsten überschritten) werden dürfen. Es bildet ein soziales und rechtliches *Sicherheitsnetz.*

Sodann erfüllt das Arbeitsrecht auch eine **Ordungsfunktion**, indem es, vor allem abgeleitet aus dem Wertesystem des Grundgesetzes, bestimmte Werte durchsetzt und der gesamten Arbeitsordnung prägende Strukturen vermittelt. Zentrale Werte des Arbeitsrechtes bilden zum Beispiel

a) das Sozialstaatsprinzip gem. Art. 20 Abs. 1; 28 Abs. 1 S. 2 GG [2];
b) die Koalitionsfreiheit gem. Art. 9 Abs.(3) GG [3].

Prägende Strukturen erhält das Arbeitsrecht zum Beispiel aus
- der Tarifautonomie,
- dem zwingenden Betriebsverfassungsrecht oder
- dem Recht der staatlich geregelten Berufsausbildung und -förderung.

Soweit die Teilnehmer am Arbeitsleben die Normen ihres Zusammenwirkens zum Beispiel in Form von Tarifverträgen und Betriebsvereinbarungen selbst setzen, äußert sich im Arbeitsrecht auch die **Funktion einer »Sozialen Selbstverwaltung«**.

Sachlich engstens verknüpft ist das Arbeitsrecht mit dem **Recht der sozialen Sicherheit** oder, kurz, dem *Sozialrecht*. Beispiel dafür bilden Gesetze zur Arbeits- und Ausbildungsförderung, zur Lohnfortzahlung im Krankheitsfall und der öffentlichen Sozialversicherung [4]. Wir gehen hierauf nicht ein.

Erreicht werden die Funktionen des Arbeitsrechtes teils mit den Mitteln der privatrechtlichen Vertragsfreiheit, zum Teil mit den zwingenden Vorschriften des Öffentlichen Rechts. Zum ersten Normenkomplex gehört vor allem das Tarifrecht, zum zweiten zum Beispiel das Arbeitnehmerschutzrecht, das Recht der Berufsausbildung und – förderung sowie das Verfahrensrecht vor den Arbeitsgerichten. Dazwischen liegen das Betriebsverfassungs-, das Arbeitsvertrags- und das Kündigungsschutzrecht, die zwar zum Privatrecht zählen, aber starke öffentlichrechtliche Einschläge aufweisen (sog. *Sonderprivatrecht*).

C) Normative Grundlagen

Das gesamte Arbeitsrecht setzt sich aus den folgenden Teilgebieten zusammen (die Zahlen in den Klammern bezeichnen die Anzahl jeweils geltender Gesetze mit einschlägigen Einzelvorschriften) [5]:
- Recht des Arbeitsverhältnisses (18)
- Recht der Berufsausbildung (3)
- Recht des Arbeitsschutzes und besonderer Personengruppen (12)
- Tarifrecht (3)
- Recht der Betriebsverfassung und Mitbestimmung (6)

sowie dem
- Arbeitsgerichtsgesetz (1).

Zu mehr als 40 Gesetzen und 100 Rechtsverordnungen deutschen Rechts kommen noch weitere Vorschriften des internationalen Rechts, so insbesondere
- die Übereinkommen der Internationalen Arbeitsorganisation,
- die Europäische Sozialcharta des Europarates sowie
- diverse Rechtsverordnungen und Richtlinien von Organen der Europäischen Union,
die als direkt geltendes oder als zu transformierendes Recht in das nationale deutsche Arbeitsrecht aufzunehmen sind [6].

Wesentliche Bereiche des Arbeitsrechtes bestehen zudem, da gesetzlich noch gar nicht kodifiziert, aus sog. *Richter-Recht*. Ihre rechtliche Handhabung ist aus gerichtlichen Entscheidungen abzuleiten, so zum Beispiel das gesamte Arbeitskampfrecht und das der Abmahnung im Kündigungsverfahren.

So stellt das Arbeitsrecht, das jeder Arbeitgeber und Arbeitnehmer als *sein* Recht kennen müßte, sich als überaus zersplitterte und schwer zu durchschauende Materie dar, die nur dem Experten zugänglich ist. Die Aufgabe, es zusammengefaßt, zeitgemäß und für seine Adressaten verständlich gesetzlich zu kodifizieren, stellt sich dem Gesetzgeber in aller Dringlichkeit.

8.2   Kernelemente der Arbeitsverfassung

Die strukturgebenden Elemente unserer Arbeitsverfassung sind der Wertordnung des Grundgesetzes und ihm gleichstehender Normen zu entnehmen. Ihre zentralste Aussage für das Arbeitsrecht besteht darin, daß die Bundesrepublik Deutschland *ein sozialer Rechtsstaat* sei, Art. 20 Abs. 1, 28 Abs. 1 GG. Das *Sozialstaatsprinzip* gebietet den Trägern staatlicher Gewalt, im Arbeitsleben dafür zu sorgen, daß keiner der Sozialpartner eine ausgeprägt beherrschende und privilegierte Stellung gegenüber dem anderen erlangen soll, mit dem Ziel, »... jedem Staatsbürger ein menschenwürdiges Dasein zu sichern, Abhängigkeitsverhältnisse abzubauen und für einen gerechten Ausgleich von Einkommensunterschieden zu sorgen« [7].

Gleichbedeutend mit diesem Programmsatz tritt hinzu das Recht jedermanns, »... zur Wahrung und Förderung der Arbeits- und Wirtschaftsbedingungen Vereinigungen zu bilden ...«, Art. 9 Abs. 3 GG [8]. Die hier zum Grundrecht erhobene *Koalititonsfreiheit* gewährleistet Arbeitnehmern *und* Arbeitgebern, daß sie zur Wahrung ihrer wirtschaftlichen Interessen Verbände gründen (sog. *positive Koalitionsfreiheit* vor allem der Gewerkschaften und Arbeitgeberverbände), Tarifverträge abschließen und notfalls Arbeitskämpfe durchführen dürfen. Dem einzelnen steht das Recht zu, einer solchen Koalition beizutreten oder fernzubleiben, ohne dafür benachteiligt werden zu dürfen (sog. *negative Koalitionsfreiheit*).

Es galt längere Zeit als fraglich, ob auch der Grundrechtkatalog, dessen einzelne Normen den Bürger vor staatlicher Machtausuferung schützen sollen, innerhalb des dem Privatrecht zugeordneten Arbeitsverhältnisses Schutzwirkungen entfalten könne. Diese Frage wird heute, wenngleich von unterschiedlichen Positionen aus, grundsätzlich bejaht [9] (sog. *Drittwirkung der Grundrechte*). Dies gründet sich vor allem auf die Tatsache, daß – namentlich große – Unternehmen mit ihren hierarchischen Herrschaftsstrukturen, ihren Binnennormen und Datenbanken zu Machtzentren gedeihen können, deren Umfang quasi-staatliche Dimensionen erlangt. Die Eigendynamik ihrer Macht müßte den von der Verfassung gewollten Rechtsstatus des Bürgers im Arbeitsverhältnis ohne verfassungsrechtliche Verankerung beinahe zwangsläufig aushöhlen. Die Schutzmechanismen des auf Privatautonomie gegründeten Privatrechtes allein böten dagegen keine hinreichende Gewähr.

Als für die Arbeitsverfassung relevant gelten folgende Leitlinien des Grundgesetzes:
A) Der *Schutz der Menschenwürde gem. Art. 1 Abs. 1 GG* verbietet es, den Arbeitnehmer in der betrieblichen Arbeit entwürdigend zu behandeln. Das damit verbundene Verbot, ihn *als Objekt zu verwalten*, impliziert das Gebot, ihn in allen Fällen, in denen zwingende betriebliche Belange dem nicht entgegenstehen, an der Regelung ihn selbst betreffender Angelegenheiten *zu beteiligen* oder doch mindestens zu hören.
B) Das *Recht auf freie Entfaltung der Persönlichkeit gem. Art. 2 Abs. 1 GG* fordert den Betrieb dazu auf, den Arbeitnehmer über seinen beruflichen Werdegang selbst disponieren zu lassen und ihm in seiner Arbeit eigene Entscheidungs- und Handlungsfreiräume einzuräumen, und verbietet zugleich, ihn geistig zu entmündigen.

C) Das *Recht auf Leben und körperliche Unversehrtheit gem. Art 2 Abs. 2 GG* verpflichtet den Arbeitgeber, die Arbeitsmittel und -bedingungen so zu gestalten, daß diesen Rechtsgütern größtmöglicher Schutz vor Gefahren aus ihnen gegeben ist.

D) Der *Gleichheitssatz (Art. 3 GG)* verlangt, Mann und Frau einander rechtlich gleichzustellen und Arbeitnehmer allgemein in vergleichbaren Situationen gleich zu behandeln (vgl. Ziffer 8.5).

E) *Art. 5 Abs. 1 GG* gewährleistet jedem Betriebsangehörigen, seine Meinung ohne Benachteiligungen frei äußern zu dürfen.

F) Der *Schutz von Ehe und Familie (Art. 6 Abs. 1 GG)* verbietet Arbeitsbedingungen, welche Gründung und Bestand von Ehe und Familie, etwa durch Zölibatsklauseln, gefährden.

G) *Art. 6 Abs. 4 GG* stellt darüber hinaus die *Mutter* unter den besonderen *Schutz und die Fürsorge* der Gesellschaft.

H) Art. 12 GG sichert mit der *freien Wahl von Beruf und Arbeitsplatz* das Recht des Arbeitnehmers, Arbeitsverträge mit dem Arbeitgeber seiner Wahl abzuschließen sowie Beruf und Arbeitsplatz zu wechseln; zugleich verbietet diese Bestimmung grundsätzlich Arbeit als Zwangsarbeit.

Weitere Rechte kommen aus den schon erwähnten überstaatlichen Normen der Europäischen Union hinzu [10]. Größere Bedeutung kommt u.a. der VO Nr. 1612/68 des Rates der (damaligen) EWG zu, durch die den Arbeitnehmern aus den Ländern der EWG innerhalb dieser Länder Freizügigkeit bei der Arbeitsaufnahme zugebilligt wird.

8.3 Instanzen für Setzung und Vollzug des Arbeitsrechts

Das Arbeitsrecht wird auf drei Ebenen gesetzt und vollzogen:

A) Auf der höchsten, der **parlamentarischen Ebene** gestalten die politischen Parteien die Arbeitsgesetzgebung. Leitbilder ihrer Willensäußerungen sind ihre eigenen, von ihren Wählern und Mitgliedern getragenen, längerfristigen wirtschafts- und sozialpolitischen Zielsetzungen und Programme. Dabei bilden die Werteordnungen des Grundgesetzes und ihm gleichstehender Normen des internationalen Rechts verbindliche Rahmen. Das Arbeitsrecht als Gegenstand der konkurrierenden Gesetzgebung (Art. 74 Ziffer 12 GG) wird in erster Linie vom Bund und in zweiter Linie durch Gesetze und Rechtsverordnungen der Länder gestaltet.

Korrekturen kann die gesetzgeberische Arbeit dann erfahren, wenn das **Bundesverfassungsgericht** in Normenkontrollverfahren oder im Verfahren über eine Verfassungsbeschwerde einzelne Rechtssätze für verfassungswidrig und damit für nichtig erklärt. Dann tritt die Rechtsauffassung des Gerichts an die Stelle der gesetzlichen Norm und erlangt gesetzesgleiche Rechtsbedeutung, §§ 31 Abs. 2; 13 Ziffern 6, 8a, 11 BVerfGerG.

B) Der parlamentarischen ist die **Ebene der Tarifvertragsparteien** nachgeordnet.
Tariffähig sind gem. § 2 TVG
- Gewerkschaften und
- einzelne Arbeitgeber oder Zusammenschlüsse von ihnen in Arbeitgebervereinigungen.

Die Gewerkschaften vertreten die in ihnen organisierten Arbeitnehmer. Sie bilden in der Bundesrepublik Deutschland

a) *die Einheitsgewerkschaft »Deutscher Gewerkschaftsbund« (DGB)*, die sich in 17 branchen- oder berufsspezifische Einzelgewerkschaften untergliedert (Beispiel: »Industriegewerkschaft Metall«, »Gewerkschaft Erziehung und Wissenschaft«, »Gewerkschaft Chemie-Papier-Keramik«). Dem DGB gehörten 1992 11.015.612 Mitglieder an.

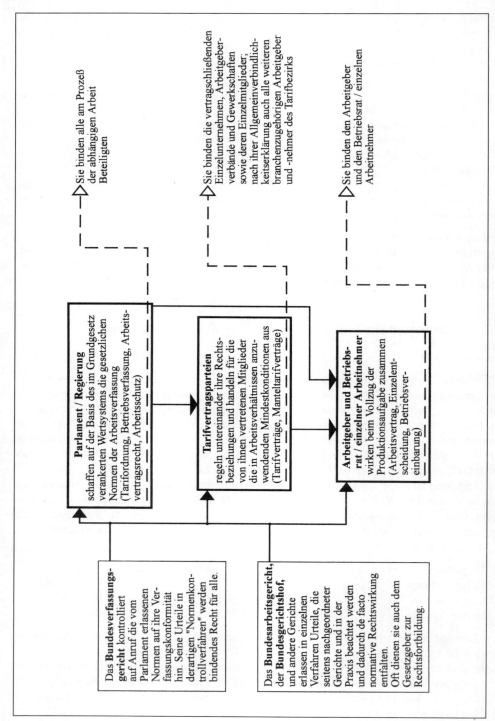

Abb. 8.1: Wirkungsebenen bei Setzung und Vollzug des Arbeitsrechts

Neben dem DGB bestehen als weitere Gewerkschaften oder gewerkschaftsähnliche Organisationen:

b) die Deutsche Angestelltengewerkschaft (DAG)
(1992 578.352 Mitglieder);
c) der Christliche Gewerkschaftsbund Deutschlands
(1992 315.550 Mitglieder);
d) der Deutsche Beamtenbund (1992 1.095.400 Mitglieder) [11].

Mit insgesamt ca. 13.005.000 Mitgliedern erreichen die Gewerkschaften Ende 1992 unter allen organisierbaren Arbeitnehmern einen Brutto-Organisationsgrad von 39% [12].

Die Arbeitgebervereinigungen sind überwiegend fachlich und regional untergliedert. Ihren Spitzenverband bildet die »Bundesvereinigung der Deutschen Arbeitgeberverbände e.V.« (BDA).

Die Tarifverhandlungen werden branchenspezifisch regional (in Tarifbezirken) oder bundesweit geführt, auf der Seite der Arbeitgeber auch von Einzelunternehmen um einen *Haustarifvertrag.*

Der Tarifvertrag besteht aus dem *obligatorischen* und dem *normativen* Teil. Der erstere regelt die Rechte der Tarifpartner während der Vertragsdauer untereinander, so zum Beispiel die Dauer der Laufzeit des Tarifvertrags, das Gebot der Friedenspflicht und die Aufnahme eines freiwilligen Schlichtungsverfahrens bei der Gefahr von Arbeitskämpfen. Der normative Teil enthält die materiellen Regelungen, um deretwillen Tarifverträge geschlossen werden, wie Lohn- und Gehaltshöhen, Urlaubsregelungen, Dauer und (vor allem in Zukunft) Lage der Wochenarbeitszeit, Ausbildungsvergütungen und sonstige Arbeitsvertragskonditionen. Sie bilden ein *»Soziales Sicherheitsnetz«* für Arbeitnehmer, das zwar mit übertariflichen Leistungen zum Beispiel bei Entgelten aufgebessert werden darf und auch wird, nicht aber durch sog. »Tarifflucht« zu ihren Ungunsten unterschritten werden darf.

Neue tarifpolitische Entwicklungen zeigt das Jahr 1993 an: Entgegen bisherigen Übungen wurde die Unterschreitung zuvor vereinbarter Tarife *innerhalb* der Laufzeit geltender Verträge erstmals legitimiert: In der ostdeutschen Metallindustrie sind langfristige Tarifverträge seitens der Arbeitgeber gekündigt und nach Streiks in neu aufgenommenen Verhandlungen der Tarifpartner um sog. »Härte-Klauseln« erweitert worden. Darin darf zur Erhaltung wirtschaftlich gefährdeter Unternehmen und ihrer Arbeitsplätze nach vorheriger Prüfung ein zeitlich befristetes Unterschreiten der tariflichen Entgelte vereinbart werden.

Im Herbst machen von dem bisher nur von den Gewerkschaften beanspruchten Privileg, Tarifverträge *regulär* zu kündigen, erstmals die westdeutschen Metall-Arbeitgeber Gebrauch, um in den bevorstehenden Tarifverhandlungen zur Sicherung bedrohter Arbeitsplätze das nach ihrer Ansicht derzeit vereinbarte Übermaß an Entgelten (hier Urlaubsgelder) zurückzuschrauben.

Sehen die Tarifparteien ihre Verhandlungen als gescheitert an, kann es zum Arbeitskampf kommen. Er besteht auf der Seite der Gewerkschaften im Streik und auf jener der Arbeitgeber in der Aussperrung. Eine staatliche Zwangsschlichtung sieht das System der *Tarifautonomie* nicht vor. Mangels gesetzlicher Regelungen werden Arbeitskämpfe nach Spielregeln geführt, die in einer Vielzahl arbeitsgerichtlicher Urteile entwickelt worden sind.

Der einzelne ausgehandelte Tarifvertrag bildet zunächst bindendes Recht *nur* für die tarifgebundenen Vertragsparteien und ihre Mitglieder. Der Bundesminister für Arbeit und Sozialordnung kann einen Tarifvertrag einvernehmlich mit den Spitzenverbänden der Arbeitgeber und Arbeitnehmer unter bestimmten Umständen jedoch für *allgemeinverbindlich* erklären. Sein normativer Inhalt wird dann unmittelbar geltendes Recht für den Inhalt *aller* Arbeitsverhältnisse, die innerhalb seines Geltungsbereiches auch zwischen nicht tarifgebundenen Arbeitgebern und -nehmern bestehen, vgl. § 5 TVG.

1991 waren beim Bundesminister für Arbeit und Sozialordnung ca. 32.000 gültige Tarifverträge registriert. Sie erfaßten die Arbeitsbedingungen von 18,5 Mio. sozialversicherungspflichtigen Arbeitnehmern. Ende 1988 (= jüngst verfügbares Datum) waren 539 Tarifverträge mit Wirkungen für ca. 4 Mio. Arbeitnehmer für allgemeinverbindlich erklärt worden [13]. Seit Inkrafttreten des Tarifvertragsgesetzes 1949 sind in der Bundesrepublik Deutschland insgesamt mehr als 240.000 Tarifverträge abgeschlossen worden.

Seit ihrem Bestehen zählt die Bundesrepublik Deutschland zusammen mit Österreich, der Schweiz und den Niederlanden weltweit zu den vier Ländern mit den niedrigsten Zahlen an Streiktagen je Beschäftigten und Jahr. Dieses Datum im Kontext mit den Spitzenwerten bei Einkommen, sozialer Absicherung und Kürze der Jahresarbeitszeit in Deutschland weist das bestehende Tarifsystem und seinen bisherigen gesamtwirtschaftlich verantwortungsvollen Gebrauch seitens der Tarifparteien als hervorragend leistungsfähig aus. Diese Erfahrung wird in Überlegungen zum künftigen Umgang mit Tarifverträgen einzubringen sein. Im Interesse des zu schützenden sozialen Friedens bleibt zu wünschen, daß die Tarifpartner bei notwendigen Anpassungen ihrer Tarifpolitik an geänderte Bedingungen des Wirtschaftslebens dem Bemühen um gesamtwirtschaftlichen Konsens dem Weg kämpferischen Durchsetzens ihrer jeweiligen Gruppeninteressen vorziehen werden.

Für Führungskräfte und Betriebsräte ergibt sich aus der Bedeutung von Tarifverträgen die Notwendigkeit, bei allen zu lösenden arbeitsrechtlichen Einzelfragen zu prüfen, ob dafür bereits tarifvertragliche Regelungen bestehen. Diese hätten Vorrang vor betrieblichen Einzelfallregelungen. Ihre Kenntnis und Beachtung ist ebensowenig verzichtbar wie die gesetzlicher Normen.

C) Die unterste Stufe der zur Setzung arbeitsrechtlicher Normen legitimierten Instanzen bildet der Einzelbetrieb.

Die hier entstehenden Fragen werden durch Einzelentscheidungen (Beschlüsse), Verträge oder generell in Betriebsvereinbarungen geregelt. Bei letzteren handelt es sich um Normen, die zwischen dem Arbeitgeber und dem Betriebsrat ausgehandelt werden. Sie sind jedoch nur für solche Gegenstände zulässig, die nicht bereits gesetzlich oder tarifvertraglich abschließend geregelt worden sind oder üblicherweise dort geregelt werden, §§ 77 Abs. 3, 87 Abs. 1 BetrVG.

Auch Betriebsvereinbarungen bilden unmittelbar und zwingend geltendes Recht, § 77 Abs. 4 BetrVG.

D) Abschließend ist noch auf die **Rechtsprechung der Arbeits- und der Zivilgerichtsbarkeit** für die Entwicklung des Arbeitsrechts einzugehen.

Gerichtlichen Urteilen kommt grundsätzlich keine allgemeinverbindliche Rechtsquellenfunktion zu, da Urteile nur die unmittelbar am Verfahren beteiligten Parteien binden, vgl. § 324 ZPO. Dadurch jedoch, daß nachgeordnete Gerichte sich in ihrer Rechtsprechung der Rechtsauffassung höherinstanzlicher Gerichte im Regelfall anschließen und die betriebliche Praxis sie in ihrem Handeln beachtet, erlangen höchstrichterliche Grundsatzurteile gleichwohl eine das gesamte Arbeitsrecht beeinflussende Breitenwirkung. Hinzu kommt, daß zahlreiche gesetzliche Lücken überhaupt erst durch von Richtern gesetztes Recht mit gültigen Regeln aufgefüllt werden mußten. Die Urteile des BAG, aber auch solche des BGH und ihnen nachgeordneter Gerichte für Arbeits- und Zivilsachen, fließen auf diese Weise in das geltende Arbeitsrecht ein und entfalten de facto eine *gewohnheitsrechtliche* Funktion.

8.4 Kernelemente der Betriebsverfassung

A) Gesetzliche Regelung und sachliche Geltung

Die Stellung von Arbeitgeber und Arbeitnehmern zueinander und ihr Zusammenwirken im Betrieb regelt das Betriebsverfassungsgesetz vom 15. Januar 1972 in der Fassung vom 23. Dezember 1988, die am 1. Januar 1989 in Kraft getreten ist.

Weitere Formen der Mitwirkung von Arbeitnehmervertretern in Leitungsorganen von Unternehmen regeln

– das Mitbestimmungsgesetz für die Montanindustrie vom 21. 5. 1951 für Unternehmen des Bergbaus und der Eisen und Stahl erzeugenden Industrie sowie
– das Mitbestimmungsgesetz vom 4. 5. 1976, das eine Vertretung der Arbeitnehmer in den Aufsichtsräten von Kapitalgesellschaften mit mehr als 2000 Arbeitnehmern vorsieht.

Das Betriebsverfassungsgesetz gilt zwingend in allen Betrieben, die in privatrechtlicher Rechtsform geführt werden und mindestens fünf ständige wahlberechtigte Mitarbeiter beschäftigen, von denen mindestens drei wählbar sind, §§ 1, 7, 8 BetrVG.

Das Betriebsverfassungsgesetz gilt nicht

– in Betrieben der öffentlichen Hand in der Rechtsform einer juristischen Person [14], § 130 BetrVG;
– in Religionsgemeinschaften und deren karitativen und erzieherischen Einrichtungen, § 118 Abs. 2 BetrVG;
– in sog. »Tendenzbetrieben« i. S. des § 118 Abs. 1 BetrVG, insoweit es die Betriebe in der Wahrnehmung ihrer Tendenzen (zum Beispiel politischer, konfessioneller, künstlerischer Art) beeinträchtigen würde.

B) Zentrale Organe der Betriebsverfassung

Das Betriebsverfassungsgesetz sieht für die Regelung der innerbetrieblichen Angelegenheiten neben dem Arbeitgeber in der Hauptsache folgende Organe vor:

a) **Betriebsrat** (§§ 7ff. BetrVG). Er bildet als ständige verfassungsmäßige Vertretung aller Arbeitnehmer eines Betriebes (§§ 5, 6 BetrVG), soweit es sich nicht um *Leitende Angestellte* i. S. des § 5 Abs. 3, 4 BetrVG handelt, nach dem Arbeitgeber das wichtigste Organ der Betriebsverfassung. In Unternehmen mit mehreren Betrieben kann ein Gesamtbetriebsrat, in Konzernen ein Konzernbetriebsrat gewählt werden, §§ 47ff., 54ff. BetrVG.

b) **Betriebsausschuß.** Er ist aus der Mitte des Betriebsrates zu wählen, sobald dieser mehr als 9 Mitglieder zählt, und führt als dessen »Kernmannschaft« die laufenden oder ihm besonders übertragenen Geschäfte, § 27 BetrVG.

c) **Sprecherausschuß der Leitenden Angestellten.** Es handelt sich um das Vertretungsorgan von Angestellten in arbeitgebergleichen Spitzenfunktionen (insbesondere Vorstände, Geschäftsführer, Prokuristen), das erst mit dem Sprecherausschußgesetz von 20. Dezember 1988 geschaffen worden ist. Der Ausschuß vertritt die besonderen Interessen dieser Gruppe gegenüber dem Arbeitgeber und im Betrieb allgemein, verfügt aber über keine eigenen Mitwirkungsrechte. Wer zu den Leitenden Angestellten gehört, wird in in § 5 Abs. 3, 4 BetrVG näher definiert.

d) **Jugend- und Auszubildendenvertretung.** Sie wird in Betrieben mit mindestens 5 Arbeitnehmern gewählt, die als Jugendliche das 18. oder als Auszubildende das 25. Lebensjahr noch nicht vollendet haben, §§ 60ff. BetrVG. Die von der Vertretung wahrzunehmenden Interessen dieser Altersgruppen werden über den Betriebsrat vor dem Arbeitgeber vertreten.

e) **Einigungsstelle.** Hierbei handelt es sich um eine Instanz, dem nach Anrufung in mitbestimmungspflichtigen Angelegenheiten bei Meinungsverschiedenheiten zwischen dem Arbeitgeber und dem Betriebsrat eine zwangsweise Schlichtung mit bindender Wirkung zufällt, §§ 76, 76a BetrVG. Die Einigungsstelle ist paritätisch mit vom Arbeitgeber und vom Betriebsrat bestellten Beisitzern besetzt. Ihr steht ein unparteiischer Vorsitzender – meist ein Arbeitsrichter – vor.

f) **Wirtschaftsausschuß.** Er ist in Betrieben mit in der Regel mehr als 100 ständig beschäftigten Arbeitnehmern zu bilden und besteht aus 3–7 Angehörigen des Unternehmens. Ihm muß mindestens ein Betriebsratsmitglied angehören. Der Ausschuß hat die Aufgabe, wirtschaftliche Angelegenheiten mit dem Unternehmer zu beraten und den Betriebsrat zu unterrichten, §§ 106ff. BetrVG, verfügt aber über keine Mitwirkungsrechte.

g) **Betriebsversammlung.** Das Betriebsverfassungsgesetz sieht vor, daß der Betriebsrat sie als Gesamtheit aller Arbeitnehmer vierteljährlich über seine Tätigkeit zu unterrichten hat. Die gleiche Pflicht obliegt einmal jährlich dem Arbeitgeber, der vor der Betriebsversammlung über das Personal- und Sozialwesen des Betriebes sowie über die wirtschaftliche Lage und Entwicklung zu berichten hat, §§ 42ff. BetrVG. Der Betriebsversammlung stehen weder gegenüber dem Arbeitgeber noch gegenüber dem Betriebsrat Kontroll- oder Weisungsbefugnisse zu.

In einer größeren Anzahl von Fällen [15] billigt das Betriebsverfassungsgesetz auch den durch mindestens eines ihrer Mitglieder im Betrieb vertretenen Gewerkschaften bestimmte Aufgaben und Befugnisse zu. Dieser Umstand gilt in der Praxis als nicht unproblematisch: Auf der einen Seite bilden die Gewerkschaften ohne Zweifel die legitimen Interessenvertretungen ihrer Mitglieder »... zur Wahrung und Förderung (ihrer) Wirtschaftsbedingungen« i. S. des Art. 9 Abs. 3 GG. Insbesondere ein hoher gewerkschaftlicher Organisationsgrad einer Belegschaft kann durchaus als Auftrag an die Gewerkschaft aufgefaßt werden, die ihren Mitgliedern zustehenden gesetzlichen und tariflichen Rechte auch im innerbetrieblichen Raum sichern zu helfen, vgl. § 2 BetrVG.

Andererseits sind die Vertreter der Gewerkschaften, die im Betrieb tätig werden, betriebsfremde Personen, deren Wirken nicht an das Regulativ eigener innerbetrieblicher Verantwortungs- und Risikobeteiligung gebunden ist.

C) Grundsätze der Zusammenarbeit zwischen Arbeitgeber und Arbeitnehmer
Das Betriebsverfassungsgesetz bindet die innerbetriebliche Zusammenarbeit von Arbeitgeber und Betriebsrat an folgenden Grundsatz:

»Arbeitgeber und Betriebsrat arbeiten ... vertrauensvoll ... zum Wohl der Arbeitnehmer und des Betriebes zusammen«, § 2 Abs. 1 BetrVG. Nach dem Willen des Gesetzgebers soll das Verhältnis beider Seiten zueinander *im Geiste der Partnerschaft*, nicht in einem solchen der Gegnerschaft gestaltet werden. Klargestellt wird außerdem, daß keine der beiden Seiten allein ihr Einzelinteresse vertreten darf, sondern *das Wohl des Betriebes als Ganzem* in ihr Ziel und Wirken einzubeziehen hat.

Das Gebot wird im folgenden konkretisiert:

a) Arbeitgeber und Betriebsrat haben regelmäßig miteinander zu reden, über strittige Fragen mit dem ernsten Willen zur Einigung zu verhandeln und Vorschläge für die Beilegung von Meinungsverschiedenheiten zu machen, § 74 Abs. 1 BetrVG. Der Grundsatz enthält den Auftrag, *in ständigem Kontakt* zueinander zu wirken und Meinungsverschiedenheiten *im Geiste konstruktiven Zusammenarbeitens* zu bewältigen.

b) § 74 Abs. 2 BetrVG verbietet es, Maßnahmen des Arbeitskampfes aus der tariflichen Sphäre in den Betrieb hinein zu verlagern. So verbietet der Grundsatz der Friedenspflicht es insbesondere, Meinungsverschiedenheiten zwischen Belegschaft und Arbeitgeber innerbetrieblich durch Streik oder Aussperrung auszutragen. Ihm dient schließlich auch das Verbot parteipolitischer Betätigung im Sinne offener Agitation oder Propaganda.

c) Gemeinsam haben Arbeitgeber und Betriebsrat darüber zu wachen und darauf zu achten, daß

- alle im Betrieb beschäftigten Personen nach den Grundsätzen von Recht und Billigkeit behandelt werden;
- insbesondere jede unterschiedliche Behandlung von Personen wegen ihrer Abstammung, Religion, Nationalität, Herkunft, politischen oder gewerkschaftlichen Betätigung oder Einstellung oder wegen ihres Geschlechts unterbleibt;
- ältere Arbeitnehmer nicht benachteiligt werden, § 75 Abs. 1 BetrVG.

Schließlich haben sie die freie Entfaltung der Persönlichkeit der im Betrieb beschäftigten Arbeitnehmer zu schützen und zu fördern, § 75 Abs. 2 BetrVG.

D) Rechte des Arbeitnehmers
Dem einzelnen Arbeitnehmer weist das Betriebsverfassungsgesetz folgende Rechte im Betrieb zu:

a) Die komplementären Rechte aus den Pflichten von Arbeitgeber und Betriebsrat nach § 75 BetrVG

b) Das komplementäre Recht aus der Pflicht des Arbeitgebers auf umfassende Unterrichtung über Aufgabe und Verantwortung sowie über seine Tätigkeit und deren Einordnung in den Arbeitsablauf, ferner über Unfall- und Gesundheitsgefahren und Möglichkeiten ihrer Abwehr. Entsprechende Unterrichtungsrechte stehen ihm auch bei Veränderungen seines Arbeitsbereiches zu, § 81 Abs. 1, 2 BetrVG. Erfassen geplante Änderungen auch die Tätigkeit des Arbeitnehmers und ist zu erwarten, daß seine beruflichen Kenntnisse und Fähigkeiten zur Erfüllung künftiger Aufgaben nicht ausreichen werden, hat der Arbeitgeber mit dem Arbeitnehmer mögliche Entwicklungsmöglichkeiten zu erörtern.

c) Weitere Informations-, Anhörungs- und Erörterungsrechte stehen dem Arbeitnehmer zu über Angelegenheiten und Maßnahmen betreffend

- seine Person,
- die Zusammensetzung seines Entgeltes,
- die Beurteilung seiner Leistung,
- die Möglichkeiten seiner beruflichen Entwicklung sowie
- die Gestaltung des Arbeitsplatzes und des Arbeitsablaufs, § 82 BetrVG.

Dem Betrieb obliegt die Pflicht, diese Fragen mit dem Arbeitnehmer zu erörtern und ihn dazu anzuhören.

d) Der Arbeitnehmer ist berechtigt, Einsicht in seine Personalakte zu nehmen und ihrem Inhalt eigene Stellungnahmen beizufügen, § 83 BetrVG.

e) Dem Arbeitnehmer steht das Recht zu, »... sich bei den zuständigen Stellen des Betriebes zu beschweren, wenn er sich benachteiligt oder ungerecht behandelt oder in sonstiger Weise beeinträchtigt fühlt«, § 84 Abs. 1 BetrVG.
In den Fällen zu b) (letzter Satz) bis e) darf der Arbeitnehmer den Betriebsrat hinzuziehen.

Alle diese Rechte bilden, ergänzt durch die unter Ziffer 8.1 erwähnten arbeitsrelevanten Grundrechte des Grundgesetzes, einen Rahmen, der dem Handeln des Arbeitgebers und jedem Vorgesetzten gegenüber seinem Mitarbeiter gleichermaßen verbindliche Schranken und Pflichten aufzeigt.

E) Rechtsstellung, Funktionsweise, allgemeine Aufgaben und Mitwirkungsrechte des Betriebsrates

a) Rechtsstellung

Das Betriebsverfassungsgesetz begründet *keine Rechtspflicht* der Arbeitnehmer oder des Arbeitgebers, im Betrieb einen Betriebsrat zu installieren. Wohl aber begründet es *ein Recht*, dies zu tun, und die dazu berechtigten und darum bemühten Personen/Instanzen dürfen in seiner Wahrnehmung nicht behindert werden, vgl. dazu insbesondere §§ 17, 20 BetrVG.

Der Betriebsrat wird für die Dauer von 4 Jahren aus der Mitte der Belegschaft gewählt, § 21 BetrVG. Sofern er aus mehreren Personen besteht, sind aus seiner Mitte ein *Vorsitzender* und dessen *Stellvertreter* zu wählen, § 26 BetrVG. Die Mitglieder des Betriebsrates führen ihr Amt *unentgeltlich als Ehrenamt*, aber ohne Entgeltverluste, § 37 Abs. 1 BetrVG. Für ihre Tätigkeit werden sie von ihren arbeitsvertraglichen Pflichten befreit, § 37 Abs. 2–4 BetrVG. Sind in einem Betrieb mehr als 300 Arbeitnehmer beschäftigt, so ist eine bestimmte Anzahl von Betriebsratsmitgliedern von der Vertragsarbeit gänzlich freizustellen, § 38 BetrVG. Die für die Tätigkeit des Betriebsrates und seine Weiterbildung notwendigen Kosten trägt der Arbeitgeber, §§ 40, 37 Abs. 6, 7 BetrVG.

Vereinbarungen, die Arbeitgeber und Betriebsrat gemeinsam getroffen haben, sowie Beschlüsse der Einigungsstelle führt der Arbeitgeber regelmäßig allein durch. Der Betriebsrat darf also nicht in die Leitung des Betriebes eingreifen, er nimmt insbesondere nicht am Direktionsrecht des Arbeitgebers teil, § 77 Abs. 1 BetrVG.

Andererseits dürfen seine Mitglieder, wie auch die anderen Betriebsverfassungsorgane, in ihrer Tätigkeit nicht gestört oder behindert werden, § 78 BetrVG.

Hinsichtlich der Betriebs- oder Geschäftsgeheimnisse, die ihnen aufgrund ihrer Tätigkeit im Betriebsrat bekannt werden, unterliegen sie einer strengen Geheimhaltungspflicht, § 79 BetrVG. Sie ist strafrechtlich abgesichert, § 120 BetrVG.

b) Funktionsweise als Organ

Um zu gewährleisten, daß die dem Betriebsrat zugewiesenen Mitwirkungsrechte am betrieblichen Geschehen von ihm in berechenbaren Verfahren wahrgenommen werden, knüpft das Betriebsverfassungsgesetz ihre Rechtsgültigkeit an bestimmte Regeln. Gegen sie wird in der Praxis nicht selten verstoßen. Als Folge davon erweisen sich *betriebliche Maßnahmen, an denen der Betriebsrat in regelwidriger Weise mitgewirkt hat, rechtlich als unwirksam.*

So liegt ein rechtswirksamer Beschluß des Betriebsrates nur dann vor, wenn *das Organ als Ganzes ihn in seiner beschlußfähigen Mehrheit* getroffen hat. Als solche gilt gem. § 33 BetrVG die Mehrheit der Stimmen der anwesenden Mitglieder, sofern an der Beschlußfassung mehr als die Hälfte aller Mitglieder das Betriebsrates beteiligt waren.

> **Beispiel:** Besteht ein Betriebsrat aus 9 Mitgliedern, dann kann er einen rechtswirksamen Beschluß nur treffen, wenn *mindestens*
>
> - 5 seiner Mitglieder an der Beschlußfassung teilnehmen und
> - 3 davon dem Beschluß zugestimmt haben.

Derartige Maßnahmen darf der *Betriebsausschuß* auch allein treffen, sofern ihm die alleinige Zuständigkeit dafür vom gesamten Betriebsrat zuvor schriftlich übertragen worden ist, § 27 Abs. 3 BetrVG.

Der gute Glaube des Arbeitgebers, daß ein ihm mitgeteilter Beschluß des Betriebsrates ordnungsgemäß zustandegekommen ist, wird nicht geschützt. Er muß sich deshalb in Zweifelsfällen Gewißheit hierüber verschaffen.

Nach außen wird der Betriebsrat von seinem Vorsitzenden oder – bei Verhinderung – von dessen Stellvertreter vertreten. Beide sind dabei in ihrer Vertretungsmacht an die Beschlüsse des Betriebsrates gebunden. Solange dieser nichts anderes beschlossen hat, sind auch nur die Genannten befugt, Erklärungen für den Betriebsrat wirksam entgegenzunehmen, § 26 Abs. 3 BetrVG. Das Recht zur Vertretung erstreckt sich also nur auf die Abgabe und Entgegennahme von Erklärungen, nicht auf die Willensbildung. Dieser Umstand kann zumindest in Konfliktfällen erhebliche praktische Folgen haben: Leitet der Arbeitgeber eine Erklärung dem Betriebsrat nicht über dessen Vorsitzenden oder im Verhinderungsfalle über dessen Stellvertreter, sondern über ein beliebiges anderes Betriebsratsmiglied zu, so ist der Betriebsrat in den entsprechenden Vorgang nicht rechtsgültig einbezogen worden und in der Sache gefaßte Beschlüsse wären ungültig.

c) Allgemeine Aufgaben
§ 80 Abs. 1 BetrVG weist dem Betriebsrat, hier zusammengefaßt, folgende *allgemeine Aufgaben* zu:

- Überwachung, daß die geltenden arbeits- und sozialrechtlichen Gesetze und Verordnungen einschließlich der Unfallverhütungs-Vorschriften, Tarifverträge und Betriebsvereinbarungen im Betrieb eingehalten werden (= *allgemeine Rechtsaufsicht*);
- Maßnahmen/Anregungen/Interessen, die dem Betrieb, der Belegschaft, einzelnen Arbeitnehmern oder bestimmten Gruppen (Jugend- und Auszubildendenvertretung/Schwerbehinderte/Ältere/Ausländer) dienen, an den Arbeitgeber heranzutragen und mit ihm zu verhandeln, vgl. dazu §§ 82ff, 85 BetrVG (= *Vertretung von Interessen sowie Kanalisierung/Minderung von Konfliktpotentialen im Dienste des Betriebsfriedens*);
- Förderung der Wahl und der Belange der Jugend- und Auszubildendenvertretung in enger Zusammenarbeit.

Zur Wahrnehmung seiner Aufgaben hat der Arbeitgeber den Betriebsrat *von sich aus rechtzeitig und umfassend* zu unterrichten und auf Verlangen mit den notwendigen Unterlagen zu versehen, § 80 Abs. 2 BetrVG.

d) Arten von Mitwirkungsrechten
Zur Wahrnehmung seiner Aufgaben hat das Betriebsverfassungsgesetz den Betriebsrat mit unterschiedlich gestalteten Mitwirkungsrechten ausgestattet (ziehen Sie Abb. 8.2, linke Spalte senkrecht, hinzu):

da) Ihre stärkste Ausprägung erfahren sie in den **echten Mitbestimmungsrechten**. Hier ist eine betriebliche Maßnahme schlechthin unwirksam, solange der Betriebsrat in sie nicht einbezogen worden ist und ihr nicht zugestimmt hat.

db) Dieser Form nahe stehen die **Mitbestimmungsrechte auf Kann-Basis**. Auch in diesen Fällen *muß* der Betriebsrat in einen Vorgang eingeschaltet werden. Diesem ist es jedoch im Rahmen eines Ermessensspielraumes freigestellt, ob er zu der entsprechenden Maßnahme aktiv Stellung beziehen oder ob er sie schweigend hinnehmen will. Wird er innerhalb der gesetzlich vorgesehenen Erklärungsfrist aktiv, wirkt seine Entscheidung verbindlich, d.h., die geplante Maßnahme könnte nicht realisiert werden, wenn der Betriebsrat ihr nicht zustimmen würde. Sein Schweigen innerhalb der Fristen gilt jedoch als Zustimmung.

Die Mitwirkung des Betriebsrates ist ausgelegt als Recht auf
- eigenes Verlangen von Maßnahmen,
- Widerspruch zu betrieblichen Maßnahmen oder
- Gegenäußerung.

Hervorzuheben in dieser Kategorie von Mitwirkungsrechten ist seine verbindlich vorgeschriebene *Anhörung bei Kündigungen* (§ 102 BetrVG), deren Unterlassung eine Kündigung nicht rechtswirksam werden läßt (wohingegen sein Widerspruch dagegen ihre Rechtswirksamkeit nicht verhindert).

dc) In anderen Fällen steht dem Betriebsrat das **Recht** zu, seitens des Arbeitgebers **über betriebliche Maßnahmen informiert zu werden mit dem Recht und/oder der Pflicht zu Beratung, Unterstützung und zum Erteilen eigener Vorschläge**. Die Entscheidung trifft dann der Arbeitgeber allein.

dd) Die schwächste Form von Beteiligungsrechten schließlich erschöpft sich in dem Anspruch des Betriebsrates, über bestimmte betriebliche Vorgänge lediglich **informiert zu werden**.

Können sich Arbeitgeber und Betriebsrat in dessen mitbestimmungsfähigen Angelegenheiten nicht einigen, entscheidet die Einigungsstelle oder, bei betrieblichen Bildungs- und in personellen Einzelmaßnahmen, das Arbeitsgericht.

e) Mitwirkungsbereiche [16]
Neben dem Katalog der erwähnten allgemeinen Aufgaben weist das Betriebsverfassungsgesetz dem Betriebsrat *Mitwirkung in sozialen, personellen und wirtschaftlichen Angelegenheiten* zu (vgl. Tableau 8.2, obere Spalte waagerecht):

ea) Der Sachbereich der in den §§ 87-91 BetrVG geregelten **sozialen Angelegenheiten** umfaßt, verallgemeinert, die konkreten Arbeitsbedingungen, soweit sie nicht bereits gesetzlich oder tarifvertraglich geregelt worden sind. Dazu gehören insbesondere Fragen
- der Arbeitszeit,
- des Urlaubs,
- sozialer Einrichtungen,
- der Entgeltgestaltung,
- der Planung, Gestaltung und Änderung von Arbeitsplätzen und des Arbeitsablaufs,
- des Arbeitsschutzes und der Unfallverhütung.

eb) Der Sachbereich der in den §§ 92ff. BetrVG geregelten **personellen Angelegenheiten** umfaßt die Teilgebiete
- *Allgemeine personelle Angelegenheiten* (§§ 92-95 BetrVG)
  • Personalplanung
  • Ausschreibung von Arbeitsplätzen
  • Personalfragebogen, Beurteilungsgrundsätze
  • Auswahlrichtlinien
- *Berufsbildung* (§§ 96-98 BetrVG)
- *Personelle Einzelmaßnahmen* (§§ 99-105 BetrVG)
  • Einstellungen
  • Eingruppierung, Umgruppierung
  • Versetzung
  • Kündigung von Arbeitnehmern

ec) Am schwächsten ausgebildet sind die **Mitwirkungsrechte in wirtschaftlichen Angelegenheiten** (§§ 106ff. BetrVG). Sie beschränken sich - außerhalb des Rechtes des Betriebsrates, gem. § 112, 112a BetrVG auf die Gestaltung von Sozialplänen einzuwirken - praktisch darauf, an der Bildung des Wirtschaftsausschusses mitzuwirken und durch diesen über die wirtschaftliche Situation des Unternehmens i. S. des § 106 Abs. 3 BetrVG unterrichtet zu werden.

Die Mitwirkungsrechte des Betriebsrates sind den vorgenannten Sachbereichen wie aus Abb. 8.2 ersichtlich zugeordnet.

Der Einzug moderner Telekommunikationstechnologien in das Personalwesen sowie das Erfassen und Verarbeiten personenbezogener Daten haben zur Folge, daß dem Betriebsrat Mitwirkungsrechte auch im Bereich der personalrelevanten EDV zugewachsen sind [17]. Diese erstrecken sich auf
- die einzusetzende Hard- und Software,
- die zu speichernden Daten und
- die Zweckbestimmung ihrer Verarbeitung.

Potentielle *Mitbestimmungsrechte* fließen aus den Tatbeständen der §§ 94 Abs. 1 S. 1, Abs. 2/1. Halbsatz; 94 Abs. 2/2. Halbsatz; 95 Abs. 1, 2; 87 Abs. 1 Nr. 6; weitere *Mitwirkungsrechte* aus den §§ 80 Abs. 1 Nr. 1, Abs. 2; 90 Abs. 1 Nr. 2, Abs. 2; 92 Abs. 1, 2; 111 BetrVG.

Daraus erwächst zugleich der Anspruch des Betriebsrates, zum Erwerb der dafür notwendigen EDV-Kenntnisse für geeignete Vorhaben der Weiterbildung gemäß §§ 37 Abs. 6, 7; 40 Abs. 1 BetrVG vom Betrieb freigestellt zu werden.

8.5 Hinweise zum Arbeitsvertragsrecht

Arbeitshinweis: Lesen Sie die nachfolgend genannten gesetzlichen Bestimmungen mit ihren grundlegenden Aussagen für das Arbeitsver-hältnis gründlich durch, und prägen Sie sich ihren Inhalt so weit als möglich ein:

A) BGB §§ 611 bis 630
B) Kündigungsschutzgesetz in Verbindung mit § 102 BetrVG
C) Lohnfortzahlungsgesetz
D) Gewerbeordnung Teil III, Vorschriften über gewerbliche Arbeitnehmer, §§ 105 bis 139 m
E) Handelsgesetzbuch, Sechster Abschnitt, Handlungsgehilfen und Handlungslehrlinge, §§ 59 bis 83.

Mit dem Abschluß eines Arbeitsvertrages entsteht die rechtliche Grundlage des Arbeitsverhältnisses. *Der Arbeitsvertrag ist ein Dienstvertrag i. S. der §§ 611ff. BGB, in dem sich der Arbeitnehmer zur Leistung von Arbeit und der Arbeitgeber zur Zahlung einer Vergütung verpflichtet.* Seine Besonderheit besteht darin, daß der dienstgebende Arbeitnehmer in die Arbeitsorganisation des dienstnehmenden Arbeitgebers eintritt und sich dessen Weisungsbefugnis (»Direktionsrecht«) unterstellt.

Zuordnung der Mitwirkungsrechte des Betriebsrates zu den Sachbereichen der §§ 87 ff. BetrVG

Erläuterung: im jeweiligen Feld bedeutet: bei Nicht-Einigung zwischen Arbeitgeber und Betriebsrat entscheidet: (ES) = Einigungsstelle (AGer) = Arbeitsgericht	soziale Angelegenheiten	personelle Angelegenheiten			wirtschaftliche Angelegenheiten
		allgemein	Berufs-bildung	Einzel-maßnahmen	
absolutes Mitbestimmungsrecht	87(1) (ES)	94 95(1) (ES)	98(1) (ES)	103 (AGer)	107
Mitbestimmungs-rechte auf "Kann-Basis" — Recht, Maßnahmen zu verlangen	91 (ES)	93 95(2) (ES)	98(3) (ES)	104 (AGer)	112 / 112 a (ES)
Recht zu Widerspruch / Verweigerung der Zustimmung			98(2) (AGer)	99 100(1 + 2) 102(3) (AGer)	
Aufklärungs- / Gegenvorstellungsrecht				102(1, 2) (AGer)	
Informationsrecht mit Recht / Pflicht zu Beratung / Unterstützung / Vorschlag / Abstimmung	89(1, 2) 90	92	96(1) 97		110 / 111
Informationsrecht (soweit über § 80(2) BetrVG hinausgehend)					106 / 108(4) 109 (ES)

Abb. 8.2: Zuordnung der Mitwirkungsrechte des Betriebsrates zu den Sachbereichen der §§ 87 ff. BetrVG

Das Arbeitsverhältnis begründet für die Vertragspartner folgende *Hauptpflichten*:

A) Dem **Arbeitnehmer** obliegen die Pflichten,
- die vereinbarte Arbeitsleistung in eigener Person zu erbringen,
- den aus dem Direktionsrecht des Arbeitgebers abgeleiteten rechtmäßigen Anordnungen seines/seiner Vorgesetzten zu folgen und
- als Ausdruck seiner Treuepflicht Handlungen, die dem Arbeitgeber schaden, zu unterlassen und diesem Unregelmäßigkeiten im Arbeitsablauf und drohende Schäden anzuzeigen.

Die **Treuepflicht** gibt, abgeleitet aus dem »Treu-und-Glauben«-Prinzip des § 242 BGB, Hinweise darauf, in welchem Geiste das Arbeitsverhalten wahrzunehmen ist. Aus ihr fließen zum Beispiel das Wettbewerbs- und das Abwerbungsverbot wie auch die Geheimhaltungspflicht des Arbeitnehmers. Auch die Pflicht, bei dringendem betrieblichen Bedarf vorübergehend an einem anderen Ort oder länger als üblich zu arbeiten, wird aus ihr hergeleitet [18].

B) Dem **Arbeitgeber** obliegen die Pflichten,
- den Arbeitnehmer vertragsgemäß zu beschäftigen und ihm dazu einen Arbeitsplatz bereitzustellen,
- ihm das vereinbarte Entgelt zu zahlen und den zustehenden Erholungsurlaub zu gewähren;
- als Ausdruck seiner Fürsorgepflicht den Arbeitnehmer zur Sozialversicherung anzumelden und die gesetzlichen Beitragsanteile einzuzahlen
- das vom Arbeitnehmer eingebrachte Eigentum zu schützen und ihn vor Schäden an Körper und Sachen aus der Arbeit zu bewahren.

Aus der **Fürsorgepflicht**, die gleichsam als Pendant zur arbeitnehmerseitigen Treuepflicht die genannten Hauptpflichten des Arbeitgebers durchdringt, erwachsen dem letzteren spezielle
- Schutzpflichten (gegenüber Rechtsgütern wie Gesundheit, Eigentum, Persönlichkeitsrecht),
- Sorgfaltspflichten (zum Beispiel hinsichtlich der Belehrung über Versicherungspflichten oder Altersversorgung, schützenden Umgang mit personenbezogenen Daten) sowie
- Auskunftspflichten (über Ansprüche aus dem Arbeitsverhältnis oder auf Zusatzversorgung, Entwicklungsaussichten) [19].

Der Leistungsaustausch im Arbeitsverhältnis umfaßt über *materielle* Güter hinausgehend also auch *immaterielle* Werte.

Als eigenständiger Pflichtenkomplex ist noch das aus dem Gleichheitssatz des Art. 3 Abs. 1 GG abgeleitete **Gleichbehandlungsgebot** zu nennen. Aus ihm folgen
- der Grundsatz der *Gleichberechtigung von Männern und Frauen* gem. Art. 3 Abs. 2 GG, der es gebietet, die Angehörigen beider Geschlechter innerhalb der physisch und psychisch bestehenden Unterschiede *rechtlich gleich zu behandeln* (etwa bei Entgelten, Förderung, beruflicher Entwicklung, vgl. §§ 611a, 611b BGB);
- das *Benachteiligungsverbot* aus der Unterschiedlichkeiten von Geschlecht, Herkunft, Rasse, Religion, Weltanschauung etc. (vgl. Art. 3 Abs. 3 GG; § 75 Abs. 1 BetrVG), aber auch daraus, daß ein Arbeitnehmer in zulässiger Weise von den ihm zustehenden Rechten Gebrauch macht [20].

In den Arbeitsvertrag fließen Regelungen sehr verschiedener Quellen ein. Dazu zählen insb.
- gesetzliche Normen (vgl. den Arbeitshinweis oben),
- Tarifverträge,
- Grundsatzentscheidungen des Bundesverfassungsgerichts sowie der Arbeits- und der Zivilgerichte,
- Betriebsvereinbarungen,

- betriebliche Übungen,
- individuelle Vereinbarungen.

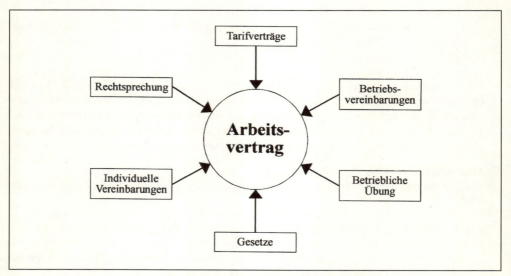

Abb. 8.3: Arbeitsvertragsgestaltende Rechtsquellen

Die inhaltliche Fassung eines Arbeitsvertrags obliegt regelmäßig der Personalabteilung. Mit dem Abschluß des Vertrags wird der *Bewerbungsvorgang* zum *Personalvorgang*, dessen schriftliche Teile in einer Personalakte [21] zusammengefaßt und dessen Daten heute regelmäßig in einer Personaldatei gespeichert werden.

Das Arbeitsverhältnis endet durch
- Zeitablauf bei Befristung,
- einvernehmliche Aufhebung,
- arbeitgeber- oder arbeitnehmerseitige Kündigung,
- Ruhestand des Arbeitnehmers oder
- dessen Tod.

Die **Kündigung des Arbeitsverhältnisses** bildet einen eigenständigen komplizierten Komplex rechtlicher Regelungen [22], vgl. auch Ziffer 20.5, Buchstabe D/dd.

So darf der **Arbeitnehmer** sie befristet aus *jedem beliebigen*, unbefristet nur *aus wichtigem Grund* aussprechen.

Das **Kündigungsrecht des Arbeitgebers** dagegen ist an definierte Voraussetzungen geknüpft.
So darf er eine *fristlose* (*= außerordentliche*) Kündigung nur innerhalb der Probezeit (auch ohne besonderen Grund) oder danach *aus wichtigem Grund* aussprechen. Ein solcher liegt vor, wenn die Fortsetzung des Arbeitsverhältnisses bis zum Ablauf der regulären Frist ihm – meist infolge groben Vertrauensbruchs seitens des Arbeitnehmers – nicht mehr zuzumuten ist, § 626 Abs. 1 BGB.
Die *fristgemäße* (*= ordentliche) Kündigung* ist nach sechsmonatiger ununterbrochener Betriebszugehörigkeit (oder nach Ablauf der Probezeit) *nur* zulässig, sofern sie *nicht sozial ungerechtfertigt* ist. Dies ist sie dann nicht, »... *wenn sie nicht durch Gründe,*

- die in der Person oder
- *in dem Verhalten* (vgl. dazu Ziffer 20.5) *des Arbeitnehmers liegen oder*
- *durch dringende betriebliche Erfordernisse, die einer Weiterbeschäftigung des Arbeitnehmers in diesem Betrieb im Wege stehen«,*

bedingt ist, § 1 Abs. 1; Abs. 2 S. 1 KSchG. Im letzteren Falle sind bei der Auswahl des zu kündigenden Arbeitnehmers *soziale Gesichtspunkte* im besonderen zu beachten, Abs. 3.

Personenbedingte Gründe bilden andauernde Einschränkungen der Leistungsfähigkeit infolge anhaltender Erkrankung oder sonstigen Leistungsverfalls beim Arbeitnehmer, die den Leistungsaustausch für die Zukunft irreparabel zu Lasten des Arbeitgebers, der dafür beweispflichtig ist, denaturieren werden. Die Gründe wirken also *in die Zukunft* hinein.

Verhaltensbedingte Gründe liegen in vorangegangenem Verhalten des Gekündigten, das in Form zurechenbar vertrauensbrüchigem oder sonst grob vertragswidrigem Verhalten rechtlich als kündigungswürdig anerkannt ist und von dem Betroffenen auch nach einer Abmahnung mit Kündigungsandrohung nicht abgestellt worden ist. Die Gründe rühren *aus der Vergangenheit* her.

Dringende betriebliche Erfordernisse haben ihre Gründe in wirtschaftlich/organisatorischen Entwicklungen, die den Betrieb zum Personalabbau veranlassen [23].

Seit Oktober 1993 gelten bei ordentlichen Kündigungen, für Angestellte und gewerbliche Arbeitnehmer einheitlich, neue Kündigungsfristen. Sie betragen mindestens vier Wochen zur Mitte oder zum Ende eines Monats. Je nach Dauer der Betriebszugehörigkeit können sie sich von einem Monat nach zweijähriger Dauer auf 7 Monate nach zwanzigjähriger Dauer verlängern, vgl. den neuen § 622 BGB. Tarifvertragliche *Verlängerungen* der Kündigungsfristen sind zulässig.

Dem gekündigten Arbeitnehmer steht es in beiden Fällen frei, die rechtliche Zulässigkeit der ausgesprochenen Kündigung mit oder ohne Hinzuziehung des Betriebsrates gem. §§ 102ff. BetrVG nach den Vorschriften des *Kündigungsschutzgesetzes* vom 10. 8. 1951 [24] arbeitsgerichtlich *überprüfen* zu lassen. Widerspricht der Betriebsrat gemäß § 102 Abs. 2 und 3 BetrVG aus einem der dort *abschließend* aufgeführten Gründe der Kündigung und erhebt der Gekündigte vor dem Arbeitsgericht Klage auf Feststellung ihrer Sozialwidrigkeit, erlangt dieser gemäß Abs. 5 einen Weiterbeschäftigungsanspruch bis zur rechtskräftigen Bescheidung des Falles. In der Praxis wird auf den Anspruch in der Mehrzahl aller Fälle gegen die Zahlung einer Abfindung an den Gekündigten verzichtet.

8.6   Kernelemente des Arbeitsschutzrechtes

In den Anfängen unserer industriellen Entwicklung [25] dominierte unter den Kapitaleignern ein rigoroses, von keinerlei rechtlichen Schutzvorschriften gebremstes Streben nach Gewinnmaximierung. Die Produktionsprozesse waren dadurch gekennzeichnet, daß
- große Zahlen wenig qualifizierter und daher leicht ersetzbarer Arbeitskräfte auf engstem Raum
- an neuartigen, von (für die damalige Zeit) gewaltigen Kraftmaschinen zentral angetriebenen Arbeitsmaschinen
- ohne Schutzvorkehrungen für ihre Gesundheit
- an mindestens 6 Tagen in der Woche bis zu 15 Stunden täglich und ohne Jahresurlaub

arbeiten mußten.

Schon bald stellte sich heraus, daß diese Verhältnisse große Gefahren für Leib und Gut einer breiten, zunehmend verelendenden Bevölkerungsschicht heraufbeschworen. Als der ruinöse gesundheitliche Zustand ganzer Jahrgänge junger Männer den preußischen General von Horn 1837 daran hinderte, im Rheinland in ausreichendem Umfang wehrtaugliche Rekruten ausheben zu können, erkannte Preußen als erstes Land in Deutschland die Notwendigkeit eines *staatlichen* Schutzes des arbeitenden Menschen vor den spezifischen Gefahren aus der unregulierten industriellen Arbeit.

Seinen ersten Ausdruck fand dieser Gedanke im preußischen *»Regulativ über die Beschäftigung jugendlicher Arbeiter in den Fabriken«* (sog. *Fabrikenregulativ*) aus dem Jahre 1839. In ihm wurde es u. a. verboten, in preußischen Berg- und Hüttenwerken

- Kinder in einem Alter von weniger als 9 Jahren überhaupt zu beschäftigen,
- Kinder/Jugendliche in einem Alter von 9–16 Jahren länger als 10 (!) Stunden täglich sowie nachts zu beschäftigen.

Wenig später wurde die Geltung des Regulativs auf alle Arten von Fabriken ausgeweitet.

Arbeitshinweis: Vergleichen Sie diese Regelungen mit den unter Abb. 8.6 dargestellten des heutigen Jugendarbeitsschutzes.

So bildet der Arbeitsschutz in seiner heutigen Form das Ergebnis eines mehr als 160 Jahre während renden Entwicklungsprozesses.

Das Ziel des Arbeitsschutzes besteht darin, die mit der Arbeit für das Leben und die Gesundheit der Menschen verbundenen Gefahren so weit als sachlich und technisch möglich zu reduzieren. Dies geschieht von staatlicher Seite auf zwei Wegen:

A) **Gesetzgeber und Regierungen** von Bund und Ländern erlassen *Gesetze und Verordnungen* (zum Beispiel Reichsversicherungsordnung, Arbeitssicherheitsgesetz, Arbeitsstoffverordnung), deren Einhaltung sie von Aufsichtsbehörden, vornehmlich den *Gewerbeaufsichtsämtern* der Länder, überwachen lassen.

B) Die **Berufsgenossenschaften**, nach den Regelungen des 3. Buches der Reichsversicherungsordnung Träger der gesetzlichen Unfallversicherung, erarbeiten gem. §§ 708, 709 RVO *Unfallverhütungsvorschriften*, deren Einhaltung *sie selbst* überwachen.

Gegenständlich umfaßt der Arbeitsschutz zwei Schwerpunkte:

A) **Technischer Arbeitsschutz.** Er bildet die Summe aller der Regelungen und Maßnahmen, welche in den Betrieben die Beschäftigten vor solchen Gefahren schützen sollen, die ihnen aus der Beschaffenheit technischer Anlagen, Arbeitsmittel, Verfahren sowie von Arbeitsstoffen drohen.

B) **Sozialer Arbeitsschutz.** Seine Regelungen schützen den Menschen vor einer Überbeanspruchung in der Arbeit schlechthin sowie einzelne Gruppen vor spezifischen gesundheitlichen Gefahren.

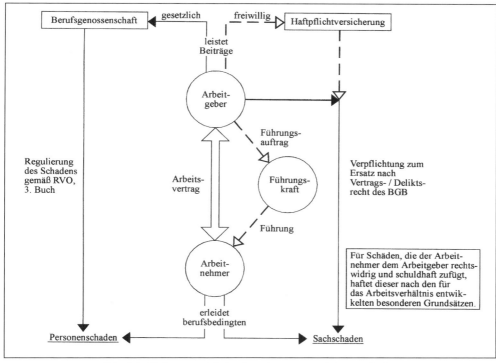

Abb. 8.4: Haftungsrechtliche Beziehungen im Arbeitsverhältnis

Die Mitwirkung an Arbeitssicherheit und Unfallverhütung bildet unmittelbar und zwingend geltende Rechtspflicht für alle dem Arbeitsschutz unterliegenden Personen. Zu ihnen gehört zunächst der **Arbeitgeber.** Delegiert er Führungsfunktionen an seine **Führungskräfte**, so delegiert er stets zugleich auch seine Pflicht zum Arbeitsschutz an sie mit. Dies sollte in der Praxis ausdrücklich klargestellt werden [26]. Dem Arbeitgeber verbleibt dann die Verantwortlichkeit für die gewissenhafte *Auswahl* und *Überwachung* seiner Führungskräfte, die für ihre diesbezüglichen Aufgaben fachlich und persönlich *ausreichend qualifiziert* sein müssen [27].

Auch die **ausführenden Kräfte** gehören zum Kreis der zum Arbeitsschutz Verpflichteten. Ihnen obliegt es insbesondere, bei ihrer Tätigkeit die einschlägigen Unfallverhütungsvorschriften zu beachten und darin ausgesprochene Mitwirkungspflichten an der Unfallverhütung (zum Beispiel Tragen von Lärm-/Hautschutzmitteln, Sicherheitskleidung) zu erfüllen. Der Vorgesetzte hat dies zu überwachen [28]. *Umgekehrt darf eine Arbeitskraft Anordnungen, die geltendem Arbeitsschutzrecht widersprechen, nicht befolgen, und sie muß die Arbeit an vorschriftswidrigen Arbeitsmitteln verweigern.* Es liegt auf der Hand, welche Konfliktpotentiale daraus in der Praxis erwachsen.

Verursacht eine Führungskraft oder ein sonstiger Betriebsangehöriger einen Arbeitsunfall, so tritt in den entstandenen *Personenschaden* die *Berufsgenossenschaft* als Versicherungsträger ein, §§ 636, 637 RVO, sofern nicht der Versicherte den Arbeitsunfall vorsätzlich herbeigeführt oder bei der »Teilnahme am allgemeinen Verkehr« erlitten hat.

In Fällen vorsätzlichen oder grob fahrlässigen Verschuldens darf die Berufsgenossenschaft beim Verursacher *Regreß* nehmen, § 640 RV

	1	2	3	4	5	6	7	8
Gegenstand	Allgemeiner Schutz von Leben und Gesundheit in der gewerblichen Arbeit	Schutz vor Unfällen bei der Arbeit	Ausstattung von Betrieben mit qualifiziertem Personal auf dem Gebiet der Arbeitssicherheit	Menschengerechte Beschaffenheit von Arbeitsstätten	Sachgerechte Handhabung gefährlicher Arbeitsstoffe	Sichere Beschaffenheit gefahrengeneigter technischer Anlagen	Schutz vor Schäden durch radioaktive und Röntgenstrahlen	Sichere Beschaffenheit von Maschinen und sonstigen technischen Arbeitsmitteln
Gesetzliche Bestimmungen	§§ 120 a bis 120 c GewO (1980) (für gewerbliches Personal); § 62 HGB (1990) (für kaufmännisches Personal)	Unfallverhütungsvorschriften der Berufsgenossenschaften in Verbindung mit dem 3. Buch "Unfallversicherung" der RVO (1991)	Gesetz über Betriebsärzte, Sicherheitsingenieure und andere Fachkräfte für Arbeitssicherheit (Arbeitssicherheitsgesetz) (1976)	Verordnung über[2] Arbeitsstätten (ArbStättVO) (1983)	Verordnung über gefährliche Stoffe (Gefahrstoff-Verordnung) (1991)	Verordnung für[2] überwachungsbedürftige Anlagen insbesondere Dampfkessel, Druckbehälter außer Dampfk., Aufzugsanlagen, Azetylenanlagen u. Calciumcarbid.	Erste Strahlenschutz-Verordng. i. d. Fassg. von 1965, Röntgen-Verordnung (1973)[2]	Gesetz über technische Arbeitsmittel (1979) "Gerätesicherheitsgesetz"
Geschützter Personenkreis	Arbeitnehmer	Versicherungspflichtige Arbeitnehmer	Arbeitnehmer	Arbeitnehmer	Arbeitnehmer	Arbeitnehmer, Benutzer	Arbeitnehmer, sonst. Personen	Benutzer
Verpflichteter Personenkreis	Arbeitgeber	Versicherungspflichtige Arbeitnehmer, Arbeitgeber	Arbeitgeber	Arbeitgeber	Arbeitgeber	Aufsteller, Betreiber	Hersteller, Betreiber	Hersteller, Importeure
Aufsichtsführende Stellen	GewAAmt	Berufsgenossenschaften	GewAAmt	GewAAmt	GewAAmt, Gesundheitsamt	TÜV	Besondere Sachverständige	GewAAmt
Mitwirkung des Betriebsrates	Allgemeine Regeln seiner Mitwirkung enthalten die §§ 80 Abs. (1) Ziff. 1; 87 Abs. (1) Ziff. 7 BetrVG. Spezielle Zuweisungen enthalten:							
		§ 89 BetrVG	§ 9 ASiG		§§ 90, 91 BetrVG			

1) Die zu den Gesetzen in Klammern genannten Jahre bezeichnen die letzte bei Redaktionsschluß bekannte Novellierung
2) Ergänzend gelten weitere "Technische Regeln", Richtlinien etc.

Ausführliche Literatur:
HEINEN, W. / TENTROP, F. / WIENCKE, F. / ZERLETT, G., Kommentar zum medizinischen und technischen Arbeitsschutz (Loseblattsammlung), Stuttgart - Berlin - Köln - Mainz
SCHMATZ, H. / NÖTHLICH, M., Sicherheitstechnik (Loseblattsammlung), Berlin

Abb. 8.5: Das System des technischen Arbeitsschutzrechtes

Geschützter Personenkreis	Gesetzliche Regelungen	Arbeitszeit	Beschäftigungsverbote / -beschränkungen	Kündigungsschutz	Urlaubsregelung
alle Arbeitnehmer	Arbeitszeitordnung in der Fassung 1975	bis 8 Std. täglich bis 48 Std. wöchentlich (+ 2 Std. Mehrarbeit / Tag)		wie in KSchG / AngKSchG	wie in Bundesurlaubsgesetz / Tarifvertrag
Kinder / Jugendliche unter 15 Jahre	Jugendarbeitsschutzgesetz in der Fassung 1986	soweit Beschäftigung ausnahmsweise zulässig, bis 7 Std. täglich bis 35 Std. wöchentlich	generelles Arbeitsverbot, Ausnahmen: a) Ausbildungsverhältnis, b) Sonderfälle der §§ 5, 6 JArbSch	in Ausbildungsverhältnis nach Ablauf der Probezeit nur aus wichtigem Grund zulässig; in sonstigen Beschäftigungsverhältnis regulär	bis 16 J.: 30 Werktage bis 17 J.: 27 Werktage bis 18 J.: 25 Werktage
Jugendliche zwischen 15 und 18 Jahren		bis zu 8 Std. täglich, bis zu 40 Std. wöchentlich verteilt auf 5 Werktage zwischen 6.00 und 20.00 Uhr, ausreichende Arbeitspausen; Beschränkungen bei Schicht-, Samstags-, Sonntags- und Feiertagsarbeit	nicht erlaubt tempoabhängige Arbeit und Arbeiten mit besonderen Gefahren für Gesundheit und seelisch-geistige Entwicklung, Verbot von Akkord- und Fließbandarbeit außer zwecks / nach Ausbildung		
Frauen allgemein	Arbeitszeitordnung in der Fassung 1975 Ausführungsverordnung zur Arbeitszeitordnung in der Fassung 1975	Beschränkung von Mehrarbeit auf 1 Std. täglich; strenge Regelung für Ruhepausen; Frühschluß vor Sonn- und Feiertagen, für Arbeiterinnen Nachtschichtverbot	Verbot von Schwerarbeit in Verhüttungs-, Stahl- und Steinindustrie sowie auf Baustellen; Arbeitsverbot unter Tage Beschränkungen auf Fahrzeugen	regulär	regulär
Werdende und stillende Mütter	Mutterschutzgesetz in der Fassung 1989 Heimarbeitsgesetz in der Fassung 1990	Verbot von Mehr-, Sonn-, Feiertags- und Nachtarbeit; Anspruch auf 2mal täglich ½ Std. Stillzeit	bezahlter Schwangerschaftsurlaub - vor Entbindung 6 Wochen - nach Entbindung 8 Wochen (bei Früh- oder Mehrlingsgeburt 12 Wochen); - während Schwangerschaft bei Gefahr für Leben und Gesundheit von Mutter und Kind; Verbot von Schwer-, Akkord- und Fließarbeit; besonderer Schutz am Arbeitsplatz; Mutterschaftsurlaub bis zu 6 Monaten	absoluter KSchutz während Schwangerschaft und 4 Monate nach Entbindung; erforderlich: Information des Arbeitgebers über Schwangerschaft (spätestens 2 Wochen nach Kündig.)	
Schwerbehinderte	Schwerbehindertengesetz in der Fassung 1991	regulär, Mehrarbeit nur bei Zustimmung des Behinderten möglich	keine	nach 6 Mon. Beschäftigungsdauer Kündigung nur nach vorheriger Zustimmung der Hauptfürsorgestelle rechtswirksam	Zusatzurlaub von 5 Tagen / Jahr

Abb. 8.6: Zentrale Regelungen des sozialen Arbeitsschutzrechtes

Für *Sachschäden* gilt das allgemeine *Haftungsrecht des BGB*: Trifft die Ersatzpflicht den Arbeitgeber oder einen seiner Erfüllungsgehilfen (§ 278 BGB), gilt die vertragsrechtliche Haftung der §§ 611, 325, 276, 249ff. BGB. Handelt es sich bei dem Verletzer um eine vertraglich nicht gebundene Person (zum Beispiel um einen Arbeitskollegen des Verletzten), tritt deliktische Haftung nach §§ 823ff., 249ff. BGB ein.

Die Bedeutung des betrieblichen Arbeitsschutzes mögen folgende Zahlen unterstreichen: Im Jahre 1992 wurden in der Bundesrepublik Deutschland 2.069.422 Arbeitsunfälle, 85.721 Verdachtsfälle auf Berufskrankheiten sowie 262.196 Wegeunfälle, die versicherungsrechtlich als Arbeitsunfälle gelten, registriert. Für ihre Regulierung hatten die Berufsgenossenschaften 20.551 Mrd. DM aufzuwenden [29]. Die Mitwirkung an Gesundheitsschutz und Unfallverhütung muß deshalb zu den zentralen Aufgaben der Führungskraft gezählt werden. Gemäß §§ 87 Abs. 1 Ziffer 7; 89 BetrVG ist sie das auch für Betriebsräte (vgl. Ziffer 14.14).

Administrative Überspitzungen gestalten den Umgang mit der Materie nicht immer leicht und nicht seltener Mißbrauch sozialer Absicherung nicht erfreulich. Gleichwohl hat die Führungskraft bestehenden Rechten und Pflichten genauso zu genügen, wie sie mißbräuchlichem »Absahnen« entgegenzutreten hat.

8.7   Rechtsfragen des Führens

Grundlage des Rechts zur Unternehmensführung bildet, gestützt auf die verfassungsrechtliche Absicherung privaten Eigentums am Produktivkapital in Art. 14 Abs. 1 GG, die inhaltliche Definition des Eigentums im Bürgerlichen Gesetzbuch, § 903:

> *Der Eigentümer einer Sache kann, soweit nicht das Gesetz oder Rechte Dritter entgegenstehen, mit der Sache nach Belieben verfahren und andere von jeder Einwirkung ausschließen.*

Da die Führungsfunktionen heute kaum noch von den Kapitaleignern selbst wahrgenommen werden, stehen an der Spitze unserer Unternehmen regelmäßig Manager als Leitende Angestellte i. S. des § 5 Abs. 3, 4 BetrVG. Sie erlangen als Vorstände, Geschäftsführer oder sonstige Angestellte mit Prokura ihren Auftrag zum Führen von den Kapitaleignern durch Vertrag bzw. Ernennung und treten im Rahmen der auf sie delegierten und der ihnen gesetzlich zugewiesenen Kompetenzen in die Rechte und Pflichten des Unternehmers ein.

Die hier interessierenden Dispositionsrechte als Arbeitgeber bestehen vor allem darin, die zur Realisation der gesetzten Unternehmensziele erforderliche Organisation zu erstellen, das dafür benötigte Personal anzustellen und in den ihm zugewiesenen Funktionen zu führen.

Beim Abschluß des Anstellungsvertrages definieren Arbeitgeber und Arbeitnehmer die vom letzteren zu erfüllenden Leistungsinhalte nur abstrakt. Zugleich vereinbaren sie, daß der Arbeitgeber die während der Arbeit zu erfüllenden Aufgaben konkretisieren und an den Mitarbeiter übertragen darf (*Direktionsrecht*). Der Mitarbeiter verspricht, sie anzunehmen und auszuführen (arbeitnehmerseitige Gehorsamspflicht).

Das **Direktionsrecht** bedeutet das Recht des Arbeitgebers, auf der Grundlage und im Rahmen der im Arbeitsvertrag abstrakt vereinbarten Tätigkeiten aus der betrieblichen Gesamtaufgabe abgeleitete, rechtlich zulässige, konkrete Leistungs- und Verhaltensvorgaben zu bilden und diese im Rahmen der Arbeitsorganisation mit bindender Wirkung zur Ausführung an den Arbeitnehmer zu übertragen.

Die **Gehorsamspflicht** des Arbeitnehmers ist Folge des vertraglichen Versprechens, die in legitimer Ausübung des Direktionsrechtes vom Arbeitgeber an ihn gerichteten konkreten Leistungs- und Verhaltensvorgaben annehmen und weisungsgemäß realisieren zu wollen.

Das Verfahren der Zuweisung bezeichnen wir als **Delegation** [30]. Ihre fehlerfreie Vornahme ist an folgende Voraussetzungen geknüpft [31]:

A) Objektive Kriterien

a) Sofern der Gesetzgeber die Wahrnehmung bestimmter Aufgaben an *objektive Qualifikationsmerkmale* bindet, muß der Delegierte sie erfüllen. Beispiele:
§ 4 ASiG für Betriebsärzte,
§ 7 ASiG für Sicherheitskräfte,
§ 28 Abs. 2 BDSG für Datenschutzbeauftragte.
b) Sofern der Gesetzgeber für Delegation eine *äußere Form* vorschreibt, ist diese zu wahren. Beispiele für gesetzliche Formerfordernisse enthalten
§ 5 ASiG für Bestellung von Sicherheitskräften,
§ 28 Abs. 1 BDSG für Bestellung von Datenschutzbeauftragten.
Generell darf Delegation in der laufenden Arbeit formfrei vorgenommen werden. In besonderen Fällen, zum Beispiel beim Inkraftsetzen einer Stellenbeschreibung oder bei der Übertragung der Unternehmerpflichten im Rahmen des Arbeitsschutzes und der Unfallverhütung an eine Führungskraft, ist Schriftform zu empfehlen, um die spätere *Beweisbarkeit* vorgenommener Delegation zu sichern.
c) Die *Gegenstände der Delegation* müssen von den arbeitsvertraglich vereinbarten Aufgaben umfaßt werden. Dieser Bedingung wird in der betrieblichen Praxis bei »dringenden betrieblichen Erfordernissen« allerdings mit einiger Flexibilität zu entsprechen sein.

B) Subjektive Kriterien

a) Der Mitarbeiter muß für die ihm übertragenen Aufgaben die sachlich nötige *fachliche und persönliche Qualifikationen* aufweisen.
b) Die quantitative und qualitative Bemessung der zu delegierenden Aufgaben, Kompetenzen und Verantwortlichkeiten darf die arbeitswissenschaftlich *zulässigen Belastungsgrenzen* des Menschen nicht überschreiten. Für ihre Bemessung sind im Bereich der gewerblichen Arbeit hinreichend sichere Verfahren erarbeitet worden [32]. Im Bereich von Angestellten obliegen sie weitgehend dem Ermessen des Arbeitgebers (vgl. dazu Ziffer 15.4.4 , Buchstabe E).
c) Der Mitarbeiter muß *der Annahme* der Aufgaben, Kompetenzen und Verantwortlichkeiten zustimmen. Dies wird für den Regelfall, gestützt auf das arbeitsvertragliche Leistungsversprechen, zu unterstellen sein. Wird die Annahme einer zu delegierenden Aufgabe jedoch ausdrücklich verweigert, hat eine wirksame Delegation nicht stattgefunden.

C) Der rechtswirksame Vollzug der Delegation als rechtsgeschäftsähnliche Handlung setzt voraus,

a) daß ihr Inhalt zum Verständnis des Empfängers *eindeutig* formuliert ist; dies bedeutet, daß der hinreichend exakten Information des Arbeitnehmers seitens des Vorgesetzten über die zu erfüllenden Leistungsinhalte konstitutive Wirkung zukommt;

b) daß die Erklärung der Übertragung *dem Mitarbeiter zugegangen* ist, d. h., sie muß ihm verständlich und wahrnehmbar mitgeteilt worden sein.

Ihrer **Wirkung** nach begründet vollzogene Delegation die *alleinige* Zuständigkeit des Mitarbeiters für die Wahrnehmung der delegierten Aufgaben und Verantwortlichkeiten. Greift der Vorgesetzte grundlos in delegierte Aufgaben ein, handelt er pflicht- und rechtswidrig. Etwas anderes kann nur dann gelten, wenn der Vorgesetzte oder andere betriebliche Stellen im Wirken des Delegierten die akute Gefahr drohender Schäden oder Zielverfehlungen erkennen. Ihr Eingriffsrecht rechtfertigt sich dann aus den Rechtsgedanken des Notstandes i. S. der §§ 228ff., 904 BGB.

Der Mitarbeiter nimmt seine ihm übertragenen Aufgaben also aus eigenem Recht und in eigener Verantwortlichkeit wahr und nicht, wie der Stellvertreter i. S. der §§ 164ff. BGB, Rechte Dritter auf deren Rechnung, wenngleich in eigenem Namen (vgl. Ziffer 16.4).

Bei der Delegation von Aufgaben und Kompetenzen an nachgeordnete Adressaten handelt die delegierende Stelle selbst unter folgenden Kompetenzen, für die sie zugleich die Verantwortung trägt:

A) die *Organisations-Kompetenz* (ist der Delegationsakt rechtlich zulässig sowie ziel- und zweckgerecht?);

B) die *Auswahl-Kompetenz* (ist der Mitarbeiter fachlich/persönlich geeignet für die Übernahme der delegierten Aufgaben?);

C) die *Übertragungs-Kompetenz* (wird die Delegation rechtsgültig (d. h. formgerecht, ausreichend bestimmt, vom Mitarbeiter verstanden und akzeptiert) vorgenommen?);

D) die *Überwachungs-Kompetenz* (erfüllt der Mitarbeiter die delegierten Aufgaben ziel- und sachgerecht?).

Delegiert der Arbeitgeber Teile seines Direktionsrechtes an Führungskräfte, so treten diese im dafür vertraglich und gesetzlich vorgesehenen Umfang in dessen Rechtsstellung ein. Soweit sie als Vorsetzte arbeitsvertragliche Aufgaben und Kompetenzen des Arbeitgebers wahrnehmen, handeln sie als dessen *Erfüllungsgehilfen* i. S. des § 278 BGB (vgl. Abb. 8.7).

Haftungsrechtlich bestehen in der Führungsbeziehung folgende Grundsätze:

Arbeitgeber und Arbeitnehmer haften einander wechselseitig für Schäden aus der Verletzung vertraglicher Pflichten, die sie einander *rechtswidrig* und *schuldhaft* zugefügt haben, §§ 611ff., 325, 276, 249ff. BGB. Bei *gefahrengeneigter Arbeit* verringert sich die Haftung des Arbeitnehmers nach den dafür geltenden Rechtsgrundsätzen [33]. Für Schäden, die ein Arbeitnehmer durch das Verschulden einer Führungskraft, insbesondere seines Vorgesetzten, erleidet, tritt nach § 278 BGB der Arbeitgeber ein. Handelt es sich dabei um eine Verletzung von arbeitsvertraglichen Pflichten, darf der Arbeitgeber bei der Führungskraft *Regreß* nehmen. In die Schadenstragung bei Arbeitsunfällen mit Personenschäden tritt, wie unter Ziffer 8.6 dargestellt, die Berufsgenossenschaft ein.

Die Haftung der Führungskräfte für Handlungen, die den Tatbestand einer *Ordnungswidrigkeit* (vgl. zum Beispiel §§ 710 RVO, 130 OWiG) oder einer *Straftat* erfüllen, gelten die Regelungen des Gesetzes über Ordnungswidrigkeiten und des Strafgesetzbuches. Dabei ist den haftungserweiternden Grundsätzen der §§ 9 OWiG und 14 StGB besondere Aufmerksamkeit zu widmen. Danach *werden besondere persönliche Merkmale* den Führungskräften als Vertretern oder Beauftragten des Unternehmens bzw. Arbeitgebers haftungsbegründend auch dann zugerechnet, wenn sie nicht von ihnen selbst, sondern nur von den von ihnen vertretenen Instanzen erfüllt werden.

Beispiel: Eine Führungskraft verstößt in Wahrnehmung ihrer Funktionen als Vertreterin des Unternehmens in ordnungswidriger/ strafbarer Weise schuldhaft gegen geltendes Sicherheitsrecht, wodurch ein Arbeitnehmer Schaden erleidet. Adressat von Sanktionen wäre die Rechtspersönlichkeit des Unternehmens. Aber diese hat weder gehandelt noch ist sie schuldfähig. Die Führungskraft als Täterin ist wiederum nicht der Adressat. Die Lücke wird mit Hilfe der §§ 9 OWiG, 14 StGB geschlossen.

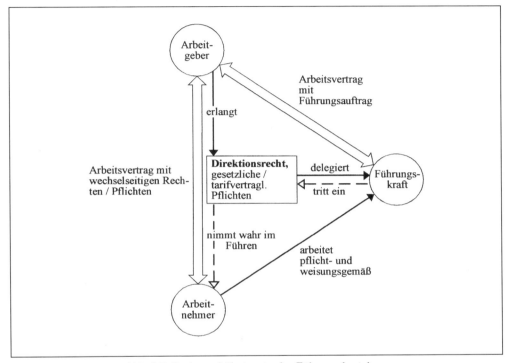

Abb. 8.7: Rechtsverhältnisse in der Führungsbeziehung

Anhang zu Kapitel 8

A) Anmerkungen

1 Söllner, A., 1987, § 3/I.; vgl. auch § 5 Abs. 1 BetrVG; zu arbeitnehmerähnlichen Personen vgl. BMAS, 1989, Ziffer 1/49; Schaub G., 1992, § 9
2 Söllner, A., 1987, S. 34ff.
3 Ebenda, S. 53ff.; BMAS, 1989, Ziffer 4/9ff.
4 Ausführlich dargestellt bei BMAS (Hrsg.), Soziale Sicherheit, 1990,
5 Vgl. die Zusammenstellung der geltenden Gesetze bei BMAS, 1989, S. 31/32
6 Näher ebenda, Ziffern 1/22 bis 1/26
7 Zöllner, W., 1983, § 7/V.
8 Söllner, A., 1987, § 9; Zöllner, W., 1983, § 8
9 I. d. S. Schaub G., 1992, § 3/I; Söllner, A., 1987, § 5/III
10 Schaub, G., 1992, § 3/II; Söllner, A., a., a., O., § 6/III
11 Nach Stat. JB 1992, Tab. 27.13

12 JW, Zahlen 1994, Tabellen 133, 134
13 Nach Kittner, M., 1992, S. 1175; 1994, S. 1233ff.
14 Ihre Verfassung regeln die Personalvertretungsgesetze des Bundes und der Länder
15 Vgl. die Zusammenstellung bei Fitting, K./Auffarth, F./Kaiser, H./Heither, F., 1992, § 2 Rdnr. 52
16 Zuständigkeiten des Betriebsrates aus Tarifverträgen werden hier nicht berücksichtigt
17 Ausführlich dargestellt bei Tinnefeld, M. T./Ehmann, E., 1992, I. Teil, Ziffer 5.2
18 Schaub, G., 1992, § 53; Söllner, A., 1987, § 29/II.; BMAS Nr. 2/162ff.
19 Schaub, G., 1992, § 108; Söllner, A., 1987, § 31/II.; BMAS Nr. 2/374, 332
20 Schaub, G., 1992, § 112; Söllner, A., 1987, § 31/III.; BMAS Nr. 2/319ff.
21 zur Führung der Personalakte vgl. Böhm, W., in Rosenstiel, L. von et al., 1993, S. 287ff., Ziffern 1, 2; Pulte, P. 1991 (c)
22 Ausführlich Schaub, G., 1992, §§ 123ff.; Söllner, A., 1987. §§ 35–37; BMAS, 1989, Ziffer 2/408ff.
23 Zur Gesamtproblematik vgl. Böhm, W., in Rosenstiel, L. von et al., 1993, S. 287ff., Ziffern 3 bis 6
24 In der Fassung vom 18. 12. 1989
25 Zur deutschen Sozialgeschichte näher Engelsing, Sozial- und Wirtschaftsgeschichte Deutschlands, Göttingen 1976.
26 Mustererklärung bei Pfützner, R.(Hrsg.),1991, S. 162; generell Teil B »Arbeits- und Gesundheitsschutz«, S. 135ff.
27 Vgl. § 130 OWiG sowie unsere Ausführungen in Ziffer 8.7
28 Ebenda
29 IW, Zahlen 1994, Tabellen 103 und 104
30 Näher ausgeführt unter Ziffer 16.3 und Ziffer 18
31 Ausführlich Gaul, D., 1978, S. 126ff.
32 Vgl. REFA Methodenlehre der Betriebsorganisation, Anforderungsermittlung, Arbeitsbewertung, Darmstadt, 1989
33 Näher Schaub, G., 1992, § 52 ZifferVI/3; Gaul, D., 1978, S. 223ff; eine Änderung der Rechtsprechung des BAG zur Arbeitnehmerhaftung ist im Herbst 1994 zu erwarten

B) Kontrollfragen und -aufgaben

zu 8.1

a) Erläutern Sie den Begriff *abhängige Arbeit*.

b) Wer ist
    - Arbeitgeber?
    - Arbeitnehmer?

c) Welche Funktionen erfüllt das Arbeitsrecht?

d) Welche Strukturmerkmale prägen das Arbeitsrecht?

e) Gehört das Arbeitsrecht zum *privaten* oder zum *öffentlichen* Recht? Erläutern Sie Ihre Antwort näher.

f) Aus welchen Sachgebieten setzt das Arbeitsrecht sich zusammen?

g) Äußern Sie sich zum derzeitigen Stand der Kodifizierung des Arbeitsrechtes.

zu 8.2

a) Welches sind die aus dem Grundgesetz abzuleitenden Grundaussagen zur Arbeitsverfassung, und was besagen sie?

b) Welche Grundrechte markieren den rechtlichen Status des Menschen im Arbeitsleben?

c) arum sind die dem Schutz des Menschen vor staatlichem Machtmißbrauch dienenden Grundrechte auch im Arbeitsleben anzuwenden?

zu 8.3

a) Nennen Sie die Instanzen arbeitsrechtlicher Normensetzung in der Bundesrepublik Deutschland.

b) Wen binden die Rechtsnormen eines Tarifvertrages?

c) Auf welche Weise erlangen im Arbeitsleben die Urteile
   ca) des Bundesverfassungsgerichtes,
   cb) des Bundesarbeitsgerichtes und des Bundesgerichtshofes mit ihren nachgeordneten Ländergerichtsbarkeiten
   Bedeutung?

d) Wer ist tariffähig? Wo ist dies geregelt?

e) Welches sind die zulässigen Mittel des Arbeitskampfes, und wo sind sie gesetzlich geregelt?

f) Kann der Wirtschaftsminister den Inhalt eines Tarifvertrages festlegen?

g) Was bedeutet der Begriff *Allgemeinverbindlichkeitserklärung* im Zusammenhang mit Tarifverträgen?

h) Erläutern Sie die unterschiedlichen Zuständigkeiten von Gewerkschaften und Betriebsräten.

i) Erläutern Sie Aufbau und Inhalt eines Tarifvertrages und das Problem seines Geltungsbereiches.

j) Wieviele Tarifverträge etwa sind derzeit in Deutschland in Kraft?

k) Erläutern Sie das Wesen der Betriebsvereinbarung, ihre Abschlußpartner und ihre Rechtsverbindlichkeit.

l) Darf eine Betriebsvereinbarung *über jeden* im Betrieb interessierenden Gegenstand abgeschlossen werden?

m) Inwieweit kommt der Rechtsprechung von Gerichten im Arbeitsrecht normative Bedeutung zu?

zu 8.4

a) In welchen Betrieben gilt das BetrVG, in welchen nicht oder nur eingeschränkt?

b) Enthält das BetrVG *zwingendes oder nachgiebiges* Recht?

c) Welches sind die wichtigsten Organe der Betriebsverfassung, wie setzen sie sich zusammen und welche Aufgaben haben sie zu erfüllen? (Lösen Sie die Aufgabe am besten schriftlich mit Hilfe einer Matrix)

d) Weist das Betriebsverfassungsgesetz auch den Gewerkschaften Aufgaben im innerbetrieblichen Raum zu? Welche Problematik würde dabei dabei entstehen?

e) Charakterisieren Sie die Grundsätze, nach denen Arbeitgeber und Betriebsräte nach dem BetrVG zusammenarbeiten sollen.

f) Welche subjektiven Rechte weist das BetrVG den Arbeitnehmern zu?

g) Welche Rechtsstellung nimmt der Betriebsrat nach dem BetrVG im Betrieb ein?

h) Ist die Wahl eines Betriebsrates in dafür nach § 1 BetrVG geeigneten Betrieben verbindlich?

i) Fallen dem Betriebsrat Anteile am arbeitgeberseitigen Direktionsrecht zu?

j) Wir nehmen an, ein Betriebsrat setzt sich aus 12 Mitgliedern einschließlich seines Vorsitzenden und dessen Stellvertreter zusammen.
   ja) Unter welchen Voraussetzungen kann er rechtswirksame Beschlüsse fassen?
   jb) Wie viele Mitglieder umfaßt der Betriebsausschuß?
   jc) Unter welcher Voraussetzung darf der Betriebsausschuß für den ganzen Betriebsrat Beschlüsse fassen?

k) Wird der gute Glaube des Arbeitgebers an die Rechtsgültigkeit einer Beschlußfassung geschützt?

l) Wie hat der Arbeitgeber den Betriebsrat in mitbestimmungsfähige Vorgänge hinzuziehen?

m) Ein Betriebsrat fordert Einsicht in die schriftlichen Unterlagen zu einem mitbestimmungsfähigen Vorgang. Der Arbeitgeber verweigert dies. Wer hat Recht?

n) Erläutern Sie die *allgemeinen Aufgaben* des Betriebsrates.

o) Erläutern Sie die *Arten von Mitwirkungsrechten*, die dem Betriebsrat zustehen.

p) Erläutern Sie die *Gegenstände* seines Mitwirkens.

q) Prägen Sie sich anhand des Tableaus in Abb.8.2 die Zuordnung von Mitwirkungsarten und -gegenständen ein.

r) Darf ein Betriebsrat im Betrieb Maßnahmen des Arbeitskampfes aktivieren?

s) Worüber haben Arbeitgeber und Betriebsrat *gemeinsam* zu wachen?

t) Inwieweit stehen dem Betriebsrat Mitwirkungsrechte auf dem Gebiet der betrieblichen EDV zu? Erläutern Sie dies näher.

zu 8.5

a) Charakterisieren Sie das Wesen des Anstellungs- oder Arbeitsvertrages.

b) Nennen Sie die *Hauptpflichtenbereiche*, die daraus
    ba) dem Arbeitgeber,
    bb) dem Arbeitnehmer
    zufallen.

c) Welche das Arbeitsverhältnis prägenden *Nebenpflichten* kennen wir
    ca) für den Arbeitgeber,
    cb) für den Arbeitnehmer,
    und aus welchem übergeordneten Rechtsgedanken erwachsen sie?

d) Welche Wirkungen entfaltet der Gleichheitsgrundsatz aus Art. 3 GG bei der Gestaltung des Arbeitsvertrages?

e) Aus welchen *Rechtsquellen* kann ein Arbeitsvertrag gespeist werden?

f) Welchen *gesetzlichen Normen* kommt dabei besonderes Gewicht bei?

g) Wodurch kann ein Arbeitsverhältnis beendet werden?

h) Welche Arten von Kündigungen kennen wir, und worin unterscheiden sie sich voneinander?

i) Aus welchen Gründen darf ein *Arbeitnehmer* den Arbeitsvertrag kündigen?

j) Aus welchen Gründen ein Arbeitgeber?

k) Worin unterscheidet sich die personen- von der verhaltensbedingten Kündigung?

l) Inwieweit ist der Betriebsrat an einer arbeitgeberseitigen Kündigung zu beteiligen?

m) Kann der Betriebsrat eine solche Kündigung außer Kraft setzen?

n) Was kann der Betriebsrat gegen eine solche Kündigung unternehmen, und was bewirkt dies?

o) Muß daran auch der Gekündigte mitwirken und, falls ja, wie?

zu 8.6

a) Welche Ziele werden im Arbeitsschutz verfolgt?

b) Wie wird das Arbeitsschutzrecht geschaffen?

c) Welche beiden großen Sachgebiete umfaßt der Arbeitsschutz?

d) Wer wird zum aktiven Arbeitsschutz verpflichtet?

e) Wie werden Führungskräfte in den Arbeitsschutz einbezogen?

f) Haben zum Beispiel auch ein Dreher, ein Zeichner, ein Gabelstaplerfahrer am Arbeitsschutz mitzuwirken?

g) Worin könnten ihre besonderen Pflichten bestehen?

h) Erläutern Sie die Rechtsstellung und die Hauptaufgaben
   ha) der Gewerbeaufsichtsämter,
   hb) der Berufsgenossenschaften.
i) Wer tritt bei einem Arbeitsunfall ein in die Regulierung
   ia) des Personenschadens?
   ib) des Sachschadens?
j) Welche großen Sachbereiche umfaßt der Technische Arbeitsschutz?
k) Wie hat ein Arbeitnehmer sich zu verhalten, wenn er
   ka) an einem nicht unfallsicheren Arbeitsmittel arbeiten,
   kb) eine gesetzwidrige Anordnung befolgen
   soll?
l) Welche Personengruppen werden in welchen Gefährdungsbereichen im Sozialen Arbeitsschutz geschützt?
m) In welcher Größenordnung liegen die von den Berufsgenossenschaften im Jahre 1991 erbrachten Aufwendungen für Arbeitsunfälle?

zu 8.7
a) Erläutern Sie die Grundlage der Berechtigung des Arbeitgebers zum Führen.
b) Erläutern Sie den Inhalt des arbeitgeberseitigen Direktionsrechtes.
c) Erläutern Sie den Zusammenhang zwischen dem Inhalt des Arbeitsvertrages und dem auszuübenden Direktionsrecht.
d) Worin besteht die arbeitnehmerseitige Gehorsamspflicht?
e) Welche Rechtsstellung nimmt die durch Vertrag angestellte Führungskraft zum Direktionsrecht ein?
f) An welche objektiven und subjektiven Voraussetzungen ist die rechtlich wirksame Delegation von Aufgaben, Kompetenzen und Verantwortlichkeit gebunden?
g) Wie ist ein Delegationsakt zu vollziehen?
h) In welchem Umfang ist es für einen Vorgesetzten gerechtfertigt, in den delegierten Zuständigkeitsbereich seiner Mitarbeiter einzugreifen?
i) Für welche Bereiche trägt eine delegierende Stelle die Kompetenzen und die Verantwortung?
j) Welche Haftungsregelungen gelten bei Schäden, die
   ja) eine Führungskraft einem Mitarbeiter,
   jb) ein Mitarbeiter seinem Kollegen
   zufügt?

C) Literatur

zu 8.1
BMAS (Hrsg.), 1989, Kapitel 1, Grundlagen des Rechts der Arbeit
derselbe (Hrsg.), Soziale Sicherheit, 1990
Grunsky, W., Arbeitsgerichtsbarkeit, in HWP, Sp. 109–120
Schaub, G., 1992, I. Buch. Grundbegriffe des Arbeitsrechts
Söllner, A., 1987, Erster Teil, Gegenstand und Grundlagen des Arbeitsrechts

zu 8.2
BMAS, 1989, Ziffer 1/27
Schaub, G., 1992, § 3/I
Söllner, A., 1987, § 5/III
Zöllner, W., 1983, § 7

zu 8.3:
BMAS, 1989, Kapitel 4
Schaub, G., 1992, XII. Buch. Das Recht der Koalitionen; XV. Buch. Das Tarifrecht; § 231
Söllner, A., 1987, §§ 15–18; § 22
Zöllner, W., 1983, §§ 33–38; 46/I/1

zu 8.4
BMAS, 1989, Kapitel 5
Böhm W., Zusammenarbeit mit dem Betriebsrat, in Rosenstiel, L. von et al., 1993, S. 593ff.
Frey, H./Pulte, P., 1992
Hoyningen-Huene, G. v., Arbeitsvertrag, in HWP, Sp. 415–428
Kittner, M., 1992, S. 567ff.
Kotthoff, H., Betriebsrat, in HWP, Sp. 611–624
Pulte, P., 1991 (a)
derselbe, 1991 (b)
derselbe, 1991 (c)
Schaub, G., 1992, XVI. Buch, Betriebsverfassung
Söllner, A., 1987, 4., §§ 19–22
Tinnefeld, M.-Th./Ehmann, E., 1992, I. Teil, Ziffer 5.2
Wiese, G., Betriebsverfassungsrecht, in HWP, Sp. 651–664
Zöllner, W., 1983, §§ 43–52

Lesen Sie zu den genannten §§ des Betriebsverfassungsgesetzes die Erläuterung in den Kommentaren von

Dietz, R./Richardi, R., Betriebsverfassungsgesetz, 1982
Fitting, K./Auffarth, F./Kaiser, H./Heither, F., Betriebsverfassungsgesetz, 1992

zu 8.5
BMAS, 1989, Kapitel 2: Arbeitsvertragsrecht
Bellgardt, P., 1992
Böhm, G., Arbeitsrecht für Vorgesetzte, in Rosenstiel et al., 1993, S. 287ff., Ziffern 2–6
Födisch, W., Personalakte, in HWP, Sp. 1556–1563
Schaub, G.,1992, IV.-IX. Buch
Söllner, A., 1987, §§ 28–38
Zöllner, W., 1983, §§ 11–28

zu 8.6
BMAS, 1989, Kapitel 3: Schutz besonderer Personengruppen; Kapitel 7: Arbeitsschutz; Kapitel 8: Technischer
    Arbeitsschutz
Leichsenring, Ch./Petermann, O., 1993
Schaub, G., 1992, X. Buch: Arbeitnehmerschutzrecht
Stein, G./Kunze, G., 1981
Söllner, A., 1987, §§ 25–27
Wenninger, G., 1991,
Zöllner W., 1983, §§ 29–32

zu 8.7
Gaul, D., 1978, S. 126ff.
Pabst, G., 1991
Weimar, W., 1981

III. Abschnitt: Bedingung menschlicher Leistungsbereitschaft: Arbeitsmotivation

Management ist nichts anderes als die Kunst, andere Menschen zu motivieren.
(Lee Iacocca, amerikanischer Spitzenmanager)

9 Arbeitsmotivation als Determinante menschlicher Leistung

Lernziele:
Sie sollen erkennen,

- was Motivation als Handlungsantrieb generell bedeutet,
- daß der innere Antrieb menschlichen Handelns von unerfüllten Zielen aktiviert wird,
- wie der Prozeß des Motivierens abläuft,
- an welchen Stellen und mit welchen Mitteln Mitarbeiter in der Arbeit motiviert werden können,
- welche Faktoren der betrieblichen Arbeit demotivierend wirken und welche Störfolgen dadurch auftreten können.

9.1 Problemstellung

Wir betrachteten es unter Ziffer 1.3 als zentrales Anliegen der Personalführung, dem betrieblichen Arbeitsprozeß das *gesamte* im Mitarbeiter angelegte physische und psychische Leistungspotential, soweit es für die betrieblichen Ziele relevant ist, zu erschließen und seine Leistungs-Elastizität im Sinne des zulässigen Optimums auszuschöpfen. Dabei richtet sich unser besonderes Interesse auf die Goodwill-Komponenten der Leistung.

Arbeitshinweis:

A) Definieren Sie zunächst Goodwill-Leistung;
B) notieren Sie die drei Fallgruppen, in denen Goodwill in der betrieblichen Arbeit erbracht werden kann;
C) nennen Sie für jede Möglichkeit zwei praktische Beispiele.

Wir wissen aus demoskopischen Untersuchungen (vgl. Ziffer 1.3.3), daß mehr als die Hälfte aller Arbeitnehmer Teile des in ihnen angelegten Leistungsvermögens in ihrer Arbeit gar nicht ausbringen, so daß ihre Arbeitsleistung geringer ausfällt, als dies von ihrem Leistungsvermögen her möglich wäre.

Um die Hintergründe dafür klären zu können, müssen wir von der tatsächlich *ausgebrachten Arbeitsleistung* begrifflich das *angelegte Leistungsvermögen*, die Leistungsfähigkeit also, unterscheiden.

Als **individuelles Leistungsvermögen** bezeichnen wir das Potential *möglicher* Arbeitsleistung eines Menschen, das seinerseits durch seine Kondition und Qualifikation bestimmt wird.

Unter **Kondition** eines Menschen verstehen wir den vorhandenen Grad an Traniertheit zum Leisten. Die **Qualifikation** bilden dessen eigene, teilweise interdependenten Bestände und Muster an

- Fähigkeiten,
- Wissen (»Know how«)
- Können
- »Persönlicher Leistungsklasse«,
- Sozialverhalten.

Wir verstehen unter

Fähigkeiten: in der Persönlichkeit angelegte Merkmale wie Intelligenz, Begabungen, Sensibilität, Psychomotorik, Konstitution und Belastbarkeit; sie sind als relativ stabil anzusehen; ihr individueller Ausbildungsgrad kann aber durch Training entwickelt oder durch Vernachlässigung verschüttet werden;

Wissen: durch Lernen und tatsächliches Erleben erworbene Bestände an Informationen, die einzeln oder untereinander kombiniert insbesondere zum Beurteilen von Problemlagen, zum Beherrschen von Verfahren oder zum finalen Entwickeln neuer Lösungen eingesetzt werden können (zum Beispiel erlernte Kenntnisse über technische Prozesse/Fertigungsverfahren/-methoden oder aus dem Erleben erworbene Erfahrungen in sozialen Lebensbereichen wie Auslands-Kundenmentalitäten/informelle Strukturen im Betrieb);

Können: durch Erlernen und Einüben erworbene Fertigkeiten, deren Bestände durch Neuerwerb und Verlust sich schnell verändern können (zum Beispiel Geschicklichkeit eines Facharbeiters, Schnelligkeit einer Kassiererin an der Kasse oder einer Texterfasserin am EDV-Terminal, praktisches Steuern von Prozessen/Verkehrsmitteln);

»Persönlicher Leistungsklasse«: personengebundene Merkmale, die sich im Individuum aus Anlagen, Selbstwertgefühl und Normierung seines Rollenverständnisses herausbilden und sein berufliches wie privates Rollenverhalten qualitativ prägen, wie

- Niveau des Problemlösungsansatzes (Als wie tauglich erweist sich der Ansatz eines Individuums, Probleme zu lösen?),
- Zieladäquanz der Rollenwahrnehmung (Wie effizient setzt ein Individuum seine physischen und psychischen Ressourcen in seiner Rolle (zum Beispiel als Führungskraft) ein, um ein vorgegebenes Ziel zu verfolgen?),
- Grad der Selbstdisziplinierung (Mit welcher Grundeinstellung/innerer Führung/welchem Selbstmitleid bewältigt ein Individuum die Belastungen seiner Situation?),
- Flexibilität der Rollenwahrnehmung (Wie flexibel erkennt und bewältigt ein Individuum bestimmte Rollenerwartungen?),
- Richtung und Ausgeprägtheit seines Handlungs-Ethos' (Auf welchem Niveau fühlt ein Individuum sich freiwillig wertegebundenen Anforderungen an sich selbst und an seine berufliche Tätigkeit, verpflichtet?),
- Leistungs- und Erfolgswille (Wieviel Willenskraft investiert ein Individuum in seine Leistungen und die angestrebten Ziele?).

Sozialverhalten: individuelle Einstellungen und Verhaltensmuster, die den Stil des Zusammenwirkens mit anderen Individuen charakterisieren (zum Beispiel Streben nach bzw. Bereitschaft zu Integration, Anpassung, Konsens, Kooperation, Förderung, Kontakt oder auch zu Einzelgängertum, Distanz, Ich-Orientierung, Dominanz, Konflikt). Wir zählen hierzu auch **Soziale Kompetenz** als Potential, andere Menschen sensibel zu erkennen und eigenen Willen kraft flexibler, situativer Anpassungsfähigkeit zu realisieren.

Wir erkennen, daß den letzten beiden Merkmalsgruppen besonderes Gewicht in der Qualifikation von Führungskräften zufällt.

Für die Frage, in welchem Maße ein Mensch sein Leistungsvermögen tatsächlich einsetzt und als Arbeitsleistung ausbringt, ist eine weitere Größe entscheidend: sein Antrieb dazu. Er kann auf der Grundlage der latent vorhandenen Leistungsdisposition aus zwei Quellen gespeist werden: äußerem Zwang und innerem Wollen.

Unter **Zwang** verstehen wir jede psychische und physische Willens- und Verhaltensbeeinflussung, die von Personen oder Institutionen gegenüber Individuen auch gegen deren Willen durchgesetzt wird.

Intrapersonelle neurotische Zwänge interessieren hier nicht. Äußerer Zwang kann im Betrieb aufgrund der einer Führungskraft zugewiesenen positionalen Herrschaftsbefugnisse oder sonstiger faktischer Beherrschungsverhältnisse ausgeübt werden (vgl. unten Ziffer 4).

Zwang als Führungsmittel zur Mobilisierung von Leistungsvermögen kann allenfalls für solche Leistungsbeiträge zum Erfolg führen, die zum Pflichtenbereich gehören **und** deren Nichterbringen, dem Mitarbeiter als pflichtwidriges Fehlverhalten nachgewiesen, mit Sanktionen beantwortet werden kann (sog. »Muß«-Beiträge). Da Zwang im Menschen sogleich innere Abwehrhaltungen mobilisiert, muß er folgerichtig das Goodwill-Potential blockieren. Damit erweist er sich als Mittel einer Führung, deren Ziel in der Freisetzung des gesamten mitarbeiterseitigen Leistungsvermögens besteht, als untauglich.

Zwang in der Führung kann *als letztes Mittel* allenfalls da sinnvoll und gerechtfertigt sein, wo es darum geht, akut gefährdete Güter des Arbeitslebens wie ein unabdingbares Maß an Disziplin oder Arbeitssicherheit zu schützen. Zur Abwehr von unmittelbaren Gefährdungen geschützter Rechtsgüter (zum Beispiel Unverletzlichkeit von Personen oder Eigentum) kann sogar die Anwendung *physischen Zwanges* (Gewalt) angezeigt sein. Dies wäre nach den §§ 227 BGB, 32 StGB zulässige Rechtspraxis.

Als tauglicher Weg, das Leistungspotential des Mitarbeiters im oberen Bereich seiner Leistungselastizität zu gewinnen, erweist sich allein das Aktivieren der Bereitschaft, es auszubringen **zu wollen**. Dies ist nur mit den Mitteln des Motivierens möglich.

Wir gebrauchen die Begriffe

A) **Motivation** für die in einem Individuum vorhandene Disposition zur Leistung,
B) **Motivieren** oder **Motivierung** für den Prozeß, in dem Leistungsbereitschaft aktiviert wird,
C) **Valenz** für die Kraft der im Individuum wirkenden Antriebe zum Verfolgen von Zielen.

Einfluß auf die erzielbare Leistung nehmen weiterhin die materiellen und geistigen Arbeitsbedingungen: Sie definieren die Leistungsmöglichkeiten und bestimmen damit zugleich, wie wirtschaftlich ein Arbeitnehmer auf der Grundlage seiner Motivation sein Leistungsvermögen tatsächlich umsetzen kann.

Arbeitsleistung = f (Leistungsvermögen, Motivation, Leistungsmöglichkeiten)

Ein bestimmtes Maß an Leistungsvermögen wird vom Arbeitnehmer bei Arbeitsaufnahme eingebracht. Die Diagnose seiner Ausprägung und seiner Entwicklungsfähigkeit bildet eine der wichtigsten und zugleich schwierigsten Aufgaben der Personalauswahl.

Motivation im Mitarbeiter zu fördern und, wo sie eingetreten ist, De-Motivation aufzuheben bilden zeitüberdauernde Aufgaben des Führens.

9.2 Grundmodell des Motivierungsprozesses

In ihrer einfachsten Form läßt sich Motivation dadurch erklären, daß in der Grunddisposition eines Menschen zu einem bestimmten Zeitpunkt ein Spannungszustand entsteht, der danach drängt, gelöst zu werden. Seine Ursache kann ein Wunsch, ein Bedürfnis oder eine Erwartung sein, die nach Erfüllung drängt. Den Zustand künftigen Erfülltseins mit der gleichzeitigen Lösung des Spannungszustandes als anzustrebendes Ziel vor Augen, wählt der Mensch Verhaltens- oder Handlungsstrategien, von denen er erwartet, daß sie zum Erreichen des Zieles geeignet seien. Den tatsächlich erreichten Zustand nimmt er danach zur Kenntnis, wobei seine Bewertung darüber entscheidet, ob das Ergebnis zufriedenstellend ist (es tritt ein Zustand der Entspannung ein) oder ob das Ziel verfehlt worden ist (der Spannungszustand bleibt dann teilweise oder ganz aufrechterhalten und drängt zu neuen Strategien, oder das Ziel wird resignativ aufgegeben).

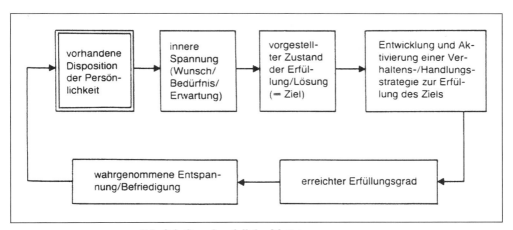

Abb. 9.1: Grundmodell des Motivierungsprozesses

Das vorstehende Modell führt zu einer Reihe weiterer Fragen:

A) Wodurch werden die Spannungen, die auf eine Veränderung des derzeitigen Zustandes drängen, ausgelöst?
B) Auf welche Wünsche/Bedürfnisse/Erwartungen richten sie sich?
C) Welche Verhaltens-/Handlungsstrategien wählen Menschen zur Erfüllung ihrer Wünsche/Bedürfnisse/Erwartungen?
D) In welchen Prozessen werden die Strategien aktiviert?

9.3   Ansätze zur Erklärung des Motivierunsprozesses [1]

Die Suche nach Antworten auf die vorstehenden Fragen bildet seit Beginn des 20. Jahrhunderts einen zentralen Gegenstand motivationspsychologischer Forschungen. Eine große Anzahl von Einzelerkenntnissen haben vor allem im amerikanischen Raum zu mehreren tausend wissenschaftlichen Veröffentlichungen geführt. Wir beschränken uns nach sorgfältiger Abwägung im folgenden auf eine knappe Darstellung jener Ansätze, deren Ergebnisse nach dem derzeitigen Stand der Forschungen unseres Erachtens das am besten abgesicherte Maß an Validität, Plausibilität und Nutzwert für die Führungspraxis aufweisen.

Aus ihnen leiten wir ein Motivierungskonzept ab, das den Ansprüchen der betrieblichen Praxis nach Wirtschaftlichkeit und Praktikabilität genügt und zugleich der Führungskraft einen gangbaren Weg weist, menschliche Leistungsbereitschaft im Führungsalltag zu aktivieren.

Die gegenwärtig aktuellen Forschungsansätze lassen sich in

- **Zielinhalts-Theorien bzw. Inhalt-/Ursachen-Theorien** [2] und
- **Prozeß-Theorien bzw. Prozeß-/Instrumentalitäts-Theorien** [3]

untergliedern.

9.3.1   Zielinhalts-Theorien

Sie beschreiben in erster Linie, welche speziellen Zielvorstellungen oder Bedürfnisse den Menschen zu konkreter Leistung veranlassen, und erst in zweiter Linie, wie und mit welcher Wirkung dies geschieht.

Maslow – Theorie der Bedürfnishierarchie (1954) [4]

MASLOW nimmt an, daß menschliches Handeln von fünf Gruppen von Grundbedürfnissen aktiviert wird. Es sind die Bedürfnisse nach

- physiologischer Existenz (Essen, Trinken, Behausung, Triebbefriedigung),
- Sicherheit (materiell, existenziell),
- Zugehörigkeit (soziale Integration, Liebe, Zuneigung),
- Differenzierung (Achtung, Wertschätzung durch andere und sich selbst),
- Selbstaktualisierung (Selbstverwirklichung, Autonomie, Aktualisierung des eigenen Potentials).

Er nimmt weiter an, daß der Mensch zuerst die Bedürfnisse befriedigt, die seine physiologische Existenz betreffen, und danach Schritt für Schritt in der oben dargestellten Reihenfolge nach Sättigung der übrigen Bedürfnisse drängt, und zwar mit zunehmender Intensität. Dabei wendet er sich erst dann der nächst »höheren« Gruppe zu, wenn er in der jeweils aktuellen zufriedengestellt ist. Hat dieser Drang die höchste Stufe, nämlich die Gruppe der Selbstaktualisierung, erreicht, bleibt er dort aktuell, weil menschliche Selbstverwirklichung keinen End- und in diesem Sinne Sättigungszustand erreichen kann.

Erst wenn die zuvor erreichte Sättigung einer Gruppe in Frage gestellt wird, wendet sich das Befriedigungsinteresse wieder dieser »niedrigeren« Gruppe zu (vgl. Abb. 9.2).

Alderfer – ERG-Theorie (1969, 1972)

ALDERFER reduziert die fünf Bedürfnisebenen MASLOWS auf drei Ebenen. Er klassifiziert sie als

– »*Existence-*« oder *Daseins- und Existenzbedürfnisse* (E-Bedürfnisse); sie richten sich auf physiologische Existenz, Sicherheit und Bezahlung;
– »*Relatedness-*« oder *Beziehungsbedürfnisse* (R-Bedürfnisse), welche sowohl die Kategorie sozialer Integration als auch die sozialer Differenzierung i. S. MASLOWS umfassen;

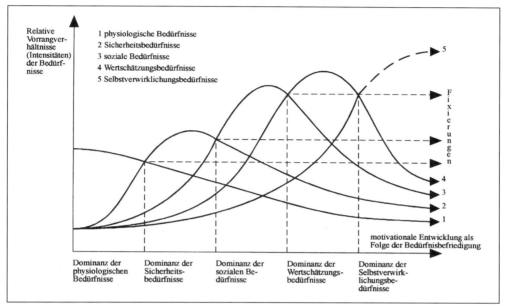

Abb. 9.2: Die Motivklassen Maslows und ihre Dynamik (entnommen bei Berthel, J., 1989, S. 15)

– »*Growth-*« oder geistig-potentielle *Selbsterfüllungs- und Wachstumsbedürfnisse* (G-Bedürfnisse); sie umfassen überlappend das Streben nach Wertschätzung wie auch die Gruppe der Aktualisierungsbedürfnisse.

Abweichend von MASLOWS Annahme, daß Bedürfnisbefriedigung auf höherer Stufe die Sättigung der Bedürfnisse auf niedrigerer Stufe voraussetzt, führt ALDERFER eine Frustrationskomponente in das System ein: Sobald eine der höheren Bedürfnisebenen blockiert ist und nicht befriedigt werden kann (= Frustration), wendet sich das Interesse des Menschen wieder der nächstniedrigeren Gruppe zu. Ihre Befriedigung tritt substitutionell an die Stelle der nicht erreichbaren Bedürfnisgruppe und erfüllt, wenngleich unter Frustration, die Funktion eines Motivators.

Herzberg – Zwei-Faktoren-Theorie (1967)

HERZBERG ist über die Befragung von Arbeitskräften zu der Erkenntnis gelangt, daß die Einstellung des Menschen zu seiner Arbeit durch zwei verschiedene Gruppen von Faktoren mit unterschiedlicher Richtung geprägt wird.

Eine Gruppe der Faktoren bewirkte, wenn diese als *negativ* bewertet wurden, bei der Mehrzahl der Befragten Gefühle der *Unzufriedenheit*. Wurden sie als »in Ordnung« bewertet, so führte dies zwar zum Fortfall der Unzufriedenheit, *nicht* aber bereits zu Arbeits*zufriedenheit*. Zu dieser Gruppe zählen Faktoren wie Arbeitsvertrags-Konditionen, personalbezogene Unternehmenspolitik, Organisation, Beziehungen zu Kollegen, Vorgesetzten und Mitarbeitern, äußere Arbeitsbedingungen und Arbeitsplatzsicherheit. HERZBERG bezeichnet sie als **Hygienefaktoren**.

Ihnen steht eine zweite Gruppe von Faktoren gegenüber, deren *positiv* empfundene Gestaltung die Mehrzahl der Befragten zu voller Arbeits*zufriedenheit* stimulierte, deren Defizite aber *nicht* zu Unzufriedenheit, sondern lediglich zu dem schon genannten Zustand des »*Nicht-zufrieden-Seins/ Nicht-unzufrieden-Seins*« führte. Bei ihnen handelt es sich um Gestaltungsmerkmale der Arbeit selbst, wie Leistung, Anerkennung, Verantwortung, Arbeit selbst, Wachstum und Aufstieg. HERZBERG bezeichnet sie als **Motivatoren**.

Gleichgewichtig zwischen beiden Gruppen waren Gehalt und Status eingeordnet, die bei einer etwa gleichen Anzahl der Befragten sowohl die eine als auch die andere Wirkung herbeiführen konnten. HERZBERG zählt sie trotzdem zu den Hygienefaktoren.

Abb. 9.3: Kontinuum der Hygienefaktoren/Motivatoren nach HERZBERG

Aus der Existenz dieser unterschiedlichen Faktorengruppen lassen sich einige grundsätzliche Schlüsse ziehen:

A) Arbeitsunzufriedenheit und Arbeitszufriedenheit bilden zwei voneinander *unabhängige* Dimensionen, deren Extreme »Nicht mehr Unzufriedenheit« bzw. »Nicht mehr Zufriedenheit« darstellen;

B) Unzufriedenheit wird überwiegend durch Faktoren der Arbeitsumgebung, Zufriedenheit überwiegend durch die Gestaltung der Arbeit selbst stimuliert;

C) Zufriedenheit kann erfolgreich erst dann stimuliert werden, wenn Ursachen von Unzufriedenheit eliminiert worden sind. Der Sanierung von Hygienefaktoren muß daher Vorrang eingeräumt werden vor Maßnahmen der Motivation im engeren Sinne.

HERZBERGS Erkenntnisse deuten ferner darauf hin, daß die Angehörigen niedrigerer Organisationsebenen auf Mängel im Hygienebereich stärker ansprechen als Angehörige gehobener Ebenen, die ihrerseits der Gestaltung ihrer Arbeit größeres Gewicht beizumessen scheinen.

Zu den Zielinhalts-Theorien ist ferner die »Theorie der gelernten Bedürfnisse« von MCCLELLAND (1951, 1962) zu zählen.

9.3.2   Prozeß-Theorien

Die dieser zweiten Gruppe zuzuordnenden Motivierungs-Theorien konstatieren ebenfalls, daß menschliches Handeln zielgerichtet verläuft. Sie richten ihr besonderes Augenmerk jedoch auf die Frage, auf welchem Wege, in welchem Prozeß die Ziele verfolgt werden. Dabei stützen sie sich auf die Grundannahme, daß die bei der Zielverfolgung auftretenden Handlungsabläufe weniger durch konstante Größen determiniert sind, als vielmehr Ergebnisse kognitiver Prozesse darstellen.

VROOM – VIE-Theorie (1964)

Nach VROOM's Erkenntnissen verfolgen Individuen ihre Ziele in Abhängigkeit davon, wie stark auf sie der Anreiz eines Zieles wirkt und wie hoch sie die Erwartung einschätzen, mittels einer bestimmten Handlung ein Ziel erreichen zu können. Dabei kann es geschehen, daß bestimmte Ziele (erster Ebene) lediglich zu dem Zweck verfolgt werden, mit ihrer Hilfe Ziele einer zweiten, höheren Ebene realisieren zu können.

> **Beispiel:** Der Facharbeiter kann das Ziel hoher Arbeitsgüte (erster Ebene) haben, um dadurch eine Leistungszulage (Ziel zweiter Ebene) erlangen zu können. Das Ziel der Leistungszulage kann aber auch Ziel der ersten Ebene sein, wenn die Leistungszulage Voraussetzung für die Beförderung zum Vorarbeiter (Ziel zweiter Ebene) angesehen wird.

VROOM arbeitet mit drei Variablen:

A) *Valenz:* Sie kennzeichnet die individuell empfundene Stärke des Anreizes, der von einem vorgestellten Ziel ausgeht. Ein Ziel wird nur dann Energie mobilisieren, wenn es im Individuum einen genügend starken Befriedigungsdrang hervorruft. Fehlt ein solcher Drang, oder bewirkt es sogar negative Ergebnisse (zum Beispiel Gefahr der Bestrafung, Blamage), wird es keine oder gar abwehrende Energien freisetzen.

B) *Instrumentalität:* Mit ihr kennzeichnet VROOM die Tauglichkeit eines Zieles erster Ordnung (Z1) zur Verfolgung eines Zieles zweiter Ordnung (Z2). Ihre Funktion steht in der zweiten Ebene der Funktion der »Erwartung« für die erste Ebene nahe.

C) *Erwartung:* Sie bezeichnet den subjektiven Schätzwert, den ein Individuum einer bestimmten Handlungsstrategie zumißt, um über sie ein Ziel der ersten Ebene erreichen zu können. Das Individuum wird unter mehreren Handlungsalternativen zur Verfolgung eines Zieles stets diejenige auswählen, von der die größte Erfolgswahrscheinlichkeit erwartet wird.

Nach VROOM bildet die in einem Menschen zu mobilisierende Leistung P das Produkt aus dem vorhandenen Leistungsvermögen (Lv) und der aktuellen Motivation (M):

$$P = f(Lv \times M)$$

Die hier interessierende *Motivation zu einer Handlung* (H) bildet das Produkt der Valenz des Zieles der ersten Ebene und der Erwartung von der Tauglichkeit der Handlung zur Erreichung dieses Zieles (E_{H-Z1}).

$$M = f(V_{Z1} \times E_{H-Z1})$$

Die Valenz des Zieles 1 schließlich bildet sich multiplikativ aus der Valenz des Zieles 2 und der Instrumentalität des Zieles 1 dafür (I_{Z1}).

$$V_{Z1} = f(V_{Z2} \times I_{Z1})$$

Bei Berücksichtigung der Mehrstufigkeit von Zielen und des Umstandes, daß Individuen durch ihr Handeln häufig nicht nur ein Ziel, sondern gleichzeitig mehrere Ziele anstreben (zum Beispiel Beförderung und Gehaltserhöhung), läßt sich Motivation als Handlungsantrieb folgendermaßen ableiten:

$$M = f((V_{Z2} \times I_{Z1}) \times (E_{H-Z1}))$$

Nach VROOM bildet die Motivation zu einem Verhalten somit eine Funktion erstens der Stärke des Anreizes eines vorgestellten End-Zieles sowie zweitens der Erwartung, daß ein bestimmtes Handeln zu Resultaten führen möge, die sich drittens für die Erreichung des vorgestellten End-Zieles als tauglich erweisen mögen. Seinen Handlungen wird das Individuum damit die Fragen voranstellen

a) Werde ich mit meinem Handeln bestimmte Resultate herbeiführen können?

b) Erweisen sich diese Resultate zur Erreichung der angestrebten End-Ziele als tauglich?

Die Höhe der Wahrscheinlichkeit, die für beide Fragen angenommen werden, bestimmt die Energie, die in das individuelle Leistungsvermögen investiert wird.

Porter & Lawler – Erwartungs-Wert-Modell (1968)

Das Motivationsmodell von PORTER & LAWLER entwickelt die Theorie VROOM's weiter, indem es die Bedeutung individueller Erfolgserwartungen noch stärker hervorhebt und einen Zusammenhang zwischen Arbeitsleistung und Arbeitszufriedenheit in industriellen Organisationen herstellt. Seine zentralen Komponenten bilden

A) *die Valenz von Zielen* (V_Z), die mittels Arbeitsleistung verfolgt werden können und von deren Erreichung sich das Individuum einen Belohnungswert verspricht;

B) *die subjektive Weg-Wahrscheinlichkeit* ($E \rightarrow P$), mittels erhöhter Bemühung (E) eine erhöhte Arbeitsleistung (P) bewirken zu können sowie

C) *die subjektive Ziel-Wahrscheinlichkeit* ($P \rightarrow Z$), mittels der erhöhten Arbeitsleistung (P) die angestrebten Ziele (Z) (zum Beispiel Beförderung) erreichen zu können.

Die drei Komponenten stehen zueinander in einer multiplikativen Funktion. Motivation läßt sich aus folgender Zuordnung ableiten:

$$M = f \sum [V_Z \times (E \rightarrow P) \times (P \rightarrow Z)]$$

Das im Ansatz VROOM's ausgewiesene Element der Instrumentalität ist hier in beide Wahrscheinlichkeiten integriert.

Aus dem Vergleich der erwarteten mit den tatsächlich wahrgenommenen Belohnungen leitet der Mitarbeiter seine Zufriedenheit mit der Arbeitssituation ab. Hat die erlangte Belohnung seine Erwartungen erfüllt oder übertroffen, wird er zufrieden reagieren; sind seine Erwartungen nicht erreicht worden, so führt dies zu Belohnungsunzufriedenheit. Die hier gewonnenen Zufriedenheiten bilden eine zentrale Komponente der gesamten Arbeitszufriedenheit. Dabei wird deutlich, daß der Subjektivität der Schätz- und Wahrnehmungswerte für die Frage der Arbeitszufriedenheit ein entscheidendes und zugleich risikobehaftetes Gewicht zufällt.

Abschließend ist noch einmal hervorzuheben, daß die dargestellten Theorien nur einige wenige der insgesamt diskutierten Erkenntnisse motivationspsychologischer Forschungsarbeit enthalten. Interessierten Lesern wird deshalb empfohlen, das hier gewonnene Wissen über die Lektüre der genannten Fachliteratur und die dort zitierten weiteren Quellen zu verbreitern und zu vertiefen.

9.3.3   Prüfung der Anwendbarkeit

Die Ansätze beider Gruppen von Motivierungstheorien beruhen auf der Prämisse, daß Motivation im Menschen durch unerfüllte, valente Ziele ausgelöst wird. Der Ansatz der »Erwartungs-Wert-Theorie« von PORTER & LAWLER erweitert diese Prämisse um die Erklärung *des Prozesses*, in welchem die aus unerfüllten Zielen resultierende Spannung in Handlungsenergie umgesetzt wird. Dies geschieht auf dem Boden der Bedingungen, unter denen menschliche Ziele speziell *in der betrieblichen Arbeit* verfolgt und erfüllt werden.

Die »Erwartungs-Wert-Theorie« genießt den weiteren Vorzug, die Erkenntnisse der Zielinhalts-Theorien integrieren zu können.

Ersetzen wir den von MASLOW und ALDERFER gebrauchten Begriff »Bedürfnis« durch den Begriff »Ziel«, so vermitteln ihre Ansätze uns, daß einzelne Ziele einzelnen Zielgruppen zuzuordnen sind, die in einer bestimmten Dynamik zueinander stehen. Wir können Individuen motivieren, indem wir ihnen Möglichkeiten eröffnen, mit erhöhter Leistung unerfüllte Ziele der Gruppe mit aktueller Valenz zu erfüllen.

Die Ergebnisse HERZBERGS vermitteln uns Erkenntnisse über die Wertigkeit von Zielgruppen als »Hygienefaktoren« bzw. als »Motivatoren« und die Zufriedenheitsdispositionen, die ihre jeweilige Erfüllung oder Nichterfüllung bei Menschen auslösen.

Die Zielinhalts-Theorien ergänzen also den Erkenntniswert des Erwartungs-Wert-Modells.

Mit dem Austausch von betrieblichen Belohnungen (»Anreizen«) und mitarbeiterseitigen Good-will-Leistungen (»Beiträgen«) aufgrund bewußter Unternehmensmitgliedschaft (Koalitionsgedanke) umfaßt das Erwartungs-Wert-Modell auch den Grundgedanken der »Anreiz-Beitrags-Theorie« (BARNARD/MARCH-SIMON). [5]

Unter Abwägung aller Gesichtspunkte halten wir es für gerechtfertigt, das Problem der Arbeitsmotivation forthin anhand des »Erwartungs-Wert-Modells« von PORTER & LAWLER zur Grundlage unserer weiteren Ausführungen zu machen. Zwar wird im Schrifttum auch diesem Modell mit Kritik begegnet [6], doch sprechen die relative Widerspruchsfreiheit zu anderen Erklärungsansätzen, die Globalität seiner Aussagen und nicht zuletzt auch seine innere Nähe zu den Realitäten der betrieblichen Arbeit für dieses Vorgehen. Schließlich: Ein anderer Erklärungsansatz, der diese Merkmale auch nur annähernd erfüllt, ist nicht sichtbar.

9.4 Das modifizierte Erwartungs-Wert-Modell als anzuwendendes Motivierungskonzept

Wir wollen die Tauglichkeit des »Erwartungs-Wert-Modells« von PORTER & LAWLER zur Umsetzung unseres Bestrebens, Menschen zur Aktivierung ihrer Goodwill-Potentiale zu motivieren, transparenter gestalten. Dazu modifizieren wir die Motivationsgleichung durch einen einfachen Schritt: Wir setzen an die Stelle des abstrakten Begriffes »erhöhtes Ergebnis« den konkreteren Begriff »Goodwill-Leistung«. Damit wird deutlich, *welches* Potential an motivatorisch zu aktivierender Leistung der Betrieb anstrebt und der Mitarbeiter durch erhöhtes Bemühen erbringen soll und wofür der Betrieb den Mitarbeiter mit der Erfüllung valenter, eigener Ziele belohnen muß. Die Wahrscheinlichkeitserwägungen lauten für den Mitarbeiter jetzt:

A) Habe ich mit den mir zur Verfügung stehenden Mitteln unter den gegebenen betrieblichen Rahmenbedingungen Chancen, Goodwill-Leistung zu erbringen? Diese »Goodwill-Wahrscheinlichkeit« kann bei der Breite des Spektrums solcher Leistungen im Arbeitsalltag kaum in Frage stehen, vgl. Ziffer 1.3.2.

B) Besteht die weitere Chance, für meinen ausgebrachten Goodwill angemessen belohnt zu werden?

Die Funktionsweise des Erklärungsansatzes insgesamt wird durch unsere Modifikation nicht berührt.

Die Funktionsgleichung des Modells lautet nunmehr wie folgt:

$$M = f \Sigma \, [V_z \, x \, (E \rightarrow GW) \, x \, (GW \rightarrow Z)]$$

Arbeitsmotivation erklärt sich somit aus folgendem Prozeß:

A) **Auslösende Momente einer handlungsaktivierenden Disposition im Individuum sind valente Ziele, deren Erreichung ihm einen Belohnungswert verspricht.**

B) **Die angenommene Höhe des erwarteten Belohnungswertes bestimmt die Stärke des Anreizes (Valenz) des Zieles, womit sie zu einer der motivationsbestimmenden Größen wird.**

C) **Die Stärke des ausgelösten Antriebs, d. h. der Motivation zur Handlung, richtet sich außerdem nach der Höhe der geschätzten Wahrscheinlichkeiten,**

    a) **durch erhöhte physische/psychische Bemühungen Goodwill- Leistungen als erhöhte Arbeitsergebnisse (Ziel erster Ebene) sowie**

    b) **mittels des ausgebrachten Goodwills instrumentell das eigentlich erstrebte Ziel, nämlich den individuell erwarteten Belohnungswert, realisieren zu können (Ziel zweiter Ebene).**

D) **Die bei positiven Ergebnissen in beiden Wahrscheinlichkeiten freigesetzte Motivation führt unter Aktivierung der vorhandenen Qualifikation und Kondition unter den realen betrieblichen Arbeitsbedingungen zur tatsächlich ausgebrachten Bemühung, die ihrerseits konkrete Leistungen hervorbringt.**

E) **Die von ihnen vermittelte innere Befriedigung sowie die aus der betrieblichen Rückmeldung von außen vermittelten Belohnungen werden mit den vom Individuum erwarteten Belohnungswerten verglichen und bewertet.**

F) **Eine als positiv bewertete Relation zwischen erwarteten und empfundenen Belohnungswerten (Belohnungswerte ≥ Erwartung) bewirkt Belohnungszufriedenheit; eine negativ bewertete Relation (Belohnungswerte < Erwartung) bewirkt demgegenüber Belohnungsunzufriedenheit mit den entsprechenden Folgen für Arbeitszufriedenheit oder -unzufriedenheit insgesamt.**

G) **Dieses Ergebnis fließt als Erfahrung zirkulierend in den Motivationsprozeß ein und beeinflußt die nachfolgende Leistungsdisposition des Individuums.**

Das Modell läßt sich wie in Abb. 9.4 darstellen.

Aus der multiplikativen Zuordnung von Zielvalenz, Erfolgserwartung und Bemühung ergibt sich, daß Motivation nur möglich ist, solange jede dieser Komponenten einen positiven Wert aufweist. Sinkt nur eine von ihnen auf den Wert Null, kommt Motivation nicht zustande.

Da sowohl die vom Arbeitnehmer der Zielvalenz unterlegten Belohnungswerte als auch die instrumentelle Tauglichkeit seiner Bemühung von betrieblichen Faktoren vielfältigster Art abhängen, werden die Bedingungen arbeitnehmerseitiger Motivation, auch der Demotivation, vom Betrieb wesentlich mitgesetzt. Wir wollen uns mit den praktischen Seiten dieser Konsequenz in den folgenden Abschnitten näher auseinandersetzen.

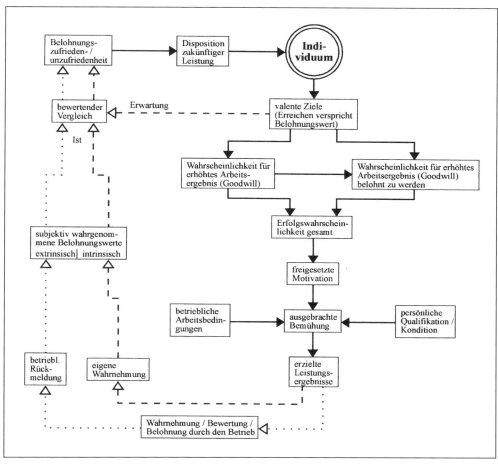

Abb. 9.4: Modell des auf Ziel-Valenz und Erfolgswahrscheinlichkeit aufgebauten Motivations-Konzeptes

9.5   Individualziele als Auslöser individueller Leistungsbereitschaft

9.5.1   Inhalte, Merkmale und Begriff von Individualzielen

Die Motivation auslösenden Momente sind Ziele. Da sie sich nach Inhalt und Stärke im einzelnen Individuum herausbilden und dessen Befriedigung dienen, wollen wir sie als **Individualziele** bezeichnen. Wir gebrauchen diesen Begriff künftig synonym auch für Begriffe wie »Bedürfnisse« oder »Wünsche«.

Will eine Führungskraft ihre Mitarbeiter zu optimaler Leistung motivieren, muß sie wissen, welche Individualziele sie in ihrer beruflichen Arbeit verfolgen. In Seminaren der berufsbegleitenden Weiterbildung haben Führungskräfte mittelständischer Unternehmen die Frage, welche Ziele sie selbst oder ihre unterstellten Mitarbeiter in der Arbeit verfolgten, folgendermaßen beantwortet:

- Gelderwerb
  - zur Sicherung ihrer gegenwärtigen und künftigen materiellen Existenz,
  - zur Befriedigung gehobenen Bedarfs (Luxus, Freizeit),
  - zur substitutionellen Befriedigung nichtmaterieller Werte wie Status, Prestige, Sicherheit, Freiheit, Unabhängigkeit,
- ge- und befördert werden, vorankommen,
- als Persönlichkeit geachtet, angesehen und akzeptiert werden,
- für besondere Leistungen und besonderes Können auch besondere Anerkennung und Auszeichnung erfahren,
- eigene Belange mitgestalten können,
- in einem Unternehmen mitarbeiten, auf dessen Namen/Leistung/Produkte man stolz sein darf,
- zu den Zielen des Unternehmens, die es verfolgt und wie es sie verfolgt, innerlich »ja« sagen können,
- an sinnvollen und wertvollen Aufgaben mitarbeiten dürfen,
- Zugriff zu interessanten Informationen haben,
- als Persönlichkeit Entwicklung und Wachstum erfahren,
- eigene Ideen und Vorstellungen verwirklichen können,
- selbständig und eigenverantwortlich arbeiten dürfen,
- aus anspruchsvollen Aufgaben Befriedigung erfahren,
- an einem attraktiven Standort arbeiten können,
- möglichst wenig eingeengt und reglementiert werden,
- Miteigner am Unternehmenskapital werden können,
- an Leistung, Fortschritt und – auch finanziellem – Erfolg im Betrieb persönlich teilhaben können,
- eigene Talente, Begabungen und Anlagen entfalten können,
- auf das Handeln anderer Menschen und die Gestaltung der betrieblichen Verhältnisse Einfluß nehmen können,
- mit anderen Menschen reden und zusammenarbeiten können,
- Sympathie, Zuneigung, menschliche Wärme erfahren,
- keine Angst vor unangenehmen Überraschungen haben müssen und über alles Wichtige rechtzeitig informiert werden,
- am guten Image des Unternehmens teilhaben können,
- in eigenen Belangen ernst und wichtig genommen werden,
- in Sorge, Not und Gefahr Solidarität erfahren,
- Interesse an der eigenen Erlebniswelt und Zugang zu der anderer erfahren,
- im Zusammensein mit netten Leuten Spaß und gute Laune erleben,
- erfahren, »wo und wie man im Betrieb steht«,
- seines Arbeitsplatzes sicher sein dürfen.

Der Katalog könnte fortgesetzt werden.

Mit den Wünschen, materielle und immaterielle Güter zu erlangen bzw. zu erleben, gehen die Wünsche einher, *positive Verhältnisse zu erhalten und ein Abgleiten in Defizite zu vermeiden (Vermeidungsbedürfnisse).*

Beispiele: Das Bestreben, zu vermeiden, daß ich

- schlechter entlohnt werde als bisher,
- degradiert werde,
- meinen Arbeitsplatz verliere.

Auch Vermeidungsbedürfnisse mobilisieren Kräfte. Aber sie bewirken Motivation unter dem negativen Vorzeichen der Bedrohung. Der durch sie bewirkte Aufbau von Frustrationen und inneren Abwehrhaltungen führt genau zum Gegenteil dessen, was wir erreichen wollen: der Blockade statt der Aktivierung von Goodwill-Bereitschaft. Vor einem solchen »*Management by Horror*«, das zudem auch inhuman wäre, muß deshalb nachdrücklich gewarnt werden.

Die Analyse der vorstehenden Aufzählung von Individualzielen läßt folgende Schlußfolgerungen zu:

A) Arbeitnehmerseitiges Streben in der Arbeit richtet sich nicht nur auf *Ergebnisse* i. S. von Endzuständen (zum Beispiel Beförderung, Einkommenserhöhung), sondern ebenso auf *Werte des positiven Erlebens* der betrieblichen Arbeit (zum Beispiel angenehmes, zwischenmenschliches Klima, gedeihliche Arbeitsbedingungen, Spaß). Wir unterscheiden deshalb *Ergebnis-* von *Erlebnis*zielen. Welches Gewicht der erlebten Arbeit für die Frage der Arbeitszufriedenheit zufällt, hat HERZBERG in seiner »Zwei-Faktoren-Theorie« dargestellt.

B) Individualziele bilden nicht nur *materielle*, sondern ebenso *immaterielle Werte*. Wenngleich die Priorität des Entgeltes wegen seiner vielschichtigen Anreizfunktion nicht verkannt werden darf, so müssen wir sehen, daß neben ihm nicht-materielle Ziele verfolgt werden, deren Valenz als ebenbürtig, teilweise sogar als höher einzuschätzen ist. Bei einem Wechsel in einen Betrieb »mit einem besseren Betriebsklima« oder für die Übernahme in das Angestelltenverhältnis nehmen Arbeitnehmer zumindest vorübergehend nicht selten reale Einkommenseinbußen hin. Die am häufigsten verfolgten immateriellen Ziele sind im Sinne MASLOWS den Bedürfnisgruppen der sozialen Integration, der Differenzierung und der Selbstaktualisierung zuzuordnen.

C) Die meisten hochgeschätzten Individualziele insbesondere im Erlebnisbereich können *kostenneutral* erfüllt werden. Das in der Praxis allzuoft gebrauchte Argument, daß Arbeitsmotivation »immer mehr Geld« koste und deshalb wirtschaftlich nicht tragbar sei, ist deshalb nur beschränkt stichhaltig.

D) Eine Reihe von Individualzielen umfaßt den Wunsch, in der Arbeit mehr eigene Ideen, Initiative und Eigenständigkeit entfalten zu können. Dies deutet darauf hin, daß die organisierte Arbeit zu wenig Gelegenheiten und zu zahlreiche Hemmnisse für spontane Aktivitäten bietet. **Motivieren besteht auch darin, vorhandene demotivierende und frustrierende Leistungsblockaden abzubauen.**

E) Der einem Individualziel stets zugewiesene Vorteilswert entspringt einer *streng subjektiven* Sichtweise, die sich mit der Bewertung eines »objektiven Beobachters« nicht zu decken braucht. Nur was das Individuum selbst für sich als vorteilhaft bewertet, wird es als Individualziel akzeptieren, und zwar auch dann, wenn es sich aus objektiver oder vernünftiger Sichtweise damit eher einen Schaden zufügt.

Beispiel: Ein junger Angestellter kauft sich ohne genügend hohes Einkommen einen teuren Sportwagen, dessen Finanzierungs- und Unterhaltungskosten ihn so überschulden, daß er weder den Wagen regelmäßig fahren noch sonstige Lebensbedürfnisse ausreichend befriedigen kann. Schon der Besitz erfüllt ihn mit dem Gefühl der Selbstbestätigung und Überlegenheit.

F) Der Nutzen angestrebter Ziele bezieht sich sowohl auf Gegenstände der *betrieblichen Arbeit* (zum Beispiel mehr Einfluß, angenehmerer Arbeitsplatz) als auch auf solche des *Privatlebens* (zum Beispiel flexiblere Arbeitszeit, erhöhtes verfügbares Einkommen). Desgleichen können sie auch in beiden Lebensbereichen ausgelöst werden. So kann zum Beispiel der Arbeitgeber mit der Einführung eines neuen Vorschlagssystems oder mit Maßnahmen der beruflichen Weiterbildung das Interesse daran erst wecken.

G) Zwischen mehreren Zielen besteht oft *ein innerer Zusammenhang* dergestalt, daß mittels eines Zieles ein weiteres, häufig nicht erkennbares Ziel realisiert werden soll.

> **Beispiel:** Der unter Buchstabe (E) erwähnte Sportwagen, dessen Erwerb das Ziel erster Ebene bildet, diente dem Erwerber in Wirklichkeit dazu, vor dritten Personen als Renommierobjekt eine tatsächlich nicht eingenommene Statusposition vorzutäuschen (Ziel zweiter Ebene).

Die sichtbar verfolgten Ziele dienen instrumentell häufig der Verfolgung immaterieller Bedürfnisse, deren Strukturen sich dem Außenstehenden verbergen und erst nach tieferer Erkenntnis der Persönlichkeit wahrgenommen werden können. Für den Bereich der Arbeitsmotivation sind die gleichermaßen relevant, weil auch sie im Menschen Handlungsenergien aktivieren.

H) Schließlich ist zu erwähnen, daß praktisch jedes Individuum nicht nur jeweils ein Ziel *einer* Ebene oder in der dargestellten Verkettung *zweier* Ebenen verfolgt, sondern gleichzeitig über mehrere Handlungsstrategien mehrere interdependente Ziele. Sie bilden zusammen eine Konstellation, die summarisch die real aufzuwendende Handlungsenergie stimuliert.

> **Beispiel:** Ein Mitarbeiter strebt durch hervorragende Arbeit in Verbindung mit hoher Zuverlässigkeit, Einsatzfreude und Bildungsbereitschaft seine Beförderung in eine Führungsposition an, um über die damit verbundene Gehaltserhöhung sowie anspruchsvollere Aufgabenstellungen und umfangreichere Entscheidungsbefugnisse einen höheren Status, eine neue Rangzugehörigkeit sowie erweiterte Einfluß- und Freiheitsräume zu erlangen.

Es darf als sicher angesehen werden, daß eine Mehrzahl von Individualzielen sich auf den Handlungsantrieb verstärkend auswirkt. Ob dies additiv oder multiplikativ geschieht, ist nicht bekannt.

> Unter einem **Individualziel** verstehen wir jeden von einem Individuum subjektiv angestrebten materiellen oder immateriellen, aktuell wirkenden Ergebnis- oder Erlebniswert, für dessen Erlangung oder Erhaltung das Individuum Handlungsenergie aufzuwenden bereit ist.

Von den im Motivationsprozeß relevanten Individualzielen grenzen wir damit jene Ziele ab, die zwar latent vorhanden sind, aber mangels Valenz keinen Handlungsantrieb aktivieren.

9.5.2   Persönlichkeitsgebundenheit

Die Konstellation aktueller Individualziele ist auf das engste an die Persönlichkeit des Individuums gebunden, dessen Handeln sie bestimmen. Als zieldeterminierende Faktoren kommen zeitüberdauernde und situative Antriebe in Betracht.

A) **Zeitüberdauernde Antriebe bilden sog. Grund- oder Persönlichkeitsmotive** [7].

> Ein **Persönlichkeitsmotiv** ist eine aus Anlagen und Erfahrungen entstandene, im Persönlichkeitsbild relativ stabil manifestierte Handlungsdisposition eines Individuums, die durch situative Anreize aktiviert wird und seine Entscheidungen determinierend stimuliert.

Die Motivstruktur des Menschen bildet sich überwiegend im Sozialisationsprozeß seiner frühen

Kindheitsjahre heraus. Dort sind es seine Erfahrungen mit seiner sozialen Umwelt, die ihn lehren, welche Lebensziele oder Werte es im Leben anzustreben lohnt oder nicht. Namentlich die Erfahrungen mit unmittelbaren Bezugspersonen (Eltern) in der Befriedigung natürlicher »Ur«-Bedürfnisse nach biologischer Existenz, Zuwendung, Kontakt und Akzeptiertwerden fließen in den Prozeß der Motivbildung mit besonderem Gewicht ein. Werden die Erfahrungen als positiv bewertet, so bewirkt dies eine *Identifikation* mit dem von den Bezugspersonen vorgelebten Wertesystem; im Falle negativ bewerteter Erfahrungen wird das Kind im Wege der *Reaktionsbildung* mehr oder weniger gegenteilige Lebensziele anstreben und als Motive ausbilden.

Eine als defizitär empfundene Befriedigung seiner natürlichen Lebensbedürfnisse können in dem Kind Sozialisationsschäden hervorrufen (Deprivationssyndrome), die ab einem bestimmten Lebensalter nicht mehr reparabel sind. Sie bürden ihm die Last lebenslanger Störungen seines Sozialverhaltens auf bis hin zu einer Prädisposition zu kriminellen Handlungen. Der Wert einer intakten frühkindlichen Erziehung für die »soziale Gesundheit« des Menschen kann deshalb kaum überschätzt werden.

Die Persönlichkeitsstruktur wird vor allem von folgenden **Motiven** geprägt:

a) **Geldmotiv**: Es äußert sich in der individuellen Anreizkraft, mit der Gelderwerb menschliches Handeln stimuliert. Das Motiv erklärt sich aus der mehrschichtigen Funktion von Geld für den Menschen: Zum einen bildet es, auf seine ökonomische Funktion reduziert, einen Vermittler wirtschaftswerter Güter, nämlich der Waren und Dienstleistungen, die auf unseren Märkten gekauft werden können. Sein Wert gilt als um so höher, je größer der für eine Geldeinheit zu erlangende wirtschaftliche Gegenwert ist. Wäre dies die einzige Funktion, müßte Gelderwerb als Leistungsanreiz mit zunehmender materieller Sättigung in seiner Bedeutung abnehmen. Wir wissen, daß dies nicht der Fall ist. Geld kann zum anderen psychologisch als Symbol für jeden irrationalen Wert stehen, der einem Menschen erstrebenswert erscheint. So kann Geld substitutionell stehen für Leistung, Erfolg, Macht, Status, Prestige, Sicherheit, Liebe, Unabhängigkeit, Freiheit, Überlegenheit usw. Je nachdem, welche Werte ein Individuum für sich selbst in Geld verkörpert sieht, wird es bei entsprechenden Wertedefiziten Gelderwerb anstreben oder, falls solche Defizite nicht empfunden werden, auch nicht. Diese zweite Funktion mag erklären, daß Geld nach HERZBERG bei einer annähernd gleich großen Zahl von Personen sowohl als Hygienefaktor als auch als Motivator benannt wurde.

Da der absoluten Einkommensmaximierung in der abhängigen Arbeit durch betriebliche und tarifliche Entgeltsysteme von vornherein Grenzen gesetzt sind, reduziert sich das Geldmotiv bei unseren Arbeitnehmern, bezogen auf die selbst eingeschätzte eigene Leistung, weitgehend auf das Interesse an relativer Lohn- und Gehaltsgerechtigkeit zu seiner vergleichbaren Umgebung.

b) **Sicherheitsmotiv**: Es kennzeichnet das menschliche Streben, sich vor Risiken und Gefahren zu schützen. Dabei wirkt sein Drängen nach zwei Richtungen: Zum einen führt es zu dem Wunsch nach Schutz vor erkennbaren Risiken des Alltags, wie er etwa durch den Abschluß von Versicherungen oder ein vor Kündigung geschütztes Arbeitsverhältnis bewirkt werden kann. Zum anderen äußert es sich in dem Bedürfnis, Kenntnis über seinen eigenen Standort zu erlangen, zu erfahren, »woran man ist«. In dieser Ausformung kann es durch betriebliche Rückmeldung gestillt werden. Sicherheitsmotivierte Menschen lehnen sich in ihrem Leben gern an einen »starken Partner«, erweisen sich als anpassungsfähig, zugleich aber für risikobehaftete Aufgaben mit unternehmerischem Einschlag als wenig geeignet. Das Gefühl zunehmender existentieller Bedrohungen in unserer Zeit hat die Sicherheitsmotivation vieler Menschen stark erhöht.

c) **Status- oder Prestigemotiv**: Es äußert sich in dem individuellen Streben nach Sicherung und Erhöhung von Ansehen und Wertschätzung. Damit erfüllt es insbesondere das Bedürfnis, das Selbstwertgefühl zu stabilisieren. Da Status und Prestige einer Person durch ihre soziale Umgebung verliehen werden, wird sie Handlungsstrategien suchen, die in ihrer Umgebung die Vergabe erhöhten Ansehens fördern. Dafür bildet in unserer sozial offenen Gesellschaft die berufliche Arbeit mit ihren Chancen zur Erlangung von hohem Einkommen, Aufstieg, Titeln, Auszeichungen und Privilegien das bevorzugte Feld. Koppelt der Betrieb die Vergabe derartiger statusbegründender oder –symbolisierender Elemente an Leistung, bietet sich ihm das genannte Motiv als wirksamer Motivator an. [8]

d) **Kompetenz-/Fähigkeitsmotiv**: Seinen Kern bildet das Streben, auf seine Umgebung gestaltenden Einfluß nehmen zu können. Damit umfaßt es tendenziell auch das Machtmotiv. Seiner Entstehung nach wird das Motiv von zwei Komponenten geprägt: der Erfahrung, welche Veränderungen der Umwelt erstrebenswert sind, und dem Vertrauen in die eigene Fähigkeit, Veränderungen auch vorzunehmen. Insoweit wird es wesentlich vom Selbstvertrauen bestimmt. Ziele, die das Individuum, getragen vom Vertrauen in sein eigene Kraft, sich setzt, wird es meistens auch realisieren. Das genannte Motiv stellt für das Individuum deshalb eine der zentralen Dispositionen dar, im beruflichen Leben erfolgreich zu sein.

e) **Leistungs-/Erfolgsmotiv**: Es stimuliert im Menschen das Streben nach Leistung und Erfolg um ihrer selbst willen. Sein Belohnungswert liegt in der Bestätigung, an Leistung und Erfolg seiner Umgebung, auch der des Betriebes, teilzuhaben. Solchermaßen motivierte Personen streben Leistung und Erfolg nicht zuerst an, um über sie Gegenleistungen als Belohnung zu erlangen. Sie sehen darin vielmehr einen Maßstab für die Wertschätzung, mit der ihre Leistung und ihr Erfolg bedacht werden. Gegenleistungen werden insofern auch von ihnen als erstrebenswert angesehen. In besonderem Maße legen Leistungs- und Erfolgsmotivierte aber Wert auf ausreichendes Feedback nach ihrer Bemühung, weil erst dadurch der erstrebte Belohnungswert realisiert werden kann. Große Verdienste um die Erforschung des Leistungs-/Erfolgsmotives hat sich der amerikanische Sozialwissenschaftler MCCLELLAND erworben.

f) **Kontaktmotiv**: In ihm äußert sich das menschliche Bedürfnis nach Zugehörigkeit und Integration in die soziale Umgebung wie auch nach gedeihlichen zwischenmenschlichen Beziehungen. Wir wissen, daß ein infolge von Isolation und gestörten Beziehungen unerfülltes Kontaktmotiv zu seelischen und über psychosomatische Zusammenhänge auch zu physischen Erkrankungen führen kann, die ihrerseits stets bei den betroffenen Personen einen Leistungsabfall nach sich ziehen. Gegenteiliges gilt, wenn das Kontaktmotiv befriedigt wird, indem Personen in Gruppen integriert, als Gruppenmitglieder akzeptiert und insgesamt mit Sympathie, menschlicher Wärme und freundlichem Entgegenkommen bedacht werden.

g) **Motiv zur Selbstaktualisierung**: Es wirkt im Menschen als Drang, das in ihm angelegte Potential voll zu entfalten, mit den Intentionen, die den Wesensmerkmalen der Persönlichkeit eigen sind. Es ist der Wunsch, sein »Ego« auszuleben, das zu sein, was der Mensch sein kann. Dieses Motiv kennt keinen Zustand der Befriedigung und drängt ihn ständig »zu neuen Ufern«. Seine Schrankenlosigkeit kann den Menschen, der sich keiner Verantwortlichkeit gegenüber dem Gemeinwohl verpflichtet fühlt, zum »Super-Egoisten« werden lassen, dessen Entfaltungs- und Freiheitsdrang auch vor den Rechtssphären anderer keinen Halt kennt. In der Arbeit äußert es sich in dem Bestreben nach Vollkommenheit, Kreativität und Autonomie in der Gestaltung seiner Arbeitsbeziehung.

Die in jedem Individuum nach Zusammensetzung und Stärke individuell und real ausgebildeten Motive bilden das persönliche Motivspektrum, welches seine Handlungsdispositionen mit einer überdauernden Motivation lebenslang mit relativer Stabilität und Einmaligkeit determiniert. Sobald das Individuum in konkreten Situationen zwischen mehreren Alternativen zu wählen hat, wird es sich stets zu der Alternative gedrängt fühlen, die zu seinem Motivspektrum die größte Übereinstimmung herstellt. Gleiches gilt für die Auswahl seiner Individualziele.

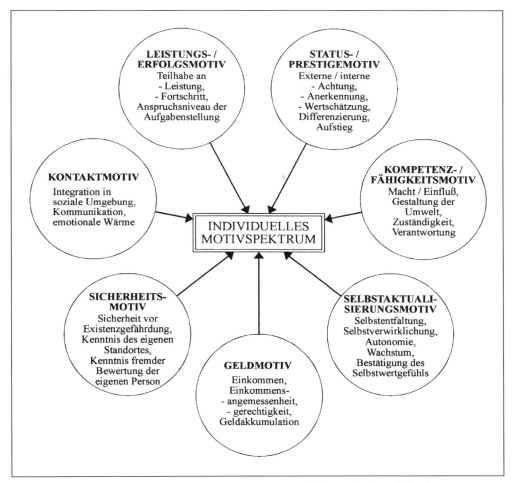

Abb. 9.5: Die wichtigsten Persönlichkeitsmotive und Vermittler ihrer Befriedigung

B) Auf der Grundlage des überwiegend vorbewußt wirkenden Motivspektrums wirken des weiteren **situative Determinanten**, die das Individuum bei der Auswahl der zu verfolgenden Ziele beeinflussen:

a) **Die aktuelle persönliche Lebenssituation**, gebildet aus der Summe der das Individuum umgebenden realen sozialen, materiellen, wirtschaftlichen und geistigen Verhältnisse, bestimmt zu einem wesentlichen Teil, welche Ziele es momentan für erstrebenswert und welche für unerwünscht ansieht. Den Einflüssen des sozialen Umfeldes, betrieblich wie privat, kommt dabei besonderes Gewicht zu. Sie können direkten Aufforderungscharakter einnehmen (»Das mußt du auch anstreben«) oder auch mittelbar wirken (»Das, was die anderen erreicht haben, will ich – mindestens – auch erreichen!«). Ein entwickeltes Prestigemotiv, persönlicher Ehrgeiz wie auch die Beeinflußbarkeit durch Meinungen aus dem Familien-, Freundes- oder Kollegenkreis und durch die Suggestivkraft aggressiver Werbung bilden verbreitet einen Nährboden für hochgesteckte, in unserer Zeit teilweise auch überzogene individuelle Zielvorstellungen.

b) **Zeitspezifische Werthaltungen der Gesellschaft** als Ganzem oder von Gruppen (»Zeitgeist«) im weiteren Sinne führen zu einem System von Normen (= Rollenerwartungen), dem das einzelne Glied der Gesellschaft sich fügen muß, will es sich nicht der Gefahr aussetzen, in eine Außenseiterposition abgedrängt zu werden. Dazu gehören zum Beispiel Vorstellungen über die von den Inhabern bestimmter Berufe vorzuweisenden materiellen und statusanzeigenden Standards der gesellschaftlichen Lebensführung und des Lebensstils vor allem in der Gestaltung der Freizeit, an denen »Tüchtigkeit« und »Erfolg« des Individuums abgelesen werden.

Der Zeitgeist kann aber auch arbeitsrelevante Ziele negativen Inhalts prägen, die wohlverstandenen Erfordernissen der an Ergebnissen orientierten Arbeit entgegenstehen:

Maximierung eigenen Vorteils/Nutzens
– ohne oder mit minimaler Eigenleistung (»Absahnen«/«Abzocken«),
– ohne qualitatives Engagement (»bloß nicht anstrengen«),
– ohne Einfügens in Ordnungsnormen (»Chaotentum«).

c) **Die real wahrgenommene Arbeitssituation:** Belastend, persönlichkeitsabwertend und -destabilisierend und/oder monoton wirkende Verhältnisse in Führung und Zusammenarbeit wecken im Menschen den Wunsch, die davon ausgelösten Frustrationen, Ängste oder Depressionen zu überwinden. Solange dies erfolglos bleibt, flüchtet sie in die »Innere Kündigung«, und, wo ihre Leidensbereitschaft trotzdem überschritten wird, in die Kündigung des Arbeitsverhältnisses.

d) **Betriebliche Angebote von Zielen** können, wenn sie von den Mitarbeitern als begehrenswert angenommen werden, zu persönlichen Zielen transformiert werden. So hat der Betrieb die Chance, von sich aus ein System von Belohnungswerten (zum Beispiel Auszeichnungen, Förderungs- und Entwicklungsvorhaben) anzubieten. Mit ihm kann er latente Bedürfnisse aktualisieren, erwünschten Leistungen und Verhaltensweisen der Mitarbeiter »einen Anstoß geben« und das gesamte Zielspektrum beeinflussen.

e) **Der Ausgangs-Lebensstandard** am Beginn des Berufslebens oder eines neuen Lebensabschnittes (zum Beispiel bei Flüchtlingen, Aussiedlern), bezogen auf den gesellschaftlich umgebenden und persönlich als angemessen erachteten Lebensstandard, vermitteln dem Menschen die Kenntnis über die Höhe des zu überbrückenden Standard-Defizits. Das als hoch empfundene Defizit wird zu höher gesteckten und intensiver verfolgten Zielen stimulieren als das gering empfundene, leicht zu überbrückende Defizit.

f) **Das Lebensalter** vermittelt den zu verfolgenden Zielen eine summarische Orientierung: Während jüngere Menschen zukunfts-, entwicklungs- und aufbauorientiert streben, orientiert sich das Denken von Menschen mittlerer und älterer Gruppen mehr an der Gegenwart und den Früchten früheren Strebens. Gemäß einer älteren Untersuchung der Deutschen Gesellschaft für Personalführung sinkt zum Beispiel das Ziel beruflichen Aufstiegs mit zunehmendem Alter ständig ab: Dieses Ziel galt als wichtigste Erfolgserwartung bei 73 % der bis zu 30jährigen, bei 63 % der 30- bis 35jährigen, bei 53 % der 36- bis 45jährigen und nur noch bei 36 % der über 45jährigen befragten Personen.

g) **Die Geschlechtszugehörigkeit** führte – zumindest in der Vergangenheit – tendenziell zu unterschiedlichen Zielbildungen. Während zum Beispiel männliche Arbeitnehmer ein deutlich stärkeres Karriereinteresse als Frauen zeigen, streben letztere in einem höheren Grade als Männer intakte zwischenpersonale Beziehungen und emotionales Wohlbefinden an [9].

h) **Der Bildungsgrad** schließlich und von ihm abhängig der Rang der Position bilden eine weitere zielprägende Determinante. Untersuchungen haben zu der Erkenntnis geführt, daß Individuen mit geringerem Bildungsgrad in dementsprechend niedrigeren Positionen stärker fixiert sind auf
- Ziele mit Engeltbezug,
- kurzzeitig erreichbare Ziele (verkürzter Zeithorizont),
- Erlebnisziele im Bereich der Arbeitsumgebung.

Demgegenüber sprechen Personen höherer Bildungsgrade und Positionen stärker an auf Ziele,
- die mehr ihre Entwicklung und ihr Wachstum fördern, auch wenn sie nur über längere Zeiträume realisiert werden können,
- die aus dem Anspruchsniveau der Arbeit selbst befriedigt werden.

i) **Der subjektive Sinngehalt eines Zieles** für das Individuum kann, auch wenn es keinen persönlichen unmittelbaren Nutzen verspricht, dazu führen, daß das Individuum es als eigenes Ziel übernimmt und mit eigener Handlungsenergie verfolgt. Dies gilt namentlich für ideelle Ziele (solche ohne personenbezogenen Nutzen), für altruistische Ziele (ihr Nutzen im engeren Sinne fließt anderen zu) sowie für kollektive Ziele (ihr Nutzen im engeren Sinne wird im Dienst der Allgemeinheit erstrebt). Dies setzt voraus, daß sich das Individuum gerade wegen der ihm zugemessenen Sinnhaftigkeit mit dem Ziel identifizieren kann. Vieles spricht dafür, daß Sinnhaftigkeit menschlichen Lebens und Strebens eine Bedingung seelischer Gesundheit darstellt. Die Zunahme seelischer Defekte in unserer Gesellschaft wird von nicht wenigen Psychotherapeuten auf die Sinnentleerung unseres Daseins zurückgeführt, und es wird versucht, Kranke mit den Mitteln der »Logo-Therapie« (= Therapie der Sinngebung) zu heilen [10]. Der sinngebenden Gestaltung unserer Arbeitsbeziehungen kommt daher eine besondere Bedeutung zu.

Nach dem Gesagten spricht vieles dafür, daß die realen menschlichen Zielspektren nicht allein von einer überindividuell gültigen Rangordnung fixierter Zielgruppen strukturiert werden, wie dies Teilen der Literatur für das Hierarchie-Modell Maslows beansprucht wird, sondern daß dafür zugleich auch in hohem Maße willkürliche individuelle Zielselektionen maßgeblich sind.

Eher dürfte ALDERFER zu folgen sein, nach dessen Auffassung die Rangfolge von Bedürfnissen auch wesentlich von deren situativer Erfüllbarkeit bestimmt wird. Sie ähnelt den Aussagen von PORTER & LAWLER, wonach die Auswahl von Zielen an der Wahrscheinlichkeit orientiert wird, sie auch realisieren zu können. Daß die Sicherung der physiologischen Existenz ein vor allen anderen Zielen zu befriedigendes Grundbedürfnis darstellt, wird allerdings als ein für alle Menschen gleichermaßen gültiges »existentielles Grundgesetz« aufzufassen sein, das im Streben so vieler Menschen um den gesicherten Arbeitsplatz heute zeitgemäß bestätigt wird.

9.5.3   Belohnung und Belohnungswert

Die Ursache dafür, daß Individualziele im Menschen Befriedigungsdrang entwickeln und dazu Handlungsenergien freisetzen, besteht darin, daß ihre Erfüllung als Belohnung mit einer bestimmten Wertigkeit empfunden wird.

Als **Belohnung** verstehen wir jede Leistung oder Maßnahme des Unternehmens, die für mitarbeiterseitige Ziele eine Erfüllungsfunktion bedeuten.

Davon zu unterscheiden ist der Begriff der *Entlohnung,* mit dem die an den Mitarbeiter fließenden Entgelte umschrieben werden.

Belohnend im vorstehenden Sinne wirken keineswegs, wie in der Praxis verbreitet fälschlich angenommen, nur *bereichernde Gaben* wie zusätzliche Entgelte oder Auszeichnungen, sondern zugleich *das gesamte Feld* an betrieblichen Möglichkeiten, mitarbeiterseitige Zieldefizite zu verringern. Es umfaßt Maßnahmen der Gestaltung von Arbeit und Arbeitsumgebung ebenso wie solche, die der Verbesserung von Führungstätigkeit, Arbeitsklima oder der Selbstdarstellung des Unternehmens und seiner Repräsentanten dienen.

Der **Belohnungswert** bildet das Maß an Bereicherung, das ein Individuum der Erfüllung eines Individualzieles subjektiv zumißt und womit es dessen Valenz bestimmt.

Er begegnet uns im Erwartungs-Wert-Modell mit mehrfachem Bedeutungsgehalt:

A) Prozessual als **erwarteter** und als **wahrgenommener** Wert: Am Beginn des Motivationszyklus setzt das Individuum sich Ziele, von dessen Erfüllung es einen Wertegewinn erwartet. Je höher es ihn einschätzt, um so stärker wirkt die von ihm ausgehende Valenz, ihn zu realisieren. Sie determiniert wesentlich die Höhe der Energie, die dafür zu investieren lohnend erscheint.

Sodann bewertet das Individuum auch die von ihm wahrgenommene Belohnung. Auch dafür gilt ein subjektiver Maßstab. Das Ergebnis vergleicht es mit seiner Erwartung. Entsprechen beide Werte einander oder übertrifft das Ergebnis sogar die Erwartung, folgt daraus eine Disposition der Zufriedenheit. Bleibt das Ergebnis hinter der Erwartung zurück, folgt Unzufriedenheit. Die so entstandene Disposition fließt als Erfahrungswert darüber, ob sich die Investition von Leistung, speziell von Goodwill, lohne oder nicht, zirkulierend in die künftige Leistungsdisposition ein.

Folgen wir den Erkenntnissen HERZBERGS, so müssen wir zwischen die Dispositionen der Unzufriedenheit und der Zufriedenheit, danach differenzierend, ob es sich um Ziele des Hygiene-Bereichs oder des Motivatoren-Bereichs handelt, die Disposition des »Nicht-mehr-unzufrieden-Seins/Noch-nicht-zufrieden-Seins« einfügen.

Die Subjektivität, mit welcher die Bilanz gezogen wird, verdeutlicht, daß das Problem der Belohnungs- und ihm folgend das der Arbeitszufriedenheit und des Arbeitsklimas mit erheblichen Problemen behaftet sind.

B) Seiner Herkunft und Entstehung nach begegnet uns der Belohnungswert als **intrinsischer** bzw. **extrinsischer** Wert.

Intrinsisch entsteht der Belohnungswert dergestalt, daß das Individuum aus der Erreichung eines Zieles *innere Befriedigung* erfährt im Sinne von Freude, Stolz oder ähnlichem über das gelungene persönliche Bewirken einer Leistung oder eines Erfolges. Das Gefühl der Belohnung wächst also *aus dem Inneren* des Belohnten selbst heraus. Intrinsische Belohnungen motivieren besonders Individuen mit einem ausgeprägten Leistungs- oder Erfolgsmotiv. Da sie vor allem durch eigenes Wirken realisierbar sind, entfalten sie auch einen starken Anreiz. Wir gebrauchen dafür auch den Begriff der *Primär-Motivation.* Ihre Stimuli sind nach HERZBERG vor allem in der Arbeit selbst und in ihrer Sinnhaftigkeit zu finden. Sie werden im Erwartungs-Wert-Modell bereits mit dem achtbaren, erhöhten Arbeitsergebnis selbst erbracht (E → P).

Extrinsisch wirkt ein Belohnungswert dann, wenn das Individuum sich aus dem Erreichen eines Zieles Belohnung *von außen*, zum Beispiel vom Vorgesetzten, von Kollegen oder von anderen betrieblichen oder auch privaten Stellen verspricht und diese Belohnung erhält. Dies setzt voraus, daß Leistungen dort erkennbar zur Kenntnis genommen, »gerecht« bewertet und mit angemessenem Gratifikationswert rückgemeldet werden. Die extrinsische Motivation von Mitarbeitern setzt deshalb ein taugliches Wahrnehmungs- und Rückmeldesystem voraus [11]. Betriebliche Leistungskontrollen bilden so eine Bedingung für wirksame Arbeitsmotivation!

Da der Antrieb *extrinsischer* Belohnungen nicht vom Individuum selbst, sondern von einer fremden Instanz ausgelöst wird, bezeichnen wir sie als *Sekundär-Motivation.* Insoweit aber ihre Werte begehrt werden und im Regelfall intrinsische Motivation nach sich ziehen (auch die Auszeichnung von außen kann inneren Stolz bewirken), kommt auch dem extrinsischen Belohnungswert erhebliches motivatorisches Gewicht zu.

Zu Recht wird in neuerem Schrifttum [12] darauf hingewiesen, daß die in der Praxis verbreitete Hinwendung zu geldwerten extrinsischen Belohnungen (zum Beispiel Boni, Prämien, Incentives) die Gefahr birgt, die Valenzen intrinsischer Ziele (zum Beispiel Interessantheit der Aufgabe, Identifikation mit dem Produkt) zu verdrängen, ja zu ersticken. Sinn und Stolz aus der eigenen Leistung werden vordergründig durch Geld ersetzt.

Bei dem Bestreben, originäre Werte durch sekundäres Nutzenstreben zu ersetzen, stoßen wir auf einen gesellschaftsweiten Trend: Da wird Interesse an Freundschaft (beim Knüpfen persönlicher Kontakte) oder an ideellen Zielen (durch den Beitritt zu Parteien, Clubs oder Vereinen) vorgegeben, aber »nützliche Beziehungen« werden bezweckt; statt Liebhaberschaft an Kunstgegenständen oder an Weinen guter Jahrgänge ist spekulativer Wertzuwachs der wirkliche Beweggrund zum Sammeln, und den Antrieb für die sportliche Leistung bildet nicht mehr der Sieg als solcher, sondern die in Aussicht gestellte Prämie, die bejubelte Medaille oder der hochdotierte Werbevertrag. Die selbsttrügerische Opferung von Sinn zugunsten vordergründiger Ersatzwerte wird so zunehmend zur perversen Normalität, und sie droht unser Leben immer mehr zu verflachen und seiner Sinnhaftigkeit zu berauben.

Zurück zur Arbeit: Da äußere Anreize sich schnell abnützen, wächst im Arbeitnehmer ein Anspruchsniveau, das immer schwieriger zu befriedigen ist (»Wir können den Leuten in den Rachen stecken, was wir wollen, sie sind mit nichts mehr zufrieden«). Es sind also die Folgen *von Fehlern im Führen selbst,* die von der Wirtschaft beklagt werden. Auch deshalb empfiehlt es sich, das Schwergewicht allen Motivierens auf intrinsische und nicht auf extrinsische Belohnungen zu legen.

Die Persönlichkeitsbestimmtheit der Individualziele und ihrer Belohnungswerte läßt es in der Praxis nicht leicht werden, die betrieblich zu vergebenden Belohnungen auf das einzelne Individuum abzustimmen. Der Betrieb ist vielmehr darauf angewiesen, ein Spektrum von Belohnungen bereitzustellen und es dem Mitarbeiter freizustellen, welche daraus er auswählen möchte. Aber auch das raffinierteste »Cafeteria-System« kann das Gespür des Vorgesetzten dafür, im rechten Augenblick situativ den richtigen Schritt des Belohnens zu tun oder das richtige Wort zu finden, nicht ersetzen.

9.5.4 Ermittlung individueller Zielspektren in der betrieblichen Praxis

Die Belohnung durch Erfüllung valenter Ziele in der Arbeit setzt voraus, daß der Betrieb individuelle Ziele seiner Mitarbeiter zumindest in ihrem Trend kennt. Dabei dienen die Kenntnis von Entwicklungszielen besonders förderungswürdiger Arbeitnehmer in seiner Personalentwicklungspla-

nung sowie die Kenntnis aktueller Vermeidungsbedürfnisse auch dazu, eventuellen Fehlentwicklungen und Mißständen rasch entgegenzuwirken.
Dafür bieten sich folgende Wege an:

A) *Auswertung des bei den Bewerbungsunterlagen befindlichen Lebenslaufes.* Seine sorgfältige Analyse vermittelt insbesondere der in der Personalarbeit erfahrenen Fachkraft Aufschlüsse über Richtungen und Tendenzen, in denen sich die persönliche Lebensentwicklung eines Bewerbers bewegt. [13]

B) *Gezielte Fragestellungen während des/der Vorstellungsinterviews.* Sorgfältig ausgearbeitet bieten sie dem Betrieb eine hervorragende Möglichkeit, sich ein Bild von den aktuellen Vorstellungen des Bewerbers über seine beruflichen, aber auch privaten Entwicklungserwartungen und Ziele zu verschaffen.

C) *Gesprächsweise Erkundigungen von Führungskräften während der laufenden Zusammenarbeit.* Insbesondere dann, wenn der Arbeitnehmer weiß, daß der Betrieb in motivationaler Führung vertretbare persönliche Zielsetzungen akzeptiert und erfüllen hilft, wird er diesbezügliche Fragestellungen nicht als unerwünschten Einbruch in seine Privatsphäre auffassen und blockieren. Der Frage des bestehenden Vertrauensverhältnisses zwischen Vorgesetztem und Mitarbeiter sowie des Arbeitsklimas fällt hier besondere Bedeutung zu.

D) *In Bereichsbesprechungen* können Ziele insbesondere mit Bezug zur Arbeit und mit kollektiver Bedeutung formuliert und entwickelt werden. Dies setzt ausreichende Kommunikation mit der Gruppe voraus.

E) *Formalisierte Erhebungen* über persönliche Ziel- und Erwartungsstrukturen, zu denen sich insbesondere bei Führungskräften auch das Polaritäten-Profil eignet [14]. Sie wurden vor allem in amerikanischen Unternehmen angewendet und haben sich dort, sachgerecht ausgewertet und in fördernde Programme umgesetzt, als erfolgreich erwiesen.

F) Erwähnt seien schließlich *formalisierte Tests und Assessment-Center*, die, mit entsprechenden Komponenten versehen, im Sinne der oben gestellten Frage aussagefähig gestaltet werden können. Stets wird dabei zu fragen sein:

- Welchen Zielen/Werten in der Arbeit und privat gilt Ihr aktuelles, besonderes Interesse?
- Was hindert Sie daran, Ihre Ziele in der Arbeit mit Begeisterung zu verfolgen, und welchen Werten steht sie im Wege?
- Was müßte geändert werden, um die Hindernisse auszuräumen?
- Wo sehen Sie spezielle Angebots-Defizite, deren Behebung die Arbeit für Sie bei uns insgesamt bereichernder gestalten würde?

Davon unabhängig ist hervorzuheben, daß wirksames Motivieren sich niemals nur auf *reaktives* Beheben von Defiziten beschränken darf. Vielmehr gehören dazu auch Belohnungsangebote, die das Unternehmen *von sich aus initiiert* und dem Mitarbeiter als Bereicherung seiner Arbeit anbietet.

9.6 Erfolgswahrscheinlichkeit in der Arbeit als Bedingung von Leistungsbereitschaft

Der von valenten Individualzielen freizusetzenden Motivation liegen zwei Wahrscheinlichkeitserwägungen zugrunde.

A) In der Wahrscheinlichkeit 1 (E → GW) ermittelt der Mitarbeiter seine Chance, mit erhöhten Bemühungen in seiner Arbeit erhöhte Leistungsergebnisse herbeiführen zu können. Dazu müssen ihm zuvor die vom Betrieb begehrten Werte einschließlich des Goodwills bekannt gemacht worden sein.

> **Arbeitshinweis:** Vertiefen Sie sich noch einmal in den Goodwill-Katalog und die Vielfalt einzelner Komponenten in Ziffer 1.3.2! Führen Sie sich dabei insbesondere vor Augen, daß Goodwill nicht nur *innerhalb* der Arbeitsaufgabe, sondern in vielfältigen Ausdrucksformen positiven Arbeitsverhaltens gerade auch *außerhalb* davon geleistet werden kann.

Mit der Kenntnis begehrter Werte verarbeitet der Mitarbeiter zugleich Erfahrungen aus bisherigen Situationen: Welche Ergebnisse davon läßt die Arbeit zu, für welche ist sie zu starr strukturiert? **Motivieren bedeutet hier, Möglichkeiten zu Leistung und Erfolg zu schaffen!**

Schließlich: Welche Ergebnisse traut man sich zu? Die Frage des hier angesprochenen Selbstvertrauens in den eigenen Erfolg ist eng verbunden mit dem im Individuum ausgebildeten Kompetenz- und Fähigkeitsmotiv. Es spricht vieles dafür, daß die Erfolgswahrscheinlichkeit um so anspruchsvoller und zugleich realistischer eingeschätzt wird, je stärker dieses Motiv ausgebildet ist. Dies wiederum führt nach der Art einer »sich selbst erfüllenden Prophezeihung« zu einer entsprechend hohen Erfolgsquote.

Das Optimieren der Goodwill-Wahrscheinlichkeit (1) erfordert vom Vorgesetzten:

- Eigenes Informieren darüber, welche Leistungen, Erlebnisse und Ergebnisse mitarbeiterseitige Ziele erfüllen;
- Informieren des Mitarbeiters darüber, welche Leistungs- und Verhaltensparameter für den Betrieb anzustrebende, belohnungswürdige Goodwill-Leistungen darstellen;
- Vorgabe von Leistungs- und Verhaltenszielen, deren vorgestellte Erfüllung bei optimaler Wirksamkeit für die betrieblichen Ziele dem Mitarbeiter intrinsische Belohnungswerte vermitteln und dadurch für ihn aktivierend wirkt;
- die Arbeit so flexibel zu strukturieren, daß sie erhöhtes Bemühen auch tatsächlich in Goodwill umsetzen läßt und *als Verrichtung* intrinsische Belohnungswerte vermittelt;
- das Arbeitsumfeld und eigenes Führen so zu gestalten, daß die daraus resultierende Arbeitsbeziehung positive Werte aufweist (wobei der rückwirkende Einfluß des Mitarbeiterverhaltens nicht unerwähnt bleiben soll);
- den Mitarbeiter zu unterstützen, seine Arbeitsziele effizient erreichen zu können;
- vorhandene technische, organisatorische, ökonomische und soziale Hemm- und Störpotentiale abzubauen.

In diesem Bereich wird motivationales Führen mit einer starken unterstützenden Komponente wesentlich von »Initiating Structure«, d. h. leistungs- und ergebnisorientiert, bestimmt.

B) In der Wahrscheinlichkeit 2 (GW → Z) schätzt der Mitarbeiter ab, mit welcher Chance ausgebrachte Leistung zur betrieblichen Vermittlung angestrebter Belohnungswerte führen wird.

Erweist *das Arbeitsergebnis selbst* sich bereits als Belohnung, dann umfaßt das Ergebnis der Erwägung 1 (E → GW) bereits das positive Ergebnis der Erwägung 2 (GW → Z).

Stellt sich die Frage *extrinsischer Belohnungen*, so fließen in die letztere Erwägung auch die bisherigen Erfahrungen mit der Funktionstüchtigkeit des betrieblichen Systems, erhöhte Leistungen wahrzunehmen, gerecht zu bewerten und zu belohnen, ein. Sind diese positiv, ist der Weg für Goodwill frei. Rechnet der Mitarbeiter sich keine oder bei hohen Ansprüchen zu geringe Belohnungschancen aus, wird er ohne intrinsische Belohnungschancen keinen Grund sehen, sich mehr anzustrengen als »unbedingt notwendig«. Sein Goodwill-Potential ist blockiert.

Für die »Belohnungs«-Wahrscheinlichkeit fordert motivationales Führen vom Vorgesetzten
- die Wahrnehmung erhöhter Ergebnisse,
- ihre gerechte Bewertung als Goodwill und
- Rückmeldung, die mit Vergabe extrinsischer valenter Erlebnis- und Ergebnis-Belohnungswerte verbunden ist.

Im vorstehenden Bereich dominiert »Consideration«, d. h. die mitarbeiterorientierte Komponente des Führens.

Das Ergebnis der vom Mitarbeiter abgeschätzten Erfolgswahrscheinlichkeiten bildet damit *den zweiten Schlüssel*, mit dem das Leistungs- und damit zugleich das Goodwill-Potential des Mitarbeiters dem Betrieb erschlossen werden kann oder, fallen sie negativ aus, verschlossen bleibt.

Es soll nicht unerwähnt bleiben, daß die Erwägungen in der Routine des Arbeitsalltags regelmäßig intuitiv vorgenommen werden und nur in ungewohnten, insbesondere neueren Situationen auf rationalen Reflexionen beruhen.

Der immer deutlicher hervortretende Mangel an Erfolgswahrscheinlichkeit des »realen Sozialismus« war es wohl auch, der die Menschen im ehemaligen Ostblock nach jahrzehntelangem Verharren in Ärmlichkeit und Unfreiheit Ende der achtziger Jahre auf die Straßen trieb, um mit dem kommunistischen Regime zugleich auch der Aussichtslosigkeit ihres Daseins das Ende zu bereiten.

9.7   Das Problem der Belohnungsangemessenheit

Im Austausch der Leistungen zwischen Betrieb und Mitarbeiter sind zwei extreme Situationen denkbar:

A) Der Betrieb leistet das ihm mögliche Wertemaximum, der Mitarbeiter beschränkt sich auf das Minimum seiner »Muß«-Leistungen;
B) der Mitarbeiter schöpft das Maximum seines Goodwill-Potentials aus, der Betrieb beschränkt sich auf das gerade noch vertretbare rechtliche und soziale Pflichtenminimum.

Beide Situationen erwiesen sich für die jeweils leistungsstärkere Seite als unakzeptabel. Sie würden schnell dazu führen, daß auch diese Seiten ihre Leistungen auf das als »angemessen« erachtete Mindermaß herabsetzten. Austauschprozesse mit offensichtlich auseinanderklaffenden Leistungsangeboten erweisen sich in der Praxis als instabil.

Arbeitshinweis: Führen Sie sich aus Ihrem Lebenskreis einmal soziale Beziehungen wie Freundschaften oder Bekanntschaften vor Augen, in denen Ihr Partner von Ihnen nur annimmt (zum Beispiel Gastfreundschaft, Geschenke) und nur wenig oder nichts gibt. Was empfinden Sie dabei? Wie reagieren Sie darauf?

Die sozialwissenschaftlichen Erklärungen dafür bilden die Erkenntnisse der »Austausch-Theorie« (HOMANS) [15] und ihrer speziellen Weiterentwicklung in der »Equity«- oder »Gleichheits-Theorie« (ADAMS, WALSTER, BERSCHEID) [16]. Die erstere besagt, vereinfachend dargestellt, daß Menschen zu Investitionen und zur Intensivierung sozialer Beziehungen vor allem dann bereit sind, wenn sich ihnen dies in der Form von Gegenleistungen als nützlich erweist. Der eigenen Investition muß eine Investition ihres Empfängers gegenüberstehen, und zwischen beiden muß ein Verhältnis der Ausgewogenheit bestehen. Den letzteren Gedanken stellt die Equity-Theorie in den Vordergrund: Die Leistungen in sozialen Austauschprozessen müssen von den Beteiligten unter dem Gesichtspunkt der »ausgleichenden Gerechtigkeit« als angemessen und fair beertet werden. Der dabei angelegte Wertmaßstab ist subjektiv. Führt der Vergleich der eigenen Investition mit der empfangenen zu einem positiven Ergebnis in dem Sinne, daß der Vergleichende für sich einen – sei es auch immateriellen – »Gewinn« bilanzieren kann, folgt daraus Zufriedenheit, die die eigene Bereitschaft zu weiteren Investitionen zirkulierend aufrechterhält oder sogar verstärkt. Fällt die Bilanz negativ aus, folgt dem ein frustriertes und leistungsrestriktives Verhalten. Die Bereitschaft zu weiterem Austausch wird reduziert oder bricht gänzlich zusammen.

Dies gilt auch in der beruflichen Arbeit [17]. Auch dort determiniert das Empfinden darüber, ob dem eigenen Bemühen Gerechtigkeit oder Ungerechtigkeit widerfährt, im Mitarbeiter Zufriedenheit oder Unzufriedenheit mit dem betrieblichen Belohnungssystem und damit künftige Bereitschaft zu Goodwill. Dies stellt die Praxis motivationalen Führens vor erhebliche Probleme:

A) Das von den Beteiligten geforderte Merkmal der Angemessenheit in der Bemessung gegenseitiger Leistungen kann wegen der Subjektivität seiner Bewertung sowohl vom Mitarbeiter als auch vom Betrieb verzerrt beurteilt werden;

B) Gegenstände des Goodwill-Austauschs bilden nicht nur in Zahlen definierbare Werte (zum Beispiel Umsätze, Gewinne, Stückzahlen), sondern auch immaterielle, ja irrationale Werte (zum Beispiel Wertschätzung, Verantwortung, Dispositionsfreiheit), die sich nicht als meßbare Größen darstellen lassen;

C) nicht selten werden den von einer Seite zu Recht erwarteten Belohnungen auf der anderen Seite Sachzwänge entgegenstehen, die das Bemühen um situative Gerechtigkeit einengen oder sogar vereiteln.

Die Gründe für subjektive Verzerrungen können auf beiden Seiten liegen in
- Überbewertungen der eigenen Leistungen oder Leistungsmöglichkeiten der anderen Seite,
- Unterbewertungen fremder Leistungen oder eigener Leistungsmöglichkeiten, sowie
- sonstige Fehleinschätzungen aus psychologischen Filterprozessen.

Beispiel: Die für einen wertvollen und aufwendigen Wochenendeinsatz spontan überreichte Gratifikation von 1.000 DM stellt in den Augen eines

- alteingesessenen, materiell saturierten Mitarbeiters einen relativ geringen Wert dar (»was kann ich damit schon anfangen!«)
- erst kürzlich aus Osteuropa eingewanderten Neubürgers hingegen fast ein Vermögen (»in harter Währung!«) zum Aufbau seiner neuen Existenz.

Wir erkennen, welche zentrale Bedeutung die Frage der Angemessenheit von Belohnungen im Motivieren hat. Als Bedingungen, die der beidseitigen Annäherung dabei förderlich sind, empfehlen wir

- die sichtbare Pflege von Vertrauenswürdigkeit und Fairneß als lebendigen Basiswerten in Führung und Zusammenarbeit, denen ein intaktes Arbeitsklima weiter entgegenkommt;
- das sichtbare und glaubwürdige Bemühen beider Seiten, ihre verfügbaren Leistungspotentiale insbesondere bei wichtigen Einzelfällen auszuschöpfen;
- das wechselseitige »Sich-in-die-Pflicht-Nehmen« als jeweils mündiger, seriöser und ernst genommener Partner, für den einseitiges »Abstauben« oder »Sich-Drücken« nicht in Frage kommt;
- das offene Gespräch über Grenzen und Sachzwänge, wenn erwartete Belohnungen nicht vergeben werden können;
- das Herstellen von Einvernehmen darüber, daß Angemessenheit im Belohnen nicht situativ, sondern nur zeitüberdauernd bewirkt werden kann.

9.8   Arbeitszufriedenheit im Motivationsprozeß

In engem sachlichen Zusammenhang zur Problematik der Arbeitsmotivation steht die Frage der Arbeitszufriedenheit. Während Motivation sich mit Verhaltensdispositionen gegenüber der Arbeit auseinandersetzt, geht es bei der Arbeitszufriedenheit um die gefühlsmäßige Auseinandersetzung mit dem Erlebnis und den Ergebnissen der Arbeit.

> Mit **Arbeitszufriedenheit** bezeichnen wir die innere Disposition, die ein Arbeitnehmer als Resultat eines wertenden Vergleichs der erwarteten mit den wahrgenommenen Erlebnissen und Ergebnissen seiner Arbeit gewonnen hat und die als prägende Größe seinem Verhalten und seinen Einstellungen gegenüber Arbeit, sozialem Umfeld und Betrieb sichtbaren Ausdruck verleiht [18].

Wie zuvor folgen wir auch bei der Suche nach der Erklärung, woraus Arbeitszufriedenheit im Individuum gebildet wird, dem Erklärungsansatz der Weg-Ziel-Theorie von PORTER & LAWLER. Sie erklären Arbeitszufriedenheit als Resultat eines Vergleichs eigener Erwartungen mit den realen Befunden einer Reihe von Determinanten der betrieblichen Arbeit. Darunter nimmt das Belohnungssystem und sein Vermögen, Leistungen »gerecht« zu belohnen, einen vorrangigen Platz ein. Erfüllt die betriebliche Realität die gestellten Erwartungen oder übertrifft es sie, resultiert daraus Arbeitszufriedenheit. Werden die Befunde geringer bewertet als erwartet, folgt Arbeitsunzufriedenheit.

> **Beispiel:** Eine Gruppe von Monteuren hält es nach der außerplanmäßigen Reparatur einer Krananlage während des Wochenendes für angemessen, daß der Betriebsleiter, der sie um den Sondereinsatz dringend gebeten hatte, sich mit Worten der Anerkennung bei ihnen bedankt. Geschieht dies erwartungsgemäß, und verbindet er damit sogar eine Geste besonderer Auszeichnung, wird die Gruppe »zufrieden« reagieren. Unterläßt der Betriebsleiter dies jedoch (»Die Leute bekommen doch schon genug Überstunden- und Wochenendzuschläge!«), wird die Gruppe frustriert reagieren (und für einen wiederholten Sondereinsatz kaum zu gewinnen sein).

Das so eingetretene Maß an Zufriedenheit determiniert eine Verhaltensdisposition, die sich anschließend als

- Einstellung des Individuums zu Betrieb und Vorgesetztem,
- Sozialverhalten zu den anderen Mitarbeitern und als
- Leistungsbereitschaft, insbesondere zu Goodwill,

sichtbar niederschlägt. Die reale Ausprägung dieser Variablen bei allen Betriebs- oder Bereichsangehörigen führt zu einem Gesamtzustand zwischenpersonaler Beziehungen, den wir als das Arbeitsklima bezeichnen. Zirkulierend bildet das Klima zugleich auch wieder eine Determinante künftiger Arbeitszufriedenheit (vgl. dazu unten Ziffer 14.15). So läßt sich sagen, daß Arbeitszufriedenheit und Arbeitsklima in linearer Wechselbezüglichkeit engstens miteinander verbunden sind: Arbeitszufriedenheit stimuliert ein positives Arbeitsklima, und ein gutes Klima fördert Arbeitszufriedenheit. Entsprechendes gilt bei negativen Vorzeichen.

Spezifizierend dazu weist HERZBERG die Eignung, Arbeitszufriedenheit zu stimulieren, allein den Faktoren der Arbeit selbst zu, wohingegen den Hygienefaktoren lediglich die Fähigkeit zur Verhinderung von Arbeitsunzufriedenheit zuzubilligen sei (vgl. oben Ziffer 9.3.1) [19].

Als *geeignete Stimuli* für Arbeitszufriedenheit in der Arbeit selbst werden folgende Bedingungen angesehen:
- Arbeit, die geistig fordert und »Planen und Ausführen« bzw. »Denken und Tun« vereinigt,
- die Arbeitssituation kommt aktuellen physischen und psychischen Lebenszielen des Arbeitnehmers entgegen,
- die Arbeit vermittelt sichtbare Teilhabe an Leistung und Erfolg,
- die Arbeit bietet Möglichkeiten zum Einbringen eigener Talente, Interessen und Fähigkeiten,
- der Mitarbeiter erfährt aus seiner Leistung und ihrer Akzeptanz die Bestätigung von Selbstachtung und Wertschätzung,
- der Betrieb gewährt Teilhabe an einem als »angemessen« akzeptierten Belohnungssystem,
- der Führungsstil fördert Selbstverantwortung und Eigeninitiative sowie individuelles Wachstum [20].

Aufgrund der dargestellten engen Wechselbeziehung zwischen Arbeitszufriedenheit und -klima halten wir es für realistisch anzunehmen, daß auch die *außerhalb* der Arbeit im engeren Sinne wirksamen Klimafaktoren, wie unter Ziffer 14.15 dargestellt, prägend auf die Arbeitszufriedenheit wirken.

Diese Stimuli treffen auf jeweils individuelle Wertvorstellungen über den »Soll«-Zustand einer Arbeitsbeziehung und auf das individuelle Zielspektrum. Sie sind in ihrer Wirksamkeit von diesen Wert- und Zielbildern abhängig.

Nach der bereits unter Ziffer 1.3.3 erwähnten repräsentativen Erhebung OPASCHOWSKIS (1989) wird Arbeit insbesondere dann als positiv bewertet, wenn sie als interessant, sinnvoll, erfüllt, erlebnisreich, gesellig und anregend empfunden wird. Die bevorzugt begehrten Werte bilden danach Spaß, Sinn, Geld, Zeit und Status.

Hohe Bedeutung kommt der Frage zu, in welchem Zusammenhang nun Arbeitszufriedenheit und Arbeitsleistung zueinander stehen. Ein allgemeiner *linearer* Bezug, wie häufig angenommen, kann nach neueren Forschungsergebnissen *nicht* nachgewiesen werden. Arbeitszufriedenheit führt nicht zu fühlbar höheren Leistungsergebnissen bei den »reinen« Produktionsleistungen, im Sinne unserer Darstellungen also bei den erzwingbaren *Muß*-Leistungen. Sie zu erbringen, kann auch der in seiner Arbeit unzufriedene Arbeitnehmer, und sei es unter Androhung von Sanktionen, gezwungen werden.

Ein *deutlicher*, mitunter *zwingender* Bezug wird demgegenüber festgestellt für Leistungsvariablen *im Umfeld der eigentlichen Tätigkeit*, wie Fehlzeiten, Ausnutzung der Arbeitszeit, Beschwerdehäufigkeit, Kooperationsbereitschaft, Engagement, Flexibilität u.a. [21] Wieder bezogen auf die von uns vorgenommene Unterteilung der Leistungsbeiträge in *Muß*- und *Goodwill*-Komponenten

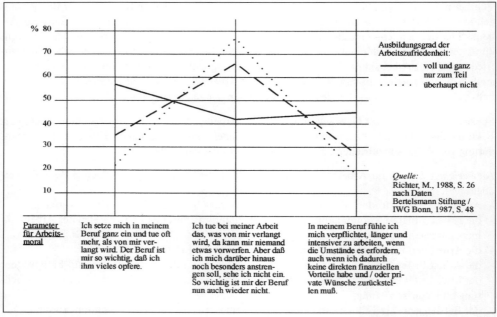

Abb. 9.6: Der Zusammenhang von Arbeitszufriedenheit und Arbeitsmoral

ist daraus zu folgern, daß Arbeitszufriedenheit im Mitarbeiter Verhaltensdispositionen fördert, die zusammen mit der Anhebung von »Arbeitsmoral« vor allem sein Goodwill-Potential mobilisiert oder, im gegenteiligen Fall, daß das Goodwill-Potential blockiert wird. Dies wird in den Ergebnissen der bereits unter Ziffer 1.3.2 diskutierten Untersuchungen der achtziger Jahre bestätigt.

Betrachten wir in Abb. 9.7 die Ausbildung von Arbeitszufriedenheit bei Arbeitnehmern unterschiedlich hoch einzustufender Berufsgruppen und Qualifikationen, dann ergibt sich zwischen ihrer Höhe und der dort ausgebildeten Arbeitszufriedenheit – und mithin auch Arbeitsmoral – wiederum Linearität.

Die Graphik in Abb. 9.8 weist schließlich aus, daß der Ausbildungsgrad von Arbeitszufriedenheit bei deutschen Arbeitnehmern in der Zeit von 1967 bis 1986 trotz enorm verbesserter Einkommensverhältnisse eher ab- als zugenommen hat. Zwischen beidem besteht offensichtlich keine Parallelität.

Ist die Förderung von Arbeitszufriedenheit bereits unter dem Gesichtspunkt der Leistungsoptimierung zu fordern, so gilt gleiches auch für ihre Bedeutung im Kontext zur allgemeinen Lebenszufriedenheit. Zwar sind die entsprechenden Korrelationen noch nicht in allen Einzelheiten nachgewiesen, doch dürfen direkte oder indirekte Auswirkungen von Arbeitszufriedenheit auf

– die langfristige Disposition des Arbeitnehmers gegenüber dem Berufsleben,
– seine Gesundheit sowie
– die Qualität seines eigenen Allgemeinbefindens und dem Wohlbefinden seiner näheren familiären Umgebung als hinreichend gesichert gelten [22].

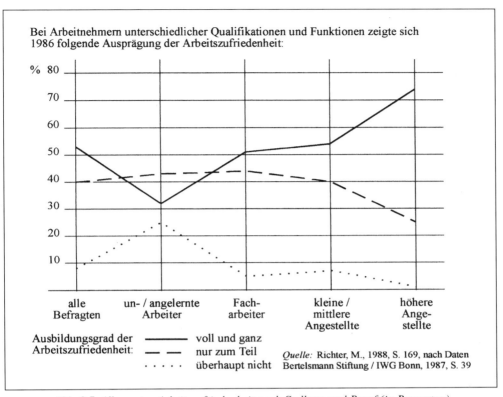

Bei Arbeitnehmern unterschiedlicher Qualifikationen und Funktionen zeigte sich 1986 folgende Ausprägung der Arbeitszufriedenheit:

Ausbildungsgrad der Arbeitszufriedenheit:
——————— voll und ganz
— — nur zum Teil
· · · · · überhaupt nicht

Quelle: Richter, M., 1988, S. 169, nach Daten Bertelsmann Stiftung / IWG Bonn, 1987, S. 39

Abb. 9.7: Allgemeine Arbeitszufriedenheit nach Stellung und Beruf (in Prozenten)

So liegt die Förderung von Arbeitszufriedenheit in den Betrieben letztlich sowohl im Interesse des Unternehmens an wirtschaftlich effektiven Führungsbeziehungen als auch in jenem des Arbeitnehmers an humanen Lebensbedingungen.

Das Gebot darf nicht im Widerspruch stehend dazu gesehen werden, daß der zu fordernde Verpflichtungsgrad zur permanenten Suche nach Innovationen eher *Unzufriedenheit mit Bestehendem* gebietet.

Die zu fordernde Arbeitszufriedenheit richtet sich auf das Erlebnis der Arbeit, Unzufriedenheit dagegen ist zu fordern gegenüber dem Leistungsstand des Unternehmens: seinen Produkten und Verfahren.

Zur Messung von Arbeitszufriedenheit wurden eine Vielzahl von Verfahren entwickelt und mit unterschiedlichem Erfolg erprobt. Die weiteste Verbreitung haben schriftliche Befragungen betrieblicher Belegschaften gefunden, von denen der »Fragebogen zur Messung der Bedürfniszufriedenheit bei der Arbeit (= FMBZ)« nach PORTER und der »Arbeitsbeschreibungs-Index (JDI)« nach SMITH, KENDALL & HULLIN hier genannt sein mögen. [23]

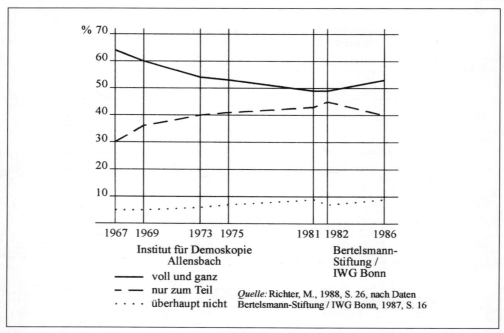

Abb. 9.8: Die Veränderung der Arbeitszufriedenheit bei deutschen Arbeitnehmern von 1967 bis 1986

9.9   Störungen im Motivierungsprozeß

9.9.1   Ursachenfelder

Die Bereitschaft von Arbeitnehmern, ihr Leistungsvermögen von sich aus voll zu entfalten sowie das Bemühen betrieblicher Stellen, Motivation zu Goodwill-Leistung zu wecken, aufrechtzuerhalten oder zu verstärken, kann in vielfältiger Weise gestört werden. Die Ursachen dafür können im Mitarbeiter selbst oder/und in Spannungen zu betrieblichen Funktionsträgern mit den von ihnen geschaffenen sozialen und sachlichen Strukturen (hier insbesondere Organisation/Arbeit/Entgelt/Fortkommen etc.) angelegt sein.

A) Mitarbeiter

a) Hier sind zunächst **verfestigte Demotivationen** zu nennen, denen zum Beispiel zugrundeliegen können

- strukturelle negative Werthaltungen zur Arbeit oder im Erlebnis der Arbeit gewonnene negative Erfahrungen, die zu anhaltenden Frustrationen geführt haben,
- Fehleinschätzungen von Erfolgswahrscheinlichkeiten infolge unrealistischer Annahmen über den Wert eigener Leistungen oder über das betriebliche Belohnungssystem,
- Verinnerlichung zeitgeistiger Strömungen, die »Abstauben«, »Abzocken« und »Absahnen« als

Cleverneß sowie Lässigkeit und »Chaotentum« im Arbeiten als Ausdruck innerer Souveränität verbrämen,
- unrealistische, häufig politisch-ideologisch verbrämte, in der Praxis der Arbeit nicht erfüllbare Ansprüche und Erwartungen.

b) Eine andere Gruppe von Demotivations-Potentialen hat ihre **Ursachen in Zielkonflikten:** Sie beruhen darauf, daß im Mitarbeiter gleichzeitig *mehrere, miteinander unvereinbare Individualziele kollidieren.*

Zielkonflikte können in *drei* Arten auftreten:

aa) Von zwei valenten Zielen kann nur eins erfüllt werden (*Appetenz-Appetenz-Konflikt*).

> **Beispiel:** Ein Angestellter muß sich entscheiden, entweder weiterhin im Innendienst zu verbleiben (Kontakt) oder die höher dotierte Stelle eines Kundenberaters im Außendienst zu übernehmen (Geld, Autonomie). Der Konflikt kann nur durch eine intrapersonelle Entscheidung zugunsten des einen oder anderen Vorteils gelöst werden.

bb) Die Erfüllung eines angestrebten Zieles ist direkt mit dem Eintritt eines unerwünschten Ergebnisses verbunden und verletzt dadurch ein »Vermeidungsbedürfnis« (*Appetenz-Aversions-Konflikt*).

> **Beispiel:** Ein Facharbeiter wird antragsgemäß aus seinem gewerblichen in ein Angestellten-Arbeitsverhältnis übernommen (Status), muß aber bei der ihm zustehenden Gehaltsgruppe durch den Verlust der Prämienentlohnung reale Einkommenseinbußen hinnehmen (Geld).

cc) Betriebliche Regelungen stellen einen Mitarbeiter vor die Wahl, eines von zwei unumgänglichen Übeln wählen zu müssen (*Aversions-Aversions-Konflikt*).

> **Beispiel:** Ein Mitarbeiter wird per Änderungskündigung vor die Wahl gestellt, künftig entweder mit einer geringer dotierten Position vorliebnehmen (Geld, Status) oder den Betrieb verlassen zu müssen (Existenz, Sicherheit).

B) Kollegiales Umfeld

Im kollegialen Umfeld werden Demotivationen vor allem dadurch hervorgerufen, daß ein einzelner Mitarbeiter von den anderen Mitarbeitern seiner Gruppe zum isolierten Außenseiter deklariert und mit Schikanen überzogen wird. Anlässe dafür können beliebige Merkmale seiner Persönlichkeit darstellen, wie das Lebensalter, das Geschlecht, die ethnische Herkunft, der politische Standort oder der Bildungsgrad. Es genügt praktisch jedes Merkmal, in dem ein Mitarbeiter von den von der Gruppe akzeptierten Normen abweicht, um ihn in den Augen seiner Kollegen als »abschußwürdig« freizugeben. Es kommt zum sogenannten »Mobbing«. Medien [24] berichten über folgende typische Situationen:

- Ein neuer Kollege weist sich als deutlich qualifizierter aus als die vorhandenen Mitarbeiter (»den dürfen wir gar nicht erst hochkommen lassen«),
- eine Mitarbeiterin wird schwanger (»und wir müssen während ihres Schwangerschafts- und Erziehungsurlaubs ihre Arbeit mit erledigen«),
- in der Abteilung drohen Arbeitsplätze abgebaut zu werden (»da müssen wir den X und die Y für den Abschuß reif machen«),
- ein(e) Mitarbeiter(in) hat Probleme mit dem Vorgesetzten (»wer sich mit dem/der auch anlegt, den mag der Chef«),
- eine Mitarbeiterin erwehrt sich sexueller Zudringlichkeiten ihrer männlichen Kollegen (»der zeigen wir, was für ein Flittchen sie ist«).

Die Methoden des »Mobbing« reichen von subtilen Abwertungen über alle Formen von Intrigen, Verleumdungen und Schikanen bis zum aggressiven Psychoterror. Dauern sie länger an und beteiligt sich daran sogar der Vorgesetzte (oder verschließt er davor auch nur die Augen), dann steht der Ausgeschlossene auf verlorenem Posten, und er erlebt den Arbeitstag als anhaltende Tortur. Der Destabilisierung seines Selbstwertgefühls folgt seelische Depressivität. Als Ausweg bleibt dem Betroffenen häufig nur die Kündigung des Arbeitsverhältnisses, nicht selten aber auch der Weg in den Suizid.

C) Vorgesetzte

Aufgrund ihres ständigen direkten, psychologisch verdichteten Kontaktes zum Mitarbeiter wirken Verhaltens- und Beziehungsstörungen sich hier als besonders intensive Demotivations-Potentiale aus. Befragungsergebnisse weisen aus, daß mehr als 50 % von befragten Arbeitnehmern ihre Demotivationen auf Führungsmängel ihrer Vorgesetzten zurückführen [25]. Ursachen dafür setzen Vorgesetzte, die zum Beispiel

- ihre Mitarbeiter über deren Köpfe hinweg als verfüg- und verwaltbare »Rädchen im Getriebe« behandeln statt als ganzheitliche, lebendige Persönlichkeiten, und ihre menschlichen Investitionen ins »Personal« auf das vom Arbeitsrecht her geschuldete unveräußerliche Minimum bemessen;
- »geordnetes« Arbeiten vor allem in starren, unflexiblen Arbeitsstrukturen, im pedantischen Befolgen detaillierter Reglements und in lückenlosen Kontrollen garantiert sehen sowie Wünsche nach Freiräumen, Sonderregelungen und Eigenständigkeit als »Anfang der Anarchie« ablehnen;
- in unkonventionellen, vor allem kritischen, Äußerungen (»Querdenken«) und in Kreativität ihrer »Untergebenen« zuerst eine prinzipielle Gefährdung ihres Selbstverständnisses als *Nummer Eins* verstehen und deshalb dazu neigen, sie als unbrauchbar, querulantisch oder als Ausdruck mangelnder Konsens- und Teamfähigkeit abzuwürgen;
- Zynismus und »Machertum« (»Ich setze meinen Willen auch mit der Brechstange durch, koste es was es wolle!«) als Markenzeichen von Tüchtigkeit und »Durchblick« verbrämen und die Menschen um sich herum, die sich dem nicht anschließen oder gewachsen fühlen, verächtlich als »Luft« oder Schwächlinge behandeln;
- die Regulierung von Fehlern ihrer »Untergebenen« als Gelegenheiten zu verletzenden Bestrafungsritualen benützen;
- eigene Defizite an Selbstwertgefühl ständig im Wege idealisierenden Selbstüberhöhens und gleichzeitiger Abwertungsstrategien ihrer »Untergebenen« kompensieren;
- schließlich: Intrigen, Mobbing, Rufmord und andere Strategien des »Kaltstellens« als gangbare Mittel ihres Führens benutzen.

In der Praxis hat in der jüngeren Zeit, möglicherweise als Auswirkung des Arbeitsmarktes, unsensibles Führen »mit dem eisernen Besen« zugenommen (vgl. dazu neueste Untersuchungsergebnisse unter den Ziffern 14.3.2 und 14.3.4).

D) Unternehmerpersönlichkeiten

Das Unternehmensgeschehen im Zentrum prägend können auch sie als demotivierende Größen wirken, wenn sich ihre Führungstätigkeit zum Beispiel auswirkt als

- Mitverantwortung am Niedergang des Unternehmens als Folge des Ausruhens auf den Erfolgen von gestern und Versäumens des für die Zukunft Notwendigen heute,

- Demonstration überhöhter Prestige-Positionen und eines Images von Unnahbarkeit und Überlegenheit bei gleichzeitigem Verlust des Kontaktes zur Basis, wo »das Leben« stattfindet,
- Verfestigung charakterologischer Defizite als rechthaberisches, abwertendes Herrschaftsgebaren mit der Anmaßung, qualifizierte, gestandene und lebenstüchtige Mitarbeiter zu infantilen Befehlsempfängern zu degradieren.

Der zusätzlich von gerontologischer Erstarrung bewirkte Verlust von Sensibilität und von Kritikfähigkeit sich selbst gegenüber sowie die in quasi-militärischem Denken begründete »Feldherrn«-Mentalität des »Hier habe ICH das Sagen«, leisten dazu ein übriges. Defizite an Führungskompetenz auf dem Chef-Sessel müssen dem Unternehmen dank der nach unten immer breiter und länger ausholenden Pendel-Wirkung fehlerhaften Handelns durch Vernichtung von Motivations-Potentialen Schaden zufügen. Dies gilt um so mehr, wenn aus einem in karrierenotwendigen Anpassungszwängen neutralisierten Management keine geistigen Eigengewichte mehr gesetzt werden und die notwendige Übergabe des Chef-Sessels an den Nachwuchs zum Tabu-Thema erklärt worden ist.

E) Unternehmenspolitik

Der Arbeitnehmer erlebt zum Beispiel, daß das Unternehmen trotz vehementer *Bekenntnisse zu den tragenden Werten unserer Gesellschaft* oder *Statements zu partnerschaftlicher Führung und Zusammenarbeit* in Wirklichkeit

- seine Mitglieder in erstarrten, hierarchisch verkrusteten und zentralistischen Organisationsstrukturen am unteren Rand seiner Pflichten als nackte Leistungsträger verwaltet, denen im Krisen-Szenario lediglich die Rolle der zwischen Arbeitsplatz und Arbeitsamt zu verschiebenden Bauern zugewiesen bleibt;
- sich rechtlich und sittlich-moralisch ins Abseits begibt, indem es – hoch profitabel – Potentaten der Dritten Welt mit Komponenten für A-, B- oder C-Waffen beliefert oder in Länder der Dritten Welt Toxide vertreibt, die wegen ihrer Umweltgefährlichkeit in Europa längst verboten und durch weniger schädliche Mittel ersetzt sind;
- zivilisatorischen Schund wie zum Beispiel auf Lärm getrimmte Auspuffanlagen produziert und, statt die Umwelt zu schützen, von ihrer akustischen Verschmutzung lebt;
- für die herausragende Qualität seiner Produkte wirbt, bei deren Herstellung aber im Interesse niedriger Kosten und/oder eines florierenden Ersatzteilgeschäfts ersichtlich versteckte Mängel, Soll-Schwachstellen oder sonstige Minderwertigkeiten vorsieht oder doch in Kauf nimmt;
- auf Hochglanzpapier gedruckt behauptet: »*Der Mensch ist unser Mittelpunkt!*« und der Mitarbeiter in der täglichen Realität erfährt: »*Als Mensch bin ich hier Mittel. Punkt.*« [26]

Werden derartige Defizite als demotivierende Störgrößen im Unternehmen erkannt, so gilt es häufig als Gebot der Loyalität, der Noblesse oder der Karrieresicherung, über sie zu schweigen.

Um Mißdeutungen vorzubeugen, stellen wir klar: Die vorstehenden Kataloge enthalten beispielhafte Einzelfälle aus der Praxis, die wir der Gesamtheit unserer Wirtschaftsunternehmen keineswegs als typisch unterstellen. Die Schädlichkeit der Einzelfälle reicht aber über Motivationsschäden im Inneren des Unternehmens weit hinaus und wirkt sich dank der zunehmenden Re-Integration des Wirtschaftsgeschehens in das Blickfeld gesamtgesellschaftlicher Aufmerksamkeit auch im Bewußtsein der Öffentlichkeit image- und wettbewerbsschädigend aus. Zum Glück wird dies von immer mehr Unternehmen erkannt.

9.9.2 Störfolgen

Defizite zwischen eigenen Ansprüchen und Erwartungen einerseits und den wahrgenommenen IST-Befunden andererseits aktivieren in dem an das Unternehmen gebundenen Mitarbeiter einen inneren Spannungszustand der Enttäuschung, eine *Frustration*. Ihren eigentlichen Kern bildet die vom Individuum empfundene *Gefährdung des Selbstwertgefühles*. Je höher das Defizit zwischen Erwartung und Erfüllung empfunden wird, um so stärker entwickelt sich das Gefühl des Frustriertseins.

Regelmäßig bemüht das Individuum sich jetzt, das bedrohte Selbstwertgefühl wieder zu stabilisieren und seine Frustration abzubauen. Dazu entwickelt es nach außen oder innen wirkende rationale oder irrationale Verhaltensstrategien, die als sog. *Abwehrmechanismen* bezeichnet werden. Speziell im Arbeitsleben sind dies:

A) *Aggression*: Die für den Konflikt verantwortliche oder für verantwortlich gehaltene Person oder Stelle wird offen oder verdeckt angegriffen, wobei der Angreifer auch Dritte (zum Beispiel Kollegen) hinzuzieht (der Vorgesetzte wird angefeindet; Anordnungen werden »überhört«; es wird versucht, den Vorgesetzten bloßzustellen; die Arbeitsgruppe zeigt sich geschlossen rebellisch, verweigert Zusammenarbeit).

B) *Restriktion*: Der Frustrierte zieht sich augenfällig zurück und vermeidet insbesondere emotionale Kontakte mit den Verursachern seiner Frustration (man redet nur noch Unvermeidliches miteinander, die Umgangsformen sind unterkühlt).

C) *Verdrängung*: Das Konfliktgeschehen wird aus dem Bewußtsein verdrängt, d. h. nicht verarbeitet. Im Bereich des Vorbewußtseins ruht es latent und kann durch situative Anreize abgerufen und mit neuem Konfliktstoff angereichert zum explosiven Ausbruch gelangen (selbst kleinere Schwierigkeiten zwischen den Konfliktpartnern führen bei dem Frustrierten zu emotionalen Ausbrüchen von Wut und Empörung, die Atmosphäre bleibt vergiftet).

D) *Projektion*: Der Anteil eigener Mitverursachung des Konfliktes wird der Außenwelt zugeschrieben (»die Auszeichnung ist mir ja nur deshalb entgangen, weil man sie mir nicht gegönnt hat«).

E) *Rationalisierung*: Der Frustrierte versucht, seine Mitverursachung des Konfliktes durch das Nachschieben scheinbar rationaler Erklärungen zu entkräften und den Konflikt als solchen zu leugnen. Dabei kann er negativ argumentieren (»mir lag gar nichts an der Auszeichnung«) oder positiv (»es ist schon gut, daß ich die Auszeichnung nicht bekommen habe, das hätte mir doch nur Neid meiner Kollegen eingebracht«).

F) *Kompensation*: Der Mitarbeiter versucht, seine Frustration durch Erfolge in befriedigenderen Ersatzzielen abzubauen (Flucht in außerbetriebliche Aktivitäten wie Schwarzarbeit, Vereinsleben, Politik, Sport, Hobby).

G) *Konversion*: Der Mitarbeiter leitet seine Frustration in verdeckte Konfliktaustragung um (er »feiert« krank, begeht Diebstahl an Zeit und Sachen, hat für dringend angesetzte Überstunden absolut keine Zeit).

H) *Identifikation*: Der Mitarbeiter unterdrückt seine Frustration zunächst und lehnt sich an einen anderen, möglichst stärkeren Gegner ihres Verursachers an, um an dessen Erfolgen teilzuhaben (»meines Feindes Feind ist mein Freund«).

I) *Verschiebung*: Die aufgestauten Aggressionen werden gegen dritte, unbeteiligte Personen gerichtet und an ihnen abreagiert.

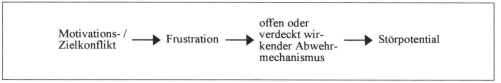

Abb. 9.9: Ablauf eines Motivations-/Zielkonfliktes

Unter Frustrationen leidende Personen setzen in der Praxis häufig mehrere der erwähnten Abwehrmechanismen als »Strategie der Auszahlung« (»pay-off«) gleichzeitig ein. Im Dauerzustand können diese sich zur »**Inneren Kündigung**« verdichten: Der Mitarbeiter ist physisch anwesend, mit seinen Interessen und seinen geistigen Kräften aber abwesend. Er wehrt sich gegen die wahrgenommenen Mißstände nicht mehr, und nimmt sie statt dessen mehr oder weniger fatalistisch hin. Die Arbeit wird unauffällig ohne Engagement und routinemäßig als *Dienst nach Vorschrift* »erledigt«, Absentismus bietet willkommene Ruhezeiten, und die Kräfte werden »im Schongang« für den Bereich der Freizeit aufgespart, in dem das Leben wieder Spaß und Sinn erfährt [27]. Realistischen Schätzungen zufolge »arbeiten« in den alten Bundesländern ca 40 % und in den neuen weit über 50 % aller Beschäftigten in diesem Zustand [28].

Demotivationen im Mitarbeiter wirken sich für das Unternehmen stets als kostspielige *Störpotentiale* aus. Die ihnen zugrunde liegenden Konflikte werden selten offen ausgetragen, ist der Gegner doch regelmäßig der Arbeitgeber mit seiner überlegenen Position. Es geht im Führen deshalb darum, unübliche und auffällige negative Verhaltensweisen bei Mitarbeitern oder ganzen Gruppen wahrzunehmen, die *Indikatoren verdeckter Konflikte* darstellen können. Reagiert der Vorgesetzte auf sie lediglich »mit dem großen Hammer« disziplinarischer Sanktionen, läßt er die vorhandenen Frustrationspotentiale unverarbeitet, und er wird sie noch vergrößern.

Richtiger ist es, *analytisch* vorzugehen, um Kenntnis von den Ursachen der Auffälligkeiten zu erlangen. Dazu kann das Gespräch mit den betreffenden Mitarbeitern, mit Kollegen von ihnen oder mit dem informellen Gruppenführer aufschlußreich sein. Erst danach ist über das weitere Vorgehen zu entscheiden, wobei den konflikt- und frustrationsabbauenden Maßnahmen vor anderen stets der Vorzug zu geben ist.

9.10   Folgerungen für die Praxis betrieblicher Arbeitsmotivation

Wir wollen das, was bisher zum Thema *Arbeitsmotivation* gesagt wurde, als Vorbereitung der nächsten Teilabschnitte noch einmal thesenhaft zusammenfassen und daraus einige Folgerungen für die betriebliche Praxis ableiten.

A) Motivation des Mitarbeiters zu Aktivität in der Arbeit, in unserem Sinne speziell zu Goodwill-Leistung, wird unter zwei Bedingungen aktiviert:
   a) die Aktivität muß der Erfüllung eigener Ziel- und Wertvorstellungen dienen und darf dazu nicht in Widerspruch stehen,

b) die Aktivität muß auch tatsächliche Chancen eröffnen, eigene Ziel- und Wertespektren zu erfüllen bzw. Defizite zu reduzieren;

B) Das Motivieren von Mitarbeitern bedeutet also, ihnen Chancen zu vermitteln, sich durch Leistung (Goodwill) für den Betrieb auf der Basis von Wertekonsens zugleich eigene Ziele erfüllen zu können;

C) Motivation ist somit an Belohnungen gebunden in Form von
   – Zuwachs an Erlebnis- und Ergebnis-Werten sowie
   – Verringerung vorhandener Wertedefizite;

D) Erstrebte Belohnungen liegen *neben* der Optimierung des Entgelts vor allem in der Gestaltung eines positiv wahrgenommenen Erlebnisses von Arbeit, Führung und Unternehmen, und sie konzentrieren sich um so mehr auf Entgelt und Flucht in Freizeit, je weniger die Arbeit selbst als befriedigendes Erlebnis erfahren wird;

E) So geht es im Motivieren letztlich darum, zwischen dem Mitarbeiter als Menschen unserer Zeit und dem Unternehmen in seinem Erscheinungsbild ein Optimum von Ziel- und Wertekonsens herzustellen.

Anhang zu Kapitel 9

A) Anmerkungen

1 Ausführlich Wunderer, R./Grunwald, W., 1980, Bd. 1, Kap. F; Weinert, A. B., 1981, Kap. 6.2; Berthel, J., 1989, S. 12ff.; Scholz, Ch., 1991, Ziffer 6; Sprenger, R. K., 1992; Keller, J. A., 1981, Teil II

2 Die alternierenden Bezeichnungen werden in der Literatur synonym verwendet

3 Wie Fußnote 2)

4 Die Zahl in der Klammer enthält hier und im folgenden die Jahreszahl der ersten Veröffentlichung der Theorie

5 Näher Steinmann, H./Schreyögg, G., 1991, S. 46; Staehle, W.H., 1990, S. 339; Scholz, Chr., 1991, S. 335

6 Zur Kritik am Erwartungs-Wert-Modell vgl. Wunderer, R./Grunwald, W., 1980, Bd. 1, Kap. F, Ziffer 3.4

7 Ausführlich Gellermann, S. W., 1973, Kap. 9ff.

8 Wiederholen Sie Ziffern 5.4 und 5.7 oben!

9 Siehe Kap. 22 unten

10 Näher Frankl, V. E., 1980

11 Siehe Ziffern 19, 20 unten

12 Sprenger, R. K., 1992, S. 67/68

13 Näher Ziffer 17.3.2 unten

14 Evers H., in Kienbaum J. (Hrsg.), 1992, S. 385ff

15 Vgl. Wunderer, R./Grunwald, W., 1980, Bd. 1, S. 146ff.

16 A. a. O., S. 148ff.

17 Untersucht bei Enderle, H., Die Bedeutung der Theorien des sozialen Leistungsaustauschs für den Good-will-Austausch des Erwartungs-Wert-Modells von Porter & Lawler (unveröffentlichte Diplomarbeit), Gummersbach, 1987

18 Generell und zur Vielschichtigkeit des Begriffes siehe Wunderer, R./Grunwald, W., 1980, Bd. 2, S. 411ff.; Weinert, A. B., 1981, S. 285ff.; Berthel J., 1989, S. 40ff.

19 Vgl. Noelle-Neumann, E./Strümpel, B., 1984, S. 25ff.

20 I. d. S. Weinert, A. B., 1981, S. 291ff.

21 I. d. S. die Ergebnisse der »Michigan«- und der »Ohio-Studien«, vgl. Ziffer 12.2 unten; Weinert, A.B., 1981, S. 300, mit weiteren Quellen

22 Näher Noelle-Neumann, E./Strümpel, B., 1984, a. a. O.

23 Näher Weinert, A. B., 1981, S. 303ff.

24 U.a. Handelsblatt Nr. 22/1993, S. K1/K2, Literaturseite, FOCUS Nr. 6/1993, S. 91ff., DER SPIEGEL Nr. 31/1992, S. 58 f., stern Nr. 34/91, S. 23ff.;
25 Nach Sprenger, R. K., 1992, S. 172ff.
26 In Anlehnung an Neuberger, O., in Personalführung Nr. 1/1990, S. 3ff.
27 Sprenger a. a. O., S. 22
28 Hilb, M. (Hrsg.), 1992, S. 4

B) Kontrollfragen und -aufgaben

zu 9.1
a) Wie unterscheiden sich die Begriffe *Leistungsvermögen* und *Arbeitsleistung* voneinander?

b) Erläutern Sie die Merkmale, welche das Leistungsvermögen/die Qualifikation eines Menschen bestimmen.

c) Welche Quellen speisen den Antrieb eines Menschen, ein Leistungsvermögen in konkrete Leistung umzusetzen?

d) Beschreiben Sie eine Situation, in der Zwang als Führungsmittel Ihnen legitim erscheint.

e) Definieren Sie den Begriff *Motivation*.

zu 9.2
Skizzieren Sie aus dem Gedächtnis das Grundmodell des Motivationsprozesses.

zu 9.3
a) Worin unterscheiden sich im Ansatz die sog. *Zielinhalts- Theorien* von den sog. *Prozeß-Theorien*?

b) Skizzieren Sie auf einem Blatt Papier die wichtigsten Zielinhalts-Theorien
    ba) nach Bezeichnung und Autor,
    bb) nach ihrer zentralen Aussage.

c) Unternehmen Sie das gleiche wie unter b) für die Prozeß-Theorien.

d) Warum sind die Zielinhalts-Theorien allein zur Erklärung von Motivation im Betrieb unzureichend?

e) Welchen theoretischen Ansätzen folgt das hier vorgeschlagene Motivationskonzept ?

f) Welche drei Variablen bestimmen in unserem Konzept, ob Motivation zustandekommt?

g) Wie hoch (möglich: 0 bis 10) kann Motivation bestenfalls werden, wenn eine der Variablen den Wert Null einnimmt?

zu 9.4
a) Was erklärt das Erwartungs-Wert-Modell als besonders geeignet zur Erklärung von Motivation in der betrieblichen Praxis?

b) In welcher Beziehung steht das Modell zu den Zielinhalts-Theorien?

c) Welche Modifikation an dem Modell nehmen wir vor, um seinen Erklärungswert noch konkreter zu gestalten?

d) Versuchen Sie, den Ablauf des Motivationsprozesses anhand des Erwartungs-Wert-Modells als Ablaufdiagramm zu skizzieren, und vergleichen Sie Ihre Abweichungen von Abb. 9.4.

e) Erklären Sie Schritt für Schritt verbal den Ablauf des Motivationsprozesses anhand des Ablaufdiagramms.

zu 9.5

a) Was verstehen wir unter einem *Individualziel*?

b) Welche Funktionen übt es für *Motivation* aus?

c) Gibt es Individualziele, die auf negative Werte gerichtet sind?

d) Was halten Sie von Motivation zu Leistung durch Erzeugung von Angst?

e) In welchem Zusammenhang zu Individualzielen stehen zum Beispiel Wünsche wie
   ea) mit dem Vorgesetzten gut auskommen wollen,
   eb) in einem freundlichen Arbeitsraum arbeiten wollen?

f) Sind Individualziele stets an materiellen Nutzen gebunden?

g) Versprechen die verfolgten Individualziele dem Individuum stets wirklichen Nutzen?

h) Was verstehen wir unter einem *Persönlichkeitsmotiv*?

i) Nennen Sie die 7 zentralen Motive, in denen sich die Persönlichkeitsstruktur ausdrückt.

j) Was verstehen wir unter dem *Motivspektrum*?

k) Inwiefern besteht zwischen dem Motivspektrum eines Menschen und seinem Arbeitsverhalten ein Zusammenhang? Beschreiben Sie dies an einem Beispiel.

l) Nennen Sie mindestens 5 situative Determinanten für Individualziele.

m) Was verstehen wir unter dem *Belohnungswert* einer Leistung?

n) In welchen beiden Inhalten tritt der Belohnungswert prozessual im Erwartungs-Wert-Modell auf?

o) Was verstehen wir unter *intrinsischen* und was unter *extrinsischen* Belohnungswerten?

p) Welchen von ihnen ist der stärkere motivatorische Antrieb zuzumessen?

q) Wie erklärt sich Ihre Aussage?

r) In welcher Beziehung steht der Belohnungswert eines Zieles zu dessen Valenz?

s) Inwiefern ist es zum Motivieren seiner Arbeitnehmer wichtig, daß der Betrieb Kenntnis von den Belohnungswerten, die sie verfolgen, erlangt?

t) Welche Möglichkeiten gibt es, um Kenntnis von arbeitnehmerseitig valenten Zielen und ihren Belohnungswerten zu erhalten?

zu 9.6

a) Welche beiden Wahrscheinlichkeits-Schätzwerte enthält das Motivationsmodell von Porter & Lawler?

b) Welche Bedeutung hat Erfolgswahrscheinlichkeit für Leistungen des Goodwill-Bereiches?

c) Erläutern Sie, welche betrieblichen Voraussetzungen von der betrieblichen Führung erfüllt werden müssen, damit positive Ergebnisse erreicht werden können
   ca) in der Goodwill-Wahrscheinlichkeit?
   cb) in der Belohnungswahrscheinlichkeit?

zu 9.7

a) Welche theoretischen Erklärungsansätze welcher Autoren liegen dem Gebot der *Belohnungsgerechtigkeit* zugrunde?

b) Welche Forderungen stehen im Zentrum ihrer Aussagen?

c) Zu welchen Folgen führt die Verletzung des Gebotes?

d) Skizzieren Sie kurz die Schwierigkeiten seiner Realisation in der Praxis
   da) von der inhaltlichen Beschaffenheit der Belohnungen her,
   db) vom Wesen der Beteiligten her.

e) Woran orientiert der Mitarbeiter sich bei der Überlegung, ob er für ausgebrachtes Goodwill angemessen belohnt wird oder nicht?

zu 9.8

a) Was verstehen wir unter Arbeitszufriedenheit?

b) Wie entsteht sie nach dem Erklärungsansatz des Erwartungs-Wert-Modells im Menschen, und wie entsteht ihr Gegenteil?

c) Über welchen Zwischenwert wirkt Arbeitsmotivation auf Arbeitszufriedenheit?

d) Bildet die Arbeitszufriedenheit eines Menschen einen objektiven Wert?

e) In welcher Beziehung beeinflußt Arbeitszufriedenheit

    ea) die Leistungen des Pflicht-Bereiches,

    eb) die Leistungen des Goodwill-Bereiches?

f) In welcher Beziehung steht Arbeitszufriedenheit zum Arbeitsklima?

g) Welche Funktion erfüllt Arbeitszufriedenheit außer der, Leistungsstimulans zu sein?

zu 9.9

a) Welche zwei Gruppen von Störungen können den Motivationsprozeß im Mitarbeiter beeinträchtigen?

b) Aufgrund welcher Ursachen kann es zu Fehleinschätzungen der Erfolgswahrscheinlichkeit kommen?

c) Wann sprechen wir von einem Motivkonflikt?

d) Welche drei Typen von Motivkonflikten kennen wir? Bilden Sie zu jedem Typ ein praktisches Beispiel.

e) Nennen Sie die weiteren Ursachenfelder, in denen im Betrieb bzw. im Unternehmen Potentiale für Demotivationen entstehen können.

f) Was bewirken Belohnungsdefizite regelmäßig?

g) Wie werden diese Folgen abgebaut?

zu 9.10

Welche drei Bedingungen muß das betriebliche System erfüllen, um im Mitarbeiter Motivation zu mobilisieren?

C) Literatur

Bertelsmann Stiftung/IWG Bonn, 1987, S.49ff.

Berthel, J., 1989, S. 12ff.

Domsch, M./Schneble A., Mitarbeiterbefragungen, in Rosenstiel, L. von et al., 1993, S. 515ff.

Engelhard, J., Leistungsdeterminanten, in HWP, Sp. 1254–1264

Evers, H., Zukunftsweisende Anreizsysteme für Führungskräfte, in Kienbaum, J. (Hrsg.), 1992, S. 385ff.

Frankl, V. E., 1980

Gellermann, S. W., 1973, Kapitel 9–19

Grothus, H.,1972, S. 9–111

Keller, J. A., 1981, Teil II

König, E., Soziale Kompetenz, in HWP Sp. 2046–2056

Martin, A., Arbeitszufriedenheit, in HWP Sp. 481–493

Moebius, M., Psychoterror im Betrieb, in Psychologie heute, Nr. 1/88, S. 32–39

Neuberger, O., Arbeitszufriedenheit, in HWO Sp. 198-208

Noelle-Neumann, E./Strümpel, B., 1984, S. 25ff.

Richter, M., 1988, Ziffern 4, 5

Rosenstiel, L. von, Motivation von Mitarbeitern, in Rosenstiel, L. von et al., 1993, S. 153ff.

Sprenger, R. K., Vom Glauben an die Motivation, in Management Wissen, Nr. 1/89, S. 88–93

Stroebe, R./Stroebe, G., 1988

Weinert, A. B., 1981, Kapitel 6
derselbe, 1987, Kapitel 6
derselbe, Motivation, in HWP Sp. 1429–1442
Wunderer, R./Grunwald, W., 1980, Bd. 1, Kapitel F

Zum vertiefenden Breitenstudium empfehlen sich folgende weitere Publikationen:

Heckhausen, H., Motivation und Handeln, 1980
Rosenstiel, L. von, Die motivationalen Grundlagen des Verhaltens in Leistung und Zufriedenheit, 1975
Sahm, A., Neue Methoden der Leistungsmotivation, 1980

10 Ansatzpunkte einer motivationsfördernden Gestaltung der Arbeitsbeziehung

Lernziele:

Im folgenden Abschnitt wollen wir unsere Erkenntnisse über Arbeitsmotivation in praktische Konsequenzen für die Gestaltung der betrieblichen Arbeit umsetzen. Dazu sollen Sie

- unter Ziffer 10.1 *das Menschenbild* kennenlernen, unter dem Ihre Mitarbeiter, aber auch Kollegen und Vorgesetzte, in unserer Zeit realistisch zu sehen sind;
- unter Ziffer 10.2 erfahren, daß auch *das Erscheinungsbild des Unternehmens* in den Augen seiner Mitarbeiter deren Einstellungen zu ihm prägt und wie es beschaffen sein sollte, damit die Einstellungen positiv und leistungsfördernd geprägt werden und Identifikation möglich werden lassen;
- unter Ziffer 10.3 erkennen, daß der Mitarbeiter sein Leistungspotential erst dann entfalten wird, wenn er sich nicht als Außenstehender, sondern als *Beteiligter am Unternehmensgeschehen* erleben kann und dementsprechend in das Geschehen integriert wird;
- unter Ziffer 10.4 lernen, durch welche *organisatorischen und psychologischen Gestaltungsmittel die Arbeit im engeren Sinne* so strukturiert werden kann, daß sie dem Mitarbeiter ein Optimum an intrinsischen und extrinsischen Belohnungswerten und damit zugleich Arbeitszufriedenheit vermittelt;
- unter Ziffer 10.5 erfahren, worauf Sie als Führungskraft achten müssen, damit *die äußere Arbeitsumgebung* frei von Störfaktoren gehalten wird, die angestrebten und grundsätzlich auch erfüllbaren Belohnungswerten entgegenwirken und die Arbeitszufriedenheit Ihrer Mitarbeiter gefährden können;
- insgesamt erfahren, daß es im Motivieren nicht allein darum geht, den Mitarbeiter mit einzelnen materiellen und psychischen Anreizen zu fallweiser Leistungsbereitschaft zu stimulieren, sondern darum, *im ganzheitlichen Sinne* Arbeitsmöglichkeiten zu eröffnen, unter denen Leistungsbereitschaft auf Dauer geschaffen, erhalten und in Leistung umgesetzt werden kann.

10.1 Akzeptanz eines zeitgemäßen Menschenbildes

Wollen wir erreichen, daß der Mensch in Führung und Zusammenarbeit seine Leistungspotentiale ausbringt, werden wir ihn seinem realen Wesen gemäß sehen und ansprechen müssen. Dazu haben wir ihn in folgenden Merkmalen zu akzeptieren:

10.1.1 Ganzheitlichkeit des Menschen

Der Mensch erscheint am Arbeitsplatz in mehrfach aufgeteilten Dimensionen und Rollen, die uns oft übersehen lassen, daß es sich dennoch um **das eine identische Individuum** handelt, das uns in seiner Unteilbarkeit gegenübertritt.

A) Der Mensch bildet ganzheitlich eine Tripolarität von Körper, Seele und Geist [1]. Der Körper bildet die sichtbare, materielle Basis für die Seele und den Geist. Der letztere mit seinem Sitz im Großhirn befähigt den Menschen, zu analysieren, zu konstruieren, ja überhaupt intelligent zu denken und zu handeln. Unsere Seele, für die ein »Sitz« im physiologischen Sinne nicht bekannt ist, steuert unser Fühlen und Empfinden, beflügelt unsere Phantasie und vermittelt uns Freude und Schmerz, Spaß und Trauer, Angst und Sicherheit, Begeisterung und Depressivität. Die Tripolarität ist in uns Menschen genetisch angelegt, seit unsere Gattung sich in ca. 3 Mio. Jahren zu einer überaus komplexen, eigenständigen Spezies entwickelt hat. Über das Wesen der Psyche und ihre Beziehungen zur Physis ist nur wenig bekannt, da medizinische Forschung sich bisher mehr mit der Physiologie des Körpers als mit der der Psyche beschäftigt hat. Trotzdem sind engste Verflechtungen zwischen allen drei Polen offensichtlich: Die in Angst erkrankte oder durch Entwürdigung verletzte Seele zum Beispiel lähmt den Geist und führt über Mechanismen der Psychosomatik auch zur Erkrankung des Körpers. Ebenso trägt seelische Gesundheit dazu bei, auch den Körper gesund zu erhalten und unseren Geist zu beflügeln.

Organisierte Arbeit ist zweckbezogen organisiert. Seelische Belange wurden in ihr bisher weitgehend ignoriert. Erst in jüngerer Zeit wird anerkannt, daß Phänomene menschlichen Verhaltens wie Arbeitszufriedenheit und Begeisterungsfähigkeit, Sympathie oder Antipathie, Teamgeist, Hingabe und Loyalität, die Entfaltung von Talenten und Kreativität sich als Ausdrucksformen seelischer Dispositionen zwar zweckrationaler Steuerung entziehen, gleichwohl aber als Schlüsseldeterminanten der Leistungsdisposition des Menschen sich direkt qualitativ in seiner Teilnahme an der betrieblichen Arbeit auswirken.

B) Der Mensch tritt uns am Arbeitsplatz ferner als **Einheit von Funktionsträger und »Mensch«** entgegen. So selbstverständlich er sich in der ersteren, mit dem Beruf erkorenen Dimension sich in funktionell bedingte Über- und Unterordnungen einzufügen hat, so bleibt seine ihm angeborene Wertigkeit als »Mensch« von seinem funktionellen Status unberührt. Auch in der Unterstellung unter das Direktionsrecht des Arbeitgebers und die Weisungsberechtigung des Vorgesetzten bleiben seine über allem Materiellen stehende Wertigkeit mit ihren Ansprüchen auf Wahrung der Würde und auf Schutz vor Verletzungen seiner persönlichen Integrität unberührt. Auch die dem Menschen eigene Emotionalität gehört als Duopol seiner Rationalität zum Sein in der Arbeit.

C) Schließlich besteht Einheitlichkeit auch in seiner gesellschaftlich bedingten **Rollenteilung als Produzent und als Konsument** in ihren unter Ziffer 1.3 dargestellten Widersprüchlichkeiten. Es überfordert menschliches Vermögen, gleichzeitig und schadlos einander so widersprüchlichen Rollenerwartungen entsprechen zu müssen, wie sie sich in der begehrten des »Freizeitmenschen« und in der dazu konträren und deshalb weniger geliebten des »Produzenten« ausgebildet haben. Die mit der zweiten Rolle verbundenen Zwänge wecken den Wunsch, in die erste zu flüchten und dort Bedürfnisse zu kompensieren. Da, wo der Mensch in beiden Rollen gleichzeitig zu leben gezwungen ist, bindet die intrapersonelle Rollendissonanz seine Energien.

Wir akzeptieren deshalb das menschliche Bedürfnis, auch im Arbeitsleben unter Rollenerwartungen leben zu dürfen, die seinem natürlichen Wesen gerecht werden.

Das realistische und menschengemäße Bild vom Mitarbeiter in Führung und Zusammenarbeit fordert die Akzeptanz des Menschen in seiner Ganzheitlichkeit von Körper, Seele und Geist ebenso wie die Identität seiner Persönlichkeit als Funktionsträger und »Mensch« sowie als Produzent und Konsument am Arbeitsplatz und anderswo.

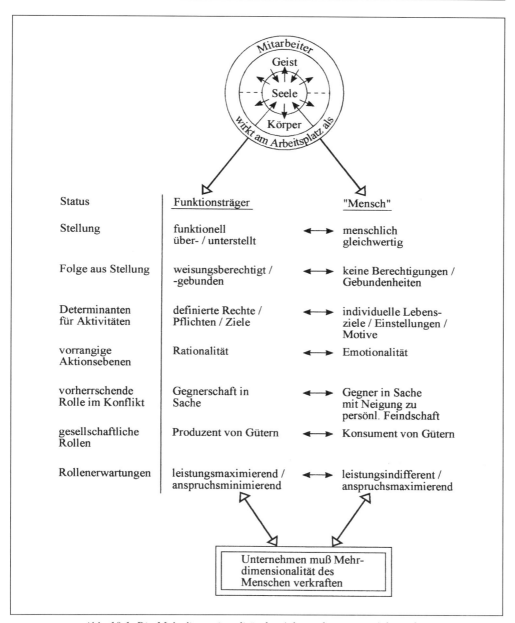

Abb. 10.1: Die Mehrdimensionalität des Arbeitnehmers am Arbeitsplatz

10.1.2   Wesensgemäßheiten

A) Im Zentrum seiner Ansprüche, die der Mensch an seine Umgebung und an sich selbst richtet, steht sein **Anspruch auf Selbstachtung**. Wir nehmen ihn weniger bewußt wahr, solange wir ihn ungefährdet empfinden. Erst im Falle ihrer Gefährdung meldet sich unsere Selbstachtung als »... jene in uns wohnende Instanz, die wie ein Seismograph alle uns betreffenden Kommunikationssignale auf ihre wertende Tendenz taxiert. Jenes Organ also, das sensibel auch das kaum Wahrnehmbare wahrnimmt, auch Unbewußtes registriert.« Und: »Menschen ist ihre Selbstachtung unterschiedlich bewußt ... Wahrgenommen wird vor allem die Abwertung: das Mißtrauen, Nicht-Beachten, Übersehen, Überhören, Geringschätzen, Nicht-Ernstnehmen, Nicht-Zutrauen« [2]. **Aufgabe im Führen ist es deshalb, den Anspruch des Menschen auf Achtung seiner selbst zu wahren.**

B) Der »Theorie Y« McGregors und empirischen Erkenntnissen der Praxis [3] folgend, gehen wir davon aus, daß der Mensch unserer Zivilisation über hohe, anthropologisch angelegte Energiepotentiale verfügt und einen natürlichen Drang empfindet, aktiv zu sein und Verantwortung zu tragen. Damit seine Energien fließen können, müssen *bestimmte Voraussetzungen* erfüllt sein: Seinen Aktivitäten müssen sich Sinn und Gestaltungsräume eröffnen, er muß ihre Ziele selbst mitdefinieren und -tragen können, sie dürfen seine Selbstachtung nicht verletzen, und zwischen seinem eigenen Wertebild und den Werten, in deren Dienst er aktiv wird, dürfen keine unüberbrückbaren Widersprüche bestehen. **Motivieren in der Arbeit erfordert deshalb vor allem, Verhältnisse herzustellen, die dem natürlichen menschlichen Grundbedürfnis, aktiv zu sein und Verantwortung zu tragen, Raum schaffen und es nicht durch kontraproduktive organisatorische, bürokratische, menschliche oder andere Bremsen und Bremser blockieren.**

10.1.3   Prägungen des Zeitgeistes

Das Bild der Werte, dem die *vom Geist unserer Zeit* geprägten Menschen unserer Gesellschaft huldigen, dürfte mit folgenden Schwerpunkten zu beschreiben sein:

- Entwickeltes Anspruchsdenken bei der Teilhabe an Konsum und Lebensgenuß, das vor allem im Freizeitbereich realisiert wird;
- dank zunehmender Unabhängigkeit und Egozentriertheit zunehmendes Bedürfnis zu autonomer persönlicher und beruflicher Lebensgestaltung;
- Bereitschaft und Fähigkeit, sich für Aktivitäten (auch beruflicher Arbeit) zu begeistern, für die einzusetzen es sich nach Sinn, Zweck oder Ertrag »lohnt«;
- von permanentem Wettbewerbsdenken um Erfolgsvorteile her hohe Statusunsicherheit mit nachfolgendem, stark entwickeltem Differenzierungsbedürfnis;
- tendenziell eher kritische statt wohlmeinende Beurteilung von Leistungen und Erfolgen anderer (»Nichts ist so schwer zu ertragen wie der Erfolg des anderen«) bei gleichzeitiger Überhöhung des eigenen Potentials;
- profihaftes, kommerzielles Gespür und Durchsetzungsvermögen in der Wahrung eigenen Vorteils beim Erwerb von Gütern, insbesondere in der Relation von Leistung und Gegenleistung;
- Wunsch nach Aktivitäten, die die Entfaltung persönlicher Potentiale (Talente, Begabungen, Neigungen) und persönliche Profilierung zulassen;
- Empfindlichkeit gegenüber Belehrungen, Kritik und sonstigen Ereignissen, durch die Selbstwertgefühl, Integrität und Unabhängigkeit gefährdet werden können;
- Überzeugung, zustehende Rechte nicht zu erbitten zu müssen, sondern einfordern zu dürfen.

Aus der Sphäre der Freizeit übernommen zählen zu den begehrtesten und fürs Motivieren wirksamsten Arbeits-Werten Spaß, Geld, Sinn, (Frei-)Zeit und Status [3a].

10.2 Bereitstellung eines mit akzeptierten Werten lebenden Unternehmensleitbildes

Unternehmenserfolg wird durch die Fähigkeit begründet, Wünsche von Abnehmern selbst besser befriedigen zu können als andere. Dies erfordert in Zeiten schnellen Wandels **das schöpferische Unternehmen, das fähig ist, mit den sich schnell ändernden Ansprüchen der Märkte mit effektiven und innovativen Kombinationen seiner Produktionsfaktoren Kapital und Personal Schritt zu halten.** Innovativität setzt Kreativität voraus. Kreativ und innovativ können nur Menschen sein, nicht Maschinen oder Computer. Der wichtigste Erfolgsgarant für die Zukunft des Unternehmens ist deshalb der Mitarbeiter mit seinen Potentialen an Begabungen, Fähigkeiten, Kreativität sowie der Fähigkeit, sich für neue Ideen zu begeistern und sich für sie einzusetzen. Die Bereitschaft, dieses Potential, das größtenteils Goodwill darstellt, in die betriebliche Arbeit einzubringen, wird wesentlich durch das Leitbild stimuliert, das der Arbeitnehmer sich von seinem Unternehmen bildet. Wir möchten einige Merkmale, an denen seine Wertschätzung gemessen und gebildet wird, in Anlehnung an die genannte Vertiefungsliteratur wie folgt charakterisieren:

- Optimistische und souveräne Einstellung gegenüber den Herausforderungen der Zukunft;
- voranschreitende, freiwillige Teilnahme an der Bewältigung gesellschaftlicher Zukunftsaufgaben, ohne bis zum gesetzlichen Zwang dazu »mit dem Fuß auf dem Bremspedal« zu stehen;
- gelebtes Bild vom Mitarbeiter als Unternehmensmitglied,
  - das in Entscheidungsprozesse eingebunden ist,
  - dem Mitverantwortung übertragen wird,
  - das in seinen Belangen ernst und wichtig genommen und in Not oder Krisenzeiten nicht einfach fallen gelassen wird,
  - das mit Vertrauen bedacht wird,
  - dessen Meinungen und Vorschläge Gehör finden,
  - dessen Leistung geschätzt und fair honoriert wird
  - dessen Entfaltungspotentiale Freiräume findet;
- Bereitstellung zivilisatorisch und ökologisch nützlicher Güter und Verfahren sowie Verzicht auf solche, die schädlich sind;
- positives Unternehmens-Image in der Öffentlichkeit aus
  - dem Angebot moderner qualitativ erstklassiger Güter,
  - kundenfreundlichem Service und
  - Seriosität im Umgang mit seinen Partnern;
- schonender Umgang mit dem kommunalen Umfeld;
- Selbstverständnis als lernende und flexible Organisation, die nicht stets Recht zu haben beansprucht und ihre intellektuelle, wirtschaftliche und machtpolitische Überlegenheit im Konfliktsfall nicht stets zu ihrem Vorteil ausschöpft;
- Organisation, die in ihren Dimensionen mit menschlichem Maß begreifbar ist und deren Repräsentanten auch »anfaßbar« sind;
- Familienfreundlichkeit, die insbesondere jungen Familien mit Kindern und Alleinerziehenden durch flexible Lösungen bei Arbeitszeit und Hilfen in anderen Engpässen hilft, Familie und Beruf miteinander zu versöhnen;
- Unternehmen als Leistungsgemeinschaft, die ihren Mitgliedern die Arbeit als Gemeinschaftsaufgabe vermittelt, in der Erfolg, Spaß und Stolz zu gewinnen sind.

Das vorstehende Wertebild kann keinem Unternehmen abgezwungen werden. Allein auf der

Grundlage *freiwilligen Gebundenseins* daran bildet es den Kern der **Unternehmens-Ethik**, die ihrerseits ein Kernelement der Unternehmens-Philosophie darstellt. In dem Maße, in dem sie, als Satzung von der Mehrheit der Mitglieder geformt, anerkannt und praktisch gelebt wird, entsteht eine eigene **Unternehmens- und Führungs-Kultur: die Corporate Identity.**

Ihren motivatorischen und werblichen Wert in der Praxis bestimmen indessen nicht die Wahl der Worte und deren Präsentation, sondern ihre Glaubwürdigkeit als Übereinstimmung von Programm und Tat.

Kristallisationspunkte für das Unternehmensleitbild und seine motivatorische Funktion für die Belegschaft bilden letztlich die Unternehmerpersönlichkeiten an der Spitze und die von ihnen erkorenen Führungskräfte in den folgenden Organisationsebenen. Sie alle, besonders aber die ersteren, setzen als Vertreter der Leistungseliten unserer Gesellschaft die geistigen Impulse für die Unternehmenspolitik und bestimmen mit ihrer Integrität und ihrem tätigen Beispiel die Glaubwürdigkeit verkündeter Leitlinien. In der gelebten Vielfalt ihrer Rollen als »Spiritus rector« und Lenker, als Trainer (»Coach«), Vorbild, Talentförderer, »Türöffner«, Beschützer, Sponsor oder als Vermittler von Erfolg [4] bestimmen sie unmittelbar das Erscheinungsbild ihres Hauses in der Öffentlichkeit und damit zugleich das Maß an Identifikation und Motivation, das jeder Mitarbeiter zu ihm gewinnt.

10.3   Einbindung der Interessen- und Aktionspotentiale von Mitarbeitern in das Unternehmensgeschehen

10.3.1   Grundproblematik

Die Bedürfnisse des Menschen nach sozialer Integration und Geltung sowie nach Autonomie und Selbstentfaltung gehören zu den wichtigsten Gruppen menschlicher Bedürfnisse überhaupt. Soweit der Betrieb als zweckrational konzipiertes, soziales Gebilde den Menschen nach vorgegebenen Mustern in die Verfolgung vorgegebener Ziele einschaltet, vermag er diesen Bedürfnissen nur in geringem Umfang Rechnung zu tragen. Dadurch, daß die Inhalte und die Richtung individueller Aktivitäten, deren Ertrag sowie ihr technisches und soziales Umfeld von den Sachzwängen der Formalorganisation vorbestimmt konzipiert werden, steht betriebliche Arbeit in weitreichenden Widersprüchen zu den individuellen Bedürfnisspektren: Das Unternehmensgeschehen wird weitestgehend an den Mitarbeitern vorbei bzw. über ihre Köpfe hinweg geplant und realisiert. Sie sehen sich vor vollendete Tatsachen gestellt, denen sie sich zu fügen haben. Dies führt bei den heutigen Anforderungen an die Arbeit mit dem Verlangen nach mehr *Selbstentfaltungs-Werten* insbesondere bei Mitarbeitern mit einem hoch entwickelten Kompetenz- und Fähigkeitsmotiv und mit hoher Qualifikation zu ausgeprägten Frustrationen und Entfremdungsgefühlen gegenüber Betrieb und Arbeit. Diese blockieren nicht nur unabschätzbare Potentiale an Produktivkraft und Arbeitsfreude, sondern sie fördern auch die Neigung zur inneren Kündigung. Umgekehrt lassen Ergebnisse der Grundlagenforschung erkennen, daß die direkte Teilhabe von Arbeit-nehmern an betrieblichen Vorgängen unbestreitbare Vorteile zeitigt:

- höhere Zufriedenheit und ihr folgend
- höhere Leistungsbereitschaft,
- niedrigere Fluktuation und Fehlzeiten,

- höhere Akzeptanz der Entscheidungen sowie
- in Einzelfällen höhere Qualität der Entscheidungen [5].

Eng zusammenhängend mit dem Gesagten kommt ein weiteres hinzu: In der deutschen Wirtschaft gilt verbreitet das traditionelle Prinzip der Trennung von *Denken und Tun*, von *Planen und Ausführen*: »Oben« wird gedacht und geplant, und »unten« wird ausgeführt. Dieses Vorgehen kann aus mehreren Gründen künftig nicht mehr erfolgreich sein: Unsere Wirtschaft ist wie nie zuvor auf den Märkten außen einem massiven Wettbewerbs- und im Inneren einem ebensolchen Innovations- druck ausgesetzt. Um in ihm zu bestehen, bedarf es wirksamer Entwicklungs- und Veränderungs- strategien. Es klingt wie selbstverständlich, daß in sie auch die Millionen von hervorragend quali- fizierten Fachkräften »unten« mit ihren reichen Potentialen an Experten- und Spezialisten-Know- how eingebunden werden müßten. Aber sie sind mit den konventionellen Methoden der Unterneh- mensführung de facto davon ausgeschlossen. Demgegenüber wird in der japanischen Wirtschaft, von der der am meisten gefürchtete Wettbewerbsdruck ausgeht, das Know-how jeder einzelnen Ar- beitskraft als Produktivkraft anerkannt und ausgeschöpft: Der Japaner Konosuke Matsushika, Vorstandsberater eines großen Elektrokonzerns, sieht das Überleben eines Unternehmens in un- serer Zeit als so risikoreich an, »... daß der fortwährende Bestand von der tagtäglichen Mobilisie- rung jedes Gramms Intelligenz abhängt. Für uns besteht der Kern des Managements insbesondere in der Kunst, die intellektuellen Ressourcen aller Mitarbeiter in den Dienst am Unternehmen zu mobilisieren und zu bündeln.« [6]. Wie weit sind wir im deutschen Managementverständnis hier- von entfernt? Die mentalen Verschiedenheiten zwischen japanischen und deutschen Arbeitnehmern mern verbieten es natürlich, die dort gängigen Methoden einfach zu kopieren. Aber wir müssen ler- nen, das überkommene, nur in wenigen Unternehmen wirklich funktionierende »Betriebliche Vor- schlagswesen« als alleinige Innovationsstrategie zu überwinden und die geistigen Potentiale (»**das Gold in den Köpfen**«) unserer *gesamten* Arbeitnehmerschaft auf neuen, uns gemäßen Wegen den notwendigen Entwicklungsprozessen zu erschließen und in sie einzubinden.

Dazu müssen wir den Status des Mitarbeiters aus dem des betroffenen Zuschauers in einen solchen des am Unternehmensgeschehen Beteiligten verändern.

Dem sollen die Instrumente dieses Abschnittes dienen. Darin, daß es sich vor allem um *freiwillige* und *direkte* Formen der Beteiligung handelt, unterscheiden sich die Verfahren von der obligato- risch und indirekt konzipierten gesetzlichen Mitbestimmung im Sinne des Mitbestimmungsgeset- zes 1976.

10.3.2 Mitarbeiter in operative Bereichs-Planungen einbeziehen

In häufig geübter Praxis wird die Planung von Neuerungen in den dafür zuständigen Stellen vor- genommen und ausgeführt, ohne daß die direkt betroffenen Mitarbeiter zuvor hierüber auch nur informiert, geschweige denn in die Planungsarbeiten einbezogen würden. Auf diese Weise geht dem Betrieb für den Planungsprozeß nicht nur ihr Potential an Sachkunde verloren, sondern ent- steht mit dem auftretenden Frust das Bedürfnis, die Neuerung und ihren Nutzen in Frage zu stel- len oder ganz abzulehnen. Beide negative Wirkungen können vermieden werden, wenn der in der Praxis verbreitete zweifelhafte Drang, alles in Planung Befindliche mit der Aura des »Betriebsge- heimnisses« zu umgeben, überwunden wird. Richtigerweise sollte das Planungsprojekt zumindest den Arbeitnehmern des davon betroffenen Arbeitsbereich offengelegt und mit der Gelegenheit zu eigenen Vorschlägen und Meinungen erläutert werden.

10.3.3 Mitarbeiter an Entscheidungen und Maßnahmen, die sie berühren, partizipieren lassen

Es geht darum, Mitarbeiter auch an allen anderen Entscheidungen und Maßnahmen, die sie berühren, teilhaben zu lassen. Mit diesem zentralen Element eines partnerschaftlichen Führungsstils werden wir uns unter Ziffer 14.3.3, Buchstabe D) ausführlich beschäftigen.

10.3.4 Mitarbeiter an der Definition eigener Leistungsziele beteiligen

Über die Definition seines Aufgabenbereiches erfährt der Mitarbeiter zwar, welcher Teil der betrieblichen Funktionen an welcher Stelle des betrieblichen Stellengefüges von ihm wahrzunehmen ist. Die Kenntnis über die von ihm dort herbeizuführenden einzelnen *Resultate* erlangt er jedoch erst durch konkret definierte Ziele.

Um zu erreichen, daß der Mitarbeiter sich mit ihnen identifiziert und sie mit ganzer Kraft als *eigene* Ziele verfolgt, dürfen sie ihm nicht lediglich als betrieblich definierte und in diesem Sinne fremdbestimmte Daten diktiert werden, sondern sie müssen mit ihm einvernehmlich vereinbart werden. Wir gehen darauf unter Ziffer 18 näher ein (Differenzierung, Selbstaktualisierung).

10.3.5 Arbeitsgruppen mit Autonomie ausstatten

Bereits unter Ziffer 6.3, Buchstabe F (wiederholen!) hatten wir das Prinzip teilautonomer/selbststeuernder Gruppen näher dargelegt.

Obwohl seine motivierende Funktion seit langem bekannt ist, waren zum Beispiel in der deutschen Automobil-Industrie 1989 erst 0,6 % aller Arbeitskräfte teamartig organisiert (in Japan dagegen 70 %). Seit einigen Jahren wird Gruppenarbeit mit *job rotation* jedoch auch in der deutschen Wirtschaft vermehrt eingeführt [7]. (Kontakt, Differenzierung, Autonomie, Selbstaktualisierung).

10.3.6 Gruppen und Workshops zur Beteiligung an Projekten der Unternehmens- und Persönlichkeitsentwicklung einrichten

Im folgenden handelt es sich um zwei Arten freiwilliger Arbeitsgruppen, in denen engagierte und qualifizierte Arbeitnehmer außerhalb ihrer regulären Funktionen an der Entwicklung ihrer sozialen Fähigkeiten und an betrieblichen Sachprojekten arbeiten. Das kreative und innovative Zusammenwirken in derartigen Workshops vermittelt den Beteiligten insbesondere dann, wenn gemeinsam Erlerntes und Erarbeitetes in praktisches Handeln umgesetzt wird, Befriedigung und Erfolg. Der betrieblichen Entwicklung werden die von besonderer Praxisnähe und Sachkenntnis geprägten Kreativitäts-Potentiale hochmotivierter Experten zugeführt.

A) Lernstatt
Ihre Merkmale bestehen in einer
- über längere Zeit freiwillig zusammentretenden und autonom arbeitenden, moderierten Kleingruppe,
- deren Mitglieder in einem Lernprozeß ihr Sozialverhalten erkennen und entwickeln wollen,

- um die eigenen Fähigkeiten zur Kooperation mit einzelnen Partnern und in der Gruppe zu verbessern und
- dank der gewonnenen sozialen Kompetenz ihr Potential befriedigender und effektiver in ihrer Arbeit einsetzen zu können [8].

Bevorzugte Themen bilden zum Beispiel das Training störungsfreien Kommunizierens (vgl. Ziffer 21.1), Konfliktbewältigung, das Führen von Gesprächen und Besprechungen.

B) Beteiligungsgruppen/Projekt-/Qualitäts-Zirkel/Workshops
Es handelt sich um
- eine Serie von freiwilligen, regelmäßig durchgeführten und moderierten Gesprächsrunden in kleinen Gruppen,
- deren Teilnehmer Probleme bzw. Schwachstellen vorwiegend des eigenen Arbeitsbereiches (zum Beispiel Produkt-/Fertigungs-Qualität/Produktivität/Bestände/Flächenbedarf/Durchlaufzeiten/Maschinenrüst-/Stillstandszeiten) identifizieren und
- Lösungsmöglichkeiten erarbeiten mit dem Ziel, diese unter eigener Beteiligung auch umzusetzen [9].

Als Bestandteile unternehmensweiter Persönlichkeits- und Team-Entwicklung können Lernstätten auch als Bausteine eines Konzeptes der **Personal-Entwicklung** eingesetzt werden. Projekt-/Qualitäts-Zirkel eignen sich als Bausteine eines Konzeptes unternehmens-weiter **Organisations-Entwicklung** [10].

10.3.7 Informations- und Meinungsaustausch verdichten

Der Fluß von Informationen wirkt, bildhaft dargestellt, im Betrieb wie das Blut im menschlichen Körper: es versorgt ihn mit dem lebensnotwendigen Sauerstoff und erhält den ganzen Corpus so am Leben. Um an der Lebendigkeit des Unternehmensgeschehens teilhaben und selbst lebendig agieren zu können, müssen Mitarbeiter als Glieder des Betriebes ausreichend in den Fluß von Informationen eingebunden sein. Gleiches gilt für den Austausch von Meinungen im direkten Kontakt untereinander. Wer informiert, der motiviert. Umgekehrt bildet die Unterversorgung mit Informationen einen der wichtigsten Anlässe für Demotivationen. Wir beschäftigen uns mit dieser zentralen Führungsthematik ausführlicher unter Ziffer 21.

10.3.8 Mitarbeiter finanziell beteiligen

Einer der Hauptzwecke allen Wirtschaftens besteht darin, mit der produktiven Nutzung des eingesetzten Kapitals optimalen Gewinn zu erzielen. Wollen wir erreichen, daß der Mitarbeiter sich mit diesem Ziel identifiziert und dafür sein Potential voll einsetzt, muß er zu seinem Teil in die unternehmerischen Chancen und Risiken eingebunden werden. Dafür bieten sich zwei Möglichkeiten an:

A) **Abschluß einer freiwilligen Erfolgsbeteiligung** [11]: Mitarbeiter werden entgeltseitig beteiligt an den mitproduzierten Ergebnissen des Unternehmens in der Form von

- Leistung (= Arbeitsergebnis),
- Erfolg (= Umsatz, Rohertrag, Nettoertrag, Wertschöpfung) oder
- Gewinn.

Die jeweilige Bezugsgröße sollte dabei ermittelt werden für

- kleine Bereiche (Gruppen bis 20 Mitarbeitern),
- kurze Zeiträume (1 bis 3 Monate) und
- berechenbare und beeinflußbare Leistungskriterien [12].

Wirtschaftlichkeit zwischen dem dafür erforderlichen Rechenaufwand und dem zu erwartenden Nutzen wird mit Hilfe eines DV-gestützten Systems der Erfassung und Auswertung von Betriebsdaten erreicht.

B) Ausgabe von Mitarbeiter-Beteiligungen am Unternehmenskapital. Dies kann durch den Verkauf von Anteilsscheinen erfolgen oder durch Anlage ausgeschütteter Jahres-Erfolgsprämien. Der zweitere Weg bietet den Vorteil, daß die so verwendeten Teile des Entgeltes im Sinne des Fünften Vermögensbildungsgesetzes (1987) von der Einkommensteuer befreit blieben, § 19a EStG [13].

10.4   Gestaltung der Arbeit [14]

Auf die Frage, für welche betrieblichen Leistungen sie bereit wären, ihre Anstrengungen in der beruflichen Arbeit noch zu erhöhen, gaben die befragten Arbeitnehmer in den bereits mehrfach erwähnten demoskopischen Untersuchungen Mitte der achtziger Jahre folgende Antworten (nach Rang und Prozent) [15]:

Rang	Ich wäre bereit, meine beruflichen Anstrengungen zu steigern für...	alle Befragten (in %)
1.	Höheres Einkommen	48
2.	Bessere Aufstiegs- und Karierechancen	25
3.	Größere Selbständigkeit und Unabhängigkeit	25
4.	Mehr Möglichkeiten, eigene Ideen wirksam durchzusetzen	23
5.	Mehr Urlaub	22
5.	Eine interessantere Tätigkeit	22
5.	Mehr Einfluß, Entscheidungskompetenzen	22
8.	Freiere Gestaltungsmöglichkeiten bei der Arbeitszeit	21
8.	Verkürzung der Arbeitszeit	21
10.	Mehr Möglichkeiten, sich durch Tüchtigkeit und Leistung auszuzeichnen	16
11.	Größere Sicherheit von Beschäftigung und Einkommen	13
11.	Besseres Betriebsklima	13
13.	Bessere Altersversorgung	11
13.	Veränderung des betrieblichen Führungsstils	11
15.	Mehr gesellschaftliche Anerkennung	9
16.	Verbesserung von Image/Zielsetzung der Firma	6
Nein, ich bin überhaupt nicht bereit, meine beruflichen Anstrengungen zu steigern		21

Mit hoher Wahrscheinlichkeit würde infolge der jüngsten Entwicklung auf dem Arbeitsmarkt eine solche Erhebung heute (1994) in den Ergebnissen eine geänderte Rangordnung ausweisen. Am hochrangigen Stellenwert der Arbeitsgestaltung als Motivator und ihren inhaltlichen Strukturmerkmalen (vgl. die Ränge 3, 4 und 5 nach »Mehr Urlaub«) dürften angesichts der Vielzahl einschlägiger gleichlautender Untersuchungsergebnisse der Motivationsforschung indessen kaum wesentliche Änderungen zu erwarten sein. Die am stärksten intrinsisch motivierenden Belohnungswerte fließen nach wie vor aus der Arbeit selbst. Deshalb muß vor allem *sie* motivierend strukturiert werden. Dies werde nach HERZBERG bei ca. 85 % aller Arbeitnehmer dann erreicht, wenn in ihr folgende Bedingungen erfüllt würden [16]:

(1) Direkte Rückmeldung – Kenntnis der Ergebnisse der eigenen Arbeit.
(2) Jeder Ausführende sollte mit seiner Arbeit einem Empfänger zugeordnet sein.
(3) Jede Arbeit sollte eine »Lernkomponente« besitzen.
(4) Die Möglichkeit der eigenen Arbeitseinteilung sollte gesichert sein.
(5) Jeder Mitarbeiter sollte auf einem Gebiet »Spezialwissen« besitzen.
(6) Jede Kommunikation sollte direkt sein.
(7) Jedem Mitarbeiter sollte das Ergebnis seiner Arbeit persönlich zugerechnet werden.

Dazu ist zu bemerken:

Die genannten Zielsetzungen können nur im Rahmen gegebener organisatorischer und personeller Möglichkeiten angestrebt werden. Es wird jedoch kaum möglich sein, sie in ihrer Gesamtheit an allen Arbeitsplätzen zu realisieren.

Nicht alle Arbeitnehmer streben Ziele wie Selbständigkeit, Verantwortlichkeit, Kreativität oder neue Lernergebnisse an. Ebensowenig fühlt sich jeder Arbeiter in Arbeitsbeziehungen mit gefestigter Disziplin, mit striktem Gehorsam oder in Fließarbeit unglücklich. Generationenzugehörigkeit, soziale Herkunft oder Bildungsgrad sind Ursachen höchst unterschiedlicher subjektiver Anforderungsprofile an die Arbeit, denen im Einzelfall Rechnung zu tragen sein wird.

10.4.1 Delegation von definierten Aufgabenbereichen mit kongruenter Kompetenz und Verantwortlichkeit

A) Wir erweitern den Handlungsspielraum horizontal um ein vergrößertes Tätigkeitsfeld und vertikal um Aufgaben mit erweiterten Entscheidungs- und Kontrollspielräumen. Dazu wird das Arbeitsfeld nicht als Vielzahl einzelner, aufeinander folgender Einzelaufgaben, sondern als **Aufgabenbereich** definiert, der die einzelnen Aufgaben als Gesamtheit umschließt. Er wird dem Mitarbeiter längerfristig übertragen. Definierte **Ziele** innerhalb des Aufgabenbereichs geben dem Wirken des Aufgabenträgers Richtung und Sinn.

> **Beispiel:** Der Leiter eines Prüffeldes für elektrische Motoren beauftragt den Prüfer nicht mit jedem anfallenden Prüflos einzeln, sondern er überträgt ihm die Aufgabe, »alle anfallenden Prüflose in der Reihenfolge ihres Einganges, in Einzelfällen der besonderen Dringlichkeit entsprechend, gemäß den geltenden Prüfrichtlinien zu bearbeiten«.

Das Verfahren hat motivatorisch folgende Vorteile:

Der Aufgabenträger
- kann innerhalb seines Bereiches Dispositionen treffen, zum Beispiel über die konkrete Reihenfolge der einzelnen Arbeiten, über das anzuwendende Verfahren bei der Bewältigung von Schwierigkeiten usw.;
- betrachtet den ihm übertragenen Bereich als seine eigene Domäne, mit der er sich persönlich identifiziert;
- kann sich in seinem Bereich als Spezialist profilieren;

- lernt Störeinflüsse immer früher zu erkennen und selbständig zu beheben;
- kann seine Arbeitsergebnisse und -erfolge sich unmittelbar selbst zurechnen.

Dem steht die Tatsache gegenüber, daß der Vorgesetzte dadurch, daß der Mitarbeiter selbständiger arbeitet, nicht mehr die Einzelfallkontrolle und dadurch nicht mehr den sofortigen Zugriff bei Fehlhandlungen seines Mitarbeiters hat. Voraussetzung für diese Form der Arbeitsorganisation ist, daß der Mitarbeiter für die Übernahme des Aufgabenbereiches *ausreichend qualifiziert* ist, und zwar sowohl fachlich als auch nach den Merkmalen seiner persönlichen Leistungsklasse, innerhalb derer den Merkmalen der Verläßlichkeit und der Gewissenhaftigkeit zentrales Gewicht zufällt.

Arbeitshinweis 1: Wiederholen Sie, woraus die Qualifikation einer Arbeitskraft sich zusammensetzt, und bilden Sie zu jedem Merkmal ein praktisches Beispiel (s. o. 9.1).

B) Mit seinem Aufgabenbereich erhält der Mitarbeiter die zur selbständigen Wahrnehmung notwendige **Kompetenz** (vgl. Ziffer 3.4 Buchstabe D). Damit soll er in die Lage versetzt werden, innerhalb seines Aufgabenbereiches nicht nur Fremdanweisungen folgen zu müssen, sondern notwendige Entscheidungen und geforderte Leistungen selbständig treffen bzw. erbringen zu dürfen, aber auch zu müssen.

Beispiel: Innerhalb seines Prüffeld-Bereiches entscheidet der Prüfer darüber, welches Prüflos derzeit in regulärer oder Dringlichkeitsfolge geprüft wird, welche Richtlinien er dazu heranzieht, welches Verfahren er anwendet, wie er eine Schwierigkeit löst, und er weist schließlich ein Prüflos als nicht versandtauglich zurück, weil mehrere Motoren bei der Hochspannungsprüfung den vorgesehenen Durchschlagswerten nicht standgehalten haben.

Vorteile:
- Der Mitarbeiter darf ein aus dem Umfang und der Bedeutung seines Aufgabenbereiches abgeleitetes Maß an Einfluß in seiner Umgebung ausüben;
- zu den zu treffenden Entscheidungen gehört auch die Beurteilung der eigenen Leistung im Wege der Selbstkontrolle und die daraus zu ziehenden Konsequenzen;
- die gleichzeitige Pflicht, dies zu tun und für die Durchsetzung seiner Entscheidungen Sorge zu tragen, bindet ihn unmittelbar in seinen Aufgabenbereich ein, er wird noch stärker zu seiner eigenen Angelegenheit;
- die richtig getroffene Entscheidung oder Maßnahme vermittelt ihm das Ergebnis eigenen Erfolges;
- die unrichtig getroffene Entscheidung oder Maßnahme vermittelt ihm unmittelbarer seine Pflichtgebundenheit;
- er erfährt dadurch weniger Reglementierungen durch vorgesetzte Stellen und mehr Achtung vor seinem eigenen Können, d. h. Selbstbestätigung.

Gefahren:
Mitarbeiterseitige Fehlentscheidungen und -maßnahmen können in den Funktionsablauf einfließen, *ohne* daß der Vorgesetzte sie vorher korrigieren kann.

Voraussetzung ist auch hier, daß der Mitarbeiter anforderungsadäquat qualifiziert ist, von seinen Kompetenzen gewissenhaften Gebrauch macht und daß der Betrieb ein System entwickelt, dennoch auftretende Fehler kunden*un*schädlich, d. h. noch im eigenen Hause, zu bereinigen (vgl. unten Ziffer 14.4, Buchstabe U).

C) Aus seinen Entscheidungs- und Handlungsbefugnissen abgeleitet, trägt der Mitarbeiter schließlich die **Verantwortlichkeit** für die Wahrnehmung seiner Kompetenz. Dies gilt sowohl für seine Erfolge als auch für seine Fehlhandlungen. Für beides steht er zunächst mit seinem persönlichen Ansehen ein. Dies begründet bei positiven Ergebnissen seinen Anspruch auf leistungsadäquate Belohnungen ebenso wie im äußersten negativen Falle die Pflicht zu Schadensersatz oder zur Hinnahme des Arbeitsplatzverlustes.

> **Beispiele:** Dem Mitarbeiter im Prüffeld wird persönlich zugerechnet,
> - daß auf die von ihm geprüften Fertigungslose praktisch keine Kundenreklamationen folgen,
> - daß er durch das Entdecken eines Isolationsfehlers die Auslieferung einer Serie fehlerhaft gefertigter Motoren verhindert und den Betrieb vor einer Vielzahl von Reklamationsfällen bewahrt hat,
> - daß der Prüfvorgang dank eines von ihm verbesserten Verfahrens wesentlich zeitsparender durchgeführt werden kann;
>
> aber auch,
> - daß ein Fertigungslos wegen seiner mangelhaft durchgeführten Prüfungen schadhaft an Kunden ausgeliefert worden ist;
> - daß das Prüffeld infolge seines grobfahrlässigen Schaltfehlers stark beschädigt worden ist.

Vorteile:
Mit der Übertragung eigener Verantwortlichkeit erfährt bzw. erhält der Mitarbeiter

- ein Regulativ für seine Kompetenz, das ihn dazu stimuliert, sie erfolgs- und aufgabenorientiert zu gebrauchen;
- mit der gleichzeitigen Übertragung der Kontrolle seiner eigenen Aufgaben das Gefühl der Unabhängigkeit von Fremdüberwachung;
- eigene Erfolge unmittelbar sich selbst zugeschrieben;
- die Zurechnung von Mißerfolgen, die ihn, sachlich zurückgemeldet, zu erhöhter Bemühung in Zukunft herausfordern.

Gefahren:
Sie können dann auftreten, wenn von der Zumessung der Verantwortlichkeit dadurch falscher Gebrauch gemacht wird, daß
- Erfolge unterbewertet oder anderen Personen zugemessen werden;
- Mißerfolge überbewertet oder ungerechtfertigt zugewiesen werden.

Voraussetzung für sachgerechte Arbeit mit verteilter Verantwortlichkeit ist deshalb, sie nach dem Prinzip der *Deckungsgleichheit* (= Kongruenz) aus der Kompetenz, und diese aus dem Aufgabenbereich, abzuleiten (vgl. Ziffer 3.4, Buchstabe D) (Sicherheit, Differenzierung, Autonomie, Selbstaktualisierung).

Arbeitshinweis 2: Wenden Sie das vorstehend dargestellte Prinzip der Arbeitsorganisation auf das Beispiel eines Gärtners an, dem zum selbständigen Bewirtschaften ein abgegrenztes Stück Land (»Garten«) übertragen wird:

a) Wie müßte die Definition seines Aufgabenbereiches lauten, und welche materiellen Voraussetzungen wären dafür zu erfüllen?
b) Welche Entscheidungen und Maßnahmen umfaßte seine Kompetenz?
c) Was umfaßte seine Verantwortlichkeit?

Fertigen Sie dazu eine schriftliche Lösungsskizze an. Unseren Lösungshinweis finden Sie im Anhang unter Buchstabe D).

10.4.2 Verringerung von Monotonie durch Arbeitsstrukturierung [17]

Nicht immer ist es möglich, komplette Funktionen neu zu bilden und entsprechend motivations-fördernd auszustatten. In vielen Fällen steht der Betrieb vor der Frage, wie bereits *bestehende*, zum Teil hochgradig vorkonzipierte Arbeitsplätze (zum Beispiel an Fließbändern) nachträglich moti-vationsfördernd umgestaltet werden können. Dafür bieten sich folgende Wege an:

A) Arbeitsplatzwechsel (job rotation)

Die Beschäftigten eines Fertigungsbereichs mit einfacheren, regelmäßig manuellen Verrichtungen wechseln von Schicht zu Schicht oder auch innerhalb einer Schicht mit dem Arbeitsplatz auch ih-re Funktion. Dies führt zugleich zum Wechsel des kollegialen Umfelds und zum Ausgleich der zwi-schen den Funktionen bestehen Anforderungen (»Belastungsausgleich«). Gelingt es, den Wechsel neigungsorientiert zu organisieren, dann bewirkt er zusätzlich zur Verringerung der Arbeitsmono-tonie einen Zuwachs an Autonomie und Arbeitszufriedenheit.

Für den Betrieb verlangt job rotation die Qualifizierung von Mitarbeitern für mehrere, mög-lichst für jede, der im rotierenden Bereich zu erfüllenden Funktionen. Der Aufwand dafür ist, da er auf dem Niveau Angelernter zu erbringen ist, relativ gering. Dafür erhält der Betrieb Zuwachs an Flexibilität im Arbeitskräfteeinsatz.

Job rotation ist zentrales Gestaltungsprinzip teilautonomer/selbststeuernder Arbeitsgruppen (vgl. dazu Ziffern 6.3 , Buchstabe F, 10.3.5), wobei die meisten der zum Rotieren notwendigen Veranlassungen die Gruppe durch ihren Sprecher selbst trifft (Kontakt, Selbstaktualisierung).

B) Arbeitsfelderweiterung (job enlargement)

Arbeitsgängen mit kurzen Verrichtungszeiten werden weitere Ver-richtungen gleichen Niveaus hinzugefügt. Dadurch wird der gesamte Arbeitsvorgang quantitativ erweitert, der Mitarbeiter kann auf die Reihenfolge der Teilverrichtungen einen gewissen Einfluß nehmen, und der Rhythmus der zeitlichen Wiederholung wird langsamer.

Beispiele:

- Statt wie bisher nur zwei Widerstände verlötet der Arbeiter auf der Platine nun zusätzlich zwei Transi-storen und die Anschlüsse eines Netztransformators;
- an dem einzelnen Arbeitsplatz werden nicht nur einzelne Teile eines Getriebes montiert, sondern es er-folgt dort die Gesamtmontage.

In Verbindung mit vor- und nachgeschalteten Pufferlagern kann der Mitarbeiter am Fließband sein Arbeitstempo in einem gewissen Maße seiner Leistungsdisposition angleichen.

Das job enlargement erfordert erhöhte Anlernzeiten je Mitarbeiter und zum Teil Umgestaltung der Arbeitsplätze, mithin erhöhten Einführungsaufwand.

C) Arbeitsfeldbereicherung (job enrichment)

Das Arbeitsfeld wird hier *nicht nur quantitativ erweitert*, sondern zugleich *auch qualitativ bereichert* in dem Sinne, daß zusätzliche Arbeitsgänge eines höheren Anspruchsniveaus übertragen werden. Die Arbeit soll dadurch ihres monotonen, anspruchslosen Charakters enthoben und mit Elemen-ten angereichert werden, die ihr Sinnhaftigkeit und ein forderndes Wesen vermitteln. Auf diese Weise soll der Mitarbeiter aus ihr Belohnungswerte wie Leistung, Erfolg, Selbstwertgefühl u.a. er-fahren können.

Beispiele:

- Der Stanzer wird befähigt, das Werkzeug selbst einzurichten, die Qualitätskontrolle der Stanzteile durchzuführen und mitzuentscheiden, wann das Werkzeug überholt werden muß;
- der Arbeiter in der Elektromontage (Beispiel 10.2.4, Buchstabe B) nimmt an der montierten Platine das Abgleichen eines Schwingkreises und die anschließende Prüfmessung vor;
- der Sachbearbeiter für Reklamationen entwirft nicht nur das Schreiben an den Kunden, sondern unterzeichnet es auch; oder
- der Konstrukteur an einer wertvollen CAD-Anlage entscheidet eigenverantwortlich über den Zeitpunkt notwendiger Wartungsarbeiten.

Das job enrichment stellt die umfassendste unter den bekannten Methoden dar, Arbeit motivationsfördernd und in diesem Sinne zugleich humaner zu strukturieren. Dementsprechend ist sie seit längerem Gegenstand arbeitswissenschaftlicher Untersuchungen. Große Popularität haben seit den sechziger Jahren in Schweden die nach dem job enrichment errichteten Produktionsstätten der Firma Volvo für Automobile in Kalmar und für Automotoren in Södertälje erlangt.

In der Bundesrepublik Deutschland wurde seit dem Jahre 1974 ein vom Bundesminister für Forschung und Technologie gefördertes und koordiniertes Programm »Forschung zur Humanisierung des Arbeitslebens« durchgeführt, an dem eine Vielzahl von Unternehmen verschiedenster Wirtschaftsbranchen beteiligt waren [18].

Die bisher mit job enrichment gewonnenen Ergebnisse lassen sich wie folgt zusammenfassen:

- Die Arbeitsgüte und die Verantwortlichkeit des Arbeitnehmers für seine Arbeit nehmen bei »job enrichment« zu;
- Personalzusatzkosten durch Fehlzeiten und Fluktuation nehmen ab;
- bei der Herstellung von Serienerzeugnissen wird die Produktivität der Fließfertigung durch Fertigung an Einzelarbeitsplätzen mengenmäßig nicht erreicht; dies wird jedoch kostenmäßig kompensiert;
- die Investitionskosten je Arbeitsplatz liegen um 5 bis 20 % über denen eines Arbeitsplatzes am Fließband;
- nicht jeder Arbeitnehmer ist daran interessiert oder ausreichend qualifiziert, das durch »job enrichment« erhöhte Anforderungsniveau zu bewältigen.

Hieraus ist zu folgern,

- daß die Methoden des job enrichment aufgrund des Zwanges zur Wirtschaftlichkeit nicht jede Fertigung, insbesondere nicht Fließfertigungen von Großserien, ersetzen können;
- daß nicht jeder Arbeitnehmer in den Methoden des job enrichment für sich eine humanere Gestaltung *seiner* Arbeitsbeziehung sieht;
- daß folglich mit den Methoden des job enrichment dort gearbeitet werden sollte, wo sie bei mindestens gleichbleibender Wirtschaftlichkeit einer Produktion von der Mehrheit des vorhandenen Personals als Bereicherung *ihres* Arbeitslebens aufgenommen werden.

Die dargestellten Methoden der Arbeitsstrukturierung können in beinahe beliebiger Weise miteinander kombiniert werden. In dieser Vielfalt werden sie seit Mitte der achtziger Jahre in erheblichem Umfang in modernen Fertigungsanlagen der Elektro- und in der Automobilindustrie eingesetzt.

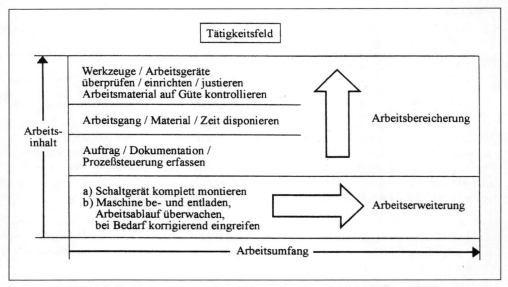

Abb. 10.2: Kombination von Arbeitsfelderweiterung und Arbeitsfeldbereicherung
(in Anlehnung an Hopfenbeck, W., 1991, S. 252)

10.4.3   Anreicherung der Arbeitsbeziehung mit psychologischen Werten

Zur psychologischen Anreicherung der Arbeitsbeziehung über ihren organisatorisch-strukturellen
Aspekt hinaus eignen sich folgende weitere Maßnahmen:

A) *Vermitteln Sie jedem Ihrer Mitarbeiter die Kenntnis über die Bedeutung und den Standort seiner
Funktion* in den größeren Zusammenhängen des Produktionsprozesses. Lassen Sie ihn sehen und
erleben, an welcher Stelle der Betriebsorganisation seine Funktion angesiedelt ist und für welches
Produkt er arbeitet. Lassen Sie ihn das Endprodukt erleben, und machen Sie ihm so den Sinn seiner Teilfunktion begreifbar. Machen Sie ihn zugleich mit den Mitarbeitern *persönlic*h bekannt, denen er selbst zuarbeitet und die deshalb auf seine Zuverlässigkeit, auf die Güte seiner Arbeit und
letztlich auf seinen Goodwill angewiesen sind (Kontakt, Differenzierung).

B) *Gewähren Sie Ihren Mitarbeitern aus der laufenden Zusammenarbeit zügige und aussagefähige
Rückmeldung.* Sie vermitteln ihnen dadurch nicht nur Sicherheit über die betriebliche Bewertung
ihrer Mitarbeit, sondern auch intrinsische und extrinsische Belohnungs-werte. Fehlleistungen können zudem so schnell bereinigt werden, vgl. Ziffer 20 (Sicherheit, Differenzierung, Selbstaktualisierung).

C) *Verbinden Sie herausragenden Einsatz für den Betrieb mit der spontanen Vergabe besonderer Belohnungen.* Dafür eignet sich die verbale Auszeichnung ebenso wie die materielle Gratifikation. Eine Beschränkung auf das reguläre Entgelt genügt bei besonderen Leistungen nicht, vgl. Ziffer
20.2.3. Da es sich hierbei nicht um Entgelte im Rechtssinne handelt, ist ein Mitwirkungsrecht des
Betriebsrates aus § 87 Abs. 1 Ziffern 10, 11 BetrVG nicht ersichtlich (Sicherheit, Differenzierung,
Selbstaktualisierung).

D) *Eröffnen Sie Ihren Mitarbeitern im Rahmen Ihrer Möglichkeiten Gelegenheit zu persönlichem Wachstum, zur Entfaltung ihrer persönlichen Fähigkeiten, Fertigkeiten und zur Entwicklung ihrer sonstigen Potentiale.* Insbesondere leistungs- und erfolgsmotivierte Mitarbeiter der jüngeren und mittleren Altersgruppe erleben persönliche Förderung und Beförderung als Erfüllung zentraler Lebensziele. Dafür hat sich von betrieblicher Seite das Angebot längerfristig angelegter und individuell abgestimmter Entwicklungsschritte innerhalb eines Konzeptes systematischer *Personalentwicklung* besonders bewährt (vgl. Ziffer 14.11) (Sicherheit, Differenzierung, Selbstaktualisierung).

E) *Schaffen Sie ein Klima geistiger Offenheit für eigene Meinungen und neue Ideen.* Mitarbeiter wollen eigene Meinungen ohne Angst vor sozialen Bestrafungen äußern dürfen. Gleiches gilt für neue Ideen, die bei vielen Mitarbeitern als Ansätze für Kreativität vorhanden sind. Leider entwickeln sich in der betrieblichen Praxis vielerlei Hemmnisse (Intoleranz, geistige Engstirnigkeit), die verhindern, daß sie sich entfalten können. Wirken Sie darauf hin, daß Meinungen und Ideen für Schritte auf geistiges Neuland, die Kreativität und Innovationen stets voraussetzen, akzeptiert, erprobt und belohnt, nicht aber bürokratisch »abgewürgt« oder sozial diskreditiert werden. Sorgen Sie so für ein Klima geistiger Liberalität, vgl. Ziffer 14.12 (Differenzierung, Selbstaktualisierung).

F) *Akzeptieren Sie im Tätigkeitsfeld des einzelnen Mitarbeiters sein »persönliches Territorium«.* Gemeint ist damit in erweiterter Sichtweise des zu Ziffern 4.1 und 4.2 Gesagten, dem Mitarbeiter oder einer ganzen Gruppe ein vor Verletzungen geschütztes eigenes Feld geistiger und sachlicher Alleinzuständigkeit zu geben, deren Gestaltungsräume er/sie mit eigenen Kompetenzen und Aktionspotentialen autonom ausfüllen kann. Solche Räume fördern die Identifikation mit dem Arbeitsfeld und stabilisieren die Selbstachtung sowohl im Individuum als auch in der Gruppe. Kurz: Sie erhöhen die Qualität des Arbeitserlebnisses (Sicherheit, Differenzierung, Selbstaktualisierung).

G) *Wirken Sie sichtbar auf einen effektiven Arbeits- und Gesundheitsschutz für Ihre Mitarbeiter hin.* Sehen Sie dies nicht nur wirtschaftlich unter dem Gesichtspunkt reduzierter Fehlzeiten und Kosten, sondern als Bestandteil Ihrer Fürsorgepflicht auch als Maßnahme dafür, die Qualität des Arbeits- und Privatlebens zu erhöhen, vgl. Ziffer 14.14 (Physiologische Existenz, Sicherheit).

H) *Vermitteln Sie Ihren Mitarbeitern Teilhabe an Erfolg und Fortschritt des Unternehmens.* Präsentieren Sie ihnen die Erfolge der von ihnen mit hergestellten Produkte im Wettbewerb um die in- und ausländischen Märkte. Ihre Kenntnis aktiviert eigenen Stolz und Leistungswillen, läßt Mühen lohnend werden und fördert die Identifikation mit dem Unternehmen, das Leistung und Anstrengung in Erfolg zu transformieren vermochte (Sicherheit, Kontakt, Differenzierung, Selbstaktualisierung).

I) *Vermitteln Sie Ihren Mitarbeitern ganz allgemein Freude und Spaß an der Arbeit.* Beide Empfindungen sind heute die eigentlichen Vermittler von »Lust zum Arbeiten« und damit erstrangige Motivatoren. Sie bilden als Genußwerte Brücken zu den in der Freizeit gesuchten und erfahrenen Werten.

Arbeit »macht Spaß«, wenn sie eigenen Neigungen gemäß
- sinnvoll erscheint,
- interessant ist,
- mit Selbständigkeit verbunden ist,
- eigenem Können und Wollen Freiräume öffnet,
- Selbstverwirklichung zuläßt,

– Erfolgserlebnisse beschert und
– unter netten Menschen stattfindet.

Vieles davon wird möglich, wenn Sie sich als Vorgesetzter die Vermittlung von Arbeitsfreude bewußt zum Ziele setzen und sich dazu bietende Chancen ausschöpfen.

Wir heben aber hervor: **Spaß ist zu fördern im Arbeitserlebnis; für übernommene Pflichten hingegen gilt Verbindlichkeit, die spaßgemäßem Ermessen entzogen ist!**

10.5   Gestaltung des Arbeitsumfeldes

Wir zählen zu den Gegenständen des Motivierens auch jene Faktoren, die nicht zur Tätigkeit im engeren Sinne gehören, als Umfeld das Arbeitserlebnis aber gleichwohl qualitativ maßgeblich prägen. Nach HERZBERG wären sie im strengen Sinne den *Hygiene-Faktoren* zuzuordnen, die bei der Mehrzahl der von ihm befragten Arbeitnehmer keine Arbeitszufriedenheit, sondern nur die Disposition des »Nicht-unzufrieden-Seins/Noch-nicht-zufrieden-Seins« zu bewirken vermochten. So wirke ihre positive Bewertung im Mitarbeiter vor allem unzufriedenheits-verhindernd, und ihre vorbeugende Pflege (»Hygiene«) sei Bedingung zur Herstellung der vollen Arbeitszufriedenheit.

Wir schließen uns dieser strengen Klassifikation nicht an, weil viele der Umfeldfaktoren mit der Arbeit selbst engstens verzahnt sind und dadurch die dort entstandene Zufriedenheitsdisposition verstärkend oder abschwächend, vielleicht sogar erst herstellend, beeinflussen können.

10.5.1   Erscheinungsbild des Führens

Im Führen begegnen das Unternehmen bzw. der Betrieb und seine Mitarbeiter sich am intensivsten und am umfassendsten. Sowohl in den generalisierenden Richtlinien der Personalabteilung als auch, und hier noch viel dichter, in der direkten Kommunikation mit dem Vorgesetzten erlebt der Mitarbeiter den ihm zugebilligten Stellenwert in der Gesamtheit der das Arbeitsleben prägenden Faktoren. Vor allem das Gewicht der ihm gewährten Selbstachtung und die Bandbreite, in der seinen Ansprüchen auf Angemessenheit betrieblicher Belohnungen, Akzeptanz seiner Persönlichkeit und Entfaltung seines Potentials Rechnung getragen wird, nimmt er mit seismographischer Genauigkeit auf und bildet sich ein Urteil darüber, welches Maß an Leistungsbereitschaft in die Arbeit einzubringen sich »lohnt«. Wir widmen uns der Führungstätigkeit, die den Schwerpunkt jeder Vorgesetztentätigkeit bildet, unter Ziffer 14 (Sicherheit, Kontakt, Selbstwert, Selbstaktualisierung).

10.5.2   Entlohnung [19]

A)   Bedeutung als Anreiz
Während in der wissenschaftlichen Diskussion um den Anreizwert von Geld zum Teil gegensätzliche Meinungen vertreten werden, zeigen empirische Erhebungen der letzten Jahre, daß Arbeitnehmer selbst der guten Bezahlung einen erstrangigen Platz für ihre Leistungsbereitschaft und Arbeitszufriedenheit zuweisen [20]. Dies wird erklärlich, wenn wir uns noch einmal in Erinnerung rufen, daß das Entgelt für den Menschen drei wichtige Funktionen erfüllt: Es ist

- aus wirtschaftlicher Sichtweise Vermittler aller käuflichen Güter und bestimmt somit Lebensstandard und Freizeitgestaltung,
- psychologisch ein Symbol für alle einem Individuum bedeutsamen irrationalen Werte,
- über die Entgeltung der Arbeitsleistung hinaus zugleich Indikator der vom Arbeitnehmer empfundenen Wertschätzung seiner Persönlichkeit.

Auch wenn als sicher gelten darf, daß dem Entgelt als Anreiz keine exklusive Bedeutung zukommt, so ist sein Stellenwert innerhalb des gesamten Potentials an Motivierungsmitteln als hoch anzusetzen.

Der Ermittlung seiner absoluten Höhe in der Praxis kommt demgegenüber wesentlich geringere Bedeutung zu, weil die betriebliche Entgeltpolitik zumindest für die tariflich gebundenen Arbeitnehmer normativ fixiert ist. So verbleibt der Entgeltgestaltung im Tarifbereich lediglich Raum für die

- Bewertung der in einer Stelle zu erfüllenden Arbeit, (*Anforderungsgerechtigkeit*),
- Beurteilung der vom Arbeitnehmer zu erbringenden Leistung (*Leistungsgerechtigkeit*) sowie
- beiden Kriterien gemäße Einstufung (*Einstufungsgerechtigkeit*) [21].

Weitere, korrigierende Postulate bilden die *Sozialgerechtigkeit* und die *Marktgerechtigkeit* des Lohnes.

Auch die zuerst genannten drei Vorgänge finden regelmäßig nach tarifvertraglich geregelten Verfahren statt [22].

Die Frage mitarbeiterseitiger Entgeltzufriedenheit beantwortet sich dabei weniger aus der absoluten Höhe des Entgelts als vielmehr anhand *relativer Lohn- und Gehaltsgerechtigkeit:* Der Mitarbeiter muß zu dem subjektiven Urteil gelangen, im Vergleich zu anderen Mitarbeitern seines Umfeldes gerecht eingestuft und beurteilt worden zu sein.

Beispiele: Es würde nicht akzeptiert werden, wenn die Entlohnung

a) von hochqualifizierten Facharbeitern, die in einer Versuchswerkstatt einzelne Entwicklungsmodelle, zum Beispiel elektrischer Zähler mit hohem »Tüftel-Aufwand«, herstellen, mengenorientiert bemessen oder

b) der eines ungelernten Arbeiters gleichen würde oder

c) wenn die eines Arbeiters am Fließband, der kaum Einfluß auf die Güte seiner Arbeit nehmen kann, überproportional qualitätsorientiert bemessen würde.

Das Gebot zu Entgeltgerechtigkeit wirft im Zuge des technologischen Wandels, zum Beispiel bei Arbeitskräften an numerisch gesteuerten Werkzeugmaschinen oder an Automaten, die auf die klassischen Merkmale der Arbeitsmenge und -güte keinen Einfluß mehr nehmen können, die Frage nach neuen Bewertungskriterien auf. Die hohen Maschinenstundensätze richten das betriebliche Interesse auf Leistungskennzahlen wie den Nutzungs-, den Ausbringungs- und den Belegungsgrad, die an die Arbeitskraft höhere Anforderungen an Planungs-, Rüst-, und Instandhaltungsfähigkeit sowie Konzentrations- und Aufmerksamkeitsvermögen stellen.

In der Gestaltung von leistungsbezogenen Entlohnungssystemen kommt den Arbeiten des REFA-Verbandes für Arbeitsstudien und Betriebsorganisation e.V., Darmstadt, besonderes Gewicht zu [23].

B)   Überblick über die wichtigsten Entlohnungsformen [24]

a) Zeitlohn

Im Zeitlohn wird die definierte Zeiteinheit vergütet und als Äquivalent von Leistung bewertet. Es gibt ihn zum Beispiel als Stunden-, Tage,- Schicht- oder Wochenlohn sowie als Monats- oder Jahresgehalt. Eine Differenzierung nach Leistungsmerkmalen (zum Beispiel Arbeitsmenge oder -güte) findet nicht statt.

Bei den nachfolgenden Formen der Leistungsentlohnung werden zunächst mit Hilfe summarischer oder analytischer *Verfahren der Arbeitsbewertung* für Tätigkeiten bestimmter Anforderungsgrade Grundentgelte ermittelt. Aus ihnen werden Entgeltgruppen gebildet. Das Verfahren ist heute regelmäßig tarifvertraglich geregelt. Für die dem Grundentgelt hinzuzufügenden Mehrentgelte wird mit Hilfe der folgenden *Entlohnungsgrundsätze* ein direkter Bezug zwischen Arbeitsergebnis und Mehrentgelt hergestellt:

b) Zeitlohn mit Leistungsbewertung
Zur Vergütung der Zeiteinheit kommt eine anforderungs- und leistungsbemessene Leistungszulage hinzu. Sie kann sich sowohl auf quantitative Daten als auch auf solche des Arbeitsverhaltens stützen. Die Höhe der Zulage wird anhand einer *Leistungsbewertung* ermittelt.

c) Akkordlohn
In dem Entlohnungsgrundsatz wird der variable Lohnanteil aus der vom Menschen beeinflußbaren Arbeitsmenge (sog. »Geldakkord«) oder aus dem der Arbeitsmenge abgeleiteten Zeitgrad (sog. »Zeitakkord«) errechnet. Beiden Formen ist die Mengenorientierung gemeinsam, sie unterscheiden sich lediglich in der Lohnberechnung voneinander.

d) Prämienlohn
Leistungsabhängiger Lohn, der sich aus dem festen Grundlohn und einer variablen Prämien-Leistungsspanne zusammensetzt. Der Grundlohn basiert auf den Grundgrößen Zeit oder Menge. In die variable Leistungsspanne können praktisch alle denkbaren qualitativen und quantitativen Leistungskennzahlen aufgenommen werden, die als ergebniswirksam zu betrachten sind. Die Schwerpunkte in der Praxis liegen auf Mengen-, Güte-, Ersparnis- sowie auf Nutzungsprämien. Das System ermöglicht die flexible Anpassung der Leistungsentlohnung an betriebliche Erfordernisse. Die Beziehung zwischen Arbeitsleistung und Lohn wird durch die in ihrer Verlaufsform an betriebliche Gegebenheiten anpaßbare *Prämienlohnlinie* bestimmt (vgl. Abb. 10.3).

Sonderformen der Prämienentlohnung bilden

da) *Negativ-Prämien.* Der Betrieb gewährt dem Arbeitnehmer vorgreifend auf den Grundlohn eine Prämie, die ihm in voller Höhe (= 100 %) zufällt, wenn er gleichfalls vordefinierte Leistungswerte maximal erfüllt. Leistet der Arbeitnehmer das erwartete Maximum aus ihm zurechenbaren Gründen nicht, muß er einen errechenbaren Prämienabzug hinnehmen.

db) *Incentives.* Insbesondere unter Mitarbeitern, deren Aufgabe im Verkauf von Gütern besteht (Waren, Versicherungen, Abonnements), werden Einzel- oder Gruppenwettbewerbe veranstaltet, deren Siegern anstelle von Boni in Geld Incentives von erheblichem Wert winken. Dafür kommen Luxusgüter wie Automobile, Schmuck, Uhren ebenso in Betracht wie (Abenteuer-) Reisen oder Bausparverträge. Incentive-Wettbewerbe sind zwar verbreitet, als Motivierungsmittel auf Dauer wirken sie wegen unbezweifelbarer Schwierigkeiten bei der Herstellung von Chancengleichheit und Belohnungsgerechtigkeit sowie wegen Abnutzung durch Gewöhnungseffekte nicht selten eher motivationsgefährdend als -fördernd [25].

e) Lohnsysteme nach erwarteter Leistung (Pensumlohn)
Hierbei handelt es sich um neuere, noch überwiegend in Erprobung befindliche Leistungslohnsysteme, bei denen nicht die bereits erbrachte, sondern die für einen vorhersehbaren Zeitraum *erwartete* Arbeitsleistung entlohnt wird. Erfüllt der Arbeitnehmer die vereinbarten Leistungserwar-

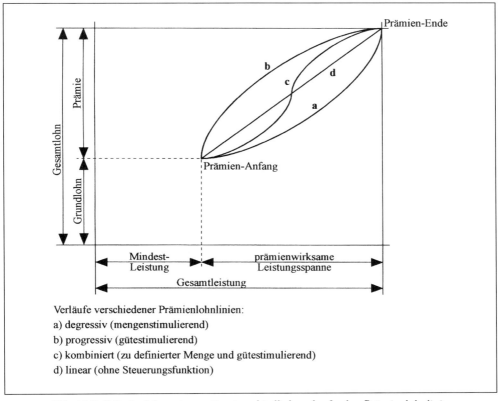

Abb. 10.3: Prämienlohnsystem mit unterschiedlich verlaufenden Prämienlohnlinien

tungen vertretbar nicht, muß er nachfolgend einen Lohnabschlag hinnehmen. Das System ähnelt insoweit dem schon erwähnten Negativ-Prämiensystem.

In der Praxis ist ein deutlicher Trend zu leistungsabhängigen Entlohnungsformen festzustellen, wobei sich eine Verschiebung vom Akkord- zum Prämien- und zum Zeitlohn mit Leistungszulage erkennen läßt. Zahlreiche Unternehmen haben aus der Kombination tariflicher und freiwilliger Entgelte diffizile, auf ihre speziellen Bedürfnisse ausgerichtete Entlohnungssysteme (»Maßanzüge«) geschaffen. Der Trend dürfte sich fortsetzen.

Auf die Darstellung von Gehaltssystemen im außertariflichen Bereich müssen wir an dieser Stelle verzichten [26]. Doch wird davon auszugehen sein, daß die Motivation zur Hochleistung bei Führungskräften aus der Aufgabe erwächst, und ein leistungsangemessenes Entgelt aus dem Fixum »Gehalt« und der Variablen »Erfolgsbeteiligung« bei ihnen mehr bestätigende als anreizende Funktion zu erfüllen hat.

C) Bedingungen für motivierende Entlohnungssysteme
Damit ein Entlohnungssystem motivierende Wirkung entfalten kann, muß es *kumulativ* die folgenden Merkmale erfüllen [27]:

a) Leistungsverbesserungen, die nicht nur Anpassungen an neue Technologie oder neue Standards sind, sondern Ergebnis *besonderer* individueller Anstrengungen, müssen sich *unmittelbar* in erhöhtem Entgelt niederschlagen.

Dies bedeutet: Zwischen Leistung und Honorierung darf *kein Dritt-Einfluß* (»black box«) geschaltet sein, der die Funktionalität zwischen Leistung und Lohn in Frage stellen kann. Zugleich muß ausgeschlossen sein, daß leistungsbezogener Lohnanteil (zum Beispiel Bonus) mittels »Tricksens« auch ohne Leistung erlangt werden kann.

b) Die durch Mehrleistung erzielbare *Entgelt-Differenz* muß so *attraktiv* sein, daß es dem Mitarbeiter lohnend erscheint, die für das geforderte besondere Leistungsergebnis aufzuwendende zusätzliche Bemühung zu investieren.

Dies bedeutet: Anstrengung, die sich »nicht lohnt«, wird gar nicht erst ausgebracht. Daß sich hier die Frage nach dem betriebswirtschaftlich vertretbaren Maß stellt, liegt auf der Hand.

c) Sofern in die Bemessung des erhöhten Entgeltes nicht Einzel-, sondern *Gruppenleistungen* einfließen, müssen die Gruppen *klein genug* bleiben, daß der einzelne seinen Leistungsbeitrag noch als für das Gruppenergebnis bedeutsam ansieht.

Dies bedeutet: Prämien, für die das gesamtbetriebliche Ergebnis herangezogen wird, spornen den einzelnen wenig an. Bewährt haben sich Leistungseinheiten in Arbeitsgruppengröße, d.h. bis zu etwa 20 Mitarbeitern, in denen »Bummelanten« zudem mit der Kontrolle durch ihre Kollegen rechnen müssen. Aus gruppendynamischen Gründen, insbesondere um gruppeninternen Wettbewerb auszuschließen, sind Gruppenprämien den Einzelprämien vorzuziehen.

d) Das *Zeitintervall* zwischen Leistungserstellung und Zufluß der Belohnung darf den Zeithorizont der Mitarbeiter, die motiviert werden sollen, nicht überfordern.

Dies bedeutet: Eine *Jahresprämie*, die im Dezember ausgezahlt werden soll, bewirkt beim einfachen Arbeitnehmer in der ersten Jahreshälfte wenig Anreiz, sich jetzt schon dafür anzustrengen. Im gewerblichen Bereich haben sich Zeitintervalle zwischen Leistung und Auszahlung von ein bis drei Monaten gut bewährt.

e) Das Berechnungssystem muß so *transparent* sein, daß ein Mitarbeiter mit durchschnittlicher Intelligenz den Rechnungsgang von seinem Leistungsergebnis bis zur Höhe seines zusätzlichen Entgeltes selbst nachvollziehen kann.

Dies bedeutet: Im Mitarbeiter, für den die Korrelation zwischen Leistung und Entgelt undurchsichtig bleibt, entsteht Mißtrauen, daß etwas »nicht mit rechten Dingen zugehen« könne. Kann er den rechnerischen Weg dagegen selbst vollziehen, entfällt dieses Element. Bei der Einführung eines neuen Entgeltsystems, an der dem Betriebsrat gem. § 87 Ziffern 10, 11 BetrVG ein Mitbestimmungsrecht zusteht, muß deshalb mit größtmöglicher Offenheit vorgegangen werden. Es muß den betroffenen Mitarbeitern rechnerisch erläutert und anhand konkreter Fallbeispiele mit ihnen begreifbar gemacht werden. Gleiche Bemühungen müssen einem neu eingestellten Mitarbeiter solange zuteil werden, bis er sich sein Entgelt selbst errechnen kann (vgl. § 82 Abs. 2 Satz 1. BetrVG).

f) Das Entgeltsystem muß von der Mehrheit der betroffenen Arbeitnehmer *summarisch als gerecht* empfunden und bejaht werden.

Dies bedeutet: Gerechtigkeit muß anerkannt werden sowohl im Hinblick auf die Relation zwischen eigenem Leistungsbeitrag und Entgelt als auch im Blick auf die Entgeltgestaltung bei anderen Mitarbeitern in vergleichbarer Qualifikation und Funktion.

g) Generell haben sich im Bemühen um *Entgeltzufriedenheit* einvernehmlich vereinbarte, fühlbare übertarifliche Lohn- oder Gehaltsbestandteile stets bewährt. Bei der Herstellung des Einvernehmens während des Einstellungsgesprächs und, wegen der Abnutzung von Zufriedenheit, in den späteren Überprüfungen sollte auch von der *Möglichkeit des Selbst-Taxierens* Gebrauch gemacht werden. Praktiker berichten, daß die Mehrzahl der Arbeitnehmer dabei durchaus realistische Positionen vertrete. Die Wirtschaftlichkeit hoher Entgelte muß sich aus hohen Leistungsanforderungen rechnen, zu denen der Betrieb sich jetzt die moralische Legitimation schafft. Wenn Mitarbeiter wissen, »gut« bezahlt zu werden und dafür viel leisten zu müssen, nehmen sie solche Anforderungen auch hin. Sofern der innerbetriebliche Lohn- und Gehaltsrahmen der leistungsgerechten Entlohnung insbesondere wertvoller Spezialisten und Experten Schranken setzt, sollte auf individuelle Zulagen oder auf Benefits zurückgegriffen werden.

Ein tarifgebundenes Unternehmen, das mit einem eigenen monetären Leistungsanreizsystem oder individuellen Zulagen arbeiten will, muß prüfen, ob dies aufgrund des Vorranges tarifvertraglicher Regelungen vor betrieblichen Vereinbarungen im Sinne § 77 Abs. 3 BetrVG zulässig ist. Allerdings wird in solchen Fällen von der Öffnung von Tarifverträgen Gebrauch zu machen sein, und dort, wo sie fehlt, muß sie gefordert werden.

In allen Fällen monetärer Leistungsanreize muß das Unternehmen sich indessen darüber im klaren sein, daß im Führen hervorgerufene Defizite von Sinn, von Würde und Selbstwertgefühl, von Glaubwürdigkeit oder von Realisierbarkeit eigenen Potentials und dadurch bewirkter Verlust an Motivation allein durch Angebote von Geld nicht zurückgekauft werden können [28]. (existentielle und gehobene Lebensbedürfnisse, Sicherheit, substitutionell für alle denkbaren immateriellen Werte eines Individuums)

10.5.3   Betriebsorganisation [29]

Die Organisation ist dasjenige Instrument, das den Betrieb mit seinem System verbindlicher Reglements gegenüber dem arbeitenden Menschen am direktesten als Zwangssystem fühlbar werden läßt. Die Trends zu Regelungsperfektionismus auf der einen und zu wachsenden Unternehmensgrößen auf der anderen Seite verleiten dazu, immer umfangreichere und straffere Reglements hervorzubringen. Die Distanz zentralistischer Instanzen, die sie schaffen, zum Geschehen »vor Ort« zusammen mit unflexibler Starrheit können das Betriebsgeschehen von den Menschen, die danach zu verfahren haben, soweit entfremden, daß demotivierender Frust Bedürfnisse zum Unterlaufen der Organisation, innere Kündigung oder/und Fluchtreflexe aus der Zwanghaftigkeit der Arbeit auslöst.

Organisatorische Regelungen müssen den mit ihnen verfolgten Zwecken gerecht werden und mit der Dynamik des betrieblichen Geschehens Schritt halten. Damit sie gleichzeitig auch von den an sie gebundenen Arbeitnehmern proaktiv getragen werden, sollten sie unbeschadet der unter Ziffer 3.4 dargelegten Grundsätze (**wiederholen!**) an folgenden Anforderungen gemessen werden:

- Sinn und Zweckmäßigkeit organisatorischer Regelungen einsehbar machen;
- Zweckmäßigkeit (auch im Sinne von Wirtschaftlichkeit) von Regelungen nicht nur an Sach-, sondern auch an Menschengerechtigkeit orientieren;
- zwingende Reglements inhaltlich auf das zur Erreichung der verfolgten Zwecke notwendige Minimum beschränken;
- neue Regelungen aus Prinzip oder aus Rücksicht auf »große Meister« nicht »auf ewig« betoniert, sondern revidierbar einführen für den Fall, daß sie sich nicht bewähren oder die Dynamik der Entwicklungen sie überholt;

- bestehende Regelungen regelmäßig auf den Erhalt oder Verlust ihrer Zweckmäßigkeit überhaupt überprüfen;
- zentralistische Regelungen zur Anpassung an örtlich/situative Zweckmäßigkeit flexibilisieren;
- gewährleisten, daß angestrebte Ziele mit minimalem Aufwand und ohne Vergeudung von menschlicher Energie und von Zeit erreicht werden können;
- Sach- und Entscheidungskompetenzen durch dezentralisierte Entscheidungsstrukturen zusammenführen;
- Vernetzungen zwischen den Bereichen offenlegen und kurze Kommunikationswege herstellen;
- Hierarchie flach und horizontale Grenzen durchlässig gestalten;
- Selbstverständnis als dazulernende, nicht schon alles (besser) wissende Organisation popularisieren.

Anzustreben ist eine Organisation als knapp gehaltener Rahmen zielgerichteter, leistungsfördernder und transparenter Spielregeln, dessen Flexibilität es jeder Instanz in eigener Zuständigkeit überläßt, die für die gegebene Situation zweckmäßigste Detailregelung pragmatisch und eigenverantwortlich vor Ort zu treffen.

10.5.4   Arbeitszeit

Betrachten wir das Thema »Arbeitszeit« unter dem Blickwinkel motivationalen Führens, so müssen wir erkennen, daß die mit ihr definierten Zeiten der Anwesenheitspflicht des Mitarbeiters am Arbeitsplatz und ihre Lage im Tage sie als besonders einschneidendes Element der Organisation mit Zwangscharakter ausweisen. Dementsprechend fühlbar greift sie in die Autonomie menschlicher Lebensgestaltung ein und kann als gravierendes Element der Demotivation wirken.

> **Beispiel:**
> Eine Arbeitskraft im Dreischicht-Vollzeitbetrieb kann keinerlei feste, wiederkehrende Termindispositionen (zum Beispiel für die Teilnahme am Vereinsleben, an Weiterbildungskursen, Theaterabonnements) eingehen und muß zudem, insbesondere in der Nachtschicht, über weite Teile ihrer Arbeitszeit mit überdurchschnittlichem Kraftaufwand gegen die von ihrer biologischen Uhr diktierten Ermüdungserscheinungen ankämpfen. Gestörte Kontaktfähigkeit und soziale Isolation sind keine seltenen Folgen bei Schichtarbeitern.

Auf der anderen Seite erhöhen die zunehmende Kostenintensität hochtechnisierter Arbeitsmittel (DV-Anlagen, CNC-gesteuerte Maschinen) sowie stillstandsfeindliche Technologien (zum Beispiel Chip-Fertigung) berechtigterweise das Interesse des Arbeitgebers an vollen Tages- und sogar Wochenlaufzeiten solcher Arbeitsmittel. Die erweiterte Einführung von Schichtbetrieb wird sich deshalb kaum umgehen lassen. In Verbindung mit Teilzeitarbeit (s. u.) und belohnter Freiwilligkeit lassen sich akzeptable Lösungen für beide Seiten finden.

Wir kennen folgende Arbeitszeit-Modelle:

A) Vollzeit-Arbeitsverhältnis
Die Arbeitskraft arbeitet auf Dauer und zu im voraus festgelegten Zeiten die volle, tarifvertraglich vorgesehene Tages- bzw. Wochenarbeitszeit. Dies kann im Einschicht- oder im Mehrschichtbetrieb geschehen.

B) Gleitende Arbeitszeit
Der Arbeitnehmer erhält innerhalb bestimmter Bandbreiten die Möglichkeit, den Arbeitsbeginn und das -ende, eventuell sogar die Pausenzeit, frei zu bestimmen. Die Betriebsarbeitszeit (Vollzeit)

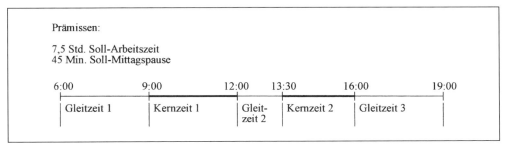

Abb. 10.4: Modell gleitender Arbeitszeit

wird in zwei Gleitphasen und eine Kernzeitphase mit Anwesenheitspflicht aufgeteilt (vgl. Abb. 10.4).

Das Modell kann, etwa durch Bonus- oder Malus-Überträge in nachfolgende Wochen oder Monate und durch das Ansammeln von Bonuszeiten zu halben oder ganzen freien Tagen, in vielfältiger Weise variiert werden [30].

Zwischenbemerkung: Die elektronische Dokumentierbarkeit von Anwesenheits- und Betriebszeiten, der Wunsch nach mehr Autonomie in den Dispositionen über die Lebens-, insbesondere die Freizeitgestaltung, und wachsendes Interesse unter Arbeitnehmern an Arbeitsverhältnissen mit kürzeren Arbeitszeiten haben in den letzten zwei Jahrzehnten eine breite Palette neuer Arbeitszeitregelungen entstehen lassen. Das Stichwort heißt **Flexibilisierung der Arbeitszeit** im Sinne von *Abwandeln überkommener Strukturen der Arbeitszeit in ihrer Dauer* (chronometrischer Ansatz) *und ihrer Lage* (chronologischer Ansatz). Es sind folgende Modelle entstanden:

C) Variable Arbeitszeit
Sie bildet eine von der gleitenden Arbeitszeit abgeleitete Form, in der die Arbeitskraft innerhalb eines festgelegten Gesamtrahmens je Tag/Woche/Monat/Jahr entscheiden darf, innerhalb welcher Zeit nach Dauer und Lage sie am Arbeitsplatz anwesend sein möchte. Die Trennung zwischen Kern- und Gleitphasen entfällt.

D) Teilzeit-Arbeit
Von ihr sprechen wir, wenn die vereinbarte Arbeitszeit kürzer ist als die tariflich vorgesehene für Vollzeitkräfte. Ihre bekannteste Form ist die *Halbtags-Arbeit* mit 20 Wochenarbeitsstunden. Sie kann auf eine feste Tageszeit (zum Beispiel vormittags) fixiert oder in ihrer Lage flexibilisiert sein. Für sie wie auch für die folgend erwähnten Teilzeit-Modelle gelten die Vorschriften der §§ 2 bis 6 BeschFG.

E) Job-sharing
Es handelt sich um die freiwillige Aufteilung eines Vollarbeitsplatzes unter zwei oder mehreren Arbeitnehmern, die untereinander über die Aufteilung sowohl der Arbeitszeit als auch der Arbeitsinhalte entscheiden dürfen, solange sie garantieren, daß der Arbeitsplatz ganzzeitig und voll funktionsfähig besetzt ist. Es ist § 5 BeschFG zu beachten.

F) Flexible Teilzeit
Hierbei handelt es sich um Arbeitsverhältnisse, bei denen sowohl die Dauer als auch die Lage der Arbeitszeit flexibilisiert werden. Damit können unterschiedlich lange Zeiten (zum Beispiel 3 und 5

Stunden) mehrerer Arbeitskräfte zu einer Vollzeit von 8 Stunden kombiniert oder Vollzeiten (8 Stunden) einer Kraft an nur einem Tag oder einzelnen Tagen in der Woche festgelegt werden.

Das Modell läßt sich auch im Mehrschichtbetrieb einsetzen. Dieser Möglichkeit wird aufgrund der Entscheidung des Bundesverfassungsgerichtes vom 28. Januar 1992, wonach Nachtschichtarbeit wegen des Gleichheitsgrundsatzes auch weiblichen Arbeitern eröffnet, insgesamt wegen ihrer gesundheitlichen und sozialen Risiken aber differenzierter als bisher angewendet werden müsse, erhebliches Gewicht zufallen.

G) Kapazitätsorientierte variable Arbeitszeit (KAPOVAZ)

Dabei wird eine bestimmte Arbeitszeit je Tag/Woche/Monat/Jahr vereinbart, über deren Abruf gemäß betrieblichen Arbeitsanfalls *der Arbeitgeber* bestimmen darf. Ohne Vereinbarung einer bestimmten Dauer gilt fiktiv eine Wochenarbeitszeit von 10 Stunden als vereinbart, die der Arbeitgeber auch bei geringerer Anwesenheit bezahlen muß. Die tägliche Arbeitszeit darf, soweit im Arbeitsvertrag nicht anders vereinbart, im Interesse des Arbeitnehmers 3 aufeinanderfolgende Stunden nicht unterschreiten. Ebenfalls zu dessen Schutz muß der Arbeitgeber ihm den Abruf zur Arbeit mindestens 4 Tage im voraus mitteilen. Es ist § 4 BeschFG zu beachten.

Auf *Jahresarbeitsverträge* und *Beurlaubungsmodelle* (»Sabbaticals«) gehen wir hier nicht ein.

Die dargestellten Modelle flexibilisierter Arbeitszeiten lassen sich untereinander in beliebiger Weise kombinieren und auch zu Vollzeitmodellen erweitern [31]. Dabei sind die geltenden Tarifverträge mit ihrem Vorrang zu beachten, § 6 BeschFG. Auf der Basis von Freiwilligkeit, gutem Willen und mit Phantasie angewendet, kann mit ihnen in weitestgehendem Maße den Interessen von Arbeitgebern **und** Arbeitnehmern Rechnung getragen werden [32].

Entstehende Probleme wie aufwendigere Zeiterfassung lassen sich DV-gestützt lösen. Minimal erhöhte Personalkosten werden über erhöhte Flexibilität des Personaleinsatzes, bessere Auslastungen von Betriebsmitteln und deutlich höhere Arbeitsmotivation bei zufriedeneren Arbeitnehmern ausgeglichen. Diese Vorteile dürften in der betrieblichen Praxis bisher unterschätzt worden sein.

Unter den Berufstätigen zeigen mehr als 60 % eine positive Einstellung gegenüber flexibleren Arbeitszeitregelungen, denn die Rückgewinnung von Zeitsouveränität und verbesserte Möglichkeiten der Abstimmung von Arbeit, Freizeit und Familie bilden für den Arbeitnehmer unserer Zeit geschätzte Güter.

Mit derzeit 13 bis 14 % Teilzeitarbeitsplätzen hinkt die Bundesrepublik indessen deutlich hinter Ländern mit vergleichbarem Industrialisierungsgrad (zum Beispiel Norwegen (28,6 %), Schweden (24 %), England (21 %), USA (17,4 %), und Japan (16 %)) her. Dabei wären ca 40 % der Stellen im Angestelltenbereich und ca. 30 % der gewerblichen Stellen, die mit Frauen besetzt sind, teilbar. Andere Untersuchungen gelangen zu noch höheren Teilbarkeitsquoten [33]. Es scheint, daß mit dem vom Arbeitsmarkt ausgehenden Problemdruck jetzt (1994) ein flexibleres Denken in Politik und Wirtschaft eingesetzt hat (Status, Einfluß, Autonomie).

10.5.5   Arbeitsplatz und äußeres Umfeld

Die Gestaltung des Arbeitsplatzes und seines äußeren Umfeldes bildet ein prägendes Element des Arbeitserlebnisses und gibt dem Mitarbeiter direkte Auskunft über den Stellenwert, der ihm als »Mensch« in den Dispositionen des Betriebes zum Vollzug der Arbeit zugebilligt wird. Zugleich bildet die Ausstattung des Arbeitsplatzes mit optimalen Arbeitsmitteln für den Mitarbeiter die Basis für optimale Leistungsmöglichkeiten. Vermeidbare Belastungen aus der Arbeitsumgebung bilden, wie HERZBERG im einzelnen dargelegt hat, primäre Unzufriedenheits-Potentiale und in diesem Sinne De-Motivatoren. Wenngleich die von Technologie, Organisation und Wirtschaftlichkeit bedingten Sachzwänge hier nicht übersehen werden, ist zu fordern, daß die verbleibenden Gestaltungsräume nicht allein am Gesichtspunkt der Kostenminimierung, sondern ebenso an dem der **Menschengerechtigkeit** zu orientieren sind. Danach muß Arbeit *ausführbar, erträglich, zumutbar und zufriedenmachend* sein [34]. Es dürfte kaum einen Arbeitnehmer geben, der seinen Arbeitsraum gleich seinem privaten Lebensraum nicht nach seinen persönlichen Maßstäben »schön« gestalten möchte. Der Zwang dagegen, ein Drittel der Tageszeit in einem abstoßend oder unerträglich empfundenen Arbeitsraum verbringen zu müssen, muß deprimierend wirken und das Bedürfnis nach innerer Flucht wecken. Daraus folgt:

A) Arbeitsräume müssen farblich und beleuchtungsmäßig vertretbaren arbeitswissenschaftlichen und auch ästhetischen Ansprüchen genügen. Dies ist zum Beispiel dann nicht mehr der Fall, wenn Werkstatträume über Jahre nicht mehr renoviert wurden und die Wände und Decken verschmutzt, verölt sowie die Fenster blind geworden sind. Bei Renovierungen und/oder sonstigen erneuernden Maßnahmen (zum Beispiel Frühstücksräumen, Sitzecken, Getränkeautomaten) sollten den Mitarbeitern Möglichkeiten zur Mitgestaltung eingeräumt werden.

B) Gleiches gilt für den einzelnen **Arbeitsplatz**. Auch er und die ihm zugeordneten Arbeitsmittel müssen in den Grenzen des funktionell Notwendigen menschengemäß gestaltet sein. Soweit *Funktionalität, Arbeitsplatzsicherheit und Zumutbarkeit für andere Menschen* es zulassen, sollte (vor allem weiblichen) Arbeitnehmern als »Identifikations-Anker« persönliches Dekor (zum Beispiel Blumenschmuck, Fotografien) gestattet werden. Es vermittelt gefühlsmäßige Verbundenheit zum Arbeitsplatz. Arbeitsplätze sollten ferner so angeordnet sein, daß mehrere Arbeitnehmer zueinander *Sicht- und Gesprächskontakt* unterhalten können und einzelne isolierte Plätze vermieden werden.

C) Arbeitsmittel haben dem derzeitig üblichen Standard der Technik zu entsprechen. Es muß Frustration hervorrufen, wenn Mitarbeiter mit technisch veralteten und verschlissenen Geräten arbeiten müssen, obwohl sie wissen, daß modernere Mittel ihnen für dieselbe Arbeit weit weniger Bemühung abverlangen würden oder daß die ihnen abverlangte Arbeitspräzision auf weniger verschlissenen Einrichtungen sehr viel leichter herzustellen wäre. Auf der anderen Seite empfinden Arbeitnehmer die ihnen persönlich übertragene Verantwortung über besonders kapitalintensive, wertvolle Arbeitsmittel, die die Zuständigkeit für Pflege- und Wartungsaufgaben mit einschließt, aufgewertet und bestätigt.

D) Schädliche **Umwelteinflüsse** wie Lärm, Hitze, Staub, Gase müssen mit Hilfe wirksamer Schutzmaßnahmen so gering wie nach dem jeweils modernsten Stand der Technik möglich gehalten werden. Dies gebieten nicht nur der gesetzliche Arbeitsschutz, sondern ebenso das Gebot zur Menschenwürdigkeit der Arbeit. In der Praxis läßt Sicherheitsbewußtsein von Arbeitnehmern, zum Beispiel beim Tragen von Haut- oder Gehörschutzmitteln, noch verbreitet zu wünschen übrig. Leichtfertiges Ruinieren der Gesundheit bildet indessen kein Markenzeichen von souveränem Lebensstil, von Kavaliers- oder Heldentum, sondern eher von fatalistisch hingenommener Selbstzerstörung, denn verlorengegangene Gesundheit ist kein wiederkäufliches Gut. Es gehört zu den Aufgaben der Führungskraft, ihre Mitarbeiter über die gesundheitlichen Gefahren aus leichtfertigem Umgang mit den Regeln der Arbeitssicherheit aufzuklären und auf ihre Beachtung hinzuwirken vgl. auch Ziffer 14.14.

Für eine optimale psychologische Gestaltung der äußeren Arbeitsbedingungen hat die Arbeitswissenschaft eine Vielzahl empirisch gesicherter Erkenntnisse gewonnen. Auf sie wird verwiesen [35]. (Sicherheit, Kontakt, Status, Selbstwertgefühl)

10.5.6   Zwischenmenschlicher Umgang

Menschen benötigen für ein Leben in seelischer Stabilität Selbstachtung. Sie gewinnen sie von innen aus der Erfüllung von Ansprüchen, die sie an sich selbst stellen, und von außen durch Erweise von Akzeptanz und Geachtet-Werden aus ihrer sozialen Umwelt. Bleibt ihnen dies versagt, werden Selbstzweifel mit Gefühlen intrapersoneller Minderwertigkeiten die Folge sein. Dies kann auch durch Abwertungen von außen geschehen, wobei selbst an sich stabile Persönlichkeiten die ihnen zugetragenen Botschaften ihrer Minderwertigkeit verinnerlichen und nach dem Gesetz der sich selbst erfüllenden Prophezeiung zu dem werden, wofür man sie hält.

Motivationales Führen und befriedigendes Leben überhaupt beruhen auf dem freiwilligen Geben und Nehmen. Geben kann nur, wer sich, gerade im psychischen Sinne, innerlich für reich genug dazu hält. **Wir benötigen also den seelisch stabilen, in seiner Selbstachtung ruhenden Mitarbeiter.**

Exkurs: Viele Menschen in unserer Gesellschaft leben, aus welchen Gründen auch immer, in permanenten, ja neurotisch anmutenden Wettbewerbszwängen. Es besteht verbreitet kein Gespür mehr für gewachsenen, der eigenen Persönlichkeit angemessenen Status. Dies gilt einmal für die Sphäre des Berufes im Run nach mehr Erfolg (was immer der einzelne für sich darunter verstehen mag), mehr Einfluß, mehr Geltung und natürlich nach mehr Geld im Vergleich zu den anderen. Wie selbstverständlich gilt diese Denkweise auch im Privatleben – als Griff nach dem teureren Auto, dem luxuriöseren Wohnstil, der exklusiveren Reise, der modischeren Kleidung usw. Die Sorge, dem messenden Blick der Umgebung nicht standhalten zu können, erfüllt viele Menschen mit innerer Angst, Hektik und mit Minderwertigkeitsgefühlen. Im natürlichen Bedürfnis, diese zu kompensieren (oder wenigstens zu verdrängen), greifen sie zu »Erfolgsstrategien«: Dazu gehören nach außen der Aufbau eines »Erfolgs-Images« ebenso wie vielfältige Formen des Blendens (»Ochsenfrosch-Politik«) und natürlich des Abwertens anderer Menschen – ihrer Persönlichkeiten, ihrer Erfolge, ihrer Leistungen. Eigene Souveränität und Unabhängigkeit werden gelebt als demonstrative, ja aggressive Gleichgültigkeit gegenüber anderen Menschen und ihren Belangen. Eigene Schwachstellen oder Mißerfolge werden vor anderen Menschen verborgen und, wo sie offenkundig sind, heruntergespielt, geleugnet oder Dritten zugeschoben. Das so entstehende Klima wird zum Nährboden für zwischenmenschliche Kälte, Verletzungen und für Mobbing.

Zurück zum Führen:
Wir empfehlen, in motivationalem Führen den Menschen so zu akzeptieren, wie er uns gegenübertritt: mit seinen Stärken, Talenten und Begabungen, aber auch mit seinen Fehlern, Schwächen und Grenzen. Dies fällt um so leichter, je eher wir uns vor Augen führen, daß *auch wir selbst* solchen Begrenzungen unterliegen und darauf angewiesen sind, von anderen mit unseren Unvollkommenheiten als willkommen angenommen zu werden. **Nobody is perfect!** Wir wollen akzeptieren, daß Menschen infolge unterschiedlicher Lebens- und Vermögenssituationen sowie durch Intelligenz, Bildung und »Fortune« geistig, sozial und materiell unterschiedlich begütert sind und deshalb unterschiedliche gesellschaftliche wie berufliche Positionen einnehmen. Wir wollen akzeptieren, daß Menschen sich Lebensziele setzen, die anders sind und weiter reichen als unsere eigenen, und wir fördern sie in ihrem Streben – jedenfalls solange sie dies nicht auf unsere Kosten tun. Wir sagen JA zum anderen Menschen so, wie er uns gegenübertritt, und daß er so gebraucht wird. Wir richten den anderen Menschen auf, indem wir ihn spüren lassen, daß wir ihm vieles zutrauen – und zwar, ohne daß er dies mit allerlei Tricks und »Psychospielen« ständig unter Beweis stellen muß. Wir verzichten darauf, uns ständig mit anderen bewertend zu vergleichen und uns selbst zu erhöhen, indem wir andere abwertend erniedrigen.

Der Zyniker, der verächtlich lächelnd glaubt, dank seines »Durchblicks« *über* diesen Dingen zu stehen, der das Bemühen um den anderen Menschen längst aufgegeben und der noch nicht begriffen hat, daß in seinem seelischen »burn-out« er in Wirklichkeit doch *sich selbst* aufgegeben hat, mag dies nicht begreifen können. Wir sollten uns im Bemühen um ein menschliches Miteinander davon nicht beirren lassen.

Wenn wir uns an unseren Arbeitsplätzen gegenseitig so, wie wir sind, bejahend annehmen, können wir entspannt miteinander umgehen und arbeiten, und wir können die seelischen und geistigen Energien, die der Kampf (und der Krampf) um die käuflichen »vorderen Plätze« und die von ihm erzeugten Ängste bindet, uns selbst und unserer Arbeit zufließen lassen [36]. (Kontakt, Integration, soziale Differenzierung, Sicherheit)

10.5.7 Statuspflege

Ungeachtet der oben skizzierten Entartungserscheinungen lebt in praktisch jedem Menschen ein natürliches Differenzierungsbedürfnis als Wunsch, innerhalb seiner sozialen Umgebung sichtbar einen geachteten Platz einzunehmen (vgl. Ziffern 5.4, 9.5). Dem ist in der betrieblichen Arbeit Rechnung zu tragen. Untersuchungen, die im Anschluß an die Erkenntnisse HERZBERGS durchgeführt worden sind [37], haben ausgewiesen, daß ein befriedigender Status für eine jeweils gleich große Anzahl deutscher Arbeitnehmer als Hygienefaktor wie auch als Motivator wirkt.

Experimente, menschliche Differenzierungswünsche durch den Grundsatz der Gleichmacherei zu ersetzen (vgl. die untergegangenen »sozialistischen« Gesellschaftssysteme), haben in keinem Falle zu mehr menschlicher Zufriedenheit oder Gerechtigkeit geführt, wohl aber zu ausufernder heimlicher Bereicherung und, über die Zerstörung des Leistungsprinzips, zu vielseitigem zivilisatorischem Rückschritt.

Wir empfehlen deshalb, den Mitarbeitern in der Arbeit eine ihrer Qualifikation, ihrer Leistung und demgemäß auch ihrer Bedeutung für den Unternehmenserfolg angemessene Statusausstattung zu gewähren. Die dafür zu vergebenden Merkmale sollten an funktionelle Kriterien gebunden und nach berechenbaren Maßstäben vergeben werden und außerdem ein für die Allgemeinheit akzeptables Augenmaß erkennen lassen. Anzustreben ist die funktionsabhängige, nicht die sozial klassifizierende Statusausstattung. So wird bei der Hubraumklasse des Firmenwagens zum Beispiel nicht nur der soziale Rang, sondern ebenfalls und eigentlich vorrangig die im Interesse des Unternehmens notwendige Kilometerleistung des Berechtigten anzusetzen sein. (Kontakt, Differenzierung, Leistung/Erfolg, Selbstverwirklichung)

10.5.8 Arbeitsplatzsicherheit

Zu den ranghohen Werten des Arbeitslebens gehört, heute mehr denn je, für den Arbeitnehmer das Empfinden, über einen gesicherten Arbeitsplatz zu verfügen. Wird die Sicherheit des Arbeitsplatzes ohne eigenes Verschulden erkennbar gefährdet, so entwickelt dies im Arbeitnehmer starke Existenzangst und De-Motivationen. Darüber kann auch das gelegentliche Bemühen nicht hinwegtäuschen, die drohende Kündigung mit besonders »glanzvollen« Leistungen vielleicht doch noch abzuwenden zu können. Kaum eine Erkenntnis wirkt auf Arbeitsmoral und Selbstwertgefühl von Arbeitnehmern deprimierender als die, seine Rolle im Unternehmen als Bestandteil einer Verfügungsmasse zu begreifen, die konjunkturabhängig zwischen Arbeitsplatz und Arbeitsamt bewegt wird. Dies gilt auch für die von Kündigungen nicht unmittelbar betroffenen Arbeitnehmer (vgl. dazu Ziffer 25 , Buchstabe B/b).

Andererseits stehen dem individuellen und auch dem gesellschaftlichen Interesse an der Erhaltung von Arbeitsplätzen regelmäßig betriebswirtschaftliche Sachzwänge gegenüber.

Unabwendbarer Personalabbau sollte deshalb in größtmöglichem Maße sozialverträglich vorgenommen werden
- über natürliche Abgänge bei gleichzeitigem Einstellungsstopp,
- über das Bemühen um anderweitige Arbeitsmöglichkeiten oder über
- die Aufteilung vorhandener Vollzeit- in Teilzeit-Arbeitsplätze unter Erhaltung des Stammpersonals.

Soweit stoßweiser Abbau von Arbeitsplätzen unumgänglich ist, sollte er zügig erfolgen, damit unter der verbleibenden Belegschaft mit der Gewißheit, selbst zu den Zukunftsträgern des Unternehmenserfolgs zu gehören, möglichst schnell wieder Ruhe einkehrt.

Grundsätzlich empfehlen wir, die Sachzwänge zu unvermeidbaren Personalreduzierungen sowie das Bemühen um sozial gerechte und sozial verträgliche Lösungen der Belegschaft transparent zu machen und im Interesse notwendigen Vertrauensschutzes rechtzeitig, d. h. ohne manipulative Überraschungs- oder Verzögerungseffekte, darzulegen.
(Existenz, Sicherheit, Status)

10.5.9   Privatleben

Die befriedigende Gestaltung der Zeiträume außerhalb der Arbeit, das Privatleben, gehört zu den wichtigsten Lebensgütern der Menschen unserer Zeit. Mehr als 80 % aller Berufstätigen weisen dem Privatleben den gleichen oder einen höheren Rang zu als dem Berufsleben (vgl. Ziffer 1.3). Aufgrund dieser Tatsachen wirken auch die Einflüsse, mit denen die Arbeit in die private Sphäre hineinwirkt, unmittelbar auf die Motivation der Mitarbeiter:
- Erfolg im und Zufriedenheit mit dem Arbeitsleben beflügeln zu entspanntem, kräfteregenerierendem Genuß des Privatlebens,
- gutes Einkommen und andere Leistungen (zum Beispiel Dienstwagen zum privaten Gebrach, ausreichender Urlaub) erhöhen den Nutz- und Genußwert von Freizeit,
- Arbeit, die Sinn gibt, wirkt daseinserfüllend,

aber auch:
- Demotivation in der Arbeit, insbesondere die Innere Kündigung, verlagern Aktionspotentiale in die Freizeit, für deren Aktivierung der Mitarbeiter die Arbeitszeit »im Schongang« durchlebt,
- die bei Führungskräften beinahe übliche zeitliche, nervliche und/oder mentale Überbeanspruchung
  - reduziert Freizeit und beraubt sie ihrer Funktionen als Zeit für Regeneration, Hobby, Kommunikation usw.,
  - vereitelt Familienleben, indem sie Partnerschaft und Elternschaft verhindert (*Die Manager-Frau als einzige Witwe, deren Ehemann noch lebt* und *Kinder mit einem Fremden als leiblichen Vater*),
  - reduziert den Wert des Privatlebens durch Gefährdungen der Gesundheit (Herz-, Kreislauf-, Magenerkrankungen, verstärkte Karzinom-Gefährdung);

- das Erlebnis persönlicher Abwertungen, fehlender Zukunftsperspektiven oder des Sich-ausgeliefert-Fühlens an willkürlich agierende Herrschaftsstrukturen schafft Ängste, die auch die Qualität des Privatlebens abwerten und sich dort als Depressionen, Freudlosigkeit oder auch Aggressionen gegen das soziale Umfeld auswirken.

Unter diesem Blickwinkel empfehlen wir,
- Demotivations-Potentiale, die aus der Arbeit in das Privatleben hineinstrahlen, abzubauen oder, noch besser, ganz zu verhindern,
- Belohnungen, die das Privatleben bereichern, auszubauen,
- zwischen beiden Bereichen Brücken zu errichten wie zum Beispiel individuellen Bedarf berücksichtigende Angebote flexibler Teilzeit-Arbeit, »Tage der offenen Tür« für Familienangehörige, Ausstellungen und darstellende Veranstaltungen für Leistungen aus dem Hobby-Bereich (Kunsthandwerk, Konzerte); betrieblich geförderte Sport-, Musik- oder sonstige Aktivitäten,
- aufzuhören, die Sphäre von Freizeit und Familie abwertend als »Sphäre der Drückeberger« und *als Gegensatz dazu* jene der Arbeit als »Sphäre der Heroen« zu stilisieren.

Ein legitimer Grund, zwischen beiden Sphären bewertende Gegensätzlichkeit herzustellen, ist in menschengerechter Führung nicht ersichtlich, denn beide sind zur gesunden menschlichen Existenz und zum Erbringen von Spitzenleistungen notwendig und gleichwertig.

(Sicherheit, Kontakt, Status/Prestige, Selbstverwirklichung)

10.5.10 Belohnungswerte Sonderleistungen

Zusammenfassend erwähnen wir hier Leistungen des Unternehmens, die als Bestandteile seiner Sozial- und Entgeltpolitik im weiteren Sinne teils dienstleistenden, teils geldwerten, in jedem Falle aber belohnenden Charakter aufweisen. Da ihre Vergabe im allgemeinen nicht direkt an konkrete Leistungsergebnisse gebunden ist, werden sie auch keine direkt motivatorische Wirkung entfalten. Ihre wertstiftende Vielfalt trägt jedoch dazu bei, sowohl Mitarbeiter zu gewinnen als auch unerwünschte Abgänge zu verhindern, Mitarbeiter also fester an das Unternehmen zu binden. Vermögen derartige Gaben ein gestörtes Arbeitsklima auch nicht zu retten, so können sie ein intaktes Klima doch stabilisieren helfen. Ihr Geldwert kann bei gesuchten Fachkräften mit speziellen Fähigkeiten dazu dienen, Entgeltgrenzen, die der betriebliche Lohn- oder Gehaltsrahmen setzt, flexibler zu gestalten. Schließlich helfen sie dem Betrieb beim Aufbau seines mitarbeiterfreundlichen Images und sind insoweit des Personal-Marketing hilfreich. Dazu zählen zum Beispiel Angebote von
- kostengünstigen Wohnungen,
- kostengünstigen Kindergartenplätzen,
- Zuschüssen zum Kantinenessen,
- zinsgünstigen Wohnungsbau-Darlehn,
- längerer Gehaltsfortzahlung im Krankheitsfall,
- Sondermaßnahmen zur Gesundheitspflege (Kuren, Untersuchungen),
- Zusatzurlaub,
- prämienfreier Unfall- bzw. Lebensversicherung,
- zusätzlicher Aus- und Weiterbildung,
- vorgezogenem Ruhestand,
- besonderen Ruhegeldzusagen,

– flexiblerer Arbeitszeit,
– Dienstwagen zur kostenfreien privaten Nutzung, usw.

In einem weiteren Sinne dürfen hierzu auch Leistungen gezählt werden, die Mitarbeitern einzelne Höhepunkte oder auch nur Erleichterungen im Alltagsleben vermitteln wie
– Rechte zum verbilligten Bezug von Produkten oder Material,
– Rechte zur privaten Benutzung betrieblicher Arbeitsmittel oder Einrichtungen,
– Nutzung betrieblichen Know-hows für eigene Zwecke,
– Betriebsfeste oder -ausflüge,
– Ehrungen von Jubilaren und Senioren usw.

(Existenz, Kontakt, Status/Prestige, Selbstentfaltung)

10.5.11 Klimapflege insgesamt

In ihrer Gesamtheit bilden die dargestellten Ansatzpunkte motivationalen Führens zusammen mit den Erwartungswerten der in einem Bereich Beschäftigten an die betriebliche Realität die prägenden Variablen für das Arbeitsklima. Wir befassen uns damit näher unter Ziffer 14.15.
(Sicherheit, Kontakt, Selbstwert, Selbstaktualisierung)

10.6   Zusammenfassung einiger übergeordneter Gesichtspunkte

10.6.1   Anreicherung der Arbeit mit »Freizeitwerten«

Bei dem Versuch, das unter Ziffer 1.3.3 anvisierte Ziel, die Wertebilder der Arbeitswelt und des Freizeitbereichs einander anzunähern [38], gelangen wir zu folgenden Ansätzen:

(Erläuterungen: in den folgenden Kategorien bedeuten

a) Situation in der Freizeit
b) Situation in konventioneller Arbeit
c) Ansätze zu wertegewandelter Arbeit)

Aa) Freizeitaktivität wird eigenbestimmt ausgewählt;
Ab) Aufgaben und Arbeitsinhalte werden von der Betriebsorganisation, d.h. fremdbestimmt, vorgegeben;
Ac) – Mitarbeiter an der Definition von Arbeitszielen, -inhalten und -verfahren mitwirken lassen,
     – Stellenbeschreibungen jährlich überprüfen,
     – Wahlmöglichkeiten in teilautonomen Arbeitsgruppen,
     – Projekte für Zirkel-Arbeit selbst vorschlagen lassen,
     – Beteiligen an geänderten/neuen Aufgabenstellungen;

Ba) Entscheidungen in eigenen Belangen und Zielen werden autonom getroffen,
Bb) Entscheidungen, die die eigene Arbeit berühren, werden »von oben« über die Köpfe der Betroffenen hinweg, getroffen;

Bc) – Partizipation an betrieblichen Entscheidungsprozessen,
   – Leistungs-/Entwicklungsziele werden vereinbart,
   – Dispositions- und Entscheidungsräumen werden erweitert
     • durch Arbeitsfelderweiterung und -bereicherung,
     • in teilautonomen Arbeitsgruppen und Projekt-Zirkeln mit selbstgestellten Aufgaben/Zielen;

Ca) unter vielfältigen Alternativen bestehen Wahlmöglichkeiten,
Cb) Handeln ist auf den meist einzigen, organisatorisch bedingten Rahmen und Weg festgelegt;
Cc) – Organisatorische Zwänge auf Minimal-Rahmen beschränken,
   – Regelungen als »situativ optimierbar« flexibilisieren,
   – Handlungsräume insgesamt und in Einzelfällen für alternative eigenständige Lösungen eröffnen;

Da) Mensch wird als »König Kunde« und Wähler umworben und erfährt häufige persönliche Aufwertung;
Db) Arbeitnehmer erfährt als »Untergebener« in mehr oder weniger niedrigem hierarchischem Rang häufige persönliche Abwertungen;
Dc) Mitarbeiter(n)
     • als »Menschen« in seinem Anspruch auf Wahrung seiner Würde auch am Arbeitsplatz ernst nehmen,
     • im täglichen Führen Wertschätzung vermitteln und Selbstwertgefühl stabilisieren,
     • in seinen Anliegen/Meinungen ernst nehmen und anhören,
     • bei gegebenem Anlaß belobigen, auszeichnen sowie
   – **menschliche Abwertungen im Führen vermeiden**,
   – Rangunterschiede funktionalisieren,
   – auch den leicht ersetzbaren Funktionsträger in seinem Wert fürs Ganze schätzen,
   – auf Manipulationen/Unwahrheiten verzichten,
   – »Verlierer«-Situationen vermeiden;

Ea) das Erlebnis des fertigen gekauften Produktes und seiner Nutzbarkeit vermittelt dem Käufer seinen Sinn,
Eb) das Erlebnis einer minimalen Teilfunktion läßt den Bezug zum fertigen Produkt und zu seinem Sinn oft nicht erkennen;
Ec) – Mitarbeiter mit dem Gesamtprodukt, für das er arbeitet, bekanntmachen,
   – Stellung des Arbeitsplatzes in Organisation und Wert des eigenen Beitrags fürs Ganze verdeutlichen,
   – Nützlichkeit/Wert des Produktes hervorheben,
   – Produktbereich besichtigen lassen;

Fa) über den Gebrauch verfügbarer Zeit wird autonom bestimmt;
Fb) in der Arbeit herrscht Zwang, vorbestimmte Tätigkeiten zu vorbestimmten Zeiten zu erfüllen;
Fc) – Zeitsouveränität erhöhen mit den Möglichkeiten gleitender/flexibilisierter/geteilter Arbeitszeit,
   – im Rahmen des Möglichen persönliche Wünsche berücksichtigen,
   – bei belastenden Arbeitszeiten (Nacht-/Sonntags-/Feiertags-arbeit) auf das Prinzip der Freiwilligkeit setzen;

Ga) in der Wahlfreiheit über soziale Kontakte wird autonom bestimmt, ob und mit wem man Kontakt haben möchte oder nicht,

Gb) Aufbauorganisation bestimmt, mit welchen (sympathischen oder auch unsympathischen) Vorgesetzten, Kollegen und »Untergebenen« man zusammenwirken muß;

Gc) – bei Gruppenbildung und Besetzung der Arbeitsplätze persönliche Kontaktwünsche berücksichtigen,
    – gewünschte Zusammenarbeit in Projekt-Zirkeln und durch »Job rotation« ermöglichen,
    – auf Wunsch auch isolierte Einzelarbeit ermöglichen;

Ha) das Individuum bestimmt, in den Dienst welcher (ethischen) Werte es sein Potential stellen will,

Hb) Mitarbeiterpotentiale werden zuallererst in den Dienst der Gewinnmaximierung gestellt, hinter der persönlich anerkannte Werte zurückzutreten haben;

Hc) – Konsens zwischen unternehmensseitigem und gesellschaftlichem Wertesystem in offener Aussprache anstreben,
    – Gewinnmaximierung nicht mit (verdeckter) Brachialgewalt auf Kosten des Kunden und/ oder der Gesellschaft durchsetzen,
    – Glaubwürdigkeit zwischen programmierten und gelebten Werten wahren,
    – ökologisch und zivilisatorische Verfahren und Produkte ablösen;

Ia) Privatleben eröffnet Chancen zu sozialer Profilierung (zum Beispiel in Vereinsvorständen, Sport, Lokalpolitik);

Ib) Bedingungen, sich profilieren zu können, setzt innerhalb vorgegebener sozialer und organisatorischer Strukturen das Unternehmen;

Ic) – Förderungs- und Entwicklungs-Chancen eröffnen,
    – anspruchsvolle Leistungserwartungen stellen und bei Erfüllung unterstützen,
    – herausfordernde/risikogeneigte Aufgaben anbieten,
    – Gelegenheit zum Erwerb und zur Nutzung von Experten-Know-how vermitteln,
    – Sonderaufgaben übertragen,
    – Profilierungs-Chancen bei der Leitung von Einzelprojekten/Projekt-Zirkeln eröffnen,
    – besondere Erfolge besonders honorieren (Auszeichnungen etc.);

Ja) über das Anspruchsniveau von Gegenleistungen seiner sozialen Umgebung für eingebrachtes eigenes Potential bestimmt das Individuum selbst,

Jb) das betriebsseitig zu gewährende Belohnungspotential wird von Rechtsnormen und arbeitgeberseitigem Wohlwollen bestimmt;

Jc) – betriebliche Möglichkeiten, zu belohnen, ausschöpfen,
    – Mitarbeiter bei Entgeltfindung sich selbst taxieren lassen,
    – mit Benefits und Einzel-Gratifikationen arbeiten,
    – Berechenbarkeit, Gerechtigkeit und Angemessenheit des Belohnungssystems herstellen bzw. anstreben;

Ka) das Individuum kann sich über alles, was es interessiert, aus Presse, Funk und Fernsehen in beliebigem Umfang informieren,

Kb) das Unternehmen und der Vorgesetzte bestimmen über Umfang und Inhalte der an den Mitarbeiter zu leitenden Informationen, und diese sind häufig nur auf die Arbeit selbst gerichtet sowie im übrigen unzureichend und/oder manipuliert.

Kc) – mitarbeiterseitige Informationsbedürfnisse über das Unternehmensgeschehen, auch soweit sie über den engeren Arbeitsbereich hinausgehen, freiwillig erfüllen,
    – wechselseitig/offen/wahr informieren.

Wir heben hervor: Es geht nicht darum, einem leistungsfernen, von unerfüllbaren Wunschbildern und Utopien geprägten »Soft-Management« das Wort zu reden. Es geht vielmehr darum, menschliche Leistungspotentiale zu erschließen, indem wir Arbeit mit ihren Sachzwängen und individuelle menschliche Bedürfnisse einander annähern und dadurch zum Leisten attraktiv und lohnend gestalten. Dazu benötigen wir ein neues Verständnis für den Menschen am Arbeitsplatz: die Akzeptanz seiner Eigenwertigkeit unter den Werten der Unternehmensziele, und dazu sind mehr Sensibilität, mehr Aufmerksamkeit und mehr Zeit für ihn gefragt sowie ein Mehr an Mut und Phantasie zu neuen Wegen.

10.6.2 Das Ganzheitlichkeitsprinzip im Motivieren

Die mit der Funktion allen Motivierens verfolgten Ziele, vorhandene Motivation im arbeitenden Menschen zu erhöhen, Demotivationen abzubauen und latent vorhandenen Goodwill- und Energie-Potentialen Entfaltungsräume zu eröffnen, können erst dann erreicht werden, wenn die oben dargelegten Felder des Motivierens *in ihrer Gesamtheit, auf Dauer* und *glaubwürdig* ausgeschöpft werden. Zwischen dem »System Betrieb« und dem »System Mitarbeiter« muß im Motivieren *ganzheitliche Stimmigkeit* hergestellt werden.

Keineswegs genügt dafür der Köder »Geld«.

Anhang zu Kapitel 10

A) Anmerkungen

1 Zutreffend Lauster, P., 1989, 3. Kapitel
2 Sprenger, R. K., 1992, S. 222
3 McGregor, D., 1973; Peters, Th. G./Austin, N., 1986, S. 284
3a Opaschowski, H. W., 1989, S. 26f.
4 Nach Sattelberger, Th., in Sattelberger, Th. (Hrsg.), 1991, S. 15ff. (35)
5 Näher von Rosenstiel, L., in von Rosenstiel, L. et ea., 1987, S. 1ff. m. w. Nachw.
6 Entnommen bei Sprenger, R. K., 1992, S. 164
7 vgl. Womack, J. P. et al., 1991
8 Nach Dunkel, D., in von Rosenstiel, L. et al., 1987, S. 119ff.
9 Domsch, M., ebenda, S. 126ff.; vgl. auch Hopfenbeck, W., 1991, S. 254ff.
10 Umfassend von Rosenstiel, L. et al., a. a. O., S. 25ff.
11 Näher Hopfenbeck, W., 1991, S. 382ff.; Berthel, J./Becker, F., in Das Wirtschaftsstudium 1984, S. 386ff.
12 Vgl. dazu das erfolgreiche Modell der Fa. Otto Fuchs Metallwerke OHG, Meinerzhagen, in Luda, Mitbestimmung durch leistungsbezogene Erfolgsbeteiligung. Das System Fuchs, Martin-Koch-Verlag, Ludwigsburg, 1968
13 Hornung-Draus, 1988
14 Generell vgl. Hopfenbeck, W., 1991, S. 243ff.
15 Bertelsmann Stiftung/IWG Bonn, 1987, S. 52/53 (Auszug aus Tab. 21)
16 Entnommen aus Wunderer, R./Grunwald, W., 1980, Band 1, S. 194; ähnlich Weinert, A. B., 1981, S. 284 mit weiteren Quellen
17 Vgl. Hopfenbeck W., 1991, S. 249ff.
18 Programm »Forschung zur Humanisierung des Arbeitslebens, Ergebnisse und Erfahrungen arbeitsorientierter Forschung 1974–1980, Schriftenreihe »Humanisierung des Arbeitslebens«, Band 1, Hrsg. Der Bundesminister für Forschung und Technologie, Frankfurt/New York 1981

19 Hopfenbeck, W., 1992, S. 278ff.; Bisani, F., 1990, S. 182ff.
20 Zum Überblick Hopfenbeck, W., 1991, S. 279/80; Bertelsmann Stiftung, Gütersloh/IWG, Bonn, 1987
21 Vgl. zu folgendem Hopfenbeck, a. a. O., S. 281ff.
22 Vgl. zum Beispiel Tarifvertrag »Analytische Arbeitsbewertung« für die Eisen-, Metall- und Elektroindustrie
    Nordrhein-Westfalens vom 26.9.1967 nach dem Stand vom 11. 1. 1973, in Verband der Metallindustrie
    Nordrhein-Westfalens e. V. (Hrsg.), Tarifsammlung...,
23 Vgl. REFA (Hrsg.), Methodenlehre der Betriebsorganisation, Teile »Anforderungsermittlung, Arbeitsbe-
    wertung«, »Entgeltdifferenzierung«,
24 In Anlehnung an Hopfenbeck, W., 1991, S. 341ff. (dort ausführlich)
25 Kritisch Sprenger, R.,K., 1992, Zweiter Teil; Überblick Schwalbe, H., Incentives als Motivationsinstru-
    mente, Personal Nr. 10/1991, S. 341ff.
26 Näher Hopfenbeck, W., 1991, S. 362ff.
27 Ähnlich Bokranz, R., Entlohnungsgrundsätze in Industriebetrieben, Teil 1, in PERSONAL Heft 9/1991,
    S. 300ff. (302); Hopfenbeck, W., 1991, S. 285
28 Ausführlich Sprenger, 1992, S. 87ff.
29 Hopfenbeck W., 1991, S. 655ff.; grundsätzlich von Eiff, 1991
30 Hopfenbeck W., 1991, S. 264ff.
31 Vgl. zum Beispiel Berghahn, A./Bihl, G./Theunert, M. zum Arbeitszeitmodell des BMW-Werkes Regens-
    burg in Personalführung Nr. 11/1990, S. 768ff. (Teil 1), Nr. 12/1990, S. 836ff. (Teil 2)
32 I. d. S. Hopfenbeck, W., 1991, S. 265 (Zusammenfassung); Bellgardt, P., 1987; Personalführung, Hefte 10/
    1989, 9/1990, 10/1991 mit zahlreichen einschlägigen Abhandlungen (jeweils Schwerpunktthema); Groot-
    huis, U. in WirtschaftsWoche Nr. 9/1994, S. 72ff
33 Die Angaben sind Hopfenbeck, W., 1991, S. 265, 269, 277 entnommen
34 Näher Peetz, W. in Hardenacke u.a., 1985, Ziffer 1.4
35 Näher Wichardt, G., Kapitel 2, und Peetz, W., Kapitel 3, in Hardenacke u.a., 1985
36 I. d. S. Sprenger, R. K., 1992, 85ff., 149ff.
37 Rühl, G., 1978, S. 145
38 Vgl. dazu die Ergebnisse von Opaschowski H. W., 1989, S. 14ff

B) Kontrollfragen und -aufgaben

zu 10.1

a) Was verstehen wir unter *Ganzheitlichkeit* des Menschen?

b) In welchen Beziehungen ließe der Mensch am Arbeitsplatz sich aufgeteilt sehen?

c) Was spricht für und was gegen Ganzheitlichkeit im Führen?

d) Welche Komponenten seiner Tripolarität sind dem Menschen angeboren, und welche wird
    ihm antrainiert?

e) Welche Gründe (außer der ganzheitlichen Betrachtungsweise) sprechen dafür, den Menschen
    am Arbeitsplatz auch als seelisches Wesen zu akzeptieren?

f) Wie wirkt sich die Unterstellung des Mitarbeiters unter die Weisungsberechtigung des Vorge-
    setzten auf beider Wertigkeit zueinander als Menschen aus?

g) Markieren Sie kurz die Unterschiedlichkeiten der Rollenerwartungen an den Menschen als
    Produzenten und als Konsumenten.

h) Wie wirken die Unterschiedlichkeiten der Rollen sich in der Praxis aus?

i) Welche Folgerungen ergeben sich daraus für das Führungssystem?

j) Markieren Sie kurz die wesentlichen Prägungen, die das heutige Menschenbild aus dem Geist
    unserer Zeit erfährt.

k) Welche davon kommen den Realitäten der Arbeit entgegen?

l) Welche stehen konträr dazu?

zu 10.2

a) Nennen Sie mindestens fünf Merkmale, die ein Unternehmensleitbild aufweisen müßte, um aus Ihrer eigenen Sicht identifikationsfähig zu wirken, und vergleichen Sie die Merkmale mit den unter 10.2 genannten.

b) Nennen Sie mindestens fünf Merkmale, die aus Ihrer Sicht das Image eines Unternehmens abstoßend einfärben und Ihre Identifikation mit ihm erschweren würden. Vergleichen Sie Ihre Merkmale mit den Katalogen unter Ziffer 9.9.1.

c) Welche Vorteile bringt sein positives Leitbild in Belegschaft und Öffentlichkeit dem Unternehmen, und welche Nachteile bringt ein Negativ-Image?

d) Welcher funktionelle Wert ist geschriebenen Unternehmensleitsätzen zuzumessen?

zu 10.3

a) Welche beiden Strukturmerkmale konventionellen Führens verhindern, daß die Mehrzahl unserer Arbeitnehmer sich nicht wirklich in das Unternehmensgeschehen eingebunden fühlt?

b) Welche Nachteile hat dies zur Folge?

c) Welche »Faustformel« gilt es zu verwirklichen, um die Nachteile zu überwinden?

d) Können wir dazu in Deutschland japanische Management-Methoden einfach kopieren?

e) Notieren Sie die oben genannten 7 Methoden, um Arbeitnehmer stärker in das Unternehmensgeschehen einzubinden.

f) Sind die Methoden eher ergebnis- oder eher erlebnisorientiert anzusehen?

g) Wirken sie daher eher intrinsisch oder extrinsisch motivierend?

h) Welche Motive sollen mit ihnen vor allem angesprochen werden?

i) Wie funktioniert das Prinzip teilautonomer Arbeitsgruppen?

j) Was wird mit ihm bezweckt?

k) Welche gruppendynamischen Gesetzmäßigkeiten machen wir uns dabei zunutze?

l) Was verstehen wir unter einer »Lernstatt«, und was bezwecken wir damit?

m) Was verstehen wir unter einem »Qualitäts«- oder Projektzirkel, und was bezwecken wir damit?

n) Welcher übergeordneten Zielsetzung dienen beide?

o) Welche beiden vorrangigen Möglichkeiten der finanziellen Beteiligung von Arbeitnehmern am Unternehmensgeschehen kennen wir?

p) Welche davon fördert das Ziel der Arbeitsmotivierung direkter?

zu 10.4

a) Wir haben erfahren, daß Menschen unserer Zeit mit Bereitschaft zu Leistung, verglichen zu früher, geänderte Anforderungen an die Bedingungen des Leistens verknüpfen. Charakterisieren Sie die heute gültigen »Leistungswerte«.

b) Welche Konsequenz hat dies für die Definition des an den Mitarbeiter zu delegierenden Arbeitsfeldes? (Denken Sie dabei an das Beispiel des Prüffeldes für elektrische Motoren.)

c) Welche Komponenten müssen mit dem definierten Arbeitsfeld an einen Aufgabenträger stets mitdelegiert werden?

d) Wie lautet der dabei angewendete Organisationsgrundsatz?

e) Welche generelle Gefahr für den Betrieb kann dabei auftreten?

f) Wie ist der Gefahr in der Praxis zu begegnen?

g) Tragen Sie auf einem Blatt Papier folgendes ein:

    ga) links untereinander die Methoden von Arbeitsstrukturierung,

    gb) rechts dahinter in zwei weiteren Spalten jeweils

        • die Funktionsweise

- den damit bezweckten Nutzen

der einzelnen Methode.

h) Halten Sie *jede* der Methoden *für jeden* Mitarbeiter gleichermaßen geeignet? (Bitte begründen Sie Ihre Meinung kurz.)

i) Notieren Sie auf einem Blatt Papier links untereinander die unter Ziffer 10.4.3 empfohlenen Maßnahmen zur psychologischen Anreicherung der Arbeit, und notieren Sie jeweils rechts dahinter stichwortartig die damit bezweckten Vorteile.

zu 10.5

a) Notieren Sie auf einem Blatt Papier links senkrecht die unter Ziffern 10.5.1 bis 10.5.11 dargelegten Motivierungsfelder des Arbeitsumfeldes. Notieren Sie jeweils rechts dahinter:

aa) ihre eher intrinsische oder eher extrinsische Wirkung,

ab) die mit den einzelnen Umfeldfaktoren verfolgten motivatorischen Ziele beim Mitarbeiter,

ac) die damit zu vermeidenden Demotivationen.

b) Machen Sie sich zusammenfassend deutlich

ba) die Häufigkeit und das Gewicht materieller Anreize gegenüber immateriellen Anreizen in motivationalem Führen,

bb) ihre Wirkung eher direkt auf die Leistungsbereitschaft oder eher auf die Betriebszugehörigkeit.

zu 10.6

a) Notieren Sie aus dem gesamten Kapitel 10 zusammenfassend noch einmal die Motivierungsmittel, die speziell mitarbeiterseitige Autonomie und Souveränität in der Arbeit fördern, und setzen Sie dazu die betrieblichen Gestaltungsmöglichkeiten.

b) Fassen Sie ebenso die Mittel zusammen, die dem Arbeitnehmer als zusätzliche materielle Ergebnisse angeboten werden können.

c) Vergleichen Sie das Gewicht beider Gruppen unter allen Motivierungsmöglichkeiten zueinander.

d) Nennen Sie mindestens *zehn* Möglichkeiten, die betriebliche Arbeit mit sogenannten »Freizeitwerten« anzureichern.

e) Auf welche Komponenten seines Belohnungssystems muß das Unternehmen sich konzentrieren, um sein Bemühen um ein optimales Motivieren im Führen glaubwürdig darzustellen?

C) Vertiefende Literatur

zu 10.1 und 10.2 (allgemein)
Bertelsmann Stiftung/IWG Bonn, 1987, S. 59ff.
Mohn, R., 1986
Peters, T. G./Austin, N., 1986
Peters, T. J./Watermann, R. H., 1984
Sattelberger, Th., 1991, Teil IV
Then, W., »Wir brauchen eine menschengerechte Arbeitskultur«, in Personalführung Nr. 1/1994, S. 52ff
Wehrhahn, P. H., 1990

zu 10.1
McGregor, 1973, S. 61ff.
Hopfenbeck, W., 1991, S. 201ff.; 234ff.
Lauster, P., 1989, 3. Kapitel

Lay, R., 1978, S. 96ff.
Meyer H./Reber G. MBA/Tichy J., Motivationale Eigenschaften den Geführten, in HWFü Sp. 1520-1532
Opaschowski, H. W., 1989
Sprenger, R. K., 1992, Dritter Teil

zu 10.2
Hermanni, H., 1991
Hopfenbeck, W., 1991, Sechster Teil
Lay, R., 1991
Ebers M., Organisationskultur und Führung, in HWFü, Sp. 1619-1630
Neuberger, O., Der Mensch ist Mittelpunkt. Der Mensch ist Mittel. Punkt. in Personalführung Heft 1/1990 S. 3ff.
PERSONALFÜHRUNG Heft 11/1989, 1/1990 (Schwerpunktthema »Unternehmenskultur – Unternehmens-ethik«
Schmidt, J., 1991, 3. Kapitel: Der Sympathiewert des Unternehmens
Schmidt, W., 1986
Steinmann, H./Löhr, A., Ethik im Personalwesen, in HWP, Sp. 842-852

zu 10.3
Bergemann, N./Souriseaux, A. L. J., 1988
Bungard W., Qualitäts-Zirkel und neue Technologien, in Rosenstiel, L. von et al., 1993, S. 553ff.
PERSONALFÜHRUNG Heft 3/1990 (Schwerpunktthema »Qualitätszirkelals Instrument der Personalführung«)
Sprenger, R. K., 1992, Dritter Teil
Strombach, M. E., 1984

zu 10.4
Berthel, J./Becker, F., Erfolgsbeteiligung für Mitarbeiter, in Das Wirtschaftsstudium, 1984, S. 386ff.
Hopfenbeck, W., 1991, S. 243ff.
Sprenger, R. K., 1992, Dritter Teil
Pfützner, R./Institut Mensch und Arbeit München (Hrsg.), 1991, Kapitel A, B und C
Wunderer, R./Grunwald, W., 1980, Band 2, S. 385ff.

zu 10.5
Bisani, F., 1990, Zweites Kapitel
Bokranz, R., Entlohnungsgrundsätze in Industriebetrieben, Teil 1: Arbeitskosten, Produktivität und grundsätz-liche Anforderungen an ergebnisbezogene Entlohnungsgrundsätze, PERSONAL Heft 9/1991, S. 300; Teil 2: Auswahl von Entlohnungsgrundsätzen, PERSONAL Heft 10/1991, S. 352ff.
Hopfenbeck, W., 1991, S. 278ff., 382ff.
Hornung-Draus, R., 1988
Knebel, H./Zander, E. (Hrsg.), 1984
Krüger, G., Einführung einer optimalen Lohn- und Gehaltsstruktur, in PERSONAL, Heft 3/1991, S. 72ff.,
Personalführung Nr. 4/1994, S. 265 - 315 (6 Abhandlungen zum Schwerpunktthema »Entgeltmanagement«)
Pfützner, R./Institut Mensch und Arbeit München (Hrsg.), 1991, Kapitel D
Raidt, F., Der Stellenwert monetärer Leistungsanreize, in Angewandte Arbeitswissenschaft, 1989 Nr. 121, S. 2ff.
Sprenger, R. K., 1992, Zweiter Teil

zu 10.5.3
v. Eif, W., 1991, (Gesamtproblematik)
Sprenger, R. K., 1992, Dritter Teil

zu 10.5.4
Ackermann, K. F./Hofmann, M., 1988
Bundesminister für Arbeit und Sozialordnung (Hrsg.), Bonn, 1986 (Teilzeitarbeit)
Bundesvereinigung der Deutschen Arbeitgeberverbände Köln (Hrsg.), 1987

Friedrichs, H./Gaugler, E./Zander, E. (Hrsg.), 1983, Abschnitt 3, »Arbeitszeit« (vgl. hier insbes. Teriet B.,
    S. 131ff.)
Groothuis, U., Zwei Fliegen, in Wirtschaftswoche Nr. 9/1994, S. 72 ff
Goos, W., 1985
Hopfenbeck, W., 1991, S. 264ff.
Knevels, P./Lindena, B., 1987
Rühl, G., Untersuchungen zur Struktur der Arbeitszufriedenheit, in ZfA Nr. 3/1978 S. 140ff.
Sprenger, R. K., S. 122ff., Dritter Teil
Strümpel B./Pawlowsky P., Arbeitszeitflexibilisierung aus der
Sicht der Basis, in Rosenstiel, L. von et al., 1993, S. 713ff.

zu 10.5.5
Hardenacke, H./Peetz, W./Wichardt, G., 1985, Kapitel 3
Neumann, J./Timpe, K.-P., 1976, S. 79ff.
Rohmert, W., »Arbeitsplatzgestaltung« in Grochla, E., (Hrsg.), HWO, 1980, Sp. 289–306

zu 10.6
Opaschowski H. W., 1989
Schneevoigt I./Scheuten W. K., Neue Informationstechnik und Personalführung, in Kienbaum J., 1992,
    S. 403ff. (445ff.)

D) Lösungsskizze zum Arbeitshinweis 2 in 10.3

a) Der Gärtner ist zu beauftragen, das Land so zu bestellen, daß er zur Erntezeit folgende Feld-
   früchte ernten kann: ...
   Dafür wären ihm alle von ihm für notwendig erachteten Gartengeräte, Sämereien und Hilfsmittel (zum Beispiel Dünger) bereitzustellen.
b) Der Gärtner entscheidet eigenverantwortlich darüber, wie er die Landfläche für welche Früchte aufteilt, wann und wie er die Bestellung aufnimmt und durchführt, wie er die Pflanzen pflegt
   und wann er die Früchte erntet.
c) Innerhalb seines Einflußbereiches (zu dem zum Beispiel nicht das Wetter zählt) darf und muß
   er sich sowohl seine Ernteerfolge als auch seine Mißerfolge zuweisen lassen.

IV. Abschnitt: Der Vorgesetzte im Führungsprozeß

Führen heißt: dadurch erfolgreich sein, daß man seine Mitarbeiter erfolgreich macht.
(Helmut Wohland, deutscher Unternehmer)

Im vorangegangenen Abschnitt haben wir uns dem Mitarbeiter und den Bedingungen seiner Leistungsbereitschaft zugewendet. Im folgenden Abschnitt richten wir unseren Blick *auf den Vorgesetzten und seine Aufgabe des Führens*. Dabei verstehen wir unter Führen *nur* das interaktionelle Zusammenwirken des Vorgesetzten mit dem unterstellten Personal (»leading«), *nicht* dagegen die auf Sachgegenstände gerichtete Funktion des *Leitens* (»managing«) einer Führungskraft.

11   Führen als soziale Funktion

Lernziele:
Am Ende dieses Teilabschnittes sollen Sie in der Lage sein, anzugeben,

- welche Merkmale den Personalführungsprozeß charakterisieren,
- welche grundsätzlichen Ziele ein Vorgesetzter in der Führung unterstellter Mitarbeiter stets in den Vordergrund stellen muß,
- welche Mittel ihm dafür zur Verfügung stehen,
- welche funktionalen Schwerpunkte er setzen kann und
- welches die gegenständlichen Bereiche seines Wirkens sind.

11.1   Begriff und Wesensmerkmale

Der Personalführungsprozeß im Betrieb läßt sich durch folgende *Merkmale* näher charakterisieren:

- zwischen dem Führenden und den Geführten finden Interaktionen statt, in denen Einfluß nicht nur in der Führungstätigkeit von oben nach unten genommen wird, sondern rückkoppelnd auch im Arbeitsverhalten der Geführten von unten nach oben [1];
- Führung bedingt eine unterschiedliche Verteilung von Einfluß zwischen dem Führenden und den Geführten, und zwar regelmäßig zugunsten des Führenden;
- Führung findet in einer vorstrukturierten Situation statt, nämlich innerhalb der organisierten Arbeitsbeziehung;
- die Bedingung dafür, daß Einfluß ausgeübt werden kann, ist institutionelle oder auf Akzeptanz beruhende Gebundenheit der Geführten daran;
- die im Führen entäußerten Verhaltensmuster lassen sich nicht als »richtig« oder »falsch« objektivieren, sondern ihr Erfolg wird in hohem Maße von subjektiven Merkmalen der Führerpersönlichkeit (zum Beispiel charakterologische Wesensmerkmale, Werthaltungen, Stimmungen) und von situativen Variablen (zum Beispiel Erwartungsmustern der Geführten, Arbeitsbedingungen) determiniert;
- die soziale Beziehung zwischen dem Führenden und den Geführten ist auf Dauer angelegt;
- die Ausübung des Einflusses erfolgt zielorientiert;
- die Grundlage des Personalführungsprozesses bildet ein Austausch wirtschaftlicher *und* psychologischer Werte (Arbeitsleistung gegen Entgelt; wechselseitige psychologische Belohnungswerte).

Auf der Grundlage dieser Spezifika definieren wir **betriebliches Führen** als

interaktionellen Prozeß zielorientierten Einflußnehmens auf Leistungsverpflichtete zum Durchsetzen der zu erfüllenden Ergebnis- und Verhaltensziele [2].

11.2 Zeit- und situationsüberdauernde Ziele des Führens

Als *zeit- und situationsüberdauernde Ziele* innerhalb seiner Personalführungsaufgabe hat der Vorgesetzte folgende Parameter anzustreben:

A) Veranlassung seiner Mitarbeiter, als Aufgabenträger die bei den gegebenen betrieblichen Leistungsmöglichkeiten aufgrund ihrer Qualifikation *bestmögliche Leistung ausbringen zu wollen*: Das Ziel schließt sowohl das Muß- als auch das Goodwill-Potential mit seinen pflicht- und außerpflichtgemäßen Bestandteilen ein; es umfaßt damit die Tätigkeit im engeren Sinne ebenso wie das gesamte Arbeitsverhalten;

B) Ausschöpfung seiner im Betrieb gegebenen Möglichkeiten, die Arbeitsbeziehungen seiner Mitarbeiter im Gegenzug zu deren optimalem Bemühen *mit einem Optimum an Belohnungen anzureichern, bestehende Motivationsblockierer zu beseitigen und neue zu vermeiden*;

C) *Aufbau und Erhaltung eines qualifizierten Mitarbeiterbestandes*: Der Vorgesetzte wirkt aktiv daran mit, daß seine Mitarbeiter

a) eine dem fortschreitenden Anforderungsniveau angemessene sachliche *Qualifikation erlangen und aufrechterhalten*,

b) ein qualifiziertes Arbeitsethos annehmen mit entwickeltem
   - *Qualitätsbewußtsein* (es gibt nur *eine* Produktqualität, die den Kunden zufriedenstellt: es ist die **100 %-Qualität**, und für sie bin ich in meiner eigenen Aufgabe und überall dort verantwortlich, wo ich sie als gefährdet erkenne),
   - *Innovationsbewußtsein* (ich bin ständig darum bemüht, zum Prozeß kontinuierlicher Verbesserungen von Produkten und Verfahren mit eigenen Ideen brauchbare Vorschläge beizusteuern),
   - *Terminbewußtsein* (zugesagte Termine sind einzuhalten!),
   - *Sparsamkeitsbewußtsein* (Verschwendungen von Gütern jeder Art, gleich ob Zeit, Energie, Material, Kraft, Know-how oder Goodwill anderer, vermeide ich und Kosten bei der Verfolgung meiner Ziele halte ich so klein als möglich),
   - *Zuverlässigkeitsbewußtsein* (jeder kann sich darauf verlassen, daß ich übernommene Aufgaben und Pflichten erfüllen werde, und wo mir dies unmöglich wird, suche ich die Ersatzlösung selbst, und/oder ich informiere frühestmöglich meinen Vorgesetzten),
   - *Kooperationsbewußtsein* (ich gebe unterstützende Zusammenarbeit allen Stellen, die sie brauchen),
   - *Mitverantwortungsbewußtsein* (ich fühle mich für die Belange von Betrieb und Bereich auch außerhalb meiner Funktion persönlich mitverantwortlich),
   - *Gesundheits- und Sicherheitsbewußtsein* (Gefahren für Gesundheit und Sicherheit wirke ich aktiv entgegen),
   - *Qualifikationsbewußtsein* (ich fühle mich für die notwendigen Maßnahmen meiner Fort- und Weiterbildung *selbst* zuständig);

c) unerwünschten Arbeitsplatzwechsel, der nicht lediglich ihrem persönlichen Fortkommen dient, unterlassen.

D) *Aufbau einer auf positiven Werten beruhenden Führungsbeziehung*: Sie soll als intakte Basis bewirken, daß die Belastungen der Zusammenarbeit minimal gehalten und ihre positiven Seiten verstärkt werden.

11.3   Mittel des Führens

Als Mittel, seinen Einfluß geltend zu machen, stehen dem Vorgesetzten gegenüber seinen Mitarbeitern folgende Formen von *Einfluß* zur Verfügung (wiederholen Sie dazu Ziffer 4!):

A) seine **stellengebundenen, formellen Herrschaftsbefugnisse**, die ihn, abgeleitet aus seiner Führungsaufgabe, zur Erteilung und Durchsetzung verbindlicher Anordnungen, Weisungen, Aufträge etc., aber auch zur Durchführung von Kontrollen und Beurteilungen berechtigen und verpflichten;

B) die hieraus abgeleitete Macht,

- *Belohnungen zu vergeben* (zum Beispiel begehrte Aufgaben, wohlwollende Beurteilungen, Entgegenkommen bei Sonderwünschen); ihr kommt in einer an Effektivität orientierten motivationalen Führung besonderes Gewicht zu, vgl. Ziffer 12.2,
- *»Bestrafungen« zu vergeben* (zum Beispiel Verfehlungen zu gewichten, Beförderungen vereiteln, tadeln),
- *den unterstellten Bereich zu organisieren* (Leistungshemmnissse abbauen und Maßnahmen/Regelungen, die kraft- und zeitsparend wirken sowie Arbeitsabläufe fördern, einführen),
- *Kontrollen durchzuführen* (nicht nur negative, sondern ebenso positive Befunde wahrnehmen und bewertend rückmelden);

C) **Autorität** aus der Anerkennung

- der Überlegenheit seiner *Position*,
- seines *fachlichen Könnens* als Experte und Manager sowie
- seiner *Persönlichkeit* »als Mensch«, als Basis allseitig wirksamer, freiwilliger Gefolgschaft der Geführten, die sich darstellt als
  - *Expertenmacht* (aus der Beachtung von Wissen und Können),
  - *Identifikationsmacht* (wenn Anerkennung sich zur Identifikation verstärkt),
  - *Referenzmacht* (aus Respekt vor der Beachtung, die einem Vorgesetzten seitens übergeordneter Instanzen der betrieblichen Hierarchie entgegengebracht wird;

D) **charismatische Ausstrahlung aus der Zuweisung idealisierter Werte,** die im Ergebnis häufig zur Identifikation des Geführten mit dem Führenden führt;

E) **Faktische Beherrschung** aus tatsächlichen Überlegenheitspositionen, die wir wegen ihrer außerlegalen Intentionen jedoch nicht zu den legalen Basen des Führens zählen und allenfalls insoweit respektieren können, als sie zur effektiveren Erreichung der betrieblichen Ziele hilfreich ist.

Auch die in der Fachliteratur hin und wieder an dieser Stelle genannte »Informationsmacht« betrachten wir nach unserem Verständnis motivationalen Führens nicht als anzustrebende Macht-Basis, da der Gebrauch informationeller Überlegenheit als Instrument der Verhaltenssteuerung von Mitarbeitern sich wegen seines manipulativen Charakters als wenig tauglich und dank der anzustrebenden Vollinformation der Mitarbeiter (vgl. Ziffer 21.2) als überflüssig erweist.

11.4   Funktionsformen der Führungstätigkeit

Bei seiner Einflußnahme auf die unterstellten Mitarbeiter kann der Vorgesetzte in seinem Handeln unterschiedliche Akzente setzen:

A) **Leistungs-/produktionsorientiert:** Sein Streben konzentriert sich darauf, *hohe Leistungsergebnisse* zu bewirken. Der Mitarbeiter wird als Mittel der Leistungserstellung, als Funktionsträger gesehen. Hauptfunktionen des Führens bilden Leistungs- und Zeitvorgabe, Sicherstellung der Aufgabenerfüllung, Kontrolle und kritische Rückmeldung. Wir bezeichnen diese Komponente, da antreibend, forthin als **Lokomotion** (auch: »Initiating structure«).

B) **Mitarbeiter-/befindensorientiert:** Der Vorgesetzte bemüht sich darum, daß seine Mitarbeiter sich wohlfühlen, daß Spannungen in der Gruppe vermieden oder gering gehalten werden, daß die Bedingungen der Arbeit günstig gestaltet und notwendige Unterstützungen gewährt werden. Der Aspekt, mitarbeiterseitige Bedürfnisse zu berücksichtigen, läßt erkennen, daß diese Führungsfunktion wesentlich in der Vermittlung von Erfolgswahrscheinlichkeit und Belohnungswerten der erlebten Arbeit besteht. Wir kennzeichnen diese Komponente, die vor allem dem Zusammenwirken der Arbeitenden untereinander und mit dem Betrieb dient, forthin mit »**Kohäsion**« (auch: »Consideration«).

C) **Ablauffördend:** Der Vorgesetzte wirkt darauf hin, die betriebliche Organisation und ihre Abläufe so zu beeinflussen, daß seine Mitarbeiter die ihnen übertragenen Aufgaben möglichst rationell und ohne verzichtbaren Verschleiß geistiger und körperliche Kräfte erfüllen können.

D) **Initiierend:** Der Vorgesetzte setzt Ziele, gibt Anregungen zu Problemlösungen und beeinflußt in einer Art Anstoßfunktion mit seinem Führungsverhalten das reaktiv folgende Arbeitsverhalten seiner Mitarbeiter.

E) **Repräsentierend:** Der Vorgesetzte repräsentiert

a) gegenüber seinem unterstellten Bereich die gesamte ihm übergeordnete Hierarchie des Betriebes, er bildet für seine Mitarbeiter den Vertreter der Betriebsleitung und deren Anlaufstelle;
b) zugleich für den ihm gleich- und übergeordneten Teil der Hierarchie die Mitarbeiter des ihm unterstellten Bereiches, deren Interessen er zu vertreten hat.

F) **Informierend:** Der Vorgesetzte leitet einen wesentlichen Teil der von seinen Mitarbeitern benötigten oder unerwünschten Informationen an diese weiter und bestimmt auf diese Weise, in welchem Umfang ihr aktueller Informationsbedarf gestillt wird. Damit beeinflußt er zugleich mittelbar den Ausbau des nicht kontrollierbaren informellen Informationssystems.

11.5   Die Bereiche des unmittelbaren und des mittelbaren Führens

Bei der Frage nach den Gegenständen der Führungstätigkeit richtet sich der Blick zuerst auf die konkreten Einflußnahmen des Vorgesetzten in der Führungsbeziehung, mit denen die Mitarbeiter kommunizierend Leistungsvorgaben, Anordnungen, Richtlinien, Informationen, Rückmeldungen und sonstige Führungsakte empfangen. Diese *direkten Einflußnahmen* des Vorgesetzten auf seine Mitarbeiter bilden den **Bereich der unmittelbaren Personalführung.**
Wir haben jedoch bereits gesehen (vgl. Ziffer 1.5.2), daß das mitarbeiterseitige Arbeitsverhalten von einer ganzen Reihe weiterer Variablen beeinflußt wird. Sie wirken teils ziel- und einstellungsprägend, zu einem erheblichen Teil auch als Vermittler von Belohnungen und Arbeitszufriedenheit oder -unzufriedenheit. *Damit müssen auch sie als Einwirkungsbereich der Führungstätigkeit betrachtet werden* in dem Sinne, daß der Vorgesetzte mit seinen Einflußmöglichkeiten danach trach-

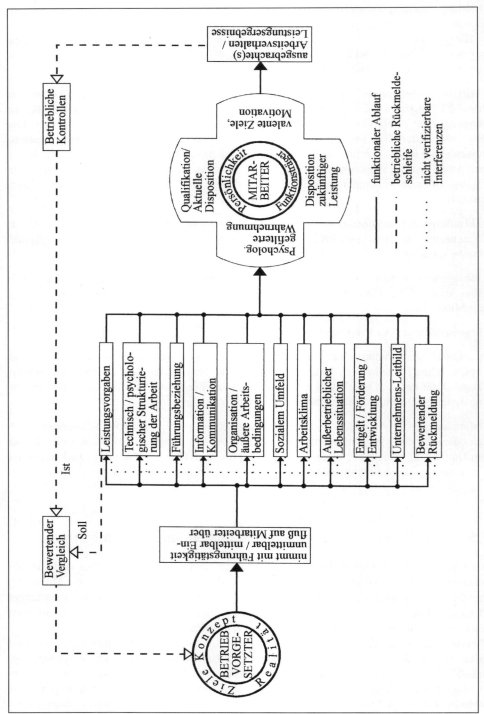

Abb. 11.1: Betriebliche Führungsbereiche

tet, leistungsmindernde Wirkungen in ihnen zu eliminieren und leistungsfördernde Elemente in sie einzuführen oder in ihnen zu verstärken. Dies sind

- die Leistungsvorgaben,
- die technisch-psychologische Strukturierung der Arbeit,
- die verhaltensbedingte Gestaltung der Führungsbeziehung,
- der gesamte Komplex der äußeren Rahmenbedingungen der Arbeit,
- das inner- und das beeinflußbare außerbetriebliche soziale Umfeld des Mitarbeiters,
- das Gefüge von Entgelt, Förderung und Entwicklung,
- das Arbeitsklima insgesamt,
- die beeinflußbaren Faktoren der außerbetrieblichen Lebenssituation,
- das Unternehmensleitbild,
- das System der Rückmeldung mit seinen vorgeschalteten Kontrollen.

Wir bezeichnen die Einflußnahmen der Führungskraft auf seine Mitarbeiter durch gestaltende Handlungen im technischen und sozialen Arbeitsumfeld als den **Bereich der mittelbaren Personalführung.**

> **Zur Führungstätigkeit gehören deshalb die unmittelbare, kommunikative Veranlassung des Geführten *und* dessen mittelbare Beeinflussung durch gestaltende Maßnahmen in der Arbeit und ihrem Umfeld.**

Anhang zu Kapitel 11

A) Anmerkungen

1 Von Rosenstiel, L./Einsiedler, H. E., Geführte, Führung durch, in HWFü, Sp. 982-997
2 Angelehnt an Wunderer/Grunwald, 1980, Bd.2, S.103f.

B) Kontrollfragen und -aufgaben

a) Was charakterisiert den Personalführungsprozeß?
b) Definieren Sie den Begriff *Führung.*
c) Nennen Sie stichwortartig die generellen Ziele des Führens.
d) Beschreiben Sie kurz die Begriffe *Lokomotion* und *Kohäsion.*
e) Nennen Sie weitere funktionale Akzentsetzungen in der Führungstätigkeit.
f) Erläutern Sie anhand zweier Beispiele den Unterschied zwischen *unmittelbarer* und *mittelbarer* Personalführung.

C) Literatur

Bisani F., 1990, Erstes Kapitel, Ziffer I, Buchstabe D
Heinen, E./Dietel, B., Ziele der Führung, in HWFü Sp. 2073-2083
Rosenstiel L. von, Grundlagen der Führung, in Rosenstiel, L. von et al., 1993, S. 3ff.

Ziehen Sie auch die zu Ziffer 12 genannten Quellen heran.

12   Theoretische Ansätze zur Erklärung von Führungseffizienz

Lernziele:
Die Erarbeitung dieses Teilabschnittes vermittelt Ihnen Kenntnisse

- über zentrale Ergebnisse der Führungsforschung,
- über die praxisrelevanten Folgerungen sowie
- von der Struktur einer betrieblichen Führungsbeziehung, die in ihrem Kern auf die Optimierung mitarbeiterseitiger Arbeitsmotivation ausgerichtet ist.

Die Frage, wie »Führung« strukturiert sein müsse, damit die Geführten innerhalb einer Organisation an deren Zielen mit einem Optimum an Leistungsergiebigkeit mitwirken, richtet sich auf eines der zentralen Probleme der mit den Phänomenen der Arbeit befaßten Wissenschaften, insbesondere der *Arbeitspsychologie*. Ihrer Bedeutung entspricht die Zahl der Forschungsarbeiten und -veröffentlichungen zum Thema der Führungseffizienz. Die Gesamtheit der aus ihnen entwickelten Erklärungsansätze wird verdienstvoll bei WUNDERER/GRUNDWALD dargestellt und diskutiert [1]. Ihre Wiedergabe in dieser Arbeit könnte dem angehenden Praktiker indessen kaum hilfreich sein. Wir beschränken uns deshalb darauf, einige besonders praxisrelevante Ansätze mit ihren Ergebnissen stichworthaft darzustellen.

12.1   Eigenschaftstheorien (STOGDILL 1948, MANN 1959) [2]

Ein Teil der Führungsforschung versucht, die Eignung zum Führen aus bestimmten, personengebundenen Eigenschaften herzuleiten. Als förderlich werden zum Beispiel Intelligenz, Selbstvertrauen, Dominanz, Individualität, Originalität und persönliche Integrität genannt. Untersuchungen haben ergeben, daß erfolgreiche Vorgesetzte derartige Eigenschaften häufiger aufwiesen als weniger erfolgreiche Führungskräfte. Kritische Meinungen zur Eigenschaftstheorie verweisen darauf, daß eine zweifelsfreie Kausalität zwischen Führungseigenschaften und -erfolg gleichwohl nicht nachgewiesen werden könne und daß personengebundene Eigenschaften *allein* den Führungserfolg keineswegs herbeiführen können.

12.2   Verhaltenstheorien

Ihre Vertreter versuchen, den Führungserfolg einer Person aus deren *Verhalten* gegenüber den Geführten zu erklären. Dies geschah in mehreren voneinander unabhängig durchgeführten Forschungskomplexen. Ihnen liegt die Annahme zugrunde, daß das Führungsverhalten im wesentlichen von zwei grundlegenden Richtungen charakterisiert wird:

A) dem *aufgaben-* bzw. *leistungskonzentrierten* Wirken sowie
B) dem *mitarbeiter-* bzw. *personenkonzentrierten* Wirken.

Beide Charakteristika lassen sich auch als *ergebnis-* bzw. *erlebnisorientiert* oder, wie wir es unter Ziffer 11.4 dargestellt haben, als *»lokomotiv«* bzw. *»kohäsiv«* umschreiben. In ihrer konkreten Gewichtung bestimmen sie die Dynamik eines »Führungsstils«, der sich unter bestimmten situativen Bedingungen als effizient erweisen soll.

A) Das Führungskontinuum (TANNENBAUM & SCHMIDT 1973)
Nach TANNENBAUM & SCHMIDT soll ein Führer die Gewichtung der Aufgaben bzw. Personenkonzentriertheit seines Führungsstils an der Arbeitshaltung seiner Mitarbeiter orientieren. Sie kann zwischen

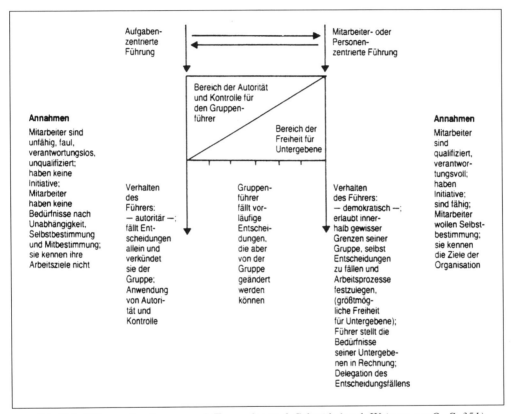

Abb.12.1: Führungskontinuum nach Tannenbaum & Schmidt (nach Weinert, a.a.O., S. 351)

zwei extremen Annahmen pendeln, die auf der einen Seite als »hohe«, auf der anderen Seite als »niedrige« Arbeitsmoral bzw. -reife umrissen werden können. Sie ähneln den Grundannahmen der »*Theorie X*« bzw. »*Theorie Y*« von McGREGOR.[3] Entsprechend seinem Befund müsse der Vorgesetzte mehr aufgaben- oder mehr personenorientiert führen.

Hiernach stehen Lokomotion und Kohäsion in einer sich ausschließenden (= negativen) Korrelation. Der Befund des Vorgesetzten über die Arbeitshaltung seiner Mitarbeiter widerspiegelt seine *subjektive* Wahrnehmung, die, mit persönlichen Vorurteilen, Grundeinstellungen oder sonstigen verzerrenden Optiken behaftet, sehr wohl von den Realitäten abweichen kann. Demgemäß muß auch das angewendete Führungsverhalten sich noch keineswegs als »effizient« erweisen.

B) Die »Ohio-Führungsstudien« (FLEISHMANN et. al. ab 1953)
Die an der Ohio-State-University (USA) vorgenommenen Studien führten zu dem Ergebnis, daß
der persönliche Führungsstil eines Vorgesetzten zu mehr als 80 % von den Variablen

- *initiation of structure* (IS = Initiieren und Strukturieren der Arbeit durch den Vorgesetzten, d.h.
  aufgabenkonzentriert führen) und
- *consideration* (C = Rücksichtnahme auf menschliche Bedürfnisse, d.h. mitarbeiterbezogen führen)

bestimmt wird. Die Relation beider Variablen im Führungsstil eines Vorgesetzten wurde durch
zwei Befragungen ermittelt, in die das Urteil der geführten Personen mit einfloß. Es stellte sich heraus, daß die Gruppen von Führern mit hohen IS-Werten allgemein hohe Leistungsergebnisse, dagegen relativ geringe »Goodwill«-Leistungen (Verzicht auf Kündigungen, Fehlzeiten, Beschwerden) und Arbeitszufriedenheit aufwiesen. Bei Führern mit hohem C-Anteil stellte man bei höherer
Arbeitszufriedenheit zugleich höhere Goodwill-Leistungen, dafür etwas geringere Leistungsergebnisse fest. Am relativ effektivsten führten demnach Vorgesetzte mit etwas über dem Durchschnitt
liegenden IS- und C-Werten.

C) Die »Michigan-Führungsstudien« (LIKERT, KATZ et al. ab 1961)
Etwa gleichzeitig mit den Ohio-Studien, aber davon unabhängig, wurden an der Michigan-Univer-
sity (USA) Studien vorgenommen, in denen Führung wiederum unter den Aspekten der *Produkti-
onsorientiertheit* (production-centered) und der *Personenzentriertheit* (employee-centered) analysiert wurde. Wenngleich mit anderen Methoden als in Ohio durchgeführt, dürfen die Ergebnisse
als ungefähr gleichlautend angesehen werden. Als besonderes Resultat wurde herausgefunden, daß
produktionsorientierte Führung sich insbesondere kurzfristig einer personenzentrierten Führung
als überlegen erweisen kann, daß aber unter Langzeitperspektiven das Gegenteil gilt.

D) Das »Managerial-Grid-System« (BLAKE/MOUTON, 1964)
BLAKE/MOUTON führen die Charakteristika des Führungsstils auf zwei voneinander unabhängig
ausgebildete Variablen, *Interesse für Personen bzw. Mitarbeiter* und *Interesse für die Produktion bzw.
für das Erreichen der Arbeitsziele*, zurück. Sie entwickelten Methoden, die bei einem Menschen jeweils vorhandene Ausprägung der Interessen zu messen und in einem »Verhaltensgitter« mit den
Werten von eins bis neun für beide Dimensionen zu plazieren. Sie konstatieren, daß die effizien-
teste Führung mit einem Stil von 9/9 erreicht werde.
   Um das im 9/9-Stil erreichbare Optimum an Führungseffizienz realisieren zu können, schlagen
BLAKE/MOUTON ein »Zwei-Stufen-Entwicklungs- und Trainingsprogramm« vor:

1. Training und Entwicklung der Führungskraft sowie
2. Verbesserung der Beziehungen zwischen Arbeitsgruppen untereinander und zu ihren Führungskräften i. S. von Organisationsentwicklung.

E) Das »Vier-Faktoren-Führungsmodell« (BOWERS & SEASHORE, 1966)
BOWERS & SEASHORE sehen die Arbeitsbeziehung für zu komplex an, als daß die Effizienz der Füh-
rung in ihr allein aus zwei Variablen hergeleitet werden könne. Sie weisen dem Führen deshalb vier
Teilfunktionen zu:

a) *Unterstützung und Hilfe* (support) = der Vorgesetzte hilft seinen Mitarbeitern, deren Gefühle
   eigener Wertschätzung und Anerkennung zu verstärken;

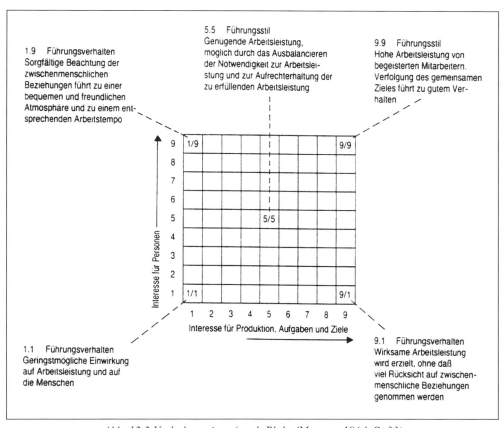

Abb. 12.2 Verhaltensgitter (nach Blake/Mouton, 1964, S. 33)

b) *Erleichterung der zwischenpersönlichen Interaktionen* (interaction facilitation) = der Vorgesetzte unterstützt die Mitarbeiter, untereinander zufriedenstellende Beziehungen herzustellen;

c) *Betonung der gruppeninternen Arbeitsziele* (goal emphasis) = der Vorgesetzte fördert die Initiative und Interesse an der Erfüllung der Arbeitsziele auf hohem Niveau sowie

d) *Erleichterung der Arbeit und der Arbeitsbedingungen* (work facilitation) = Unterstützung in der Erledigung der Arbeit durch den Vorgesetzten.

Auch diese Variablen lassen sich letztlich auf das unter a) – c) gefundene Duopol produktions- oder personenkonzentrierter Führung zurückführen. Weitergehend als sie, enthalten die Ergebnisse von Bowers & Seashore jedoch die Aussage, daß für die Effizienz des Führens *nicht allein* der Führungsstil eines Vorgesetzten, sondern zugleich noch weitere, die Führungssituation prägende Faktoren von Bedeutung ist.

12.3   Situationstheoretische Ansätze

Die Erkenntnis, daß Führungseffizienz mit den Variablen der Situation als Ganzem korreliert, findet in den folgenden Ansätzen ihren Niederschlag:

A)   Das Kontingenz-Modell (FIEDLER ab 1964)
Fiedler ermittelt zunächst anhand eines sog. »LPC-Wertes« den Führungsstil des Vorgesetzten. Er wird aus dem Befund gewonnen, in dem der Vorgesetzte seinen am wenigsten geschätzten Mitarbeiter (= Last Preferred Co-worker) eher positiv oder eher negativ bewertet. Dies geschieht unter Verwendung eines Polaritätenprofils.

Die Führungssituation wird anhand dreier Variablen auf einem Kontinuum zwischen »sehr günstig« und »sehr ungünstig« ermittelt. Die Variablen bilden die »Beziehungen zwischen Führer und Gruppe«, die »Aufgabenstruktur« und die »Positionsmacht des Führers«.

Aus der Lokalisierung des ermittelten LPC-Wertes auf einer empirisch ermittelten, standardisierten LPC-Wert-Kurve und der Projektion der Kurve über das Günstigkeitskontinuum zieht Fiedler Rückschlüsse auf die im Einzelfall gegebene Paßform zwischen Führungskraft und Führungssituation. [4]

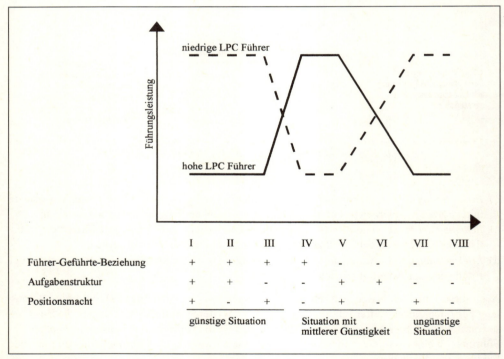

Abb. 12.3: Aussagen des Kontingenzmodells (Fiedler 1987) (entnommen bei Berthel, J., 1989, S. 78)

B)   Die situative Reifegrad-Theorie (HERSEY/BLANCHARD 1976, 1979)
Die Verfasser ermitteln die Führungseffizienz aus der Wahl des mehr aufgaben- oder mehr mitarbeiterbezogenen Führungsverhaltens eines Vorgesetzten in Korrelation zum Reifegrad seiner Mit-

arbeiter. Letzterer umfaßt, bezogen auf die gestellten Aufgaben, die Funktionsreife (Faktoren des Könnens) und die psychologische Reife (Faktoren der Motivation, des Wollens). Bei geringerer Reife müsse der Vorgesetzte eher aufgaben-, bei höherer Reife eher mitarbeiterorientiert führen. Der zu wählende Führungsstil sei also in Abhängigkeit von der jeweiligen Gruppensituation zu wählen.

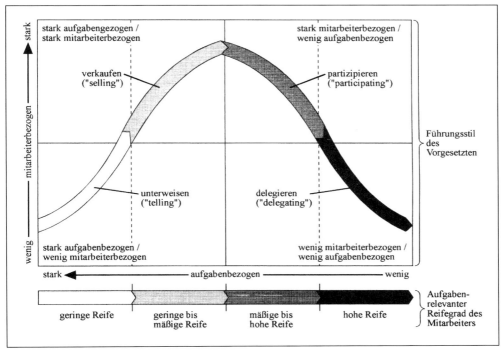

Abb. 12.4: Die situative Reifegrad-Theorie (Hersey und Blanchard, 1976)
(Quelle: Wunderer/Grunwald, 1980, Bd. 1, S. 233)

12.4   Der motivationale Ansatz der Weg-Ziel-(Path-goal)-Theorie
(EVANS 1970, HOUSE 1971, NEUBERGER 1976)

Eine weitere Konzeption der Forschung geht von der Grundannahme aus, daß menschliches Handeln hedonistisch, d. h. lust- und nutzenorientiert verläuft. Danach wird die Effizienz der Führung von der Fähigkeit des Vorgesetzten bestimmt, den Mitarbeitern in ihrer Tätigkeit Spaß und persönliche Nutzwerte zu vermitteln. Die zentrale Funktion des Führens besteht darin, die Mitarbeiter zu gewünschtem Handeln *zu motivieren*. Den Erklärungsansatz für die Auffassung bieten die Prozeß-Theorien der Motivation, wie wir sie unter Ziffer 9.3.2 bereits kennengelernt haben. EVANS und HOUSE verwenden dafür den Begriff *Weg-Ziel-Theorie*, NEUBERGER den der *Erwartungs-Valenz-Theorie*. Sie alle beruhen auf der Grundannahme, daß die Richtung und die Stärke menschlichen Bemühens von den Valenzen aktueller Ziele und von der als wahrscheinlich erachteten Tauglichkeit (= Instrumentalität) der vorhandenen Wege bestimmt werden, diese Ziele direkt oder über Zwischenziele zu realisieren.

Betriebliche Führung als Einflußnahme auf das Arbeitsverhalten der Mitarbeiter sieht sich damit vor die Aufgabe gestellt, Leistungs-ziele i. S. von Zwischenzielen zu stellen, günstige Bedingungen und Wege zu eröffnen, sie mit erhöhter Bemühung zu realisieren, und dafür valente Belohnungswerte zu vermitteln. Barrieren, welche dem entgegenstehen, müssen gleichzeitig minimiert werden.

Auf einen kurzen Satz zusammengefaßt, wird effiziente Führung dadurch bewirkt, daß sie dem Mitarbeiter für ein Optimum an zielgerichteter Bemühung ein Optimum an persönlichen Belohnungswerten vermittelt.

Wir wollen an dieser Stelle, da wir den Prozeß der Motivation anhand der Ansätze von VROOM und PORTER & LAWLER in seinen Einzelheiten unter Ziffer 9 diskutiert haben, auf eine Darstellung der einander sehr ähnlichen Ansätze von EVANS, HOUSE und NEUBERGER verzichten und verweisen auf die Ausführungen der genannten Fachliteratur [5].

12.5   Bewertung ihrer Praktikabilität

Die in der genannten Fachliteratur vorgenommene kritische Auseinandersetzung mit den dargestellten Erklärungsansätzen läßt erkennen, daß zur Zeit eine als allgemeingültig anerkannte Führungstheorie, die den Ansprüchen innerer Freiheit von Widersprüchlichkeit, universeller Geltung, Validität und Erfassung der sozialen Wirklichkeit gleichzeitig und ohne Einschränkungen genügt, noch nicht ausgereift ist. Insoweit stellen sich der Führungsgrundlagenforschung noch große Aufgaben.

Den *Eigenschaftstheorien* ist darin zuzustimmen, daß einzelne Persönlichkeitsmerkmale einen Vorgesetzten zu effizientem Führen als gut oder weniger gut ausweisen werden. Aber sie lassen den situativen Kontext unbeachtet, der dafür mit bestimmend wirkt. So werden die Eigenschaften, die zum Beispiel einen Maurerpolier unter Bauarbeitern als »erfolgreich« erscheinen lassen, andere sein als die des Leiters einer EDV-Abteilung, der dort eine Gruppe von Informatikern und Informatikerinnen mit Erfolg zu führen hat.

Gleiches ist zu den *Verhaltenstheorien* zu sagen. Auch sie stellen die Person des Vorgesetzten, hier mit dem Kriterium seines Führungsverhaltens, als quasi alleiniges erfolgsrelevantes Kriterium in den Vordergrund und berücksichtigen das soziale Umfeld nicht. So hoch die Bedeutung des Führungsverhaltens einer Führungskraft für ihren Führungserfolg auch zu bewerten ist, so dringlich erfordern unterschiedliche Arbeits- und Gruppensituationen auch unterschiedliche Verhaltensstile. Auch diese Ansätze vermögen das Phänomen der Führungseffizienz deshalb nur teilweise zu erklären.

Als erheblich weiterführend erweisen sich die *situativen Ansätze*, unter ihnen insbesondere das Kontingenz-Modell Fiedlers, in denen eine Korrelation zwischen Führungsverhalten und der Situation als Ganzem hergestellt wird. Die Problematik vor allem bei dem genannten Erklärungsansatz besteht darin, bei der Komplexheit seiner Variablen und des Beziehungsgefüges seinen Erkenntniswert deduktiv auf die Realität eines konkreten Einzelfalles übertragen und dort zu anwendbaren Konsequenzen gelangen zu können.

Ein Vergleich der bisher vorliegenden Ansätze rechtfertigt es jedoch, das Problem der Führungseffizienz **auf der Grundlage des motivationalen Ansatzes** zu lösen. Dafür sprechen folgende Gründe:

A) Motivieren als Prozeß der Freisetzung menschlicher Handlungs-energie ist wissenschaftlich mit hinreichender Validität abgesichert. Sie sichert, in ein Führungskonzept integriert, zugleich auch dessen Gültigkeit ab.

B) Das motivationale Konzept vermag die eigenschafts-, verhaltens- und situationstheoretischen Ansätze der Führungseffizienz zu integrieren, denn das Erlebnis optimaler Führungseigenschaften und -verhaltensweisen einer Führungskraft im Kontext mit anderen optimalen Situationsvariablen bilden sehr wohl Arbeitsziele, für welche das Individuum Bemühung aufzuwenden bereit ist. Der motivationale Ansatz verfügt daher zugleich über die größte Universalität.

C) Über die Integration der führungstheoretischen Ansätze in den Ansatz der »Weg-Ziel-Theorie« fließen auch die dort gewonnenen Validitäten in den zuletzt genannten Ansatz ein und kommen seiner Gültigkeit zugute.

Aus der Gesamtheit der dargestellten Fakten sehen wir es daher als gerechtfertigt an, Effektivität des Führens auf der Grundlage eines Konzeptes motivationaler Führung zu erklären und dem Motivieren von Mitarbeitern unter den dem Unternehmen und seinen Führungskräften zufallenden Führungsfunktionen den Rang einer Schlüsselfunktion zuzuweisen.

Anhang zu Kapitel 12

A) Anmerkungen

1 Wunderer, R./Grunwald, W., 1980, Bd. 1, S. 113ff.; S. 219ff.; aber auch Weinert, A. B., 1981, S. 347ff.; derselbe in Personalführung Heft 11/92 S. 902ff.; Berthel, J., 1989, S. 72ff.
2 Die angeführten Jahreszahlen verweisen auf das Jahr der ersten Veröffentlichung über die Studie.
3 McGregor, D., 1973, S. 47ff.; S. 59ff.
4 Näher zum Beispiel Weinert, A. B., 1981, Ziffer 7.7.3; Wunderer, R./Grunwald, W., 1980, Bd. 1, S. 261ff.; Berthel, J., 1989, S. 77ff.
5 Vgl. insbesondere Neuberger, O., 1976, S. 220ff.; 1984, S. 168ff.; Wunderer, R./Grunwald, W., 1980, S. 136ff.; Weinert, A. B., 1981, S. 371ff.

B) Kontrollfragen und -aufgaben

a) Nennen Sie die wichtigsten Gruppen theoretischer Forschungsansätze der Führungswissenschaft.
b) Welchen entscheidenden Mangel weisen die Eigenschafts- und die Verhaltenstheorien auf?
c) Welchen Vorteil gegenüber den zuvor Genannten weisen die sogenannten *Situationstheorien* auf?
d) Was rechtfertigt es, den motivationalen Ansatz als Grundkonzept für effektive Führung anzusetzen?

C) Literatur

Berthel, J., (1989) S. 53ff.
Blake, R. R./Mouton, J. S., 1974, Kap. 2ff.

McGregor, D., 1973, Teile 1 und 2

Neuberger, O., 1976 (a), S.220ff.

derselbe, 1984, S. 72ff.; S. 148ff.; S. 168ff.

derselbe, 1989, Ziffer 7

Reber, G. MBA, Führungstheorien, in HWP Sp. 981-996

Weinert, A. B., 1981, S. 340ff.

derselbe, Potentialerkennung bei Führungskräften: Ein neues Verfahren zur Identifikation von Führungstalent, in Personalführung, Heft 11/1992, S. 902ff.

Wunderer, R./Grunwald, W., 1980, Bd. 1, S. 112ff.; S. 218ff.

vgl. zur Vertiefung die Abhandlungen zum Thema Führungstheorien in HWFü, Sp. 698-965 (22 Abhandlungen)

13   Motivationale Führung als Konzept effizienten Führens

Lernziel: Im folgenden Kapitel wollen wir die bisher gewonnenen Erkenntnisse zur Frage der Führungseffizienz zusammenfassen. Danach werden wir aus ihnen folgerichtig den Grundgedanken eines Konzeptes effizienter Führung entwickeln und diskutieren. Sie sollen erkennen, daß dies nur ein Konzept sein kann, in dem das *Motivieren* der Mitarbeiter unter allen weiteren Führungsfunktionen *eine Schlüsselfunktion* einnimmt.

13.1   Wirkungszusammenhänge

Die bisherigen maßgeblichen Erkenntnisse sind, nochmal kurz zusammengefaßt, die folgenden:

Arbeitshinweis: Lesen Sie zu jeder These die in Klammer gesetzte Fundstelle noch einmal nach.

A) Personalführung, die wirtschaftlich effektiv sein will, muß im Mitarbeiter alle zulässigen Leistungsbeiträge, die dem Unternehmenserfolg dienlich und dem Mitarbeiter möglich sind, aktivieren und dem Prozeß der betrieblichen Leistungserstellung zuführen.

B) Erhebliche Teile seines Leistungspotentials kann der Arbeitnehmer ohne Gefahr von Sanktionen zurückhalten, wenn er sie nicht freiwillig ausbringen *will*. Bringt er sie aus, geschieht dies aus eigenem Wollen. Wir bezeichnen diesen Bereich summarisch als den der Goodwill-Leistung (vgl. Ziffer 1.3.2).

C) Repräsentativ gewonnene Untersuchungsergebnisse der achtziger Jahre weisen aus, daß Arbeitnehmer in unserer Zeit wesentliche Potentiale an Goodwill-Leistung zurückhalten (vgl. Ziffer 1.3.3).

D) Personalführung, die effektiv sein will, muß deshalb vor allem darauf gerichtet sein, zusätzlich zum disziplinarisch erzwingbaren »Muß«-Potential auch das Goodwill-Potential der Arbeitsleistung zu aktivieren. Dies ist nur mit den Mitteln des Motivierens möglich (vgl. Ziffer 9.1). Das dazu herangezogene modifizierte »Erwartungs-Wert-Modell« erklärt den Motivierungsprozeß aus folgendem Ansatz (vgl. Ziffer 9.4):

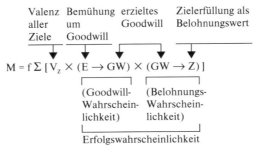

E) An Wirtschaftlichkeit orientierte und in diesem Sinne effektive Personalführung muß deshalb als Schlüsselfunktion das Motivieren von Mitarbeitern zum Ausbringen ihrer gesamten Leistungspotentiale einschließlich des ihnen möglichen Goodwill umfassen. **Wir beziehen deshalb das Motivieren von Mitarbeitern, wie in Ziffer 9 konzeptionell und in Ziffer 10 in seinen Ansatzpunkten dargestellt, als zentrales Element in unser Konzept effektiver Personalführung ein.**

Das Modell einer motivationalen betrieblichen Führungsbeziehung beruht danach auf folgenden Wirkungszusammenhängen:

- **Der Betrieb, repräsentiert durch seine Führungskräfte, setzt in unmittelbarer und mittelbarer Führungstätigkeit die inneren und äußeren Bedingungen jeder einzelnen Arbeitsbeziehung, zu denen insbesondere auch die Leistungs- und Verhaltensvorgaben für den einzelnen Mitarbeiter oder für Arbeitsgruppen gehören;**
- **dabei ist er bemüht, die einzelnen Einflußvariablen auf das Arbeitsverhalten, die ihm zugänglich sind, soweit als möglich mit potentiellen Belohnungselementen anzureichern;**
- **die Gesamtheit der voneinander abhängigen Einflußfaktoren bildet für den Mitarbeiten einen »Input«, unter deren Bedingungen er die Leistungsvorgabe in Bemühung umsetzt;**
- **die Wahrnehmung dieses Faktorenbündels unterliegt einem persönlichkeitsspezifischen, psychologischen Filterungsprozeß, in dem die Wirklichkeit durch eine Anzahl subjektiver Interna wie Einstellungen, Erwartungen, Qualifikation, Anspruchsniveau, Zufriedenheit etc. individuell »eingefärbt« wird; er prägt maßgeblich die individuellen Einstellungen zum Betrieb;**
- **auf der Grundlage der so wahrgenommenen Arbeitsbeziehung und der Bedingungen seiner außerbetrieblichen Lebenssituation bildet sich der Mitarbeiter sein Spektrum der valenten Ziele und Belohnungswerte, das in der Arbeit anzustreben ihm nützlich und/oder sinnvoll erscheint. In diesem Prozeß fließen die Facetten seiner ganzheitlichen Persönlichkeit mit ihrem Motivspektrum, seine aktuelle Disposition, seine Qualifikation mit der besonderen Ausprägung seiner »persönlichen Leistungsklasse« sowie der Grad vorhandener Arbeitszufriedenheit oder -unzufriedenheit mit ihren Interdependenzen ein;**
- **in einer zweistufigen, teilweise intuitiven Abschätzung seiner Erfolgswahrscheinlichkeit, in welche die Leistungsfähigkeit des betrieblichen Systems zur Vermittlung von Belohnungswerten einbezogen wird, bildet der Mitarbeiter die aufzuwendende Motivation für erhöhte Bemühung aus;**
- **sie führt unter Einsatz der vorhandenen Qualifikation unter den gegebenen Arbeitsbedingungen zu der real ausgebrachten Bemühung und ihren Arbeitsergebnissen;**
- **über seine Kontrollmechanismen vergleicht der Betrieb Bemühung und Leistungsergebnisse mit den vorgegebenen Leistungs- und Verhaltensparametern und bemißt nach der ermittelten Relation die an den Mitarbeiter forthin zu vergebenden Belohnungswerte, die er an ihn positiv oder negativ bewertend rückmeldet;**
- **der Mitarbeiter vergleicht die aus Bemühung und Erfolg selbst wahrgenommenen intrinsischen sowie die betrieblich vermittelten extrinsischen Belohnungswerte mit denen, die er antizipiert als angemessen erwartet hat;**
- **eine positive Bilanz bewirkt in ihm Belohnungzufriedenheit, eine negative -unzufriedenheit;**
- **die so zugleich mitgewonnene Arbeitszufriedenheit oder -unzufriedenheit fließt danach als Erfahrungswert zirkulierend in sein künftiges Arbeitsverhalten ein.**

Der Prozeß motivationalen Führens läßt sich folgendermaßen grafisch darstellen:

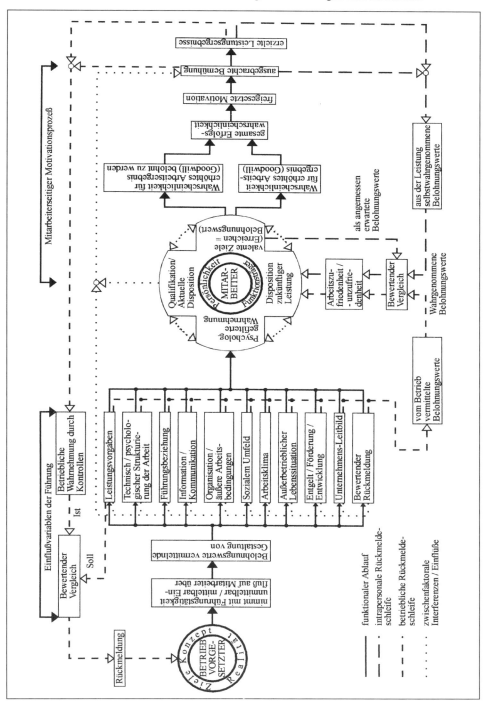

Abb. 13.1: Modell einer motivationalen Führungsbeziehung (Kombination der Abb. 9.3 und 11.1)

Im Ergebnis führt das Konzept motivationalen Führens zu einem *freiwilligen* Austausch nicht erzwingbarer Werte: den Goodwill-Leistungen des Arbeitnehmers und den Belohnungen des Arbeitgebers. Auch letztere bilden ihrer Natur nach Goodwill, diesmal vom Betrieb vermittelt. **Motivationales Führen bewirkt also einen Austausch von Goodwill-Werten, durch den der Leistungsaustausch in der Arbeitsbeziehung über das arbeitsrechtlich durchsetzbare und einklagbare Niveau hinaus auf ein situativ optimales Niveau angehoben wird.**

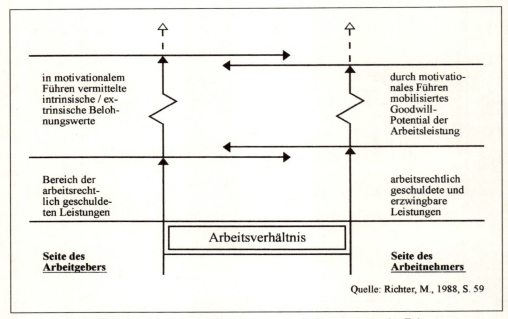

Abb. 13.2: Die Anhebung des Leistungsaustauschs in motivationaler Führung

Den Auslöser der eigenen freiwilligen Leistung bildet die hinreichend sichere Erwartung und Gewähr, ebensolche Leistung von der anderen Seite zu bekommen. Das Goodwill der eigenen Seite wird mit dem Goodwill der anderen Seite aktiviert und zugleich belohnt und umgekehrt. Nur in diesem Werteaustausch, der nicht nur materielle, sondern auch immaterielle Werte umfaßt, wird Motivation zu freiwilliger Leistung möglich, in ihm liegt der Wesenskern von Motivation überhaupt.

Die dabei entstehenden Leistungsschleifen in ihrer Verzahnung zeigen den Austauschcharakter augenfällig:

Die von den Beteiligten eingebrachten Belohnungs- bzw. Goodwill-Potentiale müssen von der jeweils empfangenden Seite als »fair« und »angemessen« bewertet werden (vgl. Ziffer 9.7). Nur wenn dies der Fall ist, wird die Bereitschaft, selbst zu geben, aktiviert, aufrechterhalten und verstärkt.

Fällt die Bilanz zum Beispiel mitarbeiterseitig negativ aus, bricht die Bereitschaft zu freiwilliger Leistung zusammen, ja sie kann ein bewußt restriktives Leistungsverhalten (»Schongang«) auslösen. Der Mitarbeiter sucht sich außerhalb der Arbeit, im Freizeitbereich, »lohnendere« Engagements.

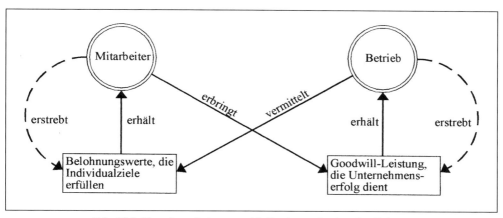

Abb. 13.3: Verzahnte Leistungsschleifen in motivationaler Führung

Umgekehrt kann auch der Mitarbeiter, der betriebliches Goodwill nur vereinnahmt und sich im übrigen in der Bequemlichkeit des gerade noch hinnehmbaren, unverzichtbaren Leistungsminimums sonnt, nicht mit betrieblichen Wohltaten über das einklagbare Leistungsminimum hinaus rechnen.

In motivationalem Führen ist für einseitiges Übervorteilen der anderen Seite oder, um es in der Sprache unserer Zeit auszudrücken, für »Abkassieren«/«Abstauben«/»Absahnen«/«Abzocken« kein Platz. Dies kann sich, da in unserer Zeit egoistisches, auch asoziales Maximieren eigenen Vorteils zur gesellschaftsweit anerkannten »Normalität« geworden zu sein scheint, zumindest in der Einführungsphase motivationalen Führens als Hürde erweisen.

13.2   Kritische Überlegungen

In Diskussionen ist dem Konzept von »Arbeitsmotivation durch Goodwill-Austausch« auch mit Bedenken begegnet worden. Sich mit ihnen auseinanderzusetzen lohnt deshalb, weil die einzelnen Argumente interessante Aufschlüsse zum Konzept selbst vermitteln.

– In dem Konzept, in welchem Leistung der einen Seite nur gegen Leistungen der anderen Seite erbracht werde, dominiere zu einseitig das kommerzielle Element, und jenes der Uneigennützigkeit bleibe unbeachtet.

Wir meinen: Wenn es überhaupt Lebensbereiche gibt, denen kommerzielles Austauschdenken inhärent ist, dann sind dies die Bereiche wirtschaftlicher Produktion und Konsumtion. Hier ist nicht der Platz, Realitäten verklärend zu idealisieren. Aber dessen ungeachtet stellt ja gerade das Konzept motivationalen Führens als den Kern seines Wesens an die Stelle einseitiger ICH-Bezogenheit mit der Forderung nach *ausgleichender Gerechtigkeit* das altruistische Element der WIR-Bezogenheit.

– Motivationales Führen mit der Gewährung von Leistungen zusätzlich zu den ohnehin schon hohen tariflichen und übertariflichen Entgelten mache dieses Konzept *unbezahlbar*.

Die Vertreter dieser Meinung lassen erkennen, daß sie, wie in der Praxis verbreitet auch tatsächlich gehandhabt, die Möglichkeiten des Motivierens mechanistisch auf den extrinsischen Geldanreiz verkürzt sehen. Vielleicht geben die Realitäten in Betrieben, in denen die Belegschaften allein auf »Leistung gegen Geld« (»Keinen Schlag mit der rechten Hand ohne Kohle in der linken!«) trainiert worden sind, den Kritikern sogar Recht. In seinem Potential an *intrinsischen* Möglichkeiten systematisch ausgeschöpft, bietet betriebliches Motivieren jedoch im Bereich der immateriellen Leistungen, die vor allem den *Erlebniswert des Arbeitens* erhöhen, weite Felder, die keinen Pfennig kosten.

Der Vorgesetzte zum Beispiel, der seinem Mitarbeiter zum Examenserfolg seines Kindes gratuliert und so in seinem Stolz bestätigt, vermittelt ihm das Erlebnis tiefer Freude am Arbeitsplatz. Dies kostet wenige Minuten (glaubwürdiger) Zuwendung, die in Geld gar nicht meßbar sind.

– Die Vergabe außertariflicher Belohnungen schaffe *Präzedenzfälle*, die nicht mehr aus der Welt geschafft werden könnten, und sie verlasse den sicheren Boden arbeitsrechtlich definierter Rechte und Pflichten.

In der Furcht vor »Präzedenzfällen« widerspiegelt sich die Furcht vor dem Schritt auf Neuland überhaupt und zugleich davor, die gerade in der *gegebenen* Situation *berechtigte* Vergabe der Belohnung auch vor Kritikern zu vertreten. Hier ist *Rückgrat* gefordert.

Zudem zeigt sie die Fixierung des Denkens auf das arbeitsrechtlich einklagbare Minimum. Immer wieder stellten uns Personalarbeiter, die sich mit dem besonderen Anliegen eines Mitarbeiters oder des Betriebsrates konfrontiert sahen, spontan die Frage: »Sind wir dazu denn überhaupt verpflichtet?«. Das einklagbare betriebliche Leistungs*minimum* wurde so stets zugleich auch dem Leistungs*maximum* gleichgesetzt. Von der Chance, mit eigenem freiwilligen Entgegenkommen die andere Seite moralisch in *ihre* Goodwill-Pflicht zu nehmen, wurde noch nicht einmal im Ansatz Gebrauch gemacht.

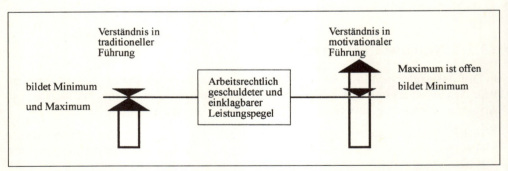

Abb. 13.4: Das Verständnis des Niveaus arbeitsrechtlich gesicherter Leistungen in traditioneller und motivationaler Führung

In motivationalem Führen markiert der Pegel arbeitsrechtlich definierter und einklagbarer Leistungen seiner Ratio gemäß ein Sicherheitsnetz, das vor dem Abgleiten nach unten schützt, nach oben innerhalb der arbeitsmedizinisch gezogenen Leistungsgrenzen aber offen ist. Damit wird *jeder* Mitarbeiter in den Status eines außer- und übertariflich belohnten Arbeitnehmers erhoben, wie das finanziell für die Vielzahl »außertariflicher Zulagen« längst üblich geworden ist.

- Ein Arbeitgeber meinte, daß seine Arbeitnehmer doch ohnehin arbeitsrechtlich verpflichtet seien, ihre *gesamte* Leistungsfähigkeit, derer sie fähig seien, im Arbeitsverhältnis auszubringen, so daß der notwendige »Druck von oben« doch für maximales Leisten genügen müsse.

Diese Auffassung ist, wenngleich in einzelnen Betrieben und Branchen von »hardlinern« hemdsärmelig praktiziert, aber weder nach geltendem Arbeitsrecht in dieser Vereinfachung haltbar, noch im Ergebnis erfolgreich. Tariflich geschuldet ist nur die nach individueller Leistungsfähigkeit *zumutbare* Leistung. Vom Arbeitsrecht erfaßt werden *nicht* außerrechtliche Beiträge wie zum Beispiel Kreativität. Schließlich erweist die Auffassung sich im Sinne unserer Ziele, wie unter Ziffer 1.3 dargelegt, auch praktisch als wenig hilfreich. Krankenstände von 15 % in einzelnen Betrieben zum Beispiel beweisen dies.

- Zumindest die Goodwill-Leistungen, die zum Pflichtenbereich der Arbeitsleistung gehören, könnten nicht mit besonderen Belohnungen honoriert werden, weil sie ja bereits mit dem Entgelt bezahlt würden.

Dies ist rechnerisch zutreffend, hilft psychologisch aber nicht weiter (vertiefen Sie sich dazu noch einmal in das unter Ziffern 1.3 und 9.1 Gesagte). Im übrigen ist es keineswegs unüblich, die gewissenhafte und erschöpfende Erfüllung von Pflichten besonders zu honorieren: So gewähren Kfz-Haftpflichtversicherer für anhaltend unfallfreies Fahren (wie lt. Versicherungsvertrag geschuldet!) den Schadenfreiheitsrabatt, und der Strafrichter billigt dem Ersttäter für bisheriges straffreies Verhalten (wie gesetzlich geboten!) regelmäßig einen Strafzumessungsbonus zu. Im Arbeitsleben wird die Leistung »besonders treuer Pflichterfüllung« zumeist nur in Festreden bei Betriebszugehörigkeitsjubiläen oder in Nachrufen auf den verstorbenen Mitarbeiter gewürdigt. Hier geht es darum, erschöpfende Pflichterfüllung, die keineswegs selbstverständlich ist, *grundsätzlich* und *schon den Lebenden* zu danken.

- Seminarteilnehmer, denen der Gedanke systematischer Arbeitsmotivation neu und verwirrend erschien, bemerkten resignierend, daß das ganze Verfahren doch wohl viel zu kompliziert und risikobehaftet und deshalb unpraktikabel sei.

Dies zwingt zu einer zentralen Gegenfrage: Was eigentlich ist an der Personalführungsaufgabe in unserer Zeit, d. h. im Umgang mit Menschen eines weit entwickelten Unabhängigkeits- und Anspruchsdenkens, überhaupt unkompliziert und einfach? Gewiß erfordert motivationales Führen an den *Faktor Mensch* erhöhte Investitionen an Geld, Sensibilität, Zuwendung und Zeit. **Aber: Goodwill ist zum Nulltarif so wenig zu haben wie Führungseffizienz ohne Goodwill!**

- In dem 1991 erschienenen Buch »Mythos Motivation« stellt R. K. SPRENGER die These auf, »Alles Motivieren ist Demotivieren«. Der Mensch sei von Natur aus auf Aktivität angelegt, sei also »motiviert«, und werde durchs Motivieren, dem programmiertes Mißtrauen zugrunde liege, erst *demotiviert*.

Wir folgen der Aussage, daß die Mehrzahl der Menschen von Natur aus aktiv sein will, wissen zugleich aber auch, daß etwa die Hälfte aller Berufstätigen nicht bereit ist, mehr zu tun, als von ihr verlangt werde (Ziffer 1.3). Die Ursachen liegen im Erscheinungsbild des konventionellen Arbeitslebens. SPRENGERS Hauptthese rechtfertigt sich allenfalls aus seiner Verkürzung des Motivierens auf extrinsische »Bestechungen« und ihre pervertierten Anwendungsrituale in Teilen der Praxis. Fassen wir indessen die im 3. Teil des SPRENGER'schen Buches dargelegten »Führungen« unter die Funktion des *intrinsischen* Motivierens, wie hier, dann entsteht Konsens in der Sache, und das Buch darf jedem, der sich mit Fragen des Motivierens auseinanderzusetzen hat und dazulernen möchte, als Fundgrube zutreffendem Know-hows anempfohlen werden. Auch wir haben aus ihm gelernt.

13.3   Einführung motivationalen Führens, Hemmpotentiale und Schranken

Bei der Einführung motivationalen Führens [1]) wird dem Betrieb der initiierende Part zufallen. Sinnvollerweise sollten die geistigen Impulse dazu *von der Unternehmensleitung* ausgehen und von ihr auf die nachfolgenden Führungsebenen übertragen werden. Doch sollte auch *der einzelne Vorgesetzte* unter Ausschöpfung seiner Führungskompetenzen und -freiräume nach dem Konzept in seinem unterstellten Bereich *schon dann* führen, wenn sein Wert für das Unternehmen an dessen Spitze noch nicht erkannt worden ist. Der Schritt dazu dürfte um so leichter fallen, als motivationales Führen in jedem Unternehmen und Bereich aus dem IST-Zustand heraus begonnen und mit einzelnen Schritten zu einem System entwickelt werden kann, das sich in seiner Gesamtheit eines Tages als unternehmensindividueller »Maßanzug« darstellen wird. Die notwendigen Schritte dorthin bilden vor allem

- die Popularisierung des konzeptionellen Grundgedankens,
- die Ermittlung mitarbeiterseitiger Zielvalenzen,
- die Bekanntgabe betriebsseitig favorisierter Goodwill-Beiträge

sowie

- auf der Grundlage einer Gegenüberstellung unternehmensseitiger Leistungs- und mitarbeiterseitiger Belohnungspräferenzen die tägliche, lebendige Übung des Werteaustauschs.

Es ist ein Prozeß, in dem nicht nur die neue Sichtweise von Führung und Zusammenarbeit *erlernt*, sondern die davor geübte zugleich *ver- bzw. entlernt* werden muß. Der Umfang des Lernprozesses und der Aufwand der in ihn zu investierenden Energie und Zeit werden davon abhängen, wie groß der zu überbrückende Abstand der bisherigen Führung sich von der neuen Sichtweise darstellen wird. Auch anfängliche Widerstände unter den Beteiligten sind in der Einführungsphase denkbar [2]. Das Arbeiten mit Beteiligungsgruppen kann und die frühzeitige Zusammenarbeit mit dem Betriebsrat wird sich dabei als hilfreich erweisen. Ist der Start aber geschafft und zeigen sich die Vorzüge des Systems, gelangen wir zu einer Weiterentwicklung der Führungskultur, die sich analog zu dem, was wir als »Organisations-« oder als »Management-Entwicklung« bereits kennen, als **Führungs-Entwicklung** (in der Sprache unserer Zeit »Leading-Development«) umschreiben läßt.

Grenzen für die Ausschöpfung von Leistungen bilden die natürlichen Kräftepotentiale von Mensch und Unternehmen. Keiner Seite ist langfristig damit gedient, wenn die Leistungsfähigkeit und -bereitschaft der anderen Seite so strapaziert wird, daß ihre Ressourcen sich nicht mehr regenerieren lassen. Dies bedeutet: Weder darf das Unternehmen die für seine wirtschaftliche Gesundheit unverzichtbare Ertragskraft in Frage stellen, noch darf es zulassen, daß seine Mitarbeiter die zur Erhaltung ihrer physischen, psychischen und sozialen Gesundheit benötigten Kräfte aufzehren [3].

In dem Bestreben, seine Wohlfahrt im Inneren zu maximieren, darf ferner nicht die Einbindung des Unternehmens in das ökonomische und wertebezogene System der Gesamtgesellschaft übergangen werden. Seine Betrachtung als integrierter Teil derselben ist inzwischen Allgemeingut ge-

worden. Die Förderung des Eigenwohls wird dort auf Schranken treffen müssen, wo sie mit ihren
Außenwirkungen die Gebote zu wirtschaftlicher, rechtlicher, ethischer und – längst auch – ökolo-
gischer Allgemeinverträglichkeit verletzt. Das Gebot, Gemeinwohl vor das Individualwohl zu stellen, muß auch dem Verlust unternehmensindividuellen Augenmaßes Schranken setzen.

13.4. Die Entwicklung von Arbeitsmotivation im Führen zur Organisation motivierter Partner

Letztlich geht es darum, im Verhältnis des Betriebes zu seinen Mitarbeitern *das* aufzugreifen und
umzusetzen, was sich im Verhältnis zu seinen Abnehmern schon längst als erfolgreich bewährt
hat: die Basis eigenen Erfolges innen (= die von Mitarbeitern auszubringende Arbeitsleistung) zu
optimieren durch das systematische und erschöpfende Ermitteln und Decken marktseitigen Bedarfs dort (= Erfüllen valenter Ziele im Mitarbeiter). **Das Sichern eigenen Erfolgs über die Vermittlung von Nutzen an diejenigen, von denen wir unseren Erfolg begehren, ist das bewährte *Prinzip des
Marketing*, das wir in motivationalem Führen aus der Sphäre des Absatzes in die Sphäre der Produktion übernehmen.**

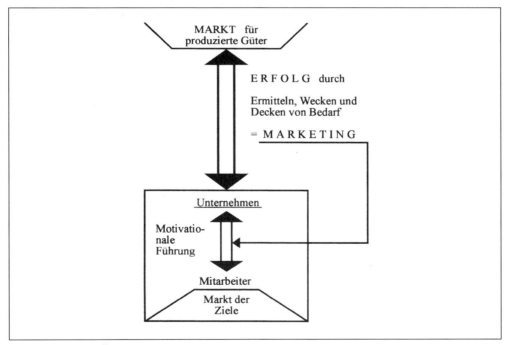

Abb. 13.5: Übertragung des Marketing-Prinzips aus der Konsumtion in die Produktion

Nicht zugleich erstrebt ist damit, aus der Sphäre des Absatzes auch jene Techniken zu übernehmen, mittels derer der Mensch dort in der Autonomie seines Verbraucherverhaltens gesteuert

wird. *Es geht nicht darum, Führen als tiefenpsychologisches Manipulieren zu begreifen.* Vielmehr streben wir mit dieser Sichtweise an, die schon mehrfach angesprochene Aufspaltung seines Daseins in die Rolle des umworbenen und autonomen Konsumenten einerseits und in die des mit ihrem deutlich niedrigeren Status versehene Rolle als Produzent andererseits zu überwinden. In der als abgewertet empfundenen letzteren Rolle dürfte eine der Erklärungen dafür zu finden sein, daß Arbeitszufriedenheit mit der Zunahme der Zufriedenheit mit anderen Lebensqualitäten (z.B. der Einkommens- und der außerberuflichen Lebensqualität) in der Vergangenheit auffallend wenig Schritt gehalten hat [4].

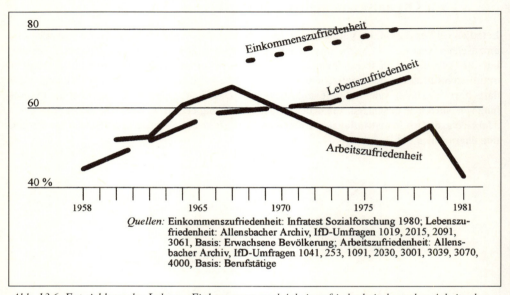

Abb. 13.6: Entwicklung der Lebens-, Einkommens- und Arbeitszufriedenheit deutscher Arbeitnehmer (1958–1981) (Quelle: Noelle-Neumann, E./Strümpel, B., 1984, S.100)

In seiner Intention, menschliches Streben in der betrieblichen Arbeit ganzheitlich zu erfassen, stellt das Konzept motivationalen Führens den Menschen selbst in seiner Ganzheitlichkeit und Unteilbarkeit in den Blickpunkt von Arbeit und Führung. Dies bewirkt neben Zugewinn an wirtschaftlichem Ertrag zugleich auch Zugewinn an Humanität. Sie beide bilden die zwei tragenden Säulen des Konzeptes.

Mit der letzteren schafft das Unternehmen sich Präferenzen vor Wettbewerbern nicht nur im Inneren gegenüber seiner eigenen Belegschaft, sondern zugleich als mitarbeitergerechtes Unternehmen auch für sein **Personal-Marketing** nach außen.

Wir gelangen zu einer weiteren Erkenntnis: Der Gewinn signifikanter Belohnungswerte vom Betrieb bedeutet für den Mitarbeiter weithin persönlichen Berufs- und Lebenserfolg. Erfolg aber bildet ein hochwirksames Stimulans neuen Erfolgswillens (Ein populärer Slogan: »Nichts ist so erfolgreich wie der eigene Erfolg«, Vera Birkenbihl zugeschrieben). Erzielter Erfolg bewirkt Selbstmotivation.

Zugleich wissen wir, daß die Führungsleistung eines Vorgesetzten entscheidend an Leistung und Erfolg der Geführten gemessen wird. *Nur der Vorgesetzte erfolgreicher Mitarbeiter kann selbst als erfolgreich gelten,* der von erfolglosen Mitarbeitern nicht. So vermittelt der Vorgesetzte mit motivationalem Führen nicht nur *seinen Mitarbeitern* Erfolge, sondern er setzt rückkoppelnd zugleich auch eine zentrale Bedingung *für seinen eigenen* Führungserfolg.

Welches Niveau der Austausch von Goodwill im einzelnen Unternehmen letztlich erreichen wird, ist eine Frage des Reifegrades, zu dem motivationales Führen im Denken und Handeln aller Beteiligten kultiviert werden wird. Es gibt dafür innerhalb der bereits aufgezeigten keine weiteren zwingenden Grenzen. Die längerfristige Erfahrung lebendigen und fairen Goodwill-Austauschs mit der jeweils anderen Seite wird auf der eigenen Seite nach und nach an die Stelle der fordernden Erwartung der Gegenleistung die manifestierte Gewißheit treten lassen, des Goodwills der anderen Seite sicher sein zu dürfen. Auf der Basis so wachsenden Vertrauenskapitals wird die innere fallweise Verknüpfung von Leistung und Gegenleistung gelockert und schließlich aufgehoben. Die allgegenwärtige Sorge, stets und zuerst den eigenen Vorteil sichern zu müssen, tritt zurück hinter der entspannten, wachsenden Bereitschaft, das Wohl des Ganzen zu sehen. Dem informierten Mitarbeiter wird verständlich, daß es ihm nur dann gutgehen kann, wenn es auch seinem Unternehmen gutgeht, und das Unternehmen begreift, daß es auch ihm nur mit zufriedenen Mitarbeitern gutgehen kann.

An die Stelle konfrontativen Forderns tritt als unternehmensinterne Geschäftsgrundlage der Zusammenarbeit die Leistungsethik gemeinsinnigen Gebens und Nehmens.

Damit zugleich wird auch der deklassierend wirkende Status inneren Abhängig-Seins vom gewährenden Wohlwollen des anderen Leistungsgebers aufgehoben. Die Unternehmensangehörigen geben sich untereinander den Status mündiger, kooperationsbereiter und verantwortlicher Partner. Vertritt das Unternehmen zusätzlich nach innen und nach außen ein System von Werten, das seine Mitglieder als eigenes übernehmen, und beteiligt es sie mit ihren Aktionspotentialen und in ihren legitimen Belangen angemessen am Unternehmensgeschehen und -erfolg, so schafft es sich mit seiner entwickelten Führungskultur die sichere Basis für ihre Identifikation mit seinen Zielen. Und dann geben sie her, was sie können, weil sie's wollen.
Dies klingt wie eine Utopie.

Aber es ist die in Wirklichkeit umgesetzte Vision des qualifiziert und partnerschaftlich geführten Mitarbeiter-Unternehmens, in dem die Vereinbarkeit gleichzeitigen leistungsintensiven und menschengerechten Führens zum maximalen Nutzen des Unternehmens und seiner Mitglieder, damit auch unserer Gesellschaft, schon heute bewiesen wird

So führt motivationales Führen auf der Grundlage der vor mehr als 2.000 Jahren entstandenen, noch heute aktuellen Philosophie des

»Do ut des«, »Ich gebe, damit du gibst«,

hin zum zeitgemäßen Vollendung seiner Intention:

Ich gebe, weil und damit auch mir gegeben wird.

Anhang zu Kapitel 13

A) Anmerkungen

1 Richter, M., 1988, Ziffer 16
2 A. a. O., Ziffer 15
3 Näher Sprenger, 1992, S. 108ff.
4 I. d. S. Noelle-Neumann, E./Strümpel, B., 1984, S. 97ff.

B) Kontrollfragen und -aufgaben

a) Welches sind die tragenden Erkenntnisse, die folgerichtig zu motivationalem Führen als effizientem Führen hinführen?
b) Was bedeutet *motivationales Führen*?
c) Welche Funktion weist motivationales Führen dem arbeitsrechtlich abgesicherten Pegel des Leistungsaustauschs zu?
d) Nennen Sie drei der gegen das Konzept geäußerten Bedenken und die dagegenzusetzenden Argumente.
e) Welchen Grundgedanken haben motivationale und marketingorientierte Unternehmensführung gemeinsam?
f) Welche beiden tragenden Grundgedanken bilden die Präferenzen motivationalen Führens?
g) Welche Wirkung entfalten sie für ein Personal-Marketing?
h) Welche organisatorischen und sonstigen Bedingungen muß ein Unternehmen erfüllen, bevor es damit beginnen kann, den Gedanken motivationalen Führens zu realisieren?
i) Welche logischen Schritte erfordert die Einführung motivationalen Führens im Unternehmen?
j) Welcher philosophische Grundgedanke liegt dem Konzept zugrunde?

C) Literatur

Halbe, P., Die neuen Unternehmen: Wie aus Mitarbeitern Mitunternehmer werden, Freiburg/Breisgau, 1986
Mohn, R., Erfolg durch Partnerschaft, Eine Unternehmensstrategie für den Menschen, Berlin, 1986
Kienbaum, J. (Hrsg.), Visionäres Personalmanagement, 1992
Peters, T. G./Austin, N., Leistung aus Leidenschaft, Über Management und Führung, Hamburg, 1986
Richter, M., 1988, Ziffern 6, 15, 16
ders., Mehr Erfolg durch gute Mitarbeiter, Ein Konzept für moderne Personalführung, in »Rationalisierung & Organisation im Buchhandel«, Ausgabe 1987, S. 84ff.
Werhahn, P. H., Der Unternehmer: Seine ökonomische Funktion und gesellschaftspolitische Verantwortung, Trier, 1990

14 Erfolgsoptimierende Verhaltens- und Gestaltungsschwerpunkte motivationalen Führens

Wer führen will, muß lernen,
Emotionen zu erzeugen.
(Rupert Lay, Theologe (S. J.),
Philosoph und Management-Trainer)

Lernziel:
Der folgende Abschnitt will Ihnen Kenntnisse zu Grundfragen Ihrer Führungstätigkeit vermitteln und diesbezüglich bestehende Unsich erheiten zu überwinden helfen. Es handelt sich dabei sowohl um Fragen Ihrer inneren Einstellung zum Führen als auch um solche Ihres sichtbaren praktischen Verhaltens. Einige der Kapitel befassen sich mit dem Stil Ihrer Kommunikation mit Mitarbeitern, andere beschäftigen sich mit Ihrer Selbstdarstellung oder Ihrem Vorgehen in speziellen Problemstellungen im Unternehmen. Aus der Vielzahl von Kontakten zur Praxis wissen wir, daß diese Fragen in der Praxis überaus wichtig, für viele Führungskräfte zugleich aber auch mit erheblichen Unsicherheiten befrachtet sind.

Arbeitshinweis: Sie sollen die nachfolgenden Empfehlungen *erst dann* als Richtwerte Ihres eigenen Führens übernehmen, wenn Sie sich mit ihnen persönlich auseinandergesetzt haben und identifizieren können. Prüfen Sie deshalb bei jeder Empfehlung bewußt, was mit ihr bezweckt werden soll und wie erfolgversprechend Ihr Führungsverhalten sein könnte,

- wenn Sie es spontan und intuitiv ohne Kenntnis unserer Empfehlungen gestalten oder
- wenn Sie genau das Gegenteil dessen tun würden, was wir Ihnen nachfolgend empfehlen.

14.1 Zur Führungsaufgabe zeitgemäße Einstellungen gewinnen

Die folgenden Grundsätze vermitteln Richtwerte, die als regulatives Fundament des Führens angesehen werden können. Sie berücksichtigen unveräußerliche ethische Ansprüche an menschliches Zusammenarbeiten ebenso wie die »normative Kraft des Faktischen«, unter dessen Wirken es stattfindet. Prüfen Sie bei jedem einzelnen Satz, ob Sie ihm folgen können oder was Sie aus welchen Gründen in seiner Aussage davon abhält.

A) **Das Gebot rationellen Arbeitens setzt mir das Ziel, meine Mitarbeiter so zu führen, daß sie in die betriebliche Arbeit ihr *gesamtes* Potential an zulässiger, möglicher Leistung einbringen: ihre Fähigkeiten, ihr Wissen, ihr Können, ihre Kreativität und ihr sonstiges Goodwill. Dies gelingt *nicht gegen sie* mit dem Einsatz von Macht und Zwang, sondern** allein *mit ihnen* und ihrem zustimmenden Wollen. Dazu motiviere ich sie im Führen mit dem Erlebnis lohnender, befriedigender und Spaß vermittelnder Arbeit sowie meinem besonderen Bemühen, etwaige vorhandene Demotivationen abzubauen und neue zu vermeiden.

B) Meine Mitarbeiter treten als mündige und ganzheitliche Menschen an ihren Arbeitsplatz. Sie sind mir funktionell unterstellt, menschlich aber gleichwertig. Ich werde sie deshalb im Geben wie im Nehmen, im Fordern wie im Fördern, als mir gleichwertige Persönlichkeiten achten und führen.

C) Viele oder gar alle meiner Mitarbeiter werden mir in ihren jeweiligen Funktionen als Spezialisten und Experten ebenbürtig oder sogar überlegen sein. Will ich auch sie glaubwürdig und effektiv führen, so kann ich es mir weder leisten, auf ihr Know-how zu verzichten, noch kann ich sie *von oben herab* als »Untergebene« behandeln. Deshalb werde ich in meinen unterstellten Mitarbeitern *Partner* sehen, die mir an ihren Arbeitsplätzen helfen, meine eigenen Ziele und den von mir erwarteten Beitrag zu den Unternehmenszielen zu erfüllen.

D) Ich achte die Würde meiner Mitarbeiter und aller anderen Angehörigen des Unternehmens. Deshalb werde ich Führung und Zusammenarbeit auf Wahrheit, Ehrlichkeit und Fairneß stützen, und ich werde darauf verzichten, sie mit anderswo als »zeitgemäß« gehandelten Mitteln der Manipulation, des rhetorischen Übertölpelns und anderer abwertender Psycho-Spiele auf die Knie und unter meinen Willen zwingen.

E) Auf Leistung und Erfolg des Unternehmens nehmen nicht nur die Geschäftsleitung und die Führungskräfte, sondern nimmt auch jeder Mitarbeiter Einfluß. So ist jeder zu seinem Teil Mit-Unternehmer, der auch Mit-Verantwortung trägt. Dies werde ich meinen Mitarbeitern verpflichtend bewußt machen. Zugleich werde ich ihnen Möglichkeiten und Freiräume eröffnen, in denen sie ihren Aufgaben sowie ihrer Kompetenz und Verantwortung als Mit-Unternehmer mit ihren Aktionspotentialen gerecht werden *können* und *sollen.*

F) So, wie das Unternehmen *seine* Wirtschaftsziele verfolgt, verfolgen meine Mitarbeiter *ihre* Lebensziele. Da zwischen den Unternehmenszielen und den Lebenszielen meiner Mitarbeiter aus der Natur der Sache keine völlige Deckungsgleichheit bestehen kann, gehören Konflikte zu den notwendigen Erscheinungsbildern betrieblicher Führung und Zusammenarbeit. Ich sehe es deshalb als meine Aufgabe an, natürliche Konfliktpotentiale durch meine Hilfe bei der Erfüllung vertretbarer Lebensziele gering zu halten und da, wo sie unvermeidbar sind, in sachlich angemessener und fairer Gegnerschaft, *aber ohne Feindschaft,* auszutragen.

G) Meine Mitarbeiter sollen mir auf der Basis der Freiwilligkeit ihr *Goodwill* geben. Etwas geben kann nur, wer sich innerlich für reich genug zum Geben hält. Der Reichtum, auf den es hier ankommt, besteht vor allem in *Selbstwertgefühl* und in *Selbstachtung.* Ich stelle mein Führungsverhalten deshalb darauf ab, den Selbstwert und die Selbstachtung meiner Mitarbeiter aufzubauen und zu stabilisieren, und ich wirke dagegen, daß beides durch mich oder andere Personen mit den Mitteln der Verletzung, der Demütigung oder sonstiger Abwertungen abgebaut oder klein gehalten wird.

H) Meine Mitarbeiter können sich mit den Unternehmenszielen und mit den vereinbarten Arbeits- und Verhaltenszielen nur dann identifizieren und sie nur dann mit aller Kraft verfolgen, wenn sie diese Ziele kennen. Ich sehe es deshalb als meine Aufgabe an, meine Mitarbeiter von mir aus über diese Ziele zu informieren, ihren Sinn verständlich zu machen und darauf hinzuwirken, daß sie die Unternehmensziele als *eigene* Ziele anerkennen und realisieren.

I) Meine Mitarbeiter können anspruchsvolle Leistungs- und Verhaltensergebnisse nur dann erbringen, wenn der Betrieb dazu die Bedingungen bereitstellt, unter denen sie möglich werden. Ich werde deshalb darauf hinwirken, meinen Mitarbeitern optimale arbeitsmäßige, organisatorische und sozio-emotionale Bedingungen zu sichern und dagegenstehende betriebliche Verhältnisse und Hemmnisse abzubauen. Ich bin mir bewußt, daß Führen in diesem Sinne auch erfordert, *Leistung zu ermöglichen* und *Mitarbeitern zu dienen*.

J) Meine Mitarbeiter schauen auf mich und orientieren ihren eigenen Arbeitsstil an dem meinigen. Ich werde deshalb meinen Arbeitsstil so einrichten, daß meine Mitarbeiter sich mustergültig verhalten, wenn sie ihn sich zum Beispiel nehmen.

K) Die Notwendigkeit, im Führen mit anderen Menschen immer wieder *neue* Situationen bewältigen zu müssen, fordert von mir lebenslange Lernbereitschaft. Ich werde mich deshalb weder von erreichten Erfolgen zu geistigem Ausruhen noch von Mißerfolgen zu Resignation verführen lassen, sondern jeden Tag als neue Herausforderung betrachten, deren speziellen Anforderungen ich mich mit ebenso speziellen Ideen gewachsen zeigen will. *Führen heißt zuallererst: mich selbst führen!*

14.2 In Führungssituationen den Erfolg gestalten

14.2.1 Problemstellung

Führungskräfte stehen ständig vor der Aufgabe, zur Verfolgung eigener Ziele die Akzeptanz, Unterstützung oder doch Billigung von Mitarbeitern, Vorgesetzten-Kollegen aber auch von eigenen Vorgesetzten zu sichern. Oft werden dabei entgegenstehende Willens- oder Interessenspotentiale zu überwinden sein, ohne daß auf Mittel eigener Willensdurchsetzung (einseitige Entscheidung oder Anordnung) zurückgegriffen werden kann oder soll.

Dazu ist es zuallererst nötig, *die Situation als Gesamtheit der wirksamen Tatsachen* zu analysieren, um mit der gewonnenen Kenntnis der in ihr wirksamen Faktoren die den eigenen Zielen förderlichen Elemente zu verstärken und solche, die den eigenen Intentionen entgegenwirken, abzuschwächen oder ganz zu neutralisieren. Dabei treten mannigfache Schwierigkeiten auf. Da keine Führungssituation der anderen gleicht, erfordert jede Situation ihre eigene analytische Klärung. Zudem können viele relevante Details wie innere Einstellungen, aktuelle Ziele und Wertebilder der Beteiligten wegen ihrer Unsichtbarkeit nur schwer wahrgenommen werden und erfordern ein Höchstmaß an sensiblem Spürsinn. Aber gerade diese Faktoren geben dem Verlauf einer Situation ihr besonderes Gepräge. Soweit sie uns nicht aus vorherigem Zusammenwirken oder aus anderen verläßlichen Erkenntnisquellen bekannt sind, müssen wir versuchen, sie im gegenwärtigen Kontakt zu erfassen. Dabei hilft die *ganzheitliche Beobachtung* der uns gegenüberstehenden Persönlichkeiten mit all ihren Signalen, die sie uns senden mit ihrer Mimik, ihrer Gestik und ihrem gesamten äußeren Auftreten und Verhalten ebenso wie eine erkenntniswirksame Gesprächsführung und das aktive Hören auf das, was sie uns sagen und wie sie es uns sagen (vgl. Ziffer 14.9).

Als wichtig kann sich auch die *Genesis*, d. h. die Entwicklungsgeschichte, der heute zu lösenden Situation erweisen. In ihr können sich in den Beteiligten Spannungspotentiale aufgebaut haben, die einem Problem, gemessen an seiner objektiven Bedeutung, ein weit überhöhtes Bedeutungspotential zuweisen.

> **Beispiel:**
> Ein Betriebsleiter hat in einer Besprechung mit den Abteilungsleitern A und B darüber zu befinden, wer von beiden in seiner Abteilung ein prestigeträchtiges technologisches Pilot-Projekt durchführen solle.
> *Fall A*: Die konkurrierenden Abteilungsleiter stehen aus der bisherigen Arbeit neutral zueinander und zum Sachproblem.
> *Fall B*: Den A hat der Betriebsleiter vor nicht langer Zeit in einem vergleichbaren Falle schon einmal den Zuschlag gegeben. Dabei hatte er dem B zugesagt, »bei der nächsten sich bietenden Gelegenheit« ihn zu bedenken. Die Gelegenheit sieht B jetzt gekommen. Leichte Präferenzen sprechen aber auch jetzt wieder für A.

Unserer realistischen Erkenntnisfähigkeit steht im Wege, daß wir unsere Umgebung regelmäßig durch einen sogenannten »psychologischen Filter« eingefärbt, d. h. verfälscht, wahrnehmen. Wir Menschen neigen dazu, in unsere Wahrnehmungen subjektive Bewertungen, Selektionen von Tatsachen oder Einstellungen einfließen zu lassen, um uns die Wirklichkeit ähnlicher zu machen, als sie es tatsächlich ist. Stellvertretend für die Vielzahl von »Verzerrern« (vgl. Ziffer 14.9), durch die wir uns täuschen lassen, sei hier nur erinnert an die besondere Dynamik des sozialen Vorurteils. Ihm zufolge sind wir alle schon der Versuchung unterlegen, zu meinen, wir würden jemanden »kennen«, nur weil wir ein einzelnes Merkmal von ihm kannten, sei es seine Herkunft, seine Hautfarbe, sein politischer Standort oder seine Religion gewesen.

Zur erfolgversprechenden Bewältigung von Führungssituationen müssen wir uns weiterhin klar darüber sein, daß *auch wir selbst* als Beteiligte ein situationsprägendes Element bilden. Dies gilt in zweifacher Weise:

Zum einen bilden die anderen Situationspartner eigene Annahmen über die Art unseres Mitwirkens. Sie prägen Vorstellungen und Erwartungen darüber, in welcher Art und Weise, in welcher Rolle wir selbst in der Situation wirken und handeln sollten. Dies gilt sowohl für unsere innere Einstellung zu einem Problem und der Art unseres Beitrags, es zu lösen, als auch für unser äußeres Auftreten und Verhalten zum Beispiel als Meister, als Abteilungsleiter oder Kundendienstleiter; als Gast oder als Gastgeber; als jüngerer oder als älterer Mitarbeiter usw. Es kommt deshalb stets auch darauf an, die in eine Situation eingebrachten Rollenerwartungen der anderen zu erfassen und zu prüfen, ob, wie, womit und wann ihnen entsprochen werden kann (vgl. unten Ziffer 14.7).

Zum zweiten wächst uns als prägendem Element einer Situation die Chance zu, ihren Verlauf nicht nur passiv hinnehmen zu müssen, sondern ihn zugleich aktiv und im Sinne unserer eigenen Ziele beeinflussen zu können. Dazu wollen wir uns der Erkenntnis bedienen, daß Kommunikation zu anderen Menschen mit dem Ziel, sie zu einem bestimmten Verhalten zu bewegen, auf *drei Bewußtseinsebenen* zu führen ist:

A) Die erste zu berücksichtigende Ebene bildet die **emotionale Ebene.** Auf ihr ermitteln die an einem Kontakt beteiligten Personen die Sympathie oder Antipathie, die sie füreinander empfinden. Die denkbaren Werte liegen auf einem Kontinuum zwischen »sehr sympathisch« und »sehr unsympathisch«. Es liegt auf der Hand, daß ein positiver Befund die Bereitschaft zum Entgegenkommen in der Sachfrage fördern, ein negativer sie dagegen erschweren wird. Bildhaft ausgedrückt: Sympathie wirkt als Öl, Antipathie als Sand im Getriebe. Deshalb muß uns daran gelegen sein, vom ersten Augenblick an den Aufbau einer Sympathiebeziehung zu fördern. Dem *ersten*

Eindruck, den der andere von uns gewinnt (»Türschwelleneffekt«), kommt dabei große Bedeutung zu. Ihr Lächeln, der Blickkontakt, ein freundliches Wort persönlicher Wertschätzung oder die Erinnerung an zurückliegende positive Kontakte und Kooperation werden dabei gute Dienste tun.

B) Die zweite dieser Ebenen ist die **Verstandesebene.** Hier geht es darum, in der Sache wichtige Informationen zu gewinnen und eigene weiterzugeben. Verschaffen Sie sich selbst schon *vor* der Verhandlung einen ausreichenden Informationsbestand zur Sache, und ergänzen Sie ihn darin zu den Standorten Ihrer Situationspartner, indem Sie Fragen stellen. **Wer fragt, führt!** Versuchen Sie dabei, die Beweggründe Ihrer Partner für ihre Standorte in der Sache in Erfahrung zu bringen, dies erleichtert es Ihnen selbst, sie besser verstehen und gezielter berücksichtigen zu können. Geben Sie Ihren Partnern aber auch Ihrerseits bereitwillig Informationen zu Ihrer Meinung in der Sache und Ihren Beweggründen. Auf diese Weise können Sie Ihre eigenen Beweggründe und Positionen für die anderen verständlich machen und daran mitwirken, unter Verzicht auf die Mittel der Manipulation ein Klima der Vertrauenswürdigkeit und der Seriosität herzustellen. Schließlich: Reden Sie mit Ihren Partnern in einer Sprache, die sie verstehen. Senden Sie empfängerorientiert (vgl. Ziffer 14.10)!

C) Die dritte Ebene ist die **Willensebene.** Es geht darum, die anderen Situationspartner für die Realisation der eigenen Ziele und Interessen *zu gewinnen.* Orientieren Sie sich dabei auch an den wohlverstandenen Interessen Ihrer Partner, und stellen Sie sich innerlich auf Kompromißbereitschaft ein. Kompromißfähigkeit öffnet Wege zum Erfolg unter Gleichen (vgl. Ziffer 14.4 Buchstabe K). Vertrauen Sie in den Positionen, die es zu realisieren gilt, der Überzeugungskraft Ihrer Argumente und der Autorität Ihrer Persönlichkeit. Vermitteln Sie Ihren Partnern vor allem auch Kenntnis von dem Nutzen, den *Ihre* Ziele auch für *deren* Ziele bedeuten, und von der Geringheit der von ihnen dabei hinzunehmenden Nachteile. Gehen Sie bei der Durchsetzung Ihres Willens aber nicht so weit, daß Ihre Worte als *Nötigung* empfunden werden, die Ihre Partner als Gefährdung ihrer Selbstachtung empfinden und sie in eine innere Abwehrhaltung drängen. Da, wo bestehende Sachzwänge *nur einen* Lösungsweg eröffnen, sollten Sie zum Ausdruck bringen, daß Ihre scheinbare Unnachgiebigkeit sachbedingte Ursachen hat. Die zuvor erworbene Sympathie und Vertrauenswürdigkeit sollten Sie auch jetzt schützen.

Bedenken Sie schließlich, daß Sie mit der Art, in der Sie die Situation *heute* bewältigen, den Stil des Zusammenwirkens mit Ihren Situationspartnern von *morgen* bestimmen (vgl. Ziffer 14.4, Buchstabe L)! Setzen Sie deshalb Ihre Überlegenheit in der Einzelsituation heute so maßvoll und und in diesem Sinne »kaufmännisch« ein, daß Sie auch morgen und übermorgen unbelastet von der Spannung zwischen einem »Sieger« und seinem »Besiegten« zusammenarbeiten können.

Das folgende **Beispiel** soll zeigen, wie eine schwierige Situation mit Gespür für das Wesentliche erfolgreich bewältigt wurde:

Ein Gebäudereinigungsunternehmen bemüht sich seit längerem darum, von einem potentiellen Kunden den Auftrag zur Reinigung seines Verwaltungsgebäudes zu erhalten. Die Bemühungen ziehen sich bereits unerfreulich lange hin. Schließlich wird der Vertreter des Reinigungsunternehmens zu einem weiteren Gespräch gebeten für einen Termin, der ihm überaus schlecht paßt. Aber er nimmt ihn wahr. Als er nach längerer Fahrt am fraglichen Tag pünktlich morgens um 8.00 Uhr im Sekretariat des dortigen Verwaltungsleiters erscheint, teilt ihm die Sekretärin bedauernd mit, der Verwaltungsleiter werde sich heute aus unvorhersehbaren Gründen leider etwas verspäten. Der Vertreter sitzt wie auf Kohlen und verwartet fast eine Stunde seiner kostbaren Zeit. Als er drauf und dran ist, seinen Besuch abzubrechen, erscheint der Verwaltungsleiter und entschuldigt sich damit, daß sein Sohn gestern ganz unerwartet als erster in der Familie einen »Doktorhut« nach Hause gebracht habe. Die sich anschließende Familienfeier habe sich bis in den

> Morgen ausgedehnt ... Der Vertreter erkennt die Bedeutung dieses Ereignisses für seinen Verhandlungs-
> partner, schluckt seinen Ärger schnell hinunter und gratuliert dem »Doktorvater« mit einigen herzlichen
> Worten zum Erfolg seines Sohnes. Wenige Minuten später hat er den Reinigungsauftrag.

Alles in allem hängt die Chance, in Situationen erfolgreich zu sein, in denen unterschiedliche Meinungspotentiale zu vermitteln sind, ganz wesentlich von der **sozialen Intelligenz** des einzelnen ab. Mit ihr ist nicht die Intelligenz gemeint, die sich als Intelligenzquotient (IQ) messen läßt; sie hängt auch nicht vom formellen Bildungsgrad, etwa einem Hochschulabschluß, ab. Soziale Intelligenz besteht im wesentlichen darin, andere Menschen mit ihren Gefühlen, Bedürfnissen, Absichten und Strategien richtig zu erkennen und in der jeweiligen Situation angemessen zu reagieren. Sie bedeutet Durchsetzungsvermögen kraft flexiblen, situativen Anpassungsvermögens, nicht kraft hemdsärmeligen Ellenbogengebrauchs. Zusammen mit einem fühlbaren Maß an Erfolgswillen bildet soziale Intelligenz als zentrales Element sozialer Kompetenz somit insbesondere für die Führungskraft ein Qualifikationsmerkmal dafür, im Zusammenwirken mit anderen Menschen die eigenen Intentionen sozial verträglich durchzusetzen.

14.2.2   Determinanten der Führungssituation

Die wichtigsten Determinanten, die in Führungssituationen prägend wirken, sind folgende (die in Klammern gesetzten Fragen zielen auf die Besonderheiten hin, deren situative Bedeutung jeweils sorgfältig zu prüfen ist):

A) Ich selbst
(Mit welchen Einstellungen/Voreingenommenheiten stehe ich der Situation gegenüber? Wie wirke ich auf meine Situationspartner? Welche Verhaltensweisen sollte ich verstärken, welche kontrollieren oder abschwächen? Wie ist die Grundstimmung mir gegenüber? Was erwartet man von mir?)

B) Die beteiligten anderen als Einzelpersonen (Welche Persönlichkeiten? Welche Stellung/Qualifikation mir gegenüber? Welche aktuellen, situativen Eigeninteressen? Welche längerwirkenden Individualziele? Gibt es geschichtlichen Ballast? Mit welchen besonderen Empfindsamkeiten/ Emotionen muß ich rechnen? Wie und womit kann ich die Beteiligten für meine Positionen gewinnen?)

C) Die beteiligten anderen als Gruppe
(Welche gruppeninternen, längerfristigen Grundinteressen und Werte gelten? Welche situativen Interessen werden vertreten? Wer ist Gruppenführer? Wie und womit kann ich die Gruppe gewinnen/ihr entgegenkommen?)

D) Der zu regelnde Gegenstand
(Handelt es sich primär um ein Sach- oder ein Personalproblem? Wirkt seine Regelung emotional belastend? Was muß ich durchsetzen? Wo kann ich nachgeben? Was müssen meine Partner wissen, damit sie sachgerecht mitwirken können?)

E) die Arbeitssituation
(Findet die Arbeit unter normalen oder besonders belastenden Bedingungen statt? Wie können Belastungen verringert werden, wodurch kompensiert werden?)

F) Der Faktor »Zeit«
(Welcher Zeitdruck lastet auf der Situation, wie schnell muß eine Lösung gefunden werden?)

G) Die Organisationsebene
(Mit Vertretern welcher Ebenen habe ich es zu tun? Welche Verhaltenserwartungen werden dort jeweils an mich gerichtet? Mit welchem Grad an Toleranz/Entgegenkommen kann ich rechnen?)

H) Das Arbeitsklima als Ganzes
(Wie wirkt es auf die Situation ein: Wird es Belastungen verstärken oder wirkt es als tragfähige, zielfördernde Brücke?)

Lassen Sie nicht außer acht, daß es in motivationalem Führen auch bei der Bewältigung *belastender* Situationen darum geht, die Goodwill-Bereitschaft anderer aufrechtzuerhalten.

14.3 Im Führungsstil motivierend wirken

14.3.1 Zum Begriff »Führungsstil«

Der Begriff »Stil« entstammt dem lateinischen Wort »stilus«. Es bezeichnete den Griffel, mit dem der Schreiber im alten Rom seine Schriftzeichen in Wachsplatten ritzte. Die persönliche Art, in der er dies tat, kennzeichnete seinen eigenen »Stil« des Schreibens. Heute verbindet sich mit dem Begriff »Stil« eine überdauernde, nach außen sichtbar werdende personen- oder gruppenspezifische Gestaltungsweise eines Handelns oder Verhaltens. Wir sprechen vom »Fahr«- und »Mal«-Stil von Personen, vom »Musizier«-Stil eines Orchesters oder vom »Arbeits«-Stil einer Gruppe.

> Unter **Führungsstil** verstehen wir die längerfristig geübte Grundausrichtung des Führungsverhaltens eines Vorgesetzten gegenüber seinen Mitarbeitern.

Wir haben bereits festgestellt, daß das Führungsverhalten und die von ihm mitgeprägte Führungsbeziehung zwischen dem Vorgesetzten und seinem Mitarbeiter *ein zentrales prägendes Element der erlebten Arbeitsbeziehung* bildet, das die mitarbeiterseitige Arbeitszufriedenheit direkt mitprägt. An einen effizienten Führungsstil, durch dessen Anwendung Mitarbeit zielgerichtet und möglichst verlustfrei eingebracht werden soll, ist deshalb die Forderung zu stellen, die Einwirkungen auf den Mitarbeiter *zweckrational* und – im Sinne motivationalen Führens – zugleich *belohnungswertorientiert* zu gestalten.

Die von KURT LEWIN bereits 1938 ermittelten »klassischen« Führungsstile können diese Forderungen nicht erfüllen.

Der *autoritäre Stil* zeichnet sich dadurch aus, daß der Vorgesetzte Zusammenarbeit wesentlich auf den Prinzipien von *Befehl und Gehorsam* aufbaut und sich ein jederzeitiges und uneingeschränktes Entscheidungs- und Eingriffsrecht vorbehält. Dieser Stil ist vergleichbar einem überwiegend lokomotiven Verhalten, das zudem auf das Selbstwertgefühl der Mitarbeiter eher destabilisierend als aufbauend wirkt. Der *demokratische Stil*, von der »human-relations-Bewegung« (ROETHLISBERGER/DICKSON) favorisiert, stellt an die Stelle der Vorgesetzten-Entscheidung die Abstimmung der Gruppe.

Eine weitere Steigerung des Bemühens, Leistung durch Zufriedenheit der Mitarbeiter zu mobilisieren, lag im *Laissez-faire-Stil*, der das Arbeitsverhalten gänzlich in das Belieben der Mitarbeiter stellte.

Alle diese Stile haben sich, gemessen an den Bedürfnissen wirtschaftlicher Leistungserstellung, nicht als effizient erwiesen.

Auch der vielbemühte Begriff *kooperativen* Führungsstils hilft nicht weiter, denn Führung ist notwendig Kooperation (= Zusammenarbeit), und der Begriff sagt nichts über ihren Inhalt aus.

14.3.2   Stilprägende Komponenten

In den praktizierten Führungsstil eines Vorgesetzten fließen stets mehrere prägende Komponenten ein. Zu den wichtigsten zählen:

A) Die Persönlichkeitsstruktur mit den genetisch vorhandenen und, stärker noch, im Sozialisationsprozeß erlernten Werthaltungen und Rollenmustern. Es liegt auf der Hand, daß die in sich ruhende, seelisch stabile und sozial gesunde Persönlichkeit es leicht haben wird, im Führen Zugang zu anderen Menschen zu finden und sie für proaktive Kooperationsbereitschaft zu gewinnen. Wir sprechen von »Könnern mit dem glücklichen Händchen«. Umgekehrt werden sich charakterologische und sonstige Persönlichkeitsdefizite auf das Führen-Können defizitär auswirken.

> **Beispiele:**
> - Der unter mangelndem Selbstwertgefühl leidende Vorgesetzte neigt kompensatorisch zu idealistischer Selbstüberhöhung und muß sich, wie auch der unter mangelnder Autorität leidende Vorgesetzte, Gehör und Gehorsam mit übertrieben distanziertem und autoritärem Führungsgebaren verschaffen,
> - dem Vorgesetzten, der sich im Leben zu kurz gekommen wähnt und deshalb anderen gegenüber an Mißgunstgefühlen leidet, wird es schwerfallen, Mitarbeiter zu fördern und ihnen zu Erfolgen zu verhelfen,
> - dem an einsame Entscheidungen Gewöhnten bleibt Partizipation fremd,
> - der Konflikte und Konventionen Scheuende sowie der wenig Erfolgsorientierte lassen beim Führen im Laissez-faire-Stil die Zügel schleifen und Orientierungen vermissen,
> - der seelisch Instabile setzt auf Absicherung und Meinungs–Opportunismus, und im unumgänglichen Konflikt greift er auf anordnenden Formalismus zurück,
> - der sozial indifferente oder gar asoziale Vorgesetzte sieht im kooperativen Mitarbeiter verächtlich das für seine Ziele nützliche Rädchen im Getriebe; der »Mensch« bleibt ihm gleichgültig.

B) Kognitiv erlernte Stilelemente: Es sind solche, die ein Vorgesetzter als *richtige* Verhaltenselemente erkannt hat und sich in einem Lernprozeß bewußt anerzieht (»verinnerlicht«). Aus rationalen Erwägungen akzeptiert werden sie auch rational übernommen. Wir gehen darauf unter Ziffer 14.3.3 ein.

C) Branchen-/betriebs-/ebenen-übliche Normen können als vorgegebene Verhaltensmuster oder kraft faktischer Übung hohen Übernahmedruck entfalten und der Führungskraft stilistisches Anpassungsverhalten abverlangen.

> **Beispiele:**
> - Auf Baustellen herrscht üblicherweise ein von rauher Direktheit geprägter Umgangs- und Führungsstil,
> - in gefahrengeneigten Großanlagen (zum Beispiel in der Chemie) wird stilistisch überlegene Sachkompetenz gefordert,
> - auf Top-Etagen dominieren als Stilelemente Höflichkeit, Distanz und offizielle Förmlichkeit des Umgangs.

D) Erfahrungen und zeitgeistige Strömungen schließlich bilden weitere Quellen, die stilprägend wirken.

Beispiele:

- Das längere Erlebnis einer leistungsrestriktiv arbeitenden Gruppe, die intensiv lokomotives Führen erforderte (vgl. dazu Ziffer 14.5), kann zu solchem Führen auch dann verleiten, wenn dies situativ nicht mehr angemessen ist,
- zeitgeistige Werthaltungen wie betonte Formlosigkeit des Umgangs oder die Relativierung von Werten wie Zuverlässigkeit und Ehrlichkeit können als »normal« auch in das Führen einfließen.

Schon an dieser Stelle wollen wir vermerken, daß das Werturteil der Geführten über die Güte eines praktizierten Führungsstils nicht allein anhand objektivierter Maßstäbe, sondern zugleich auch subjektiviert aus dessen Übereinstimmung mit gehegten Erwartungen und Wünschen gewonnen wird: Je genauer der wahrgenommene Stil damit übereinstimmt, als umso besser wird er bewertet werden. Gleiches gilt im umgekehrten Sinne. In die gehegten Erwartungen und Wünsche fließen Parameter ein wie Gewöhnungen/Erfahrungen, berufstypische Normen, ebenen-/qualifikationsspezifische Rollen etc. Daher ist die »Güte« eines Führungsstils zum Teil auch situationsspezifisch zu erklären (vgl. Abb. 14.1).

14.3.3 Empfohlene kognitive Stilelemente

Fassen wir die Ergebnisse unserer bisherigen Überlegungen zusammen, so gelangen wir auf der Grundlage der in Ziffer 14.1 genannten regulativen Leitsätze und aufgrund funktioneller Überlegungen zur Empfehlung folgender Stilelemente, die Sie in Ihrem Führungsverhalten situationsangemessen und bewußt kultivieren sollten:

A) Ziel-/wegmarkierend:
Als Vorgesetzter setzen Sie Ihren Mitarbeitern klare Orientierungsdaten dazu, *was* zu leisten ist und – wenn notwendig – *wie* es zu leisten ist. Bei auftretenden Schwierigkeiten in der Zielverfolgung sind Sie *vor* Ihren Mitarbeitern aufgerufen, Auswege zu finden. Das Stilelement impliziert Aktivitäten wie *Initiativsein* und *Richtungweisen*. **Als Vorgesetzter haben Sie »Ihrer Mannschaft« voranzugehen, und zwar zufassend, konkret und effizient,** nicht als Bürokrat, dessen Leistung sich in perfektionierter Aktenführung erschöpft. Bildhaft gesprochen: Sie haben das Pferd zu sein, das den Karren zieht, nicht der Karren, der von anderen gezogen werden muß.

B) Anforderungs- und belohnungsintensiv:
Beide Komponenten der Paarung scheinen in einer kontradiktorischen Beziehung zu stehen; tatsächlich aber bilden sie in motivationalem Führen eine Einheit.
Anforderungsintensiv ist in mehrfachem Sinne zu verstehen:

a) Als Vorgesetzter stellen Sie an Ihre Mitarbeiter innerhalb der natürlichen menschlichen Leistungsgrenzen (vgl. dazu Ziffer 15.3.3 Buchstabe C) nach dem *Prinzip der kalkulierten Überforderung* anspruchsvolle quantitative und qualitative Anforderungen bei der Vereinbarung von Leistungszielen und im Arbeitsverhalten.

b) Als Vorgesetzter richten Sie an jeden Mitarbeiter die Erwartung, daß er in seine Arbeitsleistung das ihm mögliche Goodwill-Potential einbringen wird.

c) Als Vorgesetzter fordern Sie von Ihrem Mitarbeiter das Persönlichkeitspotential des ernst und wichtig genommenen Partners als Erwartung, die übernommenen Aufgaben, Pflichten, Zusagen und anderen Leistungen tatsächlich und qualifiziert zu erbringen. Die Parameter des zu fordern-

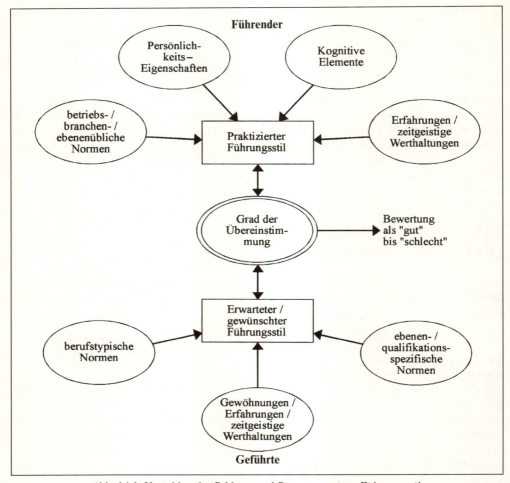

Abb. 14.1: Variablen der Bildung und Bewertung eines Führungsstils

den Arbeits-Ethos haben wir unter Ziffer 11.2 Buchstaben C/b ausgeführt (wiederholen Sie diese!).

d) Sie sind sich bewußt, daß jeder Mitarbeiter Potentiale an Know-how, Kreativität, Talenten und Interessen einbringt, die er in seiner Funktion nicht nutzen kann, weil sie dort gar nicht benötigt werden. Sie werden zur Erschließung auch dieser Reserven für den Betrieb nach Wegen und Möglichkeiten suchen, sie dem betrieblichen Leistungsprozeß zuzuführen.

e) *Sie sind sich schließlich bewußt, daß Sie Ihrer Intention, in anforderungs-intensivem Führen die Leistungspotentiale Ihrer Mitarbeiter auszuschöpfen und ihren Aktionspotentialen Freiräume zu eröffnen, als Vorgesetzter durch eigene Führungsfehler selbst im Wege stehen und so selbst als gefährlicher Vernichter vorhandener Motivation wirken können!* Also werden Sie Ihr eigenes Verhalten auf demotivierende und erfolgsmindernde Elemente hin ständig kritisch überprüfen.

Die Legitimation zu anforderungs-intensivem Führen beruht zum einen auf der Ausstattung des Arbeitnehmers mit den weltweit zur Spitze gehörenden Konditionen, was Entgelte, soziale Absicherung und Kürze der Arbeitszeit anbelangt. Dazu ergänzend aber ist das Unternehmen in motivationaler Führung legitimiert

- aus seiner übernommenen Selbstverpflichtung, als Gegenstück zum arbeitnehmerseitig ausgebrachten Leistungsoptimum die eigenen überrechtlichen Belohnungsmöglichkeiten auszuschöpfen,
- aus seinem Vertrauen und seinen Erwartungen in bzw. an die Leistungsfähigkeit und Leistungsbereitschaft des als Partner ernst und wichtig genommenen Mitarbeiters sowie
- aus dem Wissen, daß erst das Stellen kalkuliert hoher Anforderungen nach dem *Gesetz der sich selbst erfüllenden Prophezeiung* die im Mitarbeiter angelegten Leistungspotentiale voll entwickeln und zur Entfaltung bringen kann, so daß er erst dadurch in wünschenswertem Umfang persönliches Wachstum und Selbstachtung erfahren kann.

Sie werden als Vorgesetzter aber auch die natürlichen Grenzen der physischen und psychischen Leistungspotentiale Ihrer Mitarbeiter ermitteln, werden die autonom geschützten Reserven nicht in ständiger Überforderung verzehren und ihre Mitarbeiter zu »burn-outs« verkommen lassen. Da die Potentiale individuell unterschiedlich ausgestattet sind, werden Sie diese Grenzen sorgfältig ausloten und Anzeichen wirklicher Überforderung nicht einfach als »Drückebergerei« abwerten.

Grundlage der Legitimation zu anspruchsintensivem Führen bilden also nicht allein einklagbare Rechtsansprüche, sondern vor allem der aus dem Arbeits-Ethos wechselseitiger Leistungsoptimierung erwachsende innere Verpflichtungsgrad beider Seiten zu anspruchsvollem Leisten füreinander.

Verletzt der Arbeitnehmer die aus diesem Ethos erwachsenden Pflichten zurechenbar, werden Sie ihn mit seinen Defiziten sachlich konfrontieren, und zwar nicht verletzend und aggressiv, aber offen und deutlich. Dabei werden Sie ihm die Gefahr seiner Selbstabwertung vor Augen führen.

Belohnungsintensiv bedeutet, daß Sie als Vorgesetzter alle im Betrieb verfügbaren Belohnungspotentiale ausschöpfen und Ihren Mitarbeitern im Gegenzug zur erbrachten hohen Leistung zugänglich machen. Dies gilt für materielle Werte ebenso wie für immaterielle, für Ergebnisse der Arbeit wie für den Erlebnisbereich. Das Ziel dabei muß Angemessenheit im Austausch sein (vgl. Ziffer 9.7).

Dazu sollten Sie über die Herstellung von Entgeltzufriedenheit hinaus

- über Einzel- und Sonderwünsche von Mitarbeitern innerhalb betrieblicher Sachzwänge zu ihren Gunsten großzügig abwägen und entscheiden, soweit nicht offensichtlich unberechtigter Vorteilsverschaffung entgegenzuwirken ist,
- für vertretbare Mitarbeiter-Interessen *nach oben* sichtbar eintreten,
- sich anbietende Belohnungen Mitarbeitern freiwillig antragen,
- im Bedarfsfall deutlich machen, daß Belohnungs-Adäquanz und Gerechtigkeit nicht situativ, sondern nur zeitüberdauernd und summarisch möglich sind sowie
- Anregungen, Klagen oder Beschwerden ernsthaft prüfen und da, wo sie stichhaltig oder doch vertretbar sind, sollten Sie darüber sichtbar zugunsten der Mitarbeiter befinden und dies auch *nach oben* vertreten.

Das anzustrebende Empfinden der Balance zwischen Anforderungs- und Belohnungsintensität beim Mitarbeiter erfordert von Ihnen, durch langfristiges, sichtbares und glaubwürdiges Bemühen eine Basis summarischen Vertrauens zu schaffen, die unabhängig von der Einzelsituation intakt bleibt. Die Felder, auf denen Sie so verfahren werden, haben wir unter Ziffer 10 aufgezeigt.

C) Autoritativ:

Die beste Basis, auf die Sie als Vorgesetzter Ihren Führungseinfluß gründen können, ist Ihre *Autorität*, die Ihnen von Ihren Mitarbeitern, aber auch von Ihren Kollegen und Vorgesetzten, als Fachkraft, Führungskraft und Persönlichkeit verliehen wird (wiederholen Sie Ziffer 4.3!). Dank der ihr zugrundeliegenden Wertschätzung und der Freiwilligkeit ihrer Vergabe wird sie Ihr Schlüssel zu den Goodwill-Potentialen der Menschen Ihrer Umgebung sein. Die *stellengebundenen, formellen Herrschaftsbefugnisse* werden Sie dann einsetzen, wenn aufgrund der situativen Umstände die Möglichkeiten autoritativen Führens nicht ausreichen sollten und die verbindliche, gleichwohl in höflichem Stil vorgebrachte, Anordnung sich als einziges sinnvolles Führungsmittel anbietet. Den Gebrauch *faktischer Beherrschung* sollten Sie auf den seltenen Ausnahmefall beschränken und dabei auf Konsens zum System der anerkannten Werte nicht verzichten.

D) Dialogisch-partizipativ:

a) Dialogisch führen heißt, den Austausch von Meinungen zwischen sich und seinen Mitarbeitern suchen und pflegen. Dazu müssen wir den Meinungen anderer Bedeutung zumessen sowie zugleich anerkennen, daß Meinungen stets von Subjektivität geprägt sind und deshalb nur beschränkten Wahrheitsgehalt beanspruchen können – auch die eigenen. Als Vorgesetzter sollten Sie also auf den Anspruch der von vornherein »allein-selig-machenden Meinung« verzichten und den Meinungen Ihrer Mitarbeiter Gewicht beimessen wollen. Dies setzt Dialogbereitschaft und Dialogfähigkeit voraus. Die letztere erfordert zudem, wohlwollend zuhören zu können. Dem stehen heute die unter vielen Zeitgenossen verbreiteten Haltungen wie die Überhöhung eigenen Wissens, die vorurteilsvolle Abwertung abweichender Standpunkte und die vermeintliche stete Zeitknappheit entgegen. Die folgenden Ausführungen machen aber deutlich, daß Sie auf den Dialog um Ihres Führungserfolges willen angewiesen sind.

b) Partizipatives Führen erfordert von Ihnen als Vorgesetztem, zu allen Vorgängen und Entscheidungen den oder die für sie kompetenten Mitarbeiter hinzuzuziehen, zu informieren und in den Meinungsbildungsprozeß einzubeziehen. Kompetent dafür ist, wer von einem Vorgang oder einer Entscheidung

a) *persönlich betroffen ist* (betrifft Bestand und Konditionen des Arbeitsverhältnisses),
b) *sachlich betroffen ist* (betrifft Arbeitsplatz/Aufgabengebiet eines Mitarbeiters),
c) *fachlich zuständig ist* (betrifft fachliche Qualifikation eines Mitarbeiters, bezogen auf Sachproblem).

In qualifiziertem Führen werden Sie Ihren partizipierenden Mitarbeiter *auch am Erfolg* Ihrer Entscheidung teilhaben lassen.

Mit Partizipation verfolgen wir folgende Ziele:

a) Sie erschließen sich zur Entscheidungsfindung das Know-how-Potential Ihrer Mitarbeiter, das als Experten- und Spezialisten-Know-how Ihrem eigenen durchaus gleichwertig oder sogar überlegen sein kann. Die zunehmende Vernetzung aller betrieblichen Funktionsbereiche lassen zudem Gegenstände und Tragweite von Entscheidungen immer komplexer und risikoreicher werden. So erhöhen Sie die Qualität Ihrer Entscheidungen;
b) Sie informieren Ihre Mitarbeiter frühzeitig über anstehende Entscheidungen und Maßnahmen und lassen sie daran teilhaben. Sie fühlen sich dadurch nicht mehr in der Stellung von Objek-

ten, über deren Köpfe in eigenen Angelegenheiten hinwegentschieden wird, sondern sie sehen sich als ernst und wichtig genommene Partner in das betriebliche Geschehen eingebunden und so als teilhabende Subjekte bewertet. Daraus folgt:

c) Sie eröffnen sich die hohe Chance, daß Ihre Mitarbeiter die Entscheidung, die jetzt zugleich auch ihre *eigene* Entscheidung geworden ist, mittragen und realisieren werden.

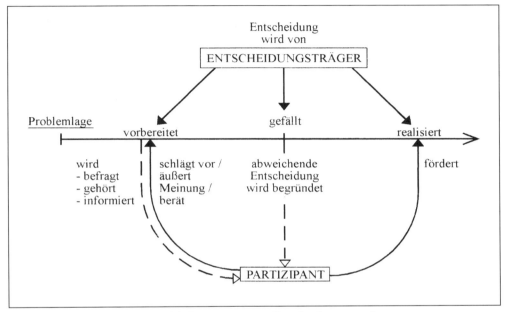

Abb. 14.2: Partizipation am Entscheidungsprozeß

Es liegt bei Ihnen, Meinungen und Empfehlungen Ihrer Mitarbeiter in Ihrem Entscheidungsprozeß so hoch zu gewichten, daß Partizipation de facto zur *Mitbestimmung am Arbeitsplatz* wird. In dieser Form entfaltet sie ihre höchste motivierende Wirkung. Im anderen Extrem kann Partizipation auf der Stufe der Information oder Anhörung Ihrer Mitarbeiter verharren (was bei sachlich gebundenen Entscheidungen, die keinen Spielraum eröffnen, zwangsweise eintreten kann). Im letzteren Fall wie auch dann, wenn sachliche Gründe eine von den Empfehlungen Ihrer befragten Mitarbeiter abweichende Entscheidung erzwingen, wird es notwendig, ihnen die Sachzwänge zu begründen.

In keinem Fall verlagert Partizipation die funktionell getroffenen Zuständigkeiten. Dies bedeutet: Der Vorgesetzte bleibt alleinzuständig für die ihm obliegende Entscheidung, der Partizipant ist zuständig für die Richtigkeit seiner Beratung. Danach ergeben sich nach dem Kongruenzprinzip folgende Beteiligungen am Entscheidungsprozeß:

Partizipation an Entscheidungen ist nicht auf den dargestellten Fall beschränkt. Sie kann in umgekehrter Richtung auch darin bestehen, dem Mitarbeiter *seitens des Vorgesetzten* in seinem Aufgabenbereich Beratung zukommen zu lassen, wenn er sie anfordert. Dabei muß allerdings klargestellt sein, daß Partizipation auf Know-how-Transfer beschränkt ist und nicht zur offenen

	Entscheidungsträger	Partizipant
Aufgabe	Problemlösung	Beratung
Kompetenz	Bestimmung der Entscheidungs-qualität	Bestimmung der Beratungs-qualität
Verantwortlichkeit	Zuweisung des Entscheidungs-ergebnisses	Zuweisung des Beratungs-ergebnisses

Abb. 14.3: Funktionen der Beteiligten im partizipativen Entscheidungsprozeß

oder versteckten Verlagerung von Aufgaben, Risiken oder Verantwortlichkeiten (Fall der »Rück-delegation«) nach oben mißbraucht werden darf.

Wird sie in diesem Sinne auch horizontal und schräg, d. h. zwischen allen Instanzen geübt, bildet partizipatives Kooperieren den Weg, die *gesamten* in der Belegschaft vorhandenen Know-how-Potentiale auszuschöpfen. Bedingung dafür ist, daß partizipierende Beratung als Goodwill-Leistung belohnt wird und der Berater nicht dadurch, daß er sich mit der Preisgabe seines Know-hows entbehrlich macht und seinen Arbeitsplatz gefährdet, seine »Selbstenthauptung« andient.

Bei unserem Eintreten für partizipatives Kooperieren soll nicht übergangen werden, daß *in Ausnahmesituationen* die alleinige Entscheidung effizienter sein kann: zum Beispiel als Krisenmanagement

– unter zeitlichem Entscheidungsdruck,
– bei kurzfristig zu treffenden Risiko-Entscheidungen oder
– bei Reaktionen auf abrupte Änderungen von Rahmenbedingungen.

Stets aber wird dies zu erklären sein.

E) Menschen-akzeptierend:

Als Vorgesetzter akzeptieren Sie im Mitarbeiter am Arbeitsplatz *den ganzheitlichen Menschen* mit allen seinen Ansprüchen an die Qualität des Mensch-Seins, die ihm als Persönlichkeit und Mitglied unserer Gesellschaft nach der Werteordnung unserer Zivilisation und unserer Rechtsordnung zusteht. Die Sensibilität dafür im positiven Sinne ist bei vielen Menschen gering geworden. Aber wir haben uns große Sensibilität *für Unrecht* entwickelt, das uns *von anderen* zuteil wird. Deutlicher als die positive läßt deshalb vielleicht die negative Umschreibung dessen erkennen, was mit diesem letzten Stilelement ausgesagt werden soll:

>**»Was du nicht willst, das man dir tu',**
>**das füg' auch keinem and'ren zu!«**

Führen Sie Ihre Mitarbeiter als Menschen so, wie Sie selbst von *Ihrem* Vorgesetzten geführt werden möchten!

Akzeptieren Sie den Menschen so, wie er Ihnen gegenübertritt und werten Sie ihn nicht deshalb ab, weil er anders denkt und handelt als Sie. Auch aus der funktionellen Unterstellung läßt sich keine Legitimation ableiten, den Menschen am Arbeitsplatz abwertender zu zu behandeln und minderwertiger einzustufen, als es ihm im Status der Privatperson zusteht. Dabei ist Abwerten auch nonverbal möglich: im herablassenden Umgang, im Manipulieren, im Übergehen, im mangelhaften Informieren, im »Kaufen«, im Behandeln des Menschen als *Verfügungsmasse.*

14.3.4   Das Spannungsfeld zwischen typisierten Verhaltensanforderungen, Persönlichkeitsstruktur und betrieblicher Realität in der Praxis

Die Realität der betrieblichen Praxis läßt erkennen, daß die gewachsenen Strukturen der Persönlichkeit die am stärksten prägenden Kräfte für den praktizierten Führungsstil bilden. Dies läßt sich zunächst den unter Ziffer 14.3.2 erwähnten Beispielen entnehmen. Augenscheinlich belegt wird dies durch zwei Untersuchungen des geva-Instituts München aus den Jahren 1992/93 1). Unter den in der ersten Erhebung befragten ca 4.300 Führungskräften aller Ebenen wurden 5 vorherrschende persönliche Verhaltensstile ermittelt, die folgende Häufigkeit aufwiesen:

	Häufigkeit verteilt auf	
	Männer (in %)	Frauen (in %)
sachorientiert-partnerschaftlich	30,1	21,7
partnerschaftlich-kooperativ	15,0	11,7
autorität-direktiv	14,8	10,6
autoritär-instabil	16,2	23,8
laissez-faire	23,9	32,3

Als voll akzeptabel bewerten die befragenden Psychologen nur das zuerst genannte Merkmal, bedingt akzeptabel das zweite, und die übrigen Merkmale gelten als unakzeptabel. Danach konnte nur etwa 27 % der Befragten bescheinigt werden, »... daß sie ihre Mitarbeiter im großen und ganzen erfolgreich führen«.

Die enge Persönlichkeitsgebundenheit des Führungsstils könnte erklären, weshalb Führungskräfte in der Praxis nur eine relativ geringe Bereitschaft zeigen, ihren Führungsstil zu diskutieren.

Das Kultivieren eines qualifizierteren Stils setzte nicht nur das Erlernen der optimalen Stilelemente, wie oben dargestellt, voraus, sondern zugleich das Verlernen überholter eingeschliffener Verhaltenselemente. Dies erforderte zum einen ständiges diszipliniertes Arbeiten gegen die alten Untugenden, vergleichbar dem Training für den Sprung über den eigenen Schatten: Führen seiner selbst. Zuvor und zum zweiten ist die realistische Erkenntnis des Ist-Befundes gefordert: Wo liegen meine Stärken, vor allem aber meine Schwächen?

Dazu brachte die zweite Untersuchung zutage, daß Führungskräfte ihr Führungsverhalten mehrheitlich selbst deutlich besser einschätzen, als ihnen das seitens der von ihnen geführten Mitarbeiter zugebilligt wird. Dies gilt sowohl für die Zuordnung zu den oben angeführten Führungsstiltypen als auch für einzelne Führungsmerkmale. Dem Vermögen zur realistischen Selbsterkenntnis sind, bewußt oder unbewußt, enge Grenzen gesetzt (vgl. Abb. 14.4/14.5).

Als Gründe dafür werden genannt

- idealisierende Selbstüberhöhung,
- mangelnde Kritik- und Rückmeldeoffenheit,
- mangelnde Sensibilität und Wertschätzung gegenüber Mitarbeitern,

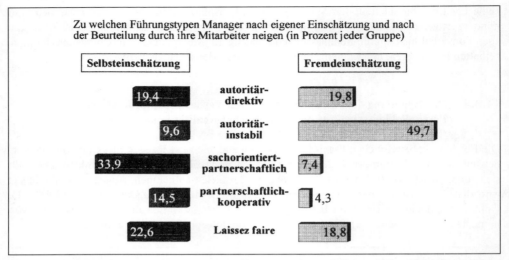

Abb. 14.4: Zuordnung von Vorgesetzten zu Führungsstilen in Selbst- und Fremdeinschätzung
(Quelle: geva-Institut München in Wirtschaftswoche Nr. 11/1994 S. 70ff (71))

aber auch deutlich gestiegene Ansprüche an das Führungsverhalten ihrer Vorgesetzten auf der Seite von Mitarbeitern, deren Selbstwertgefühl dank ständig steigender Qualifikation zunimmt.

Zusammenfassend empfehlen wir Ihnen:

- Bemühen Sie sich aktiv um ein realistisches Bild Ihrer Stärken und Schwächen im praktischen Führen.
- Verschaffen Sie sich das Image des rückmelde- und kritikoffenen Vorgesetzten (vgl. dazu Ziffer 14.4 Buchstabe W), indem Sie Ihre Mitarbeiter zu ehrlicher Beurteilung Ihres Führungsverhaltens ermuntern und dafür belohnen (und nicht etwa bestrafen!), und beziehen Sie in diese Rückmeldung auch das Urteil von Freunden, Partnern und sonstigen Ihnen nahestehenden Personen ein, denen Sie vertrauen dürfen.
- Versuchen Sie, festgestellte Schwächen, die sich als persönlichkeitsbedingt in Ihrem Verhalten eingeschliffen haben, im Wege anhaltenden, disziplinierten Arbeitens an sich selbst zurückzudrängen und zu überwinden, ohne dabei Ihr Selbstwertgefühl zur Disposition zu stellen (bedenken Sie:»nobody is perfect!«).
- Kultivieren Sie ebenso bewußt die oben empfohlenen Stilelemente eines qualifizierten Führungsstils.
- Entwickeln Sie Sensibilität für Ihre Mitarbeiter und die an Sie gerichteten Stilerwartungen, und versuchen Sie ihnen im Rahmen des Möglichen und Verträglichen Rechnung zu tragen; sprechen Sie sie aber über unrealistische und überzogene Erwartungen an.

Schließlich: Damit ein bestimmter und gewollter Stil des Führens im Arbeitsverhalten aller Mitarbeiter seine Entsprechung finden kann, erscheint es wünschenswert, daß zentrale Stilelemente in der betrieblichen Realität von den dortigen Führungskräften *einheitlich* angewendet werden. Dies setzt voraus, daß die Betriebsleitung den gewollten Stil beschreibt und in Leitsätzen für Führung und Zusammenarbeit zur Norm erklärt, daß ihre Führungskräfte ihn annehmen und in ihrem

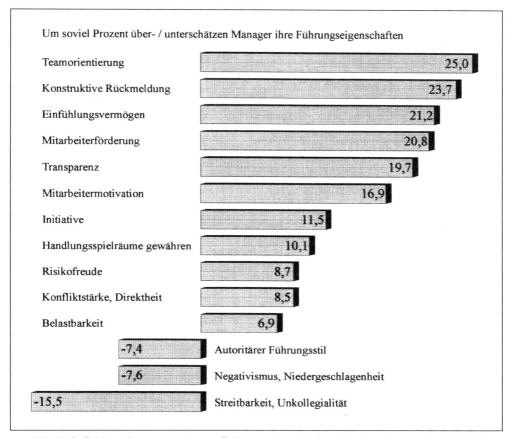

Abb. 14.5: Fehleinschätzungen eigener Führungseigenschaften (Quelle: wie vorstehend, S. 74)

Führungsverhalten realisieren. Das wird nur in wenigen Betrieben der Fall sein. *Sie sollten sich deshalb darauf einstellen, den hier empfohlenen Führungsstil aufzunehmen und in* **Ihrem** *unterstellten Bereich gegebenenfalls allein zu praktizieren.* Sind Sie nämlich nicht an einen verbindlich erklärten Stil eines Unternehmens gebunden, so wird Ihnen die relative organisatorische und psychologische Eigenständigkeit Ihres Führungsbereiches immer noch genug Freiräume belassen, Ihre Überzeugungen und Erkenntnisse optimalen Führens in die Praxis einzubringen. Die mit »erhobenem Zeigefinger« vorgenommene Kundgabe Ihres besseren Wissens an benachbarte oder gar überstellte Führungsbereiche empfiehlt sich dabei nicht. *Das gute Beispiel muß aus sich heraus wirken.* Ebensowenig sollten Sie sich dann, wenn die vorgefundenen Gepflogenheiten im Führen von Ihren eigenen Erkenntnissen und Überzeugungen negativ abweichen, diesen Gepflogenheiten aus Bequemlichkeit oder Karriere-Opportunismus einfach anschließen und Ihr besseres Wissen über Bord werfen. Wahren Sie hier unaufdringliche Eigenständigkeit.

14.4   Zentrale Gebote qualifizierten Führens im Alltag beachten

A)   Die Anforderungen des Tages positiv annehmen

An Sie als Führungskraft stellt der Arbeitstag höhere Anforderungen als an Ihre ausführenden Kräfte. Sehen Sie schon am Morgen weniger die Lasten und Schwierigkeiten, die es zu bewältigen gilt, als die Chancen, die der neue Tag für Sie bereithält, erfolgreich zu sein. *Probleme sind Chancen!* Die positive Einstellung, mit der Sie Ihre Aufgaben angehen, entfaltet nach dem Gesetz der sich selbst erfüllenden Prophezeiung die Kraft, sie erfolgreich zu lösen, und Ihr Optimismus setzt sich über den ganzen Tag fort. **Gedanken sind geistige Kräfte!** Beginnen Sie mit Ihrer »Aufbauarbeit« schon in Ihrer Wohnung mit Zeit für das gute Frühstück und mit der gelassenen Hinnahme des morgendlichen Verkehrsstaus.

Lassen Sie auch Ihre Mitarbeiter an Ihrer positiven Einstellung zur Arbeit des Tages teilhaben. Begegnen Sie ihnen gutgelaunt und optimistisch. Vermeiden Sie es, ihnen gleich morgens mit der Miene eines schlechtgelaunten Griesgrams gegenüberzutreten und mit Ihrem Pessimismus die letzten Funken an Freude und Spaß für die Tagesarbeit auszutreten. Hellen Sie so den Tag schon morgens auf.

B)   Gerechtigkeit üben

Gerechtigkeit bildet einen der zentralen positiven Werte im Führen, die Arbeitskräfte im Verhalten ihrer Vorgesetzten erwarten.

Gerechtigkeit zu üben bedeutet vor allem,

- das Arbeitsgeschehen und einzelne Vorkommnisse nach Maßstäben eines objektiven Beobachters angemessen und nachvollziehbar zu würdigen und zu regeln,
- Belohnungen wie auch Sanktionen ohne subjektive Willkür nach einheitlichen und billigenswerten Maßstäben zu gewähren bzw. zu verhängen sowie
- subjektive Vorlieben oder Ungeliebtheiten gegenüber den Beteiligten unberücksichtigt zu lassen.

Das Gebot zu Gerechtigkeit im Führen wird in der Praxis zum Beispiel gefährdet, wenn der Vorgesetzte

- die Bedingungen einer Situation nicht sachgerecht würdigt oder/ und sie zu Teilen nicht oder nur verzerrt wahrnimmt,
- unter affektiven Spannungen stehend zu Fehlergebnissen gelangt,
- zu unangemessenen Bewertungen der Situation gelangt, weil er sich gegenüber den Beteiligten von Sympathien oder Antipathien, insbesondere von »persönlichen Beziehungen« leiten läßt,
- einzelne Beteiligte bevorzugen muß, weil er sich zuvor durch die Annahme privater »Gefälligkeiten« in verpflichtende Abhängigkeit zu ihnen begeben hat, die sie sich jetzt honorieren lassen,
- sich emotional von der Situation schnell überwältigen läßt.

Der Eindruck, von seinem Vorgesetzten ungerecht behandelt worden zu sein, wirkt im Mitarbeiter bohrend fort und wirkt wegen seines abwertenden Charakters stark demotivierend. Subjektiv gewonnen, kann er auch unberechtigt sein.

Das Bemühen um Gerechtigkeit im Führen setzt in der Person des Vorgesetzten zunächst *Augenmaß, Objektivität, charakterliche Integrität* und *Unbestechlichkeit* voraus. Dem unberechtigten Vorwurf von Ungerechtigkeit ist mit der Bereitschaft zur offenen Aussprache mit Hintergrundinformationen zu begegnen.

C) Mitarbeiter gruppen-differenziert gleichbehandeln
a) Allgemeiner Grundsatz

Das Gebot zu **Gleichbehandlung** gebietet, im Gebrauch von Macht in gleichartigen Situationen gleich zu verfahren. Der in Art. 3 GG für den staatsrechtlichen Status des Menschen entwickelte Grundsatz ist gemäß § 75 Abs. 1 BetrVG auch im Arbeitsleben zu beachten. Im Führen bedeutet dies als Sonderfall gerechten Handelns, *Mitarbeiter in gleichartigen (nicht aber in ungleichartigen!) Situationen gleich zu behandeln.* Die Frage der Gleichartigkeit ist am gesamten situativen Kontext zu prüfen. In ungleichen Situationen dagegen ist der Ungleichheit angemessen unterschiedlich zu verfahren.

Bevorzugung als Ungleichbehandlung im Einzelfall kann geboten sein, wenn strikte Gleichbehandlung infolge besonderer Umstände in der Person eines Mitarbeiters zu unbilligen Ergebnissen führen würde. Solche Umstände können zum Beispiel in seinem gesundheitlichen Zustand, in familiären oder beruflichen Ausnahmesituationen oder auch im besonderen Wert einer Fachkraft für den Betrieb liegen. Die führungspsychologische Schwierigkeit liegt darin, daß die nicht bevorzugten Mitarbeiter die gewährte Bevorzugung nicht selten objektiv überbewerten, weil sie ihre eigene Nicht-Bevorzugung psychologisch als »Bestrafung« empfinden (*psychologischer Potenzierungseffekt*).

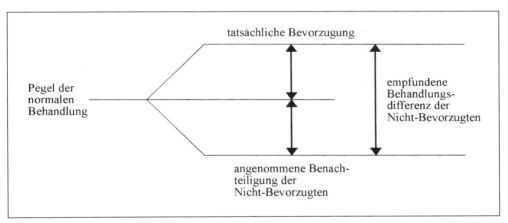

Abb. 14.6: Psychologischer Potenzierungseffekt

Die hieraus von Praktikern nicht selten abgeleitete Folgerung, Bevorzugungen als »Präzedenzfälle« generell abzulehnen, ist aber falsch, weil sie nicht zu sachgerechten Ergebnissen führen kann.

Die im Einzelfall gebotene Bevorzugung von Mitarbeitern läßt sich mit dem Gleichbehandlungsgebot folgendermaßen in Einklang bringen:

aa) für die Bevorzugung muß in der Person des zu Bevorzugenden ein sachlicher, vom Normalen abweichender Grund vorliegen;

bb) es ist eine Bevorzugung zu gewähren, die dem Grund angemessen und für andere Personen in diesem Sinne einsichtig ist;

cc) bei Vorliegen eines solchen Grundes wird eine angemessene Bevorzugung auch den anderen Mitarbeitern zuteil.

Gleichbehandlung wird so nicht situativ, sondern zeitübergreifend gewahrt.

Da Bevorzugungen der genannten Art als helfendes betriebliches Entgegenkommen in Not- oder Sonderfällen zu zentralen Belohnungen gehören, wird im Ermessen des Vorgesetzten bei motivierendem Führen den berechtigten Belangen des Mitarbeiters größtmögliche Priorität einzuräumen sein. Dagegenstehende betriebliche Sachzwänge sind sorgfältig abzuwägen.

In folgenden Punkten wird Gleichbehandlung in der täglichen Arbeit von Mitarbeitern mit besonderer Sensibilität wahrgenommen:
- persönliche Begrüßung/Verabschiedung (mit/ohne Handschlag?, falls üblich, alle bedenken!);
- Gratulationen zu Geburtstagen und sonstigen Anlässen (falls eingeführt, keinen übersehen, auch an Wochenenden und Feiertagen nicht; Kalender führen!);
- dienstliche Behandlung von »Duz-Freunden« (private und dienstliche Sphäre trennen; es hat sich bewährt, »Duz-Freunde« in der dienstlichen Öffentlichkeit zur Herstellung gleicher Umgangsformen mit »Sie« anzusprechen; dazu ist aber vorherige persönliche Klarstellung zu empfehlen).

Benachteiligungen von Mitarbeitern *lassen sich nur als Sanktionen auf vorheriges, zu vertretendes Fehlverhalten rechtfertigen.* Auf sie wird unter Ziffer 20.5 eingegangen. Willkürlich vorgenommene Benachteiligungen wie Schikanen oder persönliche Racheakte finden in motivierendem Führen keinen Platz.

b) Gruppenspezifische Differenzierungen
Ungeachtet des unter a) Gesagten sind Differenzierungen des Gleichbehandlungsgebotes notwendig *zwischen Angehörigen unterschiedlicher Gruppen* mit signifikanten biologischen, psychischen, ethnischen, sozialen oder sonstigen Wesensverschiedenheiten.

Beispiele:
- Frauen und Männer,
- (dienst-)jüngere und (dienst-)ältere Menschen,
- deutsche und ausländische Mitarbeiter,
- hochqualifizierte und leicht ersetzbare Arbeitskräfte.

Hier ist differenziertes Vorgehen, welches die gruppenspezifischen Eigenheiten berücksichtigt, angezeigt (vgl. Ziffer 23). *Gleichbehandlung, wie unter Buchstabe a) gefordert, kann nur innerhalb der jeweiligen Gruppe sinnvoll sein.*

D) Vertrauen erwerben
Vertrauen bildet eine der tragenden Säulen jeder von positiven Werten geprägten zwischenmenschlichen Beziehung. Ihm kommt innerhalb der Führungsbeziehung, die auf Dauer und auf verläßliches Zusammenwirken angelegt ist; höchstes Gewicht zu. *Vertrauen, das andere uns geben sollen, können wir nicht einklagen, es muß uns entgegengebracht werden.* Damit dies geschieht, müssen wir uns seiner im wahrsten Sinne des Wortes »würdig« erweisen. Die folgenden Verhaltensmerkmale werden Ihnen helfen, Ihre Vertrauenswürdigkeit gegenüber dem Mitarbeiter im Führen unter Beweis zu stellen:

a) Berechenbar verhalten
Stellen Sie Ihr Führungsverhalten auf eine *klare Linie* ab, aus der Ihre Mitarbeiter ersehen können, woran sie bei Ihnen sind. Unter klarer Linie verstehen wir keine simplen mechanistischen »... wenn, dann ...«-Maximen, sondern Transparenz in Auswahl und Rangfolge der von Ihnen bevorzugten Verhaltensanforderungen, Ihre Reaktionsmuster bei positiven wie negativen Leistungs-

befunden, bei Konflikten und in ähnlichen Situationen. Die Mitarbeiter sollen sich auf Ihr Verhalten einstellen, und das gibt ihnen um so mehr innere Sicherheit, je berechenbarer Ihr Verhalten bleibt. Wenn Sie Anlaß zu kritischer Rückmeldung sehen, dann legen Sie die Karten offen auf den Tisch.

Es gibt Vorgesetzte, die ihre Mitarbeiter bewußt im unklaren lassen über das, was sie denken. Die daraus resultierende Verunsicherung, ja Angst, das unerklärliche Verhalten ihres Vorgesetzten könnte eine verdeckte Spielart von Mißbilligung oder Tadel darstellen, bewirkt in ihnen eine Art willfähriger Unterwerfung. Darauf setzen solche Vorgesetzte. Daß ein solches »Management by Horror« Arbeitszufriedenheit und Goodwill-Bereitschaft im Keim erstickt, liegt auf der Hand.

Ähnlich negativ wirkt sich ein von *Launenhaftigkeit* gekennzeichnetes Führungsverhalten aus. *Bemühen Sie sich, in einer ausgeglichenen Stimmungslage zu führen* und affektive Spannungen, zum Beispiel aus dem familiären Bereich, aus Ihrer Führungstätigkeit herauszuhalten (vgl. dazu Buchstabe S).

b) Klare Anordnungen erteilen

Erteilen Sie Ihren Mitarbeitern eindeutige Anordnungen. Nur auf diese Weise können sie erfahren, welche Verhaltensweisen und Leistungen von ihnen gefordert und wie erwartete Ziele beschaffen sind. Es ist der gleiche Typ eines Vorgesetzten wie der vorstehend erwähnte, der danach strebt, sich möglichst wenig festzulegen, sich alle »Türchen offenzuhalten«, um jederzeit darauf ausweichen zu können, daß er mit seiner Anweisung etwas ganz anderes gemeint habe, als der Mitarbeiter nach bestem Wissen und Gewissen verstanden zu haben glaubte.

Vermeiden Sie, falls Sie in einem Mehrliniensystem führen, Anweisungen, die mit denen anderer Führungskräfte konkurrieren.

c) Wahr informieren

Vermitteln Sie Ihren Mitarbeitern seriöse, wahre und ausreichende Informationen. Lassen sie sich nicht auf Halbwahrheiten ein. Auch sachlich angemessene, aber aus »taktischen« Gründen unterlassene Informationen wirken als Unwahrheiten. Ihre Informations-Politik wird von Ihren Mitarbeitern als eines der zentralen Kriterien für Ihre Glaubwürdigkeit als partnerschaftlich führender Vorgesetzter gewertet (vgl. dazu Ziffer 21.2). Aus der Seriosität und Aktualität Ihrer Informationen werden zudem Rückschlüsse auf die Bedeutung Ihrer Stellung im gesamten betrieblichen Informationssystem gezogen. Beides entscheidet mit über Ihr Vorgesetzten-Image und das Ihrer Mitarbeiter bei Dritten.

d) Nicht suggerieren und manipulieren

Sie werden in der Führungspraxis häufig vor der Aufgabe stehen, Ihren Mitarbeitern (oder anderen Personen) eine von ihnen nicht erwünschte oder für richtig gehaltene Entscheidung, Problemlösung oder Regelung »verkaufen« zu müssen. Dies kann sich insbesondere dann, wenn sich zur Lösung des Sachgegenstandes auch andere, von Ihren Mitarbeitern u. U. bevorzugte Alternativen anzubieten scheinen, als schwierig erweisen.

Wählen Sie dann den Weg der Überzeugung, indem Sie sich hinter den gewählten Weg mit dem ganzen Gewicht Ihrer Argumente, Ihres Sachverstandes und Ihrer Person stellen. Auf die Glaubwürdigkeit Ihres Standpunktes kommt es dabei vor allem an. Ihre Mitarbeiter müssen fühlen, daß Sie Ihren Standpunkt in aller Aufrichtigkeit und nach bestem Wissen und Gewissen gewählt haben und vertreten.

Überzeugen gelingt nicht, wenn Sie sich auf Halbherzigkeiten, Hohlheiten, Opportunismus oder autoritäre Diktate stützen. Die Grenze des Überzeugens ist auch da erreicht, wo der Vorgesetzte aus der Überlegenheit seiner Position heraus seinen Mitarbeitern seine eigene Meinung regelrecht *suggeriert* (»Sie sind doch wohl nicht etwa anderer Meinung!?«) oder schlicht *aufzwingt* (»Ich gehe davon aus, daß wir einer Meinung sind!«). Dies wird nicht selten als »Konsens-Management« oder »Korpsgeist« mißbraucht. Dann sollte der Vorgesetzte gleich eine verbindliche Anweisung geben.

Greifen Sie auch nicht zum Beeinflussungsmittel der Manipulation.

> **Manipulation** bedeutet die bewußte Willens- oder Verhaltensbeeinflussung anderer mit dem Mittel des Täuschens über die gegebene Situation oder die verfolgten Ziele.

Auf diese Weise werden der Prozeß der Willensbildung oder mögliche Entscheidungs- oder Handlungsalternativen im Mitarbeiter eingeschränkt und gesteuert. Die häufigsten Erscheinungsformen von Manipulation bestehen darin, situations- oder zielrelevante Informationen
- zu unterdrücken,
- zu verfälschen,
- zu erfinden,
- zur Intransparenz zu vermengen oder
- zur Unzeit, in der sie »politische Wirkung« entfalten, in Umlauf zu setzen.

Meist werden die genannten Methoden kombiniert eingesetzt.

Manipulationen werden, da der Manipulierte ihnen ausgeliefert ist, häufig die mit ihnen verfolgten kurzfristigen Ziele erreichen helfen. Regelmäßig werden sie jedoch nachträglich entlarvt. Der manipulierte Mitarbeiter fühlt sich dann mißbraucht und abgewertet. Die so entstehende Demotivation zerstört jede vertrauensvolle Zusammenarbeit und Bereitschaft zu Goodwill.

e) Versprechen und Zusagen erfüllen

Erteilen Sie Ihren Mitarbeitern nur solche Zusagen und Versprechen, die Sie erfüllen können. Legen Sie dabei die Begriffe »Zusage« und »Versprechen« weit aus; häufig werden bereits vage Andeutungen und laut geäußerte Gedanken von denen, für die sie sich als vorteilhaft erweisen könnten, als informelle Zusage gewertet.

Das Nicht-einhalten-Können eines Versprechens oder einer Zusage bedeutet stets das Eingeständnis eigenen Fehlverhaltens, das Prestige kostet und meistens auch Ärger bereitet.

Die Ursachen dafür, Zusagen oder Versprechen nicht erfüllen zu können, bestehen häufig darin, daß ihr Gegenstand entweder nicht in den Zuständigkeitsbereich des jeweiligen Vorgesetzten fällt oder dessen Entscheidungsbefugnis überschreitet. Deshalb empfiehlt es sich, den erfüllbaren Rahmen für Zusagen oder Versprechen *vor* ihrer Abgabe zuverlässig abzustecken.

f) Vertraulichkeit wahren

Sie werden als Vorgesetzter über die Einsicht in Personalakten Ihrer Mitarbeiter oder aus Gesprächen immer wieder Zugang zu Informationen ihres engeren persönlichen Lebensbereiches erlangen. *Hüten Sie sich davor, derartige Informationen an Personen, für die sie sachlich nicht bestimmt sind, weiterzugeben!* Wenn dies geschieht und, was zu erwarten ist, unter Ihren Mitarbeitern bekannt wird, werden diese zwischen sich und Ihnen eine Mauer zwischenmenschlicher Distanz errichten, die Sie von Ihrer Umgebung isoliert. Die für effizientes Führen erforderliche Ausgewogenheit zwischen Distanz und Kontakt ist dann zerstört und der Ruf Ihrer Vertrauenswürdigkeit beschädigt. Umgekehrt bildet die Gewißheit Ihrer Mitarbeiter, Ihrer Verschwiegenheit trauen zu dürfen, eine tragfähige Brücke unverstellter Kommunikation in der täglichen Zusammenarbeit.

E) Vertrauen geben

So wichtig wie für Sie selbst ist es auch für Ihre Mitarbeiter, Vertrauen entgegengebracht zu bekommen. Dies erfordert von Ihnen, Vertrauen zu geben: in das, was sie sagen, was sie versprechen, in ihre Verläßlichkeit, in ihr Können, in ihre Leistungsfähigkeit.

Vertrauen zu geben bedeutet zugleich, Nicht-Zutrauen zu vermeiden. Nicht-Zutrauen teilt sich durch vielfältige Signale mit: »Kleine Herabsetzungen nur, wenig Dramatisches: die Antwort auf eine Initiative des Mitarbeiters wird ›vergessen‹, sein Vorschlag wird ›überhört‹, das leicht verächtliche Achselzucken, mildevielsagendes Lächeln, abweisend beschäftigte Miene bei der Besprechung, die etwas zu knappe Anweisung, unwirsches Unterbrechen ...« [2]. So, wie im Sinne der sich selbst erfüllenden Prophezeiung erwartetes Vertrauen den Menschen aufrichtet, wertet und baut versagtes Vertrauen den Menschen ab: Er wird zu dem, wofür man ihn hält.

In unserer Zeit ist die Bereitschaft zu spontanem Nicht-Zutrauen offenbar stärker ausgeprägt als die, Vertrauen zu geben. Der Zeitgeist lehrt in der Sprache der »Lebenserfahrenen«, derer, »die den vollen Durchblick haben«: Vertrauen sei gut, Kontrollieren sei besser (nach Lenin, mit den heute im ganzen ehemaligen Ostblock sichtbaren menschlichen Folgen), und: nichts zu glauben, was nicht bewiesen sei. Es sind die Argumente der »burn-outs«, der Zyniker, der Klima-Killer in unseren Unternehmen.

Heißt das: Blindes Vertrauen geben ohne Vorsicht? Wir meinen: Vertrauen bis zum ersten Beweis des Gegenteils. Den Versuch sollte uns die Chance wert sein. Dann muß der Mitarbeiter erfahren: Sein Vertrauensbruch bedeutet die Gefahr seiner Selbst-Abwertung. Geben Sie ihm dann noch eine Chance. Kontrollen als Maßnahmen der Erfolgssicherung bleiben hiervon unberührt (vgl. Ziffer 19).

F) Begründungen geben

Geben Sie Ihren Mitarbeitern beim Erteilen von Aufträgen und Anordnungen *Auskunft über ihren sachlichen Hintergrund und die mit ihnen verfolgten Zwecke*. Häufig kann der Mitarbeiter erst aufgrund dieser Informationen das Richtige tun. Die folgenden **Beispiele** mögen das verdeutlichen:

a) Der Vorgesetzte ist in seiner Entscheidung über die Beschaffung eines neuen Typs von Schweißgeräten von den Empfehlungen seiner Schweißer, die er dazu partizipativ herangezogen hatte, aus Kostengründen abgewichen. Ohne nachträgliche Darlegung dieser Gründe werden sie die Beschaffung der Schweißgeräte als Fehlentscheidung interpretieren und Partizipation künftig ablehnen.

b) Dem Fahrer eines Lieferwagens wurde bei Erteilung des Fahrauftrages mitgeteilt, daß er diesmal eine schnell verderbliche Ware geladen habe, die bis zu einem bestimmten Zeitpunkt unbedingt in die Kühlanlagen des Empfängers verbracht werden müsse. Aufgrund dieser Kenntnis entschied er sich selbständig dafür, einen gemeldeten Unfallstau auf der Autobahn zu umfahren, statt seine Auflösung abzuwarten.

c) Eine Gruppe von Programmierern, die sich mit größter Konzentration an einen Fehler in der Prozeßsteuerung einer Fertigungsanlage »herangepirscht« hat, wird aus ihrer Arbeit abgerufen, um anderswo einen Programmfehler zu beheben. Die aufkommende Frustration »über das ständige Hin und Her in diesem Laden« kann nur dadurch eingedämmt werden, daß ihnen die besondere Dringlichkeit des neuerlichen Auftrages glaubhaft dargelegt wird.

Erst die Begründung des Führungshandelns ermöglicht es dem Mitarbeiter häufig, den optimalen Weg zu suchen und Aversionen, die aus der Unkenntnis von Sachzwängen und der oft sehr diffizilen Hintergrundbeziehungen resultieren, zu vermeiden.

G) Sicherheit geben

Die meisten von uns Menschen leben mit dem Bedürfnis, in den wichtigen Fragen des Lebens, auch im Beruf, zu wissen, *wie man steht und wo man steht* und *woran man ist*. Fehlt die Gewißheit hierüber und entdecken sie sogar Anhaltspunkte für Zweifel daran, daß alles im Lote ist, dann entstehen mit Unsicherheit zugleich Gefühle des Unwohlseins, der Angst und sogar der Depressivität.

Arbeitshinweis: Versetzen Sie sich bei jedem der folgenden Beispiele in die Rolle eines betroffenen Arbeitnehmers und prüfen Sie, was Sie an seiner Stelle empfinden würden.

Beispiele:

a) Ein Vorgesetzter ist mit dem Verhalten/der Arbeitsleistung eines Mitarbeiters unzufrieden, und er reagiert darauf, indem er
   - ihn morgens bei der Begrüßung der anderen Kollegen und auch bei sonstigen Kontakten sichtbar schneidet,
   - ohne Einzelheiten zu nennen, andeutet, das könne der Betrieb sich nicht mehr lange so ansehen, er habe gehört, daß er (der Mitarbeiter) von oben wohl bald mit unangenehmen Dingen werde rechnen müssen;

b) im Betrieb wird angekündigt, daß die bisherigen Einstufungen sowie Fragen der Beförderung demnächst »nach neuen Grundsätzen« überprüft werden würden, diese aber bleiben im dunkeln;

c) es sickert durch, daß im Sektor der technischen Angestellten ein Personalabbau von bis zu 25 % zu Ist vorbereitet werde, aber alle Einzelheiten darüber werden als »streng vertraulich« seit Monaten zurückgehalten;

d) Mitarbeiter eines Bereichs sind in die neue Technologie nur unzureichend eingewiesen worden und arbeiten seitdem mit deutlich erhöhtem Fehlerrisiko, aber dieses wird ihnen persönlich angelastet;

e) ein Informatiker betreut seit längerem mit großem persönlichen Einsatz eine neue, heikle EDV-Anwendung, aber er erfährt auch nicht andeutungsweise etwas darüber, wie zufrieden der Betrieb mit den sichtbaren Erfolgen ist.

Unsicherheiten üben Zwänge aus, sich vor vermuteten Risiken und Gefahren abzusichern. Dazu werden fehlende Informationen inoffiziell beschafft und die dazu notwendigen Kanäle angezapft; es werden Verbündete gesucht und vermeintliche Gefahrenträger in Grabenkämpfen ins Abseits befördert. Unter den Beteiligten werden regelrechte Absicherungs-Strategien entworfen und verfolgt, die das Unternehmen erhebliche Potentiale an Zeit, Kraft, Energie und Kreativität kosten. Die zur Kompensation von Frustrationen und Ängsten eingesetzten Abwehrmechanismen bilden zudem Störpotentiale und binden Goodwill.

Auf der anderen Seite geben erst Sicherheit und Gewißheit in den lebenswichtigen Bereichen unseres Daseins die in uns angelegten Energie- und Aktionspotentiale frei, die dann in den entspannt erlebten Arbeitsprozeß einfließen können.
Wir empfehlen deshalb:

- Geben Sie Ihren Mitarbeitern ausreichende Rückmeldung über Ihre Bewertung ihres Arbeitsverhaltens und ihrer Leistungen, und halten Sie dabei auch mit Gesten Ihrer Wertschätzung nicht zurück (vgl. Ziffer 20);
- weisen Sie Ihre Mitarbeiter ausreichend in neue Aufgaben und Technologien ein, und überzeugen Sie sich davon, daß sie diese sicher beherrschen;
- geben Sie ihnen die Grundsätze zur Kenntnis, nach denen über die berufliche Zukunft Ihrer Mitarbeiter entschieden wird, und treten Sie dafür ein, daß nach diesen Grundsätzen auch verfahren wird;
- sprechen Sie notwendige Beanstandungen und Korrekturen im Verhalten und Arbeiten offen und ohne vage Androhung künftiger Übel und Konsequenzen aus;

- halten Sie Zeiten der Ungewißheit über künftig zu erwartende, unumgängliche Übel (zum Beispiel Freisetzungen) so kurz wie möglich, und legen Sie auch dabei die Karten so früh wie möglich offen auf den Tisch;
- verzichten Sie schließlich gänzlich darauf, Unsicherheit und Angst außerhalb der »letzten Chance« bewußt als reguläre Führungs- und Disziplinierungs-Strategie einzusetzen; ein solches »Management by Horror« wird längerfristig stets mehr Schaden als Nutzen bringen, insbesondere unter dem Wertebild motivationalen Führens.

H) Im Entscheiden Folgen für die Mitarbeitermotivation bedenken

Bedenken Sie bei der Vielzahl Ihrer Entscheidungen, die Sie in Ihrer Führungs- und Leitungstätigkeit zu treffen haben, über den reinen Sachaspekt hinaus auch die Wirkungen Ihrer Entscheidungen auf die Motivation Ihrer Mitarbeiter. Eine Entscheidung, die sich in Mark und Pfennig zu rechnen scheint, kann in höchstem Maße unwirtschaftlich sein, wenn sie auf Ihre Mitarbeiter demotivierend wirkt, weil sie zum Beispiel Ihnen bekannte Interessenpositionen verletzt, Handlungs- und Entscheidungsspielräume einengt oder sonstwie degradierenden oder abwertenden Charakter aufweist. Sofern Sachzwänge eine solche Entscheidung unumgänglich werden lassen, müssen Sie Ihren Mitarbeitern die Zwänge erläutern.

I) Für Mitarbeiter und ihre Anliegen Zeit haben

Vorgesetzte leiden unentwegt unter Zeitmangel, und Mitarbeiter müssen immer wieder erfahren, daß ausreichende Zeit gerade für das erbetene Gespräch nur selten zur Verfügung steht. Ohne die Frage eines effektiven Zeitmanagements hier zu vertiefen (vgl. dazu Ziffer 15.3.3), ist darauf zu verweisen, daß jeder Vorgesetzte täglich über das physikalische Maximum von 24 Stunden verfügen und selbst darüber befinden darf, wieviel davon er wofür aufwenden will. Das Argument »ich habe keine Zeit« lautet daher richtig: »Ich habe keine Zeit **für Sie**« (weil mir andere Dinge wichtiger sind). Das Bedenkliche hieran wird deutlich, wenn wir uns in Erinnerung rufen, daß der Mitarbeiter den wichtigsten Erfolgsvermittler des Vorgesetzten darstellt. Ebenso prägt die Erfahrung, vom Vorgesetzten mit kostbarer Zeit bedacht oder von ihr abgeschnitten zu werden, maßgeblich das Selbstwertgefühl des Mitarbeiters und seine Motivation.

Wir empfehlen deshalb, in den Dispositionen über das kostbare Gut »Zeit« dem Wert des Gutes »Mitarbeiter« in angemessenem Umfang Rechnung zu tragen.

Die weitere Frage, ob ein Vorgesetzter mit seinen Mitarbeitern über persönliche, ja sogar außerdienstliche Angelegenheiten sprechen solle, wird in der Praxis unterschiedlich beurteilt. Einzelne Vorgesetzte bevorzugen die strikte Trennung zwischen dienstlicher und privater Sphäre (»Dienst ist Dienst, und Schnaps ist Schnaps«) und lehnen das Gespräch in persönlichen Dingen ab. Wir halten dieses Vorgehen für bedenklich, weil vielfältige Ausdrucksformen des Arbeitsverhaltens (zum Beispiel Leistungsabfall, Aggressivität, Depressivität) ihre Ursachen im Privatleben haben. Sie können erst dann sachgerecht gewürdigt und im Führen angemessen berücksichtigt werden, nachdem der Vorgesetzte sie zur Kenntnis nehmen konnte.

Häufig liegen einem auffälligen Leistungsverhalten des Mitarbeiters negative Ereignisse in der Privatsphäre zugrunde, über die der Betroffene nur unter großer Zurückhaltung zu sprechen bereit ist. Der Vorgesetzte sollte ihm seine Gesprächsbereitschaft deshalb *nicht offensiv aufdrängen,* sondern *abwartend signalisieren.* Im Gespräch über die Verhaltensänderung bei dem Mitarbeiter findet sich dazu leicht ein »Aufhänger« (»Herr Müller, mir scheint, daß Ihre Arbeit Ihnen derzeit viel schwerer fällt als sonst. Sollten wir mal drüber reden?«). Oft wird der Mitarbeiter das Angebot erleichtert aufnehmen.

Zum Gespräch müssen Sie als Vorgesetzter, soll es seinen Zweck erfüllen, auf folgendes achten:
- sich vorbereiten,
- sich Zeit nehmen,
- ungestört sprechen (Telefonate, Besucher abblocken),
- dem Mitarbeiter mit Geduld zuhören, ihn reden lassen,
- mit ihm verständnisvoll und glaubwürdig nach Abhilfen suchen,
- absolute Vertraulichkeit wahren.

So machen Sie sich Ihren Mitarbeiter zum Freunde.

J) Zwischenmenschliche Schwelbrände löschen
Nicht selten entstehen aus offen oder verdeckt ungelösten Fragen zwischenmenschliche Spanungen und Verärgerungen, die gleich einem Schwelbrand vor sich hin glimmen, aber, da sie für einen offenen Konflikt nicht ausreichen, unbereinigt bleiben. Sie belasten die Beziehung der Beteiligten und zerstören Kommunikation und Zusammenarbeit (vgl. Ziffer 21.1). Indizien dafür bilden verdeckte Mittel der Konfliktaustragung: unübliche Mißstimmungen, reduzierte Kooperationsbereitschaft, Worte werden auf die Goldwaage gelegt und mit spitzen Bemerkungen kommentiert usw. Wir haben sie als »Abwehrmechanismen« unter Ziffer 9.9.2 bereits dargelegt.

Sofern Sie derartige Verhaltens-Anomalitäten bei einzelnen oder mehreren Mitarbeitern feststellen, sollten Sie versuchen, mit dem Mittel des offensiven Gesprächs ihre Ursachen zu erkunden und zu bereinigen. Gehen Sie davon aus, daß auch die betroffenen Mitarbeiter über die Spannungen nicht glücklich sind und Ihren ersten Schritt als erlösend empfinden werden. Ihr vorurteilsfreies Verständnis für die vorgetragenen Gründe der Verstimmung wird die Atmosphäre schnell bereinigen und dazu beitragen, daß Unklarheiten künftig von vornherein offener ausgetragen werden.

K) Kompromißfähig sein
In Ihrer Führungspraxis werden Sie häufig vor der Aufgabe stehen, mit anderen Mitarbeitern oder sonstigen Instanzen ein Problem aus *gegensätzlichen* Positionen oder Interessenlagen heraus lösen zu müssen. Geschähe dies rein sachbezogen, wären Lösungen relativ leicht zu gewinnen. Häufig sind Sachfragen jedoch mit Emotionen befrachtet, weil ihre Vertreter sich mit der Durchsetzung der eigenen Position identifizieren. So werden Sachfragen zu Prestigefragen. Nachgiebigkeit bedeutet dann zugleich Gesichtsverlust. So kämpft man verbissen mit allen Mitteln um »alles oder nichts«, um »Sieg oder Niederlage«. Das eigentliche Sachproblem gerät mehr und mehr in den Hintergrund, und aus Gegnern in einer Sache werden persönliche Feinde. Die weitere Zusammenarbeit ist gefährdet.

Entwickeln Sie deshalb Bereitschaft zum Kompromiß. Widerstehen Sie der im Management verbreiteten Versuchung, aus einer kontroversen Situation unbedingt als Sieger hervorgehen und Ihren Partner zum Besiegten degradieren zu müssen. Fast jede Position enthält Elemente, die Sie ohne Gesichts- oder ohne wesentlichen Interessenverlust preisgeben können. Mit ihrer Preisgabe erleichtern Sie es der anderen Seite, ebenfalls ohne Gesichtsverlust von ihren Maximalpositionen abzurücken. Zugleich sichern Sie sich das moralische Recht, in Ihren wichtigen Positionen hart zu bleiben. Sie müssen die »harten« und »weichen« Bereiche Ihrer Position allerdings rechtzeitig ausloten und notfalls solche zum Nachgeben aufbauen. Bleiben Sie dabei aber auf dem Boden der Realitäten und des für Ihren Gegner Zumutbaren. Der Gebrauch offensichtlich unrealisierbarer Verhandlungsangebote muß, wie die Tarifverhandlungen zum Beispiel im Öffentlichen Dienst des Jahres 1992 drastisch darlegten, zum Desaster führen!

Bei einer fühlbaren Befrachtung der zu lösenden Sachfrage mit Emotionen empfehlen wir:
- Schälen Sie das eigentliche Sachproblem, um das es geht, aus seiner Umklammerung mit Emotionen heraus,
- visualisieren Sie dies ggf., indem Sie das Sachproblem und die mitspielenden Emotionen einander auf einer Flipcard gegenüberstellen,
- zeigen Sie deutlich Ihre eigene Kompromißbereitschaft, und verdeutlichen Sie, daß Sie dabei selbst sowenig Gesichtsverlust empfinden wie Ihr Partner dies müßte,
- ziehen Sie äußerstenfalls einen Dritten als neutralen Schlichter hinzu.

Die Fähigkeit zum Kompromiß ist letzlich Ausdruck von Stärke. Zentrale Bereiche unseres Lebens, zum Beispiel die parlamentarischer und tarifvertraglicher Entscheidungen, aber auch das Familienleben, werden durch Kompromisse erst funktionsfähig.

Zurückhaltung kann sich allerdings dann empfehlen, wenn Kompromißbereitschaft von der anderen Seite erklärtermaßen als Schwäche aufgefaßt und ausgenützt wird. Ebenso ist Unnachgiebigkeit dann am Platz, wenn eindeutig nicht kompromißfähige Forderungen erhoben werden, wie zum Beispiel die nach gesetzwidrigem Verhalten.

L)   Schon heute mit dem »Kapital Zukunft« arbeiten

»Zeit ist Geld« sagt ein alter Slogan. Wenn wir uns dem anschließen, müssen wir schon heute mit der vor uns liegenden Zeit so umgehen, daß sie morgen Zinsen bringt.

Gemeint ist: Bedenken Sie im Umgang mit Ihren Mitarbeitern und allen anderen Menschen, daß Führung und Zusammenarbeit in Langfrist-Beziehungen stattfinden, die ständig intaktgehalten und gepflegt werden müssen. Auch künftig werden Sie mit Ihren Partnern noch auf der Basis positiver Werte zusammenarbeiten wollen und müssen. Diese Basis legen Sie in Ihrem Führungsverhalten *heute*, denn mit diesem Verhalten determinieren Sie deren Arbeitsverhalten *morgen*. Dies erfordert langfristiges Denken über die gegenwärtige Stunde und den gegenwärtigen Tag hinaus.

Wir empfehlen:
- Vermeiden Sie heute, Mitarbeiter zu Besiegten, zu Verletzten, zu Getäuschten, zu Manipulierten, zu Belogenen, zu Betrogenen zu degradieren, denn sie werden sich an Ihnen rächen;
- geben Sie Ihren Mitarbeitern heute Gelegenheit, sich Ihnen morgen als Ihre Freunde, Ihre Verbündeten, kurz: als diejenigen zu erweisen, auf die Sie sich verlassen können, die gern mit Ihnen zusammenarbeiten und auch Ihre Lasten mittragen.

Halten Sie es mit dem *Kaufmann,* der sich abends gutschreiben kann, mit großzügigem Geschäftsgebaren mittags einen neuen Kunden auf Dauer gewonnen zu haben, und nicht mit dem »Geschäftsmann«, der sich abends die Hände reibt, weil er mittags einen Kunden »über den Tisch gezogen und selbst das große Geschäft gemacht« hat, ohne zu bedenken, daß er diesen Kunden nie mehr wiedersehen wird.

M)   Auf »Übermenschentum« verzichten

Nicht wenige Führungskräfte pflegen ein Image des »Übermenschen-» bzw. »Heroentums«. Für sie gebe es, so suggerieren sie anderen,

- keine Aufgabe, der sie nicht gewachsen seien,
- keine neue Aufgabe, die sie zu übernommenen nicht zusätzlich auch noch annähmen,
- kein noch so strapazierender Auftrag, den sie nicht ausführten,
- keine zeitliche Belastung, die ihnen unzumutbar wäre,

- keinen »Untergebenen«, dem sie nicht überlegen wären, schließlich
- keine Herausforderung, die ihnen zu groß wäre.

Teils wird ein solches Image vom Arbeitgeber gefordert und durch attraktive Entgelt- und Karrie-reversprechen gefördert, teils streben die Führungskräfte es aus Ehrgeiz selbst an. Vernünftiger-weise verlangt kann es von niemandem werden.

Tatsache ist, daß qualifizierte Führungskräfte
- vor allem psychisch, aber auch physisch mehr gefordert werden,
- mehr und größere Risiken eingehen müssen,
- mehr Verantwortung zu tragen haben,
- mehr und effektiver arbeiten und leisten müssen sowie
- sich mehr disziplinieren und anpassen müssen

als Aufgabenträger in weniger qualifizierten Tätigkeitsfeldern.

Tatsache ist aber auch, daß Führungskräfte den gleichen biologisch gesetzten physischen und psychischen Leistungsgrenzen unterliegen wie andere Menschen auch und daß die ständige Über-schreitung dieser Grenzen nicht ungestraft bleibt: Typische »Managerkrankheiten« wie Magenge-schwüre, Herz-Kreislauf-Erkrankungen, erhöhte Karzinomgefährdungen bis hin zum psychischen »burn out« beweisen dies. Auch das Spitzeneinkommen kann die Gefahren nicht kompensieren. [3]
   Werden die Grenzen erreicht oder sogar überschritten und entgleitet der Führungskraft die Kontrolle über die Aufgaben, für die sie verantwortlich zeichnen muß, dann bleibt nicht selten statt des offenen Eingeständnisses dieser Tatsache nur noch die Flucht in die sogenannte »Ochsenfrosch-Politik« (Reinhard Mohn zugeschrieben): Das Heroen-Image wird auf vorgetäuschte (»aufgeblasene«) Größe gestützt. Kommt es zur Nadelprobe, fällt die Größe auf das menschliche Normalmaß zusammen und mit ihr der Heroe. Die Angst vor dem Nadelstich bewirkt ständigen, zusätzlichen Streß.

Wir empfehlen:
- Bekennen Sie sich dazu, daß auch Sie als qualifizierte Führungskraft den Maßen und Grenzen normalen Menschseins unterliegen,
- wirken Sie bewußt darauf hin, an Zielen und unter Bedingungen arbeiten zu können, mit denen Sie sich identifizieren können,
- ertasten Sie Ihre eigenen Leistungsgrenzen und *hören Sie auf Warnsignale von innen,*
- haben Sie den Mut, bei nicht mehr zu verantwortenden Überlastungen souverän und klar *nein* zu sagen,
- bekennen Sie sich auch vor Ihren Mitarbeitern zu den Grenzen Ihres quantitativen und qualita-tiven Könnens,
- aber setzen Sie auf der Grundlage dieser Erkenntnisse Ihr Leistungsvermögen voll ein.

Die Erfahrung lehrt, daß das letztere Bekenntnis als Ausdruck von Menschlichem im Vorgesetz-ten eher zu Achtung und Akzeptanz führt und Schäden viel seltener auftreten als beim Absturz des Heroen-Images auf das menschliche Normalmaß mit dem unausbleiblichen Prestigeverlust und der ebenso sicheren Schadenfreude.

N) In neuen Bereichen mit Augenmaß starten
Häufig stehen Führungskräfte mit hoher formaler Ausbildung, zum Beispiel einem Hochschuldi-plom, vor der Aufgabe, einen Bereich zu übernehmen, dessen konkrete Aufgaben oder Technolo-

gien ihnen fremd sind. Dort treffen sie auf Praktiker mit wesentlich geringerem Ausbildungsgrad, die ihnen die Kenntnis und die Beherrschung der geforderten Verhältnisse als »alte Hasen« voraushaben und insoweit überlegen sind.

Beispiele:

- Diplomierte Ingenieure übernehmen als Aufsichtskräfte technische Großanlagen und treffen dort auf hochqualifizierte Anlagenfahrer mit Meister- oder Facharbeiterausbildung,
- Ärzte übernehmen eine neue Station und treffen dort auf das »unakademische« Pflegepersonal, das gleichwohl jeden Patienten, seinen Befund und seine bisherige Therapierung genau kennt.

Nicht selten versuchen die Neuen, insbesondere wenn es sich um jüngere Nachwuchskräfte handelt, die empfundenen Know-how-Defizite und die davon ausgehende Unsicherheit hinter der Maske betont überheblichen/autoritären/arroganten Führungsgebarens zu verstecken. Obwohl die Neuen gerade in der Anfangszeit besonders auf die unterstützende Kooperativität der eingearbeiteten Mitarbeiter angewiesen wären, erreichen sie so genau das Gegenteil: Die letzteren fühlen sich brüskiert und in ihrem Können abgewertet. Sie ziehen sich von dem neuen »arroganten Chef« zurück, beschränken ihre Kooperativität auf das Minimum und suchen nach »pay-off-Strategien«, die dem Neuen das Leben erst recht schwermachen. Das Klima ist aufgrund der Tatsache, daß die ersten Eindrücke, die der Neue hinterläßt, besonders schlecht und lange nachwirken, langfristig gestört. Gleichzeitig legt der Neue die Grundlage für eigene Mißerfolge beim Start.

Wir empfehlen:
- Anerkennen Sie das Ihnen überlegene Wissen und Können der vorhandenen Mitarbeiter in der gegebenen Situation, Sie vergeben sich dabei gar nichts, erwerben mit Ihrer Ehrlichkeit aber Achtung und Kooperationsbereitschaft,
- bitten Sie die vorhandenen Kräfte um deren verstärkte Unterstützung in der für Sie kritischen Anfangsphase, und stellen Sie ihnen dafür Ihren Dank und Ihre Wertschätzung unter Beweis,
- bemühen Sie sich mit allen Kräften, das Know-how-Defizit schnell zu beheben, ohne danach Ihre Wertschätzung wieder abzubauen,
- Merke: Es ist das Markenzeichen wirklicher Team-Arbeit, daß sie über mehrere Ebenen hinweg funktioniert!

O) Vor Können und Leistung anderer Respekt zeigen

Es gehört zu den Psycho-Spielen in unserer von permanentem Wettbewerbsstreben getriebenen Gesellschaft, Riten des Siegens und der Überlegenheit über andere Menschen zu pflegen. Wo dies nicht absolut gelingt, wird mit den Methoden des Relativierens versucht, die Leistungen anderer zu ignorieren, zu übergehen oder herabzusetzen. Kaum etwas ist für viele Menschen schwerer zu ertragen als der Erfolg des anderen und schwerer zu vollziehen, als seine Leistung anzuerkennen!. Diese Denk- und Verfahrensweise wirkt verletzend und muß sich im Führen verhängnisvoll auswirken – dies um so mehr, wenn es gegenüber anerkannten Experten oder Spezialisten und deren Leistungen geschieht.

Wir empfehlen:
- Leisten Sie es sich, das spezielle Können Ihrer Mitarbeiter, aber auch Ihrer Kollegen und anderer Spezialisten, anzuerkennen, und sprechen Sie dies offen aus,
- zeigen Sie Interesse für ihre Fertigkeiten und ihr Know-how, und honorieren Sie ihr Können mit anerkennender Achtung,

- machen Sie sich von der unbegründeten Angst frei, Sie könnten sich selbst etwas vergeben, wenn Sie anderen Menschen zubilligen, auf ihren Spezialgebieten mehr zu können und zu leisten als Sie selbst.

P) Auf Pedanterie und Anpassungszwänge verzichten
a) Pedanterie
Selbstverständlich werden Sie bei Ihren Mitarbeitern auf Präzision und Gewissenhaftigkeit im Arbeiten achten. Davon unterscheidet sich freilich jene Manie, die sich in zwanghaftem Fanatismus zu Ordnung, Genauigkeit und sonstigen Kleinlichkeiten äußert und zur Erreichung der gesteckten Ziele überflüssig ist. Sie setzen sich dem berechtigten Verdacht aus, außer bürokratischer Kleinkrämerei »nichts drauf zu haben« und zur Verdeckung dessen Ihre Pedanterie als Schutzwall zu benötigen.

Wir empfehlen:
- Seien Sie da genau, wo es nötig ist (und darüber wird etwa in der Frage der Arbeitsqualität nicht zu diskutieren sein),
- aber seien Sie großzügig dort, wo es möglich ist (da wird man über die Spitzen des Bleistifts oder über die Pünktlichkeit des Mitarbeiters, der täglich Überstunden leistet, reden dürfen).

b) Anpassungszwänge
Nicht selten auch üben Arbeitgeber auf ihre Führungskräfte und diese auf ihre Mitarbeiter Anpassungszwänge aus, die mit der Erfüllung der gestellten Aufgaben in keinerlei sachlichem Zusammenhang stehen. Auch hierbei handelt es sich um subtile Formen des Beherrschen-Wollens. Solche Zwänge beziehen sich zum Beispiel auf
- die Ordnung am Arbeitsplatz,
- Rituale leerer, gestelzter Höflichkeitserweise,
- die Kleiderordnung für alle Angestellten (auch solche ohne Kundenkontakt),
- den Hubraum und Typ des PKWs,
- die gewünschte Sportart und Club-Mitgliedschaft,
- den Standard der Wohnungseinrichtung,
- die öffentlich erlaubte politische Meinung.

»Wer bestehen will, muß mitmachen«, und heraus kommen Karriere-Opportunisten, bei denen alles »stimmt«, wie von einer Stange gekauft, vom grauen Anzug mit Nadelstreifen und der modisch gestylten Frisur bis zum 8 cm schmalen Aktenköfferchen ... Nur die lebendige Persönlichkeit, der kritische Abstand eigener Meinungen zu überholten Routineabläufen, die geistigen Freiräume, die der kleine Schritt von der verrückten zur genialen Idee und zu innovativem Neuland benötigt, die Luft »zum Atmen«, in der Energien fließen können, für sie ist im Unternehmen kein Raum.

Wir empfehlen: Führen Sie nach dem Grundsatz
- so wenig Anpassungszwänge, wie der zur Zielverfolgung unverzichtbare »Korpsgeist« nötig macht,
- so viele Freiräume für individuelle Entfaltung von Persönlichkeiten und ihren Potentialen wie möglich,
- erheben Sie keine persönlichen Spleens zu allgemeingültigen Normen.

Q) Die eigene Sphäre intakt halten

Als Führungskraft und Vorgesetzter stehen Sie mehr oder weniger exponiert im Rampenlicht der betrieblichen Öffentlichkeit; Ihre Mitarbeiter blicken auf Sie. Zugleich ist Ihnen eine Vorbild-Funktion auferlegt.

Stellen Sie sich deshalb der Verpflichtung, Ihre persönliche Sphäre vorzeigbar für Ihre Gegner und Anhänger zu gestalten.

Wir empfehlen dazu insbesondere:
Vermeiden Sie im betrieblichen Bereich zum Beispiel
- Intimitäten mit unterstellten Mitarbeiterinnen/Mitarbeitern (auch bei Betriebsfesten),
- Bestechlichkeit und Vetternwirtschaft,
- Alkoholgenuß mit Ausfallerscheinungen,
- ausfallend ausgetragene Konflikte.

Halten Sie aber auch Ihr Privatleben »sauber«, und vermeiden Sie zum Beispiel

- außereheliche Affären,
- Überschuldung, die zu Zwangsvollstreckungen führt,
- strafbare Handlungen jeder Art.

Gehen Sie davon aus, daß Ihre Lebensführung von einigem Interesse Ihrer Mitarbeiter begleitet und an den geltenden Rollenerwartungen der Sie umgebenden Bevölkerungsgruppen mit ihren unterschiedlichen Toleranzgraden gemessen wird.

R) Auf »abstaubende Cleverneß« verzichten

»Der Zweck heiligt die Mittel« und »Der Erfolg gibt der Methode recht« – dies sind Sprichwörter, in denen sich verbreitete Denkweisen unserer Zeit widerspiegeln. Sie verabsolutieren den Erfolg und lösen ihn aus seinen Bindungen an ethische Grundsätze.

Das Denken hat sich als »abstaubende Cleverneß« auch im Führen eingenistet. Einzelne Führungskräfte, namentlich jüngere, verfolgen ihren Karriereerfolg *um jeden Preis*. Dem Ziel machen sie sich auch die Präferenzen anderer Mitarbeiter, namentlich ihrer »Untergebenen«, abschöpfend dienstbar: ihr Know-how, ihre Kreativität, ihre Kooperativität, ihr Goodwill. Erfolge, die diesen gebühren, leiten die Absahner auf ihr eigenes Erfolgskonto um.

Den Weg dazu ebnet ihre Strategie der »Cleverneß«: Unter vorgeblicher eigener Kollegialität oder Kooperativität und mit dem Appell an den Teamgeist erschließen sie sich den Zugang zu den nutzbaren Potentialen der Ausgenutzten, aalglatt, berechnend, skrupellos.

Das Gelingen ihrer Strategie bewerten solche Absahner zynisch als Beweis ihrer Überlegenheit im Daseinskampf und das Mitspielen ihrer ahnungslosen, solcher Raffiniertheit nicht gewachsenen Opfer als Schwachheit und verdienter Unterlegenheit, der sie mit Verachtung gegenüberstehen.

Früher oder später wird die Strategie von den so Manipulierten durchschaut und entlarvt. Die mit den empfundenen Abwertungen ausgelösten Frustrationen zerstören die Grundlage für jede weitere Zusammenarbeit mit den Manipulanten, aber auch mit anderen Instanzen. Der zuvor beschworene »Teamgeist« verwandelt sich nach dem Motto »Schaden macht klug« in sein Gegenteil. Vorgesetzte, die so verfahren, ruinieren nicht nur ihren guten Ruf, sondern sie hinterlassen zugleich auf dem Weg ihrer Karriere eine Schneise menschlichen Kahlschlags, die den Zielen betrieblicher Erfolgsicherung nicht dient, sondern langfristigen Schaden zufügt.

> **Beispiel:** Eine Werkstudentin entdeckt am Fließband die Möglichkeit, einen Arbeitsgang wesentlich rationeller ausführen zu können. Sie berichtet dies ihrem Vorarbeiter. Dieser zeigt sich interessiert und sagt: »Skizzieren Sie mir Ihren Vorschlag doch mal schriftlich.« Sie tut dies und hört danach nichts mehr. Einige Wochen später liest sie am schwarzen Brett, daß der Vorarbeiter für den Verbesserungsvorschlag, den er als eigenen eingereicht hat, prämiert worden ist. Auf ihre Vorhaltung antwortet er: »Wenn Sie jetzt Stunk machen, kostet Sie das hier Ihren Job.« Auf den ist sie aber angewiesen.

Damit keine Mißverständnisse entstehen: Wir wollen weder ein gesundes Erfolgsstreben diskreditieren noch vor Sachzwängen, die dem Karrierestreben in unserer Wirtschaft inhärent sind, die Augen verschließen. Es geht allein darum, dabei sichtbaren Entartungserscheinungen entgegenzuwirken.

Wir empfehlen:
- Verfolgen Sie als (künftige) Führungskraft ruhig und zielstrebig den für Ihr berufliches Fortkommen nötigen Erfolg, aber verzichten Sie darauf, andere Menschen seinetwillen zu manipulieren und zu »Trittbrettern« Ihrer eigenen Karierre zu degradieren,
- wenn andere Mitarbeiter über Potentiale verfügen, die Ihrem eigenen Erfolg wichtig sind, dann sollten Sie zu deren Erschließung Wege der Offenheit finden und die Betroffenen am Ertrag ihrer Nützlichkeit fair teilhaben lassen,
- bleiben Sie auch im Wettbewerb mit anderen Konkurrenten um Ihr berufliches Fortkommen fair; die Methoden der Rüdheit sind zwar verbreitet und gelten in unserer werteverarmten Zeit als »normal«, aber ihre Erfolge wirken meist nur kurzzeitig, der Ihnen anhaftende Image-Verlust dagegen langfristig; zusätzlich ruinieren sie das Klima des Zusammenlebens im Unternehmen und in unserer Gesellschaft, schließlich: woher wissen Sie, daß Sie nicht schon bald mit Ihrem ehemaligen Konkurrenten zusammenarbeiten müssen – vielleicht sogar aus einer unterlegenen Position heraus?
- wiederholen Sie unterstützend zum hier Gesagten nochmals die Ausführungen unter den Buchstaben D, E und K.

S) Führungsintensität an Führungsbedarf und Tagesform messen

Orientieren Sie die Intensität Ihres Führens am Bedarf Ihrer Mitarbeiter! Der Bedarf an Zuwendung von Know-how und sonstiger Anleitung hängt vor allem von der Qualifikation eines Mitarbeiters ab, bezogen auf das Anspruchsniveau der zu erfüllenden Aufgabe. Während weniger qualifizierte Kräfte Wert darauf legen, vom Vorgesetzten neben dem Auftrags*ziel* auch die einzelnen *Schritte dorthin* erläutert zu bekommen (»*wo es und wie es lang geht*«), wird die qualifiziertere Kraft mit ausgeprägter »Persönlicher Leistungsklasse« (vgl. oben Ziffer 9.1) sich darauf beschränken, mit Ihnen das Ziel zu klären, um den Weg und die Methode, zum Ziel zu gelangen, danach eigenständig zu suchen. Besteht Ihre Rolle im ersten Falle im echten *Anleiten*, so wird im zweiten Falle eher die des *begleitenden Moderierens* gefordert.

> **Beispiel:** Ein promovierter Diplom-Ingenieur wird Leiter der Qualitätssicherung eines größeren Herstellers von Hochleistungs-Druckventilen. Ihm unterstehen mehr als 100 Mitarbeiter, deren Qualifikationen die eines ungelernten Transportarbeiters ebenso abbilden wie jene von promovierten Wissenschaftlern im Forschungsauftrag, ebenso alle denkbaren Klassen dazwischen. Er sagte: »Als ich anfing, glaubte ich alle Mitarbeiter nach den gleichen Grundsätzen und Spielregeln führen zu müssen. Aber damit erlitt ich ganz schnell Schiffbruch. Es dauerte Jahre, bis ich richtig begriffen hatte, daß die Vertreter der verschiedenen Qualifikationsklassen mit ihren unterschiedlichen Potentialen an Intelligenz, Arbeitsethos, Selbständigkeit etc. auch ganz unterschiedlichen Bedarf hatten, geführt zu werden. Seit ich danach differenziere, klappt es.«

Wir empfehlen:

- Bringen Sie von jedem Ihrer Mitarbeiter, insbesondere wenn es sich um heterogene Qualifikationsklassen und Aufgabenträger handelt, den individuellen Führungsbedarf in Erfahrung,
- zwingen Sie Ihre Zuwendung denen, die sie nicht benötigen oder nicht wollen, nicht auf, halten Sie Ihre Hilfe dort, wo sie nötig ist und gebraucht wird, aber auch nicht zurück,
- entbinden Sie »Sicherheitsdenker«, die sich jeden eigenen Schritt von Ihnen bestätigen lassen, nicht aus ihrer Pflicht zu Selbständigkeit und eigener Verantwortung.

Bedenken Sie schließlich, daß *auch Sie selbst »schlechte Tage«* haben können, an denen Sie unter affektiven Spannungen stehen, aggressiv aufgeladen, überreizt oder auch deprimiert sind. Wenn Sie eine solchermaßen schlechte Tagesform erkennen, die Ihr Kontrollvermögen über sich selbst reduziert, sollten Sie erwägen, Ihre Führungsintensität zu reduzieren und Kontakte aufs Nötigste zu beschränken. Vermeiden Sie nach Möglichkeit vor allem Situationen, die neue Belastungen erwarten lassen wie Meinungsverschiedenheiten, offene Konflikte oder besondere Geduld – übrigens nicht nur gegenüber Ihren Mitarbeitern, sondern ebenso gegenüber Ihrem Chef und ihren Kollegen. Schützen Sie so Ihr Erscheinungsbild vor sich selbst.

T) Mitarbeiter selbständig arbeiten lassen

Ermutigen, ja erziehen Sie Ihre Mitarbeiter zu selbständigem Arbeiten. *Selbständigkeit bedeutet, in eigenen Freiräumen zu entscheiden und zu handeln, sich selbst zu organisieren und zu kontrollieren.* Für auftretende Probleme sucht der Mitarbeiter *selbst* nach Lösungsalternativen, und zwar auch dann, wenn er die endgültige Lösung zusammen mit dem Vorgesetzten sucht.

Im Sinne von Freisein von ständigem Gegängelt-, Reglementiert- und Kontrolliert-Werden bedeutet Selbständigkeit eines der wirksamsten Stimulanzen für Arbeitsfreude.

Selbständig arbeitende Mitarbeiter müssen gründlich und ausreichend in ihre Aufgaben eingewiesen sein und die dafür notwendige Arbeitsreife zeigen. Für beides sind Sie als Vorgesetzter verantwortlich.

Die Risiken einfließender Fehler können Sie dadurch, daß Sie sich über den Stand und den Verlauf der Arbeit auf dem laufenden halten und Ihre Hilfe für den Bedarfsfall jederzeit bereithalten, in vertretbaren Grenzen halten. Haben Sie den Mut, die verbleibenden Risiken zugunsten erhöhter Selbständigkeit Ihrer Mitarbeiter mit erhöhter Eigenverantwortlichkeit für ihre Fehler und mit richtigen Methoden der Fehlerbehebung (vgl. Buchstabe U) zu bewältigen. Mit mehr Selbständigkeit und Eigenverantwortlichkeit wachsen Selbstvertrauen und Selbstachtung Ihrer Mitarbeiter. Beides kommt Ihnen als qualifiziertere Arbeitshaltung und Entlastung von ständiger Beanspruchung wieder zugute.

U) Mit Fehlern richtig umgehen

Das vorstellbare Ideal, ohne Fehler zu arbeiten, bleibt ein unerfüllbarer Wunsch, denn uns Menschen fehlt die Vollkommenheit dazu. In der Praxis ist es deshalb realistischer, mit auftretenden Fehlern zu rechnen und mit ihnen verträglich umzugehen.

a) Eigene Fehler

Führungskräfte äußern in der Praxis immer wieder die Befürchtung, durch das Eingeständnis eigener Fehler gegenüber ihren Mitarbeitern Verluste von Ansehen und Autorität zu erleiden. Vielfach versuchen sie deshalb, eigenes Fehlverhalten zu verbergen, indem sie zum Beispiel:

aa) eigene Fehlhandlungen »unter den Teppich kehren« und ignorieren,
ab) die eigenen Fehler anderen, möglichst unterstellten Mitarbeitern, zuweisen,

ac) schlicht bestreiten, daß ihre Fehler Fehler seien, und sich jede kritische Äußerung gegenüber ihrem Handeln lautstark und empört als »Unzumutbarkeit« verbitten.

Diese Taktiken mögen kurzfristig und insbesondere bei verschüchterten Mitarbeitern einigen Eindruck hinterlassen. Langfristig werden sie als Ausdruck schwachen und unfairen Führungsverhaltens durchschaut, und der Vorgesetzte muß gerade hierdurch mit verhängnisvollem Autoritätsverlust rechnen. Nicht der Fehler also ist es, der ihm Schaden zufügt, sondern der falsche Umgang mit ihm.

Wir empfehlen:
aa) Fehlhandlungen, die noch nicht in den Wahrnehmungsbereich anderer Mitarbeiter gelangt und dort wirksam geworden sind, werden Sie in der Stille korrigieren. Für ihre Preisgabe besteht kein einsehbarer Grund.
ab) Zu Fehlhandlungen, die andere Mitarbeiter bereits wahrgenommen haben oder dort wirksam geworden sind, sollten Sie als Vorgesetzter *mit Rückgrat* stehen und sie von sich aus korrigieren. Nehmen Sie diese Positionen freiwillig und offensiv ein, damit Ihre Gegner Sie gar nicht erst in die Defensive drängen können und ihr Angriff auf Sie an Ihnen vorbei ins Leere geht. Erfahrungen der Praxis lehren, daß die Bereitschaft der Führungskraft, zu eigenen Fehlern zu stehen, insbesondere in einem intakten Arbeitsklima von Mitarbeitern als Ausdruck persönlicher Stärke und Redlichkeit, also positiv, bewertet wird. Sollte eine andere Person von einem Fehler benachteiligt worden sein, sollten Sie auch nicht die Geste der Entschuldigung scheuen – gerade auch dann nicht, wenn diese Person Ihr unterstellter Mitarbeiter ist.

b) Fehler von Mitarbeitern
Billigen Sie auch Ihren Mitarbeitern zu, *einen Fehler ohne grobes Verschulden ein erstes Mal begehen zu dürfen.* Insbesondere dann, wenn Sie Ihre Mitarbeiter zu Selbständigkeit, Flexibilität und Innovativität erziehen, müssen Sie mit einem natürlichen Fehlerrisiko rechnen und auch Fehlertoleranz üben. Der begangene Fehler ist die beste Schule, ihn als solchen zu begreifen und nicht mehr zu wiederholen.

Stellen Sie aber sicher, daß jeder Ihrer Mitarbeiter es als seine Pflicht begreift,
- **eigene Fehler schon am eigenen Arbeitsplatz zu beheben,**
- **eine anderswo entdeckte Fehlerquelle selbst oder im helfenden Zusammenwirken mit anderen *sofort* abzustellen,**
- **aus einem begangenen Fehler zu lernen, wie er künftig vermieden wird und**
- **Sie über nicht korrigierte Fehler von sich aus zu informieren.**

Dies wird Ihnen um so eher gelingen, je glaubwürdiger Sie in den Mittelpunkt Ihres Interesses die Vermeidung von Schäden für den Betrieb stellen und nicht die Suche nach dem zu bestrafenden Sündenbock. Machen Sie sich klar, daß dieses Vorgehen für den Betrieb das geringste Fehlerrisiko birgt. Daß ein Übermaß an Fehlern bei ein und demselben Mitarbeiter die Frage nach seiner ausreichenden Qualifikation aufwirft, liegt auf der Hand.

c) Übergeordneter Grundsatz:
Die Notwendigkeit, im Arbeiten mit Fehlern zu leben, entbindet nicht von dem ehernen Gebot, *dem Kunden* das Produkt und alle anderen Leistungen fehlerfrei anzubieten. Nur die 100-Prozent-Qualität ist die hinnehmbare Qualität!

Trainieren Sie Ihre Mitarbeiter deshalb kompromißlos darauf, selbständig sicherzustellen, daß ein bereits verursachter Mangel am Produkt keinesfalls aus dem Betrieb heraus in den Markt fließen kann.

V) Persönliche Präsenz zeigen

Wenn Ihr Führungsbereich groß ist, mehrere Führungsebenen umfaßt und/oder räumlich dezentral organisiert ist, sollten Sie zum Beispiel als Betriebsleiter, Hauptabteilungsleiter oder Ressort-Direktor ihn regelmäßig begehen. Dabei handelt es sich um eine nach innen gerichtete Form des »Management by walking around« (MBWA), wie Sie sie nach außen auch als Kontakte zu Lieferanten, Kunden und Kundendienstkräften pflegen sollten. Sie nehmen so direkten Anteil am Geschehen »vor Ort«, erleben die ungeschminkte Wirklichkeit in ihrer ganzen Vielfalt und mit ihren Problemen an der Basis, und Sie werden den Mitarbeitern dort zum festen Begriff. Ihre Entscheidungen können Sie so aus eigener Kenntnis der Verhältnisse fällen, und Sie sind nicht mehr ausschließlich auf zugelieferte Informationen angewiesen.

> **Beispiel:** Der Technische Direktor (Diplom-Ingenieur) eines Betriebes der elektromechanischen Feinwerktechnik (Zähler, Sicherungsautomaten, Leuchten) ließ es sich nicht nehmen, nach und nach in jedem Monat einmal den gesamten Betrieb zu begehen. Von den ca. 2.000 Beschäftigten kannte er mehr als die Hälfte mit Namen, und fast alle kannten ihn, weil er mit möglichst vielen von ihnen das kurze, persönliche Gespräch suchte. Er galt im Betrieb als »Institution«, und sein Wort, etwa auf Betriebsversammlungen, hatte Gewicht.
>
> Nach seiner Pensionierung wurde ein jüngerer, etwa vierzigjähriger Diplom-Ingenieur zum Nachfolger bestellt. Seine Präsenz beschränkte sich praktisch auf seinen engeren Bürobereich. Er blieb dem Betrieb ein fremder »Mr. Nobody«.

Wir empfehlen:
- Übergehen Sie beim Besuch fremder Bereiche nie deren unmittelbaren Vorgesetzten, sondern lassen Sie diesen wissen, daß Sie sich bei ihm einmal die Füße vertreten möchten; das erste Mal wird er Sie begleiten wollen, sieht er jedoch, daß er von Ihrem Besuch nichts zu befürchten hat, wird er Sie auch bald gern allein gehen lassen,
- suchen Sie das Gespräch mit den dort arbeitenden Menschen, geben Sie sich möglichst locker, zeigen Sie Interesse an Aufgaben und Arbeit, fragen Sie, lassen Sie sich erklären, hören Sie zu, zeigen Sie Respekt vor den Leistungen dort,
- vermeiden Sie alles Anweisen, Reglementieren oder Kontrollieren, und greifen Sie keinesfalls über den Kopf des direkten Vorgesetzten hinweg in das dortige Arbeits- und Führungsgeschehen ein,
- lassen Sie sich, wenn überhaupt, Auffälligkeiten vom unmittelbaren Vorgesetzten selbst erläutern,
- nehmen Sie allen, denen Sie begegnen, die Angst vor Ihnen als »hohem Tier«.

W) Beschwerdefreundlich führen [4]

Unter **Beschwerden** verstehen wir beanstandende Anzeigen von wirklichen oder vermeintlichen Mißständen im Führungsbereich eines Vorgesetzten.

Aus dem Kreis der unterstellten Mitarbeiter heraus vorgetragen, können sie den Ausdruck dort aufgestauter Spannungen oder Konfliktpotentiale darstellen. Sachgerecht verarbeitet, verhindern sie weiteren Druckanstieg. Insoweit wirken sie gleichermaßen als »Sicherheitsventil« wie auch für den Vorgesetzten als negative Rückmeldung von unten. Im letzteren Sinne kann sie dem Vorgesetzten interessante Informationen über die Stimmung »unten«, über die Bewertung seines Führungsverhaltens oder über sonstige, ihm sonst nicht zugängliche Tatsachen zuführen.

Das Betriebsverfassungsgesetz (BetrVG) sieht die mitarbeiterseitige Beschwerde als ein legitimes Mittel seiner Meinungsäußerung über betriebliche Mißstände an, zu dem im Interesse der Kanalisierung von Konflikten auch der Betriebsrat hinzugezogen werden kann, §§ 84, 85 BetrVG. Die vorgebrachte Beschwerde kann gegen

- den unmittelbaren Vorgesetzten selbst,
- eine andere betriebliche Instanz sowie gegen
- einen anderen Mitarbeiter

gerichtet sein. Ihre Gegenstände können menschliche Verhaltensweisen wie auch betriebliche Regelungen oder Verhältnisse bilden.

Beschwerden gegen den unmittelbaren Vorgesetzten, auf deren Regulierung wir uns hier beschränken, können als *einfache Beschwerden* direkt an ihn oder als *Dienstaufsichtsbeschwerde* an ihm vorbei an die ihm vorgesetzte Instanz oder die Personalabteilung geleitet werden. Der letztere Fall erweist sich insofern als problematisch, als dabei dritte, am Beschwerdegegenstand nicht beteiligte Stellen, in das Verfahren einbezogen werden. Außerdem wird der Fall regelmäßig aktenkundig.

Für den Umgang mit Beschwerden empfehlen wir folgendes:
- Fassen Sie eine gegen Sie selbst gerichtete Beschwerde nicht als beleidigende Anmaßung und Zumutung auf, die Sie sogleich empört zurückweisen werden, sondern betrachten Sie sie als einen zulässigen Akt mitarbeiterseitiger Meinungsäußerung, der durchaus berechtigt sein kann;
- schaffen Sie sich den Ruf, für Beschwerden zugänglich zu sein (»mit dem kann man auch mal über Unangenehmes reden«); es hilft Ihnen nicht nur, entstehende Spannungen und Konflikte auf niedrigem Level zu bereinigen, sondern Sie ersparen sich auch das aufwendige Verfahren der Dienstaufsichtsbeschwerde;
- nehmen Sie es dem Beschwerdeführer nicht übel, wenn er den Betriebsrat einschaltet; dieser bildet seine legale Interessenvertretung, die häufig sein besonderes Vertrauen genießt;
- nehmen Sie sich die Zeit, den Beschwerdeführer anzuhören, und bleiben Sie auch bei ungerechtfertigten Vorwürfen ruhig;
- prüfen Sie die Berechtigung der erhobenen Vorwürfe, nehmen Sie berechtigte Vorwürfe an, und stellen Sie ihre Ursachen ab; weisen Sie unberechtigte Vorwürfe höflich, begründet und bestimmt zurück; nicht selten erledigen sich zunächst scheinbar berechtigte Vorwürfe schon dadurch, daß der Beschwerdeführer die Hintergründe einer beanstandeten Maßnahme oder Entscheidung erfährt;
- im Falle der Beschwerde eines Mitarbeiters über einen anderen oder über eine dritte Instanz sollten Sie nie darauf verzichten, vor einer Entscheidung oder Maßnahme auch den Beschwerdegegner zum Gegenstand anzuhören; dies dient nicht nur der sachlichen Bereinigung solcher Fälle, sondern es reduziert, wenn es bekannt ist, auch die Zahl der Beschwerden und beugt der Gefahr haltlosen Anschwärzens vor,
- versuchen Sie am Ende des Gesprächs mit dem Beschwerdeführer Konsens über den Fall und Einigkeit darüber herzustellen, daß der Fall für beide Seiten erledigt ist,
- seien Sie dem Beschwerdeführer gegenüber auch im Falle einer unberechtigten Beschwerde nicht nachtragend.

Verzichten Sie nicht auf das konstruktive Element in vorgetragenen Beschwerden oder bei sonstiger Kritik: Fordern Sie stets zugleich den Vorschlag, *was* zu verbessern sei und *wie* dies geschehen solle. Dabei prüfen und erörtern Sie auch die Frage der Realisierbarkeit.

X) Zu seinen Leuten stehen

Es wird in der Praxis immer wieder geschehen, daß Ihre unterstellte Gruppe sich Angriffen von außen ausgesetzt sieht. Dies kann unberechtigt geschehen, oder auch, weil Ihre Gruppe durch Fehlleistungen dazu begründeten Anlaß gegeben hat. Vielleicht haben auch Sie selbst guten Grund, wegen erbrachter Fehlleistungen Ihrer Gruppe kritisch gegenüberzustehen. Gleichwohl sollten Sie in Diskussionen und Gesprächen in der betrieblichen Öffentlichkeit in größtmöglichem Umfang die Belange Ihrer Gruppe vertreten und sie vor Angriffen aus der Öffentlichkeit schützen. Dies erfordert der »Korpsgeist« von Ihnen, und zwar um so mehr, als derartige Angriffe unberechtigt sind. Er schließt keineswegs aus, daß Sie bei Versagen Ihrer Mannschaft intern mit ihr hart ins Zeug gehen werden und auch müssen. Ihren Schutz nach außen werden Ihre Mitarbeiter jedoch zu würdigen wissen. Im Zweifelsfalle werden auch Sie sich, wenn Sie den Einsatz Ihrer Leute brauchen, auf sie verlassen können.

Y) Freiraum für geistige Lebendigkeit eröffnen

In feste Ordnungen gegossene, durchorganisierte, disziplinierte und reglementierte Arbeitspflicht wirkt auf den Menschen wie der Befehl zu ständigem geistigen Strammstehen. Das mag den Enthusiasten des Militärischen begeistern, den *normalen* Menschen unserer Tage sicher nicht. Zwänge dazu fesseln seine Begeisterungs-, Fantasie- und Entfaltungspotentiale und wirken so als Killer von Leistungs- und Aktionsmöglichkeiten. Die letzteren aber bilden Voraussetzungen für das Entdecken von Neuem, das Erfahren eigener Entwicklung und das Empfinden von Spaß. Keines davon, nicht Kreativität, nicht Entwicklung und auch nicht Spaß, kann per Dekret, per Unternehmensphilosophie oder sonstwie verordnet werden. Sie leben von der Freiheit zur Spontaneität, vom lebendigen Erleben, vom Gelassen-Werden, vom Wagen-und Ausprobieren-Dürfen, vom Gefallen-Finden an gewolltem, selbständigem Tun. Wir propagieren hier keine Arbeit in Anarchie, sondern Arbeit an gesetzten Zielen – aber eben nicht in Korsetten überflüssiger, beklemmender Zwänge, sondern Arbeit in geistigen Räumen, in denen sie mit Freude und mit Spaß, ganz einfach *mit Lust* geleistet werden kann.

Wachsende Unternehmensgrößen, Angst vor »ungeordneten« und unkontrollierten Freiheiten, erhöhter Leistungsdruck und abnehmendes psychologisches Feingefühl unter nicht wenigen Führungskräften scheinen zusammen mit verbreiteter Abnahme von Toleranzbereitschaft in unserer Gesellschaft eher die Zunahme von Reglements als jene von Freiräumen zu fördern. Am vorstehend Gesagten ändert dies, wie gleichermaßen zunehmende Trends zur Flucht in die Freizeit beweisen, dennoch nichts.

Deshalb: Setzen Sie in Ihrem Bereich lieber auf Arbeiten in Freiräumen als auf solches in neuer Beengtheit. Es wird Ihrem Klima und Ihren Leistungen entgegenkommen.

Z) Stolz auf das Unternehmen und seine Leistung vermitteln

Viele unserer Unternehmen, auch kleinere, erbringen in ihren Gütersektoren anerkannte Spitzenleistungen, sei es als Verfahren, Produkte oder Markterfolge, aber sie lassen ihre Beschäftigten an diesem Wissen nicht teilhaben. Zum einen liegt darin ein Stück psychologischen Betruges am Mitarbeiter um seinen Anteil am Gesamterfolg, zu dem doch auch er beigetragen hat. Zum anderen und mindestens ebenso wichtigen Teil schadet das Unternehmen sich damit selbst, denn mit dem Verzicht auf die Vermittlung von Stolz auf die gemeinsame Leistung verschenkt es zugleich die Chance, sich der Loyalität seiner Belegschaft zu versichern – als Identifikation mit dem Unternehmen, seinem Namen und seinen Zielen. Gerade der Stolz aber, in einem Unternehmen mit anerkanntem Namen und beachteten Leistungen mitarbeiten zu dürfen, ist es, der im Mitarbeiter innere Verbundenheit weckt und Arbeitsfreude erhöht. Damit wird Stolz zum wichtigen Stimulanz von Goodwill.

Auf der anderen Seite ist bekannt, daß Unternehmen auf dem Wege in den Abstieg in den Mitarbeitern tiefe Depressionen auslösten, die auch ihr Leistungsvermögen lähmten.

Deshalb: Wirken Sie im Unternehmen darauf hin, daß Erfolge nicht als Betriebsgeheimnisse, sondern als Anlässe zu Erfolgserlebnissen behandelt werden. Gehen Sie von einer Gewißheit aus:

Der Mitarbeiter, der auf sein Unternehmen stolz ist, ist immmer der *bessere* Mitarbeiter.

14.5   Lokomotion und Kohäsion situativ optimieren

Beide Funktionsformen des Führens standen und stehen seit langem im Mittelpunkt verhaltenstheoretischer Führungsforschung, die noch nicht abgeschlossen ist. Wir wenden uns der Frage ihrer Gewichtung in der Führungspraxis auf der Grundlage folgender Prämissen zu:

A) Bei *Lokomotion* handelt es sich um die »*antreibende*«, bei *Kohäsion* um die »*befindensoptimierende*« Führungskomponente. Die weiteren Funktionsformen des ablauforientierten, initiierenden, repräsentierenden und informierenden Führens bestehen daneben.

B) Mit BLAKE/MOUTON gehen wir von der Annahme aus, daß beide Komponenten unabhängig voneinander gewichtet werden können und daß zwischen ihnen keine negative Korrelation in der Weise besteht, daß ein Führer nur mit dem einen oder dem anderen Stilelement führen kann. Dabei werden negative Korrelationen aufgrund intrapersoneller Veranlagungen nicht ausgeschlossen (zum Beispiel wenn eine Führungskraft ausgeprägte Minderwertigkeitsgefühle durch »starkes« Führungsverhalten zu kompensieren versucht und gleichzeitig sozial indifferent veranlagt ist). Grundsätzlich kann lokomotiv und kohäsiv zugleich geführt werden.

C) Abweichend von BLAKE/MOUTON halten wir es *nicht* für zwingend, beide Komponenten zur Herstellung optimalen Leistungswillens einer Gruppe situationsunabhängig mit maximaler Stärke einsetzen zu müssen (»9/9-Stil«).

> **Beispiel:** Eine hochmotiviert arbeitende und auf hohe Autonomie bedachte Arbeitsgruppe wird von ihrem Vorgesetzten mit maximalem Leistungsdruck und mit maximaler Fürsorge überzogen. Dies kann keine Aufrechterhaltung der dargestellten Leistungsdisposition nach sich ziehen.

Wir halten es, gestützt auf die Ergebnisse der Ohio-Studien und der Michigan-Studien, für zutreffender, in der Grundausrichtung das Führen gleichzeitig betont und fühlbar, im Sinne BLAKE/ MOUTONs etwa in einer 6/6-Ausprägung, zu vertreten und von dieser Basishaltung aus situativ angezeigte Gewichtungen vorzunehmen. Von diesem Verständnis ausgehend, sprechen zugunsten

A) verstärkter Lokomotion:
- geringer innerer Antrieb der Mitarbeiter zu Leistung überhaupt,
- augenscheinliche Disziplinlosigkeit,
- Notsituationen,
- hoher vorübergehender Zeitdruck,
- unstrukturierte Arbeit bei gleichzeitig ungenügender Qualifikation,
- Beschwerden über Mängel der Arbeitssituation, an deren Behebung jedoch kein Interesse gezeigt wird,
- besondere Gruppengröße, durch die zwischenpersonale Kontaktmöglichkeiten eingeschränkt werden,
- hochgradige Geld- ohne Leistungsorientierung (»Abstaubertum«);

B) reduzierter Lokomotion:
- hohe Leistungswilligkeit der Mitarbeiter,
- dem Führer ebenbürtige oder überlegene Qualifikation geführter Spezialisten/Experten/sonstiger Hochqualifizierter,
- mangelnde Gelegenheit zum Aufrechterhalten lokomotiven Druckes (zum Beispiel bei extern arbeitenden Mitarbeitern, Fahrern o. ä.),
- Tätigkeiten mit stark kreativem Bezug,
- Leistungen im Goodwill-Bereich,
- hohe Autorität, die dem Vorgesetzten von seiner Gruppe ohnehin entgegengebracht wird;

C) verstärkt kohäsiven Führens:
- Arbeit in Teams mit Experten und Spezialisten,
- hoher Leistungsdruck und gleichzeitig hohe Leistungsbereitschaft,
- geringe Strukturiertheit der Aufgabe und gleichzeitig hohe Qualifikation der Mitarbeiter,
- Erbringung von Leistungen im Goodwill-Bereich,
- Arbeiten, die unter überdurchschnittlich schwierigen äußeren Rahmenbedingungen erbracht werden müssen,
- Leistungen mit Bezug zu Problemlösung/Kreativität,
- begründete Arbeitsunzufriedenheit sowie Spannungen im unterstellten Bereich,
- persönliche Notlagen unterstellter Mitarbeiter,
- eher kleine Gruppe mit dichtem Kontakt,
- Führungsbeziehungen auf zunehmend höheren Rangebenen;

D) reduziert kohäsiven Führens:
- destruktives Verursachen von Spannungen,
- herausforderndes/anbiederndes Verhalten von Mitarbeitern,
- demonstrative Gleichgültigkeit an Arbeit und Klima,
- Mißbrauch/Ablehnung persönlicher Zuwendung,
- Mißbrauch eingeräumter Freiräume,
- Anfeindungen,
- ausgeprägtes Autonomiebedürfnis der Gruppe.

Die im Führungsverhalten ausgewiesene Relation zwischen beiden Komponenten läßt sich als Diagonale eines Faktorenparallelogramms darstellen, dessen Koordinaten von der tatsächlich ausgebrachten Lokomotion und Kohäsion gebildet werden (Abb. 14):

Führung, die sich auf Lokomotion allein stützt (zum Beispiel Zwangsarbeit in der Rüstungsindustrie während des 2. Weltkriegs) *ist abzulehnen.* Zwar kann eine Gruppe auf diese Weise zu Höchstleistungen im Pflicht-Bereich »gedrückt« werden. Das Ziel effizienten Führens, Goodwill-Leistungen zu aktivieren, kann jedoch nicht erreicht werden, weil diese Leistungen durch Frustrationen blockiert werden. Die Vernachlässigung oder Unterdrückung menschlicher Bedürfnisse bewirkt in den Mitarbeitern starke Frustrationen, aufgrund derer der Goodwill-Bereich der Leistung blockiert wird. Der entstehende hohe psychische Druck bewirkt hohe Konfliktbereitschaft. Schießlich wird die hohe Leistung nur so lange erbracht, wie der Leistungsdruck aufrechterhalten werden kann.

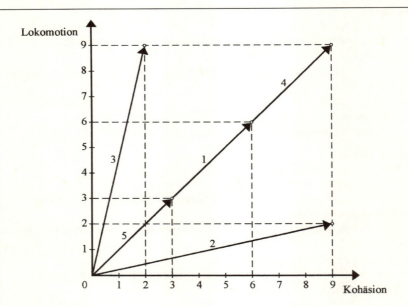

Bedeutung für Diagonalen:

1 = für den Regelfall empfohlene Gewichtung
      (Gruppe arbeitet im erwarteten Maße, soziale Situation ist problemlos)

2 = überbetont kohäsive / unterbetont lokomotive Gewichtung
      (Gruppe mit hoher Leistungswilligkeit arbeitet an Verbesserung des Arbeitsablaufs)

3 = unterbetont kohäsive / überbetont lokomotive Gewichtung
      (Gruppe mit an sich geringer Leistungswilligkeit baut destruktives Verhalten in der Arbeit aus)

4 = überbetont kohäsive und lokomotive Gewichtung
      (Gruppe arbeitet mit überdurchschnittlichem Einsatz daran, eine mit hoher Konventionalstrafe
      bedrohte Terminüberschreitung zu verhindern)

5 = hoch leistungsorientierte Gruppe mit hohem Autonomiebedürfnis wünscht keine kohäsiven
      oder lokomotiven Bemühungen ihres Vorgesetzten

Abb. 14.7: Gewichtungsparallelogramm lokomotiver und kohäsiver Führung

Der in der gegenwärtigen Praxis verbreitet zu beobachtenden Trend, zunehmenden Leistungsdruck mit zunehmender Härte im Führen zu begleiten, ist im Sinne unseres Zieles, Goodwill zu aktivieren, falsch. Richtigerweise erfordert zunehmender Leistungsdruck in motivationalem Führen, gleichzeitig auch kohäsive Hilfestellungen zu erweitern, weil erst dadurch die von erhöhtem Druck ausgelösten Frustrationen und Ängste abgebaut und Goodwill-Blockaden vermieden werden können.

Ebensowenig empfiehlt sich ausschließlich kohäsive Führung. Dieser »Laissez-faire-Stil« vermittelt dem Vorgesetzten zwar schnell hohe, oberflächliche Popularität. Bald treten an die Stelle scheinbarer Zufriedenheit aber Gefühle der Ziel- und Orientierungslosigkeit. Das Image des »netten« Vorgesetzten verblaßt zur Karrikatur seiner selbst, und Stolz aus seiner Leistung, die zur Nebensache in der Arbeit geraten ist, kann der Mitarbeiter nicht mehr erfahren.

Ein sicheres Verfahren, die Gewichtung lokomotiver und kohäsiver Führungselemente optimal zu bestimmen, kann es nicht geben. In der Praxis ist der Vorgesetzte deshalb darauf angewiesen, mit Erfahrungs- und Schätzwerten zu arbeiten. Seinem *Fingerspitzengefühl* fällt dabei, wie im Umgang mit Menschen überhaupt, wiederum große Bedeutung zu.

Übungsaufgabe:
Ermitteln Sie, welche Gewichtung von Lokomotion/Kohäsion in den folgenden Situationen angezeigt ist. Setzen Sie für:

- Lokomotion　erhöht:　　L +
- Lokomotion　normal:　　L o
- Lokomotion　reduziert:　L –
- Kohäsion　　erhöht:　　K +
- Kohäsion　　normal:　　K o
- Kohäsion　　reduziert:　K –

a) Baukolonne muß in schwierigem Wetter unter hohem Zeitdruck eine Baustelle beenden;
b) Werkzeugmacher beheben am Wochenende in freiwilligem Einsatz ohne größeren Zeitdruck einen Schaden an Stanzwerkzeug;
c) Gruppe von Konstrukteuren mit harmonischem Innenklima erfüllt ihre Aufgaben mit großer Selbständigkeit überdurchschnittlich gut;
d) Laborassistentin, die mangels ausreichenden Interesses zwei Versuchsreihen hat verkommen lassen, reagiert auf Vorhaltungen ihrer Chefin mit schnippischer Arroganz;
e) Außenmonteur, qualifiziert und zuverlässig, geht seiner externen Montagetätigkeit nach.

Den Lösungshinweis finden Sie am Ende dieses Kapitels.

14.6　Distanz und Kontakt situativ ausbalancieren

Ein dem vorstehend erörterten Problem nahestehender Aspekt des Führungsverhaltens besteht in der *Gewichtung persönlicher Nähe und Distanz* zum Mitarbeiter. Gemeint ist damit der *emotionale Abstand,* der sich in seinen Extremen als eiskalte Unnahbarkeit oder als freundschaftlich-vertrauliche Verbundenheit umschreiben läßt. Zwischen beiden Extrempositionen ist in einem kontinuierlichen Übergang von der einen zur anderen Position jedes beliebige Mischungsverhältnis denkbar, dessen Mitte ein Zustand der Ausgewogenheit zwischen beiden Verhaltensformen bildet. Kontakt und Distanz stehen zueinander in einer negativen Korrelation, das heißt, die eine Verhaltensform schließt die andere in umgekehrter Proportionalität aus.

Die Ursachen dafür, die eine oder andere Verhaltensform zu bevorzugen, können sowohl *in persönlichen Veranlagungen* liegen als auch Ausdruck einer gezielten, auf situativen Vorteil bedachten *Verhaltensstrategie* sein.

Beispiele:

A) Erfahrungsgemäß neigen Menschen süd- und mitteldeutscher Herkunft eher zu unkomplizierter Kontaktfreudigkeit als Menschen aus dem norddeutschen Raum;
B) ein neuer Vorgesetzter versucht fachliche Schwächen und menschliche Unsicherheit gegenüber Mitarbeitern und Kollegen mit unangemessener Forschheit zu kompensieren;
C) ein routinierter, menschlich ausgebrannter Karrierist versucht die Führungskräfte des ihm neu übertragenen Bereichs gleich am Anfang mit frontaler Aggressivität und arrogantem Blenden psychisch auf die Knie zu zwingen, um so seine Position abzusichern;
D) der in der Arbeitsgruppe als Außenseiter geltende Mitarbeiter nähert sich dem neuen Vorgesetzten mit aufdringlicher »Herzlichkeit« und Willfährigkeit, um ihn als Verbündeten zu gewinnen.

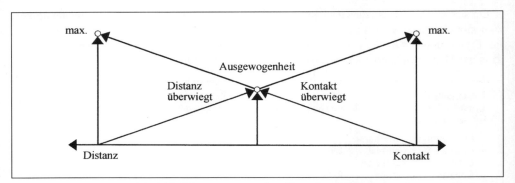

Abb. 14.8: Kontinuum zwischen Kontakt und Distanz

Fragen wir, welches Führungsverhalten – das Kontakt suchende und pflegende oder das Distanz aufbauende und wahrende – in der Praxis *angezeigt* ist, so kann die folgende Tabelle uns helfen. Sie zeigt an, welche Folgen im Arbeitsverhalten der Mitarbeiter jeweils initiiert werden:

Der Vorgesetzte zeigt	extreme Distanz	Gleichgewichtigkeit zwischen Kontakt/ Distanz	extremen Kontakt
Erscheinungsbild der Führung	Unnahbarkeit, keine emtionale Wärme, Formalismus im Umgang, Überbetonung von Kontrolle/Kritik, nicht selten überhebliches/zynisches Verhalten	achtungsvoller/freundlicher/fühlbarer Abstand aus unterschiedlicher Funktion, verbindlicher/sachlicher Umgangston, offenes Gespräch, Zugänglichkeit für persönliche Probleme	vorrangig emotionale Beziehung, kumpelhafter Umgangston, Formlosigkeit des Umgangs, Identifikation mit Gruppenwünschen, Grundeinstellung: »Wir sind wie eine Familie«
häufig beobachtetes Folgeverhalten der Mitarbeiter (längerfristig)	innerlich ablehnend, sich zurückziehend, Abstand suchend, resignierend	Respekt und Akzeptanz, positives Verpflichtetsein, kooperationsbereit	anbiedernd, »umarmend«, vorteilsorientiert und -verpflichtend, anforderungsabweisend
ausgebildete Leistungsbereitschaft	gebracht wird, was gefordert werden darf	was man sich schuldig zu sein glaubt, einschließlich seines Goodwill	»so viel wie nötig, so wenig wie möglich«

Verbreiteten Erfahrungen zufolge setzt eine funktionierende Führungsbeziehung zwischen dem Vorgesetzten und den ihm unterstellten Mitarbeitern neben innerem Kontakt *auch Distanz* voraus. *Sie ist funktional gerechtfertigt, um zu markieren, wo Anweisungsberechtigung und wo Anweisungsverpflichtung angesiedelt sind.* Entgegen verbreiteten, am »Herr-Knecht«-Bild orientierten Meinungen ist dieser Abstand aber heute *nicht* mehr automatisch Indikator für soziale Deklassierung, ein gesellschaftliches oder menschliches »Mehr-oder-weniger-wert-Sein«. Im distanzierteren »Sie« kann ungleich mehr persönliche Achtung und Wertschätzung mitschwingen als im aufgenötigten oder unbedacht angenommenen »Du«. Die Auffassungen darüber, wie deutlich der für angemessen erachtete Abstand sein soll, schwanken zwischen verschiedenen Branchen, Betrieben und innerbetrieblichen Ranggruppen.

Folgende **Beispiele** mögen dies verdeutlichen:

A) Innerhalb der Baubranche wird der Abstand zwischen dem Polier, teilweise auch Bauleiter, und seiner »Mannschaft« gering gehalten; das »Du« zwischen ihnen ist weit verbreitet;

B) in Werkstätten ist das kollegiale »Du« eher auf die gleiche Ebene beschränkt;

C) innerhalb des Bürobereiches wird auf formalen Abstand grundsätzlich größeres Gewicht gelegt als im Werkstattbereich;

D) ebenso nimmt im Bürobereich die Betonung des funktionalen Abstandes, wenngleich mit immer subtileren Ausdrucksmitteln, noch einmal mit zunehmender Ranghöhe der Ebenen zu.

Grundsätzlich ist dem Vorgesetzten ein ausbalanciertes Verhältnis von Kontakt und Distanz zu seinen Mitarbeitern zu empfehlen. Angezeigte Abweichungen hiervon muß er situativ in Erfahrung bringen.

Die folgende Tabelle soll dem Leser Hinweise für sein Vorgehen in den Fällen geben, in denen das Verhalten seiner Mitarbeiter von der von ihm für angemessen erachteten Gewichtung abweicht. Die Kenntnis der Ursache für die Abweichung ist dabei wichtig:

Der Mitarbeiter zeigt überwiegend		Der Vorgesetzte sollte
Distanz	a) anlagebedingt	mit Verständnis entgegenkommen und zu mehr Kontakt hinführen
	b) taktisch berechnend	mit gleicher oder überlegener Distanz antworten und danach zu erkennen geben, daß Taktik erkannt ist und wirkungslos bleibt
Kontakt	a) anlagebedingt	mit Verständnis entgegenkommen und behutsam zu sachlich angezeigtem Abstand hinführen
	b) taktisch berechnend	seinerseits deutliche Distanz wahren und gewünschten Abstand markieren, bis eingenommen; danach übliches Verhalten

In gleicher Weise ist der Fall denkbar, daß *der Vorgesetzte selbst*, anlagebedingt oder taktischen Versuchungen unterliegend, in seinem Verhalten den Erwartungen seiner Umgebung, insbesondere denen seiner Vorgesetzten oder Mitarbeiter, zuwiderhandelt. Hierbei handelt es sich um einen Rollenkonflikt. Will er den damit verbundenen Gefahren für sein Ansehen und seinen Führungserfolg begegnen, *muß auch er versuchen, seine eigene natürliche Kontakt-Distanz-Position analytisch zu bestimmen, sie auf ihre situative Tauglichkeit hin zu überprüfen und gegebenenfalls zu korrigieren.* Dies setzt erhebliche Fähigkeiten zu Selbsterkenntnis sowie zu Verhaltenssensibilität und -steuerung voraus.

Übungsaufgabe:

Ein Gruppenleiter in der Konstruktion führt sechs Ingenieure. Nachfolgend sind einige seiner Aussagen notiert, die Bezug zum Komplex »Distanz/Kontakt« aufweisen. Bitte beurteilen Sie diese Aussagen möglichst spontan setzen Sie an den Rand bei *Kontakt* für zuviel **K+**, für angemessen **K./.**, für zu wenig **K–**; bei *Distanz* für zuviel **D+**, für angemessen **D./.**, für zu wenig **D-**.
Einen Lösungshinweis finden Sie am Schluß des Kapitels.

A. *Bezug zu einzelnen Mitarbeitern*
A.1. Wenn ich einem von meinen Mitarbeitern auf der Straße begegne, verhalte ich mich am besten so, als sähe ich ihn nicht.
A.2. Daß einer meiner Mitarbeiter mich zu einer Video-Show in seinem Bierkeller eingeladen hat, finde ich prima.
A.3. Mitarbeiter, denen ich im Theaterfoyer begegne, begrüße ich persönlich.
A.4. Den Mitarbeitern X und Y, die am gleichen Tag wie ich die Fachmesse besuchen, werde ich anbieten, in meinem Dienstwagen mitzufahren.
A.5. Die Bitte meines Mitarbeiters, mit ihm über seine familiären Schwierigkeiten zu sprechen, empfinde ich als eine Zumutung.

B. *Bezug zur unterstellten Gruppe*
B.1. Die Einladung meiner Gruppe, ihrem Kegelclub »Kollegiale Kugel« beizutreten, nehme ich nicht an.
B.2. Gratulationen zu Geburtstagen etc. fange ich bei meinen unterstellten Leuten besser gar nicht erst an.
B.3. Die Idee, auf dem nächsten Betriebsfest unter uns mit ein paar Leuten Brüderschaft zu trinken, halte ich für ganz vernünftig.
B.4. Für die Fahrt zum Fußball-Endspiel mit meinen Leuten bestehe ich allerdings darauf, mit meinem eigenen Pkw zu fahren.
B.5. Beim gemeinsamen Mittagessen kann man so richtig schön über die Leute vom Verkauf lästern.

C. *Bezug zu Kollegen und Vorgesetzten*
C.1. Wir Führungskräfte in der Konstruktion sollten untereinander eigentlich alle »per du« stehen.
C.2. So weit, in jedem Vierteljahr einmal miteinander zu kegeln, sollten wir Gruppenleiter privat eigentlich nicht gehen.
C.3. Bei meinem nächsten Geburtstag lade ich meinen Chef nach Hause ein, damit er meine Frau, meine Freunde und meine guten Weine kennenlernt.
C.4. Über die Einladung meines Chefs in seine Wohnung freue ich mich.
C.5. Die Ankündigung meines Betriebsleiters, auf unserer nächsten Dienstreise nach Hamburg mal gemeinsam einen kräftigen Zug durch die »Kleine Freiheit« zu unternehmen, nutzen wir zu einer »Sause«, auf der wir mal sehen wollen, wer standfester ist.

Die Beispiele lassen erkennen, daß der Frage der Angemessenheit von Kontakt und Distanz als Problem der Verhaltensoptimierung über den Bereich perverser Psycho-Spiele hinaus auch in den seriösen Bereichen von Beruf und Gesellschaft erhebliches Gewicht zufällt.

14.7   Rollenerwartungen und Werthaltungen bewältigen

Der Vorgesetzte muß in seiner Führungstätigkeit berücksichtigen, welche Verhaltenserwartungen seine Kriteriumsgruppen, insbesondere Mitarbeiter, eigene Vorgesetzte und sein Arbeitgeber an ihn richten.

Arbeitshinweis: Wiederholen Sie an dieser Stelle Ziffer 5.4.2.

Er wird in seiner Rolle als »Führer« um so mehr akzeptiert werden, je mehr Kongruenz er zwischen den Erwartungen und seinem gezeigten Verhalten erreicht. Die Frage, mit welchen Verhaltenserwartungen eine Führungskraft rechnen muß, ist Gegenstand umfangreicher rollentheoretischer Forschungen gewesen [5]. Wenngleich die »Führer«-Rolle in hohem Maße situationsabhängig begriffen werden muß, dürfen die folgenden Merkmale doch als Orientierung gesehen werden:

Aus der Sicht der Gruppe unterstellter Mitarbeiter muß ein Vorgesetzter

- Ziele markieren,
- Entscheidungen treffen,
- Leistungen belohnen,
- Verantwortung übernehmen,
- anstehenden Problemen gewachsen sein,
- Gruppeninteressen »nach oben« vertreten,
- Bloßstellungen seiner Gruppe vermeiden,
- bei Schwierigkeiten Hilfe leisten,
- gruppeninterne Konflikte neutral lösen helfen,
- ausreichend informieren,
- bei angemessenem Abstand menschlich fair sein,
- äußerlich zufriedenstellend auftreten können.

Aus der Sicht eigener vorgesetzter Instanzen muß ein Vorgesetzter

- sich mit betrieblichen Zielen identifizieren,
- übergeordnete Ziele »nach unten« durchsetzen,
- in seiner Funktion initiativ und intensivierend wirken,
- die betriebliche Ordnung sichern,
- im eigenen Bereich Souveränität zeigen,
- effizient arbeiten,
- kostenbewußt handeln,
- loyal sein,
- die Interessen des eigenen Hauses nach außen vertreten,
- angemessene äußere Umgangsformen wahren.

Von der qualifizierten Führungskraft wird erwartet, daß sie *alle* diese Verhaltenserwartungen in ihrer situativen Relevanz erkennt und *gleichzeitig situationsgerecht* erfüllt. Das damit verbundene Ausmaß an Konfliktstoff liegt auf der Hand.

Das Problem kann noch gravierender werden, wenn im Betrieb ein mehr oder weniger ausgeprägtes System interner – meist ungeschriebener – *Wertsetzungen und Normen* die Führungskraft zusätzlich in geistige Vorgaben einbindet, die eine Art »ideologischen Überbau« bilden. Dazu können zum Beispiel gehören

- das als »richtig« erachtete Menschenbild (Wie werden untere und Leitende Angestellte, Arbeiter, Ausländer gesehen – als ganzheitliche Persönlichkeiten oder als »Untergebene«?);
- der Grad der zugelassenen weltanschaulich-politischen Liberalität oder Gebundenheit und deren Prägung (welche politische/religiöse/weltanschauliche Denkrichtung ist offiziell zugelassen?);
- personen- und gruppengebundene Einflüsse und sonstige Berechtigungen (ein Familienunternehmer in den achtziger Jahren: »Delegation von Aufgaben und Kompetenzen ist schön und gut. Von meinen Führungskräften erwarte ich die Einsicht, daß ich in meinem Unternehmen an jedem Ort zu jeder Zeit in jeder Sache jede mir richtig erscheinende Entscheidung treffen dürfen muß!«);
- Verhaltenszuweisungen (mit welchem Grad an Devotheit hat wer wem zu begegnen, wie forsch darf wer wem gegenüber auftreten?).

Teils sind die Normen traditionell gewachsen, teils werden sie von der Führungsspitze (zum Beispiel der Unternehmerfamilie) geprägt. Für die Betriebsangehörigen bilden sie als *Orientierungswerte* ihres erwünschten sichtbaren Sozialverhaltens zugleich Rollenerwartungen.

Arbeitshinweis:

Führen Sie sich die aufgezählten Rollenfacetten noch einmal geistig vor Augen, und notieren Sie sich schriftlich,

a) welche davon mit Ihren persönlichen Wertvorstellungen vom Grundsätzlichen her am ehesten kollidieren könnten;

b) welche der aufgezählten arbeitgeber- und mitarbeiterseitigen Verhaltenserwartungen aufgrund tendenzieller Unvereinbarkeit sich von vornherein als konfliktträchtig ausweisen.

Insbesondere für die **Nachwuchskraft** ist das Rollenverhalten von größter Bedeutung. Will sie die Chance wahrnehmen, sich zur Führungskraft zu entwickeln, muß sie sich in das betriebliche System integrieren und – soweit vertretbar – mit seinen Normen identifizieren (sog. »System-Zwang«). Unternimmt sie das nicht, gerät sie in den Ruch der Förderungsunwürdigkeit, bei offen gezeigter Opposition sogar in den des Außenseiters oder des Systembrechers. In diesen Fällen muß sie damit rechnen, die Basis ihrer Entwicklung zu verlieren und auf Positionen ohne Einfluß versetzt zu werden. Die Frage, ob der Anpassungsprozeß an das betriebliche Normen- und Wertgefüge gelingt, ist danach zu beantworten, wie groß *der Abstand der betrieblichen Erwartungsmuster zum Rollenverständnis der Persönlichkeit* empfunden wird. Lassen die Bandbreiten der Toleranz eine Annäherung zu? Müssen essentielle Wertebilder der Persönlichkeit zur Disposition gestellt werden? Der letztere Fall wird regelmäßig den Verlust persönlicher Substanz und Identität zur Folge haben. Die Führungskraft muß abwägen, ob dieser Preis den Gewinn der Karrieresicherung aufwiegt. Im verneinenden Falle wird die entwicklungsorientierte Persönlichkeit Konsequenzen ziehen müssen. Damit, das System zu ändern, kann sie *erst* rechnen, wenn sie *selbst* zu seiner Spitze gehören wird.

Die Frage, wie gut ein Unternehmen beraten ist, seinen Nachwuchs über das zielrelevante Maß hinaus zu »Anpassern« zu erziehen und in deren Hände seine Zukunft zu legen, bleibt unberührt.

14.8   Konflikte produktiv nutzen [6]

Konflikte und in ihrem Umfeld Spannungen entstehen aus menschlichen Differenzierungen der Wirklichkeit. Differenzierungen oder, genauer gesagt, individuell differenzierte Sichtweisen, Meinungen oder Interessen gegenüber einem Problem sind Normalitäten im menschlichen Zusammenleben, also auch in Führung und Zusammenarbeit: Da sind Mitarbeiter, Kollegen oder Vorgesetzte, die mit Ihnen oder mit denen Sie selbst in Sachfragen unterschiedlicher Meinungen und/oder Interessen sind, es gibt die Konfliktpotentiale zwischen dem Individuum und dem Betrieb in Fragen des Entgelts und organisatorischer Zwänge, und es gibt Konflikte zwischen dritten Personen und Instanzen, zu denen Sie hinzugezogen werden. Das eigentliche Problem für die Führungskraft kann daher nicht in der – ohnehin unmöglichen – Konflikt*vermeidung* bestehen, sondern in der optimalen Konflikt*handhabung*.

Die möglichen Alternativen dafür läßt folgende Darstellung erkennen:

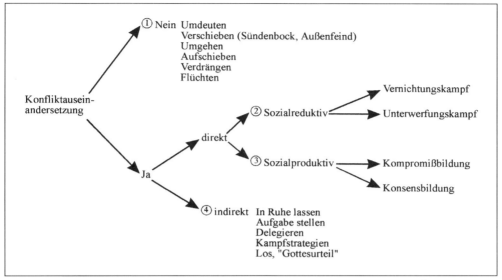

Abb. 14.9: Arten der Konflikthandhabung (entnommen aus Königswieser, R., in HWFÜ, Sp. 1241/42)

a) *Konfliktumgehung:* Der Konflikt wird im Wege einer Scheinstrategie »gelöst«, bleibt in Wirklichkeit aber bestehen. Mittel dafür sind Abwehrmechanismen wie die, ihn umzudeuten, auf Sündeböcke oder Außenstehende zu verschieben, ihn zu umgehen, aufzuschieben, zu verdrängen oder aus ihm zu flüchten. Es handelt sich um Angstsymptome von Beteiligten, die sich von der wirklichen Konfliktbewältigung, häufig aufgrund besonderer emotionaler Betroffenheit, überfordert fühlen.

b) *Sozialreduktive Konfliktaustragung:* Die Beteiligten tragen den Konflikt im Wege eines Kampfes aus, bis eine davon unterworfen oder, was seltener geschieht, vernichtet ist. Die Lösung besteht im Sieg der einen Seite über die andere. Die zuvor schon existierende Sichtweise des Siegers bildet die Lösung. Das Problem wird darüber hinaus nicht weitergebracht.

c) *Sozialproduktive Konfliktaustragung:* Die Konfliktparteien suchen im Wege der Kompromiß- oder Konsensfindung eine gemeinsame Lösung, indem sie von ihren jeweiligen Positionen abrücken und einen gemeinsam zu vertretenden Weg suchen. Dies geschieht im Wege gegenseitigen Informierens zu den eingenommenen Standpunkten und konstruktiven Kooperierens bei der Suche nach einer Lösung. Bei synergetischem Zusammenführen der eigenen Potentiale (»2 + 2 = 5«) besteht die Chance einer Weiterentwicklung des vorherigen Zustands, und das bestehende Konfliktpotential wird real abgebaut (wiederholen Sie dazu oben Buchstaben J).

d) *Indirekte Konfliktlösung:* Der Konflikt wird auf sich beruhen gelassen und durch Veränderungsstrategien in seinem Umfeld relativ abgeschwächt und erträglich gemacht. Dies kann durch überstrahlende Ereignisse (zum Beispiel neue Aufgabenstellungen) erreicht werden oder durch Strategien, die die Kontrahenten durch Gemeinsamkeiten aufeinander zuführen (Aufgaben, die beiden

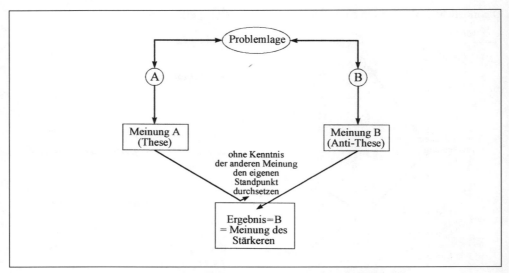

Abb. 14.10: Schema des konträr ausgefochtenen Konflikts

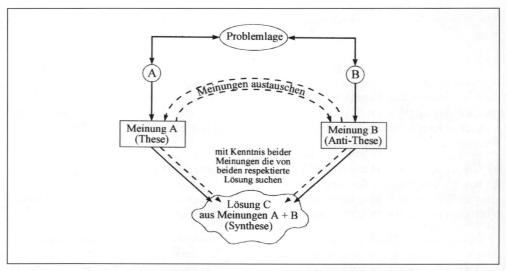

Abb. 14.11: Schema der kooperativen Konfliktlösung

gemeinsamen Nutzen, Erfolg bringen). Der Weg kann angezeigt sein bei system-inhärenten Konfliktpotentialen (zum Beispiel aus Individuum – Organisation, Entgelt – Leistung), die sich als solche nicht aufheben lassen.

Wir empfehlen:
– Wählen Sie bei Konflikten, an denen Sie selbst beteiligt sind oder auf deren Lösung Sie schlichtend Einfluß nehmen können, die unter c) beschriebene Alternative der *kooperativen*

Lösung. Sie fußt auf jener weisen Philosophie, nach der es für jedes Problem drei Lösungen zu beachten gebe: die eigene, die des Gegners und die optimale. Daraus leitet sich die Methode der Dialektik ab: Die These und die Anti-These werden verarbeitet zu etwas qualitativ Neuem: der Synthese. Auf diese Weise wird der Konflikt tatsächlich gelöst, sein Spannungspotential wird aufgehoben, und es wird ein Fortschritt in der Sache erreicht,

- sofern die Sachfrage mit Emotionen befrachtet zur »Prestigefrage« und Nachgiebigkeit dadurch schwer oder gar unmöglich geworden ist, sollten Sie alles daransetzen, die Sachfrage von den Emotionen wieder zu trennen;
- machen Sie dazu die eigentliche Sache mit ihren Ursachen und die auf ihr lastenden Emotionen voneinander gelöst deutlich und sichtbar,
- visualisieren Sie die von beiden Seiten vertretenen Standpunkte dadurch, daß Sie ihre sachlichen Komponenten auf einer Flipcard in zwei Spalten nebeneinander auflisten und mit der Plus-/Minus-Methode nach ihren Vor- und Nachteilen bewerten,
- ziehen Sie notfalls einen von beiden Konfliktkontrahenten als neutralen Schlichter akzeptierten Dritten hinzu,
- verhindern Sie selbst als Schlichter mit strikter Neutralität alles, was den einen zum Sieger und den anderen zum Verlierer stempeln könnte,
- wählen Sie den unter d) beschriebenen Weg nur bei unlösbaren, insbesondere system-inhärenten Konfliktpotentialen,
- wählen Sie die Alternative b) nur in den Fällen, in denen die Niederlage einer Seite zum Beispiel wegen destruktiver oder querulantischer Konfliktherbeiführung gewollt und notwendig ist,
- verzichten Sie auf die unter a) beschriebenen Alternativen, wenn möglich, gänzlich, denn sie stellen nur Scheinlösungen dar.

14.9 Menschen in ihrem Wesen erkennen

Mitarbeiter, die der Vorgesetzte effizient führen will, muß er individuell »anfassen«, *und dazu muß er sie kennen.* Menschen zu kennen setzt aber voraus, sie in ihrem Wesen zu erkennen. Dazu muß er in Erfahrung bringen:

- Welche Persönlichkeit steht mir gegenüber?
- Von welchem aktuellem Zielspektrum wird sie geleitet?
- Welche Charaktermerkmale, Werthaltungen und Einstellungen herrschen vor?
- Welche Anlagen, Talente und Fähigkeiten sind in ihr angelegt?

Erst mit Kenntnis dieser Merkmale kann ein Vorgesetzter in motivationalem Führen berücksichtigen, auf welches Führungsverhalten ein Mitarbeiter ansprechen wird, für welche individuellen Ziele Belohnungen leistungswirksam anzubieten sich lohnt, wodurch Demotivationen zu befürchten sind etc.

Das Erkennen seiner Mitarbeiter erweist sich für den Vorgesetzten in der betrieblichen Praxis als nicht einfach. Die Formalisierung der Arbeitsfunktion läßt vom arbeitenden Menschen oft nur die *für die Funktion* relevanten Facetten seiner Persönlichkeit sichtbar werden. Den anderen Teil seiner Persönlichkeit hält der Mitarbeiter aus einer natürlichen Scheu, fremden Menschen seine höchst internen Seiten zu offenbaren, in der betrieblichen Öffentlichkeit bewußt zurück. In spezifischen Situationen, so zum Beispiel beim Bewerbungsgespräch, ist er bewußt bemüht, ein nach seiner Auffassung vom Betrieb für vorteilhaft gehaltenes Persönlichkeitsbild zu offerieren, das aber nicht seinem Alltagsbild entsprechen muß. Aber auch bei anderen Gelegenheiten und nicht selten vom Verhalten anderer Menschen dazu animiert, zeigen Menschen verfremdete, für ihre Persönlichkeiten untypische Verhaltensformen.

Der Leser kann nachfolgend mit der Problematik der Erkenntnis fremder Menschen nur kurz bekannt gemacht werden. Wir empfehlen ihm daher sehr, vertiefende Kenntnisse aus der genannten Fachliteratur zu gewinnen. Im übrigen kann die Fähigkeit zur Menschenerkenntnis lesend nur verstanden werden; erworben wird sie in einem lebenslangen Lernprozeß der Erfahrung.

Das Erkennen anderer Menschen ist ein Kommunikationsprozeß, wie wir ihn unter Ziffer 21.1 noch näher erläutern werden. Die besonderen »Informationen«, die der zu erkennende Teil sendet und die der Erkennende zu dekodieren hat, bilden
- *die Sprache* (mit welchen Worten, in welchem Tonfall formuliert er welche Nachricht?),
- *die Mimik* (= Ausdruck des Gesichtes – was verrät sie?),
- *die Gestik* (= Ausdrucksweise seiner körperlichen Bewegungen i. S. einer »Körpersprache« – was verrät sie?),
- *äußerliche Hilfsmittel* (Kleidung, Frisur, Schmuck, Make-up u. a. – was lassen sie erkennen?).

Der Prozeß des Erkennens besteht darin, diese Signale durch systematisches Beobachten wahrzunehmen, in Beziehung zueinander zu setzen, ihre Aussagen analytisch und vergleichend zu deuten, um hieraus zu einer Hypothese über das Verhalten des beobachteten Menschen in anderen, zum Beispiel bestimmten Arbeitssituationen zu gelangen [7].

Die Fähigkeit, empfangene Eindrücke über den anderen Menschen sachgerecht, d.h. nach gesicherten Erkenntnissen der Persönlichkeits- und der Verhaltenspsychologie, zu deuten, ist erlernbar. Methoden der Testpsychologie oder für die Alltagssituation die Methode der *Transaktions-Analyse* können hier wertvolle Hilfe leisten [8].

Schwieriger aber als die Deutung wahrgenommener Eindrücke über den anderen Menschen erweist sich der Vorgang der Wahrnehmung selbst. Für den Mitarbeiter hatten wir bereits festgestellt, daß er die erlebte Arbeit über ein *psychologisches Filter* von Einstellungen und Werten *individuell eingefärbt* wahrnimmt. Diesem Phänomen, die objektiv existierende Umwelt infolge des intrapersonell angelegten psychologischen Ausleseprogramms individuell verzerrt wahrzunehmen und zu deuten, unterliegen alle Menschen.

Beispiel: Wie wird ein Politiker, der sich in der Öffentlichkeit für die Einführung einer Geschwindigkeitsbegrenzung auf 120 km/h auf den Bundesautobahnen einsetzt, »gesehen« werden von

a) dem Fahrer eines Kleinwagens im Freizeitverkehr, der die genannte Höchstgeschwindigkeit ohnehin nie überbieten kann und ständig darüber verärgert ist, des öfteren von schnelleren Fahrzeugen mit der Lichthupe bedrängt zu werden,

b) dem Fahrer einer schnellen Reiselimousine, der beruflich in jeder Woche mehrere tausend Kilometer auf unseren Autobahnen »arbeitet«.

Auch der Vorgesetzte unterliegt im Führen bei der Wahrnehmung der Persönlichkeiten seiner Mitarbeiter der Gefahr der Täuschung. Dies ist vor allem auf folgende **Fehlerquellen** zurückführen:

A) »**Halo-Effekt**« (Halo griech. = Hof): Der Beobachter läßt einzelne Merkmale der beobachteten Person, die ihm persönlich wichtig oder sympathisch erscheinen, alle anderen Merkmale *überstrahlen.*

Beispiele:

a) Ein Vorgesetzter, selbst Pünktlichkeitsfanatiker, hat sich von seiner wiederholt unpünktlich zur Arbeit erschienenen Sekretärin getrennt und entscheidet sich voller Begeisterung für eine Bewerberin, in deren Zeugnis »hervorragende Pünktlichkeit« als (einziges) positives Leistungsmerkmal benannt ist;

b) der erotisch leicht zu stimulierende Leiter eines Zeichenbüros orientiert sein Urteil über die »Tüchtigkeit« mehrerer Bewerberinnen um eine freie Stelle vor allem an der erotischen Ausstrahlung, die er an ihnen wahrnimmt, und erst in zweiter Linie an ihrem wirklichen Können als Technische Zeichnerinnen.

Der »Halo-Effekt« dürfte uns in unserem Leben am häufigsten zum Narren halten.

B) Vorurteile: Fest geprägte Bewertungen einzelner sozialer Merkmale führen dazu, alle Träger dieses Merkmales von vornherein mit einem bestimmten Urteil zu versehen.

Beispiele:

»Arbeiter zeigen nur Fleiß, wenn man sie tritt.«
»Akademiker sind eingebildet, mit ihnen kann man als Arbeiter nicht reden.«
»Alle Berliner haben zuerst ein großes Mundwerk.«
»Blonde Frauen sind ›cool‹, dunkelhaarige warmherzig.«

Vorurteile sind ein Ausdruck menschlichen Bestrebens, die Umwelt sich selbst ähnlicher oder, im negativen Falle, unähnlicher zu gestalten.

C) Das »Andorra-Phänomen«: Literarisch verarbeitet im Schauspiel »Andorra« von MAX FRISCH geht es bei der *Gesetzmäßigkeit der sich selbst erfüllenden Prophezeiung* darum, Menschen zu dem erst werden zu lassen, wofür man sie zuvor gehalten hat.

Beispiel: Der neue Leiter der Konstruktion hält seine »Untergebenen« von vornherein für unkooperativ, leistungsunwillig und unkreativ. Aufgrund dieses Mitarbeiter-Leitbildes führt er sie betont autoritär und hält sie »an der kurzen Leine«. Seine Ingenieure und Zeichner fühlen sich aufgrund dieses antiquierten Führungsstiles auf das höchste frustriert. Sie ziehen sich von ihm zurück, leisten gegenüber früher nur das Notwendigste und sehen keinerlei Neigungen mehr zu kreativer Mitarbeit. Der Leiter sieht sich hierdurch in seiner Auffassung bestätigt und zieht die Zügel eher noch straffer an ...

D) Projektionen: Der Beobachter projiziert seine Meinung, die er über eine Person mit einem bestimmten Merkmal (zum Beispiel Name, Gesichtsausdruck, Nationalität) erfahren hat, vorschnell auf alle anderen Personen mit dem gleichen Merkmal.

Beispiele:

a) Ein Vorgesetzter war auf einer Bergtour in eine Eisspalte gestürzt und aus ihr unter großer persönlicher Tapferkeit von einem anderen Bergsteiger mit einer auffallend großen Nase gerettet worden. Seitdem sieht er in großen Nasen den Gesichtsausdruck tapferer Menschen;

b) einem anderen Menschen war auf der Urlaubsreise in Italien mit einer raffinierten Falle das Auto aufgebrochen und ausgeraubt worden. Seitdem »sind alle Italiener hinterhältige Diebe und Räuber« (was vor allem seine italienischen Gastarbeiter zu spüren bekamen).

Projektionen ähneln insoweit Vorurteilen.

E) Gegenseitige Verhaltensbeeinflussung: Menschen stellen sich in ihrem Verhalten reaktiv auf zuvor an anderen Menschen (real oder vermeintlich) wahrgenommenes Verhalten ein. Wahrnehmungsfehler und Fehlinterpretationen des »Sender-Empfänger-Verhaltens« können wechselseitig ungewollte Konfliktpotentiale auftürmen.

Beispiele:

a) Der Bewerber B begeht den Fehler, die weite Reise zu einem um 9 Uhr angesetzten Vorstellungsinter-view in der Nacht um 3 Uhr im eigenen Pkw zu beginnen. Erschöpft und gestreßt kommt er in das Ge-spräch. Der kaufmännische Leiter L des mittelständischen Unternehmens, auch für Personalangele-genheiten zuständig, sieht sich durch das fahrige Verhalten des B nicht ausreichend ernst genommen und reagiert verärgert. Seine dadurch etwas »spitz« formulierten Fragen an B empfindet dieser als Ausdruck dafür, daß man an seiner mit so viel Sorgfalt abgefaßten Bewerbung gar nicht ernsthaft in-teressiert sei, und reagiert nun seinerseits gereizt. Als L ihm schließlich einige Fragen zu seiner Quali-fikation stellt, antwortet B empört, daß er diese doch wohl in seiner Hochschulprüfung ausreichend unter Beweis gestellt habe. Die Bewerbung ist geplatzt;

b) Meister M geht nach einem Ehestreit abgespannt in eine Gaststätte, um »einen zu trinken«. Dort über-sieht er drei seiner Mitarbeiter, die er weder begrüßt noch sonst beachtet. Diese interpretieren seine Geistesabwesenheit als beabsichtigte Mißachtung und beantworten dies am nächsten Arbeitstag mit entsprechendem »Druck« auf M. Das Arbeitsklima wird durch den hiermit provozierten Gegendruck des M gespannt.

Die Reihe von »Verzerrern« unseres Wahrnehmungsvermögens könnte fortgesetzt werden. Mög-lichkeiten, sie zu entschärfen, bestehen vor allem darin, im Wege der Selbstanalyse und -kontrolle Schwachstellen zu erkennen und durch kontrolliertes Verhalten zu eliminieren. Insbesondere wenn sich Ergebnisse unseres Wahrnehmens als *negativ* oder *widersprüchlich* erweisen, sollten wir uns gehalten sehen, den eigenen Wahrnehmungsprozeß kritisch zu analysieren. Die möglichen Erfolge sind allerdings von vornherein beschränkt, weil Teile unseres eigenen Verhaltens wie auch des Verhaltens anderer Menschen unbewußt gesteuert bzw. verdeckt verlaufen und daher der Selbstanalyse nur sehr schwer zugänglich sind. Die Psychologen LUFT und INGHAM haben dies an dem von ihnen entwickelten *»Johari-Fenster«* sichtbar dargestellt:

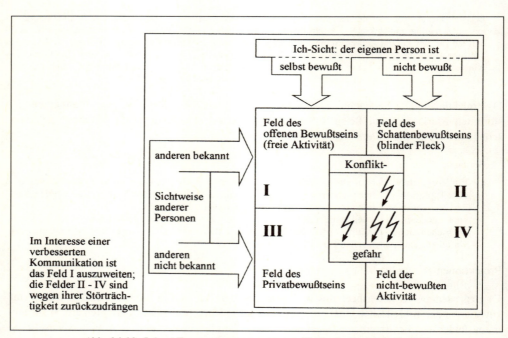

Abb. 14.12: Johari-Fenster (entnommen aus Heidack, C., 1983, S. 228)

Die sicherste Methode, im Erkennen von Menschen Fehlergebnisse zu minimieren, bleibt letztlich das offene Gespräch mit einem hohen Anteil an »Feed-back«: Offenes Fragen, Antworten und wieder Fragen aus einer Haltung der vorurteilsfreien, unbewerteten und zuhörenden Aufnahme sowie sorgfältiger Deutung der Signale, die der andere Mensch uns sendet, führen weiter als der Ehrgeiz, in kürzester Zeit durch flüchtige Interpretation weniger Signale den Eindruck besonderer Menschenkenntnis herausstellen zu wollen.

14.10 Sprachlich flexibel auf Adressaten einstellen

Direktes Führen findet überwiegend in der Kommunikationsform des Miteinander-Redens statt. Unsere Sprache, derer wir uns dabei bedienen, erlaubt es bei richtigem Gebrauch, innerhalb kurzer Zeit dem Gesprächspartner umfangreiche, komplizierte Informationsgehalte zu vermitteln. Sie bildet die effektivste Form der Informationsübertragung, die durch schriftliche und elektronische Kommunikationsformen zwar sinnvoll ergänzt, aber nicht ersetzt werden kann.

Voraussetzung dafür bildet *die Fähigkeit, den Gesprächspartner in der Sprache anzusprechen, die er verstehen kann.* Dies erweist sich im Arbeitsleben nicht nur als problematisch gegenüber ausländischen Arbeitskräften. Auch unter Deutschen gilt es, Sprachbarrieren zu überwinden.

> **Aufgabe:** Stellen Sie sich vor, Sie seien Leiter der Fertigung von Temperaturreglern für Bügeleisen auf Bi-Metall-Basis. Sie sollen die Funktionsweise des Reglers verschiedenen Besuchergruppen verständlich darstellen. Die Gruppen bestehen aus
>
> a) *Diplom-Ingenieuren* der Fachrichtung »Elektrotechnik« aus branchengleichen Unternehmen;
>
> b) den *Schülerinnen einer Hotelfachschule.*
>
> Skizzieren Sie gedanklich die Unterschiede in Ihrem Vortrag.

Unterschiedlichkeiten des Sprachgebrauchs ergeben sich in der Praxis vor allem aus unterschiedlichen Bildungsgraden, dem Geübtsein im Abstrahieren, dem Gebrauch fachspezifischer Begriffe und der im Alltag gepflegten Sprachkultur schlechthin.

Auf einer Vorstandsetage wird »eine andere Sprache« gesprochen als zum Beispiel in einer Werkstatt oder auf einer Baustelle. Lernen Sie, Ihre Gesprächspartner in der ihnen geläufigen Sprache anzusprechen. »**Senden Sie empfängerorientiert**«. Lernen Sie dazu, etwa als Konstrukteur in der Mitte Ihres hierarchischen betrieblichen Gefüges stehend, mit einem Arbeiter in der Versuchswerkstatt genauso verständlich und sicher reden zu können wie mit einem Mitglied Ihrer Geschäftsleitung. Das erfordert Flexibilität im Sprachvermögen und ein Gespür dafür, welcher Stil welchem Partner gegenüber ankommt. Damit wird nicht zugleich empfohlen, sich durch den Gebrauch von hier und da üblichen sprachlichen Unarten anzubiedern.

Im Gespräch wird niemals nur der Intellekt des Partners, sondern stets auch seine emotionale Seite angesprochen. Lernen Sie, Ihre Gesprächspartner *mit dem richtigen Wort im richtigen Augenblick* emotional aufzuschließen (vgl. dazu oben Ziffer 14.2).

Selbst *der Ton der Sprache* kann gleichen Worten unterschiedliche Gehalte verleihen.

Seien Sie zurückhaltend im Gebrauch von Ironie und Zynismus.

Ironie bedeutet, etwas Negatives in positive Worte zu kleiden (der Vorgesetzte sagt zu einem »Leisetreter«: »Ihre Tüchtigkeit ist wirklich umwerfend, Herr Meier, Ihnen danken wir bald die

Verdoppelung unserer Dividende!«). Allerdings kann Ironie bei geistiger Waffengleichheit dem Gespräch einige »Würze« vermitteln und ist nicht grundsätzlich abzulehnen.

Zynismus bedeutet den direkten verletzenden Angriff (»Auf dem Arbeitsamt sähe ich Sie bei Ihrer Tüchtigkeit lieber als an diesem Arbeitsplatz, Herr Meier.«). Auf Zynismus sollten Sie verzichten.

Vermeiden Sie es auch, in Gegenwart anderer explosiv aus der Haut zu fahren und die Kontrolle über sich selbst zu verlieren; Sie verlieren stets zugleich auch Prestige. Reagieren Sie affektive Staus lieber alleine ab.

Humor, bei dem niemand lächerlich gemacht wird, hilft dagegen (fast) immer weiter!

Zusammenfassend bleibt festzustellen, daß der situativ optimale Gebrauch der Sprache ein hervorragendes Führungsinstrument darstellt. Er erfordert gleichermaßen sprachliches Können wie auch Wendigkeit und Fingerspitzengefühl. Leider erlauben die an unseren Hochschulen herrschenden Verhältnisse (Massenbetrieb, Personalknappheit) es nicht, sie während des Studiums zu trainieren. Sofern Sie in Ihrem Vermögen, frei zu reden, Defizite empfinden, sollten Sie ein rhetorisches Training aufnehmen. Berufsverbände (zum Beispiel VDI, VDMA), Volkshochschulen und andere Institutionen bieten dafür geeignete Seminare.

14.11   Mitarbeiter fördern und entwickeln

»Alles fließt« sagte der griechische Philosoph HERAKLID zur Bewegung alles Seins schon vor ca. 2.500 Jahren. Um wieviel mehr trifft seine Aussage auf unsere Zeit zu: Eine Vielzahl global wirkender und vernetzter Faktoren löst eine nie dagewesene Dynamik in der Entwicklung von Wissenschaft, Forschung und Technik aus. In hohem Tempo wird auch vorhandenes Know-how für Verfahren und Produkte durch neues ersetzt. In einigen Sparten der Technik (zum Beispiel der Elektronik) hat der Zeitraum, in dem die Hälfte des vorhandenen Know-hows durch neues ersetzt wird (sog. *Halbwertzeit*), sich bereits auf weniger als fünf Jahre verkürzt. In der Praxis zeigt sich dies auch in ständig kürzer werdenden Produkt-Lebenszyklen. Das Unternehmen, das in Zukunft erfolgreich bleiben will, muß sich dem Druck der Außendynamik innen gewachsen zeigen: In Neu- oder Weiterentwicklungen seiner Produkte, Verfahren, der Organisation, des Managementsystems und seines ganzen geistigen Zuschnitts. Die entscheidenden Leistungsträger dynamischer Prozesse sind seine Mitarbeiter. Nur Menschen verfügen mit ihren Fähigkeiten, kreativ und flexibel sowie anpassungs- und lernfähig zu sein, über die Potentiale, mit denen Dynamik ausgelöst und bewältigt werden kann.

Entwicklungsgerechte Qualifizierung der Mitarbeiter ist deshalb keine Sozialleistung, sondern eine Schlüsselstrategie zur Sicherung der Unternehmensexistenz, eine Investition in die Zukunft.

Schon wird Weiterbildung als zusätzlicher »Produktionsfaktor« bezeichnet [9].

Auch für den einzelnen Berufstätigen ist eine Qualifikation, die der Entwicklung des technologischen Fortschritts standhält, Vorbedingung für eine lohnenswerte berufliche und private Lebensführung: So, wie sie über Einkommen, Arbeitsfeld, gesellschaftlichen Status hohe Lebensqualität sichert, können Qualifikationsdefizite angestrebte Lebensqualität vereiteln und erreichte auch wieder gefährden. Zukunftssichernde Weiterbildung gehört daher zu den zentralen Lebenszielen insbesondere von Arbeitnehmern mit einem hoch entwickeltem Leistungs- und Erfolgsmotiv. Dies sind zugleich die Kräfte, die mit ihrer hohen *persönlichen Leistungsklasse* (vgl. Ziffern 9.1

und 9.5.2) bei fehlenden Entwicklungschancen dank ihrer hohen Qualifikation und Mobilität auch als erste nach aussichtsreicheren Stellen suchen.

Die Entwicklung seines Personals kann in einem Unternehmen auf zwei Wegen vorangetrieben werden:

A) über ein unternehmensweit angelegtes Konzept der Personalentwicklung

und/oder

B) durch individuelle Förderung und Weiterbildung im Einzelfall.

A) Personalentwicklung

Wir verstehen unter Personalentwicklung

> »alle Aktivitäten ... , die der Vermittlung und Verwertung vorwiegend solcher Qualifikationen dienen, welche den Mitarbeitern die berufliche Aneignung sich verändernder betrieblicher und gesellschaftlicher Wirklichkeit erleichtern« [10].

Da derartige Programme in der Praxis häufig auf Führungskräfte beschränkt und sonstige Fachkräfte in sie leider nur selten einbezogen werden, spricht man auch von *Management-Entwicklung* oder von *Management-Development*.

Der Prozeß der Personalentwicklung umfaßt folgende Schritte:

a) Prognostische Ermittlung des künftigen quantitativen und qualitativen Personalbedarfs (Personalbedarfs-Analyse),

b) Ermittlung des Entwicklungspotentials im vorhandenen Personal durch Instrumente der Potential-Analyse wie

    aa) Analyse des in der Vergangenheit gezeigten Leistungsprofils (Prüfungs-/Tätigkeitszeugnisse, Lebenslauf),

    bb) Tests (Assessment-Center, revidierter »Deutscher CPI 462«) [11],

    cc) Beurteilungen durch Mitarbeiter aus dem Umfeld des Probanden,

c) Ermittlung der Entwicklungs-Motivation der entwicklungsfähig diagnostizierten Mitarbeiter,

d) einvernehmliche Planung und Durchführung des auf die beteiligten Mitarbeiter abgestimmten Entwicklungsprogramms, das den unter a) ermittelten Bedarf deckt,

e) Ermittlung und Beurteilung der erzielten Ergebnisse sowie

f) Einsatz der qualifizierten Mitarbeiter in qualifizierte Funktionen mit funktionsadäquater Bezahlung.

Da die ausführlichere Auseinandersetzung mit dem komplexen Thema den gesteckten Rahmen sprengen würde, verweisen wir auf weiterführende Literatur unten.

B) Individuelle Förderung und Entwicklung im Einzelfall

a) In recht vielen Fällen werden Betrieb und Vorgesetzte betrieblichem Bedarf und mitarbeiterseitigen Bedürfnissen nach Förderung und Entwicklung nur durch individuelle Maßnahmen gerecht werden können, wenn Träger für neue oder technologisch anspruchsvollere Funktionen bereitzustellen sind. Dies muß kein Nachteil für den Mitarbeiter sein. Dazu werden, wie schon unter A) dargelegt, spezielle Informationen benötigt über

– den absehbaren, konkreten Entwicklungsbedarf in Ihrem Bereich (welche neuen Qualifikationen werden durch neue Technologien benötigt?),

– über die Leistungsprofile Ihrer Mitarbeiter (bei welchen liegt Entwicklungspotential vor?),

– über ihre Entwicklungsmotivation (bei welchen liegt ausreichendes Entwicklungsinteresse vor, bei wem kann es geweckt werden?).

Darauf aufbauend bieten sich Ihnen eine Vielzahl von Förderungsmöglichkeiten an:

Allgemein können und sollten Sie

– allen förderungswürdigen Mitarbeitern klarmachen, daß ihre persönliche Weiterbildung *heute* auf das Anforderungsniveau von morgen die sicherste und wirksamste Anspruchsgrundlage für den gut dotierten Arbeitsplatz in der Zukunft darstellt;
– mit den einzelnen Mitarbeitern über Einzelvorhaben oder ganze Konzepte ihrer Weiterbildung (zum Beispiel den Erwerb fachlicher/sprachlicher Qualifikationen) reden und sie bei Planung und Realisation unterstützen,
– ihre Aufgabenbereiche mit anspruchsvolleren Komponenten anreichern oder ihnen anspruchsvollere Positionen zuweisen (gleichermaßen »Fordern durch Fördern » wie »Fördern durch Fordern!«);
– sie zur Beförderung vorschlagen und ihnen zugleich aufbauende Unterstützung zuteil werden lassen;
– bei Mißerfolgen Hilfe leisten, die dazu dient, Mißerfolge künftig zu vermeiden und erfolgreicher sein zu können;
– von Zeit zu Zeit Förderungs- und Entwicklungsgespräche mit entwicklungswilligen Mitarbeitern wiederholen und nachhaken;
– jungen Mitarbeitern aufbauende Hilfe beim Einstieg in das Berufsleben und seiner Gestaltung geben (vgl. Ziffer 23.3),
– neuen Mitarbeitern besondere Eingliederungshilfe gewähren (vgl. Ziffer 17.4.3);
– stets dafür Sorge tragen, daß der erfolgreiche Abschluß signifikanter Weiterbildungsvorhaben sich in konkreten Verbesserungen bei Einsatz und Bezahlung des Mitarbeiters niederschlägt.

b) Gelingt es, mit Förderungsmaßnahmen den Mitarbeiter für ein Sachgebiet oder auch nur in seiner Arbeitsaufgabe *zum »Experten«* im Sinne eines mit speziellem Know-how ausgestatteten Könners zu qualifizieren, so wird ein zusätzlicher Effekt erreicht: Der Mitarbeiter erfährt in besonderem Maße Beachtung, Anerkennung und Respekt aus seiner Umgebung. Dies stärkt sein Gefühl, bedeutend zu sein und gebraucht zu werden, was wiederum seiner Selbstachtung zugute kommt. Um sich selbst in dieser Vorstellung zu bestätigen und seinen Ruf nicht zu gefährden, wird er sich in die Sache nun *erst recht* »hineinknien«. Das Unternehmen schafft sich mit Förderung von Expertentum nicht nur besser qualifizierte, sondern zugleich besser motivierte Mitarbeiter.

c) Eigenständiger Bedarf zu individueller Förderung entsteht ferner beim *Eintritt eines neuen Mitarbeiters* in den unterstellten Bereich. Wir wenden uns dem unter Ziffer 14.4.1 zu.

d) Sowohl als Maßnahme individueller Förderung als auch als Bestandteil seiner Personalentwicklung sollte das Unternehmen erwägen, entwicklungsorientierte Mitarbeiter *multipositional zu qualifizieren*. Der dazu notwendige, von Zeit zu Zeit vorzunehmende Arbeitsplatzwechsel auf gleicher Ebene oder zwischen mehreren Ebenen erzieht Mitarbeiter zu ressort- und ebenenübergreifendem, großräumigem Denken und Handeln. Die Einnahme wechselnder Positionen legt zugleich ihre Eignungspotentiale offen. Das Unternehmen erfährt dadurch nicht nur zusätzliche Flexibilität im Personaleinsatz, sondern es kann zusätzlich mit der Loslösung vom positionalen Zuständigkeitsdenken beim einzelnen die Öffnung zu projektbezogener Teamarbeit fördern. Die

Maßnahme wird notwendig bei Gruppenarbeit, sie bietet sich aber auch bei förderungswürdigen Nachwuchskräften an.

e) Für diesen Kreis kann es sich auch förderlich auswirken, in Projektgruppen delegiert zu werden, in denen sie ressort-, bereichs- und ebenenübergreifende Teamarbeit unter Experten erfahren.

f) Schließlich sollten Abwesenheitszeiten von Führungskräften dazu genutzt werden, Nachwuchskräfte kommissarisch mit reduzierten Disziplinarbefugnissen mit Personalführungsaufgaben auf Zeit zu betrauen. Dies ermöglicht es, ihr Führungspotential zu testen und zu entwickeln.

Schaffen Sie insgesamt die **lernende Organisation** mit einem Klima, »... das Suchprozesse und Fehler gestattet und das gegenseitige Anlernen, Mentoring, Coaching oder einfach kollegiale Hilfe fördert, ein Klima der Anerkennung für Kompetenz, Wissen und Lernen, in dem deutlich wird, wie wichtig diese Dinge sind« [12].

Fördern von Mitarbeitern kann den Vorgesetzten freilich vor die Aufgabe stellen, persönliche Hemmungen zu überwinden: Er muß bereit sein, denkbare Gefühle von Egoismus, Neid oder Mißgunst zurückzustellen, wenn er erkennt,

– daß der geförderte Mitarbeiter es leichter hat, als er selbst es einstmals hatte, »auf die Sonnenseite des Lebens« zu gelangen, oder
– daß er mit Maßnahmen der Förderung und *Be*förderung seinen Bereich von seinen besten Kräften und Erfolgsgaranten entblößt.

Fördern erfordert insoweit auch Selbstlosigkeit.

14.12 Kreativität freisetzen, Innovationen umsetzen und Änderungen bewältigen

> **Arbeitshinweis:** Vertiefen Sie sich noch einmal in die Ausführungen des 1. Absatzes in Ziffer 14.11. Sie bilden die Grundlage auch des hier zu behandelnden Themas.

Unsere Unternehmen benötigen neue Lösungen für Produkte, Verfahren usw. Die eigene Entwicklung oder der Ankauf neuen technisch-wissenschaftlichen Know-hows von außen ist kostspielig. Gerade für mittelständische Unternehmen ist es deshalb wichtig, die in ihren Belegschaften vorhandenen Kreativitätspotentiale erschöpfend zu aktivieren und innovativ zu nutzen. **Kreativität bedeutet, neue Ideen zu finden, und Innovativität, sie in nutzbare Lösungen umzusetzen und anzuwenden.** Dafür spricht, daß die meisten Aufgabenträger für ihre Funktionen die größten Experten sind, die Verbesserungsmöglichkeiten am ehesten erkennen. Die Praxis zeigt indessen, daß nur weniger als 50 % unserer Unternehmen über wirksame Systeme zur Aktivierung von Kreativität verfügen. Nicht wenige von ihnen haben gegenüber Neuerungen regelrechte »Immunsysteme« errichtet.

Als hauptsächliche Kreativitäts- und Innovationsbremsen wirken:

A) Der Betrieb

- Die Trägheit des etablierten Apparates, Angst vor Veränderungen mit ihren natürlichen Risiken, unkritische Anpassung an Vorhandenes sowie Halbherzigkeit oder Scheininteresse im Management lassen wirkliches Interesse an Neuem gar nicht aufkommen,
- es besteht kein verläßliches System zu Prüfung, Bewertung und Erprobung von Vorschlägen, die schließlich irgendwo versanden,
- neue Ideen werden weder materiell noch immateriell belohnt, weil sie als *Leistung* nicht anerkannt werden,
- das Unternehmen verfährt nach dem überholten Grundsatz, daß »oben gedacht und unten ausgeführt« werde, und es schließt den Großteil seiner Mitarbeiter von der Aufgabe eigenen Mitdenkens und Eingebundenseins in die Unternehmensentwicklung aus.

B) Die einzelne Führungskraft

- Sie fühlt sich durch Verbesserungsvorschläge, die ihren Zuständigkeitsbereich berühren, indirekt kritisiert und in ihrem Selbstverständnis als die *Nummer Eins* gefährdet, dementsprechend werden Vorschläge nicht selten im stillen oder offen mit »Killer-Argumenten« wie den folgenden abgeblockt:
  - Ihr Vorschlag ist grundsätzlich richtig, aber das läßt sich bei uns nicht durchführen!
  - Wissen Sie eigentlich, was das kostet?
  - Wenn das ginge, hätten wir es längst schon gemacht.
  - Derartige Experimente können wir uns derzeit einfach nicht leisten.
  - Theoretisch hört sich das ja gut an, aber praktisch läßt es sich nicht verwirklichen.
  - Aus Ihrer Sicht mag das ja richtig sein, aber unsere bisherigen Erfahrungen sprechen dagegen.
  - Das wird oben sowieso nicht genehmigt.
  - Sie werden fürs Arbeiten bezahlt, nicht für dubiose Ideen!«
  (Der Katalog der Scheinargumente könnte fortgesetzt werden);
- die Führungskraft läßt dem Vorschlag aus verletzter Eitelkeit indirekte Bestrafungen im Sinne von Abwehrmechanismen folgen: reduziertes Wohlwollen, spitze Bemerkungen, Schneiden, wobei nicht selten die Kollegen des Vorschlagenden als »Verbündete« eingespannt werden (verstecktes Mobbing);
- Vorschläge von Mitarbeitern werden als eigene weitergereicht.

C) Der einzelne Mitarbeiter

Als Hemmschwellen können wirken:

- Mangelnde Informationen über das gesamte Vorschlagswesen, sein Verfahren und den Nutzen, den die Teilnahme bringt,
- mangelnde intellektuelle Möglichkeiten, sich auszudrücken,
- Betriebsblindheit,
- Nichtwollen aus Gleichgültigkeit oder aus Opposition zum Betrieb,
- schlechte Erfahrungen mit früheren Vorschlägen oder unzulänglich empfundenen Belohnungen,
- Entschlußmangel wegen fehlender Initiative,
- Nichts-Wagen aus Furcht vor Restriktionen durch Kollegen und Vorgesetzte, vor Blamage bei Mißerfolg oder nachteiligen persönlichen Folgen eines Rationalisierungseffektes.

Um die geistigen Potentiale der Belegschaft mobilisieren zu können, muß der Betrieb derartige Hemmnisse, sollten welche bestehen, abbauen. Zugleich muß er als geistige Grundlage eines »Kontinuierlichen Verbesserungsprozesses« ein Klima ständiger kreativer Anspannung schaffen, in dem die kreative und innovative Leistung als hochbegehrter und honorabler Leistungsbeitrag in das Bewußtsein jedes einzelnen, auch jeder Führungskraft, verankert wird. Dabei ist Versuchen erwünscht, Irren erlaubt.

Damit einhergehen muß der *Aufbau eines globalen und wirksammen Ideen- und Innovations-Managements* [13].

Zu seinen zentralen Bausteinen gehören:

A) ein motivierendes betriebliches Vorschlagswesen [14]
Es sollte unter Mitwirkung eines Projektzirkels und des Betriebsrates (vgl. § 87 (1) Ziffer 12 BetrVG!) als System transparenter und berechenbarer Regelungen konzipiert werden und, ausreichend publiziert, *als Betriebsvereinbarung* in Kraft gesetzt werden.

B) Ideen-/Projekt-/Beteiligungs-/Werkstatt-/Lern-Zirkel, Workshops
Es geht darum, Kreativität und Innovativität mit den Gedanken der Gruppenarbeit, wie wir sie bereits unter Ziffer 10.3 dargestellt haben, zu aktivieren. Dazu können den Gruppen Probleme mit aktuellem Lösungsbedarf gestellt werden, oder es werden auch ohne Vorgabe oder konkreten Anlaß neue Lösungen für Schwachstellen beliebigster Art im eigenen Arbeitsbereich überdacht und gesucht.

Die Mitwirkung erfahrener Trainer und der Einsatz von Methoden der Ideenfindung (zum Beispiel Brainstorming, Brainwriting, 6-2-6-Methode, morphologischer Kasten) können die Arbeit zusätzlich interessant und effektiv gestalten.

C) Ideen-Wettbewerbe
Der Betrieb oder auch nur ein Bereich schreibt einen Wettbewerb über neue Ideen zu Innovationen über gestellte Themen aus und prämiert die brauchbarsten Einzel- oder Gruppenvorschläge. Der Erfolg dabei wird, wie auch im Vorschlagswesen, wesentlich davon abhängen, daß der Betrieb gleichzeitig ein transparentes und als fair anerkanntes Prüfungs- und Bewertungsverfahren anbietet.

Ihnen als Führungskraft empfehlen wir:

- Befreien Sie sich von der Sorge, daß kreative Angebote Ihrer Mitarbeiter Ihre Autorität als Vorgesetzter untergraben könnten, in Wirklichkeit kommt Kreativität und Innovativität in Ihrem Bereich als Ausdruck geistiger Lebendigkeit Ihres Führens Ihnen zugute;
- machen Sie Ihren Mitarbeitern deutlich, daß Arbeiten mit der ständigen Suche nach neuen Ideen verbunden sein muß, daß jede neue Idee willkommen ist und daß sie auch ernsthaft und fair auf ihre Brauchbarkeit hin geprüft wird. Fördern Sie auch den Gedanken des Gruppenvorschlags; bestätigen Sie dem Absender den Eingang seiner Vorschlags;
- setzen Sie zur Lösung von Problemen auch *selbständig* arbeitende Projektgruppen ein, nichts zwingt Sie, um jeden Preis an allem selbst beteiligt zu sein;
- lassen Sie jeden Mitarbeiter mit seiner neuen Idee vorurteilsfrei zu Worte kommen;
- legen Sie eingegangene Vorschläge grundsätzlich im unterstellten Bereich *offen*. Schon das Wissen darum reduziert die Versuchung zum »Ideenklau«. Sollte die geistige Urheberschaft gleichwohl umstritten sein, läßt sie sich *vor* der Vergabe von Belohnungen sachlicher klären als danach;

- setzen Sie im Betrieb durch, daß jeder Vorschlag auch tatsächlich ernsthaft geprüft wird. Sofern dies länger dauert, sollte der Einsender eine Zwischennachricht erhalten;
- im Falle der *Nichtbrauchbarkeit* eines Vorschlags sind dem Einsender die Gründe dafür triftig darzulegen. Auch empfiehlt sich ihm gegenüber eine Anerkennung seines Bemühens;
- falls der Vorschlag angenommen und angewendet wird, muß dem Einsender oder der Einsendergruppe Belohnung zuteil werden:
  - *materiell* als Prämie (mit einem Anteil am errechenbaren Jahresnutzen von nicht weniger als 30 %; bei nicht errechenbaren Nutzen nach freiem, aber dennoch geregeltem (Richtlinien-) Ermessen,
  - *immateriell* durch Dankschreiben/Urkunde und Veröffentlichung im Bereich/Betrieb oder – in Sonderfällen – durch eine Plakette am Ort der Innovation,
  - in jedem Falle sollte dem geistigen Urheber die Umsetzung seiner Idee in eine Innovation *an Ort und Stelle demonstriert werden. Auch diese Rückmeldung ist Lohn.*

Die Praxis zeigt, daß die immaterielle Belohnung der materiellen in ihrer Wertschätzung nicht nachsteht.

Schaffen Sie in Ihren Mitarbeitern das Bewußtsein, in einer lernenden Organisation zu arbeiten, die niemals *fertig* **ist,** sondern sich ständig an neue Anforderungen und Techniken anpassen muß und durch die Kreativität ihrer Mitglieder, durch ständiges Versuchen und probieren neuer Lösungen sich weiterentwickeln muß und *auch aus Fehlern* dazulernt.

Innovationen ziehen Veränderungen nach sich. Anstehende Veränderungen lösen unter den betroffenen Mitarbeitern leicht *Widerstände* aus. Werden sie einfach übergangen, muß der Betrieb damit rechnen, daß neue Regelungen abgelehnt werden und daß die in Opposition dazu befindlichen Mitarbeiter selbst in der besten Neuerung so lange Kritikwürdiges suchen, bis sie »das Haar in der Suppe« gefunden haben. Die Gründe dafür, daß Änderungen mit Skepsis begegnet wird, liegen in folgendem:

- durch nicht angekündigte Änderungen bestehender Verhältnisse fühlt der betroffene Mitarbeiter sich in seinem Anspruch, beteiligt zu werden, übergangen und reagiert frustriert,
- das Unbekannte an neuen Technologien mit der Ungewißheit, ob sie bewältigt werden können, löst Bewältigungsängste und Streß aus, und zwar in verstärktem Maße bei älteren Arbeitnehmern,
- das *Ver-* bzw. *Ent*lernen-Müssen von Altgewohntem sowie das *Er*lernen-Müssen von Neuem und die Gewöhnung daran kosten zusätzlichen Energieaufwand, der als unbequem empfunden wird.

Folgende **Empfehlungen** sollen helfen, die Schwierigkeiten bei der Durchsetzung von Veränderungen zu reduzieren:

- Machen Sie Ihren Mitarbeitern klar, daß Veränderungen im Interesse des Fortschritts zu den Normalitäten des Arbeitsalltags gehören, die *gemeinsam* bewältigt werden,
- führen Sie nur solche Veränderungen ein, die *notwendig* sind,
- beziehen Sie in technologische Veränderungen nur solche Mitarbeiter ein, die ihnen mit ihren persönlichen Ressourcen (Vorbildung, Alter, Gesundheit) gewachsen sein werden,
- schaffen Sie ein Klima von Glaubwürdigkeit und Vertrauen, indem Sie die Betroffenen und den Betriebsrat über bevorstehende Veränderungen in Betrieb und Arbeitsfeld *rechtzeitig* informieren, geben Sie ihnen anschauliches Informationsmaterial in die Hand und erläutern Sie ih-

nen schon im Planungsstadium die verfolgten Ziele und Zwecke, damit sie sich möglichst früh darauf einstellen können,

- nehmen Sie bei der Einführung neuer Technik Einfluß darauf, daß die neuen Arbeitsmittel den mit ihnen verfolgten Anwendungen adäquat und daß sie *anwenderfreundlich* sind sowie ergonomisch dem heutigen Stand der Technik entsprechen,
- lassen Sie Ihre Mitarbeiter, soweit dies möglich ist, an den Planungen teilnehmen und *eigene Vorstellungen oder Wünsche* in sie einfließen (Partizipation); die Veränderungen werden so eher als eigene akzeptiert werden;
- kalkulieren Sie eine ausreichende *Lernphase* ein; die Umstellung auf neue Arbeitsmittel und -vollzüge erfordert ihre Zeit,
- geben Sie Ihren Mitarbeitern an neuen Arbeitsmitteln Gelegenheit, sich ihnen zunächst mit einfachen Aufgaben anzufreunden und verhelfen Sie ihnen dabei zu ersten Erfolgserlebnissen,
- trainieren Sie Mitarbeiter an veränderten Arbeitsmitteln und -bedingungen so lange, bis sie mit diesen vertraut genug sind, daran ohne Streß und ohne auffällige Fehlerquote arbeiten zu können,
- sorgen Sie für Fälle dennoch auftretender Probleme mit der neuen Technik für kompetente und sofort verfügbare *Endbenutzer-Beratung*, die für schnelle Abhilfe sorgt,
- arbeiten Sie in der Lernphase verstärkt mit Lob und Anerkennung, und heben Sie sichtbare Vorzüge, die die Neuerung für die Mitarbeiter bereithält, hervor.

Bedenken Sie schließlich, daß technologische Veränderungen auch das vorhandene Gefüge von Aufgaben, Einfluß, Status und Einkommen verändern. Dabei entstehen Gewinner und Verlierer. Versuchen Sie, Verlierer zu vermeiden, und da, wo dies nicht möglich ist, die Verluste durch fairen anderweitigen Ausgleich zu kompensieren.

Zur Bewältigung des Spannungsfeldes zwischen angestrebtem Wollen und möglichem Können sei an eine altdeutsche Fürbitte erinnert, deren Aktualität auch in der Gegenwart nichts zu wünschen übrig läßt:

»Gott gebe Dir
- die Kraft zu ändern, was Du ändern kannst,
- die Gelassenheit, hinzunehmen, was Du nicht ändern kannst,
- die Weisheit, das eine vom anderen zu unterscheiden.«

14.13   Erotische Spannungsfelder bewältigen

Wir sind uns bewußt, mit dem Thema, das in der primären Führungsliteratur als Tabu zu gelten scheint, ein »heißes Eisen« anzufassen. Aufgrund seiner Aktualität in der Praxis wollen wir uns an ihm trotzdem nicht vorbeidrücken [15]. Dabei wenden wir uns vor allem der Problematik des *männlichen* Vorgesetzten gegenüber seinen Mitarbeiterinnen zu.

Wir verstehen unter Erotik die geistig-seelische Seite des Liebeserlebnisses. In diesem Sinne bildet sie das vorbereitende Feld bzw. den geistig-seelischen Überbau der körperlich-sinnlichen Sexualität.

Das Senden und Empfangen erotischer Signale bildet eine Normalität zwischen allen Menschen, die auf Liebe und Sexualität ansprechbar sind. Dies gilt sowohl für den privaten als auch für den beruflichen Lebensbereich. Solche Signale reichen, einzeln oder kombiniert, über die auffordernde Mimik, die Gestik, die Kleidung, das sonstige Outfit oder das Wort bis hin zur Tätlichkeit, die sich ihrerseits ebenso zärtlich wie abstoßend darstellen kann. Das Feld erotischer Kommunikation gerät zum Dschungel, wenn die Signale nicht eindeutig kodiert oder dekodiert werden und zu Mißdeutungen führen.

Beispiele:

- Eine Frau legt sich ein eindeutig auffallend erotisierendes Äußeres zu, das ein Mann als Aufforderung begreift, sich ihr zu nähern; sie aber sucht Aufmerksamkeit, um ihre natürliche Unscheinbarkeit, unter der sie leidet, zu kompensieren; und so fühlt sie sich belästigt und wehrt den Annäherungsversuch heftig ab;
- der Vertreter eines an Randformen menschlichen Daseins gewöhnten Berufes (zum Beispiel Mediziner, Jurist) erzählt, ohne dabei Anstößiges zu denken, im Beisein von Frauen eine von deftiger Erotik strotzendes Berufserlebnis; die Frauen aber fühlen sich davon persönlich brüskiert und reagieren empört.

Der Wandel gesellschaftlicher Rollenbilder für Frauen und Männer führt immer mehr Frauen in Berufe, die früher als Domänen für Männer galten, und das Niveau beruflicher Qualifikationen und Funktionen von Frauen unterscheidet sich heute nicht mehr von denen der Männer. Andauernde und intensive Kontakte zwischen Frauen und Männern in Arbeitsgruppen, Expertenteams sowie auf Reisen zu Messen, Seminaren und Firmenbesuchen lassen das Berufsleben zu einem Feld für Kontakte werden, deren Dichte erotische Erlebnisse nicht nur ermöglicht, sondern sogar fördert. Dem leistet der Trend zu verpflichtungsfreiem Singletum und schnellem Genuß bei weitgehend aufgelösten sexualmoralischen Tabus weiteren Vorschub. Die Verarmung unseres sozialen gesellschaftlichen Lebens erhöht das Bedürfnis vieler Menschen auch nach seriösen Kontakten. Da ist es nur natürlich, daß viele der am Arbeitsplatz entstehenden Beziehungen in feste Partnerschaften münden und jede dritte Ehe dort ihren Anfang nimmt.

Einzelne Branchen (zum Beispiel Banken) und Unternehmen bemühen sich im Interesse ihrer Imagepflege zwar, erotische Beziehungen unter ihrem Personal zu tabuisieren, doch nutzt unsere Wirtschaft auf der anderen Seite die stimulierende Wirkung von Erotik als »Anmacher« zum Konsumieren in ihrer Werbung flächendeckend. Die Flut halb- und unbekleideter Frauen auf den Titelbildern und im Inneren unserer Zeitschriften und erotisierende Modetrends suggerieren, daß Frauen erotisch oder gar sexuell potentiell verfügbar seien. Verschwiegen sei schließlich nicht, daß in nicht wenigen Ehen der sexuelle Notstand herrscht und frustrierte Partner daraus im »Seitensprung« den Ausweg sehen.

Praktizierte Erotik, beginnend mit dem kleinen Flirt, bereichert die Arbeit mit prickelnder Spannung, hebt die Freude an ihr, wirkt belebend und muß dem Leistungsprinzip keineswegs entgegenwirken.

So dürfte es kaum einen Vorgesetzten geben, der im Laufe seiner Führungstätigkeit nicht von erotischen Spannungsfeldern berührt wird. Für diesen Fall sind freilich erhebliche **Gefahrenmomente** zu bedenken:

- Erotik lebt allein vom Gefühlsleben und steht in ihren informellen Intentionen in Widerspruch zur zweckrational organisierten, vernunftorientiert zu vollziehenden Arbeit (»Liebe macht blind«);
- die erotische Beziehung lebt von emotionaler Nähe und muß den zum Führen erforderlichen Abstand zwischen Führendem und Geführten aufheben;
- die natürliche Nähe der Beziehungspartner hebt für den Vorgesetzten die Gebote zu Gerechtigkeit und Gleichbehandlung gegenüber allen unterstellten Mitarbeitern im Führen aus den Angeln;
- in der Nähe der intimen Beziehung werden leicht vertrauliche Informationen weitergegeben, und das Gebot, Vertrauenswürdigkeit zu wahren, nimmt Schaden;

- die Beziehung selbst, vor allem aber ihre Beendigung mit den nachfolgenden Verletzungen, gefährden das Klima und die spätere Zusammenarbeit; fühlbare Störungen aus illegalen intimen Beziehungen bilden zudem als »sittliche Verfehlungen« für den Arbeitgeber einen »wichtigen Grund« zur fristlosen Kündigung [16],
- illegitime, insbesondere ehebrecherische Beziehungen, sowie sexuelle Beziehungen mit Minderjährigen oder Auszubildenden schlechthin machen schließlich den Vorgesetzten erpreßbar und schränken so seine Führungsfähigkeit ein.

Erotische Beziehungen zu Frauen Ihres Führungsbereichs bergen also die Gefahr vielfältiger Verletzungen des von Ihnen erwarteten Rollenverhaltens.

Wir empfehlen deshalb:

- Sie müssen sich erotischen Spannungsfeldern zwar nicht um den Preis seelischen Masochismus' gänzlich entziehen, aber Sie sollten sich wegen ihrer Gefahren im Führen und um Ihres guten Rufes willen in ihnen mit größtem Augenmaß und großer Zurückhaltung bewegen;
- hüten Sie sich davor, sich durch permanentes *Anbändeln* den Ruf eines »Schürzenjägers« oder »Weiberhelden« zuzuziehen, er kostet Sie Ihre Autorität;
- lassen Sie den Flirt mit einer Frau nicht so weit gedeihen, daß Sie in der Unabhängigkeit Ihrer Führungstätigkeit eingeschränkt werden;
- nutzen Sie situative Gelegenheiten, etwa Feten, Betriebsfeste oder die gemeinsame Fahrt im Auto nach Hause nicht zu schnellen *Abenteuern*; der nächste helle Tag, an dem Sie miteinander wieder Auge in Auge arbeiten müssen, kommt bestimmt;
- widerstehen Sie auch Andienungsversuchen von der anderen Seite mit (charmanter) Standfestigkeit;
- gehen Sie, etwa als Ausbilder, nie eine Beziehung mit Minderjährigen, auch nicht mit volljährigen Auszubildenden, ein; zu den allgemeinen menschlichen Problemen können leicht strafrechtliche hinzukommen (»Sexueller Mißbrauch von Schutzbefohlenen«, § 174 StGB!);
- benützen Sie nie Ihren überlegenen Führungseinfluß dazu, unterstellte Mitarbeiterinnen zu erotischer Gewogenheit zu nötigen oder, wenn Sie mit Annäherungsversuchen abgeblitzt sind, sich an ihnen mit Schikanen (»Mobbing«) zu rächen;
- läßt sich absehen, daß sich zu einer Frau Ihres unterstellten Bereichs eine ernsthafte Dauerbeziehung entwickelt, dann sollten Sie rechtzeitig Einvernehmen darüber herstellen, daß Sie mit Ihrer Partnerin nicht länger im gleichen Führungsbereich zusammenarbeiten werden.

Die aktuelle Diskussion wendet sich in letzter Zeit verstärkt dem Thema **sexueller Belästigungen von Frauen am Arbeitsplatz** zu. Nach einer im Jahre 1992 veröffentlichten Regierungsstudie fühlen sich in Deutschland 72 % aller berufstätigen Frauen verbalen oder tätlichen sexuellen Belästigungen ausgesetzt (nach Bayerischer Rundfunk, Drittes Fernsehprogramm, 15. 10. 1992). Sie gehen nicht nur auf das Konto von Kollegen, sondern auch auf das von Vorgesetzten der betroffenen Frauen.

Wir empfehlen dazu:

- Leisten Sie sich keine verbalen oder tätlichen Anzüglichkeiten, die von einer Frau als sexuelle Belästigung oder gar als Gewalt ausgelegt werden könnten; legen Sie die Maßstäbe dafür eher eng als großzügig an, denn die Grenzen dafür verlaufen, von subjektivem Empfinden bestimmt, schwimmend: Eine relativ harmlose, aber schon zweideutig verstehbare Bemerkung (»Haben Sie gut geschlafen?«) kann von einer erotisch stimulierten Frau hingenommen werden, sie kann aber, wenn sie zudem noch öffentlich gestellt wird, an der Selbstachtung einer empfindsamen Frau nagen und zu Recht als Beleidigung aufgefaßt werden;

- **sexuelle Tätlichkeiten**, von der Zote übers »Grapschen« bis hin zur mit Gewalt durchgesetzten Nötigung, **müssen für Sie zu den absoluten Tabus gehören;**
- schützen Sie Frauen in Ihrem unterstellten Bereich schließlich vor Übergriffen jeglicher Art auch durch andere Männer.

An die Adresse der im Berufsleben stehenden Frau gerichtet empfehlen wir:

- Legen Sie nicht jede Bemerkung, die sich als Anzüglichkeit deuten läßt, auf die Goldwaage, insbesondere wenn Sie unter Männern in einem früher typischen Männerberuf tätig sind; so manche Bemerkung versteht sich aus dem Verständnis von Männern harmloser als aus jenem einer Frau;
- bedenken Sie, daß im traditionellen Rollenverständnis *der Mann* den ersten Schritt zum Kontakt unternehmen mußte und daß dabei wegen der Unsicherheiten in der »Signalgebung« vielerlei Mißverständnisse möglich sind;
- lassen Sie aus Ihrem gesamten Verhalten *eindeutig* erkennen, daß Sie JA sagen zu kollegialer Kameradschaft und Partnerschaft, aber NEIN zu erotischen Abenteuern, und sorgen Sie so von vornherein für eine klare Linie;
- wenn Sie in der Bemerkung eines Mannes eine wirkliche Zweideutigkeit entdecken, dann sprechen Sie ihn *frontal* an und fordern Sie von ihm klarzustellen, was er damit gemeint habe; machen Sie bei Bedarf *unmißverständlich* deutlich, daß Sie Anzüglichkeiten nicht wünschen und ein weiteres Mal nicht mehr hinnehmen werden;
- schalten Sie *erst dann*, wenn Sie glauben, Ihre persönliche Integrität nicht anders schützen zu können, als letztes Mittel den Vorgesetzten des Betroffenen, den Betriebsrat, die Frauenbeauftragte oder die Geschäftsleitung ein;
- verzichten Sie von sich aus auf Psycho-Spiele wie jenes, Ihre männlichen Mitarbeiter – auch den Vorgesetzten – unter Aufbietung Ihres ganzen unwiderstehlichen erotischen Designs anzutörnen und dann, wenn deren Triebgeneratoren auf Hochtouren laufen, sie cool und unnahbar abblitzen zu lassen; dies ist nicht nur unfair, sondern es erhöht das Risiko zu Tätlichkeiten: Weit stärker als bei Frauen entsteht bei Männern, biologisch bedingt, ein starker Drang, der erotischen Aufladung die sexuelle Entspannung folgen zu lassen; wenn dann »Sicherungen durchbrennen«, werden Sie sich an eventuellen Aggressionen selbst einen Anteil mitwirkenden Verschuldens zuweisen lassen müssen,
- stellen Sie Ihr Niveau als emanzipierte Frau dadurch unter Beweis, daß Sie Nöten, Unsicherheiten und kleineren Fehlleistungen Ihrer männlichen Mitarbeiter – Vorgesetzte eingeschlossen – im unsicheren Feld der Erotik Ihr überlegenes und großzügiges Verständnis gegenüberstellen.

14.14   Gesundheit fördern, Krankheiten vermeiden und gegen überhöhten Absentismus angehen

14.14.1 Begriffe und Befunde

Wir wissen, daß Beeinträchtigungen der Gesundheit die menschliche Leistungsfähigkeit mindern. Fehlzeiten verursachen zudem hohe Aufwendungen für die gesetzliche *Lohnfortzahlung im Krankheitsfalle* und für die organisatorische Kompensation der ausfallenden Arbeitskraft. Schon deshalb muß ein an Wirtschaftlichkeit orientiertes betriebliches Führungssystem an der Gesundheit seiner Beschäftigten als seinen Leistungsträgern interessiert sein. Aber auch aus der Verpflichtung heraus, Arbeit menschengerecht zu gestalten, sind gesundheitsschädigende Arbeitsbedingungen zu vermeiden.

Die Weltgesundheits-Organisation (WHO) definiert **Gesundheit** als

>»Zustand vollständigen geistigen, körperlichen und sozialen Wohlbefindens, sie besteht nicht nur in der Abwesenheit von Krankheit und Gebrechen«.

Unser Arbeitsrecht anerkennt als **Krankheit**

>»... jeden regelwidrigen körperlichen oder geistigen Zustand, unerheblich ist, worauf er zurückzuführen ist« (BAG AP Nr. 40 zu § 1 LohnFG).

Die Frage, ob ein Mensch *gesund ist*, hängt also nicht allein von der Diagnostizierbarkeit eines medizinisch anerkannten, physiologischen Krankheitsbildes, sondern auch davon ab, ob er sich *gesund fühlt*. Bereits das Befinden des »Sich-krank-Fühlens« kann, ohne daß der Betroffene simulieren muß, zu Dispositionen führen, die als Erkrankung – hier seelischer Art – medizinisch anzuerkennen sind. Daraus folgt in der Praxis freilich die Schwierigkeit, psychische Beeinträchtigungen der Gesundheit mit pathologischer Schwere von simulierten zu unterscheiden, die lediglich als Vorwand zum »Krankfeiern« vorgeschoben werden.

Will das Unternehmen wirksame Gesundheitsförderung betreiben, dann muß es bemüht sein, den Gefahrenfeldern für unsere Gesundheit schon vorbeugend (sog. *Gesundheits-Prophylaxe*) zu begegnen. Gefahren bergen nicht nur die typischen Belastungen des Arbeitslebens, sondern ebenso unsere allgemeine Lebensführung:

A) Fehlernährung aus zu kalorien-, insbesondere zu fettreicher Kost führen zu Übergewichtigkeit und Kreislaufbelastungen,

B) Genuß von Nikotin, Drogen und (im Übermaß) Alkohol vergiften Körper, Geist und Seele;

C) Fehler im gesamten Lebens-Rhythmus wie
   - Bewegungsarmut,
   - gestörtes Gleichgewicht zwischen Wachsein und Schlafen sowie zwischen Anspannung und Entspannung;
   - Überflutung mit belastenden Außenreizen (Lärm/Nachrichten/Aggressionen im zwischenmenschlichen Verhalten) führen zu nicht mehr kompensierbaren Streß- und Aggressionsstaus;

D) das Berufsleben insgesamt und das ihm nahestehende gesellschaftliche Erfolgs-, Gewinn- und Wettbewerbsstreben bewirken ständigen psychischen »Bewährungsdruck«;

E) die Welt der Arbeit schließlich enthält arbeitstypische physische und psychische Gefährdungsfelder.

Wenngleich die Menschen auf die Gefahren aufgrund individueller Empfindlichkeiten unterschiedlich reagieren, so lassen sich doch folgende bedrohliche Krankheitsfelder abstecken: Es sind, von Aids einmal abgesehen, nicht mehr wie in vergangenen Jahrhunderten die Infektionskrankheiten, sondern vor allem
- Karzinome (Krebserkrankungen),
- Herz-/Kreislauferkrankungen,
- Störungen des Stütz- und des Bewegungsapparates (Wirbelsäulen- und Gelenkerkrankungen wie Bandscheibenschäden, Rheumatismus),

- Allergien sowie
- psychische Überlastungssyndrome beliebigster Arten und Stadien bis hin zu Neurosen und
  zum »Burn-out« mit psychosomatischen Erkrankungen wie Herzinfarkten und Magengeschwü-
  ren als Folge.

Obwohl Gesundheit und Fitneß namentlich in der jüngeren Generation einen hohen Stellenwert
genießen, nimmt die Mehrheit unserer Gesellschaft Gefahren für die Gesundheit dennoch ziemlich gedankenlos hin und verläßt sich auf die Erfolge unserer Hochleistungsmedizin. Dabei wird
übersehen, daß eingetretene Schäden zwar repariert, bleibende Folgen aber häufig nicht ausgeschlossen werden können und daß unsere Schulmedizin mit dem Feld psychosomatischer Erkrankungen weithin noch erhebliche Probleme hat. Das sichere Netz unserer Sozialversicherungen enthebt den Geschädigten zudem jedes Kostenrisikos, gleich, ob die Krankheit schicksalshaft
über ihn hereingebrochen ist oder ob er sie durch eigenes Verschulden (zum Beispiel Nikotinge-
nuß, leichtsinniges Rasen im Straßenverkehr) geradezu herbeigezwungen hat. Die volkswirt-
schaftlichen Aufwendungen dafür betrugen im Jahre **1992**

- **für die gesetzlichen Krankenkassen**   **176,300 DM Mrd.**,
- **für die Berufsgenossenschaften**   **14,392 DM Mrd.**,
- **zur Lohnfortzahlung für Arbeitnehmer**   **21,887 DM Mrd.**,
  insgesamt also (!) [17]   **212,579 DM Mrd.**

Immaterielle und indirekte Schäden (zum Beispiel organisatorische Mehraufwendungen, Nicht-
Auslastung von Arbeitsmitteln, Folgen aus Terminüberschreitungen) können exakt gar nicht be-
ziffert werden. Der absehbare Trend, daß künftig immer weniger hochqualifizierte Fachkräfte immer mehr Verantwortung für den Unternehmenserfolg tragen werden, wird dem Einzelfall krankheitsbedingter Abwesenheit eine immer höhere Risiko- und Schadensgeneigtheit für das Unternehmen zuweisen.

   Den Krankheitsursachen-Feldern unter A) bis D) kann mit Maßnahmen der Führung nur wenig begegnet werden, weil sie im außerbetrieblichen Bereich wurzeln. Aber auch die innerbetriebliche Krankheits- und Unfallverhütung kann nur unter aktiver Mitwirkung jedes einzelnen wirksam gelingen.

**Deshalb geht es darum, in jedem Arbeitnehmer ein aktives Gesundheits- und Sicherheitsbewußtsein
zu wecken, das seine Eigenverantwortung für Gesundheits*erhaltung* und Krankheits*verhütung* im
Sinne *»Vorbeugender Instandhaltung«* vor das Sich-fallen-Lassen in das Netz des öffentlichen Repa-
raturbetriebes stellt. Dazu bedarf es in den Unternehmen strategischer Konzepte, die in ganzheitlicher Sichtweise nicht nur die innerbetrieblichen, sondern auch die die Freizeit betreffenden Ursachenfelder erfassen.**

14.14.2 Felder und Maßnahmen betrieblicher Gesundheitsförderung

A) Ein Konzept zur Förderung der Gesundheit allgemein errichten
Als Bausteine dafür bieten sich zum Beispiel an

- Informations- und Fortbildungsveranstaltungsreihen zu Themen wie gesundheitsfördernder Ernährung und Stärkung des Immunsystems mit der Aushändigung einschlägiger Informations-
  schriften der Krankenkassen,
- Gesundheitszirkel zur Feststellung und Beseitigung örtlicher Gefahrenschwerpunkte,

- Vorsorgeuntersuchungen zur Früherkennung typischer Risikofaktoren mit anschließender individueller Gesundheitsprophylaxe,
- Förderung eines ernährungsphysiologisch gesunden Kantinenessens,
- Schwerpunkt-Kampagnen gegen gesundheitsriskante Verhaltensweisen (Projektwochen zu einzelnen Risikofaktoren) im Zusammenwirken mit Krankenkassen und Berufsgenossenschaften,
- Veröffentlichung von Unfall- und Schadensstatistiken,
- Gelegenheit zu Ausgleichsgymnastik für Schreibtischarbeiter,
- Förderung sozialer Netzwerke im psycho-sozialen Bereich (zum Beispiel Stützung sucht- oder drogengefährdeter Personen).

B) Arbeitssicherheit und Unfallverhütung ernst nehmen
In der Arbeit werden Gefährdungen der physischen Gesundheit primär von sachlich-technischen Bedingungen ausgelöst, zum Beispiel durch Belastungen, die von Maschinen und Anlagen, von Arbeitsmitteln und -stoffen, sowie von Gasen, Dämpfen, Lärm etc. ausgehen. *Sie zu reduzieren ist Aufgabe aller zur Mitarbeit an Arbeitssicherheit und Unfallverhütung verpflichteten Arbeitnehmer. Dies sind nicht nur die Sicherheitsfachkräfte, sondern auch alle Führungskräfte, jeder Mitarbeiter und – schwerpunktmäßig – der Betriebsrat,* vgl. §§ 80 (1) Ziffer 1, 87 (1) Ziffern 7, 88, 89, BetrVG, wiederholen Sie auch Ziffer 8.6 oben.

C) Führungsfehler vermeiden, die krank machen
Betriebliche Gefährdungen der *psychischen* (= seelischen) Gesundheit werden demgegenüber überwiegend durch Mängel im Führen hervorgehoben. Sie nehmen in der Praxis erheblichen Raum ein. **Gesundheitsförderung besteht für den Vorgesetzten auch darin, Führungsfehler zu vermeiden, die krank machen.** Wir nennen hier noch einmal zusammenfassend ihre wichtigsten Ursachenfelder:

a) Dys-Streß: Darunter verstehen wir angsterzeugende Spannungen, die mit den vorhandenen physischen und psychischen Kräften und Handlungsmöglichkeiten nicht mehr abgebaut werden können und deshalb gesundheitsgefährdend wirken (im Gegensatz zu »Eu-Streß«, der aus euphorisierender Aktivierung von Kräften entsteht und deshalb positiv empfunden und bewältigt wird). Dys-Streß entsteht vorwiegend aus

- anhaltender *quantitativer* Überforderung infolge eines überdimensionierten Arbeitsvolumens, das ständige Überstunden sowie Wochenend- und Feiertagsarbeit verlangt, die keine ausreichende Regeneration der Kraftreserven mehr zulassen;
- anhaltender *qualitativer* Überforderung, die der Aufgabenträger mit seinem individuellen Leistungsvermögen nicht mehr zu bewältigen vermag: zum Beispiel Umgang mit neuen, noch nicht beherrschten Technologien, Entscheiden in unsicheren, unstrukturierten oder nebulösen Situationen;
- Disgruenzen zwischen Aufgaben, Kompetenzen, Verantwortlichkeiten: Der Aufgabenträger muß für Entscheidungen anderer Stellen, auch ihre Fehlentscheidungen, sowie für Eigenentscheidungen in nicht beherrschbaren Feldern (zum Beispiel Markt) persönlich einstehen;
- Zwang zur Anpassung an im Unternehmen verfestigte Wertebilder, die im Widerspruch zu eigenen Werthaltungen stehen, zur Sicherung von Position und Karriere aber äußerlich übernommen und in anhaltendem inneren Zwiespalt gelebt werden müssen.

b) Angstpotentiale resultierend aus

- Unberechenbarkeiten im betrieblichen Einflußgefüge: Das berufliche Schicksal wird von Kräften gelenkt, die sich dem einzelnen nach Herkunft, Art, Grund und Richtung als undurch-

schaubar und unbeeinflußbar darstellen (ein Mitarbeiter wird kraft »höherer Weisung« ohne Begründung von der ihm zugesagten Beförderung ausgeschlossen);
- Unwägbarkeiten im Führungsverhalten von Vorgesetzten wie Unberechenbarkeit, Launenhaftigkeit, Ungerechtigkeit, Willkür oder Schikanen;
- künftigen neuen Technologien, über deren Anspruchsniveau der betroffene Mitarbeiter nichts oder zu wenig erfährt und deren Einführung er deshalb mit Unsicherheit oder Furcht vor Versagen entgegensieht;
- Unsicherheit über die eigene Zukunft im Unternehmen hinsichtlich der Erhaltung des Arbeitsplatzes oder des Fortkommens (Arbeitsplatzabbau wird angekündigt, aber keiner weiß, wen es wann treffen wird);
- Unsicherheit über die Bewertung von Leistungen und Persönlichkeit, weil keine ausreichende Rückmeldung stattfindet;
- sozialer Isolation aus der Stellung des Arbeitsplatzes oder einer Außenseiterposition, in die ein Mitarbeiter durch seine Gruppe gedrängt wird;
- Psycho-Terror in der Gruppe mit oder ohne Beteiligung des Vorgesetzten (»Mobbing«);
- der Entlarvung von Schein-Positionen, die in übersteigertem Drang nach Selbstdarstellung und Imagepflege aufgebaut worden sind und von ihrem Träger nicht aufrechterhalten werden können (»Ochsenfrosch-Politik«);

c) Destabilisierung des Selbstwertgefühls durch

- offene oder verdeckte Abwertungsstrategien des Vorgesetzten durch Zynismus, Verletzungen, Mißachtungen, Ignoranzen etc.;
- unangemessene, verletzende, bestrafende Regulierung von Fehlern in Arbeit und Arbeitsverhalten durch den Vorgesetzten, insbesondere in der betrieblichen Öffentlichkeit;
- kompromißloses, hemdsärmeliges Setzen auf »Sieg« beim Lösen von Konflikten durch den Vorgesetzten, das sich für den Mitarbeiter, da er ihm nichts entgegensetzen kann, als »Niederlage« auswirkt;
- uneinsichtige(r) Vorenthaltung oder Abbau statusprägender Merkmale in der Arbeitsbeziehung.

Wir empfehlen:

- Nehmen Sie die Aufgabe, die Gesundheit Ihrer Mitarbeiter (und Ihre eigene) zu fördern und krankheits- oder unfallfördernden Haltungen, Handlungen oder Verhältnissen entgegenzuwirken, als erstrangige Führungsaufgabe an und ernst!,
- nützen Sie jede sich bietende Gelegenheit, Ihren Mitarbeitern die Eigenverantwortung für ihre Gesundheit und Sicherheit einzuschärfen, und arbeiten Sie dabei eng mit dem Betriebsrat zusammen,
- achten Sie selbst im Führen auf Unfall- und Krankheitsverhütung, und überwachen Sie die Einhaltung der einschlägigen Unfallverhütungsvorschriften,
- nehmen Sie Klagen/Beschwerden von Mitarbeitern über belastende Verhältnisse, auch seelischer Art, ernst, und gehen Sie ihnen nach,
- halten Sie Ihren Mitarbeitern die Verletzung von Sicherheits- und Unfallverhütungsvorschriften vor, und lassen Sie solches Verhalten nicht durchgehen,
- machen Sie Ihren Mitarbeitern bewußt, daß die leichtfertige Gefährdung ihrer Sicherheit und Gesundheit kein Ausdruck von Mut, Heroentum und Lebens-Souveränität ist, sondern disziplinloser und schlampiger Umgang mit wertvollen Lebensgütern auf Kosten ihrer selbst und der Allgemeinheit, mit dem sie sich selbst abwerten,

– versuchen Sie so ein allgemein anerkanntes Gesundheits-Ethos zu errichten.

14.14.3 Umgang mit Absentismus

Die spürbarste Folge von Mängeln in der Gesundheit bilden Fehlzeiten. Eine einheitliche Definition dafür besteht in der Fachliteratur nicht. Wir schließen uns daher der Definition von NIEDER an, wonach

Fehlzeiten »... alle auf die durch tarifliche Regelungen, Betriebsvereinbarungen und Einzelarbeitsvertrag begründeten Anwesenheitsverpflichtungen bezogenen, in Tagen gemessenen Abwesenheiten vom Betrieb...« sind [18].

In diesem Sinne umfassen Fehlzeiten *alle* Arten von Abwesenheit, bezogen auf rechtliche Anwesenheitspflichten, d. h. sowohl rechtlich vorgesehene Freistellungen, zum Beispiel für (Erholungs-/Schwangerschafts-/Mutterschafts-)Urlaub, Kur oder Weiterbildung, als auch krankheits- oder entscheidungsbedingte Abwesenheit. Zur besseren Erfaßbarkeit krankheitsbedingter Fehlzeiten unterscheidet NIEDER deshalb zwischen »echtem«, d. h. im strengen Sinne medizinisch indiziertem Krankenstand (in der folgenden Abb. 14.10 *schwarze Zone*) und sog. »*Absentismus*«.

Absentismus ist Fehlzeit aufgrund eines durch das Individuum subjektiv getroffenen Entschlusses zur Abwesenheit.

Hierbei wird zwischen einer *grauen* und einer *weißen Zone* unterschieden. In der ersteren ist ein pathologischer Befund zwar erkennbar, jedoch besteht noch kein medizinischer Zwang zur Feststellung von Arbeitsunfähigkeit. Hier spielt *das subjektive Empfinden des Arbeitnehmers* und seine Entscheidung, den Arzt zur Krankschreibung zu veranlassen, die entscheidende Rolle. Demgegenüber ist in der *weißen* Zone ein pathologischer Befund nicht mehr erkennbar, und Krankheit wird als Vorwand zum »Krankfeiern« kraft subjektiven Wollens nur noch vorgeschoben und/oder simuliert.

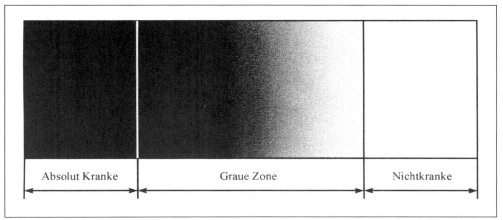

Abb. 14.13: Die Zonen bei Krankenstand und Absentismus
(Quelle: Nieder, P., in HWP, 1992, Spalte 6)

Beispiel: Die Arbeiter A, B und C ziehen sich infolge Genusses verdorbener Lebensmittel eine Magenverstimmung zu. Sie äußert sich bei allen dreien in leichter Übelkeit und etwas Magenschmerzen.
A mit ohnehin geschwächter Konstitution fühlt sich echt krank und läßt sich, darin vom Arzt bestärkt, für zwei Tage arbeitsunfähig schreiben (*schwarz*). B, der unter Zeitdruck an einer wichtigen Aufgabe arbeitet, fühlt sich zwar ebenfalls nicht gut, »zieht« aber die zwei kritischen Tage an seinem Arbeitsplatz durch (*grau*). C, der dank seiner Bärenkonstitution von der Vergiftung am wenigsten spürt, sieht eine günstige Gelegenheit, ein paar Tage »blau zu machen«, und er läßt sich unter Vorgabe »anhaltender schlimmer Übelkeit und Schwindelgefühle« vom Arzt drei Tage aus dem Verkehr ziehen. Der Arzt kann C's Schilderung nicht widerlegen (*weiß*).

Für das Spannungsfeld zwischen ärztlicher Redlichkeit einerseits und fürsorglicher Gewissenhaftigkeit andererseits gilt: »Der Arzt hat den Patienten davor zu schützen, für einen Simulanten gehalten zu werden, selbst wenn Zweifel an der Echtheit der Klagen nicht restlos ausgeräumt werden können. Um Risiken auszuschließen, muß der Arzt zunächst nach dem Grundsatz ›Im Zweifel für den Patienten‹ handeln« [19]. Erst wenn es gelingt, dem Patienten die Simulation nachzuweisen, kann der Arzt die (weitere) Freistellung von der Arbeit verweigern.

Fehlzeiten stellen für den Betrieb ein zentrales personalwirtschaftliches und organisatorisches Problemfeld dar: Ihre Quote betrug im Verarbeitenden Gewerbe in der Bundesrepublik (nur alte Bundesländer) 1992 im Jahresmittel 8,8 % [20]. Die Wochenarbeitszeit von nominal 37,5 Stunden wurde allein dadurch real auf 34,2 Stunden verkürzt. Etwa 80 % d.h. der Fehlzeiten ist auf Krankmeldungen zurückzuführen.

Das notwendige Bemühen, Fehlzeiten zu reduzieren, muß sich darauf konzentrieren, die *Abwesenheitsbereitschaft* im Personal und den dadurch verursachten Absentismus zu reduzieren. Dabei muß angestrebt werden, das weiße Feld gegen Null und das graue Feld auf die Fälle zurückzuführen, in denen die subjektive Entscheidung zur Abwesenheit in Verbindung mit dem Befund die medizinische Indikation der Arbeitsunfähigkeit noch rechtfertigt.

»Zu **Arbeitsunfähigkeit** führt eine Erkrankung dann, wenn der Arbeitnehmer unfähig ist, *seine* ihm vertragsgemäße Arbeit zu verrichten oder diese ihm vernünftiger Weise nicht mehr zugemutet werden kann« [21].

Die Arbeitsunfähigkeit darf nicht selbst verschuldet worden sein.

Die Ursachen für den arbeitnehmerseitigen Entschluß, sich für Absentismus zu entscheiden, bestehen nach NIEDER nicht zuerst in Fehlern der Sozialgesetzgebung, sondern vor allem in

- **Unzufriedenheit mit der Arbeit** und den Erfolgschancen in ihr,
- keinen zu befürchtenden Konsequenzen seitens des Betriebes (zum Beispiel Gefahr der Kündigung oder sonst zu Rechenschaft gezogen zu werden) der Vorgesetzten und Kollegen bei unberechtigtem Absentismus,
- Furcht vor Verschlimmerungen eines Befundes bei Weiterarbeit,
- der Angenehmheit anderer Beschäftigungen des Freizeitbereichs
- sowie negativen Folgen, wenn andere Verpflichtungen (Hausarbeit, Kranken-/Kinderpflege) nicht erfüllt werden.

Indizien dafür, daß derartige Gründe für Absentismus ursächlich sein können, bestehen zum Beispiel in

- häufiger Kurzzeit-Abwesenheit,
- häufigeren Fällen von (Kurzzeit-) Erkrankungen im zeitlichen Zusammenhang mit Wochenenden/Feiertagen oder im Urlaub,

- gehäuftem Absentismus im Anschluß an Überstundenperioden (Überstundenzuschläge werden in der Lohnfortzahlung berücksichtigt).

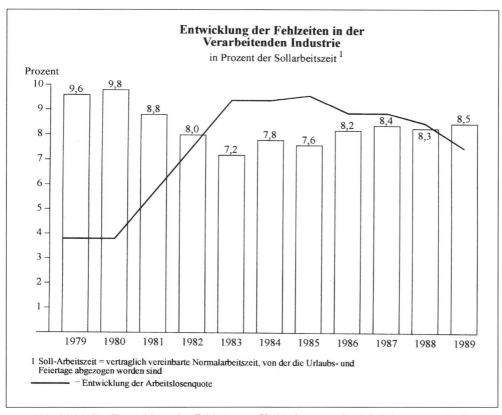

Abb. 14.14: Die Entwicklung der Fehlzeiten in Verbindung mit der Arbeitslosenquote in der Verarbeitenden Industrie von 1979 bis 1989 (Quelle: Salowsky H., 1991, S. 47)

Wir empfehlen zur Reduzierung von Absentismus:

- Schaffen Sie neben dem allgemeinen Gesundheitsbewußtsein auch ein Bewußtsein für die Schäden und Belastungen, die unberechtigter Absentismus dem Unternehmen, dem Bereich und Mitarbeitern auferlegt, sowie dafür, daß das Unternehmen solche Schäden nicht hinnehmen kann und wird;
- schaffen Sie gleichfalls unter Ihren Mitarbeitern ein Arbeits-Ethos, das den *Diebstahl bezahlter Zeit auf Kosten anderer* ablehnt, sorgen Sie gleichzeitig aber *auch* dafür, daß berechtigte Abwesenheit (zum Beispiel infolge Krankheit, Urlaub, Schwangerschaft, Krankenpflege) nicht mit sozialem Makel behaftet wird und daß die Betroffenen nicht im Wege falschverstandener »sozialer Kontrolle« dem Mobbing der Anwesenden ausgesetzt werden;
- führen Sie mit jeden Arbeitnehmer nach krankheitsbedingter Abwesenheit ein **Rückkehr-Gespräch**, in dem Sie sich nach den objektiven Ursachen der Abwesenheit, eventuellen Gründen

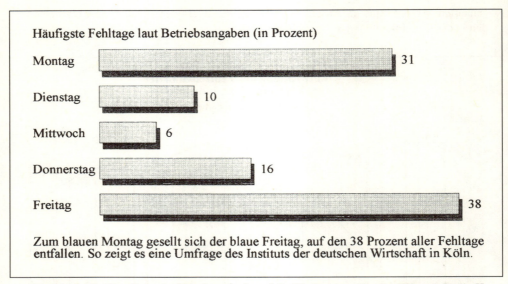

Abb. 14.15: Die Verteilung der Krankenstände auf die Wochentage (Quelle: IW nach Biallo H.,
in Management Wissen Nr. 3/1993, S. 5

im Arbeitsbereich erkundigen und in dem Sie zum Ausdruck bringen, daß Abwesenheiten das
betriebliche Interesse finden;

- erstellen Sie eine präzise Krankenstandsstatistik Ihres Bereichs nach Häufigkeit, Dauer und
Gründen von Abwesenheitsfällen;

- gehen Sie Klagen über eventuelle Fehlzeiten-Ursachen im betrieblichen Bereich nach und treffen Sie in begründeten Fällen betrieblicher Gefährdungspotentiale geeignete Fehlzeiten-Ent-
schärfungsmaßnahmen etwa durch

  - Verringerung ergonomisch bedingter Belastungen,

  - Umsetzungen von gefährdeten Mitarbeitern an weniger belastete Arbeitsplätze,

  - strukturelle Maßnahmen wie die Reduzierung der Kontrollspanne, die Reduzierung sozio-
    emotionaler Belastungen durch Rationalisierungs- oder durch sonstige organisatorische
    Maßnahmen;

- beziehen Sie bei gegebenem Anlaß Arbeitszufriedenheit und Arbeitsklima in Ihre analytischen
Schritte ein und beheben Sie eventuelle Gefährdungspotentiale;

- fördern Sie im Betrieb das Bewußtsein für negative Nebeneffekte technischer Rationalisierungen, die den erwarteten Nutzen durch neu entstehende Kosten (zum Beispiel infolge Flucht in
erhöhte Fehlzeiten) wieder in Frage stellen;

- lassen Sie Mitarbeiter mit auffällig häufigen und/oder hohen Krankenständen betriebs- oder
vertrauensärztlich untersuchen;

- machen Sie dem einzelnen Mitarbeiter beim ersten entdeckten Fall von unberechtigtem Absentismus klar, daß der Wiederholungsfall die Kündigung des Arbeitsverhältnisses nach sich
ziehen werde;

- machen Sie in Wiederholungsfällen oder sonstigen gravierenden Einzelfällen davon auch sichtbaren Gebrauch;

- arbeiten Sie in allen Fragen der Fehlzeiten fortlaufend und eng mit dem Betriebsrat zusammen, informieren Sie ihn vorbeugend über alle Auffälligkeiten, und nehmen Sie ihn bei der Bekämpfung offensichtlich unberechtigten Absentismus' in die Pflicht zu aktivem Mitwirken.

Die in einigen Unternehmen eingeführten Krankenbesuche arbeitsunfähiger Arbeitnehmer sollten einvernehmlich mit dem Betriebsrat entweder *in allen* Fällen von Abwesenheit einer bestimmten Dauer oder aber in Einzelfällen nur dann vorgenommen werden, wenn *dringender Verdacht* auf unberechtigten Absentismus indiziert ist. Als diskriminierendes Druckmittel auf wirklich Kranke dürfen sie nicht mißbraucht werden.

14.15 Das Arbeitsklima insgesamt pflegen

A) Zum Begriff
Ein zentrales Phänomen des Arbeitslebens bildet das Arbeitklima.

Wir verstehen darunter

> das Erscheinungsbild der unter den Beschäftigten eines Arbeitsbereichs geübten Einstellungen und Verhaltensmuster gegenüber Arbeit, Betrieb, und Vorgesetzten sowie untereinander, die sie als Resultat eines Vergleiches der erwarteten mit der vor ihnen wahrgenommenen Realität ihrer Arbeitsbeziehung gewonnen haben.

Das Arbeitsklima äußert sich also in Einstellungen und Verhaltenswerten räumlich, sachlich und zeitlich kooperierender Personen. Da die Variablen, von denen es geprägt wird, von Bereich zu Bereich andere sind, unterscheiden sich auch deren Klimata. Wir sprechen deshalb vom *Arbeitsklima* und nicht mehr von dem früher gebrauchten Begriff des Betriebsklimas.

B) Klima-Bildung
Zu den beiden miteinander verglichenen Wertebildern gehört zunächst das in jedem Individuum gebildete Spektrum von Erwartungen an das Arbeitserlebnis: Dazu zählen

- persönliche Werthaltungen aus dem sozio-kulturellen Hintergrund (welchen Wertvorstellungen müssen Arbeit und Führung ganz allgemein gerecht werden?);
- das aktuelle Motiv- und Zielspektrum (welche persönlichen materiellen/sozialen/sonstigen Ziele/Wünsche/Vorstellungen müßte die Arbeit mir derzeit oder künftig mindestens erfüllen helfen?);
- das Berufsethos und die mit ihm verbundenen Ansprüche an die Arbeit (auf welchem ethischen Niveau und unter welchen sonstigen Rahmenbedingungen möchte ich in meinem Beruf die mir gestellten Aufgaben erfüllen wollen?);
- die Normen der Organisationsebene (was muß man mir/uns auf meiner/unserer Ebene an Präferenzen/Privilegien gewähren?);
- das Tätigkeitsfeld (wie interessant/selbständig/komplex/autonom erwarte ich meine Tätigkeit, und wieviel Chancen erwarte ich, persönliche Stärken/Neigungen/Talente entfalten zu können?).

Die von der betrieblichen Seite zur Klimabildung herangezogenen Vergleichswerte bilden nach den Erkenntnissen der Klima-Forschung [23]:

- das Maß an Autonomie, das dem Mitarbeiter in seiner Tätigkeit zugestanden wird (mehr Selbständigkeit oder Reglementierung?);
- die Bevorzugung von Kooperation/ Hilfestellung oder von Konflikt/ Bestrafung in Arbeit und Führung;
- die Qualität des zwischenmenschlichen Umgangs und der vom Vorgesetzten bevorzugte Führungsstil (intakt oder gespannt?, von positiv oder negativ empfundenen Werten geprägt?);
- die Transparenz und die Berechenbarkeit betrieblicher Organisations- und Entscheidungsstrukturen (weiß ich, was woher auf mich zukommt, oder muß ich mit unvorhersehbaren (insbesondere unerwünschten) Einflußnahmen/Entwicklungen rechnen?);
- die Fairneß des Entgelt- und Belohnungssystems (ist es fair und leistungsadäquat strukturiert, und kann ich es als gerecht akzeptieren?);
- die Orientierung des betrieblichen Systems an Motivation (wirken die betrieblichen Verhältnisse motivierend, und wird Demotivationen entgegengewirkt?);
- das »geistige Klima« der Arbeitsbeziehung (wie offen, tolerant, flexibel werden Meinungen, Vorschläge, Standpunkte aufgenommen und verarbeitet?);
- das in Führung und Zusammenarbeit vorherrschende Menschenbild (wird der Arbeitnehmer allein als Leistungsträger bewertet, oder wird er auch in seinen menschlichen Bedürfnissen akzeptiert?).

Das aus den genannten und weiteren Persönlichkeitsvariablen gebildete Schema von Erwartungen mißt das Individuum vergleichend mit der vorgefundenen betrieblichen Realität. Das ermittelte Resultat führt zu einer Klimabewertung, die von »sehr gut« (»ich fühle mich in meiner Arbeit wohl«) bis »sehr schlecht« (»mir sind die Arbeitsverhältnisse zuwider«) lauten kann. Sie bildet zugleich die Basis seiner *Arbeitszufriedenheit bzw. -unzufriedenheit.* Wahrnehmung wie Bewertung werden auch dabei wieder psychologisch gefiltert und subjektiviert. Dies erklärt, weshalb dieselben klimatischen Verhältnisse von verschiedenen Individuen unterschiedlich bewertet werden können.

Aufgrund seines Bewertungsergebnisses zieht der einzelne die – aus seiner Sicht – »klima-adäquaten« Konsequenzen: Sie äußern sich als

- Grundeinstellung gegenüber seiner Arbeit, dem Betrieb und seinem Vorgesetzten, die bestimmt, auf welchem Level von Wohlwollen und Kooperationsbereitschaft oder destruktiver Verstärkung und Konfliktbereitschaft die Belastungen von Arbeit und Führung bewältigt werden;
- das im Sozialverhalten gegenüber anderen Mitarbeitern ausgedrückte Maß an kollegialem Interesse, an Gleichgültigkeit oder an Ablehnung bzw. an Kooperations- oder Konfliktbereitschaft;
- die generelle Leistungsdisposition, die sich vor allem als Bereitschaft zu Goodwill ausweist.

Die gezeigten Einstellungen und Verhaltenskonsequenzen wiederum fließen in die Wahrnehmungen der übrigen Mitglieder der betrieblichen »Klimazone« ein, die ihrerseits in gleicher Weise gebildete Beiträge dazu leisten. *So entsteht das Klima letztlich in einem Prozeß zirkulierender Interaktionen, in dem mit seinen Erwartungs-, Wahrnehmungs- und Reaktionswerten jeder Angehörige einer Klimazone seinen Beitrag leistet und die Beiträge der anderen bewertend aufnimmt.* Maßgebliches Gewicht fällt dabei dem Vorgesetzten zu, der in seiner Führungstätigkeit das wahrgenommene und bewertete Arbeitserlebnis zu wesentlichen Anteilen determiniert.

Der Prozeß der Klimabildung läßt sich mit seinen Wirkungsfaktoren als innerbetriebliches *Sub-System* wie folgt darstellen:

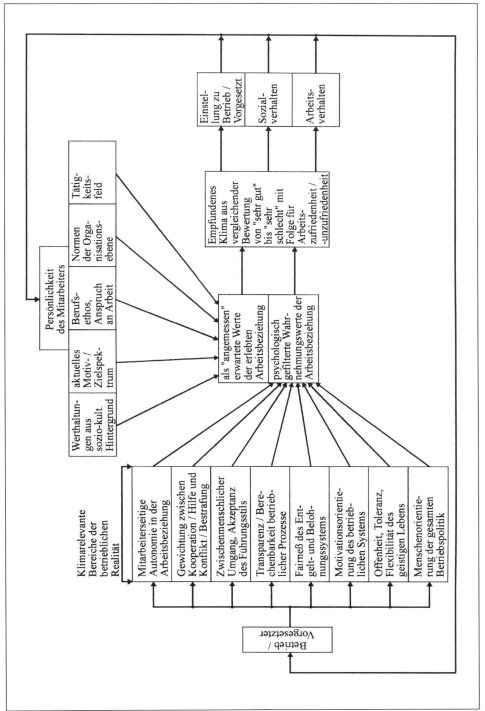

Abb. 14.16: Prozeß und Wirkungsfaktoren der Bildung des betrieblichen Arbeitsklimas

C) Bedeutung

Das Arbeitsklima bestimmt maßgeblich die Qualität des Arbeitserlebnisses und es bildet die Bezugsbasis für den Grad der ausgeprägten Arbeitszufriedenheit. Deren Bedeutung für Leistungsbereitschaft im Goodwill-Bereich, aber auch für die allgemeine Lebenszufriedenheit der Mitarbeiter, hatten wir bereits unter Ziffer 9.8 dargelegt.

Arbeitshinweis: Vertiefen Sie sich wiederholend in den Text und seine Abbildungen dort!

Die Zusammenhänge weisen aus, daß zwischen Arbeitsklima, Arbeitszufriedenheit und Goodwill-Bereitschaft eine direkte lineare Beziehung mit wechselseitiger Beeinflussung besteht: Ohne intaktes Klima ist keine Arbeitszufriedenheit denkbar, ohne sie keine optimale Leistungsbereitschaft der Arbeitnehmer und umgekehrt.

Schon dies muß für eine Führungskraft ein zwingender Grund sein, das Klima ihres Bereichs zu pflegen. Seine Bedeutung für den einzelnen unterstreicht ein weiteres: In der Praxis ist immer wieder zu beobachten, daß Arbeitnehmer, insbesondere qualifizierte und deshalb mobile, das Unternehmen wechseln, um aus einem ungeliebten Arbeitsklima in ein besseres zu fliehen, und zwar nicht selten um den Preis vorübergehender Einkommenseinbußen. **Vernachlässigte Klimapflege erhöht das Fluktuationsrisiko unter den qualifizierten Arbeitskräften und schadet dem Anliegen des Personal-Marketing.**

D) Empfehlungen zur Pflege des Arbeitsklimas:

Vertiefen Sie sich zunächst noch einmal in das unter Ziffer 10 und das in Ziffer 14 zuvor Gesagte: Alle Empfehlungen schon dort dienen zugleich der Pflege des Arbeitsklimas!
Zusätzlich empfehlen wir:

a) Fördern Sie in Ihrem unterstellten Bereich parallel zur Sphäre der Leistungserstellung eine menschlich wohlwollend-aufbauende Atmosphäre, indem Sie – sich selbst einbeziehend –

- Achtung vor der Persönlichkeit des Mitarbeiters fördern und achtungsmindernden Verhaltensweisen entgegentreten,
- bei Schwierigkeiten des Mitarbeiters in der Arbeit die Hilfe vor die »Bestrafung« setzen,
- in ganzheitlicher Sicht Ihrer Mitarbeiter neben dem rationalen Aspekt auch die emotionalen menschlichen Bedürfnisse in Führung und Zusammenarbeit akzeptieren und ihnen gerecht zu werden versuchen.

b) Halten Sie die Führungs- und Arbeitsbeziehung für Ihre Mitarbeiter angstfrei, indem Sie

- die Einflußpotentiale, denen Ihre Mitarbeiter unterliegen, nach Herkunft, Stärke und Richtung soweit als möglich transparent und berechenbar machen (Ihr eigenes Führungsverhalten eingeschlossen) und Ihre Leute vor unerwarteten Angriffen schützen;
- die Relation zwischen mitarbeiterseitigem Arbeits- und betriebsseitigem Folgeverhalten berechenbar und fair gestalten;
- Minderheiten unter Ihren Mitarbeitern vor dem erdrückenden Einfluß von Mehrheiten schützen (ohne letztere freilich dem Diktat von übertriebenen Schutz beanspruchenden Minderheiten auszusetzen);
- »Hexenjagden«/»Mobbing« auf einzelne Mitarbeiter unterbinden;
- Ihre Mitarbeiter darin unterstützen und bestärken, daß sie die an sie gerichteten hohen Lei-

stungsanforderungen auch erbringen können und bei Schwierigkeiten nicht im Stich gelassen werden.

c) Fördern Sie in Ihrem unterstellten Bereich ein Klima der geistigen Offenheit und Toleranz, indem Sie

– außerhalb Ihrer regulären Entscheidungsräume auf das Primat Ihrer eigenen (»amtlichen«) Meinung vor anderen Meinungen verzichten;
– unter Ihren Mitarbeitern den Gedanken der Toleranz auch gegenüber nicht gebilligten Meinungen fördern und den Mitarbeiter, der eine Außenseitermeinung äußert oder sonstige Originalität aufweist, vor sozialen Diskriminierungen bewahren;
– auch unkonventionelle und außergewöhnliche Diskussions- und Problemlösungsvorschläge vorurteilsfrei aufnehmen und prüfen, statt sie abwertend abzuweisen; Kreativität und Fortschritt setzen stets den Schritt auf Neuland voraus, und der wird nur gewagt, wenn dazu ermutigt statt gebremst, gedroht oder gar gestraft wird.

d) Reden Sie mit Mitarbeitern, die offenkundig unrealistische oder unerfüllbare Klimaerwartungen erkennen lassen oder offen stellen, über die Unerfüllbarkeit ihrer Forderungen und die Gründe dafür, und wirken Sie so einer schleichenden Klimabelastung offensiv entgegen.

e) Errichten Sie zwischen sich und Ihren Mitarbeitern und unter ihnen soziale Beziehungen bejahender Achtung und Wertschätzung; lassen Sie sie nicht in einen Zustand von Feindseligkeiten, Antipathie oder auch nur Gleichgültigkeit abgleiten. Dazu kann es erforderlich werden, »Störenfriede« in der Zusammenarbeit auszuschalten. Mit ausgeprägter Asozialität verwirkt der Mitarbeiter moralisch den Anspruch auf den gesicherten Arbeitsplatz.

Neben diesen positiven Gestaltungsmitteln muß der Vorgesetzte stets ein waches Auge auf klimagefährdende Entwicklungen richten und in diesem Sinne *Klima-Hygiene* treiben.

Hier bilden unübliche Ausfallerscheinungen im Arbeitsverhalten, plötzliche Verschlechterungen der »Stimmung« oder der Arbeitsqualität, der Rückgang von Goodwill-Bereitschaft oder ein Ansteigen von Fehlzeiten und Unfällen wichtige Indikatoren. In diesen Fällen ist der Analyse ihrer Ursachen der Vorzug vor bestrafenden Reaktionen zu geben. Das offene Gespräch mit einzelnen Mitarbeitern und dem informellen Gruppenführer bietet sich als wertvolles Hilfsmittel an. Defizite in vertretbaren Erwartungen als Ursachen für Klimabelastungen sollten behoben werden; unvertretbaren Klimaansprüchen müssen Sie aufklärend und überzeugend entgegentreten.

Stets sollten Sie Ihre Mitarbeiter auch auf deren Beiträge zum Klima hinweisen und der Auffassung entgegenwirken, daß das gewünschte gute Arbeitsklima ein Gut sei, das *nur einseitig* vom Betrieb eingefordert zu werden brauche!

14.16 Eigenverantwortung der Mitarbeiter für qualifizierte Zusammenarbeit entwickeln

Die bisherigen Ausführungen zeigen, daß motivierendes Führen hohe, ja höchste Ansprüche an den Vorgesetzten stellt. Ihnen zu genügen und mit ihnen das gesteckte Ziel der Aktivierung des *gesamten* Leistungspotentials der Geführten zu realisieren setzt voraus, daß auch die Mitarbeiter ihren Anteil dazu einbringen. Schon unter Ziffer 11.1 hatten wir festgestellt, daß Führen eine interaktionelle Funktion, d. h. eine solche *wechselseitiger* Verhaltensbeeinflussung, darstellt. Daraus erwächst den Geführten die Pflicht, das besondere Bemühen ihres Vorgesetzten um motivierendes, befriedigendes Zusammenarbeiten aufzunehmen und in ihrem Arbeitsverhalten zu reflektieren.

Will der Vorgesetzte in seiner Führungstätigkeit *eigenes* Goodwill entwickeln, aufrechterhalten oder verstärken und steht er dabei Mitarbeitern gegenüber, die deutlich kooperationsunwillig auf ihr unverzichtbares Leistungsminimum fixiert sind oder eine prinzipielle, ideologisch begründete Gegnerschaft zu Betrieb oder »dem System« an den Tag legen oder sonstiges desinteressiertes, gleichgültiges Chaotentum gegenüber geordneten Arbeitens pflegen, so ist eine erfolgreiche Zusammenarbeit nur schwer möglich. Arbeitskräfte, die das Führungsziel, ein Zufriedenheit vermittelndes Arbeitserlebnis und -klima zu schaffen, nicht begreifen oder vor allem zur Maximierung individuellen Eigennutzes mißbrauchen, entziehen humanem Führen in der Arbeitsbeziehung den Boden. Wenn Mitarbeiter die ihnen eingeräumten Freiräume im Denken und Handeln nicht oder mißbräuchlich nutzen, muß der Vorgesetzte diese Freiräume selbst ausfüllen oder ihrem Mißbrauch entgegenwirken. Im Ergebnis tritt das Element kohäsiven Führens zurück und wird durch Lokomotion ersetzt. Diese notwendige und objektiv richtige Praxis wird dann aber wiederum als »autoritäres« Führen plakatiert und kritisiert.

Der Mitarbeiter muß *wissen* und, wo er es nicht weiß, *erfahren,* daß der ihm zufallende Status des mündigen und geachteten Partners auf *seiner* Seite Arbeitsreife voraussetzt, die diesen Status ausfüllt. Dies verlangt von *allen* Arbeitnehmern, auch vom einfachen Arbeiter in ausführender Position, die innere Bereitschaft zur Entwicklung eines unverzichtbaren Maßes an *Persönlicher Leistungsklasse* (vgl. Ziffer 9.1) und *Arbeitsethos* (vgl. Ziffer 17.4.3 Buchstabe E).

Der Geführte muß schließlich wissen, daß *auch sein Vorgesetzter* Phasen durchlebt und Situationen zu bewältigen hat, in denen er auf Hilfsbereitschaft, Großzügigkeit, Nachsicht, Bereitschaft zu eigenverantwortlichem und selbständigem Handeln, zu Teilhabe an Belastungen sowie zu Mündigkeit im Geben angewiesen ist. In diesem Sinne wirkt auch der Mitarbeiter für seinen Vorgesetzten als Vermittler von Arbeitszufriedenheit und -erfolg.

Wo das Wissen darum und die innere Verpflichtung dazu fehlen, müssen Sie als Vorgesetzter

- dem Mitarbeiter dessen Einfluß auf Ihr Führungsverhalten und das Arbeitsklima in Gesprächen bewußt machen;
- als Vorbild für Mitarbeiter die angestrebten Verhaltenswerte glaubwürdig vorleben;
- positive Ansätze im Mitarbeiterverhalten rückmeldend verstärken;
- sich disziplinieren, Kooperationsdefizite nicht zu tolerieren, sondern offenzulegen, zurückzumelden und beharrlich für deren Überwindung zu sorgen, und dabei sollten Sie dem Mitarbeiter die Gefahr seiner *Selbstabwertung* deutlich machen.

Sollte dies nicht gelingen und sollten destruktive Denk- und Handlungsweisen auf Dauer in der Arbeitshaltung einzelner dominieren, wird auch der Weg einer Aufhebung des Arbeitsvertrages als Ultima-ratio-Problemlösung ins Auge gefaßt werden müssen.

Qualifiziertes Führen als Bestandteil eines ebenso qualifizierten Kooperierens zwischen Vorgesetztem und Mitarbeitern setzt *beiderseitiges Geben und Nehmen von Goodwill* voraus, in dem allerdings dem Vorgesetzten die Rolle des initiierenden Teils zufällt.

Anhang zu Kapitel 14

A) Anmerkungen

1 Geva-Institut, 1993, S. 53, vgl. auch Scherer, H.-P., in Wirtschaftswoche Nr. 9/1993, S. 40ff; ders., in Wirtschaftswoche Nr. 11/1994, S. 70ff.
2 Sprenger, R. K., 1992, S. 179ff.
3 A.a.O., S. 108ff.
4 Pfützner, R., 1991, S. 344ff.
5 Vgl. Wunderer, R./Grunwald, W., 1980, Bd. 1, S. 129ff.
6 Vgl. Titscher, St./Königswieser, R., Konflikte als Führungsproblem, in HWFü, Sp. 1233–1240; Königswieser, R., Konflikthandhabung, in HWFü, Sp. 1240–1246; Pfützner, R., 1991, S. 341ff.
7 Scherke, F., 1970, S. 7ff.
8 Vgl. zur Einführung in die Transaktions-Analyse
   Harris, A. H., Ich bin o.k., Du bist o.k., rororo-Sachbuch Nr.6916, Reinbeck, 1976;
   Berne, E., Spiele der Erwachsenen, rororo-Sachbuch Nr. 6735, Hamburg, 1967.
9 Hopfenbeck, W., 1991, S. 199
10 Laske, St., in HWFü, 1987, Sp. 1658
11 Näher Weinert, A. B., in Personalführung Nr. 11/1992, S. 902ff.
12 Umfassend Heidack, C./Brinkmann, E. P., 1987
13 Umfassend Brinkmann, E. P./Heidack, C., 1987;
14 Vgl. die Richtlinien für eine Betriebsvereinbarung über das betriebliche Vorschlagswesen, hrsg. vom Deutschen Institut für Betriebswirtschaft e. V. (DIB), Frankfurt/Main
15 Mangels zugänglicher fachliterarischer Quellen beziehen wir uns auf Abhandlungen seriöser Medien mit Hinweisen auf einschlägige Untersuchungen, vgl. Der Spiegel Nr. 46/1991, S. 88ff.; Nr. 47/1991, S. 70ff.
16 Schaub, G., 1992, § 125/VII./Ziffer 34 mit Hinweisen zur Rechtsprechung
17 Entnommen bzw. errechnet aus IW 1993, Tabellen 60, 91, 94
18 Nieder, P., Absentismus, in HWP, 1992, Sp. 1–9; generell zum Thema: Salowsky H., 1991
19 Bourmer, ehemaliger Vorsitzender des Hartmannbund-Verbandes der Ärzte Deutschlands e.V., in Rheinisches Ärzteblatt Nr. 21/1981 S. 653ff.
20 IW, Zahlen 1993, Tab. 30; Auskunft Okt. 1993
21 BAG AP Nr. 52 zu § 616 BGB, Nr. 54 zu § 1 LohnFG, generell Schaub, G., 1992, § 98 Abschnitt II, Gola, P., 1991
22 I. d. S. Weinert, A. B., 1981, S. 188ff., von Rosenstiel, L., Organisationsklima, in HWO, Sp. 1514–1524

B) Kontrollfragen und -aufgaben

zu 14.1 (Einstellung zur Führungsaufgabe)
Wiederholen Sie die zehn Leitsätze, in denen sich das regulative Fundament zeitgemäßen Führens widerspiegelt, und setzen Sie sich mit ihren Inhalten im Sinne des Arbeitshinweises zu Ziffer 14.1 auseinander.

zu 14.2 (Führungssituation)
a) Welche Merkmale sind den dort beschriebenen Problemsituationen zu eigen?
b) Womit beginnen wir, sie zu lösen?
c) Welchen Schwierigkeiten können wir dabei begegnen?
d) Inwieweit sind wir in die Situationsbewältigung in eigener Person einbezogen?
e) Welche drei Ebenen sollten wir dabei in welcher Reihenfolge bedenken?
f) Was bedeutet *soziale Intelligenz*, und was erstreben wir mit ihr?
g) Welches sind die maßgeblichen Determinanten der Führungssituation?

zu 14.3 (Führungsstil)

a) Was verstehen wir unter *Führungsstil?*

b) Von welchen Komponenten wird der Führungsstil eines Vorgesetzten wesentlich geprägt?

c) Wovon hängt die Beurteilung seiner Güte durch die Geführten noch ab?

d) Umschreiben Sie kurz die hier empfohlenen kognitiven Komponenten.

e) Lesen Sie die Stilelemente unter Ziffer 14.2 noch einmal nach, und machen Sie sich bewußt, welche Elemente ganz spontan *Ihren inneren Widerspruch* mobilisieren. Führen Sie sich vor Augen, daß Sie Ihr Führungsverhalten *hier* besonders bewußt überprüfen und kontrollieren sollten,

f) Äußern Sie sich zur Qualität der in der betrieblichen Praxis verbreitet geübten Verhaltensstile und zu deren Bewertung durch Führungskräfte und ihre Mitarbeiter.

g) Welche Schritte sind notwendig, um eingeschliffene Führungsfehler an sich selbst zu überwinden?

h) Wie sollte eine Führungskraft verfahren, die in ihrem Betrieb geübte Führungsgepflogenheiten feststellen muß, die sie nach eigenem Wissen als überholt und schädlich bewerten muß?

zu 14.4 (Zentrale Führungsangebote)

generell: Machen Sie sich zu jeder einzelnen Verhaltensempfehlung zuerst noch einmal klar, was mit ihr gemeint ist.

zu A)

Wieso kann die gedankliche Basis, von der aus Sie Ihre Tagesarbeit aufnehmen, für deren erfolgreiche Bewältigung wichtig sein?

zu B)

A und B kommen zu spät zur Arbeit, A in dieser Woche bereits das dritte Mal. A war dieses Mal im Unfallstau steckengeblieben, B hatte verschlafen. Wie müssen Sie »gerecht« reagieren?

zu C)

a) Was sagt das Gleichbehandlungsgebot grundsätzlich?

b) Unter welchen Voraussetzungen sind Ungleichbehandlungen wie
   ba) Bevorzugungen oder
   bb) Benachteiligungen
   einzelner Mitarbeiter als zulässig zu erachten?

c) Mit welchen Schritten ist bei einer Bevorzugung *im Einzelfall* dem Gleichbehandlungsgebot zu entsprechen?

d) Woraus rechtfertigt sich das *situations- und zeitübergreifende* Differenzierungsgebot, und auf welche Sachverhalte ist es gerichtet? Nennen Sie zwei Beispiele.

e) Zwei Arbeiter aus Italien beantragen für Gründonnerstag und für Dienstag nach Ostern unbezahlten Urlaub, um das Osterfest bei ihren Familien in Italien verleben zu können. Zwei deutsche Mitarbeiter stellen den gleichen Antrag, um mit ihren Familien Rom besuchen zu können.
   Da Sie während der genannten Tage nur zwei Arbeitskräfte entbehren können, müssen Sie einen der beiden Anträge ablehnen. Wie gehen Sie nach dem Grundsatz der »differenzierten Gleichbehandlung« vor?

zu D)

a) Notieren Sie auf einem Blatt Papier untereinander die verschiedenen Verhaltensmerkmale, mit denen das Vertrauen anderer Menschen erworben werden kann. Bilden Sie zu jedem mindestens ein Beispiel dafür, wie in der Praxis gegen ein solches Merkmal verstoßen werden kann, und prüfen Sie, was Sie als betroffener Mitarbeiter gegenüber Ihrem Vorgesetzten dabei empfinden würden.

b) Kann man das Vertrauen zu sich selbst von anderen Menschen ein*fordern*?

c) Weshalb ist Vertrauen von Mitarbeitern zum Vorgesetzten im Führen wichtig?

d) Was verstehen wir unter *suggerieren*?

e) Eine Form, mitarbeiterseitiges Fehlverhalten zu mißbilligen, kann darin bestehen, den entsprechenden Mitarbeiter durch Nichtbeachtung zu »schneiden«. Was halten Sie davon?

f) Worin unterscheidet sich *Überzeugen* von *Manipulieren*, und worin liegt das entscheidende Wesensmerkmal von letzterem?

zu E)

a) Woraus rechtfertigt sich das Gebot, Vertrauen *zu geben*?

b) Ersetzt das Vertrauen, das ein Vorgesetzter seinen Mitarbeitern entgegenbringt, seine Aufgabe des Kontrollierens?

zu F)

Welchen Nutzen bringt es, Anordnungen etc. zu begründen?

zu G)

a) Woraus erklärt sich das menschliche Bedürfnis, in zentralen Fragen des existenziellen Seins über Sicherheit und Gewißheit verfügen zu wollen?

b) Zu welchen Folgen führen Unsicherheiten und Ängste über wichtige berufliche Belange der Beschäftigten für das Unternehmen?

c) Nennen Sie wenigstens vier Möglichkeiten, in denen ein Vorgesetzter dem Sicherheitsstreben seiner Mitarbeiter entgegenkommen kann.

d) Was halten Sie davon, Unsicherheit und Angst gegenüber möglichen Übeln bewußt als Führungsmittel zu gebrauchen?

zu H)

Worauf ist in motivationalem Führen beim Treffen einer Entscheidung zusätzlich zum Sachaspekt noch zu achten?

zu I)

a) Sie bitten Ihren Vorgesetzten um ein persönliches Gespräch, und er antwortet Ihnen »Ich habe keine Zeit«. Was bedeutet diese Aussage in Wirklichkeit, und was empfinden Sie dabei?

b) Sollten Sie sich zum Gespräch über persönliche Angelegenheiten Ihrer Mitarbeiter bereitfinden, und was spricht dafür oder dagegen?

zu J)

Was verstehen wir unter einem »zwischenmenschlichen Schwelbrand«, und worin besteht seine Gefährlichkeit?

zu K)

a) Interpretieren Sie den Satz »Kompromisse sind faul«.

b) Welche Folge bewirkt das Streben, aus einem Sachkonflikt unbedingt als »Sieger« hervorgehen zu müssen?

c) Äußert sich in Kompromißfähigkeit eher Stärke oder Schwäche?

d) Was sollten Sie zur praktischen Untermauerung Ihrer Kompromißbereitschaft *vor* dem Eintritt in die Problemlösung tun?

e) Wann kann es sich empfehlen, in einer Auseinandersetzung um eine Sachfrage *hart* zu bleiben?

zu L)

Woraus rechtfertigt es sich, unser Handeln *heute* als Arbeit am »Kapital Zukunft« zu begreifen?

zu M)

a) Wer oder was zwingt eine Führungskraft in Wirtschaft oder Politik, sich das Image eines »Übermenschen« oder »Heroen« zuzulegen?

b) Welche Gefahren beschwört dieses Image für seinen Träger, und welchen Nutzen bringt es ihm?

zu N)

a) Worin besteht die Ursache dafür, daß Führungskräfte in neuen Führungsbereichen nicht selten mit unangemessener Forschheit/Strenge/Überheblichkeit auftreten?

b) Welche Gefahren entstehen dabei?

c) Welches Verhalten wäre sachlich sinnvoller?

zu O)

Was spricht dafür oder dagegen, vor den Leistungen und dem Können anderer Achtung und Respekt zu zeigen? (Berücksichtigen Sie dabei auch verbreitete Strömungen unseres Zeitgeistes.)

zu P)

a) Was unterscheidet Pedanterie von Ordnung?

b) Worin unterscheiden sich *berechtigte* Anpassungszwänge von *nicht berechtigten*?

c) Welche Gefahren bergen die letzteren für das Unternehmen?

zu Q)

a) Was rechtfertigt es, von einer Führungskraft die Pflege einer vorzeigbaren persönlichen Sphäre zu fordern?

b) Welche konkreten Bereiche umfaßt das Gebot?

zu R)

a) Welche zeitgeistige Strömung liegt der Denk- und Handlungsweise *abstaubender Cleverneß* zugrunde?

b) Worin äußert sich die Komponente des *Abstaubens*?

c) Worin die der *Cleverneß*?

d) Welche Gefahren verbinden sich damit für das Unternehmen?

zu S)

a) Woraus rechtfertigt sich das Gebot, den Aufwand und die Intensität Ihres Führens am Bedarf einzelner Mitarbeiter(-gruppen) zu bemessen?

b) Woran werden Sie sich in der Praxis orientieren?

zu T)

a) Welche Vorteile bringt selbständiges Arbeiten von Mitarbeitern, und wodurch wird es gefördert?

b) An welche Gefahren ist dabei zu denken, und wie ist ihnen zu begegnen?

zu U)

a) Was halten Sie von dem Ziel, *ohne Fehler* zu führen und zu arbeiten?

b) Wie sollten Sie im Falle eigener Fehler verfahren?

c) Wie ist zu verfahren, wenn sich ein bestimmter Fehler das erste Mal und ohne gröbliches Verschulden bei einem Mitarbeiter einstellt?

d) Welche Pflichten erwachsen dem Betroffenen in diesem Falle?

e) Welcher Grundsatz steht beim Entdecken eines Mangels an den produzierten Gütern über allen anderen Grundsätzen?

zu V)

a) Welche Vorteile bringt es, sich als ranghohe Führungskraft regelmäßig in den erweiterten Führungsbereichen präsent zu zeigen?

b) Worauf müssen Sie dabei besonders achten?

zu W)

Welche Vorteile bringt einer Führungskraft der Ruf, *beschwerdefreundlich* zu führen?

zu X)

Was bedeutet das Gebot, zu seinen Leuten stehen zu sollen, woraus rechtfertigt es sich, und welche Vorteile erwachsen daraus?

zu Y)

Was bezwecken wir mit geistigen Freiräumen im Arbeiten?

zu Z)

Welche Vorteile bringen Mitarbeiter, die auf ihr Unternehmen stolz sind, gegenüber solchen, die ihm gleichgültig oder sogar ablehnend gegenüberstehen?

zu 14.5 (Lokomotion/Kohäsion)

a) Was bedeuten *Lokomotion* und *Kohäsion*?

b) In welcher inneren Beziehung stehen sie zueinander?

c) Von welcher Gewichtung beider Komponenten ist im Normalfall auszugehen?

d) Nennen Sie Beispiele für Situationen, die jeweils zugunsten

    da) verstärkter Lokomotion,

    db) reduzierter Lokomotion,

    dc) verstärkter Kohäsion,

    dd) reduzierter Kohäsion

sprechen, und kombinieren Sie die verschiedenen Möglichkeiten auch untereinander.

zu 14.6 (Distanz/Kontakt)

a) Auf welche interpersonelle Beziehung richten Sich *Kontakt* und *Distanz*?

b) Welcher der beiden Komponenten ist im Führen grundsätzlich der Vorrang zu geben?

c) Gilt Ihre Antwort zu b) für *jede* Situation?

d) Welches sind die beiden wichtigsten Ursachenfelder für die Überbetonung beider Komponenten im menschlichen Verhalten?

e) Welche dieser Verhaltensweisen im Mitarbeiter bewirken im Vorgesetzten ein erhöhtes Maß an

    ea) Distanz,

    eb) Kontakt?

f) In welcher inneren Beziehung stehen die Begriffe *Lokomotion-Kohäsion* und *Kontakt-Distanz* innerhalb ihrer Paarungen zueinander?

zu 14.7 (Rollenerwartungen)

a) Notieren Sie nebeneinander die wichtigsten Rollenerwartungen, die an einen Vorgesetzten aus der Sicht

aa) seiner Unternehmensleitung sowie

ab) seiner Mitarbeiter

gestellt werden, und prüfen Sie deren Vereinbarkeit untereinander.

b) Prüfen Sie deren Vereinbarkeit auch mit Ihrem eigenen Rollenverständnis.

c) Welche Lösungswege für Rollenkonflikte gibt es?

d) Versuchen Sie sich Klarheit zu verschaffen (und diskutieren Sie darüber auch mit Kommilitonen/Kollegen/Freunden), wieviel Anpassungsbereitschaft (und notfalls Aufgabe eigener geistig-seelischer Positionen) Ihnen die Sicherung Ihrer Karriere sinnvoll erscheinen läßt.

zu 14.8 (Konflikte)

a) Worin liegt die allgemeine Ursache für zwischenmenschliche Konflikte?

b) Halten Sie es für realistisch, konfliktfrei führen zu können?

c) Worauf kommt es im Umgang mit Konflikten an?

d) Nennen Sie die vier Arten der Konflikthandhabung.

e) Sehen Sie Chancen, eine Konfliktaustragung dem Fortschritt dienstbar zu machen und, falls ja, wie könnte dies gehen?

f) Welche Gesetzmäßigkeit liegt dem zugrunde?

g) Gibt es Gründe, bei der Austragung eines Konfliktes auf den »totalen Sieg« zu verzichten?

zu 14.9 (Menschen-Erkenntnis)

a) Wozu benötigen Sie die Fähigkeit zur Menschenerkenntnis?

b) Welche Signale bieten Menschen uns an, sie zu erkennen?

c) In welchen Schritten vollzieht sich der Prozeß des Erkennens von Menschen?

d) Welches psychische Phänomen beeinträchtigt unser Wahrnehmungsvermögen gegenüber unserer Umwelt?

e) Nennen und erläutern Sie mindestens fünf typische Wahrnehmungsfehler.

f) Können wir Menschen uns selbst erkennen?

zu 14.10 (Sprach-Flexibilität)

a) Was ist mit dem Begriff *empfänger-orientiertes Senden gemeint?*

b) Worin findet das Gebot, von seiner Sprache in einem solchen Sinne Gebrauch zu machen, seine Rechtfertigung?

c) Genügt es, sich in Gesprächen mit anderen Menschen auf die rein rationale Seite der Informationsübermittlung zu beschränken?

d) Was verstehen wir unter *Ironie* und *Zynismus*, und was gilt für ihren Gebrauch im Gespräch?

zu 14.11 (Mitarbeiter-Förderung/-Entwicklung)

a) Skizzieren Sie die Gründe für die Notwendigkeit der Weiterbildung des Personals

aa) aus der Sicht des Unternehmens,

ab) aus der Sicht des Mitarbeiters,

b) Nach welchen beiden übergeordneten Gesichtspunkten ist dies möglich?

c) Welcher von beiden ist der effektivere

ca) für die systematische Zukunftssicherung des Unternehmens,

cb) für den einzelnen Mitarbeiter?

d) Skizzieren Sie die einzelnen Schritte einer systematischen Personal-Entwicklung,

e) Wie weit empfiehlt es sich, die Einbeziehung des einzelnen Mitarbeiters dabei von seiner persönlichen Zustimmung abhängig zu machen?

f) Welchen Weg der Mitarbeiterentwicklung gibt es noch?

g) Nennen Sie mindestens *fünf* Maßnahmen, die ein Vorgesetzter hier treffen kann.

h) Welche Vorteile bringt dem Unternehmen die Förderung von

  ha) Expertentum,

  hb) multipositionalen Qualifikationen,

  hc) Mitarbeit in Projektteams unter Experten,

  hd) kommissarischer Übernahme von Führungsfunktionen auf Zeit?

i) In welcher Beziehung können einem Vorgesetzten beim Fördern anderer Kräfte eigene Persönlichkeitsstrukturen im Wege stehen?

zu 14.12 (Kreativität/Innovativität)

a) Was verstehen wir unter

  aa) Kreativität,

  ab) Innovativität?

b) Welches sind die wichtigsten betrieblichen Kreativitäts- und Innovationsbremsen, und wie wirken sie?

c) Welche Denkweise wird zu ihrer Neutralisierung gefordert?

d) Aus welchen Bausteinen kann ein globales Ideen- und Innovationsmanagement errichtet werden?

e) Welche innere Einstellung sollte ein Vorgesetzter zum Vorschlags-/Innovationswesen seines Bereichs gewinnen?

f) Mit welchen Maßnahmen kann er es fördern?

g) Worin liegen die Blockaden von Veränderungen?

h) Skizzieren Sie einen Katalog von Maßnahmen, mittels derer ein Vorgesetzter diese Blockaden überwinden und Veränderungen durchsetzen kann.

zu 14.13 (Erotik)

a) Definieren Sie die Begriffe *Erotik* und *Sexualität*, und grenzen Sie diese gegeneinander ab.

b) Worin liegt die besondere Schwierigkeit erotischer *Signalgebung*?

c) Welche Gefahren bergen erotische Beziehungen eines Vorgesetzten zu einer Frau seines unterstellten Bereichs?

d) Sollte (oder kann) ein Vorgesetzter sich erotischen Beziehungen zu Frauen seines Bereichs unbedingt entziehen?

e) Skizzieren Sie die dazu zu beachtenden Leitlinien.

f) Definieren Sie den Begriff *Sexuelle Belästigung am Arbeitsplatz*.

g) Welche Schlußfolgerung ist hieraus zu ziehen?

h) Skizzieren Sie die Leitlinien, die *eine Frau* zum Thema *Erotik am Arbeitsplatz* beachten sollte.

zu 14.14 (Gesundheit/Absentismus)

a) Mit welchen drei Nachteilskomplexen wird das Unternehmen bei Krankenständen in seiner Belegschaft konfrontiert?

b) Definieren Sie mit eigenen Worten die Begriff *Gesundheit* (WHO) und *Krankheit* (BAG).

c) Läßt sich die Aussage »ich bin krank« in jedem Falle anhand objektiver medizinischer Befunde bestätigen oder widerlegen?

d) Welches sind heute die zentralen Gefahrenfelder für unsere Gesundheit?

e) Welche Krankheitsbilder resultieren hieraus?

f) Was verstehen wir unter *Psychosomatik*?

g) In welcher Größenordnung etwa bewegten sich zu Anfang der neunziger Jahre die volkswirt-schaftlichen Aufwendungen zur Kompensation von krankheitsbedingten Fehlzeiten?

h) Werden die von den Krankenständen ausgehenden Gefahren- und Risikopotentiale für die Unternehmen künftig eher geringer oder eher höher werden, und wie erklären Sie sich das?

i) Welches Bewußtsein muß im Arbeitnehmer gefördert werden anstelle der heute verbreiteten Einstellung »die Ärzte werden's schon richten«?

j) Was muß das Unternehmen dazu errichten?

k) Welches sind die globalen Felder eines strategischen Konzeptes vorbeugender Gesundheits-förderung?

l) Wie kann speziell *der Vorgesetzte im Führen* dem Anliegen vorbeugender Gesundheitsvor-sorge dienen?

m) Was verstehen wir unter *Fehlzeiten*?

n) Worin unterscheidet sich davon *Absentismus*, und welches ist sein besonderes Kennzeichen?

o) Erläutern Sie das sog. *Drei-Zonen-Modell* der Fehlzeiten.

p) Worin liegen die wichtigsten Ursachenfelder beim Arbeitnehmer, sich für Absentismus zu entscheiden?

q) Welche Erscheinungen sprechen *für gewollten* Absentismus?

r) Skizzieren Sie einen Katalog von mindestens *fünf* Maßnahmen zur Eindämmung von Absen-tismus.

zu 14.15 (Arbeitsklima)

a) Was verstehen wir unter dem Begriff *Arbeitsklima*?

b) Auf welche betrieblichen Bereiche richten sich dabei die besonderen Erwartungen der Betei-ligten?

c) Sind für das wahrgenommene Klima nur betriebliche Elemente prägend? Falls nein, welche noch?

d) Beschreiben Sie kurz den Prozeß der Klimabildung.

e) Bildet das wahrgenommene Klima eine objektive Kategorie?

f) Auf welche Weisen wirkt sich das vom Mitarbeiter wahrgenommene Klima auf die weitere Klimabildung aus?

g) Welche fünf Klima-Ziele sollten Sie als Vorgesetzter ansteuern?

h) Was verstehen wir unter *Klima-Hygiene*, und was können wir dafür als Vorgesetzter tun?

i) Was muß ein Vorgesetzter seinen Mitarbeitern, die ein gutes Arbeitsklima einfordern, immer wieder aufs neue klarmachen?

j) Wie werden Sie als Vorgesetzter mit einem notorischen Klimavergifter verfahren?

zu 14.16 (Verantwortung der Mitarbeiter am Führen)

a) Welche Tatsache rechtfertigt es, daß erfolgreiches motivationales Führen das aktive, positive Kooperieren der Geführten voraussetzt?

b) Nennen Sie einige Beispiele für destruktive Einstellungen der geführten Arbeitnehmer, die motivationales Führen gefährden.

c) Welche Qualifikationsmerkmale müssen im Mitarbeiter entwickelt werden, damit sich das für motivationale Führung typische *Geben und Nehmen* voll entfalten kann?

d) Welche Grundposition muß ein Vorgesetzter dabei einnehmen?

e) Womit kann dies in der Praxis sichtbar gemacht werden?

f) Wie werden Sie als Vorgesetzter mit einem Mitarbeiter verfahren, der im Austausch von Goodwill und Belohnungen in motivationalem Führen materiell und immateriel stets nur »absahnt«?

C) Literatur

Allgemein
Großmann, G., 1983
Hofmann M., Tiefenpsychologische Perspektiven der Führung von Mitarbeitern, in Rosenstiel L. von et al., 1993, S. 27ff.
Neuberger, O., Vorgesetzten-Mitarbeiter-Beziehungen, in HWP, Sp. 2288–2299
Pfützner, R., 1991
Richter, M., 1988
Schmidt, J., 1991
Sprenger, R. K., 1992, Teil 3
Then W., »Wir brauchen eine menschengerechte Arbeitskultur«, in Personalführung Nr. 1/1994, S. 52ff.

zu 14.2
Näher Crisand, E., 1990,
König, E., Soziale Kompetenz, in HWP, Sp. 2046–2056
Reinecke, W./Damm, F., 1989, jeweils mit weiterführenden Quellen,
Sprenger, R. K., 1992, 3. Teil: Führungen
Steil, L. K./Summerfield, J./DeMare, G., 1986

zu 14.3
geva-Institut, 1993, S. 1–13, 50ff.
Kappler, E., Partizipation und Führung, in HWFü, Sp. 1631–1647
Schanz, G., Partizipation, in HWO, Sp. 1901–1914
von Rosenstiel, u. a., 1987, Kapitel I
Scherer, H.-P., Schlechte Zeugnisse, Manager Enquete, in Wirtschaftswoche Nr. 9/1993, S. 40ff;
ders., Die Fetzen fliegen, a.a.O., Nr. 11/1994, S. 70ff.
Steinle, C., Führungsstil, in HWP, Sp. 966–980
Wiedemann, H., 1986, Abschnitt IV

zu 14.4
Bierhoff, H. W., Vertrauen in Führungs- und Kooperationsbeziehungen, in HWFü, Sp. 2028–2038

zu 14.5
Blake, R. R. PhD/Mouton, J. S. PhD/Lux, E., Verhaltensgitter der Führung (Managerial Grid), in HWFü, Sp. 2015–2028
Nachreiner, F./Müller, G. F., Aufgaben- (Initiating Structure) und Mitarbeiterorientierung (Consideration) als Verhaltensdimensionen der Führung, in HWFü, Sp. 61–69

zu 14.7
Streich R. K., Rollenprobleme von Führungskräften in der Berufs- und Privatsphäre, in Rosenstiel L. von et al., 1993, S. 77ff.

zu 14.8
Berkel, K., 1990
derselbe, Konflikte in und zwischen Gruppen, in Rosenstiel L. von et al., 1993, S. 331ff.

Königswieser, R., Konflikthandhabung, in HWFü, Sp. 1240–1246
Oechsler, W. A., Konflikt, in HWO, Spalten 1131–1143
Pfützner, R. (Hrsg.) 1991, Buchstabe C, Ziffer 4.10
Scherke, 1970, S. 53ff.
Titscher, St./Königswieser, R., Konflikte als Führungsproblem, in HWFü, Sp. 1233–1240

zu 14.10
Lay, R., 1978
Reinecke, W./Damm, F., 1989
Winterhoff-Spurk, P./Herrmann, Th., Sprache in der Führung, in HWFü, Sp. 1873–1881

zu 14.11
Berthel, J., Führungskräfteentwicklung, in HWFü, Sp. 591-601
derselbe, Fort- und Weiterbildung, in HWP, Spalten 883-898
Domsch M., Personalplanung und -entwicklung für Führungskräfte, in Rosenstiel, L. von et al., 1993, 403ff.
Heinecken, E./Habermann, Th., 1989
Kienbaum, J. (Hrsg.), 1992 Teil 1
Laske, St., Personalentwicklung als Führungsmittel, in HWFü, Sp. 1656–1680
Leonhardt, W., 1984
Nagel, K., 1990
Personalführung Nr. 5/1992, (Schwerpunktthema: Betriebliche Weiterbildung), Nr. 11/1992, S. 878ff. (Schwerpunktthema: Personal-Entwicklung)
Sattelberger, Th., 1992
Schäffner, L., 1991
Thom, N., Personalentwicklung und Personalentwicklungsplanung, in HWP, Sp. 1676–1690

zu 14.12
Brinkmann, E. P./Heidack, C., 1987
Cuhls K., 1993
Groothuis, U./Zumbusch, J., Blitze am Band, in WirtschaftsWoche, Nr. 19/1994, S. 72ff.
Hauschildt, J., Innovationsmanagement, in HWO, Sp. 1029–1041
Heidack, C., Vorschlagswesen, Betriebliches, in HWP, Sp. 2299–2316
Heidack, C./Brinkmann, E. P., 1987
Kienbaum, J. (Hrsg.), 1992, Teil 3
Niederfeichtner, F., Qualifikation als Führungsproblem, in HWFü, Sp. 1749–1758
Personalführung, Heft 5/1991, S. 301ff., (Schwerpunktthema: Bildungsarbeit als Profitcenter)
Personalführung, Heft 4/1993, S. 273ff., (Schwerpunktthema: Betriebliches Vorschlagswesen)
Personalführung, Heft 7/1994, S. 581ff. (Schwerpunktthema: Lernende Organisation)
Pfützner, R., 1991, Ziffer 4.9
Sattelberger, Th., 1989 (mit einzelnen Aufsätzen)
Staudt, E./Schmeisser, W., Innovation und Kreativität als Führungsaufgabe, in HWFü, Sp. 1138–1149
Stroebe, G. H., 1987
Uebele, H., Kreativität und Kreativitätstechniken, in HWP, Sp. 1165–1179

zu 14.14
Bauer, J.-H./Röder, G., 1987
Bialo H., Abschied vom blauen Freitag, Management Wissen Nr. 3/1993 S. 4ff.
Giefers, F./Pohen, J., 1983
Gola, P., Entgelt ohne Arbeit, 1991
Hettinger, Th., Arbeitsmedizin, in HWP, Sp. 179–191
Hoyos, C. Graf, Arbeitssicherheit und Unfallschutz, in HWP, Sp. 350–363
Müller-Seitz, P., Betriebssport, in HWP, Sp. 635–644
Nieder, P., Absentismus, in HWP, Sp. 1–9
ders. (Hrsg.), Fehlzeiten – ein Unternehmer- oder Arbeitnehmerproblem?, Bern, 1979
ders., Die Rolle des Vorgesetzten bei der Reduzierung von Fehlzeiten, in PERSONAL-Mensch und Arbeit, Heft 1/2/1991, S. 2

ders., Die »gesunde« Organisation, Spardorf, 1984

Personalführung, Hefte Nr. 7/1990, 7/1992, 8/1994 (Schwerpunktthemen: Betriebliche Gesundheitsvorsorge)

Pfützner, R., (Hrsg.), 1991, Buchstabe B, Ziffer 1, 4–6, C 4.11

Regnet E., Alkoholabhängige Mitarbeiter, in Rosenstiel, L. von et al., 1993, S. 273ff.

Salowski, H., Fehlzeiten, 1991

Schienstock, G., Streß am Arbeitsplatz, in HWP, Sp. 2154–2158

Schipperges, H., 1985

Schipperges, u. a., 1988

Wenninger, G., Arbeitssicherheit und Gesundheit, 1991

Wiltz, St./Altmann, Ch., Betriebsverpflegung, in HWP, Sp. 665–677

Zapf, D./Frese, M., Psychische Gesundheit, in HWP, Sp. 1953–1962

zu 14.15

Bögel R., Organisationsklima und Unternehmenskultur, in Rosenstiel L. von et al., 1993, S. 581ff.

Gebert, D., Organisationsklima, in HWP, Sp. 1498–1507

von Rosenstiehl, L., Organisationsklima, in HWO, Sp. 1514–1524

Staehle, W. H./Conrad, P., Organisationsklima und Führung, in HWFü, Sp. 1607–1618

zu 14.16

von Rosenstiel, L./Einsiedler, H. E., Geführte, Führung durch, in HWFü, Sp. 982–997

D) Lösungshinweise

a) zu Ziffer 14.5 (Gewichtung Lokomotion-Kohäsion)

Folgende Gewichtungen erachten wir für zutreffend:

a) K+, L+;   b) K+, L ./.;   c) K–, L–;

d) K–, L+;   e) K ./., L ./.

b) zu Ziffer 14.6 (Aussagen zu Distanz-Kontakt)

Zuviel Distanz: A1, A5, B2, B4, C2;

zuviel Kontakt: A2, B3, B5, C1, C3, C5;

ausgewogen: A3, A4, B1, C4.

15   Der Vorgesetzte als Aufgabenträger im Unternehmen

Lernziele:

An das Leistungsvermögen von Führungskräften im allgemeinen und von Vorgesetzten im besonderen werden höchste Ansprüche gestellt. Sie können nur dann erfüllt werden, wenn sowohl von der Führungskraft als auch im Unternehmen bestimmten, dafür notwendigen Bedingungen genügt wird. Dazu sollen Sie skizzenhaft erfahren,

- welche Anforderungen in den 90er Jahren an Führungskräfte gestellt werden,
- welche Qualifikationen dafür notwendig sind,
- welchen Bedingungen für ihren Erfolg die Führungskraft selbst genügen muß sowie
- welche speziellen Leistungsmöglichkeiten das Unternehmen der Führungskraft eröffnen muß.

15.1   Zentrale Anforderungen des Unternehmens an den Vorgesetzten

Sichten wir Äußerungen der Fachliteratur zu der Frage, welchen Anforderungen ein Vorgesetzter als Manager der neunziger Jahre genügen müsse, dann lassen sich zusammengefaßt folgende Merkmale als zentral herausstellen [1]: Er müsse

- »Generalist mit Tiefgang« sein,
- den eigenen Bereich subunternehmerisch als Profit-Center führen
- kunden- und marktorientiert denken und handeln,
- in Systemen und Netzwerken denken,
- »Total Quality« in seinen Funktionen anstreben und mit Fehlern leben können,
- kreativ/innovativ/ständig lernbereit sein,
- sozial kompetent sein und dazu insbesondere
  - motivational führungsfähig sein,
  - teamfähig sein,
  - Mitarbeiter als Partner *neben* sich akzeptieren und nicht nur als »Untergebene« *unter* sich,
  - andere von Visionen begeistern und zu Zielen mitreißen können,
  - im Führen dienen/ermöglichen/entwickeln/fördern/integrieren können,
  - kommunikationsfähig sein,
- eigeninitiativ sein/Dinge bewegen/Entwicklungen voranbringen
- mit Unsicherheiten und Risiken leben können,
- entscheidungspolitisch flexibel sein und dazu überholte/ineffektive Entscheidungen revidieren können,
- effektiv arbeiten und dazu Zuständigkeiten und Einfluß delegieren können.

Vom europaweit einsetzbaren »Euro-Manager« sind zusätzlich zu fordern

- internationale Ausrichtung des Denkens,
- umfassende internationale Geschäftskenntnis,
- Kenntnis und Flexibilität gegenüber fremden Kulturen und Mentalitäten.

15.2 Qualifikationsbereiche des Vorgesetzten

15.2.1 Als Fachkraft

Das alte Leitbild von der fachlichen Qualifikation eines Vorgesetzten im Industriebetrieb, abgeleitet aus Leitbildern von Führungskräften in Armee und Staat, dem Handwerksbetrieb und dem Gutshof, lebte von der Vorstellung, »daß der Vorgesetzte alles besser wisse und könne als seine Untergebenen« (nach Reinhard Höhn, Bad Harzburg).

Spätestens nach dem Zweiten Weltkrieg muß dieses Leitbild aufgegeben werden. Wir leben im *Zeitalter hochqualifizierter Spezialisten und Experten* auf allen Ebenen. Ihnen gegenüber muß sich der Vorgesetzte mit gleichem oder sogar geringerem fachlichen Wissen und Können begnügen und sie dennoch kompetent führen und leiten.

Zu den unverzichtbaren Elementen seines Fachwissens werden gehören:

A) die Kenntnis der quantitativen und qualitativen Ziel- und Aufgabenstellungen seines Bereiches und der dortigen Produktionsabläufe und -verfahren einschließlich der dabei bestehenden Unfallgefahren und der Methoden ihrer Verhütung;

B) Fähigkeiten und Fertigkeiten,
– die genannten Abläufe und Verfahren steuern zu können,
– aus den Ziel- und Aufgabenstellungen für den Bereich Einzelziele und -aufgaben für den Mitarbeiter oder für Gruppen ableiten zu können,
– die Produktionsabläufe und -ergebnisse kontrollieren und bei relevanten Soll-Ist-Abweichungen korrigierend eingreifen zu können.

Den von der Vorgabe zum Ziel führenden Weg der Aufgabenerfüllung wird der Vorgesetzte den fachlich qualifizierten Mitarbeiter mehr oder weniger selbständig wählen und begehen lassen müssen, wobei an die Stelle verbindlicher Anweisungen zunehmend die fachliche Beratung treten wird.

Innerhalb des fachlichen Know-hows steht herstellungsspezifisches Detailwissen neben allgemeinerem Produktwissen. Beide Bereiche nehmen zwischen den Führungskräften der untersten und der obersten Ebene eine gegenläufige Bedeutung ein: Während die Bedeutung von Detailwissen nach oben hin abnimmt, nimmt jene der allgemeinen Produktkenntnis dort zu.

Beispiel: Der Meister einer Kfz-Motoren-Fertigung muß wissen, mit welcher Toleranz und in welchem Verfahren die Zylinderbohrungen im Motorenblock zu schleifen sind; das Mitglied des Unternehmens-Vorstands benötigt diese Kenntnis nicht, dafür aber jene über die für den Markt bereitzustellenden Motorentypen, und umgekehrt gilt das gleiche.

Dieses relativierte Fachwissen **ist zu kombinieren mit soliden, fachübergreifenden Grundkenntnissen** über
– die Produktpalette insgesamt,
– das Gesamtkonzept der Betriebsorganisation,
– betriebswirtschaftliche Zusammenhänge bei der Führungskraft des technischen Bereiches,
– die im Betrieb angewandte Technik und ihre Fertigungsverfahren bei der Führungskraft des kaufmännischen Bereiches,
– die Richtung und Trends neuer technologischer Entwicklungen im eigenen Tätigkeitsfeld,
– die im Betrieb eingesetzte Datenverarbeitung mit ihrer bereichsrelevanten Hard- und Software,
– die vom eigenen Bereich ausgehenden ökologischen Gefahren und ihre sachliche Bewältigung,

– die Ziele und die Stellung des Unternehmens auf dem Markt und unter seinen Wettbewerbern sowie
– die aktuelle wirtschaftliche Unternehmenssituation.

15.2.2   Als Führungskraft

Bei den Qualifikationsmerkmalen, die eine Führungskraft zum Führen befähigen sollen (managementspezifische Qualifikation), ist zwischen den Merkmalen zu unterscheiden, die sich einerseits *auf Sach- und Leitungsaufgaben* beziehen, und solchen, deren Gegenstand *die Führung von Mitarbeitern* im engeren Sinne bildet. Zusätzlich zu beiden Aufgabengruppen gibt es Merkmale, die instrumentell in beiden Aufgabenbereichen gleichermaßen benötigt werden.
Die führungsspezifische Qualifikation erfordert die auf solidem Wissen fundierte

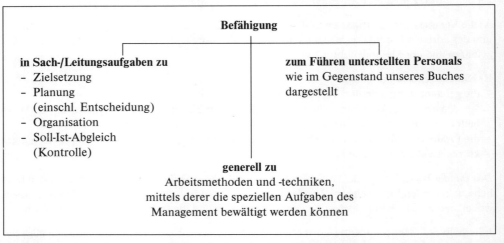

Auch im letzteren Bereich zeigt sich zwischen den Ebenen ein Bedeutungswechsel insofern, als von den unteren zu den oberen Ebenen hin die operative Dimension ab- und die strategische Dimension zunimmt und umgekehrt.

15.2.3   Als Persönlichkeit

Auch im Individuum angelegte oder sozial erlernte Merkmale bestimmen seine Eignung zum Führen. Wir nennen davon

A) Einstellungen zur Aufgabe [2]:
Wille/Bedürfnis/Ausprägung zu
– Leistung
– Innovationen
– Herausforderungen in der Aufgabe
– Handlungsfreiräumen
– Gewinnorientierung
– Selbständigkeit im Steuern

B) Eigenschaften der Persönlichkeit [3]:
- Belastbarkeit
- Intelligenz/Analysevermögen/Logik und Schlußfolgerungen
- Selbstvertrauen/Selbstsicherheit
- Optimismus/Zuversicht im Sozialen/Gesellschaftlichen
- Ehrgeiz für Führungsverantwortung
- Initiierung/die Dinge ins Rollen bringen
- erhöhtes Streben nach Status/Macht/Geld
- Dominanz/autoritatives Durchsetzungsvermögen
- diszipliniert/ohne Selbstmitleid
- Begeisterungsfähigkeit/sich und seine Ziele »verkaufen können«
- Bejahung ethischer Werte
- persönliche Reife/Glaubwürdigkeit/Ausstrahlung

C) Verhaltenstypische Merkmale speziell im Führen:
- sozial verantwortlich/sensibel sein
- bereit sein, im Delegieren Aufgaben und Kompetenzen abzugeben
- Wert auf Klarheit/Sauberkeit in den zwischenmenschlichen Beziehungen legen
- charakterologische Integrität
- bereit sein, horizontal und vertikal mit allen Stellen vorurteilsfrei zu kooperieren
- integrierend wirken
- vorbildhaft wirken wollen und können
- im weitesten Sinne flexibel sein
- gegenüber Kritik (auch gegen sich selbst) offen sein
- kompromißfähig sein
- bereit sein, eigenes Know-how weiterzugeben
- bereit sein, andere Menschen zu fördern (auch über das eigene Niveau hinaus)
- selbst lern-/entwicklungsbereit sein
- vertrauenswürdig und vertrauensfähig sein
- Leistungen anderer anerkennen können
- zuverlässig sein
- konsequent sein
- zu eigener Verantwortung stehen

(In der Reihenfolge der Aufzählungen sind keine Wertungen beabsichtigt.)

Es liegt auf der Hand, daß signifikante Defizite in den genannten Bereichen oder charakterologische Asozialität eine Person als mehr oder weniger ungeeignet zum Führen ausweisen werden [4].

15.2.4   Zusammenfassende Betrachtung

Die folgende Abbildung zeigt die Bedeutung, die den beschriebenen Qualifikationsbereichen in den Tätigkeitsfeldern von Führungskräften in unterschiedlichen betrieblichen Funktionsebenen tendenziell zukommt.

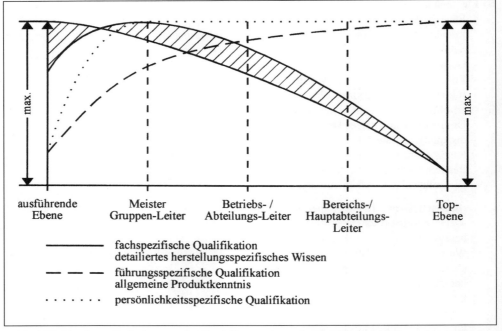

Abb. 15.1: Tendenzielle Bedeutung der Qualifikationsbereiche für Führungskräfte unterschiedlicher betrieblicher Ebenen

Erläuterung:

- Die *detailliert herstellungs-/fachspezifische* Qualifikation erlangt ihre größte Bedeutung bei den Fachkräften der ausführenden oder Führungskräften der ersten Ebene und verliert mit zunehmender Ranghöhe an Gewicht;
- die Bedeutung der *allgemeinen Produktkenntnis und der führungsspezifischen* Qualifikation steigt mit zunehmender Ranghöhe von Führungskräften ständig;
- die *persönlichkeitsspezifische* Qualifikation erlangt bereits in der ersten Führungsebene volle Bedeutung und behält sie für die Kräfte aller folgenden Ebenen.

Die unterschiedliche Bedeutung der Qualifikationsbereiche für Führungskräfte verschiedener Ebenen führen zu folgender weiterer Überlegung:

Die im Hochschulbereich an vielen – gerade auch neu eingerichteten – Studiengängen festzustellende Beschränkung der Studieninhalte auf ausschließlich fachspezifische (z.B. ingenieur-/informatik-/wirtschaftswissenschaftliche) Gehalte führt bedauerlicherweise dazu, daß ein solches Studium seinen Absolventen auch mit einem glanzvollen Abschlußzeugnis nicht für die Einnahme einer Führungsposition, sondern *lediglich für ausführende Funktionen qualifiziert*. Die Frage muß erlaubt sein, wie weit dies für das berufliche Fortkommen unserer Nachwuchskräfte und darüber hinaus auch volkswirtschaftlich vertretbar ist.

15.3 Bedingungen qualifizierten Führens in der Verantwortung des Vorgesetzten

Wesentliche Bedingungen für ihre Eignung zu qualifiziertem Führen muß *die Führungskraft selbst* setzen. Dazu gehören:

15.3.1 Funktionsadäquate Qualifikation aktiv sicherstellen

Die Breite und Tiefe des von der qualifizierten Führungskraft zu fordernden Wissens und des methodischen Könnens sowie das Tempo seiner Weiterentwicklung werden immer wieder zur Gefahr von Know-how-Defiziten führen. Geradezu gravierend wird das Problem dann werden, wenn eine Fachkraft dank ihrer bislang hervorragenden fachlichen Leistungen in eine Führungsfunktion befördert wird. Dann verfügt sie regelmäßig über kein oder nur über unzulängliches Knowhow für ihr neues Aufgabenfeld (vgl. Ziffer 1.4 oben), und der Nacherwerb einer soliden Qualifikation für ihre Leitungs- und Personalführungsaufgaben wird zur Bedingung ihres weiteren Berufserfolgs.

Notwendig ist zugleich die bewußte Entwicklung des persönlichen Niveaus, auf dem die Führungskraft die an sie gerichteten Anforderungen bewältigt (»Persönliche Leistungsklasse«, vgl. Ziffer 9.1). Dazu ist zu trainieren,

- in Problemlagen schnell den Wesenskern (»Knackpunkt«) zu finden, an dem zur Lösung mit tauglichen Konzepten anzusetzen ist,
- seine Rollenpräferenzen gegenüber unterschiedlichen Gruppenerwartungen flexibel sowie in der Sache zielorientiert und effektiv einzusetzen,
- Selbstdisziplin zu üben,
- Ziele kraftvoll mit Leistungs- und Erfolgswillen zu verfolgen,
- gleichwohl ethisch verantwortlich im Handeln anerkannte Werte und Interessen anderer freiwillig zu achten sowie
- im weitesten Sinne seine *soziale Kompetenz* zu erhöhen.

Noch einmal: **Erfolg im Führen erfordert die Fähigkeit, sich selbst zu führen.**

Führungskräfte, die in ihrer fachlichen und persönlichen Entwicklung stehenbleiben und meinen, ihr gefährdetes Image mit Strategien des Blendens und Blähens retten zu können (»Ochsenfrosch-Politik«), werden früher oder später scheitern und ihre Karriere auf einem Abstellgleis beenden müssen.

Die von der Führungskraft zu fordernde ständige Anpassung ihres Wissens und Könnens an die fortschreitende Entwicklung hat sie von sich aus zu realisieren.

Daß dafür aber auch von betrieblicher Seite förderliche Bedingungen erfüllt sein müssen, zeigt das folgende

Beispiel: Der mit der Einführung des betrieblichen CIM-Projektes beauftragte Projektleiter vertraute uns an: »Seit Beginn der Einführungsphase vor mehr als einem Jahr sitze ich jede Woche 60 Stunden und länger am Rechner. Seitdem komme ich nicht mehr dazu, auch nur einen Aufsatz, geschweige denn ein Fachbuch über CIM zu lesen. Fachlich bin ich längst 'weg vom Fenster', aber das darf hier keiner merken, sonst bin ich auch weg von meinem Job.«

15.3.2   Markt-/Kundennähe zeigen

Führungskräfte, die in Entwicklung, Konstruktion und Fertigung direkt an Produkten arbeiten, müssen sich immer wieder Kenntnisse über die derzeitigen und künftigen Produktwünsche des Marktes, genauer: der Kunden, verschaffen. Ein Unternehmer: »Die Musik macht der Kunde, nicht ich.« Dazu gehört die Kenntnis über die Marktgerechtheit der eigenen Produkte ebenso wie die über die der konkurrierenden Produkte. Quellen für die Informationen bilden die Erfahrungen des eigenen Vertriebs und selbständiger Handelsvertreter, aber auch die Meinungen wichtiger Kunden selbst. Zu ihnen allen sind in einem erweiterten »Management by wandering around« direkte Kontakte zu unterhalten und zu pflegen. Die gewonnenen Erkenntnisse sind mit dem Ziel, das *beste* Produkt unter den konkurrierenden anzubieten, der eigenen Produktentwicklung und -fertigung wieder zuzuführen.

15.3.3   Balance zwischen Zeit, Aufgaben und Kraft herstellen

Es gehört zu den Selbstverständlichkeiten unserer Arbeitswelt, daß an Führungskräfte besonders hohe Erwartungen an ihre Leistungsfähigkeit und Belastbarkeit gestellt werden. Tatsächlich unterliegt die Mehrzahl von ihnen starkem Streß. Tägliche Überstunden, auch Wochenendarbeit, bilden die Regel; ein zufriedenstellendes Familienleben findet nur noch selten statt, jede zweite Manager-Ehe wird geschieden [5], und der Begriff der »Manager-Krankheit« ist synonym für die Vielzahl von Überlastungs-Syndromen ein geflügeltes Wort unserer Umgangssprache geworden. Wir wollen uns im folgenden kurz mit dem zwischen den kritischen Größen »Zeit«, »Aufgaben« und »Kraft« bestehenden Spannungsfeld auseinandersetzen.

A) Zeit ist knapp, und mehr als 95 % aller Führungskräfte äußern, daß sie über zu wenig davon verfügten. Schon in diesem Ansatz zeigt sich ein Denkfehler, denn Zeit ist eine *unelastische* Größe, die jedem Menschen an jedem Tag zum physikalisch denkbaren Maximum, nämlich 24 Stunden, zur Verfügung steht. Richtigerweise müßten die Führungskräfte darüber Klage führen, daß sie in der zur Verfügung stehenden Zeit zu viele Aufgaben zu erfüllen hätten. Aber dies widerspräche ihrem Manager-Selbstverständnis.

Zudem ist »Zeit« nicht gleich »Zeit«. Arbeitswissenschaftler haben herausgefunden und dies in der sog. »REFA-Normalkurve« dargestellt, daß die biologische Leistungsfähigkeit des Normal-Menschen über den Tageszeiten stark schwankt (vgl. Abb. 15.2).

Aber auch davon abweichend kann die biologische Leistungskurve beim einzelnen, einer intraindividuellen Uhr folgend, einen eigenen Verlauf aufweisen: Es gibt »Nachtschwärmer«, die ihr Leistungs-Hoch in den Abend- und Nachtstunden erleben und dafür am Tage inaktiv sind, und es gibt Menschen, für die »Morgenstund' Gold im Mund« hat und die dafür schon am frühen Abend mit ihrer Nachtruhe beginnen. Wieder anderen Menschen sichert erst eine Ruhepause im Mittags-Tief die benötigte Spannkraft für die zweite Tageshälfte.

> **Arbeitsaufgabe:** Überprüfen Sie einmal realistisch Ihren eigenen Leistungs-Rhythmus über den Tageszeiten und ermitteln Sie, welche Arbeitszeit für Sie ideal zur Ausbringung Ihrer maximalen Arbeitsleistung wäre.

Die Logik erforderte, die Arbeitsbelastungen diesen Kurven anzupassen. Starre Arbeitszeiten und das Tagesgeschäft stehen dem entgegen.

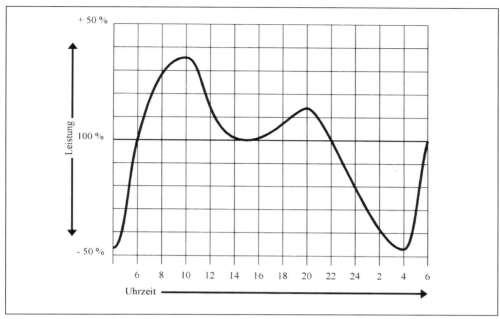

Abb. 15.2: Biologische Tagesleistungskurve (REFA-Normalkurve) (Quelle: Seiwert, L. J., 1991 (b) S. 32)

B) Ist die verfügbare Zeit unelastisch, so bilden die **Aufgaben** nach Umfang und Art eine *elastische* Größe. Die Chance, sie in vorgegebener Zeit zu bewältigen, hängt wesentlich vom Umgang mit ihnen ab. Testen Sie Ihre innere Einstellung dazu in folgendem **Arbeitshinweis:**

> Welche der beiden Aussagen lassen Sie für sich selbst gelten: Mir geht es vor allem darum,
>
> A) die Dinge richtig zu tun oder
> B) die richtigen Dinge zu tun [6].

Ihre Wahl von A) läßt erkennen, daß Sie »die Dinge« (= Aufgaben) ohne Auswahl nach ihrer Wichtigkeit *so* erledigen, wie sie Ihnen auf den Tisch gelegt werden. Sie lassen sich also mit Aufgaben beliebiger Art eindecken. Daß Sie diese *richtig* erfüllen, darf von Ihnen als Führungskraft erwartet werden.

Ihre Entscheidung für die Meinung B) dagegen läßt erkennen, daß Sie mit den *richtigen* Aufgaben die für Ihren Erfolg und Nutzen *wichtigen* vor den weniger wichtigen bevorzugen und in diesem Sinne zielorientiert selektieren. Damit verfolgen Sie einen richtigen Ansatz für den rationellen Einsatz Ihrer knappen Zeit.

Gefordert ist also, die wichtigen Dinge vorrangig richtig zu tun.

Der italienische Ökonom Vilfredo Pareto legte im 19. Jahrhundert die Grundlage für die inzwischen vielseitig bestätigte Erkenntnis, daß innerhalb einer Menge von Aufgaben etwa 80% des Erfolges mit nur 20% des verfügbaren Aufwandes erzielt werden können (»Pareto-Prinzip«). Dagegen »fressen« die restlichen 20 % Erfolg den Rest von 80 % Aufwand. Für rationelles Arbeiten kommt es also darauf an, die Wertigkeit von einzelnen Aufgaben für den Gesamterfolg abzuschätzen und so für den Einsatz der verfügbaren Zeit *Prioritäten* zu ermitteln. Dafür sind vielfältige Techniken entwickelt worden (vgl. dazu die im Anhang unter C) zu Ziffer 15.3 genannte Literatur).

Hervorzuheben als besonders empfehlenswerte Methode, Zeit und Aufgaben zueinander auszubalancieren, ist die *ABC-Analyse* [7].

Aber auch Planungstechniken wie die ABC-Analyse dürfen nicht darüber hinwegtäuschen, daß sie Aufgaben-Überhäufungen, denen die Führungskraft infolge betrieblicher Fehlentscheidungen oder auch übertriebenen eigenen Ehrgeizes ausgesetzt ist, nicht kompensieren können.

C) Auch die **Arbeitskraft** bildet eine *elastische* Größe. Dabei bestimmen die genetische Konstitution und die situativ ausgeprägte Kondition, wie groß im Individuum das verfügbare Volumen der Arbeitskraft ist. Unterschiedliche Anlagen und der Entwicklungsgrad der Kondition können die physische und psychische Belastbarkeit verschiedener Individuen in erheblichem Maße voneinander abweichen lassen.

Die vom Individuum abrufbaren Leistungsreserven lassen sich in vier Stufen aufteilen:

Stufe I: Leistung, die automatisiert zur Verfügung steht und keiner nennenswerten Kraftentfaltungbedarf, daher verursacht sie auch kaum/keine Ermüdungserscheinungen (Beispiel: langsames Gehen).

Stufe II: physiologisch bereitgestellte, tageszeitabhängige Leistung, deren Abruf zur normalen Tageszeit einer Kraftentfaltung bedarf, die langfristig erbracht und mit genügender Nachtruhe wieder regeneriert werden kann (Beispiele: normales berufliches Arbeiten, Wandern).

Stufe III: unter *großem* Kraftaufwand aktivierbare Leistung, die insbesondere in Zeiten physiologischer Leistungstiefs nur unter größter Willenskraft ausgeschöpft aufgrund starker Folgeermüdung mit normalem Nachtschlaf nicht mehr vollständig regeneriert werden kann (Beispiele: Nachtarbeit, Reisen mit erheblichen Zeitverschiebungen, berufliche Arbeit unter anhaltend starkem Zeit- und Erfolgsdruck, Leistungssport unter Dauerbelastung).

Stufe IV: vom Nervensystem *autonom geschützte Leistungsreserven*, die nur in Ausnahmefällen aktiviert und nur in langen Ruhephasen wieder regeneriert werden können (»Der Mensch wächst über sich selbst hinaus« zum Beispiel in Notfällen, Katastrophen).

Die Leistungsanforderungen an Führungskräfte werden im oberen Bereich der Stufe II anzusiedeln sein und nicht selten auch in die Stufe III hineinreichen. Dabei ist zu bedenken, daß Dauerbelastungen, die im oberen Bereich des noch willkürlich abrufbaren Potentials liegen, im normalen Lebensrhythmus bereits nicht mehr regenerierbar sind. Sie müssen, längerfristig und ohne besondere Regenerationsräume abgerufen, zum *Burn-out* führen [8]. Der Rückgriff auf die autonom geschützten Reserven muß im Tagesgeschäft gänzlich tabu bleiben.

Das latent verfügbare Kräftepotential kann durch bestimmte, insbesondere psychische Bedingungen erhöht oder blockiert werden.
Unter den *Kraftquellen* heben wir hervor

– Spaß an der Arbeit und am Leben,
– Sinngebung durch bejahte Ziele,
– Erfolg,
– Selbständigkeit und Selbstentfaltung,

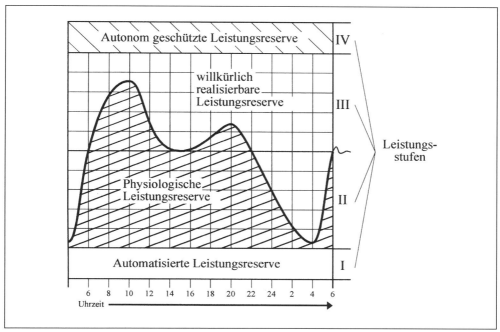

Abb. 15.3: Stufen menschlicher Leistungsreserven (nach Hardenacke H., in Hardenacke et al., 1993, S. 289)

- Motiviert-Sein im weitesten Sinne,
- Training der physischen und psychischen Kräfte,
- ein anregend-harmonisches Familienleben,
- ausreichende Regenerationsphasen des Ausruhens mit ausgleichenden Erlebnisfeldern (Urlaub, Sport, Kultur, Hobbys) ohne zwanghaftes Streben nach Erfolg/Sieg/Wettbewerb/Rekord,
- bewußter Einsatz von Regenerations- und Entspannungstechniken (Gymnastisches Intervalltraining/autogenes Training/Yoga/Meditation).

Unter den *Kraftkillern* heben wir hervor

- ständige, nicht zu bewältigende Überforderung/-belastung,
- zu knapp bemessene Zeiträume für einzelne Aufgaben/Entscheidungen,
- Verletzungen der Persönlichkeit/Abwertung der Leistungen,
- Arbeit gegen die biologische Uhr (Nachtarbeit/Zeitverschiebungen auf Reisen),
- Prestigegerangel, wo Sachentscheidungen vonnöten wären,
- anhaltender Mißerfolg,
- nicht ausreichende Regenerationsphasen,
- besondere Belastungen aus dem privaten Bereich (Ehe/Familie),
- Zukunftsangst infolge unberechenbarer Entwicklungen in bezug auf Karriere/Sicherheit des Arbeitsplatzes/Funktion,
- allgemeines Demotiviert-Sein (vgl. dazu Ziffer 9.9).

D) Ziel der Führungskraft im ureigenen Interesse ihrer selbst *und* des Unternehmens muß es sein, mit größtmöglichem *eigenen* Bemühen die kräftefördernden Bedingungen zu verstärken und die Kräftekiller zu neutralisieren. Dem dient nicht zuletzt auch ein von seelischer Hygiene geprägter Arbeits- und Lebensrhythmus, innerhalb dessen durch Ausgewogenheit zwischen Anspannung und Leistung einerseits sowie Entspannung und Erholung andererseits ein Gleichgewichtszustand im Kräftehaushalt erreicht wird. Für die Führungskraft werden dafür insbesondere hilfreich sein:

- ein souveräner, disziplinierter Umgang mit Kraft in der verfügbaren Zeit,
- der Mut, *nein* zu sagen zu Aufgaben-Überfrachtungen, die erkennbar zum »Burn-out« führen werden sowie
- der Einsatz zeit- und kraftsparender Arbeitstechniken.

15.3.4   Effektive Erfolgsstrategien und Arbeitstechniken anwenden

Die Arbeit der meisten Führungskräfte leidet insbesondere darunter, daß zu viele Aufgaben und Probleme gleichzeitig zur Erledigung anstehen. Mangelhafte Arbeitssystematik und ständige Störungen durch das Tagesgeschäft verhindern, daß sie zügig abgearbeitet werden können. Verzettelung und halbfertige Lösungen bilden die Einbahnstraße zur Durchschnittlichkeit und bewirken mit der demoralisierenden Erkenntnis, »wieder nichts geschafft zu haben«, Resignation und Dys-Streß.

Wirkliche Abhilfe bewirkt ein Selbst-Management, das auf erprobten Strategien des konzentrierten Einsatzes der verfügbaren Kraft auf die Erreichung maximalen Erfolgs basiert.

Unter **Erfolg** verstehen wir den erreichten Erfüllungsgrad eines Zieles mit dem Besten, was ein Individuum an Potential und Mitteln dafür einzusetzen vermag [9].

Als solche Strategie bietet sich die von WOLFGANG MEWES entwickelte »*Engpaß-Konzentrierte Strategie*« – EKS – (Kybernetische Managementlehre) an [10]. Ihre vier Prinzipien lauten:

1. Konzentration statt Verzettelung
2. Kybernetisch wirkungsvollster Punkt
3. Minimum-Faktor: Engpaß
4. Nutzenorientierung statt Gewinnmaximierung

Der Grundgedanke erfolgskonzentrierten Zeit- und Krafteinsatzes ist im erweiterten Sinne durch rationelle Arbeitstechniken und -methoden zu untermauern.

Mit **Arbeitstechniken** bezeichnen wir alle Methoden und Instrumente, die Führungskräften und Mitarbeitern als Mittel zu einer effizienten, zielorientierten, systematisch geplanten und rationell erledigten Aufgabenerfüllung dienen [11].

Erfolgreiches Arbeiten beruht stets auf dem vorherigen Setzen von Zielen. Ziele bilden, wie der Management-Funktionskreis darstellt (vgl. Ziffer 1.6), den ersten Schritt zur Lösung jeder Problemlage (= Abweichung zwischen IST- und SOLL-Zustand). So erfordert das systematische Lösen von Problemen die Beherrschung rationeller Techniken im

- Ermitteln von Zielen,
- Planen,
- Entscheiden,

- Organisieren und Realisieren sowie im
- Kontrollieren.

Die rationelle Bewältigung der dabei und sonst anfallenden Informations- und Kommunikations-
aufgaben erfordert

- Informationstechniken mit entsprechenden Technologien,
- Kommunikationstechniken (insbesondere zur Führung von Gesprächen/Besprechungen/Kon-
  ferenzen (vgl. Ziffer 21)),
- persönliche Dokumentationstechniken.

Der rationelle Einsatz der verfügbaren Zeit erfordert

- Zeitplanung (Hilfsmittel: Zeitplanbuch),
- zeitsparende Arbeitsmethoden,
- Abschottung gegenüber Störpotentialen (zum Beispiel Telefonaten/Besuchen) sowie
- den Einsatz schöpferischer Pausen zur Kraftregeneration.

Die Optimierung der Arbeitsergebnisse erfordert

- Aufgaben-Selektion nach Prioritäten (zum Beispiel ABC-Analyse),
- die Angleichung von Aufgaben an die Tagesleistungskurve,
- Befreien von wenig erfolgswirksamen, aber »zeitfressenden« Aufgaben durch konsequentes Delegieren auf nachfolgende Ebenen (mit den dazugehörenden Kompetenzen und Verantwortlichkeiten).

Einzelne dieser Methoden und Techniken können zu einem ganzen System rationeller persönlicher Arbeitstechniken zusammengefaßt werden. Zum vertieften Vertrautwerden mit der Materie
verweisen wir nachdrücklich auf die im Anhang, Buchstabe C, angeführte Literatur mit weiteren
Nachweisen.

Für »Mehr Zeit für das Wesentliche« gibt LOTHAR J. SEIWERT (1991 (a), S. 313ff) insbesondere
folgende »Zehn Goldene Zeitgewinn-Tips«:
1. Arbeitsblöcke für größere oder gleichwertige Aufgaben bilden
2. Gezielt abschirmen – Stille Stunde und später Rückrufe tätigen
3. Zeitlimits bei Besprechungen und eigenen Terminen setzen
4. Prioritäten als Grundprinzip allen Arbeiten zugrunde legen
5. Möglichst nur das wirklich Wesentliche tun (Pareto-Prinzip)
6. Delegation auch als bezahlte Dienstleistung voll ausnutzen
7. Größere Aufgaben in kleine Teile portionieren (Salami-Taktik)
8. Termine mit sich selbst für A-Aufgaben vereinbaren (Z.D.F.)
9. Schwerpunktaufgaben sehr früh erledigen (Erfolgserlebnis)
10. Leistungshochs und -tiefs gezielt in Planungen einbeziehen

15.3.5 Gesundheit schützen und erhalten

Eine zentrale Bedingung für hohe Leistungsfähigkeit und damit zugleich ein zentrales Erfolgspotential der Führungskraft bildet ihre Gesundheit. Das dazu Gesagte *innerhalb des Führens* gilt allgemein auch für die Führungskraft selbst (wiederholen Sie Ziffer 14.14.1 und .2).

Spezifische Belastungen und Arbeitsweisen der Führungskräfte bergen jedoch ebenso spezifische Gesundheitsgefahren, die sich zu den als *Manager-Krankheiten* bekannten Krankheitsbil-
dern auswachsen können.

Zu diesen Gefahren gehören insbesondere

- psychische und physische Hoch- und Vielfachbelastung unter hohem Zeitdruck
- keine ausreichenden Zeiträume zur Kräfteregeneration
- Bewegungsmangel
- schädliche und zu kalorienreiche Ernährung
- ständiger Genuß von Nikotin, Alkohol (im Übermaß) und Psychopharmaka als »Beruhigungs-Therapie«.

Die typischen Erscheinungsbilder der »Manager-Krankheiten« sind

- Neigung zum Herzinfarkt
- Bluthochdruck
- überhöhte Blutfettwerte
- Lebererkrankungen
- erhöhtes Krebsrisiko
- Dys-Streß
- Abnutzungserscheinungen des vegetativen Nervensystems
- Wirbelsäulenschäden/Muskelverspannungen
- vorzeitige allgemeine Alters-Abnutzungserscheinungen.

Den besonderen Gesundheitsgefahren entgegenzuwirken und dazu aktive Gesundheitsfürsorge zu betreiben ist originäre Obliegenheit jeder qualifizierten Führungskraft. Dies geschieht zu allererst im disziplinierten Umgang mit sich selbst.

Dazu sind insbesondere zu empfehlen

- verantwortungsvoller Einsatz der Arbeitskraft durch maßvolle Zeit-/Kraft-Ökonomie (vgl. dazu die vorherigen Kapitel),
- Sicherung ausreichender Erholungszeiten zur Kräfteregeneration,
- bewußtes Ansteuern gegen streßauslösende Ereignisse,
- gesunde, unbelastende und kalorienarme Ernährung,
- Vermeidung von Genußgiften wie Nikotin und (im Übermaß) Alkohol,
- Ausgleichs-Aktivitäten (Familienleben/Sport/Hobby/Kultur etc.),
- bewußtes Beachten (und nicht Ignorieren) von Krankheitssymptomen im eigenen Körper
- Verzicht auf ständigen Medikamenten-Konsum zur Sicherung von Arbeitskraft und Nacht-schlaf,
- Krankheitsprophylaxe durch regelmäßige Check-ups,
- gelegentliche »Generalüberholungen« in Regenerationskuren.

Einem bereits im Jahre 1970 erschienen »Betriebsknigge« entnehmen wir mit der Empfehlung zum Beherzigen:

> »Arbeite, wenn Du arbeitest,
> spiele, wenn Du spielst,
> tue nichts, wenn Du ruhst.
> Aber sorge dafür, daß jeden Tag
> für alle drei Platz ist.
> Lebe heute – gestern ist vorbei -
> morgen ist noch nicht da.« [12)]

15.3.6 Als Nachwuchskraft den *Theorie-Praxis-Konflikt* und neue Rollenbilder bewältigen

Bei Aufnahme ihrer Führungstätigkeit findet die Nachwuchskraft einen Betrieb vor, dessen Produktion bereits »läuft«. Diejenigen, welche sie am Laufen halten, sind Praktiker mit häufig jahrzehntelanger Berufserfahrung und genauer Detailkenntnis aller betrieblichen Abläufe. Demgegenüber verfügen sie ebenso häufig nicht mehr über das neueste theoretische Know-how. Kennzeichnend für die Arbeitsweise des Praktikers bei Problemlösungen ist der *Rückgriff auf das Erfahrungswissen* (Slogan: »Es gibt nichts, was nicht schon mal so oder so ähnlich passiert wäre«).

Die Nachwuchsführungskraft verfügt weder über Berufserfahrung noch über betriebliche Detailkenntnisse, dafür häufig über ein hohes Maß an Theorie-Wissen. Probleme geht sie an, indem sie mit seiner Hilfe *Lösungsmodelle konstruiert* und in die Praxis umzusetzen versucht.

Im älteren Praktiker und in der jüngeren Nachwuchskraft begegnen sich methodisch *Rückgriff auf Bekanntes* und *Vorgriff auf noch nicht Bekanntes.* Dabei fühlt der Praktiker sich in Kenntnis seines Theorie-Defizits leicht bedroht und auch minderwertig, während jüngere Kräfte die Möglichkeiten ihres Könnens nicht selten weit und hörbar überschätzen. In Konsequenz reagiert der ältere Praktiker empfindlich und spielt gegenüber »den jungen Hüpfer« die Trümpfe seines Erfahrungs- und Kenntnisvorsprungs voll aus, wobei er die Nachwuchskraft über das Blockieren von Kommunikation und Kooperation sowie Meinungsbeeinflussung bei Dritten leicht »aushungern« kann (»Der – oder die – bekommt bei mir kein Bein mehr auf die Erde!«).

Folgende Empfehlungen mögen helfen, den Konflikt zu vermeiden oder wenigstens abzuschwächen:
- Achten Sie das Erfahrungswissen des Praktikers *ebenso* wie Ihr eigenes Theorie-Wissen; verzichten Sie auf wertende Überheblichkeit;
- halten Sie sich mit vorlauter Kritik an vermeintlichen Mängeln zurück; fragen Sie lieber, weshalb eine Sache etc. so laufen muß, wie sie läuft;
- betrachten Sie die Aufnahme Ihrer Berufstätigkeit als *neue Lehrzeit,* und sammeln Sie soviel als möglich Detailwissen über den Betrieb und Praxis-Know-how; schauen Sie sich letzteres ruhig bei älteren Praktikern ab;
- streben Sie mit Praktikern eine Teamarbeit an, in der Erfahrungswissen und Theorie-Wissen zu maximalem Know-how-Potential verschmelzen.

Anekdotische Kennzeichnung beider Typen:
Der Praktiker: Es läuft, aber er weiß nicht wieso;
der Theoretiker: Er weiß, wie es laufen müßte, aber es läuft nicht.

Nehmen Sie auch zur Kenntnis, daß Ihr berufliches wie privates soziales Umfeld an Sie als Nachwuchs-Führungskraft **gewandelte Verhaltenserwartungen** richtet. Mit ihnen wird Ihre neue soziale Rolle definiert, der Sie gerecht werden sollen (vgl. Ziffer 14.7). Es ist nicht das Bild des Manager-Heroen oder des Freizeit-Matadors, das von Ihnen erwartet wird, auch nicht das Bild des designierten Generaldirektors oder des bis ins Detail gestylten Karriere-Anpassers. *Sie entsprechen dem erwarteten Bild am ehesten mit dem individuellen Profil Ihrer Persönlichkeit, als die Sie sich glaubwürdig und kraftvoll Ihrer neuen Aufgabe stellen.*

Das Bemühen um gute Umgangsformen wird Ihnen dabei hilfreich sein [13].

15.4 Bedingungen qualifizierten Führens in der Verantwortung des Unternehmens

15.4.1 Grundüberlegung

Unter Ziffer 9.1 haben wir festgestellt, daß die menschliche Arbeitsleistung ein Produkt folgender Faktoren darstellt:

L = f (Leistungsvermögen, Motivation, Arbeitsbedingungen)

Was für Arbeitsleistung allgemein gilt, muß auch für den speziellen Fall der Führungsleistung gelten. Daraus ist zu folgern:
Führungskräfte benötigen, um erfolgreich führen (= leisten) zu können,

- eine aufgabenadäquate Qualifikation,
- die Motivation, ihre Mitarbeiter motivieren zu können, sowie
- aufgabenadäquate Leistungsmöglichkeiten.

Danach hat das Unternehmen folgende Bedingungen zu erfüllen:

15.4.2 Führungskräfte zum Motivieren motivieren

Vorgesetzte sollen in motivationalem Führen ihre Mitarbeiter motivieren. Indessen:

Motivieren kann nur, wer selbst motiviert ist!

Dies bedeutet: Vorgesetzte, die selbst in ihrer Tätigkeit und unter den Bedingungen, unter denen sie arbeiten müssen, demotiviert und frustriert sind, können ihre Mitarbeiter nicht wirksam motivieren.
Wirtschaftliches und effektives Führen von Mitarbeitern erfordert vom Unternehmen auch *motivationales Führen seiner Vorgesetzten.*

Dafür gelten prinzipiell die für Mitarbeiter schon dargestellten Grundsätze in dem Sinne, daß
- vorhandene Demotivationspotentiale abgebaut,
- neue vermieden,
- für Führungsleistungen geeignete Rahmenbedingungen geschaffen

sowie
- der Wert der Führungsleistung durch immaterielle und materielle Gegenleistungen des Unternehmens honoriert

werden.

15.4.3 Anforderungsadäquate Entwicklungsmöglichkeiten schaffen

Die Aufgabe, die in den Führungskräften und in entwicklungsfähigen Fachkräften angelegten Führungspotentiale zu entdecken, zu entwickeln und den zu erfüllenden Funktionen zuzuführen, obliegt dem Unternehmen. Dem dient nicht nur das **Assessment-Center** bei der Einstellung neuer Kräfte, sondern ebenso die **Management-Potential-Analyse** (MPA) im vorhandenen Management-

Personal [14]. Auf die Ergebnisse aufbauend, hat das Unternehmen in Übereinstimmung mit den förderungswürdigen und -willigen Führungskräften das Programm der konkreten Entwicklungsmaßnahmen zu konzipieren und zu realisieren.

Erläuterungen zum Polaritätenprofil in Abb. 15.4:

Wert 1 bedeutet: geringste Ausprägung
Wert 7 bedeutet: maximale Ausprägung
die Soll-Kurve markiert geforderte *Mindest*-Werte.

Bausteine zur Beurteilung bilden zum Beispiel

- Werdegang-/Perspektiv-/Selbsteinschätzungs-Interviews
- Gesprächs-/Verhandlungs-Simulationen
- Gruppendiskussion
- Fallstudie/Planspiel
- Computersimulationen
- Postkorb.

Der Sinn für die Führungskraft und ihre Bereitschaft, an Maßnahmen der Management-Entwicklung teilzunehmen, werden in dem Maße wachsen, in dem das Unternehmen erfolgreich abgeschlossene Vorhaben in konkrete Schritte von Förderung und Beförderung umsetzt.

Eine direktere Methode, das Führungspotential von Vorgesetzten zu entwickeln, bildet das **Coaching**. Wir verstehen darunter einen

> Einzelberatungsprozeß, der zum Ziel hat, mit Hilfe geeigneter Interventionen beim Coachee (derjenige, der beraten wird) Wahrnehmungsblockaden zu lösen und Selbstorganisationsprozesse in Gang zu setzen, die es dem Coachee ermöglichen, seine Fähigkeiten bei der Lösung von Problemen und der Bewältigung von Arbeitsanforderungen effizienter zu nutzen [15].

Coach ist im Regelfall der zum Coaching qualifizierte direkte Vorgesetzte eines Coachees, bei Spitzenführungskräften auch ein therapeutisch qualifizierter externer Berater. Die zu leistenden Hilfen bestehen vor allem darin,

- bestimmte zielrelevante Leistungs- bzw. Problemlösungsdefizite bei Coachee beobachtend zu ermitteln,
- darüber Feedback zu leisten und
- dem Coachee mittels gemeinsamer Erarbeitung verbesserter Verhaltens- bzw. Problemlösungsansätze Wege zu eröffnen, sein Führungspotential weiterzuentwickeln.

Coaching ist in erster Linie *Hilfe zur Selbsthilfe*, nicht: Hilfe zur Lösung konkreter Führungsprobleme.

Darauf, daß die für die Entwicklung von Führungskräften notwendigen Aufwendungen ihrem Wesen nach Zukunftsinvestitionen darstellen, verweisen wir erneut.

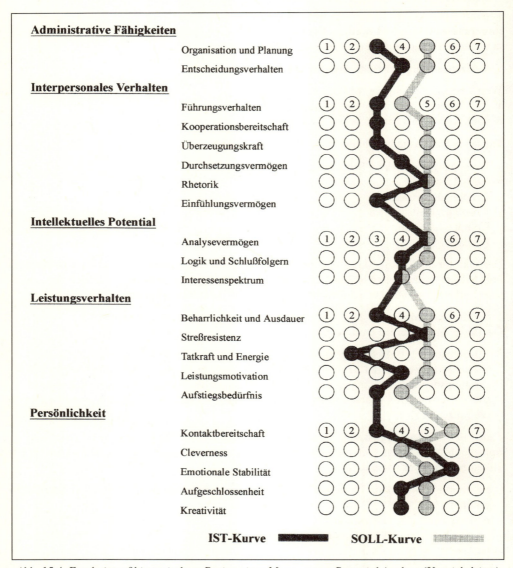

Abb. 15.4: Ergebnisprofil in typischem Design einer Management-Potential-Analyse (Vertriebsleiter);
Quelle: Jochmann, W./Huber, St., Management-Potential-Analyse, Sonderdruck aus
»Personalwirtschaft«, Kienbaum-Unternehmensberatung, Gummersbach (o. J.)

15.4.4   Führungsleistung durch optimale Führungsbedingungen ermöglichen

A)   Qualifizierte Information und Kommunikation bieten
Dazu gehören neben *aufgabenbezogenen* Informationen auch *fach- und aufgabenübergreifende* Informationen etwa über unternehmerische Ziele, Strategien und Erfolge. *Unternehmerisch handeln*

kann nur, wer unternehmerische Informationen erhält! In der Auswahl und der Großzügigkeit des Angebots umfassender Informationen drückt sich die Wertschätzung des Unternehmens gegenüber der Führungsleistung aus, und diese bildet einen zentralen Motivator für die Führungskraft.

Desgleichen muß **der Stil der Kommunikation** der Unternehmensleitung in der Zusammenarbeit mit ihren Führungskräften partnerschaftlich, offen, partizipativ und von gepflegten Formen geprägt sein. Über aktuelle Entwicklungen darf nicht nur informiert werden, über sie muß im Interesse gesicherter gemeinsamer Meinungsbildung auch geredet werden können. Die auch darin liegende Wertschätzung kann durch besondere Informations- und Kommunikationskreise oder Informations-Workshops in besonderer Weise sichtbar gemacht werden.

B) Operative Entscheidungs- und Handlungsfreiräume sicherstellen

Im größeren Unternehmen mit seinen zentralistischen Tendenzen muß dem Vorgesetzten der Freiraum gewährt werden, seinen Bereich innerhalb vorgegebener strategischer Rahmendaten und der durch seine organisatorischen Vernetzungen mit dem Umfeld gegebenen Gebundenheiten operativ selbständig zu führen. Dies gilt für alle sachlichen und – in größtmöglichem Rahmen – auch disziplinarischen Entscheidungen und ihre Realisation. An die konsequente Durchführung des Delegationsprinzips und die Verbindung von Führungsaufgaben mit kongruenter Kompetenz und Verantwortlichkeit sind höchste Ansprüche zu stellen. Die damit verbundene Dispositionsfreiheit und die Berechenbarkeit der zu tragenden Verantwortlichkeit gestalten das Aufgabenfeld nicht nur attraktiv, sondern sie gewährleisten wegen ihrer Nähe zum Sachproblem das Führen für das Unternehmen auch effizient.

Speziell in motivationalem Führen muß gefordert werden, daß der Vorgesetzte auch direkte Möglichkeiten zum Motivieren hat. Dazu gehört das Verfügungsrecht über einen Etat finanzieller Mittel für Gratifikationen ebenso wie die wirksame Veranlassung individueller Sonder-, Entwicklungs- und Förderungsmaßnahmen.

C) Rahmenbedingungen effizienten Führens sicherstellen

Dazu ist zu fordern, daß operative Führungs- und Leitungstätigkeit nicht durch Bürokratismen, Genehmigungsprozeduren höherer Instanzen, Reglements oder durch Mangel an selbstverständlichen Hilfsmitteln oder -kräften behindert wird. Desgleichen sind Führungskräfte von ballastartigen Aufgaben (übermäßiges Berichtswesen, Statistiken etc.) freizustellen.

D) Loyalität und Rückendeckung gewähren

Führungskräfte stehen im Schnittpunkt der Rollenerwartungen »von oben« und »von unten«. Das Unternehmen sollte zu keinem Zeitpunkt Zweifel daran aufkommen lassen, daß seine Führungskräfte im Konflikt mit nachgeordneten Instanzen mit der loyalen Unterstützung und Rückendeckung »von oben« rechnen dürfen, bildet *das Wissen darum im unterstellten Bereich* doch eine zentrale Basis für die Autorität der Führungskraft. Loyalität mit Verständnis ist auch dann zu fordern, wenn ein Vorgesetzter im unvermeidbaren Rollenkonflikt die Interessen seines unterstellten Bereichs mit Nachdruck »nach oben« vertritt.

E) Erhaltung der Arbeitskraft gewährleisten

An dem Ziel, die Leistungsfähigkeit ihrer Führungskräfte zu erhalten, müssen auch die Arbeitgeber aktiv mitwirken. Insbesondere muß sich dazu in den Unternehmensspitzen die Erkenntnis durchsetzen, daß auch die leistungsfähigsten Führungskräfte biologischen Leistungsgrenzen unterliegen und einen naturgegebenen Anspruch auf Lebensqualität in Arbeit, Freizeit und Familie haben, der nicht schon im Gehalt abgegolten sein kann.

Leider verbindet sich mit dem deutschen Manager-Selbstverständnis verbreitet das verzerrte Leitbild vom *Heroen* und *Übermenschen* (vgl. Ziffer 14.4 Buchstabe M). Offenbar allzuschnell werden menschengemäße Interessen an Freizeit und Familie oder auch – schlicht – sichtbare Ermüdung als Leistungs- oder Führungsschwäche ausgelegt und karriereschädlich verwendet. Demgemäß wagt auch kaum eine Führungskraft, über Überlastung, Erschöpfungszustände oder den Wunsch nach Freizeit offen zu reden. Karriere einerseits und befriedigendes Freizeit- oder Familienleben andererseits schließen einander de facto aus.

Es ist aber kein Ausdruck weitsichtigen unternehmerischen Denkens, wenn das Unternehmen es zuläßt, daß seine Führungskräfte als wichtigste Garanten künftigen Erfolges Arbeitskraft und Gesundheit infolge anhaltender Überbelastung und fehlender Regenerationsräume *heute* auszehren und dadurch ihre Leistungsfähigkeit *morgen* in Frage stellen.

So, wie sinnvoller Weise jedem technischen Arbeitsmittel von Wert der Aufwand *vorbeugender Instandhaltung* zugewendet wird, muß auch dem »Arbeitsmittel Führungskraft« der legitime Anspruch zuerkannt werden, die Ressourcen *Gesundheit* und *Arbeitskraft* schützend zu erhalten. Dies erfordert vom Unternehmen in den Leistungsanforderungen nicht zuletzt auch die Akzeptanz menschengemäßen Maßes.

F)   Wert der Führungsleistung in angemessener Status-Ausstattung anerkennen
Status schlägt sich, wie wir unter Ziffer 5.4 (lesen!) bereits festgestellt haben, in sichtbarer statusprägender und -anzeigender Ausstattung des Arbeitsumfeldes nieder. Sie führt ihrem Träger nicht nur von außen Ansehen und Beachtung zu, sondern sie erhöht auch sein Selbstwertgefühl und stabilisiert seine Selbstachtung. Wenn das Unternehmen die Leistungen seiner Führungskräfte anerkennt, dann sollte es dies auch *glaubwürdig* und *angemessen* sowie innerhalb des Statussystems *gerecht* sichtbar machen.

G)   Führungsleistung mit angemessenen Gegenleistungen honorieren
Neben den dargestellten Leistungsbedingungen mit ihrer *immateriellen* Anreizfunktion kommt nach wie vor auch *materiellen Gegenleistungen* als Anreizen hohe Motivationskraft bei Führungskräften zu. Dazu zählen in erster Linie Anreize wie

- das funktions- und marktgerechte Gehalt,
- variable Vergütungskomponenten wie Erfolgsbeteiligungen,
- Gehaltsfortzahlung bei Krankheit/Tod,
- der Firmenwagen zum privaten Gebrauch,
- Urlaub,
- die betriebliche Alters-/Invaliden-Zusatzversorgung,
- günstige Firmenkredite,
- Unfallversicherungen usw. [15]

Die Erfüllung der Punkte 15.4.2 bis 15.4.4 Buchstaben A) bis F) sollte die Führungskraft im qualifiziert geführten Unternehmen als selbstverständlich voraussetzen können; in den materiellen Leistungen widerspiegeln sich ihr Marktwert und ihr Verhandlungsgeschick.

Anhang zu Kapitel 15

A) Anmerkungen

1 In Anlehnung an freundlichst überlassenes Informationsmaterial der Fa. Kienbaum und Partner, Unternehmensberatung, GmbH
2 Ausführlicher Evers, H., in Kienbaum, J. (Hrsg.), 1992, S. 939
3 Vgl. Weinert, A. B., in Personalführung Nr. 11/1992, S. 902
4 Beispiele bei Weinert, A. B., a.a.O.
5 Vgl. dazu Pfaller, P., Zu kurzer Rock, in Wirtschaftswoche Nr. 3/1993 S. 61ff
6 Nach Seiwert, L. J., 1991 (b), S. 25
7 Derselbe, 1991 (a), S. 133ff. (mit Anleitung zum Gebrauch)
8 Sprenger, R. K., 1992, S. 108ff.
9 In Anlehnung an Mackenzie, A., 1990, S. 11ff.
10 Seiwert, L. J., in HWFü Sp. 46
11 Ausführliche Einführung Friedrich, K./Seiwert, L. J., 1992
12 Scherke, F., 1970, S. 71
13 Vgl. dazu »Wer die Chefin küßt«, Der Spiegel Nr. 35/1992, S. 118, ausführlich Wrede-Grischkat, R., 1992
14 Ausführlich Jochmann, W./Huber, St. (o. J.)
15 Hauser E., in von Rosenstiel L. et al., 1993, S. 224
16 Zu den Voraussetzungen funktionierenden Coachings siehe Hauser, E., a.a.O., S. 227ff; gl. auch Sattelberger Th. (Hrsg.), in Personalführung Nr. 6/1990, S. 364ff.
17 Ähnlich Evers, H. in Kienbaum, J.(Hrsg.), 1992, S. 385ff. (388) mit Hinweisen auch zu immateriellen Anreizen

B) Kontrollfragen und -aufgaben

a) Skizzieren Sie die wichtigsten Anforderungen des Unternehmens an einen Vorgesetzten als Führungskraft der neunziger Jahre.
b) Welche drei Bereiche markieren die Qualifikation einer Führungskraft?
c) Skizzieren Sie die wichtigsten Inhalte jedes Bereichs.
d) Was halten Sie von der Aussage »Wer fachlich gut ist, kann auch gut führen«?
e) Was lehrt uns die tendenzielle Bedeutung der Bereiche über den einzelnen Unternehmensebenen für die Tauglichkeit des mit sehr gutem Erfolg abgeschlossenen Hochschulstudiums?
f) Welches sind die Bedingungen, die eine Führungskraft für ihren Führungserfolg *selbst* erfüllen muß?
g) Welche Bedingungen muß dafür *das Unternehmen* erfüllen?
h) Erläutern Sie den Begriff des *Coaching*.

C) Literatur

zu 15.1 und 15.2
Evers, H., in Kienbaum, J. (Hrsg.), 1992, S. 385ff.
Faix, W. G./Laier, A., 1991
Weinert, A. B., Potentialerkennung bei Führungskräften: Ein neues Verfahren zur Identifikation von Führungstalent, Personalführung Nr. 11/1992, S. 902ff.

zu 15.3

Bordemann, G., 1986
Commer H., 1993
Crisand, E., 1990
Crisand, E./Lyon, U., 1991
Friedrich, K./Seiwert, L. J. 1992
Graichen, W. U./Seiwert, L. J., 1990
Grunwald W./Rudolph H., Qualifikation von Spitzenkräften: Was erfolgreiche Manager auszeichnet, in Würtele G., 1993
Köhnlechner, M., Managerkrankheiten, in HWFü Sp. 1382-1389
Mackenzie, A., 1990
Meyer, H./Reber, G./Tichy, J., Streß und Führung, in HWFü, Sp. 1906-1927
Scherke, F., 1970, Kapitel V. und VI.
Schipperges, H., 1985
Schipperges, H., et al., 1988
Seiwert, L. J., Arbeitstechniken, in HWFü Sp. 46-61
derselbe, 1991
derselbe, 1993
Stroebe, R. W., 1990 (a und b)
Vollmer, G. R., 1991
Wagner, H., 1988
Wrede-Grischkat R.1992

zu 15.4

Autorenkreis DHfP/Institut Mensch und Arbeit, 1983
Becker, F. G., 1990
Berthel, J., Führungskräfteentwicklung, in HWFü, Sp. 591-601
Dahlems, R., 1994
Evers, H., 1988
derselbe, Leistungsanreize für Führungskräfte, in Schanz G. (Hrsg.), 1991, Seiten 739-751
derselbe, Entgeltpolitik für Führungskräfte, in HWFü, Sp. 200-210
derselbe, Zukunftsweisende Anreizsysteme für Führungskräfte, in Kienbaum, J.(Hrsg.), 1992, S. 385ff.
Gaugler, Information als Führungsaufgabe, in HWFü, Sp. 1127-1137
Hauser E., Coaching von Mitarbeitern, in von Rosenstiel L. et al., 1993, S. 223ff
Jochmann, W./Huber, St., Management-Potential-Analyse, Ein Instrument der Personalentwicklung, Sonderdruck aus »Personalwirtschaft«, Kienbaum Personalberatung (o. J.)
Kadel, P./Meier, H., Vergütung außertariflicher Angestellter, in HWP, Sp. 2253-2263
Kappler, E., Entscheidungsspielraum für Führungskräfte, in HWFü, Sp. 242-260
Köhnlechner, M., Managerkrankheiten, in HWFü, Sp. 1382-1389
Meyer, H./Reber, G. MBA/Tichy J., Streß und Führung, in HWFü, Sp. 1906-1927
Krug, S./Rheinberg, F., Motivation von Führungskräften, in HWFü, Sp. 1510-1520
Sattelberger Th. (Hrsg.), 1989, dort insbesondere die »Leitsätze für Förderungsmaßnahmen für Führungskräfte«, S. 88/89
derselbe, Coaching: Alter Wein in neuen Schläuchen, in Personalführung Nr. 6/1990, S. 364ff
Schindler, U./Meier, H., Aus- und Fortbildung für Führungskräfte, in HWP, Sp. 510-524
Weber, W., Fortbildung für Führungskräfte, in HWFü, Sp. 315-326

V. Abschnitt: Schwerpunkte des Personalführungsprozesses in der betrieblichen Praxis

> Etwas Großes in unserer Welt wird dann möglich, wenn sich Menschen bereitfinden, für eine Sache mehr zu tun als nur ihre Pflicht.
> (Hermann Gmeiner (sinngemäß), Gründer der SOS-Kinderdörfer)

Im folgenden und letzten Abschnitt erarbeiten wir für einige Schwerpunkte des Personalführungsprozesses in der chronologischen Reihenfolge ihres Ablaufs Lösungen. Einige aktuelle Sonderfragen sollen zusätzlich behandelt werden. **Die einzelnen Kapitel bieten Bausteine, die sich zu Systemen kombinieren lassen, indem das ihnen zugrundeliegende gedankliche Konzept und die jeweils gewachsene betriebliche Wirklichkeit zu einem einheitlichen betriebs-individuellen Ist-Konzept der Führung verschmolzen werden.** Dieser »Maßanzug« wird in jedem Betrieb anders aussehen. Wegen der abzusehenden Variabilität, die die vorgestellten Bausteine in ihrer jeweiligen Kombination und Ausprägung erfahren, wollen wir *nicht* von einem *Führungsmodell* reden. Dem damit verbundenen Anspruch, in seiner idealtypischen Ausprägung und Geschlossenheit für jeden Betrieb ein gleichermaßen optimales Konzept darzustellen, kann in der Praxis erfahrungsgemäß nur unvollkommen entsprochen werden.

An dieser Stelle ist festzustellen, daß auch seitens *des Deutschen Gewerkschaftsbundes* Beiträge zum Thema »Führung« vorgelegt worden sind. Zu nennen sind die Arbeitsgemeinschaft *Engere Mitarbeiter der Arbeitsdirektoren bei Eisen und Stahl* in der *Hans-Böckler-Stiftung*, die sich mit bestehenden Management-Modellen und -Techniken auseinandergesetzt und eigene Vorstellungen dazu veröffentlicht hat. Eigene Vorstellungen zur Weiterentwicklung von Management und Personalpolitik leistet das *Wirtschafts- und Sozialwissenschaftliche Institut des Deutschen Gewerkschaftsbundes*, das seine Beiträge in seiner Monatszeitschrift *WSI-Mitteilungen* publiziert. Sie sollten in die – überwiegend auf der Seite der Arbeitgeber geführte – Diskussion um die Weiterentwicklung von Management und betrieblicher Personalpolitik im Interesse breiter Konsensbildung mit einbezogen werden [1].

16   Fragen zur Organisation der Arbeit im unterstellten Bereich

Bei den folgenden Ausführungen wird davon ausgegangen, daß trotz der Vorgabe des betrieblichen Organisationskonzeptes dem einzelnen Vorgesetzten in seinem unterstellten Bereich stets organisatorische Dispositionsräume verbleiben und Mitwirkungsrechte an der Gesamtorganisation zustehen, von denen er Gebrauch machen *kann und soll.* Dies vorausgesetzt verfolgen wir folgende **Lernziele:** Sie sollen

- neuere Erkenntnisse zur Bildung von Arbeitsbereichen und -funktionen gewinnen;
- die wichtigsten Grundsätze für die Optimierung des Stellengefüges Ihres unterstellten Bereiches kennenlernen;
- das Prinzip der Delegation begreifen und wissen, welche Probleme es aufwirft und wie sie bewältigt werden können;
- erkennen, was Stellvertretung bedeutet und wie sie einzurichten ist,
- lernen, wie eine Arbeitsplatz- oder Stellenbeschreibung abzufassen und wie mit ihr zu arbeiten ist, und
- erfahren, was Führungsgrundsätze bedeuten und wozu sie nützlich sind.

16.1   Zur Bildung von Arbeitsbereichen und -funktionen

Intensives Führen und Kooperieren setzt intensives Kommunizieren voraus. Zugleich wissen wir, daß sich gruppendynamische Prozesse (wiederholen Sie Ziffer 6), die wir in teilautonomer Gruppenarbeit mit regelmäßigem Arbeitsplatzwechsel kombiniert verbesserten Arbeitsergebnissen und zugleich einer für den Arbeitnehmer befriedigenderen Arbeitssituation dienstbar machen wollen, nur in *sozialen Kleingruppen* entfalten können. Denkt der Betrieb zudem an gruppenweise Erfolgsbeteiligung, dann läßt sich die Leistung der Kleingruppe, in der der Beitrag des einzelnen Mitglieds von meßbarem Gewicht ist, leicht erfassen und abrechnen. Schließlich können auch nur Kleingruppen für den Mitarbeiter das sozio-emotionale »Dach« abgeben, unter dem seinen emotionalen Bedürfnissen nach Kollegialität, persönlicher Beachtung und Solidarität ausreichend Rechnung getragen werden kann.

Alle diese Gründe sprechen für die Bildung kleinerer Arbeitsgruppen mit 10 bis 15 Mitgliedern als selbständigen Organisationseinheiten mit eigenem Arbeitsfeld, eigenem räumlichen Territorium, eigenem Regelungs- und Verantwortungsbereich, eigenem Gruppensprecher usw., kurz: eigener Identität. Sie zu vermitteln und dadurch innere Distanzen zum Unternehmen zu reduzieren, erscheint um so wichtiger, als immer anonymer werdende Unternehmensstrukturen und straffer werdende Reglements den Menschen zugleich auch zunehmende Frustrationen aus den Gefühlen der Verlorenheit und Bedeutungslosigkeit empfinden lassen. Dazu sollten gegebenenfalls organisatorische Großkomplexe wie Fließbandfertigungen in soziale Kleineinheiten mit eigenen »Territorien« zerlegt werden.

Die klassische Vergabe von zuvor gebildeten Funktionen geschah bisher nach dem Prinzip »Der Posten sucht seinen Mann/seine Frau«. Die organisatorische Festlegung genoß den Vorrang vor der Anpassung an die Person. Moderne und zeitgemäße Erkenntnisse sprechen mehr und mehr gegen die starre Anwendung dieses Prinzips. Sowohl das arbeitswissenschaftliche Bestreben, Arbeit menschengerecht zu gestalten, als auch die arbeitspsychologische Erkenntnis, daß neigungsorientiertes Strukturieren von Aufgaben für ihren Träger zum eigentlichen Vermittler von **Spaß an der Arbeit** und damit von **Lust zum Arbeiten** wird, sprechen dafür, im Gestalten von Aufgaben den individuellen Wünschen ihrer Träger in verträglichem Umfang entgegenzukommen. *Verträglich* heißt: Spiel- und Ermessensräume in der Arbeitsgestaltung zugunsten der Stelleninhaber oder einer Gruppe auszuschöpfen, ohne die von den Abläufen her als notwendig vorgegebenen organisatorischen Grundmuster aufzugeben. Dies heißt schlicht: entgegenkommende Flexibilität statt zementierter Starrheit zu zeigen – wenn auch vielleicht zunächst auf Probe.

16.2 Dienstweg und Führungsspanne

A) Die Inhaber der zu einem Organisationsbereich zusammengefaßten Stellen sind der Führungskraft, die diesen Bereich leitet und die Mitarbeiter als Vorgesetzter führt, regelmäßig *fachlich* und *disziplinarisch* unterstellt. Führungskräfte höherer Ebenen sind also regelmäßig *zugleich Fach-* und *Disziplinarvorgesetzte.* Umfaßt ein Bereich mehrere Ebenen (zum Beispiel Meister – Vorarbeiter – Arbeiter; Gruppenleiter – Sachbearbeiter – Hilfskraft), kann das Unterstellungsverhältnis mehrstufig gestaltet und nach fachlicher und disziplinarischer Verantwortung gespalten werden. Die Linie, auf welcher die Unterstellungen – gleich welcher Art – verlaufen, markiert der **Dienstweg**. Er kennzeichnet zugleich die Zuordnungen von Weisungsberechtigung und -gebundenheit.

> Unter dem **Dienstweg** verstehen wir die Linie der fachlichen und/oder disziplinarischen Zuordnungen von Instanzen in einer Hierarchie, mit der zugleich auch ihre wechselseitige Weisungsberechtigung und -gebundenheit festgelegt ist.

In der Praxis wird das Stellengefüge regelmäßig durch Mehrfachüberstellungen kompliziert. Häufig sind es zentrale Fach-Instanzen, die über sog. *Funktions-* oder *Sonder-Dienstwege* in ihren fachlichen Zuständigkeiten gegenüber bestimmten Betriebsbereichen oder dem gesamten Betrieb Führungsaufgaben und -kompetenzen wahrnehmen.

Beispiele:
- Personalabteilung bei Entgeltgestaltung,
- Qualitätssicherung bei Qualitätsstandards und -kontrollen,
- Sicherheitsingenieur bei Arbeitsplatzgestaltung und Unfallverhütung.

Als besondere Kooperationsstelle muß der *Betriebsrat* beachtet werden, insbesondere dort, wo Gesetz und Rechtsprechung ihm verbindliche Mitwirkungsbefugnisse eingeräumt haben.

Für Ihre Führungspraxis ist generell zu empfehlen:
- Wirken Sie im Rahmen Ihrer organisatorischen Zuständigkeiten und der gegebenen Dispositionsräume darauf hin, die Zuordnung der Stellen *einfach* und *klar* zu gestalten;
- sorgen Sie bei Mehrfachunterstellungen für möglichst *eindeutige Abgrenzungen* der jeweiligen Zuständigkeitsbereiche konkurrierender Vorgesetzter;
- vermeiden Sie in den »Grauzonen« der Zuständigkeiten durch persönliche Abstimmung mit den anderen Führungsinstanzen, daß gegenüber Ihren Mitarbeitern *divergierende Anordnungen* ergehen;

- helfen Sie Ihren Mitarbeitern, das Stellen- und Zuständigkeitsgefüge zu begreifen;
- übergehen Sie bei Führungshandlungen (zum Beispiel Auszeichnungen, Beanstandungen, Überprüfungen) in der *übernächsten* unterstellten Ebene (zum Beispiel Betriebsleiter - Anlagenfahrer) nie die *dazwischen* stehende Führungskraft (Meister), sondern ziehen Sie diese hinzu; Sie vermeiden dadurch nicht nur Verärgerung, sondern ebenso Mißerfolge Ihres Vorgehens, die durch Ihre größte Distanz zur Sache bewirkt werden könnten;
- beachten Sie die Mitwirkungsrechte des Betriebsrates.

B) Als schwierig erweist sich die Frage nach der optimalen **Führungsspanne** (auch »Leitungsspanne«, »Kontrollspanne«, »span of control«, »span of management« genannt) [2]. Darunter verstehen wir *die Anzahl der einer Führungskraft unterstellten und von ihr direkt zu führenden Aufgabenträger.* Da die quantitative und qualitative Belastung der Führungskraft mit der Anzahl der ihr unterstellten Arbeitskräfte nicht linear, sondern *progressiv* zunimmt, kommt der Führungsspanne für das Führen zentrale Bedeutung zu.

Auf die Inanspruchnahme des Vorgesetzten durch seine Mitarbeiter wirken eine Reihe von Faktoren ein, von denen die folgenden hervorgehoben werden sollen:

- die Aufgabenstruktur - je gleichförmiger und einfacher, um so weniger Aufsicht ist erforderlich und umgekehrt;
- die Autonomie der Mitarbeiter in und ihre Qualifikation für ihre Aufgaben - je höher beide Komponenten entwickelt sind, um so geringer ist der Führungsbedarf;
- der Führungsstil des Vorgesetzten - je unklarer seine Anordnungen sind, um so größer ist seine Beanspruchung durch Rückfragen; je höher sein Bedürfnis nach Reglementierung und Kontrolle, um so größer der dafür erforderliche Aufwand.

Komplexe und problemreiche Aufgaben im unterstellten Bereich erfordern stets eine dichtere Kommunikation und damit höheren Führungsaufwand als solche des bloßen Ausführens. Für Bereiche mit *manuell auszuführenden Funktionen,* wie sie zum Beispiel in der Fließarbeit anzutreffen sind, finden wir in der Praxis Kontrollspannen von *40 Mitarbeitern* und mehr. Bedenklich daran ist, daß in diesen Fällen persönliche Kontakte zwischen dem Vorgesetzten und seinen Mitarbeitern, die erst motivationales Führen zulassen, kaum noch möglich sein können. Als wünschenswert im Interesse ausreichender Kommunikation und aus den weiteren unter Ziffer 16.1 genannten Gründen sind deshalb Führungsspannen von *bis zu ca. 15* Arbeitskräften anzusehen.

Gegenüber unterstellten *Führungskräften* werden Führungsspannen von *fünf bis sieben* empfohlen [3]. Ohne damit ein verbindliches Datum setzen zu wollen, steht jedenfalls mit Sicherheit fest, daß in der betrieblichen Praxis gelegentlich vorzufindende Spannen von 15 und mehr unterstellten Führungskräften (zum Beispiel dem technischen oder kaufmännischen Leiter/Geschäftsführer berichtend) mit den Grundsätzen sinnvollen Führens nicht mehr zu vereinbaren sind.

16.3   Das Delegationsprinzip [4]

16.3.1   Problemstellung und Begriff

Das einem Betriebsbereich zugewiesene Segment betrieblicher Aufgaben wird in weitere Teilaufgaben zerlegt und den in diesem Bereich beschäftigten Arbeitskräften *übertragen (= delegiert).* An Stellen der *ausführenden* Ebene werden *Ausführungsaufgaben* delegiert; übernehmen die nachgeordneten Funktionsträger neben Sachaufgaben auch *Führungsfunktionen,* so umfaßt die Delegation folgerichtig *Sach-* **und** *Führungsaufgaben.*

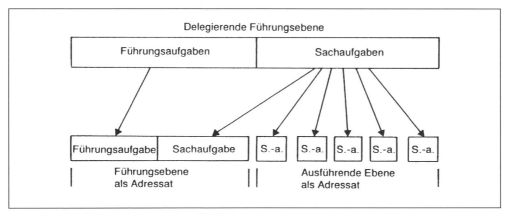

Abb. 16.1: Aufgabenstruktur bei Delegation an Führungs- und Ausführungsebene

Gegenstand des Delegierens können *alle* Aufgaben sein, die in einer betrieblichen Organisation auftreten. Entscheidend ist, daß – nach dem Kongruenzprinzip (vgl. Ziffern 3.4, Buchstabe D und 10.4.1) – mit der **Aufgaben**delegation auch die Übertragung der zu ihrer Wahrnehmung notwendigen **Kompetenzen** sowie der entsprechenden **Verantwortlichkeit** des Aufgabenträgers gegenüber dem Betrieb verbunden wird. Der in Teilen der Management-Literatur, insbesondere der des *Harzburger-Modells*, verwendete Begriff der »Delegation von Verantwortung« [5] erweist sich ohne weitere Erläuterung insofern als mißverständlich.

Wir wollen dieses Prinzip betonen und stellen deshalb fest:

Zu Entscheidungsaufgaben gehören **Entscheidungskompetenzen,**
zu Führungsaufgaben gehören **Führungskompetenzen,**
zu Dispositionsaufgaben gehören **Dispositionskompetenzen,**
zu Informationsaufgaben gehören **Informationskompetenzen**
zu Motivierungsaufgaben gehören **Motivierungskompetenzen,**
zu Ausführungsaufgaben gehören **Ausführungskompetenzen,**
zu Kontrollaufgaben gehören **Kontrollkompetenzen,**
zu Beratungsaufgaben gehören **Beratungskompetenzen.**

Dazu gehört jeweils die Verantwortlichkeit ihres Trägers als Recht und Pflicht, sich die Ergebnisse des Gebrauchs seiner Kompetenzen im Positiven wie im Negativen persönlich zurechnen zu lassen und gegenüber dem Betrieb über ihre Wahrnehmung Rechenschaft abzulegen.

Delegation erfolgt auf *zwei Wegen:*

Zum einen erhält der einzelne Mitarbeiter den Bereich seiner Aufgaben, Kompetenzen und Verantwortlichkeiten *durch die Organisation* als bereits vorgenommene Strukturierung der betrieblichen Aufgaben zu einem Stellengefüge zugewiesen. Dieses Verfahren ist *genereller* Natur und weist ihm den nach den Grundsätzen der Funktionenbildung ermittelten Aufgabenrahmen zu.

Zum anderen steht aber auch *der Vorgesetzte* ständig vor der Notwendigkeit, Einzelaufgaben, die ablaufbedingt auftreten und strukturell nicht erfaßt oder gar nicht erfaßbar sind, an Mitarbeiter seines Bereiches zu delegieren. Dabei handelt es sich um situativ entstehende, fallweise Regelungen, die der Vorgesetzte innerhalb seiner Dispositionsräume im Wege des Ermessens zu treffen hat.

Delegation erfolgt nach dem *Ausschließlichkeitsgrundsatz* und bewirkt die *alleinige Zuständigkeit des Adressaten* für die an ihn delegierten Aufgaben, Kompetenzen und Verantwortlichkeiten.

Mit ihrer Delegation entfallen sie dem Zuständigkeitsbereich der delegierenden Instanz. An ihre Stelle treten andere Aufgaben, insbesondere die des Kontrollierens. Da eine lückenlose Ablauf- und Ergebniskontrolle erfahrungsgemäß weder durchführbar noch wünschenswert ist, *setzt funktionierende Delegation voraus,* daß ihr Adressat

- *zur Wahrnehmung der an ihn delegierten Aufgaben, Kompetenzen und Befugnisse befähigt ist,*
- *sich ihrer zielgerichteten Wahrnehmung in uneingeschränkter Zuverlässigkeit verpflichtet weiß und die delegierende Stelle darauf vertrauend sich dessen sicher sein darf.*

Delegation setzt Befähigung und Verläßlichkeit auf der einen Seite sowie Vertrauen darauf auf der anderen Seite voraus!

Situationen, die es rechtfertigen, das Ausschließlichkeitsprinzip zu durchbrechen, tragen Ausnahmecharakter, so zum Beispiel

- wenn eine Arbeitskraft in ihre Funktion eingearbeitet wird und ihr Vorgesetzter sich bestimmte Entscheidungsbefugnisse (zum Beispiel Zeichnungsvollmachten) für einen begrenzten Zeitraum zurückbehält,
- wenn ein Funktionsträger nach schwerwiegendem Fehlgebrauch seiner Kompetenz bestimmte Befugnisse entzogen bekommt oder
- wenn ein ausscheidender Mitarbeiter bestimmte Befugnisse vor seinem Weggang aus Sicherheitsgründen nicht mehr wahrnehmen darf.

Unter **Delegation** verstehen wir die ausschließliche und auf Dauer angelegte oder fallweise Zuweisung von Aufgaben mit kongruenten Kompetenzen und Verantwortlichkeiten durch eine dafür zuständige Instanz (Vorgesetzter) an eine nachgeordnete Instanz (Mitarbeiter/Gruppe) zum Zwecke ihrer selbständigen Wahrnehmung.

16.3.2   Ziele und Kriterien des Delegierens

Neben dem allgemeinen Ziel der Aufgabenverteilung wird mit Delegation das speziellere Ziel verfolgt, Aufgaben aus der – theoretischen – Allzuständigkeit der Top-Instanz über das System der hierarchischen Ebenen auf die niedrigste Stelle der Hierarchie zu delegieren, die zu ihrer Erfüllung noch voll befähigt ist. Auf diese Weise sollen die geistigen Potentiale der Stellen einer jeden Ebene ausgeschöpft, Entscheidungen von den nach ihrer spezialisierten Qualifikation am meisten berufenen Funktionsträgern getroffen und Träger höherer und damit teurerer Funktionen von

Detailarbeit befreit werden. Dieses Ziel hat strukturbildende Bedeutung bei der Einführung sogenannter *schlanker Produktion* (vgl. Ziffer 25).

Beispiele für fehlerhafte bzw. unterlassene Delegation:

- Unterzeichnung der von zuständigen Sachbearbeiter verfaßten regulären Korrespondenz durch rang-
höhere Instanzen,
- »Abzeichnen« von Materialbestellungen geringen Wertes durch den Betriebsleiter,
- Genehmigung von Fahrzeugeinsätzen »aus Gründen der Kostenkontrolle« vom kaufmännischen Geschäftsführer,
- Führen der Fehlzeitenstatistik oder der Sach-Inventarlisten des Ausländerwohnheimes eines mittelständischen Unternehmens durch den Personalleiter persönlich.

Als *delegationsfähig* haben alle Aufgaben zu gelten,

a) die nicht unbedingt als Sach- und/oder Führungsaufgaben der Arbeitskraft einer bestimmten
Funktionsebene angesehen werden müssen und

b) für die auf der nächstniedrigeren, in Linie unterstellten Ebene noch ein ausreichend qualifizierter Funktionsträger vorhanden ist.

Zu a: Kriterien, die einer Delegation von Aufgaben entgegenstehen können, bilden insbesondere

- ihre besondere politische, wirtschaftliche, technische oder personelle Tragweite oder ihr hoher
Risikogehalt für das Unternehmen oder den Betrieb,
- die Breite ihrer Wirkungen, bezogen auf die Anzahl der tangierten betrieblichen Bereiche oder
Personen,
- ihre strukturierende Wirkung auf die gesamte betriebliche Organisation,
- das Niveau der an ihren Träger gestellten Anforderungen sowie
- ihr Wesen als Führungsaufgabe, bezogen auf die nachgeordnete Ebene.

Zu b: Die mit den Aufgaben zugleich zu delegierenden Kompetenzen und Verantwortlichkeiten
setzen nicht nur eine aufgabenadäquate *fachliche* Befähigung, sondern ebenso die *persönliche* Bereitschaft und Befähigung des Adressaten voraus, die in der Kompetenz übertragenen Entscheidungsbefugnisse und -pflichten wahrzunehmen und dafür – als Folge der mitübernommenen Verantwortlichkeit – auch persönlich einzustehen. Alle drei Komponenten erhöhen tendenziell das
qualitative Anforderungsniveau nachgeordneter Funktionen. Neueinführung und Weiterentwicklung von Delegation können es daher innerhalb eines Konzeptes der betrieblichen **Organisationsentwicklung** erforderlich werden lassen, begleitende Maßnahmen der **Personalentwicklung** zu treffen.

Übungsaufgabe: Kreuzen Sie für die nachstehenden Aufgaben an, ob Sie sie für delegierbar (j) oder
nicht delegierbar (n) erachten. Wir unterstellen, daß sie bei einer Führungsinstanz anfallen, deren
Mitarbeiter als Sachbearbeiter/Facharbeiter qualifiziert sind. Den Lösungshinweis finden Sie am
Ende des Kapitels.

j ( )	n ( )	Verteilung von Aufgaben an Arbeitskräfte bei Gruppenarbeit
j ( )	n ( )	Erteilung einzelner Aufträge an Arbeitskräfte
j ( )	n ( )	Besorgung von Büromaterial
j ( )	n ( )	Auswahl und Beschaffung eines Bürocomputersystems
j ( )	n ( )	Kontrolle über Büromaterial
j ( )	n ( )	Erfassung von Kundenreklamationen
j ( )	n ( )	Bewertung von Reklamationen
j ( )	n ( )	Berichterstattung über Reklamationen an andere Abteilungen
j ( )	n ( )	Belobigung einer Arbeitskraft
j ( )	n ( )	Kontrolle des Leistungsstandes einer neuen Arbeitskraft
j ( )	n ( )	Auswahl von Arbeitskräften unter den Bewerbern

j ( )	n ( )	Führung der regulären Korrespondenz mit Kunden
j ( )	n ( )	Unterzeichnung der regulären Korrespondenz
j ( )	n ( )	Kundenkorrespondenz im Problemfall
j ( )	n ( )	Verhandlungen mit anderen Abteilungen über Koordination der Zusammenarbeit
j ( )	n ( )	Ausarbeitung von Angeboten für Kunden
j ( )	n ( )	Leistungskontrolle bei Arbeitskräften
j ( )	n ( )	Erstellung von Rahmenrichtlinien für Arbeitszielvereinbarungen
j ( )	n ( )	Definition einzelner Arbeitsziele
j ( )	n ( )	Planung von Maßnahmen der Personalentwicklung
j ( )	n ( )	Verhängung von Disziplinarmaßnahmen
j ( )	n ( )	Veränderung der Zeichnungsberechtigung einzelner Mitarbeiter
j ( )	n ( )	Entscheidung über den Zugang zu Informations-Dateien
j ( )	n ( )	Vorschläge zur Neueinstufung des Gehalts
j ( )	n ( )	Festlegung der Arbeitsweise innerhalb eines Arbeitsauftrages
j ( )	n ( )	Führung einer Fehlzeiten-Statistik
j ( )	n ( )	Führung von Fehlzeiten-Kontrollgesprächen mit Arbeitskräften, die abwesend waren
j ( )	n ( )	Führung von technischen Dokumentationen
j ( )	n ( )	Technische Qualitätskontrollen
j ( )	n ( )	Klärung und Regulierung schwerwiegender Nachbesserungsfälle mit der Arbeitskraft, die sie verursacht hat
j ( )	n ( )	Erstellung eines Programms der vorbeugenden Instandhaltung
j ( )	n ( )	Erstellung von Zeugnissen für ausscheidende Arbeitskräfte
j ( )	n ( )	Abschlußgespräch und Verabschiedung von Arbeitskräften
j ( )	n ( )	Qualitätskontrolle der eigenen Arbeitsergebnisse
j ( )	n ( )	Zuständigkeit für Mängelbeseitigung an beliebigen Arbeitsplätzen der eigenen Gruppe

16.3.3   Wirkungen des Delegierens

Wie wir unter Ziffer 8.6 bereits festgestellt haben, umfaßt die delegierte Kompetenz zunächst das **Recht** des Adressaten, die zur Aufgabenerfüllung erforderlichen Entscheidungen und Maßnahmen innerhalb des geltenden betrieblichen Ordnungsrahmens selbständig zu treffen. Darüber hinaus umfaßt sie zugleich aber auch die **Pflicht,** die notwendigen Entscheidungen und Maßnahmen zu treffen. **Recht und Pflicht entsprechen einander.**

   Die delegierte **Verantwortlichkeit** schließlich enthält die Pflicht des Adressaten, sich die Ergebnisse des Gebrauchs seiner Kompetenz zuweisen lassen zu müssen. **Verantwortlichkeit setzt mithin Kompetenz voraus und bildet ein Regulativ dafür.** Dabei ist, was in der Praxis zu häufig übersehen wird, Verantwortlichkeit keineswegs nur als *Haftung für Mißerfolge* aufzufassen. Vielmehr bedeutet sie vor allem auch den **Anspruch auf Zuweisung von Erfolg** an ihren Träger und, in ihrer konsequentesten Ausprägung, *Freistellung von Fremdkontrolle* [6]. Dies bedeutet:

Delegation bewirkt Lösung von der personenbezogenen Verantwortlichkeit und Hinwendung zur handlungsbezogenen Verantwortlichkeit.

Die folgenden Fälle sollen dies verdeutlichen:

Fall A):

a) **Sachverhalt:**

In der Halle einer Zeitungs-Großdruckerei standen drei Hochleistungs-Rotationsmaschinen. Auf jeder von ihnen wurde je Nachtschicht die gesamte Tagesauflage von mehreren hunderttausend

überregionalen Tageszeitungen gedruckt. An jeder Maschine führte ein als Facharbeiter qualifizierter *Drucker* (D) die *Funktionsaufsicht* und überwachte an einem Schaltpunkt ihre auf Instrumenten angezeigte Funktionstüchtigkeit. Im Falle angezeigter Störungen hatte er die betreffende
Maschine stillzulegen. Die Aufgaben erfüllte D seit mehreren Jahren einwandfrei. Der Maschi-
nenhalle stand der *Maschinenmeister* (M) vor, dessen Führungsaufgaben darin bestanden, qualifiziertes Personal für die Beaufsichtigung der Maschinen bereitzustellen, für eine ausreichende Einweisung in die übertragenen Aufgaben zu sorgen und eine allgemeine *Beaufsichtigung des laufenden Betriebs* im Sinne einer Ablaufkontrolle vorzunehmen, um bei Auffälligkeiten die erforderlichen Schritte treffen zu können. Dafür hatte M stets Sorge getragen.

Eines Nachts fiel eine der drei Maschinen während des Druckens plötzlich aus, weil ein Wal-
zenlager festgelaufen war, ohne daß der Öldruckmesser zuvor eine Anomalität angezeigt hätte.
Die auf ihr noch nicht gedruckte Restauflage mußte im Anschluß an die reguläre Auflage einer
der anderen Maschinen – oder beiden – zugewiesen werden, was wegen der zeitlichen Verlängerung der Druckzeit eine Umorganisation des gesamten Expeditionswesens erforderte und be-
trächtliche Mehraufwendungen für Überstundenvergütungen erforderte. Wer hat hierfür einzustehen?

b) Lösung des Falles:
Um die Verantwortlichkeit für den Vorfall bei den beteiligten Personen zu ermitteln, prüfen wir
für jede von ihnen, ob eine Verletzung der ihr obliegenden Sach- und/oder Führungsaufgaben
und/oder -kompetenzen festgestellt werden kann.

ba) **Maschinen-Drucker**

Sachaufgabe: *Wahrnehmung der Funktionsaufsicht:* Verletzung ist nicht ersichtlich, da die Instrumente den Abfall des Öldrucks im zentralen Schmiersystem nicht angezeigt haben, das Festlau-
fen des Lagers mithin nicht vorhersehbar war.

Sachkompetenz: *Pflicht, die Maschine bei drohendem Schaden stillzulegen:* nicht verletzt, da Schaden nicht erkennbar war. *Verantwortlichkeit für Schaden:* keine, da keine Kompetenzen verletzt
worden sind.

Führungsaufgaben: konnten nicht verletzt werden, da nicht vorhanden.

bb) **Maschinen-Meister**

Sachaufgaben: *hatte er an der Maschine nicht wahrzunehmen,* damit kann ihm weder die Verletzung von Sachkompetenzen noch Sachverantwortung zugewiesen werden.

Führungsaufgaben: *Mögliche Verletzung der Aufgabe einer fach- und sachgerechten*

- *Auswahl des Druckers?* Nein, ausreichende Qualifikation war nachgewiesen.
- *Einweisung in die Funktionsaufsicht der Maschine?* Nein, der Drucker bediente sie seit mehreren
  Jahren problemlos und beherrschte ihre Technik, wovon sich der Meister von Zeit zu Zeit
  überzeugt hatte.
- *Verletzung der allgemeinen Betriebsaufsicht?* Kein Indiz erkennbar, bis zum unerwarteten Scha-
  denseintritt lief der Betrieb reibungslos.

Mit der rechtmäßigen Wahrnehmung seiner *Führungsaufgabe* entfällt die Möglichkeit der Verletzung seiner *Führungskompetenz,* mithin trifft ihn auch *keine Führungsverantwortung.*

Es handelt sich um einen technischen Defekt, für den *keine* der beteiligten Personen eine persönliche Verantwortung trifft.

Fall B – Übungsaufgabe:

a) **Sachverhalt:**

In einer betrieblichen Instandsetzungsabteilung waren *mehrere Schlosser* beschäftigt, zu deren Aufgaben auch Schweißarbeiten mit der Autogen-Anlage gehörten. Dazu waren sie als langjährige Facharbeiter qualifiziert.

Ihr Vorgesetzter war *Meister M.* Ihm oblag als **Sachaufgabe** die Aufsicht darüber, daß in der Werkstatt die technischen Anlagen vorschriftsmäßig beschaffen waren und alle anfallenden Arbeiten pünktlich und sachgerecht erledigt wurden. Seine **Führungsaufgabe** bestand darin, seine Mitarbeiter in die vorhandene Technik einzuweisen, ihre Arbeitsabläufe auf Auffälligkeiten hin zu beaufsichtigen und die geleistete Arbeit zu kontrollieren.

Der *Sicherheitsbeauftragte SB* schließlich hatte sich davon zu überzeugen, daß die Arbeitskräfte die geltenden schweißtechnischen Sicherheitsvorschriften kannten und beachteten, daß die technischen Anlagen den Vorschriften entsprachen. Diesen Aufgaben war M gegenüber S auch nachgekommen. Zu den letzteren beiden Aufgaben oblag es ihm, den Betrieb wöchentlich einmal kontrollierend zu begehen. Sein letzter Kontrollgang verlief ohne auffällige Befunde.

Eines Montags am frühen Morgen kommt *Schlosser S* von einem Fest ohne erkennbare Auffälligkeiten zwar, aber übermüdet und leicht alkoholisiert an seinen Arbeitsplatz. M bemerkt davon nichts. Um die ihm obliegende Schweißarbeit durchführen zu können, muß S die leere Sauerstoffflasche gegen eine voll gefüllte auswechseln. Dabei vergißt er, die Flasche am Ständer mit der vorgeschriebenen Sicherheitskette zu sichern. Beim Hantieren mit den Schweißschläuchen fällt die Flasche aus dem Ständer; der gegen einen Metallblock schlagende Ventilkopf bricht ab, und die von dem austretenden Sauerstoff angetriebene, durch die Werkstatt rasende Flasche verursacht beträchtlichen Sachschaden.

b) Prüfen Sie, welche der genannten drei Personen (S, M und SB) welche (Mit-)Verantwortlichkeit an dem Unfall trifft. Gehen Sie dabei so vor, daß Sie bei jeder Person die eventuelle Verletzung ihrer

ba) *Sachaufgaben und -kompetenzen* sowie
bb) *Führungsaufgaben und -kompetenzen*

prüfen, und leiten Sie hieraus ihre *Verantwortlichkeit* ab. Betrachten Sie die genannten Aufgaben des SB als Sachaufgaben. Unsere Lösungshinweise finden Sie unter Buchstaben D) im Anhang des Kapitels.

Mehr und mehr kommen auch *Gruppen als Adressaten* von Delegation dann in Betracht, wenn ihnen in teilautonomer Gruppenarbeit anstelle einzelner Aufgaben ein ganzes Aufgaben- oder Arbeitsfeld zugewiesen wird.

16.3.4   Stellung der Beteiligten in der Delegationsbeziehung

Die delegierende Seite, die in der Praxis regelmäßig vom Vorgesetzten vertreten wird, **ist dafür zuständig,**

- die zu delegierenden Gegenstände mit ihren aufbau- und ablauforganisatorischen Zuordnungen zu definieren,
- dem dafür ausgewählten Mitarbeiter als Adressaten der Delegation die definierten Aufgaben, Kompetenzen und Verantwortlichkeiten mit ihren Zuordnungen zu übertragen und ihn in sie einzuweisen,
- seine funktionsadäquate Qualifikation sicherzustellen,
- aus dem Arbeitsablauf erwachsende Einzelaufgaben zu delegieren,
- qualitative und quantitative Leistungsziele zu vereinbaren,
- die den betrieblichen Notwendigkeiten gerecht werdenden Ablauf-/Ergebniskontrollen durchzuführen,
- die dabei gewonnenen Wahrnehmungen an den Mitarbeiter bewertend rückzumelden,
- bei sichtbarem Bedarf noch bessere Wege der Aufgabenerfüllung anzuregen,
- bei drohender Schadensverursachung schadensverhütend zu intervenieren,
- bei partizipationsfähigen Entscheidungen und Vorgängen Information und Anhörung zu gewähren,
- auf mitarbeiterseitige Anforderung zu beraten sowie
- in außergewöhnlichen Fällen im delegierten Bereich selbst zu entscheiden.

Der Vorgesetzte ist nicht mehr berechtigt, *ohne zwingenden Grund* innerhalb der delegierten Aufgabenbereiche eigene Entscheidungen oder Maßnahmen zu treffen. Bei absehbarer dauernder Verfehlung der mit der Delegation verfolgten Ziele, insbesondere durch Überforderung des Mitarbeiters, hat der Vorgesetzte allein oder in Abstimmung mit weiteren Stellen das Recht und die Pflicht, das delegierte Aufgabenfeld zu beschränken oder ganz zurückzunehmen. Desgleichen sollte er bei ausreichender Qualifikation des Mitarbeiters einvernehmlich mit ihm von der Möglichkeit Gebrauch machen, das delegierte Aufgabenfeld auch zu erweitern und/oder zu bereichern und so neigungsorientierter zu gestalten.

Dem Mitarbeiter als Adressaten der Delegation obliegt

A) **das Recht und die Pflicht,**
- die an ihn delegierten Aufgaben, Kompetenzen und Verantwortlichkeiten zielgerecht und selbständig wahrzunehmen,
- in *schlanker Produktion* seine Arbeitsergebnisse selbst zu kontrollieren und Mängel selbst zu beheben,
- den Vorgesetzten in dem vereinbarten Rahmen zu informieren,
- ihn in außergewöhnlichen Situationen zu konsultieren sowie
- auf Anforderung dem Vorgesetzten Beratung zu gewähren,
- die Erfüllung rechtswidriger Anordnungen zu verweigern;
B) **das Recht,**
- die Beratung des Vorgesetzten oder anderer kompetenter Stellen einzuholen,
- sachlich nicht gerechtfertigte Interventionen des Vorgesetzten in die delegierten Aufgaben und Kompetenzen durch Gegenvorstellung zurückzuweisen (vgl. Abb. 16.2).

16.3.5 Probleme der praktischen Durchführung

Die folgenden Probleme können sich in der betrieblichen Praxis des Delegierens von Aufgaben, Kompetenzen und Verantwortlichkeit als hinderlich auswirken:

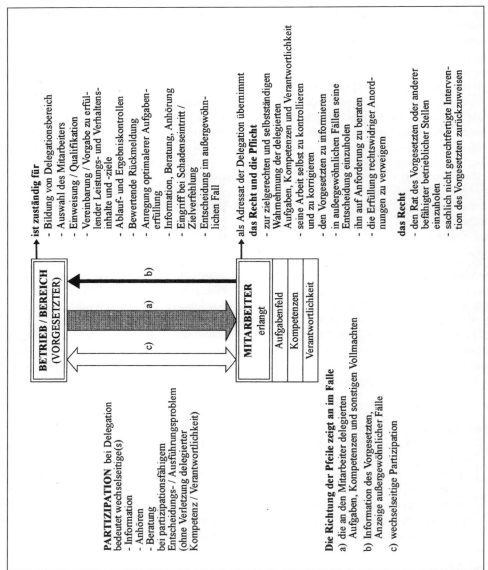

Abb. 16.2: Strukturbild der Delegationsbeziehung

A) *Vorgesetzte* stellen sich der Delegation von bisher selbst ausgefüllten Aufgaben-, Befugnis- und Verantwortlichkeitsbereichen entgegen, weil sie in der damit verbundenen Zuweisung an andere Arbeitskräfte einen *persönlichen Zuständigkeits- und Einflußverlust* sehen. In der Tatsache, daß nachgeordnete Stellen die bisher selbst wahrgenommenen Aufgaben genauso gut (oder sogar besser) erfüllen können, sehen Vorgesetzte insbesondere in den Chef-Etagen nicht selten eine relative Abwertung ihrer bisherigen Tätigkeiten. Dabei wird häufig übersehen, daß an die Stelle der delegierten Funktionen neue und anspruchsvollere treten (zum Beispiel Organisations-, Koordinations- oder Kontrollaufgaben und -befugnisse), die ihrer Führungsqualifikation angemessener sind. Außerdem können rationellere Führungsstrukturen (lean management) nur durch Aufgabe überholter, inzwischen als fehlerhaft erkannter Strukturen durchgesetzt werden.

B) Manche Führungskräfte können es schwer ertragen, daß die delegierten Funktionen ihrer unmittelbaren Totalkontrolle entzogen sind. Sofern sie überhaupt zu Vertrauen in die Leistungsfähigkeit und Zuverlässigkeit ihrer Mitarbeiter fähig und bereit sind, müssen sie sich die fehlende Gewißheit über Maßnahmen der Personalentwicklung und -auswahl sowie über Ergebniskontrollen verschaffen.

C) *Vorgesetzte* ziehen delegierte Funktionen teilweise oder sogar gänzlich ohne rechtfertigenden Grund wieder an sich. Gründe können darin bestehen, daß

a) einzelne zurückgenommene Aufgaben »Lieblinge« des Vorgesetzten bilden, von denen er sich entgegen ursprünglicher Absicht nicht trennen mag oder

b) der Vorgesetzte für seine eigene Funktion *unterqualifiziert* ist, was er damit zu kompensieren versucht, daß er in der Wahrnehmung ihm geläufigerer Aufgaben unterstellter Stellen »brilliert«.

In beiden Fällen ist der betroffene Mitarbeiter darauf angewiesen, unter Berufung auf seine Zuweisung der Aufgaben *Rückgrat* zu zeigen, um zu verhindern, daß seine Zuständigkeiten unterlaufen werden.

D) Der Aufgabenträger versucht aus Entscheidungs- oder Verantwortungsschwäche, die an ihn delegierten Kompetenzen und Verantwortlichkeiten an den Vorgesetzten zurückzudelegieren. Beliebte Mittel bestehen darin, den Vorgesetzten festzulegen auf

– einstmals gegebene Empfehlungen bei Beratungsgesprächen,
– zustimmende Meinungsäußerungen bei Anhörungen oder
– schriftliche Sichtvermerke bei der Vorlage von Entwürfen.

Häufig werden darüber schriftliche Aktenvermerke angefertigt und zu gegebener Zeit vorgewiesen.

Abhilfe bietet in Verbindung mit klaren Organisationsstrukturen der **Grundsatz, daß Anhörung und Beratung keinerlei Verlagerungen von Kompetenzen und Verantwortlichkeiten nachsichziehen.**

E) Schwierigkeiten können auftreten, wenn es um die Definition des *außergewöhnlichen Falles* geht. Sachlich fehlerhafte Auffassungen können dazu führen, daß sowohl der Vorgesetzte als auch der Mitarbeiter ihre Zuständigkeiten auf Kosten des jeweils anderen Teiles unzulässig erweitern oder auch verkleinern. Helfen können hier in erster Linie *klare Grenzwerte des »Normalfalles«.* Von ihm kann zum Beispiel dann nicht mehr ausgegangen werden, wenn

– innerhalb der sachlich zugewiesenen Aufgaben *anomale Entwicklungen* auftreten, welche die Erfüllung vorgegebener Ziele gefährden (zum Beispiel Maschinenausfälle, Störungen des Materialflusses, extrem hoher Krankenstand) oder
– innerhalb des sachlichen Aufgabenfeldes *Situationen* entstehen, *deren Lösung die dem Aufgabenträger zugemessene Kompetenz überschreitet* (situative Aufgabenstellung > Kompetenz, zum Beispiel der Einkäufer erhält ein lukratives Lieferangebot, dessen Geschäftswert die Begrenzung seines Zeichnungsrechtes überschreitet).

In diesen Fällen muß die sachlich vorgesetzte Stelle informiert werden, wobei sie nach Bedarf darüber zu befinden hat, ob sie selbst entscheidend tätig werden oder ob sie ihr eigenes Entscheidungsrecht für diesen Fall an die sachlich betroffene Stelle delegieren will. Das Verfahren als ganzes wird auch als *Management by exception* bezeichnet.

F) Es muß darauf verwiesen werden, daß mit den aus den Aufgaben abgeleiteten Kompetenzen *nicht alle* Zuständigkeiten abgedeckt werden, die ihrem Träger in seiner Position zugewiesen sein können. Dazu können zusätzliche *Sonderbefugnisse* oder *Vollmachten* gehören, die neben ihrer funktionalen in hohem Maße auch statusrechtliche Bedeutung haben. Auf sie wurde unter Ziffern 5.3 und 5.4 bereits eingegangen. An das Aufgabenprofil der Stelle gebunden, weisen auch sie, wie das Gebot der Statusgerechtigkeit überhaupt, einen unmittelbaren Bezug zum Delegationsprinzip auf und müssen an dieser Stelle erwähnt werden.

G) In konsequent eingeführter *schlanker Produktion* wird die Verantwortlichkeit für das eigene Aufgabenfeld im erweiterten Sinne als *Mitverantwortlichkeit des einzelnen für Produktqualität, Fehlerbehebung und Innovativität des ganzen Bereichs* ausgedehnt. Es liegt eine Modifikation des Delegationsprinzips dahingehend vor, daß das Aufgaben- und Pflichtenfeld partiell vom eigenen Arbeitsplatz auf den Arbeitsbereich erweitert wird.

Die dargestellten Aspekte werden sich in der betrieblichen Praxis als um so unproblematischer bewältigen lassen, je stärker in den beteiligten Personen das Bewußtsein und die Bereitschaft zum kooperativen Arbeiten entwickelt sind. Sowenig Delegation ohne Kooperation ihre Vorzüge entfalten kann, sowenig läßt sich kooperatives Wirken in Organisationen ohne strukturierendes Ordnen von Zuständigkeiten realisieren. Wie weit beides im Einzelfall gedeiht, hängt von der Aufgeschlossenheit und Lernbereitschaft, wohl auch von der Generationenzugehörigkeit der beteiligten Personenkreise, ab.

16.4 Die Regelung der Stellvertretung

In der Praxis kommt es häufig vor, daß die Träger einzelner Funktionen abwesend sein werden und ihre Aufgaben und Kompetenzen vorübergehend nicht ausüben können. Dies kann vorhersehbar geschehen (zum Beispiel bei Dienst- oder Urlaubsreisen) oder auch unerwartet (zum Beispiel bei Krankheit, Unfall). Hat der Betrieb für diesen Fall keine Vorsorge getroffen, fällt die Wahrnehmung der Funktion für mehr oder weniger lange Zeit aus. Dies kann bei besonders komplexen oder in der Organisation nur einmalig vorhandenen Funktionen (zum Beispiel Einkaufs-, Verkaufs- oder Produktionsleitern mittelständischer Betriebe) binnen kürzester Zeit zu den größten Schwierigkeiten führen.

Zu einer funktionierenden Organisation gehört deshalb ein System vorbereiteter Stellvertretungen.

Unter **Stellvertretung** verstehen wir die zeitlich befristete Übernahme der Aufgaben und Kompetenzen eines bestimmten Funktionsträgers durch einen oder mehrere andere Funktionsträger, wobei der Stellvertreter im Namen des Vertretenen, aber in eigener Verantwortlichkeit handelt.

Der Stellvertreter
- erfüllt zeitlich befristet und selbständig fremde Aufgaben,
- trifft dazu im Namen des Vertretenen gültige Entscheidungen und Maßnahmen und
- steht dafür in eigener Verantwortlichkeit ein.

Von den dem Vertretenen zugestandenen Dispositions- und Ermessensräumen darf er soweit Gebrauch machen, als diese ihm nicht *ausdrücklich* vorenthalten wurden. Seine Vertreterstellung zeigt er an mit dem vor seinen Namen gesetzten Kürzel »i. V.« (in Vertretung). Anders als im Rechtsverkehr (§§ 164ff. BGB) bildet die *Offenlegung* der Vertreterstellung in der betrieblichen Arbeit keine Voraussetzung für die Wirksamkeit der in ihr vorgenommenen Akte, da ihre Legitimierung auf einem internen Organisationsakt beruht und dieser nicht an Publizität geknüpft ist.

Bei der Einrichtung von Stellvertretung sind folgende Fragen zu klären:

A) Welchen Funktionsträger vertritt ein Stelleninhaber *aktiv*, und von welchen wird er *passiv* vertreten?

B) Steht der Stellvertreter als *ständiger* Mitarbeiter des zu Vertretenden kraft seines Hauptamtes in allen Fällen der Abwesenheit und jederzeit zur Verfügung (zum Beispiel denkbar bei voll eingearbeiteten Assistenten), oder tritt er bei fallweisem Bedarf zusätzlich zu seinen regulären Aufgaben nebenamtlich in die Vertreterstellung ein?

C) Nimmt der Stellvertreter die Aufgaben und Kompetenzen des zu Vertretenden *vollständig* wahr, oder werden sie *geteilt* mehreren Vertretern zugewiesen? Derartige Teilungen können notwendig werden, wenn zum Beispiel der Vertretene Funktionen wahrnimmt, für die der Vertreter aus einer nachgeordneten Ebene nicht qualifiziert ist (zum Beispiel Organisations-/Personalführungsaufgaben), oder bei Funktionen, die höchstpersönliche Leistungen des Vertretenen darstellen (zum Beispiel solche mit hochkreativen oder besonders risikobehafteten Bezügen).

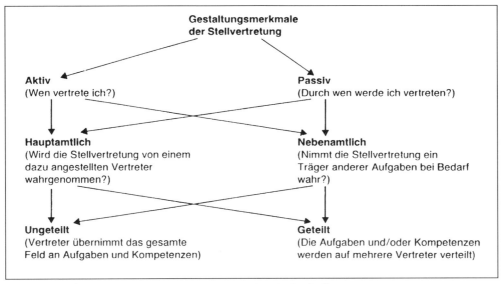

Abb. 16.3 Gestaltungsmerkmale der Stellvertretung

Damit Stellvertretung in der Praxis *funktioniert,* sind folgende weitere Punkte sorgfältig zu klären bzw. sicherzustellen:

A) *Wer kommt für einen Funktionsträger als Stellvertreter in Betracht?* Der Frage kommt mehrfache Bedeutung zu:

a) Da der Vertreter die ihm zugewiesenen Aufgaben und Kompetenzen, bezogen auf den Vertretenen, *qualitativ gleichwertig* wahrnehmen soll, muß er *gleichwertig qualifiziert* sein. Dafür bieten sich in erster Linie Vertreter aus der gleichen und der übergeordneten Ebene an; aus der nachgeordneten Ebene nur in Einzelfällen.

b) Da der Vertreter die Vertretungsfunktion *ohne zeitlichen Verzug* aufnehmen können soll, muß er in ihre zentralen Aufgaben- und Kompetenzbereiche eingewiesen und über die wichtigsten aktuellen Vorgänge zumindest im Überblick informiert sein. Die Aufgabe umfassender Information wird der zu Vertretende, dem sie obliegt, *nur dann* erfüllen, wenn sein Vertreter eine *Person seines Vertrauens* ist. Dafür kommt schwerlich ein Rivale für die eigene oder für eine andere Stelle in Betracht, der seine Vertretung folgerichtig dazu nützen würde, die »Inkompetenz« des abwesenden Gegners vor aller Augen sichtbar unter Beweis zu stellen.

Aussage eines Gruppenleiters: »Ich leiste mir schon seit Jahren keine Abwesenheit vom Betrieb, auch keinen Urlaub, mehr, die/der länger als 10 Tage dauert, sonst finde ich von meinem Bereich nichts mehr wieder.«
  Funktionierende Stellvertretung setzt daher bei ihrer Einrichtung Mitwirkung und Einvernehmen beider Seiten voraus.

c) Häufig können stellenspezifische Aufgaben nur mittels eines entsprechend spezifischen Knowhow effizient erfüllt werden. Auch dessen Weitergabe an den Vertreter ist unwahrscheinlich, wenn personalpolitische Unwägbarkeiten den einzelnen Stelleninhaber zwingen, sich mittels Geheimhaltung seines Know-how möglichst schwer ersetzbar zu machen. Auch dann wird der Stellvertreter die notwendige Einarbeitung nicht erfahren.
Die folgenden Maßnahmen können helfen, die dargestellten Schwierigkeiten zu entschärfen:

- die Möglichkeit des Einrückens in die Position des Vertretenen wird für den Stellvertreter von vornherein ausgeschlossen, das »Sägen an dessen Stuhl« wird damit sinnlos;
- bei zeitlich befristeten Vertretungen wird dem Vertreter die alleinige Kompetenz zu Entscheidungen von größerer Tragweite (zum Beispiel über personelle/organisatorische Veränderungen) generell vorenthalten, und ihm wird auferlegt, in einschlägigen Fällen den Vorgesetzten des Vertretenen einzuschalten;
- für jeden Stellvertreter gilt die betriebliche Forderung, alle zu treffenden Entscheidungen und Maßnahmen *im Geiste der Loyalität zu dem Vertretenen* zu treffen.

B) *Der Betrieb muß sicherstellen, daß den Entscheidungen und Maßnahmen des Stellvertreters, zu denen er berechtigt war, der gleiche Verbindlichkeitsgrad innewohnt wie denen des Vertretenen selbst.* Damit soll vermieden werden, daß der Vertreter als Funktionsträger »zweiter Klasse« behandelt und dem Gespött seiner Umgebung ausgesetzt wird. Der Aspekt erlangt dann Gewicht, wenn der Vertreter aus der nachgeordneten Ebene bestellt wurde, in die er nach Abschluß der Vertretung wieder zurücktreten muß.
  Hier sei angemerkt, daß sich die Übertragung von Vertretungsaufgaben an Nachwuchskräfte auf Zeit hervorragend eignet, deren Führungspotential zu testen und zu entwickeln.

C) *Im Falle geteilter Stellvertretung müssen die Vertreter sich über ihre Anordnungen gegenüber nachgeordneten Instanzen abstimmen,* damit Führungsdivergenzen vermieden werden.

D) *Im Falle kurzzeitiger Abwesenheit eines Funktionsträgers kann anstelle eines Stellvertreters ein »Platzhalter« bestellt werden.* Er nimmt eingehende Informationen und Vorgänge sichtend/verwaltend entgegen und leitet sie bei Handlungsbedarf weiter, trifft aber selbst keine Entscheidungen oder Maßnahmen in der Sache.

16.5 Die Definition des Arbeitsfeldes in der Arbeitsplatz- oder Stellenbeschreibung [7]

Das organisatorische Hilfsmittel, definierte und delegierte Felder von Aufgaben, Kompetenzen und Verantwortlichkeiten sichtbar zu machen, bildet die *schriftlich* und für den Betrieb nach einem einheitlichen Muster abgefaßte *Stellen-* oder *Arbeitsplatzbeschreibung* (forthin: Stellenbeschreibung). Für besonders knapp gehaltene Fassungen wird auch der Begriff *Funktionsbeschreibung* gebraucht. Durch sie soll dem einzelnen Mitarbeiter vor Augen geführt werden, welcher Zuständigkeitsbereich in seine Verantwortung gelegt ist und wie er ihn im Zusammenwirken mit anderen Angehörigen des Betriebes wahrzunehmen hat. Die mit der Einführung von Stellenbeschreibungen zugleich notwendige Analyse des organisatorischen Ist-Zustandes eröffnet dem Betrieb regelmäßig zugleich Wege, Fehlentwicklungen wie Aufgaben- und Kompetenzüberlappungen, Disgruenzen zwischen Aufgaben, Kompetenzen und Verantwortlichkeiten oder Leerräume zu entdecken und für die Zukunft zu beseitigen.

> Die **Stellenbeschreibung** ist die schriftliche, verbindliche, in einheitlicher Form abgefaßte Fixierung der organisatorischen Eingliederung, des Zieles, der Aufgaben, Kompetenzen und Verantwortlichkeiten einer Stelle sowie ihrer wichtigen Verbindungen zu anderen Stellen.

Langjährige Erfahrungen im Umgang mit Stellenbeschreibungen führen zu dem Ergebnis, daß ihr Gebrauch neben ihren unbestreitbaren Vorteilen auch *Probleme* mit sich bringen kann. Als solche werden insbesondere angeführt:

- ihr abgrenzender Charakter fördere stellenegoistisches Denken und behindere Kooperation;
- ihr statisches Wesen werde der betrieblichen Dynamik nicht gerecht, weshalb sie zu schnell veralten würden;
- ihre Erstellung und der zur Erhaltung ihrer Aktualität erforderliche Änderungsdienst erfordere zu hohen Aufwand.

Zentrale Bedeutung für die Stichhaltigkeit der Probleme kommt der Frage zu, wie detailliert die Aufgaben in der Stellenbeschreibung darzustellen seien.
Sehr *ausführliche* Aufgabenkataloge

- begünstigen die Berufung von Mitarbeitern auf ihre Abgeschlossenheit, so daß nicht aufgezählte (zum Beispiel neu entstandene) Aufgaben evtl. abgeschoben werden und
- erfordern deshalb einen ständigen Änderungsdienst.

Dem kann entgegengehalten werden, daß zu *knapp gefaßte* Aufgabenbeschreibungen zu wenig aussagefähig sind und über Auslegungsstreitigkeiten zu Reibungsverlusten führen können.

Für die Bedürfnisse der betrieblichen Praxis dürfte der kürzeren, eher pauschal formulierten Abfassung des Aufgabenkatalogs jedenfalls dann der Vorzug zu geben sein, wenn der Gebrauch der Stellenbeschreibung an die Gebote *situativer Flexibilität und Kooperativität* gebunden wird. Damit kommen wir der Meinung Napoleons nahe, »... wonach Richtlinien kurz und ungenau sein sollen, damit nämlich die Offiziere (als Stelleninhaber – der Verf.) in eigener Initiative gemäß der zu bewältigenden Situation entscheiden, anstatt sich vielleicht entschuldigend und rechtfertigend auf die Richtlinien zu berufen« [8].

Wir empfehlen,

A) den Katalog der Aufgaben *knapp und global* zu formulieren,

B) zugleich deutlich zu machen, daß die genannten Aufgaben nur einen Orientierungsrahmen bilden, der in der laufenden Arbeit aus anfallenden rahmentypischen Einzelaufgaben spezifiziert und aufgefüllt werden muß, sowie

C) über die Zuweisung von Aufgaben in den Grauzonen der Randbereiche haben sich die davon sachlich tangierten Aufgabenträger flexibel und kooperativ abzustimmen.

Situativ neu entstehende Aufgaben an den Randbereichen der beschriebenen Zuständigkeitsfelder werden so als reguläre Erscheinungen in die Arbeit mit Stellenbeschreibungen impliziert. Die Fixierung dieser Arbeitsweise in der Stellenbeschreibung selbst und/oder in *Leitlinien für Führung und Zusammenarbeit* (vgl. Ziffer 16.6) hilft, sie im Führungsalltag durchzusetzen.

Das Wesen der Stellenbeschreibung als Darstellung eines betrieblichen Mikrobereiches verlangt grundsätzlich, sie *sachorientiert* abzufassen. Die damit verbundene Fremdbestimmung ihrer Regelungen für den Mitarbeiter bedingt die Gefahr seiner inneren Distanz zum »aufgezwungenen« Aufgabenfeld. Um dem mit motivationaler Führung verfolgten Ziel seiner Identifikation mit dem zugewiesenen Aufgabenfeld trotzdem gerecht zu werden, sollten dem Anliegen neigungsorientierter Arbeit entgegenkommend folgende Möglichkeiten des mitarbeiterseitigen Mitwirkens ausgeschöpft werden:

A) Bei der Erstellung von Stellenbeschreibungen wird innerhalb des vorgegebenen Grobrasters den Vorstellungen der Stelleninhaber über das Spektrum der an sie zu delegierenden Aufgaben in vertretbarem Rahmen Rechnung getragen. Dies sollte in *gruppenöffentlicher* Aussprache ausgehandelt werden.

B) Bei der Besetzung einer bereits beschriebenen Stelle sollte dem neuen Mitarbeiter gelegentlich seiner Einführung in sein Aufgabenfeld und nach erfolgter Einarbeitung Gelegenheit gegeben werden, seine Auffassungen zum Inhalt seiner Aufgabenbeschreibung zu äußern, um gegebenenfalls aufkommende Distanzierungen erkennen und mittels neigungsorientierter Modifikationen das gegenseitige Einvernehmen herstellen zu können.

C) Von Zeit zu Zeit, mindestens aber *einmal jährlich,* sollte die festgeschriebene Definition und Verteilung der Aufgaben unter den Angehörigen eines Bereiches gruppenöffentlich *überprüft* werden. Das Ziel sollte darin bestehen, sowohl betriebsseitig notwendige Korrekturen als auch individuelle Änderungswünsche in eine modifizierte Fassung der Stellenbeschreibung einfließen zu lassen und das System so einvernehmlich fortzuschreiben. Flexibel ausgeführt erfüllt insbesondere der letztere Aspekt das Anliegen motivationaler Führung, dem Mitarbeiter selbstgewählte Aktionsräume und -formen zu eröffnen. Das Verfahren setzt die Bereitschaft zentraler Stellen voraus, den nachgeordneten Ebenen Freiräume zu teilautonomer Selbstorganisation zuzubilligen.

Für den Aufbau der Stellenbeschreibung hat sich kein einheitliches, allgemein anerkanntes Modell durchgesetzt. Das anschließend vorgestellte Muster beschränkt sich auf die wichtigsten, aus der Aufbau- und Ablauforganisation abgeleiteten Daten für die Stelle. Stilistisch werden als zentrale Elemente flexibles Kooperieren und Partizipieren in die Stellenbeschreibung ebenso integriert wie das Kongruenzprinzip.

Auf den genannten Prämissen wird das folgende Muster einer Stellenbeschreibung vorgeschlagen:

Zeile	Stellenbeschreibung	im Arbeitsbereich …		
1	Präambel	Die Aufgaben der beschriebenen Stelle erfüllt ihr Inhaber als Teilbetrag zu den dem Bereich zugewiesenen Gesamtaufgaben, die ihrerseits einen Bestandteil der Betriebsaufgaben bilden. Mit der Übernahme seiner Funktion übernimmt der Unterzeichner die Pflicht, seine eigenen Aufgaben in flexiblem Zusammenwirken mit anderen Aufgabenträgern (auf der Basis der Leitlinien für Führung und Zusammenarbeit) *so* zu erfüllen, daß er den Aufgabenstellungen von Bereich und Betrieb *gleichzeitig* bestmöglich mitdient.		
2 3	Stelle a) Bezeichnung der Stelle			
4	b) Ziel der Stelle			
5	c) Funktionsbezeichnung des Stelleninhabers			
6	Der Stelleninhaber **untersteht**			
7	a) disziplinarisch			
8	b) fachlich			
9	Der Stelleninhaber **übersteht**			
10	a) disziplinarisch			
11	b) fachlich			
12	Der Stelleninhaber a) vertritt			
13	b) wird vertreten durch			
14	Zentrale Aufgabenbereiche			
15	a) Sach-/Leitungsaufgaben			
16	b) Personalführungsaufgaben			
17	c) Besondere Kooperationsaufgaben	gegenüber Stelle	Angelegenheit/ Art	Zeitpunkt/ Anlaß
18				
19				

20	Vorgehen in Zweifelsfällen	Ist zweifelhaft, ob eine hier nicht genannte Aufgabe in diese oder eine andere Zuständigkeit fällt, hat der Unterzeichner sich mit dem sachlich betroffenen anderen Aufgabenträger oder seinem Vorgesetzten im Geiste der Präambel abzustimmen.
21	Kompetenzen a) Grundsatz	Der Unterzeichner ist befugt und verpflichtet, alle Entscheidungen, Maßnahmen und Kontrollen selbständig zu treffen und vorzunehmen, die zur erfolgreichen Erfüllung seiner Aufgaben erforderlich werden.
22	b) Wechselseitige Unterstützung	Dem Unterzeichner obliegen die Befugnis und die Pflicht, zur Optimierung des Funktionsablaufes bei jedermann im Betrieb Informationen, Beratung und Unterstützung einzuholen und sie auf Anforderung jedermann zu erteilen.
23	Besondere Befugnisse/ Vollmachten	
24	Verantwortlichkeit	Der Stelleninhaber hat das Recht und die Pflicht, sich die Ergebnisse aus der Wahrnehmung seiner Kompetenzen, seine Erfolge und seine Fehler selbst zuweisen zu lassen. Die Annahme von Beratung durch andere Stellen berührt die Verantwortlichkeit für sein Handeln nicht.
25	Änderungen des Aufgabenfeldes	Bei wesentlichen Änderungen der tatsächlichen Aufgabenstruktur und deshalb notwendig erscheinenden Änderungen dieser Stellenbeschreibung stimmt sich der Stelleninhaber mit seinem Vorgesetzten ab.
26	Einführung	Die Stellenbeschreibung wurde mit dem Stelleninhaber, Herrn/Frau (Name des Stelleninhabers), durch Herrn/Frau (Name des Vorgesetzten) heute ausführlich besprochen. Beide Seiten einigten sich darauf, ihre Regelungen bis zum _____ schrittweise zu vollziehen.

27	(Ort), den (Datum)
28	(Unterschrift des Vorgesetzten) (Unterschrift des Stelleninhabers)
29	Die vorliegende Fassung der Stellenbeschreibung wurde am _____ wie folgt geändert:
30	

Die in den Zeilen 1, 20 und 22 enthaltenen Aussagen können ebensogut Gegenstände von *Leitlinien für Führung und Zusammenarbeit* sein.

Die Einführung von Stellenbeschreibungen erfordert ein sorgfältig durchzuführendes, einigen Aufwand erforderndes Verfahren, das wir wegen seiner Komplexität hier nicht ausführen können [9].

In der laufenden Arbeit besteht die Aufgabe des Vorgesetzten darin, von Betrieb und Mitarbeitern wahrgenommene Veränderungen der bestehenden Aufgabenstrukturen zu registrieren und im Zusammenwirken mit allen betroffenen Stellen von Zeit zu Zeit in die Stellenbeschreibungen einfließen zu lassen.

Die *Mitwirkungsrechte des Betriebsrates* nach dem BetrVG an Stellenbeschreibungen stellen sich wie folgt dar [10]:

A) Bei der Definition von Aufgaben und der Einführung von Stellenbeschreibungen handelt es sich um Aufgaben der Betriebsorganisation, bei denen dem Betriebsrat grundsätzlich kein Mitwirkungsrecht zusteht.
B) Führen die genannten Maßnahmen zu geänderten Planungen von Arbeitsabläufen und Arbeitsplätzen, so steht dem Betriebsrat ein Informations- und Interventionsrecht nach §§ 90, 91 BetrVG zu.
C) Führt die Einführung von Stellenbeschreibungen in Verbindung mit analytischen Arbeitsbewertungen zu Änderungen des Entlohnungssystems, so steht dem Betriebsrat ein Mitbestimmungsrecht aus § 87 Abs. 1 Ziffern 10, 11 BetrVG zu.

Dessen ungeachtet wird empfohlen, den Betriebsrat auch ohne ein gesetzliches Mitwirkungsrecht am Verfahren der Einführung von Stellenbeschreibungen zu beteiligen und das Einvernehmen mit ihm herzustellen. Damit soll im Ergebnis sichergestellt werden, daß er nicht aus einer Gegenposition die betrieblichen Bemühungen unterläuft und in Frage stellt.

Vielseitigen betrieblichen Erfahrungen zufolge erfordert die Arbeit mit Stellenbeschreibungen auf seiten der Führungskräfte und der Mitarbeiter einen längerfristigen Lernprozeß, für den auch situativ bedingte Rückschläge als *Normalität* einzukalkulieren sind.

16.6 Führungsgrundsätze als strukturgebendes Instrument für Führung und Zusammenarbeit

Sollen Führung und Zusammenarbeit der Unternehmensangehörigen nicht dem spontanen Selbstlauf überlassen, sondern durch definierte Werthaltungen geistig strukturiert werden, empfiehlt es sich, die wichtigsten Grundsätze schriftlich abzufassen [11]. Als **Leitsätze für Führung und Zusammenarbeit** oder schlicht **Führungsgrundsätze** verkörpern sie das für zwischenmenschliches Kooperieren maßgebliche Wertesegment der Unternehmensverfassung, die ihrerseits die Unternehmens-Philosophie widerspiegelt. Führungsgrundsätze können sowohl Wertebilder beschreiben als auch Verhaltensziele darlegen, aus denen dann konkrete Handlungsmaximen abgeleitet werden.

Ihre schriftliche Fassung und ihre Publikation helfen folgende Unternehmensziele zu verfolgen:

- werbende Selbstdarstellung des Unternehmens,
- Information der Unternehmensangehörigen über die in praktischen Vollzug umzusetzenden Ziele und Werthaltungen,
- Appellcharakter an Führungskräfte und Mitarbeiter, nach den gewollten Wertebildern zu verfahren,
- Orientierungshilfe bei der Weiterentwicklung des Organisations- und Führungssystems.

Damit Führungsgrundsätze in wahrnehmbares Verhalten umgesetzt werden, genügt nicht schon ihre schriftliche Fassung. Vielmehr müssen eine Reihe weiterer Bedingungen erfüllt sein [12], die wir hier nicht ausführen können.

Optimal eingesetzt können Führungsgrundsätze nach Erfahrungen aus dem Umgang der Praxis damit

- die direkte Kommunikation zwischen Vorgesetzten und Mitarbeitern über die Gestaltung ihrer Führungsbeziehungen erleichtern,
- sicherstellen, daß jeder weiß, wie er sich verhalten soll,
- helfen, eigenes und fremdes Verhalten besser zu beurteilen,
- helfen, Grundwerte der Führung (zum Beispiel Gerechtigkeit, wechselseitige Unterstützung) stärker zu verwirklichen,
- Mitarbeiter gezielt auf das gewünschte Verhalten hin entwickeln,
- die Handhabung von Konflikten verbessern [13].

Zur Abfassung von Führungsgrundsätzen im allgemeinen verweisen wir auf die im Anhang unter Buchstabe C angegebene Literatur [14].

Die nachfolgend abgedruckten **BMW-Handlungsmaximen** mögen als Beispiel dafür stehen, wie Führungsgrundsätze kurz, griffig und einprägsam formuliert werden können:

---

1. Jede Führungsebene hat eine Vorbildfunktion für die nachgeordneten hinsichtlich der Realisierung der Unternehmensziele und -strategien durch
- *Effizienz des Arbeitseinsatzes*
- *Sparsamkeit und Mitteleinsatz*
- *konstruktive Zusammenarbeit.*

2. *Das Unternehmensinteresse geht vor Ressortinteressen; bei jeder Einzelentscheidung sind die Gesamtkonsequenzen zu berücksichtigen.*

3. *»Excellent führen« fordert die volle Identifikation mit dem Unternehmen.*

4. *Entscheidungen und Beschlüsse sind intelligent auszuführen, sie sind aber auszuführen.*

5. *Konstruktive Kritik zu üben und zu ertragen ist Pflicht jedes Mitarbeiters.*

6. *Probleme lösen – nicht Schuldige suchen.*

7. *Jeder darf Fehler machen – nur nicht zu viele und vor allem nicht den Fehler, ihn zum Schaden des Unternehmens zu verschleiern.*

8. *Die Kompetenz der anderen, der Fachstellen, anerkennen, heißt auch, konstruktives Hinterfragen anderer Fachstellen akzeptieren und kompetent beantworten.*

9. *Beherrschbare Risiken eingehen.*

10. *Leistung verlangt Gegenleistung.*

11. *Nur der Kunde entscheidet über die Güte unserer Leistungen.*

12. *BMW muß für alle externen Beziehungen als*
    - *kompetenter,*
    - *fairer,*
    - *verläßlicher*
    Partner gelten.

13. *Gültige Gesetze und Vorschriften werden von BMW erfüllt; eine Beeinflussung erfolgt nur im Rahmen der geltenden Spielregeln.*

Zu unterscheiden von Führungsgrundsätzen im engeren Sinne sind Arbeits- oder Betriebsordnungen, in denen organisatorische und ordnungsspezifische Verhaltensreglements für den Arbeitsalltag erfaßt werden [15]. Bildhaft lassen sich Führungsgrundsätze als Mittellinien unserer Straßen darstellen, die dem Unternehmensgeschehen Orientierung zum Erfolg weisen; Arbeits-/ Betriebsordnungen dagegen wirken eher als Leitplanken: Kollisionen mit ihnen verhindern zwar den Absturz, hinterlassen aber regelmäßig Blessuren. In der betrieblichen Praxis häufig eher bürokratisch-reglementierend mit Ge- und Verboten angefüllt statt einsichts- und verhaltensstimulierend formuliert, lassen viele Arbeits-/Betriebsordnungen sich in die Landschaft motivierenden Führens nur schwer einordnen. Damit beschäftigen wir uns hier nicht.

Anhang zu Kapitel 16

A) Anmerkungen

1 Arbeitsgemeinschaft »Engere Mitarbeiter der Arbeitsdirektoren Eisen und Stahl«, Studien zur Mitbestimmungstheorie und Mitbestimmungspraxis, hrsg. von der Hans-Böckler-Stiftung, Das mitbestimmungsgemäße Führungsmodell, a. a. O., 1973,

2 Vgl. Wunderer, R./Grunwald, W., 1980, Bd. 2, S. 313ff.; Müller, W., Leitungsspanne, in Grochla, E. (Hrsg.), HWO (1980!), Sp. 1199–1205

3 Wunderer, R./Grunwald, W., 1980, Bd. 2, S. 315, mit Hinweisen auf weitere Literatur

4 Grün, O., in HWFü, Sp. 137–146; Steinle, C., HWO, Sp. 500–513
  Zur rechtlichen Problematik vergl. Gaul, D., 1978, S. 129ff.; sowie oben Ziffer 8.6. Wiederholen Sie auch Ziffer 3.4 (Kongruenz-Satz) und Ziffer 10.4.1.

5 So Höhn, R./Böhme, G., 1980

6 Vgl. die Zusammenstellung der Vor- und Nachteile des Delegationsprinzips bei Wunderer, R./Grunwald, W., 1980, Bd. 2, S. 353–354

7 Knebel, H./Schneider, H., 1991; Krüger, W., Stellenbeschreibung als Führungsinstrument, in HWFü, Sp. 1891–1897; Reiß, M., Stellenbeschreibung, in HWP, Sp. 2132–2141

8 nach Knebel, H./Schneider, H., 1991, Ziffer 4.; gegenteiliger Meinung wohl Höhn, R. für das *Harzburger Modell*

9 Vgl. Knebel, H./Schneider, H., 1991, Kapitel 6ff.

10 Näher ebenda, Kapitel 17

11 Grundlegend Knebel, H./Schneider, H., 1983; Wunderer, R., 1983

12 Näher Wunderer, R., in HWP, Sp. 923ff. (932); anregend dazu Sprenger, R. K., in Personalführung Nr. 10/1992, S. 780/81

13 Wunderer, R., a. a. O., Sp. 933

14 Insbesondere Wunderer, R./ Grunwald, W., 1980, Bd. I, S. 403ff.; Knebel, H./Schneider, H., 1983, Ziffer 5; vgl. auch Küller, H.-D., Gewerkschaftliche Anforderungen an unternehmerische Führungsgrundsätze, in Wunderer, R., 1983, S. 248ff.

15 Vgl. Muster für eine Arbeitsordnung, hrsg. von der Landesvereinigung der Arbeitgeberverbände Nordrhein-Westfalens e. V., Düsseldorf, 8. Auflage, 1984

B) Kontrollfragen und -aufgaben

zu 16.1

a) Sprechen die Grundsätze zeitgemäßer Führung und Gruppenarbeit eher für große oder für kleinere Arbeitsgruppen?

b) Bis zu wievielen Angehörigen sollte eine Arbeitsgruppe umfassen?

c) Welches sind die maßgeblichen Argumente dafür?

d) Gilt der Grundsatz »Der Posten sucht seinen Mann/seine Frau« heute noch uneingeschränkt?

e) Gibt es Gründe, die dafür sprechen, die Arbeitsinhalte von Funktionen von der organisationsbedingten Vorgeprägtheit zu lösen und den Wünschen ihrer Inhaber anzunähern und, falls ja, welche Gründe wären dies?

zu 16.2

a) Erläutern Sie den Begriff *Dienstweg*.

b) Welche Gefahren drohen Mitarbeitern aus Mehrfachunterstellungen?

c) Wie kann den Gefahren in der Praxis begegnet werden?

d) Welche Gründe sprechen dafür/dagegen, das Organigramm eines Betriebs/Betriebsbereichs geheimzuhalten bzw. zu veröffentlichen?

e) Was bedeutet der Begriff *Führungsspanne*?

f) Welche Führungsspannen halten Sie bei leistungsintensivem Führen für angemessen bei
    fa) unterstellten Ausführungsebenen,
    fb) unterstellten Führungsebenen?

g) Inwieweit nimmt auch der Vorgesetzte Einfluß auf die im Einzelfall zu wählende Führungsspanne?

zu 16.3

a) Was verstehen wir unter *Delegation*?

b) Welche Arten von Aufgaben sind grundsätzlich delegierbar?

c) Welche betrieblichen Instanzen nehmen Delegationsfunktionen wahr?

d) Welche Ziele werden mit Delegation verfolgt?

e) Was setzt funktionierende Delegation voraus
    ea) auf der Seite der delegierenden Stellen,
    eb) auf der Seite des Delegationsadressaten?
f) Bis auf welche Ebene sollen Aufgaben grundsätzlich delegiert werden?
g) Weshalb ist es sachlich mißverständlich, von *Delegation von Verantwortung* zu sprechen?
h) Welche Zuständigkeiten verbleiben einem Vorgesetzten regulär innerhalb weiterdelegierter Aufgaben?
i) Wann muß ein Vorgesetzter *innerhalb* eines delegierten Aufgabenbereiches entscheiden?
k) Nennen Sie drei Ausführungsprobleme bei Delegation.

zu 16.4

a) Was verstehen wir unter *Stellvertretung*?
b) Welche Arten von Stellvertretung gibt es, und worin unterscheiden sie sich voneinander?
c) Wie beurteilen Sie es, wenn ein Stellvertreter eines Funktionsträgers ohne dessen Mitwirkung ernannt wird?
d) An welchen Grundsatz ist Handeln in Stellvertretung stets gebunden?
e) Was verstehen wir unter einem *Platzhalter*?

zu 16.5

a) Was verstehen wir unter einer Stellenbeschreibung?
b) Welchen Nutzen erbringt die Arbeit mit Stellenbeschreibungen?
c) Nennen Sie Einwände, die gegen die Arbeit mit Stellenbeschreibungen erhoben werden, und beurteilen Sie diese Einwände.
d) Welche Konsequenzen ergeben sich daraus für die Abfassung des Aufgabenkatalogs?
e) Welche weiteren Prinzipien aus Führung und Zusammenarbeit sollten in Stellenbeschreibung integriert werden?
f) Wie können die Stelleninhaber bei der Abfassung von Stellenbeschreibungen mitwirken?
g) Welche Daten sollen Ihrer Ansicht nach in eine Stellenbeschreibung aufgenommen werden?
h) Welche Mitwirkungsrechte hat der Betriebsrat bei der Erstellung von Stellenbeschreibungen?

zu 16.6

a) Was verstehen wir unter *Führungsgrundsätzen* bzw. *Leitsätzen für Führung und Zusammenarbeit*?
b) Welchen Rang nehmen sie gegenüber der Unternehmensverfassung ein?
c) Welche Unternehmensziele helfen Führungsgrundsätze zu realisieren?
d) Genügt dafür *grundsätzlich* schon, daß es Führungsgrundsätze im Unternehmen gibt?
e) Welche Erfahrungen hat die betriebliche Praxis in ihrem Gebrauch gewonnen?
f) Was verstehen wir unter einer Betriebs- bzw. Arbeitsordnung, und worin unterscheidet sie sich von Führungsgrundsätzen?

C) Literatur

zu 16.1 und 16.2

Arbeitsgemeinschaft »Engere Mitarbeiter der Arbeitsdirektoren Eisen und Stahl«, 1973
Bellinger, B., Stellenbildung und Stellenbesetzung, in HWO (1980), Sp. 2126–2138
Comelli, G., Organisationsentwicklung, in Rosenstiel, L. von et al., 1993, S. 531ff.
Höhn, R./Böhme, G., 1980, S. 9ff.

Leonhard, W., 1984
Meyer, E., Delegation, in HWO (1980), Sp. 546–551
Müller, W., Leitungsspanne, in HWO (1980), Sp. 1199–1205
Pfützner, R. (Hrsg.), 1991, S. 358ff.
Wunderer, R./Grunwald, W., 1980, Bd. 2, S. 313ff. (Kontrollspanne)

zu 16.3
Gaul, D., 1978, S. 129ff.
Grün, O., Delegation, in HWFü, Sp. 137–146
Pfützner, R. (Hrsg.), 1991, S. 317ff.
Steinle, C., Delegation, in HWO, Sp. 500–513
Wunderer, R./Grunwald, W., 1980, Bd. 2, S. 349ff.

zu 16.4
Höhn, R., Stellvertretung, in HWO, (1980), Sp. 546–551
Pfützner R. (Hrsg.), 1991, S. 244f.

zu 16.5
Knebel, H./Schneider, H., 1991
Kreikebaum, H., Stellen- und Arbeitsplatzbeschreibung, in HWO, (1980), Sp. 2138–2148
Krüger W., Stellenbeschreibung als Führungsinstrument, in HWFü, Sp. 1891–1897
Pfützner, R. (Hrsg.), 1991, S. 242ff, 371ff.
Reiß, M., Stellenbeschreibung, in HWP, Sp. 2132–2141
Schubert, G./Schubert, U., Stellenbeschreibung und Stellenbild, in Management, 1972, Bd. 2, S. 12ff.

zu 16.6
Knebel, H./Schneider, H., 1983
Lattmann, Ch., 1975, S. 47ff.
Sprenger, R. K., Diesmal: Leitsätze? Leidsätze!, in Personalführung Nr. 10/1992, S. 780/781
Wunderer, R. (Hrsg.), 1983 (Einzelabhandlungen mehrerer Verfasser zum Thema)
derselbe, 1980, Band 1, S. 403ff.
derselbe, Führungsgrundsätze, in HWP, Sp. 923–937
derselbe, Führungsgrundsätze, in HWFü, Sp. 553–568

D) Lösungshinweise

a) Aufgabe *delegierbare/nicht delegierbare Aufgaben* (Ziffer 16.3.2).

Im Grundsatz ist von folgender Bewertung auszugehen:

j ( )	n (x)	Verteilung von Aufgaben an Arbeitskräfte bei Gruppenarbeit
j (x)	n ( )	Erteilung einzelner Aufträge an Arbeitskräfte
j ( )	n (x)	Besorgung von Büromaterial
j (x)	n ( )	Auswahl und Beschaffung eines Bürocomputersystems
j ( )	n (x)	Kontrolle über Büromaterial
j ( )	n (x)	Erfassung von Kundenreklamationen
j (x)	n ( )	Bewertung von Reklamationen
j ( )	n (x)	Berichterstattung über Reklamationen an andere Abteilungen
j (x)	n ( )	Belobigung einer Arbeitskraft
j (x)	n ( )	Kontrolle des Leistungsstandes einer neuen Arbeitskraft
j (x)	n ( )	Auswahl von Arbeitskräften unter den Bewerbern

j ( )	n (x)	Führung der regulären Korrespondenz mit Kunden
j ( )	n (x)	Unterzeichnung der regulären Korrespondenz
j (x)	n ( )	Kundenkorrespondenz im Problemfall
j (x)	n ( )	Verhandlungen mit anderen Abteilungen über Koordination der Zusammenarbeit
j ( )	n (x)	Ausarbeitung von Angeboten für Kunden
j (x)	n ( )	Leistungskontrolle bei Arbeitskräften
j (x)	n ( )	Erstellung von Rahmenrichtlinien für Arbeitszielvereinbarungen
j (x)	n (x)	Definition einzelner Arbeitsziele
j (x)	n ( )	Planung von Maßnahmen der Personalentwicklung
j (x)	n ( )	Verhängung von Disziplinarmaßnahmen
j (x)	n ( )	Veränderung der Zeichnungsberechtigung einzelner Mitarbeiter
j (x)	n ( )	Entscheidung über den Zugang zu Informations-Dateien
j (x)	n ( )	Vorschläge zur Neueinstufung des Gehalts
j ( )	n (x)	Festlegung der Arbeitsweise innerhalb eines Arbeitsauftrages
j ( )	n (x)	Führung einer Fehlzeiten-Statistik
j (x)	n ( )	Führung von Fehlzeiten-Kontrollgesprächen mit abwesend gewesenen Arbeitskräften
j ( )	n (x)	Führung von technischen Dokumentationen
j ( )	n (x)	Technische Qualitätskontrollen
j (x)	n ( )	Klärung und Regulierung schwerwiegender Nachbesserungsfälle mit der Arbeitskraft, die sie verursacht hat
j ( )	n (x)	Erstellung eines Programms der vorbeugenden Instandhaltung
j (x)	n ( )	Erstellung von Zeugnissen für ausscheidende Arbeitskräfte
j (x)	n ( )	Abschlußgespräch und Verabschiedung von Arbeitskräften
j ( )	n (x)	Qualitätskontrolle der eigenen Arbeitsergebnisse
j ( )	n (x)	Zuständigkeit für Mängelbeseitigung an beliebigen Arbeitsplätzen der eigenen Gruppe

Lösungshinweis zu Fall B in Ziffer 16.2.3 (»Schweißer-Fall«)

a) **Schlosser S:** Seine **Sachaufgabe** bestand darin, das Schweißgerät den Sicherheitsvorschriften entsprechend zu bedienen und dabei die Flasche im Ständer vor dem Umstürzen zu sichern. S hat diese Aufgabe mindestens *fahrlässig* verletzt. Seine **Sachkompetenz** umfaßte die Pflicht, die Sicherheitsvorschriften zu beachten. Sie hat er zugleich *mitverletzt.*
S trifft an dem Unfall **die persönliche sachliche Verantwortlichkeit.**
Führungsaufgaben hatte S keine wahrzunehmen.

b) **Meister M:** Seine **Sachaufgabe,** den ordnungsgemäßen Zustand des Schweißgerätes zu überwachen, hat M *nicht* erkennbar verletzt, mithin *auch nicht* seine diesbezügliche **Sachkompetenz.** Seine **Führungsaufgabe** hat M ebenfalls *nicht* verletzt, denn er hatte S bei dessen Arbeitsaufnahme nachweislich in die vorhandene Schweißtechnik *eingewiesen* und auch vor dem Unfall *keinerlei Auffälligkeiten an S entdeckt,* die ihn zum Einschreiten hätten veranlassen müssen. Dabei ist noch einmal hervorzuheben, daß S *keine* sichtbaren alkoholbedingten Auffälligkeiten zeigte und M außerdem nicht zu einer *zeitüberdeckenden Vollaufsicht* über seine Mitarbeiter verpflichtet war. M hat mithin auch *keine Führungskompetenz* verletzt, womit ihn **keine Verantwortlichkeit** an dem Unfall trifft.

c) **Sicherheitsbeauftragter SB:** SB hat sich von der Kenntnis der schweißtechnischen Sicherheitsvorschriften des S nachweislich *überzeugt;* ihre Mißachtung durch S ist bisher *nicht* vorgekommen, und bei seiner letzten Betriebsbegehung fand SB die Schweißanlage in *ordnungsgemäßem* Zustand vor. Damit hat SB weder seine **Sachaufgaben** noch seine daraus abzuleitende **Kompetenz** verletzt; ihn trifft **keine Verantwortlichkeit** an dem Unfall.

Alleiniger Verantwortlicher ist S. Hielte man an dem überkommenen Prinzip der *personenorientierten* Haftung fest, müßten sowohl M als auch SB wegen des Unfalls »...innerhalb ihres Zuständigkeitsbereiches ...« haften, obwohl sie an dem Unfall *keinerlei* persönlich zurechenbaren Anteil hatten.

17   Das Stellenbesetzungsverfahren

Lernziele:
Wenn Sie den folgenden Abschnitt erarbeitet haben, sollen Sie

- die Problematik der Stellenbesetzung so weit kennengelernt haben, daß Sie sich als Vorgesetzter im Betrieb sachkundig in ihre detaillierte Bewältigung einarbeiten können und
- neu eingestellte Mitarbeiter systematisch in ihr Arbeitsfeld einweisen können.

17.1   Problemstellung [1]

Die Einstellung eines neuen Mitarbeiters in Ihren unterstellten Bereich wird notwendig, wenn eine in der Personalbedarfsplanung ausgewiesene, schon besetzt gewesene Stelle erneut oder eine zusätzlich geschaffene Stelle erstmals zu besetzen ist.

Für den Betrieb kommt es in jedem Falle darauf an, unter den dafür zur Verfügung stehenden Bewerbern *denjenigen* auszuwählen, der *am besten* dafür geeignet erscheint, die der Stelle zugeordnete Funktion auf Dauer erfolgreich wahrzunehmen. Dies ist nicht allein damit gewährleistet, daß der künftige Inhaber die ihm formell zugewiesenen Aufgaben fachlich erfüllen kann. Vielmehr soll *auch* gewährleistet werden, daß er absehbare Unternehmensentwicklungen aktiv fördern und mittragen wird, aufgrund seiner erkennbaren proaktiven Einstellung zu Beruf und Arbeit Goodwill-Bereitschaft erwarten läßt und zu seiner sozialen Umgebung positive kooperative Beziehungen errichten wird.

Bei einzustellenden *Führungskräften* muß zusätzlich und vorrangig Gewißheit darüber angestrebt werden, daß der Bewerber fähig sein wird, motivierendes Führungspotential zu aktivieren [2].

In der Praxis stellen sich vielfältige Gefahren der Zielverfehlung:

Wird ein *unterqualifizierter* Bewerber ausgewählt, so wird die Funktion bis zum Abschluß geeigneter Maßnahmen der Nachqualifikation nicht anforderungsgemäß wahrgenommen. Erweist sich Nachqualifikation mangels Entwicklungspotentials im Bewerber als nicht möglich, bedeutet dies für den Bereich ein anhaltendes Störpotential, oder es kommt zum Fluktuationsfall.

Ähnlich negativ wirkt sich die Auswahl eines *überqualifizierten* Bewerbers aus, dessen Fähigkeiten nur teilweise gefordert werden. Er wird seine Unterforderung demotivierend und frustrierend empfinden. Falls der Betrieb dem nicht mittels anspruchsvollerer Aufgabeninhalte abzuhelfen vermag, wird der Bewerber versuchen, sie durch informelle Aktivitäten zu kompensieren oder durch Stellenwechsel ganz zu beheben.

Nicht erkannte *Mängel in der Persönlichkeitsstruktur* werden sich im Arbeits- und Sozialverhalten störend niederschlagen und sogar die Kooperation mit der betroffenen Person, gleich, ob in ausführender oder in Führungsfunktion, ganz vereiteln.

In allen diesen Fällen müßte der Betrieb ein *Störpotential* verkraften oder, falls sich das als nicht tragbar erweist, das Stellenbesetzungsverfahren und den damit verbundenen Aufwand wiederholen.

Die der Stellenbesetzung vorangehende Personalentscheidung trägt für den Betrieb aufwendungsintensiven Investitionscharakter!

Aber auch **für den Bewerber** erweist sich die Übernahme einer beruflichen Tätigkeit, die seiner Qualifikation und seinen persönlichen Bedürfnissen gerecht werden soll, als von erstrangiger Bedeutung. Seine berufliche Arbeit kann ihre Funktion als Vermittlerin persönlicher Lebenszufriedenheit nur dann erfüllen, wenn das betriebliche System dem Mitarbeiter im Erlebnis der Arbeit und in ihren Ergebnissen jenes Maß an Belohnungen zu vermitteln in der Lage ist, mit dem er die Erfüllung angestrebter Individualziele zu einem unverzichtbaren Mindestmaß gewährleistet sieht. Erfüllt Arbeit diese Bedingung nicht, kann Arbeitszufriedenheit nicht entstehen mit der Folge, daß Unzufriedenheit und Frustration nicht nur das eigene, sondern auch das Arbeitsverhalten der Gruppe destabilisieren und demoralisieren können.

Damit sind offenbar beide Seiten davon abhängig, daß die Personalauswahl mit optimalen Ergebnissen für den Betrieb **und** den Bewerber vorgenommen wird. *Beiden Seiten* gerecht zu werden ist das eigentliche Ziel des Stellenbesetzungsverfahrens.

17.2   Verfahrensüberblick

Den Beginn des Stellenbesetzungsverfahrens bildet, falls nicht schon geschehen, das Erstellen eines **Aufgabenprofils der Stelle.** Dies geschieht im Wege einer **Analyse des dort zu erfüllenden aktuellen Aufgabenfeldes.** Dafür kann die Stellenbeschreibung eine wertvolle Hilfe sein.

Aus dem Aufgabenprofil wird **das Anforderungsprofil der Funktion** abgeleitet. Es enthält, unterteilt in unerläßliche »Muß«- und erwünschte »Soll«- Anforderungen sowie in fach- und führungs- bzw. persönlichkeitsspezifische Merkmale, die Anforderungen, die an den künftigen Stelleninhaber gerichtet werden und die von ihm zu erfüllen sind. Die sachgerechte Erstellung eines Aufgaben- und eines Anforderungsprofils wirft in der Praxis nicht unerhebliche Schwierigkeiten auf, die wir in dem hier vorgegebenen Rahmen nicht näher erörtern können.

Dem folgt die sogenannte **Rekrutierungs-Phase**: Das Anforderungsprofil wird zusammen mit weiteren bewerberseitig interessierenden Informationen von der Personal- und Fachabteilung zu einem Stellenangebot zusammengefaßt und ausgeschrieben. Dies kann (und *muß* im Falle des § 93 BetrVG) zunächst innerbetrieblich oder außerbetrieblich geschehen, zum Beispiel per Inserat in Medien oder als Vermittlungsauftrag an das Arbeitsamt. Für hochqualifizierte Funktionsträger wird damit häufig ein Personalberater beauftragt. Die eingehenden Bewerbungen werden zunächst gesammelt, und in einer Vorauswahl werden die generell tauglichen von den offensichtlich untauglichen getrennt.

Im sich anschließenden **Auswahl-Verfahren** schließlich wird nach nochmaliger gründlicher Bewertung der Bewerbungsunterlagen ein kleiner, in die engere Auswahl genommener Bewerberkreis zum persönlichen Vorstellungsgespräch gebeten, in welchem im direkten Sich-Kennenlernen beide Seiten voneinander im weitesten Sinne unmittelbare Kenntnis nehmen und ggf. Einzelheiten eines möglichen Arbeitsverhältnisses klären. Ebenfalls in dieser Phase finden mögliche Eignungs-Tests statt. Am Ende der Auswertung aller gewonnenen Erkenntnisse über die Bewerber wird die Auswahlentscheidung für den am besten geeignet erscheinenden Bewerber getroffen. Dessen Bewerbungsunterlagen werden in die Personalakte übernommen, und die Unterlagen der abgelehnten Bewerber werden an diese zurückgereicht.

Das Auswahlverfahren wird abgeschlossen mit dem Abschluß des Arbeitsvertrages und der Einweisung des neuen Mitarbeiters in sein materielles und soziales Arbeitsfeld. Mit der Aufnahme der Tätigkeit beginnt die *Probezeit*. Während ihrer Dauer steht beiden Seiten ein jederzeitiges Kündigungsrecht zu. Erst wenn der Bewerber sie erfolgreich beendet hat und in ein längerfristiges oder unbefristetes Arbeitsverhältnis übernommen wird, beginnt der gesetzliche Kündigungsschutz des Arbeitsverhältnisses. Vereinzelt nützen Unternehmen diesen Umstand in der Weise, daß sie in die zu vergebende Funktion für die Dauer der Probezeit mehrere Bewerber zugleich einstellen. Diese wissen, daß nur einer von ihnen den endgültigen »Zuschlag« erhalten wird. Dies zwingt sie, mit allen verfügbaren Mitteln um den ersten Rangplatz zu kämpfen. Das Verfahren weist weder das zu fordernde Mindestmaß an Humanität noch die wünschenswerte Tauglichkeit auf.

Der Ablauf des Stellenbesetzungsverfahrens wird auch davon bestimmt, ob der Betrieb an *Beurteilungsgrundsätze* und/oder *Auswahlrichtlinien* im Sinne der §§ 94, 95 BetrVG gebunden ist oder ob er es frei davon gestalten darf.

Beteiligte am Verfahren sind betriebsseitig die *Personalabteilung, der Leiter des anfordernden Betriebsbereichs, der künftige Vorgesetzte* des zu gewinnenden Mitarbeiters und, im Blick auf sein Mitbestimmungsrecht gemäß § 99 BetrVG, *der Betriebsrat.* Als nützlich erweist es sich, den Bewerber anläßlich des Vorstellungsgesprächs auch mit potentiellen künftigen Kollegen zusammenzuführen. Ihre Eindrücke über ihn helfen, die Auswahlentscheidung zu optimieren.

In der – namentlich mittelständischen – betrieblichen Praxis handeln Personalabteilungen bei Stellenbesetzungen häufig sehr autonom. Der Vorgesetzte des einzustellenden Mitarbeiters sollte diesem Anspruch mit Nachdruck entgegenwirken und anstreben, daß er sowohl bei der Erstellung des Anforderungsprofils als auch bei der Abfassung der inner- und/oder außerbetrieblichen Ausschreibung beteiligt wird, daß er die Bewerber ausreichend kennenlernen kann und daß er bei der endgültigen Bewerberauswahl das letzte Entscheidungsrecht hat. Diese Forderung rechtfertigt sich daraus, daß der unmittelbare Vorgesetzte besser als jeder andere im Betrieb weiß,

- welche Aufgaben an dem zu besetzenden Arbeitsplatz wirklich zu erfüllen sind,
- welche Fähigkeiten, Fertigkeiten und Erfahrungen benötigt werden,
- welche Persönlichkeitsmerkmale in der sozialen Umgebung des »Neuen« akzeptiert oder abgelehnt werden und
- wie sein neuer Mitarbeiter »beschaffen sein« muß, damit auch er selbst langfristig mit ihm erfolgreich zusammenarbeiten kann.

17.3 Bemerkungen zur Personalauswahl-Entscheidung

Die Entscheidung für einen der Bewerber, mit der zugleich seine auf Dauer angelegte Zuordnung zu einer betrieblichen Funktion vorgenommen wird, gehört zu den komplexesten, bedeutendsten und zugleich risikobehaftetsten Entscheidungen, die im Betrieb zu treffen sind. Dies gilt in um so stärkeren Maße, je wichtiger die zu besetzende Funktion im Gefüge betrieblicher Abläufe ist.

Beispiele:

A) Die Fehlbesetzung einer Arbeiterstelle zum Bedienen einer Werkzeugmaschine kann schnell entdeckt werden, ihre Auswirkungen beschränken sich auf die Leistungsfähigkeit der Gruppe/Meisterei, und sie kann relativ schnell und mit erträglichem Aufwand (der aber gleichwohl nicht unterschätzt werden darf!) korrigiert werden.

B) Die Fehlbesetzung der Stelle eines Betriebsleiters schlägt sich als Störquelle nieder

   a) in der technischen Leitung eines ganzen Betriebsbereichs,

   b) im Führen der dort beschäftigten Führungskräfte und der geführten Arbeiter und Angestellten mit der Gefahr, nachträglich nur schwer zu beseitigende De-Motivierungen zu installieren,

    c) in reduzierten Leistungen des Bereichs gegenüber dem Markt;

    d) sie wird erst nach längerer Zeit voll wirksam und erkennbar, und

    e) ihre Korrektur durch Neu-Ausschreibung und -Besetzung der Stelle erfordert hohen Aufwand an Zeit, Energie und Kosten.

Das Ziel des Personalauswahl-Verfahrens muß es deshalb sein, über ein realistisches Bild von den Bewerbern und seine zutreffende Eignungs-Beurteilung zu einer optimalen Auswahl-Entscheidung zu gelangen.

Strukturell läuft der Auswahlprozeß in folgenden Schritten ab (vgl. Abb. 17.1):

A) Ermittlung des bewerberseitigen Leistungs- und Persönlichkeits-Profils mittels einer Diagnose des vorgewiesenen Instrumentariums von Leistungs- und Persönlichkeits-Indikatoren (vgl. Reihe B);

B) Abschätzung des Grades, in welchem hierdurch das Anforderungsprofil (Reihe A) durch den Bewerber erfüllt wird;

C) Prognose, wie weit der festgestellte Erfüllungsgrad vom Bewerber in seiner Funktion *auf Dauer* gewährleistet sein wird.

Das hohe Fehlerrisiko des Prozesses gebietet folgende Erläuterungen:

zu A): Bereits der erste Entscheidungsschritt ist mit vielfältigen Klippen versehen, die zu fehlerhaften Erkenntnissen führen können:

auf der *Seite des Bewerbers*

– taktische Verstellungen des Bewerbers

– situative/subjektive Schönungen (zum Beispiel in Zeugnissen/Referenzen), die kein reales Bewerberpotential widerspiegeln,

– im Instrumentarium nicht genannte, aber für die Funktion wichtige Punkte werden übersehen und nicht bedacht (der Bewerber brilliert mit einem glänzenden Ausbildungszeugnis, das über Praxisnähe/Führungspotential aber nichts hergibt);

auf der *Seite der Beurteiler*

– subjektive Wahrnehmungsfehler infolge psychologischer Filterungen und/oder infolge von Wahrnehmungsselektionen

– interessengemäß/emotional gesteuerte Fehlinterpretationen

– fehlende/fehlerhafte Vergleichswerte

– fehlende Sachkunde (der Buchhalter, der das Personalwesen »nebenbei mit erledigt«, leistet sich nach der Lektüre eines einschlägigen Taschenbuches eine graphologische Begutachtung).

zu B): Die unter A) genannten Erkenntnisfehler fließen in die Subsumtion des Bewerberprofils unter das Anforderungsprofil ein und können durch zusätzliche Subsumtionsfehler noch verstärkt werden (Beispiel: die fehlerhafte Interpretation eines Zeugnisses führt zur Annahme einer Qualifikation, die in Wirklichkeit gar nicht vorhanden ist).

zu C): Die unter A) und B) entstandenen Fehler fließen in die Prognose ein und werden durch fehlerhaftes Prognostizieren noch verstärkt (es wird zum Beispiel davon ausgegangen, daß der nur knapp dem Infarkt-Tod entgangene Betriebsleiter oder die Chef-Sekretärin nach der Veränderung ihrer Lebensumstände durch Heirat und Mutterschaft in ihren Berufen künftig noch genauso aufgehen werden wie in der Vergangenheit).

Um der Fehlerhäufigkeit und -schwere fühlbar zu begegnen, werden kumulativ folgende Wege zu beschreiten sein:

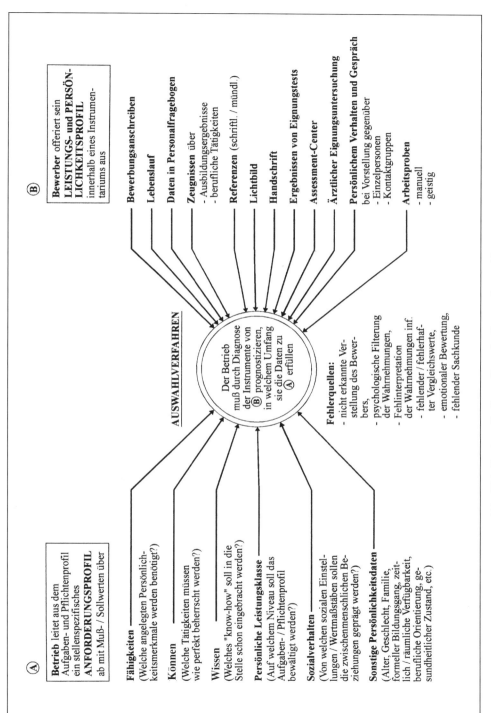

Abb. 17.1: Strukturelle Darstellung des Personalauswahlprozesses

A) Ziehen Sie weniger und auch dann nur äußerst vorsichtig Leistungs- und Persönlichkeits-Indikatoren heran, die vorzugsweise situative *vergangenheitsbezogene* Befunde abbilden, und legen Sie verstärkt Wert auf eine funktionsbezogene Ermittlung zeitüberdauernder Potentiale, wie sie zum Beispiel im qualifiziert durchgeführten Assessment-Center, in speziellen Eignungstests oder dem »Deutschen CPI 462« [3] und auch im sachkundig geführten Bewerbungsgespräch gewonnen werden kann;

B) zerlegen Sie die Gesamtentscheidung in kleinere, rational vollziehbare Teilentscheidungen;

C) beteiligen Sie mehrere Instanzen des Betriebs an der Entscheidung: nicht nur die Personalabteilung, sondern auch den Leiter der anfordernden Fachabteilung, den künftigen direkten Vorgesetzten, Angehörige der künftigen Arbeitsgruppe sowie den Betriebsrat, deren Urteile zur Gesamtentscheidung hinzuzuziehen sind;

D) urteilen Sie über die evtl. Eignung des Bewerbers eher anhand von Potential-Daten anstatt von in die Zukunft projizierten Vergangenheits-Daten;

E) wählen Sie Führungskräfte (mindestens ab Betriebs-/Bereichsleiter) nach einer Potential-Ermittlung durch eine qualifizierte Personalberatung aus;

F) lassen Sie sonstige Fach- und Führungskräfte von dafür ausreichend qualifizierten betriebsinternen Kräften auswählen.

Die Knappheit des verfügbaren Platzes läßt es uns nicht geraten erscheinen, das Personalauswahl-Verfahren in seiner Komplexität hier als hoch komprimierten Lehrstoff abzuhandeln. Stattdessen verweisen wir auf zwei qualifizierte und praxisnahe Werke, deren sorgfältiges Studium dem Leser das notwendige Rüstzeug vermitteln wird:

HEINZ KNEBEL,
- Das Vorstellungsgespräch, Die erfolgreichste Art, Mitarbeiter auszuwählen, Heidelberg, 13. Aufl. 1992
- Taschenbuch für Bewerberauslese, Heidelberg, 6. Auflage 1992

17.4   Einführung des neuen Mitarbeiters in Arbeit und Arbeitsumfeld

17.4.1   Problemstellung

Tritt der neue Mitarbeiter seine Stelle an, so überträgt ihm der Betrieb mit Wirkung von der ersten Stunde an eine Funktion, deren Ausfülung dringend erforderlich ist. Zugleich entsteht der Anspruch auf das vereinbarte *Entgelt*. Selbstverständlich muß dem Betrieb daran gelegen sein, daß der Mitarbeiter die Funktionen so schnell, so vollkommen und so reibungslos als möglich zu erfüllen lernt und als »kreativer Individualist« ein vollwertiges, integriertes und loyales Unternehmens-Mitglied wird. Dazu sind anzustreben insbesondere

- die selbständige und souveräne Wahrnehmung der Aufgaben, Kompetenzen und Verantwortlichkeit in seiner Funktion,
- die Kenntnis und Akzeptanz des von ihm erwarteten Rollenverhaltens,
- die Integration in die Gruppe mit ihrem internen Werte-, Rang- und Normengefüge sowie ihren Kooperationsbeziehungen,
- die Information über alle wichtigen betrieblichen und arbeitsplatzspezifischen Daten und Einrichtungen sowie
- die Identifikation mit dem Unternehmen und seiner Verfassung.

Dem stehen in der Praxis verbreitet zwei Konfliktpotentiale entgegen:

A) Erwartungsenttäuschungen: Aus den knappen Kontakten zwischen Bewerber und Betrieb/Vorgesetzten im Auswahlverfahren haben sich im ersteren idealisierte, unrealistische Erwartungen herausgebildet, die der Arbeitsalltag nachträglich nicht zu erfüllen vermag. Die Konfrontation mit der Realität bewirkt einen *Realitäts- bzw. Praxis-Schock.*

B) Rollenkonflikte: Infolge zu vager Angaben über das vom Mitarbeiter erwartete Rollenverhalten im Arbeitsalltag, ernüchternden Erlebens von unerwartetem Führungs- und Gruppenverhalten und fehlendem Feedback sieht der Neue sich in eine Rolle versetzt, die von seinen Vorstellungen enttäuschend abweicht.

Die Konflikte werden in der Zeit des Einarbeitens recht häufig durch folgende fehlerhaften Strategien ausgelöst bzw. verschärft [4]:

A) »Schon«-Strategie: In der Sorge, den Neuen nicht zu überfordern, stellt der Vorgesetzte an ihn bewußt niedrige Leistungsansprüche, und er verzichtet auf negatives, d. h. kritisierendes Feedback. Der Neue sieht sich in seinem Leisten-Können und -Wollen unterfordert und fühlt sich frustriert. Da das Schweigen des Vorgesetzten auch zu Fehlern von dem Neuen als Zustimmung gedeutet werden kann, fördert das Vorgehen zudem das Einschleifen von Fehlhaltungen.

B) Strategie der Selbsteinweisung (»Ins kalte Wasser werfen«) Der Vorgesetzte versieht den Neuen mit einigen anfänglichen Informationen und überläßt die weitere Einarbeitung dem *Eigenlauf.* Der Mitarbeiter soll die notwendigen Informationen und Kenntnisse erfragen und von anderen abschauen. Dies erziehe zur und beweise Selbständigkeit. Bei der hohen Komplexheit und Kompliziertheit vieler Funktionsabläufe und Tätigkeitsfelder muß diese Methode sich als *überaus risikoreich* erweisen:
   - Die Aneignung von Informationen und Kenntnissen erfolgt eher zufällig als systematisch und muß deshalb lückenhaft bleiben;
   - das Verfahren der Einarbeitung erweist sich als langwierig;
   - das Bewußtsein der Lückenhaftigkeit bewirkt innere Unsicherheit;
   - Mißerfolge werden ohne Schuld des Neuen unvermeidlich;
   - das Wissen darum bewirkt Frustration, Verdrossenheit und Resignation.

C) »Entwurzelungs«-Strategie: Der Vorgesetzte stellt dem Neuen, um ihn in seine Grenzen zu verweisen und die bestehenden Machtverhältnisse aufzuzeigen, gleich am Beginn seiner Tätigkeit vor schier unlösbar schwierige Aufgaben, die dann nur mit der »überlegenen Hilfe« des Vorgesetzten bewältigt werden können.

Alle drei Strategien, die regelmäßig mit unzulänglichem Feedback einhergehen, lösen im neuen Mitarbeiter unverschuldeten Mißerfolg sowie Verunsicherung und Demotivation aus. Mit Gewißheit liegt hierin und in fehlender sozialer Integration die Ursache dafür begründet, daß ca. 40 % der mitarbeiterseitigen Kündigungen innerhalb der ersten 12 Monate nach Arbeitsaufnahme stattfinden (Abb. 17.2) [5].

17.4.2 Strategien der Einführung

Richtigerweise arbeitet der Betrieb nach der **Methode der systematischen unterstützenden Fremdeinweisung.** Der Vorgesetzte gewährleistet und überwacht, daß der neue Mitarbeiter nach und nach in alle für seine Funktion wichtigen Informations- und Tätigkeitsbereiche eingewiesen wird.

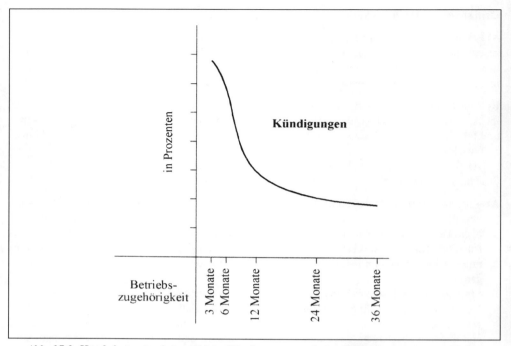

Abb. 17.2: Häufigkeit mitarbeiterseitiger Kündigungen nach der Aufnahme einer neuen Arbeit
(Quelle: Zander, E., 1982, S. 36)

Nicht zuletzt ist dies auch unter dem Gesichtspunkt zu fordern, daß künftig ein immer größerer Anteil neuer Mitarbeiter hoch und höchst qualifiziert sein wird, der sein Können ohne vermeidbare Reibungsverluste und effektiv in Leistung umsetzen möchte.

§ 81 Abs. 1 Betriebsverfassungsgesetz lautet schließlich:

»Der Arbeitgeber hat den Arbeitnehmer über dessen Aufgabe und Verantwortung sowie über die Art seiner Tätigkeit und ihre Einordnung in den Arbeitsablauf des Betriebes zu unterrichten. Er hat den Arbeitnehmer vor Beginn der Beschäftigung über die Unfall- und Gesundheitsgefahren, denen dieser bei der Beschäftigung ausgesetzt ist, sowie über die Maßnahmen und Einrichtungen zur Abwendung dieser Gefahren zu belehren.«

Besondere Formen der systematischen unterstützenden Fremdeinweisung sind

- Einarbeitung »on the Job«: der neue Mitarbeiter wird – vorwiegend vom eigenen Vorgesetzten – direkt in seine Funktion auf der Planstelle eingearbeitet (auch: »arbeitsbegleitendes Training«),
- Einarbeitung »off the Job«: der Mitarbeiter erfährt eine schul- oder kursmäßige Einarbeitung in seine Funktion losgelöst vom Arbeitsplatz,
- Trainee-Programm: Nachwuchskräfte erlangen eine bereichsübergreifende systematische Qualifikation, indem sie innerhalb eines oder mehrerer Unternehmensbereiche(s) planmäßig für einen begrenzten Zeitraum rotieren.

Qualifiziertes Einarbeiten neuer Mitarbeiter stellt auch an Vorgesetzte hohe Ansprüche im Führen-Können. Ihnen sollte das Unternehmen in einschlägigen Workshops/Seminaren fördernd entgegenkommen.

17.4.3 Felder der Einführung

A) Bereitstellung des vorbereiteten Arbeitsplatzes
Stellen Sie Ihrem neuen Mitarbeiter im Zeitpunkt seiner Arbeitsaufnahme einen vorbereiteten Arbeitsplatz zur Verfügung. Der erste Eindruck, der bekanntlich der stärkste ist, sollte positiv ausfallen. Dieser wird negativ sein, wenn der Neue sogleich erfährt, daß man an ihn gar nicht mehr gedacht habe und daß er sich vorerst an einem anderen Platz mit einer Verlegenheitsbeschäftigung »ein wenig gedulden« möge.

B) Einführende Information
Bei Beginn seiner Tätigkeit sind jedem neuen Mitarbeiter folgende Informationen zu vermitteln, deren Form, Umfang und Vertiefung am stellenspezifischen Bedarf zu orientieren sind:

a) *Generelle Daten über das Unternehmen*
   (Rechtsform, Unternehmensleitung, Produktionsprogramm, Jahresumsatz, Marktstellung, Exportanteil, Anzahl der Beschäftigten, Betriebsstätten)
   Heben Sie dabei die regionale, wirtschaftliche oder technologische Bedeutung des Unternehmens hervor, und vermitteln Sie so dem Mitarbeiter das Gefühl des Stolzes, von nun an dazuzugehören.

b) *Stellung des Arbeitsplatzes in der Betriebsorganisation und im betrieblichen Funktionsablauf*
   (An welcher Stelle arbeite ich woran? Wer arbeitet mir zu? Wem arbeite ich zu? Wie bedeutsam ist mein Beitrag für welche Stelle/für den Betrieb?)
   Machen Sie den Neuen mit Kooperationspartnern, die ihm zuarbeiten oder denen er zuarbeitet, *persönlich bekannt;* vermitteln Sie ihm die Überzeugung, in seiner Funktion für den Betrieb *Wichtiges* zu leisten.

c) *Stellen und ihre Inhaber, die für den Neuen künftig sonst noch von Bedeutung sein werden*
   (Überstellte und nachgeordnete Funktionsträger in der Linie, Stellvertretungen, Instanzen, die ihn zu informieren haben und die er zu informieren hat, Vorgesetzte in Sonderbereichen wie Normen, Sicherheit, Qualität etc.)

d) Aufklärung über Regelungen und Einrichtungen, die für den Neuen wichtig sind
   da) *Regelungen:* zum Beispiel Personalabteilung, Betriebsrat, Betriebs-/Arbeitsordnung, Entgelt, Arbeitszeit, Urlaubsregelung, fixe Besprechungstermine;
   db) *Einrichtungen:* zum Beispiel Betriebsrat, Material-/Werkzeugausgabe, Pauserei, Normenstelle, Qualitätskontrolle, Werkstattdienste, Sanitätsstation, Garderobe, Kantine, Bibliothek, Einrichtungen der betrieblichen Weiterbildung.
   Machen Sie den Mitarbeiter mit besonderen Benutzungsregelungen bekannt.

e) *Laden Sie den Mitarbeiter zur Besichtigung des eigenen Fertigungsbereiches* (Woran arbeite ich mit?) **und** – wenn möglich – *des ganzen Betriebes ein* (wie sieht unsere Produktion überhaupt aus, und was produzieren wir?).

Wertvolle Hilfe kann dabei auch eine speziell für neue Mitarbeiter verfaßte Informationsbroschüre des Unternehmens leisten.

Das Informiertwerden bestätigt beim Mitarbeiter Selbstwertgefühl und Sicherheit. Gleichzeitig erhöht es seine Selbständigkeit sowie das Empfinden von Eingebundenheit in und Verantwortung für das ganze Unternehmen.

Sie nützen die Phase des Informierens im Gegenzug selbstverständlich auch dazu, *sich Einblicke in das Spektrum der mitarbeiterseitigen Erlebnis- und Ergebniserwartungen zu seiner Arbeit* zu verschaffen.

C) Eingliederung in die Arbeitsgruppe

Arbeitshinweis: Wiederholen Sie zunächst die Ausführungen zu den Fragen der Gruppendynamik in den Ziffern 6.2 bis 6.4.

Es geht darum, dem neuen Mitarbeiter gleich am Beginn seiner neuen Tätigkeit behilflich zu sein, auch in die *informelle* Struktur seiner Gruppe integriert zu werden und mögliche Abwehrhaltungen insbesondere bei einer in ihrer Struktur stark verfestigten »Clique« zu überwinden. Auf diese Weise sollen die Gefahren sozialen Außenseitertums und psychischer Isolation in der Arbeit abgewendet werden.

Wir empfehlen, folgende vier Schritte anzuwenden:

a) *»Aufschließende« Vorbereitung der Gruppe über den Neuen.* Der Vorgesetzte informiert sie vor dessen Arbeitsaufnahme in groben Zügen über die Gründe und die Vorzüge, die zur Einstellung gerade *dieses* Mitarbeiters vor den anderen Bewerbern geführt haben. Zugleich mit dieser positiven Präsentation bittet er darum, den Neuen freundlich aufzunehmen und in der Zeit des Einarbeitens besonders zu unterstützen.

b) *Vorbereitende Information des Neuen über die Gruppe.* Noch *vor* seiner Bekanntmachung mit der Gruppe informiert der Vorgesetzte den Neuen über einige ihrer Eigenarten wie Größe, Altersstruktur, ausgeprägte Meinungen und Hobbys. Er soll sich darauf einstellen und vermeiden können, gleich am Anfang seiner Mitarbeit *ungewollt* in das berühmte Fettnäpfchen zu treten. Vermeiden Sie allerdings, dabei negative Vorurteile gegenüber einzelnen zu vermitteln.

c) *Anschließend stellt der Vorgesetzte den Neuen jedem seiner künftigen Kollegen persönlich vor.* Damit soll er aus seiner Anonymität herausgeführt werden, und es wird ein erster direkter zwischenmenschlicher Kontakt hergestellt. Bei zu großen Gruppen kann dieser Schritt auf die nähere Umgebung des Neuen beschränkt werden.

d) *Der Neue wird der persönlichen Fürsorge eines »Paten« unterstellt.* Dazu ist schon *vorher* ein möglichst hochgestelltes Mitglied der Gruppe, möglichst der informelle Gruppensprecher, dafür zu gewinnen, sich des Neuen in den ersten Wochen seiner Mitarbeit *persönlich besonders anzunehmen.* Der »Pate« nimmt den Neuen auf diese Weise unter den schützenden Schirm seiner Autorität in der Gruppe. Angriffe gegen den Neuen wirken mittelbar gegen ihn selbst und werden von ihm mit abgewehrt, oder sie unterbleiben ganz. Der engere Kontakt zwischen beiden erleichtert dem Neuen den Zugang zu den Zielen, Normen und Rollenerwartungen der Gruppe und damit zu ihr selbst. In der Zeit des Betreuens sollte der Vorgesetzte *verstärkten Kontakt zum »Paten«* unterhalten, den Integrationsvorgang unterstützen und bei Konflikten vermittelnd tätig werden.

D) Einweisung in die Arbeitsfunktion

Anhand der Stellenbeschreibung oder einer freien Auflistung werden dem Neuen die Aufgaben (-bereiche) vorgestellt, deren Beherrschung er in der Reihenfolge zunehmender Schwierigkeitsgrade erarbeiten muß. Sie sollten zusammen mit dem Neuen so zu einem flexibel terminierten **Einarbeitungsplan** geordnet werden, daß sie bis zum Ende der Probezeit im wesentlichen erlernt sein können. Erfaßt werden müssen ferner

- zusätzlich zu erwerbende Qualifikationen sowie
- die Unterrichtung über arbeitsplatz- und aufgabenspezifische Unfall- und Gesundheitsgefahren einschließlich der Maßnahmen und Mittel, mit denen sie zu verhindern sind.

Innerhalb der einzelnen Aufgaben empfiehlt sich folgendes Vorgehen:

a) vorbereiten und Aufgabe in einzelne Teilschritte zerlegen,
b) erklären und vormachen,
c) selbst ausführen lassen,
d) abschließen und selbständig weiterarbeiten lassen.

Vom Schwierigkeitsgrad der Aufgabe, von der Auffassungsgabe des Neuen und vom pädagogischen Geschick des Vorgesetzten wird es abhängen, wie schnell der Neue vom bloßen Ausprobieren ans Lösen echter Aufgaben herangeführt werden kann. Fehler beim Erlernen neuer Fertigkeiten und Sachzusammenhänge sind ihm ebenso zuzubilligen wie die Erfahrung, daß ein von ihm beschrittener Weg in die Sackgasse führen kann (»Versuch und Irrtum«). Damit, daß das Tempo der Einarbeitung wesentlich von seinen Lernerfolgen bestimmt und daß er zu allen Entscheidungen über seine Einarbeitung partizipativ herangezogen wird, muß ihm bewußt gemacht werden, daß Fortschritt und Erfolg dabei *zuallererst von* **seiner** *Initiative* bestimmt und nicht vom Betrieb diktiert werden.

Geben Sie dem Neuen zugleich aber umfassende Gelegenheit, in seine Einarbeitung *eigenes Wissen und Können* einfließen zu lassen. Nützen Sie dies als willkommenen **Innovations-Zufluß** für den eigenen Betrieb.

E) Vertrautmachen mit den Verhaltens-Essentials in Arbeit und Führung

In der Einarbeitungszeit ist der neue Mitarbeiter von Anfang an mit den in Zusammenarbeit und Führung geltenden Verhaltens-Werten vertraut zu machen, die ihm als Bestandteile der lebendig gelebten Unternehmenskultur vor Augen zu führen sind. Es handelt sich um Werte

a) im eigenen Arbeitsverhalten:

die in Ziffer 11.2 Buchstabe C genannten Ziele

- Qualitäts- und Kundenbewußtsein
- Terminbewußtsein
- Kosten- und Sparsamkeitsbewußtsein
- Innovationsbewußtsein
- Zuverlässigkeitsbewußtsein
- Kooperationsbewußtsein
- Mitverantwortungsbewußtsein
- Gesundheits- und Sicherheitsbewußtsein
- Qualifikations- und Entwicklungsbewußtsein;

Gewinnen Sie Ihre Mitarbeiter gleich am Anfang und immer wieder aufs neue dafür, jede Gelegenheit aufzuspüren und ohne Tabus zu nutzen, diese Werte in Taten umzusetzen! Vermitteln Sie ihnen, daß jeder einzelne Erfolg dabei einen wertvollen Beitrag zum Unternehmenserfolg darstellt und dringend erwünscht ist.

b) in der Zusammenarbeit mit dem Vorgesetzten:

Schwerpunkte bilden

- Eigenverantwortlichkeit und Alleinzuständigkeit in der Wahrnehmung der delegiert bekommenen Aufgaben und Kompetenzen
- Partizipation
- partnerschaftliches Kooperieren und Unterstützen
- Verläßlichkeit, Vertrauen, Loyalität, Fairneß;

c) in der Zusammenarbeit mit Kollegen:

Schwerpunkte bilden

- teamartiges Zusammenwirken
- kooperatives Unterstützen
- proaktive Fehlerbeseitigung.

Dabei hervorzuheben ist das Prinzip motivationalen Führens und Zusammenarbeitens: Leistung und Gegenleistung beschränken sich nicht auf das arbeitsrechtlich erzwingbare Minimum. Vielmehr erstrecken sie sich in freiwilligem Geben und Nehmen auf **alle** Leistungen, die jeder Seite **möglich** und die **zulässig** sind.

Da die vorstehenden Verhaltens-Essentials größtenteils Goodwill-Faktoren darstellen, erscheint es wenig sinnvoll, sie dem Neuen als verbindliche Vorgaben vorzustellen. Auf die Möglichkeit der Vereinbarung von Verhaltensleitsätzen (vgl. Ziffer 18.4) verweisen wir.

17.4.4 Empfehlungen zur Einführungspraxis

A) Erstellen eines Einarbeitungsplans

- Erarbeiten Sie schon am ersten Tag zusammen mit dem neuen Mitarbeiter und dem für ihn gewonnenen Paten anhand einer vorbereiteten Maßnahmenliste einen Einarbeitungsplan, in dem alle wichtigen Informations- und Aufgabenkomplexe sowie zusätzlich zu erwerbende Qualifikationen in der Reihenfolge zunehmender Schwierigkeit zusammengefaßt und flexibel terminiert sind;
- bedenken Sie bei der Bemessung der Lernschritte und des zu vermittelnden Informationsvolumens, daß menschliche Aufnahmekapazität begrenzt ist, und zerteilen Sie die Materie deshalb in verdauliche Portionen;
- besprechen Sie den Plan mit dem Neuen gründlich, und händigen Sie je ein Exemplar ihm selbst und dem Paten aus;
- schreiten Sie in der Zeit des Einführens mit dem Neuen nach Plan voran, und vermitteln Sie ihm so das Gefühl für seine Fortschritte, aber auch für nicht plangemäßes Verharren;
- delegieren Sie Teile des Einarbeitens und Informierens auf den (dafür ausreichend vorbereiteten) Paten, so stärken Sie Zusammenarbeit dort, und Sie entlasten sich selbst.

B) Verstärkte Betreuung am Anfang

- Führen Sie am ersten Arbeitstag des neuen Mitarbeiters ein ausführliches *Arbeitsaufnahme-Gespräch*, in welchem Sie mit ihm alle Ihnen, aber auch ihm, wichtig erscheinenden Dinge *realistisch* besprechen, nehmen Sie sich dafür Zeit!;

– geben Sie dem neuen Mitarbeiter in den ersten Wochen besonders viel realistisches Feedback, arbeiten Sie dabei, wo immer dies möglich ist, mit Lob und Anerkennung, und führen Sie Mängel im Leisten und Verhalten im Zweifelsfall auf Ihre noch nicht genügende Einweisung zurück;

– lassen Sie Defizite aber nicht unbesprochen durchgehen, sondern sprechen Sie sie ohne Vorwurf, aber offen an, und mahnen Sie mangelfreies Arbeiten als Ziel an;

– erkundigen Sie sich laufend auch über die Erfahrungen des Paten;

– beenden Sie in der ersten Woche jeden Arbeitstag mit einem Feedback-Gespräch, und verlängern Sie die zeitlichen Abstände danach nach Ihrem Ermessen, ohne Ihren Anspruch, auf dem laufenden zu bleiben, aufzugeben;

– fertigen Sie über Fortschritte und Defizite zum Einarbeitungsplan Notizen an, die Ihnen am Ende der Probezeit helfen werden, zu einem zutreffenden Gesamturteil zu gelangen.

C) Die Entscheidung über das Arbeitsverhältnis am Ende der Probezeit

Zum Ende der Probezeit fordert die Personalabteilung Ihre Empfehlung oder, besser noch, Ihre Entscheidung ein, ob das Arbeitsverhältnis unter Kündigungsschutz fortgesetzt oder ob es beendet werden soll. Dazu werden Sie vor allem heranziehen

– Ihre eigenen notierten Erfahrungen aus Ihrer bisherigen Zusammenarbeit mit dem neuen Mitarbeiter,

– die Erfahrungen des Paten sowie

– den Gesamteindruck, den Sie, Ihre Gruppe sowie Dritte aus der Zusammenarbeit mit dem Neuen gewonnen haben.

Versuchen Sie so, Ihre Entscheidung aufgrund rational gewonnener Fakten zu vollziehen, ohne jedoch ihre emotionalen Eindrücke gänzlich zu vernachlässigen.

Nach einem sorgfältig durchgeführten Auswahl- und Einweisungsverfahren wird die Entscheidung in der Mehrzahl aller Fälle *zugunsten* der Fortsetzung des Arbeitsverhältnisses ausfallen.

Sprechen die Fakten indessen eindeutig dagegen, dann müssen Sie jetzt konsequent sein, auch wenn das darüber zu führende Gespräch mit dem Neuen inhaltlich für Sie nicht angenehm ist. Prüfen Sie zuvor, ob die betriebliche Situation das Angebot der Umsetzung auf einen weniger anspruchsvollen Arbeitsplatz zuläßt. Nennen Sie die zu Buche geschlagenen Defizite beim Namen, und offenbaren Sie dem Ausscheidenden helfend die Schwächen, in denen er an sich arbeitend für Abhilfe sorgen muß. Geben Sie ihm dabei auch zu bedenken, daß langfristig für ihn das unumgängliche »Ende mit Schrecken« leichter zu ertragen sein wird als der in andauerndem Mißerfolg liegende »Schrecken ohne Ende«.

Anhang zu Kapitel 17

A) Anmerkungen

1 Wagner, P., 1984; Racké, G., 1986
2 Niederfeichtner, F., in HWFü, Sp. 82–90; Weinert, A. B., in Personalführung Nr. 11/1992, S. 902ff.
3 Weinert, a. a. O.
4 Näher Kieser, A./Nagel, R., in HWFü, Sp. 1566ff. (1567/68)
5 Vgl. Huber, K.-H., in HWP, Sp. 763ff. (768f.)

B) Kontrollfragen und -aufgaben

zu 17.1–17.3

a) Welches Ziel hinsichtlich der Qualifikation muß der Betrieb bei Bewerberauswahl anzustreben versuchen?

b) Welcher Qualifikationsgrad eines Bewerbers bezogen auf die zu besetzendeStelle ist anzustreben, und was ist zu vermeiden?

c) Kommt der Fragestellung zu b) auch für den Bewerber Bedeutung zu?

d) In welchen Abschnitten verläuft ein ordnungsgemäß durchgeführtes Stellenbesetzungsverfahren?

e) Was versteht man unter einem
    ea) Anforderungsprofil,
    eb) Leistungs-/Persönlichkeitsprofil?

f) Welche betrieblichen Stellen sind am Stellenbesetzungsverfahren zu beteiligen?

g) Welche Datenbereiche umfaßt im allgemeinen das Anforderungsprofil?

h) Welche Instrumente sagen etwas aus über das bewerberseitige Leistungs- und Persönlichkeitsprofil?

i) In welchen logischen Schritten ist die Personalauswahl- Entscheidung zu vollziehen?

j) Welche Fehlerquellen eröffnen sich dabei?

k) Skizzieren Sie generelle Möglichkeiten, diese Gefahrenquellen zu minimieren.

l) Werden sie sich gänzlich ausschalten lassen?

zu 17.4

a) Weshalb empfiehlt es sich überhaupt, neue Mitarbeiter in ihr künftiges Arbeitsfeld gezielt einzuarbeiten?

b) Welche Konfliktspotentiale treten in der Person eines neuen Mitarbeiters beim Antritt einer neuen Stelle häufig auf?

c) Welche nicht selten gebrachten Einweisungsstrategien der Praxis wirken sich dabei negativ aus?

d) Welches Fehlverhalten von Vorgesetzten kann dies noch verstärken?

e) Welche in der Praxis häufig zu beobachtende Konsequenz hat dies?

f) Mittels welcher Strategie sollten neue Mitarbeiter regelmäßig in ihr Arbeitsfeld eingewiesen werden?

g) Nennen Sie die einzelnen Felder der Einweisung und ihre Inhalte.

h) Welchen Sinn kann es haben, neue Mitarbeiter
    ha) über den Betrieb umfassend und systematisch zu informieren?
    hb) durch den Betrieb zu führen?

i) Weshalb und in welchen Schritten ist ein neuer Mitarbeiter extra in seine Arbeitsgruppe einzuführen?

j) Legen Sie dar, wie ein Neuer in seine Arbeitsfunktion einzuführen ist und worauf es dabei ankommt.

k) In welchem Sinne kann eingebrachtes Know-how eines Neuen für den Betrieb nützlich sein?

l) Mit welchen Verhaltens-Essentials sollte ein neuer Mitarbeiter vertraut gemacht werden, und welchen Sinn hat dies?

m) Lohnt es, dabei über das Prinzip motivationalen Führens zu reden?

n) Sollte einem Neuen die Beachtung der Verhaltens-Essentials zur verbindlichen Arbeitspflicht gemacht gemacht werden? (Bitte begründen!)

o) Skizzieren Sie kurz den Sinn eines Einarbeitungsplans und die wichtigsten Regeln des Umgangs damit.

p) Skizzieren Sie die wichtigsten Maßnahmen verstärkter Betreuung neuer Mitarbeiter am Anfang ihrer Mitarbeit.

q) Welche Erkenntnisquellen werden Sie zum Treffen Ihrer Entscheidung über Fortsetzung oder Beendigung des Arbeitsverhältnisses am Ende der Probezeit heranziehen?

r) Dürfen Sie als Vorgesetzter das Abschlußgespräch mit einer negativen Entscheidung an eine andere Instanz delegieren?

C) Literatur

zu 17.1 - 17.3
Bellgardt, P., 1984
Finzer, P./Mungenast, M., Personalauswahl, in HWP, Sp. 1583–1596
Kador, F.-J., 1990, Ziffern 1 und 2
Knebel, H., 1992 (a)
derselbe, 1992 (b)
Niederfeichtner, F., Auswahl von Führungskräften, in HWFü, Sp. 82–90
Racké, G., 1986
Raschke, H./Knebel, H., 1983
Schuler, H., Auswahl von Mitarbeitern, in Rosenstiel L. von et al., 1993, S. 113ff.
Thom, N., Stellenbildung und Stellenbesetzung, in HWO, Sp. 2321–2333
Wagner, P., 1984
Weinert, A. B., Potentialerkennung bei Führungskräften: Ein neues Verfahren zur Identifizierung von Führungskräften, in Personalführung Nr. 11/1992, S. 902ff.

zu 17.4
Domsch, M./Grosser, H., Integration von Führungskräften, in Personalwirtschaft, 1985, S. 99–103
Gottschall, D., Eingestellt und abgelegt, in Manager Magazin, Nr. 1/1983, S. 86–89
Huber, K.-H., Personalbeschaffung – vom Bedarfsplan zum integrierten Mitarbeiter, in Lohn + Gehalt, 1986, S. 291–294, 305–314
derselbe, Einführungsprogramme für neue Mitarbeiter, in HWP, Sp. 763–773
Kador, F.-J., 1990, Ziffer 3
Kieser, A., Einarbeitung neuer Mitarbeiter, in Rosenstiel L. von et al., 1993, S. 141ff.
Kieser, A./Nagel, R., Neue Mitarbeiter, Führung von, in HWFü, Sp. 1566–1572
Kieser, A. et al., 1985
Pfützner, R.(Hrsg.), 1991, Abschnitt C, Ziffer 4.4
Schrader, E. (Hrsg.), 1984
Stiefel, R. Th., 1979
Weinert, A. B., 1981, S. 213ff.
Zander, E., 1982, Kapitel III

18 Komponenten der mit dem Mitarbeiter zu treffenden Leistungsvereinbarung

Lernziele:
In diesen Abschnitt wollen wir Kenntnisse darüber gewinnen,

- welche Funktionen Leistungsvereinbarungen in Führung und Zusammenarbeit erfüllen,
- mit welchen Arten davon in der Praxis gearbeitet wird und
- welche zentralen Fragen und Probleme dabei zu beachten und zu bewältigen sind.

18.1 Wesen und Funktionen

Mitarbeiter sollen optimale Beiträge zur Erfüllung der gesamtbetrieblichen Zielsetzungen erbringen. Dazu markiert die Stellenbeschreibung pauschal das Aufgabengebiet und den Ort in der Ablauf- und Aufbauorganisation, an dem die Beiträge zu leisten sind. Zur Kenntnis, *worin* die Beiträge im einzelnen bestehen sollen und wie sie *qualitativ und quantitativ* beschaffen sein müssen, bedarf der Mitarbeiter weiterer Informationen. Sie erfährt er in den einzelnen Leistungsvereinbarungen. Ihre Inhalte leiten sich aus dem konkreten Leistungsbedarf an einer Stelle ab, und ihre Definition obliegt als Bestandteil der Organisations- und Direktionskompetenz grundsätzlich dem Arbeitgeber. Deshalb werden nach herkömmlicher Auffassung die vom Mitarbeiter zu erfüllenden Aufgaben ihm von betrieblicher Seite als verbindliche Vorgaben vorgegeben in der selbstverständlichen Erwartung, daß sie pflichtgemäß erfüllt werden.

In motivationalem Führen soll erreicht werden, daß der Aufgabenträger in seine Arbeit und die Verfolgung seiner Ziele sein volles, d. h. auch sein Goodwill-Potential einbringt. Den größten Anreiz dazu entfaltet die Chance, an der Definition seiner Aufgaben *teilhaben* zu dürfen und sie als zumindest teilweise eigenbestimmte Werte anstreben zu können (vgl. Ziffer 10.3.4). **An die Stelle von Fremdbestimmtheit tritt dann Eigenbestimmtheit.**

In der betrieblichen Praxis werden jedoch viele, wenn nicht die meisten Arbeitsinhalte von organisatorischen Sachzwängen vordefiniert. Ihre Akzeptanz seitens des Aufgabenträgers muß dann dadurch angestrebt werden, daß ihm die Sachzwänge, soweit diese nicht ohnehin einsichtig sind, offengelegt werden, daß ihm die zum Definieren verbliebenen Rest-Refugien zum Einbringen eigener (Gegen-)Vorstellungen eröffnet werden und daß ihm die Disposition über den Weg der Zielerfüllung ganz überlassen wird.

Im Ergebnis verwandelt sich so die einseitig gestellte Leistungs*vorgabe* ihrem Wesen nach in eine zweiseitige Leistungs*vereinbarung*.

Definierte Leistungsinhalte erfüllen folgende Funktionen:

A) Sie informieren den Aufgabenträger darüber, welche Beiträge im Sinne von Arbeitsleistungen und Verhaltensweisen er zu erbringen hat und wie sie quantitativ und qualitativ beschaffen sein müssen, um als *optimal* bewertet werden zu können;

B) sie bilden Parameter zur Messung des tatsächlich erbrachten (und noch zu erbringenden) Leistungsvolumens und damit eine Bewertungsgrundlage des Geleisteten;

C) sie bilden für ihn Richtwerte, an deren Erfüllung er die Wahrscheinlichkeit abschätzen kann, erfolgreich zu sein und aus seiner eigenen Zufriedenheit darüber selbst *intrinsische Belohnung* sowie vom Betrieb dafür *extrinsische Belohnungen* zu erfahren.

Betriebliche Leistungsvorgaben umfassen alle wesentlichen Leistungsinhalte, deren Erbringung vom Mitarbeiter erwartet wird. Dabei handelt es sich ihrer Struktur nach um drei voneinander zu unterscheidende Komplexe:

A) Ziel-Projekte, die aufgrund ihrer Komplexität oder ihres Umfangs innerhalb eines längeren Zeitraumes zu bewältigen sind. Ihre Definitionsmittel bildet die Arbeitszielvereinbarung.

B) Leistungsinhalte geringeren Volumens, die dem Mitarbeiter situativ übertragen und von ihm regelmäßig innerhalb eines kürzeren Zeitraumes erbracht werden. Sie werden als Einzelaufträge definiert.

C) Verhaltensweisen, die den Stil der Zusammenarbeit zwischen Mitarbeiter und Betrieb kennzeichnen. Ihr Definitionsmittel bildet die Vereinbarung von Arbeitsverhaltens-Leitsätzen.

Unter **Leistungsvereinbarung** verstehen wir die einvernehmliche qualitative und quantitative Beschreibung und Vereinbarung der Leistungsbeiträge, die der Betrieb vom Mitarbeiter ständig oder innerhalb eines bestimmten Zeitraums erwartet.

18.2 Arbeitszielvereinbarung

A) Begriff

Unter einem **Ziel** verstehen wir einen Zustand/ein Ergebnis, der/das zur Lösung einer konkreten Problemlage aktiv angestrebt wird.

Ziele aktivieren menschliches Handeln und geben ihm Richtung und Sinn. Wie paradox Aktivität ohne Ziel ist, wird aus folgender, Mark Twain zugeschriebener Aussage deutlich: »*Nachdem wir unser Ziel endgültig aus den Augen verloren hatten, verdoppelten wir unsere Anstrengungen.*« Wofür? Wohin?

B) Zielhierarchie:

Operative Arbeitsziele, die Mitarbeitern im Betrieb gesetzt werden, sind Bestandteile des gesamtbetrieblichen Zielsystems. Dieses besteht aus *einander hierarchisch zugeordneten Zielkategorien* unterschiedlicher Wertigkeit und Tragweite [1].

a) Ihre Spitze bilden die **strategischen Unternehmensziele.** Sie enthalten unternehmensweit geltende Vorgaben von *mittel- bis langfristiger* Geltungsdauer (ab drei Jahren).

> **Beispiel:**
> Das Unternehmen wird binnen drei Jahren einen neuen Drehstrommotor der Leistungsklasse 5 KW, Baugröße N, zu 80 % der derzeitigen Kosten auf den Markt bringen, mit dem der derzeitige Marktanteil von 3 % binnen 5 Jahren wieder auf 8–10 % zu erweitern ist.

b) Davon abgeleitet werden die **taktischen Ziele,** zu denen auf der mittleren Planungsebene die strategischen Ziele in Ausführungsziele für die Realisationsebene transformiert werden. Sie gelten *kurz- bis mittelfristig* (ein bis fünf Jahre).

Beispiele:

- Der neue Motor ist binnen zwei Jahren von Entwicklung/ Konstruktion zur Fertigungsreife zu entwickeln;
- die Fertigung ist von Bereich 1 in 2 1/2 Jahren mit 500 Stück/Monat in Testserie aufzunehmen und in weiteren 2 Jahren auf 10.000 Stück/Monat hochzufahren.

c) Die taktischen Ziele bilden die Orientierungswerte für die **operativen Ziele,** die in den zuständigen Bereichen der Realisationsebene für die einzelnen Stellen zu bilden sind und *kurzfristig* gelten (regelmäßig ein Jahr). Mit ihnen beschäftigen wir uns im folgenden.

Beispiele:

- Konstrukteur X entwickelt binnen eines Jahres für Baugröße N ein verbessertes Wärmeableitungsprofil für die Gehäuseoberfläche mit einem Verbesserungswert von 15-20% zum derzeitigen Modell;
- Planer Y erstellt binnen eines Jahres die Planungsunterlagen für die teilautomatisierte Fertigungsstraße des Motors.

Neben der Ableitung operativer Ziele aus übergeordneten Hierarchien können ungeplante und unplanbare situative Entwicklungen es notwendig werden lassen Arbeitsziele auch aus dem Stand heraus zu formulieren und anzustreben.

C) Zielperiode:
In der Praxis hat es sich bewährt, mit operativen Zielperioden von einem Kalenderjahr zu arbeiten.

D) Arten von Zielen:
Als geeignet zur Zielvereinbarung erweisen sich alle Arten von Projekten, die innerhalb des Planungszeitraumes von einem Aufgabenträger abgeschlossen werden können. Dafür kommen insbesondere in Betracht:

a) **Werterhöhungsziele,** zum Beispiel
   - Erhöhung des Umsatzes um x TDM zum Vorjahr,
   - Erhöhung des Absatzes um x Mengeneinheiten,
   - Erhöhung des Verkaufserlöses um x% zum Vorjahr.
b) **Kosten-/Aufwandsenkungsziele,** zum Beispiel
   - Senkung der Kosten für
     - Materialeinsatz um x%/Stück,
     - Energieeinsatz um x DM/Einheit,
     - Schäden an Transportmitteln um x% zum Vorjahr;
   - Senkung
     - von Nachbesserungsaufwand um x% zum Ist;
     - der Rüstzeiten um x Minuten/Vorgang;
     - der Maschinenstillstandszeiten um 30% zum 1./2. Quartal 1993;
c) **Problemlösungsziele**, zum Beispiel
   - Erhöhung der Teilnahme am BVW auf x% der Beschäftigten im Jahr;
   - Beseitigung der Fertigungsschwachstellen im Produkt »Universalmotor«.
d) **Innovationsziele,** zum Beispiel
   - Umstellung der Fertigungsstraße A von Einzel- auf Gruppenarbeit mit integrierter Qualitätskontrolle,
   - Erarbeitung eines Programms der vorbeugenden Instandhaltung,

- Einführung einer analytischen Fehlzeitenerfassung im Bereich XY,
- Integration des Materialflusses in die rechnergestützte Fertigungssteuerung,
- Einführung teilautomatisierter Läuferfertigung in Halle A;

e) **Persönliche Entwicklungsziele,** zum Beispiel
- Erwerb der REFA-Grundscheine I und II;
- Teilnahme an einem Intensivkurs »Technisches Englisch« an der Fachakademie XY.

E) Vereinbarung von Zielen:

Führung durch Zielvereinbarung wird in Literatur und Praxis als **Management by Objectives (MbO)** bezeichnet. Der damit erreichbare Erfolg wird wesentlich davon bestimmt, in welchem Umfang der mit Zielen betraute Mitarbeiter in der Lage ist, sich mit ihnen zu identifizieren. Dazu ist, der Leitidee motivierenden Führens folgend, in größtmöglichem Umfang Kongruenz zwischen den Arbeits- und seinen Individualzielen anzustreben. Nur dann, wenn er vereinbarte Ziele *zugleich als seine eigenen akzeptiert*, wird er sie mit ganzer Kraft und aus eigenem Antrieb verfolgen. Um diese motivatorische Zielsetzung zu realisieren, sind bei der Zieldefinition folgende Grundforderungen zu berücksichtigen [2]:

a) *Partizipation bei Zieldefinierung*: Der Mitarbeiter ist in den Definitionsprozeß einzubeziehen. Dazu ist ihm als Experten für die aus der Sicht seines Bereichs zu bevorzugenden Zielthemen ein Vorschlagsrecht gegenüber seiner vorgesetzten Ebene einzuräumen. Aber auch wenn Zielthemen und Basiswerte, aus der betrieblichen Zielhierarchie abgeleitet, vorgegeben sind, kann der Mitarbeiter aus seiner Kenntnis dessen, was für ihn realisierbar ist, Wichtiges zu ihrer endgültigen Definition beitragen. Dazu ist der endgültigen Definition eine Ziel-Planungsphase vorzuschalten.

b) *Operationalisierbarkeit der Ziele*: Ziele müssen verfolgbar sein in dem Sinne, daß

ba) *sie eindeutig sind*: der Mitarbeiter muß wissen, welches Ergebnis er anzuvisieren hat, und damit wissen, was er *nicht* anzustreben hat, und dazu muß er über die quantitativen und qualitativen Inhalte der Ziele in vollem Umfang informiert sein;

bb) *sie erreichbar sind*: Ziele dürfen nicht so hoch gesteckt werden, daß ihr Erreichen von Anfang an aussichtslos erscheint und sie deshalb demoralisierend wirken, aber auch nicht so niedrig, daß ihre Verfolgung reizlos erscheint; anzustreben ist mit einem auf das subjektive Leistungsvermögen des Zieladressaten abgestimmten Maßstab eine zu bewältigende *Herausforderung,* deren Bewältigung Stolz und Belohnung verspricht;

bc) *der Weg der Zielverfolgung selbstbestimmbar ist*: der Zieladressat muß unter Ausschöpfung seines Könnens, seiner Kompetenzen innerhalb der organisatorischen Rahmenbedingungen die anzuwendenden Handlungsalternativen selbst auswählen und realisieren dürfen.

F) Verfahren der Zielvereinbarung

Das Verfahren zur Zielvereinbarung stellt einen Annäherungsprozeß zwischen betriebs- und mitarbeiterseitigen Vor- und Gegenvorstellungen über Zielthemen und -standards dar. Dabei ist Übereinstimmung in folgenden Fragen herzustellen:

a) *Verfahren der Abstimmung:* In welchen Schritten soll sie herbeigeführt werden? Zweckmäßigerweise werden Vorgesetzter und Mitarbeiter am Ende der vergangenen Zielperiode, vielleicht aus Anlaß des Beurteilungsgesprächs, ihre Vorstellungen über die zu verfolgenden Ziele der nächsten Periode untereinander austauschen und sich in einer nachfolgenden sog. »Zielkonferenz« auf den endgültigen Katalog verständigen.

b) Zielauswahl: Welche Zielprojekte sollten ausgewählt werden? Die Frage ist unter dem Gesichtspunkt der Dringlichkeit zu beantworten. In der Praxis ist zu beobachten, daß qualifizierte Arbeitskräfte mit hohem Leistungsethos dazu neigen, sich zu viel vorzunehmen und zu überfordern. Mißerfolg kann so programmiert werden. Deshalb darf der Katalog nicht unrealistisch überfrachtet werden, denn neben den Zielen sind regelmäßig ja auch noch die situativ auftretenden Aufgaben zu erfüllen. In der Praxis haben sich, je nach Komplexität, 3 bis 7 Zielprojekte als realisierbar erwiesen. Außerdem ist sicherzustellen, daß die ausgewählten Ziele in sich, untereinander und zu den Zielen anderer *widerspruchsfrei* sind. So schließen gleichzeitige Mengen- und Güteorientierung einander aus.

c) Leistungsstandards: Welche qualitativen und quantitativen Ergebnisse müssen erreicht werden, damit das Ziel als *erfüllt* bewertet werden kann? Die Frage wird sich bei quantitativen Werten wie in Zahlen faßbaren Daten leichter beantworten lassen als bei qualitativen wie Innovations- und Entwicklungszielen. Aber auch bei letzteren sollte die Erfüllung so präzise beschrieben werden, daß sie sich von der Nichterfüllung eindeutig abgrenzen läßt. Dabei können Toleranzwerte, Bandbreiten oder Schätzwerte hilfreich sein.

d) Zielbeschreibung: Jedes Ziel sollte so präzise definiert sein, daß sich das Ziel selbst und der Zustand seiner Erfüllung eindeutig von anderen Zielen und den Zielen anderer abgrenzen lassen. Das Erfordernis muß gewährleistet sein, damit die erreichten Ergebnisse dem Mitarbeiter in der Leistungsbeurteilung eindeutig zugewiesen werden können.

e) Abfassung der Zielvereinbarung: Der Katalog mit den vereinbarten Zielen sollte, vom Mitarbeiter selbst formuliert, schriftlich abgefaßt und von diesem unterzeichnet werden.

Wir heben noch einmal hervor:
- die Vorstellungen des Zieladressaten müssen in die Zieldefinition einfließen,
- beim gesamten Verfahren der Zielvereinbarung ist ein Anspruchsniveau anzustreben, das den Adressaten herausfordert, ohne ihn unrealistisch zu überfrachten oder zu unterfordern,
- auf administrativen Druck von oben ist in größtmöglichem Maße zu verzichten, und *Dünnbrettbohren von unten* sollte eher bei der Gewichtung der erbrachten Leistungen in der späteren Leistungsbeurteilung zu Buche schlagen als durch Diktate bereinigt werden.

Bei Gruppenarbeit gilt entsprechendes für die ganze Gruppe und das Verfahren zur Definition ihrer Ziele.

G) Zielbegleitung
Der Vorgesetzte sollte sich zwar über den Fortgang der Zielverfolgung regelmäßig berichten lassen, auf den Prozeß selbst aber grundsätzlich nicht reglementierend Einfluß nehmen. Anderes kann gelten, wenn

- er seitens des Mitarbeiters um Unterstützung gebeten wird,
- Veränderungen der Rahmenbedingungen, insbesondere Krisensituationen, Zielkorrekturen erforderlich werden lassen,
- akut drohende Zielverfehlungen seinen Eingriff zum Zwecke der Schadensabwendung notwendig werden lassen,

(sog. *Management by Exception*). Der Zieladressat sollte sich für die Zielauswertung Notizen über den Zeitaufwand anlegen, den er in jedes Zielprojekt auch zugunsten situativer anderweitiger Beanspruchungen, zum Beispiel für Einzelaufträge, investiert hat.

H) Zielauswertung

Führung durch Zielvereinbarung erfordert Zielauswertung und bietet sich zugleich als Grundlage einer Leistungsbeurteilung an. Dabei sollte es dem Zieladressaten überlassen werden, den erreichten Erfüllungsgrad zu beschreiben und darzustellen, welche Umstände die angestebte Zielerreichung erschwert oder gar vereitelt haben. Es liegt beim Vorgesetzten, das Erreichte im Kontext mit den realen Bedingungen, insbesondere auch der situativen Beanspruchung des Zieladressaten *zusätzlich* zu den Zielprojekten, zu beurteilen. Das Verfahren ist mit größtmöglicher Objektivität durchzuführen. Dabei sind Erfolge im Sinne motivatorischen Führens *für intrinsische und extrinsische Belohnungen* zu nutzen, und Mißerfolge können zu Anlässen für künftige Entwicklungsziele genommen werden.

I) Einführung von Führen durch Zielvereinbarung

Die Umstellung von der traditionellen Führung durch Erteilung von Einzelaufträgen auf Führung durch Zielvereinbarung bedarf, wie jede Neuerung, einer längeren Phase des Erlernens. Sie dürfte realistisch mit zwei bis vier Zielperioden anzusetzen sein. Sinnvollerweise ist die Einführung des neuen Systems an der Spitze des Unternehmens/Betriebes zu beginnen und schrittweise in die nachgeordneten Ebenen zu übertragen. Ein erfolgreiches Vorgehen wird dadurch gefördert, daß

- die Unternehmensleitung und die ihr nachgeordneten Führungskräfte sich mit dem System MbO *identifizieren,*
- das künftige System MbO in einer sachkompetent moderierten Beteiligungsgruppe/Lernstatt entwickelt wird,
- alle einzubeziehenden Mitarbeiter und der Betriebsrat von Anfang an darüber ohne Tabus informiert und in Aussprachen darüber einbezogen werden;
- der Grundsatz der Einvernehmlichkeit gewahrt und nicht durch verdeckte Diktate, Manipulationen etc. korrumpiert wird;
- Erfolge und Mißerfolge sachgerecht analysiert und ausgewertet werden;
- in der Einführungsphase eine qualifizierte Ansprechinstanz (Projekt-Manager) auf Abruf bereitgestellt wird.

Der damit verbundene Aufwand rechtfertigt sich aus den *Vorteilen* der Führung mit MbO:

- zunehmende Arbeitszufriedenheit durch erhöhte Autonomie des Mitarbeiters bei Zielsetzung, -verfolgung und -auswertung;
- erhöhte Transparenz von Leistungsvorgabe und -erfüllung;
- Entlastung des Vorgesetzten von Detailarbeit;
- erhöhte Sinnhaftigkeit durch Zielbezogenheit der Arbeit sowie
- vergrößerte Chance zur Wahrnehmung von Wachstum und Erfolg.

Eine *Mitwirkung des Betriebsrates* bei der Einführung von MbO sieht das BetrVG grundsätzlich *nicht* vor. Etwas anderes gilt dann, wenn damit verbunden werden

- die Erstellung von Beurteilungsgrundsätzen gem. § 94 Abs. 2 BetrVG sowie
- Maßnahmen der Entgeltfindung gem. § 87 Abs. 1 Ziffern 10, 11 BetrVG.

18.3   Erteilung von Einzelaufträgen

Unter dem **Einzelauftrag** verstehen wir einen abgeschlossenen, aus situativem Bedarf entstandenen, kurzfristig und mit geringerem Zeitaufwand zu realisierenden Leistungsbeitrag.

Seine Bedeutung tritt bei Führung nach MbO nach Häufigkeit und Gewicht zwar zurück, als
Komponente unter den insgesamt zu erbringenden Leistungen bleibt er an der Mehrzahl der
Funktionen gleichwohl unverzichtbar.

Beispiele:

- Der Elektriker wird angewiesen, die turnusmäßig durchzuführenden Überholungsarbeiten an einer
  Werkzeugmaschine zu unterbrechen, um eine andere, soeben defekt gewordene Maschine unverzüglich
  wieder instandzusetzen;
- die Arbeitskraft am Prüffeld erhält den Auftrag, ein bereits auf dem Lager befindliches Los von Schalt-
  geräten einer Sonderprüfung zu unterziehen, weil an einigen von ihnen bei Kunden unerwartete Mängel aufgetreten sind;
- ein Kalkulator erhält den Auftrag, bei einer soeben eingetroffenen Orderanfrage eines Kunden kurzfristig zu ermitteln, mit welchem Angebot ein ausreichender Deckungsbeitrag sichergestellt wird.

Wie bei MbO sollte auch bei der Erteilung von Einzelaufträgen vor allem das mit ihnen angestrebte *Ziel* definiert werden und nicht der Weg, auf dem es erreicht werden soll. Da das Ziel der
Auftragserfüllung aufgrund von Sachzwängen häufig vorgegeben sein wird, muß sich das Autono-
miestreben des Mitarbeiters auch hier vor allem auf Selbständigkeit in der Auftrag*serledigung*
richten. Auch beim Einzelauftrag ist anzustreben, daß das vorgegebene Ziel vom Mitarbeiter akzeptiert und einvernehmlich angenommen wird. Damit übernimmt er gegenüber dem Betrieb die
Pflicht, es zu erfüllen.

Analog zu den für Zielvereinbarungen geltenden Regelungen empfiehlt es sich, bei der Erteilung von Einzelaufträgen nach folgenden Grundsätzen zu verfahren:

- Das mit der Erfüllung eines Auftrages angestrebte Ziel ist quantitativ und qualitativ präzise zu
  definieren;
- bei komplizierteren und umfangreicheren Aufträgen sollten die angestrebten Ziele schriftlich
  fixiert werden;
- wird ein Auftrag an eine Mitarbeitergruppe übertragen, sollte mit der Gruppe festgelegt werden, wer aus ihrer Mitte dem Betrieb *federführend verantwortlich* ist;
- müssen infolge der Auftragserteilung andere Arbeiten (zum Beispiel an Zielprojekten) unter-
  brochen werden, sollte den Mitarbeitern die besondere Dringlichkeit erläutert werden;
- die für Einzelaufträge aufzuwendende Zeit sollte im Hinblick auf ihre Bedeutung für Zielprojekte dokumentiert werden;
- den Weg der Auftragserledigung wählt der Mitarbeiter nach Maßgabe seiner Qualifikation selbständig; Schwerpunkte dafür können zuvor besprochen werden. Der Vorgesetzte berät den
  Mitarbeiter auf Anforderung, informiert sich von Zeit zu Zeit über den Stand der Dinge und
  greift nur im zielgefährdenden Ausnahmefall ein;
- bei Fertigmeldung nimmt der Vorgesetzte das Arbeitsergebnis – im Regelfall zusammen mit
  dem Mitarbeiter – ab. Danach bewertet er es und erteilt seine Rückmeldung. Dies geschieht,
  anders als bei Zielprojekten, nicht summarisch am Ende der Zielperiode, sondern fallweise.

18.4 Vereinbarung von Arbeitsverhaltens-Leitsätzen [3]

Die letzte Gruppe von Leistungsbeiträgen bilden die Beiträge eines qualifizierten Arbeitsverhaltens. Mehr noch als bei Zielprojekten und Einzelaufträgen kommt es bei ihnen auf die innere Zustimmung des Mitarbeiters an. Da Verstöße gegen betrieblich gewünschtes Arbeitsverhalten nur in seltenen Fällen als pflichtwidriges Fehlverhalten zugerechnet und mit Sanktionen bedacht werden können, stellt sich qualifiziertes Arbeitsverhalten als hoch ertragswirksamer Leistungsbestandteil letztlich als *freiwilliger*, überwiegend von *Goodwill* getragener Beitrag dar.

Aufgrund dessen wird sich die rechtsverbindliche Verpflichtung des Mitarbeiters auf Verhaltensgrundsätze, wie dies in Betriebs- und Arbeitsordnungen nicht selten nachlesbar ist, als wenig nützlich, ja unter Umständen sogar als schädlich erweisen. *Druck erzeugt Gegendruck* – was läge dem kritischen und selbstbewußten Arbeitnehmer näher, als die Straflosigkeit der Verweigerung freiwilliger Leistungen unter Beweis zu stellen.

In Betracht kommt daher sinnvollerweise nur der glaubwürdige verhaltensstimulierende *Appell* an den Mitarbeiter, sich bestimmte Verhaltenserwartungen des Betriebes als Bestandteile eines gültigen Arbeits-Ethos freiwillig zu übernehmen und sich zu eigen zu machen. Die Vereinbarung darüber sollte mit jedem Arbeitnehmer individuell getroffen werden. Beim Gebrauch von Leitsätzen als kollektiver Norm besteht die Gefahr, daß der einzelne sich zu wenig *persönlich* und statt dessen nur die anderen angesprochen sieht.

Inhaltlich sollte der Betrieb sich auf einige wenige, einprägsame Verhaltensnormen beschränken. Dafür kommen zunächst Grundsätze in Betracht, die dank ihrer Allgemeingültigkeit für jeden Belegschaftsangehörigen Geltung beanspruchen dürfen. Aber auch an solche, die dank ihrer funktionsspezifischen Bedeutung nur für Inhaber bestimmter Arbeitsplätze gelten sollen, kann gedacht werden.

Für das praktische Vorgehen empfiehlt es sich, die Leitsätze bei ihrer Einführung oder bei der Arbeitsaufnahme mit *jedem einzelnen* Arbeitnehmer gründlich zu besprechen und ihm als Anlage zum Arbeitsvertrag oder zur Stellenbeschreibung auszuhändigen. Dabei sollte der Vorgesetzte, der mit dieser Aufgabe zu beauftragen ist, dem Mitarbeiter *den Sinn jedes Leitsatzes* erläutern und zu Gegenfragen, Bedenken etc. Stellung nehmen.

Der Erfolg der Vereinbarung, der sowohl vom Informationsgehalt als auch von der Wirksamkeit der Verhaltensstimulierung abhängt, wird von all den Variablen bestimmt, die das Arbeitsverhalten allgemein beeinflussen (vgl. dazu oben Ziffer 1.5.2). Entscheidend dabei wird aber die Fruchtbarkeit des klimatischen Bodens sein, auf dem sie angestrebt werden. Erfolgswirksam sind vor allem

- die aktuelle individuelle Arbeitszufriedenheit des Mitarbeiters,
- sein ethischer Verpflichtungsgrad gegenüber der Arbeit,
- die Qualität der Führungsbeziehung zum Vorgesetzten,
- das von ihm wahrgenommene Arbeitsklima sowie
- die Glaubwürdigkeit und Intensität betrieblichen Bemühens, sich seinerseits an ethische Pflichten gebunden zu zeigen.

Verhaltensleitsätze könnten nach folgendem Muster abgefaßt werden:

Sehr verehrte Frau ...!
Sehr geehrter Herr ...!

Als Mitglied unseres Unternehmens nehmen Sie an unserem Ziel teil, über die Herstellung und den Verkauf unserer Erzeugnisse/die Bereitstellung unserer Dienstleistungen einen angemessenen Ertrag zu erwirtschaften. Dieser Ertrag sichert unsere Existenz und damit unsere Arbeitsplätze. Unser Erfolg hängt davon ab, daß jedes Unternehmensmitglied sich an seinem Arbeitsplatz mit seiner ganzen Kraft und mit seinem ganzen Können für das Unternehmen und seine Ziele einsetzt. Nur dann auch kann das Unternehmen sich für die Belange seiner Mitglieder, also auch für Ihre eigenen, einsetzen. Was wir dazu von Ihnen bei der Erfüllung Ihrer Arbeitsaufgabe benötigen, aber auch erwarten, zeigen Ihnen die folgenden Leitsätze. *Wir appellieren an Sie, ihre Inhalte als Grundlage für Ihr eigenes Arbeitsverhalten zu akzeptieren und sich zu eigen zu machen.*

Mitglieder (oder Mitarbeiter/Werker) des XY-Unternehmens

- **streben in ihrer Arbeit 1-A-Qualität an,**
- **zeigen Fehler, die ihnen trotzdem unterlaufen sind und die sie nicht sofort selbst beheben können, von sich aus an und verhindern, daß sie zum Nachteil des Kunden aus dem Unternehmen hinauswirken,**
- **wirken mit eigenen Ideen und Vorschlägen ständig daran mit, unsere Produkte, Verfahren und Organisation kontinuierlich weiterzuentwickeln und zu verbessern,**
- **vermeiden jede Art von Vergeudung, insbesondere von Material, Geld, Zeit, Kraft, Intelligenz und gutem Willen,**
- **wirken daran mit, daß vereinbarte Termine eingehalten werden,**
- **behandeln betriebliche Einrichtungen jeglicher Art pfleglich,**
- **unterstützen sich gegenseitig, wo sie darum gebeten werden,**
- **»feiern« nicht krank,**
- **fühlen sich zu Ehrlichkeit und Wahrheit verpflichtet,**
- **achten beim Arbeiten auf Sicherheit und darauf, keine Ursachen für Unfälle, Krankheit oder andere Schäden zu setzen,**
- **tragen Konflikte offen und fair, aber ohne Feindschaft aus,**
- **bilden sich für ihre berufliche Tätigkeit selbständig weiter,**
- **führen getroffene Beschlüsse sowie übernommene Aufgaben und Pflichten intelligent, zuverlässig und gewissenhaft aus,**
- **wählen unter mehreren gangbaren Wegen zu einem Ziel den ökologisch schonendsten Weg,**
- **mischen sich in die Lösung betrieblicher Probleme konstruktiv ein und fühlen sich fürs Ganze mitverantwortlich.**

Für Ihr persönliches Bemühen um die Ziele danken wir Ihnen!

Ihre
Geschäftsleitung

Sofern die Aushändigung und Erläuterung der Leitsätze offizieller Bestandteil des Einführungsverfahrens neuer Mitarbeiter sind, kann ihre Vermittlung in dem Anschreiben auch dokumentiert werden:

Vermerk:
Die vorstehenden Arbeitsverhaltensleitsätze sind mir durch Herrn/Frau ... heute ausführlich erläutert worden.

(Ort, Datum)   (Unterschrift des Mitarbeiters)

Solche Leitsätze werden umso eher positive Resonanz aktivieren, je glaubwürdiger auch die Mitglieder der Geschäftsleitung und die Führungskräfte sich daran und an eigens für sie geltende Verhaltensnormen, zum Beispiel Leitsätze für Führung und Zusammenarbeit, gebunden fühlen.

Um die Leitsätze als gültige Normen eines praktizierten Arbeits-Ethos im Arbeitnehmer auf Dauer zu verankern, werden sie ihm über die Mitteilung bei der Arbeitsaufnahme hinaus immer wieder neu ins Bewußtsein zu rufen sein: Dafür eignen sich

- im Betrieb aufgehängte Poster
- zeitlich begrenzte Schwerpunkt-Kampagnen (»Leitsatz des Monats«) mit publizierten Daten über Erfolge/Mißerfolge
- Erinnerungen in betrieblichen Besprechungen
- Erinnerungen in Mitarbeitergesprächen bei gegebenen Anlässen.

Bei der Frage nach den *Mitwirkungsrechten des Betriebsrates* bei der Führung mit Verhaltensleitsätzen ist davon auszugehen, daß es sich um »Fragen der Ordnung des Betriebes und des Verhaltens der Arbeitnehmer im Betrieb« gem. § 87 Abs. 1 Ziffer 1 BetrVG handelt, in denen dem Betriebsrat ein Mitbestimmungsrecht zusteht. Dies gilt allerdings nur dann, wenn es sich um Kollektivregelungen handelt, die die äußere Ordnung des Betriebes als Ganze normieren sollen.

Nach unserer Empfehlung werden die Leitsätze individuell und einvernehmlich vereinbart. Zudem können sie für einzelne Funktionsträger modifiziert werden. In dieser Form handelt es sich um individuelle Regelungen, die von denen des § 87 Abs. 1 BetrVG nicht erfaßt werden dürften.

Anderes gälte dann, wenn der Betrieb sie als Bestandteil einer kollektiv geltenden Betriebsvereinbarung in Kraft setzen würde. Das empfehlen wir aus den eingangs dargestellten Gründen nicht.

Ungeachtet dessen wird auch für individuell vereinbarte Arbeitsverhaltens-Leitsätze empfohlen, das generelle *Einvernehmen mit dem Betriebsrat* herzustellen.

18.5   Vorgaben im weiteren Sinne

Dabei handelt es sich weniger um Vorgaben von Leistungsinhalten als um *Handlungsvorgaben im Einzelfall.*

A) Die **Anordnung/Anweisung** ist ein verbindlicher Führungsakt, der den Mitarbeiter zu einem bestimmten Handeln veranlassen soll. Ihre Bedeutung nimmt in einer motivationalen Führung, die auf Selbständigkeit und Eigenverantwortlichkeit des Mitarbeiters in der Arbeit abstellt, ab. Ihre bevorzugten Anwendungsfälle sind Ausnahmesituationen im Arbeitsablauf.

B) Bei **Anregungen** handelt es sich um Handlungsgebote ohne direkten Verpflichtungsgehalt. Der Mitarbeiter kann Anregungen seines Vorgesetzten, zum Beispiel zur effektiveren Erledigung eines Arbeitsganges, aufgreifen oder auch unberücksichtigt lassen. Dabei handelt er *eigenverantwortlich*. Der Anregung kommt in motivationalem Führen mit konsequentem Delegieren von Aufgaben und Kompetenzen zunehmend größere Bedeutung zu.

Anhang zu Kapitel 18

A) Anmerkungen

1 Vgl. hierzu Reschke, H., Zielsetzung, in Management, a. a. O., Bd. 1, S.120ff.; Nagel, P., in HWO, Sp. 2626ff. (2628)
2 I. d. S. Wunderer, R./Grunwald, W., 1980, Bd. 2, S. 339ff.; Schmidt, R.-B., in HWFü, Sp. 2083ff. (2088)
3 Vgl. Wunderer, R./Grunwald, W., 1980, Bd. 1, S. 424ff.

B) Kontrollfragen und -aufgaben

zu 18.1
a) Welche Funktionen erfüllen definierte Leistungsparameter?
b) Nennen Sie die wichtigsten Arten von Leistungsvorgaben und ihre Gegenstände.
c) Beschreiben Sie den tieferen Sinn des Bestrebens, Leistungsinhalte zu vereinbaren anstatt sie als Diktate vorzugeben.

zu 18.2
a) Beschreiben Sie die Hierarchie des betrieblichen Zielsystems.
b) Welche Arten von Aufgabenstellungen eignen sich für Zielprojekte, und was kennzeichnet ihre Beschaffenheit?
c) Wer sollte an der Vereinbarung von Zielen beteiligt werden, und womit ist dies zu begründen?
d) In welchen Schritten läuft das Verfahren der Zielvereinbarung ab?
e) Was ist bei der *Auswahl* der einzelnen Zielprojekte zu beachten?
f) Was ist beim *Verfahren* der Zielvereinbarung zu beachten?
g) Wonach sollten die Leistungsparameter von Zielen bemessen werden?
h) Wie sollte ein Vorgesetzter den Prozeß der Zielerfüllung durch seine Mitarbeiter begleiten?
i) Womit ist eine Zielperiode abzuschließen?
j) Welche Schritte sind bei der Einführung von MbO zu beachten?

zu 18.3
a) Worin unterscheiden wir Einzelaufträge von Zielprojekten?
b) Worin besteht im praktischen Umgang mit beiden Arten von Leistungsvorgaben Ähnlichkeit?
c) Worauf ist bei der Führung durch Vergabe von Einzelaufträgen besonders zu achten?

zu 18.4

a) Was soll mit der Vereinbarung von Arbeitsverhaltens-Leitsätzen bewirkt werden?

b) Mit welchem *Veranlassungsdruck* (Extreme: verbindliche Anordnung – bloße Information) sollten sie dem Mitarbeiter vermittelt werden?

c) Welche Form ist dafür zu wählen?

d) Von welchen Bedingungen wird der Erfolg einer Vereinbarung von Verhaltensleitsätzen wesentlich geprägt?

e) Skizzieren Sie gedanklich mindestens 6 Verhaltensparameter, die in Verhaltensleitsätze aufgenommen werden können.

f) Genügt zur andauernden geistigen Verankerung von Leitsätzen eines qualifizierten Arbeits-Ethos ihre Vereinbarung bei der Arbeitsaufnahme der Mitarbeiter?

g) Welche Mittel stehen zeitüberdauernd noch zur Verfügung?

zu 18.5

Welcher Stellenwert fällt in dem hier beschriebenen Konzept motivationalen Führens den Anregungen des Vorgesetzten zu?

Welches sind die tieferen Gründe dafür?

C) Literatur:

Hamel, W., Zielsysteme, in HWO, Sp. 2634–2652

Höhn, R./Böhme, G., 1980, S. 282ff.

Knebel, H., Leistungsvergütung auf der Grundlage von Zielvereinbarungen: Wunsch und Wirklichkeit, in Personal, 1984, S. 187ff.

Nagel, P., Zielformulierung, Technik der, in HWO, Sp. 2626–2634

Odiorne, G. S., 1980

Pfützner, R., 1982, S. 32ff.

Reschke, H., Zielsetzung, in Management, a. a. O., Bd. 1, S. 120ff.

Schmidt, R.-B., Zielsetzung, Führung durch, in HWFü, Sp. 2083–2092

Wunderer, R./Grunwald, W., 1980, Bd. 1, S. 424ff.; Bd. 2, S. 330ff.

19   Kontrolle

Lernziele:
Wir wollen in diesem Abschnitt erarbeiten,

- daß Kontrollen unverzichtbare Bestandteile des Arbeits- und Führungsprozesses bilden;
- nach welchen Grundsätzen sie vorzunehmen sind,
- worauf Sie achten müssen, um bei ihrer Vornahme dysfunktionale Auswirkungen auf den Arbeits- und Führungsprozeß zu vermeiden,
- welche Probleme die Umstellung von Fremd- auf Selbstkontrollen der Arbeit in rationalisierter Produktion zu bedenken sind.

19.1   Funktionen

Auf der Grundlage vorgegebener Leistungs- und Verhaltensstandards bilden Kontrollen innerhalb des Personalführungsprozesses das Verfahren, die IST-Leistung des Mitarbeiters zu messen und mit der vorgegebenen bzw. vereinbarten SOLL-Leistung zu vergleichen (wiederholen Sie dazu Ziffer 1.5). Die vorgefundene Soll-Ist-Relation und ihre Bewertung versetzen den Betrieb in die Lage, zu entscheiden, wie sachgerecht rückmeldend zu verfahren ist: ob bekräftigend, bestätigend oder zum Zwecke der Ergebnissicherung auch nachregulierend. Soweit auf diese Weise mit Kontrollen nur *vollzogene* SOLL-IST-Befunde ermittelt werden (*Feedback-Prinzip*), vermögen sie es nicht, negative SOLL-IST-Ergebnisse zu verhindern. Sie gestatten lediglich nachträglich ihre Korrektur.

Kontrollen erfüllen *zwei zentrale Funktionen:*

- Für den Betrieb bilden sie eine Bedingung der Ergebnissicherung;
- für den Mitarbeiter die Voraussetzung, um interne und externe bewertende Rückmeldung empfangen zu können und durch sie in- und extrinsische Belohnungswerte.

Die hier zunächst besprochenen Kontrollen werden von anderen Instanzen vorgenommen als von denen, die das Kontrollobjekt (zum Beispiel Arbeitsqualität und -verhalten) zu verantworten haben. Wir sprechen deshalb von Fremdkontrollen. Dadurch erweist ihre Vornahme in der Praxis sich in nicht wenigen Fällen als problematisch.

Arbeitshinweis: Versetzen Sie sich einmal in die Lage eines von den nachfolgend aufgeführten Kontrollvorgängen *persönlich betroffenen* Arbeitnehmers, und geben Sie sich Rechenschaft darüber, von welchen *Gefühlen* Sie dabei bewegt würden (notieren Sie für *positiv* +, für *gleichgültig* 0 und für *negativ* - :

A) Ihr Vorgesetzter bittet Sie zur Jahresmitte um einen Zwischenbericht über die Abwicklung eines der von Ihnen übernommenen Zielprojekte, bei dessen Aufnahme drei Monate zuvor sich einige Startschwierigkeiten eingestellt hatten;

B) er erscheint mit Ihrer von der Werkzeugausgabe geführten Entleiherliste und läßt sich
   – erstmalig in Ihrem Bereich – zum Zwecke einer »Vollständigkeitskontrolle« alle von
   Ihnen entliehenen Werkzeuge vorführen;
C) nach dem erstmalig und versuchsweise vorgenommenen Einbau einer neuen elektronischen Steuerung in eine Drehmaschine können Sie Ihrem Vorgesetzten bei der Abnahme des Auftrags vorführen, daß die Steuerung einwandfrei funktioniert; Sie werden
   daraufhin belobigt;
D) das von Ihnen verdrahtete Los neuartiger Getriebemotoren wird auf dem Prüffeld
   einem gründlichen Funktionstest unterzogen;
E) als Sie beim Passieren des Werkstores das Diebstahlkontrollgerät betätigen, leuchtet
   die von einem Zufallsgenerator gesteuerte Lampe auf, und Sie müssen dem Pförtner
   Einblick in Ihre Akten- bzw. Handtasche gewähren;
F) bei der Ausgangskontrolle zeigt nicht ein Zufallsgenerator Ihre Kontrollpflichtigkeit
   an, sondern der Pförtner greift Sie willkürlich aus der Reihe der Nach-Hause-Gehenden
   heraus, um den Inhalt Ihrer Tasche in Augenschein zu nehmen;
G) Sie haben auf Wunsch Ihres Vorgesetzten in tagelanger, mühevoller Tüftelei ein kommerzielles EDV-Programm um eine hochinteressante anwenderfreundliche Spezifika-
   tion verfeinert, und als Sie die gefundene Lösung dem Vorgesetzten vorstellen wollen,
   wimmelt er den Probelauf »aus Zeitknappheit« ab und weist Sie an, Ihr Programm »im
   Auftrag der Firma etc., etc.« dem Kunden zu übermitteln.

Zu welchen Bewertungen sind Sie gelangt?

19.2   Gegenstände und Arten

Nach Gegenständen und Arten unterscheiden wir

A) Ablauf-/Verfahrenskontrollen von Ergebnis-/Erfolgskontrollen,
B) Fremd- von Selbstkontrollen,
C) Laufende/Totalkontrollen von fallweisen/Einzelfall-/Stichproben-Kontrollen.

Aa) Ablauf- oder **Verfahrenskontrollen** richten sich auf den

– *technischen Arbeitsablauf* und
– auf das *Arbeitsverhalten des Mitarbeiters.*

Mit der zunehmenden Förderung selbständigen und eigenverantwortlichen Arbeitens entfallen
zugleich die Möglichkeiten totaler Überwachung. Verfahrens- und Ablaufkontrollen müssen deshalb darauf beschränkt werden, *in punktuellen Verfahren* die Annäherungen des Mitarbeiters an
die vereinbarten Standards oder seine Abweichungen davon zu prüfen. Kontrollen des Arbeitsverhaltens beschränken sich vor allem darauf, sichtbare Einzelfälle von positiven oder negativen
Verhaltensabweichungen im Sinne von »besonderen Vorkommnissen« zu registrieren und auf sie
zu reagieren.

> Daß das punktuelle Vorgehen bei Ablauf- und Verfahrenskontrollen deren Wert nicht schmälert, mag das folgende **Beispiel** aus unserem Alltagsleben verdeutlichen: Stellen Sie sich vor, Sie müßten in vorgegebener Zeit eine Autofahrt von Wanderup/Schleswig-Holstein nach Krün/Oberbayern durchführen (Zielvorgabe) und dürften während der Fahrt (Verfahrensablauf) weder Straßenkarte noch Straßenschilder (Ablaufkontrollen) benützen. Wie verliefe die Fahrt?

Ab) Ergebnis- oder **Erfolgskontrollen** erstrecken sich auf *Ergebnisse vorangegangenen Arbeitens oder Arbeitsverhaltens.* Da sie, anders als Verhaltensmomente, von Dauer sind, lassen sie sich leichter dokumentieren als jene. Dies erleichtert auch ihre Meßbarkeit und ihren Vergleich mit Soll-Standards.

> **Beispiele:** Kontrollen ergeben, daß
>
> – die vorgegebene Ausschußquote von 5 % in einem Fertigungslos um 3 % überschritten worden ist,
> – das Betongemisch für die Hallendecke zu mager angesetzt wurde, so daß die Decke mit Stahlunterzügen verstärkt werden muß.

Die Kontrollen können negative Abweichungen als fixierte Tatsachen nicht verhindern; sie ermöglichen lediglich, sie nachträglich zu korrigieren.

Ba) Fremdkontrollen werden, wie schon erwähnt,

– von anderen Personen oder Instanzen oder
– von technischen Überwachungseinrichtungen

durchgeführt. Die Notwendigkeit, innerhalb hochkomplexer Fertigungsprozesse vorgegebene Funktions- und Qualitätsstandards zu sichern, macht den Einsatz technischer, häufig automatisierter Kontrollmittel notwendig.

Institutionalisierte Kontrollinstanzen bilden zum Beispiel Revisionsabteilungen, Endkontrollen an Fertigungslinien und Prüffelder. Die Kontrollverfahren sind standardisiert und werden dadurch versachlicht durchgeführt. Sie werden von den Arbeitskräften, deren Arbeit kontrolliert wird, regelmäßig auch sachlich aufgenommen.

Fremdkontrollen durch Personen werden im Regelfall vom Vorgesetzten, in Ausnahmefällen auch von anderen Personen, durchgeführt. Sie werden fallweise vorgenommen, wobei der Bedarf dazu und die Art ihrer Vornahme häufig nach pflichtgemäßem Ermessen festgestellt wird. Nichtstandardisierte, von Personen vorgenommene Leistungs- und Verhaltenskontrollen weisen deshalb besondere *Konfliktpotentiale* auf: Zum einen können sich in ihnen intrapersonelle Fehlhaltungen des Kontrollierenden (zum Beispiel Hang zu Pedanterie, Machtdarstellung, Schikanen) niederschlagen; zum anderen können sie vom Kontrollierten aus Überempfindlichkeit oder Uneinsichtigkeit in gleicher Weise, insbesondere als Mißtrauenserweis, fehlinterpretiert werden.

Nicht wenige Vorgesetzte neigen wegen des belastenden Wesens von Kontrollen dazu, sie zu vernachlässigen – was ebenso fehlerhaft ist.

Bb) Bei **Selbstkontrollen** übernimmt der Mitarbeiter die Kontrolle seines Verhaltens und seiner Arbeitsergebnisse selbst. Wir gehen darauf unter Ziffer 19.6 ein.

Ca) Laufende oder **Totalkontrolle** bedeutet, *Abläufe oder Ergebnisse in ihrer Ganzheitlichkeit zu kontrollieren.* Sie finden als technische Zwischen- oder Endkontrollen an »strategischen Kontrollpunkten« verbreitet Anwendung. Im Verhaltensbereich sind sie nur als Selbstkontrollen dergestalt sinnvoll, daß eine Person ihr eigenes Arbeitsverhalten »unter Kontrolle hält«. Totalkontrollen als personelle Fremdkontrollen, zum Beispiel durch den Vorgesetzten, sind weder vom Aufwand her möglich, noch führungsstilistisch vertretbar. Totalkontrollen des Verhaltens, zum Beispiel durch Fernsehkameras, können mehr oder weniger ungewollt dann zustandekommen, wenn

die Notwendigkeit technischer Kontrollen an besonders risiko- oder gefahrengeneigten Arbeitsplätzen das Verhalten der dort Beschäftigten mit abbildet. Der Fall weist, insbesondere im Hinblick auf das Mitbestimmungsrecht des Betriebsrates aus § 87 Abs. 1 Ziffer 6 BetrVG, erhebliche
Praxisrelevanz auf.

Cb) Fallweise/Einzelfall-/Stichproben-Kontrollen finden innerhalb größerer Abläufe/Stückzahlen
zu kontrollierender Gegenstände oder aus gegebenem Anlaß im Einzelfall statt.

Dies gilt zunächst für den Abschluß von Einzelaufträgen und Zielprojekten, die vom Vorgesetzten abzunehmen und zum Gegenstand späterer Leistungsbeurteilungen zu machen sind.

Stichproben werden vorgenommen, um bei gleichartig gefertigten Losen aus der Kontrolle einer
repräsentativ ausgewählten Anzahl von Einzelstücken auf die Qualität des ganzen Loses zu
schließen. Stichproben können sich auf

- Elemente des Arbeitsverhaltens richten, zum Beispiel den ordnungsgemäßen Verschluß wichtiger Arbeitspapiere oder die Pflege teurer Arbeitsmittel, wie auf
- Produkte, zum Beispiel Drehteile, Konservendosen aus einem größeren Los.

Fallweise Kontrollen sind dann angezeigt,

a) wenn im regulären Verfahrensablauf außergewöhnliche Vorkommnisse sichtbar werden, die
   eine nähere Klärung nahelegen.

> **Beispiele:**
> - Das Auftreten eines Mitarbeiters am Arbeitsplatz gibt Anlaß zu der Annahme, daß er angetrunken
>   ist;
> - der Umgang mit einem Arbeitsmittel läßt befürchten, daß der Mitarbeiter es beschädigen werde;

b) wenn Situationen wiederkehren, die aus Erfahrung besondere Risiko- oder Gefahrengeneigt-
   heit aufweisen.

> **Beispiele:**
> - Es werden Schleif- oder Schweißarbeiten durchgeführt, ohne daß in der Vergangenheit die vorge-
>   sehene Schutzbrille aufgesetzt wurde;
> - Arbeitnehmer an lärmintensiven Arbeitsmitteln (zum Beispiel Preßlufthämmern) verwenden keine
>   Lärmschutzmittel;
> - Baustellen werden nicht ausreichend abgesichert.

Die einzelnen Kontrollarten lassen sich einander wie in Abb. 19.1 dargestellt zuordnen.

19.3   Umfang und Dichte

Kontrollen dienen der Sicherung betrieblicher Ergebnisse und sollen ergebnisgefährdende Abweichungen von Abläufen und Ergebnissen von vorgegebenen Standards verhindern. In motivationaler Führung dienen sie zugleich der Feststellung von Goodwill-Leistungen als Voraussetzungen
für Belohnungen. Daran müssen Umfang und Dichte, d.h. der Kontrollaufwand, orientiert
werden.

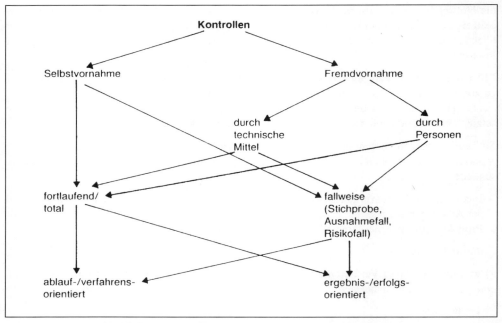

Abb. 19.1: Arten von Kontrollen und ihre Zuordnung zueinander

Generell ist der Aufwand für Fremdkontrollen

- um so höher anzusetzen, je größer für einen Arbeitsvollzug generell oder situativ das Risiko und die Gefahr der Abweichung von Zielstandards anzusetzen sind (*objektives Kriterium*);
- um so niedriger anzusetzen, je höher die fachliche Qualifikation und die »persönliche Leistungsklasse« der beteiligten Arbeitskräfte ausgeprägt sind (*subjektives Kriterium*);
- an dem *Grundsatz* zu orientieren, daß der mit ihnen erzielbare ökonomische Nutzen im Sinne aufspürbarer SOLL-IST-Abweichungen stets größer sein muß als die damit verbundenen Aufwendungen im Sinne von Kosten, Demotivation und sonstigen dysfunktionalen Folgen (*wirtschaftliches Kriterium*).

Psychologische Gefahren können dabei auf zweifache Weise entstehen: durch Arbeitsunzufriedenheit infolge überzogener Kontrollintensität ebenso wie durch Frustrationen infolge *nicht* wahrgenommener mitarbeiterseitiger Leistungserfolge und dadurch bedingter Vorenthaltung verdienter Belohnungswerte.

19.4   Kontrollinstanzen

Sachlich zuständig für personell vorzunehmende Kontrollen ist grundsätzlich die Instanz, welche die als Soll-Werte zu erfüllenden Standards vorgegeben hat. Das ist im Regelfall der unmittelbare Vorgesetzte für alle Leistungsdaten, deren Vorgabe bzw. Vereinbarung Gegenstände seiner Führungsaufgabe sind. Sofern für bestimmte Kontrollen andere Instanzen zuständig sind (zum Beispiel Innenrevision), nehmen ihre Angehörigen sie wahr.

Für die mit Kontrollaufgaben beauftragten Stellen bildet *ihre Wahrnehmung zugleich Recht und Pflicht.* Dies gilt für Fremd- wie auch für Selbstkontrollen.

19.5 Empfehlungen zur Praxis persönlicher Fremdkontrollen

Die folgenden Empfehlungen wurden aus Erfahrungen von Praktikern gebildet:

- Erklären Sie Ihren Mitarbeitern, worin der Sinn solcher Kontrollen liegt: daß der Betrieb Leistungen überhaupt erst durch Soll-Ist-Vergleiche beurteilen und seine angestrebten Ergebnisse sichern kann – daß es vor allem nicht darum geht, »ein Haar in der Suppe zu finden«.
- verzichten Sie auf Kontrollmaßnahmen, die überflüssig sind, weil sich der zu kontrollierende Gegenstand, zum Beispiel das Arbeitsverhalten, sich ersichtlich auch ohne sie als *in Ordnung* klassifizieren läßt;
- nehmen Sie Kontrollmaßnahmen mit der gleichen Sachlichkeit vor wie jede andere Führungsmaßnahme;
- beachten Sie bei der Vornahme von Kontrollen sehr genau das *Gleichbehandlungsgebot* gegenüber Ihren Mitarbeitern, und weichen Sie davon nur aus begründetem und dem Mitarbeiter einsichtigen Anlaß (zum Beispiel Einführungsphase, vorherige auffällige Häufung von Fehlhandlungen) ab;
- führen Sie Kontrollmaßnahmen *niemals* im Triumph Ihrer Überlegenheit, schikanös oder sonst für den Mitarbeiter verletzend durch; in ihnen äußert sich die Überlegenheit Ihrer Position ohnehin besonders deutlich;
- gehen Sie besonders sachbezogen und zurückhaltend bei solchen Kontrollmaßnahmen vor, die in die persönliche Sphäre des Mitarbeiters hineinreichen (zum Beispiel Taschen-, Schrank-, Schreibtischkontrollen);
- führen Sie Kontrollen grundsätzlich nur *in Anwesenheit* der zu kontrollierenden Personen durch;
- machen Sie aus dem Zeitpunkt von Stichprobenkontrollen ohne zwingenden Grund (zum Beispiel begründeter Verdacht des Verwahrens gestohlener Güter) kein Geheimnis;
- nehmen Sie die Messung der Ist-Standards und ihren Vergleich mit den Soll-Standards *unbestechlich* vor, registrieren Sie aber *auch geringe* Abweichungen von den Standards; damit vermeiden Sie bei negativen Abweichungen, daß es zum »Schlendrian« kommt, und bei positiven Abweichungen, daß die dafür aufgewendeten Anstrengungen »unter den Tisch fallen«;
- reagieren Sie auf die Feststellung negativer Abweichungen *sachlich,* und vermeiden Sie zu schnelle negative Bewertungen; in vielen Fällen können benötigte Kontrollergebnisse nur unter Mitwirkung des Kontrollierten gewonnen und korrigiert werden (zum Beispiel durch seine Informationen); muß er befürchten, vorschnell und unangemessen getadelt zu werden, wird er Schwachstellen in seinem Verhalten und in seinen Arbeitsergebnissen vor Ihnen verbergen und ihre Bereinigung verhindern;
- rationalisieren Sie Ihren Kontrollaufwand, indem Sie ihn *auf den kritischen Fall konzentrieren*: informieren Sie sich im Überblick auf die normal verlaufenden Vorgänge, und richten Sie Ihre Aufmerksamkeit voll auf erkennbare *Problemfälle;*
- verfahren Sie im Zweifelsfall nach dem Grundsatz

»Kontrolle ist Suche nach der Gelegenheit zum Lob«.

19.6   Selbstkontrolle als rationalisiertes Kontrollverfahren

Die von der japanischen *lean production* ausgelöste Diskussion über rationellere Fertigungsmethoden bei uns hat das Augenmerk verstärkt auch auf die Einführung von Selbstkontrollen gelenkt, und zwar vor allem in teilautonomer Gruppenarbeit.

Mit Selbstkontrolle wird der Nachteil des Feedback-Prinzips, nur geschehene (vor allem negative) Befunde zur nachträglichen Korrektur ermitteln zu können, aufgehoben. Die SOLL-IST-Vergleichsmessung wird in die befundschaffende Arbeitsphase vorverlegt (*Feedforward-Prinzip*). Der Mitarbeiter sorgt im ergebnisoptimierenden Arbeitsablauf, daß negative SOLL-IST-Abweichungen gar nicht erst stattfinden. Haben trotzdem welche stattgefunden, korrigiert er das fehlerhafte Ergebnis selbst. Gegenstände seiner Kontrolle bilden also sein eigener Arbeitsprozeß und die in ihm bewirkten Arbeitsergebnisse. Sein Arbeitsziel besteht somit darin, eigenverantwortlich für die Abgabe *fehlerloser* Produkte (»total Quality«), gleich ob Waren oder Dienstleistungen, zu sorgen. Damit schafft er zugleich die Bedingung für seine eigene in- und extrinsische Belohnung.

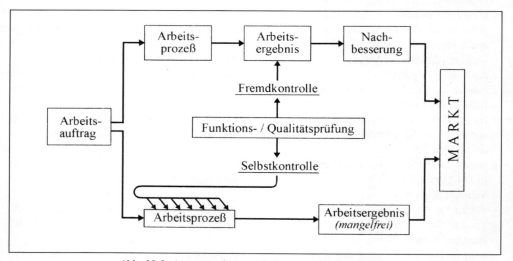

Abb. 19.2: Ansatzpunkte von Selbst- und Fremdkontrolle

Bei teilautonomer Gruppenarbeit erweitert sich die Verantwortlichkeit jedes Gruppenmitgliedes auf Fehlerlosigkeit *aller* Einzelfunktionen, die innerhalb der Gruppe erbracht werden. Das Ziel fehlerloser Arbeitsergebnisse wird also auf die Ebene der ganzen Gruppe verlagert.

In technisierten Arbeitsprozessen, zum Beispiel an automatisierten Fertigungsinseln, wird das Feedforward-Prinzip in ebenfalls automatisierten Meß- und Kontrollverfahren bereits verbreitet praktiziert. In von Menschen durchgeführten Arbeitsprozessen befinden wir uns noch am Anfang.

Der **Vorteil** selbstkontrollierenden Arbeitens besteht darin,

– die zu fordernden Qualitätsstandards schon am Ort ihres Entstehens zu gewährleisten,
– die Kosten für externe Kontrollen einzusparen,

- das mit externen Kontrollen verbundene Element von Mißtrauen zu eliminieren zugunsten einer Stabilisierung von Selbstwertgefühl, die ihrerseits von den Betroffenen als wichtige Belohnung empfunden werden wird, und
- mit dem Setzen der Bedingungen zu eigenen ex- und intrinsischen Belohnungen sich selbst zu motivieren.

Als mögliche **Gefahren/Nachteile** sind zu berücksichtigen, daß

- Menschen gegenüber ihrer eigenen Arbeit, insbesondere Fehlleistungen, nicht unbestechlich eingestellt sein und notwendige Fehlerkorrekturen unterlassen können,
- Zeitknappheit im Leistungslohn dies noch fördert und
- Kontrollergebnisberichte unterlassen/verfälscht und/oder Kontrollstandards von vornherein manipuliert werden.

Funktionierende Selbstkontrolle fordert den vertrauenden Vorgesetzten und die unbestechlich prüfende Arbeitskraft.

Betriebe, die in rationalisierten (»schlanken«) Produktionen Selbstkontrolle einführen wollen, werden in folgenden Punkten brauchbare Lösungen zu durchdenken und zu finden haben:

- Auswahl von Mitarbeitern mit hohem Verläßlichkeits-Potential
- ausführliche Diskussion der ihnen zu übertragenden Verantwortlichkeit für ihre Arbeitsergebnisse
- in größtmöglichem Umfang Prinzip der Freiwilligkeit
- qualitätsfördernde Gestaltung der Leistungs-Entlohnung
- spürbare materielle Honorierung der Selbstkontrolle gegenüber fremdkontrollierter Arbeit
- Einzel-/Gruppenverantwortlichkeit für 100%-Qualität
- status-/imagefördernde Publizität
- Ergebnis-Publizität (Anzeigetafeln)
- Pflicht zu objektiver Berichterstattung an vorgesetzte Instanz.

Mit Gewißheit wird für die Einführung funktionierender Selbstkontrolle eine ausreichende Phase unterstützten Lernens mit der einkalkulierten Möglichkeit von Rückschlägen vorzusehen sein.

Anhang zu Kapitel 19

A) Kontrollfragen und -aufgaben:

a) Welche Funktionen erfüllen Kontrollen?
b) Welche Ziele werden damit verfolgt?
c) Sind Kontrollen in der betrieblichen Arbeit verzichtbar?
d) Was halten Sie davon, das Arbeitsverhalten von Mitarbeitern einer Totalkontrolle zu unterziehen?
e) Welche Kontrollweisen kommen für Totalkontrollen allenfalls in Betracht?
f) Nimmt die Intensität von Fremdkontrollen bei Führung durch konsequentes Delegieren von Aufgaben, Kompetenzen und Verantwortlichkeit und durch definierte Leistungsvorgaben und -vereinbarungen eher zu oder eher ab?

g) Skizzieren Sie die wichtigsten Regeln, die von einem Vorgesetzten bei der Vornahme persönlicher Fremdkontrollen zu beachten sind.

h) An welchen Kriterien ist der Kontrollaufwand zu orientieren?

i) Nennen Sie mindestens drei Verfahrensfehler, infolge derer persönliche Kontrollen des Vorgesetzten zu innerer Ablehnung des Kontrollierten führen werden.

j) Erläutern Sie das Prinzip der Selbstkontrolle.

k) Skizzieren Sie

    ka) ihre Vorteile,

    kb) ihre Gefahren/Nachteile,

    kc) die Maßnahmen, die der Betrieb bei ihrer Einführung klar zu bedenken hat.

l) Was erfordert das Verfahren der Selbstkontrolle

    la) in der Person des Vorgesetzten?

    lb) in der Person des sich selbst kontrollierenden Mitarbeiters?

B) Literatur

Brink, H.-J., Kontrolle, Organisation der, in HWO, Sp. 1143–1151

Frese, E./Simon, R., Kontrolle und Führung, in HWFü, Sp. 1247–1257

Kazmier, L. J., 1973, Kapitel 14

Lattmann, Ch., Die verhaltenswissenschaftlichen Grundlagen des Mitarbeiters, Bern-Stuttgart, 1982

Pfützner, R. (Hrsg.), 1991, Abschnitt C, Ziffer 4.6

Schubert, G., Kontrolle, in Management, a. a. O., Bd. II, S. 94ff.

Siegwart, H./Menzl, I., Kontrolle als Führungsaufgabe, Bern, Stuttgart, 1978

Thieme, H.-R., Verhaltensbeeinflussung durch Kontrolle, Berlin 1982

20 Bewertende Rückmeldung

Lernziele:

Nachdem Sie den folgenden Abschnitt erarbeitet haben, sollen Sie wissen,

- was *Rückmeldung* im Führungsprozeß begrifflich bedeutet und welche Funktionen sie erfüllt;
- welche Arten und Anlässe voneinander zu unterscheiden sind;
- wie die einzelnen Arten von Rückmeldung in der Führungspraxis vorzunehmen sind, damit die damit verfolgten Zwecke optimal erreicht werden können, sowie
- welche Fehler begangen und wie sie vermieden werden können.

20.1 Begriff und generelle Funktionen

Unter **Rückmeldung** verstehen wir die bewertende Stellungnahme des Betriebes gegenüber seinem Mitarbeiter zu den in den Soll-Ist-Vergleichen wahrgenommenen Kontrollbefunden.

Damit deckt Rückmeldung sich mit dem in Teilen der Literatur verwendeten Begriff *Kritik*, ohne jedoch auf lediglich *negative* Bewertungen reduziert zu werden.

Der Mitarbeiter erfährt über sie die Ergebnisse der betrieblichen Verhaltens- und Ergebnismessungen, ihre Bewertung und die Konsequenzen, die der Betrieb eventuell daraus zu ziehen gedenkt. Die Rückmeldung bildet damit die Antwort auf seine Mitarbeit, aus der er ersieht, ob er sein bisheriges Leisten und Verhalten verstärken sollte, beibehalten kann oder korrigieren muß. Ohne dieses Feedback befände sich der Mitarbeiter in der Situation eines Schiffsnavigators, dessen Peilsignale unreflektiert blieben und der sein Schiff »ins Blaue« hinein steuern müßte.

Zum funktionierenden *Kommunikationssystem* wird die Führungsbeziehung erst dadurch, daß der Betrieb die in Arbeit und Arbeitsverhalten des Mitarbeiters signalisierten Leistungsangebote rückmeldend beantwortet. Das Bedürfnis danach nimmt individuell mit steigender Leistungs- und Erfolgsmotivation zu.

Dem Betrieb eröffnet Rückmeldung Wege, nachregulierend auf das Leistungsverhalten seiner Mitarbeiter einzuwirken, insbesondere positive Trends zu verstärken und im Falle negativer Abweichungen von den vorgegebenen Standards korrigierend tätig zu werden. Wie Kontrolle dient auch Rückmeldung der betrieblichen Ergebnissicherung und bildet deren logische Fortführung.

In der betrieblichen Praxis wird Rückmeldung, insbesondere *positiver* Befunde, verbreitet vernachlässigt. Nicht wenige Vorgesetzte verfahren nach der Devise »Solange ich nichts sage, ist alles in Ordnung« oder »Wenn etwas nicht stimmt, melde ich mich schon«. Rückmeldung wird so auf negative Vorfälle beschränkt, der Mitarbeiter um die in positiver Rückmeldung liegenden Belohnungen betrogen. Aber auch notwendige *negative* Rückmeldung wird, zum Beispiel aus Bequemlichkeit oder aus Furcht vor Auseinandersetzungen, nicht selten unterschlagen.

Rückmeldung kann *situativ* gewährt werden als betriebliche Reaktion auf den einzelnen Anlaß oder *summarisch* als Beurteilung langfristigen Leistungsverhaltens, zum Beispiel in der Offenlegung einer jährlichen Leistungsbeurteilung oder im Tätigkeitszeugnis.

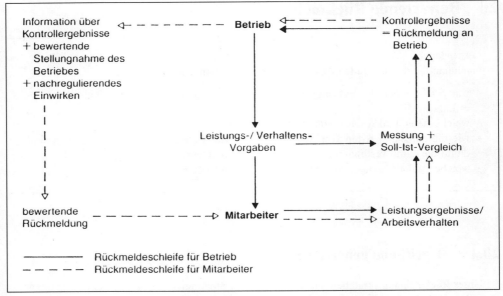

Abb. 20.1: Rückmeldeschleifen in der Führungsbeziehung

20.2   Besonderheiten situativer Rückmeldung

A) Spezielle Funktionen

Rückmeldung, die dem Mitarbeiter aufgrund einzelner situativer Anlässe vermittelt wird, erfüllt folgende Funktionen:

a) *Information:* Der Mitarbeiter erhält Kenntnis darüber, welchen Soll-Ist-Befund der Betrieb in Arbeitsverhalten und/oder -ergebnissen festgestellt hat und wie er ihn bewertet.

b) *Vermittlung von Belohnungen:* Weist der Befund *positive* Ergebnisse aus, kann der Betrieb seine Rückmeldung mit Belohnungen anreichern, welche die mitarbeiterseitige Erfolgserwartung befriedigen.

c) *Bestätigung:* Weist der Kontrollbefund auf eine *weder über- noch unterdurchschnittliche* Leistung hin, so empfängt der Mitarbeiter in der Rückmeldung die Bestätigung, eine standardgemäße Leistung erbracht zu haben.

d) *Nachregulierung:* Ergeben die Kontrollen, daß Arbeitsergebnisse und -verhaltensweisen von den vorgegebenen Standards *negativ abweichen,* vermittelt Rückmeldung die notwendigen nachregulierenden Impulse, die im Bedarfsfall mit mißbilligenden Sanktionen verbunden werden können.

B) Situative Anlässe

Anlässe zu Rückmeldung bilden vor allem die folgenden Situationen:

a) *Ein Arbeitsvorhaben* (Zielprojekt, Einzelauftrag) *wird abgeschlossen und vom Betrieb abgenommen.*

Beispiele:

- Das vom Werkzeugmacher reparierte Preßwerkzeug wurde nach seiner Überprüfung dem Werkzeuglager zugeführt;
- der Assistent legt dem Betriebsleiter den fertigen Plan für das einzuführende Programm vorbeugender Instandhaltung vor,
- der Leiter des Materiallagers meldet dem Leiter der Materialwirtschaft die vorzeitige Einführung der EDV-gestützten Bestandskontrolle.

b) *Ein länger dauerndes Zielprojekt ist zu einem Zwischenergebnis gediehen,* welches dem Vorgesetzten vorgelegt wird.

Beispiele:

- Von einer auf 12 Monate angesetzten Fehlzeitenanalyse liegt der Bericht über die ersten drei Monate vor;
- der Entwicklungsingenieur stellt dem Laborleiter das erste Versuchsmuster des neu zu entwickelnden Schaltgerätetyps vor.

c) *Im laufenden Arbeitsprozeß wird ein Ereignis erkennbar oder ein Ergebnis beliebiger Art absehbar, um dessen Bedeutung willen betriebliche Rückmeldung angezeigt ist.*

Beispiele:

- Mit überragender Anstrengung verhinderte eine Reparaturkolonne in Nachtarbeit den drohenden Ausfall einer Fertigungsstraße;
- die besondere Umsichtigkeit eines Mitarbeiters verhinderte den Ausbruch eines in Entstehung begriffenen Brandes;
- der Meister entdeckt beim Vermessen von Drehteilen, daß der Programmierer die numerische Steuerung der Maschine fehlerhaft programmiert hat;
- der Leiter der Fahrbereitschaft erkennt an einem Fahrer alkoholbedingte Ausfallerscheinungen;
- der Sachbearbeiter versäumt infolge seines unzuverlässig geführten Terminkalenders erneut eine wichtige Besprechung;
- bei der Taschenkontrolle am Tor entdeckt der Pförtner bei Mitarbeiter M ein unerlaubt mitgeführtes Meßgerät.

20.3 Rückmeldung positiver Befunde

A) Als Anlässe für positive Rückmeldung sind insbesondere die folgenden Befunde zu bewerten:

a) *Pflichtgemäß zu erbringende Leistungsstandards wurden übertroffen.*

Beispiele:

- Die Zeitvorgabe für einen Auftrag wurde bei dessen Fertigstellung wesentlich unterschritten;
- ein sehr risikobehaftetes Fertigungslos wurde mangelfrei erstellt;
- anstelle der erwarteten Kompromißlösung für ein überdurchschnittlich schwieriges Organisationsproblem wurde eine Maximallösung gefunden.

b) *Einzelne Verhaltensweisen oder Arbeitsergebnisse weisen einen signifikanten Goodwill-Gehalt auf.*

Beispiele:

- Mehrere Mitarbeiter führen untereinander freiwillig ein neues Informationsverhalten ein, um vorhandene Defizite zu beseitigen;
- durch zusätzlichen Aufwand an Sorgfalt und Pflege wird die Beschädigungsgefahr an einem Präzisionsmeßgerät deutlich verringert;
- eine Gruppe von Monteuren erklärt sich ohne Umschweife bereit, die dringend notwendige Reparatur einer Anlage auch während des Wochenendes fortzusetzen.

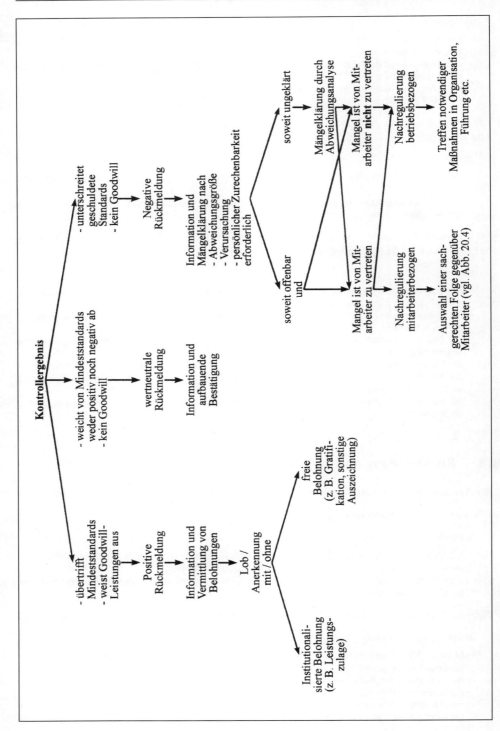

Ab. 20.2: System situativer Rückmeldung

c) *Durchschnittliche Leistungsstandards werden bei überdurchschnittlicher Anstrengung erbracht.*
Nicht alle Menschen weisen von ihrer biologischen Konstitution her das gleiche Leistungsvermögen auf. Die Arbeitsmedizin hat interpersonelle Unterschiede in einem Verhältnis von 1:3 festgestellt. Menschen mit gesundheitlichen Handicaps erreichen durchschnittliche Leistungen oft nur mit weit überdurchschnittlichem Bemühen. Würde positive Rückmeldung allein an die *Höhe* der Ergebnisse gebunden, bedeutete dies, daß eine hochveranlagte Arbeitskraft, die überdurchschnittliche Leistungen mit relativ geringer Anstrengung erzielen könnte, fortlaufend und ohne Mühe in den Genuß von Auszeichnungen gelangen müßte. Andere Mitarbeiter jedoch, die sich für nur durchschnittliche Leistungen überdurchschnittlich anstrengen müssen, gingen leer aus. Dieses unbillige Ergebnis rechtfertigt es, auch die nicht spektakuläre, jedoch mit besonderem Bemühen und dauerhaft erbrachte Leistung für den Unternehmenserfolg von Fall zu Fall zu honorieren.

Beispiele:

- ständige Pünktlichkeit,
- besondere Zuverlässigkeit und Gewissenhaftigkeit,
- auffallend kooperatives und pflichtbewußtes Verhalten,
- langfristiges Geringhalten eigener Fehlzeiten.

d) *Schließlich ist auch die deutliche Verbesserung bisheriger schwacher Leistungen positiv rückzumelden.*
Das Erfolgserlebnis, lobende oder anerkennende Worte seines Vorgesetzten zu erfahren, kann im Menschen starke *Schubkräfte* mobilisieren, den aufsteigenden Trend beizubehalten oder noch zu verstärken.

Beispiele:

- Der ungelernte Arbeiter bemüht sich sichtlich, Arbeitsfehler zu erkennen, bevor sie Nachbesserung erfordern;
- der bisher hohe Verbrauch von Hilfsstoffen bei mechanischen Arbeiten wird dank sparsameren Einsatzes deutlich gesenkt.

B) Ziele:

Die Ziele positiver Rückmeldung in motivationalem Führen bestehen darin, Belohnungswerte zu vermitteln, Bedürfnisse nach Selbstachtung und Differenzierung zu bestätigen sowie mitarbeiterseitige Arbeitsfreude und -motivation zu erhöhen.

Bereits die Kenntnis, daß der Betrieb höheres Bemühen aufmerksam wahrnimmt, wirkt motivierend, denn sie bedingt positive Schätzwerte von Erfolgswahrscheinlichkeit (Ziel-Wahrscheinlichkeit i. S. von PORTER & LAWLER, vgl. Ziffer 9.6).

Zudem ist die mit der Rückmeldung selbst an den Mitarbeiter gelangende Information über seine als positiv bewertete Leistung geeignet, ihm *intrinsische und extrinsische* Belohnungen zu vermitteln, mit denen Bedürfnisse nach Teilhabe an Erfolg und Leistung sowie nach Differenzierung und Bestätigung des Selbstwertgefühls unmittelbar befriedigt werden. In Verbindung mit *Gratifikationen* schließlich lassen sich mit positiver Rückmeldung weitere valente Individualziele befriedigen. Eine vom Mitarbeiter als ausgewogen empfundene Bilanz an Belohnungswerten bildet die Basis seiner Arbeitszufriedenheit und -freude, die ihrerseits seine künftige Leistungsbereitschaft im fortwirkenden Arbeitsverhältnis determiniert.

Über reine Nutzenorientierung hinausgehend, vermittelt positive Rückmeldung dem Mitarbeiter zusätzlich zu den ihm zustehenden Entgelten jenen *psychologischen Lohn,* der das moralisch geschuldete Äquivalent für sein Goodwill an den Betrieb beansprucht. Anerkennung als Beachtung besonderen Bemühens »baut auf«, gibt Mut, wirkt als Ansporn und Orientierungshilfe, weiterzumachen.

C) Ausdrucksmittel positiver Rückmeldung bilden Lob und Anerkennung.

Unter *Lob* verstehen wir die Anerkennung persönlichen *Verhaltens*. Lob richtet sich unmittelbar an die Persönlichkeit des Gelobten und bewirkt dadurch einen besonders starken Affekt.

Anerkennung bezieht sich auf *Verhaltens- oder Arbeitsergebnisse*. Sie wirkt dadurch nur mittelbar und weniger stark auf die Persönlichkeit. Andererseits haben Ergebnisse Bestand und sind daher eher als eine der Vergangenheit angehörende Verhaltensweise dokumentierbar.

D) Hinweise zur praktischen Vornahme

a) *Formen:* Lob und Anerkennung können mündlich und/oder schriftlich vorgenommen werden.

Mündliche Rückmeldung wirkt im Moment ihrer Vornahme direkter auf die betroffene Person ein, gehört danach aber der Vergangenheit an. *Schriftliche* Rückmeldung erweist sich als aufwendiger und weniger direkt, dafür aber weist sie Langzeitwirkung auf und ist gegenüber dritten Personen (zum Beispiel Familienangehörigen) vorzeigbar.

Sollen die mit Lob und Anerkennung erzielbaren motivatorischen Wirkungen maximiert werden, empfiehlt es sich, sie schriftlich zu formulieren und das Schriftstück persönlich zu überreichen – *die mündliche und die schriftliche Form also zu kombinieren*.

Als geeignet dafür erweisen sich in besonders herauszustellenden Fällen gedruckte Urkunden, für den weniger gewichtigen Fall auch formlose Anerkennungsschreiben der Betriebsleitung oder Aktenvermerke des Vorgesetzten [1], deren Original dem Mitarbeiter und deren Zweitschrift dessen Personalakte zugeführt wird.

b) *Verbindung mit Gratifikationen:* Belobigungen und Anerkennungen, deren besonderes Gewicht herausgestellt werden soll, sollten mit zusätzlichen Belohnungen verknüpft werden. Sofern dies mittels institutionalisierter, rechtlich abgesicherter Leistungen geschieht (zum Beispiel Leistungszulagen, Prämien), ist deren motivierende Wirkung eher als gering einzuschätzen.

Wirklich motivierende Bedeutung geht von **Gratifikationen** aus, die der Betrieb *freiwillig* zu seinen geschuldeten Leistungen vergibt. Bei ihnen muß erkennbar sein, daß es sich *nicht um Bestandteile des Entgeltes* handelt, sondern um zusätzliche Unterstreichungen des Lobes oder der Anerkennung. Ihr Gewicht liegt weniger im materiellen Wert als in ihrem Wesen einer Geste betrieblichen Dankes und persönlicher Wertschätzung. Demgemäß sollten Gratifikationen Gegenstände umfassen, von denen der Betrieb sicher sein darf, daß sie das mitarbeiterseitige Spektrum an persönlichen Wünschen treffen. Dafür sind seiner Phantasie, ohne daß er auf Geldgeschenke zurückgreifen muß, kaum Grenzen gesetzt. In Betracht kommen können zum Beispiel

- ein hochwertiger Sachgegenstand (Urkundenmappe, Reisemanikür- oder Taschen-Werkzeugset) mit eingeprägtem Namenszug,
- eine Einladung zu gemeinsamem Essen in gutem Restaurant oder zu einem Messebesuch/ Sportereignis/Theater-/Konzertbesuch,
- ein Sonderurlaub mit Finanzierungsbeitrag,
- Wertepunkte zur freien Auswahl in einem Cafeteria-Angebot.

Die Gratifikation sollte den Dank des Betriebes *glaubhaft* ausdrücken. Dies kostet Geld. Eine Reihe motivatorisch geführter Unternehmen stellt dafür besondere Etatposten von bis zu einem Prozent seiner Jahreslohn- und Gehaltssumme bereit, zu denen Vorgesetzte bis zu einer Höhe von mehreren tausend DM je Gratifikation direkten Zugriff haben. Die Frage der Wirtschaftlich-

keit stellt sich dabei nicht in der Weise, ob die dafür erforderlichen Geldbeträge im Jahr einge-
spart werden sollen, sondern darin, wie die aufzuwendenden Beträge über die Mobilisierung von
Goodwill als Nutzen für Betrieb und Mitarbeiter *vervielfacht* werden können.

c) Zeitfolge: Positive Rückmeldung sollte dem gegebenen Anlaß *möglichst kurzfristig* folgen. Hält
der Mitarbeiter einen rückmeldefähigen Anlaß für gegeben, entsteht in ihm eine Erwartungshal-
tung. Wird sie durch Rückmeldung erfüllt, empfindet er ein Maximum an Befriedigung. Bleibt sie
aus, verwandelt sich die Erwartung in Frustration. Wird Rückmeldung erst danach gewährt, kann
sie allenfalls die Frustration wieder kompensieren; die volle Befriedigung wird nicht mehr erreicht. Bleibt sie ganz aus, bleiben Frustration und Resignation bestehen (»In diesem Laden lohnt
es nicht, sich anzustrengen, die honorieren das ja doch nicht.«).

Die dem Betrieb zur Rückmeldung zugebilligte Zeitspanne bemißt der Mitarbeiter nach seiner
Schätzung, wie lange die Kenntnisnahme des Anlasses und die Bewertung dauern werden. Sollten
sich dem dafür üblichen Zeitaufwand in der Praxis Probleme in den Weg stellen, kann es sich
empfehlen, dem Mitarbeiter eine *Zwischennachricht* zukommen zu lassen.

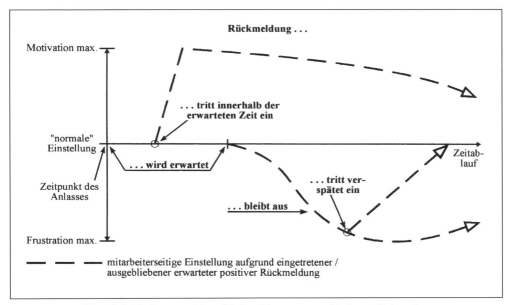

Abb. 20.3: Wirkung positiver Rückmeldung zu verschiedenen Zeitpunkten

d) Häufigkeit: Die Häufigkeit positiver Rückmeldung ist an der Häufigkeit gegebener Anlässe zu
orientieren. Zu seltene Vornahme wird frustrierend, zu häufige, d.h. »inflationistische« wird ent-
wertend wirken. Rückmeldungsfähige Anlässe müssen sich deshalb von den als normal geltenden
Standards sichtbar abheben.

Abzustellen ist dabei gleichzeitig auf *ihre Wirkung für den Empfänger.* Gegenüber Spitzenkräften mit einem ausgeprägten Selbstwertgefühl werden die Maßstäbe höher anzusetzen sein als gegenüber weniger leistungsfähigen und weniger selbstbewußten Mitarbeitern, für die ein Lob nur
selten in Betracht kommt. An das Ermessen des Vorgesetzten und sein *Fingerspitzengefühl* gegenüber situativ Angezeigtem werden hier hohe Ansprüche gerichtet.

e) Zuständigkeit: Zuständig für die Vornahme positiver Rückmeldung ist regelmäßig *der unmittelbare Vorgesetzte,* in besonders gewichtigen Fällen auch die Führungskraft einer höheren Ebene. Im letzteren Fall sollte der unmittelbare Vorgesetzte stets mit hinzugezogen werden.

f) Öffentlichkeit: Es stellen sich die Probleme von Gerechtigkeit (vgl. oben Ziffer 14.4, Buchstabe C) und Sozialneid. Die Anerkennung *dokumentierbarer Leistungen,* die einen signifikanten Abstand zu Normalstandards aufweisen, wird in der Öffentlichkeit des Kollegenkreises ausgesprochen werden dürfen. Gleiches gilt für Belobigungen von Verhaltensweisen, die von den anderen Mitarbeitern *unzweifelhaft als lobenswert anerkannt* werden. In weniger eindeutigen Fällen könnte es sich empfehlen, eine Belobigung unter vier Augen vorzunehmen und es ihrem Empfänger zu überlassen, ob er sie bekanntgibt. Der Vorgesetzte vermeidet so, den Belobigten sozialen Sanktionen seiner Kollegen auszusetzen. Bedenken bestehen nicht, das Lob *einer Gruppe als Ganzer* auszusprechen.

E) Fehlgebrauch und Risiken positiver Rückmeldung

Es kann nicht von der Hand gewiesen werden, daß der fehlerhafte Gebrauch positiver Rückmeldung, wie er in der Praxis offenbar nicht selten vorgenommen wird, kontraproduktiv wirken wird [2].
Zu nennen sind

- Lob als unehrliche, routiniert ausgeschüttete Pflichtübung,
- Gebrauch als Manipulations-Strategie (die »Streicheleinheit« als Vorbereitung dafür, den so »weichgeklopften« Mitarbeiter anschließend um so besser mit Anforderungen eindecken zu können,
- »Totloben«, insbesondere auch »Wegloben« unbequemer Kritiker,
- unbegründetes Lob als Ausdruck zynischer Bloßstellung.

Als Wirkungen können bezweckt sein bzw. eintreten

- seelisches Abhängig-Werden des Mitarbeiters von der »Gnade«, das eigene Verhalten durch den Chef wohlwollend beurteilt und belobigt zu sehen,
- Demonstrationen von hierarchischen Herrschaftsbeziehungen zwischen »Oben« und »Unten« im Herr-Knecht-Verhältnis (»Der Graf wird seine Diener loben«, Schiller),
- Einschränkungen von Denk- und Handlungsfreiräumen durch aufgezwungene/erschlagende/ entwaffnende/wehrlos machende Belobigung, aber auch
- mitarbeiterseitige Gier nach Lob, die durch manipulierte Erfolgsmeldungen und Selbstdarstellungsriten befriedigt wird.

R. K. Sprenger folgend [3] empfehlen wir den Gebrauch von Lob als ehrlichen, strategiefreien Dank zwischen Partnern für besonderes Bemühen, der nicht nur von oben nach unten, sondern ebenso von unten nach oben denkbar sein kann.

Wie schon an anderen Stellen heben wir auch hier hervor, daß die größte Auszeichnung des Mitarbeiters darin liegt, ihn grundsätzlich und beständig

- wahrzunehmen statt zu übergehen,
- als Persönlichkeit anzuerkennen und ernst zu nehmen statt abzuwerten,
- als Mitglied der Unternehmensgemeinschaft mit Wertschätzung, Aufmerksamkeit und Zuwendung zu bedenken statt mit Gleichgültigkeit und Desinteressiertheit,

und dies unabhängig davon, ob dies als Dank für vergangene oder als Ansporn für künftige Leistungen geschieht.

In diesem Klima der Zusammenarbeit werden Lob und Anerkennung im Einzelfall als zusätzliche ermutigende »Bonbons« willkommen sein, und dann wirken sie als das, wofür sie gedacht sind: als Verstärker und Stabilisatoren vorhandener Motivation und Freude.

20.4 Rückmeldung wertneutraler Befunde

A) Anlaß für wertneutrale Rückmeldung ist ein Kontrollergebnis, das vorgegebene Mindeststandards *weder über- noch unterschreitet* und sichtbares Goodwill ebenfalls nicht erkennen läßt.

> **Beispiele:**
> - die untere Toleranzgrenze an einem Fertigungslos wird noch gewahrt,
> - die Qualität einer Zeichnung ist noch hinnehmbar,
> - das Arbeitsverhalten gibt Grund weder zu Lob noch zu Tadel.

B) Das Ziel der Rückmeldung besteht in diesem Falle darin, dem Mitarbeiter die gerade noch standardgemäße Leistung *zu bestätigen*. Rückmeldung reduziert sich auf die Information »es reichte noch aus«. Schon dies kann für einen in seinem Leistungsvermögen ge- oder behinderten Mitarbeiter innere Befriedigung im Sinne intrinsischer Motivation auslösen. Deshalb darf auf sie nicht verzichtet werden.

Ein weiterer Grund kommt hinzu: Häufig wird sich mit der bloßen Information ein Stimulans verbinden lassen, den Mitarbeiter zu höheren Leistungen anzuspornen:

> **Beispiel:** »Bei dem letzten Posten von Sperrkreisen haben Sie die vorgeschriebenen Werte gerade eben erreicht. Leider gelangen Sie dadurch nur in die Güteklasse 2. Wenn Sie die Abstimmung noch ein wenig präziser durchführten, könnten Sie die Klasse 1 erreichen. Ich bin sicher, daß Sie das schaffen können. Wollen Sie‹s nicht versuchen?«

C) Vornahme: Sofern die Durchschnittlichkeit der Ergebnisse nicht ersichtlich auf Gleichgültigkeit, Desinteresse oder ähnlich undifferenzierte Einstellungen gegenüber der Arbeit zurückzuführen ist, sollte der Vorgesetzte auch wertneutrale Rückmeldung in einem freundlichen Ton und ohne Vorwürfe vornehmen. Liegt dem Befund gar das besondere Bemühen Minderbegabter oder Behinderter zugrunde, ist ein anerkennender, aufmunternder Ton anzuempfehlen. Auf das zu *positiver Rückmeldung* unter Buchstaben D und E Gesagte wird verwiesen.

D) Sofern zwischen dem Betrieb und dem Mitarbeiter eine **Verhaltenszielvereinbarung** besteht, sollte die Gelegenheit wertneutraler Rückmeldung auch dazu genutzt werden, an sie *zu erinnern* und den Mitarbeiter zu verhaltensbezogenen Goodwill-Beiträgen zu führen.

20.5 Rückmeldung negativer Befunde

Die Rückmeldung negativer Befunde findet statt, wenn *Arbeitsergebnisse oder Verhaltensweisen von verbindlich vorgegebenen bzw. vereinbarten Standards negativ abweichen.* Dabei muß es sich um Leistungsbeiträge des Pflichtenkatalogs handeln. Das Fehlen allein von Goodwill-Beiträgen, die darüber hinausgehen, rechtfertigt negative Rückmeldung nicht.

A) Anlässe:

a) *Ein Leistungsergebnis unterschreitet quantitativ oder/und qualitativ die verbindliche Vorgabe.*

> **Beispiele:**
>
> – der Plan zur Umleitung des Straßenverkehrs wegen einer Baumaßnahme erweist sich als unbrauchbar, der Verkehr bricht zusammen;
> – eine Serie von Produkten weist trotz vereinbarter 100%-Qualität fehlerhafte Stücke auf und erfordert Nachbesserung.

b) *Während des Vollzuges einer Arbeit werden Mängel erkennbar, die den angestrebten Erfolg gefährden.*

> **Beispiele:**
>
> – der Meister bemerkt, daß die Prüferin die Funktionsprüfung elektronischer Bauteile entgegen seiner Anweisung mit einem falsch eingestellten Meßgerät durchführt;
> – der Vertriebsleiter entdeckt, daß der Sachbearbeiter die Orderanfrage eines Kunden so knapp kalkuliert, daß der als minimal sicherzustellende Deckungsbeitrag im Falle der Auftragsabwicklung nicht gewährleistet würde.

c) *Das sichtbare Arbeitsverhalten eines Mitarbeiters widerspricht arbeitsvertraglichen oder kollektivrechtlichen Verhaltenspflichten.*

> **Beispiele:**
>
> – ein Arbeitnehmer erscheint angetrunken am Arbeitsplatz;
> – der Gruppenleiter vernachlässigt ihm unangenehme Führungsaufgaben zugunsten beliebterer Tätigkeiten;
> – eine Arbeitskraft verläßt während der Arbeitszeit ohne Erlaubnis den Betrieb,
> – Arbeitskräfte rauchen in einem hoch explosionsgefährdeten Raum.

Zusammenfassend dargestellt, ist jeder Mangel zum Anlaß negativer Rückmeldung zu nehmen, der im Hinblick auf betrieblich verfolgte Ziele ein relevantes Störpotential darstellt.

B) Ziele

Mit Rückmeldung negativer Befunde werden folgende Ziele verfolgt:

a) *Beseitigung des von einem Mangel ausgehenden Störpotentials an seiner Quelle und Verhinderung, daß Fehler an Produkten nach außen wirken* (vgl. Ziffer 14.5.6);

b) *Information der den Mangel verursachenden Stelle/Person.* Vielfach ist es Menschen unmöglich, eigenes fehlerhaftes Verhalten zu erkennen, teils, weil die sachliche Nähe dazu »blind« macht, teils wegen der Rechtgläubigkeit gegenüber eigenem Handeln. Außenstehende Personen verfügen hier über ein größeres Erkenntnisvermögen.

c) *Veranlassung des den Mangel verursachenden Mitarbeiters, künftig mangelfrei zu arbeiten und aktiv daran mitzuwirken, daß der Mangel sich nicht wiederholt.* Primäres Ziel dabei ist es, dies einvernehmlich zu erreichen.

Sanktionen im Sinne von Bestrafungen sind nur insoweit in Betracht zu ziehen, als sie sich zum Erreichen der vorgenannten Ziele als *unverzichtbar* erweisen sollte.

C) Mangelklärung

Bevor ein Mangel beseitigt werden kann, muß er definiert werden. Dies geschieht mittels einer Mangel- bzw. Abweichungsanalyse, in der, soweit diese nicht offenkundig sind, drei Fragenkomplexe geklärt werden müssen:

a) *Worin besteht der sichtbare Mangel inhaltlich?* Nicht selten verbirgt sich der wahre Mangel hinter einem verfälschenden äußeren Erscheinungsbild.

> **Beispiele:**
>
> - die statistisch ausgewiesene prozentuale Ausschußquote erweist sich höher als die reale, weil die Revision ihrer Berechnung eine zu niedrige Losgröße zugrundegelegt hat;
> - die im Werkzeugbau nach Zeichnung angefertigte Bohrschablone erweist sich als unbrauchbar, weil sie nicht an die Rohlinge paßt; vermeintlicher Mangel: ungenaue Herstellung, wirklicher Mangel: fehlerhafte Zeichnung.

b) *Wodurch/von wem ist der Mangel verursacht worden?* Es ist keineswegs stets sicher, daß ein Mangel dort, wo er zutage tritt, auch entstanden ist. Beseitigt werden kann er indessen nur an der verursachenden Stelle selbst.

> **Beispiele:**
>
> - der Sachbearbeiter hat den Reklamationsbericht der Geschäftsleitung verspätet vorgelegt (Mangel), weil er selbst die dafür benötigten Daten vom technischen Kundendienst zu unpräzise formuliert und zu ungeordnet vorgelegt bekommen hat (Ursache);
> - ein Reparaturschlosser weigert sich gegenüber seinem Meister, um der dringlichen Behebung eines Schadens willen seine Mittagspause eine Stunde zu verschieben (bemängeltes Verhalten), nachdem der Betriebsleiter ihm wenige Tage zuvor in der gleichen Situation »wegen eigenmächtigen Veränderns der Arbeitszeit« eine lautstarke Rüge erteilt hatte (Ursache).

c) *Wer hat den Mangel persönlich zu vertreten?* Unter »Vertretenmüssen« verstehen wir in Anlehnung an allgemeingültige Rechtsgrundsätze *Vorwerfbarkeit*. Eine vorwerfbare Handlung kann auf zweifache Weise, nämlich *vorsätzlich* oder *fahrlässig*, begangen werden.

Vorsätzlich handelt, *wer einen Mangel mit Wissen und Wollen herbeiführt oder in seinem Handeln doch billigend in Kauf nimmt.*

> **Beispiele:**
>
> - der Gruppenleiter unterläßt es auftragswidrig, den ihm mißliebigen Akquisiteur rechtzeitig zu einer Vertriebsbesprechung zu laden, um ihn mit seinem Zuspätkommen vor der Geschäftsleitung als unzuverlässig darzustellen;
> - der Kraftfahrer weiß, daß der Ölstand der Maschine seines LKW derzeit wegen Ölverlustes alle 300 km überprüft werden muß. Um freitags noch vor Feierabend den Fabrikhof zu erreichen, fährt er die 800 km lange Strecke durch, »egal, was passiert«. Die Maschine läuft fest (sogenannter »mittelbarer Vorsatz«).

Fahrlässigkeit liegt vor, *wenn jemand* einen Mangel zwar nicht herbeiführen will oder bewußt billigend in Kauf nimmt, ihn aber *dadurch bewirkt, daß er die ihr zumutbare und im Einzelfall auch erforderliche Handlungssorgfalt außer acht läßt.* (»er hätte gekonnt, wenn er nur gewollt hätte«). Damit knüpfen wir an die Definition fahrlässigen Verhaltens in § 276 BGB an.

> **Beispiele:**
>
> - der Bauingenieur entnimmt bei der Bestimmung des Betongemisches für eine Gebäudedecke der Tabelle »in Eile« einen falschen Mischwert. Die mit zu magerem Beton gegossene Decke muß mit Stahlunterzügen kostenträchtig verstärkt werden;
> - der Rohrleger trägt auf seinen Schultern ein langes Stahlrohr durch den Betrieb. Darauf angesprochen, daß er auf diese Weise jemanden verletzen könnte, antwortet er, daß er ja schließlich nicht auf seinen Augen sitze. Bei einer Drehung um eine Ecke schlägt er das hintere Ende des Rohres einer anderen Person ins Gesicht (sog. »bewußte« Fahrlässigkeit: es könnte zwar etwas geschehen, aber es wird in meinem Falle schon ausbleiben).

In der betrieblichen Praxis wird die Zahl fahrlässig begangener Leistungsmängel jene der vorsätzlich begangenen weit übersteigen.

d) Beweislast

Erhebliche praktische Bedeutung kommt in der Frage der Zurechenbarkeit von Mängeln der weiteren Frage zu, wer dafür die Beweislast zu tragen hat. Muß im Falle eines Mangels der Arbeitgeber dem Arbeitnehmer seine Schuld beweisen, oder wird sie beim Arbeitnehmer vermutet, bis er sein Nichtverschulden nachgewiesen hat? Arbeitsrechtliche Lehre und Rechtsprechung haben dafür folgende Grundsätze aufgestellt [5]:

da) Im Falle eines *regulär* am Arbeitsplatz aufgetretenen Mangels obliegt die Beweislast *dem Arbeitgeber* als der Seite, die sich auf den Mangel beruft und gegebenenfalls Konsequenzen aus ihm herleitet;

db) ist die Schadensursache *aus dem typischen Gefahrenbereich des Arbeitnehmers* hervorgegangen, so tritt gem. § 282 BGB (analog) eine Umkehr der Beweislast ein: das Verschulden des Arbeitnehmers wird bis zu dessen *Beweis des Gegenteils vermutet;* zur Entlastung genügt die *Darlegung* (nicht erforderlich: der strenge Beweis!) der *hinreichenden Wahrscheinlichkeit* (nicht genügend: der bloßen Möglichkeit!), daß ihn kein Verschulden treffe;

dc) bei typischer *schadens- oder gefahrengeneigter Arbeit* [6] tritt diese Umkehr *nicht* ein. Die Beweislast für vorliegendes Verschulden beim Arbeitnehmer verbleibt *beim Arbeitgeber.* Allerdings muß der erstere die Schadensgeneigtheit der Arbeit beweisen. Zugleich mindert sich der Haftungsumfang.

Die schrittweise Ermittlung der vorstehenden Elemente erweist sich in der Praxis nur dann als notwendig, sofern sie einzeln oder in ihrer Gesamtheit nicht offenbar, sondern ungeklärt sind. Dabei ist in der dargestellten Reihenfolge vorzugehen:

Art des Mangels? – Verursachung? – Zurechenbarkeit?

Erweist es sich als unmöglich, den Mangelinhalt *selbst* zu klären, so erübrigt es sich, nach seiner Verursachung und Zurechenbarkeit zu forschen. Bleibt nach der Feststellung des Mangels sein *Verursacher* unermittelt, kann auch niemandem ein Verschulden zugerechnet werden. Seine Ermittlung wäre sinnlos. Die dargestellten Fälle deuten darauf hin, daß die betrieblichen Abläufe nicht die zur Ermittlung von Störpotentialen erforderliche Transparenz oder Sensibilität aufweisen. Dann sind entsprechende *Maßnahmen in Organisation und Führung* zu treffen.

In einer großen Zahl von Mängeln werden Inhalt, Verursachung und Zurechnung offenbar liegen, so daß die ausdrückliche Analyse sich erübrigt. *In keinem Fall darf aber darauf verzichtet werden, den betroffenen Mitarbeiter über die festgestellte Abweichung zu informieren und klarzustellen, daß sie sich nicht wiederholen darf.* Unterbleibt dies, dann besteht die Gefahr, daß betriebliches Schweigen als Tolerieren des Mangels aufgefaßt und künftigen Nachlässigkeiten und Pflichtverletzungen Vorschub leisten wird. Dies gilt insbesondere bei jüngeren Mitarbeitern.

D) Die Auswahl sachgerechter Konsequenzen
Erst die Feststellung der vorwerfbar verursachten Pflichtverletzung rechtfertigt es, gegenüber dem Mitarbeiter mißbilligende Konsequenzen zu ziehen.

Bevor dies geschieht, sollte der Vorgesetzte prüfen, ob er den mit negativer Rückmeldung *verfolgten Zielen,* insbesondere dem des Motivierens zu künftig mangelfreier Arbeit, nicht am besten damit dient, *daß er auf negative Konsequenzen im Einzelfall verzichtet.* Dies könnte zum Beispiel in folgenden Situationen angezeigt sein:

- Einem Mitarbeiter unterläuft ein Fehler *erstmals* und *ohne grobes Verschulden* (vgl. Ziffer 14.4, Buchstabe U);
- nicht selten können die von Fehlern ausgehenden Störungen vom Betrieb nur dann behoben oder klein gehalten werden, wenn der sie verursachende Mitarbeiter sie *dem Betrieb freiwillig mitteilt.* Muß er dafür jedes Mal »ein unheiliges Donnerwetter« gewärtigen, wird er die Information einfach unterlassen – dies um so eher, wenn die späteren Störfolgen nicht auf ihn persönlich zurückgeführt werden können;
- nicht wenige Mitarbeiter, namentlich ältere mit ausgeprägtem Verantwortlichkeitsgefühl und Arbeitsethos, fühlen sich von dem ihnen unterlaufenen Fehler so sehr betroffen, daß ihnen die Peinlichkeit als solche bereits Strafe genug bedeutet;
- die jedem Menschen anhaftende Fehlbarkeit (»nobody is perfect«) hat auch jeden bereits erfahren lassen, welch einen Goodwill-Schub und welche innere Dankbarkeit es auslöst, wenn er nach einer eindeutigen Verfehlung »mit einem blauen Auge« davonkommt und ihm die verdiente Lektion erspart bleibt. Auch diese Möglichkeit sollte genützt werden;
- eine neu eingestellter (jugendlicher) Arbeitnehmer stürzt sich mit Feuereifer in seine neuen Aufgaben und begeht dabei aus Unerfahrenheit einen Fehler.

Gegen den Verzicht auf eine Sanktion sprechen demgegenüber eher folgende Situationen:

- Fehler/Mängel/Pflichtverletzungen wurden vorsätzlich oder ganz grob fahrlässig begangen, und/oder die zu erwartenden Schäden wurden bewußt in Kauf genommen;
- es handelt sich um »Wiederholungstäter«, deren Verfehlungen Ausdruck anhaltender Gleichgültigkeit, Interessenlosigkeit oder Disziplinlosigkeit darstellen;
- es handelt sich um »Schlitzohren«, die mit gespielter Reue immer wieder aufs neue darauf spekulieren, mit einem blauen Auge davonzukommen, und in ganz ausgeprägten Fällen sich anschließend darüber freuen, ihren Vorgesetzten ein weiteres Mal übertölpelt zu haben;
- es handelt sich um jugendliche Arbeitnehmer, die einen Schaden mit ausgeprägter Unbekümmertheit (»im Spaß«) und/oder ohne Gespür für Sorgfalts- und Pflichtenbewußtsein herbeigeführt haben; ihnen gegenüber dient die angemessen vorgebrachte Rüge dem pädagogischen Anliegen eines »Wehret den Anfängen«.

Die gegen einen Mitarbeiter zu richtenden Konsequenzen auf vorheriges Fehlhandeln bestehen grundsätzlich in **Tadel** oder **Beanstandung.**

Unter Tadel verstehen wir (analog zum Lob) *die Mißbilligung eines **Verhaltens**.* Da er sich an die Persönlichkeit des Getadelten direkt wendet, bewirkt ein Tadel regelmäßig hohe affektive Betroffenheit. In Verbindung mit dem Umstand, daß die getadelte Verhaltensweise im Zeitpunkt des Tadelns bereits der Vergangenheit angehört und nur selten noch nachweisbar sein wird, verlangt sein Gebrauch hohe Zurückhaltung.

Die Beanstandung bezieht sich (analog zur Anerkennung) *auf ein dokumentierbares Verhaltens- oder Leistungs**ergebnis**.* Da sie über diese Brücke seinen Urheber nur mittelbar trifft, läßt sich mit ihr unkomplizierter verfahren als mit dem Mittel des Tadels.

Beanstandungen und Tadel können grundsätzlich in folgenden Formen erfolgen:

a) *Mündlich ausgesprochene Rüge*
Sie ist für solche Verfehlungen am Platze, die der Betrieb einerseits nicht unwidersprochen hinnehmen will oder kann, andererseits aber auch nicht mit einer weitergehenden Sanktion ahnden möchte, also für Fälle von geringerer Schwere. Dafür stehen dem Vorgesetzten alle Dosierungsmittel zur Verfügung, die von einer *Erinnerung* an pflichtgemäßes Handeln über eine *Ermahnung*

bis zur *massiven Mißbilligung* reichen. Das Vorgehen im Einzelfall steht in der Wahl des Vorgesetzten, der sich dabei insbesondere an den Grundsätzen der *Angemessenheit zum Verschulden,* der *Gerechtigkeit* und der *Zweckmäßigkeit im Hinblick auf die verfolgten Ziele* zu orientieren hat. Stets muß die Rüge mit dem Appell zu künftig mangelfreiem Arbeiten verbunden sein. Bei Anzeichen für eine Häufung leichterer Verfehlungen durch denselben Mitarbeiter kann es sich empfehlen, die Rügen *aktenkundig* zu machen, um sie im Falle einer späteren möglichen Kündigung dokumentieren zu können.

b) *Abmahnung*

Dabei handelt es sich für *mittlere* bis schwerere Verletzungen vertraglicher Pflichten um eine *in Schriftform auszudrückende Mißbilligung eines Verhaltens unter Androhung von Rechtsfolgen für die Zukunft, sofern das Verhalten sich wiederholt.* Ist die Abmahnung als *letztes Mittel* vor einer verhaltensbedingten Kündigung gedacht, muß dies ausdrücklich angedroht werden. *In dieser Form bildet die Abmahnung mit einer klaren Rüge-, Warn- und Beweisfunktion Zulässigkeitsvoraussetzung für die Kündigung* [7]. Ihre Entgegennahme sollte der Betrieb vom Mitarbeiter quittieren lassen, auch wird sie in die Personalakte übernommen. Abmahnungen werden allgemein von der Personalabteilung ausgesprochen. Es empfiehlt sich, dem Betriebsrat jeweils eine Ablichtung nachrichtlich zur Kenntnis zu geben. Seine Zustimmung ist nicht notwendig.

c) *Versetzung*

Im Falle *schwerwiegender* Verfehlungen insbesondere im Aufgabenbereich kann der Betrieb die Versetzung auf einen geringerwertigen Arbeitsplatz veranlassen. Dies geschieht rechtlich entweder durch *Änderung* des bestehenden Arbeitsvertrages oder durch dessen Kündigung bei gleichzeitigem Angebot des geringerwertigen Arbeitsverhältnisses (Änderungskündigung). Dies kann geboten sein, wenn der Arbeitnehmer sich ganz speziellen Anforderungen des derzeitigen Arbeitsplatzes als nicht gewachsen, dabei grundsätzlich aber als tauglich für eine Weiterbeschäftigung erweist. *Versetzungen muß der Betriebsrat zustimmen* (§ 99 BetrVG).

d) *Kündigung des Arbeitsverhältnisses*

Arbeitshinweis: Wiederholen Sie das unter Ziffer 8.5 zur rechtlichen Seite von Kündigungen Gesagte.

Sie bildet die am schwersten wiegende Sanktion, die für Verletzungen von Arbeitspflichten verhängt werden können. Bei Verletzungen von Pflichten des *Leistungsbereichs* und der *betrieblichen Ordnung* muß der Kündigung mindestens eine Abmahnung vorangegangen sein. Für solche im *personellen Vertrauensbereich* gilt dies nicht. Die Kündigung ist dann, wenn eine einzelne Verfehlung oder die Häufung mehrerer Verfehlungen die Fortsetzung des Arbeitsverhältnisses sinnlos werden lassen, als *ordentliche Kündigung* auszusprechen. Wird die Fortsetzung des Arbeitsverhältnisses für die betriebliche Seite schon infolge einer einzelnen, besonders schwerwiegenden Pflichtenverletzung *unzumutbar* (»wichtiger Grund« i. S. des § 626 BGB), kann auch eine sofort wirksam werdende *außerordentliche* Kündigung ausgesprochen werden. Kündigungen sind *schriftlich* auszusprechen. Zuvor ist der Betriebsrat zu ihnen zu hören, § 102 BetrVG.

Die Frage, in welchen Fällen ein »wichtiger Grund« vorliegt, ist nicht generell, sondern nur von Fall zu Fall geklärt worden [8]. Will der Betrieb vermeiden, daß das Arbeitsverhältnis im Falle eines Kündigungsanfechtungsverfahrens fortgesetzt werden muß, weil das Arbeitsgericht den vorgetragenen Grund als nicht ausreichend für die fristlose Kündigung anerkennt, sollte er diese hilfsweise mit einer ordentlichen Kündigung verbinden.

In der Praxis kann es notwendig werden, dem vorrangig geltend gemachten Kündigungsgrund *weitere Gründe,* die zunächst nicht genannt wurden, nachzuschieben. Dies setzt voraus, daß *auch sie* ausreichend dokumentiert werden können und daß sie **vor** dem Ausspruch der Kündigung dem Betriebsrat zur Anhörung vorgelegt worden sind. Zu diesem Zweck ist er unter Vorlage aller einschlägigen Unterlagen darüber zu informieren, um was für eine Kündigung es sich handelt, zu welchem Zeitpunkt sie wirksam werden soll und aus welchen Gründen sie erfolgt.

Die bisher erwähnten Sanktionen können verhängt werden bei Verletzungen sowohl *arbeitsvertraglicher Pflichten* als auch *kollektivrechtlicher Pflichten,* die zum Beispiel in Ordnungsnormen einer als Betriebsvereinbarung i. S. des § 77 Abs. 2 BetrVG in Kraft gesetzten Betriebs- oder Arbeitsordnung enthalten sind.

e) *Bei Verletzungen des Arbeitsvertrages mit Schadensfolgen für den Betrieb kann der Arbeitgeber den Arbeitnehmer zum Schadenersatz verpflichten.* Dafür hat das BAG, abgestimmt auf die Schwere des Verschuldens und die Schadensgeneigtheit der Arbeit, folgende Grundregeln aufgestellt [9]:

- keine Haftung des Arbeitnehmers bei Fahrlässigkeit leichtester Art,
- Schadensteilung oder -minderung nach Lage des Falles bei leichter bis mittlerer Fahrlässigkeit und bei gefahrengeneigter Arbeit,
- volle Haftung bei grober Fahrlässigkeit und Vorsatz.

f) *Verhängung von Bußen*
Sofern im Betrieb als Betriebsvereinbarung eine *Bußordnung* vereinbart ist, können für Verletzungen von Normen der Betriebs- oder Arbeitsordnung, die als bußfähig ausgewiesen sind, Betriebsbußen verhängt werden. Dabei handelt es sich um betriebliche Ordnungsstrafen. Als solche gelten

- *die schriftliche Verwarnung,*
- *der schriftliche Verweis* i. S. einer strengen Rüge des Ordnungsverstoßes mit der Androhung der Entlassung im Wiederholungsfalle dieses oder eines anderen Ordnungsverstoßes sowie
- *die Geldbuße* bis zur Höhe eines durchschnittlichen Tagesverdienstes in Verbindung mit einem schriftlichen Verweis [10].

Sowohl am Erlaß einer Bußordnung als auch an der Verhängung einer Buße im Einzelfall *steht dem Betriebsrat ein Mitbestimmungsrecht zu,* § 87 Abs. 1 Ziffer 1 BetrVG.

Bei den Sanktionen handelt es sich um Rechte des Arbeitgebers, die er nach eigenem Ermessen ausüben, auf die er zugunsten des Arbeitnehmers aber auch verzichten darf. Sie und die Mitwirkungsrechte des Betriebsrates dabei sind einander wie in Abb. 20.4 dargestellt zuzuordnen.

Zusammenfassend wird noch einmal darauf verwiesen, daß eine Verhängung personenbezogener Sanktionen die vorherige Klärung des Mangels und ferner seine schuldhafte Verursachung durch den betroffenen Mitarbeiter voraussetzt. Dabei ist bei der zu wählenden Sanktion vorrangig auf die Schwere des Verschuldens, nicht auf die Höhe des Schadens abzustellen.

E) Hinweise zur praktischen Durchführung negativer Rückmeldung
a) Zeitliche Folge
Ein festgestellter **Mangel** ist den Stellen oder Mitarbeitern, in deren sachlicher Zuständigkeit er dem ersten Anschein nach entstanden ist, *sofort mitzuteilen.* Zugleich ist zu veranlassen, daß er

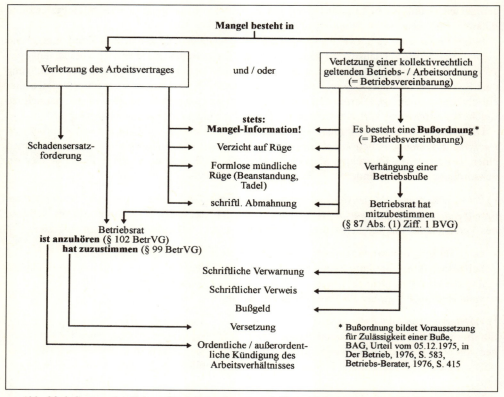

Abb. 20.4: System der Folgen für Arbeitnehmer nach Feststellung eines schuldhaft verursachten Mangels

schnellstmöglich abgestellt wird. Erst danach sind andere ebenfalls zuständige Stellen darüber zu informieren. Eine erforderliche Mangelklärung sollte der Entdeckung des Mangels möglichst kurzfristig folgen.

Sanktionen sollte der Vorgesetzte, sofern der gegebene Anlaß keine eindeutige Wahl diktiert, demgegenüber *erst nach einer Denkpause* verhängen. Damit soll vermieden werden, daß situativ angestauter Ärger ihn zu Mißgriffen verleitet. Sie sollten jedoch nicht so spät verhängt werden, daß der Mitarbeiter die Angelegenheit guten Gewissens als erledigt betrachten durfte.

b) Ablauf des Mangelklärungsgesprächs

Für das zwischen dem Vorgesetzten und dem beteiligten Mitarbeiter zu führende Gespräch empfiehlt sich folgendes Vorgehen:

- *Beginn des Gesprächs in sachlicher Atmosphäre* ohne emotionale Aufladung der Beteiligten;
- *Klärung des eigentlichen Mangels:* Dazu sind Tatsachen zu sammeln. Kann aus ihnen ein eindeutiger Mangeltatbestand nicht gebildet werden, ist das Gespräch hier zu beenden. Als Konsequenz ist anzustreben, den unklärbaren Geschehensablauf künftig transparenter zu gestalten;
- *Klärung der Verursachung des Mangels* durch sachliche Abläufe und/oder persönliches Mitwir-

ken. Ursächlich sind für den Mangel *die Einflüsse, die nicht hinweggedacht werden können, ohne daß der Mangel bei vernünftiger Betrachtungsweise nicht auch unterblieben wäre.* Läßt sich eine eindeutige Kausalität nicht ermitteln, ist das Gespräch hier zu beenden. Als Konsequenz ist wiederum eine verbesserte Transparenz betrieblicher Abläufe herzustellen;

- *Klärung der persönlichen Zurechenbarkeit* im Sinne fahrlässigen oder vorsätzlichen Verschuldens. Nicht jeder Mangel entsteht schuldhaft. Ein Mangel kann auch von mehreren Personen (zum Beispiel in Gruppenarbeit) verursacht und verschuldet worden sein. Dann ist die Zurechenbarkeit zwischen ihnen oder für alle festzustellen. Nur bei eindeutiger Klärung der Zurechenbarkeit bleibt Raum für Sanktionen. Ist sie nicht möglich, muß der Vorfall ohne persönliche Schuldzuweisungen abgeschlossen werden. Der Betrieb muß Konsequenzen innerhalb seiner Organisation ziehen, insbesondere klare Zuweisungen von Verantwortung treffen;

- **zum Abschluß des Mangelklärungsgespräches ist erneut eine Basis künftiger sachlicher Zusammenarbeit sicherzustellen.**

In jeder Phase des Gespräches ist dem mit dem Mangel belasteten Mitarbeiter uneingeschränkte Gelegenheit zu Gegenrede und Entlastung einzuräumen. Nur wenn er das Gespräch mit der Gewißheit verläßt, *gerecht und fair* behandelt worden zu sein, kann das Ziel seiner Motivation zu künftiger mangelfreier Arbeit erreicht werden. Gerechtigkeit und Fairneß bilden hier zentrale belohnende Erlebniswerte.

c) Bei der **Wahl des Tones und der Worte** ist sowohl auf den Anlaß als auch auf den betroffenen Mitarbeiter abzustellen: Frau – Mann? älterer – jüngerer Mitarbeiter? Deutscher – Ausländer? Erstmalig – wiederholt auffällig? Empfindsamer – hartgesottener/dickhäutiger Typ? Die Wahl von Ton und Wort hat sich daran zu orientieren, wie die eingangs genannten Ziele am sichersten erreicht werden können.

d) Öffentlichkeit
Die Öffentlichkeit eines Mangelklärungsgesprächs ist auf die Personen beschränkt, die zur Klärung des Mangels persönlich beitragen können. Beanstandungen und Tadel werden *unter vier Augen* oder, falls sie sich an eine Gruppe richten, lediglich in Anwesenheit *der Gruppenangehörigen* ausgesprochen.

e) Fehler
Als Fehler, die beim Aussprechen von Beanstandung und Tadel vermieden werden sollten, gelten:

- Rüge per Telefon (der Vorgesetzte sieht nicht, wie der Gerügte reagiert und ob er allein ist);
- Beauftragung einer anderen Person, die Rüge auszusprechen;
- Rüge des Betroffenen vor anderen Personen, zum Beispiel vor den eigenen Kollegen;
- der Vorgesetzte spricht den zu rügenden Tatbestand nicht klar aus und redet »um den heißen Brei herum«;
- dem Betroffenen wird abverlangt, sich selbst zu rügen (»Was würden Sie denn an meiner Stelle mit einem Typ wie mit Ihnen machen?«).

F)   Bemerkungen zum Umgang mit Sanktionen in motivationalem Führen
Rückmeldende Mängelklärung ist als Mittel der Ergebnissicherung im Führen unerläßlich. Dies belastet das Führen nicht, solange ihr vorrangiger Zweck darin gesehen wird, Fehler zu bereinigen statt Sündenböcke zu suchen und zu bestrafen.

Gleichwohl kann es notwendig werden, auch Sanktionen zu verhängen. Ob, wann und in welcher Weise dies zu geschehen hat, steht im Ermessen des Vorgesetzten und der anderen mit disziplinarischen Befugnissen ausgestatteten Instanzen.

Denkbar wäre, daß der Betrieb das Instrumentarium verfügbarer Sanktionen rigoros als Disziplinierungsmittel seiner Arbeitnehmer einsetzt. Dem wird regelmäßig das Menschenbild vom prinzipiell arbeits- und disziplinscheuen *Untergebenen* zugrundeliegen, der zur Erfüllung geltender Pflichten und Ordnungsvorschriften allein mit den Mitteln drohender Bestrafungen angehalten werden kann. Der Betrieb wird zur mehr oder weniger versteckt agierenden Züchtigungsanstalt und die über den Arbeitnehmern schwebende Bedrohung mit Abmahnungen und Kündigung zum Zuchtmittel.

Die Macht, in eigenem Ermessen Sanktionen verhängen oder doch veranlassen zu dürfen, gibt auch dem einzelnen Vorgesetzten eine starke Herrschaftsposition. In Verbindung mit mangelndem Gerechtigkeitssinn, Kompensationsbedürfnissen oder sonstigen charakterologischen Defiziten eröffnet sie Freiräume, persönliche Rechnungen zu begleichen und Mitarbeiter zu Willfährigkeit oder, zum Beweis ihrer Abhängigkeit, psychologisch auf die Knie zu zwingen. Sanktionen geraten dann zu Instrumenten persönlicher Beherrschung, denen wegen der bestehenden Ermessensräume mit Kontrollen des arbeitsrechtlich Zulässigen kaum beizukommen ist.

Das Gesagte mag wie ein Zerrbild der Wirklichkeit erscheinen. Berichten aus der Praxis zufolge enthalten die Personalakten vieler Unternehmen indessen tatsächlich nicht selten ein zig-faches an Disziplinierungsvermerken, gemessen an der Zahl der dort zugleich enthaltenen Belobigungs- und Auszeichnungsvermerke. Auch die hohe Zahl innerer Kündigungen, die von Vorgesetzten ausgelöst wird (vgl. Ziffer 9.9.1, Buchstabe C), deutet auf bedenklichen Gebrauch strafender Machtvollkommenheit in der Realität hin.

Wir erinnern noch einmal daran, daß charakterologische Defizite in der Person des Vorgesetzten direkt seinen Führungsstil prägen, mithin ebenso seinen Umgang mit seiner Sanktionsmacht.

Das mit motivationalem Führen verfolgte Ziel optimaler Leistungsstimulierung erfordert mit dem aktiven, sich seines Selbstwertes bewußten Menschen unserer Zeit Partnerschaft, deren Wesen die latente Bedrohung mit Strafen fremd ist. Der Gebrauch disziplinierender Sanktionen kann sich daher nur dann rechtfertigen, wenn der Mitarbeiter sich selbst aus der Partnerschaft herausbegibt. Diesen Fall hat der Vorgesetzte in jedem Einzelfall unvoreingenommen, sensibel und sorgfältig zu prüfen und festzustellen. Die Bestrafung von Mitarbeitern muß deshalb als *Ultima ratio* den Fällen vorbehalten bleiben, in denen akut gefährdete, übergeordnete Ziele augenscheinlich mit anderen Mitteln nicht mehr gerettet werden können. Für Willkür ist auch dann kein Raum.

20.6   Rückmeldung kombinierter Befunde

Häufig werden in der Praxis Leistungsbefunde teils positiv und gleichzeitig teils negativ zu bewerten sein. Es stellt sich die Frage, wie Rückmeldung dann vorzunehmen ist. Wir wollen dies anhand eines **Fallbeispiels** zu beantworten versuchen:

> Ein Bewerber hat innerhalb seines Bewerbungsverfahrens eine Arbeitsprobe abzuliefern, die er etwa zur Hälfte erfolgreich, zur anderen Hälfte jedoch nicht erfolgreich bewältigt hat. Sie wird von zwei Prüfern bewertet. Diese führen ihr Beurteilungsgespräch so:

Prüfer A: Herr Y, ich freue mich, Ihnen sagen zu können, daß Sie die schwierige Probe zu immerhin mindestens 50 % wirklich gut bewältigt haben. Das ist schon ein schöner Anfangserfolg. Die weiteren 50 % sind zwar nicht geglückt, aber ich denke, daß Sie derartige Aufgaben nach einigem Üben gänzlich bewältigen werden.

Prüfer B: Herr Y, ich muß Ihnen gestehen, daß ich vom Ergebnis Ihrer Probe nicht sonderlich angetan bin. Sie ist zur Hälfte glatt in den Keller gegangen. Ich kann Ihnen allenfalls eine Erfolgsquote von 50 % zubilligen. Finden Sie das gut?

Wir fühlten Sie sich jeweils in der Rolle des Herrn Y? Unter welchem der beider Prüfer möchten Sie Ihre neue Arbeit antreten?

Wir fassen zusammen: Stellen Sie bei Rückmeldung, in der Sie positive und negative Befunde gleichzeitig zu vermitteln haben, *zuerst auf den positiven Befund* ab. Das dabei zu vergebende Lob bildet eine Brücke, die den anschließenden Tadel tragen hilft. Leiten Sie nach Ihrem kritischen Befund aber noch einmal auf den anfänglichen positiven Befund über, *und schließen Sie das Gespräch auf jeden Fall mit einem optimistischen Ausblick ab* [11].

Auf den positiven Befund am Gesprächsbeginn sollten Sie allerdings verzichten, wenn das Gewicht der negativen Tatbestände so erdrückend ist, daß für positive Feststellungen kein ernst zu nehmender Raum mehr bleibt. Bleiben Sie auch im Aufbau des Gesprächs glaubwürdig.

20.7 Rückmeldung längerfristiger Mitarbeit aufgrund einer Leistungsbeurteilung

Gegenstand von Rückmeldung ist auch die Bewertung *längerfristiger* Mitarbeit. Sie erfolgt nach einer vorangegangenen Leistungsbeurteilung. Anlässe dafür können sein zum Beispiel die turnusmäßige Beurteilung am Ende einer Zielperiode, die Ermittlung von Leistungspotentialen für Personalentwicklungsmaßnahmen oder die Erstellung eines qualifizierten Zeugnisses beim Austritt eines Mitarbeiters (vgl. Ziffer 23.2.3). Die Rückmeldung findet dadurch statt, daß dem Mitarbeiter das Beurteilungsergebnis in einem Gespräch offengelegt bzw. das Zeugnis ausgehändigt wird.

A) Im **Unterschied zur situativen Rückmeldung** bildet den Gegenstand der Beurteilung nicht ein situativer Einzelbefund, sondern die summarische Bewertung des Arbeitsverhaltens und der Arbeitsergebnisse, die der Betrieb innerhalb eines längeren Zeitraumes wahrgenommen hat. Ihre sachgerechte Bewertung erlaubt daher umfassendere und sicherere Feststellungen für das vergangene und Prognosen für das künftige Leistungsverhalten als die Bewertung situativer Einzelbefunde. Zusätzlich lassen sich Entwicklungstrends wie aufsteigende oder abfallende Leistungskennlinien ermitteln, die ihrerseits wichtige Hinweise für Maßnahmen der Personalentwicklung enthalten. Dem Mitarbeiter vermittelt die Beurteilung seiner Mitarbeit zugleich Kenntnis seiner Stärken und Schwächen. Positive Ergebnisse empfindet er als belohnend, negative können als Hilfen für seine persönliche Weiterentwicklung genutzt werden.

B) **Die Funktionen von Leistungsbeurteilungen längerfristiger Mitarbeit lassen sich darstellen als Mittel**

a) *für den Betrieb,*
  - mitarbeiterseitige Leistungspotentiale zu ermitteln,
  - darauf aufbauend, Maßnahmen der Personalentwicklung planen und durchführen zu können sowie
  - sachgerechte Maßnahmen im Fördern und Entlohnen der Beurteilten treffen zu können;

b) *für den einzelnen Mitarbeiter,*
   - Information über die betriebsseitige Bewertung seiner Arbeitsergebnisse und seines Arbeits-
     verhaltens zu erhalten,
   - Kenntnis vom Erfüllungsgrad geltender Leistungsstandards zu gewinnen,
   - Erfolge als Belohnungen zu erfahren sowie
   - Mißerfolge zum Ausgang verstärkter Anstrengungen in von Schwachstellen gefährdeten
     Leistungsbereichen zu nehmen.

C) Gegenstände einer Leistungsbeurteilung bilden
a) der quantitative und der qualitative Erfüllungsgrad der pflichtgemäß zu erfüllenden
   - einzelnen Zielprojekte und Einzelaufgaben;
   - Leitungs- und Führungsaufgaben sowie
   - Arbeitsverhaltensstandards;
b) das Volumen ausgebrachter Goodwill-Beiträge nach Art, persönlichem Aufwand, betrieblichem Nutzen und Häufigkeit.

Damit ist die Leistungsbeurteilung sowohl von ihrer Funktion als auch vom Gegenstand her zu
unterscheiden von der *Arbeitsbewertung.* Dabei handelt es sich um Verfahren zur Messung und
Bewertung der objektiven Arbeitsanforderungen, die an einzelnen Arbeitsplätzen oder -vorgän-
gen entstehen und die von einem Mitarbeiter mit »normaler« Leistungskapazität bewältigt werden
müssen. Die dabei zu findenden Wertigkeiten ermöglichen eine den Schwierigkeitsgraden angemessene Entgeltdifferenzierung. *Gegenstand der Arbeitsbewertung ist also der Arbeitsplatz, nicht die
menschliche Leistung* [12].

Das in der Arbeitsbewertung gewonnene System von Arbeitswerten ist für die Leistungsbeurteilung eines Mitarbeiters aber insoweit bedeutsam, als *die Höhe der objektiven Anforderungen* bei
gerechter Beurteilung der bei ihm zu bewertenden subjektiven Leistungen berücksichtigt werden
muß.

**D) Das Mittel zur Gewinnung von bewertungsfähigen Daten bilden die systematische Erfassung re-
gulärer Leistungsergebnisse und situative Verhaltensbefunde.** Verläßlich dokumentiert können sie
nach folgenden Fragestellungen analysiert werden:

- Wie viele Anlässe wurden positiv, neutral oder negativ bewertet?
- In welchen Befundgruppen wird ein deutlicher Entwicklungstrend erkennbar?
- Wie reagierte der Mitarbeiter auf situativ vorgenommene Rückmeldung?

**E) Die Verarbeitung der in das Beurteilungsergebnis einfließenden Wahrnehmungen muß so erfol-
gen, daß das Ergebnis die Mitarbeit des Beurteilten zutreffend und ohne Verzerrungen wiedergibt.**
Dazu ist eine Vielzahl der Einzelbefunde nach Gruppen mit gemeinsamen Merkmalen zu ordnen,
aus denen sich eine für den Beurteilten *charakteristische* Aussage treffen läßt. Dies wird am ehesten dann möglich sein, wenn ein gleichartiger Befund gleichbleibend oder mit sich verstärken-
dem oder abschwächendem Trend wiederholt wahrzunehmen war. Bei Trends ist die absehbare
Trendrichtung hervorzuheben.

Beispiele:

– ein Mitarbeiter hat alle vereinbarten Zielprojekte trotz erheblicher Zeitknappheit fristgemäß erfolgreich abgeschlossen;
– die am Beginn des Beurteilungszeitraumes noch festzustellende Fehlerquote nahm ab und hat sich in den letzten drei Monaten dem Wert Null genähert;
– die zunehmende Streitsüchtigkeit eines Mitarbeiters führte zu sich häufenden Auseinandersetzungen in der Gruppe, was in weitgehende Isolation mündete und zum Ausschluß von der Teilnahme an Gruppenaufgaben führte.

Einzelne Vorfälle dürfen in der Leistungsbeurteilung nur dann erwähnt werden, wenn ihr Gewicht dies als *unverzichtbar* erscheinen läßt. Dabei darf der Beurteiler sich nicht von eigenen Fehlgewichtungen leiten lassen (Halo-Effekt, vgl. Ziffer 14.9).

Beispiele:

– Aufnahme angebracht: der sich den Unfallverhütungsvorschriften gegenüber generell leichtfertig verhaltende Arbeitnehmer verschuldet mittelbar vorsätzlich mit dem Gabelstapler einen Unfall mit erheblichem Sach- und Personenschaden;
– Aufnahme nicht empfehlenswert: bei einer Auseinandersetzung mit dem Vorgesetzten »entgleiste« der Mitarbeiter erst- und einmalig und beleidigte ihn.

Dem Bemühen um Gerechtigkeit wird es hilfreich sein, wenn der Beurteiler sich bei jedem einzelnen Bewertungsschritt vorstellt, sein Urteil sowohl dem Beurteilten selbst als auch dessen beruflichen Konkurrenten gegenüber offenlegen und vertreten zu müssen.

Grundsätzlich sind, wie bei situativer Rückmeldung auch, in der Leistungsbeurteilung längerfristigen Arbeitsverhaltens positive, wertneutrale und negative Sachverhalte als gleichgewichtig zu behandeln. Da *positive* Rückmeldung als erstrangig stimulierender Belohnungswert empfunden wird, sollte ihr in der Leistungsbeurteilung innerhalb motivationaler Führung das dafür angemessene Gewicht eingeräumt werden.

F) Zur sachgerechten Durchführung von Leistungsbeurteilung empfiehlt es sich, folgende Grundsätze zu beachten:

a) Grundlage der Leistungsbeurteilung bildet die *analytische Bewertung* der von den zu beurteilenden Mitarbeitern zu erfüllenden Arbeiten und seines Arbeitsverhaltens.

b) Gleichzeitig oder danach ist im Zusammenwirken mit dem Betriebsrat und – eventuell – mit einer Beteiligungsgruppe ein auf die Charakteristik der betrieblichen Arbeitsbedingungen ausgerichtetes *System der Leistungsbeurteilung* zu erstellen und als Betriebsvereinbarung zu verabschieden, § 94 BetrVG. In zahlreichen Branchen wird dabei auf ein tarifrechtlich geltendes Beurteilungssystem zurückgegriffen werden können [13].
Wegen der Vielfalt, in der Beurteilungssysteme erstellt werden können, wird an dieser Stelle auf die Vorstellung eines bestimmten Systems verzichtet und statt dessen verstärkt auf die reichlich vorhandene, zum Teil unter Buchstabe C im Anhang zitierte Fachliteratur verwiesen. Hervorgehoben wird noch einmal, daß unter den Leistungskriterien das ausgebrachte Goodwill-Potential neben den Hauptkategorien von »Muß«-Leistungen wie Arbeitsquantität und -qualität als gleichgewichtig auszuweisen ist.

c) *Das Beurteilungssystem* ist den zu beurteilenden Mitarbeitern, wie schon zuvor das System der Arbeitsbewertung, ausführlich zu erläutern und insbesondere in seinen Leistungskriterien bekannt zu machen.

d) Den Mitarbeitern ist mit der Vorgabe bzw. Vereinbarung ihrer Leistungsinhalte bekanntzugeben, an welchen Standards sie ihre Leistungsergebnisse und ihr Arbeitsverhalten zu orientieren haben (vgl. Ziffer 18).

e) Über das System betrieblicher Fremd- und mitarbeiterseitiger Selbstkontrollen muß sichergestellt sein, daß der Betrieb die beurteilungsrelevanten Befunde von Arbeitsergebnissen und des Arbeitsverhaltens wahrnimmt und zu Aussagen über den Mitarbeiter, die für dessen Leistungsverhalten während des ganzen Beurteilungszeitraumes typisch sind, verarbeitet.

f) Zuständig für die Beurteilung ist grundsätzlich die Stelle, die die Mehrzahl der Befunde unmittelbar wahrnimmt. Dies wird regelmäßig der Vorgesetzte sein. Die Beurteilungen wichtiger Wahrnehmungen können aber auch von anderen Stellen getroffen werden, so zum Beispiel von anderen Vorgesetzten im Mehrliniensystem oder von dritten Stellen, mit denen er sachlich zusammenarbeitet. In diesen Fällen ist darauf zu achten, daß die Bewertungen nicht von solchen Stellen vorgenommen werden, die mit dem zu Beurteilenden in einer *Wettbewerbsbeziehung* stehen.

g) Das Ergebnis wird dem Beurteilten offengelegt. Dies geschieht in einem Gespräch zwischen dem Beurteiler und dem Beurteilten. Dem letzteren ist dabei *Gelegenheit zur Gegendarstellung* einzuräumen. Kann dabei über das Ergebnis keine Übereinstimmung hergestellt werden, hat eine höhere Instanz darüber endgültig zu entscheiden. Zu den Gesprächen kann der Beurteilte ein Mitglied des Betriebsrates hinzuziehen, § 82 Abs. 2 BetrVG.

h) Mehrere aufeinanderfolgende jährliche Leistungsbeurteilungen geben ein relativ aussagefähiges Trendbild von der Leistungsfähigkeit und -willigkeit der beurteilten Mitarbeiter. *Positive* Ergebnisse sind mit Leistungszulagen, mit Förderung innerhalb der derzeitigen Position, oder als Beförderung in eine höher dotierte Position zu honorieren.

Im Falle *negativer Leistungsbilanzen* ist im Beurteilungsgespräch zu versuchen, ihre Ursachen zu klären und Ansätze für einen Leistungsaufbau zu finden. Sofern sich dies als aussichtslos erweist, wird der Betrieb entscheiden müssen, ob die Position weiterhin mit dem Mitarbeiter besetzt bleiben kann oder ob personelle Konsequenzen zu ziehen sind.

i) *Zusammenfassend* darf die Leistungsbeurteilung von Mitarbeitern als eine der anspruchsvollsten Führungsaufgaben eines Vorgesetzten bewertet werden. Sie erfordert gleichermaßen ein Maximum an analytischem Einfühlungsvermögen und Verständnis wie auch an Unbestechlichkeit und »Rückgrat«. Menschliche Anfälligkeit für Schwächen und Fehlverhalten befrachtet Leistungsbeurteilungen mit der Gefahr einer Vielzahl von Fehlerquellen [14].

k) An der Erstellung von Beurteilungsgrundsätzen steht dem Betriebsrat ein Mitbestimmungsrecht zu, § 94 Abs. 2 BetrVG, nicht jedoch an der Erstellung der einzelnen Beurteilungen.

Anhang zu Kapitel 20

A) Anmerkungen

1 So Höhn, R./Böhme, G., 1980, S. 75ff.
2 Vgl. Muster in Anlage 1 dieses Abschnitts
3 Ausführlich Sprenger, R. K., 1992, S. 73ff.
4 Ebenda S. 84ff.
5 Näher Schaub, G.,1992, § 52 Ziffer V/5; Änderungen sind im Herbst 1994 von einer neuen Rechtsprechung des BAG zu erwarten

6 Zur Definition schadens- oder gefahrengeneigter Arbeit siehe Schaub, G., a.a.O., Ziffer VI/3.

7 BAG AP Nr. 3 zu § 1 KSchG 1969, in BB 80/1269,= DB 90/1351; ausführlich Schaub G., 1992, § 61 Ziffern IV–VIII; interessant Böhm, W., Arbeitsrecht für Vorgesetzte, Ziffer 4, in Rosenstiel, L. von et al., 1993, S. 287ff.; vgl. auch Muster in Anlage 2 dieses Abschnitts

8 Schaub, G., 1992, § 125 Ziffern VII, VIII

9 Schaub, G., a.a.O., § 52 Ziffer VI, beachte auch dazu die neue Rechtsprechung des BAG!

10 In Anlehnung an das Muster für eine Arbeitsordnung, herausgegeben von der Landesvereinigung der Arbeitgeberverbände Nordrhein-Westfalen e.V., 8. Aufl., 1984, § 49; siehe auch Schaub, G., 1992, § 61 Ziffern I–III

11 Anderer Ansicht Blanchard, K./Johnson, S., 1987, S. 88ff.

12 Näher Knebel, H./Zander, E., 1988, S.18ff.; Ackermann, K.-F., Arbeitsbewertung, in HWO (1980), Sp.94–103; Zülch G., Arbeitsbewertung, in HWP, Sp. 70–83; vgl. REFA Methodenlehre des Arbeitsstudiums, Teil 4, Anforderungsermittlung (Arbeitsbewertung), Darmstadt, 5. Aufl. 1985; Tarifvertrag »Analytische Arbeitsbewertung« für die Eisen-, Metall- und Elektroindustrie Nordrhein-Westfalens vom 26. 09. 1967 nach dem Stand vom 11. 01. 1973.

13 Vgl. zum Beispiel Tarifvertrag zur Leistungsbeurteilung von Zeitlohnarbeitern vom 7. 9. 1970 gemäß Lohnrahmenabkommen vom 15. 04. 1970 nach dem Stand vom 19. 02. 1975, § 9 Ziffer 4; sowie Tarifvertrag zur Leistungsbeurteilung von Angestellten vom 19.02.1975 in Tarifsammlung für die Eisen-, Metall-, Elektro- und Zentralheizungsindustrie Nordrhein-Westfalens, Girardet-Verlag, Wuppertal.

14 Näher zum Beispiel Pfützner, R., (Hrsg.), 1984, S. 343ff.; Schubert, U., in Management, a.a.O., Bd. II, S. 80ff.

B) Kontrollfragen

zu 20.1

a) Was verstehen wir unter *Rückmeldung* ganz allgemein?

b) Welche Funktionen erfüllt sie

   ba) für den Mitarbeiter?

   bb) für den Betrieb?

zu 20.2

a) Welche speziellen Funktionen erfüllt situative Rückmeldung?

b) Nennen Sie die wichtigsten Anlässe für situative Rückmeldung mit je einem Beispiel.

zu 20.3

a) Notieren Sie, bei welchen Kontrollergebnissen positive Befunde rückzumelden sind.

b) Welche Ziele werden mit Rückmeldung positiver Befunde verfolgt?

c) Worin unterscheiden sich Lob und Anerkennung voneinander?

d) Welche Formen dafür kennen wir, und wie wirkt ihre Vornahme?

e) In welcher Form ist Rückmeldung positiver Befunde vorzunehmen, um eine maximale Motivation des Mitarbeiters zu bewirken?

f) Welchen Charakter weisen Gratifikationen auf, wenn sie in einer Betriebsvereinbarung geregelt werden?

g) Welche Gratifikationen halten Sie für wirksam? Nennen Sie Beispiele.

h) Wann sollte Rückmeldung positiver Befunde zeitlich erfolgen?

i) Wer ist dafür zuständig und warum?

j) Worauf sollte geachtet werden in Fragen ihrer

   ja) öffentlichen Vornahme?

   jb) Häufigkeit?

k) Skizzieren Sie Arten des Fehlgebrauchs und seiner Risiken.

l) Worin liegt im führungsstrategischen Sinne die wirksamste Art, Menschen gegenüber Lob und Anerkennung auszudrücken?

zu 20.4

a) Welche Zwecke erfüllt wertneutrale Rückmeldung?

b) Welche Gründe sprechen *für* bzw. *gegen* ihre Vornahme?

zu 20.5

a) Notieren Sie, bei welchen Anlässen Rückmeldung negativer Befunde angezeigt ist, und nennen Sie dazu jeweils ein Beispiel.

b) Welche Ziele werden mit Rückmeldung negativer Befunde verfolgt?

c) Welche Funktionen erfüllen *Bestrafungen* innerhalb negativer Rückmeldung?

d) Womit ist bei negativer Rückmeldung stets zu beginnen?

e) Welche (drei) Schritte sind dabei grundsätzlich zu klären?

f) Ist diese Schrittfolge stets auch bis zum dritten Schritt durchzuführen?

g) In welchen Formen hat ein Mitarbeiter einen Mangel zu vertreten?

h) Wie regelt das Arbeitsrecht die Beweislast dafür?

i) Unter welchen Bedingungen hält das geltende Recht gegenüber einem Mitarbeiter Sanktionen im Zusammenhang mit einem Mangel für *zulässig*?

j) Welche Sanktionen sind zulässigerweise üblich?

k) Sind unter den zu i) genannten Umständen Sanktionen in der Praxis stets *auch angezeigt* (bitte begründen)?

l) Worin unterscheiden sich Tadel und Beanstandung voneinander?

m) Was verstehen wir unter einer Abmahnung?

n) Darf eine Kündigung *aus heiterem Himmel* ausgesprochen werden?

o) Was muß der Arbeitgeber nach dem BetrVG *vor* dem Ausspruch einer Kündigung eines Arbeitsverhältnisses unternehmen und warum?

p) Welche Regelungen gelten für die Zulässigkeit arbeitgeberseitiger Schadensersatzansprüche?

q) Was setzt die Verhängung einer betrieblichen Buße voraus?

r) In welchen Schritten ist das Mängelklärungsgespräch in der Praxis zu vollziehen?

s) Wer nimmt daran teil?

t) Was ist bei der Verhängung von Sanktionen zu bedenken in Fragen

    ta) ihrer zeitlichen Vornahme?

    tb) der Öffentlichkeit?

    tc) der Wahl von Wort und Ton?

u) Welche Fehler sind bei praktischer Vornahme negativer Befunde insbesonder zu vermeiden?

v) Was ist im führungsstrategischen Sinne zur Verhängung von Sanktionen in motivationalem Führen zu bedenken?

zu 20.6

Welche Reihenfolge empfiehlt sich bei der kombinierten Rückmeldung positiver und negativer Befunde und aus welchen Gründen?

zu 20.7

a) Worin unterscheidet sich Rückmeldung längerfristiger Mitarbeit von situativer Rückmeldung?

b) Was setzt Rückmeldung längerfristiger Mitarbeit voraus?

c) Welche zentralen Funktionen erfüllt Rückmeldung längerfristiger Mitarbeit
   ca) für den Betrieb,
   cb) für die Mitarbeiter?
d) Welches sind die Gegenstände einer Leistungsbeurteilung?
e) Wie erlangt der Vorgesetzte Kenntnis von ihnen?
f) Welche Bedeutung ist einmaligen Ereignissen innerhalb einer Leistungsbeurteilung zuzumessen?
g) Welcher Zusammenhang besteht zwischen einer analytischen Arbeitsbewertung und Leistungsbeurteilungen?
h) Weshalb sind die Mitarbeiter über das betriebliche System der Leistungsbeurteilung zu informieren?
i) Was gilt für die Offenlegung der Beurteilungsergebnisse?
j) Welche Konsequenzen sollte der Betrieb gegenüber dem Mitarbeiter anstreben
   ja) nach positiven Ergebnissen,
   jb) nach negativen Ergebnissen
   einer Leistungsbeurteilung?

C) Literatur

Zu 20.1 bis 20.6
Buchholz, D., 1985 (a)
derselbe, 1985 (b)
derselbe, 1986
Kador, F., 1990, Ziffern 4.2; 4.3
Knebel, H., 1988
Kossbiel, H., Anerkennung und Kritik als Führungsinstrumente, in HWFü, Sp. 12–23
Pfützner, R. (Hrsg.), 1991, S. 333–336
Richter, M., 1988, Ziffer 12.9
Rosenstiel, L. von, Anerkennung und Korrektur, in HWP, (1975), Sp. 22–32
derselbe, Anerkennung und Kritik als Führungsmittel, in Rosenstiel L. von et al., 1993, S. 211ff.
Schaub, G., 1992, §§ 51; 52; 60; 61; 124; 125; 129; 130
Schubert, G., Korrektur und Bestätigung, in Management, a. a. O., Bd. 2, S. 64ff.
Sprenger, R. K., 1992, S. 73ff

zu 20.7
Ackermann, K.-F., Arbeitsbewertung, in HWO (1980), Sp. 94–103
Domsch, M., Vorgesetztenbeurteilung, in Rosenstiel, L. von et al., 1993, S. 431
Friedrichs, H./Gaugler, E./Zander, E. (Hrsg.), 1983, Abschnitt 5: Mitarbeiterbeurteilung (mehrere Abhandlungen)
Heidack, C., 1983, S. 177ff.
Knebel, H., 1988
Knebel, H./Zander, E., 1988
Pfützner, R. (Hrsg.), 1991, Buchstabe C, Ziffer 4.7
derselbe, 1990, Ziffer 10
Raschke, H./Knebel, H., 1983 (b)
Schubert, U., Mitarbeiterbeurteilung, in Management, a. a. O., Bd. II, S. 78ff.
Stehle, W., Mitarbeiterbeurteilung, in Rosenstiel, L. von et al., 1993, S. 173ff.
Zander, E./Knebel, H., 1982
dieselben, 1978, S. 21ff.

D) Musterschreiben

Anlage 1:
Muster für den Vermerk einer mündlich ausgesprochenen Belobigung oder Anerkennung

---

Vermerk

Frau/Herrn   _____

Funktion   _____

(oder)

Den Mitarbeitern der Arbeitsgruppe   _____

bestehend aus den Damen/Herren   _____

                                        _____

                                        _____

in Abteilung   _____

wurde heute aus folgendem Anlaß in besonderer Weise Belobigung/Anerkennung des Unternehmens
ausgesprochen:

_____

_____

_____

_____

_____

_____   _____
(Ort), (Datum)   (Unterschrift des Vorgesetzten)

Verteiler: - oben benannte Person(en)
                  - Personalakte(n)
                  - (Abteilung)

Anlage 2:
Muster einer Abmahnung

Abmahnung

Herrn/Frau ...
(Abteilung)

<u>im Hause</u>

                                                                              (Ort, Datum)

Sehr geehrte(r) Frau/Herr ...!

Sie haben am ... in schuldhafter und schwerwiegender Weise Ihre Pflichten aus dem Arbeitsvertrag verletzt und dem Betrieb dadurch Schaden zugefügt:

(Darstellung des Sachverhaltes)

Ergänzend zu den hierüber geführten Gesprächen ermahnen wir Sie hiermit nachdrücklich, Ihre Arbeitspflichten künftig gewissenhaft und mangelfrei zu erfüllen. Im Falle weiterer Pflichtverletzungen müssen Sie mit Folgen rechnen, die eine Kündigung Ihres Arbeitsverhältnisses einschließen können.

Wir möchten heute jedoch zum Ausdruck bringen, daß wir diesem Schritt eine vertrauensvolle und beiderseits zufriedenstellende weitere Zusammenarbeit vorziehen würden[*].

Mit freundlichen Grüßen

(Unterschrift)

Die vorstehende Erklärung nehme ich hiermit zur Kennntis.

(Unterschrift des Mitarbeiters)

Verteiler: - Ermahnte(r) Mitarbeiter(in)
                  - Personalakte
                  - Betriebsrat nachrichtlich

---

[*]Der letzte Satz dient als "goldene Brücke", er kann, besonders in schwerwiegenden Fällen, aber auch weggelassen werden.

21 Kommunikation, Information und Kooperation

Lernziele:
In diesem Kapitel wollen wir uns zusammenfassend dem Themenkomplex innerbetrieblicher Kommunikation zuwenden. Es will Ihnen vermitteln,

- welche wichtigen Funktionen und Ziele Kommunikation in Führung und Zusammenarbeit erfüllt,
- welche Probleme bei interpersoneller und betrieblicher Kommunikation auftreten und wie sie zu lösen sind,
- welche Probleme Tele-Kommunikation im Führen aufwirft,
- wie Besprechungen als Kommunikationsform zu führen sind und
- daß gute Kommunikation die Voraussetzung guter Kooperation darstellt.

Aufgrund der platzbedingten Knappheit unserer Darstellungen wird vertiefendes Studium der Thematik anhand der angegebenen Quellen im Anhang nachhaltig empfohlen.

21.1 Interpersonelle Kommunikation

21.1.1 Begriff und Modell

Wir verstehen unter interpersoneller Kommunikation den direkten Austausch von Informationen zwischen zwei oder mehreren Menschen.

Auch das »Führen« als *interaktives Veranlassen anderer Menschen* zu zielgerechtem Leisten-Wollen vollzieht sich als Austausch von Informationen. Dieser Vorgang war von ganz verschiedenen Seiten her bereits des öfteren Gegenstand unserer Ausführungen, so zum Beispiel unter den Ziffern 10.3, 14.2, 14.3.2 (D), 14.10, 14.13 und den vielen kommunikationsrelevanten Punkten unter Ziffer 14.4. Die Häufigkeit ist nicht zufällig. **Kommunikation ist das Mittel, mit dem Führung realisiert wird, ist seine Kernfunktion.**

Ihrer Funktion nach, zur zielgerichteten Verhaltenssteuerung von Menschen Informationen auszutauschen, bildet die Führungsbeziehung ein **Kommunikationssystem.**
Darunter verstehen wir ein System, in welchem ein Sender Signale eines bestimmten Bedeutungsgehaltes formulieren, in bestimmte Signale kodieren und auf einem Kommunikationsweg senden sowie ein Empfänger sie dort empfangen, ihren Bedeutungsgehalt entschlüsseln und verstehen sowie in gleicher Weise mit Feedback beantworten kann.
Die Bedingungen für funktionierende Kommunikation bilden *die Fähigkeiten von Sender und Empfänger, auf einem ihnen beiden zugänglichen Kanal*

- *Signale der gleichen Form* (zum Beispiel akustische wie Sprache, optische wie Schrift oder Lichtzeichen) *senden und empfangen* sowie
- *ihren Bedeutungsgehalt eindeutig kodieren bzw. dekodieren zu können.*

Fehler im System können Kommunikation stören:

- beim Sender: ein Signal wird unklar/widersprüchlich formuliert,

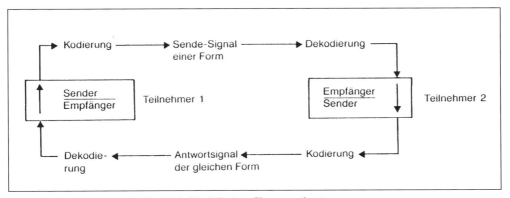

Abb. 21.1: Modell eines Kommunikationssystems

- beim Kodieren: für den gewollten Inhalt werden falsche Begriffe gebraucht oder kombiniert,
- beim Senden: der Absender spricht undeutlich/schreibt unleserlich,
- bei der Wahl des Kanals: Sender und Empfänger verstehen einander nicht, weil sie in verschiedenen Sprachen miteinander reden,
- beim Empfangen: der Empfänger verhält sich unaufmerksam,
- beim Dekodieren: der Empfänger deutet die Informationen falsch, benützt einen anderen Signalvorrat.

Die mündliche oder die schriftliche, d.h. die verbale Information bilden die in der Praxis zwischen mehreren Menschen am häufigsten gebrauchten Signalformen.

Unter **Informationen** verstehen wir zweckbezogene Nachrichten, die vorhandenes Wissen erweitern oder Nicht-Wissen verringern.

Kommunikation findet darüber hinaus auch in *nichtverbalen* Formen statt:

- der Bauarbeiter weist den Kranführer beim Absetzen eines Bausegments per Handzeichen in die Soll-Position,
- der Vorgesetzte ermuntert seinen Mitarbeiter mit einer ermutigenden Geste zum Weitertüfteln an einer neuen Meßmethode,
- er »bestraft« einen anderen durch Nichtbeachtung,
- ein Autofahrer zeigt dem anderen »den Vogel«/bedrängt ihn mit der Lichthupe/gewährt ihm mit einem Winkzeichen Vorfahrt.

21.1.2 Mehrschichtigkeit menschlicher Kommunikation

Die Beispiele zeigen, daß im interpersonellen Informationsaustausch keineswegs nur sachliche Gehalte übermittelt werden. Vielmehr enthalten Aussagen des Senders auch Informationen

- der Selbstoffenbarung,
- über seine Beziehung zum Empfänger und
- über Veranlassungswünsche [1].

Gleiches gilt für die Aufnahme von Informationen beim Empfänger.

Beispiel: Ein Außendienstverkäufer läßt sich von seinem eher bedächtigen Fahrer nach schon vorange-gangenem Wortwechsel unter Zeitknappheit zu einem Besprechungstermin fahren. An einer Ampel springt das Signal nach längerer Rot-Phase auf Grün. Der Fahrer zögert mit dem Anfahren. Der Verkäu-fer sagt ungeduldig: »Die Ampel zeigt grün!« Mit seiner Nachricht *vermittelt* er

A) zur Sache: »Du darfst jetzt weiterfahren«,
B) als Selbstoffenbarung: »Ich bin über dein Zögern verärgert«,
C) zur Beziehung: »Ich halte dich für einen langatmigen Fahrer«,
D) als Appell »Nun gib endlich Gas und fahr zu!«.

Der Fahrer *versteht* aus der Nachricht

A) zur Sache: »Die Fahrbahn ist für uns jetzt freigegeben«,
B) als Selbstoffenbarung: »Ich sitze wie auf Kohlen, und du verplemperst meine kostbare Zeit«,
C) zur Beziehung: »Ich sag doch, daß du zu lahm bist, zügig zu fahren«,
D) als Appell: »Paß doch besser auf die Ampel auf und fahr los!«.

Arbeitshinweis: Spielen Sie die gleiche Situation gedanklich noch einmal unter der Vor-gabe durch, daß *Sie selbst* der Verkäufer sind und am Steuer *Ihre neue Assistentin* sitzt, de-ren weibliches Flair Ihre Phantasie trotz Zeitknappheit mit schönsten Wünschen beflügelt.

A) Wie würden Sie *Ihr gegenüber* Ihren Hinweis auf das Ampelsignal anbringen?
B) Welche Botschaften würde Ihre Assistentin Ihrem Hinweis entnehmen können unter den Prämissen,

    a) daß sie Ihre Wünsche teilt oder

    b) daß Sie ihr völlig gleichgültig sind?

Wir erkennen, daß der Inhalt der gesendeten Informationen nicht allein von der sachlichen Wahl der Worte, sondern ebenso von der *Beziehung* geprägt wird, in der Kommunikationspartner zu-einander stehen. Dies äußert sich im Tonfall, in der Mimik, in der Gestik, kurz, in der gesamten Körpersprache, die ihrerseits zum Botschafter der inneren Einstellungen erkoren wird.

Ist die Beziehungsebene intakt, können die Botschaften auf der sachlichen Ebene ungestört flie-ßen, ja positive Beziehungs-Botschaften können sachliche Zusammenarbeit sogar verstärken: »Es ist alles o. k. zwischen uns«, »Mit Ihnen/Dir arbeite ich gern«, »Du bist mir ein(e) angenehme(r) Kollegin/Kollege«.

Ist die Beziehung infolge von Un- oder Mißstimmigkeiten zwischen den Partnern aber unhar-monisch, dann tritt sie in den Vordergrund und kann Kommunikation auch über sachliche In-halte stören oder sogar unmöglich machen: »Er ist mir zu aufdringlich, von ihm halte ich mich fern«, »Sie hat mich *einmal* angelogen, ihr glaube ich kein Wort mehr«, »Er hat mich vor den an-deren blamiert/ bloßgestellt, mit ihm will ich nichts mehr zu tun haben«.

Zur dargestellten »normalen« Vielschichtigkeit von Informationen können zwischen Frauen und Männern noch geschlechterspezifische Kommunikationsgewohnheiten als zusätzliche Ver-ständigungsbarrieren hinzukommen [2].

Aufgrund der unlösbaren Gebundenheit der Beziehungsebene an die Sachebene erreicht direkte zwischenmenschliche Kommunikation die höchste Informationsdichte unter allen Kommunikati-onsarten. Damit erfüllt sie zugleich optimal auch soziale menschliche Bedürfnisse nach

- Kontakt (Vermittlung menschlicher Nähe, vor wem muß ich mich hüten?),
- Sicherheit (wie steht der andere zu mir?, ist alles in Ordnung, oder habe ich etwas zu befürch-ten?),

– Differenzierung (man vermittelt mir besondere Wertschätzung!).

So kann gutes Kommunizieren ein prägendes Element für die Qualität der erlebten Arbeit bilden. Damit die darin liegenden Chancen zum Tragen kommen können, sollten Sie die folgenden **Empfehlungen** beherzigen:

– Bemühen Sie sich bewußt um *Klarheit und Eindeutigkeit* im Kommunizieren und vermeiden Sie – auch gedankenlose und unbewußte – Widersprüchlichkeiten zwischen Ihren Informationen der Sachebene und damit verbundenen Botschaften der Beziehungsebene,
– halten Sie auch um des störungsfreien Kommunizierens willen die Beziehungen zu Menschen Ihrer Umgebung intakt und berechenbar, und bereinigen Sie Störungen (»Schwelbrände«, vgl. Ziffer 14.4, Buchstabe J) mit Mut zu offensiver Klärung,
– benützen Sie für Informationen, zu deren direkter Vermittlung auf der Sachebene Ihnen der Mut fehlt (zum Beispiel Beanstandungen, sonstiges Unangenehmes), nicht Botschaften der Beziehungsebene als bequemes Vehikel (zum Beispiel mit Gesten der Geringschätzung, des Drohens, des Abwertens),
– benützen Sie dagegen die Beziehungsebene so oft als möglich zum positiven Verstärken von Sachinformationen, indem Sie diese mit Botschaften der Wertschätzung, der Achtung oder ggf. der Sympathie anreichern und so die Intaktheit der Beziehung hervorheben,
– bemühen Sie sich ebenso darum, die Botschaften Ihrer Partner *richtig zu verstehen*, indem Sie
  • ihnen im Gespräch aufmerksam zuhören und so vermitteln, daß sie Ihnen als Persönlichkeiten mit ihren Meinungen wichtig sind,
  • bei Unsicherheit über den wirklich gemeinten Inhalt einer Information sich rückfragend über diesen vergewissern (sog. *aktives Zuhören*: Verstehe ich Sie richtig, daß Sie sagen wollen, ...?«),
  • empfangenen Informationen nicht durch eigenes Interpretieren und Bewerten Inhalte zuweisen, die gar nicht gemeint waren,
  • Informationen anderer durch beabsichtigtes Weghören oder durch Unaufmerksamkeit nur verstümmelt oder gar nicht zur Kenntnis nehmen.

Funktionierendes Kommunizieren setzt bei den Teilnehmern zweierlei voraus: Klarheit im sich-Mitteilen und Klarheit im Wahrnehmen.

Während sich Kommunikationsstörungen in der sachlichen Ebene im offenen unverstellten Gespräch, notfalls mit Hilfe eines neutralen Dritten als Moderator, relativ leicht bereinigen lassen, erfordert die Behebung solcher Störungen, die aus der Beziehungsebene herrühren, kompliziertere Verfahren. Ein aufwendiges, dafür aber in komplizierten Situationen bewährtes Verfahren dafür bildet die Transaktions-Analyse [3].

21.2 Information in Führung und Zusammenarbeit

21.2.1 Ziele

Die **Ziele** betrieblicher Kommunikation bilden

A) *Die Erfüllung des objektiven Informationsbedarfs* eines jeden Aufgabenträgers mit solchen Informationen, die er zur zielgerichteten Erfüllung seiner Aufgaben benötigt.

Dazu gehören
- Arbeits- und Verhaltensziele,
- Zeitvorgaben, Einsatzpläne,
- Kontroll- und Arbeitsergebnisse usw.

B) *Die Erfüllung der subjektiven Informationsbedürfnisse* jedes Individuums, die aus seinem persönlichen Zielspektrum erwachsen. Sie resultieren zum Beispiel aus Bedürfnissen
- nach *Sicherheit* und werden befriedigt mit Informationen über bevorstehende Veränderungen, die wirtschaftliche Lage des Unternehmens und die Sicherheit von Arbeitsplatz und Einkommen,
- nach *Kontakt* und werden befriedigt durch Informationen über kollegiale Belange und den Erlebnisbereich anderer,
- nach *Bestätigung, Differenzierung und Einfluß* und werden befriedigt mit Informationen über Erfolge, die Arbeit des Betriebsrates, und über das allgemeine, insbesondere künftige Betriebsgeschehen.

C) *Die sozio-emotionale Verhaltens-Stimulierung* der Betriebsangehörigen zur Optimierung von Leistungsbereitschaft, Zugehörigkeit, Arbeitszufriedenheit und -freude, Vertrauen. Vor allem mit dem *Stil* des Informierens bestimmen die Teilnehmer am Kommunikationsprozeß nicht nur über Art und Menge verteilter Informationen, sondern ebenso über die Qualität ihres Arbeitserlebnisses.

Auf den Punkt gebracht heißt dies:

»**Wer gut informiert, der motiviert**«. Mangelhaftes Informieren dagegen wirkt demotivierend.

Wenn Sie als Führungskraft die Vorteile, die qualifiziertes Informieren eröffnet, nutzen wollen, müssen Sie darum bemüht sein, alle drei Ziele gleichzeitig zu realisieren.

21.2.2 Probleme der Praxis

Das Empfinden, ausreichend informiert zu sein, bewirkt im Mitarbeiter zweifelsfrei positive Folgen: Er fühlt sich im partnerschaftlichen Sinne geachtet, er empfindet innere Sicherheit, trägt das betriebliche Geschehen, insbesondere auch Innovationen und problematische Entscheidungen mit und fühlt sich dank hoher Arbeitszufriedenheit fürs Ganze mitverantwortlich. Ausreichendes Informiert-Sein wirkt sich, auch bei kritischen Entwicklungen, aufs Ganze gesehen zugunsten erhöhter Produktivität unter den Beteiligten aus [4].

Dennoch besteht in der Praxis unter vielen Arbeitnehmern Unzufriedenheit über den realen Informationsgrad zu betrieblichen Angelegenheiten. Offenbar trifft die vielfach bestehende Überflutung mit Informationen *nicht die wirklich interessierenden* Tatsachen.

Vorzufindende Mängel in den installierten Informationssystemen lassen sich häufig auf folgende *Ursachen* zurückführen:

In den Unternehmen:
- bürokratische Auswahl von Informationen und ihre Bindung an den Dienstweg,
- übertriebene Einordnung betrieblicher Tatsachen unter die Kategorie der »Betriebsgeheimnisse«, (Zitat aus einer Richtlinie eines deutsch-amerikanischen Unternehmens: »Es ist daher oberster Grundsatz, daß *alle* Firmenunterlagen und Informationen vertraulich sind.« (Quelle: Stroebe R. W., 1991, S. 35)

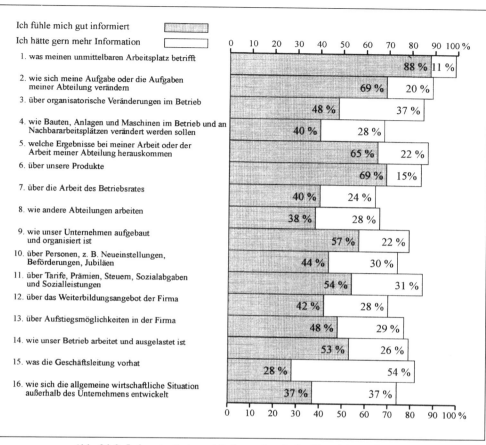

Ich fühle mich gut informiert
Ich hätte gern mehr Information

1. was meinen unmittelbaren Arbeitsplatz betrifft
2. wie sich meine Aufgabe oder die Aufgaben meiner Abteilung verändern
3. über organisatorische Veränderungen im Betrieb
4. wie Bauten, Anlagen und Maschinen im Betrieb und an Nachbararbeitsplätzen verändert werden sollen
5. welche Ergebnisse bei meiner Arbeit oder der Arbeit meiner Abteilung herauskommen
6. über unsere Produkte
7. über die Arbeit des Betriebsrates
8. wie andere Abteilungen arbeiten
9. wie unser Unternehmen aufgebaut und organisiert ist
10. über Personen, z. B. Neueinstellungen, Beförderungen, Jubiläen
11. über Tarife, Prämien, Steuern, Sozialabgaben und Sozialleistungen
12. über das Weiterbildungsangebot der Firma
13. über Aufstiegsmöglichkeiten in der Firma
14. wie unser Betrieb arbeitet und ausgelastet ist
15. was die Geschäftsleitung vorhat
16. wie sich die allgemeine wirtschaftliche Situation außerhalb des Unternehmens entwickelt

*Abb. 21.2: Informiertheit und Informationsbedarf bei Arbeitnehmern
(Quealle: Bertelsmann Stiftung/IWG Bonn, 1987, S. 79)*

- unzureichende Betrachtung der Tatsache, daß Informationen sowohl eine *Bringschuld* als auch eine *Holschuld* darstellen können.

Hervorzuheben ist die mangelnde Bereitschaft der meisten Unternehmen, ihre Belegschaften rechtzeitig auch über negative Entwicklungen wie Absatzflauten, Gewinneinbrüche oder ähnliches zu informieren. Zeitigen derartige Vorgänge unliebsame Folgen (zum Beispiel Zurücknahme freiwilliger Leistungen, Freisetzungen), dann fehlen den Belegschaften dank mangelnden Hintergrundwissens sowohl das Verständnis als auch die Bereitschaft zur Akzeptanz dafür.

Bei Führungskräften treten weitere Informations- und in diesem Sinne Führungsmängel auf:
- Unkenntnis über den real vorhandenen Informationsbedarf unter den Mitarbeitern,
- mangelnde Informationsbereitschaft,
- irrtümliche Unterlassung bzw. falsche Übermittlung von Informationen,

denen häufig folgende Ursachen zugrunde liegen:

- Überschätzung des eigenen Informierens gemessen an den Erwartungen der Mitarbeiter,
- die Auffassung, daß ihr eigenes Informiertsein für die Belange ihres Bereiches bereits ausreiche,
- Verfolgung egoistischer Interessen durch eigene Informationsüberlegenheit,
- Unterschätzung der negativen Folgen, die Informationsdefizite ihres Personals nach sich ziehen.

Kommunikation über Veränderungen aus der Sicht von Führungskräften und Mitarbeitern *(nach R. Likert)*

Aussage, zu der von Managern, Meistern, Mitarbeitern Stellung genommen wurde:	Manager sagen über ihr eigenes Verhalten	Meister sagen über das Verhalten der Manager	Meister sagen über ihr eigenes Verhalten	Mitarbeiter sagen über das Verhalten der Meister
"Führungskräfte informieren im voraus über Änderungen"				
stets	70 % ⎫ 100 %	27 % ⎫ 63 %	40 % ⎫ 92 %	22 % ⎫ 47 %
fast immer	30 % ⎭	36 % ⎭	52 % ⎭	25 % ⎭
häufiger ja als nein	0 %	18 %	2 %	13 %
gelegentlich	0 %	15 %	5 %	28 %
selten	0 %	4 %	1 %	12 %

Abb. 21.3: Bewertung des Kommunikationsverhaltens von Führungskräften aus eigener Sicht und der Sicht unterstellter Ebenen (Quelle: Stroebe R. W., 1991, S. 42)

Als *Folgen unzureichender Kommunikation* sind vor allem zu nennen

- Informationsbeschaffung und -weitergabe auf informellen Wegen,
- Mißtrauen gegenüber der Geschäftsleitung mit zunehmender Neigung zur Bildung von Gerüchten,
- Frustrationen aus dem Gefühl persönlicher Abwertung, die individuelle Abwehrstrategien nach sich ziehen,
- prinzipiell ablehnende Haltung gegenüber allen Entscheidungen und Maßnahmen (auch Innovationen), von denen der Mitarbeiter überrascht wird, mit nachfolgendem Widerstand gegen ihre Realisation sowie
- abnehmende Arbeitszufriedenheit bei gleichzeitig abnehmender Leistungsbereitschaft, die sich insbesondere im Goodwill-Bereich auswirkt [5].

21.2.3 Optimierung betrieblichen Informierens

A) Ermittlung des realen Informationsbedarfs
Der reale Informationsbedarf umfaßt die für die Funktion objektiv *benötigten* sowie die zur Befriedigung individueller Bedürfnisse *gewünschten* Informationen in einer Qualität, die den Ansprüchen der Organisationsmitglieder auf ausreichende Beachtung genügt.

Wir plädieren dafür, als informationsfähige Daten nach dem Regel-Ausnahme-Prinzip *alle* **Fakten anzusehen,** *die nicht ausnahmsweise wirklich vertraulich zu behandelnde Inhalte aufweisen.*

Zu den letzteren werden einige betriebswirtschaftliche Schlüsseldaten, Planungs-, Entwicklungs- und Fertigungsgeheimnisse sowie Personaldaten zu zählen sein, die nach den Vorschriften des gesetzlichen Datenschutzes ohnehin vertraulich zu behandeln sind. Dem damit statistisch steigenden Risiko, daß betriebliche Daten nach außen getragen werden, dürfte die psychologische Barriere erhöhter Verantwortung (»man vertraut mir etwas Wichtiges an«), wieder kompensiert werden. Die Frage, ob die syndromhafte Geheimhaltung von Fakten, die für den Unternehmenserfolg letztlich ohne Bedeutung sind, zerstörte Identifikation von Mitarbeitern mit ihrem Unternehmen aufwiegt, sollte gründlich geprüft werden.

Ein brauchbares Instrument, den realen Informationsbedarf zu ermitteln, **bildet die Informationsanalyse** [6]. Sinnvollerweise umfaßt sie *drei* Komplexe:

a) Den *objektiven Informationsbedarf* des Mitarbeiters, den er funktional benötigt. Dieser kann dadurch ermittelt werden, daß der Mitarbeiter *selbst* beschreibt, welche Informationen er benötigt und welche davon er bisher nicht in dem erforderlichen Maße erhalten hat. Dabei empfiehlt sich das »7-W-Raster«:
   - *Worüber* – über welchen Gegenstand?
   - *Wer* – welche Stelle hat zu informieren?
   - *Wen* – welche Stelle ist zu informieren?
   - *Wann* – zu welcher Zeit/aus welchem Anlaß ist zu informieren?
   - *Wozu* – zu welchem Zweck?
   - *Wie* – in welcher Form?
   - *Wo* – an welchem Ort ist die Information zu überbringen?
b) Auf dem gleichen Wege sollte der Betrieb sich Kenntnis darüber verschaffen, auf welche Gegenstände sich die individuellen Informationsbedürfnisse vorrangig richten, ohne bisher ausreichend befriedigt zu werden.
c) Schließlich sollte auch die Führungskraft sich Rechenschaft darüber ablegen, welche Schwächen ihr eigenes Kommunikationsverhalten inhaltlich und stilistisch aufweisen könnte [7].

Die ungeschminkte Auswertung der Ergebnisse ermöglicht es, Informationsdefizite sichtbar zu machen und zu schließen. Die Analyse sollte jährlich wiederholt und in ihren Ergebnissen fortgeschrieben werden.

B) Errichtung eines leistungsfähigen Informationssystems
Aufgrund der gewonnenen Ergebnisse ist ein System zu errichten, das *auf drei Säulen* gestützt den realen Informationsbedarf abdeckt:

a) *Die aktuellen Informationen, die vertikal und horizontal direkt von Stelle zu Stelle fließen.* Die *Abgabe* von anderswo benötigten Informationen ist jedem zur *Pflicht* zu machen. Ob sie zu bringen sind oder abgerufen werden, ist zweckmäßigerweise von Fall zu Fall zu regeln.

b) Die Informationen, *die der Betrieb zentral an seine Belegschaft richtet.* Sie umfassen einmal funktionale Inhalte (zum Beispiel Richtlinien, Dienstanweisungen, Regelungen) und zum anderen solche, die den individuellen Bedürfnissen dienen (zum Beispiel Berichte über den Betrieb als Ganzes, Markterfolge, Trends, Produktbeschreibungen, Investitionen, Innovationen, Verfahren, abgeschlossene (Bau-)Projekte, Personalien, etc.
Ihre Verbreitung erfolgt über
   - Mitarbeiterzeitschriften
   - Anschläge am »schwarzen Brett«
   - Rundschreiben
   - spezielle Info-Diensten und
   - neuerdings auch Video-Bänder8).

c) Die situativen Informationen, die der Vorgesetzte seinen Mitarbeitern in der laufenden Zusammenarbeit mitteilt. Ihre funktionalen Inhalte richten sich vor allem auf Leistungsvereinbarungen, Verfahrensabsprachen, Aufträge, Terminstellungen, Kontrollen, Rückmeldungen, Anordnungen, Anregungen usw.
Zugleich stellt sich dem Vorgesetzten dabei die Aufgabe, auch subjektive Informationsbedürfnisse seiner Mitarbeiter mit zu befriedigen durch *Informationen über außerfunktionale* Belange. Zu erwähnen sind hier Themen wie Verbesserungen des gemeinsamen Aufgabenvollzuges, absehbare Veränderungen/Neuerungen, die den Bereich berühren, Zusammenarbeit mit anderen Bereichen, individuelle Entwicklungs- und Förderungsmöglichkeiten, Sicherheit der Arbeitsplätze sowie persönliche Fragen einzelner Mitarbeiter oder Gruppenprobleme.

Daß daneben noch ein *informeller* Informationsmarkt besteht, liegt auf der Hand. Seine betriebsbezogenen Inhalte werden um so unbedeutender sein, je vollständiger der Betrieb den Informationsbedarf seiner Mitglieder auf formellen Wegen zu befriedigen vermag.

C) Schaffung eines positiv stimulierenden Kommunikationsklimas
Prägend für die Qualität des Informierens und des davon geprägten Informationsklimas ist nicht nur die Dichte, sondern ebenso *der Stil, in dem informiert wird.* Zu fordern sind hier

- **Offenheit:** Jeder hat Zugang zu den Informationen, die ihn interessieren (mit Ausnahme der wirklich vertraulichen Schlüsseldaten),
- **Wechselseitigkeit:** Informationen werden nach allen Seiten, für die sie interessant sind, gegeben und von dort genommen,
- **Wahrheit:** Auf unwahre, halbwahre und manipulative Informationen wird verzichtet, und jeder kann sich auf das, was der Betrieb ihm mitteilt, verlassen.

Ein solches Informationssystem macht das Horten von und Handeln mit Informationen, das »Aufreißen« undichter Stellen sowie auf informationelle Überlegenheit gegründete Macht-Positionen überflüssig und unmöglich. Dies bildet eine weitere Gewähr für die Betriebsangehörigen, in Sicherheit und in Freiheit von Angst arbeiten zu können und sich ihrer persönlichen Integrität und Selbstachtung sicher sein zu dürfen.
Dem Vorgesetzten ist daher zu empfehlen, die ihm betrieblich eingeräumten Ermessensräume in der Gestaltung seiner Kommunikation *zugunsten* der genannten Grundwerte auszuschöpfen. Es liegt auf der Hand, daß er mit diesem Bemühen in ein Spannungsverhältnis zur verfügbaren Zeit geraten kann. Bei der Abwägung des Aufwands vorgenommener gegen den Schaden unterlassener Kommunikation wird er psychologische und längerfristige Auswirkungen auf das Klima nicht übersehen dürfen.

D) Kommunikationswege

Für die Kommunikation einander *unmittelbar zugeordneter* Instanzen, insbesondere des Vorgesetzten und seiner Mitarbeiter, bietet sich »der *Dienstweg* an. Für die Kommunikation zwischen weiter entfernten Instanzen erweist die »Linie« sich als untauglich, denn Informationen über mehrere Zwischeninstanzen drohen verzögert, verfälscht oder auch blockiert zu werden. Schräg- und Querinformationen werden gänzlich unterbunden. Der Dienstweg als Informationsweg in tiefer gegliederten Hierarchien muß daher den Aufbau informeller Kommunikation mit ihren negativen Folgen geradezu erzwingen.

Sinnvollerweise werden Informationswege deshalb formal direkt zwischen *den* Instanzen errichtet, die funktional miteinander kommunizieren müssen, und zwar *unabhängig* von ihrer jeweiligen Ebenenzugehörigkeit. Funktionalität steht über dem Hierarchie-Prinzip und seinen Prestigepositionen.

Vom Vorgesetzten erfordert dies, darauf zu verzichten, in jede Kommunikationsbeziehung aus seinem Bereich in einen anderen Bereich »eingeschaltet« zu sein. Seine Mitarbeiter unterhalten derartige Beziehungen selbständig. Dies schließt nicht aus, daß er sich um seines eigenen Informationsgrades willen darüber im Überblick *selbst informiert oder informieren läßt.*

E) Kommunikationsformen

In der Führungsbeziehung bietet sich vor allem mündliche und schriftliche Kommunikation an.

Mündliche Kommunikation in Gesprächen oder Besprechungen unter Anwesenden ermöglicht *vorteilhaft*
- umfangreiche wechselseitige Informationsvermittlung in kurzer Zeit,
- leichtere Klärung von Mißverständnissen und Unstimmigkeiten,
- hohe Intensität der mentalen Einflußnahme.

Mit Telefonaten lassen sich zudem beliebig große Entfernungen überbrücken, dafür nimmt die emotionale Beeinflußbarkeit unter den Gesprächspartnern ab.
Als *nachteilig* können wirken

- geringere Präzision der Information,
- höherer Zeitaufwand.

Schriftliche Kommunikation ermöglicht *vorteilhaft*

- präzise Informationen,
- komplexe Informationen,
- längerfristige Verfügbarkeit,
- kurzfristige breite Streuung von Informationen.

Als *nachteilig* können wirken

- hoher Büroaufwand,
- Verführung zu quantitativen und qualitativen Informationsüberangeboten (»für jeden etwas«),
- geringe persönliche und emotionale Ansprechbarkeit des Adressaten.

In der Praxis ist die Wahl der Kommunikationsform von den vorrangig verfolgten *Kommunikationszwecken* abhängig zu machen. Hieran orientiert ergeben sich für ein effektives Informationswesen die Forderungen

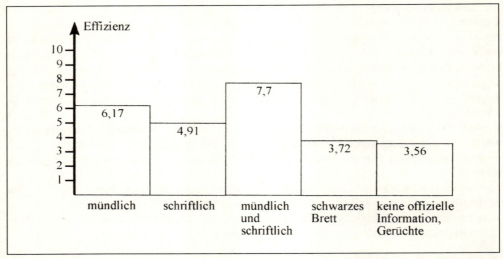

Abb. 21.4: Effizienz unterschiedlicher Kommunikationsformen (Quelle: Stroebe R. W., 1991, S. 48)

So schnell,
so präzise } **wie nötig,**
so verbreitet

So kurz
so verständlich } **wie möglich.**
so wenig aufwendig

Übungsaufgabe:

Wählen Sie für die folgenden Fälle die nach Ihrer Auffassung *effektivste* Kommunikationsform. Setzen Sie ein: für persönliches Gespräch = **pG**, gemeinsame Besprechung = **gB**, Telefonat = **Tf**, Aushang/Rundschreiben = **Rs**, schriftliche Nachrichten = **sN**.

Bitte decken Sie die nachfolgenden Lösungshinweise zunächst ab.

Fälle:

A) Aufforderung an die 40 Abteilungsangehörigen, binnen zwei Wochen ihre Urlaubsterminwünsche mitzuteilen;

B) Veranlassung einzelner davon, ihre gemeldeten Terminwünsche mit Abteilungsbelangen abzustimmen;

C) Information des Vertriebsleiters über die vom Vorstand festgelegten Richtlinien für Kooperationsverhandlungen mit künftigem Partner;

D) Information der Belegschaft über arbeitsfreie Tage in der Weihnachtszeit;

E) Mitteilung eines kurzfristig abgeänderten Besprechungstermins an die fünf Besprechungsteilnehmer;

F) Klärung der Folgen eines familiären Todesfalles für das Arbeitsverhältnis eines Mitarbeiters;

G) Unterrichtung zweier Mitarbeiter über endgültige Änderung ihres Aufgabenfeldes;

H) Unterrichtung der Belegschaft über künftige Einführung eines Systems von Leistungsbeurteilungen;

I) Unterrichtung der Arbeitsangehörigen über Einzelheiten der im nächsten Jahr einzuführenden Leistungsbeurteilungen;

K) Ermittlung von Leistungsstandards für Zielprojekte bei einzelnen Mitarbeitern;

L) leichte Änderung eines der zuvor festgelegten Leistungsstandards;

M) Unterrichtung der Mitarbeiter über Ergebnisse der Leistungsbeurteilung;

N) Abstimmung über neu einzuführenden Arbeitsvollzug unter den fünf beteiligten Mitarbeitern.

21.3   Telekommunikation [9]

Wir verstehen darunter das Feld der Kommunikation, in dem

- der Austausch von Informationen zwischen räumlich getrennten Partnern über zwischengeschaltete technische Anlagen oder
- an Bildschirmarbeitsplätzen Informationen verarbeitet werden, die in einen technischen Speicher eingegeben bzw. aus einem solchen abgerufen werden, ohne daß ein weiterer menschlicher Kommunikationspartner an dem Prozeß beteiligt ist.

A)   Mittel und Möglichkeiten

Die neben den heute vorwiegend gebräuchlichen Kommunikationsmitteln Telefon und Telefax künftig mehr und mehr in den Vordergrund tretenden **Tele-Techniken** werden sein

- elektronische Post (Bildschirmübermittlung von Texten/Graphiken),
- Bild-Telefon (der/die Gesprächspartner sieht/sehen sich auf einem Bildschirm, es werden so Tele-Konferenzen möglich),
- Teletex (Briefe werden elektronisch übermittelt und beim Empfänger ausgedruckt) sowie
- Bildschirmtext (Kombination verschiedener Techniken).

In geraumer Zeit werden alle diese Funktionen mit ISDN-fähigen Endgeräten zu einer Arbeitsplatz-Station zusammengefaßt sein.

Die damit erzielbaren **Möglichkeiten** bilden
- raumüberbrückende Sprach-Kommunikation unter Menschen, die sich räumlich weit entfernt voneinander aufhalten,
- leichterer Zugang zu umfangreichen Informations-Pools in betriebsinternen oder öffentlichen Datenbanken,
- Unterstützung menschlicher Informationsarbeit durch anwendungs-und themenorientierte Datenkombinationen (zum Beispiel Anwender-Programme, »Expertensysteme«) sowie
- Flexibilisierung und Individualisierung der Produktion durch technische Steuerungen in Maschinen und Anlagen (CNC-Technik), bei der Entwicklung und Konstruktion neuer Produkte

(CAE, CAD) und bei der Steuerung ganzer Wirtschafts- und/oder Produktionseinheiten (CIM, CAM).

Der damit zu erwartende Nutzen besteht zum Beispiel darin, daß

- wettbewerbskritische Geschäftsabläufe beschleunigt,
- Marketing und Vertrieb globalisiert,
- Produktionen individualisiert und
- die insgesamt noch zunehmende Informationslast schneller und leichter bewältigt werden können.

Den größten Nutzen von den neuen Technologien werden *die* Unternehmen davontragen, die sie am effektivsten zu nutzen verstehen. **Dies geht nur mit Menschen**, die die für den effektiven Einsatz der neuen Techniken erforderlichen

- betriebswirtschaftlichen
- organisatorischen und
- personalpolitischen

Strategien schaffen und beherrschen [10].

B) Auswirkungen auf das Arbeitsleben
Der Einsatz der neuen Tele-Techniken wird sich für den Tele-Arbeiter in höherem Abstraktionsgrad des Arbeitens, in der Verfügbarkeit über vertrauliche Datenbestände und hoch kostenintensiver Technik, hohem Innovationsdruck sowie zunehmender Dezentralisierung seiner Arbeit und Flexibilisierung seiner Arbeitszeit auswirken.

Dabei darf die Gefahr, daß aufgrund des Zurücktretens von interpersoneller Kommunikation auch die dafür erforderlichen Fähigkeiten zu Beziehungs-Sensibilität und andere sozialen Erfahrungen sich zurückbilden, nicht übersehen werden.

C) Arbeitsanforderungen an den Telearbeiter
Die neuen Arbeitsstrukturen und die davon ausgehenden Anforderungen bedingen vom Telearbeiter

- hohe Intelligenz und Qualifikation mit Fähigkeiten
  - zu logisch-abstraktem Denken,
  - zum Verständnis komplexer Systeme und Zusammenhänge,
  - zum exakten Darstellen und Verstehen von Informationen durch Sprachlogik und Ausdrucksfähigkeit;
- ständige Lern- und Entwicklungsbereitschaft mit
  - Methodenkompetenz zu effektivem Lernen,
  - Sozialkompetenz zu erfolgreichem Kommunizieren,
  - Fachkompetenz (zum Verstehen von Arbeitszusammenhängen in verschiedenen vernetzten Systemen);
- hohes Verantwortungsbewußtsein
  - im Umgang mit vertraulichen Informationen und kostenintensiven Arbeitsmitteln,
  - in der selbständigen Gestaltung von Arbeitszeit,
  - im disziplinierten Umgang mit Freiräumen sowie
- seelische Stabilität bei menschen-entleerter Kommunikation.

D) Folgen für die Personalführung

Führung von Mitarbeitern an Telekommunikations-Arbeitsplätzen wird **Führung der Hochqualifizierten,** der Informations- und Wissens-Arbeiter. Sie stellt an die Führungskräfte eigene Anforderungen.

Als *generelle* Schwerpunkte sind zu nennen

- der Aufbau einer mitarbeiterorientierten Organisation,
- die Sicherstellung ständiger Mitarbeiter-Entwicklung in der lernenden Organisation,
- das Schaffen flexibler Arbeitszeit- und leistungsadäquater Entgelt-Modelle,
- die Unterstützung von Mitarbeiter-Kommunikation sowie
- motivierendes Führen.

Speziellere Schwerpunkte des Führens werden bilden

- die Auswahl geeigneter Mitarbeiter,
- die optimale Auswahl einer mitarbeitergerechten Tele-Technik und der notwendigen kontinuierlichen Innovationsprozesse,
- Wahrung des Gleichbehandlungsgebotes zwischen Mitarbeitern in unterschiedlichen Arbeitsbedingungen,
- die Entscheidung über den Umfang des Datenzugriffs.

Angesichts der Tatsache, daß Kommunikationsarbeit insbesondere bei Bildschirmarbeitern weitestgehend durch und über technische Geräte und Kanäle abgewickelt wird, halten wir es für notwendig, den Mangel an interpersoneller Kommunikation mit ihren emotionalen Stimulanzen im Arbeitsfeld durch geeignete menschliche Kontaktmöglichkeiten *neben* der Aufgabe zu kompensieren: zum Beispiel

- im Mitarbeitergespräch,
- in regelmäßigen Mitarbeiterbesprechungen,
- in Gelegenheiten zum kollegialen Kontakt in den regulären Arbeitspausen oder im *small talk* beim Kaffee/Tee in der Klönecke.

Wird die Beherrschung der Tele-Kommunikation als einer der Schlüsseltechnologien in Zukunft zu einem der entscheidenden Erfolgsfaktoren für unsere Wirtschaft, dann wird die *Kunst der Führung von Hochqualifizierten* zu einer Schlüsselqualifikation von Führungskräften.

Das zentrale Erfolgsrezept muß demnach lauten: Sich kümmern um Menschen – um Kunden und um Mitarbeiter.

21.4 Besprechungen als Kommunikationsmittel

A) Stilelemente:

Besprechungen in Gruppen und Gespräche unter mindestens zwei Personen bilden die übliche Form *mündlicher* Kommunikation. Dabei werden Berichte erstattet, Vorgänge und Fehler analysiert, Vorgehensweisen koordiniert, Problemlösungen gesucht, Informationen ausgetauscht, Meinungen gebildet, Beschlüsse/Entscheidungen vorbereitet und getroffen, Anordnungen getroffen usw. In ihren neueren Formen als Beteiligungsgruppen, Lernstätten, Workshops und sonstigen

Zirkeln dienen sie dazu, Innovationen und Lernprozesse voranzubringen. Für die genannten Zwecke haben sich unterschiedliche Besprechungsstile herausgebildet:

a) *Stil der Mitarbeiterbesprechung:* Er dient zwischen dem Vorgesetzten und Mitarbeitern der wechselseitigen Information und Meinungsbildung, dem Coaching sowie partizipativer Beratung und gemeinsamer Beschlußfassung. Der Vorgesetzte führt als erster unter Gleichen überwiegend *kohäsiv.*

b) *Stil der Dienstbesprechung:* Der Vorgesetzte tritt seinen Mitarbeitern in Führungsfunktion gegenüber, indem er entscheidet, anordnet, kontrolliert, beurteilt, Mängel klärt, lobt oder beanstandet; er führt vorwiegend *lokomotiv.*

c) *Stil der Expertenbesprechung oder -konferenz:* An ihr nehmen Mitarbeiter beliebiger Ebenen als *Experten für ihr Sachgebiet* teil, um in dieser Eigenschaft daran mitzuwirken, wie Fehler/Schwachstellen analysiert, Schwierigkeiten überwunden, Beschlüsse/Entscheidungen vorbereitet und getroffen oder Koordinationsfragen gelöst werden können. Zwischen ihnen besteht grundsätzlich *funktionale Gleichordnung,* und einer unter ihnen (meist der Ranghöchste) führt die Besprechung überwiegend *kohäsiv.*

d) *»Brain-Storming«:* Die Teilnehmer geben zu einem vorgegebenen Such-Problem spontane mündliche (beim Brain-Writing schriftliche) Beiträge ab, die unkommentiert und unbewertet gesammelt und ggf. weiterentwickelt werden. In der nachfolgenden Auswertung wird ermittelt, welche der Beiträge sich allein oder mit anderen kombiniert zur Lösung des Such-Problems als brauchbar erweisen. Die Mitarbeit verläuft *kohäsiv.*

	Mitarbeiter-Besprechung	Dienst-Besprechung	Rundgespräch / Expertenrunde	Brain-Storming
Zweck / Ziel	wechselseitige Information / Beratung zwischen dem Vorgesetzten und Mitarbeitern bei Entscheidungsvorbereitung, Problemsituation (partizipative Kooperation)	der Vorgesetzte handelt gegenüber Mitarbeitern in Führungsfunktion, er - läßt berichten, - entscheidet, - weist an, - kontrolliert, - bewertet Leistung	sachlich / fachlich zuständige Experten - berichten, - beraten, - suchen Problemlösungen, - koordinieren, - entscheiden zu / über Sachfragen	ausgesuchte Teilnehmer wirken mit an - Innovationsentwicklungen, - Problemlösungen durch Abgabe unbewerteter Ideen, die später ausgewertet werden
teilnehmende Ebenen	einander zugeordnete, Stäbe	einander zugeordnete, Stäbe	beliebige	beliebige
Stellung der Teilnehmer zueinander	grundsätzlich gleichgeordnet, der Vorgesetzte leitet regelmäßig die Besprechung	entsprechend ihrem Rangverhältnis zueinander	grundsätzlich gleichgeordnet, der ranghöchste Teilnehmer leitet regelmäßig die Besprechung	gleichgeordnet
anzustrebende Zahl der Teilnehmer [2]	3 bis 9 (5)	3 bis 9 (5)	3 bis 9 (5)	5 bis 12
vorherrschende Führungsfunktion	Kohäsion	Lokomotion	Kohäsion	Kohäsion

1) Besprechungen mit 2 Teilnehmern werden als Gespräche bezeichnet
2) die in Klammer befindliche Teilnehmerzahl wird als Optimum bewertet

Abb. 21.5: Stilelemente betrieblicher Besprechungen

Im Ablauf einer Besprechung wechseln die Stilelemente innerhalb der Behandlung ein und desselben Tagesordnungspunktes untereinander:

Phase der Themenlösung	dominierende Stilelemente
A) Problem und anzustrebende Lösung werden definiert	Mitarbeiterbesprechung
B) Ursachen-Analyse der Soll-Ist-Abweichung	Expertenkonferenz
C) Lösungsalternativen werden gesammelt und bewertet	Expertenkonferenz/Brainstorming
D) Beschlußfassung/Entscheidung über die zu realisierende Lösung	Mitarbeiterbesprechung/Dienstbesprechung
E) Veranlassungen für Realisation werden getroffen	wie vorstehend

Den einzelnen Phasen können innerhalb verschiedener Themen ganz unterschiedliche Gewichtungen zufallen: Mal dominiert der Stil der Mitarbeiterbesprechung, mal jener der Expertenkonferenz oder der Dienstbesprechung. Dies muß der Besprechungsleiter situativ erfassen und im Leiten taktisch und zeitlich umsetzen. Besprechungen mit umfangreicher Tagesordnung und von längerer Dauer stellen an den Besprechungsleiter, will er sie konzentriert und taktisch optimal führen, daher höchste Ansprüche.

In der Zuordnung der einzelnen Phasen zueinander wird der dynamische Zusammenhang zwischen partnerschaftlich-demokratischer Meinungsbildung und tatkräftigem Handeln sichtbar. Der frühere Bundeskanzler Helmut Schmidt hat ihn, jeder qualifizierten Führungskraft leitbildhaft nahezulegen, wie folgt auf den Punkt gebracht:

»Probleme müssen diskutiert werden, Diskussionen müssen zu Ergebnissen, Ergebnisse müssen zu Entscheidungen und Entscheidungen zu Taten führen« [11].

B) Funktionen

a) Zuerst bilden Besprechungen *geistige Produktion.* Dafür, daß das Ziel optimaler Produktivität erreicht werden kann, sind in der Praxis eine Fülle von Regeln für die effiziente Vorbereitung, Durchführung und Auswertung von Besprechungen erarbeitet worden. Die Führungskraft, zu deren Aufgaben die Leitung betrieblicher Besprechungen gehören wird, muß diese Regeln *kennen und anwenden lernen.* Wir können sie hier aus räumlichen Gründen nur streifen (vgl. dazu die Literaturangaben am Kapitelschluß!).

b) Des weiteren bilden Besprechungen mit den Möglichkeiten, in direktem dialogischen Zusammenwirken Informationen auszutauschen und Meinungen zu bilden, *ein Mittel, das Gefühl der Verbundenheit in gemeinsamen Aufgaben und im gemeinsamen Verpflichtungsgrad gegenüber dem betrieblichen Erfolg zu stärken und für jeden Teilnehmer persönlich erlebbar zu machen.* Dies gilt insbesondere für Mitarbeiter an isolierten Arbeitsplätzen wie solchen an Bildschirmen oder in technischen Großanlagen sowie in der Anonymität von Großunternehmen allgemein. Wie defizitär die Erfüllung menschlicher Bedürfnisse nach Kontakt, Sicherheit und Differenzierung in der betrieblichen Praxis heute empfunden wird, macht die zunehmend häufiger geäußerte Unzufriedenheit vieler Arbeitnehmer über »wachsende Entmenschlichung« und »immer anonymer werdende Arbeit« deutlich.

Gruppenbesprechungen, in denen das laufende Tagesgeschäft mit seinen Schwerpunkten, Erfolgen und Schwachstellen, in denen Projekte der Entwicklung des eigenen Bereichs oder solche des Unternehmens etc. diskutiert und projektiert werden, sollten deshalb zum festen Bestandteil im Leben jeder Arbeitsgruppe werden und mindestens monatlich einmal, bei situativem Bedarf noch öfter, stattfinden.

Die Kultur regelmäßiger Besprechungen ist Ausdruck der lebendigen, lernenden Organisation!

c) Die gleichen Funktionen, wenngleich im engeren Kreise, erfüllt *das Mitarbeitergespräch zwischen dem Vorgesetzten und dem einzelnen Mitarbeiter*. Kommt es nicht erst aus zwingendem Anlaß auf Ersuchen des letzteren zustande, sondern wird es als »small talk« zum Beispiel zur Weitergabe interessierender Informationen, für situatives Coaching, für positive Rückmeldung oder als Hilfe bei sichtbaren Schwierigkeiten *vom Vorgesetzten aufgenommen,* dann wird das Gespräch zur Geste persönlicher Wertschätzung und Achtung. Kommunikation im Gespräch entfaltet dann eine dritte wichtige Funktion: **Sie fördert Arbeitsfreude und Klima und motiviert so zu Leistung.**

C)　Einige Basis-Empfehlungen zur Leitung von Besprechungen

- Wählen Sie die Teilnehmer, sofern ihr Kreis (wie zum Beispiel in Abteilungsbesprechungen) nicht bereits feststeht, nach dem Gesichtspunkt ihrer produktiven Zuständigkeit für die Themen der Tagesordnung aus, nicht nach dem des Prestiges.
- Laden Sie alle Mitarbeiter *gleichzeitig* ein, und vermitteln Sie ihnen über die anstehenden Themen *gleiche Informationen* (beides ist Voraussetzung für die Möglichkeit genügender Vorbereitung und damit für Erfolg in der Besprechung).
- Legen Sie Besprechungen in die Arbeitszeit, aber sichern Sie sich die Zustimmung Ihrer Mitarbeiter für den Fall, daß sie in den Feierabend hinein ausgedehnt werden müssen; vermeiden Sie ohne Terminzwang dann aber Zeiten mit herausragendem Freizeitwert (zum Beispiel Freitagabend, Fußballendspiel im Fernsehen), deren Benutzung Frust und Unlust provozieren.
- Wählen Sie möglichst eine freundliche Räumlichkeit abseits von den Arbeitsplätzen und sorgen Sie für eine Sitzordnung am runden Tisch oder in Karree-/U-Form, vermeiden Sie die frontale Platzanordnung des »Klassenzimmers«.
- Stellen Sie die Benutzbarkeit visueller Hilfsmittel (Overhead/Flip-chard/Metaplantafel) sicher und arbeiten Sie auch damit. Beispiele:
  - Tagesordnung
  - Sammeln von Meinungen zu Problemlösung
  - Darstellen von Prozeßabläufen)
- Delegieren Sie die Protokollführung, soweit vorgesehen, auf einen anderen Teilnehmer, und halten Sie sich frei davon.
- Sammeln Sie eingangs Themenwünsche für »Verschiedenes«.
- Sehen Sie bei längeren Besprechungen alle 1 bis 2 Stunden eine kurze Erholungs-Kaffee-(Raucher-)Pause vor.
- Stellen Sie die Besprechung unter das Leitwort »Es darf über alles geredet werden« (auch über Sie!).
- Knüpfen Sie am Beginn um alle Teilnehmer psychologisch ein glaubwürdiges »Band der Gemeinsamkeit« in dem Sinne, daß, insbesondere bei Vertretern gegensätzlicher Interessenlagen, das Gesamtinteresse an Lösungen über Einzelinteressen gestellt wird.
- Prüfen Sie im Interesse gleichen Abstands zu allen Teilnehmern, ob das »Du« gegenüber einzelnen durch das dienstliche »Sie« ersetzt werden sollte (vgl. Ziffer 14.4 Buchstabe C).
- Stellen Sie die zu lösenden Themen klar definiert zur Diskussion, vermeiden Sie dabei, schon *anfangs* Ihre eigenen Lösungsvorschläge auf den Tisch zu legen. Lassen Sie Lösungen von Ihren Mitarbeitern selbst erarbeiten, und beschränken Sie sich auf das Moderieren dabei.

- Nehmen Sie jeden Diskussionsbeitrag positiv und personenneutral auf, d.h. ohne bewertende, insbesondere herabsetzende, Kommentierungen, und sichern Sie die aktive Mitwirkung eines jeden Teilnehmers durch die Gewißheit, mit seinen Beiträgen Positives beizutragen, sich aber weder zu blamieren noch offene Kritik oder sonstige Nachteile einzuhandeln.
- Negative Rückmeldung gegenüber einzelnen Teilnehmern (»Kritik«, Beanstandung), die der Besprechungsverlauf notwendig werden läßt, wird nicht besprechungsöffentlich, sondern, wie stets, im Gespräch unter vier Augen geübt (vgl. Ziffer 20.5).
- Beziehen Sie Werturteile über die (Un-)Tauglichkeit von Lösungsvorschlägen nicht auf die Personen, die sie eingebracht haben, sondern auf den Vorschlag selbst; stellen Sie die Diskussion *ganz offensichtlich* untauglicher Vorschläge »zur späteren Prüfung« zurück und vergessen Sie sie dort (ihr Einreicher wird Ihnen dankbar dafür sein).
- Stellen Sie insbesondere bei »heißen Eisen« strikt auf die Sache ab und nicht auf Personen.
- Dulden Sie keine persönlichen Angriffe, und vermeiden Sie auch, daß sich Mehrheits-Connections bilden, die sich auf Minderheiten einschießen.
- Versuchen Sie Auseinandersetzungen um kontroverse Gegenstände mit visuellen Mitteln zu versachlichen (zum Beispiel *Plus-Minus- Methode*: auf Flip-chard/Metaplantafel von gegensätzlichen Ansichten die jeweiligen Vor- und Nachteile in senkrechten Spalten nebeneinander aufschreiben und danach gewichtend auf ihre Realisierbarkeit gemeinsam prüfen).
- Wirken Sie auf den Besprechungsablauf gruppendynamisch ein: gegenüber »Vielrednern« dämpfend und gegenüber »Schläfern« belebend, und machen Sie deutlich, daß Teilnahme an der Meinungsbildung erwartet wird; üben Sie jedoch keinen direkten Zwang zum Meinungsbeitrag aus, dies blockiert Kreativität.
- Für gänzlich unlösbar erscheinende Themen gibt es 2 Strategien:
  a) »Klausur«: »Ohne Lösung wird die Besprechung nicht beendet« mit der Gefahr einer Brachial-Lösung auf Kosten der Qualität;
  b) Vertagung: zeitlicher Abstand dämpft Leidenschaften und weckt neue Ideen, kostet aber mehr Zeit.
- Fassen Sie die Lösungen abschließend noch einmal präzise zusammen.
- Ziehen Sie den gemeinsamen Beschluß der allein getroffenen Entscheidung vor.
- Behalten Sie die Zeit im Auge, und bemühen Sie sich um Balance zwischen dem Bedürfnis nach gründlicher Diskussion einerseits und der Notwendigkeit zu gestrafftem Abarbeiten der Themen andererseits.
- Bereichern Sie insbesondere längere Besprechungen mit etwas »zum Genießen«: Getränke und ein kleiner Imbiß, zusätzlich gewürzt mit etwas Humor, erhöhen Erlebniswert, Teambewußtsein und »Lust auf Erfolg«.
- Schließen Sie die Besprechung mit einem erneuten »Band der Gemeinsamkeit«, indem Sie die gefundenen Ergebnisse positiv würdigen und den Teilnehmern für ihre Mitarbeit danken.

Verfahren Sie bei Gesprächen mit einzelnen Mitarbeitern, soweit sachlich anwendbar, analog zu diesen Empfehlungen.

Bei Besprechungen unter Teilnehmern höherer Ebenen, insbesondere bei regelmäßig stattfindenden Konferenzen förmlicheren Charakters (Geschäfts-/Ressortleitungen) sollte von den Hilfsmitteln der schriftlichen Einladung mit Tagesordnung und des Protokolls Gebrauch gemacht werden.

Die **Einladung** informiert die Besprechungsteilnehmer über *Zeitpunkt, Ort* und *Gegenstände* der Besprechung, die zuvor bei ihnen aus der aktuellen Problemlage heraus zu ermitteln sind. Bewährte Erfahrungswerte: Vor geplantem Termin

- 7. bis 5. Tag: Abfordern der Tagesordnungspunkte (TOP‹e) bei den Teilnehmern per Telefon/ Fax (5. Tag als Ausschlußfrist setzen!);
- 4. Tag: Tagesordnung erstellen und Teilnehmern zustellen;
- 3. bis 1. Tag: Vorbereitungszeit.

Die Einladung zur monatlich einmal stattfindenden Besprechung einer Fabrikenleitung könnte folgendermaßen aussehen:

Gummersbach, den 20. 04. 1990

Einladung

zur 22. Fabrikenbesprechung ›Getriebemotoren‹ im April 1990

Zeitpunkt: Donnerstag, 25. April 1990, 09.00 Uhr
Ort: Konferenzraum Verwaltungsgebäude, 4. Etage
Teilnehmer:[a]   Herren   Dr. Meier   - BD[b]
                Müller   - FL P
                Schubert   - FL E
        Frau   Dr. Tabbert   - FL K
        Herren   Thomas   - FL V
                Abraham   - BD Ass.

Tagesordnung:
1. Besprechungsprotokoll vom 23.03.1990[c]
2. Projekt »Zentrale Stanzerei«
3. Lagerbestände
4. Belegung Ausländerheim
5. .....
6. .....
7. Verschiedenes

(Abraham, BD Ass.)

Verteiler: Teilnehmer

Erläuterungen:

zu a):   Reihenfolge der Teilnehmer hier ranggemäß, unter ranggleichen Teilnehmern alphabetisch; gebräuchlich auch gänzlich alphabetische Reihenfolge.
zu b):   Es handelt sich um betriebsinterne Kurzbezeichnungen der Funktionsträger.
zu c):   Fragestellung: Sind die getroffenen Beschlüsse der vorherigen Besprechung von den Funktionsträgern, denen sie zugewiesen wurden, ausgeführt worden? Welche Hindernisse sind aufgetreten?

In das **Protokoll** werden neben den wichtigsten Formalien die zu den Besprechungsgegenständen getroffenen Beschlüsse aufgenommen (*Ergebnisprotokoll*). Sofern ihre Ausführung bestimmten Instanzen zugewiesen wird, werden auch sie und die Fristen/Zeitpunkte dafür festgehalten. Das Protokoll für die oben angekündigte Besprechung könnte wie folgt aussehen:

Gummersbach, den 26. April 1990

Protokoll

über die 22. Fabrikenbesprechung ›Getriebemotoren‹ im April 1990

Zeitpunkt: Donnerstag, 25. April 1990, 09.00 Uhr bis 18.30 Uhr
Ort: Konferenzraum Verwaltungsgebäude, 4. Etage
Teilnehmer: Herren   Dr. Meier   – BD
                        Müller   – FL P
                        Schubert   – FL E
               Frau   Dr. Tabbert   – FL K
               Herren   Thomas   – FL V
                        Abraham   – BD Ass.
gastweise: Frau   Bredl zu TOP 4
               Herr   Conrad zu TOP 2

Gegenstände und Ergebnisse:	*zu veranlassen durch:*	*bis:*
TOP 1: Protokoll vom 23.03.1985: wurde erörtert; über den dortigen TOP 3 (Prozeßgesteuertes Materialwesen) wird im Juni 1990 erneut berichtet a)	FL P FL K	Fabr.-Bespr. Juni 1985
TOP 2: Projekt »Zentrale Stanzerei«: Zur Frage der Auslastung wird eine Studie erstellt und BD vorgelegt	FL P	Ende Mai 1990
TOP 3: Lagerbestände: Die Bestände des Fertigprodukte-Lagers werden auf Norm-Motoren beschränkt und von derzeit 8 Mio. auf 4 Mio. abgesenkt. Geänderte Fertigungsplanung hat sicherzustellen, daß Sondertypen beschleunigt in Fertigung einfließen	FL V FL P	Realisation: bis Ende 1990; erster Bericht: Fabr.-Bespr. Juni 1990
Top 4: Belegung Ausländerheim: über Abhilfe der derzeitigen Mängel wird zus. mit Heim-Sprecher Konzept erarbeitet	BD Ass	Fabr.-Bespr. Mai 1990
TOP 5: ...		
TOP 6: ...		
TOP 7: Verschiedenes: entfällt		

Einwände gegen die Richtigkeit des Protokolls können nur sofort nach seinem Zugang beim Unterzeichner geltend gemacht werden.[b)]

(Abraham, BD Ass.)[c)]

Verteiler: Teilnehmer (außer Gästen)
             zentrale Ablage

Erläuterungen:

zu a):   Nachwuchskräften kann die präzise Formulierung länger diskutierter, komplexer Beschlü sse Schwierigkeiten bereiten. Da auf ihre präzise Wiedergabe nicht verzichtet werden kann, sollte der Protokollführer sich bei anfänglichen Unsicherheiten nicht scheuen, die Hilfe erfahrenerer Teilnehmer einzuholen.

zu b):   Die Klausel soll gewährleisten, daß Zweifel an der Richtigkeit des Protokolls kurzfristig geklärt werden.

zu c):   Möglich ist die Gegenzeichnung des Besprechungsleiters.

21.5   Kooperation im Arbeits- und Führungsprozeß

Unter **Kooperation** verstehen wir das unterstützende Zusammenwirken mehrerer Aufgabenträger zum Zwecke der gemeinsamen Aufgabenerfüllung.

Kooperationspartner können Einzelpersonen oder Gruppen sein. Kooperation findet geistig als Know-how-Transfer sowie in jeder anderen tatsächlichen Weise des Sich-Helfens und -Unterstützens statt. Ihre Bedeutung nimmt ständig zu, denn auftretende Probleme in komplizierter werdenden Technologien werden immer komplexer und die davon ausgelösten Fehlerfolgen weiterreichend. Zugleich nimmt die Breite des dafür benötigten Know-hows bei der einzelnen Fachkraft aufgrund zunehmender Spezialisierungs-Tendenzen ab. Dadurch kann Arbeit nicht nur schneller, sondern vielfach auch auf effektiverem Niveau geleistet werden: Der durch Zusammenarbeit ausgelöste *Synergie-Effekt* kann das Ergebnis der eingesetzten Kräfte nicht nur addieren, sondern selbstverstärkend potenzieren. Darauf baut jede Art von Teamarbeit auf.

Sofern Kooperation vorhersehbar ist, kann sie geplant und formell angeordnet werden. Damit kann jedoch nur ein geringer Teil des im betrieblichen Arbeitsvollzug entstehenden Kooperationsbedarfs erfaßt werden, weil erhebliche Anteile davon situativ entstehen. *Optimales Kooperieren setzt daher die freiwillige innere Verpflichtung aller voraus, ihr Potential in betriebliche Kooperationsprozesse einzubringen.*

Um die Bereitschaft dazu zu fördern, ist allen Mitarbeitern bewußt zu machen, daß der Zweck ihres Arbeitens sich nicht in der individuellen Erfüllung ihrer Einzelaufgaben erschöpft, sondern seinen tieferen Sinn in der gemeinsamen Erfüllung der übergeordneten Bereichs- und Betriebsziele erfährt.

Dem wirkt in der Praxis häufig entgegen, daß die Einzelleistungen von Mitarbeitern, Gruppen oder Bereichen, die sachlich auf Kooperation untereinander oder mit dritten Stellen angewiesen wären, verabsolutiert und zum Selbstzweck stilisiert werden. Ihr Wesen als Teilbetrag zum Ganzen tritt zurück. Weitere Hemmnisse für Kooperation bilden Verständnislosigkeit für die Belange anderer Stellen, Gleichgültigkeit, Engstirnigkeit, Egoismus und Wettbewerb zwischen Instanzen, die sich unterstützen sollten.

Kooperationsbereitschaft setzt Kooperationsbewußtsein voraus, das in kooperativem Führen vorgelebt und entwickelt werden muß.

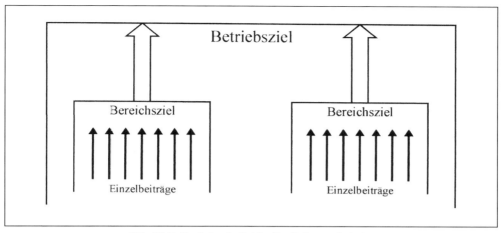

Abb. 21.6: Funktion individueller Leistungsbeiträge

In der Praxis haben sich in Betrieben folgende Maßnahmen bewährt, um die Kooperationsbereitschaft zwischen Mitarbeitern zu erhöhen:

A) Die Belegschaften einander zuarbeitender Abteilungen wurden dazu eingeladen, die Fertigungen der jeweils anderen Bereiche zu besichtigen (zum Beispiel Gießerei – Schmiede – Endbearbeitung), um die dortigen Arbeitsbedingungen mit ihren Schwierigkeiten, aber auch Möglichkeiten des Unterstützens, persönlich zu erfahren.

B) Die Einführung gemeinsamer wöchentlicher Besprechungen unter den Bauleitern eines mittelständischen Bauunternehmens führte dazu, daß die Bauleiter Großgeräte nicht mehr wie bisher unter dem Vorwand, man müsse sie für die eigene Baustelle »sicherstellen«, dort über Monate festhielten, sondern ihren Gerätebedarf realistisch disponierten; dadurch wurden ca 30 % der Kapazitäten für anderweitigen Einsatz frei.

C) Bei auftretenden Fehlern in Produktionsabläufen, die nicht auf den ersten Blick erklärbar bzw. behebbar waren, wurden für Ursachenanalyse und -bereinigung spontan aus einschlägig qualifizierten Experten »SOS-Gruppen« zusammengerufen. Ihre erfolgreiche Arbeit wurde in betrieblichen Medien publiziert und mehrfache Teilnahme fühlbar honoriert.

D) Die Förderung anfänglicher Hilfestellungen erfahrener Mitarbeiter *gegenüber neu eingestellten* Kräften bewirkte, daß die letzteren wesentlich leichter in Arbeit und Gruppe eingeführt werden konnten und selbst ausgeprägte Hilfsbereitschaft gegenüber anderen entwickelten.

Soll die Bereitschaft zu situativ gebotener Kooperation entwickelt werden, müssen folgende Bedingungen im Betrieb gefördert werden:

- Kooperation wird als vollwertige Goodwill-Leistung anerkannt und honoriert;
- auf der Basis eines entsprechenden Kommunikationsklimas werden auch für Kooperation Wechselseitigkeit und Offenheit gefördert;
- es ist sicherzustellen, daß sich durch seine Kooperation niemand selbst schadet (etwa dadurch, daß er mit der Förderung seines Wettbewerbspartners eigene Chancen relativ verschlechtert oder seine Kostenstelle belastet).

Kooperation als qualitatives Gestaltungsprinzip der Arbeit findet seinen Ausdruck in einem Arbeitsethos, nach dem jeder Stelleninhaber berechtigt wird, die unterstützende Hilfe anderer Aufgabenträger einzuholen, und selbst moralisch verpflichtet wird, solche Hilfe zu leisten.

Anhang zu Kapitel 21

A) Anmerkungen

1   In Anlehnung an Stroebe, R., W., 1991, S. 10ff.
2   Näher Demmer, Chr., Management Wissen Nr. 11/1991, S. 40ff.
3   Stroebe, R. W., 1991, S. 20ff.
4   Interessant die Untersuchungsergebnisse bei Stroebe, R. W., 1991, S. 21ff.
5   Desgleichen die Beispiele ebenda S. 17ff.
6   Näher Dworaschek, S., Informationsanalyse, in Management, 1972, Bd. II, S.108ff.
7   Stroebe, R. W., 1991, S. 29ff.
8   Interessant Drabant-Schwalbach A. et al., 1990, Anhang B
9   Basisliteratur: Schneevoigt, I./Scheuten, K. W., in Kienbaum, J. (Hrsg.), 1992, S. 403ff.
10 A. a. O., S. 418ff.
11 Nach Dönhöff, Gräfin M., Von Gestern nach Übermorgen, Zur Geschichte der Bundesrepublik Deutschland, Hamburg 1981, S. 240

B) Kontrollfragen und -aufgaben

zu 21.1
a) Was rechtfertigt es, innerhalb des Themas *Personalführung* das Thema *Kommunikation* abzuhandeln?
b) Was bedeutet *Kommunikation*?
c) Welche Bedingungen müssen die Beteiligten eines Kommunikationssystems erfüllen, damit Kommunikation unter ihnen möglich wird?
d) Was verstehen wir unter einer *Information*?
e) Welche Arten von Kommunikation kennen wir?
f) Was verstehen wir unter *Mehrschichtigkeit* menschlicher Kommunikation und auf welchen beiden Ebenen findet Kommunikation über ein und dieselbe Information statt?
g) Welche Bedeutung hat die *Beziehungsebene* für die *Sachebene*?
h) Nennen Sie mehrere Ursachen für Störungen im Kommunizieren.
i) Nennen Sie Möglichkeiten, die helfen, störungsfrei zu kommunizieren.

zu 21.2
a) Worauf erstreckt sich das reale Informationsinteresse des Mitarbeiters im Betrieb?
b) Inwiefern sind Dienstwege als Informationswege tauglich bzw. untauglich?
c) Woran hat sich der Ausbau des Netzes von Informationswegen im Betrieb zu orientieren?
d) Darf ein Mitarbeiter sich an seinem Vorgesetzten vorbei von einer dritten Stelle im Betrieb Informationen für seine Aufgaben beschaffen?
e) Nennen Sie drei Folgen unzulänglichen betrieblichen Informierens.
f) Wie kann der reale Informationsbedarf der Mitarbeiter einer Abteilung ermittelt werden?
g) Auf welchen drei Säulen ruht das betriebliche Informationswesen?

h) Von welchen drei Merkmalen wird ein intaktes Informationsklima gekennzeichnet?
i) Nennen Sie jeweils die Vorzüge
   ia) – mündlicher
   ib) – schriftlicher
   Kommunikation.

zu 21.3
a) Was verstehen wir unter Tele-Kommunikation?
b) Welche teletechnischen Kommunikationsmittel gehören dazu?
c) Welche kommunikativen Möglichkeiten eröffnen sich damit?
d) Skizzieren Sie die wichtigsten Auswirkungen im Arbeitsleben.
e) Wie sieht das Anforderungsprofil an den *Telearbeiter* aus?
f) Welche Folgen bewirkt dies auf die Personalführung?
g) Welcher Aspekt wird dabei besonders zu berücksichtigen sein?

zu 21.4
a) Worin unterscheiden sich *Besprechung* und *Gespräch*?
b) Worin unterscheiden sich die wichtigsten Besprechungstypen stilistisch?
c) In welchen Phasen verläuft die Lösung eines Besprechungsthemas regelmäßig?
d) Welche Funktionen erfüllen Besprechungen/Gespräche kommunikativ?
e) Was spricht dafür, trotz des damit verbundenen Zeitaufwands innerhalb Ihres Führungsbereichs regelmäßige Mitarbeiterbesprechungen abzuhalten?
f) Wiederholen Sie die Regeln, die ein Besprechungsleiter beiVorbereitung und Durchführung einer Besprechung beachten sollte.
g) Skizzieren Sie das Modell je
   – einer Einladung
   – eines Protokolls
   einer betrieblichen Besprechung.
h) Wie kann das Protokoll dazu eingesetzt werden, das in Beschlüsse gefaßte betriebliche Geschehen kontrollierbar fortzuschreiben?

zu 21.5
a) Was verstehen wir unter Kooperation?
b) Welche Bereiche der täglichen Arbeit erfaßt Kooperation prinzipiell?
c) Welchen Nutzen vermag Kooperation in der Arbeit zu leisten?
d) Was halten Sie davon, das Kooperieren in der Arbeit einfach verbindlich anzuordnen?
e) Durch welche Regelungen kann die Kooperationsbereitschaft gefördert werden?
f) Worin liegen die Ursachen für Kooperations-Unwilligkeit zwischen Mitarbeitern oder Gruppen in der Praxis?
g) Nennen Sie praktische Beispiele, die sich in der Praxis kooperationsfördernd ausgewirkt haben.
h) Mit welcher geistigen Sichtweise kann Kooperationsfreudigkeit in der Praxis gefördert werden?

C) Literatur

zu 21.1
Birkenbihl, V. F., 1987
Blakenay, R. N., Transaktionsanalyse und Führung, in HWFü, Sp. 1948–1964
Bormann, E. G. et al., 1982
Gordon, Th., 1982
Harris, Th. A., 1986
Mag, W., Kommunikation, in HWO, Sp. 1031–1040
Regnet, E., Kommunikation als Führungsaufgabe, in Rosenstiel, L. von et al., 1993, S. 185ff.
Rogers, C. R./Roethlisberger, F. J., Kommunikation: Die hohe Kunst des Zuhörens, in HARVARD manager Nr. 2/1992, S. 74ff.
Schulz von Thun, F., 1981
Seiwert, L. J., Kommunikation im Betrieb, in HWP, Sp. 1126–1139
Steil, L. K./Summerfield, J./DeMare G., 1986
Stroebe, R. W., 1991
Watzlawick, P. et al., 1985

zu 21.2
Drabant-Schwalbach, A. et al., 1990, Anhang B
Dworatschek, S., Informationsanalyse, in Management, Bd. II, S. 108ff.
derselbe, Informationssysteme, a.a.O., S. 124ff.
Gaugler, E., Information als Führungsaufgabe, in HWFü, Sp. 1127–1137
Richter, M., 1988, Kapitel 13.1
Schubert, G./Schubert, U., Information-Kooperations- oder Manipulationsinstrument, in Management, Bd. II, S. 138ff.

zu 21.3
Helmreich, R., Innovation im Büro-Einführung neuer Techniken und Akzeptanzforschung, in Rosenstiel. von et al., 1993, S. 567ff.
Reichwald, R./Stauffert, Th., Bürokommunikationstechnik und Führung, in HWFü, Sp. 115–127
Schneevoigt, I./Scheuten, W. K., Neue Informationstechnik und Führung, in Kienbaum, J. (Hrsg.), 1992, S. 403-461

zu 21.4
Bischof, K., 1991
Crisand, E., 1990
derselbe, 1991
Hofmann, L. M., Besprechungsmanagement, in Rosenstiel, L. von et al., 1993, 345ff.
Kempe, R./Kramer, H., 1991
Neuberger, O., 1984
Neumann, P., Das Mitarbeitergespräch, in Rosenstiel, L. von et al., 1993, S. 195ff.
Richter, M., 1988, Kapitel 13.1
Stroebe, R. W., 1991

zu 21.5
Marr R., Kooperationsmanagement, in HWP, Sp. 1154–1164
Pfützner R. (Hrsg.), 1991, Buchstabe C, Ziffer 4.13
derselbe, 1990, Kapitel 4 und 6
Richter M., 1988, Kapitel 13.2
Wunderer R., Kooperative Führung, in HWFü, Sp. 1257–1274

D) Lösungshinweis

(Effektive Formen des Kommunizierens, Ziffer 21.2) : Es werden zu folgenden Aufgaben folgende Kommunikationsweisen für zutreffend erachtet:

A) Rs; B) sN + pG; C) sN + pG; D) Rs; E) Tf; F) pG; G) sN + pG; H) Rs; I) Rs + gB; K) pG; L) Tf; M) pG; N) gB.

Die Lösungen lassen erkennen, daß sich für einseitig fließende Informationen mit allgemeineren Gehalten eher schriftliche Kommunikationsformen empfehlen, während speziellere Informationen mit wechselseitigem Fluß die mündliche Kommunikation näherlegen.

22   Die berufstätige Frau im Betrieb

Im folgenden Kapitel wollen wir uns mit dem von starker Dynamik geprägten Spannungsfeld »Frau und Beruf« auseinandersetzen. Sie sollen

- die gesellschaftspolitische Dimension und ihre maßgeblichen Variablen kennen- und verstehen lernen,
- die daraus resultierenden Forderungen an die Arbeitswelt verstehen und tragen lernen sowie
- lernen, mit der Frau als Mitarbeiterin und als Vorgesetzter problemfrei zusammenzuarbeiten.

Vermerk: *Der Verfasser dankt den Kommilitoninnen, die zum Thema engagiert und konstruktiv beigetragen haben.*

22.1   Rollenbilder zwischen Wandel und Beharrung

Wenden wir uns zunächst einigen statistischen Daten zu [1]:

A) Beschäftigungspolitisch:

Im Jahre 1990 waren von den 37,7 Mio. Frauen (= 51,7% der Bevölkerung) der alten Bundesländer 11,75 Mio. (= 31,17% davon ab 15 Jahren) erwerbstätig. Unter den 2,58 Mio. Selbständigen stellten sie mit 0,628 Mio. einen Anteil von 24,34%.

In den neuen Bundesländern erreichte die Quote der Berufstätigen unter allen Frauen im berufsfähigen Alter zu DDR-Zeiten 90%. 1990 betrug der Anteil der Frauen an allen Berufstätigen 46,7%.

Mehr als die Hälfte der Frauen leistet sozialversicherungsfreie Teilzeitarbeit und wird in sogenannten *Leichtlohngruppen* bezahlt.

Der Anteil der Frauen an Führungskräften in der Industrie betrug 1990/91

- in der 3. Ebene (Abteilungsleiter) 6,9%,
- in der 2. Ebene (Hauptabteilungsleiter) 3,3% und
- in der 1. Ebene 2,7% [2].

Unter den Arbeitslosen nahmen die Frauen Ende 1991 einen Anteil

- in den alten Bundesländern von 47,9%,
- in den neuen Bundesländern von 61,0%

ein.

6,7 Mio. berufstätige Frauen in den alten Bundesländern waren kinderlos, 3,45 Mio. waren Mütter von Kindern im Alter von weniger als 18 Jahren. Von den letzteren lebten 2,95 Mio. verheiratet oder unverheiratet mit einem Partner zusammen; 0,5 Mio. waren alleinerziehende Mütter (dieser Anteil liegt in den neuen Bundesländern deutlich höher).

B) Bildungspolitisch:

Der Anteil von Frauen mit Abitur betrug 1990 50,7%, jener der Studienanfänger an Hochschulen 39,3%, davon 42,5% an Universitäten und 30,8% an Fachhochschulen. Der Anteil von Frauen in den Abschlußprüfungen betrug im gleichen Jahr an den Universitäten 30,4% und an den Fachhochschulen 18,1%.

In der beruflichen Ausbildung nahmen weibliche Azubis 42,2 % aller Plätze in den 30 begehrtesten Berufen ein, an den Abschlußprüfungen waren sie mit 47 % beteiligt.

Die Prüfungsergebnisse liegen sowohl an den Hochschulen als auch im berufspraktischen Bereich statistisch deutlich über denen der männlichen Prüfungskandidaten.

Wer sind **die Frauen**? Dazu gehören

- die junge Frau, die, verheiratet oder ledig, nach dem erfolgreichen Abschluß ihres Hochschulstudiums den in langen Jahren investierten Aufwand nun in eine ihrer Qualifikation angemessene Position oder Karriere umzusetzen gedenkt,
- die familiär ungebundene, vielleicht noch aus dem Haushalt der Eltern versorgte junge Frau, für die der erlernte und jetzt ausgeübte Beruf *das einzige Feld* mit Pflichten und Chancen in ihrem derzeitigen Leben bildet, ebenso wie
- die alleinerziehende Mutter eines Kindes oder mehrerer Kinder, die schon morgens *vor* Arbeitsbeginn ihre Kinder versorgen und kindergarten- und/oder schulfertig machen muß, die *nach* ihrer Arbeit einzukaufen und ihren Kindern als »Zuwender und Versorger« gerecht zu werden hat, die erst nach deren Zubettgehen dazu kommt, den Haushalt zu versorgen und außerdem *allein* zuständige Instanz für ihre eigenen Probleme und die ihrer Kinder in der Schule, in der Freizeit, bei Krankheit darstellt – eine Frau, für die die Gnade des Ausspannen-Könnens nicht einmal sonntags vorgesehen ist,
- die mitverdienende Ehefrau und Mutter, die zusätzlich zu ihrer beruflichen Arbeit auch von ihren Kindern, dem Partner und ihrem Haushalt täglich gefordert ist.

Ist die Berufsarbeit für die eine die reizvolle Herausforderung, so bildet sie für die andere die Ursache für erdrückende Doppel- und Mehrfachbelastung.

In den hier angedeuteten Lebenssituationen widerspiegelt sich der Wandel von Lebensbiographien unter den Frauen unserer Zeit:

A) Die traditionelle Biographie übernimmt das Bild, in dem berufliche Ausbildung und Tätigkeit für die Frau zwischen Schulzeit und Eheschließung und dem anschließenden Dasein für Haushalt, Partner und Kinder lediglich eine Zwischenphase darstellt (»3-Phasen-Biographie«). Als Ehefrau sichert sie danach nicht unwesentlich die Infrastruktur für die Berufskarriere des Ehemannes (sog. »1 1/2-Personen-Karriere«). Dabei wird anerkannt, daß die Berufswelt die typische Welt der Männer darstellt. Bei ihrer Berufswahl ergreift sie häufig einen Beruf, der von vornherein als nützlich fürs spätere Hausfrauendasein geeignet scheint: Verkäuferin/Friseuse/Arzt-/Zahnarzthelferin/Kaufmanns- oder der Anwaltsgehilfin. Nicht wenige der Berufe gelten, da ohne Entwicklungsperspektive, als sog. »Sackgassenberufe«. Aber auch Frauen mit der Wahl eines anspruchsvolleren Berufs folgen dem Bild, indem sie ihre Ausbildung abbrechen oder ihren schon abgeschlossenen Beruf ruhen lassen.

B) In der von mehr Frauen als je zuvor gewählten, neueren Biographie genießen hohe Qualifikation, Berufsausübung mit eigenem Einkommen, Karriere und persönliche Unabhängigkeit mit dem Wunsche, an den Früchten eines erfüllten Berufslebens voll teilzuhaben, mindestens gleichen Rang, wenn nicht Vorrang vor dem Haushalt und der damit verbundenen Versorgerrolle für die Familie. *Zwar wünscht sich auch jetzt noch der ganz überwiegende Teil der Frauen Familie und Mutterschaft, aber der Wunsch ist gekoppelt an die Bedingung der Vereinbarkeit von Beruf und Familie* [3].

Die Wahl der einen oder anderen Biographie erfolgt offenbar *schichtenspezifisch:* Frauen als un- oder angelernte Berufstätige bevorzugen eher das traditionelle Bild, solche mit einer höher qualifizierten Ausbildung, wie immer mehr zunehmend, das neuere. So gibt es auch unter den Frauen selbst in der Frage ihrer Bewertung von Beruf, Familie und Mutterschaft keine einheitliche Meinung. Vielmehr divergieren die Meinungen dazu ebenso wie ihre sozialen Stellungen und Einstellungen. Mehr und mehr setzt sich aber durch, daß fast keine junge Frau unserer Zeit auf berufliche Tätigkeit zugunsten Familie und Mutterschaft gänzlich zu verzichten bereit ist [4].

Die Entwicklung stellt die von Männern konzipierte, für Männer geschaffene und von Männern beherrschte Berufswelt in eine gänzlich neue Situation: Frauen
- drängen in bisherige »typische Männerberufe«,
- werden zu Karriere-Konkurrenten,
- stellen mit ihrer beruflichen Beanspruchung die häusliche Infrastruktur für die Karriere ihrer Männer in Frage,
- bringen ihre eher vermittelnde als kämpferische, eher personen- als sachorientierte, eher auf Harmonie als auf Konflikt ausgerichtete, Emotionalität bejahende statt verdrängende Psyche sowie das Spannungsfeld von Erotik und Sexualität in das zuvor von Sachbezogenheit dominierte Berufsleben,
- können mit ihrer Art, anders zu kommunizieren als Männer, die Kommunikation im Bereich der Arbeit erschweren, und
- sie beanspruchen mehr und mehr Gleichheit und Gleichwertigkeit, statt sich mit Unterordnung zufrieden zu geben. [5].

Nicht wenige Männer reagieren darauf - bewußt oder unbewußt - mit Unsicherheit und Ablehnung der Frau außerhalb der ihr traditionell eingeräumten Sphären. Ganz offensichtlich hat das Rollenbewußtsein sich bei den Frauen viel schneller gewandelt, als Männer dies nachvollziehen können. Folgen zeigen sich zum Beispiel darin, daß Frauen

- durchschnittlich um fast 25 % niedriger bezahlt werden als Männer in vergleichbaren Funktionen (weltweiter Trend),
- für den gleichen Karriere-Erfolg deutlich mehr Einsatz bringen müssen als Männer und
- bei Entlassungen überproportional betroffen sind,
- daß »Karriere-Frauen« sich seitens ihrer Vorgesetzten oder anderer »Karriere-Konkurrenten« nicht selten erheblichen, diskreditierenden Anfeindungen ausgesetzt sehen [6].

Unsere Gesellschaft steht vor der Aufgabe, die gesellschaftlichen Rollen von Frauen, aber auch von Männern, neu zu definieren. Dabei wird es sich erweisen, daß beide Rollen einander ähnlicher werden und auch die künftige Rolle der Frau im Berufsleben bei aller - biologisch bedingten - Eigenständigkeit eine *Normalität im Arbeitsleben* darstellt.

22.2 Tatbestände

Von allen Entwicklungen unberührt geblieben ist das biologische Grundgesetz, daß *nur Frauen* Kinder gebären und neuen Menschen das Leben schenken können. Gern fügen wir dem hinzu, daß die eigene Mutter auch der beste Garant dafür ist, ihr Kleinkind sicher auf dem Weg von der totalen personalen Abhängigkeit hin zur Bildung seiner eigenen, seelisch stabilen Individualität zu geleiten, wie das zum Beispiel mit dem auf 36 Monate verlängerten Erziehungsurlaub gefördert wird.

Das *Gebot zu rechtlicher Gleichbehandlung* von Mann und Frau im Beruf ist in Artikel 3 Abs. 1 GG, in § 611 a BGB und, mehr mittelbar, in § 75 Abs. 1 BetrVG festgeschrieben und realisiert.

Das daraus folgende *Gebot zu sozialer Gleichstellung* der Frau ist demgegenüber noch weitgehend Programm. Dabei bildet die Frage der Vereinbarkeit von Mutterschaft und längerer Erziehungsphase mit der Teilnahme am Berufsleben das eigentliche, öffentlich zu lösende Kardinalproblem. Die Frage der *Doppelbelastung der berufstätigen Frau* mit dem ganz überwiegenden Teil der Erziehungs- und Hausarbeit soll nicht übersehen werden, stellt jedoch als Problem der Organisation des Haushalts und der Verteilung der Aufgaben unter den Familienangehörigen wohl eher ein privates, vom sozio-kulturellen Rollenbild des Partners abhängiges Problem dar. Lediglich die alleinerziehende Mutter nimmt hier eine Sonderstellung ein.

Wollen wir uns der Problematik nähern, so haben wir nach dem Gleichbehandlungsgebot auch dem Grundrecht der Frau auf *Entfaltung ihrer Persönlichkeit* gemäß Art. 2 Abs. 1 GG Rechnung zu tragen. Es umfaßt, insbesondere auch unter dem *Grundrechtsschutz der Familie* in Art. 6 Abs. 1 und 2 GG, den Anspruch der Frau auf Entfaltung ihrer Persönlichkeit im Beruf *und* auf Pflege und Erziehung der Kinder als natürlichem Recht und vorrangiger Pflicht aus der Elternschaft. *Die verfassungsrechtlich gewollte gesellschaftlichen Normalität gebietet also die Vereinbarkeit beider Elemente.*

Hiernach ist die Rolle der Frau im Berufsleben *nicht allein* unter dem der Wirtschaft inhärenten Nützlichkeitsaspekt, sondern *auch* unter dem gesamtgesellschaftlichen Aspekt biologischer und familienpolitischer Rollenzuweisungen zu sehen.

Verbinden wir damit die Frage nach konkreten Maßnahmen zur Vereinbarkeit von Beruf *und* Familie, so ergibt sich nach einer 1990 vorgenommenen Umfrage des Instituts der deutschen Wirtschaft Köln unter 700 Unternehmen in 21 Branchen, daß nur 48,8% der befragten Unternehmen dieser Frage zustimmend gegenüberstanden, mehr als die Hälfte sich aber indifferent oder ablehnend äußerten. Dazu zählten überwiegend Betriebe von 50 bis 500 Mitarbeitern, in denen mehr als die Hälfte aller berufstätigen Frauen arbeiten. Programme zur Förderung der Vereinbarkeit von Familie und Beruf boten demgegenüber ca. 95% aller Unternehmen mit mehr als 20.000 Beschäftigten an [7].

Damit besteht vor allem in unserer *mittelständischen* Wirtschaft Handlungsbedarf, mehr als bisher für die Vereinbarkeit von Familie und Beruf zu leisten. Dabei kann es nicht darum gehen, das kleine Unternehmen mit gesetzlichen oder tarifvertraglichen Vorgaben so zu knebeln, daß es seiner personalpolitischen Dispositionsräume beraubt wird. Dies müßte sich auf der Seite der Einstellungen kontraproduktiv gegen das Anliegen der Frauen auswirken. Aber zwischen überzogener Knebelung und gänzlicher Untätigkeit bleibt breiter Raum für von gutem Willen geleitete Flexibilität und Phantasie, den es zu nutzen gilt.

Als **Vorteile** bieten sich an
- ein zusätzliches Reservoir hoch qualifizierter und hoch motivierter Arbeitskräfte aus den Reihen der derzeit nicht berufstätigen Frauen,
- das Image des familienfreundlichen Unternehmens, das sich im Personalmarketing bezahlt macht,
- die weitere Nutzbarkeit der Ausbildungs-Investitionen, die sich bereits im praktischen Beruf auf mehr als DM 300.000/Azubi belaufen.

Die Befürchtung, daß Frauen gesundheitlich instabiler als Männer seien, ist haltlos [8]. Gegenteilige Erfahrungen sind meist auf situative sozial-psychologische Faktoren zuzuführen. Erhöhte Gesundheitsrisiken bestehen lediglich bei körperlicher Schwerstarbeit (die heute weitgehend gegenstandslos geworden ist), an Plätzen mit hohen Erschütterungen, sowie bei Schwangeren gegenüber gesundheitsschädlichen Arbeitsstoffen und ionisierenden Strahlen (ohne Bedeutung bei Arbeit an modern abgeschirmten Bildschirmen).

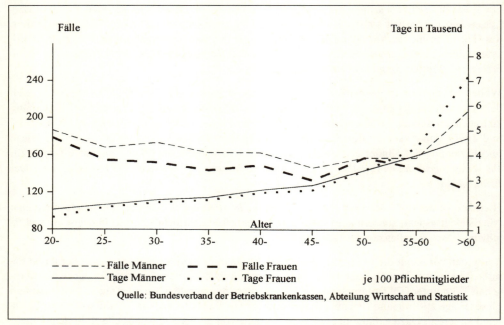

Abb. 22.1: Arbeitsunfähigkeitsfälle und -tage nach Altersgruppen und Geschlecht
(Quelle: Salowsky, H., 1991, S. 55)

22.3   Aufgaben für die Arbeitswelt

Unsere Gesellschaft steht vor der Aufgabe, die bisherige »Arbeitswelt für Männer« in eine »Arbeitswelt für alle« umzuwandeln. Dabei geht es darum, die Privilegierung der Männer zu beenden, ohne eine Privilegierung der Frauen zu installieren. Quoten- und andere Vorzugsregelungen erscheinen hier wenig hilfreich, da sie alte Ungleichheiten eher prolongieren als überwinden helfen.

Es geht vor allem darum, zu akzeptieren, daß die Frau, die im Berufsleben ihre Karriere anstrebt, ebenso einen Normalfall darstellt wie die Frau, die Mutterschaft und Familie mit beruflicher Arbeit und Karriere verbinden möchte.

Dazu bieten sich insbesondere die folgenden Handlungsfelder an:

A) Allgemein:
- Chancengleichheit bei der Vergabe von Arbeitsplätzen und bei Maßnahmen der Förderung und Beförderung,
- gleiches Entgelt für gleiche Leistung
- Akzeptanz von Familienplanung;

B) Gestaltung der Familienpause:
- Flexibilisierte Teilzeit-Angebote an erziehende Elternteile,
- Job-sharing für erziehende Elternpaare,
- verkürzte Arbeitszeiten, insbesondere für alleinerziehende Elternteile,
- Einrichtung von Kindergärten als betriebliche/interbetriebliche/betrieblich geförderte (Selbsthilfe-)Einrichtung,
- freiwillige Verlängerung der Familienpause mit Rückkehrgarantie;

C) Erhaltung bzw. Re-Kultivierung der Qualifikation:
- Informationen über das Unternehmensgeschehen durch
  - Übersendung von Firmenzeitschriften/Mitarbeiter-Informationen
  - Einladung zu Besuchen der früheren/künftigen Abteilung,
- Möglichkeit der Teilnahme an betrieblichen Fortbildungsveranstaltungen,
- Beratung über überbetriebliche Fortbildungsmöglichkeiten,
- individuelle Weiterbildungs-/Entwicklungsberatung,
- Förderung persönlicher Kontakte durch »Stammtisch«;

D) Rückkehrhilfen:
- Weiterbeschäftigungsgarantie nach Erziehungsurlaub,
- Förderprogramme in der Wieder-Einarbeitungsphase,
- Wieder-Einarbeitungsplan.

Einer Umfrage von EMNID zufolge [9] konzentrieren sich die Förderungswünsche von Frauen gegenüber ihren Betrieben auf flexible Arbeitszeitmodelle (39 % der Befragten), Kinderbetreuung in der Firma (28 %), bezahlte Sonderurlaubstage bei Krankheit der Kinder (19 %), Zuschüsse für kinderreiche Familien (16 %).

Einzelne der Maßnahmen können im Unternehmen zu einem Frauenförderungsplan zusammengefaßt werden [10]. *Die Beteiligung der Frau hieran obliegt ihrer Eigenverantwortung.* Mit anderen Worten: Das Unternehmen öffnet die Türen, hindurchgehen muß die Frau selbst.

22.4   Die Frau als Mitarbeiterin

Zum Führen von Frauen empfehlen wir:

A) bezüglich der Arbeitsbedingungen:
- Beachten Sie die dem Schutz der Frau dienenden speziellen Regelungen des sozialen und des technischen Arbeitsschutzes (vgl. Ziffer 8.6),
- achten Sie auf ein freundliches Äußeres des Arbeitsraumes und des Arbeitsplatzes, und gestatten Sie in den Grenzen des funktionell und sicherheitstechnisch Möglichen individuelles Dekor (Blumen, Fotos);

B) bezüglich des Führens:
- verschaffen Sie sich bei Arbeitsaufnahme und danach in größeren Zeitabständen im offenen Gespräch mit jeder Mitarbeiterin grobe Kenntnis von ihrer familiären Situation und ihrer Lebensperspektive, ohne Ihre Kenntnis danach gegen sie zu verwenden,
- beurteilen und bescheiden Sie individuelle Wünsche oder Auffälligkeiten unter Berücksichtigung Ihrer Kenntnis; auftretende Fehlzeiten oder der Wunsch nach Freistellung wird zum Bei-

spiel bei einer alleinerziehenden Mutter anders zu beurteilen sein als bei einer familiär unge-
bundenen Frau,
- nutzen Sie bewußt sich bietende Gelegenheiten zu Lob und Anerkennung,
- nehmen Sie notwendige negative Rückmeldung sehr sachbezogen und mit besonderem Bemühen, persönliche Verletzungen zu vermeiden, vor,
- verdeutlichen Sie Ihren Mitarbeiterinnen, daß deren Bemühen um gute Arbeit auch Ihnen persönlich hilft,
- bedenken Sie bei Ihren Leistungsanforderungen, daß nicht wenige Frauen im Dienst an ihrer
Familie und für andere Menschen dazu neigen, sich zu verausgaben und zu überfordern,
- verhalten Sie sich bei Konflikten unter Frauen neutral und emotional stabil,
- lassen Sie sich von der erotischen Ausstrahlung jüngerer Frauen (vgl. Ziffer 14.13) nicht dazu
verleiten, sie vor älteren zu hofieren und die älteren zu benachteiligen, dies ist nicht nur unfair,
sondern es sichert Ihnen auch deren Rache,
- dulden Sie innerhalb einer Frauengruppe kein diskriminierendes Verhalten gegenüber einer
zur Außenseiterin gestempelten Frau, insbesondere kein *Mobbing*;

C) speziell gegenüber der Sekretärin:
- machen Sie sich klar, daß Ihre Sekretärin Ihre wichtigste Arbeitshilfe ist, die am erfolgreich
verlaufenden Tagesgeschäft bedeutenden Anteil hat,
- stellen Sie Ihre Zusammenarbeit auf eine menschlich intakte Basis,
- verpflichten Sie Ihre Sekretärin zu uneingeschränkter *Vertraulichkeit*, indem Sie selbst ihr
durch zulässigen Verzicht auf dienstliche Geheimnisse die ihr zugemessene volle Vertrauens-
würdigkeit vor Augen halten,
- wenn Sie nach einem langen Arbeitstag ihr Büro verlassen, dann machen Sie sich klar, daß
Ihre Sekretärin vielleicht morgens schon eine Stunde vor Ihnen begonnen hat, für Sie zu arbeiten, und daß sie auch jetzt noch geraume Zeit Restarbeiten erledigen wird,
- honorieren Sie den Dienst Ihrer Sekretärin gelegentlich mit einer besonderen persönlichen
Auszeichnung.

22.5   Die Frau als Vorgesetzte

Für den Fall, *daß Sie als Frau die Vorgesetzte männlicher Mitarbeiter geworden sind*, empfehlen
wir:

- bedenken Sie, daß dies in unserer Arbeitswelt einen relativ seltenen Fall darstellt, mit dem umzugehen Ihre Mitarbeiter erst erlernen müssen,
- vielleicht sollten Sie darauf verzichten, Ihre Anerkennung auf die Übernahme männlicher Psycho-Spiele zu gründen [11], und stattdessen Ihrer fachlich/sachlichen Kompetenz, der Festig-
keit Ihres Willens und Ihrem natürlichen Charme vertrauen, denn in diesen Bereichen sind Sie
sicherer als im Dschungel männlicher Macho-Rituale,
- berücksichtigen Sie, daß Sie als Frau anders zu kommunizieren gelernt haben als Männer [12],
und bemühen Sie sich, daraus möglicherweise resultierende Verständnisprobleme so gering
wie möglich zu halten,
- legen Sie sich als weibliche Führungskraft unter Männern eine hohe Frustrations-Resistenz
(»dickes Fell«) zu,
- beanspruchen auch Sie die Insignien, die einer Führungskraft in Ihrer Position gemeinhin zu-

stehen, und werten Sie nicht selbst Ihre Funktion durch Bescheidenheit an der falschen Stelle zur Zweitklassigkeit ab,

– stellen Sie die Normalität, auch als Frau in Führungs-Funktion zu arbeiten, durch Ihr ebenso normales gelassenes Selbstverständnis in Ihrer Funktion unter Beweis.

Für den Fall, *daß Ihnen als Mann eine Frau als Vorgesetzte überstellt ist*, empfehlen wir:

– akzeptieren Sie die weibliche Vorgesetzte mit der gleichen Selbstverständlichkeit wie den männlichen Vorgesetzten, und halten Sie sich von jeglichen abwertenden Vorurteilen frei,

– veranlassen Sie Ihre Vorgesetzte oder Kollegin in Führungs-Funktion nicht dadurch, daß Sie ihr Ihre »man-power« vorführen, ihrerseits in die Rituale des »power-play« zu flüchten; Psycho-Spiele dieser Art sind zwar verbreitet, aber sie wirken eher kontraproduktiv, und niemand zwingt uns, nach ihnen zu verfahren,

– wirken auch Sie daran mit, daß die unterschiedlichen Kommunikationsweisen zwischen Frauen und Männern nicht zum Anlaß dauernder Verständnisschwierigkeiten geraten,

– unterstützen Sie Ihre Vorgesetzte genauso wie einen männlichen Vorgesetzten dabei, dank Ihrer loyalen Mitarbeit erfolgreich sein zu können, und vereiteln Sie dies nicht aus Gehässigkeit oder anderen miesen Ressentiments; nur gegenüber einer loyalen Mannschaft kann Ihre Vorgesetzte die Führungsqualitäten entfalten, zu denen sie fähig ist (vgl. Ziffer 14.16).

Anhang zu Kapitel 22

A) Anmerkungen

1 Quellen:
  – Stat. Jb. 1992, Tabellen 6.6, 6.7, 6.12, 6.16
  – BMBW, Grund- und Strukturdaten 1992/93, Seiten 95, 131, 146, 164, 235,
  – IW, Zahlen 1992, Tab. 138
2 Exklusivstudie »Markt für Führungskräfte 1990/91« mit Beteiligung von 781 deutschen Unternehmen)), nach Management-Wissen Nr. 7/1991, S. 22
3 So die Ergebnisse der »Brigitte-Untersuchung '88« nach BMFJ, 1991, S. 50ff.
4 I. d. S. Jugendstudie '92 der IBM Deutschland, nach Frankfurter Allgemeine Zeitung vom 29. 09. 1992, Umfrageergebnisse »Freundin«, Nr. 20/1992, S. 1ff.
5 Zur Beeinflussung von Führungsbeziehungen durch Beteiligung von Frauen, vgl. Parkin, P. W./Hearn, J. in HWFü, Sp. 326ff.
6 Vgl. den Bericht »Mehr Arbeit, weniger Geld und kaum soziale Sicherheit« in Kölnische Rundschau vom 23. 09. 1992, »Feine Gesellschaft« in manager magazin Nr. 7/1992, S. 162ff.
7 Herrmann, H., in Deutscher Instituts-Verlag Köln, 1992, S. 15ff.
8 I. d. S. näher Straube, W. und G., in ASP Nr. 12/1990 S. 547ff., Vetter, L./Zober, A., in ASP Nr. 8/1991 S. 308ff.
9 Nach von Pappstein, P., in Personalführung Nr. 2/1992, S. 103
10 Vgl. die Darstellungen familienpolitischer Programme in Personalführung
   I. Nr. 2/1992, S. 98ff. (BMW München)
   II. Nr. 4/1992 S. 296f (Boehringer Mannheim)
   III. Nr. 7/1992 S. 562ff (Merck Darmstadt)
   IV. Nr. 9/1992 S. 732ff (Commerzbank Frankfurt)
   V. Nr. 10/1992 S. 830ff (Daimler-Benz AG, Stuttgart)
   VI. Nr. 2/1993 S. 134ff (Hoechst, Frankfurt)
11 Demmer, Chr., in Management Wissen Nr. 7/1991 S. 14ff (mit nicht unbedenklicher Tendenz)
12 Näher Demmer Chr., in Management Wissen Nr. 11/1991 S. 40ff. mit weiteren Quellenangaben

B) Kontrollfragen und -aufgaben

a) Welche Unterschiede in den beruflichen Eingangsqualifikationen bestehen heute – generell – bei Frauen gegenüber Männern?

b) Skizzieren Sie die Grundzüge der beiden Lebens-Biographien, die die Werthaltungen von Frauen gegenüber ihrer beruflichen Tätigkeit früher und – zunehmend – heute kennzeichnen?

c) Skizzieren Sie einige Punkte, in denen die Arbeitswelt durch den verstärkten Eintritt von Frauen verändert wird.

d) Worin besteht das Kardinalproblem für die berufstätige Frau?

e) Welche Haltung läßt sich dem Grundgesetz zur Frage der Vereinbarkeit von Familie und Beruf der Frau entnehmen?

f) Welche Vorteile bietet unserer Wirtschaft die verstärkte Teilnahme von Frauen am Berufsleben – und welche Nachteile?

g) Sollten Frauen, um ihre soziale Gleichsstellung besser durchsetzen zu können, im Arbeitsleben vor Männern privilegiert werden?

h) Was halten Sie davon, unsere Wirtschaftsunternehmen für das Ziel der Harmonisierung von Familie und Beruf mit zwingenden gesetzlichen und/oder tarifvertraglichen Vorgaben zu überziehen?

i) Skizzieren Sie die verschiedenen Handlungsfelder mit ihren konkreten Maßnahmen, auf denen die Harmonisierung von Familie und Beruf anzustreben ist,

j) skizzieren Sie die wichtigsten Empfehlungen zum *Führen von Frauen durch Männer*,

k) verfahren Sie ebenso zum *Führen von Männern durch Frauen*.

C) Literatur

BMFJ (Hrsg.), Materialien zur Frauenpolitik 15/91

Bornträger, W., Frauen im Beruf, Personalführung Nr. 3/1990, S. 204ff.

Demmer, Chr., Duell der Geschlechter, in Management Wissen Nr. 11/1991 mit weiteren Quellenangaben dieselbe, Mit kühlem Kopf ins Powerplay, in Management Wissen Nr. 7/1991, S. 14ff.

Friedel-Howe H., Frauen und Führung: Mythen und Fakten, in Rosenstiel, L. von et al., 1993, 455ff

Helgesen S., 1991

Henes-Karnahl, B., 1989

Herrmann H., Was tun die deutschen Unternehmen? Ergebnisse einer neuen Unternehmensbefragung, in Deutscher Instituts-Verlag Köln (Hrsg.), 1992, S. 15ff.

Parkin, P. W./Hearn, J., Frauen, Männer und Führung, in HWFü, Sp. 326–339

Straube, W. und E., Sozial- und arbeitsmedizinische Aspekte der Gynäkologie in der DDR, in ASP Nr. 12/1990, S. 547ff.

Vetter, L./Zober, A., Frauenarbeit: Sozial- und arbeitsmedizinische Gesichtspunkte, in ASP Nr. 26/1991, S. 308ff.

Wrede-Grischkat, R., 1992

23 Besonderheiten des Führens von und der Zusammenarbeit mit ausgewählten Adressatengruppen

Lernziel:
Unter Ziffer 14.5.2 haben wir festgestellt, daß der Vorgesetzte seine Mitarbeiter nicht nur als Individuen, sondern auch als Angehörige bestimmter Gruppen führen muß. In neueren Arbeitsformen treten ihm als Adressaten des Führens von vornherein Gruppen gegenüber. Im folgenden sollen Sie erkennen, welche Merkmale einzelner Gruppen, aber auch einiger weiterer spezieller Adressaten, Sie in der Praxis beachten müssen und welche Konsequenzen daraus für ein differenziertes Führungsverhalten zu ziehen sind.

23.1 Führen von Gruppen

Arbeitshinweis: Wiederholen Sie zunächst Ziffer 6.

23.1.1 Arbeitsgruppe allgemein

A) Grundannahmen:
Arbeit und Arbeitsverhalten des einzelnen Mitarbeiters werden wesentlich von den *Zielen, Einstellungen, Verhaltensnormen, Rollenzuweisungen und von den sonstigen informellen Strukturmerkmalen* der Arbeitsgruppe bestimmt. Sie können sowohl von betrieblich formell vorgegebenen Bedingungen als auch von den individuell ausgeprägten Persönlichkeitsmerkmalen abweichen. Der Vorgesetzte muß anstreben, die davon ausgehenden Kräfte soweit wie möglich dem Arbeitsprozeß dienstbar zu machen.

B) Empfehlungen:
a) *Grundsatz:*
   Lassen Sie Ihre Mitarbeiter, soweit dem die Art der Aufgaben oder technologischer Sachzwänge nicht entgegenstehen, *im Gruppenverbund von bis zu 15 Angehörigen arbeiten.* Die Arbeit an gemeinsamen Aufgaben bei optischem, akustischem und harmonischem Kontakt zu anderen Menschen bildet einen zentralen leistungsstimulierenden Erlebniswert.

b) *Einflußnahme auf die Gruppenstruktur:*
   - Wählen Sie die Angehörigen einer Arbeitsgruppe nach Bildungsgrad, beruflicher Qualifikation und Lebensniveau möglichst so aus, daß zu tiefe soziale »Gräben«, die die Kommunikation behindern würden, vermieden werden;
   - mischen Sie in den Arbeitsgruppen zur Kombination ihrer Leistungspräferenzen Angehörige verschiedener Altersgruppen; vermeiden Sie dabei jedoch, daß ein Angehöriger *einer*

Altersgruppe (ein Junger unter Älteren oder umgekehrt) in ihr *allein* vertreten ist (Gefahr der Außenseiterstellung);
- vermeiden Sie auch, daß *Jugendliche* in engem Kontakt zu Mitarbeitern arbeiten müssen, die unmittelbar vor dem Ruhestand stehen, beruflich erkennbar erfolglos oder ausgeprägt demotiviert oder querulantisch veranlagt sind;
- bilden Sie gemischtgeschlechtliche Arbeitsgruppen
- berücksichtigen Sie persönliche Sympathiebeziehungen;
- ordnen Sie jeder Gruppe *mindestens eine überdurchschnittlich qualifizierte Arbeitskraft* zu, die das Richtmaß der Gruppenleistung positiv stimuliert;
- bemühen Sie sich darum, die informellen Strukturen der Arbeitsgruppe, insbesondere ihre Ziele, Normen und Führerschaft, zu erkennen;
- versuchen Sie, Ihre Beziehung zur Gruppe so positiv zu gestalten, daß Sie von ihr *als Leistungsführer* anerkannt werden; vermeiden Sie dagegen die Funktion ihres *Beliebtheitsführers* wegen des unvermeidbaren Rollenkonfliktes;
- stellen Sie zum informellen Beliebtheitsführer einen positiven Kontakt her mit fördernder Respektierung seiner Stellung, jedoch ohne Unterwerfung;
- führen Sie die Gruppe regelmäßig zu gemeinsamen, locker geführten Besprechungen ihrer Aufgaben zusammen;
- versuchen Sie, bei Divergenzen zwischen betrieblichen Arbeitszielen und informellen Gruppenzielen Zielkongruenz herzustellen; schalten Sie hierbei den informellen Gruppenführer ein;
- vertreten Sie berechtigte Gruppenanliegen und -interessen sichtbar und glaubwürdig gegenüber anderen, insbesondere übergeordneten betrieblichen Stellen.

c) Förderung integrierter Teamarbeit:
- vermeiden Sie zwischen den Mitgliedern der Gruppe Wettbewerbssituationen, achten Sie auf Gleichbehandlung und verteilen Sie unter ihren Mitglieder öffentlich keine »Zensuren«;
- fördern Sie innerhalb der Gruppe eine aufgabenadäquate Kommunikationsstruktur; dafür empfehlen sich bei einfacheren, insbesondere manuellen Aufgaben die sog. *Radstruktur,* bei komplexeren Aufgaben, die eine hohe Kooperation und Kreativität verlangen (vgl. Ziffern 23.1.2 und 3), die *Vollstruktur* (Abb. 23.1);
- erarbeiten Sie die Leistungsstandards mit der Gruppe *gemeinsam,* und geben Sie ihr *intensive Rückmeldung;* bedienen Sie sich bei gegebenem Anlaß der motivationalen Möglichkeiten von Lob und Anerkennung, evtl. in Verbindung mit speziellen Gruppenprämien und -auszeichnungen;
- vermitteln Sie Ihrem Team insgesamt ein »*Elitebewußtsein*«, das unterdurchschnittliche Leistungen als »unter der Gürtellinie liegend« ausschließt und *überdurchschnittliche Standards zum natürlichen Richtmaß erhebt;* verlieren Sie auch dabei die Integration in das gesamtbetriebliche Gefüge nicht aus dem Auge.

23.1.2 Teilautonome/selbststeuernde Arbeitsgruppen

A) Grundannahmen:
Sie sollen als externer Vorgesetzter eine mit Teilautonomie ausgestattete Arbeitsgruppe führen, innerhalb derer Ihnen ein mit eigener Führungskompetenz ausgestatteter Gruppensprecher gegenübersteht. Wiederholen Sie zum vertiefenden Begreifen der Situation gründlich Ziffer 6.3, Buchstabe F!

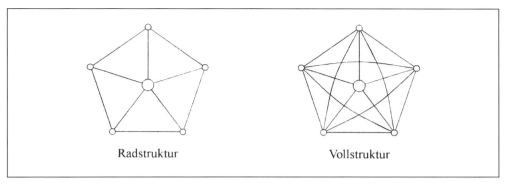

Radstruktur   Vollstruktur

Abb. 23.1: Kommunikationsstrukturen von Gruppen

B) Empfehlungen:

- Machen Sie sich zunächst mit der Tatsache vertraut, daß Ihre Führungsaufgabe künftig nicht mehr, wie (wahrscheinlich) bisher, im Ausüben von Herrschaftsbefugnissen besteht, sondern vor allem *im Leisten von Diensten und im Gewähren von Hilfestellungen;*
- begreifen Sie diesen Wandel nicht als Abwertung Ihrer Aufgabe;
- schaffen Sie im offenen Gespräch mit Gruppe und Sprecher Klarheit darüber, welche Aufgaben und Kompetenzen künftig bei der Gruppe und nicht mehr bei Ihnen liegen werden;
- stellen Sie *vor* der Bestimmung des Gruppensprechers zusammen mit der Gruppe klar,
  - welche Aufgaben und Kompetenzen der Sprecher in der und für die Gruppe zu erfüllen hat,
  - welcher Verantwortung er gegenüber Gruppe und Betrieb gerecht werden muß und
  - welche Qualifikation dafür von ihm zu fordern ist;
- nehmen Sie auf die Bestimmung des *ersten* Gruppensprechers dahingehend Einfluß, daß die Gruppe ihr *qualifiziertestes* Mitglied kürt, das in der Gruppe als Leistungsführer anerkannt ist und für die nachfolgenden Sprecher qualitative Orientierungsmarken setzt; vermeiden Sie aber möglichst, diesen Sprecher *von außen zu bestimmen*, weil ihn dies in der Gruppe die benötigte Autorität kosten könnte;
- definieren Sie die vorgenannten Maßnahmen in einer Gruppen-Arbeitsfeldbeschreibung;
- ziehen Sie zur Vorbereitung der Gruppenarbeit die bisherige Arbeitsgruppe als *Beteiligungsgruppe* heran;
- machen Sie Gruppe und Sprecher deutlich, was eigene Verantwortung bedeutet (vgl. Sie dazu Ziffern 10.4.1 und 16.3),
- stimmen Sie sich mit der Gruppe darüber ab, welche Dienste Sie selbst der Gruppe künftig im Inneren wie an der Peripherie leisten werden;
- ermutigen Sie die Gruppe zu intensiver Kommunikation; in der Praxis bewährt es sich zum Beispiel, jeden Arbeitstag mit einer 10- bis 15minütigen Arbeitsbesprechung (»Briefing«) zu beginnen;
- sehen Sie Ihr vorrangiges Ziel darin, der Gruppe beim Begreifen ihrer neuen Arbeitsweise, zum Beispiel beim Vergeben der Tagesaufgaben, der Qualifizierung ihrer Mitglieder und der Qualitätssicherung, sowie dem Aufbau ihrer neuen Binnenstruktur zu helfen;
- verhelfen Sie ihr beim Setzen und Verfolgen klarer, anspornender und realisierbarer Ziele rasch zu ersten Erfolgserlebnissen;

- stehen Sie der Gruppe bei auftretenden Problemen und Fehlschlägen als helfender Mentor zur Seite (nicht als heimlich-schadenfroher Rechthaber und Besserwisser);
- mahnen Sie aber bei vermeidbaren Mißerfolgen wie Qualitätsmängeln oder Terminüberschreitungen die Pflichtengebundenheit der Gruppe an, und achten Sie darauf, daß Selbstkontrolle der Arbeit *wirklich* stattfindet;
- halten Sie sich ständig auf dem laufenden über das Gruppengeschehen, lassen Sie sich dazu aber lieber vom Sprecher berichten statt die Gruppe selbst direkt zu kontrollieren;
- seien Sie sich schließlich darüber im klaren, daß die Einführung teilautonomer/selbststeuernder Gruppenarbeit ein längerdauernder Entwicklungs- und Lernprozeß für *alle* daran beteiligten Seiten darstellt, der nicht von Freitag auf Montag angeordnet werden kann;
- billigen Sie sich selbst, der Gruppe und ihrem Sprecher demgemäß auch schrittweises Erlernen und Beherrschen der neuen Situation über einen längeren Zeitraum zu.

23.1.3   Beteiligungsgruppen

A) Grundannahmen:
Mehr als bei anderen Gruppenarten ruht die Arbeit von Beteiligungsgruppen auf *freiwilligem* Engagement ihrer Mitglieder. Demgemäß sind hier mehr als anderswo

- sinnvolle Aufgabenstellungen,
- Partnerschaftlichkeit im Umgang,
- Respekt gegenüber ihrer Arbeit und
- Glaubwürdigkeit bei Bewertung und Umsetzung ihrer Ergebnisse

gefordert.

B) Empfehlungen:
- Sorgen Sie dafür, daß die Aufgabenstellungen für Beteiligungsgruppen, gleich, ob selbstgewählt oder betrieblich vorgegeben, als respektabel gelten und akzeptiert werden;
- bilden Sie aus Interessierten und Experten für die Aufgaben Gruppen von 5 bis 8 Mitgliedern,
- vereinbaren Sie, die Sitzungen etwa 14tägig mit 1 bis 2 Stunden in die Arbeitszeit zu legen und bei Bedarf auch zu normaler Bezahlung in die Freizeit hinein auszudehnen;
- lassen Sie von der Gruppe einen Sprecher wählen, der Ihnen als Ansprechpartner dient;
- geben Sie der Gruppe weitestgehende Autonomie, beschränken Sie sich von außen her auf unterstützende und moderierende Leistungen, insbesondere räumlich-organisatorisch und informationell, und lassen Sie sich von Zeit zu Zeit vom Sprecher über Stand und Ergebnisse der Arbeit berichten;
- vertreten Sie erarbeitete Ergebnisse und Vorschläge im Betrieb wohlwollend und glaubwürdig, und setzen Sie sich für ihre Realisierung ein;
- belohnen Sie die Gruppen für ihre Leistungen in erster Linie immateriell: mit der Umsetzung und der Publizierung ihrer Ergebnisse im Betrieb (Schwarzes Brett/Betriebszeitung), und machen Sie von sonstigen Beweisen der Wertschätzung an ihre Mitglieder Gebrauch;
- ziehen Sie signifikante Aktivitäten ihrer Mitglieder auch zur Beurteilung von Führungspotential und sonstiger Förderungswürdigkeit heran.

23.1.4   Hochqualifizierte

A) **Grundannahmen:** Darunter verstehen wir *Mitarbeiter mit dem Wissen und Können von Speziali-*
sten und Experten, die für begrenzte Aufgabenbereiche über vertiefte, das Normalmaß übertreffende
Kenntnisse, Fertigkeiten und/oder Erfahrungen verfügen. Ihre meist überdurchschnittliche Intelligenz und ihre hohe Qualifikation sowie die Kenntnis ihres besonderen Marktwertes vermitteln ihnen regelmäßig ein ausgeprägtes Selbstwertgefühl und Autonomiebedürfnis. Zugleich nehmen sie
mit ihrem überlegenen Know-how starken rückkoppelnden Einfluß auf das Unternehmensgeschehen und nehmen so mit der *Autorität ihrer Qualifikation* mittelbar am Führungsprozeß teil.
Bei ihnen ist mit folgenden Anforderungen an die Arbeit zu rechnen [1]:

- anspruchsvolle Tätigkeit
- Freiraum zur Verwirklichung von Ideen
- eigenständiges Arbeiten
- schnelle Übernahme von Verantwortung
- Aufstiegs-Chancen
- Weiterbildungs-Maßnahmen
- Arbeitsklima.

B) **Empfehlungen:**
Zur Erfüllung der vorstehenden Anforderungen werden im Führen folgende Merkmale zu erfüllen sein:

- Offene Kommunikation
  - Zuhören und erklären
  - Kommunikation im »Netzwerk«
- Offene Information
  - Information für eigenständiges Arbeiten
  - Information über Zusammenhänge
  - Weiterbildung
- Delegation von Entscheidungsvollmacht
  - Vereinbarung von Zielen
  - Fördern von Initiative
- Vertrauen
  - Selbstkontrolle der eigenen Arbeit
  - Kontrolle der Ergebnisse durch die Führung
  - Minimum an Vorschriften
- Beteiligung der Mitarbeiter
  - an Entscheidungen, Problemlösungen
  - an den Ergebnissen
- Teamarbeit in selbständigen Arbeitsgruppen [2].

Wir empfehlen ergänzend:

a) generell:
  - Sehen Sie in Spezialisten Ihre Partner, mit denen Sie auf der gleichen geistigen und sozia-
    len Ebene zusammenarbeiten, und sehen Sie sich selbst unter ihnen als *primus inter pares*
    (= Erster unter Gleichen), der im Führen mehr moderiert und koordiniert als reglementiert;

- vermitteln Sie ihnen das Gefühl, mit Achtung und Respekt vor Persönlichkeit und Können behandelt zu werden;
- fördern Sie eine von Offenheit und Sachbezogenheit geprägte Meinungsbildung, die nicht von Rangunterschieden und Prestigeerwägungen belastet wird;
- führen Sie grundsätzlich mit den Mitteln der Kohäsion, und vermeiden Sie frustrierende verbindliche Anordnungen und »Befehle«; verpflichten Sie Spezialisten lieber mit dem zurückhaltenden Appell an ihr Prestige;
- bei Spezialisten verschiedener Fachrichtungen mit ausgeprägt unterschiedlichen fachspezifischen Sichtweisen (zum Beispiel »Techniker« und »Kaufleute«) werden an Ihr Integrationsvermögen höchste Ansprüche gestellt: stellen Sie das Gemeinsame der Aufgabenstellung heraus, und analysieren Sie wertungsfrei die Kernursachen des Aneinander-Vorbeiredens, achten Sie generell auf größtmögliche Gleichbehandlung.

b) beim Heranziehen zu Problemlösungen:
- definieren Sie zusammen mit Spezialisten das Ziel der Problemlösung, aber überlassen Sie ihnen, soweit dem keine Sachzwänge entgegenstehen, die Wahl von Weg und Methoden;
- versorgen Sie sie stattdessen umfassend mit Informationen über den Hintergrund des anstehenden Problems und die mit seiner Lösung angestrebten Zwecke;
- vermitteln Sie Spezialisten ausreichende Rückmeldung mit reichlicher Achtung vor ihren Leistungen und Erfolgen, und sichern Sie, auch sichtbar, ihren Status.

c) in der Arbeit mit Stabsstellen [3]:
- klären Sie zusammen mit Ihren Stabsstellen die Trennung der Aufgaben, Kompetenzen und Verantwortlichkeiten zwischen Linien- und Stabsfunktionen ab;
- definieren Sie die von der Stabsstelle zu erbringenden Dienstleistungen, insbesondere die zu erarbeitenden Entscheidungs-Expertisen, eindeutig, und geben Sie ihr die dazu benötigten Informationen und Unterlagen.
- stellen Sie sicher, daß Ihre Stabsstelle auch von dritten Stellen alle Informationen erhält, die sie für ihre Arbeit benötigt;
- informieren Sie Ihre Stabsstelle über die von Ihnen tatsächlich getroffenen Entscheidungen, und begründen Sie gegebenenfalls Ihr von den Empfehlungen Ihres Stabes abweichendes Vorgehen;
- lassen Sie Ihre Stabsstelle am Erfolg der Entscheidungen, an denen sie mitgewirkt hat, teilhaben; weisen Sie ihr aber auch ihre beratende Mitverantwortung an Fehlentscheidungen in sachlicher Weise zu;
- halten Sie das Verhältnis zu den Mitarbeitern Ihrer Stabsstellen frei von Irritationen, die für das Stab-Linien-System typisch sind und es leicht belasten können [4].

23.2   Führen jugendlicher Mitarbeiter [5]

Im folgenden beschäftigen wir uns mit jugendlichen Arbeitnehmern *allgemein,* ohne jedoch auf die speziellen Belange des Führens im Ausbildungsverhältnis einzugehen.

A) Grundannahmen:
»Jugendlicher« im Sinne des *Arbeitsrechtes* ist, wer das 14. Lebensjahr vollendet und das 18. noch nicht überschritten hat, §§ 2 JArbSchG., 60ff. BetrVG. *Biologisch* ist der Mensch zwischen der

Vollendung seines 14. und seines 25. Lebensjahres zu den Jugendlichen zu zählen. Aus dieser Altersklasse nahmen im April 1990 in der Bundesrepublik Deutschland (alt) ca. 5,42 Mio. Menschen am Erwerbsleben teil. Dies entspricht einer Quote von 17,3 % aller Erwerbspersonen [6].

Jugendliche vollziehen den Schritt vom Kind-Sein zum Erwachsen-Sein. Dazwischen verläuft ein Entwicklungsprozeß, dessen Ergebnis im Regelfall die gesamte physische, psychische, berufliche, soziale und wirtschaftliche Situation des weiteren Lebens determiniert. An seinem Anfang verfügt der Jugendliche weder über eine Qualifikation für den Arbeitsprozeß noch über Erfahrungen oder Gewöhnungen gegenüber den Anforderungen, die sich ihm dann stellen. Er steht vor der Notwendigkeit, eine gänzlich neue Rolle zu erlernen. Dabei ist er mehreren gleichzeitig wirkenden **Krisenpotentialen** ausgesetzt:

a) Biologische Entwicklung vom Kind zum Erwachsenen
Sie verläuft in zwei Stufen:

aa) Die Pubertät ist beim Mädchen etwa zwischen dem 12. und dem 16., beim Jungen zwischen dem 14. und dem 17. Lebensjahr anzusetzen. Sie bildet das Ende des Kind-Seins und den Beginn des Erwachsen-Werdens. Pubertierende Jugendliche weisen heute *zwei Besonderheiten* auf:

- *Körperliche Frühentwicklung* mit einem ausgeprägten Längenwachstum gegenüber früheren Generationen *(Akzeleration)* und
- *seelisch-geistige Spätentwicklung (Retardation).* Pubertanden verharren zum großen Teil noch in einer spätkindlichen Welt des Denkens, Fühlens und Bewertens. Zwischen ihrem Verharren in einer von Idealen verbrämten Wunschwelt und der realen Welt der Erwachsenen eröffnen sich für viele schier unüberbrückbare Klüfte. Dadurch ausgelöste Frustrationen bewirken das Bedürfnis, aus der Familie in die Welt der Gleichdenkenden, die Gruppen der Gleichaltrigen, mit ihren eigenen Wunsch- und Wertebildern darüber, wie die Welt *sein müßte*, zu fliehen. Gegenseitiges Nicht-Verstehen-Können und – Wollen zwischen Alt und Jung bildet die Wurzel des Generationenkonfliktes. Die Älteren lamentieren über das Nichts-Taugen und die Undankbarkeit der Jugend, und diese entwickeln »Frust« gegenüber allem, was »alt« und deshalb »ätzend« ist. Auffallend früh und hoch entwickelt zeigen sich allerdings Kenntnisse über interessierende Technologien (Autos, Computer) und geschäftsmäßiges Verhalten im Sichern eigener Vorteilspositionen mit dem ausgeprägten Wunsch, eigene Belange in eigene Hände zu übernehmen.

ab) Die Adoleszenz als zweite Entwicklungsphase verläuft bei Mädchen etwa zwischen dem 16. und dem 20., bei Jungen zwischen dem 17. und dem 25. Lebensjahr. Erst jetzt wird der Prozeß des Erwachsenwerdens abgeschlossen. Die geistig-seelische Reifung holt die körperliche ein, und der Jugendliche arrangiert sich mit der Welt der Erwachsenen. Erst jetzt gewinnt er auch die volle Berufsreife.

b) Die Statuskrise des Jugendlichen
Der Jugendliche ist kein Kind mehr, ohne schon ein Erwachsener geworden zu sein. Mehr und mehr in die Erwachsenenwelt hineingestellt und an ihren Maßstäben gemessen, möchte er auch wie ein Erwachsener leben und konsumieren. Dazu hat er aber weder die finanziellen Mittel noch die tatsächlichen Möglichkeiten. Da er mangels ausreichenden Trainings und aufgrund fehlender Reife auch den für Erwachsene geltenden Leistungsanforderungen zunächst nicht genügen kann, empfindet der Jugendliche sehr häufig Defizite seines Selbstwertgefühls.

Führt der Generationenkonflikt bei recht vielen Jugendlichen zu Frustrationen und daraus erwachsenden Abwehrhaltungen, so lösen die in der Statuskrise entstehenden Minderwertigkeitsgefühle Pessimismus und Kompensationsbedürfnisse aus. Es entsteht ein psychisches Gemisch aus protestierender Ablehnung konventioneller Lebensformen, aus aggressiver Zerstörungswut und aus labiler Anfälligkeit für Alternativhaltungen wie Pseudo-Religionen, Drogenkonsum oder für politischen Radikalismus (»Autonome«, völkisch verbrämten Neo-Nazismus). Hinzukommende Kompensationsformen für empfundene Status-Minderwertigkeit bilden Forschheit und Lautstärke im Auftreten, »Mutproben«, zu denen Sachbeschädigungen, gewalttätige Auseinandersetzungen, Kaufhausdiebstähle, lautstarke Raserei mit Kraftfahrzeugen oder andere, bis hin zu lebensgefährdenden Selbstdarstellungen, gehören können.

c) Prägungen des Zeitgeistes

In die dargestellten, mehr oder weniger als »normal« zu bezeichnenden Entwicklungsschwierigkeiten Jugendlicher fließen zusätzlich Prägungen des Zeitgeistes ein, die das Erscheinungsbild der jungen Generation sozio-kulturell prägen (wiederholen Sie dazu die Ausführungen unter Ziffern 1.3.3 und 10.5.6):

- Die meisten unserer Kinder/Jugendlichen erfahren ein Übermaß an materiellen Zuwendungen (zum Beispiel in Form hoher Taschengelder und/oder teurer Prestigegüter wie Stereo-Anlagen, Computer, Fernsehgeräte, Reisen, sonstige Freizeitartikel),
  - teils als Abfindungen für persönliche Zuwendungsdefizite der Eltern (insbesondere bei Gewerbetreibenden/Freiberuflern/Doppelverdienern und anderen überpflichteten Gruppen),
  - teils aus überzogenem Prestigedenken der (Groß-) Eltern (»Unser Kind soll anderen Kindern in nichts nachstehen«);
- ohne Pflichten zu Gegenleistungen an die Familie entsteht so die Normalität eines einseitig fordernden, teilweise weit überzogenen Anspruchsdenkens: Eigennutz steht vor Gemeinnutz;
- gültige Werthaltungen menschlichen Zusammenlebens werden in immer weniger Familien noch glaubhaft vermittelt, der Kampf um Erfolg bei Karriere, Einkommen und Geltung zwingt allenthalben zu Kompromissen, und spätestens in der Schule wird das Kind auch aus der intakten Familie den Anpassungszwängen gesellschaftsweiten Wettbewerbs um die Spitzenpositionen im Konsumieren und im Durchsetzen eigener Vorteile ausgesetzt;
- die Ein-Kind-Familie und der sich in Leistungskurse auflösende Klassenverband lassen Sozialisation als »Nehmen und Geben« nur noch beschränkt erfahren, Kinder werden zu egoistischen »Einzelkämpfern«;
- vermittelt und schützt eine Gesellschaft wie unsere kein System gültiger Werte, dann liegt es nur nahe, daß der Jugendliche seinem Denken und Handeln aus der Palette verfügbarer Werte diejenigen herausselektiert, die seinen Eigeninteressen am dienlichsten erscheinen: es sind die Werte individueller Vorteils- und Nutzen*maximierung* bei gleichzeitiger Pflichten- und Risiko*minimierung*;
- viele Kinder/Jugendliche erfahren nicht mehr die Spielregeln für Erlaubtes und Unerlaubtes, für Zumutbares und Unzumutbares im Umgang mit anderen Menschen, und im Durchsetzen eigenen Wollens ist ihnen, ganz unbekümmert, (fast) jedes Mittel recht, von ostentativer, ja aggressiver Gleichgültigkeit gegenüber anderen Menschen und ihren berechtigten Belangen bis hin zur Gewalt,
- der bevorzugte Erlebniswert, der angestrebt wird, ist *Spaß*, daß aber
  - die Erfüllung übernommener Pflichten verbindlich ist und nicht »spaßgemäßem« Ermessen überantwortet sein kann und
  - für die Folgen eigenen, auch fehlerhaften Handelns in Form von Verantwortung persönlich einzustehen ist, wird Kindern und Jugendlichen nur wenig begreifbar gemacht und von ihnen demgemäß auch nur selten begriffen;

– bevorzugte Freizeitpartner werden das *Fernsehgerät* und der *Computer:*
  - das Fernsehgerät läßt den Jugendlichen hochattraktiv täglich über Stunden exotische Abenteuer, brutale Gewalt, Sex und werbenden Konsumdruck als gesellschaftliche »Normalität« verinnerlichen;
  - der Computer vermittelt das Erlebnis emotionsloser *Pseudo-Kommunikation mit einem »Partner«, der sich widerspruchslos beherrschen läßt und jeden Befehl, der ihm erteilt wird, ausführt; unerlaubtes Kopieren von – oft fragwürdigen – Computerspielen (»Killer-Spielen«) und anderer Software erleben Jugendliche von klein auf als Selbstverständlichkeit;*
  - mit dem Image des Computers, Zukunftstechnologie zu verkörpern, erwächst im jugendlichen »Computer-Freak« das Hochgefühl, mit dem Gerät die Zukunft selbst zu beherrschen – mit den nicht seltenen Folgen realitätsferner intellektueller Selbstüberschätzung, hoher Gefühlskälte gegenüber anderen Menschen und empörter Überempfindlichkeit gegenüber allem, was als »ätzende« Kritik oder auch nur als Zweifel an eigener Überzeugung und Vollkommenheit gedeutet werden kann.

Die Statusunsicherheit des Jugendlichen und seine Suche nach eigenem Standort und Profil schließlich werden von der Wirtschaftswerbung und ihr nahestehenden Medien aggressiv dazu benutzt, dem Jugendlichen das Gefühl eigener Kulthaftigkeit zu suggerieren (Yuppietum, Trendsetting) und ihn so zu trendgemäßem, exzessiven Konsumieren zu animieren.

Die dargestellten Entwicklungen schlagen sich anfangs *auch in den Einstellungen und im Stil zur Arbeit* und ihren inhärenten Ordnungsprinzipien nieder. So beklagen Praktiker deutliche Defizite in Werthaltungen wie Zuverlässigkeit, Gewissenhaftigkeit, Ehrlichkeit, Respekt vor Rechten anderer sowie die verbreitete Neigung zu »Chaotentum« und sog. »Dünnbrettbohren« für *ökonomischen* Arbeitsstil zu verkennen. Führen wir uns die an qualifizierte teamorientierte Arbeitskräfte zu stellenden Anforderungen vor Augen (vgl. Ziffer 11.2), dann ergibt sich, daß recht viele Jugendliche für die Welt der Arbeit geistig-seelisch schlecht gerüstet, ja sogar negativ konditioniert sind.
Dies berechtigt die Älteren nicht pauschal zu abwertender Beurteilung der heutigen jungen Generation. Vielmehr widerspiegelt das Kritikwürdige daran als Folge verschuldeter Sinn- und Wertedefizite zuallererst das Versagen von Eltern, Schulen und unserer Gesellschaft gegenüber ihrem erzieherischen Auftrag.

Der Eintritt jugendlicher Mitarbeiter in das Berufsleben bedeutet für sie den Beginn eines gigantischen Umstellungs- und Lernprozesses vom Spiel zu ergebnisgebundenem Handeln hin. Zum Führen darin reicht es heute nicht aus, allein berufliche Fähigkeiten und Fertigkeiten zu vermitteln. Ebensowenig darf es darum gehen, auf Eigenständigkeit setzendes, kritisches Persönlichkeits-Potential disziplinarisch plattzuwalzen und durch devotes Anpassertum zu ersetzen. Solches Potential ist vielmehr zu erhalten und um die Einsicht zu bereichern, daß berufliches Arbeiten als ziel- und wertegebundenes Gemeinschaftshandeln die innere Akzeptanz eigener, dazu notwendiger Einstellungen, Werte und Handlungsformen bedarf.

Die darin liegende Lebenshilfe wird um so eher als solche erkannt und angenommen werden, je weiter der individuelle Reifungsprozeß fortgeschritten ist. **Die Praxis beweist auch, daß Jugendliche lernfähig und bereit sind, ihr Potential zu Spitzenleistungen in Beruf und Arbeit einzubringen, wenn ihnen dies als sinn- und reizvoll und für ihre Zukunft als nützlich vermittelt wird.** Insoweit unterscheidet sich ihre Motivierbarkeit grundsätzlich nicht von der der Erwachsenen. Fehlhaltungen gegenüber den Zwängen organisierter Arbeit sollten deshalb zuerst aus dem Reifegrad des Jugendlichen und seinem noch unentwickelten Verständnis der Arbeitswelt erklärt werden.

Aber auch der Tatsache gegenüber, daß bestimmte Erscheinungsbilder der realen der Arbeitswelt Widerstände und Ängste wecken, sollten wir nicht die Augen verschließen, sondern Verständnis und Hilfe aufbringen.

B) Zum Führen jugendlicher Mitarbeiter empfehlen wir:

a) Aufgabenbezogen:

- Stellen Sie Jugendlichen *klare und realisierbare Aufgaben und Ziele*, und vergewissern Sie sich, daß Ihre Vorgaben von dem Jugendlichen verstanden worden sind;
- geben Sie ihm anfangs auch den Weg (Arbeitsvorgang) vor, lassen Sie ihn diesen mit zunehmender Arbeitsreife mehr und mehr selbst suchen und bewältigen, und billigen Sie ihm zu, dabei eigenständig vorzugehen und aus Fehlern vertretbaren Umfangs *eigene* Erfahrungen zu gewinnen;
- verfahren Sie beim Setzen der Ziele nach dem Grundsatz der *»begrenzten Überforderung«*; herausgefordert zu werden läßt sich leichter ertragen als gelangweilt zu sein; helfen Sie beim Bewältigen, und loten Sie dabei das individuelle Leistungsvermögen aus;
- geben Sie jugendlichen Mitarbeitern Gelegenheit, größere Aufgaben gemeinsam zu erfüllen, und vermitteln Sie Ihnen so das Erlebnis von Team-Arbeit;
- vermitteln Sie dem Jugendlichen *klare Richtwerte* für ein qualifiziertes Arbeitsverhalten (zum Beispiel Genauigkeit der Arbeitsausführung, Gewissenhaftigkeit bei der Erfüllung übernommener Pflichten, Ordnungssinn, sachliche und soziale Verläßlichkeit), *und seien Sie darin selbst ein Vorbild;*
- Führen Sie auch den jugendlichen Mitarbeiter schon partizipativ, lassen Sie ihn beim Besprechen neuer Aufgaben eigene Lösungsvorschläge und -wege wählen, und fordern Sie sein eigenes Vermögen an Phantasie, Kreativität und Mut;
- setzen Sie Jugendliche in gemischten Gruppen an die Seite vorbildhafter und verständnisvoller älterer Arbeitnehmer;
- machen Sie Jugendliche bei sich wiederholenden Arbeits- und Disziplinmängeln, die auf anhaltende Unbekümmertheit, Gedankenlosigkeit oder Nachlässigkeit schließen lassen, mit zunehmender Deutlichkeit und notfalls auch mit Strenge klar, daß die Vermeidung solcher Mängel im Arbeitsleben nicht mehr eine Frage von spaß- oder neigungsgemäßem Ermessen, sondern ernst zu nehmende, verbindliche Pflicht darstellt;
- vermitteln Sie dem Jugendlichen überhaupt ein Gefühl dafür, daß er für sein Handeln einstehen, also *verantwortlich* sein, und sich seine Ergebnisse persönlich zurechnen lassen muß; *lassen Sie ihn das im Erfolg als Lob wie im Mißerfolg als Tadel auch persönlich fühlen;*
- reklamieren Sie nach dem Grundsatz »Wehret den Anfängen« festzustellende Verstöße *von Anfang an*, jedoch nicht sogleich bestrafend, sondern gewünschtes Verhalten aufzeigend und an das Verständnis appellierend;
- führen Sie die zur Feststellung von Ergebnissen notwendigen *Kontrollen unbestechlich,* aber nicht schikanös durch;
- nehmen Sie sich die Zeit *für intensive, aufbauende Rückmeldung,* weisen Sie den Jugendlichen auf nicht erreichte Verhaltens- und Ergebnisstandards hin, und analysieren Sie mit ihm gemeinsam die Ursachen dafür; nützen Sie Rückmeldung aber vorwiegend zur Vermittlung von Erfolgserlebnissen durch Lob und Anerkennung, dies ist der erfolgversprechendere Weg;
- geben Sie dem Jugendlichen persönliche Hilfestellungen und Fingerzeige dafür, wie er beruflich und im allgemeinen Leben erfolgreich sein kann, und fördern Sie ihn in diesem Sinne;

- achten Sie verstärkt auf *Arbeitssicherheit und Unfallschutz,* beachten Sie die Regelungen des Jugendarbeits-Schutz-Gesetzes, und wirken Sie altersbedingtem Leichtsinn entgegen;
- akzeptieren Sie die *Mitarbeit Jugendlicher in Jugend- und Auszubildendenvertretungen* (§§ 60ff. BetrVG), und wirken Sie auf sachbezogene Mit- und Zusammenarbeit hin;
- gehen Sie gegen die verbreitete Neigung zu vorschnellem Aufgeben und Resignieren bei andauernden und erhöhten Leistungsanforderungen an, und stärken Sie den Ehrgeiz zum Durchhalten;
- arbeiten Sie überhaupt mehr mit dem *Appell an Ehrgefühl und Stolz* des Jugendlichen als mit dem persönlichen Vorwurf;
- wirken Sie bei sich abzeichnender Zunahme von Arbeitsreife als »Verstärker«, indem Sie den Jugendlichen als Erwachsenen behandeln; erhöhen Sie sein Verantwortungsgefühl, indem Sie ihm zunehmend auch *eigene Freiräume zum Disponieren und Entscheiden* (= Kompetenzen), auch mit Risiken, übertragen;
- **vergessen Sie an keinem Tag, daß Arbeit auch Spaß machen soll; besonders das positive Erlebnis des ersten Arbeitstages kann als *erster Eindruck* langfristige Einstellungen bewirken!**

b) Personenbezogen:
- Verschaffen Sie sich bei der Arbeitsaufnahme des Jugendlichen im lockeren Gespräch ein Bild über
  - seine familiäre Herkunft,
  - Vorlieben in der Gestaltung seiner Freizeit sowie
  - die Vorstellungen seiner künftigen beruflichen und persönlichen Lebensziele und seiner Entwicklung;
- nehmen Sie den Jugendlichen in seinen Zielen, Anliegen und Sorgen gegenüber seiner Zukunft ernst, reden Sie mit ihm partnerschaftlich darüber, und versuchen Sie, mit Ihrem Verständnis dafür eine Vertrauensbeziehung herzustellen;
- verdeutlichen Sie bei überzogenem Anspruchsdenken, daß Konsumieren in Wohlstand *vorheriges Produzieren des Wohlstandes* voraussetzt;
- machen Sie Jugendlichen verständlich, daß das Zusammenleben und -arbeiten mit anderen Menschen Respekt und Toleranz gegenüber ihrem Anderssein gebietet, gleich, ob diese in anderen Meinungen, Zielen, sozialer Herkunft, Nationalität, Hautfarbe oder in anderen Merkmalen beruht;
- steuern Sie mit allen Mitteln dagegen, daß einzelne Jugendliche von der übrigen Gruppe, aus welchen Gründen auch immer, »zum Abschuß freigegeben« und mit jugendlichem Mobbing und Vandalismus »fertiggemacht« werden;
- verdeutlichen Sie ebenfalls, daß organisierte Lebensvollzüge (wie die betriebliche Arbeit) »Spielregeln« erfordern, die von allen Beteiligten zu beachten sind, und daß dazu *die innere Bereitschaft* (= Disziplin) der Beteiligten, sich nach ihnen zu verhalten, zu fordern ist;
- vermitteln Sie Ihren Jugendlichen mit der Autorität Ihrer Persönlichkeit, daß soziale Werthaltungen wie Achtung, Rücksichtnahme, Hilfsbereitschaft, Zuverlässigkeit, Toleranz, Redlichkeit, Ehrlichkeit, Vertrauenswürdigkeit und (auch mal) Bescheidenheit *unverzichtbare Werte* menschlichen Zusammenarbeitens und -lebens darstellen und daß weder das eine noch das andere ein Feld von Asozialität bilden darf;
- bemühen Sie sich, übertriebenes Selbstmitleid und Pessimismus in gesunden Selbstbehauptungswillen und Optimismus zu wandeln, und führen Sie dem Jugendlichen dabei *auch seine Chancen* in unserer Zeit vor Augen;
- beweisen Sie Pubertanden, daß ihre Flucht in unrealistische Traumwelten der Verfolgung ihrer

Lebensziele abträglich ist und daß Schwierigkeiten und Lebensziele am ehesten *durch die eigene Aktion* bewältigt werden und nicht dadurch, daß Hilfe von außen gefordert wird;

- *akzeptieren Sie den Jugendlichen trotz seiner anfänglichen Unvollkommenheiten für das Arbeitsleben als vollwertigen Menschen,* sprechen Sie ihn spätestens ab seinem 16. Lebensjahr mit dem stärker fordernden »Sie« an.

c) Generell:

- Führen Sie jüngere Mitarbeiter mit einfühlsamen Verständnis für die ungewohnt fordernde Situation des Arbeitens, in die sie sich am Berufsanfang gestellt sehen;
- wirken Sie dem unter Jüngeren verbreiteten Lebens-Pessimismus mit dem Aufzeigen realisierbarer Lebens-Chancen entgegen;
- führen Sie zuerst mit der lebendigen und glaubwürdigen Vermittlung gültiger Werte und mit Ihrer unbezweifelbaren Vorbildhaftigkeit, und greifen Sie zur Sanktion nur als letztem Mittel, wenn alle anderen versagen, oder, bildhaft formuliert:

Wirken Sie zuerst als *Mittellinie* auf der Straße zum angestrebten Ziel, aber im notwendigen Ausnahmefall auch als stabile *Leitplanke*, mit der zu kollidieren Schrammen hinterlassen kann.

23.3　　Führen älterer Mitarbeiter

A)　Grundannahmen:

Definitionen, die eindeutig aufzeigen, wann ein Mensch »alt« ist, gibt es nicht. Das *kalendarische Lebensalter* erweist sich dafür als untauglich, weil der biologische Alterungsprozeß in jedem Menschen unterschiedlich verläuft. Erste Alterungserscheinungen im Zellgewebe lassen sich zwar schon im dritten Lebensjahrzehnt nachweisen, schreiten aber intraindividuell ganz unterschiedlich schnell fort. Noch diffuser verläuft der psychische Alterungsprozeß des Menschen. Es gibt Menschen, die bereits als Zwanzigjährige geistig vergreisen, und solche, die sich noch im siebenten Lebensjahrzehnt und später die geistige Spannkraft junger Menschen bewahrt haben (»alte Junge« und »junge Alte«) [7].

Die OECD versteht unter älteren Arbeitnehmern Personen, die in der zweiten Hälfte ihres Berufslebens stehen, noch nicht das Pensionierungsalter erreicht haben und gesund und arbeitsfähig sind. Die Bundesanstalt für Arbeit, Nürnberg, zählt dazu aus arbeitsmarktpolitischer Sicht die Menschen über 45 Jahre [8]. Im allgemeinen Sprachgebrauch zählt man zu den älteren Arbeitnehmern solche, die im letzten Drittel ihres Berufslebens stehen, also älter als 50 Jahre sind. Das *Älterwerden* wirkt sich folgendermaßen auf das menschliche Leistungsvermögen aus: [9]

a) *Es nehmen ab*
- Muskelkraft,
- Beweglichkeit und Belastbarkeit von Gelenken,
- Hör-, Seh-, Tastvermögen,
- Fähigkeit, überdurchschnittliche Dauerbelastungen physisch und psychisch zu ertragen,
- Kurzzeitgedächtnis,
- Geschwindigkeit der Wahrnehmung äußerer Reize,
- Geschwindigkeit der Informationsverarbeitung bei komplexen Geschehensabläufen,
- Anpassungsfähigkeit generell, insbesondere die Fähigkeit, neue Anforderungen unter Zeitdruck zu bewältigen,
- Erlernen abstrakter, »sinnlos« erscheinender, komplexer Inhalte.

b) *Es bleiben gleich*
- Umfang erworbenen Wissens,
- Konzentrationsfähigkeit,
- vorhandene Sprachkenntnisse,
- Widerstandsfähigkeit gegenüber mittleren physischen und psychischen Belastungen,
- Fähigkeit zu überwachenden Funktionen.

c) *Es nehmen zu*
- Berufserfahrung, Trainiertheit und Urteilsfähigkeit,
- Fähigkeit zu schnellem Erfassen des Wesentlichen (des »Knackpunkts«) in diffusen Situationen,
- Selbständigkeit und planerisches, methodisches Denken,
- Ausgeglichenheit und soziales Ausgleichsvermögen,
- Zuverlässigkeit, Gewissenhaftigkeit, Sorgfalt und Exaktheit im Arbeiten sowie Arbeitsethos insgesamt,
- Verantwortungsbewußtsein fürs Ganze,
- allgemeine positive Einstellung zu Betrieb und Arbeit.

Es ist nach neueren, gesicherten Kenntnissen der *Gerontologie* (= Disziplin, die sich mit dem menschlichen Alterungsprozeß beschäftigt) *unberechtigt, das Älterwerden mit generellem Leistungsabfall gleichzusetzen.*
　　Richtiger ist es, von einer *Leistungsveränderung oder -verschiebung* zu sprechen. Ihr intraindividueller Verlauf hängt von einer Vielzahl von Variablen ab. Dazu gehören

- der Gesundheitszustand,
- der Grad des »Abgearbeitet-Seins« aufgrund zeitüberdauernder physischer und psychischer Belastungen,
- das bisherige psychische Anforderungsniveau und seine Dynamik,
- der Grad der eigenen Bereitschaft, sich physischen Belastungen (zum Beispiel Sport) und psychischen Anforderungen (zum Beispiel Weiterbildung, neue Aufgaben) zu unterwerfen sowie
- das Spektrum persönlicher Anlagen und Motive überhaupt.

Bei älteren Arbeitskräften scheinen sich zwei unterschiedliche, hier idealtypisch beschriebene Grundeinstellungen zur beruflichen Arbeit feststellen zu lassen [10]:

a) die beruflich Erfolgreichen, die, mit dem Erreichten zufrieden, in ihrer beruflichen Arbeit aufgehen und, gegenwartsbezogen und optimistisch stimuliert, im Beruf ihren wichtigsten Lebensinhalt sehen und jetzt ihre Leistungshöhepunkte erleben;

b) die beruflich Erfolglosen und Unzufriedenen, die – vom Arbeitsleben frustriert – die Schuld für ihren Mißerfolg vor allem in ihrer Umgebung suchen; sie streben, rückblickend auf die »gute alte Zeit«, jetzt dem Ruhestand entgegen und hoffen, vor weiteren Mißerfolgserlebnissen in ihrer restlichen beruflichen Arbeit bewahrt zu bleiben.

Generell ist der ältere Mitarbeiter weniger an weiterer Entwicklung, höherem Entgelt und Beförderung orientiert als daran, seinen erreichten Besitzstand zu bewahren und für Geleistetes mit Gesten der Wertschätzung, Achtung und Dankbarkeit bedacht zu werden.

In der Praxis erweist es sich als verhängnisvoll, daß die Öffentlichkeit, in einem »Defizit-Modell« von der geringeren Leistungsfähigkeit Älterer ausgehend, einem sachlich durch nichts gerechtfertigten Jugend-Mythos huldigt: Als biologisch minderwertig vorverurteilt und behandelt, beugt der

Ältere sich häufig diesem Image und wird erst zu dem, für den man ihn hält (»Andorra-Phäno-men«, vgl. Ziffer 14.9, Buchstabe C). Also begegnet er

- jüngeren Menschen mit Eifersucht, Aggressionen und Ablehnung,
- technologischen Änderungen mit prinzipiellem Mißtrauen und Furcht vor Versagen,
- sinnvollen Umsetzungen mit der Annahme, man wolle ihn doch nur degradieren.

Die in unserer Gesellschaft geltende *Doktrin des ständigen Aufstiegs* erweist sich auch hier, d. h. gemessen an den Bedürfnissen einer rationalen und zugleich menschenfreundlichen betrieblichen Personalpolitik, als irrational und verhängnisvoll.

B) Empfehlungen:

- Sorgen Sie dafür, daß ältere Mitarbeiter *nicht isoliert* von Kollegen gleicher Generation arbeiten müssen, sondern zu mehreren in gemischten Gruppen arbeiten können;
- vermitteln Sie ihnen des öfteren – insbesondere immaterielle – glaubwürdige Gesten der Wertschätzung, Anerkennung und Achtung für erbrachte Leistungen im Betrieb;
- bewahren Sie sie davor, sich unter hohem Zeit- und Erfolgsdruck in neue, komplexe Technologien einarbeiten zu müssen;
- vergewissern Sie sich *vor* der beabsichtigten Beförderung eines älteren Mitarbeiters, ob ihm überhaupt an ihr liegt, und sprechen Sie dabei offen über die auf ihn zukommenden Änderungen seines Aufgabenfeldes;
- beobachten Sie ältere Mitarbeiter Ihres Bereiches, ob sie – insbesondere nach technologischen Umstellungen – in ihren Funktionen altersbedingte Erschwernisse zu bewältigen haben;
- prüfen Sie, falls solche festzustellen sind, ob sie durch Maßnahmen der Anpassung des Arbeitsplatzes an den Mitarbeiter gemildert oder behoben werden können;
- prüfen Sie, falls dies nicht möglich sein sollte, ob Maßnahmen der Anpassung des Mitarbeiters an die Erfordernisse der Funktion vorgenommen werden müssen in Form von
  • Training oder Weiterbildung,
  • Arbeitszeitverkürzung (evtl. »job-sharing« zugunsten eines zweiten Mitarbeiters) oder
  • Umsetzung in eine weniger belastende Funktion.
  Als Funktionen für ältere Mitarbeiter eignen sich besonders
  • solche mit Aufgaben des Messens, Prüfens, Kontrollierens,
  • Aufgaben, die besondere Anforderungen an Genauigkeit, Zuverlässigkeit und Sorgfalt erfordern,
  • Beratungsfunktionen, in denen Erfahrungswissen wichtig ist,
  • Aufgaben mit sozialer Verantwortung,
  • Auswertungsaufgaben,
  • Arbeiten an Problemlösungen, die ein hohes Integrationsvermögen und Denken in Zusammenhängen benötigen.
- *Dem deklassierenden und degradierenden Charakter altersbedingter Umsetzungen kann entgegengewirkt werden,* indem
  • ältere Mitarbeiter mit dieser Möglichkeit vertraut gemacht werden, schon *bevor* sie davon konkret betroffen sind;
  • eine notwendige Umsetzung mit dem betroffenen Mitarbeiter frühzeitig geplant, besprochen und beraten wird und diesem so Gelegenheit gegeben wird, sich mit ihr vertraut zu machen und an ihr selbst mitzuwirken;
  • der erlangte Status erhalten bleibt und verlorengehende Statuselemente durch neue ersetzt werden.

- *Fördern Sie in Ihrem Bereich (besser: im ganzen Betrieb) generell die Belange der älter werdenden Mitarbeiter dadurch, daß*
  - über den Prozeß des Alterns mit eventuellen Änderungen des Einsatzgebietes für den einzelnen *als Normalität* gesprochen wird, die eines Tages auf jeden zukommen kann;
  - Sie das Image der Älteren pflegen und eventuelle abwertende Angriffe Jüngerer abwehren; stellen Sie dabei insbesondere die (Aufbau-) Verdienste der Älteren in früheren Jahren heraus;
  - Sie betriebliche Möglichkeiten zu flexibler Teilzeitarbeit für Ältere fördern und ausbauen;
  - Sie dem Älteren seinen festen Platz im Betrieb sichern und ihm so die Angst vor ungewolltem altersbedingten Verlust des Arbeitsplatzes mit dem Makel der Unbrauchbarkeit nehmen.

Der Eintritt in den Ruhestand kann insbesondere von solchen Arbeitnehmern, die davon unfreiwillig und/oder unvorbereitet betroffen werden, als »Sturz in die Leere« (»Pensionierungs-Bankrott«) empfunden werden. Der nun empfundenen Sinnentleerung des Lebens folgen nicht selten Apathie, Depressionen und/oder organische Erkrankungen. Der Betrieb verliert mit seinen Ruheständlern zugleich deren geballtes Potential an Erfahrungs-Know-how. Beides kann mit Maßnahmen wie den folgenden sinnvoll und zugleich menschenfreundlich gemildert oder sogar vermieden werden:

- Möglichkeiten zu »schleichendem« Austritt aus dem Arbeitsleben durch kontinuierliche Verkürzung der Arbeitszeit ab einem bestimmten Lebensalter, wobei die Einkommensfrage zu klären ist,
- Vorbereitung der Älteren auf den Ruhestand in Vor-Seniorenkreisen mit psychisch stützenden und freizeitaktivierenden Hilfen (Vorträge/Workshops/Sport/Hobby),
- Förderung von Kontakten zu Ruheständlern mittels
  - Seniorenwerkstätten mit flexibler Teilzeitarbeit für Sonderaufgaben,
  - Hinzuziehen kompetenter Senioren zu Beteiligungsgruppen,
  - Einrichtung von regelmäßig stattfindenden Senioren-Zirkeln mit Gesprächs- und Spielrunden, Wanderungen etc.,
  - Einzelveranstaltungen (Weihnachtsfeiern, Werksbesichtigungen),
  - Senioren-Abonnements der Werkszeitschrift.

23.4   Führen ausländischer Mitarbeiter

A)   Allgemeines

Ausländische Arbeitnehmer bilden heute mit fast 1,9 Mio. Berufstätigen zusammen mit ihren fast 5,242 Mio. Familienangehörigen [11] einen achtbaren und längst selbstverständlich gewordenen Bestandteil unserer arbeitenden und unserer Wohnbevölkerung. Sie erbringen nicht nur in unserer Volkswirtschaft bedeutende Wertschöpfung, sondern sie vermitteln auch unserem Alltag in Handel und Gastronomie sowie unserem kulturellen Leben lebendige und bereichernde Impulse. Mio. von Ausländerkindern der 2. und 3. Generation sind in Deutschland geboren, sprechen fließend die deutsche Sprache, haben die hiesigen Schulen zum großen Teil erfolgreich durchlaufen, und stehen beruflich wie privat den in Deutschland geübten sozio-kulturellen Denk- und Lebensweisen näher als denen der Heimat ihrer Väter und Großväter. Insoweit besteht zwischen den Generationen ein sehr unterschiedliches Maß an Integration in unsere Gesellschaft, das erhebliche Konfliktpotentiale birgt. Es spricht alles dafür, zumindest den hier Geborenen, wenn sie dies wünschen, den Weg in ein befriedigendes berufliches wie privates Leben in Deutschland als künftige Lebens-Normalität zu eröffnen.

B) Bildung, Beruf und Leistungen

Befund:

Die Mehrzahl unserer ausländischen Mitarbeiter entstammt den heißeren Klimazonen des Mittelmeerraumes. Dort befindet sich die Industrialisierung vielerorts noch im Aufbau. Die Bevölkerung ist mehr an landwirtschaftliche Arbeitsformen als an die straff durchrationalisierte und hochmechanisierte Arbeit in modernen Fabriken gewöhnt. Auch die Leistungen der allgemeinbildenden Schulen und der Berufsausbildung reichen teilweise noch nicht an jene unseres Schulsystems heran.

Folgen:

Die Mehrzahl der zu uns gekommenen ausländischen Mitarbeiter mußte erhebliche Anpassungsschwierigkeiten bewältigen, um dem Arbeitsrhythmus und den Leistungsanforderungen unserer hochentwickelten Wirtschaft gerecht zu werden. Ihre vielfach geringere Berufsbildung führte sie vor allem in *ausführende* Funktionen auf dem Niveau un- und angelernter Arbeiter. Bei den Folgegenerationen vollziehen sich Anpassung an und Integration in deutsche Verhältnisse deutlich problemloser.

Führungsziele:

- Heranführung an die im deutschen Arbeitsleben geltenden Leistungsstandards und Verhaltensnormen,
- Förderung junger Mitarbeiter ausländischer Herkunft, eine ihren Begabungen und Fähigkeiten gemäße Berufsqualifikation und -stellung zu erlangen.

Empfehlungen:

- Weisen Sie ausländische Mitarbeiter, die neu in Ihrem Bereich ihre Arbeit aufnehmen, besonders sorgfältig und umfassend in die hier geltenden Regeln des Arbeitslebens, insbesondere in Verhaltensregeln, Leistungsziele und in das Aufgabenfeld mit seinen spezifischen Unfallgefahren ein, und verfahren Sie dabei höflich, ruhig und bestimmt, aber *nicht von oben herab;*
- üben Sie Geduld bei wiederholten Rückfragen und bei anfänglichen Einarbeitungsschwierigkeiten;
- geizen Sie bei Erfolgen besonders am Anfang nicht mit Lob und Anerkennung, und wirken Sie so positiv verstärkend;
- decken Sie bei Kontrollen festgestellte Mängel auf, besprechen Sie sie mit dem Mitarbeiter offen, und achten Sie nachfolgend auf die Einhaltung der Vorgaben;
- prüfen Sie Möglichkeiten für Arbeitsgruppen mit Arbeitskräften *und Vorgesetzten* (zum Beispiel Vorarbeiter mit langjähriger Erfahrung im Betrieb) gleicher Herkunft, dies erhöht erfahrungsgemäß die Arbeitszufriedenheit und Akzeptanz des Geführt-Werdens [12];
- vermitteln Sie insbesondere jüngeren Ausländern Chancen, einen qualifizierten beruflichen Abschluß zu erlangen (zum Beispiel Fachabschlußprüfung), und machen Sie ihnen Mut, sich beruflich weiterzuqualifizieren (zum Beispiel Fachabitur, Hochschulstudium).

C) Kultureller Hintergrund

Befund:

In den Herkunftsländern ausländischer Mitarbeiter gelten zum Teil erheblich abweichende kulturelle Normen gegenüber den hier geübten. Dies gilt zum Beispiel
- *für Religion und ihre Bräuche* (andere Sinngebung und Begehung christlicher Feste, islamische Glaubenszugehörigkeit);
- *für Sitten und Traditionen* (Stellung der Geschlechter zueinander, allgemeiner Lebensvollzug, Eßgewohnheiten) oder
- *für das Wertesystem* (Status der Familie, Begriff und Schutz der Ehre, Gastfreundschaft).

Folgen:

Viele dieser Normen werden von Deutschen nicht verstanden, und/oder sie stehen in Widerspruch zu eigenen Normen. Ihre Abwertung oder Ablehnung führt zu *Normenkonflikten* mit nationalistischen Ressentiments.

Führungsziele:
- Vertrautmachen der Ausländer mit abweichenden deutschen Gepflogenheiten und Hinwirken auf deren Respektierung im öffentlichen und im Arbeitsleben,
- aber auch Hinwirken auf Akzeptanz ihrer kulturellen Eigenständigkeit, vor allem im landsmannschaftlichen und familiären Bereich, seitens deutscher Mitarbeiter,
- aktives Tolerieren jeweiligen Anders-Seins auf *beiden* Seiten.

Empfehlungen:
- Weisen Sie Ihre ausländischen Mitarbeiter dann, wenn ihre kulturellen Gepflogenheiten in Konflikt zu den hiesigen zu geraten drohen, auf die hier geltenden Gepflogenheiten hin, und erklären Sie ihnen den Hintergrund dafür;
- wecken Sie ohne nationalistischen Zungenschlag bei ihnen Verständnis und Einsicht für die Notwendigkeit, sich in sensiblen Sektoren des öffentlichen Zusammenlebens den Normen des Gastlandes anzupassen;
- treten Sie für Toleranz und Verständnis gegenüber andersartigen Bräuchen und Sitten ausländischer Mitarbeiter auch unter Deutschen ein;
- beachten und unterbinden Sie, notfalls durch harte disziplinarische Konsequenzen, ausländerdiskriminierendes Verhalten bei Deutschen, insbesondere bei wenig Qualifizierten und Gebildeten (Problem der »sozialen Hackordnung«).

D) Sprache als Kommunikationsbarriere

Befund:

Ausländische Arbeitnehmer verfügen bei ihrer Ankunft in Deutschland regelmäßig nicht über Kenntnisse der deutschen Sprache. Ihr Erwerb verläuft unterschiedlich erfolgreich, er erweist sich bei vielen vor allem der Älteren trotz langjährigen Aufenthaltes im Gastland jedoch als mangelhaft.

Folgen:

Viele Ausländer sind durch Kommunikationsbarrieren

- im Arbeitsprozeß häufigen Verständigungsschwierigkeiten und davon ausgelösten Konflikten ausgesetzt,

- von Chancen ihrer weiteren Qualifikation und Förderung ausgeschlossen, was sich insbesondere bei Innovationen größeren Umfangs (zum Beispiel bei der Einführung *schlanker Produktion*) arbeitsplatzgefährdend auswirken kann,
- teils gewollt, teils unfreiwillig, von einem normalen und sinnvollen Zusammenleben mit deutschen Nachbarn und Mitarbeitern ausgeschlossen und dadurch gesellschaftlich isoliert.

Führungsziele:
Senkung der Kommunikationsbarrieren dadurch, daß

- in Problemfällen ein Dolmetscher eingeschaltet wird und
- Ausländer permanent dazu angehalten werden, sich ausreichende deutsche Sprachkenntnisse anzueignen.

Dies ist insbesondere von Angehörigen der jüngeren und mittleren Altersklasse zu fordern.

Empfehlungen:
- Achten Sie bei Anordnungen etc. genauestens darauf, daß Ihr ausländischer Mitarbeiter sie *voll verstanden* hat;
- ziehen Sie bei komplizierteren Angelegenheiten einen Dolmetscher hinzu;
- prüfen Sie bei jeder Auseinandersetzung zunächst, ob ihr schlicht ein Mißverständnis zugrundeliegt, und versuchen Sie, sie durch Klarstellungen zu bereinigen;
- nützen Sie Ihre ständigen Arbeitskontakte, Ausländer in ihren Sprachkenntnissen zu fördern und zu fordern, reden Sie mit ihnen *in sauberem Hochdeutsch,* und unterlassen Sie hier und da übliche Verballhornungen;
- nehmen Sie - möglichst abgestimmt mit anderen betrieblichen Stellen - Einfluß darauf, daß die Ihnen unterstellten Ausländer sich selbständig anstrengen, ihre Sprachkenntnisse auf das Niveau reibungsloser Verständigung zu verbessern, weisen Sie ihnen dazu Möglichkeiten nach (zum Beispiel VHS-/Abendkurse/Arbeitsgemeinschaften im Betrieb), und stellen Sie klar, daß ihr Fortkommen im Betrieb ausreichende Verständigungsmöglichkeiten voraussetzt.

E) Soziale Stellung

Befund:
In ihrer Heimat haben unsere ausländischen Arbeitnehmer ehemals in ihrer sozialen Umgebung als geachtete und gleichwertige Menschen gelebt. Ihre Entschlossenheit, in ein fremdes Land zu gehen, deutet sogar auf überdurchschnittlich entwickelte Risikobereitschaft und Mobilität mit ausgeprägtem Selbstvertrauen hin.

Folgen:
Ihre unterprivilegierte berufliche und gesellschaftliche Stellung, die sie als un- oder angelernte Arbeitskräfte in Deutschland überwiegend einnehmen, droht sie in einen *Statuskonflikt* zu führen, dessen Frustrationen mit Aggressionen (Wut auf Deutsche), Restriktionen (Abkapselung in Gruppen gleicher Nationalität), Kompensation (»Imponiergehabe«) u.a. abgebaut werden. Dies gilt um so mehr, wenn sie sich von Deutschen sichtbar diskriminiert fühlen. Empfindsames Ehr- und verletztes Selbstwertgefühl lassen sie zudem leicht überempfindlich und überzogen reagieren.

Führungsziele:
Soziale Gleichstellung von Ausländern und Deutschen.

Empfehlungen:
- Behandeln Sie Ausländer *nicht schlechter,* aber auch *nicht privilegierter* als Deutsche in vergleichbaren Situationen;
- bringen Sie ihnen sichtbare menschliche Achtung entgegen;
- weisen Sie Ausländer mit Takt auf eigene Verhaltensweisen hin, durch die sie sich in den Augen ihrer deutschen Mitarbeiter lächerlich machen oder »ins Abseits stellen« könnten, und helfen Sie ihnen, sich angemessener zu verhalten;
- bilden Sie gemischte Arbeitsgruppen;
- wirken Sie sozialen Diskriminierungen seitens deutscher Arbeitnehmer schon in den Anfängen konsequent entgegen, und üben Sie bei Konflikten zwischen Deutschen und Ausländern strenge Gerechtigkeit;
- betrauen Sie verständnisvolle und im Gruppengefüge hochgestellte deutsche Mitarbeiter gegenüber Ihren Ausländern mit speziellen Betreuungsaufgaben (Patenfunktion);
- machen Sie Ausländern aber auch deutlich, daß Überreaktionen aus Frustrationen, auch wenn letztere verständlich sind, den Arbeitsfrieden stören und nicht geduldet werden können.

F) Wirtschaftsverhalten

Befund:

Nicht wenige Ausländer, insbesondere selbst zugewanderte, betrachten ihre Arbeitsphase in Deutschland als Chance, sich für die Zeit nach ihrer fest geplanten Rückkehr in ihr Herkunftsland eine finanzielle Existenzgrundlage zu sichern. Das vorrangige Arbeitsziel besteht darin, ihr Einkommen zu maximieren. Integration in das deutsche Gesellschaftssystem wird nicht angestrebt, und innere Distanz dazu wird bewußt aufrechterhalten.

Folgen:

Maximales Interesse an Einkommensmaximierung durch Überstunden, Sonderschichten, Leistungsprämien, gelegentlich auch durch mißbräuchliches Ausschöpfen des Systems deutscher Sozialleistungen (zum Beispiel häufiges »Krankfeiern« im Zusammenhang mit dem jährlichen Heimaturlaub [13]).

Führungsziel:

Überspitzungen und Fehlhaltungen entgegenwirken.

Empfehlungen:
- Vermitteln Sie ausländischen Mitarbeitern, daß Einkommensmaximierung nur im Rahmen des Üblichen möglich und akzeptabel ist;
- erinnern Sie an Gefahren für die Gesundheit bei überzogener Ausbeutung der Arbeitskraft,
- machen Sie ausländischen Mitarbeitern deutlich, daß das Netz der deutschen Sozialversicherungen auch ihnen Schutz gibt, daß es aber nicht für Mißbrauch bereitsteht, und daß sein Mißbrauch als Rechtsbruch schwerwiegende Folgen nach sich ziehen wird;
- sanktionieren Sie erwiesenen Mißbrauch gegenüber Ausländern mit der gleichen Konsequenz wie gegenüber Deutschen.

23.5   Zusammenarbeit mit dem eigenen Vorgesetzten

A) Grundannahmen:
Die Funktionen eines *nachgeordneten* Vorgesetzten gegenüber seinem *überstellten* Vorgesetzten (oder: *Chef*) bestehen vor allem darin, dem/den letzteren

- durch reibungsloses und effektives Führen des eigenen Bereichs mittelbar Führungserfolg zu vermitteln,
- von Überwachungsaufgaben zu entlasten und für seine Aufgaben den Rücken freizuhalten, sowie
- in seinen Aufgaben berichtend und beratend zu unterstützen:
  • als Spezialist in Sach- und Fachfragen des eigenen Aufgabengebietes,
  • als Kenner seiner Mitarbeiter in Personalfragen sowie
  • als Vermittler von Informationen über seinen Bereich.

Jeder Vorgesetzte determiniert durch seine Sach- und Führungskompetenz sowie durch den damit seinem Chef vermittelten Nutzen die *Autorität*, die ihm von diesem zuerkannt wird. Sie wird um größer sein, je nützlicher der Chef die von unten gewährte Unterstützung bewertet. Umgekehrt bildet die einem Vorgesetzten von oben zuerkannte Autorität im Sinne von Gehört- und Unterstützt-Werden sowie Rückendeckung zugleich eine zentrale Führungshilfe gegenüber seinen eigenen Mitarbeitern. Zwischen vorgeordneten und nachgeordneten Vorgesetzten besteht *eine symbiotische Beziehung wechselseitiger Erfolgsvermittlung.*

Organisationspsychologisch nimmt der nachgeordnete Vorgesetzte aus der Sicht seines eigenen Vorgesetzten die Rolle eines unterstellten Mitarbeiters ein. Der Chef führt mit der Überlegenheit seiner Aufgabenstellung, seines Einflusses, seiner Informationsfülle und seines Status. Daraus resultiert die *Erwartung eines angemessenen Respekts* auch seitens unterstellter Vorgesetzter.

B) Empfehlungen:
- Fördern Sie den Erfolg der Arbeit Ihres Chefs durch
  • Ihren fundierten Rat als Spezialist in Sach- und Führungsproblemen Ihres Aufgabengebietes und Führungsbereiches,
  • knappe und präzise Informationen über die wichtigsten Vorgänge Ihres Bereiches (damit er weiß, »was läuft«);
- unterstützen Sie ihren Chef in seiner Stellung durch
  • rechtzeitige Information über sich abzeichnende außergewöhnliche Situationen und Problemfälle,
  • Informationen über Vorgänge auch außerhalb Ihres Bereiches, soweit sie für die Arbeit Ihres Vorgesetzten von Bedeutung sind,
  • Unterlassung jeglicher abwertender Bemerkungen über ihn gegenüber Dritten,
  • Ihre Loyalität schlechthin; wo diese durch Ihren Vorgesetzten in Frage gestellt wird, sollten Sie Konsequenzen ziehen;
- gestalten Sie die gesamte Zusammenarbeit mit ihm selbst aktiv durch eigenes kreatives Mitdenken und -handeln; konsumieren Sie nicht nur seine Kreativität und Initiative;
- bereiten Sie Ihre Berichte, Anträge und Vorschläge präzise vor nach Gegenstand, angestrebtem Ziel, Vor- und Nachteilen; bereiten Sie sich auf Gegenfragen vor, und suchen Sie sich für Ihr Gespräch den richtigen Zeitpunkt aus (er kann für Ihren Erfolg entscheidend sein!);

– stellen Sie gegenüber Ihrem Vorgesetzten generell und bei Bedarf auch situativ klar, welche Unterstützung und Freiräume Sie selbst von ihm erwarten, um eine effektive Zusammenarbeit und Führungstätigkeit ausüben zu können (zum Beispiel Informationen, Beachtung Ihrer Anliegen und Meinungen, Rückendeckung, Loyalität und Zeit);

– verteidigen Sie bei gegebenem Anlaß die Ihnen zugewiesenen Zuständigkeiten, Kompetenzen und Verantwortlichkeiten;

– ermitteln Sie die nach seinem Rollenverständnis angemessenen Stilelemente des Zusammenarbeitens, und bringen Sie sie mit Ihren eigenen, ohne Ihre eigene Selbstachtung dabei zur Disposition zu stellen, zu einem gedeihlichen »modus vivendi« (etwa »erträgliche Form des Zusammenlebens) in Fragen wie:

  • welche Relation zwischen persönlichem Abstand und Kontakt?
  • welches Maß an Vertraulichkeit ist möglich, ohne daß sie aufdringlich wirken?
  • in welchem Umfang ist Teilnahme an persönlichen Angelegenheiten angemessen?;

– lassen Sie Ihren Vorgesetzten stets sowohl unter vier Augen, aber erst recht vor Dritten *das Gesicht als Chef wahren;* kanzeln Sie zum Beispiel eine von ihm vorgeschlagene Problemlösung nicht als »unbrauchbar« ab (auch wenn sie es wirklich ist), sondern geben Sie zu bedenken, ob sein Vorschlag modifiziert (durch Ihre Lösung) nicht noch effektiver gestaltet werden könnte;

– gehen Sie davon aus, daß Ihr Vorgesetzter *auch nur ein Mensch* ist, mit Stärken und mit Schwächen, aber eben einer, der Ihren beruflichen Weg unmittelbar mitprägt, so wie Sie den Ihrer Mitarbeiter.

23.6   Zusammenarbeit mit Vorgesetzten-Kollegen

A) Grundannahmen:

Bei Vorgesetzten-Kollegen handelt es sich um Führungskräfte der gleichen Ebene oder anderer Ebenen, die Ihnen in Linie weder über- noch nachgeordnet sind, mit denen Sie wohl aber zusammenwirken müssen. Kooperation setzt die freiwillige Bereitschaft dazu voraus, Zwang wirkte blockierend. Als Mittel des Einflusses bleiben Autorität, persönliche informelle Bindungen und die Gegenseitigkeit zu vermittelnden Nutzens. Das direkte Zusammenwirken läßt Vorgänge wie gegenseitiges Abstimmen, Unterstützen und Vertreten gemeinsamer Interessen häufig reibungsloser, schneller und effektiver verlaufen als der offizielle dienstliche Weg.

B) Empfehlungen:

– Stellen Sie zu Ihren Vorgesetzten-Kollegen persönlichen Kontakt her, und zwar auch außerhalb dienstlicher Besprechungen;

– helfen Sie gelegentlich - auch ungefragt -, wenn Sie sehen, daß Ihre Hilfe aus einer Klemme hilft;

– lassen Sie ihnen gelegentlich Informationen zukommen, die interessieren könnten;

– versuchen Sie, Problemfälle, die Sie gemeinsam betreffen, vor der Regulierung auf dem offiziellen Wege gemeinsam vorzuklären;

– machen Sie aus Ihrer guten Zusammenarbeit mit Vorgesetzten-Kollegen gegenüber Ihrem Chef, aber auch aus Ihrer guten Beziehung zu Ihrem Chef gegenüber diesen, kein Geheimnis;

– verlassen Sie diese inoffizielle Schiene, wenn Sie sehen, daß Ihre Kooperationsbereitschaft von der anderen Seite dazu benutzt wird, sich auf Ihre Kosten Vorteile zu sichern, oder anderweitig mißbraucht wird.

23.7 Zusammenarbeit mit dem Betriebsrat [14]

A) Grundannahmen über die gegenwärtige Situation:
Die vom BetrVG vorgesehene Mitwirkung von Betriebsräten an mitwirkungsfähigen Angelegenheiten läuft in Großunternehmen relativ reibungslos, in nicht wenigen Klein- und Mittelbetrieben dagegen noch mit Schwierigkeiten [15]. Dazu ist folgendes festzustellen:

a) Mitglieder der Betriebsräte sind häufig
- gewerbliche Arbeitnehmer und Angestellte einfacherer und mittlerer Qualifikation als Sachbearbeiter und Facharbeiter, seltener mit Hochschulabschluß,
- beim Amtsantritt ohne Qualifikation und Erfahrungen als Betriebsräte,
- dank längerer Betriebszugehörigkeit mit besonderer Kenntnis der betrieblichen Interna (Personalia und informelle Szene) ausgestattet,
- bei genügendem Rückhalt in der Belegschaft Menschen mit kräftig ausgebildetem »Rückgrat«,
- durch die drohende Gefahr ihres Sonst-nicht-mehr-gewählt-Werdens gegenüber ihren Wählern erfolgsverpflichtet.

b) Die Gesprächspartner der Betriebsräte vom Management sind regelmäßig höhere und Leitende Angestellte mit
- qualifizierter formaler Ausbildung (zumeist Hochschulabschluß),
- langjährigen Erfahrungen in ihrer Funktion,
- detaillierten Informationen und Kenntnissen gegenüber den zu regelnden Sachfragen,
- Verpflichtung zu Erfolg und Loyalität gegenüber dem Arbeitgeber.

c) Namentlich in Klein- und Mittelbetrieben läßt sich folgendes feststellen [16]:
- Arbeitgeber und Betriebsräte sind häufig gegenüber der anderen Seite mit einem Feindbild behaftet, das ihre Einstellungen und Verhaltensmuster zueinander belastet;
- gewerkschaftspolitisch fixierte, in ihren Ämtern unsichere und/oder von ihren Arbeitgebern düpierte Betriebsräte lehnen sich in ihrer Amtsführung eng an ihre Gewerkschaften an [17], vertreten deren sozial- und tarifpolitische Leitbilder und bestätigen so erst vorgefaßte Meinungen der Arbeitgeber von Betriebsräten als »Handlanger von Gewerkschaftsfunktionären«; bestehende Gräben werden so wechselseitig vertieft;
- die praktische Zusammenarbeit wird, infolge ideologischer Feststellungen beider Seiten, erschwert, wenn nicht unmöglich.

d) Die Schwierigkeiten mit der jeweils anderen Seite werden wie folgt dargestellt:
da) Seitens des Managements: Betriebsräte
- arbeiten zu langsam;
- entwickeln aus grundsätzlichem Mißtrauen eine »Persilschein-Mentalität«, d.h. sie lassen sich alles schriftlich geben;
- bringen zu wenig »Durchblick« mit infolge mangelnder Qualifikation;
- »mauern« mit Berufung auf das Grundsätzliche;
- zeigen sich geistig schwerfällig und unbeweglich;
- betonen einseitig arbeitnehmerseitige *Rechte*, aber *keine Pflichten*;
- ersetzen Sachbezogenheit durch Ideologisierung;
- arbeiten mit Erpressungsversuchen (»wenn nicht ..., dann ...«);
- lehnen Schulungsangebote der Arbeitgeber unbegründet ab.

db) Seitens der Vertreter von Betriebsräten: Manager

- behandeln die Einschaltung von Betriebsräten als lästige Pflicht- und Formübung, um dem Gesetz äußerlich Genüge zu tun, wollen aber keine wirkliche Kooperation;
- schalten Betriebsräte häufig zu spät ein und informieren sie nicht oder nur mangelhaft;
- arbeiten von vornherein mit der Absicht und den Taktiken des »Austricksens«;
- bieten Betriebsräten unter dem Vorwand des Zeitmangels keine ausreichenden Gesprächsmöglichkeiten;
- ignorieren die Vorschläge der Betriebsräte in den Bereichen der Arbeitssicherheit und der Unfallverhütung, wo das BetrVG nur ihre Beratung vorsieht, von vornherein und grundsätzlich;
- arbeiten mit den Mitteln der Erpressung (siehe vorstehend).

e) Wir meinen: Die nach § 2 Abs. 1 BetrVG »zum Wohle der Arbeitnehmer und des Betriebs« von Management und Betriebsräten gemeinsam zu lösenden Aufgaben verlangen ein Höchstmaß an Sachbezogenheit, Kooperativität und Sachkundigkeit auf *allen* Seiten. Dies muß um so mehr gelten, als erfolgreiches Kooperieren künftig noch wichtiger werden wird als bisher: Neue, kapitalintensivere Technologien erfordern längere Maschinenlaufzeiten, diese erfordern mit dem Lösen der Laufzeiten von gewohnten Tages- und Wochenarbeitszeiten für Arbeitskräfte neue Arbeitszeitmodelle, und diese können *nur mit, nicht gegen* den Betriebsrat realisiert werden. Dies erfordert

- die Abkehr von überholten, ideologischen und einseitigen Denkschablonen,
- ausreichende Qualifikation der Betriebsräte für ihre Aufgaben, die, ernst genommen, denen einer mittleren Führungskraft in nichts nachstehen, sowie
- Bereitschaft zu gegenseitiger Partnerschaft und Fairneß.

B) Empfehlungen

a) Personenbezogen:
- Stellen Sie bei der Aufnahme Ihrer Führungstätigkeit im Betrieb *persönlichen Kontakt zum Betriebsrat* her;
- Verschaffen Sie sich über die Situation des Betriebsrates in der Belegschaft (Wahlergebnis, Rückhalt) sowie über seine Arbeitsweise, sein Verhältnis zum Arbeitgeber, seine Nähe zur Gewerkschaft, seine Gruppenstruktur ein realistisches Bild;
- schaffen Sie Möglichkeiten zu gelegentlichen informellen Gesprächen mit Vertretern des Betriebsrates unter vier Augen, und schenken Sie ihren Meinungen und Anliegen Ihr Gehör;
- schaffen Sie durch die *Redlichkeit Ihrer Zusammenarbeit* ein Klima des Vertrauens;
- ziehen Sie Betriebsräte, die vertrauliche Informationen auch vertraulich behandeln, bei absehbaren Negativ-Entwicklungen (zum Beispiel gravierenden Auftragseinbrüchen) *frühzeitig* ins Vertrauen, und schaffen Sie so vorbereitend eine Basis für eventuelle später zu ziehende Konsequenzen;
- leiten Sie aus Ihrer eventuellen bildungsmäßigen und intellektuellen Überlegenheit kein Recht zu Überheblichkeit und Arroganz ab;
- reden Sie insbesondere mit Mitgliedern des Betriebsrates in der Sprache, die sie verstehen;
- denken Sie im Falle einer Auseinandersetzung daran, daß Zusammenarbeit *auch danach noch* möglich bleiben muß, und vermeiden Sie es deshalb, den Betriebsrat zu demütigen oder ihn sein Gesicht verlieren zu lassen;
- vermeiden Sie es insbesondere, Betriebsräte, an deren Wiederwahl Ihnen gelegen ist, vor Wahlen »aufs Kreuz zu legen« und vor ihrer Belegschaft als erfolglos hinzustellen;
- *bieten Sie mit Ihrer stilistisch sauberen Arbeit dem Betriebsrat ein Beispiel.*

b) Aufgabenbezogen:

- Wirken Sie darauf hin, daß *amtsneue* Betriebsrats-Mitglieder ausreichend und vertieft über die aktuelle betriebliche Situation informiert werden;
- versorgen Sie den Betriebsrat in Angelegenheiten seines Mitwirkens rechtzeitig und umfassend mit Informationen, auch über Bedeutung, Hintergrund und Konsequenzen der Sache;
- *verwandeln Sie seine Mitwirkungsrechte in Mitwirkungspflichten, indem Sie ihm seine Entscheidung abfordern;*
- verschaffen Sie ihm den erforderlichen »Durchblick« *auch vor Ort,* wo die Entscheidung sich auswirkt, führen Sie also regelmäßige Ortsbegehungen durch [18];
- sehen Sie dann, wenn der Betriebsrat Ihnen den Wunsch/ein Anliegen eines Arbeitnehmers vorträgt, nicht nur den fordernden Aspekt seines Wirkens, sondern auch, daß er mit der Kanalisierung eines möglichen Konfliktes auf den offiziellen Weg dem Betriebsfrieden dient;
- führen Sie dem Betriebsrat bei problematischen Entscheidungen und Forderungen stets die technischen, organisatorischen und kostenseitigen Auswirkungen für Betrieb und Belegschaft vor Augen, legen Sie ggf. auch Zahlen auf den Tisch, aber drohen Sie nicht sogleich mit der Keule des Arbeitsplatzverlustes;
- zeigen Sie sich da, wo die Sache es zuläßt, *kompromißbereit;* Sie stärken damit Ihre moralische Position für die Fälle, in denen Sie hart bleiben müssen;
- informieren und konsultieren Sie den Betriebsrat von Fall zu Fall *freiwillig* auch in Sachfragen, in denen das BetrVG seine Mitwirkung nicht zwingend vorschreibt;
- decken Sie Fälle schonungslos auf, in denen der Betriebsrat nicht sachbezogen, sondern ideologisch verbohrt und/oder destruktiv argumentiert;
- *machen Sie dem Betriebsrat und notfalls der ganzen Belegschaft deutlich, daß ideologisch verbohrtes und destruktives Handeln des Betriebsrates ihm selbst und den Anliegen der ganzen Belegschaft schadet.*

Ihre Offerte, mit dem Betriebsrat solchermaßen zu kooperieren, birgt eine gewisse Gefahr, daß ein *unkooperativer* Arbeitgeber dies mißbilligt. Versuchen Sie in diesem Fall klarzustellen, daß Kooperation mit der einen Seite Loyalität zur anderen nicht ausschließt, sondern den betrieblichen Zielen dient.

Versuchen Sie, Ihren Vorgesetzten geduldig davon zu überzeugen, was der Betriebsrat sein soll und auch sein kann: **ein Stück betrieblicher Selbstverständlichkeit.**

Anhang zu Kapitel 23

A) Anmerkungen

1 Schneevoigt, I./Scheuten, W. K., in Kienbaum, J. (Hrsg.), 1992, S. 403ff. (447)
2 A. a. O., S. 452
3 Ausführlich Höhn, R./Böhme, G., 1980, S.195ff.
4 Wiederholen Sie Ziffer3.3, Buchstabe D
5 Grundlegend Crisand, E./Kiepe, K., 1989; Wilbers J., in HWP, Sp. 222ff.
6 Quelle: Stat. JB. 1992, Tabelle 6.2
7 Als Beispiel dafür möge der erste Kanzler der Bundesrepublik Deutschland, Konrad Adenauer, genannt werden, der sein Amt 73jährig antrat und dessen anfängliche geistige Spannkraft von Freunden ebenso bewundert wie von Gegnern gefürchtet wurde.
8 Lehr, U./Wilbers, J., in HWP, Sp. 203

9 I. d. S. a. a. O., Sp. 206–208; Lehr, U., in HWFü, Sp. 4; DGfP/Institut Mensch und Arbeit, 1984, S. 14/ 15

10 Näher Gellermann, S. W., 1972, S.241ff.

11 Stat. JB. 1992, Tab. 2.1; 3.20

12 I. d. S. Reimann, H., in HWP, Sp. 212ff. (219)

13 Die Krankenstände in zeitlichem Zusammenhang mit Jahresurlaub liegen bei Ausländern durchschnittlich 3- bis 5mal so hoch wie bei Inländern, Salowski, H., 1991, S. 58ff. (65)

14 Wiederholen Sie Ziffer 8.3; zur geschichtlichen Entwicklung vgl. Söllner, A., 1987, § 19 Abschnitt I; Kittner M., 1992, S. 567ff.

15 I. d. S. Kittner M., 1992, S.573 (aus gewerkschaftspolitischer Sicht)

16 Die folgenden Aufzählungen sind Ergebnisse von Seminaren des Verfassers, in denen Führungskräfte und Betriebsräe gemeinsam ihre Brobleme und Wege ihrer Lösung erörtert haben.

17 Die seit 1981 gewählten Betriebsräte sind zu 77% im DGB, zu 3% in der DAG, zu 1% anderweitig und nur zu 19% unorganisiert; (Annäherungswerte), Kittner, M., 1992, S. 578

18 Der Betriebsleiter eines mittelständischen Betriebes: »Ich begehe mit meinem Betriebsratsvorsitzenden jede Woche mindestens zweimal alle Problemstellen des Betriebes. Die zwei bis drei Stunden je Tag wiegt die erreichte sachliche und fruchtbare Zusammenarbeit allemal auf«.

B) Kontrollfragen und -aufgaben

Heften Sie zwei DIN-A4-Blätter an den kurzen Seiten zu einem langen Blatt aneinander, unterteilen Sie es in Längsrichtung in 10 Spalten, und teilen Sie es einmal quer.

a) Ordnen Sie jede der im Text genannten Adressatengruppen einer der senkrechten Spalten zu.

b) Notieren Sie sich im vorderen Teil des Blattes zu jeder Gruppe stichwortartig *die besonderen Eigenarten,* die sich aus den jeweiligen Grundannahmen über sie im Text gewinnen lassen und in denen sie sich voneinander unterscheiden.

c) Notieren Sie anschließend im hinteren Teil des Blattes zu jeder Gruppe *die Besonderheiten im Führen,* die aus ihren Eigenarten zu schließen sind.

d) Vergleichen Sie die Unterschiede im Führen untereinander, und prägen Sie sie sich ein.

C) Literatur

zu 23.1
Ziehen Sie zunächst die unter Ziffer 6 genannten Quellen heran, die weitere Darstellungen zum Thema enthalten

Comelli, G., Qualifikation für Gruppenarbeit: Teamentwicklungstraining, in Rosenstiel, L. von et al., 1993, S. 355ff.
Heidack, C., 1983, S. 199ff.
Höhn, R./Böhme, G., 1980, S. 195ff.
Pfützner, R., 1990, Ziffer 6.
Rahn, H.-J., 1987
Weinert, A., 1981, S. 330ff.

zu 23.2
Crisand, E./Kiepe, K., 1989
Fürstenberg, F., 1975, S. 21ff.
Pfützner, R., 1990, Ziffer 13
Pfützner, R. (Hrsg.), 1991, Ziffer 3.5
Wilbers, J., Arbeitnehmer, Jüngere, in HWP, Sp. 222–231

zu 23.3

Bayerisches Staatsministerium für Arbeit und Sozialordnung (Hrsg.), Ältere Mitarbeiter im Betrieb, Fakten – Tendenzen – Empfehlungen, München 1986

DGFP/Institut Mensch und Arbeit, 1984

Kruse, A./Lehr, U., Ältere Mitarbeiter, in Rosenstiel, L. von et al., 1993, S. 481ff.

Lehr, U., Ältere Mitarbeiter, Führung von, in HWFü, Sp. 1-12

Lehr, U./Wilbers, J., Arbeitnehmer, Ältere, in HWP, Sp. 203-212

Pfützner, R., 1990, Ziffer 14

Reimann, H., Vorbereitung auf Ruhestand und Rente, in Rosenstiel, L. von et al., 1993, S. 495ff.

zu 23.4

Pfützner, R., 1990, Ziffer 15.

Reimann, H., Arbeitnehmer, ausländische, in HWP, Sp. 212-222

Salowski, H., 1991, S. 58ff.

Weber, W., Gastarbeiter, Führung von, in HWFü, Sp. 975-982

zu 23.5/6

Einsiedler, H. E./Müller, H., Führung von Führungskräften, in Rosenstiel, L. von et al., 1993, S. 258ff.

Pfützner, R., 1990, Ziffer 7

Jochum, E., »Latrale« Führung und Zusammenarbeit – Der Umgang mit Kollegen, in Rosenstiel, L. von et al., 1993, S. 379ff.

Kowalewsky W., 1986

Wunderer, R., Führung des Chefs, in Rosenstiel, L. von et al., 1993, S. 259ff.

zu 23.7

Böhm, W., Zusammenarbeit mit dem Betriebsrat, in Rosenstiel, L. von et al., 1993, S. 593ff.

Fürstenberg, F., 1975, S. 107ff.

Kittner, M., 1984, S. 426ff.

Kotthoff, H., Betriebsrat, in HWP, Sp. 611-624

Pfützner, R. (Hrsg.), 1990, S. 535ff.

Richardi, R., Betriebsrat, in HWP, (1975), Sp. 656-677

Richter, M., 1988, Ziffer 11.3.14

24 Personelle Veränderungen im unterstellten Bereich

Lernziel:

Im folgenden Abschnitt sollen Sie mit den wichtigsten Problemen der Umsetzung und des Austritts von Mitarbeitern bekannt gemacht werden und lernen, sie als Vorgesetzter zu bewältigen.

24.1 Umsetzung von Mitarbeitern

Innerbetrieblicher Arbeitsplatzwechsel für einen bereits eingestellten Mitarbeiter kann in drei Richtungen stattfinden:

A) in einen höher bewerteten Arbeitsbereich mit in der Regel höherem Entgelt (= Beförderung);

B) in einen gleich bewerteten anderen Arbeitsbereich sowie

C) in einen niedriger bewerteten Bereich.

Für die Fälle B) und C) ist der Begriff der Umsetzung oder Versetzung gebräuchlich. Ihn definiert § 95 Abs. 3 BetrVG wie folgt:

»**Versetzung** im Sinne dieses Gesetzes ist die Zuweisung eines anderen Arbeitsbereiches, die voraussichtlich die Dauer von einem Monat überschreitet, oder die mit einer erheblichen Änderung der Umstände verbunden ist, unter denen die Arbeit zu leisten ist.«

Der arbeitsvertraglich vereinbarte ständige Wechsel des Arbeitsortes, wie er zum Beispiel bei Monteuren und Springern stattfindet, wird hiervon nicht erfaßt.

Versetzungen werden entweder durch *einvernehmliche Änderung* des ursprünglichen Arbeitsvertrages vorgenommen oder durch eine *Änderungskündigung*. In diesem Falle kündigt der Arbeitgeber das bestehende Arbeitsverhältnis und bietet zugleich seine anschließende Wiederaufnahme zu geänderten, meist verschlechterten, Bedingungen an. Der Arbeitnehmer darf entscheiden, ob er das Arbeitsverhältnis zu den geänderten Bedingungen aufnehmen will oder nicht. Die Art, in der das Arbeitsverhältnis geändert wird, wirkt sich auf die *Mitwirkungsrechte des Betriebsrates* aus, vgl. §§ 99, 102 BetrVG.

Bei horizontalem und erst recht bei aufsteigendem innerbetrieblichen Arbeitsplatzwechsel ist zu vermeiden, daß der Mitarbeiter in der neuen Arbeitsbeziehung einen *nicht gerechtfertigten Statusabbau* erfährt. So dürfen ihm bei der Versetzung in eine gleichwertige Funktion keine Statuselemente entzogen und bei einer Beförderung keine Elemente vorenthalten werden, die Angehörigen vergleichbarer anderer Funktionen zustehen. Es spricht aber nichts dagegen, ihm einzelne Elemente, wie zum Beispiel Handlungsvollmachten, erst nach einer Phase des Einarbeitens zu übertragen. Dies sollte offen besprochen werden.

24.2   Austritt von Mitarbeitern

24.2.1   Anlässe

Für den Austritt von Mitarbeitern aus dem Betrieb kommen folgende Anlässe in Betracht:

- Erreichen der regulären, der vorgezogenen, der flexiblen oder der Vorruhestands-Altersgrenze,
- Individualität,
- Tod sowie
- betriebs- oder arbeitnehmerseitige Kündigung des Arbeitsverhältnisses.

24.2.2   Abschlußgespräch

Wenn ein länger bestehendes Arbeitsverhältnis und die damit verbundene Kooperation zwischen dem Vorgesetzten und einem Mitarbeiter beendet werden, sollte der erstere es sich nicht nehmen lassen, den Mitarbeiter in *einem persönlichen Gespräch zu verabschieden.* Darauf zu verzichten offenbart schlechten Stil. Darüber hinaus kann das Abschlußgespräch sich insbesondere bei *mitarbeiterseitigen* Kündigungen von Fachkräften, die weiterhin im Berufsleben verbleiben und die der Betrieb gern weiterbeschäftigt hätte, von erheblichem Nutzen sein:

A) Dem austretenden Mitarbeiter, der sich innerlich seiner neuen Stelle zuwendet und sich deshalb von seiner bisherigen löst, fällt es leichter, offene Worte zu sprechen. Der Vorgesetzte kann auf diese Weise im Abschlußgespräch Informationen über Stimmungen, Meinungen und Mängel namentlich aus dem informellen Bereich erlangen, die ihm sonst verborgen geblieben wären. Das Gespräch enthält die Chance eines hohen Informationswertes.

B) Im Abschlußgespräch kann die für das Abschlußzeugnis vorzunehmende Leistungsbeurteilung besprochen werden, wodurch wiederum Zeugnisberichtigungsklagen vermieden werden können.

C) Im Abschlußgespräch bietet sich schließlich die Chance, dem wertvollen Mitarbeiter, den man nur ungern gehen läßt, eine »goldene Brücke« zur Rückkehr zu bauen. Enttäuschungen in der neuen Tätigkeit führen nicht selten dazu, die frühere Position in neuem Lichte zu sehen und den vollzogenen Wechsel insgeheim zu bereuen. Die Befürchtung, für seinen Irrtum belächelt zu werden, hält von der Rückkehr gleichwohl ab. Die Hemmschwelle dazu kann der Vorgesetzte senken, wenn er deutlich werden läßt, daß dem Betrieb eine mögliche Rückkehr »ohne Wenn und Aber« willkommen wäre. Die früher auf falschem Stolz beruhende Regelung »Wer gehen wollte, kommt nicht zurück!« wird erfreulicherweise nur noch selten vertreten.

Für den *Ablauf des Abschlußgespräches* wird, je nach Situation, folgendes Vorgehen empfohlen:

- ohne Zeitdruck und ungestört durchführen;
- wirkliches Interesse und Verständnis für die Kündigungsgründe zeigen;
- wegen der Kündigung nicht persönlich beleidigt sein; das Ziel, sich beruflich zu verbessern, muß jedem Arbeitnehmer als legitim zugebilligt werden;
- zuhören und kritische Äußerungen »schlucken«,
- eventuelle Spannungen und Verbitterungen abbauen;
- Einwände gegen das eigene Führungsverhalten und gegen die im Zeugnis ausgewiesene Leistungsbeurteilung auf ihre erkennbare Stichhaltigkeit prüfen;

- die positiven Aspekte der bisherigen Zusammenarbeit herausstellen und
- schließlich das Gespräch mit guten Wünschen für die Zukunft beenden.

24.2.3 Zeugnis [1]

Jeder aus einem Arbeitsverhältnis ausscheidende Arbeitnehmer hat gegenüber dem Arbeitgeber einen Anspruch auf die Ausstellung eines qualifizierten Zeugnisses. Während das *einfache* Zeugnis lediglich eine Bescheinigung über die Dauer und die Art der ausgeübten Tätigkeit enthält, wird das *qualifizierte* Zeugnis um die eigentliche Leistungsbeurteilung erweitert.
Es enthält im Regelfall Aussagen zu folgenden Daten:

a) Name, Anschrift, Geburtstag des Beschäftigten
b) Dauer des Beschäftigungsverhältnisses von ... bis ...
c) Arbeitsgebiet und Aufgabenbeschreibung
d) Beurteilung der Kenntnisse und Erfahrungen
e) Beurteilung der Leistungen und des Verhaltens
f) Beurteilung des Führungsverhaltens (bei Führungskräften)
g) Vertrauenswürdigkeit
h) kollegiales Verhalten
i) falls vorliegend: eigener Kündigungswunsch
k) falls vorliegend: Bedauern des Arbeitgebers
l) gute Wünsche für weiteres Fortkommen

Nicht in ein Zeugnis gehören:

a) Angaben über Krankheiten des Arbeitnehmers (sofern diese nicht den Kündigungsgrund bilden)
b) Zugehörigkeit zu Betriebsrat oder politischen Organisationen
c) der Verdacht auf strafbare Handlungen
d) Vorstrafen
e) außerdienstliches Verhalten, soweit nicht für das Arbeitsverhältnis von besonderer Bedeutung

Zur Frage der *Abfassung von Zeugnissen* hat der Bundesgerichtshof in seiner Entscheidung vom 26.11.1963 (Der Betrieb, 1964, S. 517) folgende, noch heute gültige Leitsätze aufgestellt:

»Oberster Grundsatz ist, daß der Inhalt des Zeugnisses wahr sein muß. Das bedeutet aber bei einem Zeugnis über Leistung und Führung nicht die Pflicht zu schonungsloser Beurteilung von ungünstigen Vorkommnissen. Das Zeugnis soll vom verständigen Wohlwollen für den Arbeitnehmer getragen sein und ihm sein weiteres Fortkommen nicht erschweren. Diese Rücksichtnahme hat ihre Schranke dort, wo sich das Interesse des künftigen Arbeitgebers an der Zuverlässigkeit der Grundlagen für die Beurteilung des Arbeitsuchenden ohne weiteres aufdrängt und das Schweigen in der einen oder anderen Richtung, insbesondere das Verschweigen bestimmter für die Führung im Dienst bedeutsamer Vorkommnisse, die Wahrheit des für die Beurteilung des Arbeitnehmers im ganzen wesentlichen Gesamtbildes beeinflußt. Keinesfalls darf der zeugnisausstellende Arbeitgeber in dem Wunsche, dem Arbeitnehmer behilflich zu sein, wahrheitswidrige Angaben aufnehmen und ein Urteil abgeben, das nicht seiner Überzeugung entspricht oder sich nach den Maßstäben einer vernünftigen Verkehrsauffassung nicht aufrechterhalten läßt.«

Bundesgerichtshof und Bundesarbeitsgericht haben in ständiger Rechtsprechung die Arbeitgeber auf die Grundsätze der *Zeugniswahrheit* und *-klarheit* verpflichtet. Für ihre Aussagen in Zeugnissen tragen sie bei Berichtigungsverfahren die *Beweislast.*

In der Praxis haben sich folgende, von der Rechtsprechung geduldete Gepflogenheiten ausgebildet:

A) Die Noten für Leistungen werden formelhaft beschrieben:

»Er hat die ihm übertragenen Arbeiten *stets zu unserer vollsten Zufriedenheit* ausgeführt« bedeutet: Sehr gut

»Er hat die ihm übertragenen Arbeiten *stets zu unserer vollen Zufriedenheit* ausgeführt«: Gut

»Er hat die ihm übertragenen Arbeiten *zu unserer Zufriedenheit* ausgeführt«: Befriedigend

»Er hat die ihm übertragenen Arbeiten *im großen und ganzen zu unserer Zufriedenheit* erledigt«: Ausreichend

»Er hat sich *bemüht,* die ihm übertragenen Arbeiten zu unserer Zufriedenheit zu erledigen«: Unzulänglich

Wir plädieren hier dafür, von solcher Klischeesprache Abstand zu nehmen und sich der Mühe zu unterziehen, die Leistungen differenzierter zu beschreiben und zu bewerten.

B) Negative Beurteilungen einzelner Verhaltensbereiche, die einerseits nicht unterschlagen, andererseits aber auch nicht direkt im Zeugnis erwähnt werden sollen, werden indirekt dadurch ausgedrückt, daß die entsprechenden Bereiche im Zeugnis unerwähnt bleiben oder auffallend global beurteilt werden. Der sachkundige Personalfachmann erkennt derartige *gewollte Lücken* und verschafft sich ggf. durch Rückfragen beim Aussteller genauere Kenntnis.

Einigen Presseberichten zufolge arbeiten einzelne Arbeitgeber damit, negative Aussagen in *umschreibende Codes* zu verkleiden, die dem unkundigen Leser etwas ganz anderes als das, was sie ausdrücken, vorspiegeln. Dieses irreführende Vorgehen wäre, sollte es tatsächlicher Übung und nicht nur journalistischer Phantasie entsprechen, wegen der gegen seine Rechtmäßigkeit und Seriosität zu erhebenden Bedenken abzulehnen [2].

Gelegentlich wird damit gearbeitet, die Aussagen in Zeugnissen *zu schönen.* Dahinter kann sich sowohl die Absicht verbergen, einen Mitarbeiter, von dem man sich trennen möchte, bei der Suche eines neuen Arbeitsplatzes nicht zu behindern, oder die, ihn »wegzuloben«. Auch dieses Verfahren geht zu Lasten von Zeugniswahrheit und -klarheit. Verläßt der nachfolgende Arbeitgeber sich auf die Wahrheit eines in Wirklichkeit unwahr geschönten Zeugnisses und erleidet er dadurch Schaden, so kann der Aussteller des unwahren Zeugnisses aus §§ 630, 826 BGB zum Schadenersatz verurteilt werden [3].

24.3 Mitwirkungsrechte des Betriebsrates

An den beschriebenen personellen Maßnahmen stehen dem Betriebsrat folgende Mitwirkungsrechte zu:

A) Gemäß § 99 BetrVG *muß er* in Betrieben mit mehr als zwanzig wahlberechtigten Arbeitnehmern einer jeden *Einstellung, Eingruppierung, Umgruppierung* und *Versetzung zustimmen,* Abs. 1. Diese Zustimmung darf er gem. Abs. 2 nur aus den dort genannten Gründen verweigern. Im Falle der Verweigerung seiner Zustimmung in diesen Fällen oder nach vorläufigen personellen Maßnahmen i. S. des § 100 BetrVG kann der Arbeitgeber die fehlende Zustimmung durch das Arbeitsgericht ersetzen lassen.

B) Gemäß § 93 BetrVG kann der Betriebsrat verlangen, daß zu besetzende Arbeitsplätze vor ihrer Besetzung innerbetrieblich ausgeschrieben werden.

C) Gemäß § 95 BetrVG bedarf das Inkraftsetzen innerbetrieblicher Richtlinien über die personelle Auswahl bei Einstellungen, Versetzungen, Umgruppierungen und Kündigungen der Zustimmung des Betriebsrats, Abs. 1.

Kommt eine Einigung nicht zustande, entscheidet der Spruch der Einigungsstelle.

In Betrieben mit mehr als 1.000 Arbeitnehmern darf der Betriebsrat die Aufstellung von Richtlinien i. S. des Abs. 1 verlangen, Abs. 2.

D) Gemäß § 102 Abs. 1 BetrVG steht dem Betriebsrat bei Kündigungen ein Anhörungsrecht zu, dessen Verletzung die Kündigung unwirksam werden läßt.

Ordentlichen Kündigungen darf der Betriebsrat gem. Abs. 3 widersprechen, ohne daß ihre Rechtswirksamkeit jedoch dadurch berührt wird.

Anhang zu Kapitel 24

A) Anmerkungen

1 Umfassend Schaub, G.,(1992), § 146
2 Vgl. dazu Krause, H. J., in Capital Nr. 8/1976; Raschke, H./Knebel, H., 1983, S. 40ff.; Knebel, H., 1992, S. 35ff; Schaub, G., a.a.O., III./Ziffern 4–6
3 BGH in NJW 1979, S. 1882; Schaub, G., a.a.O., VII.; vgl. zur Sorgfaltspflicht bei der Interpretation von Zeugnissen aber auch BGH, Urteil vom 22. 09. 1970 in BB 1970, S. 1395

B) Kontrollfragen

a) Wie werden innerbetriebliche Umsetzungen arbeitsvertraglich geregelt?
b) Welcher sozialpsychologische Aspekt ist dabei besonders zu berücksichtigen?
c) Aus welchen Gründen ist beim Austritt eines Mitarbeiters ein Abschlußgespräch zu führen? Was ist dabei zu beachten?
d) Worin unterscheidet sich das einfache von einem qualifizierten Zeugnis?
e) Welche Grundsätze haben BGH und BAG
    ea) für die inhaltliche Abfassung,
    eb) für die Beweislastverteilung für den Inhalt
    erstellt?
f) Welchen Inhalt soll ein qualifiziertes Zeugnis aufweisen?
g) Welche Leitsätze zur Abfassung von Zeugnissen hat der Bundesgerichtshof aufgestellt?
h) Welche Mitwirkungsrechte stehen dem Betriebsrat bei welchen personellen Veränderungen nach dem BetrVG zu?

C) Literatur

Kador, F. J., 1987
Knebel, H., 1992, S. 35ff.
Krause, H.-J., in Capital Nr. 8/1976

Raschke, H./Knebel, H., 1983 (a), S. 40ff.
Runggaldier, U., Arbeitszeugnis, in HWP, Sp. 471–481
Schaub, G., 1992, § 45/IV/Ziffer 4; IX. Buch (§§ 121 bis 151)

25 Personalführung im Zeichen progressiver Strategien der Unternehmensentwicklung

Lean production bzw. lean management, schlanke Strukturen in Produktion und im Management, bilden die Zauberformeln, mit denen unsere Wirtschaft ihren Erfolg durch die Zukunft sichern will. Was verbirgt sich dahinter insbesondere auf dem Gebiet der betrieblichen Personalführung?

Lernziele:
Sie sollen erkennen,

- worin die Grundgedanken von lean production bzw. lean management bestehen,
- worin die japanischen sich von den in der deutschen Industrie überwiegend gebrauchten Rationalisierungs-Strategien unterscheiden,
- worauf unsere Wirtschaft sich speziell im Bereich der Personalführung konzentrieren muß, wenn sie die mit der Philosophie des lean management angestrebten Vorteile auf Dauer realisieren will.

A) Grundgedanken der japanischen lean production

Die mehr als 30jährige Entwicklung und Einführung von lean production (Management-orientiert: lean management) hat der japanischen Wirtschaft, vor allem in der Automobil-Industrie, deutliche Vorsprünge an Produktivität, Flexibilität, Stückkosten und Produktqualität mit entsprechenden Wettbewerbsvorteilen auf den Weltmärkten gebracht. Die Vorsprünge sind ebenso unbestreitbar wie die Gefährdung der Wettbewerbsfähigkeit deutscher Produkte dort.

Die in der amerikanischen Womack-Studie offenbarte Vision lautet: Schlanke Produktion einer größeren Vielfalt an fehlerarmen Produkten mit

- 50 % des bisherigen Personalbestands in der Fertigung,
- 50 % der Zeit und des Aufwandes für Forschung und Entwicklung neuer Produkte,
- 50 % der bisher notwendigen Lagerbestände,
- 50 % der Investitionen in Werkzeuge,
- 50 % der bisherigen Fertigungsflächen,

kurz: von allem die Hälfte dessen, was die heute vor allem in Europa vorherrschende Massenfertigung benötigt.

Der Weg dorthin mit dem vorrangigen Ziel einer 30- bis 40prozentigen Senkung der Herstellungskosten läßt ein mehrseitig abgestütztes Bedingungsgefüge erkennen:

a) Organisatorisch-technologische Seite:

- Konzentration der Wertschöpfung auf die ohne Lagerbestände arbeitende, so weit als möglich automatisierte Endmontage,
- Verlagerung der Fertigung komplexer Baugruppen in spezialisierte Zulieferbetriebe mit Anlieferung »just in time« (»Kanban«),
- Zurückweisung jeglicher fehlerhafter Vorprodukte an die zuliefernde Stelle,
- konsequente Fehlervermeidung und -behebung am Arbeitsplatz unter Verzicht auf Hinterbandkontrolle.

- konsequente Fehleranalyse bis zu den Quellen und dortiger Fehlerbeseitigung (die »5 *Warum*«),
- fertigungsgerechte Produktkonstruktion durch fertigungstechnische Vorgaben der Produktion an die Entwicklung unter Verzicht auf ingenieur-technische Maximallösungen,
- simultane Entwicklung neuer Produkte, dabei Entwicklungs-Teams unter Beteiligung von Zulieferern und Produktionsarbeitern,
- Vermeidung jeglicher (7) Arten von Vergeudung,
- Wertsteigerung für den Kunden.

b) Management-/personalpolitische Seite:
- Aufhebung der Statusgruppen von Arbeitern und Angestellten zugunsten eines einheitlichen Mitarbeiter-Status,
- überwiegende Bezahlung in Gruppen- und Zeitlohn,
- Ausdünnung der Bürokratie auf das Notwendigste,
- geringstmögliche Personaldecke aus hochqualifizierten Problemlösern in der so weit als möglich automatisierten Endmontage,
- in nicht automatisierter Endfertigung überwiegend Gruppenarbeit, in der jedes Mitglied für jede dort vorkommende Funktion qualifiziert und einsetzbar ist (job rotation) sowie für die Qualität der Gruppenprodukte mitverantwortlich ist,
- beruflicher Start jeder Fach- und Führungskraft (auch derer von den Hochschulen) in der Fertigung mit regelmäßigem job rotation durch möglichst viele Bereiche,
- flache Hierarchie, indem Aufgaben, Befugnisse und Verantwortlichkeiten konsequent so weit als möglich an die Basis delegiert werden,
- hohe Integration zwischen Hersteller und Zulieferern durch
  - integrierte Teams für Produkt- und Verfahrensinnovationen sowie Fehleranalyse und -bereinigung,
  - Abnahmegarantie auch in Krisenzeiten und
  - gesicherte Teilhabe am Unternehmensgewinn,
  solange vereinbarte Qualitätsstandards gewahrt werden.

c) Mentale Seite:
- Manager und einfache Mitarbeiter sehen sich als Mitglieder der Wertschöpfungskette »Unternehmensfamilie« an, zu deren Netzwerk im weiteren Sinne auch Zulieferer, Händler und Kunden gehören (»Keiretsu«),
- Verpflichtung jedes Unternehmensangehörigen zu ständiger Suche nach Systemverbesserung bei Produkten und Verfahren (»Kaizen«),
- Verpflichtung zu teamartiger Beratung, Unterstützung und zu wechselseitigem Know-how-Austausch
  - in der Arbeitsgruppe,
  - zwischen Management und Arbeitern
  im Geist von Achtung und Vertrauen,
- Offenheit im Kommunizieren und Informieren über Ziele, Leistungen, Qualität, Fehlerhäufigkeit, Fehlzeiten etc. (auch öffentlich auf Anzeigetafeln),
- Manager wird Unterstützer und Dienstleister der Produzenten,
- Gedanke des Wettbewerbs der Mitarbeiterproduktivität und Produktqualität auf dem Markt, zu dem durch kundenorientierte Unternehmens-Ethik motiviert wird,
- Motivierung aller Beteiligten zu vollem inneren Engagement durch ständiges Bemühen um

Vermittlung von Zufriedenheit mit Arbeit, Erfolg, Gruppenharmonie, menschlich-sozialem Status und Leistungen des Unternehmens.

Grundgedanke ist die positive Philosophie der Kunden- und Mitarbeiter-Orientierung: nur wenn der Kunde durch Spitzenleistungen zufriedengestellt werden kann und der Mitarbeiter dafür sein Bestes leistet, kann es dem Unternehmen gut gehen, und umgekehrt. Dies erfordert nach außen ein kunden- und nach innen ein mitarbeiterorientiertes Leistungs-Management.

B) Vergleich des japanischen Wegs mit dem deutschen Weg zur Effizienzsteigerung

a) Japanisches lean management

Nach den hier verfügbaren Quellen sollen die notwendigen Spitzenleistungen durch das Setzen auf den »Faktor Mensch« gewonnen werden: Statt passiv ausführender und reagierender Einzel-Arbeiter werden proaktiv und offensiv agierende Team-Arbeiter geformt, die den Sinn ihres Arbeitens aus dem Bewußtsein schöpfen, als Mit-Unternehmer mitverantwortlich fürs Ganze zu sein.

Es ist leicht einsichtig, daß dieser Mitarbeiter-Typ nicht mittels Außendrucks *gegen* inneren Widerstand, sondern vor allem mit dem inneren Wollen des einzelnen möglich wird. Ohne Zweifel wird die kollektivistische, auf Konsens bedachte Mentalität der Japaner der Bereitschaft zum Mit-Unternehmertum förderlicher sein als das extrem individualistische Denken bei uns in der westlichen Welt.

Die zum Schlank-Werden notwendigen Maßnahmen werden als zeitüberdauernder Entwicklungsprozeß konzipiert. Soweit dies auch Opfer an Arbeitsplätzen und Statuspositionen kostet, wird versucht, diese soweit als möglich schonend und geräuschlos durchzusetzen: zum Beispiel durch sozial verträglichen Arbeitsplatzabbau, durch innerbetriebliche Umsetzungen und durch Gewährleistung der verbliebenen Arbeitsplätze auch in Krisenzeiten. So bleibt die innere Zustimmung der Belegschaft zum und ihre Identifikation mit dem Unternehmen gerade auch in Krisenzeiten, wo sie besonders benötigt wird, weitgehend erhalten.

b) In der deutschen Wirtschaft bisher bevorzugte Unternehmensentwicklungs-Strategie

Ohne japanische Realitäten verklärend zu idealisieren, muß eine realistische Sicht deutscher Strategien doch nachdenklich stimmen:

Unternehmensentwicklung per Produktivitätsfortschritt vollzieht sich in Deutschland regelmäßig durch zeitlich begrenzte technische Rationalisierungs-Kampagnen, und diese zielen zuerst auf Einsparungen beim »Kostenfaktor Personal« ab. Insbesondere in Rezessionsphasen wie in der ersten Hälfte der neunziger Jahre, werden dort, wo natürliche Abgänge und Maßnahmen der Personalentwicklung nicht kurzfristig und wirksam genug greifen, auch Arbeitskräfte in großem Stil freigesetzt, allein von 1992 bis 1993 (jeweils Jahresmitte) mehr als 500.000. Flankierend dazu werden bisherige übertarifliche Leistungen auf neu ausgehandelte Tarif-Entgelte angerechnet, und Entgelt-Tarifverträge, auch laufende, werden 1993 erstmals von den Arbeitgebern gekündigt. Der Rotstift des »knallharten Sanierers« disponiert über den Faktor Arbeitskraft vor allem als Kostengröße statt als Erfolgsfaktor.

Zusätzlich zu rezessionsbedingtem Personalabbau erweisen sich die hohen Entgelte und die dichte soziale Absicherung in Deutschland, einst zum Segen der Arbeitnehmer erstritten, im Zeichen internationalisierter Arbeitsmärkte mit unerschöpflichen Angeboten an Niedriglohn-Arbeitskräften zumindest für gering Qualifizierte heute als zusätzliches Verlustrisiko von Arbeitsplätzen.

Zudem zeitigt die vielfach geübte Praxis des Personalabbaus eine weitere dysfunktionale Wirkung: Zwischen die Ankündigung bevorstehender Entlassungen und ihre Vornahme treten oft lange Zeiten quälender Ungewißheit darüber, wen im Betrieb es treffen wird. In den potentiell Betroffenen wachsen Frustration, De-Motivation und Angst. Statt Einbringens eigener Potentiale dominieren, bewußt oder unbewußt, innere Kündigung und Wissens-Verweigerung. Das Arbeitsklima wird vom Motto »Rette sich, wer kann« geprägt, und an die Stelle von Kooperation tritt *Kampf jedes gegen jeden*. Das geistige Klima wird vom fordernden Gegeneinander der Antipoden *Kapital* und *Arbeit* dominiert, in dem überwunden geglaubte, ideologisch fixierte Parolen erneut ihren fruchtbaren Boden finden. Statt aus seiner Belegschaft heraus gestärkt zu werden, erleidet das Unternehmen in der Krise hohe Verluste durch Entleerung von menschlichen Goodwill-Potentialen und durch »pay-off«-Strategien.

Schließlich mehren sich in unserer Industrie Anzeichen dafür, den Weg zu lean production hin nach dem Motto, »In fünf Jahren müssen wir mit den Japanern gleichgezogen haben!« administrativ-technokratisch zu verordnen und forciert durchzusetzen statt ihn mit den Arbeitnehmern gemeinsam, etwa in workshops, zu entwickeln und zu begehen. Die Einführung von lean production weckt bei einer Vielzahl von Arbeitnehmern die Befürchtung, künftig noch mehr Hektik, noch mehr zwischenmenschliche Kälte und aus anhaltend zunehmendem Veränderungs- und Prozeßdruck noch mehr Streß ausgesetzt zu werden. Die Angst um den Arbeitsplatz hält an. Das Arbeitsklima gleitet in Kellertemperaturen ab, und viele Arbeitnehmer stehen lean production mit *lean-Motivation* gegenüber.

So stehen die bei von weiten Teilen unserer Unternehmen geübten Rationalisierungs-Strategien eher im Gegensatz zur Rationalisierungs-Philosophie des japanischen lean management, und sie könnten sich längerfristig eher kontraproduktiv als förderlich im Sinne der damit verfolgten Ziele auswirken.

C) Konsequenzen und Schwerpunkte für die künftige Personalführung
Die Alternative dazu wäre der Weg einer kontinuierlichen, alle Leistungs-Träger einschließenden Unternehmensentwicklung zu schlanker Produktion. Die für erhöhte Produktivität notwendigen Veränderungen werden von den Beteiligten mitentwickelt und danach gewolltermaßen mitgetragen. Für die gesetzten Ziele werden auch ruhende Potentiale zur positiven Leistungsverstärkung aktiviert (vgl. Ziffer 6.3 Buchstabe F), und dies geschieht in einem anhaltenden, in beherrschbaren Schritten gleichwohl kraftvoll vorangetriebenen Entwicklungsprozeß.

Die Bedingung dafür, daß dies gelingt, bildet die Balance zwischen der Anhebung von Unternehmens- und von Mitarbeiter-Vorteilen: Den **Unternehmenszielen** *erhöhter Produktivität, Qualität und Flexibilität durch permanente Produkt- und Systemverbesserung werden die* **Mitarbeiterziele** *erweiterter Räume zu Partizipation und Arbeitsgestaltung, zu Selbststeuerung und -kontrolle, zu Autonomie und Statusverbesserung, zu mehr Informationen und Arbeitsplatzsicherheit gegenübergestellt: Dies bedeutet nichts anderes als* **erhöhte Belohnungen aus dem Arbeitserlebnis.**

In letzter Konsequenz lebt lean production von einem erhöhten Leistungsaustausch, wie er für ein Motivations-Management typisch ist.

Der administrativ durchgesetzte Weg läßt vielleicht kurzfristigere Anfangserfolge erkennbar werden. Aber es steht zu befürchten, daß er (erneut) in einer Sackgasse enden wird, weil er die Ressourcen des *Human-Kapitals*, des Faktors Mensch, außer acht läßt. Dort aber liegen die noch aktivierbaren Leistungsreserven.

Der zweite, hier empfohlene Weg könnte sich als der länger dauernde erweisen. Aber auch die tüchtigen Japaner benötigten mehrere Jahrzehnte, bis sie ihre lean production zur heutigen Reife entwickelt hatten. Um die Investition von Zeit und Mühe werden wir nicht herumkommen. Dafür sind den darauf erreichbaren Zielen ebensowenig Grenzen gesetzt wie der Entwicklung menschlicher Ideen, Phantasie, Einsatzbereitschaft und Begeisterungsfähigkeit. Aber darauf stützt sich sein Erfolg:

Lean-production-orientierte Unternehmensentwicklung mit den Schwerpunkten einer *100-Prozent-Produktqualität* und *kontinuierlicher System-Verbesserung* erfordert den unternehmerisch mitdenkenden, innovativen, kooperativen und sich für den Gesamterfolg verantwortlich fühlenden Team-Arbeiter. Er und sein Arbeitsstil bilden für lean production die entscheidenden Erfolgs-Determinanten. **Deshalb muß der Mensch mit seinem Goodwill für lean production gewonnen werden und dafür bildet die Gewißheit des sicheren Arbeitsplatzes auch in Krisenzeiten, selbst unter ungewöhnlichen Bedingungen wie verkürzten Arbeitszeiten und reduziertem Einkommen, eine zentrale Voraussetzung.**

Erfordert das Schlank-Werden trotzdem reduzierte Personalbestände, sollte die Ausdünnung grundsätzlich sozialverträglich und nach berechenbaren Kriterien vorgenommen werden. Soweit der Abbau von Arbeitsplätzen Freisetzungen von Mitarbeitern unumgänglich macht, sollten diese innerhalb einer begrenzten Zeit abgeschlossen werden, damit im Unternehmen wieder Ruhe einkehren kann. Keinesfalls darf sich mit dem Gedanken an lean production für die darin eingebundenen Arbeitskräfte anhaltende Angst um den Verlust der Arbeitsplätze verknüpfen. Dann müßten sie sich innerlich *gegen* das Konzept stellen, und konstruktives Mitwirken daran wäre ausgeschlossen. Damit zugleich entfiele der lean production die Chance zum Erfolg.

Und solche Erfolge können sich sehen lassen: So konnte beispielsweise die Volkswagen AG über Strategien der Verkürzung der Wochenarbeitszeit, der Arbeitsplatzgarantie und eines kontinuierlichen Verbesserungs-Prozesses (kVP) bis Dezember 1993 mit 1.500 Workshops erreichen, daß im Durchschnitt

- die Arbeitsqualität um 25% angehoben,
- die Produktivität um 23% gesteigert,
- die Lagerbestände um 25% reduziert und
- die Krankenstände von 7,3 auf 4,5% (in 1992) reduziert

werden konnten (DIE WELT vom 17. 12. 1993).

Das Unternehmen, das seine Entwicklung an schlanker Produktion orientieren will, wird folgendes klarstellen müssen:

a) Entwicklung zur lean production besteht nicht aus zeitlich kurzfristigen, forcierten Rationalisierungs-Kampagnen, sondern sie wird Normalität in einem sich kontinuierlich verändernden Arbeitsalltag auf Dauer,

b) lean production gewährleistet sichere Arbeitsplätze und kein Beschäftigter darf befürchten müssen, mit seiner Förderung der Unternehmensentwicklung sich selbst zu schaden.

Das Führen von Mitarbeitern in progressiven Strategien der Unternehmens-Entwicklung erfordert Konzentration auf konsequentes Entwickeln und Realisieren folgender Schwerpunkte:

- ein qualifiziertes Arbeits-Ethos mit ausgeprägtem Qualitäts- und Kundenbewußtsein bei Mitarbeitern aller Ebenen (Ziffern 11.2; 17.4.4 Buchstabe E),

- ständige Suche nach und Aktivierung von Kreativität und Innovativität zugunsten kontinuierlicher Produkt- und Verfahrens-Verbesserung sowohl vom einzelnen Mitarbeiter als auch in Gruppen im Betrieb als lernender Organisation (Ziffer 14.12),
- Vermeidung jeglicher Vergeudungen durch sparsamsten Einsatz aller Arten von Gütern, auch von Zeit (Ziffern 11.2; 17.4.4 Buchstabe E),
- selbststeuernde, teilautonome Arbeitsgruppen mit gleichzeitiger Entwicklung eigenverantwortlicher proaktiver Teamarbeit unter ihren Angehörigen (Ziffern 6.3 Buchstabe F; 23.1),
- Fähigkeit und Reife zu unbestechlicher Selbstkontrolle der eigenen und der Gruppen-Arbeitsergebnisse und selbständiger Korrektur von Fehlern (Ziffern 19.6; 14.4 Buchstabe U),
- konsequentes Delegieren von Aufgaben, Kompetenzen und Verantwortlichkeit auf die niedrigste, dafür noch befähigte Instanz (Ziffern 3.4 Buchstabe D; 10.4.1; 16.3),
- wechselseitige unterstützende Kooperation als regulärer Arbeitsstil (Ziffer 21.5),
- Personalbedarfsregulierung, die sozialverträglich ohne Arbeitsplatzrisiko und für die Beschäftigten vorgenommen wird (Ziffer 10.5.8),
- Motivieren jedes Unternehmensangehörigen zur freiwilligen intelligenten Spitzenleistung zu jeder Zeit und an jedem Platz, soweit, wann immer und womit ihm das möglich ist (generell Ziffern 10, 14),
- Abbau hierarchiebedingter sozialer Distanz zwischen den Angehörigen von Management und ausführender Ebenen, zwischen Büro und Werkstatt, zur Stärkung des Bewußtseins der auf gemeinsame Ziele hin kooperierenden Leistungsgemeinschaft (generell Ziffern 3.2; 13.4),
- kooperative Förderung eines Arbeitsklimas, das den Ansprüchen geachteter und in ihrer Würde geschützter Menschen gerecht wird (Ziffer 14.15),
- Qualifizierung und Motivierung aller Führungskräfte zu exzellenter Führungstätigkeit (Leadership) gegenüber ihren Mitarbeitern (ganzes Buch),
- intelligente Identifikation der Unternehmensmitglieder mit dem Unternehmen und seinen Zielen (generell Ziffer 13.4),
- eine Unternehmenskultur, in der Arbeitgeber und Arbeitnehmer sich nicht mehr als antipodische Vertreter von Kapital und Arbeit, sondern als Angehörige einer unternehmensinternen Erfolgs- und Risikogemeinschaft empfinden (generell Schlußwort).

Wir heben hervor:

a) Der Begriff »Qualität« ist über die bloße Herstellungsqualität eines Produktes hinausgehend als *strategischer Wettbewerbsfaktor* zu begreifen. Er erstreckt sich auf *alle* Merkmale und Leistungen, die für den Kunden Zufriedenheit stiften und deshalb kaufstimulierend wirken. Dazu gehören insbesondere

- die mit dem Produkt verbundene
  - spezifizierte oder unspezifizierte Gebrauchstauglichkeit,
  - Wartungsfreundlichkeit,
  - Wertbeständigkeit,
  - Preiswürdigkeit,
- Beratungsqualität,

- Liefer-/Termintreue,
- Kundendienst-/Service-Qualität,
- Markenpflege.

In dieser erweiterten Sicht muß **100%-Qualität** zu einem Kernziel unter allen anderen Unternehmenszielen erhoben werden, das *auch in allen unternehmensinternen Leistungen* zu verfolgen und zu realisieren ist:

- in jedem Unternehmensbereich und -ressort,
- auf jeder Ebene,
- von jedem Aufgabenträger an seinem Arbeitsplatz (für den »Kunde« auch der Inhaber jeder nachfolgenden Arbeitsfunktion ist!),
- als gestaltendes Merkmal jedes Prozesses,
- im Informieren und im integrativen Zusammenwirken über alle horizontalen und vertikalen Grenzen hinweg.

Im Führen seiner Mitarbeiter hat der Vorgesetzte das Ziel und seine hohe Wertigkeit unter allen anderen Zielen, übernommene Aufgaben und Kompetenzen in 100%-Qualität wahrzunehmen, als persönliche Pflicht und Verantwortung jedes Einzelnen zu vermitteln und zu verfolgen.

Progressive Strategien der Unternehmensentwicklung erfordern aus der Logik ihrer Ziele das Total Quality Management (TQM).

b) Bildet Total Quality das Ziel, so ist als Weg zum Ziel mit gleicher Globalität und Intensität der **Prozeß kontinuierlicher Verbesserungen** zu forcieren. Dazu muß es im Führen *lohnend* gemacht werden, jedes Gramm Intelligenz, Phantasie und Kreativität dafür einzusetzen, die Produkte und Verfahren zu verbessern, und jede neue Marktentwicklung und jede Kundenreklamation müssen zu einen Schritt nach vorn genutzt werden.

c) Die Leistungskomponenten, die es zu verstärken gilt, bilden zum ganz überwiegenden Teil administrativ und disziplinarisch nicht erzwingbares Goodwill. Der Stellenwert des Motivierens dazu wird deshalb im Führen in schlanker Produktion noch höher anzusetzen sein als bisher. Wie bedeutend die motivatorische Seite für Spitzenleistungen ist, zeigt der Freizeitbereich: Die extreme Berg- oder Wildnistour, das Führen der Jacht durch die stürmische See, das Erreichen der Spitzenposition im Sport oder im Musizieren wären ohne Motivation dazu undenkbar.

d) Der Leistungs- und Verantwortungsdruck, unter dem der einzelne Arbeitnehmer künftig wird arbeiten müssen, wird noch zunehmen und damit zugleich die Gefahr von existenziellen und Bewältigungsängsten. Um dem und der damit verbundenen weiteren Gefahr zunehmender psychosomatischer Erkrankungen entgegenzuwirken, wird proportional zu den erhöhten Anforderungen auch die *kohäsive* Führungskomponente zu verstärken sein: mehr Unterstützung geben, mehr Zuversicht und Mut vermitteln, mehr kollegiale Nähe fördern und grundsätzlich das Maß des menschlich Möglichen nicht aus dem Auge verlieren. Auch leistungsintensive Arbeit *kann* und *muß* Spaß machen, weil erst aus »Spaß an der Arbeit« die »Lust zum Arbeiten« entsteht.

Es zeigt sich, daß die konsequente Einführung progressiver Strategien der Unternehmensentwicklung analog zu lean production für sehr viele, vielleicht sogar die meisten unserer Unternehmen mit erheblichen Innovationen auf dem Gebiet der Mitarbeiterführung verbunden sein wird. Sie dürften ohne systematisches Konzept der Personal-Entwicklung für Führungskräfte, aber auch für alle anderen Unternehmensangehörigen, kaum zu bewältigen sein. In die notwendige geistige Neuorientierung sollten Belegschaft (insbesondere durch Beteiligungsgruppen) und Betriebsrat (auch außerhalb gesetzlicher Mitwirkungsrechte) schon frühzeitig einbezogen werden.

Der hohe fachliche Ausbildungsstand deutscher Fachkräfte und die moderne technologische Ausstattung unserer Betriebe werden es leicht machen, den *technischen* Anforderungen einer lean production schnell zu genügen.

Die geistige Neu-Orientierung der Unternehmensangehörigen dürfte sich um sehr vieles schwieriger und langwieriger gestalten.

Dies gilt zuerst für das benötigte neue Denken und Handeln in den Führungsebenen. Dabei genügt es nicht, nur neue »Führungsregeln« zu erlernen. Um das Erlernte umzusetzen, werden gleichzeitig auch überholte Werthaltungen zu *entlernen* sowie eingeschliffene Gewohnheiten und privilegierende Besitzstände aufzugeben sein:

Die künftige Funktion des Vorgesetzten nähert sich der eines Sub-Unternehmers an und fordert von ihm,

- sich vom Anweiser und Kontrolleur zum Dienstleister zu wandeln,
- statt Fachwissen Methoden- und Sozialkompetenz zu praktizieren,
- in konsequentem Delegieren Zuständigkeiten und Einfluß abzugeben,

und zwar nicht nur in programmatischen Absichtserklärungen, sondern tatsächlich.

Neben den dargestellten soft-facts muß das Unternehmen auch anpassende hard-facts schaffen:

- ein der Gruppenarbeit gemäßes Entgeltsystem,
- das Honorieren von Beiträgen zum Verbesserungsprozeß,
- ein angepaßtes Produktivitätssteuerungs- und Abrechnungssystem.

Und auch unter Arbeitern und einfachen Angestellten müssen die Werthaltungen eines nur passiv abwartenden und fordernden quasi-Proletarier-Denkens überwunden werden zugunsten proaktiver, mitverantwortlicher und bewußter Unternehmens-Mitgliedschaft.

Für unsere Wirtschaft wird es ferner von erheblicher Bedeutung sein, insbesondere ihre *jüngeren* Führungskräfte zügig, systematisch und qualifiziert mit den Grundgedanken einer lean-management-orientierten Führung vertraut zu machen. Ebenso wichtig erscheint dies für Nachwuchskräfte an den Hochschulen und Fachakademien, möglichst noch *bevor* sie überholte Führungsriten verinnerlichen. Dazu wird ein ganzer Katalog von Maßnahmen notwendig:

- Den einschlägigen staatlichen (Aus-) Bildungseinrichtungen muß es unverzüglich zur Pflicht gemacht werden, in ihre technischen sowie natur- und wirtschaftswissenschaftlichen Studiengänge ausreichende management-spezifische Lehrangebote aufzunehmen oder dafür zusätzliche Kurzzeitstudiengänge einzurichten.
- Die Ausbildungskapazitäten sind auch der Weiterbildung von Praktikern zu öffnen.
- Erträge der Führungs-Forschung sind, auf ein nutzbares Niveau deduziert, der Praxis zugänglich zu machen.
- Die in Betracht kommenden Einrichtungen sind von ihren Trägern mit ausreichenden personellen, sachlichen und finanziellen Mitteln auszustatten.

Dies darf nicht mehr länger eine Präferenz vor allem privater Hochschulen und im übrigen eine Frage haus- oder landespolitischer (Un-)Einsichtigkeiten bleiben, sondern **es muß als zwingendes Gebot gesamtgesellschaftlicher Zukunftssicherung anerkannt werden.**

Anhang zu Kapitel 25

A) Kontrollfragen und Aufgaben

a) Was bedeuten die Begriffe *lean production* und *lean management*?

b) Skizzieren Sie die Ziele einer entwickelten lean production.

c) Wodurch werden lean production und lean management realisiert
   ca) organisatorisch?
   cb) management-/personalpolitisch?
   cd) mental?
   Skizzieren Sie die jeweils wichtigsten Merkmale.

d) Stellen Sie die Grundzüge von Rationalisierungs- und Entwicklungskonzepten
   da) nach japanischem lean management,
   db) nach den in Deutschland vorwiegend geübten Vorgehensweisen
   in ihren Unterschieden und in ihren jeweiligen Folgen dar.

e) Kann das japanische lean management in Deutschland einfach kopiert und übernommen werden? Was spricht dafür oder dagegen?

f) An welchen Schwerpunkten muß ein an lean management orientiertes Führungskonzept in unserer Wirtschaft ansetzen?

g) Worin sehen Sie dabei die größten Schwierigkeiten?

h) Erläutern Sie die Grundgedanken eines Total Quality Managements.

i) Welche zu fordernden Konsequenzen ergeben sich aus der derzeitigen und künftigen Wettbewerbssituation unserer Wirtschaft auf den Weltmärkten für die Ausbildung auf dem Gebiet des Personal-Managements?

Literatur

Bösenberg, D./Metzen H., Lean Management, Landsberg/Lech, 1992

Bühner, R., 1993

Bundesverband der Deutschen Industrie e. V. (Hrsg.), Lean Production, BDI-Delegation nach Großbritannien vom 07.–09. 12. 1992, Eindrücke/Ergebnisse/Schlußfolgerungen (Delegationsbericht)

Grün, J., Qualifizierung vor Ort ist gefordert, in Personalführung Nr. 2/1993, S. 92ff.

Hormann, H., Das Wunder von Wolfsburg, DIE WELT vom 17. 12. 1993

Imai, M., 1993

Lietz, J. H., Braucht »lean production« einen neuen Manager-Typ? Wie Unternehmen Wettbewerbsvorteile durch höhere Mitarbeiter-Produktivität erreichen, in Blick durch die Wirtschaft, Frankfurter Allgemeine Zeitung vom 17.06.1993, S. 7

Miehling, J./Wagener, M., Die Rolle des betrieblichen Vorgesetzten bei der Einführung von Lean-Production, in Personalführung Nr. 5/1994, S. 376ff

Müller, R./Rupper P. (Hrsg.), 1993

Oess, A., 1993

Personalführung Nr. 2/1992, S. 85–133 ; Nr. 5/1994, S. 369-431 (Schwerpunktthema jeweils: »Neue Formen der Arbeitsorganisation«, mehrere Abhandlungen)

Reiß, M., Schlanke Produktion: Primär Personalführung ist gefordert! in Personalführung Nr. 6/1992, S. 456ff.

Scheuten, W., Diesmal: Lean Management – ein Patentrezept? in Personalführung Nr. 4/1993 S. 276

Suzaki, K., 1989

Then, W., 1994

Wiesner, G., Personalmanagement in der Forschung und Entwicklung: Ein Vergleich zwischen der japanischen und der deutschen Industrie, in IFO Schnelldienst Nr. 11/1992, S. 9ff.

Womack, J. P./Jones, D. T./Roos, D., 1992

Zink, K. J., 1992

Schlußbemerkung

Es ist nicht genug, zu wissen,
man muß auch anwenden;
es ist nicht genug, zu wollen,
man muß auch tun.
(noch einmal: Goethe,
aus Wilhelm Meisters Wanderjahre)

Jüngste Daten und Entwicklungen auf den in- und ausländischen Märkten lassen erkennen, daß die deutsche Wirtschaft sich künftig unter stark veränderten Bedingungen gegenüber denen behaupten muß, die sie seit dem 2. Weltkrieg gewöhnt war:

- Neue Länder, allen voran Japan, sind mit technologisch und qualitativ gleichwertigen, aber zum Teil deutlich produktiver hergestellten Gütern in die Spitzengruppe konkurrierender Anbieter auf den internationalen Märkten vorgedrungen.
- Die deutsche Wirtschaft hat in einzelnen Branchen ihre frühere Spitzenposition verloren (zum Beispiel Unterhaltungselektronik, Foto-Optik, Schiffsbau), und in anderen (Schlüssel-)Branchen sieht sie sich härtestem Behauptungsdruck ausgesetzt (zum Beispiel Automobil-Industrie, Maschinenbau).
- Andere Länder haben in sog. Zukunftstechnologien deutliche Vorsprünge vor Deutschland zu verzeichnen (zum Beispiel Bio-, und Informationstechnologie, Mikroelektronik).

Die internationalen Aktivitäten und Verflechtungen unserer Wirtschaft sowie die Globalisierung der Märkte ändern daran zu unseren Gunsten nur wenig, denn Vorteile, die sie bringen, nehmen auch unsere Wettbewerber in Anspruch. Volkswirtschaftliche Schlüsselwerte wie Handelsbilanzen und Arbeitslosenquoten werden zudem nach wie vor national bilanziert.

Die von der anhaltenden Hochkonjunktur der achtziger und der frühen neunziger Jahre verwöhnte deutsche Wirtschaft reagiert derzeit, zusätzlich aufgeschreckt durch rezessionsbedingte massive Einbrüche bei Umsätzen und Gewinnen, mit einer beispiellosen Welle technischer Rationalisierungen. Der bereits auf diese Weise ausgelöste Trend zum Abbau von Arbeitsplätzen wird noch dadurch verstärkt, daß dank der internationalen Öffnung auch der Arbeitsmärkte immer mehr kostenintensive Arbeit ins lohnbilligere Ausland transferiert und dort eingekauft wird. Es muß befürchtet werden, daß sich bei anhaltendem Trend die Zahl der Arbeitslosen in Deutschland von derzeit ca 4 Mio. in den neunziger Jahren auf 5 Mio. erhöhen wird. Der Abbau von Arbeitsplätzen entlastet zwar kurzfristig die Unternehmensbilanzen, belastet dafür aber die öffentlichen Haushalte. Dies ist umso alarmierender, als die notwendige Sanierung der neuen Bundesländer seriösen Schätzungen zufolge im vor uns liegenden Jahrzehnt mit einem öffentlichen Kapitaltransfer von mehr als 2 Billionen D-Mark zu Buche schlagen wird.

Zudem bildet der Abbau von Arbeitsplätzen noch keine taugliche Strategie zur Sicherung unserer Wettbewerbsfähigkeit auf Dauer. Dazu benötigen wir Konzepte, um in den uns wichtigen und zugleich zukunftsträchtigen Gütersektoren wissenschaftlich-technisch und produktiv den Anschluß an das Welt-Spitzenniveau zu behalten und dort, wo dies nicht mehr oder noch nicht der Fall ist, (wieder) herzustellen.

Die Wirtschaft unseres Landes bedarf, heute dringender denn je, Spitzenleistungen an Innovativität, Produktivität und Qualität.

Um sie zu aktivieren, benötigen die Unternehmen ungeachtet einer dazu *auch* notwendigen forschungs-, bildungs- und abgabenfreundlichen Politik bei Bund und Ländern im Inneren speziell auf dem Personalsektor

- die Gewinnung qualifizierter sowie entwicklungsfähiger und -williger Arbeitskräfte in genügender Zahl,
- die ständige qualifizierende Entwicklung aller Fach- und Führungskräfte auf den für ihre jetzigen und künftigen Aufgaben jeweils neuesten Stand des Wissens und Könnens,
- die Aktivierung und die innovative Nutzung der Intelligenz und Kreativität aller Unternehmensmitglieder sowie dazu
- intelligentes und gekonntes Führen aller Beschäftigten durch zum Führen qualifizierte Vorgesetzte.

16 Management-Experten, Mitglieder der Vorstände deutscher Großunternehmen, haben in einer Befragung 1991/92 prognostiziert: Bis zum Jahre 2000 wird die Fähigkeit zum interaktionellen Führen von Mitarbeitern unter 18 relevanten Personalfunktionen zu den 4 Funktionen gehören, die den höchsten Bedeutungszuwachs erfahren [1].
Diese Fähigkeit zu entwickeln, ist das Anliegen dieses Buches.

Wie sieht es mit der Qualifikation und der Qualifizierung von Vorgesetzten dafür heute aus? Sehen wir die Dinge ganz nüchtern:

In der überwiegenden Mehrzahl unserer Unternehmen wird das Feld der operativen Personalführung (wenn nicht das Personalwesen überhaupt) mehr oder weniger als Nebenschauplatz der Unternehmensführung angesiedelt, der vor allem als Kostenfaktor Aufmerksamkeit genießt. Als zu entwickelndes und zu aktivierendes *geistiges* Kapital wird der Faktor Personal de facto eher am Rande beachtet.

Eine Ausbildung von Führungskräften zum Führen von Mitarbeitern findet nur in wenigen (vor allem Groß-) Unternehmen statt, und auch dort überwiegend nur punktuell in Kurzzeitseminaren.

An den Hochschulen, die mit ihren Studiengängen für Wirtschafts-, Natur- und Ingenieurwissenschaften die Reservoire für den potentiellen Führungsnachwuchs bilden, wird das Fach »Personalführung« selten und, wenn überhaupt, nur als Neben- (sächliches) Fach angeboten. Zwingt das im politischen Raum forcierte Streben nach Verkürzung der Studienzeiten dazu, Stundenangebote zu reduzieren, so fallen dem derartige *außerfachliche* Angebote zuerst zum Opfer.

Führen wir uns vor Augen:

In unseren Unternehmen wird (zu Recht) penibel darauf geachtet, daß Fachkräfte für ihre *Sachaufgaben* die dafür erforderlichen Qualifikationsnachweise erbringen, für die sorgfältige Studien als selbstverständlich vorausgesetzt werden. Bevor ein Arbeitnehmer an kostspieligen technischen Arbeitsmitteln arbeiten darf, wird er sorgfältig daran eingewiesen, bis er seine Befähigung dazu hinreichend sicher unter Beweis gestellt hat. Dank dieses Vorgehens war unsere Wirtschaft bislang mit hervorragend qualifizierten Fachkräften ausgestattet [2].

Demgegenüber gibt es einen allgemein anerkannten Befähigungsnachweis *zum Führen des »Arbeitsmittels Mensch«* nicht. Die Qualifikation, zur Führungskraft befördert zu werden, leitet die Unternehmenspraxis wie eh und je vor allem aus der *fachlichen* Bewährung des zu Befördernden ab.

Selbst die Lektüre eines seriösen Fachbuches *nach* erfolgter Beförderung » ... kann sich eine Führungskraft in der Praxis doch gar nicht leisten, dazu fehlt ihr bei der hohen Belastung einfach die Zeit. Der genügt ein festes Händchen und wenn das mal nicht reicht, helfe ich als Arbeitgeber selbst nach.«, wie ein mittelständischer Unternehmer dem Verfasser die Lage in der betrieblichen Praxis unlängst schilderte.

Und Ingenieur-Studenten nach ihrem ersten Debut im Arbeitsprozeß äußern in Diskussionen über motivierendes Führen sinngemäß: »Wissen Sie eigentlich was in der betrieblichen Praxis wirklich los ist? Wenn ich da mit so etwas wie ›Partizipation‹ oder ›Belohnung von Goodwill-Leistungen‹ angefangen hätte, wäre ich bei meinem Chef sofort auf Grund und in Gefahr gelaufen, mir die Karriere zu vermasseln. Das kann ich mir doch gar nicht leisten.«

So wird der Mensch in unserer Arbeitswelt als »Erfolgsfaktor Nummer Eins« und »Human-Kapital«, wofür das Verarbeitende Gewerbe im Jahre 1992 fast 750 Mrd. Mark an Personalkosten aufzuwenden hatte, großenteils von Vorgesetzten eingesetzt und betreut, deren Qualifikationsstand für ihre Führungsaufgabe mehrheitlich dem Niveau un- oder angelernter Fachkräfte entspricht. Fallen dabei eine genügend lange Erfahrung, charakterliche Integrität sowie individuelles Bemühen und Talent zusammen, begegnet uns der Glücksfall des professionellen Autodidakten und Laienkünstlers. Im gegenteiligen Fall bewegt sich die Qualifikation zum Führen am Rande von Analphabetentum, was sich insbesondere bei ausgeprägten charakterlichen Defiziten zur katastrophalen Leistungsbremse auswachsen kann. Regelmäßig kompensieren solche »Führungskräfte« ihr Unvermögen dann, wenn sie bei den Geführten auflaufen, durch Flucht in anmaßendes, autoritäres Herrschaftsgebaren, das nach außen als Führungsstärke kaschiert wird.

Nach der bereits zitierten, vom geva-Institut München 1992/93 durchgeführten Befragung von 4300 Führungskräften konnte demgemäß auch nur einem guten Viertel der befragten Personen bescheinigt werden, » ... daß sie ihre Mitarbeiter im großen und ganzen erfolgreich führen [3].

Die folgenden Daten sprechen als Symptome für bestehende Defizite an Arbeitsmotivation und -freude mit ihren Folgen für die Wirtschaftlichkeit und die Qualität des Arbeitslebens eine deutliche Sprache:

- In den Fehlzeiten als verläßlichem Indikator ausgebildeter Arbeitszufriedenheit oder -unzufriedenheit weisen deutsche Arbeitnehmer trotz höchster Entgelte und kürzester Arbeitszeiten mit fast 9 % im Jahresmittel 1992 unter allen Industrieländern die dritthöchste Quote auf;
- mehr als 40 % unserer Arbeitnehmer leisten keinen Handschlag mehr als man von ihnen verlangen kann;
- etwa ebensoviele leben im Zustand innerer Kündigung und 2/3 von ihnen nennen als Ursache dafür ihren direkten Vorgesetzten;
- ca 80 % aus allen Schichten weisen für ihre Vorlieben dem Freizeitbereich den gleichen oder sogar bevorzugten Stellenwert zu gegenüber dem beruflichen Bereich.

Sofern die Daten der jüngsten Zeit gewisse Besserungen erkennen lassen, wird zu fragen sein, wie weit sich darin Reaktionen auf wirklich verbesserte Führungsgepflogenheiten oder eher opportune Gefügigkeit zur Sicherung des Arbeitsplatzes widerspiegeln.

Was muß geschehen? Es hilft uns nicht weiter, rückwärts gewandt nach Sündenböcken zu suchen oder mit dem Finger auf »Nieten in Nadelstreifen« zu zeigen. Aber wir dürfen die Dinge auch nicht so unprofessionell, ignorant und – zum Teil – arrogant weitertreiben lassen wie bisher.

Auf den unbestritten vorhandenen Leistungen unserer allgemeinen Management-Kultur aufbauend und nach vorne blickend ist zu fordern, neben den bereits anerkannten Feldern der Unternehmensführung auch das Führen von Mitarbeitern als vollwertiges Feld unternehmerischer Erfolgssicherung zu akzeptieren und daraus die notwendigen Konsequenzen zu ziehen:

- Führungskräfte sind für ihre Aufgaben als Vorgesetzte unterstellter Mitarbeiter genauso systematisch und umfassend zu qualifizieren wie Fachkräfte für ihre Sachaufgaben, und zur Übertragung einer Führungsfunktion muß neben der gezeigten fachlichen stärker als bisher die persönliche Eignung in die Waagschale geworfen werden.
- In gewandelter Sichtweise darf das Unternehmen nicht länger als Herrschaftsgebilde zur einseitigen Durchsetzung »oben« gebildeten Willens gesehen werden, sondern es ist *als Ort einer Leistungsgemeinschaft* zu begreifen mit dem *Recht* seiner Mitglieder, mit ihrem Können an den Unternehmensprozessen beteiligt zu werden und ihrer *Pflicht*, in die gemeinsam gesetzten Ziele ihr Potential voll einzubringen und fürs Ganze Mitverantwortung zu übernehmen.
- Neue Konzepte des Führens und des Zusammenarbeitens sind zu entwickeln sowie zu erproben, und sie dürfen nicht schon dann als »nicht machbar« wieder verworfen werden, wenn sie nicht von Freitag auf Montag volle Früchte tragen oder wenn sie neues Denken bei den Verantwortlichen erfordern.
- Ohne unsere Bereitschaft aufzugeben, von anderen zu lernen, werden wir uns künftig stärker darauf konzentrieren müssen, für die Zukunft *eigene, uns gemäße Management-Konzepte* zu entwickeln statt hektisch und kurzatmig alles, was jenseits von Ozeanen unter anderen Bedingungen für Menschen fremder Kulturen erdacht worden ist, als DIE Lösung für die eigenen Probleme zu rezipieren und zu kopieren.

Aber unternehmensinternes Umdenken allein reicht noch nicht aus. Bei der engen geistigen Verzahnung von Arbeitswelt und gesellschaftlichem Umfeld werden wir auch in letzterem geänderte, sprich: fortschrittlichere Denkweisen kultivieren müssen [4]:

Wir benötigen unter allen gesellschaftlichen Gruppen und Schichten wieder Bereitschaft und Fähigkeit zu Konsens überhaupt.

Wir benötigen breiten Konsens in folgenden Einsichten:
- Der Sicherung unserer Wettbewerbs- und Standortfähigkeit ist künftig Priorität vor Partikularinteressen einzuräumen.
- Dem Gemeinwohl gebührt wieder eigene Wertigkeit vor weiterem exzessivem, ja rüdem Durchsetzen individueller Vorteilsnahme und Wohlstandszuwachses.
- Die asozialen Energien und die soziale Gleichgültigkeit, die sich mit ihren zerstörerischen Wirkungen als Normalität gleichsam durch die Hintertür in unserem gesellschaftlichen Alltag etabliert haben, müssen beim Namen genannt und in Schranken gewiesen werden.
- Die Überwindung erkannter Leistungsschwächen erfordert die Entfaltung der ganzen Kräfte bei Arbeitnehmern, die ihr Bestes zu leisten bereit sind und bei Arbeitgebern und Managern, die sich ihren Leuten und dem Land mit Anstand verpflichtet wissen.
- Zur Erhaltung von sozialem Frieden und Lebensqualität im Lande müssen begehrte Güter, auch Arbeit, im Nehmen wie im Geben mit Augenmaß, Fairneß und Flexibilität verteilt werden statt im Geiste rüden Forderns, cleveren »Absahnens« und zähen Fixiertseins auf erworbene Besitzstände.
- Notwendige Korrekturen unseres gesellschaftlichen - auch des sozialen - Systems sind unter den Sozialpartnern und anderen dafür verantwortlichen Gruppen *vorausschauend und konstruktiv zu gestalten*, statt dann, wenn sie unaufschiebbar geworden sind, sogleich im Stile aggressiver Schuldzuweisungen und in verlustreichen Verteilungskämpfen ausgefochten zu werden.

Und diese Einsichten müssen schnell in Taten umgesetzt werden - von jedem selbst und ohne darauf zu warten, bis die anderen begonnen haben.

Die Defizite an Fähigkeit zu gesellschaftlicher Weiterentwicklung haben u. E. in Deutschland bedrohliche Dimensionen angenommen, und es wäre gefährlich, die nach Lösung drängenden Fragen weiter ungelöst vor uns herzuschieben. Mit unseren derzeit dominierenden verkrusteten, egoistischen und konservativen Denkweisen allein, gleich ob von rechts, aus der Mitte oder von links und von welcher Gruppe vertreten, werden wir die Zukunft schwerlich gewinnen können.

Der schon oben zitierte Japaner Konosuke Matsushita scheint in unsere Befähigung zu der für Wandel nötigen Lernleistung wenig Vertrauen zu setzen: »Wir sind die Gewinner, und der industrielle Westen wird weiter verlieren: Sie können nicht viel daran ändern, weil die Ursachen Ihrer Fehler in Ihnen selbst liegen. ... und schlimmer: Es ist in Ihren Köpfen drin.« [5]

Unsere Zukunft hängt in der Tat von unserer Lern- und Wandlungsfähigkeit ab und davon, wieviel Raum wir ihr in unseren Köpfen einzuräumen bereit sind. Wandlungen stehen uns in allen Lebensbereichen bevor. Es liegt an uns, ob wir sie, passiv abwartend, uns von außen aufzwingen lassen oder zu einer lebenswerten Zukunft hin aktiv selbst gestalten. Auch harte Arbeit und Zwang zu Erfolg können, wenn sie für anzuerkennende Ziele auf der Grundlage einer Ethik von Vertrauen, Ehrlichkeit und Anstand, von menschlicher Achtung und solidarischen Unterstützens zusammen mit der Gewißheit zu leisten sind, daß Leistung fair honoriert wird, unserer Arbeitswelt hohe Attraktivität verleihen. Die Chance dafür ist umso größer, als die Attraktivität des heute noch so priorisierten Freizeitbereichs sich in Zukunft mehr und mehr in Frage gestellt sehen wird [6]. Wir müssen Arbeit als attraktiven Lebensbereich nur neu entdecken und kultivieren. Niemand hindert uns daran, es sei denn wir uns selbst.

> Besinnt Euch auf Eure Kraft
> und darauf,
> daß jede Zeit ihre eigenen Antworten will.
> Willy Brandt

Anmerkungen

1 Wunderer R:, Personalmanagement. Auf dem Weg zu einer unternehmerischen Funktion, in Personalführung Nr. 7/93 S. 560ff
2 Die aktuelle Entwicklung gibt allerdings auch hier mehr und mehr Anlaß zu Sorge, vgl. Rueß, A./Student, D., Besserer Drill, in Wirtschaftswoche Nr. 41/1993, S. 30ff
3 Scherer H.-P., Manager-Enquete: Schlechte Zeugnisse, in Wirtschaftswoche Nr. 9/1993, S. 40ff; ders. a.a.O. Nr. 11/1994, S. 70ff; vgl. auch Malik F., Manager-Scharlatane, in Personalwirtschaft Nr. 4/93, S. 18
4 Vgl. Dönhoff M. et al., Weil das Land sich ändern muß. Ein Manifest, Reinbeck bei Hamburg, 1992
5 Nach Sprenger R. K., 1992, S. 164
6 Opaschowski H.W., Freizeit 2001, Projektstudie zur Freizeitforschung, hrsg. vom B.A.T Freizeit-Forschungsinstitut, Hamburg 1992

Erläuterungen wichtiger Begriffe

Die in Klammern stehenden Ziffern weisen auf die Stellen der Verarbeitung des Begriffes im Text hin.

Abmahnung:
In Schriftform auszudrückende Mißbilligung einer mittleren bis schweren Verletzung arbeitsrechtlicher Pflichten unter Androhung von Rechtsfolgen für den Wiederholungsfall. (20.5)

Absentismus:
Fehlzeit aufgrund eines vom Individuum subjektiv getroffenen Entschlusses zur Abwesenheit vom Arbeitsplatz. (14.14.3)

Abwehrmechanismus:
Individuelle Strategie, das durch Frustration gefährdete Selbstwertgefühl mittels rationaler oder irrationaler Verhaltensweisen wieder zu stabilisieren. Beispiele: Aggression, Restriktion, Verdrängung. (9.9.2)

Anforderungsprofil:
Gesamtheit der an den Inhaber einer Stelle zu richtenden Leistungs- und Persönlichkeitsanforderungen. Sie werden – meist aus Anlaß eines Stellenbesetzungsverfahrens – aus dem Aufgabenprofil einer Stelle abgeleitet und können in »Muß«- und »Soll«-Anforderungen unterteilt werden. (17.2/3)

Arbeitgeber:
Selbständiger, der mindestens einen Arbeitnehmer beschäftigt. (8.1)

Arbeitnehmer:
Arbeiter oder Angestellter, der (regelmäßig aufgrund eines Arbeitsvertrages) unselbständige, fremdbestimmte Arbeit leistet. (8.1)

Arbeitsbeziehung:
Gesamtheit der aus der Inhaberschaft einer Stelle resultierenden tatsächlichen, rechtlichen und sozialen Merkmale, die die Stellung des Arbeitnehmers in der Arbeit charakterisieren. Dazu gehören u.a.
- die Art des Anstellungsverhältnisses,
- die soziale Rangzugehörigkeit,
- das Profil von Aufgaben, Kompetenzen und Verantwortlichkeit mit der dafür einzubringenden Vorbildung / Qualifikation,
- die Gestaltung des Entgeltes,
- die Ausstattung mit Statuselementen / Privilegien / Vollmachten / Informationen,
- die soziale Umgebung am Arbeitsplatz. (5.2/3)

Arbeitsgruppe:
Die zur gemeinsamen Erfüllung einer (Teil-) Aufgabe organisatorisch zusammengefaßten Arbeitskräfte. (6.3, 4/22.1)

Arbeitsklima:
Erscheinungsbild der unter den Beschäftigten eines Arbeitsbereichs geübten Einstellungen und Verhaltensmuster gegenüber Arbeit, Betrieb und Vorgesetzten sowie untereinander, die sie als Re-

sultat eines Vergleichs der erwarteten mit der wahrgenommenen Realität ihrer Arbeitsbeziehung gewonnen haben (vgl. auch *Arbeitszufriedenheit*). (14.15)

Arbeitsrecht:
Recht der abhängigen Arbeit, bestehend aus den Schwerpunkten
- Arbeitsvertragsrecht einschließlich Kündigungsschutz,
- Tarifrecht,
- Betriebsverfassungsrecht,
- Arbeitnehmerschutzrecht,
- Recht der Unerlaubten Handlung am Arbeitsplatz und
- Arbeitsgerichts-Verfahrensrecht.(8)

Arbeitsstrukturierung:
Methoden, um durch weniger Monotonie und durch anregendere Gestaltungen der Arbeit Ermüdungserscheinungen zu verringeren und das Interesse und die Leistungsbereitschaft von Arbeitnehmern zu erhöhen. Die häufigsten Arten bilden
- Arbeitsplatzwechsel (job rotation),
- Arbeitsfelderweiterung (job enlargement) und
- Arbeitsfeldbereicherung (job enrichment) und, ihnen nahestehend,
- Arbeit in teilautonomen Gruppen. (10.4.2)

Arbeitstechniken:
Methoden und Instrumente, die Führungskräften und Mitarbeitern als Mittel zu einer effizienten, zielorientierten, systematisch geplanten und rationell erledigten Aufgabenerfüllung dienen. (15.3.4)

Arbeitsunfähigkeit:
BAG: Erkrankung, infolge derer der Arbeitnehmer unfähig ist, seine ihm vertragsgemäße Arbeit zu verrichten oder diese ihm vernünftiger Weise nicht mehr zugemutet werden kann. (14.14.3)

Arbeitsverhältnis:
Das auf der Grundlage des Anstellungsvertrages beruhende Rechtsverhältnis zwischen dem Arbeitgeber und dem Arbeitnehmer. (5.2/ 8.4)

Arbeitszielvereinbarung:
Vereinbarung quantitativ und/oder qualitativ definierter Leistungs- oder Verhaltensergebnisse, die ein Arbeitnehmer innerhalb einer Zielperiode zu realisieren hat. (18.2)

Arbeitszufriedenheit:
Innere Disposition, die ein Arbeitnehmer als Resultat eines wertenden Vergleichs der erwarteten mit den wahrgenommenen Erlebnissen und Ergebnissen seiner Arbeit gewonnen hat und die als prägende Größe seinem Verhalten und seinen Einstellungen gegenüber Arbeit, sozialem Umfeld und Betrieb sichtbaren Ausdruck verleiht. Sind wahrgenommene · erwartete, resultiert Arbeitszufriedenheit; sind wahrgenommene < erwartete, resultiert Arbeitsunzufriedenheit. Arbeitszufriedenheit darf als Auslöser von Goodwill-Leistung angesehen werden, Unzufriedenheit demgegenüber als Demotivator, und beide sind prägende Größen des Arbeitsklimas. (9.8)

Ausländer:
hier: Arbeitnehmer nicht-deutscher Staatsangehörigkeit (23.4)

Autorität:
Einfluß, den eine Person gegenüber einer anderen dadurch ausüben kann, daß diese sich dem ge-

äußerten Willen der ersteren freiwillig unterstellt. Dies geschieht in Anerkennung von in dieser Person verkörperten Wert- oder Überlegenheitsprinzipien. Die Wurzeln der Autorität einer Person im Betrieb bilden die Überlegenheit der von ihr eingenommenen *Position*, die gezeigten Fähigkeiten in ihrer *Funktion* und ihre Qualitäten als *Persönlichkeit*. (4.3/14.3.2 C)

Belohnung:
Jede Leistung oder Maßnahme des Unternehmens, die für valente mitarbeiterseitige Ziele Erfüllungsfunktion bedeutet. Sie kann intrinsisch (durch innere Befriedigung) empfunden oder extrinsisch (durch Zuwendung von außen) empfangen werden (vgl. *Entlohnung*). (9.5.3)

Belohnungsangemessenheit:
Belohnungen wirken erst dann motivierend, wenn sie aus der Sicht des Belohnten subjektiv als fair und gerecht bewertet werden. Sozialwissenschaftliche Grundlagen bilden die »Theorie des sozialen Austauschs« (HOMANS) und die »Equity-« oder »Gleichheits-Theorie« (ADAMS/WALSTER/BERSCHEID). (9.7)

Belohnungswert:
Maß an Bereicherung, das ein Individuum der Erfüllung eines Individualzieles subjektiv zumißt und dessen Höhe zugleich maßgeblich die Zielvalenz bestimmt. Er tritt im Erwartungs-Wert-Modell von PORTER und LAWLER in mehrfachem Sinne auf: als

Aa) subjektiv *erwartetes* Maß an Bereicherung, das ein Individuum der Erfüllung eines Individualzieles zumißt und
Ab) subjektiv *wahrgenommenes Maß* an Bereicherung aus einer empfangenen Belohnung; sowie als
Ba) intrinsische (von innen wirkende) oder
Bb) extrinsische (von außen empfangene)
Bereicherung. (9.5.3)

Betrieb:
Räumlich eigenständige Produktionseinheit, die mit eigenen personellen und sachlichen Mitteln ausgestattet ist und planvoll organisiert wirtschaftswerte Güter her- oder bereitstellt. (1.2)

Betriebsrat:
Betriebsverfassungsrechtlich vorgesehenes Organ zur Vertretung der Arbeitnehmer-Interessen in den Betrieben gem. §§ 7 ff BetrVG, dem bestimmte Aufgaben (§ 80 BetrVG) und Mitwirkungsrechte an betrieblichen Entscheidungsprozessen (§§ 87 ff BetrVG) zugewiesen sind. (8.4/23.7)

Coaching:
Einzelberatungsprozeß mit dem Ziel, beim Coachee (dem Beratenen) Wahrnehmungsblockaden zu lösen und Selbstorganisationsprozesse in Gang zu setzen, die es ermöglichen, seine Fähigkeiten beim Lösen von Problemen und dem Bewältigen von Anforderungen effizienter zu nutzen. (15.4.3)

Delegation:
Ausschließliche und dauerhafte oder fallweise Zuweisung von Aufgaben mit kongruenter Kompetenz und Verantwortlichkeit durch eine dafür zuständige Instanz (Vorgesetzter) an eine nachgeordnete Instanz (Mitarbeiter) zum Zwecke ihrer selbständigen Wahrnehmung. (8.7/16.3)

Dienstweg:
Linie der fachlichen und/oder disziplinarischen Zuordnungen von Instanzen in einer Hierarchie,

mit der zugleich auch ihre wechselseitige Weisungsberechtigung und -gebundenheit festgelegt ist. (16.2)

Direktionsrecht, arbeitgeberseitiges:
Das durch den Arbeitsvertrag begründete Recht des Arbeitgebers, auf der Grundlage und im Rahmen der dort abstrakt vereinbarten Tätigkeiten aus der betrieblichen Gesamtaufgabe abgeleitete, rechtlich zulässige, konkrete Leistungs- und Verhaltensvorgaben zu bilden und diese im Rahmen der Arbeitsorganisation mit bindender Wirkung zur Ausführung an den Mitarbeiter zu übertragen. (8.7)

Entlohnung:
Honorierung der Arbeitsleistung durch Entgelt (vgl. *Belohnung*) (5.3 D/10.5.2)

Einfluß:
Soziales Einwirkungspotential einer Person oder Personengruppe auf andere, das sich aus positionalen Befugnissen, Autorität und faktischer Beherrschung zusammensetzen kann. (4)

Erfolgswahrscheinlichkeit:
Subjektiver Schätzwert des Individuums, mittels seines Leistungsvermögens unter den realen betrieblichen Verhältnissen ein vorgestelltes Individualziel realisieren zu können. Sie tritt im Motivationsmodell Porter & Lawler als zweistufiger Schätzwert auf:
1. als Wahrscheinlichkeit (E→GW), mit erhöhter Leistung erhöhte Leistungsergebnisse (hier: Goodwill) realisieren zu können,
2. als Wahrscheinlichkeit (GW→Z), für erbrachtes Goodwill mit der Erfüllung eines valenten Zieles belohnt zu werden. (9.6)

Ethik:
An anerkannten Normen und Werten ausgerichtetes Handeln, das sich aus der Verantwortung gegenüber anderen herleitet. (10.2/14.1)

Faktische Beherrschung:
Sammelbegriff für alle Arten zwischenpersonaler Einflußmöglichkeiten, die weder durch ein formales Ordnungssystem noch durch die Vergabe von Autorität legitimiert sind, sondern auf einem tatsächlichen Ausgeliefertsein des Beherrschten an die Überlegenheit des Herrschenden beruhen. (4.4)

Fehlzeiten:
In Tagen gemessene Abwesenheit vom Arbeitsplatz, bezogen auf die durch tarifliche Regelungen, Betriebsvereinbarungen und Arbeitsvertrag begründeten Anwesenheitspflichten. (14.14.3)

Fluktuation:
Überbetrieblicher Wechsel des Arbeitsplatzes. (1.2)

Frustration:
Spannungszustand der Enttäuschung eines Individuums als Resultat einer defizitären Abweichung des wahrgenommenen IST-Zustands von einem erwarteten Befund (hier z.B. Ziel, Belohnung, Klima). Frustrationen werden regelmäßig mittels individueller Abwehrmechanismen abgebaut. (9.9.2)

Führen:
Interaktioneller Prozeß zielorientierten Einflußnehmens auf Leistungsverpflichtete zum Durchsetzen der zu erfüllenden Ergebnis- und Verhaltensziele. Zu unterscheiden ist

a) *unmittelbares Führen:* in direkter Kommunikation stattfindendes zielgerichtetes Veranlassen des Mitarbeiters;

b) *mittelbares Führen:* indirektes Veranlassen des Mitarbeiters durch leistungsbeeinflussendes Gestalten der Arbeit und des organisatorischen, des sozialen und des technischen Arbeitsumfeldes; (11)

c) *motivationales Führen:* direktes und indirektes zielgerichtetes Veranlassen des Mitarbeiters mit der Intention, durch Vermittlung von Belohnungen in der Arbeit und ihrem Umfeld eine hohe Arbeitsmotivation zu mobilisieren. (10/13/14 ff)

Führungseffizienz:
Zielwirksamkeit des Führens bezogen auf den eingesetzten Führungsaufwand. (12)

Führungskräfte:
Aufgabenträger, die aufgrund ihrer formalen Stellung Einfluß auf das Unternehmensgeschehen nehmen. (1.1.2)

Führungssituation:
Summe der Variablen, welche in einem konkreten Zeitpunkt auf das Führungsgeschehen prägend einwirken. Es sind vor allem:
- die Persönlichkeiten von Führer und Geführten (auch als Gruppe),
- die Art der Arbeit,
- die äußeren Rahmenbedingungen der Arbeit,
- die Organisationsebene der Beteiligten,
- das Arbeitsklima,
- der Zeitfaktor. (14.2)

Führungsspanne
(auch *Kontrollspanne/span of control/span of management* genannt): Anzahl der einer Führungskraft direkt unterstellbaren Mitarbeiter.

Führungsstil:
Längerfristig geübte Grundausrichtung des Führungsverhaltens eines Vorgesetzten gegenüber seinen Mitarbeitern. In motivationaler Führung werden folgende Stilelemente empfohlen:
- Ziel-/ wegmarkierend
- anforderungs- und belohnungsintensiv
- autoritativ
- dialogisch-partizipativ
- Menschen-akzeptierend. (14.3)

Führungs-Theorien:
Theoretische Ansätze, das Phänomen des Führens, insbesondere die Bedingungen seiner Effizienz, zu erklären. Die wichtigsten Erklärungsansätze richten sich auf
- personale Eigenschaften
- Führungsverhalten
- Kontingenz zwischen Verhalten und Situation
- Vermittlung von Belohnungswerten im Führen. (12)

Ganzheitlichkeit des Menschen:
Sichtweise, die den Menschen zugleich als körperliches, geistiges und seelisches Wesen akzeptiert. (10.1)

Gehorsamspflicht, arbeitnehmerseitige:
Arbeitsvertragliches Versprechen des Arbeitnehmers, die in legitimer Ausübung des Direktionsrechtes vom Arbeitgeber an ihn gerichteten konkreten Leistungs- und Verhaltensvorgaben annehmen und weisungsgemäß realisieren zu wollen. (8.7)

Gesundheit:
WHO: Zustand vollständigen geistigen, körperlichen und sozialen Wohlbefindens, der sich nicht
in Abwesenheit von Krankheit und Gebrechen erschöpft. (14.14)

Goodwill-Komponenten der Arbeitsleistung:
Für den Unternehmenserfolg relevante Leistungsbeiträge, die der Arbeitnehmer freiwillig aus-
bringen oder aber auch ohne Gefahr der Bestrafung zurückhalten kann, weil sie entweder keinen
Bestandteil arbeitsvertraglich geschuldeter Leistungspflichten bilden oder weil ihre Zurückhal-
tung ihm nicht als Pflichtverletzung nachgewiesen oder vorgeworfen werden kann. Dazu gehören
- Leistungsbeiträge außerhalb des arbeitsvertraglich vereinbarten Pflichtenbereiches,
- Verzicht auf nicht nachweisbare Verletzungen von Arbeitspflichten,
- Verzicht auf das maximale Ausschöpfen von Rechts- und Handlungsfreiräumen, das zwar zu-
  lässig, aber kostenträchtig ist. (1.3.2)

Gruppe:
Von Gemeinsamkeit gekennzeichnete Soziierung mehrerer Personen von relativer zeitlicher Stabilität. Wir unterscheiden
- soziale Kleingruppen - Sekundärgruppen
- Rang-/Statusgruppen - Funktionsgruppen
- Innengruppen - Außengruppen
- formelle Gruppen - informelle Gruppen. (6)

Gruppenleistung, Vorteil der:
(vgl. Leistungsvorteil ...)

Gruppennormen:
Verhaltensmuster, die von den Angehörigen einer Gruppe anerkannt werden und deren Beachtung notfalls mit sozialen Sanktionen durchgesetzt wird. (6.2)

Herrschaft, positionale:
Befugnisse, die einem Aufgabenträger in einer Organisation zur Erfüllung seiner Sach-, Leitungs-
und Führungsfunktionen übertragen werden. (4.2)

Hierarchie:
Soziales Gebilde mit Beziehungen der Über- und Unterordnung seiner Mitglieder. (3.2)

Hochqualifizierte:
Spezialisten und Experten, deren Wissen und Können für begrenzte Aufgabenbereiche dank ver-
tiefter Kenntnisse, Fertigkeiten und/oder Erfahrungen das Normalmaß deutlich übertrifft. (21.3/
23.1.4)

Individualziel:
Jeder von einem Individuum subjektiv angestrebte materielle oder immaterielle, aktuell wirkende
Ergebnis- oder Erlebniswert, für dessen Erlangung oder Erhaltung das Individuum Handlungs-
energie aufzuwenden bereit ist. (9.5)

Information:
Zweckbezogene Nachricht, die das beim Empfänger vorhandene Wissen erweitert oder Nicht-

Wissen verringert. Informationen werden regelmäßig durch Kommunikation übertragen. Das betriebliche Informationswesen dient dazu, bei den Betriebsangehörigen den aufgabenbezogenen *objektiven* Bedarf und deren außerfunktionale *subjektive* Bedürfnisse an Informationen zu erfüllen. (7.2 C/21.2)

Informationswege:
Wege, auf denen der Transfer von Informationen zwischen deren Absender und Empfänger verläuft. Sie müssen unabhängig vom Dienstweg *funktional* verlaufen und gewährleisten, daß auf ihnen neben dem objektiven Bedarf der Informanden an Informationen auch deren subjektive Bedürfnisse erfüllt werden. (7.2.3/21.1)

Informelles Gefüge:
Gesamtheit aller sozialen Erscheinungen und Aktivitäten, die von betrieblicher Seite nicht geplant und organisiert sind, sondern als individuell-spontane Verhaltensweisen, Eigenschaften und Werthaltungen der im Betrieb arbeitenden Menschen in die betrieblichen Abläufe eingebracht werden. (7)

Innere Kündigung:
Zustand, in dem der Mitarbeiter sich aufgrund von Frustrationen über wahrgenommene Arbeitserlebnisse und -ergebnisse sich mit seinen Interessen und Aktionspotentialen von der Arbeit innerlich löst und diese nur noch auf dem Niveau des unverzichtbaren Minimums erfüllt. Typisch einhergehend damit ist hochgradige Freizeit-Orientierung. (9.9.2)

Innovativität:
Entwickelte Fähigkeit zum Umsetzen von Neuerungen, insbesondere neuer Ideen, in praktischen Vollzug. (14.12)

Instrumentalität:
Nach VROOM Tauglichkeit angestrebter Leistungsergebnisse (Ziel 1. Ordnung) zur Realisation eines Individualzieles (Ziel 2. Ordnung). Im Modell PORTER & LAWLER ist die Instrumentalität in die beiden Erfolgswahrscheinlichkeiten integriert. In der betrieblichen Praxis äußert sich *Instrumentalität* in der Tauglichkeit betrieblicher Arbeit, durch eigenes Bemühen persönliche Individualziele realisieren zu können. (9.3.2)

Interaktion:
Wechselseitiger Einfluß, den die Elemente eines dynamischen Systems aufeinander ausüben. Im sozialen Bereich bestehen Interaktionen zwischen Personen, zwischen denen Kommunikation stattfindet, so z. B. innerhalb sozialer Kleingruppen oder der Führungsbeziehung. (6.2)

Jugendlicher:
hier: Arbeitnehmer:
- *arbeitsrechtlich*: zwischen dem vollendeten 14. und 18. Lebensjahr,
- *biologisch*: zwischen dem vollendeten 14. und 25. Lebensjahr. (23.2)

Kleingruppe, soziale/Primärgruppe:
Zeitlich stabile Soziierung von etwa bis zu 15 Personen, die aufgrund gemeinsamer *Ziele/Zwecke/ Aufgaben* etc. untereinander in direkten Kontakt treten und sich durch ein *Wir-Gefühl* und gemeinsame *Normen* persönlich enger verbunden fühlen als gegenüber anderen, ihrer Soziierung nicht angehörenden Personen. Ihre internen Beziehungen unterliegen den Gesetzmäßigkeiten der Gruppendynamik. (6.2)

Kohäsion (ähnlich: *consideration, Mitarbeiter-/ Bedürfnisorientierung*):
Unterstützende, an menschlichem Wohlbefinden orientierte Komponente des Führens, die insbesondere auch emotionalen Bedürfnissen Rechnung trägt. (11.4/14.5)

Kommunikation:
Wechselseitiger Austausch von Signalen (insbes. Informationen) zwischen mindestens zwei Partnern, die beide fähig sein müssen, Signale der gewählten Form (z.B. optisch, akustisch) zu senden und zu empfangen und ihren Inhalt (z.B. Begriffs-/Symbolgehalt) zu verstehen. Interpersonelle Kommunikation findet verbal oder nonverbal sowie mehrschichtig gleichzeitig auf einer Sach- und einer Beziehungsebene statt. (21.1)

Kompetenz:
Das Recht und die Pflicht eines Aufgabenträgers, alle Entscheidungen und Maßnahmen selbständig zu treffen, die zur optimalen Erfüllung der ihm übertragenen Aufgaben notwendig sind. (3.4/ 10.4.1 B/16.3)

Kongruenz-Satz:
Organisations-Grundsatz, nach dem die an einen Aufgabenträger zu delegierende(n) Aufgaben, Kompetenz und Verantwortlichkeit sich zueinander deckungsgleich verhalten müssen. (3.4/ 10.4.1/16.3)

Kontrolle, betriebliche:
Messung von Ist-Befunden an Arbeitsergebnissen und/oder am Arbeitsverhalten betrieblicher Aufgabenträger und Vergleich mit vorgegebenen Soll-Standards. Bei der verstärkt eingeführten *Selbstkontrolle* wird die Kontrollfunktion von der Instanz (z.B. Aufgabenträger), die den zu kontrollierenden Gegenstand (z.B. Arbeitsergebnis) produziert, selbst wahrgenommen. (19)

Kooperation:
Tätiges oder geistiges Zusammenwirken mehrerer Aufgabenträger zum Zwecke gemeinsamer Zielverfolgung. (7.2 D/21.5)

Krankheit:
BAG: Jeder regelwidrige körperliche oder geistige Zustand, für den unerheblich ist, worauf er zurückzuführen ist. (14.14)

Kreativität:
Befähigung zu neuen Ideen (14.12)

Lean management / lean production:
In Japan entwickelte Strategie progressiver, ständiger Unternehmensentwicklung mit dem Ziel, über ein mehrseitig abgestütztes Bedingungsgefüge durch ein Maximum an Sparsamkeit beim Mitteleinsatz, Qualität der Produkte, Flexibilität des Disponierens und Rationalität beim Produzieren die der klassischen Massenproduktion eigenen Schwächen zugunsten erhöhter Befriedigung von Kundenwünschen zu überwinden. (25)

Leistung, mitarbeiterseitige:
Jeder reale Beitrag, den ein Mitarbeiter in Übereinstimmung mit einer betriebsseitigen Ergebnis- oder Verhaltensvorgabe oder unabhängig davon zum Unternehmenserfolg einbringt. Sie bildet das Produkt aus dem angelegten Leistungsvermögen und dem durch Motivation oder Zwang aktivierten Leistungsantrieb unter den gegebenen betrieblichen Arbeitsbedingungen. Leistung wird durch aktives Mitwirken an der Ertragssicherung ebenso erbracht wie durch das Unterlassen kostenverursachender Handlungen. (1.3/9.1)

Leistung, optimale:
Gesamtheit *aller* für den Unternehmenserfolg relevanten psychischen und physischen Beiträge, die zu erbringen einem Aufgabenträger in und außerhalb seiner Funktion unter Wahrung der arbeitswissenschaftlichen Belastungsgrenzen aufgrund seines individuellen Leistungsvermögens auf Dauer *möglich* ist. (1.2)

Leistungsbeurteilung:
Summarische übersituative Bewertung der Arbeitsergebnisse und des Arbeitsverhaltens eines Mitarbeiters während eines Beurteilungszeitraumes. (20.3)

Leistungsklasse, persönliche:
Summe personengebundener Qualifikationsmerkmale, die sich im Individuum aus Anlagen, Selbstwertgefühl und Normierung seines Rollenverständnisses bildet und sein berufliches wie privates Rollenverhalten qualitativ prägt. (9.1)

Leistungs- und Persönlichkeitsprofil:
Zusammenfassung der Leistungs- und Persönlichkeitsdaten eines Bewerbers, die durch die Diagnose seiner Leistungs- und Persönlichkeitsindikatoren gewonnen werden und aus deren Erfüllungsgrad des *Anforderungsprofils* die Eignung des Bewerbers für eine Stelle prognostiziert wird. (17.3.2)

Leistungsvermögen, individuelles:
Potential möglicher Arbeitsleistung eines Menschen, das durch seine Konstitution und seine Qualifikation für eine bestimmte Funktion bestimmt wird. Inhaltlich ähnliche Begriffe sind: *Individualkapazität* und *Individuelles Leistungspotential*. (9.1)

Leistungsvorgabe:
Qualitative und quantitative Beschreibung und Vereinbarung der Leistungsbeiträge, die der Betrieb vom Mitarbeiter ständig oder innerhalb eines bestimmten Zeitraumes erwartet. (18.1

Leistungsvorteil der Arbeitsgruppe:
Dank des Synergie-Effektes in Gruppenarbeit erzieltes Ergebnis, das quantitativ oder qualitativ höherwertiger ist, als die Addition der Ergebnisse einer gleichen Anzahl isoliert arbeitender Individuen. (6.4 B/23.1.1)

Leitungs-/Zuordnungssystem:
System, nach dem Träger von Funktionen verschiedener Ebenen und Wertigkeit einander zugeordnet sind, z. B. im Einlinien-, Mehrlinien-, Matrix-, Stab-Linien-System sowie, speziell bei der Entscheidungsfindung, in der Komitee-Struktur. (3.3)

Lokomotion (ähnlich: *initiating structure, Produktions-/ Ergebnisorientierung):*
Antreibende Komponente des Führens, die darauf gerichtet ist, optimale Leistungsergebnisse zu sichern und die den Mitarbeiter vorrangig als Mittel der Leistungserstellung sieht. (11.4; 14.5)

Macht:
hier: nach Art, Stärke und Dauer unterschiedliches Potential von Beeinflussungs- oder Durchsetzungsvermögen gegenüber anderen Personen. Ihre Hauptformen im Betrieb bilden
- positionale/formelle Herrschaft
- Autorität
- faktische Beherrschung. (4, 11.3)

Management:
Im engeren Sinne »Verwalten« (aus dem Englischen), im Bereich der Unternehmensführung drei-
facher Bedeutungsgehalt:
- Gesamtheit der Führungskräfte einer Organisation,
- Gesamtheit der Funktionen, die Führungskräfte wahrnehmen,
- Lehre von der wissenschaftlichen Leitung von Organisationen. (1.6)

Manipulation:
Bewußte Willens- oder Verhaltensbeeinflussung anderer mit den Mitteln des Täuschens (auch
des Vorenthaltens relevanter Tatsachen) über die gegebene Situation und/oder die verfolgten
Ziele (14.4 D d)

Mitarbeiter, unterstellter:
Aufgabenträger, der einem Vorgesetzten zur Mitarbeit an den dem Bereich übertragenen Aufgaben in Linie unterstellt und dessen Veranlassungen mit bindender Wirkung verpflichtet ist. (1.1)

Motiv/Persönlichkeitsmotiv:
Im Individuum zeitüberdauernd manifestierte Wertedisposition, die durch situative Anreize akti-
viert wird und bei zu treffenden Entscheidungen wertekonform stimulierend wirksam wird. Zen-
trale Persönlichkeitsmotive sind das
- Geldmotiv
- Sicherheitsmotiv
- Status- oder Prestigemotiv
- Kompetenz- oder Fähigkeitsmotiv
- Leistungs-/Erfolgsmotiv
- Kontaktmotiv
- Motiv zur Selbstaktualisierung. (9.4.2)

Motivation:
Im Individuum vorhandene Disposition zu Leistung (vgl. auch Motivierung). (9.1)

Motivations-Theorien:
Wissenschaftlich-theoretische Erklärungsansätze auf die Fragen, wodurch Motivation entsteht,
wie Motivieren vollzogen wird, usw. Dabei sind zwei Gruppen von Ansätzen zu unterscheiden:
A) Zielinhalts-Theorien (auch Inhalt-/Ursachen-Theorien genannt): Sie erklären das Entstehen
   von Motivation aus valenten Zielen bzw. Bedürfnissen, die das Individuum veranlassen, für
   ihre Erfüllung Handlungsenergie zu aktivieren;
B) Prozeß-/Instrumentalitäts-Theorien: Sie erklären den Ablauf des Motivierungsprozesses. (9.3)

Motivieren/Motivierung:
Prozeß, in dem Leistungsbereitschaft aktiviert wird. (9.1)

Motivspektrum:
Das in einem Individuum nach Zusammensetzung und Stärke real ausgebildete Spektrum von
Persönlichkeitsmotiven. (9.5.2)

Muß-Potential der Arbeitsleistung:
Leistung, zu der der Arbeitnehmer rechtlich verpflichtet ist *und* deren Erbringung das Unternehmen mittels disziplinarischer Mittel auch erzwingen kann. (1.3.2)

Organisation:
Die auf Dauer angelegte planvolle und methodische Zuordnung von Menschen und Sachmitteln,

um deren bestmöglichem Zusammenwirken zum Zwecke der dauerhaften Erreichung vorgegebener Ziele die günstigsten Bedingungen zu schaffen. (3.1)

Partizipation:
Teilhabe von Aufgabenträgern an Aufgaben und Entscheidungen fremder Instanzen durch gegenseitiges Informieren, Anhören und Beraten, das je nach Gewichtung bis zur de facto-Mitbestimmung am Arbeitsplatz reichen kann. Sie bildet ein Kernelement zeitgemäßen Führens unterstellter Mitarbeiter. (3.3/14.2.2)

Personal-Auswahlverfahren:
Teil des Stellenbesetzungsverfahrens, in welchem durch die Diagnose direkter und indirekter Leistungs- und Persönlichkeitsindikatoren unter mehreren Bewerbern der für die zu besetzende Funktion am besten geeignete ermittelt wird. (17)

Personalabteilung:
Zentrale Instanz, in deren Zuständigkeit alle für den Einsatz des Faktors *Personal* zu erbringenden strategischen und – teilweise auch – operativen Funktionen fallen und die im Unternehmen teils als Stabsstelle beratend und teils als Linienstelle regelnd tätig wird. Großunternehmen unterhalten in ihren Betrieben häufig Dependencen für dort zu erfüllende operative Aufgaben. (1.1)

Personalarbeit:
Gesamtheit der für den Einsatz des Faktors »Personal« zu erfüllenden Aufgaben. (1.1)

Personalentwicklung:
Strategien der Vermittlung und Verwertung von Qualifikationen, die den Mitarbeitern die berufliche Aneignung der sich verändernden betrieblichen und gesellschaftlichen Wirklichkeit erleichtern. (14.11/15.4.3)

Personalführung, operative:
Prozeß des operativen Ein- und Zusammenwirkens von Vorgesetzten oder anderen Instanzen auf die und mit den ihnen weisungsgebunden unterstellten Mitarbeiter(n). (1.1, 2)

Personalführung, strategische:
Gesamtheit aller unternehmensweit und langfristig wirkenden Personalfunktionen mit strukturierender Wirkung auf das gesamte Personalwesen. Sie werden regelmäßig von der Personalabteilung wahrgenommen. (1.1.1)

Personalkosten:
Aufwendungen des Unternehmens für das Personal, die sich aus Direkt-Entgelten und Zusatzkosten zusammensetzen. (1.3)

Personalwesen:
Sammelbegriff für die mit Personalarbeit befaßten Instanzen und ihre Funktionen. (1.1)

Pflicht-Potential der Arbeitsleistung:
Leistungen, zu deren Erbringung der Arbeitnehmer arbeitsrechtlich verpflichtet ist. (1.3.2)

Prestige, soziales:
Ausdruck der Wertschätzung eines Menschen durch andere auf der Basis einer Bewertung seines Status, der Erfahrung mit ihm als Rollenträger und seines Einflusses in einem sozialen System. Als Ergebnis einer Bewertung ähnelt es dem sozialen Status, erfaßt aber weitergehend als dieser die gesamte Persönlichkeit des Prestigeträgers. (5.4.4)

Probezeit:
Zeitraum von regelmäßig 3 bis 6 Monaten nach Aufnahme des Arbeitsverhältnisses, der dem genaueren wechselseitigen Kennenlernen zwischen Betrieb und Mitarbeiter dient und innerhalb dessen das Arbeitsverhältnis von beiden Seiten jederzeit fristlos beendet werden kann. (17.3.5/ 17.4.7)

Projektgruppe:
Arbeitsgruppe (regelmäßig) aus Spezialisten, die auf Zeit zur Erfüllung einer komplexen Aufgabenstellung zusammengestellt wird. (6.3 G)

Psychologisches Filter:
Persönlichkeitsgebundene Einschränkung des menschlichen Wahrnehmungsvermögens gegenüber der objektiven Umwelt, die durch ein individuelles Ausleseprogramm aus Einstellungen, Bewertungen, Vorurteilen u.a. bewirkt wird. Es führt dazu, daß Menschen die Umwelt verzerrt wahrnehmen. (14.9)

Qualifikation:
Real ausgeprägter Grad von
- Fähigkeiten
- Wissen
- Können
- persönlicher Leistungsklasse und
- Sozialverhalten

bei einem Individuum, bezogen auf eine bestimmte Funktion. Die Qualifikation bildet als Grundlage seines individuellen Leistungsvermögens eine prägende Bedingung seiner Arbeitsleistung. (9.1/15.1, 2/17.1)

Rang, sozialer:
Bewertungskriterium für die Angehörigen einer Organisationsebene innerhalb eines hierarchischen Systems, deren Wertigkeit als umso höher gilt, je näher die Ebene der Organisationsspitze zugeordnet ist. (5.3)

Rolle, soziale:
In einer Funktion von einem Individuum gelebtes Verhaltensmuster, das es aus wahrgenommenen Verhaltenserwartungen spezifischer Gruppen seiner Umgebung und eigenen Verhaltenspräferenzen gebildet hat. (5.4.2/14.7/15.3.6)

Rückmeldung, bewertende:
Die mit einer Bewertung verbundene Stellungnahme des Betriebes (meist des Vorgesetzten) gegenüber dem Aufgabenträger auf die in Kontrollen wahrgenommenen Leistungsbefunde. Durch sie erlangt der letztere Kenntnis über die Bewertung seiner vorangegangenen Leistungen sowie Hinweise auf sein künftiges Leistungsverhalten. Je nach Bewertung der gemessenen Leistungsbefunde kann Rückmeldung erfolgen
- positiv als Lob und Anerkennung,
- wertneutral als Bestätigung,
- negativ als Tadel oder Beanstandung.

Sie kann ferner stattfinden
- situativ auf einen Einzelbefund in der laufenden Arbeit oder
- als summarische Bewertung längerfristiger Mitarbeit. (20)

Sekundärgruppe:
Innerhalb eines organisatorischen Zweckgebildes durch mindestens ein Merkmal der Gemeinsamkeit untereinander verbundene Personen wie z. B. die
- Angestellten / gewerblichen Arbeitnehmer / Angehörigen eines Betriebes oder eines Betriebsbereiches. (6.1)

Situative Einflußfaktoren:
Teils im Menschen selbst, teils aus seiner Umgebung auf ihn einwirkende Faktoren, welche seine situative Leistungsbereitschaft mittelbar oder unmittelbar beeinflussen. Dazu gehören
- die Persönlichkeitsstruktur
- die aktuelle Disposition
- die Qualifikation
- die Kenntnis über das und die Einstellung zum Unternehmen
- die Gestaltung des Entgelt- und des sonstigen Belohnungssystems
- die Organisation und Struktur der Arbeit
- die Rahmenbedingungen der Arbeit
- das soziale Umfeld
- die Führungsbeziehung
- das Arbeitsklima als ganzes
- die außerbetriebliche Lebenssituation
- die sozial- und arbeitsmarktpolitische Gesamtsituation
- die rechtlichen Rahmenbedingungen
- der Geist zeitkultureller Strömungen. (1.5.2)

Sozialer Austausch, Theorien des:
Erklärungsansätze der Sozialpsychologie für menschliche Bereitschaft zu freiwilligen Leistungen. Danach werden solche Leistungen erbracht, wenn erwartet werden kann, dafür im Austausch Gegenleistungen zu erhalten (HOMANS). Nach der spezielleren *Equity-* oder *Gleichheits-Theorie* (ADAMS, WALSTER, BERSCHEID) muß dabei zugleich der *Grundsatz der ausgleichenden Gerechtigkeit* im Sinne einer subjektiv anerkannten Äquivalenz der ausgetauschten Werte gewahrt sein. (12.2)

Soziierung:
Formeller oder informeller Zusammenschluß mehrerer Personen von beliebiger Struktur und Dauer. (6)

Status, sozialer:
Ansehen eines Stelleninhabers, das ihm, abgeleitet aus der Bewertung seiner Stelle und Funktion im Vergleich zu den übrigen Stellen und Funktionen im Betrieb/Unternehmen, von anderen Betriebs-/Unternehmensangehörigen zuerkannt wird. (5.3/5.4.1)

Stelle:
Erfüllungsort der im Rahmen einer Gesamtorganisation zusammengefassten Aufgaben und Funktionen zum Aufgaben- und Arbeitsbereich einer gedachten Arbeitskraft mit normaler, geeigneter Leistungskapazität. (3.1/5.2/16.1)

Stellenbeschreibung:
Schriftliche, verbindliche und in einheitlicher Form abgefaßte Fixierung der organisatorischen Eingliederung, des Ziels, der Aufgaben, Kompetenzen und Verantwortlichkeit einer Stelle sowie ihrer wichtigen Verbindungen mit anderen Stellen. (16.5)

Stellenbesetzungsverfahren:
Betriebliches Verfahren zur Besetzung einer vakanten Stelle mit dem am besten geeigneten unter den verfügbaren Bewerbern und seiner Einführung in Arbeit und Arbeitsumfeld. Seine wichtigsten Schritte sind
- die Erstellung des Aufgabenprofils der Stelle und des Anforderungsprofils ihres künftigen Inhabers,
- das Rekrutierungsverfahren,
- das Auswahlverfahren und
- die Einführung des ausgewählten Bewerbers in Arbeit und Arbeitsumfeld. (17)

Stellvertretung:
Zeitlich befristete Übernahme der Aufgaben und Kompetenzen eines bestimmten Funktionsträgers durch einen oder mehrere andere Funktionsträger, wobei der Stellvertreter im Namen des Vertretenen, aber in eigener Verantwortlichkeit handelt. (16.4)

Team:
Arbeitsgruppe, deren gruppendynamische Kräfte auf die Erfüllung der ihr übertragenen Funktion (z. B. Arbeitsaufgabe) gerichtet sind und über den dadurch ausgelösten Synergie-Effekt besonders ergebniswirksam zutage treten. (6.3 E/23.1)

Teilautonome/selbststeuernde Arbeitsgruppe:
Arbeitsgruppe aus im wesentlichen gleich qualifizierten Kräften, die bei der Erfüllung des ihr zugewiesenen Aufgabenkomplexes Teilfunktionen ihrer Innensteuerung autonom wahrnimmt, wodurch in teamartiger Kooperation gruppendynamische Kräfte synergetisch freigesetzt werden. (6.3 F/10.3.5/23.1.2)

Telekommunikation:
Kommunikation, in der
- Informationen zwischen räumlich getrennten Partnern über dazwischengeschaltete technische Anlagen ausgetauscht oder
- Informationen an Bildschirmarbeitsplätzen ohne weitere menschliche Kommunikationspartner verarbeitet werden. (21.3)

Unternehmen:
Rechtlich selbständiges Wirtschaftssubjekt. (1.2)

Valenz:
Kraft/Stärke des Anreizes, den die vorgestellte Erfüllung eines Individualziels auf ein Individuum ausübt. (9.1)

Verantwortlichkeit:
Recht und Pflicht eines Aufgabenträgers, sich die Ergebnisse der Wahrnehmung seiner Kompetenz persönlich zuweisen zu lassen, und zwar im positiven Sinne als Erfolg ebenso wie im negativen Sinne als Mißerfolg. (3.4/10.4.1 C/16.3)

Versetzung:
Zuweisung eines anderen Arbeitsbereiches, die voraussichtlich die Dauer eines Monats überschreitet oder die mit einer erheblichen Änderung der Umstände verbunden ist, unter denen die Arbeit zu leisten ist, § 95 (3) BetrVG. (24.1)

Vorgesetzter:
Führungskraft mit der Aufgabe, Kompetenz und Verantwortlichkeit, gegenüber ihr in Linie unter-

stellten Mitarbeitern verbindliche Veranlassungen, insbes. Anordnungen, zu treffen, denen diese zu folgen verpflichtet sind. Erstrecken die Führungsaufgaben sich auf sachliche Gegenstände, handelt es sich um den *Fachvorgesetzten;* erstrecken sie sich auf Elemente des Anstellungsverhältnisses, handelt es sich um den *Disziplinarvorgesetzten.* Beide Gegenstände können in einer Hand liegen. (1.1)

Wertewandel, gesellschaftlicher:
Wandel gesellschaftlicher Werthaltungen, der sich seit etwa 1970 als gesellschaftsweite Abkehr von einstmals dominierenden Pflicht- und Gehorsamswerten hin zu Selbstentfaltungs-, Genuß- und Freizeitwerten vollzogen hat. (1.2)

Zeugnis:
Bescheinigung des Arbeitgebers über geleistete Arbeit, *einfaches Zeugnis:* Inhalt beschränkt sich auf Dauer und Art der Tätigkeit, *qualifiziertes Zeugnis:* Inhalt umfaßt zusätzlich dazu eine Leistungsbeurteilung. (24.2.3)

Zielkonflikt:
Gleichzeitiges Aufeinandertreffen mehrerer, untereinander unvereinbarer Individualziele in drei Formen:
a) Appetenz-Appetenz-Konflikt: von zwei angestrebten Zielen kann nur eines realisiert werden,
b) Appetenz-Aversions-Konflikt: ein angestrebtes Ziel ist mit einem unerwünschten Resultat verbunden,
c) Aversions-Aversions-Konflikt: das Individuum muß zwischen zwei unerwünschten Resultaten wählen. (9.7.2)

Zwang:
Psychische/physische Willens- und Verhaltensbeeinflussung, die von Personen oder Institutionen gegenüber Individuen, auch gegen deren Willen, durchgesetzt wird. (9.1)

Literaturverzeichnis

I. Verwendete und vertiefende Quellen zum Text

ACKERMANN, K.-F./HOFMANN, M., Systematische Arbeitszeitgestaltung, Handbuch für ein Planungskonzept, Köln 1988

ACKERMANN, K.-F./BLUMENSTOCK, H., Personalmanagement in mittelständischen Unternehmen, Stuttgart 1993

ARBEITSGEMEINSCHAFT »Engere Mitarbeiter der Arbeitsdirektoren Eisen und Stahl« im Fachausschuß 9, »Führungsstil, Führungsorganisation und Mitbestimmung«, Studien zur Mitbestimmungstheorie und Mitbestimmungspraxis«, hrsg. von der »Stiftung Mitbestimmung« und »Hans-Böckler-Stiftung«, Köln 1973

AUTORENKREIS DGfP/Institut Mensch und Arbeit (Leitung K. Quack/R. Möhlenbeck) Motivierende Personalpolitik für Führungskräfte, München 1983

BAUER, J.-H./RÖDER, G:, Krankheit im Arbeitsverhältnis, Reihe »Arbeitshefte Personalwesen«, Heft 14, Heidelberg 1987

BECKER, F. G., Anreizsysteme für Führungskräfte, Stuttgart 1990

BELLGARDT, P., Rechtsprobleme des Bewerbergesprächs, Reihe »Arbeitshefte Personalwesen«, Heft 1, Heidelberg 1984

BENNIS, W./NANUS, B., Führungskräfte, Die vier Schlüsselstrategien erfolgreichen Führens, Frankfurt/M. – New York 1985

BERGEMANN, N./SOURISSEAUX, A.L.J., Qualitätszirkel, Reihe »Arbeitshefte Personalwesen« Heft 16, Heidelberg 1988

BERKEL, K., Konflikttraining, Reihe »Arbeitshefte Führungspsychologie« Band 15, Heidelberg 2. Aufl., 1990

BERTHEL, J., Personal-Management, Stuttgart, 2. Aufl., 1989

BERTELSMANN STIFTUNG/INSTITUT FÜR WIRTSCHAFT UND GESELLSCHAFT BONN (Hrsg.), Die Arbeitsmotivation bei Führungskräften der deutschen Wirtschaft, Gütersloh 1985

dieselben, Die Arbeitsmotivation von Arbeitern und Angestellten der deutschen Wirtschaft, Gütersloh 1987

BIEDENKOPF, K., (Hrsg.), Erfolgskonzepte der Führung, Essen 1984

BIRKENBIHL, V. F., Kommunikationstraining, Landsberg/Lech, 2. Aufl., 1987

BISANI, F., Personalführung, Reihe »Moderne Wirtschaftsbücher«, Wiesbaden, 3. neu bearbeitete Aufl., 1990

BISCHOF, K., Jeder gewinnt – Die Methoden erfolgreicher Gesprächsführung, Planegg/München, 1991

BISCHOFF, O./ZEHNPFENNIG, E., Betriebsorganisation, Bad Homburg – Berlin – Zürich, 11. Aufl., 1984

BLAKE, R. R./MOUTON, J. S., Verhaltenspsychologie im Betrieb, Düsseldorf – Wien 1986

BLUM, E., Betriebsorganisation, Methoden und Techniken, Reihe »Moderne Wirtschaftsbücher« (Hrsg. E. MÄNDLE), Wiesbaden, 3. Aufl., 1990

BÖSENBERG, D./METZEN, H., Lean Management, Landsberg/Lech, 1992

BORDEMANN, G., Zuversicht schafft Erfolg, Reihe »Taschenbücher der Wirtschaft«, Band 48, Heidelberg 1986

BORMANN, E. G. et al., Erfolgreicher überzeugen und führen durch bessere Kommunikation, Landsberg/Lech 1982

BRINKMANN, E.P./HEIDACK, C., Unternehmenssicherung durch Ideenmanagement, Band 1: Mehr Innovationen durch Verbesserungsvorschläge, Freiburg, 2. Aufl., 1987 (vergl. HEIDACK/BRINKMANN a.a.O.)

BROX, H., Grundbegriffe des Arbeitsrechts, 7. Aufl., 1985

BMAS – BUNDESMINISTER FÜR ARBEIT UND SOZIALORDNUNG – (Hrsg.), Verfasser: Halbach, G./Mertens A./Schwedes, R./Wlotzke, O., Übersicht über das Recht der Arbeit, Bonn, 3. Aufl., 1989 (das Buch ist nur über den BMAS erhältlich!)

derselbe (Hrsg.), (42 Verfasser von Einzelbeiträgen) Übersicht über die Soziale Sicherheit, Bonn 1990 (das Buch ist nur über den BMAS erhältlich!)

derselbe (Hrsg.), Teilzeitarbeit, Bonn 1986

BMBW (Hrsg.), Grund- und Strukturdaten, Ausgabe 1992/93, Bonn 1992

BMFJ (Hrsg.), Betriebliche Maßnahmen zur Vereinbarkeit von Familie und Beruf sowie zur Förderung der Berufsrückkehr nach Zeiten ausschließlicher Familientätigkeit, Materialien zur Frauenpolitik 15/91, Bonn 1991

BRINKMANN, R. D., Personalpflege, Reihe »Arbeitshefte Personalwesen« Band 21, Heidelberg, 5. Aufl., 1993

BROMANN, P./PIWINGER, M., Gestaltung der Unternehmenskultur, Stuttgart 1992

BUCHHOLZ, D., Personenbedingte Kündigung, Reihe »Praktische Personalfragen im Betrieb«, Band 14, Bergisch Gladbach, 3. Aufl., 1985 (a)

derselbe, Verhaltensbedingte Kündigung, a.a.O., Band 11, Bergisch Gladbach, 1985 (b)

derselbe, Betriebsbedingte Kündigung, a.a.O., Band 10, Bergisch Gladbach 1986

BÜHNER, R., Der Mitarbeiter im Total Quality Management, Stuttgart 1993

BUNDESVEREINIGUNG DER DEUTSCHEN ARBEITGEBERVERBÄNDE (Hrsg. Flexible Teilzeitarbeit, Köln 1987

CIUPKA, D., Strategisches Personalmanagement und Führungskräfteentwicklung, Reihe »Duisburger Betriebswissenschaftliche Schriften«, Band 2, Hrsg. Barth K. et al., Hamburg 1991

COMMER, H., Der neue Manager-Knigge, Düsseldorf 1993

CRISAND, E., Psychologie der Persönlichkeit, Reihe »Arbeitshefte zur Führungspsychologie«, Band 1, Heidelberg, 5. Aufl., 1990

derselbe, Psychologie der Gesprächsführung, a.a.O., Heft 11, Heidelberg, 3. Aufl., 1990

CRISAND, E./KIEPE, K., Psychologie der Jugendzeit, a.a.O., Heft 12, Heidelberg 1989

dieselben, Das Gespräch in der betrieblichen Praxis, a.a.O., Band 18, Heidelberg 1991

CRISAND, E./LYON, U., Anti-Streß-Training, a.a.O., Band 13, Heidelberg, 2. Aufl., 1991

CUHLS, K.M., Qualitätszirkel in japanischen und deutschen Unternehmen, Berlin 1993

DAHLEMS, R., Handbuch des Führungskräfte-Managements, München 1994

DEUTSCHER INSTITUTS-VERLAG (Hrsg.), Konzertierte Aktion, Gleichberechtigung für die 90er Jahre, Dokumentation »Zweite bundesweite Gleichberechtigungskonferenz 22. November 1991«, Köln 1992

DEUTSCHE GESELLSCHAFT FÜR PERSONALFÜHRUNG/INSTITUT MENSCH UND ARBEIT, Die dritte Lebensrunde, München, 4. Aufl., 1984

DIETZ, R./RICHARDI, R., Betriebsverfassungsgesetz (Kommentar), München, 6. Aufl., 1982

DÖNHOFF, M. Gräfin v. et al., Weil das Land sich ändern muß – Ein Manifest, Reinbek bei Hamburg 1992

DÖRNER, K. M., Praktisches Arbeitsrecht, Köln 1990

DRABANT-SCHWALBACH, A./HEDINGER, P./KLÖFER, F./ROCHOW, D., Mitarbeiterinformation 1990, Eine Umfrage der Arbeitsstelle für innerbetriebliche Kommunikation (AIK), Boppard 1990

DUELL, W./FREI, F., Arbeit gestalten – Mitarbeiter beteiligen, Frankfurt/M. – New York 1986

dieselben et al., Leitfaden für qualifizierende Arbeitsgestaltung, Köln 1986

ECKARDSTEIN, D. VON, et al., Personalwirtschaftliche Probleme in DDR-Betrieben, München 1990

EIF, W. VON, Organisation, Erfolgsfaktor Unternehmensführung, Landsberg/Lech 1991

ESCHENBURG, TH., Über Autorität, Frankfurt/M., 2. Aufl., 1976

EVERS, H., Führungskräfte richtig vergüten, Freiburg, 2. Aufl., 1988

FAIX, W.G./LAIER, A., Soziale Kompetenz, Wiesbaden 1991

FITTING, K./AUFFAHRT, F./KAISER, H./HEITHER, F., Betriebsverfassungsgesetz, Handkommentar, München, 17. Aufl., 1992

FRANKL, V.E., Der Mensch vor der Frage nach dem Sinn, München – Zürich 1980

FRENCH, W. L./BELL, C. H., Organisationsentwicklung, Reihe »UTB-Taschenbücher« Nr. 486, Bern – Stuttgart, 3. Aufl., 1990

FREUND, F./KNOBLAUCH, R./RACKE G., Praxisorientierte Personalwirtschaftslehre, Stuttgart – Berlin – Köln, 5. Aufl., 1993

FREY, D./GREIF, S. (Hrsg.), Sozialpsychologie, Ein Handbuch in Schlüsselbegriffen, München – Weinheim, 2. Aufl., 1987

FREY, H./PULTE, P., Betriebsvereinbarungen in der Praxis, München 1992

FRIEDRICH, K./SEIWERT, L. J., Das 1x1 der Erfolgsstrategie, GABAL-Reihe Band 40: Grüne Reihe Erfolg und Methodik, Speyer 1992

FRIEDRICHS, F./GAUGLER, E./ZANDER, E. (Hrsg.), Personal, Perspektiven, München 1983

FROMM, E., Haben oder Sein, Die seelischen Grundlagen einer neuen Gesellschaft, dtv-Sachbuch Nr. 1490, München 1979, dtv Großdruck Bd. 25016, 1989

FÜRSTENBERG, F., Soziologie, Sammlung Göschen Band 2102, Berlin – New York 1978

derselbe, Industrielle Arbeitsbeziehungen, Reihe »Gesellschaft und Betrieb«, hrsg. vom Institut für partnerschaftliche Betriebsverfassung an der Johannes-Kepler-Universität Linz durch R. STRASSER, Wien 1975

derselbe, Erfolgskonzepte der japanischen Unternehmensführung und was wir daraus lernen können, Zürich, 2. Aufl., 1981

GAUGLER, E./WEBER, W. (Hrsg.), Handwörterbuch des Personalwesens, Reihe »Enzyklopädie der Betriebswirtschaftslehre« Band V, Stuttgart, 2. Aufl., 1991

GAUL, D., Der Arbeitsvertrag mit Führungskräften, München, 4. Aufl., 1978

derselbe, Das Arbeitsrecht im Betrieb (2 Bände), München, 8. Aufl., 1986

GEHLEN, A./SCHELSKY, H. (Hrsg.), Soziologie, Düsseldorf – Köln, 8. Aufl., 1955

GELLERMANN, S. W., Motivation und Leistung, Düsseldorf – Wien, 3. Aufl., 1973

GEVA-INSTITUT, Führungsverhaltenstest (FVT), Technical, Report, München 1993

GIEFFERS, F./POHEN, J., Fehlzeiten im Betrieb, Reihe »Taschenbücher für die Wirtschaft« Nr. 35, Heidelberg 1983

GOOS, W., Teilzeitarbeit und ihre Sonderformen, Reihe »Praktische Personalfragen im Betrieb, Bd. 21, Bergisch-Gladbach 1985

GORDON, TH., Managerkonferenz, Effektives Führungstraining, Reinbek/Hamburg 1982

GRAICHEN, W. U./SEIWERT, L. J., Das ABC der Arbeitsfreude, GABAL Schriftenreihe, Band 30, Speyer, 5. Aufl., 1990

McGREGOR, D., Der Mensch im Unternehmen, Düsseldorf – Wien, 3. Aufl., 1986

GROSSMANN, G., Der Chef, nach dem sich die besten Kräfte reißen, Alexandersbad, 4. Aufl., 1983

GRÜNWALD, H., Strategien der Arbeitssuche, Deutscher Wirtschaftsdienst, Köln 1983

GÜNTHER, J. (Hrsg.), Quo vadis Industriegesellschaft? Perspektiven zu Führungsfragen von morgen, Heidelberg 1984

HANAU, P./ADOMEIT, K., Arbeitsrecht (Lernbuch), 8. Aufl., 1986

HABERKORN, K., Praxis der Mitarbeiterführung, Reihe »Kontakt & Studium, Band 241, expert verlag, 5. Aufl., 1993

HANS-BÖCKLER-STIFTUNG (Hrsg.), Fachausschuß 9, »Das mitbestimmungsgemäße Führungsmodell«, Reihe »Studien zur Mitbestimmungstheorie und Mitbestimmungspraxis«, Band 11, Düsseldorf 1982

HALBACH-MERTENS-SCHWEDES-WLOTZKE, Übersicht über das Recht der Arbeit, hrsg. vom Bundesminister für Arbeit und Sozialordnung, Bonn, 3. Aufl., 1989

HALBE, P., Die neuen Unternehmen: Wie aus Mitarbeitern Mitunternehmer werden, Freiburg 1986

HARRIS, TH. A., Ich bin o. k. – Du bist o. k., Eine Einführung in die Transaktionsanalyse, Reinbek/Hamburg 1986

HELGESEN, S., Frauen führen anders, Vorteile eines neuen Führungsstils, Frankfurt – New York 1991

HENES-KARNAHL, B., Kurs auf den Erfolg, Karriere-Strategien für die Frau im Beruf, Planegg/München 1989

HARDENACKE, H./PEETZ, W./WICHARDT, G., Arbeitswissenschaft, Reihe »Studienbücher der Wirtschaft«, München – Wien 1985

HECKHAUSEN, H., Motivation und Handeln, Berlin – Heidelberg – New York, 2. Aufl., 1989

HEIDACK, C., Betriebspsychologie, Betriebssoziologie, Anwendungsorientierte Grundlagen für Studium und Praxis, Reihe »Moderne Wirtschaftsbücher« (Hrsg. E. MÄNDLE), Wiesbaden 1983

HEIDACK, C./BRINKMANN, E. P., Unternehmenssicherung durch Ideenmanagement, Band 2: Mehr Erfolg durch Motivation, Teamarbeit und Qualität, Freiburg, 2. Aufl., 1987 (vgl. BRINKMANN/HEIDACK a.a.O.)

HEINEKEN, E./HABERMANN, TH., Lernpsychologie für den beruflichen Alltag, Reihe »Arbeitshefte zur Führungspsychologie« Heft 14, Heidelberg, 2. Aufl., 1989

HEITMEYER, K./THOM, N., Assessment-Center, Reihe »Materialien zum Personal- und Ausbildungswesen«, hrsg. von STAUFENBIEHL, J.E., Band 3, Köln, 3. Aufl., 1988

HENTZE, J., Personalwirtschaftslehre (Band 1 und 2), Reihe »Uni Taschenbücher« Nrn. 649 und 650, 4. Aufl., l990

HENTZE, J./BROSE, P., Personalführungslehre, Reihe »Uni-Taschenbücher« Nr. 1374, Bern – Stuttgart 1986

HERMANN, H. O., Das Unternehmen in der Öffentlichkeit, Reihe »Taschenbücher der Wirtschaft« Bd. 56, Heidelberg 1991

HILB, M. (Hrsg.), Innere Kündigung: Ursachen und Lösungsansätze, Zürich 1992

HÖHLER, G., Die Zukunftsgesellschaft, Düsseldorf – Wien 1986

HÖHN, R./BÖHME, G., Führungsbrevier der Wirtschaft, Bad Harzburg, 10. Aufl., 1980

HOFFMANN, R., Human Capital, im Betrieb, Wege zur erfolgreichen Produkt-Innovation, Reihe »Heidelberger Fachbücher für Studium und Praxis, Heidelberg 1991 (zu 25.2.4)

HOFMANN, M./ROSENSTIEL, L. VON (Hrsg.), Funktionale Management-Lehre, Berlin – Heidelberg – New York – London – Paris – Tokyo 1988

HOMANS, G.C., Elementarformen sozialen Verhaltens, Opladen, 2. Aufl., 1972

derselbe, Theorie der sozialen Gruppe, Opladen, 7. Aufl., 1978

HOPFENBECK, W., Allgemeine Betriebswirtschafts- und Managementlehre, Landsberg/Lech, 4. Aufl., 1991

HORNUNG-DRAUS, R., Mitarbeiter-Beteiligungen, Modelle für die betriebliche Praxis, Reihe »Praktische Personalfragen im Betrieb«, Band. 25, Bergisch-Gladbach 1988

HROMADKA, W. (Hrsg.), Krankheit im Arbeitsverhältnis, Reihe Schäffer Skripten, Stuttgart 1993

HUB, H., Unternehmensführung, Reihe »Moderne Wirtschaftsbücher« (Hrsg. E. MÄNDLE), Wiesbaden, 3. Aufl., 1990

derselbe, Organisationslehre, Reihe »Gablers Einführungstext + Test Get«, Wiesbaden o.J.

HWFü – Handwörterbuch der Führung, hrsg. von ALFRED KIESER et al., Enzyklopädie der Betriebswirtschaftslehre Bd. X, Stuttgart 1987

HWO – Handwörterbuch der Organisation, hrsg. von ERICH FRESE, Enzyklopädie der Betriebswirtschaftslehre Bd. II, 3. Aufl., Stuttgart 1992 (2. Aufl. 1980, hrsg. von E. Grochla)

HWP – Handwörterbuch des Personalwesens, hrsg. von EDUARD GAUGLER et al., Enzyklopädie der Betriebswirtschaftslehre Bd. V, 2. Aufl., Stuttgart 1992; (1. Aufl. 1980)

IMAI, M., Kaizen, München, 8. Aufl., 1993

INSTITUT DER DEUTSCHEN WIRTSCHAFT (Hrsg.), Zahlen zur wirtschaftlichen Entwicklung der Bundesrepublik Deutschland, Ausgaben 1993, 1994, Köln 1993 und 1994

JUNG R. H./KLEINE M., Management, Personen-Strukturen-Funktionen-Instrumente, »Studienbücher der Wirtschaft«, München – Wien 1993

KADOR, F. J., Arbeitszeugnisse richtig lesen – richtig formulieren, Reihe »Praktische Personalfragen im Betrieb«, Band 16, Bergisch-Gladbach, 2. überarbeitete Aufl., 1987

derselbe, Instrumente der Personalarbeit, Praktische Arbeitshilfe für Klein- und Mittelbetriebe, hrsg. von der Bundesvereinigung der Deutschen Arbeitgeberverbände, Köln, 6. Aufl., 1990

KELLER, J. A., Grundlagen der Motivation, Reihe U&S Psychologie, München – Wien – Baltimore 1981

KEMPE, H.J./KRAMER, R., Tips für Mitarbeitergespräche, Reihe »Praktische Personalfragen im Betrieb«, Band 22, Bergisch-Gladbach, 3. Aufl., 1989

KIECHL, R. F., Zur Autorität in der Unternehmensführung, Schriftenreihe des Instituts für betriebswirtschaftliche Forschung an der Universität Zürich, Band 22, Bern 1977

KIENBAUM, J. (Hrsg.), Visionäres Personalmanagement, Stuttgart 1992

KIESER, A./KUBICEK, H., Organisation, Berlin – New York, 2. Aufl., 1983

KIESER, A./NAGEL, R./KRÜGER, K.-H./HIPPLER, G., Die Einführung neuer Mitarbeiter in das Unternehmen, Frankfurt/M. 1985

KISSLER, L./GREIFENSTEIN, R./JANSEN, P., Partizipation und Kompetenz – Beiträge aus der empirischen Forschung, Köln 1990

KITTNER, M., Arbeits- und Sozialordnung, Köln, 17. Aufl., 1992, 19. Aufl., 1994

KLUTH, H., Soziologie der Großbetriebe, Sammlung Poeschel, Band 56, Stuttgart, 3. Aufl., 1975

KNEBEL, H., Wie bewerbe ich mich richtig, München, 12. Aufl., 1990

derselbe, Das Vorstellungsgespräch, München, 13. Aufl., 1992 (a) derselbe, Taschenbuch für Bewerberauslese, Reihe »Taschenbücher für die Wirtschaft«, Bd. 17, Heidelberg, 6. Aufl., 1992 (b)

derselbe, Taschenbuch für Personalbeurteilung, a.a.O., Band 8, Heidelberg, 7. Aufl., 1988

derselbe (Hrsg.), Arbeitsmaterialien zum 7. Symposium »Analytik 87«, Hamburg, 1987

derselbe, Das Vorstellungsgespräch, Freiburg, 13. Aufl., 1992

KNEBEL, H./SCHNEIDER, H., Taschenbuch zur Stellenbeschreibung, Reihe »Taschenbücher für die Wirtschaft, Band 30, Heidelberg, 4. Aufl., 1991

dieselben, Taschenbuch für Führungsgrundsätze, a.a.O., Band 34, Heidelberg 1983

KNEBEL, H./ZANDER, E., Neue Entwicklungen bei Arbeit, Entgelt und Führung, Freiburg 1984

dieselben, Arbeitsbewertung und Eingruppierung, Ein Leitfaden für die Entgeltfestsetzung, Reihe »Taschenbücher für die Wirtschaft« Bd. 31, Heidelberg, 2. Aufl., 1988

KNEVELS, P./LINDENA, B., Gleitende Arbeitszeit, Reihe »Praktische Personalfragen im Betrieb, Bd. 24, Bergisch-Gladbach 1987

KORFF, E./SCHMIDT, W., Menschen beurteilen und Menschen führen, Heidelberg, 5. Aufl., 1985

KOWALEWSKY, W., Über den Umgang mit Vorgesetzten, Köln 1986

KÜCHLE, E., Menschenkenntnis für Manager, München, 2. Aufl., 1977

LANGE-PROLLIUS, H., Bestehen im Wettbewerb, Entscheidungshilfen für Unternehmer und Manager, Stuttgart 1983

LATTMANN, CH., Führungsstil, und Führungsrichtlinien, Schriftenreihe »Führung und Organisation der Unternehmung«, Band 23, Bern – Stuttgart 1975

derselbe, Die verhaltenswissenschaftlichen Grundlagen des Mitarbeiters, Bern – Stuttgart, 1982

LATTMANN, C. H./PROBST, J. B./TAPERNOUX, F. (Hrsg.), Die Förderung der Leistungsbereitschaft des Mitarbeiters als Aufgabe der Unternehmensführung, Reihe Management Forum, Berlin 1993

LAY, R., Ethik für Wirtschaft und Politik, München 1991

derselbe, Dialektik für Manager, München, 11. Aufl., 1988

derselbe, Führen durch das Wort, München, 2. Aufl., 1978

LEICHSENRING, CH./PETERMANN, O., Die Pflichten des Unternehmers in der Arbeitssicherheit, (Hrsg.: Berufsgenossenschaft der Feinmechanik und der Elektrotechnik Köln), Köln 1993, (Bezug über Greven & Bechtold GmbH, Sigurd-Greven-Str., 50354 Nürth)

LEONHARD, W., Personal- und Managemententwicklung, Reihe »Arbeitshefte Personalwesen«, Heft 4, Heidelberg 1984

LIKERT, R., Neue Formen der Unternehmensführung, Bern 1972 (engl.: New patterns of management, 1961)

MAAZ, H.-J., Der Gefühlsstau, Ein Psychogramm der DDR, Berlin 1991

MACKENZIE, A., Zeit für Erfolg, Reihe »Taschenbücher für die Wirtschaft«, Band 55, Heidelberg 1990

Management für alle Führungskräfte in Wirtschaft und Verwaltung (siehe Redaktionsteam, ...)

MANN, R., Die fünfte Dimension in der Führung, Düsseldorf 1993

MAYER, A./HERWIG, B. (Hrsg.), Handbuch der Psychologie, 9. Band: Betriebspsychologie, Göttingen, 2. Aufl., 1970

MEIER, H., Personalentwicklung, Konzept, Leitfaden und Checklisten für Klein- und Mittelbetriebe, Wiesbaden 1991

MOHN, R., Erfolg durch Partnerschaft, Eine Unternehmensstrategie für den Menschen, Berlin 1986

MÜHLBAUER, H., Kollege Alkohol, Betreuung gefährdeter Mitarbeiter, München 1991

MÜLLER, R./RUPPER, P. (Hrsg.), Lean Management in der Praxis, Beiträge zur Gestaltung einer schlanken Unternehmung, Zürich 1993

NAGEL, K., Weiterbildung als strategischer Erfolgsfaktor: Der Weg zum unternehmerisch denkenden Mitarbeiter, Landsberg/Lech 1990

NEUBERGER, O., Führungsverhalten und Führungserfolg, Wirtschaftspsychologische Schriften der Universitäten München und Augsburg, Band 3, Berlin 1976 (a)

derselbe, Das Mitarbeitergespräch, München 1980 (b)

derselbe, Organisation und Führung, Reihe »Kohlhammer Standards Psychologie«, Stuttgart – Berlin – Köln – Mainz 1977

derselbe, Führen und geführt werden, Basistexte Personalwesen, Stuttgart, 3. Aufl., 1989

derselbe, Miteinander arbeiten – miteinander reden! Vom Gespräch in unserer Arbeitswelt, München,
    4. Aufl., 1984
NIEDER, P. (Hrsg.), Fehlzeiten – ein Unternehmer- oder Arbeitgeberproblem?, Bern 1979
derselbe, Die »gesunde« Organisation, Spardorf 1984
NOELLE-NEUMANN, E./STRÜMPEL, B., Macht Arbeit krank? Macht Arbeit glücklich? München 1984

ODIORNE, G.S., Management by Objectives, Führungssysteme für die achtziger Jahre, München 1980
OESS, A., Total Quality Management: Die ganzheitliche Qualitätsstrategie, Wiesbaden, 3. Aufl., 1993
ohne Verf., Innovationen im Unternehmen gestalten, Personalpolitische Instrumente für technische und orga-
    nisatorische Veränderungen, Köln 1990
OLDENDORF, A., Sozialpsychologie im Industriebetrieb, Köln 1970
OPASCHOWSKI, H. W., Wie arbeiten wir nach dem Jahr 2000? Projekt-Studie, hrsg. vom B.A.T Freizeit-
    Forschungsinstitut, Hamburg 1989
derselbe, Freizeit 2001, Projektstudie, hrsg. vom B.A.T Freizeit Forschungsinstitut, Hamburg 1992

PABST, G., Ihre Rechte als Chef und Unternehmer, WRS-Reihe für den Chef, Planegg/München, 2. Aufl.,
    1991
PAPMEHL, A., Personal-Controlling, Reihe »Arbeitshefte Personalwesen«, Band 19, Heidelberg 1990
PERSONAL (Herausgeber und Redaktion), PERSONAL – REPORT '91, Köln 1991
PETERS, TH. J./WATERMANN, R. H., Auf der Suche nach Spitzenleistungen, Landsberg/Lech, 10. Aufl.,
    1984
PETERS, T.G./AUSTIN, N., Leistung aus Leidenschaft, Über Management und Führung, Hamburg 1986
PFÜTZNER, R., Kooperativ führen, München, 5. Aufl., 1990
derselbe, (Hrsg.), in Verbindung mit »Institut Mensch und Arbeit«, Taschenbuch Mensch und Arbeit, Mün-
    chen, 8. Aufl., 1991
POHLE, E., Arbeitgeber und Betriebsrat – Konsens und Konflikt, Reihe »Ratgeber Recht«, Berlin 1991 (zu
    8.4 und 23.8)
derselbe, Das Mitarbeiter-Beurteilungsgespräch, Sprachbeispiele, Grundsätze und Regeln, Personal, Nr. 6/
    1979
PULLIG, K.-K., Personalmanagement, Reihe »Studienbücher der Wirtschaft, München – Wien 1993
PULTE, P., Betriebs- und Gefahrenschutz, Loseblattsammlung Frankfurt/M. seit 1986
derselbe, Kapazitätsorientierte variable Arbeitszeit (KAPOVAZ), Reihe »Heidelberger Musterverträge«,
    Heft 68, Heidelberg 1987

QUACK, K./MÖHLENBECK, R., et. al., Motivierende Personalpolitik für Führungskräfte (Hrsg. Institut
    Mensch und Arbeit/DGfP), München 1983

RACKE, G., Rechtsfragen bei Personalbeschaffung und Personaleinsatz, Reihe »Arbeitshefte Personalwe-
    sen«, Heft 6, Heidelberg 1986
RAHN, H.-J., Führung von Gruppen, a.a.O., Heft 16, Heidelberg 1987
RASCHKE, H./KNEBEL, H., Taschenbuch für Personalbeurteilung, Reihe »Taschenbücher für die Wirt-
    schaft«, Band 8, Heidelberg, 7. Aufl., 1988
dieselben, Taschenbuch für Bewerberauslese, a.a.O., Band 17, Heidelberg, 4. Aufl., 1983
REFA-VERBAND FÜR ARBEITSSTUDIEN UND BETRIEBSORGANISATION e.V., Darmstadt (Hrsg.),
    Methodenlehre der Betriebsorganisation,
– Planung und Gestaltung komplexer Produktionssysteme, Darmstadt, 2. Aufl., 1990
– Anforderungsermittlung, Arbeitsbewertung, Darmstadt 1989
– Entgeltdifferenzierung, Darmstadt 2. Aufl., 1989
Redaktionsteam, Management für alle Führungskräfte in Wirtschaft und Verwaltung, Band I und II, Stuttgart
    1972
REINECKE, W./DAMM, F., Signale im Gespräch, Reihe »Taschenbücher der Wirtschaft«, Band 32, Heidel-
    berg, 3. Aufl., 1989
REINECKE, W./EISELE, H., Taschenbuch der Öffentlichkeitsarbeit, Reihe »Taschenbücher der Wirtschaft«
    Band 51, Heidelberg 1991
RICHTER, M., Aktivieren von »good-will«, Reihe »Praktische Personalfragen im Betrieb«, Band 27, Bergisch
    Gladbach 1988

ROSENSTIEL, L. VON., Die motivationalen Grundlagen des Verhaltens in Organisationen, Leistung und Zufriedenheit, Berlin 1975

ROSENSTIEL, L. VON/EINSIEDLER, H.E./STREICH, R.K./RAU, S., Motivation durch Mitwirkung, Reihe USW-Schriften für Führungskräfte, Bd. 15, Stuttgart 1987

ROSENSTIEL, L. VON/REGNET, E./DOMSCH, M., Führung von Mitarbeitern, Handbuch für erfolgreiches Personalmanagement, Stuttgart, 2. Aufl., 1993

SAHM, A., Neue Methoden der Leistungsmotivation der Mitarbeiter, Kissingen, 3. Aufl., 1981

SATTELBERGER, TH. (Hrsg.), Innovative Personalentwicklung, Grundlagen, Konzepte, Erfahrungen, Wiesbaden 1989

SCHÄFFNER, L., Arbeit gestalten durch Qualifizierung, München 1991

SCHANZ, G. (Hrsg.), Handbuch Anreizsysteme in Wirtschaft und Verwaltung, Stuttgart 1991

derselbe, Erkennen und gestalten, Stuttgart 1988

SCHARMANN, TH., Teamarbeit in der Unternehmung, Reihe »Uni Taschenbücher«, Band 154, Bern – Stuttgart 1972

SCHAUB, G., Arbeitsrechts-Handbuch, München, 6. Aufl., 1987

SCHERKE, F., Betriebsknigge, Schriftenreihe Nr. 2 des RKW Arbeitswissenschaft –, Heidelberg 1970

SCHIPPERGES, H., Was macht uns krank? Hrsg. vom Arbeitgeberverband der Metallindustrie Köln, Köln 1985

derselbe et al., Die Regelkreise der Lebensführung, Gesundheitsbildung in Theorie und Praxis, Köln 1988

SCHMIDT, J., Erfolgspotential, Mitarbeiter, WRS-Reihe für den Chef, Planegg/München, 2. Aufl., 1991

SCHMIDT, W., Führungsethik als Grundlage betrieblichen Managements, Reihe »Taschenbücher der Wirtschaft«, Band 46, Heidelberg 1986

SCHOLZ, CH., Personalmanagement, Informationsorientierte und verhaltenstheoretische Grundlagen, Reihe »Vahlens Handbücher der Wirtschafts- und Sozialwissenschaften, München, 2. Aufl., 1991

SCHRADER, E. (Hrsg.), Die ersten Tage im Betrieb, Essen, 1984

SCHULZ, G.-R., Alles über Arbeitszeugnisse, Reihe »Beck Rechtsberater im dtv« Bd. 5280, München 1990

SCHULTZ, H. J. (Hrsg.), Was der Mensch braucht, Stuttgart – Berlin 1979

SCHULTZ VON THUN, F., Miteinander reden: Störungen und Klärungen, Reinbek bei Hamburg 1981

SCHWARZ, G., Konfliktmanagement: 6 Grundmodelle der Konfliktlösung, Wiesbaden 1990

SEIWERT, L. J., Mehr Zeit für das Wesentliche, Landsberg/Lech, 15. Aufl., 1993

derselbe, Das 1 x 1 des Zeitmanagement, Band 10 der GABAL-Schriftenreihe, Speyer, 14. Aufl., 1991 (b)

SIEGWART, H./MENZL, I., Kontrolle als Führungsaufgabe, Bern – Stuttgart 1978

SIEMENS AG (Hrsg.), Organisationsplanung, Berlin – München, 8. Aufl., 1992

SKIBA, R., Taschenbuch Arbeitssicherheit, Berlin, 7. Aufl., 1991

SÖLLNER, A., Grundriß des Arbeitsrechts, Studienreihe Jura, München, 9. Aufl., 1987

derselbe, Grundriß des Arbeitsrechts, Vahlen Studienreihe Jura, München, 10. Aufl., 1991

SPIE, U., Personalwesen als Organisationsaufgabe, Reihe »Arbeitshefte Personalwesen« Heft 17, Heidelberg 1988

SPIEGELHALTER, H. J., (Hrsg.), Handlexikon Arbeitsrecht, Sonderausgabe München 1991

SPRENGER, R. K., Mythos Motivation, Frankfurt/M. – New York, 2. Aufl., 1992

STATISTISCHES BUNDESAMT (Hrsg.), Statistisches Jahrbuch für die Bundesrepublik Deutschland, Ausgabe 1992, Wiesbaden 1992

STAEHLE, W. H., Management, München, 5. Aufl., 1990

STAUDACHER, E., Älterwerden im Betrieb – Herausforderung und Chance, in Personal, Nr. 2/1984

STEIL, L. K./SUMMERFIELD, J./DEMARE, G., Aktives Zuhören, Reihe »Taschenbücher der Wirtschaft« Bd. 45, Heidelberg 1986

STEIN, G./KUNZE, G., Arbeitssicherheit – Pflichten der Unternehmer und der Führungskräfte, hrsg. von der Maschinenbau- und Kleineisenindustrie-Berufsgenossenschaft, Bochum, 4. Aufl., 1981

STEINMANN, H./SCHREYÖGG, G., »Management«, Grundlagen der Unternehmensführung, Wiesbaden 1990 (zu 1.3)

STIEFEL, R. TH., Planung und Durchführung von Induktionsprogrammen. Die Einführung neuer Mitarbeiter als Instrument der Integration und Innovation, München 1989

STROEBE, G., Gezielte Verhaltensänderung, Reihe »Arbeitshefte zur Führungspsychologie«, Heft 9, Heidelberg, 2. Aufl., 1987

STROEBE, R., Kommunikation I, Reihe »Arbeitshefte zur Führungspsychologie«, Heft 5, Heidelberg, 2. Aufl., 1980 derselbe, Kommunikation II, a.a.O., Heft 6, Heidelberg, 3. Aufl., 1984

derselbe, Arbeitsmethodik Teil I, a.a.O., Heft 71, 5. Aufl., 1990 (a); Teil II, a. a. O. Heft 8, 4. Aufl., 1990 (b), beide Heidelberg

STROEBE, R./STROEBE, G., Grundlagen der Führung, Reihe »Arbeitshefte zur Führungspsychologie«, Heft 2, Heidelberg, 4. Aufl., 1984 (a)

dieselben, Motivation, a.a.O., Heft 4, Heidelberg, 3. Aufl., 1984 (b)

STROMBACH, M. E. (Hrsg.), Qualitätszirkel, und Kleingruppenarbeit als praktische Organisationsentwicklung, Reihe »Schriften zur Personalwirtschaft«, Frankfurt/M. 1984

SUZAKI, K., Modernes Management im Industriebetrieb, Strategien, Techniken, Fallbeispiele, München – Wien 1989

THEN, W., Demokratische Führungskultur als Wettbewerbsbedingung der Zukunft, in BIEDENKOPF, K. (Hrsg.), 1984

derselbe, Die Evolution in der Arbeitswelt – Anregungen für soziale und organisatorische Innovationen in Wirtschaft und Gesellschaft, InnoVatio Reihe ›Praktische Wissenschaft‹, Bonn – Fribourg – Ostrava 1994

THIEME, H.-R., Verhaltensbeeinflussung durch Kontrolle, Berlin 1982

TINNEFELD, M.-TH./EHMANN, E., Einführung in das Datenschutzrecht, München – Wien 1992

URY W.-L./BRETT, I.-M./GOLDBERG, S.-B., Konfliktmanagement: Wirksame Strategien für den sachgerechten Interessenausgleich, Frankfurt/M. 1991

VESTER, F., Neuland des Denkens, Vom technokratischen zum kybernetischen Zeitalter, Stuttgart, 3. Aufl., 1984

VOLLMER, G. R., Ursachen von Erfolg und Mißerfolg im Betrieb, Reihe »Arbeitshefte Führungspsychologie, Band 17, Heidelberg 1991

WAGNER, D./ZANDER, E./HAUKE, C., Handbuch der Personalleitung, München 1992

WAGNER, H., Persönliche Arbeitstechniken, Grundlagen und Methoden erfolgreichen Selbst-Managements, Band 8 der GABAL-Schriftenreihe, Berlin – Bielefeld – München, 3. Aufl., 1988

WAGNER, P., Personalbeschaffung, Reihe »Arbeitshefte Personalwesen«, Heft 3, Heidelberg 1984

WAHREN, H. K., Zwischenmenschliche Kommunikation und Interaktion im Unternehmen, Berlin – New York 1987

WATERMANN, R., Die neue Suche nach Spitzenleistungen, Düsseldorf 1994

WATZLAWICK, P./BEAVIN, J. H./JACKSON, H. H., Menschliche Kommunikation, Bern – Stuttgart – Wien, 7. Aufl., 1985

WEBER, M., Wirtschaft und Gesellschaft, 1. Halbband, Köln – Berlin, 5. rev. Aufl., 1980

WEIMAR, W., Unternehmerhaftung, Mitarbeiterhaftung und Mitarbeitereigenhaftung, Reihe »Praktische Personalfragen im Betrieb«, Band 17, Bergisch-Gladbach 1981

WEINERT, A. B., Lehrbuch der Organisationspsychologie, München – Wien – Baltimore, 1. Aufl., 1981, 2. erweiterte Aufl., 1987

WENNINGER, G., Arbeitssicherheit und Gesundheit, Psychologisches Grundwissen für betriebliche Sicherheitsexperten und Führungskräfte, Heidelberg 1991

WERHAHN, P. H., Der Unternehmer: Seine ökonomische Funktion und gesellschaftliche Verantwortung, Trier 1990

WIEDEMANN, H., Mitarbeiter richtig führen, Ludwigshafen 1986

WITHAUER, K. F., Menschen führen, Grafenau – Stuttgart, 5. Aufl., 1989

derselbe, Die Managementfunktionen, Grafenau – Döffingen, 2. Aufl., 1982

WOMACK, J. P./JONES, D. T./ROOS, D., Die zweite Revolution in der Autoindustrie, Frankfurt – New York 1991

WREDE-GRISCHKAT, R., Manieren und Karriere – Verhaltensnormen für Führungskräfte, Wiesbaden, 3. Aufl., 1992

WÜRTELE, G., Lernende Elite, Wiesbaden – Frankfurt 1993

WUNDERER, R. (Hrsg.), Führungsgrundsätze in Wirtschaft und öffentlicher Verwaltung, Stuttgart 1983

derselbe, Führung und Zusammenarbeit, Stuttgart 1993

WUNDERER, R./GRUNDWALD, W., Führungslehre, Band 1: Grundlagen der Führung, Band 2: Kooperative Führung, Berlin – New York 1980

ZANDER, E., Taschenbuch für Führungstechnik, Reihe »Taschenbücher für die Wirtschaft«, Band 3, Heidelberg, 6. Aufl., 1982

ZANDER, E./KNEBEL, H., Taschenbuch für Arbeitsbewertung, Reihe »Taschenbücher für die Wirtschaft«, Band 30, Heidelberg, 2. Aufl., 1978

dieselben, Taschenbuch für Leistungsbeurteilung und Leistungszulagen, a.a.O., Band 33, Heidelberg, 2. Aufl., 1982

dieselben, Praxis der Leistungsbeurteilung, Reihe »Heidelberger Fachbücher für Praxis und Studium«, Heidelberg, 3. Aufl., 1993

ZIEGLER, H., Strukturen und Prozesse der Autorität in der Unternehmung, Stuttgart 1970

ZINK, K. J., Qualität als Managementaufgabe. Total Quality Management, Landsberg/Lech, 2. Aufl., 1992

ZÖLLNER, W., Arbeitsrecht, Reihe »Juristische Kurzlehrbücher«, München, 3. Aufl., 1983

Anmerkung: Eine Gesamtübersicht zum arbeitsrechtlichen Schrifttum enthält Schaub G., 1992, § 4

II. Namensverzeichnis der Verfasser zitierter unselbständiger Abhandlungen

Vermerk: Im Text zitierte Abhandlungen aus Handbüchern (insbesondere HWFü/HWO/HWP) sowie Aufsätze aus Sammelwerken und Fachzeitschriften werden nur in den Quellenverzeichnissen im Anhang zu den einzelnen Kapiteln angeführt. Dies gilt für Werke folgender Verfasser:

Jochmann, W.: (15.4)
Jochum, E.: (23.6)

Kadel, P.: (15.4)
Kappler, E.: (14.3, 15.4)
Kieser, A.: (17.4)
Knebel, H.: (1, 18)
Köhnlechner, M.: (15.3, 15.4)
Kolodny, H. F.: (3.3)
König, E.: (9, 14.2)
Königswieser, R.: (14.4)
Kossbiel, H.: (20.1)
Kotthoff, H.: (8.4, 23.7)
Krause, H.-U.: (1)
Kreikebaum, H.: (16.5)
Krug, S.: (15.4)
Krüger, G.: (10.5)
Krüger, W.: (3.1, 4.1, 16.5)
Kruse, A.: (23.3)
Kubicek, H.: (3.2)
Kürpick, W.: (1)

Laske, St.: (3.2, 14.11)
Lehr, U.: (23.3)
Lietz, J. H.: (25)
Löhr, A.: (10.2)
Lux, E.: (14.5)

Mag, W.: (21.1)
Malik, F.: (Schlußbem.)
Manz, Ch. C.: (6)
Marr, R.: (21.5)
Martin, A.: (9)
Meier, H.: (15.4)
Meyer, E.: (16.1)
Meyer, H.: (10.1, 15.3, 15.4)
Miehling, J.: (25))
Mouton, J. S. PhD: (14.5)
Mugler, J.: (1)
Müller, G. F.: (14.5)
Müller, H.: (23.6)
Müller, W.: (16.1)
Müller-Seitz, P.: (14.14)
Mungenast, M.: (17.1)

Nachreiner, F.: (14.5)
Nagel, P.: (18)
Nagel, R.: (17.4)
Neuberger, O.: (9, 10.2, 14)
Neumann, P.: (21.4)
Nieder, P.: (14.14)
Niederfeichtner, F.: (14.12, 17.1)

Oechsler, W. A.: (14.4)

Parkin, P. W.: (22)
Pawlowski, P.: (10.5)

Raidt, F.: (10.5)
Reber, G.: (10.1, 15.3, 15.4)
Regnet, E.: (14.14, 21.1)
Reichwald, R.: (21.3)
Reimann, H.: (23.4)
Reiß, M.: (16.5, 25)
Remer, A.: (4.1)
Rheinberg, F.: (15.4)
Richardi, R.: (23.7)
Roethlisberger, F. J.: (21.1)
Rogers, C. R.: (21.1)
Rohmert, W.: (10.5)
Rosenstiel, L. von: (6, 9, 11, 14.15, 14.16, 20.3)
Rueß, A. (Schlußbem.)
Rühl, G.: (10.5)
Runggaldier, U.: (24)

Schanz, G.: (3.1, 14.3)
Scherer, H.-P.: (Schlußbem.)
Scheuten, W. K.: (10.6, 21.3, 23, 25)
Schienstock, G.: (14.14)
Schindler, U.: (15.4)
Schmeisser, W.: (14.12)
Schmidt, R. B.: (18)
Schneble, A.: (9.5)
Schneevoigt, I.: (10.6, 21.3, 23)
Scholz, Ch.: (3.3)
Scholz-Ligma, J.: (1)
Schüler, H.: (17.1)
Seiwert, L. J.: (15.3, 21.1)
Simon, R.: (19)
Sims jr, H. P.: (6)
Sprenger, R. K.: (16.6)
Staehle, W. H.: (14.15)
Staerkle, R.: (3.3)
Staudt, E.: (14.12)
Stauffert, Th.: (21.3)
Stehle, W.: (20.7)
Steinle, C.: (3.3, 14.3, 16.3)
Steinmann, H.: (10.2)
Stengel, M.: (1)
Straube, W. und E.: (22)
Streich, R. K.: (14.7)
Strümpel, B.: (1, 10.5)
Student, D., (Schlußbem.)

Then, W., (10.3, 14)
Thom, N.: (3.1, 14.11, 17.1)
Tichy, J.: (10.1, 15.3, 15.4)
Titscher, St.: (14.4)

Uebele, H.: (14.12)

Vetter, L.: (22)

Wächter, H.: (1)
Wagener, M.: (25)

Wagner, D.: (3)
Weber, W.: (1, 15.4)
Weinert, A. B.: (12, 15.2, 17.1)
Weiskopf, R.: (3.2)
Wiendieck, G.: (6)
Wiesner, G.: (25)
Wiese, G.: (8.4)
Wilberts, J.: (23.2, 23.3)

Wiltz, St.: (14.14)
Winterhoff-Spurk, P.: (14.10)
Wiswede, G.: (5.5, 6)
Wunderer, R.: (1, 16.6, 21.5, 23.5, Schlußwort)

Zapf, D.: (14.14)
Zober, A.: (22)
Zumbusch, J.: (12.14)

III. Fachzeitschriften zur Personalarbeit

- ARBEIT UND RECHT, hrsg. vom Deutschen Gewerkschaftsbund, Frankfurt (AuR)
- ARBEITSMEDIZIN, SOZIALMEDIZIN, PRÄVENTIVMEDIZIN, Zeitschrift für Praxis Klinik Forschung und Begutachtung, Genter Verlag, Stuttgart (ASP)
- BETRIEBS-BERATER, Verlag Recht und Wirtschaft, Heidelberg (BB)
- DER BETRIEB, Verlag Handelsblatt, Düsseldorf (DB)
- GRUNDLAGEN DER WEITERBILDUNG, Luchterhand Verlag, Neuwied (GdWZ)
- LOHN + GEHALT, DATAKONTEXT VERLAG, Köln
- MANAGEMENT WISSEN, MP Management-Presse Verlag, München
- NEUE ZEITSCHRIFT FÜR ARBEITS- UND SOZIALRECHT, Beck Verlag, München (NZA)
- PERSONAL, Verlag Mensch und Arbeit, München
- PERSONALFÜHRUNG, hrsg. von der Deutschen Gesellschaft für Personalführung, Düsseldorf
- PERSONALWIRTSCHAFT, Luchterhand Verlag, Neuwied
- RECHT DER ARBEIT, Verlag C. H. Beck, München (RdA)
- WSI Mitteilungen, Monatszeitschrift des Wirtschafts- und Sozialwissenschaftlichen Instituts des Deutschen Gewerkschaftsbundes, bund-Verlag, Köln
- ZEITSCHRIFT FÜR ARBEITSRECHT, Carl Heymanns Verlag, Köln/Berlin/Bonn/München
- ZEITSCHRIFT FÜR ARBEITSWISSENSCHAFT, hrsg. von der Gesellschaft für Arbeitswissenschaft (GfA) e.V. in Verbindung mit REFA – Verband für Arbeitsstudien und Betriebsorganisation e.V., Verlag Dr. Otto Schmidt KG, Köln

IV. Fachbuchreihen für Personalführung

Vermerk: Das Quellenverzeichnis unter I. enthält nur einen Teil der verfügbaren Fachliteratur. Dem interessierten Leser wird empfohlen, sich zur weiteren Übersicht die Verlagsverzeichnisse der folgenden Schriftenreihen zu beschaffen (das Verzeichnis hier erhebt keinen Anspruch auf Vollständigkeit):

- »Angewandte Systemsicherheit und Arbeitsmedizin« Ansanger Verlag, Heidelberg
- »Leitfäden für die Rechtspraxis« Verlag C.H. Beck, München
- »Das Recht der Wirtschaft« Boorberg-Verlag, Heidelberg
- »Ratgeber Personalpraxis« DATAKONTEXT Verlag, Köln
- »Basistexte Psychologie« Enke Verlag, Stuttgart
- »Führung und Organisation in der Unternehmung« Verlag Haupt, Bern und Stuttgart
- »GABAL Schriftenreihe« GABAL-Verlag, Speyer
- »Heidelberger Musterverträge« Verlag Recht und Wirtschaft GmbH, Heidelberg
- »Moderne Wirtschaftsbücher« Verlag Gabler, Wiesbaden
- »Studienbücher der Wirtschaft« Carl-Hanser-Verlag, München
- »Praktische Personalfragen im Betrieb« Heider-Verlag, Bergisch-Gladbach 2
- »Ratgeber Personalpraxis« DATAKONTEXT Verlag Köln
- »Schriften zur Personalwirtschaft« Kommentator Verlag, Frankfurt/Main

- »mi-Taschenbücher« verlag moderne industrie, Landsberg/Lech
- »Heidelberger Musterverträge« Verlag Recht und Wirtschaft, Heidelberg
- »Taschenbücher für die Wirtschaft« Sauer-Verlag, Heidelberg
- »USW-Schriften für Führungskräfte« Schäffer-Poeschel Verlag für Wirtschaft · Steuern · Recht GmbH, Stuttgart
- »Arbeitshefte zur Führungspsychologie« Sauer-Verlag Heidelberg
- »Arbeitshefte Personalwesen« Sauer-Verlag, Heidelberg
- »Grundlagen und Praxis der Personalwirtschaft« Erich Schmidt Verlag, Berlin – Bielefeld – München

V. Hilfen für die Arbeit der Personalabteilung

- Arbeitsgesetze. Textsammlung für Unternehmen (Loseblattsammlung mit Ergänzungslieferungen nach Bedarf) Freiburg – Berlin
- Arbeitsrecht in den neuen Bundesländern, Reihe »Beck'sche Textausgaben«, München 1991 (Paperback-Ausgabe mit allen wichtigen Rechtsvorschriften für die Zeit der Rechtsangleichung)
- Arbeitsrechtliche Praxis (AP), Nachschlagewerk der Rechtsprechung des Bundesarbeitsgerichts und anderer Gerichte zum Arbeitsrecht (gesetzlich/thematisch geordnete, laufend aktualisierte Loseblattsammlung)
- Beck'sches Personalhandbuch, Band 1: Arbeitsrechts-Lexikon, Band 2: Lohnsteuer und Sozialversicherung (laufend aktualisierte Loseblattsammlung) München
- Bellgardt P., Datenschutzpraxis im Personalbereich, Reihe »Arbeitshefte Personalwesen«, Band 20, Heidelberg 1992
- Betrieb und Personal, hrsg. von Dr. Günter Halbach, (laufend aktualisierte Loseblattsammlung) Bonn
- Betriebsverfassung in Recht und Praxis, (umfassende Loseblattsammlung mit viermaliger Aktualisierung jährlich), Freiburg
- Blaeser H. O., Betriebliches Personalaktenrecht, Köln 1992
- Bolten R./Pulte P., Aufbewahrungsnormen und Fristen im Personalbereich, Reihe »Ratgeber Personalpraxis«, Köln 1991
- Bundesarbeitgeberverband Chemie (Hrsg.), Personalplanung im Betrieb, Wiesbaden 1986
- Bundesvereinigung der Deutschen Arbeitgeberverbände (Hrsg.), Instrumente der Personalarbeit, Praktische Arbeitshilfe für Klein- und Mittelbetriebe, 6. Aufl., Köln 1990
- Das Personal abc. Arbeitsrecht-Lohnsteuer-Sozialversicherung (laufend aktualisierte Loseblattsammlung) Planegg/München
- Derschka, P. (Hrsg.) Praxishandbuch Personal, (laufend ergänzte Loseblattsammlung) Bonn
- Geißler, K.A./von Landsberg, G./Reinartz, M. (Hrsg.), Handbuch »Personalentwicklung und Training«, Ein Leitfaden für die Praxis, (Loseblattwerk), Deutscher Wirtschaftsdienst, Köln
- Gola/Wronka, Handbuch zum Arbeitnehmerdatenschutz, Köln, 2. Aufl., 1993
- Goosens F., Personalleiter-Handbuch, München, 7. Aufl., 1981
- Gussen H./Neseker H./Noppeney H.G., Von der Kaderarbeit zur Personalwirtschaft, Reihe »Grundlagen und Praxis der Personalwirtschaft« Bd. 4, Berlin-Bielefeld-München 1991
- Kreklau, C./ Siegers, J., (Hrsg.), Handbuch der Aus- und Weiterbildung, (Loseblattwerk), Köln
- Ludz H., Bewährte Musterformulierungen für die erfolgreiche Personalarbeit (laufend aktualisierte Loseblattsammlung) Kissing
- Meisel, P. G., Arbeitsrecht für die betriebliche Praxis, Handbuch für alle Führungskräfte im Betrieb und Unternehmen, Köln, 6. Aufl., 1991
- Personal-Büro, Hrsg. Hauffe-Verlag Freiburg, Loseblattsammlung mit laufender Aktualisierung, Freiburg
- Personalleiter-Kalender, DATAKONTEXT-Verlag Köln (mit ca 150 Seiten Tabellen, Anschriften und sonstigen Arbeitstexten, jährlich erscheinend)
- Pietrzyk, R., Das Personal, Organisations- und Musterhandbuch für die Personalverwaltung, (Loseblattsammlung), Planegg/München
- Pulte, P., Muster für die Personalarbeit – Personelle Mitbestimmung, Schriftenreihe »Das Recht der Wirtschaft«, Heft 205, Gruppe Muster, Stuttgart-München-Hannover-Berlin, 2. Aufl., 1991 (a)
- derselbe, Die Wahl des Betriebsrates, Reihe »Leitfäden für die Rechtspraxis«, München 1991 (b)
- derselbe, Personalakte, Personalfragebogen, Reihe »Praktische Personalfragen im Betrieb«, Band 7, Bergisch Gladbach 1991 (c)

– derselbe, Betriebsvereinbarungen in der Praxis, München 1992
– derselbe, Kündigung von Arbeitsverhältnissen, Reihe »Heidelberger Musterverträge« Nr. 30, Heidelberg, 8. Aufl., 1993
– Taylorix Fachverlag (Hrsg.), Sozialversicherungs-Berater, Handbuch für den zeit- und kostensparenden Umgang mit Sozialversicherungsvorschriften, (2 Bände mit laufenden Nachlieferungen), Stuttgart 1991
– Wagner, D./Zander, E./Hauke, C., Handbuch der Personalleitung, München 1992
– Walker, W.-D., Arbeitsrecht in den neuen Bundesländern, München 1991

Stichwortverzeichnis